PAGE 40	**SUR LA ROUTE**	RÉGIONS, VILLES, VILLAGES, ÎLES
		Visites, activités et bonnes adresses

Nord-ouest du Vietnam p. 119

Nord-est du Vietnam p. 89

Hanoi p. 42

Centre-nord du Vietnam p. 145

Littoral du Centre et du Sud p. 223

Hô Chi Minh-Ville p. 306

Delta du Mékong p. 360

Siem Reap et les temples d'Angkor p. 418

PAGE 507	**LE VIETNAM PRATIQUE**	TOUT POUR S'ORGANISER
		Location de voiture, lignes de train, organismes à connaître

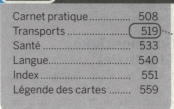

Carnet pratique 508
Transports 519
Santé 533
Langue 540
Index 551
Légende des cartes 559

ÉDITION ÉCRITE ET ACTUALISÉE PAR

Iain Stewart,
Brett Atkinson, Peter Dragicevich, Nick Ray

Bienvenue au Vietnam

Un aperçu du Vietnam

Le Vietnam ira loin et vite. Son peuple est énergique, franc, doué en affaires et d'une nature déterminée. C'est un pays extrêmement amusant à découvrir, ses habitants aiment rire (et boire), vous aurez largement l'occasion de faire leur connaissance et d'écouter leurs histoires. La guerre du Vietnam est terminée, mais partout sur votre chemin vous rencontrerez les traces de ce terrible conflit. Toutefois, jamais totalement abattu, le pays s'est relevé avec fierté. Pauvre sans jamais être misérable, le Vietnam se développe à une allure étonnante. Il y a certains problèmes à prendre en compte lorsque l'on voyage (notamment de petites escroqueries), mais il y a peu de réel danger. Dans l'ensemble, c'est un pays sûr, incroyablement varié, et extrêmement enrichissant.

Une mosaïque de cultures

C'est un pays aux multiples influences et repères. Au sud, on remarque la prédominance de la culture indienne et hindoue dans les temples cham et la cuisine régionale épicée, relevée grâce au piment et adoucie par la noix de coco. Au nord, les liens avec la Chine sont encore plus visibles. Et entre ces deux cultures concurrentes, les provinces centrales offrent la quintessence du Vietnam : le gracieux port historique de Hoi An, les tombeaux royaux, les pagodes

Un littoral d'exception, des montagnes émeraude, des parcs nationaux époustouflants, des villes trépidantes, une richesse culturelle inépuisable et l'une des meilleures cuisines au monde, le Vietnam, c'est tout cela, et bien plus…

À gauche : Femmes attendant le retour de pêche sur la plage de Mui Ne
Ci- dessous : Prière dans la pagode Thien Hau, à Hô Chi Minh-Ville

et la cuisine impériale de Hué. Mais il y a plus. Les gracieux boulevards de Hanoi, les imposants musées de Hô Chi Minh-Ville, les baguettes croustillantes et la culture du café que l'on trouve à chaque coin de rue rappellent la permanence de l'héritage colonial français. Ajoutez-y l'interlude américain, plus de 50 ethnies vivant dans les montagnes, et, bien sûr, la fière idéologie du Parti communiste, voilà ce qu'est le Vietnam : enivrant, grisant et unique.

Des paysages naturels et des villes en expansion

Le Vietnam offre au voyageur de magnifiques spectacles. Vous y ferez une croisière sur un océan azur hérissé de surréalistes îlots calcaires dans la baie d'Along ou slalomerez entre les majestueuses montagnes karstiques de Cao Bang. Vous arpenterez des chemins de montagne et visiterez des villages ethniques près de Sapa et de Bac Ha. Vous bronzerez sur les superbes plages de sable du littoral du Centre, explorerez les récifs et criques des îles Cham et Con Dao. N'hésitez pas à quitter la nationale 1, qui ne traverse quasi que des villes, pour gagner l'étonnant réseau de grottes de Phong Nha, des parcs nationaux tels que Cat Tien ou les villages enchanteurs du delta du Mékong. Enfin, votre visite ne serait pas complète si vous n'alliez prendre le pouls des grandes villes comme Hanoi, la capitale, la vieille dame de l'Orient, et Hô Chi Minh-Ville, le moteur de l'économie nationale.

Vietnam

Les incontournables

Sapa
Une charmante station climatique de l'époque coloniale (p. 129)

Hanoi
La capitale vietnamienne captivante et imprégnée d'histoire (p. 42)

Baie d'Along
Des milliers de merveilleux îlots calcaires (p. 96)

Parc national de Phong Nha-Ke Bang
Des grottes, des rivières et des paysages montagneux spectaculaires (p. 156)

Hué
La majestueuse ancienne capitale impériale (p. 169)

MYANMAR (BIRMANIE)

CHINE

Nanning
Zhanjiang
Pingxiang
Cao Bang
Ha Giang
Lao Bac Ha
Cai
Sapa
Fansipan (3 143 m)
Muong Lay (Lai Chau)
Lai Chau (Tam Duong)
Diên Biên Phu
Tuan Gao
Tay Trang
Son La
Mai Chau
Yen Bai
Tuyen Quang
Thai Nguyen
Lang Son
Parc national de Ba Be
Lacs de Ba Be
Mong Cai
Dongxing
Bac Ninh
HANOI
Hai Duong
Along (ville)
Haiphong
Thai Binh
Ninh Binh
Thanh Hoa
Hoa Binh
Viet Tri
Parc national de Ba Vi
Parc national de Hoang Lien
Monts Hoang Lien
Parc national de Cuc Phuong
Tam Coc
Na Meo
Nam Xoi
Nam Can
Nong Haet
Phonsavan
VIENTIANE
Tha Khaek
Mékong
Na Phao
Cau Treo
Vinh
Ha Tinh
Cha Lo
Dong Hoi
Parc national de Phong Nha-Ke Bang
Lao Bao
Dansavanh
Dong Ha

Île de Hainan (Chine)

Baie de Bai Tu Long
Baie de Cat Ba d'Along
Golfe du Tonkin

Îles Paracel

LAOS

20 FAÇONS DE VOIR LE VIETNAM

La baie d'Along

1 Ses fantasmagoriques reliefs karstiques baignés par des eaux protégées et chatoyantes font de cette baie l'un des sites touristiques les plus visités du Vietnam. Elle compte cependant plus de 2 000 îlots différents et vous ne risquez pas de vous lasser du paysage. Embarquer pour une croisière vous permettra d'y passer la nuit et de profiter pleinement de cette merveille classée au patrimoine mondial de l'humanité. Vous vous réveillerez au petit matin au milieu d'une brume féerique et, à bord d'un kayak, irez explorer des grottes et des lagons. Des formations karstiques moins touristiques mais tout aussi spectaculaires parsèment la baie de Lan Ha (p. 103).

Hoi An

2 Hoi An (p. 198) fut autrefois le port le plus cosmopolite du Vietnam. Aujourd'hui, cette jolie ville aux allures médiévales est toujours trépidante, offrant pléthore de restaurants gastronomiques, de bars et de cafés branchés, de boutiques insolites et de tailleurs experts. Voyagez dans le temps en parcourant le dédale de ruelles de la vieille ville, adonnez-vous au shopping, visitez temples et pagodes, dînez comme un empereur avec un budget de manant (apprenez au passage à cuisiner ces mets), rejoignez la superbe plage d'An Bang ou encore flânez sur les berges ou les petites routes de campagne. Restaurants sur la berge le long de la rue Bach Dang (à droite)

Le parc national de Phong Nha-Ke Bang

3 Phong Nha (p. 156) s'ouvre à peine au tourisme, mais son attrait et sa beauté ne resteront pas un secret bien longtemps. Jungle couronnant les collines calcaires, forêt tropicale, eaux turquoise, villages traditionnels, réseau de grottes parmi les plus impressionnants du monde (grotte de Phong Nha, creusée par la rivière, immense et bien nommée grotte du Paradis…) : le parc est promis à un bel avenir. De plus, l'offre en matière d'hébergement s'améliore et l'endroit se prête à la circulation à deux-roues. Jolies concrétions dans la grotte de Phong Nha (ci-dessous)

La cuisine

4 La cuisine vietnamienne est peut-être l'un des secrets les mieux gardés d'Asie. Tout est dans la fraîcheur des ingrédients (les chefs s'approvisionnent au marché deux fois par jour en herbes tout juste cueillies). Les mélanges de textures et de saveurs sont incomparables. Pour les Vietnamiens, le repas doit être un équilibre entre aigre et doux, croustillant et moelleux, friture et vapeur, soupe et salade. Partout, vous trouverez d'exquises spécialités locales (p. 485) : les "roses blanches" de Hoi An, le *canh chua* du delta du Mékong ou le traditionnel *pho* du Nord. Crabe à la vapeur avec herbes (ci-dessous)

La vieille ville de Hanoi

5 Pas d'inquiétude, tout le monde se perd en parcourant pour la première fois le dédale de la vieille ville (p. 46). Dans ce labyrinthe commerçant et chaotique, les échos du passé résonnent dans une atmosphère et une énergie résolument modernes. Perché sur un minuscule tabouret, découvrez les saveurs et arômes de la cuisine vietnamienne en dégustant les plats typiques de Hanoi, tels que le *pho bo*, le *bun cha* et le *banh cuon*. Le soir, joignez-vous à la foule pour siroter une *bia hoi* bien fraîche à l'un des bars de rue improvisés. Temple chinois dans Pho Hang Quat (ci-dessus), au cœur de la vieille ville

Hô Chi Minh-Ville

6 L'ancienne Saigon s'internationalise de plus en plus mais reste farouchement vietnamienne. Son énergie viscérale ravira les amoureux des grandes villes. HCMV ne laisse pas indifférent : vous serez aspiré dans son tourbillon, hypnotisé par le perpétuel bourdonnement des motos, à tel point que l'expérience peut se révéler trop intense. Laissez-vous porter et vous serez récompensé par sa richesse historique, sa délicieuse cuisine et sa vie nocturne animée qui donne le ton au Vietnam. Il y fait toujours chaud, desserrez votre col et profitez. Spirales d'encens dans la pagode Quan Am (ci-dessus)

Les îles Con Dao

7 Autrefois l'enfer sur terre pour une génération de prisonniers politiques, Con Dao (p. 272) est désormais une destination paradisiaque prisée pour ses plages préservées, l'eau claire de ses spots de plongée et sa nature variée. Le rythme tranquille contraste fortement avec l'agitation frénétique du continent et l'endroit se prête idéalement à une découverte à vélo. L'archipel est également le refuge des rares tortues vertes, dont les sites de ponte sont accessibles de mai à novembre. Vous pourrez à cette occasion camper sur une plage isolée.

Sapa et les Alpes tonkinoises

8 Surnommés les Alpes tonkinoises par les Français, les spectaculaires monts Hoang Lien se dressent vers le ciel le long de l'extrémité nord-ouest du Vietnam, près de la frontière chinoise. Dans cette région montagneuse, les nuages changeants et la brume s'écartent pour vous laisser entrevoir le Fansipan (p. 131), le plus haut sommet du Vietnam. Depuis les fines arêtes sinueuses, les rizières en terrasses ruissellent jusque dans les vallées fluviales où se trouvent depuis des siècles des villages de minorités hmong, dzao rouges et giay. Jeunes filles dzao rouge à Sapa (à gauche)

Hué

9 Capitale du pays du XIXe siècle au début du XXe siècle, Hué est peut-être la ville vietnamienne la plus facile à aimer et à parcourir. Sa situation sur la rivière des Parfums est admirable, sa cuisine, délicate, est célèbre à juste titre et la circulation dans ses rues, relativement faible. Hué compte également une majestueuse citadelle (p. 170), des résidences royales et d'élégants temples, de superbes portes et enceintes. Certains des plus impressionnants tombeaux royaux et pagodes du Vietnam se trouvent aux abords de la ville, souvent dans un magnifique cadre naturel. La porte Ngo Mon de la citadelle de Hué (ci-dessus)

Le parc national de Cat Tien

10 C'est l'un des endroits protégés les plus accessibles et spectaculaires du Vietnam. Cat Tien, à mi-chemin entre HCMV et Dalat, sur un méandre de la rivière Dong Nai, vous évoquera peut-être le décor d'*Apocalypse Now*. Trekking, vélo et observation de la nature sont les activités phares. Le parc abrite le centre de réhabilitation des grands singes de Dao Tien (p. 291) où gibbons et langurs (entelles) sont réintroduits dans leur habitat naturel. Le "Wild Gibbon Trek" (parcours permettant d'observer les gibbons) constitue un moment fort au cœur de la nature vietnamienne.

Mui Ne

11 Avec plus de 20 km de plage s'étirant sur les rives de la mer de Chine méridionale, Muy Ne est l'une des destinations balnéaires les plus courues du pays. Des pensions aux luxueux complexes hôteliers, des cabanes de fruits de mer tenues en famille aux bars branchés, le choix est large. Si les soins au spa et les cocktails au couchant vous lassent, de nombreuses activités à sensations fortes s'offrent à vous (p. 291) : pendant la deuxième moitié de l'année, lorsque la houle se lève, Mui Ne est la capitale vietnamienne du kitesurf. Pour ceux qui préfèrent la terre ferme, il y a aussi le sandboard.

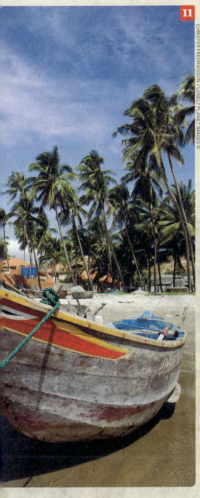

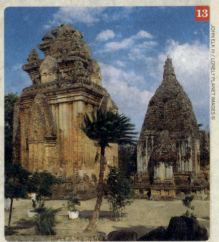

Le Nord-Ouest sur deux-roues

12 À vélo ou à moto, c'est un parcours en boucle unique qui vous attend. Les routes, dignes de montagnes russes, serpentent au milieu d'un décor fascinant et vous mèneront à la rencontre d'une véritable mosaïque ethnique. L'itinéraire démarre à Sapa et sinue jusqu'au col de Tram Ton (p. 132) culminant à 1 900 m. Il longe ensuite de splendides vallées fluviales en passant par des villages de minorités ethniques. Faites halte sur les champs de bataille et au musée de la Guerre de Dien Bien Phu avant de gagner Hanoi, en faisant étape chez les Thaï blancs de Mai Chau.

Nha Trang

13 Capitale du divertissement, Nha Trang est dotée des plus belles plages du pays. On s'y rend pour lézarder au soleil allongé sur le sable, les excursions en bateau autour des îles de la baie et les nombreux bars et pubs. Parmi les autres activités possibles figurent le surf, dans la toute proche baie de Cam Ranh (p. 252), et les bains de boue dans les sources thermales des environs. Les amateurs de vielles pierres trouveront également leur compte à Nha Trang avec la visite de ses vénérables tours cham (p. 237).
Les tours cham de Po Nagar (ci-dessus)

La *bia hoi*

14 La *bia hoi* ("bière fraîche"), l'un des grands plaisirs du Vietnam, est brassée quotidiennement, sans additifs ni conservateurs, pour être bue dans la journée. Incroyablement bon marché et très répandues, les brasseries de *bia hoi* offrent une expérience authentique. Installez-vous (du moins essayez) sur l'un des minuscules tabourets en plastique et ne bougez plus. Souvent on y sert également à manger. La bière aurait été introduite à Hanoi par des brasseurs tchèques, et chaque ville a désormais sa brasserie de *bia hoi*, souvent dotée d'une terrasse côté rue.

Le delta du Mékong

15 L'agitation de HCMV contraste avec la tranquillité de sa campagne au sud, un monde aquatique flottant sur des canaux et de larges bras de fleuves. Véritable "grenier à riz" du Vietnam, le delta du Mékong est une région à la fois incroyablement verte et densément peuplée. Pour goûter à la vie locale loin des autres voyageurs, réfugiez-vous dans l'une des petites villes isolées et oubliées (des touristes). L'important ici n'est pas de visiter mais de vivre l'expérience. Marché flottant dans le delta du Mékong (à droite)

Les lacs Ba Be

16 En dehors du circuit classique, le parc national de Ba Be (p. 91), avec ses imposantes montagnes calcaires, ses vallées plongeantes et ses forêts verdoyantes, est une destination de choix pour les voyageurs actifs et intrépides. Cascades, grottes et lacs se mêlent à un paysage abritant plus de 550 plantes différentes et des centaines d'espèces d'oiseaux et autres animaux. Découvrez ce spectacle naturel en bateau, à l'occasion d'une randonnée ou à VTT, avant de vous relaxer chez l'habitant ou dans une pension des villages de la minorité ethnique locale, les Tay.

Mai Chau

17 Idéal pour se détendre après l'agitation de Hanoi, Mai Chau n'est qu'à quelques heures de la circulation incessante de la vieille ville. Cette paisible vallée est entourée de rizières et de paysages luxuriants. Reposez-vous quelques nuits dans une maison traditionnelle thaï sur pilotis dans l'un des accueillants villages (p. 121). Trekking, VTT et kayak occuperont vos journées. D'autres activités plus calmes, comme la visite d'un marché local ou les cours de cuisine vietnamienne, sont également possibles. Femme travaillant dans les rizières à Mai Chau (ci-dessus)

Dalat

18 Perché à 1 475 m d'altitude, Dalat (p. 281) domine les hauts plateaux du Centre et séduit les touristes internationaux depuis l'époque coloniale. De magnifiques villas françaises parsèment la pinède et les touristes vietnamiens arrivent par milliers pour fuir la chaleur de l'été. Vous pourrez y visiter des cascades, parcourir de vertigineuses pistes à VTT, mais aussi vous adonner à la descente en rappel, au canyoning et au rafting. Les nouvelles routes côtières vers Mui Ne et Nha Trang font le bonheur des motards. Le marché central de Dalat (ci-dessus)

Angkor Vat (Cambodge)

19 Les temples d'Angkor (p. 426) forment incontestablement l'un des plus beaux sites au monde. Préférerez-vous Angkor Vat, le plus grand édifice religieux sur terre, l'énigmatique Bayon, avec ses énormes visages de pierre, ou le temple Ta Prohm, où une nature exubérante a repris ses droits ? Siem Reap, ville animée avec de multiples bars et restaurants, constitue un bon point de départ pour découvrir Angkor. Mais vous pourrez aussi visiter les villages flottants du lac de Tonlé Sap, pratiquer le quad et l'ULM, suivre des cours de cuisine ou observer les oiseaux.

L'île Phu Quoc

20 Toute odyssée en Asie du Sud-Est requiert un moment de repos, cocktail à la main, sur le sable blanc d'une plage tropicale pour reprendre son souffle. L'île de Phu Quoc (p. 389), à l'extrême sud du Vietnam, est l'endroit rêvé pour cela. Après le farniente, louez une moto ou un vélo et vadrouillez sur l'île jusqu'à être recouvert de poussière rouge et rappelé par les chaudes eaux du golfe de Thaïlande.

L'essentiel

Devise
» Le dong (d)

Langue
» Le vietnamien

Quand partir

Été chaud et hiver doux
Climat tropical, saison des pluies et saison sèche

Sapa
Meilleure période
mars-mai et sept-nov

Hanoi
Meilleure période
mars-mai et sept-nov

Danang
Meilleure période
mars-sept

Hô Chi Minh-Ville
Meilleure période
nov-fév

Haute saison
(juil-août)

» Les prix augmentent jusqu'à 50% sur la côte ; réservez votre hébergement bien à l'avance.

» Il fait chaud et humide dans tout le Vietnam, sauf dans l'extrême Nord, et la mousson d'été apporte ses averses.

Saison intermédiaire
(déc-mars)

» Pendant le Têt, les Vietnamiens se déplacent et les prix grimpent.

» Il peut faire frais au nord de Nha Trang et froid dans l'extrême Nord.

» Au sud, ciel dégagé et soleil prédominent.

Basse saison
(avr-juin, sept-nov)

» Peut-être la meilleure période pour visiter tout le pays.

» Jusqu'en novembre, des typhons peuvent frapper les régions littorales du Nord et du Centre.

Budget quotidien

Moins de 40 $US

» Un hôtel bon marché : 10-15 $US la nuit, moins en dortoir

» Restaurants locaux uniquement

» Boire une *bia hoi*

» 15 $US par jour peuvent suffire

De 40 à 100 $US

» Une chambre double confortable : 20-50 $US

» Repas et boissons au restaurant

» S'accorder un éventuel soin au spa

» Se déplacer en taxi

Plus de 100 $US

» Se loger dans un hôtel de luxe : à partir de 70 $US

» Faire ses achats dans les boutiques de luxe

» Fréquenter les restaurants gastronomiques

Argent
» DAB très répandus sauf dans les endroits reculés. Cartes de crédit acceptées dans les hôtels haut de gamme, rarement dans les restaurants.

Visa
» Un visa est nécessaire pour la plupart des nationalités, il doit être obtenu à l'avance.

Téléphones portables
» Les cartes SIM locales sont compatibles avec la plupart des téléphones européens et de nombreux téléphones nord-américains.

Transports
» Bus, trains et vols régionaux. Nombreux loueurs de motos.

Sites Web
» **Cap Vietnam** (www.cap-vietnam.com). Le Vietnam par et pour les internautes. Forums, dossiers, infos en tout genre…

» **Carnets du Vietnam** (www.carnetsduvietnam.com). Site culturel de passionnés du pays.

» **Living in Vietnam** (www.livinginvietnam.com). Site pour les expatriés.

» **Lonely Planet** (www.lonelyplanet.fr). Infos, forum et newsletters.

» **Voyager au Vietnam** (www.voyage-au-vietnam.fr). Un site complet par une équipe franco-vietnamienne.

Taux de change

Canada	1 $ C	20 837 d
États-Unis	1 $ US	20 870 d
Suisse	1 FS	22 750 d
Zone euro	1 €	27 542 d

Pour connaître les derniers taux de change consultez www.xe.com.

Numéros utiles
Pour appeler le Vietnam depuis un autre pays, composez le numéro de votre correspondant sans le 0 initial. Les numéros de portable commencent par ☎09.

Indicatif du pays	☎84
Code d'accès international	☎00
Annuaire téléphonique	☎116
Police	☎113
Renseignements	☎1080

Arriver au Vietnam

» **Aéroport de Hô Chi Minh-Ville (p. 348)**
Taxi jusqu'aux districts du centre : 100 000 d ; environ 30 min. Bus climatisé (ligne 152) jusqu'au centre : 4 000 d ; toutes les 15 min de 6h à 18h ; environ 40 min.

» **Aéroport de Hanoi (p. 82)**
Taxi jusqu'au centre : 300 000 d ; environ 1 heure. Minibus Vietnam Airlines jusqu'au centre : 3 $US ; toutes les 30 min. Bus public ligne 17 depuis l'aéroport jusqu'à la gare de Long Bien (à deux pas de la vieille ville) : 5 000 d.

Internet
Au Vietnam, se connecter à Internet est particulièrement aisé, la plupart des hôtels et pensions disposant du Wi-Fi et mettant gratuitement des postes à la disposition de leurs clients. La couverture Wi-Fi s'étend de plus en plus aux cafés et aux restaurants. La vitesse de connexion est généralement moyenne dans les villes et lente à la campagne.

Pour une utilisation poussée ou un appel via Skype, mieux vaut se rendre dans l'un des très nombreux cybercafés. Vous y côtoierez d'inconditionnels fans de jeux vidéo.

Le gouvernement bloque régulièrement l'accès aux réseaux sociaux, il peut être difficile de garder le contact ou de charger des photos sur Facebook, qui, parfois, ne fonctionne pas pendant plusieurs mois. Les serveurs Proxy, tels que www.hidemyass.com, peuvent être une solution mais ne comptez pas trop dessus.

Quoi de neuf ?

Pour cette nouvelle édition du Vietnam, nos auteurs ont traqué l'originalité, les métamorphoses, les événements insolites, les nouvelles tendances et les nouveaux itinéraires. En voici une sélection.

La grotte du Paradis

1 Cet extraordinaire réseau de grottes, découvert seulement en 2005, est désormais ouvert au public. Exploité de manière professionnelle, il renferme de magnifiques formations rocheuses, qui ne manqueront pas de vous émerveiller (p. 157).

Un trek avec les gibbons

2 Observez les gibbons en pleine nature au cours d'un nouveau trek dans le parc national de Cat Tien, avant d'aller visiter le centre de réhabilitation des grands singes de Dao Tien (p. 293).

Une virée à moto

3 Quittez les routes nationales encombrées de camions pour chevaucher l'une des Minsk de Hoi An Motorbike Adventures et découvrir la campagne vietnamienne (p. 217).

Une plage chic

4 La superbe plage d'An Bang, à l'ouest de Hoi An, a le vent en poupe et s'agrémente d'une ribambelle de nouveaux restaurants très séduisants, à l'image de Soul Kitchen (p. 217).

Au top à Hô Chi Minh-Ville

5 Avec 68 étages et 262 m de haut, l'extraordinaire Bitexco Financial Tower est la nouvelle construction emblématique de HCMV. Montez jusqu'au point d'observation du 48e étage pour une vue imprenable de la ville (p. 310).

Se hausser du col

6 Le réseau routier s'est amélioré dans le nord-ouest du pays et permet d'accéder au col le plus spectaculaire du Vietnam (Ma Pi Leng). Des minibus relient désormais Ha Giang à Meo Vac et Cao Bang (p. 140).

Une attention pour les minorités

7 Les agences de trekking Sapa O'Chau et Sapa Sisters gérées par des Hmong vous permettent d'aider directement les villageois des minorités (p. 129).

Une pension en pleine campagne

8 Découvrez d'étonnantes grottes, de merveilleux paysages, des sentiers en forêt et des plans d'eau isolés aux alentours de Phong Nha Farmstay, une nouvelle pension fabuleuse qui propose d'excellents circuits (p. 158).

La nouvelle berge de Danang

9 En perpétuel développement, Danang a aménagé une nouvelle berge, très en vogue, où vous trouverez l'excellent bar-restaurant Waterfront (p. 191).

Un bouddha géant

10 Près de Ninh Binh, le tout nouveau complexe bouddhique Chua Bai Dinh est le plus grand du Vietnam et s'enorgueillit d'une "pagode gratte-ciel" (p. 150).

La "grande muraille" du Vietnam

11 Son existence n'a été révélée qu'en 2011, mais cet ancien mur défensif de 127 km est désormais considéré comme le plus long monument d'Asie du Sud-Est (p. 225).

Enjamber le delta

12 De nouveaux ponts ont été construits dans le delta du Mékong pour relier My Tho à Ben Tre et Ben Tre à Tra Vinh. Le voyage s'en trouve grandement facilité (p. 362).

Envie de...

Cuisine exquise

Découvrir la gastronomie locale est l'un des grands plaisirs d'un séjour au Vietnam. De la cuisine de rue servie par des vendeurs ambulants aux banquets impériaux de Hué, vous serez rarement déçu du voyage. Il n'existe pas réellement de cuisine nationale, car chaque région a une tradition culinaire qui lui est propre.

Hoi An Goûtez les plats riches en fines herbes du Centre et les créations uniques telles que le *banh bao* et le *banh xeo*. Prenez ensuite un cours de cuisine pour apprendre à reproduire ces merveilles (p. 207).

Hanoi Découvrez l'incroyable richesse de la cuisine de rue dans l'une des échoppes réputées pour le *bun cha*, les plats de riz gluant, les anguilles frites ou les soupes de nouilles au crabe (p. 65).

Hô Chi Minh-Ville Stands de rue à profusion, restaurants gastronomiques vietnamiens et un choix de cuisines internationales toujours plus grand (p. 333).

Marchés

Pour avoir un bon aperçu de chaque ville, dirigez-vous vers le marché central, cœur de la vie sociale. Même les destinations touristiques comme Sapa ou Hoi An offrent d'excellents marchés qui regorgent d'épices et d'herbes peu connues, et de fascinantes échoppes. Ce sont de plus des endroits très photogéniques.

Bac Ha L'un des marchés les plus pittoresques de l'Asie du Sud-Est, où vous aurez l'occasion d'admirer l'exceptionnel costume des Hmong fleurs (p. 138).

Les marchés flottants du delta du Mékong Levez-vous tôt pour voir ces fameux marchés où l'on trouve de tout, du durian à la viande de chien (p. 380).

Sinho Cette ville montagnarde isolée accueille un authentique marché de minorités. Et vous pouvez désormais y loger dans un bon hôtel (p. 128).

Le marché Ben Thanh Le symbole de Hô Chi Minh-Ville depuis 1914 est toujours aussi animé (p. 345).

Temples et tombeaux

Nombre des tours et temples de la culture cham ont souffert des bombardements pendant la guerre et d'un manque d'entretien, mais il reste tout de même d'impressionnants vestiges. Les abords de Hué se parent d'une profusion de monuments et tombeaux impériaux, tandis que toutes les grandes villes abritent des temples remarquables.

Hué Les empereurs vietnamiens y firent construire d'éblouissants monuments autour de la ville. Les plus marquants sont sans doute les majestueux tombeaux de Tu Duc et de Minh Mang (p. 181).

My Son Incontestablement le site cham le plus impressionnant. Son emplacement au sommet d'une colline boisée ne manque pas non plus de charme (p. 219).

Hanoi Appréhendez l'histoire dans l'austère mausolée de Hô Chi Minh (p. 51).

Le Grand Temple caodaïste Le siège de cette religion propre au Vietnam est une exubérante explosion de styles et de couleurs (p. 355).

Une envie de... cuisine vietnamienne
Hoi An propose de fantastiques cours de cuisine (p. 207)

Une envie de... grottes
Le parc national de Phong Nha-Ke Bang offre une expérience exceptionnelle (p. 156)

Architecture coloniale

Les Français ont laissé leur empreinte architecturale dans tout le pays : on retrouve dans toutes les villes de majestueuses constructions datant de l'époque coloniale. Hanoi et, dans une moindre mesure, Hoi An possèdent même leur quartier français.

Hô Chi Minh-Ville L'édifice aux allures de château qui abrite le siège du Comité du peuple était autrefois l'hôtel de ville des colons. Le théâtre municipal, somptueux survivant de la Belle Époque, vaut également le détour (p. 307).

Hanoi Dînez dans un élégant restaurant ou assistez à un opéra dans les villas coloniales et les majestueux bâtiments publics du quartier français (p. 53).

Dalat La ville est parsemée de 2 500 villas françaises dont certaines ont été converties en restaurants gastronomiques ou en hôtels de charme, comme Ana Mandara Villas (p. 287).

Haiphong Promenez-vous le long des paisibles boulevards de Haiphong pour découvrir des joyaux de l'ère française, tel le théâtre municipal (p. 93).

Treks exceptionnels

C'est dans les montagnes du Nord-Ouest que vous ferez les randonnées les plus spectaculaires du pays, mais d'autres régions, et la plupart des parcs nationaux, offrent également d'excellents itinéraires.

Sapa D'avenants guides hmong vous feront découvrir les villages des minorités ethniques autour de Sapa, dans un décor verdoyant de rizières en terrasses (p. 129).

Bac Ha Beaucoup moins connu que Sapa, Bac Ha recèle des cascades et des sentiers peu fréquentés dans un paysage de montagnes peuplées de minorités ethniques (p. 137).

Hang Son Doong Suivez une piste à travers la jungle et les montagnes jusqu'à l'entrée de la plus grande grotte du monde (p. 158).

Mai Chau Évadez-vous de l'effervescente Hanoi pour un séjour tranquille alliant randonnée, kayak et VTT dans la paisible Mai Chau (p. 121).

Cuc Phuong De superbes randonnées vous attendent dans le parc national de Cuc Phuong, à travers des forêts peuplées d'animaux sauvages et jusque dans les villages des minorités (p. 151).

Plages de rêve

Le littoral vietnamien est bordé de somptueuses étendues de sable baignées par des eaux souvent limpides. Certaines des plus belles plages se trouvent sur le littoral du Centre et du Sud, et toutes les îles au large offrent de merveilleuses criques.

Mui Ne On y trouve un sable crissant au bord de l'eau, d'imposantes dunes de sable à proximité et de vastes plages désertiques en longeant la côte (p. 256).

Nha Trang Reposez-vous sur le sable chaud, puis partez à la découverte des îles de la baie en bateau (p. 236).

Les îles Con Dao Nous vous suggérons un exil d'au moins trois nuits (p. 272).

Phu Quoc S'étirant sur plusieurs kilomètres, la plage de Long Beach offre du sable blanc à profusion tandis que la plage Sao est plus intime (p. 393).

La baie de Lan Ha Rejoignez en kayak les criques de sable nichées dans le labyrinthe karstique de la magnifique baie de Lan Ha (p. 103).

La baie de Bai Tu Long Dénichez le coin de sable parfait dans les îles isolées de la baie (p. 110).

Mois par mois

Le top 5

1. **Têt,** janvier-février
2. **Festival de Hué,** avril ou juin (bisannuel)
3. **Fête des Âmes errantes,** août
4. **Concours de feux d'artifice de Danang,** avril
5. **Naissance, illumination et mort du Bouddha,** mai

Au Vietnam, la plupart des fêtes religieuses tiennent compte de la date lunaire. Consultez un calendrier vietnamien pour retrouver leur équivalent grégorien. Il suffit de compter à partir du début du Têt. Des prières spéciales sont récitées dans les pagodes vietnamiennes et chinoises les jours de pleine et de nouvelle lune. De nombreux bouddhistes sont végétariens ces jours-là, les 14e et 15e jours ainsi que le dernier jour du mois et le premier jour du mois suivant selon le calendrier lunaire chinois.

Janvier

Les températures peuvent être très froides dans l'extrême Nord, avec parfois de la neige. Le temps s'adoucit en allant vers le sud. Soyez à l'affût des célébrations du Têt vers la fin du mois (ou en février).

Floralies de Dalat

Lors de cette superbe manifestation qui se tient au début du mois, d'énormes arrangements floraux sont exposés et toute la ville participe. De plus en plus international, ce festival s'accompagne de musique, de défilés de mode et d'une fête du vin.

Février

Au nord de Danang, les "vents de Chine" glacés sont synonymes de ciel gris et couvert. À l'inverse, au sud, les journées sont en général chaudes et ensoleillées.

Têt (Tet Nguyen Dan)

La fête la plus importante ! Entre fin janvier et début février, le nouvel an lunaire vietnamien (voir p. 459) réunit à la fois Noël, le Nouvel An et les anniversaires. Voyager devient difficile, les transports sont bondés et de nombreux commerces ferment.

Mars

Ciel gris et températures froides, qui remontent cependant vers la fin du mois, peuvent régner au nord de Hoi An. Dans le Sud, la saison sèche se termine.

Festival du café de Buon Ma Thuot

En mars, les amateurs de café se rendent sur les hauts plateaux du Centre pour ce festival annuel. Producteurs, torréfacteurs et accros se retrouvent dans le parc principal de la ville au rythme des animations.

Saigon Cyclo Race

À vos marques, prêts, pédalez ! Les conducteurs de cyclo-pousse les plus rapides de HCMV s'affrontent sur leur engin à trois roues pour récolter des fonds au profit d'organisations caritatives. Un événement très amusant qui se tient à la mi-mars.

Avril

Excellente période pour parcourir le pays : les pluies de la mousson d'hiver se sont normalement arrêtées et il y a d'excellents festivals. Les prix des vols sont généralement raisonnables (sauf à Pâques).

Fête des Morts (Thanh Minh)

Les trois premiers jours de la 3e lune, c'est le moment d'honorer les ancêtres en se rendant au cimetière. Après les avoir nettoyées, on dépose sur les tombes des parents des offrandes de fleurs, de nourriture et des papiers votifs.

 ### Festival de Hué

Le plus gros événement culturel du Vietnam (www.huefestival.com) a lieu tous les deux ans (prochaines éditions en 2012, 2014 et 2016). La plupart des spectacles (art, théâtre, musique, cirque et danse) se déroulent dans la citadelle.

Concours de feux d'artifice de Danang

Pendant la dernière semaine du mois, les rives de Danang s'illuminent de mille feux à l'occasion de ce concours où des équipes de pyrotechniciens venues de Chine, d'Europe et du Vietnam s'affrontent en musique.

Mai

Une bonne période pour visiter le Centre et le Nord, le ciel est souvent dégagé et les journées chaudes. Les températures maritimes se réchauffent et le tourisme est assez calme.

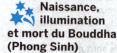 ### Naissance, illumination et mort du Bouddha (Phong Sinh)

Le 15e jour de la 4e lune, pour cette grande fête dans les temples bouddhiques, des processions animent les rues et les lanternes décorent les pagodes. Chua Bai Dinh (p. 150), près de Ninh Binh, et la pagode de l'Empereur de Jade (p. 310), à HCMV, accueillent de somptueuses célébrations.

 ### Festival de la mer à Nha Trang

Il se déroule fin mai, début juin et comprend un festival de rue, des expositions de photos et de broderie ainsi que des compétitions de cerf-volant.

 ### CAMA Festival, Hanoi

Le Club pour l'appréciation de l'art et de la musique (www.camavietnam.org), un groupe dynamique d'expatriés mélomanes, organise ce festival annuel d'une journée (p. 59). L'occasion de découvrir le meilleur de la scène musicale émergente de Hanoi.

Juin

Très bonne période pour parcourir le pays, juste avant la haute saison. L'humidité peut être éprouvante, prévoyez donc quelques jours sur la côte.

 ### Solstice d'été (Tet Doan Ngo)

Le 5e jour de la 5e lune, les offrandes aux esprits, fantômes et au dieu de la Mort permettent d'éloigner les épidémies. L'alcool de riz gluant (*ruou nep*) coule à flots.

Août

C'est la haute saison, étrangers et Vietnamiens affluent sur la côte et dans les principaux sites. Réservez vos vols et hébergements bien à l'avance. Question climat, il fait très, très chaud.

 ### Fête des Âmes errantes (Trung Nguyen)

La fête traditionnelle la plus importante après le Têt. On dépose des festins de nourriture en offrande aux esprits errants qui reviennent sur terre le 15e jour de la 7e lune.

 ### Fête de la Mi-Automne, Hoi An

À Hoi An, lors de cet important événement, les habitants célèbrent la pleine lune, mangent des gâteaux de lune au son des tambours et assistent aux danses du lion, de la licorne et du dragon. Les enfants sont très impliqués dans la manifestation.

Octobre

Ciel dégagé et températures clémentes, c'est le bon moment pour visiter l'extrême Nord. La pluie et les vents d'hiver commencent à s'abattre sur le Centre, le Sud reste souvent sec.

 ### Fête de la Mi-automne (Têt Trung Thu)

Dans tout le pays, durant le 15e jour de la 8e lune, qui tombe en septembre ou en octobre, on déguste des

gâteaux de lune, faits de riz gluant et fourrés de graines de lotus et de pastèque, de cacahuètes, de jaunes d'œufs de cane, de raisins secs et autres douceurs.

Nouvel An cham (Kate)

Célébrée dans les tours cham de Po Klong Garai à Thap Cham (p. 254) le 7ᵉ mois du calendrier cham, cette fête commémore les ancêtres, les héros nationaux et les divinités, telle la déesse agricole Po Ino Nagar.

Fête khmère d'Oc Bom Boc

Célébration organisée par la communauté khmère du delta du Mékong le 15ᵉ jour de la 10ᵉ lune (fin octobre ou novembre) comprenant de pittoresques courses de bateaux sur la plage de Ba Dong (p. 382) dans la province de Tra Vinh et sur la rivière Soc Trang.

Ci-dessus : Présentation de costumes d'Asie lors du festival bisannuel de Hué
Ci-dessous : De vieux Chams lors des festivités du Kate (Nouvel An cham) aux tours cham de Po Klong Garai

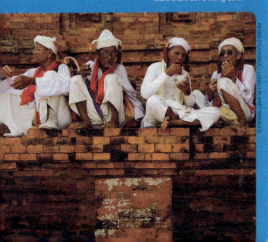

Décembre

Le début du mois est calme mais à partir de mi-décembre les complexes touristiques sont pris d'assaut, il faut donc réserver son hôtel bien à l'avance pour les vacances de Noël. Le Sud est toujours humide et il peut faire froid dans le Nord.

Noël (Giang Sinh)

Ce n'est pas un jour férié, mais il est fêté dans tout le pays, par les catholiques notamment. C'est l'occasion de se rendre à Phat Diem (p. 153) ou à HCMV pour rejoindre des milliers de fidèles à la messe de minuit.

Itinéraires

Que vous disposiez de dix jours ou d'un mois complet, ces circuits dessinent les grandes lignes d'un voyage inoubliable. Pour d'autres sources d'inspiration, rejoignez la communauté de voyageurs sur le forum de lonelyplanet.fr.

Deux semaines
La grande route du littoral

> Acclimatez-vous au pays dans la capitale, **Hanoi**, en alternant visites et bons dîners et en profitant de l'ambiance de la vieille ville. Puis direction **Ninh Binh**, pour une escale d'un jour ou deux. C'est la porte d'accès aux paysages enchanteurs de **Tam Coc** et du **parc national de Cuc Phuong**, où vous pourrez randonner en compagnie des singes. Un long trajet en train ou en bus vers le sud vous mènera à l'irrésistible **Hué**, l'ancienne capitale impériale. Puis, après avoir franchi l'impressionnant col de Hai Van, gagnez **Hoi An**, agréable cité balnéaire, pour combiner farniente et shopping. Poursuivez au sud jusqu'à **Nha Trang**, la plus grande station balnéaire du pays. De là, vous pourrez faire une escapade en bateau jusqu'aux îles voisines. Pour plus de calme, ralliez **Mui Ne**, plus au sud, petit paradis tropical réputé pour ses immenses dunes, où vous trouverez un hébergement adapté à votre budget et pourrez vous initier au kitesurf. Terminez ce circuit à **Hô Chí Minh-Ville**. Au programme : lèche-vitrine, restaurants et plaisirs de la vie nocturne.

Un mois
Du Sud au Nord

Commencez votre voyage par **Hô Chi Minh-Ville**, cœur de la vie commerçante du pays. Restez-y trois jours à parcourir les marchés, visiter les musées et déguster l'une des meilleures cuisines du monde. Dans les environs, découvrez un étonnant témoignage de la guerre en explorant les **tunnels de Cu Chi** et enchaînez avec la visite de **Tay Ninh**, siège de la religion caodaïste, où se dresse un temple féerique. Pendant quelques jours, explorez le delta du Mékong ; passez une ou deux nuits à **Can Tho**, centre marchand de la région, puis gagnez le delta et l'univers des marchés flottants. Cap ensuite vers les hauts plateaux du Centre et la station climatique de **Dalat**, qui recèle d'insolites attractions. De retour sur la côte, la ville balnéaire de **Nha Trang** offre l'opportunité d'effectuer des sorties en bateau et de pratiquer la plongée ou le snorkeling, le tout dans une ambiance festive. En remontant le splendide littoral, faites halte sur la plage de **Doc Let** ou de **My Khe** et profitez-en pour visiter l'**île de la Baleine** et les ruines cham de **My Son**. Ville de culture et de gastronomie, la charmeuse **Hoi An** constitue l'étape suivante incontournable, avant une brève visite à **Danang** et une halte dans l'ancienne capitale impériale de **Hué**, pour sa citadelle, ses pagodes et ses tombeaux. Une excursion vous conduira à la zone démilitarisée (DMZ) qui séparait autrefois les deux Vietnam, où subsistent des sites rendus célèbres par la guerre, comme la **base militaire de Khe Sanh** et les **tunnels de Vinh Moc**. Après quoi, direction la montagne pour rejoindre le **parc national de Phong Nha-Ke Bang**, classé au patrimoine mondial, qui abrite la plus grande grotte du monde. De là, suivez la route Hô Chi Minh jusqu'à la capitale, en vous arrêtant pour découvrir le **parc national de Cuc Phuong** et les paysages surréalistes autour de **Ninh Binh**. À l'est se déploie la spectaculaire **baie d'Along**, émaillée de quelque 2 000 îlots karstiques, où vous pourrez séjourner deux ou trois jours sur l'**île de Cat Ba**, haut lieu des sports d'aventure. Rentrez ensuite à Hanoi pour prendre le train de nuit à destination de **Sapa**, fief des ethnies montagnardes du Nord-Ouest et point de départ de formidables randonnées à pied ou à vélo. N'oubliez pas de faire un détour par **Bac Ha**, ses fameux marchés et ses villages tribaux, puis regagnez **Hanoi**, fascinante capitale dotée d'un centre historique évocateur.

» Ci-dessus : Marchands de légumes ambulants à Hanoi
» À gauche : Jonques touristiques devant un village flottant près de l'Île de Cat Ba, dans la baie d'Along

Sept jours
Vietnam express

➤ Le Vietnam est un pays en voie de développement densément peuplé et tout en longueur où les trajets prennent du temps. Pour avoir une vue d'ensemble en si peu de temps, vous devrez emprunter des vols intérieurs ou des trains de nuit. Arrivez à **Hanoi** et logez dans la vieille ville afin d'entrer directement dans le vif du sujet. Après avoir visité les sites de la capitale et goûté sa cuisine de rue pendant une journée, partez en excursion pour humer l'air marin et contempler les paysages somptueux de la **baie d'Along**. Le troisième jour, prenez l'avion pour **Hué** et passez l'après-midi dans sa citadelle impériale en compagnie d'un guide compétent.

Le quatrième jour, gagnez **Hoi An** en bus, en train ou en voiture et dînez dans l'un de ses délicieux restaurants gastronomiques. Le lendemain matin, baladez-vous à pied, de temples en pagodes, au fil des rues pittoresques. Si le temps le permet, vous pourrez même vous baigner plus tard sur la plage d'An Bang toute proche. Le sixième jour, rejoignez l'aéroport de **Danang** et embarquez pour **Hô Chi Minh-Ville,** la métropole la plus dynamique du pays, qui se distingue par sa vie nocturne animée et ses tables réputées.

Dix jours
Le Nord-Ouest à moto

➤ Superbe région montagneuse et véritable mosaïque ethnique, le Nord est un monde à part entière. Avec ses routes goudronnées, en assez bon état et peu fréquentées, dans un décor naturel à couper le souffle, elle se découvre idéalement à moto. Quittez **Hanoi** pour **Mai Chau**, le fief des Thaï blancs, pour y passer vos deux premières nuits. Au nord-est, la route commence à grimper dans les "Alpes tonkinoises", où **Son La** constitue une étape logique avant **Dien Bien Phu**. C'est ici, avec la débâcle de l'armée française face au Viêt-minh, que s'est achevée l'ère coloniale. Prévoyez deux nuits sur place. Après avoir visité les sites militaires, délectez-vous des splendides paysages de montagne au nord et arrêtez-vous pour dormir à **Muong Lay.** Le septième jour, vous franchirez le **col de Tram Ton** pour atteindre **Sapa**. Connue pour l'éventail des minorités qui y cohabitent, elle l'est aussi pour ses marchés colorés et ses panoramas à perte de vue – par temps clair, du moins. Le dernier jour, descendez à **Lao Cai**, où vous prendrez un train-couchettes pour Hanoi, tandis que votre moto vous suivra dans un wagon de marchandises.

Sports et activités

Le top des randonnées
Sapa Des panoramas somptueux, mais parfois beaucoup de monde.
Cat Ba Une destination émergente pour la randonnée.
Mai Chau Des paysages sublimes et des villages de minorités.
Bac Ha Pour découvrir l'environnement des montagnards.
Parc national de Cuc Phuong Un réseau de sentiers réputés.

Le top du surf et du kitesurf
China Beach De gros rouleaux en perspective.
Mui Ne La Mecque du kitesurf en Asie du Sud-Est.
Vung Tau Le kif… après la tempête.

Le top de la plongée et du snorkeling
Îles Con Dao Elles sont éloignées, mais abritent les plus beaux spots.
Nha Trang Les sites sont nombreux et les clubs de plongée, très professionnels.
Hoi An Une vie sous-marine fascinante.

Organisation

Quand partir
Le climat étant très changeant et lié à la mousson, l'organisation est de mise, aussi bien pour les intrépides kitesurfers que pour les paisibles marcheurs.

Meilleures périodes
C'est en hiver (entre novembre et avril) que se forment les meilleures vagues pour le surf. Cette saison est aussi propice au kitesurf. En revanche, les plongeurs préféreront les calmes mois de juin, juillet et août, où la visibilité sous l'eau est optimale.

Périodes à éviter
Il serait inconscient d'entreprendre l'ascension du Fansipan en pleine saison des pluies, de mai à septembre. Le snorkeling et la plongée sont pratiquement impossibles entre novembre et avril lorsque les vents d'hiver soufflent et que la visibilité est faible.

Activités
Si vous êtes en quête d'activités au grand air, vous serez comblé au Vietnam. Prenez donc la peine de vous décoller de votre transat, et vous serez largement récompensé.

Le vélo et la randonnée sont en plein essor. La mer offre de multiples options, notamment le surf, la voile, le kayak, le kitesurf, la plongée ou le snorkeling.

Toutefois, si ces activités vous semblent trop compliquées, vous pouvez aussi vous adonner plus paisiblement au golf ou enfourcher une moto et partir à l'aventure.

Randonnée

Que se soit à l'occasion de treks ambitieux ou de promenades moins éprouvantes, vous découvrirez au Vietnam des paysages bien souvent exceptionnels : profondes vallées, rizières en terrasses et hautes montagnes de calcaire. Tout est possible, de la balade d'une demi-journée à l'ascension du Fansipan, le plus haut sommet du Vietnam. Et même sur la plage d'An Bang, près de Hoi An, vous pouvez toujours vous balader sur le sable pendant une heure ou deux pour découvrir une côte restée presque intacte.

Où faire de la randonnée

Le nord du Vietnam, avec ses spectaculaires sentiers de montagne et la fascinante culture des minorités, offre les meilleures possibilités. Ailleurs, les parcs nationaux et réserves naturelles proposent des sentiers balisés (et souvent des guides pour vous accompagner).

Nord du Vietnam

La région au nord de Hanoi est réellement spectaculaire. **Sapa** (p. 129) est le haut lieu de la randonnée au Vietnam, les agences spécialisées comme les magasins de location (où vous pourrez vous procurer chaussures de marche, équipement imperméable, sacs de couchage…) y sont légion. Vous y trouverez aussi les cartes détaillant les sentiers et des guides pour vous accompagner dans ces paysages remarquables, constitués de montagnes majestueuses, de rizières d'un vert incroyable et de fascinants villages. Attention cependant, les principaux sentiers sont très fréquentés (certains villages voient passer des groupes de randonneurs toutes les heures…). Pour sortir des sentiers battus, il faudra recourir aux services d'un guide local.

Bac Ha (p. 137), à plus basse altitude, offre des sentiers moins fréquentés et moins pluvieux. Si elle n'égale pas les éblouissants paysages montagnards de Sapa, la région reste très pittoresque et réserve notamment de superbes randonnées jusqu'à des cascades ou des villages hmong fleur et nung.

Les autres destinations phares sont **Ba Be** (p. 91) et son réseau de jolis sentiers dans un spectaculaire paysage karstique, et **Cat Ba** (p. 103), avec une fameuse randonnée de 18 km et d'autres formules plus courtes.

Centre du Vietnam

Dans le **parc national de Cuc Phuong** (p. 151), de magnifiques sentiers traversent une superbe forêt peuplée de très vieux arbres et de grottes jusqu'à un village de minorité. Le **parc national de Phong Nha-Ke Bang** (p. 156) s'ouvre tout juste au tourisme et propose un trek parmi les collines calcaires jusqu'à la plus grande grotte du monde, Hang Son Doong.

Près de Danang, le **parc national de Bach Ma** (p. 185) offre de bons chemins (mais des travaux routiers sont en cours). Dans la **station climatique de Ba Na** (p. 187), on trouve de petits sentiers et une vue extraordinaire. Des agences à **Hoi An** (p. 217) proposent également d'intéressants treks dans les régions des minorités à l'ouest de la ville.

Sud du Vietnam

Vous apercevrez peut-être l'un des nombreux mammifères qui peuplent le **parc national de Yok Don** (p. 297) près de Buon Ma Thuot. Un guide vous sera nécessaire pour explorer le **parc national de Cat Tien** (p. 291). Il abrite des crocodiles et vous pourrez y faire des randonnées nocturnes. Le Wild Gibbon Trek remporte un franc succès. Plus haut, à **Dalat** (p. 286), plusieurs agences proposent de courtes randonnées.

Plus au sud, les paysages majoritairement plats et le climat perpétuellement chaud et humide se prêtent peu à la randonnée. L'île de **Con Son** (p. 275), rafraîchie par les brises marines, est une singulière exception. Au programme : de beaux sentiers de randonnée à travers la forêt tropicale et les mangroves.

Conseils pour les randonneurs

» Ne vous écartez pas des sentiers balisés, le pays est encore parsemé d'engins non explosés.
» Il est généralement intéressant d'engager un guide ; peu chers, ils parlent la langue et comprennent la culture.
» Les chiens peuvent être agressifs ; un bâton de randonnée peut se révéler utile.
» Des chaussures de randonnée montantes représentent un bon investissement.

Agences spécialisées

Des agences sont recommandées dans les chapitres correspondant aux destinations. Les gardes forestiers des parcs nationaux peuvent également vous aider à établir votre itinéraire. Il vous faudra peut-être obtenir des autorisations spéciales, surtout si vous comptez passer la nuit dans un village montagnard reculé.

» » Ci-dessus : Kitesurfers en pleine action, Mui Ne
» » À gauche : Voyageur essayant de réparer une moto Minsk, nord-ouest du Vietnam

LES MOMENTS FORTS À VÉLO

LIEU	DESCRIPTION	PAGE
Dalat	De nombreux chemins de terre et un camp de base idéal pour la spectaculaire descente vers Mui Ne.	p. 286
Hoi An	Terrain plat pour découvrir des villages d'artisans et couper à travers les rizières sur les sentiers et chemins de campagne.	p. 217
Delta du Mékong	Petites routes longeant des cours d'eau, à l'ombre des cocotiers.	p. 369
Hué	Temples, pagodes et la rivière des Parfums.	p. 180

Cyclotourisme

Populaire au Vietnam, le vélo est un excellent moyen de découvrir le pays. On trouve de simples vélos pour 1 à 3 $US la journée, et un VTT de bonne qualité pour 7 à 12 $US. Voir les agences p. 525.

Les plaines du delta du Mékong sont idéales pour les longues balades sur les routes secondaires. La route du littoral, sur la RN 1, est tentante mais la circulation incessante la rend difficile et dangereuse. Envisagez plutôt la route nationale Hô Chi Minh (RN 14, 15 et 8) qui offre un paysage fabuleux et une circulation réduite. Hoi An est un excellent point de départ pour un circuit dans les villages.

Au nord de la zone démilitarisée (DMZ), le vélo est déconseillé en hiver en raison des vents de mousson venant du nord. Certains itinéraires à travers les Alpes tonkinoises (monts Hoang Lien) relèvent du défi.

Pour des tuyaux sur le vélo au Vietnam, consultez www.mrpumpy.net (en anglais).

Moto

Parcourir le Vietnam à moto est une expérience inoubliable. C'est le moyen de transport de la plupart des Vietnamiens, vous trouverez donc des garages partout. Vous serez plus proche de la campagne, des gens et des paysages qu'en voiture ou en bus. C'est l'option idéale pour les natures aventureuses.

Si vous n'êtes pas sûr de vous, louer les services d'un conducteur est relativement bon marché. Easy Riders (p. 292) propose ce service.

Aux camions et gaz d'échappement de la RN 1, préférez la route nationale Hô Chi Minh (p. 300) qui traverse le pays du nord au sud.

Pour en savoir plus sur la moto au Vietnam, voir l'encadré p. 143 ; sur les circuits à moto, voir p. 525 ; sur les locations, voir p. 528.

Surf

Le surf se pratique presque toute l'année au Vietnam, bien que ce ne soit pas une destination renommée (la fameuse scène de surf d'*Apocalypse Now* a été tournée aux Philippines). Les boutiques de surf sont rares mais quelques pensions et agences louent des planches.

Quand surfer

La meilleure période se situe entre novembre et avril, quand les vents de la mousson d'hiver soufflent en provenance du nord. Plusieurs typhons se forment dans la mer de Chine méridionale produisant d'énormes houles, mais ça ne dure généralement pas longtemps.

Sécurité

Soyez extrêmement prudent si vous êtes à la recherche de nouvelles vagues dans des lieux reculés : des munitions non explosées jonchent toujours la campagne, en particulier près de la DMZ. Ordures, eaux pluviales et pollution industrielle constituent d'autres risques, en particulier près des villes. Les courants de retour peuvent être puissants, pensez à équiper votre planche d'un leash.

Kitesurf et planche à voile

Apparus récemment, la planche à voile et le kitesurf connaissent déjà un grand succès. Avec ses compétitions, la plage de Mui Ne (p. 256) a fait parler d'elle et est en train de devenir le point de ralliement des amateurs d'alizés en Asie. Autres possibilités : Nha Trang et Vung Tau.

Les débutants peuvent prendre un cours d'essai (à partir de 75 $US avant de se lancer : un stage de trois jours coûte environ 250 $US. Saisir les rudiments est difficile (et le corps en pâtit).

À Mui Ne, les meilleures conditions sont réunies durant la saison sèche, de novembre à avril. Les débutants en profiteront le matin car l'après-midi les vents soufflent jusqu'à 35 nœuds. C'est également la meilleure période à Nha Trang et à Vung Tau.

Plongée et snorkeling

Le Vietnam n'est pas une destination de premier plan pour la plongée, mais certains sites sont fascinants. Si vous connaissez les récifs indonésiens ou australiens, sachez que la vie marine et la visibilité sont moindres au Vietnam. Le lieu le plus prisé pour la plongée et le snorkeling se trouve près de Nha Trang (p. 242), où plusieurs spécialistes proposent équipements et formations conformes aux normes internationales. Les deux écoles de plongée de Hoi An vous emmènent découvrir l'impressionnante vie sous-marine vers les jolies îles Cham (p. 205). L'île de Phu Quoc (p. 394) est également très appréciée.

Les îles Con Dao (p. 276) offrent les meilleurs spots de plongée et de snorkeling : vie marine abondante, jolis récifs et plongée sur épave. Vous y trouverez deux écoles professionnelles mais attendez-vous à débourser plus qu'ailleurs au Vietnam.

Certaines stations balnéaires du littoral, comme la plage de Cua Dai (p. 216), Ca Na (p. 255) et China Beach (p. 196), louent des combinaisons et du matériel.

Prix pour la plongée et le snorkeling

» **Baptême** 60-80 $US
» **2 plongées découverte** 70-80 $US (140 $US dans les îles Con Dao)
» **Open Water de Padi** 350-500 $US
» **Sortie snorkeling** 30-40 $US

Kayak et voile

Le **kayak** est de plus en pratiqué dans la baie d'Along. La plupart des circuits traditionnels dans la baie comprennent une heure environ à bord de cette embarcation. Vous pouvez également opter pour une excursion autour des majestueux pinacles de calcaire suivie d'une nuit dans la baie.

Ailleurs, l'activité se développe et elle est proposée dans des endroits tels que l'île Cat Ba, Phong Nha, Dalat et les rivières de la région de Hoi An. Il est possible de louer des kayaks de mer sur certaines plages comme Nha Trang.

Nha Trang est une excellente base pour des excursions à la **voile** et des cours.

Quelques agences :
» **Blue Swimmer** (p. 105) Circuits guidés en kayak autour des magnifiques îles de la baie de Lan Ha. Location de kayaks et excursions à la voile.
» **Cat Ba Ventures** (p. 106) Excursions en kayak dans les baies d'Along, de Lan Ha et autour de l'île Cat Ba.
» **Marco Polo Travel** (p. 79) Sorties en kayak sur les lacs de Ba Be, dans les baies de Bai Tu Long ou Along.
» **Waves Watersports** (p. 244) Excursions en catamaran ou en kayak autour des plages de Nha Trang et des îles.

Rafting

L'activité n'en est qu'à ses débuts au Vietnam. À Dalat, Phat Tire (p. 286) propose des sorties à la journée dans les rapides de la rivière Langbian, de classe 2, 3 ou 4 suivant

LES MOMENTS FORTS À MOTO

LIEU	DESCRIPTION	PAGE
Route nationale Hô Chi Minh : Duc Tho-Phong Nha	Merveilleux paysage karstique, forêts, peu de circulation et une excellente route goudronnée.	p. 156
Col de Hai Van	Ce col spectaculaire fait défiler une succession de virages en épingle et des vues splendides sur l'océan.	p. 186
Sapa-Dien Bien Phu	Magnifique paysage de montagne, vallées fluviales et villages de minorités.	p. 143
Ha Giang-Dong Van-Bao Lac	Le summum. Panorama exceptionnel, routes de montagne fantastiques. On est transporté.	p. 142
Nha Trang-Dalat	Cette nouvelle route spectaculaire coupe à travers les forêts et emprunte un col à 1 700 m.	p. 292

LES MEILLEURS SPOTS DE SURF DU VIETNAM

LIEU	DESCRIPTION	SURF SHOP
China Beach	C'est sur cette vaste plage de 30 km que se reposaient les soldats américains. De bons pics de plus de 2 m peuvent se former, mais attention à la pollution après les fortes pluies. Bonnes gauches et droites sur le banc de sable au large de Hoa's Place.	Tam's Pub & Surf Shop (p. 185) Da Boys Surf (p. 197) Hoa's Place (p. 197)
Région de Nha Trang	La plage de Bai Dai, à 27 km au sud de Nha Trang, offre de bonnes gauches atteignant jusqu'à 2 m par grosse houle. Le bodysurf est formidable sur la plage principale de Nha Trang.	Shack Vietnam (p.252) Waves Watersports (p. 244)
Mui Ne	Idéal pour les débutants. Nombreuses vagues dans la baie, notamment de courtes droites et gauches. Tubes occasionnels. Plusieurs locations de planches.	Surf Point (p. 257)
Vung Tau	Très inégal, mais offre quelques-unes des meilleures vagues du Vietnam quand les conditions sont bonnes.	Surf Station (p. 269)

la saison. Les tarifs démarrent à 57 $US. À Nha Trang, des agences, notamment Shamrock Adventures (p. 244), proposent également des excursions.

Escalade

Ce n'est qu'une question de temps avant que le Vietnam devienne la Mecque de l'escalade et que l'on s'aventure sur les fabuleuses parois karstiques du nord au sud du pays. À Cat Ba, Asia Outdoors, pionnier et spécialiste reconnu, est une agence très professionnelle proposant des formations pour débutants et des excursions pour les plus expérimentés. Pour plus de détails sur les prestations, reportez-vous p. 106. À Dalat, deux agences proposent escalade et canyoning (p. 286).

Golf

Dans la plupart des clubs, vous pourrez jouer en invité en payant un droit d'entrée. Les meilleurs parcours sont près de Dalat (p. 286), Mui Ne et Phan Thiet (p. 257), mais il y a également de nombreux terrains à Hanoi, à HCMV et dans les alentours.

Luxury Travel (www.luxurytravel-vietnam.com) et **Vietnam Golf** au Royaume-Uni (www.vietnamgolf.co.uk) proposent des forfaits axés sur le golf.

Les régions en un clin d'œil

Occupant une fine tranche de l'immense territoire extrême-oriental, le Vietnam est hérissé de montagnes tourmentées au nord, se termine au sud par une plaine deltaïque plate comme une crêpe, est doté dans les provinces du Centre de collines calcaires percées de grottes et il est bordé à l'ouest par une dense forêt tropicale, émaillée de rizières parmi les plus productives du monde.
Et il ne s'agit là que de la campagne vietnamienne...

La moitié nord du pays connaît un hiver beaucoup plus froid, ce que reflètent la cuisine, le mode de vie et le caractère de ses habitants. Plus au sud, règne une ambiance davantage tropicale : les cocotiers sont plus nombreux que les bambous et la sauce de poisson remplace la sauce au soja. Dans les provinces du Sud, le climat est toujours humide, chaud et lourd, et la cuisine, complexe, mêle le sucré, les épices et une multitude d'herbes aromatiques.

Hanoi

Cuisine ✓✓✓
Histoire ✓✓
Culture ✓✓

Cuisine
De repas en repas, vous vous rendrez compte que Hanoi est l'une des villes où l'on mange le mieux au monde. Dînez dans une villa coloniale réaménagée ou un café contemporain, ou bien installez-vous sur un tabouret pour déguster les classiques des échoppes de rues comme le *pho bo* (soupe de nouilles au bœuf) ou le *bun cha* (vermicelles de riz et porc grillé).

Histoire
Découvrez la vieille ville et son labyrinthe de commerces vieux de plusieurs siècles, puis plongez dans l'histoire tumultueuse du XXe siècle, racontée de manière passionnante dans les excellents musées.

Culture
Hanoi offre beaucoup plus que le karaoké et les DVD piratés. Découvrez l'art ancien du théâtre de marionnettes sur l'eau avant d'assister à un spectacle de *hat tuong* (opéra vietnamien), moins facile d'abord.
p. 42

Nord-est du Vietnam

Paysages ✓✓✓
Plages ✓✓
Aventure ✓✓

Paysages
Vous partagerez sûrement la majestueuse baie d'Along avec d'autres bateaux de touristes, mais les paysages fantastiques sont nombreux, et particulièrement féeriques dans la brume du petit matin.

Plages
Embarquez sur un bateau pour lentement rejoindre les îles paisibles de la baie de Bai Tu Long. Similaire à celui de la baie d'Along, le paysage offre de plus de magnifiques plages.

Aventure
Relevez le défi sur les parois de Cat Ba, destination phare pour l'escalade en Asie, où vous pourrez également faire un trek dans la forêt luxuriante et dénicher des criques et plages de sable à bord d'un kayak.

p. 89

Nord-ouest du Vietnam

Randonnée ✓✓✓
Culture ✓✓✓
Histoire ✓

Randonnée
Parcourez des sentiers ancestraux jusqu'aux villages des minorités montagnardes ou entreprenez l'ascension du plus haut sommet vietnamien, le Fansipan. Pour une expérience vraiment rustique, poursuivez vers l'ouest jusqu'aux paysages naturels de Ha Giang.

Culture
Découvrez les diverses minorités ethniques du Nord, des Hmong noirs autour de Sapa aux Hmong fleurs dans la région de Bac Ha. Faites coïncider votre voyage avec les marchés hebdomadaires, attrayants et incroyablement pittoresques.

Histoire
Les musées, cimetières et champs de bataille autour de la ville isolée de Dien Bien Phu permettent de comprendre la solide et singulière détermination du Vietnam à rester indépendant. Ils commémorent la défaite de la France coloniale en 1954.

p. 119

Centre-nord du Vietnam

Nature ✓✓
Paysages ✓✓✓
Aventure ✓✓

Nature
Dans le parc national de Cuc Phuong, on aperçoit rarement le léopard tacheté et l'ours brun, mais on ne peut pas rater les singes (notamment gibbons et entelles) et les tortues des centres de réhabilitation. La réserve naturelle de Van Long est le paradis des ornithologues.

Paysages
La région de Ninh Binh est caractérisée par d'éblouissants reliefs karstiques. Plus au sud, on explore d'immenses systèmes de grottes dans le paysage similaire du parc national de Phong Nha-Ke Bang.

Aventure
Traverser les monts Truong Son, au sud de Vinh, à moto sur la route nationale Hô Chi Minh, est une expérience inoubliable. La réserve naturelle de Pu Luong offre de superbes randonnées et la découverte de villages ethniques.

p. 145

Centre du Vietnam

Architecture ✓✓✓
Cuisine ✓✓✓
Plages ✓✓

Littoral du Centre et du Sud

Plages ✓✓✓
Temples anciens ✓
Cuisine ✓✓

Hauts plateaux du Centre

Aventure ✓✓
Nature ✓✓
Culture ✓

Architecture
Malgré les bombardements de la guerre, la citadelle de Hué renferme toujours un ensemble exceptionnel de palais, de temples, de portes et de tours. De majestueux tombeaux royaux et de hautes pagodes bordent la rivière des Parfums. La vieille ville de Hoi An a parfaitement préservé son port marchand. Plus bas, la berge de Danang impressionne par ses multiples structures modernes et élégantes.

Cuisine
À Hoi An, l'une des capitales gastronomiques du pays, on trouve de très bons restaurants vietnamiens et occidentaux, d'excellents cafés et de délicieux mets locaux. N'oubliez pas de goûter la délicate cuisine impériale de Hué.

Plages
La plage d'An Bang est l'un des endroits les plus agréables au Vietnam pour paresser près des vagues. Vous pourrez aussi dénicher des criques secrètes sur les îles Cham.
p. 161

Plages
C'est la partie du littoral la plus somptueuse du Vietnam. Mui Ne et Nha Trang sont les stations les plus importantes, mais il existe des centaines de kilomètres de plages à découvrir, notamment les attrayantes rives désertes des îles Con Dao.

Temples anciens
Une grande partie de la région fut autrefois dominée par le royaume du Champa, dont les nombreux temples de brique, notamment les tours de Po Nagar à Nha Trang et celles de Po Klong Garai à Thap Cham, qui ponctuent la côte.

Cuisine
Toujours délicieuse, la cuisine vietnamienne fait ici la part belle aux fruits de mer : succulentes crevettes, légers calamars ou crabes juteux, grillés à votre table.
p. 223

Aventure
Chevauchez une Minsk, une Vespa ou une Honda Cub pour vous aventurer dans l'arrière-pays. Vous pouvez aussi découvrir des endroits moins fréquentés avec les Easy Riders sur les routes secondaires entre Dalat et Hoi An.

Nature
La région regroupe certains des parcs nationaux les plus importants du pays. On trouve des primates menacés et le nouveau Wild Gibbon Trek à Cat Tien. Facilement accessible depuis Buon Ma Thuot, Yok Don abrite des éléphants.

Culture
Quittez les habitants des plaines pour retrouver quelques minorités vivant dans les montagnes et apprenez à les connaître en séjournant chez l'habitant dans les villages traditionnels autour de Kon Tum.
p. 279

Hô Chi Minh-Ville

Histoire de la guerre ✓✓✓
Vie nocturne ✓✓
Cuisine ✓✓✓

Histoire de la guerre
La chute (ou la libération, selon le point de vue) de Saigon fut l'un des événements les plus dramatiques de la fin du XXe siècle. Les passionnés d'histoire trouveront leur bonheur entre le musée des Souvenirs de guerre, le palais de la Réunification et les fascinants tunnels de Cu Chi.

Vie nocturne
Pendant la guerre du Vietnam, la vie nocturne de Saigon était légendaire. Cela n'a pas beaucoup changé, les bars à cocktail branchés et les pubs fleurissent au côté des fidèles, comme l'Apocalypse Now.

Cuisine
On ne sait plus où donner de la tête tant le choix est large. Même en se limitant à la cuisine vietnamienne, les possibilités sont innombrables, allant des bons repas servis dans la rue aux dîners créatifs des grands restaurants.
p. 306

Delta du Mékong

Plages ✓
Sorties en bateau ✓✓✓
Pagodes ✓

Plages
Le sable blanc et les eaux chaudes de l'île Phu Quoc et de Mui Nai invitent les amoureux des plaisirs balnéaires à prendre leurs aises. Ces lieux de villégiature dans le golfe de Thaïlande sont à mille lieues des rives boueuses du delta du Mékong.

Sorties en bateau
Dans cette région, on vit sur l'eau. Les femmes rament toujours jusqu'aux marchés flottants pour s'approvisionner en fruits et en légumes. Plusieurs possibilités s'offrent aux voyageurs pour découvrir cette vie aquatique : de simples excursions à la rame dans le réseau de canaux aux luxueuses croisières de nuit jusqu'au Cambodge.

Pagodes
Comme de nombreux sites bouddhiques vietnamiens, dont le mont Sam, la région du delta regorge de pagodes khmères, habitées par de jeunes moines au crâne rasé en tenue jaune safran.
p. 360

> Toutes les adresses de ce guide sont recommandées par nos auteurs et sont classées par ordre de préférence

> **Les pictos pour se repérer :**

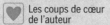 Les coups de cœur de l'auteur
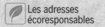 Les adresses écoresponsables
 Entrée, accès libre

HANOI 42
ENVIRONS DE HANOI 85
Musée de la Piste Hô Chi Minh 85
Pagode des Parfums......85
Villages d'artisans 86
Pagodes Thay et Tay Phuong........... 86
Parc national de Ba Vi.....87
Citadelle de Co Loa 87
Station climatique de Tam Dao 88

NORD-EST DU VIETNAM........89
Parc national de Ba Be 91
Con Son et Den Kiep Bac 93
Haiphong...............93
BAIE D'ALONG 96
Along 100
Île de Cat Ba 102
Baie de Bai Tu Long......110
MONG CAI ET LA FRONTIÈRE CHINOISE 113
Mong Cai 113
Lang Son 114
Cao Bang............. 115
Hang Pac Bo (grotte de la Roue à eau).. 117
Chutes de Ban Gioc et grotte de Nguom Ngao.. 118

NORD-OUEST DU VIETNAM....... 119
Hoa Binh 121
Mai Chau 121
Son La 123
Tuan Giao.............124
Lac Pa Khoang 124
Dien Bien Phu.........125
Muong Lay.............127
Lai Chau..............128
Sapa 129
Lao Cai................136
Bac Ha 137
Province de Ha Giang 141

CENTRE-NORD DU VIETNAM.......145
Province de Ninh Binh ...147
Vinh...................154
Environs de Vinh.........156
Parc national de Phong Nha-Ke Bang 156
Dong Hoi et environs.....159

CENTRE DU VIETNAM....... 161
Zone démilitarisée (DMZ).................163
Dong Ha...............166
Quang Tri.............169
Hué...................169
Environs de Hué........180
Parc national de Bach Ma 185
Suoi Voi (sources de l'Éléphant)...185

Voir aussi l'index où figurent toutes les localités couvertes dans ce guide.

Sur la route

Plage de Lang Co........186	Sources thermales de Binh Chau..........265	Environs de Tra Vinh.....371
Col et tunnel de Hai Van............186	De Phan Thiet à Long Hai.............265	Vinh Long..............371
Station climatique de Ba Na................187	Long Hai...............266	Can Tho................375
Danang..................187	Vung Tau...............267	Environs de Can Tho....380
Environs de Danang......194	Îles Con Dao...........272	Soc Trang...............381
Hoi An..................198		Bac Lieu...............382
Environs de Hoi An......216	**HAUTS PLATEAUX DU CENTRE.......279**	Environs de Bac Lieu....383
My Son.................219	Dalat et environs........281	Ca Mau................384
Tra Kieu (Simhapura)...222	Bao Loc................291	Environs de Ca Mau....386
Chien Dan.............222	Col de Ngoan Muc......291	Rach Gia..............387
	Parc national de Cat Tien............291	Île de Phu Quoc........389
LITTORAL DU CENTRE ET DU SUD........223	Buon Ma Thuot........294	Ha Tien................400
Quang Ngai............225	Environs de Buon Ma Thuot..............297	Environs de Ha Tien....403
Environs de Quang Ngai.........226	Pleiku..................301	Chau Doc..............405
Sa Huynh..............227	Kon Tum...............302	Environs de Chau Doc...409
Quy Nhon.............228		Long Xuyen.............411
Ruines cham de Cha Ban............232	**HÔ CHI MINH-VILLE.......306**	Cao Lanh..............413
Musée Quang Trung....233	**ENVIRONS DE HÔ CHI MINH-VILLE.....351**	Environs de Cao Lanh....415
Réserve naturelle Ham Ho...............233	Cu Chi.................351	Sa Dec.................416
Song Cau..............233	Tay Ninh...............355	**SIEM REAP ET LES TEMPLES D'ANGKOR........418**
Tuy Hoa...............233	Pagode au Pilier unique de Thu Duc............357	SIEM REAP.............419
De Tuy Hoa à Nha Trang.234	Can Gio...............358	**ENVIRONS DE SIEM REAP..........425**
Nha Trang.............236		Musée cambodgien des Mines terrestres....425
Environs de Nha Trang..252	**DELTA DU MÉKONG......360**	Chong Kneas...........425
Phan Rang et Thap Cham.........252	My Tho................362	Kompong Pluk.........425
Plage de Ninh Chu......255	Environs de My Tho.....365	**TEMPLES D'ANGKOR.426**
Ca Na.................255	Ben Tre................366	Angkor Vat.............426
Mui Ne................256	Tra Vinh...............368	Angkor Thom..........427
Phan Thiet.............264		Environs d'Angkor Thom........431
Mont Takou............265		

Hanoi

📍 04 / POPULATION : 6,5 MILLIONS D'HABITANTS

Dans ce chapitre »

À voir	43
Activités	55
Cours	57
Circuits organisés	59
Fêtes et festivals	59
Où se loger	61
Où se restaurer	66
Où prendre un verre	72
Où sortir	74
Achats	77
Marchés	78
Environs de Hanoi	85

Le top des restaurants

» Les restaurants de rue de Hanoi (p. 65)
» La Badiane (p. 69)
» Highway 4 (p. 66)
» Ly Club (p. 67)
» Quan An Ngon (p. 68)

Le top des hébergements

» Sofitel Metropole Hotel (p. 63)
» Daluva Home (p. 70)
» Art Hotel (p. 61)
» Hanoi Elite Hotel (p. 61)
» 6 on Sixteen (p. 63)

Pourquoi y aller

Avec ses larges boulevards, ses lacs bordés d'arbres et ses pagodes anciennes, Hanoi est sans doute la plus élégante et la plus exotique des capitales du continent asiatique. Cette grande vieille dame vit à un rythme effréné, et l'énergie qui s'en dégage, tout comme son esprit d'entreprise, est impressionnante

Dans la vieille ville, effervescente d'activité au milieu du va-et-vient des motos et des piétons, les colporteurs coiffés de chapeaux coniques vantant leur marchandise côtoient les citadins attablés devant un café ou une *bia hoi* (bière). Sur les rives du lac Hoan Kiem, à l'aube, a lieu le ballet séculaire des adeptes du taï-chi, alors que des joueurs d'âge vénérable réfléchissent à leur prochain coup aux échecs. Dans le parc Lénine, la jeunesse engagée au Parti communiste fait des exercices militaires ; à quelques centaines de mètres, des jeunes branchés s'attardent dans des restaurants ou des bars cosmopolites.

Le développement de l'immobilier et la circulation chaotique menacent de plus en plus l'harmonieux équilibre de la ville. Mais pour l'instant, Hanoi, où coexistent l'histoire ancienne, l'héritage colonial et la modernité, montre encore ce visage unique, et si séduisant, qui mêle cultures asiatique et européenne.

Quand partir

Hanoi

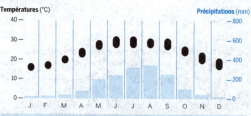

Jan-avr Quelques journées fraîches, mais il y a le Têt et la fête de Dong Da pour se réchauffer.

Mai Moment où se déroule le festival CAMA des musiques et arts alternatifs.

Oct-déc Temps clair et ensoleillé, peu d'humidité : le meilleur moment pour visiter Hanoi.

Histoire

Le site de Hanoi fut habité dès le néolithique. L'empereur Ly Thai Tô y transféra sa capitale en 1010, la rebaptisant Thang Long ("cité du dragon prenant son envol"). Le millième anniversaire de la ville a d'ailleurs été célébré en grande pompe en 2010.

Lorsque l'empereur Gia Long (1762-1820), fondateur, en 1802, de la dynastie des Nguyên, décida d'établir sa capitale à Hué, Hanoi se retrouva reléguée au rang de métropole régionale pendant un siècle. L'appellation de Hanoi ("ville dans la courbe du fleuve") lui a été donnée par l'empereur Tu Duc en 1831. De 1902 à 1953, elle fut la capitale de l'Indochine française.

Hanoi fut proclamée capitale du Vietnam après la révolution d'août 1945, mais ce n'est qu'en 1954, après les accords de Genève, que le Viêt-minh – chassé de la ville en 1946 par les Français – put y revenir.

Pendant la guerre du Vietnam, les bombardements américains détruisirent une partie de la ville et tuèrent des centaines de civils. L'une des cibles fut le pont Long Bien (anciennement Paul-Doumer), un ouvrage long de 1 682 m franchissant le fleuve Rouge et édifié sur des plans de Gustave Eiffel entre 1898 et 1902. Il fut régulièrement bombardé par l'aviation américaine et réparé avec des travées de fortune après chaque attaque. Les bombardements auraient cessé lorsque les Vietnamiens employèrent des prisonniers de guerre américains à sa réfection. Aujourd'hui, ce pont est devenu le symbole de la ténacité de la population de la ville, et le traverser en *xe om* (moto-taxi) est un passage obligé.

Au début des années 1990, les transports motorisés étaient encore rares – la plupart des citadins roulaient à vélo –, et les seules structures modernes dans la ville avaient été dessinées par les architectes soviétiques. Aujourd'hui, le caractère unique de Hanoi est menacé sur bien des fronts et les défenseurs du patrimoine de la ville se battent pour sauver les bâtiments historiques, tandis que la municipalité essaie de faire face à l'accroissement de la population, aux problèmes de pollution et à un système de transports publics assez inadapté.

◉ À voir

Sachez que certains musées sont fermés le lundi et marquent une pause de deux heures au déjeuner les autres jours de la semaine.

HANOI EN...

Un jour

Commencez par une promenade matinale autour du **lac Hoan Kiem** sortant de la brume, puis prenez un petit-déjeuner typique de *pho bo* (soupe de pâtes de riz au bœuf), au **Pho Gia Truyen**. Passage obligé au **mausolée de Hô Chi Minh**, à l'étrange **musée** et à la **maison sur pilotis** sur le même site. Descendez Pho Dien Bien Phu pour gagner le musée de l'Histoire militaire du Vietnam. Après une pause déjeuner au **Matchbox Winebar & Restaurant**, allez admirer, juste à côté, les trésors de la culture vietnamienne au musée des Beaux-Arts, à quelques minutes de marche du temple de la Littérature, oasis de calme. Prenez ensuite un taxi pour revenir au chaos, irrésistible, de la vieille ville et vous perdre au gré des vieilles bâtisses, des boutiques et des galeries d'art, sans oublier de vous offrir un verre de *bia hoi* (bière). Ne manquez pas le spectacle des marionnettes sur l'eau, avant d'aller dîner au Quan An Ngon, dont la carte de spécialités de tout le Vietnam vous laissera présager d'un festin.

Deux jours

Consacrez cette journée aux musées de la ville, la plupart assez excentrés : visitez d'abord le remarquable **musée d'Ethnographie du Vietnam**, où découvrez la mosaïque de peuples du pays. Déjeunez d'un plat local au **Nha Hang Lan Chin**, non loin du **musée de la Révolution vietnamienne**, puis traversez la rue pour gagner le **musée national d'Histoire**. Cet édifice colonial abrite une collection qui permet de plonger dans 2 000 ans d'histoire du pays. Après cette immersion dans le passé, direction plein nord en taxi, vers les nouveaux restaurants et bars de la très tendance **Pho Xuan Dieu**, près du Tay Ho (le lac de l'Ouest). Un dîner et un verre au **House of Son Tinh** vous donneront un aperçu du Hanoi de demain.

À ne pas manquer

1 Le labyrinthe des rues bourdonnantes d'animation de la **vieille ville** (p. 46), meilleur endroit pour prendre le pouls de cette cité millénaire

2 Un bond dans l'Histoire et une retraite spirituelle au **temple de la Littérature** (p. 50), havre de paix à l'écart de l'agitation urbaine

3 Le quotidien et le goût authentique de la ville au gré de ses restaurants de rue (p. 65)

4 Le ballet des adeptes du taï-chi, à l'aube, sur les rives du **lac Hoan Kiem** – un autre visage de Hanoi (p. 47)

5 Un aperçu, excellent, des minorités ethniques au **musée d'Ethnographie du Vietnam** (p. 54), véritable mosaïque de peuples

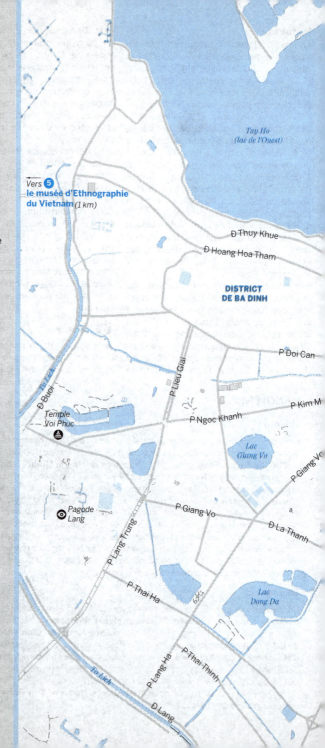

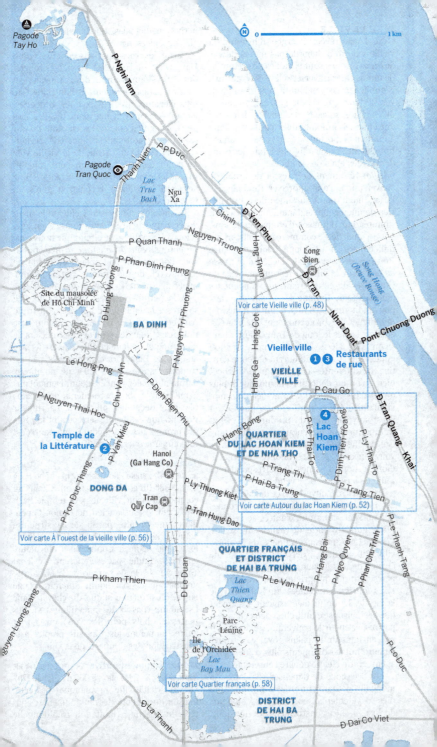

VIEILLE VILLE

C'est l'Asie rêvée. Chargée d'histoire, la vieille ville n'en déborde pas moins de vie. Ses rues étroites sont envahies de piétons et de motos et les traverser relève du grand art. N'oubliez pas cependant de regarder autant vers le haut que vers le bas, car, au milieu de ce chaos, se cachent de belles demeures anciennes. D'innombrables petits vendeurs ambulants portent dans des paniers fumants des repas à livrer ; à tous les coins de rue, des étals de *pho* et des échoppes de *bia hoi* résonnent de rires et de bruits de conversation. Pour apprécier l'ambiance à la fois moderne et surannée de cette ville, rien de mieux que de flâner dans les rues en s'imprégnant d'images, d'effluves et de sons.

Ce quartier commerçant historique millénaire s'est développé le long du fleuve Rouge et de la rivière To Lich, qui ont tissé au centre de la ville un réseau complexe de canaux et de cours d'eau où abondent les embarcations. Comme le niveau des eaux pouvait monter de 8 m pendant la mousson, des digues de protection ont été élevées, encore visibles le long de Tran Quang Khai.

Au XIIIe siècle, les 36 corporations, ou guildes, de la ville s'établirent chacune dans une rue différente – d'où le nom de "36 rues", bien qu'on en dénombre de nos jours plus de 50 dans la vieille ville actuelle. Le mot vietnamien *hang* signifie "marchandise", et il est suivi du nom du produit qui y était traditionnellement vendu : ainsi, Pho Hang Gai signifie "rue de la Soie" (pour les autres, voir l'encadré p. 76). Aujourd'hui, cependant, le nom des rues ne correspond plus toujours à ce que l'on y vend.

Partir à la découverte de ce dédale de rues est une expérience mémorable. Certaines s'élargissent, alors que d'autres se rétrécissent en un labyrinthe de ruelles minuscules. Les célèbres "maisons-tunnels" de la vieille ville dissimulent, derrière une façade étroite, de très longues pièces : cette astuce permettait aux propriétaires de réduire les taxes foncières, calculées sur la largeur de la façade. La loi féodale exigeait également que les maisons se limitent à deux étages et, par respect pour le souverain, ne dépassent pas en hauteur le palais royal. On trouve aujourd'hui des bâtiments plus grands, mais aucun gratte-ciel ne dépare l'ensemble.

Les occasions de dépenser vos dongs (la monnaie vietnamienne) sont presque infinies : vêtements, cosmétiques, aliments de luxe, T-shirts, instruments de musique, herbes médicinales, bijoux, offrandes religieuses, épices, nattes…

Parmi les rues spécialisées, citons Pho Hang Quat, où l'on vend des cierges rouges, des urnes funéraires, des drapeaux et d'autres articles religieux, et Pho Hang Gai, plus élégante, avec ses soieries, broderies, laques, peintures et marionnettes. Les sacs de couchage en soie et les élégants *ao dai* (costumes traditionnels) sont très recherchés. Enfin, aucune visite de la vieille ville ne serait complète sans un petit tour au **marché Dong Xuan** (carte p. 48 ; angle P Hang Khoai et P Dong Xuan), reconstruit après un incendie de 1994.

La découverte de la vieille ville peut durer d'une heure à une journée entière, selon votre rythme. Le circuit que nous vous proposons (voir *Promenade à pied*, p. 60) vous donnera un bon aperçu de la longue histoire et de la culture vietnamiennes, quels que soient les détours que vous faites.

À la périphérie ouest de la vieille ville se dresse la citadelle de Hanoi, construite par l'empereur Gia Long. Aujourd'hui base militaire et lieu de résidence des officiers de haut rang et de leur famille, elle est fermée au public. Déjà fort endommagés par les troupes françaises en 1894, de nombreux bâtiments anciens ont été définitivement mis à mal par les bombardements américains plusieurs décennies plus tard. La rumeur prétend que cette zone sera bientôt la proie des promoteurs, mais, pour le moment, c'est toujours une enceinte militaire.

Temple Bach Ma   TEMPLE
(carte p. 48 ; angle Pho Hang Buom et Pho Hang Giay ; ☉8h-11h et 14h-17h mar-sam). Caché au cœur de la vieille ville, le petit temple Bach Ma serait le plus ancien de Hanoi. Cependant, une grande partie de la structure actuelle ne date que du XVIIIe siècle, et le temple dédié à Confucius a été ajouté en 1839. Édifié par l'empereur Ly Thai Tô au XIe siècle, le temple Bach Ma abrite un magnifique palanquin funéraire rouge laqué, ainsi qu'une statue du cheval blanc légendaire (passez les magnifiques vieilles portes en bois pour les voir) qui aurait guidé l'empereur jusqu'au site propice à la construction des remparts de la ville.

Maison commémorative   ÉDIFICE HISTORIQUE
(carte p. 90 ; 87 P Ma May ; 5 000 d ; ☉8h30-17h). Dans la vieille ville, ne manquez pas cette maison, qui est l'une des plus joliment restaurées du quartier. Habitation traditionnelle

de marchands, elle est décorée sobrement et avec goût. Les pièces, organisées autour de deux cours, renferment de beaux meubles. Remarquez les hautes marches entre les pièces, traditionnellement utilisées pour couper le flux de mauvaise énergie entrant dans la maison. La boutique vend toutes sortes d'objets artisanaux (bijoux en argent, vannerie, services à thé) et un calligraphe, ou autre artisan, fait régulièrement des démonstrations.

ENVIRONS DU LAC HOAN KIEM

Lac Hoan Kiem LAC

(carte p. 52). Situé au cœur de Hanoi, près de la vieille ville, le lac Hoan Kiem est un merveilleux plan d'eau. Selon la légende, le Ciel, au XVe siècle, aurait donné à l'empereur Lê Loi une épée magique qu'il aurait utilisée pour chasser les Chinois du Vietnam. Alors qu'il se promenait sur le lac, une fois la paix revenue, une tortue d'or géante sortit de l'eau, s'empara de l'épée et disparut dans les profondeurs. La tortue ayant rendu l'épée à ses propriétaires divins, le lac fut baptisé Hô Hoan Kiem (lac de l'Épée restituée).

Le lac compte deux sites célèbres : le temple Ngoc Son, dressé sur une petite île au nord, et la **Thap Rua** (tour de la Tortue), sur un îlot au sud, surmontée d'une étoile rouge, qui sert souvent d'emblème à Hanoi. Chaque matin vers 6h, les habitants du quartier pratiquent le traditionnel taï-chi sur les berges du lac.

Temple Ngoc Son TEMPLE

(temple de la Montagne de jade ; carte p. 52 ; 10 000 d ; ⊙7h30-17h). Édifié au XVIIIe siècle, le temple Ngoc Son, peut-être l'un des lieux les plus visités de la ville, se dresse sur une petite île dans la partie nord du lac Hoan Kiem. On y accède par le pont The Huc (Soleil levant), une élégante structure en bois laqué rouge, dans le style classique vietnamien, ornée de drapeaux. Entouré d'eau et ombragé, ce petit temple est dédié à l'érudit Van Xuong, au général Tran Hung Dao (vainqueur des Mongols au XIIIe siècle) et à La To, saint patron des physiciens. À l'intérieur, on découvre de jolies céramiques, quelques gongs, des cloches anciennes et, dans une vitrine, une tortue du lac naturalisée, qui aurait pesé 250 kg.

À proximité, le **monument aux martyrs** a été érigé à la mémoire des morts au combat pour l'indépendance du Vietnam.

LA TORTUE CU RUA, UNE LÉGENDE VIVANTE

Nous y étions ! Un jour brumeux d'avril 2011, nous avons interrompu notre investigation au Vietnam pour rejoindre les milliers de curieux qui s'étaient rassemblés à l'extrémité nord du lac Hoan Kiem. Ils étaient là pour voir Cu Rua ("l'arrière-grand-père"), la tortue légendaire du lac, capturée pour recevoir un traitement médical destiné à soigner des lésions causées par la pollution. Cu Rua est la dernière tortue du lac : les autres ont été tuées par les pêcheurs dans les années 1960. Ce n'est certainement pas le genre de tortue que vous verrez dans votre jardin. Un spécimen mort en 1968, aujourd'hui exposé dans le temple Ngoc Son, pesait 250 kg pour 2,10 m de long. Cu Rua pèse quant à elle 200 kg et mesure plus de 2 m.

Pour beaucoup de Hanoiens, Cu Rua est une créature magique et sacrée, âgée de plus de 600 ans, ou du moins serait un descendant direct de la tortue qui restitua au lac l'épée magique utilisée par l'empereur Lê Loi au XVe siècle pour mettre en déroute la dynastie chinoise des Ming.

Les scientifiques estiment que Cu Rua n'aurait qu'une centaine d'années. Elle n'en sort pas moins de l'ordinaire. Il ne resterait en effet, à part elle, que trois autres tortues de l'espèce *Rafetus swinhoei* en vie aujourd'hui (l'une dans un lac près de Hanoi et deux autres en Chine). On comprend que Cu Rua ait été à la une des journaux locaux pendant quelques jours.

Tapez "Hanoi" et "turtle" sur Youtube pour voir comment une équipe de choc, comprenant des membres des Forces spéciales vietnamiennes, a capturé en douceur le reptile le plus révéré de la ville.

♥ **Musée national d'Histoire** MUSÉE

(carte p. 52 ; www.nmvnh.org.vn ; 1 P Trang Tien ; adulte/étudiant 20 000/10 000 d ; ⊙8h-16h30). À voir absolument pour son architecture et ses collections, ce musée d'histoire abritait autrefois l'École française d'Extrême-Orient. Le superbe bâtiment couleur ocre fut construit entre 1925 et 1932 par l'architecte

Vieille ville

français Ernest Hébrard, l'un des premiers à introduire au Vietnam un style de construction alliant éléments chinois et français.

Parmi les pièces les plus remarquables figurent quelques beaux bronzes de la culture de Dong Son (IIIe siècle av. J.-C.-IIIe siècle), quelques étonnantes statues hindouistes des royaumes khmer et du Champa, ainsi que des bijoux et des vêtements datant du Vietnam impérial. L'histoire récente englobe une évocation de la guerre contre la France, ainsi que l'histoire du Parti communiste.

Les notices explicatives sont libellées en français et en anglais.

Musée de la Prison de Hoa Lo
ÉDIFICE HISTORIQUE

(carte p. 52 ; angle P Hoa Lo et P Hai Ba Trung ; 10 000 d ; 8h-17h). Ce musée très particulier est tout ce qui subsiste de l'ancienne prison de Hoa Lo, que les prisonniers de guerre américains avaient surnommée par dérision le "Hanoi Hilton" pendant la guerre du Vietnam.

Cette vaste "maison centrale" (on peut encore lire cette inscription au-dessus de l'entrée) a été construite par les Français en 1896. Prévue à l'origine pour 450 prisonniers, elle en comptait, selon les registres,

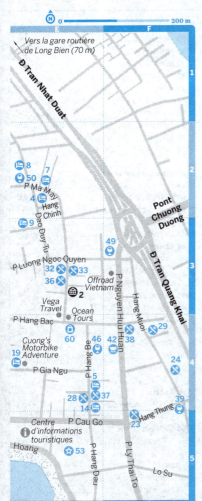

à Hoa Lo, notamment Pete Peterson (devenu en 1995 le premier ambassadeur des États-Unis dans le Vietnam unifié), et le sénateur John McCain (candidat républicain à l'élection présidentielle américaine de 2008).

Musée des Femmes vietnamiennes MUSÉE

(hors plan p. 52 ; www.baotangphunu.org.vn ; 36 P Ly Thuong Kiet ; 30 000 d ; ◐8h-16h30 mar-dim). Rouvert après une rénovation qui a duré 4 ans, voici l'un des musées les plus visités de Hanoi, et l'un des meilleurs, dédié au rôle des femmes dans la société et la culture vietnamiennes. Superbement muséographié (avec des notices en français), il rend hommage de façon poignante à la contribution héroïque des femmes pendant la guerre. On peut y voir une remarquable collection d'affiches de propagande, ainsi que des costumes traditionnels, des articles de vannerie et des tissus imprimés de différentes minorités ethniques. Des expositions sont régulièrement présentées sur la traite des êtres humains, les vendeuses de rue ou la médecine traditionnelle.

Cathédrale Saint-Joseph ÉGLISE

(carte p. 52 ; P Nha Tho ; ◐portail principal 5h-12h et 14h-19h30). Cette cathédrale néogothique a été consacrée en 1886. Elle se distingue par sa façade élancée, dominant une petite place, ses tours jumelles carrées, son autel très travaillé et de beaux vitraux.

L'entrée principale est ouverte pendant les offices religieux (affichés sur les portes à gauche de l'édifice). Le reste du temps, les visiteurs doivent passer par les bâtiments de l'évêché, une rue plus loin, au 40 Pho Nha Chung. Une fois passé le portail principal, dirigez-vous tout droit, puis tournez à droite ; à la porte latérale de la cathédrale, appuyez sur la sonnette, placée très haut sur votre droite, pour que quelqu'un vous ouvre.

Le dimanche à l'heure des vêpres (habituellement à 18h), les hymnes et le sermon résonnent sur la place, écoutés religieusement par les croyants assis sur leurs motos.

Musée de la Révolution vietnamienne MUSÉE

(carte p. 52 ; 216 Đ Tran Quang Khai ; 15 000 d ; ◐8h-11h30 et 13h30-16h15). Il se trouve à la diagonale du musée d'Histoire et présente de façon originale l'histoire de la révolution vietnamienne.

près de 2 000 dans les années 1930 ! Hoa Lo n'était pas une prison sans faille : des centaines de prisonniers s'échappèrent au fil des années, par les plaques d'égout.

Les objets exposés ont trait, pour l'essentiel, à l'activité de la prison jusqu'au milieu des années 1950, en particulier jusqu'à la guerre d'Indochine. Dans des salles assez sombres et glauques, vous verrez notamment la guillotine qui servait à décapiter les "révolutionnaires" vietnamiens pendant la période coloniale.

Depuis peu, des vitrines sont consacrées aux pilotes américains qui furent incarcérés

Vieille ville

◉ Les incontournables
Temple Bach Ma D2

◉ À voir
1 Cua O Quan Chuong
   (ancienne porte de l'Est) D1
Marché Dong Xuan .... (voir 55)
2 Maison commémorative E3

⊕ Activités
Free Wheelin' Tours .... (voir 51)
Highway 4 (cours de cuisine) .... (voir 29)

🛏 Où se loger
3 Art Hotel A5
4 Camel City Hotel E2
5 Classic Street Hotel E4
6 Duc Thai Hotel A4
7 Hanoi Backpackers 2 .... E2
8 Hanoi Boutique 2 .... E2
9 Hanoi Elite E3
10 Hanoi Gecko 3 .... B4
11 Hanoi Guesthouse B3
12 Hanoi Rendezvous Hotel A4
13 Manh Dung Guesthouse B5
14 Rising Dragon Hotel E4
15 Serenity Hotel A3
16 Sports Hotel D3
17 Thu Giang Guesthouse B5
18 Thuy Nga Guesthouse D3
19 Tirant Hotel E4
Vega Hotel .... (voir 31)

🍴 Où se restaurer
20 Banh Cuon A2
21 Bun Bo Nam Bo A5
22 Bun Cha Nem Cua Be Dac Kim A5
23 Bun Oc Saigon F5
24 Bun Rieu Cua F4
25 Cha Ca Thanh Long A4
26 Che A5
27 Green Mango C4
28 Green Tangerine E4
29 Highway 4 .... F4
30 Highway 4 .... B3
31 Mien Xao Luon A5
32 New Day E3
33 Nola E3
34 Pho Gia Truyen B4
35 Quan Bia Minh D4
36 Tamarind Cafe E3
37 The Spot E4
38 Xoi Yen F4

🍷 Où prendre un verre
39 Beca F4
40 Bia Hoi Ha Noi A4
41 Carrefour des microbrasseries D3
42 Cafe Lam F4
43 Cafe Pho Co C5
44 Cheeky Quarter D2
45 Dragonfly D2
Funky Buddha .... (voir 51)
Green Mango .... (voir 27)
46 Le Pub E4
47 Legends Beer D5
48 Mao's Red Lounge D3
49 Roots F3
50 Temple Bar E2
51 Tet D2
52 Thanh Binh C3

🎭 Où sortir
53 Théâtre municipal
   des marionnettes sur l'eau E5
54 Vietnam Tuong
   Theatre A5

🛍 Achats
55 Marché Dong Xuan C1
56 Hadong Silk C5
57 Khai Silk C5
58 Marché de nuit C3
59 Old Propaganda
   Posters D3
60 Vietnam Quilts E4

OUEST DE LA VIEILLE VILLE

💙 **Temple de la Littérature** TEMPLE
(carte p. 56 ; P Quoc Tu Giam ; adulte/étudiant 10 000/5 000 d ; ⊗8h-17h). À 2 km à l'ouest du lac Hoan Kiem, le temple de la Littérature, vaste ensemble formé de jardins, de 5 cours intérieures successives et de pavillons, est un rare exemple d'architecture traditionnelle vietnamienne bien conservée.

Édifié en 1070 par l'empereur Ly Thanh Tông, il fut dédié à Confucius (Khong Tu) afin d'honorer les lettrés et les grands écrivains. Ici fut inaugurée, en 1076, la première université du Vietnam, destinée à l'époque à l'instruction des fils de familles nobles. Après 1442, elle devint plus égalitaire en acceptant tous les étudiants méritants de la nation, qui venaient ainsi à Hanoi étudier les principes du confucianisme, la littérature et la poésie.

En 1484, l'empereur Lê Thanh Tông ordonna l'édification de stèles portant les noms, lieux de naissance et hauts faits des lauréats du doctorat : 82 d'entre elles sont parvenues jusqu'à nous. L'imposant portique à plusieurs linteaux qui marque l'entrée principale (dans Pho Quoc Tu Giam), à l'extrémité sud du temple, est précédé d'une plaque insolite stipulant que les visiteurs doivent descendre de cheval avant d'entrer.

À partir de là, des sentiers conduisent, à travers des jardins structurés, jusqu'au pavillon Khue Van, édifié en 1802. Derrière apparaît le vaste bassin carré appelé puits de la Clarté céleste. Les 82 stèles, véritables joyaux du temple, sont alignées de part et d'autre de la troisième cour ; chacune d'elles repose sur une tortue de pierre.

L'aile nord de cette cour est surplombée par une petite pagode qui abrite une majestueuse statue de Confucius, entouré de quatre de ses disciples.

Site du mausolée de Hô Chi Minh
SITE HISTORIQUE
(carte p. 56 ; entrée angle P Ngoc Ha et P Doi Can). À l'ouest de la vieille ville, le site du mausolée de Hô Chi Minh comprend des **jardins botaniques**, des bâtiments historiques, des monuments et des pagodes. Important lieu de pèlerinage, il est généralement fréquenté par de nombreux groupes venus de tout le pays pour se recueillir.

Mausolée de Hô Chi Minh
(entrée libre ; 8h-11h mar-jeu, sam-dim déc-sept, dernière entrée à 10h15). Tout comme pour Lénine et Staline avant lui, et plus tard Mao, le mausolée de Hô Chi Minh est un immense monument en marbre. Contrairement au souhait de Hô Chi Minh d'être incinéré, on lui a érigé un mausolée, entre 1973 et 1975, avec des matériaux provenant de différentes régions du Vietnam. Le toit et le péristyle sont censés évoquer une maison commune traditionnelle, ou encore une fleur de lotus. Dans l'enceinte du bâtiment, la frêle dépouille de Hô Chi Minh repose dans un sarcophage de verre. Le monument est fermé au public deux mois par an, pendant lesquels le corps embaumé est envoyé en Russie pour y subir des soins conservatoires.

La file d'attente (rapide) s'étend généralement sur plusieurs centaines de mètres avant l'entrée du mausolée. À l'intérieur, suivez le rythme et avancez assez rapidement. Des gardes en uniforme blanc, postés tous les cinq pas, participent de la solennité des lieux.

Les règles suivantes ne souffrent aucune exception :
» L'entrée est refusée aux personnes vêtues d'un short, débardeur, etc.
» Aucun objet (y compris sac, appareil photo et téléphone mobile) n'est autorisé à l'intérieur.
» Une attitude respectueuse est exigée à tout moment. Ne parlez pas et ne vous moquez pas.
» Il est formellement interdit de prendre des photos à l'intérieur du mausolée.
» Il est interdit d'avoir les mains dans les poches.
» Vous devrez ôter votre couvre-chef à l'intérieur du mausolée.

Il est intéressant d'observer les réactions des visiteurs, vietnamiens pour la plupart : ils montrent généralement un profond respect pour Hô Chi Minh, honoré tant pour avoir libéré le pays du colonialisme que pour ses prises de position. Ce point de vue est renforcé par le système éducatif, qui vante les hauts faits et les talents du libérateur.

Avec un peu de chance, vous assisterez à la relève de la garde, en grande pompe, devant le mausolée.

Maison sur pilotis de Hô Chi Minh et palais présidentiel
(15 000 d ; 7h30-11h et 14h-16h l'été, 8h-11h et 13h30-16h l'hiver. Fermé lun. et ven après-midi). Derrière le mausolée, dans un beau jardin agrémenté d'un bassin à carpes, s'élève l'humble maison sur pilotis où Hô Chi Minh a vécu par intermittence entre 1958 et 1969 (la maison aurait été une cible trop tentante pour les Américains). La demeure, interprétation des habitations rurales traditionnelles, a été conservée en l'état. Dans un bâtiment attenant, on peut voir les voitures utilisées par Hô Chi Minh au cours de sa vie.

Le palais présidentiel, qui jouxte la maison sur pilotis, offre un contraste saisissant. Il occupe une demeure coloniale de 1906, magnifiquement restaurée, qui était jadis le palais du gouverneur général d'Indochine. Aujourd'hui utilisé pour des réceptions officielles, il n'est pas ouvert au public. Pour accéder à la maison sur pilotis et au palais présidentiel, franchissez le portail qui se trouve dans Pho Ong Ich Kiem, à l'intérieur du site. Si l'entrée principale du mausolée est fermée, passez par Đ Hung Vuong, près du palais.

Autour du lac Hoan Kiem

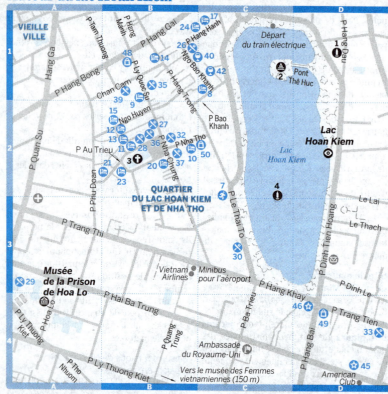

Musée Hô Chi Minh

(www.baotanghochiminh.vn ; 15 000 d ; ⊗8h-11h30 tlj et 14h-16h30 mar-jeu, sam-dim). Adjacent au mausolée, le musée est une gigantesque structure en béton de style soviétique, consacrée à la vie du fondateur du Vietnam moderne, et initiateur de la marche vers le socialisme révolutionnaire. Sont exposés des objets personnels, ainsi que des photos intéressantes et de vieux documents officiels relatifs à la libération du joug colonial français et aux débuts du communisme.

Les photographies sont interdites, et l'on peut vous demander de montrer votre sac à l'entrée. N'hésitez pas à faire appel à un guide francophone (il y en a en général), moyennant quelque 100 000 d, pour profiter pleinement de l'exposition.

Pagode au Pilier unique

(P Ong Ich Kiem). Cette célèbre pagode, qui se dresse entre la mausolée et le musée, a originellement été édifiée par l'empereur Ly Thai Tông, qui régna de 1028 à 1054. Selon les annales, l'empereur, affligé de ne pas avoir de descendance, rêva que Quan Thê Âm Bô Tat, déesse de la Miséricorde, assise sur une fleur de lotus, lui tendait un enfant mâle. Peu après, Ly Thai Tông épousa une jeune paysanne, qui lui donna un fils. En témoignage de sa gratitude, il fit ériger cette pagode en 1049. Tout en bois, elle repose sur un unique pilier de pierre, dans un bassin, et représente une fleur de lotus, symbole de pureté, émergeant d'une mer de chagrin. Détruite en 1954 par les Français, avant qu'ils n'abandonnent la ville, elle a été reconstruite par le nouveau gouvernement.

Musée de l'Histoire militaire du Vietnam

MUSÉE

(carte p. 56 ; www.btlsqsvn.org.vn ; P Dien Bien Phu ; 20 000 d, appareil photo 20 000 d ; ⊗8h-11h30 et 13h-16h30, fermé lun et ven). Facile à repérer grâce à l'importante collection d'armes exposée à l'extérieur, ce musée donne à voir

qui sert aussi de cadre à des expositions temporaires. Le superbe édifice principal accueille des objets encore plus extraordinaires, comme des sculptures de l'ancien royaume du Champa ou les étonnantes représentations de Guan Yin, la déesse de la Compassion (aux mille yeux et aux mille bras). Vous verrez aussi les statues en bois laqué de la dynastie Tây Son, figurant des moines bouddhistes (admirez le pli des robes, le lobe des oreilles et les visages expressifs). À ces œuvres antiques s'ajoute une vaste collection d'art contemporain.

Quelques galeries d'art vendent des pièces contemporaines et des peintures rurales naïves, ainsi que des reproductions d'antiquités ; demandez un certificat, à produire à la douane au sortir du pays.

Pagode des Ambassadeurs PAGODE

(carte p. 56 ; 73 P Quan Su). Siège officiel du bouddhisme à Hanoi, situé entre Pho Ly Thuong Kiet et Pho Tran Hung Dao, la pagode des Ambassadeurs attire une foule nombreuse durant les fêtes. Au XVIIe siècle, un bâtiment adjacent accueillait les ambassadeurs des pays bouddhistes. La pagode abrite aujourd'hui une douzaine de bonzes et de religieuses. Jouxtant l'édifice, une petite boutique vend des objets rituels.

Temple Quan Thanh TEMPLE

(carte p. 56 ; P Quan Thanh). Ombragé d'arbres immenses, il se dresse au bord du lac Truc Bach, près de l'intersection de Đ Thanh Nien et de Pho Quan Thanh. Il a été bâti sous la dynastie Ly (1010-1225), qui le dédia à Tran Vo (le dieu du Nord), dont les insignes de pouvoir sont la tortue et le serpent. La statue et la cloche de bronze datent de 1677.

QUARTIER FRANÇAIS

Temple Hai Ba Trung TEMPLE

(carte p. 58 ; P Tho Lao). Situé à environ 2 km au sud du lac Hoan Kiem, ce temple a été fondé en 1142. Une statue représente les deux sœurs Trung (héroïnes nationales du Ier siècle) à genoux, les bras levés, comme si elles s'adressaient à une foule. Pour certains, la sculpture figure en fait les deux sœurs (qui avaient été proclamées reines du Vietnam) après leur défaite, prêtes à se jeter sous le fleuve. Selon la légende, en effet, plutôt que de se rendre aux Chinois, elles se noyèrent volontairement.

du matériel militaire russe et chinois, ainsi que des armes françaises et américaines saisies pendant les guerres. Le Mig-21 soviétique, pièce maîtresse, flanque les carcasses d'avions français abattus à Dien Bien Phu et d'un F-111 américain. À proximité se dresse la **tour hexagonale du Drapeau**, l'un des monuments symboles de la ville. On peut accéder à une terrasse dominant des engins de guerre. En face du musée, on peut voir dans un petit parc une imposante **statue de Lénine**.

Musée des Beaux-Arts MUSÉE

(carte p. 56 ; 66 P Nguyen Thai Hoc ; 20 000 d ; ⊙9h15-17h mar-dim). Ces deux bâtiments, où était autrefois installé l'internat Jeanne-d'Arc, lycée de jeunes filles à l'époque coloniale, abritent l'excellent musée des Beaux-Arts de Hanoi, créé en 1966.

Vous y découvrirez de magnifiques collections de textiles, de meubles et de céramiques dans le premier bâtiment,

Autour du lac Hoan Kiem

⊙ Les incontournables
- Musée de la Prison de Hoa Lo A4
- Lac Hoan Kiem D2
- Musée de la Révolution vietnamienne F4
- Musée national d'Histoire F4

⊙ À voir
- 1 Monument aux martyrs D1
- 2 Temple Ngoc Son C1
- 3 Cathédrale Saint-Joseph B2
- 4 Thap Rua (tour de la Tortue) C2

⊕ Activités
- 5 ArmyHotel F4
- 6 Hanoi Foreign Language College F4
- La Siesta Spa .... (voir 16)
- 7 QT Anam Spa C2

🍴 Où se restaurer
- 8 6 on Sixteen C1
- 9 Central Backpackers Hostel B1
- 10 Church Hotel B2
- 11 Cinnamon Hotel B2
- 12 Especen Hotel B2
- 13 Especen Hotel B2
- 14 Golden Lotus Hotel B1
- 15 Hanoi Backpackers Hostel B2
- 16 Hanoi Elegance Diamond Hotel E1
- 17 Heart Hotel C1
- 18 Hilton Hanoi Opera F4
- 19 Hotel L'Opera E4
- 20 Hotel ThienTrang B2
- 21 Impressive Hotel B2
- 22 Jasmine Hotel E1
- 23 Joseph's Hotel B2
- 24 Madame Moon Guesthouse B1
- 25 Sofitel Metropole Hotel E4

⊗ Où se restaurer
- 26 Apple Tart B1
- 27 Banh Ghoi B2
- 28 Cart B2
- Cine Café .... (voir 45)
- 29 Citimart A3
- 30 Fanny Ice Cream C3
- 31 Fivimart E1
- 32 Hanoi House B2
- 33 Kem Dac Diet Trang Tien D4
- 34 Khazaana E2
- 35 La B1
- 36 La Place B2
- 37 La Salsa B2
- 38 Ly Club E3
- 39 Madame Hien B1
- Mediterraneo .... (voir 37)

🍷 Où prendre un verre
- Angelina .... (voir 25)
- Bamboo Bar .... (voir 25)
- 40 Factory B1
- 41 Gambrinus F2
- 42 GC Pub C1
- 43 Nha Hang Lan Chin F4

⊙ Où sortir
- 44 Institut français de Hanoi E4
- 45 Cinémathèque D4
- 46 Face Club D4
- 47 Opéra de Hanoi F4
- Tunnel .... (voir 40)

🛍 Achats
- Indigenous .... (voir 11)
- 48 Mosaique B1
- 49 Librairie Thang Long D4
- 50 Things of Substance C2
- ThreeTrees .... (voir 50)

AGGLOMÉRATION DE HANOI

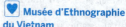
Musée d'Ethnographie du Vietnam
MUSÉE

(hors carte p. 44 ; www.vme.org.vn ; Đ Nguyen Van Huyen ; 25 000 d, guide 50 000 d, appareil photo 50 000 d ; ⊖8h30-17h30 mar-dim). Ce remarquable musée consacré à l'étude des peuples vietnamiens est l'un des plus intéressants du Vietnam. Occupant une structure moderne, il met en valeur une collection impressionnante d'œuvres d'art et d'objets de la vie quotidienne provenant de toutes les régions du pays et de ses différentes ethnies. Les explications sont très bien rédigées, notamment en français. Bien que le musée soit excentré, dans le quartier de Cau Giay, une visite s'impose pour quiconque s'intéresse aux 54 minorités ethniques du Vietnam.

Dans les vastes jardins, on peut aussi voir des maisons traditionnelles, notamment la maison sur pilotis des Tay, celle des Yao et l'imposante maison communale des Bahnar. Ne manquez pas le tombeau jarai surmontée d'un haut toit de chaume et orné de statues en bois plutôt osées.

Il y a également une boutique d'artisanat, de commerce équitable, qui vend des livres, de superbes cartes postales, ainsi que des objets fabriqués par les minorités ethniques.

Le musée se trouve dans le district de Cau Giay, à 7 km du centre-ville – comptez environ 120 000 d en taxi. Le bus n° 14 (3 000 d), depuis Pho Dinh Tien Hoang sur la rive est du lac Hoan Kiem, passe à quelques pâtés de maisons du musée. Descendez à l'arrêt Nghia Tan et suivez Ð Nguyen Van Huyen.

Tay Ho (lac de l'Ouest)   LAC
(carte p. 44). Les rives du Tay Ho, le plus grand lac de Hanoi (13 km de circonférence) sont un lieu de résidence de plus en plus recherché par ceux qui peuvent s'offrir les luxueuses villas. Au sud du lac, le long de Ð Thuy Khue, s'étend un chapelet de restaurants de poissons très fréquentés, et, à l'est, Xuan Dieu est bordée de restaurants, de cafés, de boutiques et de certains des plus luxueux hôtels de Hanoi. Deux temples s'élèvent sur les rives du lac, le Tay Ho et le Tran Quoc avec ses pagodes.

Depuis peu, un sentier fait le tour du lac, ce qui permet une belle balade à vélo. Pour en louer un, demandez au restaurant Don's A Chef's Bistro (p. 72).

Deux légendes expliquent les origines du lac Tay Ho, connu aussi sous les noms de lac des Brumes, ou Grand Lac. Selon la première, il fut créé lorsque le roi-dragon étouffa un méchant renard à neuf queues dans sa tanière, au cœur d'une forêt. Selon la seconde, un bonze vietnamien, nommé Khong Lo, rendit un grand service à l'empereur de Chine au XIe siècle, et reçut en retour une grande quantité de bronze qu'il utilisa pour fondre une énorme cloche : son tintement s'entendait jusqu'en Chine, si loin qu'un jour le Bufflon d'or crut entendre l'appel de sa mère, courut vers le sud et piétina le site, le transformant en lac.

L'explication géologique veut que le lac soit né d'une crue du Song Hong (fleuve Rouge). De telles inondations ont été en partie maîtrisées grâce à la construction de digues, comme celle sur laquelle passe la nationale longeant la rive est de Tay Ho.

Pagode Tay Ho   PAGODE
(carte p. 44 ; P Tay Ho). Située sur la rive orientale du lac de l'Ouest, cette belle pagode est l'un des lieux de culte les plus fréquentés de Hanoi. Elle reçoit, les 1er et 15e jours du mois lunaire, de très nombreux fidèles qui espèrent recevoir la bonne fortune de la déesse mère à laquelle le temple est dédié.

Pagode Tran Quoc   PAGODE
(carte p. 44). Non loin de la pagode Tay Ho, la pagode Tran Quoc, en retrait de Ð Thanh Nien, l'artère séparant le lac de l'Ouest du lac Truc Bach, est l'une des plus anciennes du pays. Une stèle datant de 1639 relate l'histoire du site. La pagode fut reconstruite au XVe siècle, puis à nouveau en 1842.

Lac Truc Bach   LAC
(carte p. 44). Ce lac est séparé de son voisin, Tay Ho, par Ð Thanh Nien, une route bordée de flamboyants. Au XVIIIe siècle, les seigneurs Trinh édifièrent un palais au bord du lac. Plus tard, le palais devint une "maison de correction" pour les concubines impériales ayant trahi leur maître, condamnées à tisser une soie blanche très fine.

🏃 Activités
Sports et natation
Daewoo Hotel
Fitness Centre   SALLE DE SPORTS
(📞3835 1000 ; www.hanoi-daewoohotel.com ; 360 Ð Kim Ma ; 🏊). Ici, à 5 km à l'ouest du lac Hoan Kiem, dans la Ð Kim Ma, vous pourrez profiter des prestations du Daewoo Hotel Fitness Centre, piscine comprise, moyennant 25 $US/jour. Il y a aussi un spa.

Hash House Harriers   COURSE ET BEUVERIE
(www.hanoih3.com ; 100 000 d bière comprise ; ⊕à partir de 1h30 sam). Pour les non-initiés, il s'agit d'un jeu d'équipe associant course à pied, humour britannique et force alcool. Le "hash" se retrouve à l'American Club (p. 57).

Army Hotel   NATATION
(carte p. 52 ; 33C P Pham Ngu Lao; 🏊). Dans le centre de Hanoi, l'Army Hotel dispose d'une piscine, ouverte toute l'année au public (4 $US/j). Elle est suffisamment grande pour y faire des longueurs, mais est souvent investie par les enfants dans l'après-midi.

Hanoi Water Park   NATATION
(⊕9h-21h mer-lun avr-15 nov). Le Hanoi Water Park, à 5 km au nord du centre-ville, réunit un grand choix de bassins, toboggans et jeux aquatiques, parfaits pour les familles. L'entrée coûte 50 000 d pour les personnes mesurant plus de 1,10 m et 30 000 d pour les plus petits. L'endroit est bondé en été. À un quart d'heure du centre-ville en taxi, sur la rive nord du Tay Ho.

À l'ouest de la vieille ville

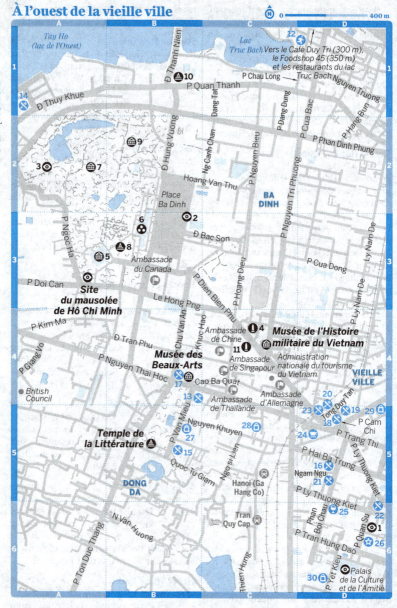

King's Island   GOLF
(3772 3160 ; www.kingsislandgolf.com ; à partir de 70 $US). Le King's Island Golf (350 ha), à 36 km à l'ouest de Hanoi, au pied du mont Ba Vi, a été le premier terrain de golf du nord du Vietnam à comporter deux parcours de 18 trous, l'un en bordure du lac Dong Mo et l'autre avec vue sur la montagne. Il existe aussi un nouveau parcours très couru dans la station climatique de Tam Dao ; pour plus de détails, voir p. 88.

À l'ouest de la vieille ville

◉ Les incontournables
Musée des Beaux-Arts	B4
Site du mausolée de Hô Chi Minh	A3
Temple de la Littérature	B5
Musée de l'Histoire militaire du Vietnam	C4

◉ À voir
1	Pagode des Ambassadeurs	D6
2	Place Ba Dinh	B3
3	Jardins botaniques	A2
4	Tour du Drapeau	C4
5	Musée Hô Chi Minh	A3
6	Mausolée de Hô Chi Minh	B3
7	Maison sur pilotis de Hô Chi Minh	A2
8	Pagode au Pilier unique	B3
9	Palais présidentiel	B2
10	Temple Quan Thanh	B1
11	Statue de Lénine	C4

⊕ Activités
12	Hanoi Cooking Centre	D1

⊗ Où se restaurer
13	Café Smile	B4
14	Đ Thuy Khue (restaurants de rue)	A1
15	KOTO	B5
16	La Badiane	D5
17	Matchbox Winebar&Restaurant	B4
18	Net Hue	D5
19	Pho Cam Chi (restaurants de rue)	D5
20	Puku	D4
21	Quan An Ngon	D5
22	San Ho Restaurant	D6
23	Southgate	D5

⊕ Où prendre un verre
24	Kinh Do Café	D5
25	Rooftop Bar	D6

⊕ Où sortir
26	Jazz Club By Quyen Van Minh	D6

⊕ Achats
	Bookworm	(voir 12)
27	Craft Link	B5
28	Dome	C5
29	Mai Gallery	D5
30	Viet Art Centre	D6

Zenith Yoga — YOGA
(📞904 356 561 ; www.zenithyoga.posterous.com ; 111 P Xuan Dieu ; 250 000 d/cours). Dans un studio convivial, situé dans le quartier des expatriés près du Tay Ho, à 5 km au nord du centre de Hanoi, le centre dispense des cours quotidiens d'asthanga, d'iyengar et de hatha yoga. Téléphonez pour connaître les horaires.

Massage et spa
Profitez de votre séjour à Hanoi pour vous laisser chouchouter dans l'un des nombreux salons de massage, ou spas, à des prix plus doux que ceux pratiqués en Occident et dans d'autres pays asiatiques.

La Siesta Spa — SPA
(carte p. 52 ; 📞3935 1632 ; www.hanoielegance-hotel.com/spa ; 32 P Lo Su). Échappez à l'énergie incessante de la vieille ville en profitant d'un spa, d'un massage et de soins de beauté, le tout sur deux étages du Hanoi Elegance Diamond Hotel (p. 64).

QT Anam Spa — SPA
(carte p. 52 ; 📞3928 6116 ; www.qtanamspa.com ; 26-28 Le Thai To). Excellents spa, massages et soins de beauté.

Centres culturels
Tous ces centres mettent à disposition des journaux et des revues. Apportez votre passeport pour y avoir accès.

American Club — CENTRE CULTUREL
(carte p. 52 ; 📞3824 1850 ; amclub@fpt.vn ; 19-21 P Hai Ba Trung). Abrite une immense DVD-thèque. Accueille chaque année le festival CAMA (p. 59).

British Council — CENTRE CULTUREL
(📞3728 1922 ; www.britishcouncil.org/vietnam ; 20 Thuy Khue, Tay Ho). Situé dans le quartier du Tay Ho, le British Council est le lieu de manifestations culturelles, d'expositions, d'ateliers et de défilés de mode.

Institut français de Hanoi — CENTRE CULTUREL
(carte p. 52 ; 📞3936 2164 ; www.ifhanoi-lespace.com ; 24 P Trang Tien). Il est installé dans L'Espace, un bâtiment situé près de l'Opéra.

🎓 Cours

Hanoi Cooking Centre — CUISINE
(carte p. 56 ; 📞3715 0088 ; www.hanoicookingcentre.com ; 44 Chau Long ; 50 $US/cours). D'excellents cours interactifs, comprenant

Quartier français

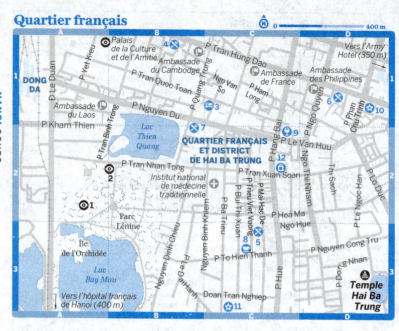

Quartier français

⊙ Les incontournables
Temple Hai Ba Trung.........................D3

⊙ À voir
1 Parc Lénine A2
2 Entrée principale du parc Lénine........B2

⊜ Où se loger
3 Drift C1

⊗ Où se restaurer
Cay Cau ....(voir 10)
4 Chay Nang Tam B1
5 Izakaya Yancha C3
6 Nha Hang Ngon D1
7 Wild Lotus B2

⊙ Où prendre un verre
8 Cong Caphe C3
9 Quan Ly C2

⊙ Où sortir
10 Cay Cau D1
11 Megastar Complex C3

⊙ Achats
12 Marché Hom C2

une visite du marché, qui se terminent par un déjeuner dans l'élégant restaurant du centre. Il existe des sessions spéciales enfants, qui intéresseront les chefs en herbe. Le Hanoi Coking Centre propose également un circuit de découverte des restaurants de rue.

Hidden Hanoi CUISINE
(☏091 225 4045 ; www.hiddenhanoi.com.vn ; 137 P Nghi Tam, Tay Ho ; 50 $US/cours et visite du marché). Cours donnés dans la cuisine, près de la rive orientale du Tay Ho. Vous y apprendrez à préparer les fruits de mer ou des plats traditionnels. Circuits à pied de découverte des restaurants de rue. Hidden Hanoi a également un programme linguistique (à partir de 200 $US/pers), incluant deux sorties dans la campagne.

Highway 4 CUISINE
(carte p. 48 ; ☏3715 0577 ; www.highway4.com ; 3 Hang Tre ; 50 $US/cours). Les cours commencent dans leur restaurant de la vieille ville (p. 66), comportent un tour en cyclo-pousse et une visite du marché, avant de se poursuivre dans leur restaurant de Tay Ho, House of Son Tinh (p. 70). Vous apprendrez bien sûr à préparer leurs célèbres rouleaux de printemps au poisson-chat. Il y a aussi des cours pour apprendre à concocter des

cocktails, en utilisant les liqueurs traditionnelles de marque Son Tinh (p. 73).

Hanoi Foreign Language College LANGUE
(carte p. 52 ; 3826 2468 ; 1 P Pham Ngu Lao). Situé dans l'enceinte du musée national d'Histoire, ce collège fait partie de l'université nationale de Hanoi ; les étrangers peuvent y étudier le vietnamien (10 \$US/cours).

Hanoi Language Tours LANGUE
(090 1352 2605 ; www.hanoilanguagetours.com ; à partir de 150 \$US/pers). Des programmes de 2 à 10 jours portant sur les bases de la langue et de la culture vietnamiennes, dédiés aux voyageurs, aux expatriés ainsi qu'aux hommes et femmes d'affaires.

Circuits organisés

Si la plupart des voyageurs préfèrent visiter Hanoi à leur rythme, sachez toutefois que Hidden Hanoi et le Hanoi Cooking Centre proposent des circuits intéressants, axés sur la cuisine (voir p. 57).

Citons aussi **Hanoi Kids** (www.hanoikids.org), une association d'étudiants qui met les voyageurs en relation avec des adolescents et de jeunes adultes vietnamiens désireux d'améliorer leur anglais. Les circuits guidés, adaptés au cas par cas, peuvent comprendre les monuments de Hanoi, tels le temple de la Littérature ou le musée de la prison de Hoa Lo, ou encore la visite d'un restaurant et d'un marché. Mieux vaut préparer le circuit en ligne avant votre séjour.

Bloom Microventures (www.bloom-microventures.org/vietnam) vous emmène dans le village de Soc Son, à 40 km de Hanoi. L'occasion de voir comment les micro-crédits financent les entrepreneurs dans les zones rurales et d'être plongé dans la vie de la campagne vietnamienne.

Fêtes et festivals

Têt NOUVEL AN VIETNAMIEN
(Tet Nguyen Dan/Nouvel An lunaire vietnamien ; fin jan ou début fév). Une semaine avant le Têt, un marché aux fleurs s'installe dans Pho Hang Luoc. À partir du Jour de l'an, et pendant 2 semaines, une exposition/compétition florale se déroule dans le parc Lénine, à proximité du lac Bay Mau. Pour plus de détails sur cette fête magnifique, reportez-vous à l'encadré p. 459.

HANOI AVEC DES ENFANTS

Avec sa vieille ville riche en sites et pleine d'effervescence, ses nombreux parcs et lacs, Hanoi est une ville agréable pour les enfants. Bien sûr, les plus jeunes se fatigueront vite à sillonner les rues (prenez garde aux nombreuses motos qui circulent), mais ils trouveront en chemin assez de distractions – ainsi que de nombreux glaciers et marchés aux fruits – pour persévérer. S'ils aiment cuisiner, emmenez-les (en réservant) à une séance enfants du Hanoi Cooking Centre (p. 57).

Les promenades sur l'eau sont une activité familiale amusante ; vous aurez le choix entre les grands bateaux sur le lac Tay Ho et les pédalos du parc Lénine (carte p. 58). Le Hanoi Water Park (p. 55) est un fantastique lieu de détente, mais il n'est malheureusement ouvert que 6 mois par an. En soirée, une seule direction à prendre dans la ville : celle du théâtre des marionnettes sur l'eau (p. 77), qui ravira tous les enfants.

Fête de Dong Da CULTURE
(fév/mars). Le 5e jour du premier mois lunaire se déroulent des compétitions de lutte, des danses de lions et des parties d'échecs humains sur le monticule de Dong Da, site du soulèvement mené en 1788 par l'empereur Quang Trung (Nguyen Hue) contre les Chinois.

Festival CAMA MUSIQUE
(www.camavietnam.org ; fin mai). Le Club for Art and Music Appreciation fait venir à Hanoi un ensemble éclectique de musiciens indépendants pour un festival d'une journée qui a lieu chaque année à l'American Club (p. 57). Electro, rock garage japonais, hip-hop polynésien : il y a de tout. C'est aussi l'occasion de découvrir des groupes et des DJ locaux.

Fête nationale du Vietnam FÊTE NATIONALE
(2 sept). Elle est célébrée sur la place Ba Dinh, l'immense esplanade devant le mausolée de Hô Chi Minh, par un grand rassemblement populaire et un feu d'artifice. Des courses de bateaux ont lieu sur le lac Hoan Kiem.

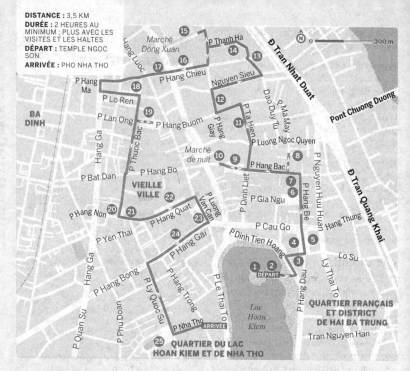

Promenade à pied
Vieille ville

▶ Débutez au ① **temple Ngoc Son**, sur un îlot du lac Hoan Kiem, puis traversez le ② **pont The Huc** pour rejoindre le ③ **monument aux martyrs**. Suivez Pho Dinh Tien Hoang, et gagnez le ④ **théâtre de marionnettes sur l'eau**. Continuez au nord sur Pho Hang Dau, bordée de ⑤ **magasins de chaussures**. Traversez Pho Cau Go pour rallier Pho Hang Be et le ⑥ **marché** sur Pho Gia Ngu. De retour dans Pho Hang Be, continuez au nord jusqu'à Pho Hang Bac, bordée d'ateliers où sont sculptées des ⑦ **pierres tombales**. Faites un détour par Pho Ma May, pour découvrir, au n°87, la ravissante ⑧ **maison commémorative**. Retournez dans Pho Hang Bac et dépassez les ⑨ **bijouteries** jusqu'à la ⑩ **maison 102**, qui abrite un temple. Revenez sur vos pas pour prendre l'étroite ⑪ **Pho Ta Hien**, aux bars réputés. Tournez à gauche dans Pho Hang Buom, où se dresse le ⑫ **temple Bach Ma**, puis continuez jusqu'à ⑬ **Cua O Quan Chuong**, l'ancienne porte de l'Est, bien préservée. Continuez au nord sur Pho Thanh Ha, où se tient un ⑭ **marché de rue**, puis à droite vers le ⑮ **marché Dong Xuan**. Repartez vers le sud dans Nguyen Thien Thuat et tournez à droite dans Pho Hang Chieu, où des ⑯ **boutiques** vendent des nattes en paille et de la corde. Vous déboucherez dans ⑰ **Pho Hang Ma**, où l'on vend les faux billets brûlés lors des cérémonies bouddhiques. À l'oreille, repérez les ⑱ **forgerons**, proches de l'angle de Pho Lo Ren et de Pho Thuoc Bac. Longez Pho Thuoc Bac vers le sud. Au croisement avec Pho Lan Ong, le magasin Thanh Binh vend de l'alcool de riz. Continuez dans Lan Ong vers les ⑲ **herboristeries** aux parfums entêtants. De retour dans Pho Thuoc Bac, prenez vers le sud en passant les ⑳ **ferblantiers** et les ㉑ **miroitiers**, de part et d'autre de Pho Hang Thiec. Tournez à gauche dans Pho Hang Quat, bordé de boutiques vendant des ㉒ **statues et autels bouddhiques**. Après quoi, prenez Pho Luong Van Cann, passez les ㉓ **boutiques de jouets** et suivez Pho Hang Gai et ses ㉔ **boutiques de soieries**. Prenez vers le sud Pho Ly Quoc Su pour gagner la ㉕ **cathédrale Saint-Joseph**, puis les cafés de Pho Nha Tho.

Où se loger

La plupart des hébergements bon marché se concentrent dans la vieille ville, ou à proximité. Sachez néanmoins que nous recevons de nombreuses plaintes concernant les patrons des hôtels petits budgets, qui harcèlent les clients pour qu'ils réservent des circuits chez eux. Certains d'entre eux, qui refusaient ces prestations, ont même été jetés à la rue, tandis que d'autres ont vu leur facture s'alourdir de mystérieuses taxes. Ajoutons que la circulation est infernale dans la vieille ville, surtout dans les environs de Hang Be, Hang Bac et Ma May.

Parmi les quartiers qui montent en matière d'hébergements d'un bon rapport qualité/prix, citons celui de la cathédrale Saint-Joseph, ainsi que Pho Hang Dieu, à la lisière ouest de la vieille ville.

Attendez-vous à payer 20-25 $US pour une chambre correcte. Pour 30-45 $US, vous bénéficierez d'équipements supplémentaires – climatisation, télévision par satellite, Wi-Fi, ordinateur et minibar. Les auberges de jeunesse se multiplient ; un lit en dortoir coûte 6-9 $US.

Les hôtels de charme au design contemporain commencent aussi à fleurir dans Hanoi, proposant des nuitées à 40-80 $US. Un budget de 100 $US et plus vous permet de séjourner dans un luxueux hôtel avec piscine, centre de remise en forme et restaurant.

Dans la majorité des hôtels bon marché et de catégorie moyenne, l'accès à Internet est gratuit, tandis que les hôtels haut de gamme le font payer. Renseignez-vous toujours sur ce qui est inclus dans le tarif (taxes, service, etc.).

VIEILLE VILLE

Hanoi Elite   HÔTEL DE CHARME $$
(carte p. 48 ; 3828 1711 ; www.hanoielitehotel.com ; 10/5032 Dao Duy Tu ; ch 45-55 $US ; ❄@✆). Les ruelles de la vieille ville dissimulent des trésors, comme ce bel hôtel de 12 chambres au décor classique, au personnel compétent et aux prestations rares à ce prix là – ordinateur dans la chambre, douche à effet pluie et petit-déjeuner préparé sur commande.

Art Hotel   HÔTEL $$
(carte p. 48 ; 3923 3868 ; www.hanoiarthotel.com ; 65 P Hang Dieu ; s/d à partir de 38/44 $US ; ❄@✆). L'équipe jeune et fort accueillante du Art Hotel, récemment ouvert, en fait une excellente adresse. Chambres spacieuses avec parquet et sdb immaculées. Le tout à deux pas des meilleurs restaurants de rue de la ville.

Tirant Hotel   HÔTEL $$
(carte p. 48 ; 6269 8899 ; www.tiranthotel.com ; 38 Gia Ngu ; s/d à partir de 55/65 $US ; ❄@✆). Négociez une remise dans cet établissement flambant neuf, et vous aurez une chambre de première classe pour un tarif très correct. La décoration tendance, le personnel branché (et anglophone) et les chambres spacieuses en font l'un des meilleurs de la vieille ville. Remarquable buffet au petit-déjeuner. L'immense "Grand Suite" (145 $US), magnifique, vaut la dépense.

Vega Hotel   HÔTEL $$
(carte p. 48 ; 3923 3366 ; www.vegahotel.vn ; 75 P Hang Dieu ; 50-55 $US ; ❄@✆). À la lisière ouest de la vieille ville, Pho Hang Dieu est devenu le carrefour des hôtels de catégorie

---

HÔTELS : MÉFIEZ-VOUS DES CONTREFAÇONS

Hanoi n'est pas seulement la capitale politique du Vietnam, c'est aussi le haut lieu des escroqueries hôtelières. Les fausses enseignes, du même nom que les vraies, sont légion. Ces escrocs louent une bâtisse, s'approprient le nom d'un autre hôtel, puis travaillent avec des rabatteurs chargés d'y amener les touristes crédules. Ceux qui s'étonnent que l'adresse ne corresponde pas se voient répondre que l'hôtel a déménagé, et ne réalisent que le lendemain qu'ils se sont fait avoir. Ces hôtels surfacturent tout ce qu'ils peuvent ; ils donnent souvent un prix pour la chambre à l'arrivée qui devient un tarif par personne au moment du règlement. La meilleure manière d'éviter de se faire avoir consiste à réserver sa chambre à l'avance par téléphone, ou par e-mail. Vous serez de la sorte certain que l'hôtel est toujours ouvert, toujours à la même adresse, et qu'il n'est pas complet.

Les taxis et minibus desservant l'aéroport sont souvent de mèche avec ces hôtels véreux, qui leur reversent d'importantes commissions. Nous avons même eu écho d'Occidentaux sans scrupule qui travaillaient en tandem avec ces hôtels. Pour plus de détails sur les escroqueries et la manière d'éviter de s'y laisser prendre, voir p. 78 et l'encadré p. 82.

moyenne de très bonne qualité. Le Vega est un bel exemple de ce que tout nouvel endroit dans ce quartier peut vous offrir : chambres de belle taille, balcons avec vue, sdb modernes et immaculées.

Hanoi Rendezvous Hotel   HÔTEL $$
(carte p. 48 ; 3828 5777 ; www.hanoirendezvoushotel.com ; 31 P Hang Dieu ; dort/s/d/tr 7,50/25/30/35 $US ; ✱@✶). L'un des nouveaux hôtels tenus par des Australiens qui fleurissent à Hanoi. Très bien situé, à proximité de bons restaurants de rue, disposant de chambres spacieuses, d'un personnel agréable et proposant des excursions vers la baie d'Along, l'île Cat Ba et à Sapa. Ne manquez pas les reproductions de films classiques sur le Vietnam dans la salle à manger.

Serenity Hotel   HÔTEL $
(carte p. 48 ; 3923 3549 ; www.hanoiserenityhotel.com ; 1B Cua Dong ; s/d à partir de 18/20 $US ; ✱@✶). Chambres spacieuses, accueil enjoué et situation calme, en dehors de la plate-forme touristique de Hanoi : une des meilleures adresses pour petits budgets. Et pour ne rien gâcher, il y a un stand de *bun cha* (porc grillé accompagné de vermicelles de riz et d'herbes fraîches) savoureux à votre porte. Il n'y a pas d'ascenseur : préparez-vous à gravir à pied les six étages.

Hanoi Backpackers 2   AUBERGE DE JEUNESSE $$
(carte p. 48 ; 3935 1890 ; www.hanoibackpackershostel.com ; 9 Ma May ; dort 6-9 $US, lits jum et d 40 $US ; ✱@✶). Situé en plein milieu de Ma May, ce petit frère du Hanoi Backpackers est dans le même esprit tout en étant différent. Les chambres vont des dortoirs impeccables aux doubles design. Il y a un bon restaurant et un bar au sous-sol. L'équipe (australienne et néo-zélandaise) organise des excursions, vers la baie d'Along et Sapa notamment.

Hanoi Guesthouse   PENSION $
(carte p. 48 ; 3824 5732 ; www.hanoiguesthouse.com ; 14 Bat Su ; ch 20-22 $US ; @✶). Nichée dans la paisible Bat Su, cette pension est un lieu toujours en effervescence, avec une équipe enthousiaste, jeune et anglophone. Décor asiatique traditionnel, chambres simples impeccables. Le marché de nuit du week-end de Hanoi est à quelques pâtés de maisons.

Camel City Hotel   PENSION $
(carte p. 48 ; 3935 2024 ; www.camelcityhotel.com ; 8/50 Dao Duy Tu ; s/d à partir de 20/25 $US ; ✱@✶). Une pension familiale dans une allée tranquille, à quelques minutes de marche des bars de Pho Ta Hien. Touches de design asiatique dans les chambres, service on ne peut plus éthique, mais vous trouverez un hébergement abordable plus convaincant au cœur de la vieille ville.

Hanoi Gecko 3   AUBERGE DE JEUNESSE $
(carte p. 48 ; 3923 3898 ; www.hanoigecko3hostel.com ; 27 Bat Dan ; dort 6 $US ; ✱@✶). Moins convivial que les auberges de jeunesse plus importantes, le Hanoi Gecko propose de simple dortoirs à lits superposés. Assez bon restaurant au rez-de-chaussée et espace de détente avec coussins au 1er étage.

Classic Street Hotel   HÔTEL $$
(carte p. 48 ; 3825 2421 ; www.classicstreetphocohotel.com ; 41 P Hang Be ; ch 30-35 $US ; ✱✶). Des chambres cosy, dotées de grands lits et TV sat, dans cet hôtel situé dans la très animée Pho Hang Be. Des peintures et des céramiques égayent les espaces communs et les couloirs.

Hanoi Boutique 2   HÔTEL $$
(carte p. 48 ; 3929 0366 ; www.hanoiboutiquehotel.vn ; 32 Dao Duy Tu ; d 40-50 $US, f 100 $US ; ✱@✶). Sympathique mini-hôtel, avec un personnel attentif, un bar et un restaurant.

Rising Dragon Hotel   HÔTEL $
(carte p. 48 ; 3926 3494 ; www.risingdragonhotel.com ; 61 P Hang Be ; s/d/tr à partir de 20/22/30 $US ; ✱@✶). Équipe serviable et chambres spacieuses. Toutefois, les chambres à l'arrière n'ont qu'une minuscule fenêtre, voire pas de fenêtre du tout, et il n'y a pas d'ascenseur.

Thuy Nga Guesthouse   PENSION $
(carte p. 48 ; 3826 6053 ; thuyngahotel@hotmail.com ; 10D P Dinh Liet ; ch 14 $US ; ✱@✶). Une petite pension familiale chaleureuse, comptant six chambres lumineuses (TV et réfrigérateur). Bars intéressants dans les environs.

Duc Thai Hotel   HÔTEL $$
(carte p. 48 ; 3828 2897 ; www.ducthaihotel.com ; 95B Hang Ga ; ch 28-38 $US ; ✶✱). Idéalement situé près du lac Hoan Kiem, cet hôtel récemment rénové dispose de 15 chambres bien équipées (Wi-Fi) de style colonial, avec fenêtres à persiennes. Personnel agréable, anglophone.

Sports Hotel   HÔTEL $
(carte p. 48 ; 3926 0154 ; www.hanoisportshotel.com ; 96 P Hang Bac ; s/d/tr/q 22/25/36/40 $US ;

✱@📶). Sur la trépidante Hang Bac, un petit hôtel dont le hall comporte plusieurs ordinateurs. Chambres jolies et bien équipées.

Thu Giang Guesthouse   PENSION $
(carte p. 48 ; ☏3828 5734 ; www.thugianggh.com ; 5A P Tam Thuong ; dort 5 $US, ch 7-15 $US ; ✱@📶). Cachée au fond d'une étroite venelle, cette modeste pension est tenue par une famille qui fait tout pour aider ses hôtes de passage. Annexe au 35A Pho Hang Dieu.

Manh Dung Guesthouse   PENSION $
(carte p. 48 ; ☏3826 7201 ; lethomhalong@yahoo.com ; 2 P Tam Thuong ; ch 12-18 $US ; ✱@📶). En face de la Thu Giang Guesthouse, une pension un poil plus confortable avec ascenseur. Chambres de taille modeste pour la plupart.

ENVIRONS DU LAC HOAN KIEM

♥ 6 on Sixteen   HÔTEL DE CHARME $$
(carte p. 52 ; ☏6673 6729 ; www.sixonsixteen.com ; 16 Bao Kanh ; ch 50-88 $US ; ✱@📶). Le 16 pour le numéro de la rue et le 6 pour le nombre de chambre dans ce bel hôtel de charme à l'ambiance chaleureuse, tel une demeure emplie de tissus de créateurs, d'art ethnique et de mobilier local. Chambres subtilement décorées et vastes espaces communs qui poussent les voyageurs à la discussion. Le petit-déjeuner inclut des pâtisseries maison et un bon café italien. Même gestion que le Sapa Rooms et le Hmong Mountain Retreat à Sapa. Essayez d'obtenir une chambre avec balcon : celles à l'arrière n'ont que de petites fenêtres.

Sofitel Metropole   HÔTEL $$$
(carte p. 52 ; ☏3826 6919 ; www.sofitel.com ; 15 P Ngo Quyen ; ch à partir de 210 $US ; ✱@📶≋). Cet hôtel historique, summum du raffinement, s'enorgueillit d'une façade coloniale restaurée, d'une réception aux lambris d'acajou et de deux restaurants réputés. Les chambres de l'aile ancienne sont d'un style colonial inégalable, celles de l'aile moderne "Opéra", d'un confort exquis, n'ont pas ce caractère historique. Même si vous n'y logez pas, venez prendre un verre au Bamboo Bar.

Hotel de L'Opéra   HÔTEL $$$
(carte p. 52 ; ☏6282 5555 ; www.mgallery.com ; 29 P Trang Tien ; ch à partir de 150 $US ; ✱@📶). L'hôtel de luxe le plus récent de la ville, ouvert en décembre 2010, associe un style colonial à un design élaboré. Chambres garnies de soie et de tissus asiatiques. Parmi les petits luxes : le spa et l'ambiance délurée du bar La Fée Verte.

Cinnamon Hotel   HÔTEL DE CHARME $$
(carte p. 52 ; ☏3938 0430 ; www.cinnamonhotel.net ; 26 P Au Trieu ; ch 70-80 $US ; ⊖✱@📶). Face à la cathédrale Saint-Joseph, cet hôtel branché est le plus chic de la vieille ville. Le design allie les éléments de cet immeuble ancien – fer forgé des balcons et persiennes en bois – à des touches japonaises et des gadgets modernes. Les 6 chambres, qui portent un nom exotique, ont chacune un balcon ; celui de la "Lime" surplombe directement la cathédrale. Petit bar-restaurant.

Golden Lotus Hotel   HÔTEL $$
(carte p. 52 ; ☏3938 0901 ; www.goldenlotushotel.com.vn ; 32 P Hang Trong ; s/d à partir de 52/62 $US ; ✱@📶). Riche alliance de charme oriental et de chic occidental annoncée dès le lobby de ce joli petit hôtel. Les chambres, à la décoration à base de bois, de soie et d'œuvres d'art, profitent de connexions Internet à haut débit. Celles à l'arrière ne reçoivent toutefois pas la lumière naturelle. Petit-déjeuner inclus.

Madame Moon Guesthouse   PENSION $
(carte p. 52 ; ☏3938 1255 ; www.madammoonguesthouse.com ; 17 Hang Hanh ; ch 22-25 $US ; ✱@📶). À un pâté de maisons du lac Hoan Kiem, Madame Moon dispose de chambres d'un chic inattendu, dans une rue assez calme bordée de petits cafés. Pour une sortie

---

> **ⓘ FAITES PART DE VOS GRIEFS...**
>
> Nous recevons quantité de lettres de voyageurs qui se plaignent des pensions, agences de voyages et autres. Nous en sommes ravis, car cela nous aide à distinguer ceux qui prennent soin de leurs clients et ceux qui ne le font pas. Mais tout en nous tenant informés, avertissez aussi la **Vietnam National Administration of Tourism** (administration nationale du tourisme du Vietnam ; carte p. 56 ; ☏3356 0789 ; www.hanoitourism.gov.vn ; 3 Tran Phu) ; son bureau à Hanoi est relativement coopératif et a besoin de connaître les problèmes pour pouvoir les résoudre. Adressez-lui votre plainte et cela finira bien par inciter les autorités à assainir la situation.

plus ambitieuse, allez découvrir les bars autour de Ngo Bao Khanh.

Hilton Hanoi Opera — HÔTEL $$$
(hors carte p. 52 ; 3933 0500 ; www.hanoi.hilton.com ; 1 P Le Thanh Tong ; ch à partir de 160 $US ; ✳@🛜≋). Construit en 1998, cet impressionnant édifice néoclassique s'harmonise bien avec son environnement, où s'inscrit aussi le vénérable Opéra. Chambres spacieuses, et luxueuses. Très bien équipé aussi bien en ce qui concerne les affaires que les loisirs (salle de sport et piscine).

Joseph's Hotel — HÔTEL $$
(carte p. 52 ; 3939 1048 ; www.josephshotel.com ; 5 P Au Trieu ; ch 50-55 $US ; ✳@🛜). Caché dans une paisible ruelle derrière Saint-Joseph, ce petit hôtel de 10 chambres associe des couleurs pastel à un décor asiatique moderne. Essayez d'obtenir une chambre avec vue sur les tours de la cathédrale. Petit-déjeuner sur demande.

Hanoi Elegance Diamond Hotel — HÔTEL $$
(carte p. 52 ; 3935 1632 ; www.hanoielegance-hotel.com ; 32 P Lo Su; s/d à partir de 55/65 $US ; ✳@🛜). Vous ne prenez pas de risques en optant pour cet hôtel aux grandes chambres dotées d'un ordinateur, avec parquet, mobilier moderne et TV par câble. Vous trouverez le La Siesta Spa sur place, et 4 autres hôtels Elegance dans le quartier.

Church Hotel — HÔTEL DE CHARME $$
(carte p. 52 ; 3928 8118 ; www.churchhotel.com.vn ; 9 P Nha Tho ; ch 50-88 $US ; ✳@🛜). Un mini-hôtel de charme vraiment plaisant. Si certaines chambres sont petites, toutes sont meublées avec goût, de même que la salle à manger du petit-déjeuner (inclus). Situé dans la partie très animée de Nha Tho, épicentre du chic de la vieille ville.

Hanoi Backpackers Hostel — AUBERGE DE JEUNESSE $
(carte p. 52 ; 3828 5372 ; www.hanoibackpackershostel.com ; 48 P Ngo Huyen ; dort 6 $US, ch 25-36 $US ; ✳@🛜). Auberge bien gérée, toujours aussi populaire, qui occupe aujourd'hui 2 immeubles dans une allée tranquille. Dortoirs bien aménagés, avec lits superposés, casiers et sdb attenantes. Terrasse au dernier étage pour les barbecues, et bar au rez-de-chaussée. La nouvelle enseigne du Hanoi Backpackers, dans Pho Ma May, est encore plus impressionnante.

Central Backpackers Hanoi — AUBERGE DE JEUNESSE $
(carte p. 52 ; 3938 1849 ; www.centralbackpackershostel.com ; 16 P Ly Quoc Su ; dort 5 $US ; @🛜). Situation de choix dans la trépidante Ly Quoc Su, à proximité de bons cafés et restaurants, ainsi que de la cathédrale Saint-Joseph, pour cette auberge tenue impeccablement C'est aussi un lieu de rencontres très animé, notamment lors de le *happy hour* entre 20h et 21h.

Jasmine Hotel — HÔTEL $$
(carte p. 52 ; 3926 4420 ; www.thejasminehotel.com ; 57 Lo Su ; s/d 40/55 $US ; ✳@🛜). Une décoration un rien ostentatoire, toute de bois sculpté, dans cet hôtel situé à deux pas du lac Hoan Kiem et de bons restaurants. Les chambres standard sont un peu sombres, celles avec balcon laissent passer le bruit de la route, mais le Jasmine reste une bonne adresse pour une situation aussi centrale.

Especen Hotel — HÔTEL $
(carte p. 52 ; 3824 4401 ; www.especen.vn ; 28 P Tho Xuong et 41 P Ngo Huyen ; s/d 17/20 $US ; ✳@🛜). À deux pas de la cathédrale Saint-Joseph, cet hôtel sort du lot des établissements bon marché. Vastes chambres lumineuses, impeccables et relativement calmes (selon les standards de la vieille ville). L'annexe, toute proche, offre un confort identique.

Hotel Thien Trang — PENSION $
(carte p. 52 ; 3826 9823 ; thientranghotel24@hotmail.com ; 24 P Nha Chung ; ch 12-22 $US ; ✳@🛜). Superbement situé dans un coin calme du quartier branché de Nha Tho, cet hôtel dispose de chambres spacieuses au charme ancien, malgré des ajouts modernes moins enthousiasmants.

Impressive Hotel — HÔTEL DE CHARME $$
(carte p. 52 ; 3938 1590 ; www.impressivehotel.com ; 54-56 P Au Trieu ; s/d/tr à partir de 40/50/60 $US ; ✳@). Excellente adresse, on ne peut mieux située, juste derrière la cathédrale, aux agréables chambres cosy.

Heart Hotel — HÔTEL $$
(carte p. 52 ; 3928 6682 ; www.heart-hotel.com ; 11B P Hang Hanh ; ch 40-50 $US ; ✳@). Petit hôtel réputé, près du lac Hoan Kiem, disposant de 10 chambres impeccables.

À NE PAS MANQUER

LE TOP 10 DE LA CUISINE DE RUE

S'y retrouver dans tout ce que la vieille ville offre de restaurants de rue relève de la gageure, mais cela vaut le coup d'essayer. La meilleure nourriture de Hanoi est assurément proposée là, aux étals des vendeurs qui envahissent les trottoirs avec leurs poêles à charbon de bois et leurs petits tabourets en plastique bleu autour desquels se pressent les Vietnamiens. De nombreuses échoppes fonctionnent depuis des dizaines d'années et ne proposent souvent qu'un seul mets. Attention, les horaires peuvent varier.

Bun Cha Séjourner à Hanoi sans goûter au *bun cha* serait vraiment dommage. Savourez la combinaison de ces petits pâtés de porc grillé (le *bun cha*), accompagnés de rouleaux de printemps au crabe, et servis avec de vermicelles de riz sous une montagne d'herbes fraîches au **Bun Cha Nem Cua Be Dac Kim** (carte p. 48 ; 67 Duong Thanh ; ⊙11h-15h).

Banh Cuon (carte p. 48 ; 14 P Hang Ga ; ⊙8h-16h). Inutile de passer commande ici : installez-vous à une table, et une assiette de *banh cuon* (raviolis cuits à la vapeur et farcis d'un mélange de porc, de champignons et de crevettes séchées) sera placée devant vous.

Pho Bo Le service au **Pho Gia Truyen** (carte p. 48 ; 49 P Bat Dan ; ⊙7h-10h) laisse parfois à désirer, mais cette soupe de pâtes de riz au bœuf tendre fait un délicieux petit-déjeuner. Mieux vaut arriver dès l'ouverture et être prêt à faire la queue.

Banh Ghoi (carte p. 52 ; 52 P Ly Quoc Su ; ⊙10h-19h). Cachée sous un banian près de la cathédrale, cette humble échoppe sert des *banh ghoi*, appétissants chaussons frits fourrés au porc, aux vermicelles et aux champignons.

Bun Oc Saigon (carte p. 48 ; angle P Nguyen Huu Huan et P Hang Thung ; ⊙11h-23h). Ici, les bols en plastique sont remplis de *bun oc* (soupe de nouilles aux escargots) assaisonné au tamarin, ou de *so huyet xao toi* (coques poêlées à l'ail) cuits à la vapeur.

Bun Bo Nam Bo (carte p. 48 ; 67 P Hang Dieu ; ⊙11h-22h). Le *bun bo nam bo* (nouilles sèches au bœuf) est un plat du sud du Vietnam, qui est assaisonné avec des germes de soja, de l'ail, de la citronnelle et de la mangue verte, pour le plaisir des papilles.

Xoi Yen (carte p. 48 ; angle P Nguyen Huu Huan et P Hang Mam ; ⊙7h-23h). Spécialisé dans le riz gluant garni d'ingrédients savoureux, dont des saucisses douces asiatiques, des œufs encore baveux et du porc mijoté.

Mien Xao Luon (carte p. 48 ; 87 P Hang Dieu ; ⊙7h-14h). Cette humble échoppe est réputée pour ses petites montagnes de croustillantes anguilles frites, que vous pouvez savourer de trois manières différentes – notamment sautées à l'œuf, aux germes de soja et aux échalotes, dans du vermicelle.

Bun Rieu Cua (carte p. 48 ; 40 P Hang Tre ; ⊙7h-9h). Il faut arriver tôt ici, dans cette gargotte simple au possible, très populaire, qui ne sert son unique plat de *bun rieu ca* (soupe de vermicelles de riz au crabe) qu'entre 7h et 9h. Vous ferez peut-être ici le meilleur petit-déjeuner de Hanoi, avec une solide combinaison de vermicelles de riz et de bouillon de tous petits crabes mélangés à des échalotes frites et à de l'ail, et surmontés d'une pâte de crevettes et de piment. Un classique de Hanoi.

Che (carte p. 48 ; 76 P Hang Dieu ; ⊙7h-15h). Vous goûterez ici toutes sortes de *che* (dessert à base de haricots mungo). En hiver, essayez le *che banh troi tau*, au sésame et au gingembre. En été, le *che thap nam* est rafraîchissant, associant jusqu'à dix ingrédients colorés, dont lait de coco, cacahuètes écrasées, graines de lotus et pommes séchées.

QUARTIER FRANÇAIS

Drift AUBERGE DE JEUNESSE $
(carte p. 58 ; ☎3944 8415 ; www.thedriftbackpackers hostel.com ; 42 Truong Han Sieu ; dort 6 $US, ch 20-25 $US ; ❄@☎). Une auberge conviviale, tenue par des Australiens qui savent répondre aux envies des voyageurs. Atmosphère décontractée, home cinéma avec grand écran, petit-déjeuner compris et un café proposant une cuisine occidentale (*fajitas*, hamburgers, croque-monsieur…). La vieille ville est à 20 min à pied.

Où se restaurer

Hanoi est une ville internationale qui répond, quel que soit votre budget, à toutes vos envies. Mais, quand on vient juste d'arriver, on aime d'abord découvrir la cuisine locale, pleine de saveurs et très bon marché – ne manquez pas de dîner dans un restaurant de rue.

En revanche, après un séjour dans les montagnes où vous aurez subsisté grâce aux nouilles et au riz, les adresses cosmopolites (japonaises, françaises, italiennes ou indiennes) sauront aussi vous régaler.

VIEILLE VILLE

♥ Highway 4   VIETNAMIEN $$

(carte p. 48 ; 3926 0639 ; www.highway4.com ; 3 P Hang Tre et 25 Bat Su ; repas 100 000-200 000 d). Ce restaurant (dans une vieille maison de guingois), qui a ouvert des succursales en ville, est spécialisé dans la cuisine des montagnes du Nord. Parmi les nombreux mets figurent des amuse-gueule comme les exquis *nem ca xa lo* (rouleaux de printemps au poisson-chat) et des plats de viande tel le *lin luec mam tep* (filet de porc à la sauce aux crevettes). À arroser de liqueur de marque Son Tinh (voir p. 73). Une annexe à récemment ouvert dans la vieille ville, dans Bat Su, et l'enseigne gère aussi le tape-à-l'œil House of Son Tinh, qui regroupe un restaurant et un bar à cocktails dans la très branchée Xuan Dieu, près du Tay Ho.

Cha Ca Thang Long   VIETNAMIEN $$

(carte p. 48 ; 21 P Duong Thanh ; cha ca 150 000 d ; ☉10h-15h et 17h-22h). Soyez prêts à mettre la main à la pâte pour griller ou frire vous-même un poisson succulent, avec une sauce aux crevettes et des herbes à profusion. Le *cha ca* est un plat emblématique de Hanoi, que vous apprécierez tout autant dans ce restaurant que dans un établissement voisin où débarquent tous les bus de touristes.

Quan Bia Minh   VIETNAMIEN $

(carte p. 48 ; 7a Dien Liet ; plats 80 000-120 000 d). Ce petit bar à bière est devenu un incontournable de la vieille ville, avec sa carte de spécialités vietnamiennes à bon prix et l'excellent service de Mme Minh. Installez-vous à l'extérieur avec une bière fraîche et regardez le poétique chaos de la rue.

New Day   VIETNAMIEN $

(carte p. 48 ; 72 P Ma May ; plats 30 000-60 000 d). Le New Day a beau être situé dans le quartier le plus touristique de Hanoi, il attire une clientèle hétéroclite de Vietnamiens, d'expatriés et de voyageurs affamés. Le personnel, très enthousiaste, vous trouvera toujours de la place : préparez-vous à partager une table avec d'autres amateurs de cuisine vietnamienne.

The Spot   INTERNATIONAL $$

(carte p. 48 ; 47 P Hang Be ; plats 100 000-200 000 d). Décoré d'affiches de propagande, avec une très bonne musique en fond sonore, ce restaurant est parfait pour un petit-déjeuner à l'occidentale, si vous êtes lassé du *pho*. Parmi les plats, consistants, des salades, du thon grillé, un sandwich au saumon, et une bonne sélection de vins au verre. Certains soirs, des DJ viennent électriser l'ambiance.

Nola   CAFÉ $

(carte p. 48 ; 89 P Ma May ; en-cas 30 000-60 000 d). Une décoration un peu rétro dans ce café labyrinthique, à l'abri de l'animation touristique de Ma May. Venez en journée pour prendre un café accompagné d'une pâtisserie, ou à la tombée de la nuit car le Nola est aussi l'un des meilleurs petits bars de Hanoi, où rencontrer la jeunesse branchée de la ville. Expositions ponctuelles d'artistes locaux. Service un peu lent.

Green Mango   MÉDITERRANÉEN $$

(carte p. 48 ; 3928 9917 ; www.greenmango.vn ; 18 P Hang Quat ; repas 180 000-250 000 d). Un restaurant-lounge aussi réputé pour sa cuisine que son atmosphère, très tendance. Les salons-salles à manger drapés de riches soieries évoquent une fumerie d'opium, et la grande cour à l'arrière prend tout son charme lors des nuits d'été. La carte est vaste, des pâtes de pâtes à la cuisine fusion asiatique. C'est aussi l'endroit idéal pour prendre un cocktail avant le dîner.

Green Tangerine   CUISINE FUSION $$

(carte p. 48 ; 3825 1286 ; www.greentangerine-hanoi.com ; 48 P Hang Be ; plats 10-20 $US ; ☺). Retrouvez l'atmosphère de l'Indochine des années 1950 dans cet élégant restaurant caché dans une demeure coloniale splendidement restaurée, agrémentée d'une cour pavée. La cuisine fusion franco-vietnamienne n'est pas toujours une réussite, mais vous pouvez aussi y venir pour prendre un café ou un verre. Les menus du déjeuner (198 000 d), de 2 plats, sont d'un bon rapport qualité/prix.

LA CULTURE DES CAFÉS À HANOI

Les cafés à l'occidentale se multiplient dans les cités vietnamiennes, mais beaucoup font pâle figure à côté des cafés traditionnels que l'on trouve dans le centre-ville de Hanoi. Voici quelques établissements très couleur locale, pour la plupart ouverts de 7h environ à 19h.

Café Duy Tri (hors carte p. 56 ; 43a P Yen Phu). Un classique de la ville en matière de café, depuis 1936. Vous vous sentirez comme Gulliver en négociant votre passage par les étroits escaliers très raides pour atteindre le balcon du 3e étage. Le *caphe sua cha* (café glacé avec du yaourt) vous fera fondre. Pho Yen Phu se trouve à un ou deux pâtés de maison à l'est du lac Truc Bach.

Kinh Do Café (carte p. 56 ; 252 P Hang Bong). Catherine Deneuve, dans le film *Indochine*, prend ici son café matinal. Excellents yaourts, pâtisseries françaises et bon café, à côté de délicieux sandwichs toastés au jambon et au fromage.

Cafe Pho Co (carte p. 48 ; 11 P Hang Gai). Ce trésor caché offre une vue sublime sur le lac Hoan Kiem. Entrez par la boutique de soieries, passez par la cour au charme ancien et montez au dernier étage pour jouir de la vue. La commande se fait avant d'attaquer l'escalier final, en colimaçon. Laissez-vous tenter par le *caphe trung da* (café avec un blanc d'œuf battu très onctueux), délicieusement exotique.

Cafe Lam (carte p. 48 ; 11 P Nguyen Huu Huan). Voilà une autre maison établie depuis des lustres – assez longtemps pour se constituer une petite galerie de peintures laissées par des clients talentueux qui n'avaient pas de quoi payer la note pendant la guerre du Vietnam. Aujourd'hui, vous y côtoierez plutôt une jeunesse branchée venant faire le plein de *caphe den* (café noir) très fort.

Cong Caphe (carte p. 58 ; 152 P Trieu Viet Vuong). Pho Trieu Viet Vuong est un lieu de pèlerinage pour les inconditionnels du café : la rue est bordée de cafés, des enseignes modernes où sont attablés des adolescents jouant avec le dernier smartphone à la mode aux établissements vieille école. Éclectisme et souvenirs communistes kitsch sont au rendez-vous au Cong Caphe, à apprécier autour d'un *caphe sua da* (café glacé au lait concentré).

Tamarind Cafe VÉGÉTARIEN $$
(carte p. 48 ; www.tamarind-cafe.com ; 80 P Ma May ; repas 4-7 $US ;). Un café-restaurant décontracté et douillet, avec un grand salon plein de coussins. Cuisine variée : taboulé, aubergines en marmite, salades. Dans la liste des boissons, de divins *lassi*, d'exotiques jus de fruits et du vin au verre.

ENVIRONS DU LAC HOAN KIEM

Ly Club VIETNAMIEN $$$
(carte p. 52 ; 3936 3069 ; www.lyclub.vn ; 4 Le Phung Hieu ; repas 10-15 $US). Sis dans une élégante demeure coloniale, ce restaurant raffiné est un bel endroit où passer une dernière soirée à Hanoi. Parmi les spécialités asiatiques et vietnamiennes, laissez-vous tenter par le crabe à carapace molle ou les clams sautés à la citronnelle et au piment. Côté cuisine internationale, le saumon cuit dans une feuille de bananier ou le bœuf Wagyu australien grillé au charbon de bois sauront vous satisfaire.

Madame Hien VIETNAMIEN $$$
(carte p. 52 ; 3938 1588 ; www.verticale-hanoi.com ; 15 P Chan Cam ; plats 10-15 $US). Le nom de ce restaurant installé dans une villa du XIXe siècle restaurée est un hommage du chef français Didier Corlou à la grand-mère vietnamienne de sa femme. Vous trouverez ici des versions plus élaborées des mets proposés dans les restaurants de rue, avec le menu "36 Streets" (435 000 d) : un bon moyen de mieux découvrir la gastronomie locale. Au déjeuner, le menu à 200 000 d offre un excellent rapport qualité/prix.

La INTERNATIONAL $$
(carte p. 52 ; 3928 8933 ; 49 P Ly Quoc Su ; plats 13-18 $US). Modeste et discret en apparence, ce bistrot ne manque pas de caractère. Carte agréablement créative, avec, notamment, des côtes de porc rôties à la mangue, à la coriandre et à l'ail. Offres de saison, comme les fraises de Dalat. Sélection de vins au verre.

Khazaana
INDIEN $$

(carte p. 52 ; www.khazaana.vn ; 1C P Tong Dan, repas 100 000-270 000 d). Un restaurant indien de grande classe, servant une excellente cuisine du nord et du sud du sous-continent. Les végétariens s'y régaleront. Les copieux *thalis* sont très appréciables.

La Salsa
MÉDITERRANÉEN $$

(carte p. 52 ; 3828 9052 ; www.lasalsa-hanoi.com ; 25 P Nha Tho ; repas 150 000-200 000 d ; 8h-23h). Bar-restaurant sans prétention, sur deux niveaux, spécialisé dans les tapas. À la carte, plats plus consistants, espagnols ou français, comme la paella et le cassoulet.

Mediterraneo
ITALIEN $$

(carte p. 52 ; 3826 6288 ; www.mediterraneo-hanoi.com ; 23 P Nha Tho ; plats 10-15 $US). Un petit restaurant populaire qui sert une cuisine italienne on ne peut plus authentique, dont des pâtes maison. Les raviolis au gorgonzola ou les gnocchis, accompagnés d'une salade croquante, constituent un parfait déjeuner. Fameuses pizzas cuites au feu de bois. Jolie terrasse en hauteur, avec vue sur la cathédrale. On regrette seulement que le lieu soit si enfumé.

Cart
CAFÉ $

(carte p. 52 ; www.thecartfood.com ; 18 P Au Trieu ; sandwichs 40 000 d ; 7h30-17h ;). Des tartes exquises, d'excellents jus et de bons sandwichs-baguette sont les plus de ce petit paradis du confort occidental caché derrière la cathédrale Saint-Joseph. Le sandwich à l'aubergine et au pesto à la coriandre, accompagné d'un jus de pomme, carotte et gingembre, est un bon remède après une soirée un peu arrosée en *bia hoi*.

Apple Tart
PÂTISSERIE $

(carte p. 52 ; 11 Ngo Bao Khanh ; en-cas 30 000-50 000 d). Cette toute petite enseigne propose d'excellentes pâtisseries françaises, telles la crème caramel ou la tarte Tatin, à déguster au frais sur les rives du lac Hoan Kiem, tout près, ou dans le café d'à côté avec un bon expresso.

Hanoi House
CAFÉ $

(carte p. 52 ; P 48A Ly Quoc Su ; en-cas 30 000-50 000 d ;). Un café chic à l'ambiance bohème qui offre une superbe vue sur la cathédrale Saint-Joseph depuis le premier étage. Détendez-vous dans le lounge, décoré d'objets d'artisanat de Sapa, ou faites-vous une place sur l'étroit balcon. Les jus sont excellents, tout comme le thé au gingembre.

Cine Café
CAFÉ $

(carte p. 52 ; 22A P Hai Ba Trung ; en-cas 2-4 $US, boissons 1-3 $US). Le café-bar de la Cinémathèque (p. 74) permet d'échapper au tumulte de la rue. Jus de fruits, expressos ou en-cas servis dans la cour. L'endroit est un peu difficile à trouver : depuis Hai Ba Trung, descendez l'allée à côté du magasin de DVD sur 20 m, puis tournez à droite.

La Place
CAFÉ $

(carte p. 52 ; 4 P Au Trieu ; repas à partir de 65 000 d ;). Petit café élégant, très couru, à côté de la cathédrale Saint-Joseph, dont les murs sont couverts de propagande artistique. La carte mêle spécialités d'Orient et d'Occident. Café costaud, vin au verre. Montez à l'étage pour la vue sur la cathédrale, et la collection d'affiches de propagande vintage.

Fanny Ice Cream
GLACIER $

(carte p. 52 ; 48 P Le Thai To ; glaces à partir de 15 000 d). Glaces et sorbets à la française. En saison, goûtez le *com*, un parfum exquis extrait de pousses de riz gluant. Sinon, le gingembre et le thé vert valent l'essai.

Kem Dac Diet Trang Tien
GLACIER $

(carte p. 52 ; 35 P Trang Tien ; glaces à partir de 5 000 d). Glacier sans doute le plus couru de Hanoi – l'immense file d'attente en témoigne en été.

Fivimart
MAGASIN D'ALIMENTATION

(carte p. 52 ; 27A P Ly Thai Tho). L'un des supermarchés les mieux approvisionnés du centre-ville.

Citimart
MAGASIN D'ALIMENTATION

(carte p. 52 ; Hanoi Towers, 49 Hai Ba Trung). Supermarché avec un bon choix de produits et de plats de traiteur.

OUEST DE LA VIEILLE VILLE

♥ Quan An Ngon
VIETNAMIEN $

(carte p. 56 ; 15 P Phan Boi Chau ; plats 35 000-80 000 d ; 11h-23h). Pour découvrir la cuisine de rue dans un lieu minuscule où se côtoient locaux et quelques expatriés. Délicieuses spécialités de tout le Vietnam, notamment la seiche à la citronnelle et aux piments, et le *chao tom* (canne à sucre grillée roulée dans une pâte de crevette épicée). Vous devrez patienter pour obtenir une table, à moins de venir aux heures creuses.

VAUT LE DÉTOUR

LES RESTAURANTS DE RUE PAR QUARTIER

Pour associer le plaisir gustatif à celui de l'exploration de la ville, rendez-vous dans les quartiers suivants, réputés pour leurs restaurants et leurs stands de restauration.

» **Pho Cam Chi** Cette étroite ruelle (carte p. 56) est bondée d'échoppes servant une délicieuse cuisine bon marché. Cam Chi signifie "interdiction de montrer du doigt" : ce nom aurait été donné à la rue, il y a plusieurs siècles, pour rappeler à ses habitants qu'ils ne devaient pas pointer d'un doigt curieux le roi et sa cour quand ils se déplaçaient dans le quartier. Cam Chi est à environ 500 m au nord-est de la gare ferroviaire de Hanoi. À côté, Tong Duy Tan compte de nombreux cafés et restaurants branchés.

» **Đuong Thuy Khue** Sur la rive sud du Tay Ho, Đuong Thuy Khue (carte p. 56) regroupe quantité de restaurants de poissons et de fruits de mer donnant sur le lac. La concurrence y est féroce si l'on en juge par les rabatteurs qui cherchent à guider les clients jusqu'à leurs tables. On s'y régale pour environ 150 000 d par personne.

» **Truc Bach** La rive nord-est du lac Truc Bach (hors carte p. 56), plus calme, est ponctuée de restaurants de *lau* (fondue) sur plusieurs centaines de mètres. Attablez-vous avec des amis et préparez vous-même votre poisson, votre poulet ou votre bœuf. Il vous faudra parfois patienter dans les établissements les plus courus, mais il n'y a pas mieux pour faire un excellent repas en début de soirée.

» **Pho Nghi Tam** À 10 km au nord du centre de Hanoi, une soixantaine de restaurants de viande de chien bordent Pho Nghi Tam sur 1 km. Les habitants croient que consommer cette viande pendant la première moitié du mois lunaire porte malheur et, en conséquence, désertent ces restaurants. La seconde quinzaine, en revanche, les affaires reprennent et les clients s'y bousculent, particulièrement le dernier jour. Même si vous n'avez aucune envie de goûter au chien, allez y faire un tour ce soir-là, en cherchant les mots *thit cho*.

♥ La Badiane   INTERNATIONAL $$$
(carte p. 56 ; 3942 4509 ; www.labadiane.hanoi.sitew.com ; 10 Nam Ngu ; repas 15 $US). Dans une demeure coloniale restaurée aux murs blanchis à la chaux, qui entoure une cour centrale aérée, ce bistrot stylé propose des plats français aussi bien que des spécialités asiatiques et méditerranéennes. Citons ainsi les tagliatelles au bar et au paprika fumé, ou la bisque de crevettes accompagnée de bruschetta tomate-wasabi. Menu déjeuner de 3 plats d'un bon rapport qualité/prix à 255 000 d.

Southgate   CUISINE FUSION $$
(carte p. 56 ; 3938 1979 ; www.southgatehanoi.com ; 28 Tong Duy Tan ; tapas 90 000-120 000 d, plats 130 000-250 000 d). Des tapas fusion alléchantes, comme la poitrine de porc cuite deux fois, et de délicieux desserts, telle la *panna cotta* au thym, miel et yaourt, à déguster dans ce bar-restaurant installé dans une villa très bien restaurée. Excellents cocktails.

KOTO   CAFÉ $$
(carte p. 56 ; 3747 0338 ; www.koto.com.au ; 59 P Van Mieu ; repas 95 000-140 000 d ; fermé lun dîner ; @). Sur 4 niveaux, un café-bar-restaurant d'un style nouveau qui donne sur le temple de la Littérature. Le cadre est soigné, des sièges élégants aux fleurs posées sur la caisse enregistreuse. Plats du jour (à l'ardoise) et courte carte affichant de tout, des délicieux mets vietnamiens à des *pitas* et des *fish and chips* à la bière. Belle carte de cocktails au bar. KOTO est une association à but non lucratif prodiguant (avec un grand succès) éducation et formation professionnelle à des enfants défavorisés.

San Ho Restaurant   FRUITS DE MER $$$
(carte p. 56 ; 3934 9184 ; 58 P Ly Thuong Kiet ; repas autour de 300 000 d). Installé dans une jolie villa coloniale, le San Ho passe pour l'un des meilleurs restaurants de fruits de mer de Hanoi. Crustacés et mollusques de tous ordres sont servis avec de succulentes sauces. Les prix sont en général mentionnés au kilo.

Matchbox Winebar & Restaurant   MÉDITERRANÉEN $$
(carte p. 56 ; 3734 308 ; 40 Cao Ba Quat ; plats 100 000-290 000 d). Le Matchbox, qui a déménagé dans cet espace plaisant, avec cour,

VAUT LE DÉTOUR

TAY HO, NOUVEAU QUARTIER BRANCHÉ DE HANOI

À 6 km au nord-ouest de la vieille ville et de son tumulte, le quartier du Tay Ho (lac de l'Ouest), lieu de résidence favori des expatriés, est un bon endroit où séjourner, avec quelques excellents hôtels et une scène gastronomique et de lieux nocturnes en plein essor. Depuis la vieille ville, compter 80 000-90 000 d pour un trajet en taxi et 30 000-40 000 d pour les frayeurs nocturnes du *xe om* (moto-taxi).

Daluva Home   APPARTEMENT $$$
(3718 5831 ; www.daluva.com ; 33 To Ngoc Van, Tay Ho ; app 94 $US ; ❄@🌐). Dans une zone résidentielle tranquille, au-dessus d'un bar à tapas et à cocktails (p. 72), un grand deux-pièces à la décoration chic et élaborée. Le très grand lit, la cuisine équipée et le salon confortable en font le genre de lieu où l'on aimerait vivre si l'on s'installait à Hanoi. Idéal pour des vacances en couple. À proximité, un marché de produits fermiers tous les dimanches matins.

InterContinental Westlake Hanoi   HÔTEL DE LUXE $$$
(6270 8888 ; www.intercontinental.com/hanoi ; 1A Nghi Tam, Tay Ho ; d à partir de 120 $US ; ❄@🌐🏊). L'hôtel le plus luxueux du nord de la ville, au design contemporain de style asiatique, dont les bâtiments sur pilotis – et la plupart des chambres (toutes dotées de balcon) –, s'avancent en presqu'île dans le lac. Et le magnifique Sunset Bar n'a pas son pareil en matière de cocktails (à partir de 190 000 d), même s'ils sont un peu chers au regard des critères de Hanoi.

House of Son Tinh   VIETNAMIEN $$
(3715 0577 ; www.highway4.com ; 31 P Xuan Dieu, Tay Ho ; repas 100 000-200 000 d). Vitrine de l'empire Highway 4 (p. 66), cette "maison" accueille, au rez-de-chaussée, le Son Tinh Lounge Bar, un bar à cocktails intime spécialisé dans les mélanges à base de liqueur de Son Tinh (p. 73). À l'étage, l'élégant restaurant Highway 4 vous régalera d'une cuisine vietnamienne inspirée des saveurs du nord du pays.

---

derrière le musée des Beaux-Arts, sert à prix doux des mets inspirés des saveurs méditerranéennes. Installez-vous sans façon pour un plat de pâtes avec un verre de vin, ou prenez le temps d'un dîner plus élaboré, en dégustant d'excellentes viandes à accompagner de vin rouge australien.

Puku   CAFÉ $
(carte p. 56 ; 18 Tong Duy Tan; plats 60 000-110 000 d ; ⏰24h/24 ; 🌐). Petit îlot de culture néo-zélandaise (en langue maori, "*puku*" signifie "estomac"), réputé pour ses hamburgers, ses *fajitas* mexicaines, sans oublier des petits-déjeuners salés servis à toute heure. Le café est excellent. À 5 min à pied de la gare de Hanoi et ouvert 24h/24, soit un lieu idéal pour prendre un brunch roboratif après être rentré de Sapa par le train de nuit ou pour satisfaire une fringale aux petites heures.

Foodshop 45   INDIEN $
(hors carte p. 56 ; 3716 2959 ; 59 Truc Bach ; plats 70 000-100 000 d). L'un des meilleurs restaurants indiens de Hanoi, coincé entre deux restaurants de *lau* (fondue) au bord du lac Truc Bach. Ambiance authentique aux tables rustiques du rez-de-chaussée. Carte épatante, affichant notamment un délicieux poulet *kadhai*.

Net Hue   VIETNAMIEN $
(carte p. 56 ; angle P Hang Bong et P Cam Chi ; plats 30 000-60 000 d). Un restaurant éparpillé sur trois étages, spécialisé dans la remarquable cuisine de Hué, ville du centre du Vietnam. Vous y goûterez notamment le *bun bo Hue* (soupe de vermicelles relevée, au bœuf, typique de Hué) et le *banh nam* (crêpe de riz cuite à la vapeur, garnie de crevettes hachées). Accueil chaleureux, par la famille qui tient l'établissement, et excellent rapport qualité/prix compte tenu du cadre très confortable. Montez au dernier étage pour l'ambiance.

Café Smile   CAFÉ $
(carte p. 56 ; 5 P Van Mieu ; repas 70 000-120 000 d ; @). Atmosphère décontractée dans ce café-restaurant où l'on se régale de pâtisseries exquises. Sert également d'excellents plats vietnamiens (essayez le *pho*) ou occidentaux.

QUARTIER FRANÇAIS

Nha Hang Ngon VIETNAMIEN $$
(carte p. 58 ; 26A Tran Hung Dao ; plats 80 000-130 000 d ; ⊙11h-23h). Si l'agitation du Quan An Ngon n'est pas à votre goût, venez ici, dans son restaurant frère : la carte met également l'accent sur l'authentique cuisine de rue des quatre coins du Vietnam, et l'atmosphère de cette villa coloniale restaurée, ouverte sur une cour, est plus romantique.

Izakaya Yancha JAPONAIS $$
(carte p. 58 ; ☎3974 8437 ; 121 Trieu Viet Vuong ; repas 100 000-200 000 d). Dans une rue où dominent les cafés vietnamiens, une table dédiée aux spécialités du pays du Soleil levant, qui propose des *izakaya* (tapas japonaises) dans une ambiance conviviale et animée. Trouvez une place près de la cuisine ouverte et faites votre choix entre toutes sortes de mets d'Osaka, dont d'excellents sashimi au thon, et du miso avec des nouilles Udon.

Wild Lotus VIETNAMIEN $$$
(carte p. 58 ; ☎3943 9342 ; www.wildlotus.com.vn ; 55A P Nguyen Du ; plats 180 000-250 000 d). Fin du fin en matière de demeure coloniale reconvertie en restaurant, à la décoration absolument splendide. La carte propose notamment trois voyages au pays des épices, avec des menus fixes qui vous guident au milieu des grandes spécialités culinaires vietnamiennes.

Chay Nang Tam VÉGÉTARIEN $$
(carte p. 58 ; 79A P Tran Hung Dao ; repas à partir de 80 000 d ; ⊙11h-23h ; 🌱). Comment ce restaurant réussit-il à créer, à partir de légumes et de légumineuses, des plats végétariens ayant l'aspect de la viande ? Il s'agit en fait d'une vieille tradition bouddhique vouée à mettre les non-végétariens à l'aise.

AGGLOMÉRATION DE HANOI

Quan Hai San Ngon FRUITS DE MER $$
(☎3719 3169 ; 198 Nghi Tam, Tay Ho ; plats 150 000-200 000 d). Probablement le restaurant le plus joliment agencé de Hanoi, qui se déploie autour d'immenses bassins, et propose une excellente carte de spécialités vietnamiennes à base de poissons et de fruits de mer. Ainsi du bar à la mangue et au piment ou des huîtres de la baie d'Along au

---

À NE PAS MANQUER

BIA HOI

"*Tram phan tram !*" C'est à ce cri ("cent pour cent !", que l'on pourrait traduire par "cul sec !") que des milliers de verres de *bia hoi* (bière pression) sont vidés chaque jour au Vietnam.

Produite de manière on ne peut plus artisanale, la *bia hoi* est une bière légère et rafraîchissante, de type Pilsener, introduite au Vietnam par les Tchèques, et devenue depuis une particularité locale bien ancrée, servie partout. Destinée à être bue immédiatement, cette bière est brassée sans aucun conservateur et fait le bonheur des consommateurs, moyennant seulement 4 000 d le verre.

Hanoi étant la capitale de la *bia hoi*, vous trouverez des microbrasseries à presque tous les coins de rue. Le **carrefour des microbrasseries**, à l'angle de Pho Ta Hien et de Pho Luong Ngoc Quyen, dans la vieille ville, jouit d'une grande popularité (carte p. 48), mais ses microbrasseries sont désormais bondées de voyageurs et ont perdu un peu de leur charme.

Un autre "carrefour" à *bia hoi*, plus couleur locale, donne sur l'angle de Pho Nha Hoa et de Pho Duong Thanh, à la lisière ouest de la vieille ville. Si vous voulez grignoter quelque chose pour accompagner la bière, le **Bia Hoi Ha Noi** (carte p. 48 ; 2 P Duong Thanh) propose les meilleurs travers de porc de la ville. Vous passerez également une très bonne soirée au **Bia Hoi Hang Tre**, au 22 Pho Hang Tre (carte p. 48), à l'angle de Pho Hang Tre et de Pho Hang Thung, réputé pour son canard rôti (*vit quay*). Parmi les autres adresses, citons aussi le **Nha Hang Lan Chin** (carte p. 52 ; 2 P Trang Tien), l'un des établissements les plus fréquentés à l'heure du déjeuner.

Pour avoir un autre aperçu de l'entente entre la Tchécoslovaquie et le Vietnam pendant la guerre froide, qui a abouti à l'adoption de la *bia hoi*, rendez-vous au **Gambrinus** (carte p. 52 ; 198 P Tran Quang Khai), une imposante microbrasserie dans le style praguois, aux cuves rutilantes d'où sort la bière fraîchement brassée. La nourriture (tchécoslovaque et vietnamienne) y est assez bonne et a beaucoup de succès auprès des Hanoïens.

wasabi. Situé dans le quartier du Tay Ho, à 10 min du centre de Hanoi en taxi. Une escapade que vous ne regretterez pas.

Oasis
ÉPICERIE, TRAITEUR

(24 P Xuan Dieu). Épicerie fine, italienne, bien fournie en pains, fromages, charcuteries, pâtes fraîches et sauces. Au nord de la ville, dans Pho Xuan Dieu, rue jalonnée de restaurants dans le quartier du Tay Ho.

Don's A Chef's Bistro
INTERNATIONAL $$$

(3718 5988 ; www.donviet.vn ; Lane 16, 27 P Xuan Dieu ; plats 14-25 $US, pizza 10-22 $US ; 8.30-24h lun-ven, 7h30-24h sam-dim). Établissement sur plusieurs niveaux, qui borde le Tay Ho. Il s'agit en fait de trois restaurants en un, avec un bistrot créatif (essayez les sashimi ou les gâteaux au crabe), un bar à huîtres et une pizzeria avec un four à bois. Consultez leur site pour connaître le calendrier des concerts. Depuis Xuan Dieu, tournez à gauche en suivant la rive du lac et cherchez le néon "Oyster Bar". Le Don's loue aussi des vélos, ce qui permet d'emprunter la piste qui longe le lac sur 13 km, avant ou après le savoureux brunch du week-end (de 11h à 17h).

Daluva
TAPAS $$

(3718 5831 ; www.daluva.com ; 33 To Ngoc Van, Tay Ho ; tapas 70 000-140 000 d, plats 160 000-320 000 d ; 8h-tard). Un bar à cocktails recherché, dédié aux tapas, aux hamburgers et aux pizzas, entre autres, puisqu'on peut aussi s'y régaler de crevettes au bacon ou de calamars frits à l'ail. Belle carte des vins et bonne musique d'ambiance. Brunch du dimanche très couru, avec des œufs bénédictine au saumon.

Kitchen
CAFÉ $$

(7A/40 P Xuan Dieu, Tay Ho ; en-cas et repas 80 000-130 000 d ; 8h-21h;). Un café avec terrasse, dont l'atmosphère décontractée et la carte diétético-créative répondent aux goûts du jour. Délicieux sandwichs et salades, composés d'ingrédients bio. Idéal pour le petit-déjeuner, un rafraîchissement (essayez le tonique gingembre et pastèque) ou un simple expresso.

Où prendre un verre

Hanoi compte tant de bars et de cafés, qu'ils soient tendance, décontractés ou proches du tripot, que vous en trouverez forcément un correspondant à votre humeur, sans oublier les microbrasseries locales de *bia hoi*.

N'oubliez pas que la police fait appliquer strictement le couvre-feu : les bars doivent être fermés à minuit, ce qui réduit sérieusement la vie nocturne. Quelques lieux pratiquent toutefois le "lock-in" (l'endroit est fermé, mais les clients déjà à l'intérieur restent). Renseignez-vous dans les auberges de jeunesse pour savoir quels bars restent ouverts après l'heure du crime.

Pho Ta Hien, qui aligne nombre de petits bars sympathiques, fait la joie des voyageurs, tout comme Ngo Bao Khan près de la rive nord-ouest du lac Hoan Kiem. Sinon, les étrangers apprécient également Pho Xuan Dieu, dans le quartier du Tay Ho.

Le Pub
PUB

(carte p. 48 ; 25 P Hang Be ; 7h-tard). Un "pub" sympathique et douillet, où touristes, expatriés et locaux se retrouvent pour prendre un verre dans la bonne humeur. Grands écrans à l'intérieur pour les amateurs de foot, terrasse sur la rue et cour à l'arrière. En-cas servis, avec efficacité, en accompagnement et musique souvent connue. L'établissement a une **succursale** plus vaste (9 P Xuan Dieu) dans le quartier du Tay Ho (lac de l'Ouest).

Cheeky Quarter
BAR

(carte p. 48 ; 1 P Ta Hien). Un couple anglo-vietnamien tient ce petit bar convivial, au décor excentrique (papier peint orné de surprenants portraits de famille). Le baby-foot est une activité que l'on prend très au sérieux ici. En fond sonore, du drum'n'bass ou de la musique house. À l'extrémité de Pho Ta Hien.

Quan Ly
BAR

(carte p. 58 ; 82 Le Van Hu). Le propriétaire de l'établissement, Pham Xuan Ly, habite dans l'immeuble depuis 1950 et tient l'un des bars à *ruou* (alcool local, de riz en général) les plus traditionnels de la ville. Laissez-vous tenter par celui au gingembre, et aventurez-vous du côté des variations autour du serpent ou du gecko. Vous pourrez aussi commander, pour trois fois rien, une *bia hoi* et de bons plats vietnamiens. Le Quan Ly est un symbole du Hanoi d'antan, et, oui, c'est bien le propriétaire que l'on voit rencontrant Hô Chi Minh sur la photo accrochée au mur. Si vous envisagez de rapporter du *ruou* chez vous, faites un tour au **Thanh Binh** (plan p. 48 ; 62 P Lan Ong). Cette boutique de vin et d'alcool de riz vend des bouteilles où marinent toutes sortes de curiosités exotiques.

21N Club
BAR

(49 Lang Yen Phu, Tay Ho). Voilà un lieu particulier à Hanoi, au bord du Tay Ho, avec des chaises qui font face au lac, des groupes de musique qui viennent se produire régulièrement, et, petite curiosité supplémentaire, une bière locale, brassée sur place, la "Sailor". Bière et cocktails à des prix très corrects, à accompagner de hamburgers et de frites. Consultez le site www.newhanoian.xemzi.com pour connaître le calendrier des événements.

Mao's Red Lounge
BAR

(carte p. 48 ; 5 P Ta Hien). Probablement le bar le plus fréquenté de Ta Hien, incontournable pour ses soirées du week-end. Cadre élégant, lumière tamisée, épaisses volutes de fumée. Les boissons sont bon marché, et la musique est bonne en règle générale, mais si vous n'aimez pas ce qui passe, demandez simplement à connecter votre iPod à la sono.

Funky Buddha
BAR

(carte p. 48 ; 2 P Ta Hien). Rejoignez la foule qui se presse dans ce bar en forme de L et appréciez-y d'excellents cocktails. Une fois que la techno et la house démarrent, le Funky Buddha tient davantage de la boîte de nuit. Avec ses boissons bon marché, il attire les voyageurs des auberges de jeunesse voisines.

Factory
BAR

(carte p. 52 ; www.factory.org.vn ; 11a P Bao Khanh). Dans Pho Bao Khanh, artère pas toujours recommandable, le Factory possède à la fois une spacieuse terrasse sur le toit et un intérieur impressionnant décoré de peintures socialistes. En montant aux différents étages, vous découvrirez aussi les œuvres de Lê Quang Ha, un artiste local, ainsi qu'un salon à chicha. Le bar est très bien fourni, les en-cas vietnamiens sont d'un bon rapport qualité/prix et l'on profite régulièrement de concerts et de manifestations artistiques (consultez le site).

Legends Beer
BRASSERIE

(carte p. 48 ; 109 P Nguyen Tuan ; ◷11h-tard). Certes, l'endroit est très touristique, car, au plaisir de la bière brassée sur place s'ajoute celui de la vue sur le lac Hoan Kiem depuis le balcon. Mais allez tout de même y siroter une excellente bière maison et prenez votre appareil photo pour saisir en images l'incessant va-et-vient des motos autour de l'un des ronds-points les plus encombrés de la ville.

INTERVIEW

MARKUS MADEJA ET SES LIQUEURS SON TINH

La plupart des *ruou* (alcools de riz) produits dans les zones rurales contiennent des impuretés et vous donnent une mauvaise gueule de bois. Nos liqueurs de marque **Son Tinh** (www.sontinh.com) sont préparées à partir d'un riz gluant de qualité, avec des ingrédients et des méthodes traditionnels. La maturation dure ensuite de trois à cinq ans.

Suggestions d'accompagnement

Essayez le **Tao Meo** (pomme rose) avec de la viande fumée ou grillée au feu de bois. Le Tao Meo provient d'un fruit extrêmement rare qui pousse à l'état sauvage dans les montagnes du nord du Vietnam. Si vous aimez le poisson et les fruits de mer, essayez le *ruou* au **Bach Sam** (gingembre blanc), qui a un goût de terre un peu sucré et que vous pouvez savourer avec des rouleaux de printemps au poisson-chat au **Highway 4** (p. 66). Le **Minh Mang**, qui se marie bien avec le poulet, est concocté à partir de 19 herbes différentes, et doit son nom à l'empereur du XIXe siècle Minh Mang, père, dit-on, de 140 enfants.

Donner un avenir au *ruou*

Notre prochain projet est de distiller des eaux-de-vie à partir de fruits d'ici. Malgré la profusion de fruits tropicaux et subtropicaux qui poussent au Vietnam, ce genre de produits n'existe pas. Nous utilisons aussi les liqueurs vietnamiennes dans des cocktails au **Son Tinh Lounge Bar** (p. 70).

Consommer local

Quan Ly (ci-contre) est une excellente adresse locale, où l'on peut également goûter les alcools traditionnels vietnamiens.

HANOI GAY ET LESBIEN

Les vraies adresses gays sont très rares à Hanoi, mais de nombreux établissements sont *gay-friendly*. Toutefois, l'attitude conservatrice des autorités fait que la prudence reste de mise. Les raids de la police au nom de la "morale" ne sont pas rares et poussent les homosexuels à se faire discrets.

Le **GC Pub** vient en tête parmi les bars gays de Hanoi, et permet de connaître les nouveaux lieux de sortie. Côté hébergement, les équipes de **l'Art Hotel** (p. 61) et du **Daluva Home** (p. 70) sont *gay-friendly*.

Le site Internet www.utopia-asia.com (en anglais) donne les dernières informations sur la communauté gay. Lisez également la section consacrée au Vietnam du site cambodiaout.com. Voir, p. 80, les entourloupes possibles aux environs du lac Hoan Kiem.

Temple Bar BAR
(carte p. 48 ; 8 P Hang Buom). Ce bar, qui s'appelait auparavant l'Egypt et avait pour thème le Moyen-Orient, s'inspire aujourd'hui vaguement de l'Irlande. La partie bar est exiguë, les clients étant invités à rejoindre la vaste piste de danse. Les DJ assurent en matière de drum 'n' bass – attendez-vous à un mélange bruyant de Vietnamiens et de baroudeurs.

Green Mango BAR
(carte p. 48 ; 18 P Hang Quat). Cet hôtel-restaurant réputé abrite aussi un bar élégant et confortable. Le beau monde de Hanoi apprécie l'atmosphère décontractée et les cocktails, irrésistibles, de ce havre de paix, situé au cœur du tumulte de la vieille ville.

Roots BAR
(carte p. 48 ; 2 P Luong Ngoc Quyen). Un temple du reggae, qui tolère toutefois d'autres genres musicaux, comme la salsa et l'afrobeat. Quand les musiciens mettent la pression, la piste de danse s'enflamme. Pratique parfois le "lock-in".

Angelina BAR
(carte p. 52 ; Sofitel Metropole Hotel, 15 P Ngo Quyen ; ⊙12h-2h). Un bar d'hôtel (chic) au décor flamboyant qui reste ouvert tard. Le week-end, les DJ sont aux commandes, alternant house et musique d'ambiance.

Également dans le Sofitel Metropole, le **Bamboo Bar**, au bord de la piscine, s'agrémente d'un élégant décor colonial.

Dragonfly BAR
(carte p. 48 ; 15 P Hang Buom). Boîte de nuit de la vieille ville, qui attire une foule très jeune, avec une musique grand public.

Rooftop Bar BAR
(carte p. 56 ; 19e ét., Pacific Place, 83B Ly Thuong Kiet). Il faut venir prendre une bière ici pour la vue qu'offre le 19e étage.

Tet BAR
(carte p. 48 ; 2A P Ta Hien). Ce bar minuscule, à la lumière tamisée, offre une petite mezzanine pour plus d'intimité. Encore mieux en fin de soirée : lorsque le volume augmente, le Tet se transforme en l'une des plus petites boîtes de nuit de Hanoi.

GC Pub PUB
(carte p. 52 ; 7 P Bao Khanh). Assez délabré de l'extérieur mais très vivant à l'intérieur, surtout le week-end. L'endroit a la faveur des gays et possède des billards.

☆ Où sortir

Cinémas

Institut français de Hanoi CINÉMA
(carte p. 52 ; www.ifhanoi-lespace.com ; 24 P Trang Tien). Installé dans le magnifique bâtiment L'Espace, près de l'Opéra. On y projette régulièrement des films français. Des concerts y sont également organisés ; renseignements sur le site.

Cinémathèque CINÉMA
(carte p. 52 ; 22A Hai Ba Trung). Une institution de Hanoi, très appréciée des amoureux du cinéma d'art et d'essai. Agréable petit café-bar sur place (voir p. 68). L'accès est réservé aux abonnés, mais il suffit pour l'être de s'acquitter d'une cotisation de 50 000 d.

Megastar Cineplex CINÉMA
(carte p. 56 ; www.megastar.vn ; 6e niveau, Vincom Tower, 191 Ba Trieu). Multiplexe confortable, avec grand écran, bonne sono et sièges confortables. Vous pourrez y voir des grosses productions quelques jours avant la sortie des DVD correspondants, vendus des clopinettes dans la vieille ville.

Discothèques

Hanoi ne fera pas le bonheur des clubbeurs effrénés. Le couvre-feu de minuit étant souvent appliqué, on ne trouvera des pistes de danse que dans quelques bars (p. 72) de la vieille ville et de ses environs, plus un ou deux autres endroits.

Face Club — DISCOTHÈQUE
(carte p. 52 ; 6 P Hang Bai). Ce club (anciennement le Loop), tout en longueur, passe, sous des éclairages au laser, une musique qui va du hip-hop à la techno, avec une sono impressionnante. Sa popularité auprès des Hanoiens aisés lui vaut une tendance kitsch.

Tunnel — DISCOTHÈQUE
(carte p. 52 ; 11b P Bao Khanh). Des *happy hour* réguliers et des soirées avec DJ font du Tunnel, sur plusieurs étages, un endroit très populaire de la très animée Pho Bao Khanh. Il y a des chances qu'il soit ouvert après minuit le vendredi et le samedi soir.

Musique

Le temple de la Littérature (p. 50) accueille tous les jours des concerts de musique traditionnelle. Sinon, les restaurants vietnamiens haut de gamme du centre-ville sont aussi de bons endroits où écouter de la musique traditionnelle. Parmi eux, citons le Cay Cau

---

À NE PAS MANQUER

LE THÉÂTRE DE MARIONNETTES SUR L'EAU

L'art millénaire des marionnettes sur l'eau (*roi nuoc*), qui demeura confiné au nord du Vietnam jusque dans les années 1960, était à l'origine un passe-temps des paysans, qui travaillaient toute la journée dans les rizières du delta du fleuve Rouge. Les versions divergent quant à la naissance de ces "spectacles" : ces paysans auraient considéré la surface de l'eau comme une scène toute trouvée, ou bien ils auraient décidé, après une inondation du delta, d'adapter l'art des marionnettes traditionnelles. Quoi qu'il en soit, ils sculptaient les marionnettes dans du bois de figuier (*sung*), matériau imputrescible, en s'inspirant des habitants de leur village, des animaux qui les entouraient ou des créatures mythiques (dragon, phénix ou licorne). Les représentations avaient lieu sur des étangs, des lacs ou des rizières inondées.

Les spectacles se donnent aujourd'hui dans un bassin de forme carrée (la "scène") dont l'eau est obscurcie, afin de dissimuler les mécanismes actionnant les marionnettes. Recouvertes d'une peinture brillante à base de pigments végétaux, celles-ci peuvent mesurer jusqu'à 50 cm et peser jusqu'à 15 kg. Leur vie n'excédant pas trois à quatre mois quand elles servent en continu, leur fabrication occupe à plein temps plusieurs villages des environs de Hanoi.

Chaque représentation nécessite onze marionnettistes, qui ont tous suivi une formation d'au moins 3 ans. Plongés dans l'eau jusqu'à la taille, ils sont dissimulés derrière un écran de bambou. Souffrant autrefois de différentes affections liées à leur présence constante dans l'eau, les artistes portent de nos jours des combinaisons qui leur évitent ces maladies professionnelles.

Certaines marionnettes sont simplement fixées à de longues tiges de bambou ; d'autres sont placées sur une base flottante, elle-même fixée à une tige. Elles ont pour la plupart une tête et des membres articulés et, parfois, un gouvernail pour les diriger. Dans la pénombre, on a l'impression de les voir littéralement se mouvoir seules sur l'eau. Les techniques complexes de manipulation des marionnettes, gardées secrètes par tradition, ne se transmettaient jadis que de père en fils (jamais de père en fille, pour éviter, si la fille se mariait à un homme étranger au village, qu'elle ne lui livre le secret).

Dans le *roi nuoc*, la musique a autant d'importance que l'action. L'orchestre comprend des flûtes en bois (*sao*), des gongs (*cong*), des tambours (*trong com*), des xylophones en bambou et l'étonnante cithare monocorde (*dan bau*).

Le spectacle comprend une succession de tableaux évoquant aussi bien des scènes de la vie quotidienne que des légendes. Une scène mémorable illustre la lutte entre un pêcheur et sa proie ; elle est si réaliste que le poisson semble vivant. D'autres tableaux figurent des dragons crachant du feu (réalisé avec des techniques d'artificier) ou un jeune garçon jouant de la flûte sur le dos d'un buffle.

Le spectacle est très divertissant. Les marionnettes sont drôles et gracieuses, et l'eau met merveilleusement l'intrigue en valeur, en permettant aux marionnettes d'apparaître et de disparaître comme par magie. Attention aux éclaboussures aux premiers rangs.

(carte p. 58 ; 17A P Tran Hung Dao; ⊙19h30-21h30), dans le De Syloia Hotel.

Opéra de Hanoi OPÉRA
(carte p. 52 ; P Trang Tien). Ce somptueux édifice colonial datant de 1911 peut accueillir 900 personnes. C'est de l'une de ses loges que le Comité du peuple annonça, le 16 août 1945, la prise de la ville par le Viêt-minh. Des concerts de musique classique et des opéras y sont régulièrement donnés en soirée, et l'ambiance est fabuleuse. Le week-end, vous verrez souvent des mariés se faire photographier devant les marches de l'édifice. Consultez le site www.ticketvn.com pour connaître le calendrier des représentations.

Vietnam Tuong Theatre OPÉRA
(carte p. 48 ; www.vietnamtuongtheatre.com ; 51 P Duong Thanh ; 100 000 d ; ⊙18h30 mar-dim). Le *hat tuong* est une adaptation vietnamienne de l'opéra chinois, qui a connu son âge d'or sous le règne de la dynastie des Nguyên au XIXe siècle. Jusqu'en 2007, on ne pouvait assister aux représentations dans ce théâtre – à l'origine, un cinéma français de l'époque coloniale – que sur invitation. Elles sont désormais ouvertes à tous. Un spectacle de *hat tuong* est une forme d'art traditionnel bien distincte du théâtre de marionnettes sur l'eau, elle aussi très codifiée et raffinée, et tout aussi intéressante.

LES NOMS DE RUES DE LA VIEILLE VILLE

NOM DE LA RUE	SIGNIFICATION	NOM DE LA RUE	SIGNIFICATION
Bat Dan	bols en bois	Hang Giay	papier ou chaussures
Bat Su	bols de faïence	Hang Hanh	oignons
Cha Ca	poisson rôti	Hang Hom	caisses
Chan Cam	instruments à cordes	Hang Huong	encens
Cho Gao	marché au riz	Hang Khay	plateaux
Gia Ngu	pêcheurs	Hang Khoai	patates douces
Hai Tuong	sandales	Hang Luoc	peignes
Hang Bac	orfèvres	Hang Ma	papiers votifs
Hang Be	radeaux	Hang Mam	poisson au vinaigre
Hang Bo	paniers	Hang Manh	stores en bambou
Hang Bong	coton	Hang Muoi	sel
Hang Buom	voiles	Hang Ngang	rue transversale
Hang But	pinceaux	Hang Non	chapeaux
Hang Ca	poisson	Hang Phen	alun
Hang Can	balances	Hang Quat	éventails
Hang Chai	bouteilles	Hang Ruoi	vers
Hang Chi	fils	Hang Than	charbon de bois
Hang Chieu	tapis	Hang Thiec	étain
Hang Chinh	pots	Hang Thung	tonneaux
Hang Cot	treillages en bambou	Hang Tre	bambou
Hang Da	cuir	Hang Trong	tambours
Hang Dao	teinturiers (de soie)	Hang Vai	tissu
Hang Dau	haricots ou huiles	Lo Ren	forgerons
Hang Dieu	pipes	Lo Su	cercueils
Hang Dong	cuivre	Ma May	rotin
Hang Duong	sucre	Ngo Gach	briques
Hang Ga	poulet	Thuoc Bac	plantes médicinales
Hang Gai	soie		

Hanoi Rock City — MUSIQUE LIVE
(www.hanoirockcity.com ; 27/52 To Ngoc Van, Tay Ho). Hanoi a enfin une vraie salle de concerts dédiée aux musiques actuelles, avec mélange éclectique de reggae, de hip-hop, de punk local et d'électro, et à des DJ sortant de l'ordinaire. Quelques manifestations internationales. Renseignements sur le site www.newhanoian.xemzi.com. Le Hanoi Rock City est situé au bout d'une allée résidentielle, à 7 km au nord de la ville, près du Tay Ho.

Jazz Club By Quyen Van Minh — MUSIQUE LIVE
(carte p. 56 ; www.minhjazzvietnam.com ; 65 Quan Su ; ☾concerts 21h-23h30). Pour les inconditionnels des jam-sessions. Le propriétaire, Minh, professeur de saxophone, fait ici des bœufs en compagnie de musiciens talentueux, dont son fils Dac, et de jazzmen de réputation internationale. Bar bien fourni et restauration sur place. Consultez le site Internet pour la programmation.

Marionnettes sur l'eau
Hanoi accueille les plus beaux spectacles de cet art fantastique (voir l'encadré p. 75), originaire du Nord. Ils se déroulent au **Théâtre municipal des marionnettes sur l'eau** (carte p. 48 ; 57B P Dinh Tien Hoang ; 60 000-100 000 d, appareil photo 15 000 d, vidéo 60 000 d ; ☾spectacles à 14h15, 15h30, 17h, 18h30, 20h et 21h15). Les programmes multilingues permettent de lire les paroles au fur et à mesure du spectacle. Essayez de réserver un peu à l'avance.

Achats

Si vous avez envie de vêtements ou d'articles de décoration de belle qualité, le quartier de la cathédrale Saint-Joseph est tout indiqué, notamment dans Pho Nha Tho et Pho Au Trieu, bordées de quantité de boutique intéressantes – et les cafés sont nombreux aux alentours. En matière d'artisanat vietnamien, dont des textiles et des objets en laque notamment, allez fouiner dans les boutiques de Pho Hang Gai, Pho To Tich, Pho Hang Khai et Pho Cau Go.

La plupart des galeries d'art ont élu domicile dans Pho Trang Tien, entre le lac Hoan Kiem et l'Opéra. Vous pouvez aussi faire un tour du côté du musée des Beaux-Arts (p. 53), où quelques galeries intéressantes exposent de jeunes talents.

Dans Pho Hang Gai et son prolongement, Pho Hang Bong, vous trouverez des nappes, des T-shirts et des tableaux brodés. C'est aussi l'endroit idéal pour acheter de la soie et se faire confectionner des vêtements sur mesure.

Bookworm — LIVRES
(carte p. 56 ; www.bookwormhanoi.com ; 44 Chau Long). Propose plus de 10 000 titres en anglais, neufs ou d'occasion, dont des romans, ainsi que des ouvrages pointus sur l'Asie du Sud, en matière d'histoire et de politique.

Librairie Thang Long — LIVRES
(carte p. 52 ; 53-55 P Trang Tien). Non loin du lac Hoan Kiem, l'une des plus grandes librairies de la ville. Sélection de titres en français et presse étrangère, en plus d'une bonne sélection d'ouvrages sur l'histoire de Hanoi.

Dome — DÉCORATION
(carte p. 56 ; www.dome.com.vn ; 71 P Yen The Trong). L'un des plus beaux magasins de décoration. Magnifiques rideaux et coussins dans de superbes tissus vietnamiens. Articles de vannerie, laques et mille et un cadeaux.

Khai Silk — VÊTEMENTS
(carte p. 48 ; 96 P Hang Gai). Présente dans tout le pays, la très chic Khai Silk est la boutique idéale pour s'offrir des vêtements en soie originaux et branchés, aussi bien que des créations classiques.

Hadong Silk — VÊTEMENTS
(carte p. 48 ; 102 P Hang Gai). L'une des plus grandes boutiques d'articles en soie de cette rue de la soie.

Things of Substance — VÊTEMENTS
(carte p. 52 ; 5 P Nha Tho). Boutique de vêtements, dont certains très originaux, qui fait du sur-mesure à prix abordables. Le personnel, très professionnel, parle bien anglais.

Three Trees — ACCESSOIRES
(carte p. 52 ; 15 P Nha Tho). Des bijoux de créateurs très originaux, dont de délicats colliers qui feront des cadeaux raffinés.

Mai Gallery — ART
(carte p. 56 ; www.maigallery-vietnam.com ; 183 P Hang Bong). Tenue par l'artiste Mai, qui habite sur place, une bonne adresse pour en apprendre un peu plus sur l'art vietnamien avant d'en acheter.

Viet Art Centre — ART
(carte p. 56 ; www.vietartcentre.vn ; 42 P Yet Kieu). Cet excellent centre artistique présente des œuvres contemporaines vietnamiennes : peintures, photographies et sculptures.

Décidez tranquillement de votre achat dans le plaisant petit café.

Vietnam Quilts — ARTISANAT
(carte p. 48 ; www.vietnam-quilts.org ; 13 P Hang Bac). Jolis dessus de lit faits à la main par des femmes de zones rurales dans le cadre d'un programme de développement communautaire.

Craft Link — ARTISANAT
(carte p. 56 ; www.craftlink.com.vn ; 43 P Van Mieu). Près du temple de la Littérature, cette organisation à but non lucratif propose, à prix raisonnables, de beaux objets d'artisanat, dont des tissages fabriqués par les minorités ethniques.

Mosaique — DÉCORATION
(carte p. 52 ; www.mosaiquedecoration.com ; 6 P Ly Quoc Su). Des objets en laque et des soieries mises au goût du jour. L'endroit idéal pour dénicher d'élégantes housses de coussins, du linge de maison et des accessoires.

Indigenous — ARTISANAT
(carte p. 52 ; 36 P Au Trieu). Un trésor de boutique pour trouver des cadeaux ethniques et originaux, ainsi qu'un excellent café équitable, à goûter dans la partie café avant d'en acheter.

Old Propaganda Posters — ART
(carte p. 48 ; 122 P Hang Bac). Posters de propagande communiste. La plupart sont d'excellentes reproductions, mais vous pouvez acquérir quelques originaux si vous y mettez le prix. Il y a d'autres magasins du même acabit dans la vieille ville.

Marchés

Marché Buoi — MARCHÉ
Situé près de l'extrémité sud-ouest du Tay Ho, à l'intersection de Duong Buoi et de Lac Long Quan, ce marché est célèbre pour ses animaux vivants (poulets, canards, cochons, etc.) et ses plantes d'ornement.

Marché Dong Xuan — MARCHÉ
(carte p. 48). Les touristes ne visitent guère ce vaste marché de la vieille ville, à 900 m au nord du lac Hoan Kiem. Ses centaines de stands sont pourtant fascinants à explorer : la vraie vie de la rue est là.

Marché Hom — MARCHÉ
(carte p. 58). À l'angle nord-est de Pho Hué et de Pho Tran Xuan Soan, un grand marché où l'on trouve de tout. Si vous avez l'intention de vous faire confectionner des vêtements, c'est l'endroit idéal pour l'achat de vos tissus.

Marché de nuit Night — MARCHÉ
(carte p. 48 ; ⊙19h-24h ven-dim). Ce marché s'étend du nord au sud de la vieille ville, de Pho Hang Giay jusqu'à Pho Hang Dao. Ce n'est guère plus qu'une extension des nombreuses boutiques qui émaillent la vieille ville, mais du moins les rues sont fermées à la circulation. Attention aux pickpockets.

ℹ Renseignements

Accès Internet
La plupart des hôtels petits budgets ou de catégorie moyenne proposent un accès Internet gratuit, dans la chambre pour les plus luxueux, ou à la réception pour les autres.

Les cybercafés sont légion dans le centre de Hanoi, particulièrement aux alentours de Pho Hang Bac et de Pho Hang Be, dans la vieille ville. Beaucoup n'affichent pas les prix : renseignez-vous avant de passer quelques heures en ligne. Les tarifs démarrent à 5 000 d l'heure.

Le Wi-Fi se développe dans les hôtels pour touristes, les cafés et les bars.

Argent
Les distributeurs automatiques de billets (DAB) ne manquent pas à Hanoi. Sur les principales artères autour du lac Hoan Kiem, vous trouverez des banques internationales, où changer vos billets et retirer de l'argent. Il n'y a pas de marché noir à Hanoi : si l'on vous propose de changer votre argent dans la rue, c'est qu'on veut vous le voler. Attention, certains DAB limitent les retraits à 3 000 000 d. Ceux des banques HSBC et ANZ sont généralement plus généreux.

Désagréments et dangers
La bonne nouvelle d'abord : Hanoi est une ville très sûre, où les agressions contre les touristes sont extrêmement rares. La plupart des visiteurs succombent à son charme, et repartent ravis de leur séjour. Cependant, même s'il n'y a en principe pas de risque à se promener la nuit dans les rues de la vieille ville, évitez les ruelles sombres après 22h. Nous recommandons aux femmes seules de prendre un taxi équipé d'un compteur, ou un xe om (moto-taxi) pour traverser la ville de nuit. Méfiez-vous aussi des pickpockets qui opèrent aux alentours des marchés, et des personnes qui s'offrent pour "surveiller" vos bagages dans les terminaux bondés, surtout sur les quais de gare au départ des trains de nuit.

Hanoi, comme toutes les villes, a son lot de commerçants malhonnêtes et d'escrocs. Soyez vigilant. Les problèmes les plus fréquents

DANS LE DÉDALE DES AGENCES DE VOYAGE DE HANOI

Hanoi compte des centaines d'agences de voyages, dont beaucoup de piètre qualité, et certaines à éviter à tout prix. La plupart des tour-opérateurs douteux sont de mèche avec le personnel d'hôtels bon marché de la vieille ville. Certains hôtels notamment jetteraient à la rue les clients qui réservent leur circuit ailleurs. Assurez-vous toujours lors de la réservation qu'il n'est pas obligatoire de réserver des circuits auprès de l'hôtel.

Méfiez-vous également des clones d'agences de voyages réputées : il n'est pas rare qu'un concurrent s'installe près d'une enseigne respectée afin de récupérer une partie de sa clientèle. Avant tout achat, vérifiez bien les adresses et les sites Internet.

Quelques agences très pro, mais aussi plus chères, organisent d'excellents circuits. Préférez les agences privilégiant les petits groupes et possédant leurs propres guides et véhicules, qui vous feront sortir des sentiers battus. Parmi elles :

Asiatica Travel (6266 2816 ; www.asiatica-travel.com ; A1203, Building M3-M4, 91 Nguyen Chi Thanh). Agence francophone, aussi présente à Hué et à HCMV (voir p. 525).

Ethnic Travel (carte p. 48 ; 3926 1951 ; www.ethnictravel.com.vn ; 35 P Hang Giay). Circuits hors des sentiers battus, en petits groupes, dans le Nord. Pour minimiser l'impact sur l'environnement, certains ont recours aux transports en commun et à l'hébergement chez l'habitant. Randonnées à pied, à vélo, et cuisine. Également des circuits dans la baie de Bai Tu Long. Dispose aussi d'un bureau à Sapa.

Free Wheelin' Tours (3926 2743 ; www.freewheelin-tours.com ; 9 P Hang Vai). Au-dessus du bar Tet (p. 74), dans la vieille ville, cette agence est réputée pour ses circuits aventure dans le Nord, à moto et en 4x4, dont 8 jours dans le Nord-Est sur des motos Minsk.

Handspan (3926 2828 ; www.handspan.com ; 78 P Ma May). Vaste choix d'activités : kayak dans la baie d'Along, séjour dans un camping écologique sur une île de la baie de Lan Ha, circuits en jeep, à VTT, trekking… Parmi les nouveautés, citons les programmes de tourisme communautaire dans le Nord et le *Treasure Kunk*, seul vrai bateau à voile croisant dans la baie d'Along. L'agence se trouve dans le Tamarind Cafe (p. 67), et a des antennes à Sapa et à HCMV.

I Travel (carte p. 48 ; 3926 3678 ; www.itravel-online.com ; 25 P Hang Be). À la même adresse que Le Pub (p. 72), un tour-opérateur novateur qui sensibilise à la culture et à l'environnement avec des voyages à la carte dans tout le Vietnam.

Marco Polo Travel (0913 571 687 ; www.kayakingvietnam.com). Organise des circuits en kayak dans la baie d'Along et sur les lacs du parc national de Ba Be.

Ocean Tours (carte p. 48 ; 3926 0463 ; www.oceantours.com.vn ; 22 P Hang Bac). Opérateur très professionnel pour de superbes circuits dans la baie d'Along et le parc national de Ba Be. Circuits en 4x4 dans le Nord-Est.

Tropical Tours (3871 7073 ; www.tropicaltours.vn ; Nha N°1 hem 36, ngach 16 ngo 66 Duong Ngoc Thuy, Long Bien, Hanoi). Agence francophone spécialisée dans les cultures et les traditions ethniques. Magnifiques circuits hors des sentiers battus.

Vega Travel (carte p. 48 ; 3926 2092 ; www.vegatravel.vn ; angle P Ma May et 24A P Hang Bac). Agence familiale proposant des circuits dans le Nord et à travers tout le pays. Excellents guides et chauffeurs. La société soutient financièrement des jardins d'enfants et des écoles dans les régions de Sapa et de Bac Ha. Bons circuits dans la baie d'Along.

Voir aussi p. 524 pour d'autres agences proposant des circuits à Hanoi et dans le Nord. Pour les circuits à moto, voir p. 525.

---

concernent les hôtels et les agences de voyages bon marché (voir ci-dessus). Bien que les choses dégénèrent rarement, nous avons eu écho d'agressions verbales, ou physiques, à l'endroit de touristes refusant une chambre d'hôtel ou un circuit. Mieux vaut, le cas échéant, garder son calme et s'éloigner lentement pour éviter que la situation ne se complique.

La circulation et la pollution sont d'autres facteurs de désagrément. Le trafic est tellement dense en ville, et continuel, que traverser la rue devient un casse-tête, et se frayer un chemin à travers le flot des motos (quelque 2 millions), une expérience risquée. Nous vous conseillons de marcher d'un pas lent et régulier : vous donnez ainsi aux motocyclistes le temps de vous voir et de vous éviter. Ne faites pas de mouvements brusques, cela ne fera que les perturber. Ne vous laissez pas distraire quand vous explorez la vieille ville, car les motos arrivent sur vous de toutes les directions, et les trottoirs sont encombrés de cuisines ambulantes et d'autres nombreuses motos. Le niveau de la pollution est assez sévère et la qualité de l'air, médiocre (la concentration de certains résidus toxiques est plus élevée qu'à Bangkok).

ESCROQUERIES FRÉQUENTES Ne soyez pas paranoïaque, mais sachez qu'à Hanoi de nombreuses escroqueries sont inextricablement liées. Par exemple, la mafia des taxis et minibus embarque les touristes à l'aéroport pour les conduire, sans qu'ils s'en rendent compte, dans un autre hôtel que celui demandé. À tous les coups, cet hôtel s'est approprié le nom d'un autre établissement très fréquenté, et fera tout pour extorquer le plus d'argent possible à son client. L'arnaque est aussi de plus en plus fréquente dans les taxis. Essayez d'éviter de vous faire accoster par des chauffeurs de taxi aux gares routières de Hanoi : beaucoup ont le compteur prompt à défiler ! Pour en savoir plus sur le moyen d'éviter les entourloupes, voir les encadrés p. 61 et 82.

De jeunes cireurs de chaussures et des conducteurs de cyclo ont tendance à ajouter un zéro ou deux au prix agréé ; soyez ferme, ne payez que la somme négociée au départ.

Autour du lac Hoan Kiem, il n'est pas rare qu'une femme soit abordée par un aimable inconnu. Le scénario varie, mais l'imposteur joue souvent à l'étudiant. Les gays sont aussi l'objet de la même manœuvre. Le nouvel ami propose d'aller dans un karaoké, un restaurant où manger du serpent, ou autre, et tout se passe bien jusqu'au moment où arrive une addition de 100 $US ! Restez sur vos gardes et fiez-vous à votre instinct, et non au charme souvent irrésistible de l'escroc.

Des lecteurs hommes nous ont aussi raconté avoir été abordés par des femmes, tard le soir, dans la vieille ville, puis forcés par leurs complices, sous la menace d'une arme, à vider leur compte en banque en retirant de l'argent à plusieurs distributeurs. Soyez vigilant, et essayez de rester en groupe lorsque vous marchez de nuit.

Office du tourisme

Centre d'information touristique (Tourism Information Center ; carte p. 48 ; P Dinh Tien Hoang ; 8h30-21h). Cet organisme privé fournit des plans de la ville et des dépliants, mais cherche surtout à vendre ses circuits. Prenez un exemplaire gratuit de la brochure de poche *Hanoi City Pass*. Procurez-vous également l'excellent magazine local *The Word*, dans les cafés et les bars de la vieille ville.

CARTES Vous trouverez des plans de Hanoi de toutes tailles et à toutes les échelles. Certains sont gratuits, d'autres ont l'avantage de la précision d'un travail de cartographes.

Parmi les meilleures cartes, il en existe au 1/10 000 ou au 1/17 500. Covit édite deux plans en trois dimensions de Hanoi, dessinés à la main, dont un plan détaillé de la vieille ville qui fera un joli souvenir. On peut se les procurer dans toutes les grandes librairies.

Il existe aussi un excellent plan de bus : *Xe Buyt Ha Noi* (5 000 d).

Poste

Poste nationale (Buu Dien Trung Vong ; carte p. 52 ; 75 P Dinh Tien Hoang ; 7h-21h). Uniquement pour l'envoi et la réception de courrier sur le territoire. Vente de timbres de collection.

Poste internationale (carte p. 52 ; angle P Dinh Tien Hoang et P Dinh Le ; 7h-20h). Possède sa propre entrée, à droite de la poste nationale.

Messageries privées :

DHL (3733 2086 ; www.dhl.com.vn)

Federal Express (3824 9054 ; www.fedex.com/vn)

LE LONG TRAJET EN BUS JUSQU'EN CHINE

Chaque jour, depuis le terminal privé de la compagnie **Hong Ha Tourism** (carte p. 52 ; 3824 7339 ; Hong Ha Hotel, 204 Tran Quang Khai), 2 bus (à 7h30 et 9h30) vont à Nanning, en Chine (450 000 d, 8 heures). Les billets doivent être achetés à l'avance, ce qui n'est pas facile, car personne ne parle français ou anglais au bureau. On vous demandera peut-être votre visa chinois.

Le bus franchit la frontière à Dong Dang, où vous devez vous présenter à l'immigration chinoise, puis un bus chinois vous emmènera jusqu'à la gare routière de Lang Dong, à Nanning. Les voyageurs qui ont emprunté cette route nous ont affirmé que prendre le bus représentait moins de tracas, et était plus rapide que le train.

BUS AU DÉPART DE HANOI

GARE ROUTIÈRE DE GIA LAM

DESTINATION	DURÉE DU VOYAGE	PRIX	FRÉQUENCE
Along ville (Bai Chay)	3 heures 30	100 000 d	toutes les 30 min
Haiphong	2 heures	70 000 d	toutes les 20 min
Lang Son	4 heures	110 000 d	toutes les 45 min
Mong Cai	8 heures	240 000 d	environ toutes les heures
Lao Cai	9 heures	250 000 d	13h et 19h
Ha Giang	7 heures	170 000 d	environ toutes les heures
Cao Bang	8 heures	180 000 d	5 départs/jour

GARE ROUTIÈRE DE LUONG YEN

DESTINATION	DURÉE DU VOYAGE	PRIX	FRÉQUENCE
Hô Chi Minh-Ville	36 heures	650 000 d	11h, 15h, 18h
Dalat	24 heures	440 000 d	11h et 18h
Lang Son	3 heures 30	75 000 d	toutes les heures
Hué	12 heures	220 000 d	toutes les heures, 14h-18h
Danang	13 heures	240 000 d	toutes les heures, 14h-18h
Ninh Binh	2 heures 30	55 000 d	toutes les 20 min, 6h-18h
Nha Trang	7 heures	170 000 d	10h et 18h
Cao Bang	8 heures	140 000 d	5 départs/jour
Mong Cai	10 heures	180 000 d	5 départs/jour

GARE ROUTIÈRE DE MY DINH

DESTINATION	DURÉE DU VOYAGE	PRIX	FRÉQUENCE
Cao Bang	10 heures	135 000 d	toutes les 45 min
Dien Bien Phu	24 heures	440 000 d	11h et 18h
Mai Chau	2 heures 30	65 000 d	6h30 et 14h30
Son La	7 heures 30	150 000 d	7-8h
Ha Giang	7 heures	140 000 d	4-6h

Services médicaux

Hanoi Family Medical Practice (☎3843 0748 ; www.vietnammedicalpractice.com ; Van Phuc Diplomatic Compound, 298 P Kim Ma). Situé à quelques centaines de mètres à l'ouest du mausolée de Hô Chi Minh, ce cabinet est géré par une équipe internationale de médecins et de dentistes renommés. Service d'urgence 24h/24. Les tarifs y sont très élevés.

Hôpital français de Hanoi (☎3577 1100, urgences 3574 1111 ; www.hfh.com.vn ; 1 Phuong Mai ; ⊙24h/24). Établi de longue date, un hôpital de standard international avec service d'urgences, unité de soins intensifs, clinique dentaire et services de consultations. À 3 km au sud-ouest du lac Hoan Kiem.

Hôpital Viet Duc (Benh Vien Viet Duc ; carte p. 52 ; ☎3825 3531 ; 40 P Trang Thi ; ⊙24h/24). Situé dans la vieille ville, il dispose d'un service de chirurgie d'urgence. Les médecins parlent français.

SOS International Clinic (☎3826 4545 ; www.internationalsos.com ; 51 Xuan Dieu ; ⊙24h/24). Cette clinique internationale dispose d'un service dentaire. On y parle notamment le français. À 5 km au nord du centre de Hanoi, près du Tay Ho (lac de l'Ouest).

MÉDECINE TRADITIONNELLE L'**Institut d'acupuncture** (☎3853 3881 ; 49 P Thai Thinh), à 4 km au sud-ouest du lac Hoan Kiem, prodigue des soins de médecine douce. Pour connaître les traitements traditionnels vietnamiens, rendez-vous à **l'Institut national de médecine traditionnelle** (carte p. 58 ; ☎3826 3616 ; www.yhcotruyentw.org.vn ; 29 P Nguyen Binh Khiem).

TRAINS VERS LE SUD

DESTINATION	SIÈGE DUR	SIÈGE MOU	COUCHETTE DURE	COUCHETTE MOLLE
Hué	À partir de 216 000 d	À partir de 255 000 d	À partir de 540 000 d	À partir de 738 000 d
Danang	À partir de 270 000 d	À partir de 390 000 d	À partir de 554 000 d	À partir de 760 000 d
Nha Trang	n/a	À partir de 640 000 d	À partir de 847 000 d	À partir de 1 314 000 d
HCMV	n/a	À partir de 763 000 d	À partir de 920 000 d	À partir de 1 444 000 d

Sites Internet

Plusieurs bons sites Internet peuvent vous aider à mieux profiter de Hanoi.

MÉFIEZ-VOUS DE LA MAFIA HÔTELIÈRE

C'est une pratique qui se retrouve dans le monde entier, et Hanoi ne fait pas exception. De nombreux chauffeurs qui attendent à l'aéroport de Noi Bai travaillent de mèche avec des hôtels et des agences de voyage de Hanoi. Ils connaissent toutes les ruses, et sont en général munis des cartes de tous les hôtels petits budgets populaires. "Il est complet aujourd'hui" fait partie des réponses classiques comme "il y en a un deuxième, tout nouveau, beaucoup plus joli". En général, ce n'est qu'un tissu de mensonges. Votre meilleure défense consiste à insister en disant que vous avez déjà réservé. Même s'il s'avère que l'hôtel est effectivement complet, vous pouvez poursuivre par vous-même vos recherches. Quant aux minibus de Vietnam Airlines, mieux vaut en descendre devant le bureau de la compagnie, généralement le premier arrêt dans le centre. Sinon, vous serez entraîné dans le tour interminable des hôtels de la vieille ville, qui reversent des commissions. Une autre bonne formule consiste à réserver sa chambre à l'avance et à organiser son transfert depuis l'aéroport. Quelqu'un vous attendra avec un panneau portant votre nom ou celui de l'hôtel et vous sortirez de l'aéroport sans vous soucier des rabatteurs de taxi.

Hanoi Grapevine (www.hanoigrapevine.com). Informations sur les concerts, les expositions d'art et les films.

Infoshare (www.infosharehanoi.com). Destiné aux expatriés parlant anglais, le voyageur y trouvera quantité d'informations utiles.

New Hanoian (www.newhanoian.com). Ce site, le plus complet, s'adressant aussi bien aux visiteurs qu'aux expatriés, vous tient informé des meilleurs endroits où dîner, boire et se loger.

Sticky Rice (www.stickyrice.typepad.com). Le site anglais des fines bouches de Hanoi : pour connaître toutes les adresses gourmandes, du restaurant raffiné à l'échoppe de rue, ainsi que les endroits où prendre un verre.

The Word (www.wordhanoi.com). Une version en ligne de l'excellent mensuel gratuit *The Word*.

Téléphone

Pour les appels dans Hanoi même, vous pourrez téléphoner depuis les pensions et les cafés. Quant aux appels internationaux, la formule la moins chère consiste à à utiliser Skype dans les cybercafés.

International Call Service (carte p. 48 ; 3 Phi Ta Hien ; 7h-22h). De 1 500 à 2 000 d/minute pour la plupart des pays.

Urgences

Si vous appelez l'un de ces numéros, votre appel devrait pouvoir être transféré à un anglophone.
Ambulance (115)
Police (113)
Pompiers (114)

Depuis/vers Hanoi
Avion

Les vols internationaux directs sont moins nombreux à Hanoi qu'à Hô Chi Minh-Ville (HCMV). Cependant, les excellentes liaisons avec Singapour, Bangkok et Hong Kong rendent presque toutes les destinations accessibles. Pour plus de renseignements sur les vols internationaux, voir p. 519.

Vietnam Airlines (carte p. 52 ; ☎1900 545 486 ; www.vietnamair.com.vn ; 25 P Trang Thi ; ⊗8h-17h lun-ven). La compagnie nationale relie Hanoi aux autres villes du Vietnam. Au départ de Hanoi, les destinations les mieux desservies sont Dalat, Danang, Dien Bien Phu, HCMV, Hué et Nha Trang (vols quotidiens).

Jetstar Airways (☎1900 1550 ; www.jetstar.com) est spécialisé dans les vols *low cost* à destination de Danang, HCMV, Hué et Nha Trang.

Bus et minibus

Hanoi possède trois gares routières longue distance qui intéresseront les voyageurs, assez bien organisées, avec des guichets, des tarifs fixes et des horaires affichés. Pour être assuré d'avoir un siège sur un trajet longue distance, mieux vaut réserver. Passer par une agence de voyages pour réserver facilite les choses, mais il vous faut bien entendu payer une commission.

Des minibus de tourisme peuvent être réservés auprès de la plupart des hôtels et des agences de voyages. Parmi les destinations les plus courues figurent la baie d'Along et Sapa. Leur prix est de 30 à 40% plus cher que le bus ordinaire, mais ils viennent vous chercher à l'hôtel.

De nombreux trajets d'*open tours* à travers le Vietnam commencent ou s'achèvent à Hanoi (voir p. 527 pour plus de précisions).

Gare routière de Gia Lam (Đ Ngoc Lam). De cette gare située à 3 km au nord-est du centre, par-delà le Song Hong (fleuve Rouge), partent les bus ralliant le Nord-Est.

Gare routière de Luong Yen (Tran Quang Khai et Nguyen Khoai). Située à 3 km au sud-ouest de la vieille ville, elle dessert le Sud et l'Est, notamment HCMV, Hué, Dalat et Nha Trang. C'est la gare routière la plus pratique pour rejoindre l'île Cat Ba (voir p. 110). Attention, les taxis y sont connus pour avoir des compteurs défilant anormalement vite. Allez un ou deux pâtés de maison plus loin et hélez-en un dans la rue.

Gare routière de My Dinh (Đ Pham Hung). À 7 km à l'ouest de la ville, cette gare offre encore d'autres possibilités pour diverses destinations à l'ouest et au nord. Des bus de nuit pour le Laos desservent Dien Bien Phu.

Moto

À Hanoi, plusieurs agences de bonne réputation peuvent vous procurer d'excellents engins. Voir p. 525 pour plus d'informations.

Offroad Vietnam (carte p. 48 ; ☎913 047 509 ; www.offroadvietnam.com ; 36 P Nguyen Huu Huan). Loue de robustes Honda tout-terrain (à partir de 25 $US/jour) et des motos ordinaires (20 $US). Le nombre de véhicules étant limité, il est recommandé de réserver. Cette agence organise également d'excellents circuits auxquels participent surtout des voyageurs anglo-saxons.

Cuong's Motorbike Adventure (carte p. 48 ; ☎913 518 772 ; www.cuongs-motorbike-adventure.com ; 46 Gia Ngu). Une autre bonne adresse. Location de motos à partir de 30 $US/jour.

TRAINS VERS L'EST ET VERS LE NORD

EN DIRECTION DE HAIPHONG

DÉPART	GARE	DURÉE	SIÈGE DUR	SIÈGE MOU
6h15	Gia Lam	2 heures	38 000 d	50 000 d
9h30	Long Bien	2 heures 45	38 000 d	50 000 d
15h35	Long Bien	3 heures	38 000 d	50 000 d
18h10	Long Bien	2 heures 30	38 000 d	50 000 d

EN DIRECTION DE BEIJING (PÉKIN)

DÉPART	GARE	DURÉE	COUCHETTE DURE	COUCHETTE MOLLE
18h30 mar et ven	Tran Qui Cap	18 heures	258 $US	378 $US

EN DIRECTION DE NANNING

DÉPART	GARE	DURÉE	COUCHETTE DURE	COUCHETTE MOLLE
21h40	Gia Lam	12 heures	66 $US	96 $US

Train

VERS LE SUD, À DESTINATION DE HUÉ, DANANG, NHA TRANG ET HÔ CHI MINH-VILLE (HCMV) Les trains qui se dirigent vers le sud partent de la **gare principale de Hanoi** (Ga Hang Co ; carte p. 56 ; 120 Đ Le Duan ; ⊙guichets 7h30-12h30 et 13h30-19h30), qui se trouve à l'extrémité ouest de Pho Tran Hung Dao. Les étrangers peuvent retirer leurs billets au guichet 2, où le personnel parle anglais. Il est préférable d'acheter son billet au moins la veille pour s'assurer une place assise ou une couchette. On peut passer par une agence de voyage pour acheter un billet, mais cela implique de payer une commission.

Voici approximativement, ci-dessous, les temps de trajet en train depuis Hanoi. Vérifiez-les toutefois en réservant, car certains trains sont plus rapides que d'autres : il faut 11 heures pour Hué, 13 heures 30 pour Danang, 24 heures 30 pour Nha Trang et 31 heures pour HCMV. Le tableau en p. 82 indique les tarifs, également approximatifs. Sachez que les classes disponibles et la tarification varient selon les départs.

VERS LE NORD, À DESTINATION DE LAO CAI (POUR SAPA) ET DE LA CHINE Les billets des trains à destination du Nord, de Lao Cai (pour Sapa) et de la Chine se prennent à un autre guichet, à droite de l'entrée principale.

Notez que les trains en direction du Nord partent de la **gare de Tran Quy Cap** ("gare B" ; P Tran Quy Cap), située juste derrière la gare principale. Les billets peuvent s'acheter à la gare principale jusqu'à 2 heures avant le départ ; autrement, il faut se rendre directement à la gare de départ... Naturellement, moyennant une commission, toutes les agences de voyages vous épargneront ces tracas en réservant pour vous. Voir p. 137 pour plus de précisions sur les trains pour Lao Cai.

Une fois en Chine, le train pour Beijing (Pékin) est confortable et climatisé, avec des compartiments de 4 couchettes et un wagon-restaurant. Attention, vous ne pouvez pas monter à bord des trains internationaux pour Nanning à Lang Son ou à Dong Dang.

VERS L'EST, À DESTINATION DE HAIPHONG Départ de la gare de **Gia Lam**, sur la rive orientale du Song Hong (fleuve Rouge), ou bien de la gare de **Long Bien** (hors carte p. 18) sur sa rive occidentale (c'est-à-dire côté ville). Vérifiez bien de quelle gare vous partez. Consultez le site www.seat61.com pour avoir les informations les plus récentes sur tous les trains vietnamiens.

Voiture

La meilleure solution pour louer une voiture est de s'adresser à une agence de voyages ou à un hôtel. Le tarif comprend la plupart du temps un chauffeur, nécessité absolue dans ce pays où, sur nombre de routes, les virages ne sont pas signalés. Si les routes principales du Nord sont à peu près bonnes, nids-de-poule et virages à angle mort sont fréquents et impliquent de ne rouler qu'à 35 ou 40 km/h. Pendant la saison des pluies, qui occasionne des glissements de terrain et endommage les ponts, la progression sera plus lente encore. Mieux vaut donc recourir à un 4x4.

Les tarifs commencent en moyenne à 110 $US/jour, tarif comprenant les services du chauffeur et le carburant. Assurez-vous que les dépenses du chauffeur sont bien incluses dans le prix indiqué.

❶ Comment circuler

Depuis/vers l'aéroport

L'aéroport international de Noi Bai est situé à environ 35 km au nord de Hanoi, soit un trajet de 45-60 min pour rejoindre le centre-ville, en empruntant une route nationale moderne.

BUS Le bus public n°17 relie l'aéroport à la **gare routière de Long Bien** (hors carte p. 48 ; 5 000 d ; ⊙5h-21h). Compter 90 min de trajet.

MINIBUS DE VIETNAM AIRLINES Ils effectuent toutes les 30 min la navette entre Hanoi et l'aéroport de Noi Bai moyennant 3 $US/personne. Ils partent et arrivent depuis le bureau de Vietnam Airlines (carte p. 52), dans Pho Trang Thi. Il est préférable de réserver sa place la veille.

TAXI La compagnie **Airport Taxi** (☏3873 3333) facture 15 $US la course, dans un sens comme dans l'autre. Ses chauffeurs ne vous demanderont pas de régler le péage du pont traversé en route, ce qui n'est pas le cas de certains autres taxis – renseignez-vous avant de monter dans la voiture. L'aéroport est le théâtre de nombreuses escroqueries de la part de chauffeurs de taxi et d'hôtels peu scrupuleux. Ne recourez pas aux services de chauffeurs indépendants qui abordent les touristes : il y a trop de risques de se voir dépouillé. Si vous avez déjà réservé un hôtel, passez par lui pour réserver un taxi.

Bus

Hanoi est dotée d'un réseau de bus étendu, mais peu de touristes mettent à profit ce moyen de transport économique (3 000 d le ticket). Si vous décidez de tenter le coup, procurez-vous le *Xe Buyt Hanoi* (plan des bus de Hanoi ; 5 000 d) dans la librairie Thang Long (p. 77).

Cyclo

Vous trouverez encore quelques *cyclos* dans la vieille ville, un agréable moyen de parcourir de courtes distances (en dépit des gaz d'échappement des motos). Mettez-vous bien d'accord avec le conducteur sur le tarif avant de partir, car il arrive qu'il réclame plus à l'arrivée.

Une course rapide dans le centre-ville tourne autour de 25 000 d/personne, les trajets plus longs, ou de nuit, sont plus chers. Peu de conducteurs parlent français ou anglais, aussi munissez-vous d'un plan de ville pour lui indiquer votre destination.

Moto

Se déplacer à moto à Hanoi, cela veut dire affronter une circulation incessante, des comportements discourtois sur la route et un éclairage insuffisant. C'est aussi avoir des difficultés à se garer et prendre des risques supplémentaires, notamment celui de vous faire voler votre engin ou d'avoir à graisser la patte de policiers corrompus. Les plus intrépides peuvent cependant louer une "moto" pour environ 5 \$US/jour dans la vieille ville.

Taxi

Plusieurs compagnies de taxi possèdent des véhicules avec compteur. Toutes pratiquent des tarifs similaires : environ 15 000 d, pour la prise en charge et le premier ou le deuxième kilomètre, puis environ 10 000 d du kilomètre par la suite. Sachez qu'il existe quantité d'opérateurs douteux, aux compteurs tournant anormalement vite. Essayez de faire appel aux compagnies les plus fiables :
Thanh Nga Taxi (3821 5215)
Van Xuan (3822 2888)

Train électrique

La municipalité de Hanoi a récemment inauguré son **train électrique** (15 000 d ; 8h30-22h30), non polluant, qui constitue un bon moyen de prendre ses repères dans la ville. Il dessert 14 arrêts dans la vieille ville et autour du lac Hoan Kiem, fendant le flux de motos et de piétons tel un dragon blanc progressant lentement. Rien ne vaut une promenade à pied dans la vieille ville, mais si vous êtes un peu fatigué, le train sera une option à considérer. Le principal point de départ est à l'extrémité nord du lac Hoan Kiem (p. 47). Un trajet complet dans la vieille ville prend environ 40 min.

Vélo

Quantité de cafés et de pensions de la vieille ville louent des vélos pour environ 2 \$US/jour. Bonne chance pour vous frayer un chemin avec la circulation !

ENVIRONS DE HANOI

Le riz pousse en abondance sur les riches terres alluviales du delta du fleuve Rouge, si bien que de nombreuses communautés des environs de Hanoi vivent encore de l'agriculture. Le contraste est saisissant entre la modernité de la ville et le mode de vie des villages. De nombreuses agences de Hanoi proposent des randonnées cyclistes dans ces villages, ce qui constitue une excellente manière de les découvrir. **Lotussia** (2249 4668 ; www.vietnamcycling.com) est spécialisé dans les circuits à vélo autour de Hanoi, certains rejoignant les pagodes Thay et Tay Phuong, ainsi que les villages d'artisans des environs. Se joindre à ces circuits organisés évite d'avoir à traverser Hanoi, au milieu des flots de motos, car un minibus vous transporte à votre point de rendez-vous.

Musée de la Piste Hô Chi Minh

Le **musée de la Piste Hô Chi Minh** (RN 6 ; 20 000 d ; 7h-11h30 et 13h30-16h lun-sam), situé à 13 km au sud-ouest de Hanoi, s'intéresse à la célèbre route d'approvisionnement entre le Nord communiste et le Sud occupé. Il présente le type d'artillerie utilisé dans les tirs de barrage américains, ainsi que des documents photographiques poignants pour montrer les efforts qu'ont dû accomplir les soldats viêt-cong pour que cette piste fonctionne. Même si la mort était au bout de chemin, on comprend qu'ils n'ont jamais envisagé la défaite. On peut y voir une maquette de la piste, qui montre les paysages difficiles qu'elle traversait. Les mordus d'histoire pourront visiter ce musée lors d'une excursion au village d'artisans de Van Phuc, ou à la pagode des Parfums.

Pagode des Parfums

La **pagode des Parfums** (Chua Huong ; 55 000 d avec l'aller-retour en bateau) est un ensemble de temples et de sanctuaires bouddhiques, niché dans les falaises calcaires du mont Huong Tich (montagne de l'Empreinte parfumée). Les principaux sites en sont Thien Chu (pagode qui mène au Ciel), Giai Oan Chu (pagode du Purgatoire) – où les divinités purifient les âmes, apaisent les souffrances et accordent une descendance aux couples sans enfant – et Huong Tich Chu (pagode de l'Empreinte parfumée). Il s'agit d'un lieu de renom national, où affluent nombre de touristes vietnamiens.

Très agréable, la promenade en bateau, qui traverse de superbes paysages entre des falaises calcaires, prend environ 2 heures aller-retour. Comptez 2 heures de plus pour grimper au sommet et redescendre.

Le chemin qui y mène est par endroits escarpé, et très glissant en cas de pluie. Mais il existe désormais un téléphérique qui vous mène au sommet (aller simple/aller-retour 60 000/100 000 d). Une bonne formule consiste à monter en téléphérique et à redescendre à pied.

Les pèlerins bouddhistes viennent nombreux à la fête annuelle, qui débute au milieu du 2e mois lunaire et se poursuit jusqu'à la dernière semaine du 3e mois lunaire (en général en mars-avril), notamment les jours pairs du mois lunaire. Consultez un calendrier, car vous serez bien plus tranquille un jour impair. Chaque week-end de l'année, les fidèles et les visiteurs viennent faire du bateau, de la marche et explorer les grottes. Détritus, échoppes bruyantes et vendeurs ambulants tenaces font partie du paysage. Vous voilà prévenu !

La pagode des Parfums se situe à 60 km au sud-ouest de Hanoi. On y accède d'abord par la route, puis en bateau, avant de terminer à pied ou en téléphérique.

Le trajet en voiture entre Hanoi et My Duc prend 2 heures. Votre chauffeur vous déposera à une quinzaine de minutes de marche de l'embarcadère, mais une *xe om* pourra vous y mener. C'est à bord de barques à rames, maniées le plus souvent par des femmes, que vous atteindrez enfin le pied de la montagne en 1 heure. La pagode principale est à environ 3 km du débarcadère, mais la montée est harassante : prévoyez 2 heures pour le trajet du retour, davantage s'il a plu, car le sentier sera glissant.

À Hanoi, la plupart des tour-opérateurs et des cafés de voyageurs proposent des sorties bon marché jusqu'à la pagode. Pour quelque 15 $US, vous pouvez trouver un circuit d'une journée comprenant le transport, le guide et le déjeuner. Une excursion en petit groupe vous coûtera 25-30 $US. Optez pour une visite organisée, car, à moins de louer une voiture, gagner le site en transport public relève du parcours du combattant.

Villages d'artisans

Des industries familiales se sont développées dans de nombreux villages aux alentours de Hanoi. Une excursion d'une journée peut être très agréable, à condition de l'effectuer en compagnie d'un guide compétent.

Bat Trang est le village de la céramique. Les artisans y produisent en grandes quantités de superbes vases et autres œuvres. Le travail est épuisant, mais le produit est remarquable et d'un prix très raisonnable, comparé à ceux des magasins en ville. Évidemment, ce ne sont pas les boutiques qui manquent ; promenez-vous dans les allées derrière les échoppes pour observer la cuisson des objets. Bat Trang se trouve à 13 km au sud-est de Hanoi. Le bus n°47 le dessert, au départ de la gare routière de Long Bien (hors carte p. 48).

Van Phuc, à 8 km au sud-ouest de Hanoi, dans la province de Ha Tay, est le village de la soie. Les étoffes, réalisées sur d'anciens métiers à tisser, attirent nombre de visiteurs venant y acheter des vêtements ou en faire confectionner sur mesure. La plupart des soieries vendues dans Pho Hang Gai, à Hanoi, proviennent de Van Phuc. Un petit marché aux fruits et légumes se tient chaque matin. La pagode du village s'agrémente d'un étang à nénuphars. Le bus n°1, au départ de la gare routière de Long Bien, dessert Van Phuc.

Dong Ky, à 15 km au nord-est de Hanoi, était le "village des pétards" jusqu'en 1995, date à laquelle le gouvernement les a interdits. Cette production a donc aujourd'hui cédé la place à celle de magnifiques meubles traditionnels (lits, armoires, tables et chaises) incrustés de nacre. Vous pouvez passer commande et vous les faire livrer à l'étranger.

Pagodes Thay et Tay Phuong

D'étonnantes saillies calcaires surplombent les rizières émeraude et, accrochées à ces falaises, ces deux pagodes sont situées à environ 20 min de route l'une de l'autre.

La **pagode Thay** (pagode du Maître ; 5 000 d), également appelée Thien Phuc (pagode de la Bénédiction céleste), est dédiée au Bouddha Thich Ca (Sakyamuni, le Bouddha historique). À gauche se dresse une statue du "Maître" à qui est consacrée la pagode : Tu Dao Hanh, bonze du XIIe siècle. Sur la droite, la statue représente le roi Ly Nhan Tong, qui aurait été une réincarnation de Tu Dao Hanh.

Devant la pagode se trouve un étang au milieu duquel se dresse une petite estrade sur pilotis, qui accueille des spectacles de marionnettes sur l'eau pendant les fêtes. Suivez le sentier escarpé qui longe la pagode principale et grimpez (10 min environ) pour atteindre le magnifique petit temple perché sur un rocher. Le site est gigantesque, et seuls les habitués semblent s'y retrouver. Nous vous conseillons de prendre un guide.

La fête annuelle de la Pagode a lieu du 5e au 7e jour du 3e mois lunaire (approximativement en mars). Les pèlerins et les autres visiteurs peuvent alors voir un spectacle de marionnettes sur l'eau, se promener sur le site et explorer les grottes alentour.

La pagode Tay Phuong (pagode de l'Ouest ; 5 000 d), également appelée pagode Sung Phuc, se compose de trois bâtiments de plain-pied édifiés en ordre décroissant au sommet d'une butte qui aurait la forme d'un buffle. Les sculptures représentant les "conditions humaines", centre d'intérêt de la pagode, ont été réalisées dans du bois de jacquier ; la plupart datent du XVIIIe siècle. La plus ancienne construction du site fut érigée au VIIIe siècle. Après avoir grimpé l'escalier très raide menant à la pagode principale, vous pourrez redescendre par un sentier qui passe par deux autres pagodes et traverse un village à flanc de colline.

Les pagodes se trouvent à environ 30 km à l'ouest de Hanoi, dans la province de Ha Tay. Les agences de voyages de Hanoi proposent des excursions d'une journée qui comprennent les deux pagodes (à partir de 40 $US/pers). Vous pouvez aussi louer une voiture avec chauffeur (80 $US) afin de combiner la visite des pagodes à celle du parc national de Ba Vi.

Parc national de Ba Vi

034

Station climatique du temps des Français, le mont Ba Vi (Nui Ba Vi), aux trois sommets, attire depuis longtemps déjà les citadins cherchant à s'échapper le temps d'un week-end. Cette montagne calcaire fait partie du parc national de Ba Vi (388 1205 ; 10 000 d, moto 5 000 d), qui abrite plusieurs espèces de plantes rares et, côté faune, de nombreux oiseaux et deux espèces menacées d'écureuils volants. Malheureusement, en raison d'une présence humaine accrue dans la région, il est très rare d'en apercevoir.

Le parc compte également un jardin d'orchidées et une volière, et ses pentes boisées se prêtent aux randonnées. Un temple dédié à Hô Chi Minh se dresse au sommet de la montagne (1 276 m), auquel on accède par un escalier de 1 229 marches. L'ascension (30 min environ) est difficile, mais votre effort sera récompensé par la vue sublime sur le fleuve Rouge et, au loin, Hanoi. Le sommet disparaît souvent dans les nuées et l'ambiance humide et embrumée tient alors du surnaturel. Si vous voulez avoir une vue dégagée, venez entre avril et décembre.

Où se loger et se restaurer

Ba Vi Guesthouse PENSION $
(388 1197 ; ch semaine 180 000-240 000 d, week-end 220 000-300 000 d). Occupant plusieurs bâtiments au cœur du parc, cette pension possède une grande piscine et un restaurant (repas 60 000 d). Si vous souhaitez être au calme, demandez un bungalow éloigné de ces deux endroits. Vous devrez impérativement vous munir de votre passeport.

Depuis/vers le parc national de Ba Vi

Le parc national se trouve à environ 65 km à l'ouest de Hanoi. Actuellement, le seul moyen pratique d'y accéder consiste à louer un véhicule ; les voyageurs à moto pourront visiter Ba Vi avant d'emprunter la superbe route qui longe la rivière jusqu'à Hoa Binh, et continuer ensuite vers le nord-ouest.

On confond souvent les sites touristiques proches de la ville de Ba Vi, loin des limites du parc, et le parc national lui-même – en conséquence, assurez-vous que votre chauffeur a bien compris où vous souhaitez vous rendre.

Citadelle de Co Loa

Première citadelle fortifiée de l'histoire du Vietnam, la citadelle de Co Loa (Co Loa Thanh ; 3 000 d/pers, 20 000 d/voiture ; 8h-17h) remonte au IIIe siècle av. J.-C. Elle devint capitale nationale sous le règne de Ngô Quyên (939-944). Des anciens remparts, qui entouraient un terrain d'environ 5 km², il ne subsiste aujourd'hui que des vestiges.

Au centre de la citadelle se dressent des temples dédiés au roi An Duong Vuong (257-208 av. J.-C.), fondateur de la dynastie légendaire des Thuc, et à sa fille My Nuong (Mi Chau). Selon la légende, après que My Nuong eut montré à son mari, fils d'un général chinois, l'arbalète magique qui rendait son père invincible, ledit mari la vola pour la remettre à son père – grâce à quoi les Chinois purent vaincre An Duong Vuong et occuper le Vietnam pendant 1 000 ans.

La citadelle se situe à 16 km au nord du centre de Hanoi, dans le district de Dong Anh, et peut se visiter en faisant un bref détour sur le chemin de la station climatique de Tam Dao. Toutes les 15 min, le bus n°46 se rend à la citadelle depuis la gare routière de My Dinh (p. 83), à Hanoi.

Station climatique de Tam Dao
0211 / ALTITUDE 930 M

Blottie au pied d'immenses pics couverts de forêts, la station climatique de Tam Dao, fondée en 1907 par les Français, est un lieu spectaculaire au nord-ouest de Hanoi. Aujourd'hui populaire station estivale, elle a la faveur des Hanoiens qui viennent, le temps d'un week-end, s'y rafraîchir et faire la fête dans ses nombreux restaurants et bars. La plupart de ses villas coloniales ont été détruites durant la guerre d'Indochine, et ont fait place à des cubes de béton inspirés du style brutaliste des années 1950. Suite d'hôtels sans attrait, Tam Dao n'en constitue pas moins une bonne base pour la randonnée.

Créé en 1996, le **parc national de Tam Dao** recouvre une grande partie de la région. Tam Dao signifie "trois îles" : les trois sommets de la montagne Tam Dao, tous culminant à environ 1 400 m, sont parfois visibles au nord-est de la station, semblables à des îles flottant dans la brume. Le parc abrite 64 espèces de mammifères, dont le langur (singe entelle), et 239 sortes d'oiseaux, mais il vous faudra engager un bon guide et vous attendre à pas mal marcher pour avoir des chances d'en apercevoir. Le braconnage reste préoccupant dans le parc.

Le durée des randonnées varie d'une demi-heure pour un aller-retour à la **cascade** à une journée de trekking dans la forêt de bambous et la forêt tropicale primaire. Pour les longues marches, il est indispensable de louer les services d'un guide, à partir de 300 000 d ; adressez-vous au Mela Hotel. L'entrée dans le parc national coûte 20 000 d.

Ne vous laissez pas surprendre par le froid à Tam Dao, où l'hiver est rude.

La meilleure période pour visiter le parc s'étend de fin avril à mi-octobre, époque où la brume se lève parfois, laissant place au soleil. Sachez cependant que, à l'instar d'autres sites, Tam Dao attire le week-end quantité de groupes de touristes vietnamiens.

Le parcours du **Tam Dao Golf and Resort** (04-3736 6457 ; www.tamdaogolf.com) se dessine sur le superbe fond des "trois îles".

Une partie coûte 45 $US en semaine et 90 $US le week-end.

Où se loger et se restaurer

Tam Dao regorge d'hôtels et de pensions. Avant de faire votre choix, faites un tour dans la ville, facile à découvrir. Outre des hôtels-restaurants, vous y trouverez de petites gargotes où manger de bons *pho*. Évitez le gibier local : vous verrez souvent de la publicité pour de la civette, de l'écureuil, du porc-épic, du renard et du faisan. La plupart sont des espèces en danger.

Huong Lien Hotel HÔTEL $
(382 4282 ; ch semaine/week-end 250 000/ 300 000 d ;). Profitez de la vue sur les montagnes dans cet hôtel aux chambres possédant presque toutes un balcon. Bon rapport qualité/prix. Petit restaurant (plats 120 000-200 000 d).

Mela Hotel HÔTEL $$
(382 4321 ; melatamdao@yahoo.com ; ch à partir de 55 $US ;). Cet élégant hôtel moderne, à la direction européenne, abrite 20 grandes chambres confortables, certaines avec cheminée et la plupart avec balcon donnant sur la vallée, splendide. Au menu du restaurant Bamboo (repas 4-12 $US), plats français et vietnamiens, avec rouleaux de printemps en bonne place. Les prix des chambres sont un peu excessifs : venez en milieu de semaine et négociez.

Nha Khach Ngan Hang PENSION
(0989 152 969 ; 120 000 d/pers ;). Au centre de la ville, en face du restaurant Phuong Nam Quan, cette pension familiale simple loue des chambres impeccables, avec eau chaude illimitée, le tout à la lisière d'un immense champ de *xu xu*, le légume vert local. Profitez du moment où vous réservez une chambre pour le goûter dans le restaurant, avec de nombreuses gousses d'ail.

Depuis/vers Tam Dao

Située à 85 km au nord-ouest de Hanoi, Tam Dao relève de la province de Vinh Phuc. Au départ de Hanoi, prenez le bus à la gare routière de Gia Lam (p. 83), en direction de Vinh Yen (10 000 d, 1 heure). De là, vous pourrez louer une moto (environ 120 000 d l'aller) ou un taxi (quelque 250 000 d) pour suivre la route étroite, longue de 24 km, menant au parc national.

Si vous vous y rendez à moto depuis Hanoi, comptez 2 heures de trajet ; la dernière partie de la route est splendide.

Nord-est du Vietnam

Dans ce chapitre »

Parc national de Ba Be.... 91
Con Son
et Den Kiep Bac............. 93
Haiphong....................... 93
Baie d'Along.................. 96
Along 100
Île de Cat Ba 102
Baie de Bai Tu Long....... 110
Mong Cai
et la frontière chinoise.. 113
Lang Son 114
Cao Bang....................... 115
Chutes de Ban Gioc
et grotte de
Nguom Ngao 118

Le top des restaurants

- » Big Man Restaurant (p. 95)
- » BKK (p. 95)
- » Bamboo Café (p. 108)
- » Vien Duong (p. 108)

Le top des hébergements

- » Monaco Hotel (p. 94)
- » Nam Cat Island Resort (p. 107)
- » Whisper of Nature (p. 107)
- » Suoi Goi Cat Ba Resort (p. 107)

Pourquoi y aller

La perle du nord-est du Vietnam est sans conteste la baie d'Along, et une croisière s'impose dans ce lieu enchanteur classé au patrimoine mondial de l'Unesco. Toutefois, la région compte bien d'autres merveilles : pics calcaires escarpés, forêts tropicales, grottes, cascades et sites historiques.

Au sud de la baie d'Along, la verdoyante île de Cat Ba fait office de base touristique pour la randonnée à pied ou à vélo, la voile ou l'escalade. À l'est, la baie de Bai Tu Long offre le spectacle d'une nature magnifique, qui se prolonge jusqu'à la frontière chinoise. De plus en plus de voyageurs s'aventurent jusqu'à l'île de Quan Lan.

Surplombant la côte, les falaises karstiques se déroulent jusqu'à la province de Cao Bang, formant l'un des paysages les plus étranges du Vietnam. Aux classiques touristiques que sont Sapa et le Nord-Ouest, préférez le Nord-Est, son arrière-pays et les superbes lacs du parc national de Ba Be.

Enfin, cette région est un point d'accès incontournable vers la Chine, avec deux postes-frontières : l'un à Mong Cai, et l'autre à Dong Dang, près de Lang Son.

Quand partir

Along

Fév-avr Temps souvent froid et bruineux, nuisant à la visibilité dans la baie d'Along.

Juin et juil Pic touristique pour les Vietnamiens ; Cat Ba est bondée le week-end.

Mai-sept Saison des tempêtes qui peuvent perturber les circuits dans la baie d'Along.

Histoire

Baignée par le fleuve Rouge (Song Hong) et la mer, la fertile région du Nord-Est est le berceau de la civilisation vietnamienne. Elle fut aussi le théâtre de l'ancestrale rivalité avec la Chine voisine. Les Chinois ont envahi le pays au IIe siècle av. J.-C. et n'en furent repoussés qu'au Xe siècle. Les tentatives d'ingérence chinoise ont toujours débuté par une intrusion au Nord-Est. La dernière en date remonte à 1979, en réponse à l'invasion du Cambodge par le Vietnam (voir p. 114). Dans les années 1970 et 1980, des milliers de membres de minorités chinoises ont également fui la région.

Aujourd'hui, quelque 30 ans plus tard, le commerce frontalier explose et les touristes chinois affluent dans la région en été.

À ne pas manquer

❶ Une balade en kayak dans la **baie d'Along** (p. 99) à la recherche de grottes et de plages secrètes

❷ Le spectaculaire parc national de l'**île de Cat Ba** (p. 103), à découvrir à pied, à vélo ou en s'adonnant à l'escalade

❸ Les îles et les plages de la **baie de Lan Ha** (p. 103), qui s'offrent aux amateurs de voile et d'escalade

❹ Un détour dans les îles peu fréquentées de la **baie de Bai Tu Long** (p. 110)

❺ Après la traversée de lacs et de rivières, une nuit chez une famille tay dans le **parc national de Ba Be** (p. 91)

❻ Les étonnants paysages karstiques de **Cao Bang** (p. 115), ainsi que les cascades, les lacs, les grottes et les sites historiques de la province.

Parcs nationaux

Les magnifiques parcs nationaux du Nord-Est se prêtent tous aux activités nautiques. Celui de Cat Ba (p. 103), proche de la baie d'Along, est un incroyable îlot de jungle. Il englobe aussi les quelque 300 îles karstiques de la baie de Lan Ha.

Plus au nord, la baie d'Along devient le parc national de Bai Tu Long (p. 110), dont les formations karstiques sont tout aussi spectaculaires. Il recèle des plages préservées et reçoit moins de visiteurs. Désormais, des liaisons en bateau vers l'île Quan Lan rendent cette région plus accessible.

Le parc national de Ba Be, ponctué de lacs émeraude et cernés de montagnes et de forêts luxuriantes, se prête à la randonnée à pied et à vélo, aux excursions en bateau vers des grottes et des cascades, et l'on peut aussi y séjourner chez l'habitant dans des villages.

Depuis/vers le Nord-Est

Hanoi est la porte d'accès au Nord-Est.

BUS Les bus, rapides et fréquents dans les plaines, sont lents et vieillots dans les montagnes.

TRAIN Des lignes ferroviaires, très lentes, relient Haiphong et Lang Son.

VOITURE Des routes rapides relient Haiphong, la ville d'Along et Lang Son. Cependant, à mesure que le terrain devient plus montagneux, les routes se font plus difficiles.

Parc national de Ba Be

0281

Le parc national de Ba Be (20 000 d/pers), dans la province de Bac Kan, a été créé en 1992 ; c'est le huitième parc national du Vietnam. Le paysage y est somptueux avec ses surplombs calcaires qui atteignent 1 554 m, ses vallées en contrebas, sa forêt tropicale très dense, ses chutes et ses grottes et, bien sûr, ses lacs.

La région de Ba Be compte 13 villages de minorités ethniques, la plupart étant habités par des Tay qui vivent dans des maisons sur pilotis, ainsi que par des Dzao (Dao) et des Hmong. Il est possible de faire un séjour chez l'habitant – une initiative aujourd'hui bien rodée –, ce qui permet d'appréhender la vie dans ce type de village.

Le Ba Be Center Tourism (389 4721 ; www.babecentertourism.com ; village de Bolu), géré par les Tay, peut organiser des séjours chez l'habitant, des sorties en bateau et des circuits de plusieurs jours, comprenant trekking et kayak, dans le parc national de Ba Be.

Le parc est une zone de forêt tropicale qui abrite plus de 550 espèces de plantes, et l'État alloue des subventions aux villageois pour qu'ils n'abattent pas les arbres. Parmi les centaines d'espèces sauvages qui vivent ici, on compte 65 espèces de mammifères (très peu visibles), 353 espèces de papillons, 106 espèces de poissons, 4 espèces de tortues, ainsi que la salamandre du Vietnam, très menacée, et le python de Birmanie. Les oiseaux ne sont pas en reste avec 233 espèces recensées, dont le serpentaire bacha et la bondrée orientale. Si la chasse est interdite, les villageois sont autorisés à pêcher.

Ba Be (les Trois Baies) est en fait formé de trois lacs reliés entre eux, mesurant au total plus de 8 km de longueur et 400 m de largeur. Ils hébergent plus d'une centaine d'espèces de poissons d'eau douce. Deux des lacs sont séparés par une étendue d'eau

---

TRÂN HUNG DAO, UN STRATÈGE RÉVÉRÉ

Véritable héros national, le général Trân Hung Dao (1228-1300) repoussa à trois reprises les guerriers mongols de l'armée chinoise alors qu'ils envahissaient le pays.

Sa plus célèbre victoire fut remportée en 1288 sur la rivière Bach Dang, lorsqu'il choisit d'adopter la stratégie militaire de Ngô Quyên, qui avait, en 939, reconquis l'indépendance du Vietnam après mille ans de tutelle chinoise. À la nuit tombée, Trân Hung Dao fit planter, près des berges, où l'eau était peu profonde, des pieux en bambou dont la longueur était calculée de manière à ce qu'ils restent immergés à marée haute. Quand la marée fut montée, il fit mettre à l'eau de petites embarcations qui passèrent aisément au-dessus des piquets, afin d'inciter les vaisseaux chinois à approcher. Lorsque la marée se retira, la flotte chinoise se retrouva empalée sur les bambous, à portée des flèches enflammées de l'ennemi. Grâce à cette victoire, Trân Hung Dao réussit à réaffirmer l'indépendance de son pays. Dans la baie d'Along, Hang Dau Go (la grotte des Pieux, p. 98) est l'endroit supposé où les soldats de Trân Hung Dao auraient taillé et entreposé les pieux.

Aujourd'hui, en souvenir de cette victoire, chaque ville vietnamienne possède une rue au nom de ce héros, et toutes les rues longeant une rivière s'appellent Bach Dang.

large de 100 m, appelée Be Kam, elle-même délimitée par deux hautes parois de roche crayeuse.

Le personnel du parc peut organiser des **circuits**. Les prix varient selon le nombre de participants. Ils commencent à 30 $US par jour pour les voyageurs en solo et baissent pour les groupes. L'excursion la plus prisée se fait en **bateau** (550 000 d) sur la rivière Nang et le lac : soyez vigilant, vous pourrez peut-être admirer des martins-pêcheurs et des rapaces. Les bateaux accueillent jusqu'à 12 personnes. Le circuit passe généralement par **Hang Puong**, la grotte de Puong, en forme de tunnel, qui s'étire sur quelque 40 m de hauteur et 300 m de longueur à travers la montagne. On dit que 700 chauves-souris y vivent, appartenant à 18 espèces différentes. D'autres haltes peuvent être prévues dans le charmant village tay de Cam Ha (où toutes les maisons, en bois, sont équipées d'antennes paraboliques !) ou dans la lagune d'Ao Tien, encerclée par la jungle. On parvient ensuite à la **pagode An Ma**, perchée sur une petite île au milieu du lac.

Les **Thac Dau Dang** (chutes de Dau Dang, ou de Ta Ken) forment une série d'impressionnantes cascades, coincées entre des murailles rocheuses. On y accède en bateau ou à pied, à condition d'y consacrer une journée. À 200 m des rapides, vous apercevrez le petit village tay de Hua Tang.

Parmi les autres options, citons des sorties en canoë, ou encore des circuits combinant vélo, bateau à moteur et randonnées. Le personnel du parc peut également organiser des treks plus longs.

Où se loger et se restaurer

Les seules chambres d'hôtel du parc se trouvent au **complexe hôtelier géré par l'État** (389 4026 ; ch à partir de 220 000 d, chalet 220 000 d, bungalow 350 000 d), à côté des bureaux du parc. De jolis bungalows mitoyens, tous équipés de deux lits doubles, accueillent les meilleures chambres. Il y a aussi des chalets, petits et assez rudimentaires, et quelques chambres. Le complexe dispose de deux **restaurants** (repas à partir de 50 000 d), mais il faut passer commande une heure ou deux à l'avance. Pour un repas moins formel et bon marché, vous trouverez des cabanons tenus par des villageois près des chalets.

Vous pouvez aussi séjourner dans le village de Pac Ngoi, où un programme **"chez l'habitant"** (60 000 d/pers) a été mis en place dans des maisons sur pilotis. Le personnel du parc se charge généralement de la réservation, mais vous pouvez aussi l'effectuer à votre arrivée. La **Hoa Son Guesthouse** (389 4065), très bien tenue, est l'une des pensions les plus agréables, avec son grand balcon et sa vue sur le lac. Il existe une douzaine d'autres hébergements, tous avec sdb et eau chaude. Le poisson du lac peut figurer au menu (40 000-60 000 d).

Il est aussi possible de se loger dans la bourgade de Cho Ra, à proximité. Tenue par une famille accueillante, la **Thuy Dung Guesthouse** (387 6354 ; 5 Tieu Khu ; ch 300 000 d ;) est une pension agrémentée de balcons et de volets en bois, offrant une vue sur les rizières. Elle compte un bon restaurant et le personnel peut réserver votre transport en bateau (320 000 d) depuis Cho Ra jusqu'au

---

LA LÉGENDE DE L'ÎLE DE LA VEUVE

Cet îlot minuscule, au cœur de la région des lacs Ba Be, est à l'origine d'une légende locale : les Tay croient que les lacs recouvrent d'anciennes terres cultivées, au milieu desquelles se trouvait le village de Nam Mau. Un jour, ses habitants trouvèrent un buffle qui errait dans la forêt voisine. Ils le capturèrent, l'abattirent et s'en partagèrent la viande, mais sans rien offrir à une vieille veuve solitaire.

Malheureusement pour les villageois, ce buffle n'était pas une créature ordinaire : il appartenait au fantôme de la rivière. Ne voyant pas revenir son buffle, le fantôme se rendit au village, déguisé en mendiant. Il quémanda de la nourriture aux villageois, qui refusèrent de partager leur festin et le chassèrent. La veuve, seule à faire preuve de générosité, lui donna un peu de nourriture et lui offrit le couvert pour la nuit.

Cette nuit-là, le mendiant conseilla à la veuve de prendre une poignée de riz et d'aller semer les grains autour de sa maison. Quelques heures plus tard, un orage éclata, entraînant une inondation. Les villageois périrent noyés, les flots emportèrent leurs maisons et leurs fermes, laissant place aux lacs Ba Be. Seule la maison de la veuve fut épargnée : c'est l'actuelle Po Gia Mai (l'île de la Veuve).

cœur du parc. En chemin, vous découvrirez des cascades et des villages de minorités.

ℹ️ Renseignements

Seules des espèces sont acceptées, l'accès Internet et le DAB les plus proches sont à Cho Ra.

ℹ️ Depuis/vers Ba Be

Le parc national de Ba Be est à 240 km de Hanoi, à 61 km de Bac Kan et à 18 km de Cho Ra.

La plupart des visiteurs découvrent le parc dans le cadre d'un circuit organisé ou bien louent un véhicule à Hanoi (un 4x4 n'est pas nécessaire). Compter 6 heures de trajet depuis la capitale. Voir p. 79 pour des voyagistes fiables.

BUS ET BATEAU Le transport public le plus direct est le bus quotidien pour Cho Ra (150 000 d, 6 heures), à 12h, à la gare routière de Gia Lam, à Hanoi. Cela permet de passer la nuit à Cho Ra avant de poursuivre vers Ba Be en bateau le lendemain.

BUS ET MOTO Depuis Hanoi, il faut prendre un bus pour Phu Thong (110 000 d, 5 heures) via Thai Nguyen et/ou Bac Kan, puis un bus desservant Cho Ra (30 000 d, 1 heure). À Cho Ra, il faut louer une moto (environ 70 000 d) pour effectuer les 18 km restants.

Si vous allez vers le nord-est depuis Ba Be, le mieux est d'emprunter un bus local de Cho Ra à Na Phac, puis de prendre la correspondance pour Cao Bang.

Con Son et Den Kiep Bac

Ces sites ont plus d'attrait aux yeux des Vietnamiens qu'à ceux des touristes, mais il n'est pas inintéressant d'y marquer un arrêt sur le chemin de Haiphong ou d'Along.

Con Son fut la résidence de Nguyên Trai (1380-1442), célèbre poète, écrivain et général qui aida l'empereur Lê Loi à vaincre les Chinois au XVe siècle. La **pagode de Con Son** (carte p. 90 ; 5 000/15 000 d par pers/véhicule) comprend un temple érigé en son honneur. Pour y accéder, il faut emprunter un escalier de 600 marches, ou faire une boucle par un chemin passant près d'une source dans une forêt de conifères, puis revenir en descendant les escaliers.

À proximité, le **temple Kiep Bac** (Den Kiep Bac ; carte p. 90 ; 5 000/15 000 d par pers/véhicule) est dédié à Trân Hung Dao (1228-1300). Fondé en 1300, il se trouve à l'endroit où serait décédé le célèbre général (voir encadré p. 91) et abrite une exposition retraçant ses exploits. Une fête lui est aussi consacrée chaque année, du 18e au 20e jour du 8e mois lunaire, habituellement en octobre.

Den Kiep Bac et Con Son se trouvent dans la province de Hai Duong, à 80 km à l'est de Hanoi. Si vous disposez d'un moyen de transport, vous pourrez aisément y faire halte en chemin pour Haiphong ou la baie d'Along.

Haiphong

031 / 1 884 600 HABITANTS

Avec ses boulevards bordés d'arbres, ses nombreux édifices coloniaux et son atmosphère paisible, Haiphong est une ville fort agréable. Port maritime et centre industriel important, elle n'attire cependant pas les foules. Du coup, les pièges à touristes sont ici quasi absents. Prenez un verre dans l'un des nombreux cafés de la ville, dont beaucoup disposent d'agréables terrasses.

Haiphong est un carrefour des transports parfaitement relié à l'île Cat Ba et à Hanoi par bus, train et bateau.

Histoire

Après la signature du second traité de Saigon en 1874, les Français prirent possession de Haiphong et en firent rapidement un port important. L'industrie lourde prit son essor grâce à la proximité des mines de charbon.

En 1946, le terrible bombardement de la ville par les Français, où périrent des milliers de civils, sonna le glas de la détente avec le Viêt-minh et fut l'un des éléments déclencheurs de la guerre d'Indochine. Entre 1965 et 1972, Haiphong subit les attaques aériennes et navales des Américains, et le port de la ville fut miné en 1972, pour interrompre le ravitaillement du Nord-Vietnam par les Soviétiques. À la fin des années 1970 et dans les années 1980, la ville a connu un exode important. La communauté chinoise a notamment pris la route de l'exil, et avec elle une grande partie de la flotte de pêche.

Aujourd'hui, Haiphong est une ville en plein essor, boostée par les investissements massifs de grosses multinationales, attirées par ses infrastructures portuaires et ses réseaux de transports.

👁 À voir et à faire

GRATUIT Musée de Haiphong MUSÉE
(66 P Dien Bien Phu ; ⊗8h-12h30 et 14h-16h lun-ven, 7h30-21h30 mer et dim). Dans un magnifique bâtiment colonial, ce musée évoque l'histoire mouvementée de la ville. Le jardin accueille une collection désordonnée de vestiges de guerre.

Haiphong

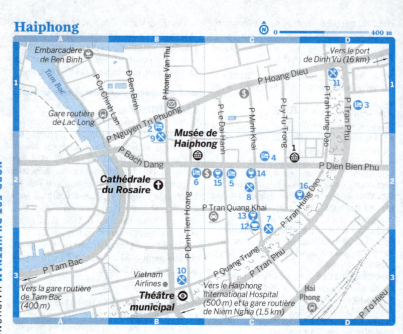

GRATUIT Cathédrale du Rosaire CATHÉDRALE
(P Hoang Van Thu). Édifiée au XIXᵉ siècle, cette élégante église surmontée d'une grande tour carrée a été complètement restaurée en 2010.

Théâtre municipal ÉDIFICE HISTORIQUE
(P Quang Trung). Cet édifice néoclassique, dont la façade est ornée de 4 colonnes blanches, fut construit en 1904 par les Français, avec des matériaux importés de France.

Pagode Du Hang PAGODE
(121 P Chua Hang). Édifiée il y a plus de trois siècles et maintes fois restaurée, cette pagode est un remarquable témoignage d'architecture et de sculpture traditionnelles. Elle est située dans une rue agréablement animée, à quelque 1,5 km au sud-ouest de Dien Bien Phu, l'artère principale de Haiphong.

GRATUIT Musée de la Marine MUSÉE
(P Dien Bien Phu ; 8h-11h mar, jeu et sam). À une courte distance du musée de Haiphong, il retrace l'histoire maritime de la ville.

Où se loger

Monaco Hotel HÔTEL $$
(374 6468 ; monacohotel@vnn.vn ; 103 P Dien Bien Phu ; ch 25 $US, ste 35-50 $US ;). Une excellente adresse moderne et centrale. Dans le lobby, très élégant, le personnel vous renseignera avec plaisir. Chambres vastes et propres, équipées de deux lits doubles et de jolies sdb. Petit-déjeuner compris.

Bao Anh Hotel HÔTEL $$
(382 3406 ; www.baoanhhotel.com ; 22 P Minh Khai ; ch 600 000-800 000 d ;). Récemment rénové dans un style minimaliste, le Bao Anh est bien situé dans une rue bordée de platanes et de cafés animés. L'excellent restaurant thaï BKK se trouve juste à côté.

Harbour View Hotel HÔTEL $$$
(382 7827 ; www.harbourvietnam.com ; 4 P Tran Phu ; s/d 118/132 $US ;). Construit en 1998, cet imposant hôtel de style colonial abrite des chambres confortables et d'excellentes installations : salle de gym, spa et restaurant. Petit-déjeuner inclus. Le chaleureux personnel organise des visites de Haiphong dans une vieille Citroën. N'hésitez pas à négocier les prix.

Kim Thanh Hotel HÔTEL $
(374 5264 ; kimthanhhotel@vnn.vn ; 67 P Dien Bien Phu ; ch 320 000-500 000 d ;). Cet hôtel n'a rien d'exceptionnel, mais constitue un bon choix au regard de ses tarifs. Chambres désuètes mais impeccables, avec

Haiphong

◎ Les incontournables
- Musée de Haiphong B2
- Théâtre municipal B3
- Cathédrale du Rosaire B2

◎ À voir
- 1 Musée de la Marine C2

🛏 Où se loger
- Bao Anh Hotel .... (voir 8)
- 2 Duyen Hai Hotel B1
- 3 Harbour View Hotel D1
- 4 Hoa Viet Hotel C2
- 5 Kim Thanh Hotel C2
- 6 Monaco Hotel B2

✖ Où se restaurer
- 7 Big Man Restaurant C2
- 8 BKK C2
- 9 Com Vietnam B2
- 10 Restaurants de fruits de mer B3
- 11 Van Tue D1

🍷 Où prendre un verre
- 12 Caffe Tra Cuc C2
- 13 Julie's Bar C2
- 14 Maxims C2
- 15 Phone Box C2
- 16 Vuon Dua D2

TV et minibar. Petit-déjeuner compris. Les chambres à l'arrière sont moins bruyantes.

Hoa Viet Hotel HÔTEL $
(☎384 2409 ; www.hoaviethotel.vn ; 50 P Dien Bien Phu ; ch 250 000-400 000 d ; ❄🛜). Dans un bâtiment colonial restauré du centre-ville, cet hôtel offre un excellent rapport qualité/prix. Les chambres, disposées autour de la cour, sont décorées simplement. Petit-déjeuner compris, servi dans le restaurant adjacent.

Duyen Hai Hotel HÔTEL $
(☎384 2134 ; 6 Đ Nguyen Tri Phuong ; ch 250 000-400 000 d ; ❄🛜). Un bon choix, si les autres hôtels affichent complet.

✖ Où se restaurer

Pho Quang Trung offre une succession de petits **restaurants de fruits de mer** avec vivier, où l'on cuisine sur commande, et de bars à *bia hoi* (bière). Si vous préférez des cafés et restaurants plus chics, allez dans P Minh Khai. Les amateurs de bière apprécieront les deux microbrasseries de la ville.

 Big Man Restaurant BRASSERIE $$
(7 P Tran Hung Dao ; plats à partir de 80 000 d ; ⊙11h-23h). Un vaste restaurant doté d'une terrasse, à la carte variée comprenant des salades vietnamiennes et de superbes fruits de mer. Il se double d'une petite brasserie où l'on déguste des bières brunes et blondes.

BKK THAÏ $$
(22 P Minh Khai ; plats 70 000-150 000 d ; ⊙11h30-22h). Une ancienne demeure joliment restaurée où l'on savoure des spécialités thaïes remarquablement préparées, dont du *lab moo* (salade de porc) ou des calamars au poivre. Mets végétariens et délicieux desserts.

Van Tue FRUITS DE MER $$
(1 P Hoang Dieu ; plats 40 000-200 000 d ; ⊙11h-23h). Élégante villa coloniale qui abrite un restaurant réputé pour ses fruits de mer, dont un large choix de plats à base de crabes. À déguster avec une bière de type Pilsener, blonde ou brune, brassée maison.

Com Vietnam VIETNAMIEN $
(4A P Hoang Van Thu ; plats 30 000-65 000 d). Minuscule restaurant sans prétention et bon marché doté d'une petite cour, servant des fruits de mer et des spécialités vietnamiennes.

🍷 Où prendre un verre et sortir

Vous trouverez dans P Minh Hieu quantité de cafés décontractés, dont presque tous possèdent une terrasse, proposant de la bière (goûtez la Bia Haiphong, brassée localement) et un service de petite restauration.

Phone Box BAR
(79 P Dien Bien Phu ; ⊙12h-23h30). Un petit bar tenu par un musicien, parfait pour prendre un verre. Musique live les lundi et vendredi. Le reste du temps, on écoute de bons morceaux choisis dans l'impressionnante collection de vinyles du propriétaire.

Vuon Dua BAR À BIA HOI
(5 P Tran Hung Dao). Café animé en plein air servant des bières bon marché et divers plats de calamars, de poulet et de porc.

Très fréquenté par les riverains en début de soirée, qui y viennent après le travail.

Maxims CAFÉ
(51B P Dien Bien Phu). Ce café est le cousin très éloigné du célèbre Maxim's de Saigon : presque chaque soir, on y écoute de la musique live, du classique au jazz. Parfait côté boissons, moins côté cuisine.

Julie's Bar BAR
(22C P Minh Khai). Chaleureux repaire d'expatriés, et endroit idéal pour connaître les derniers potins de Haiphong. Sert de bons steaks et hamburgers.

Caffe Tra Cuc CAFÉ
(46C P Minh Khai ;). Les habitués, jeunes branchés ou quinquas grisonnants, y viennent pour boire un café, préparé de diverses manières, et pour profiter du Wi-Fi gratuit.

Renseignements

Accès Internet
Comptez environ 5 000 d/h dans les cybercafés de P Dien Bien Phu. Dans P Minh Khai, plusieurs d'entre eux proposent un accès Wi-Fi gratuit.

Argent
On trouve de nombreux DAB dans le centre-ville.

Services médicaux
Haiphong International Hospital (395 5888 ; 124 Nguyen Duc Canh). Récent et moderne. Quelques médecins anglophones.

Depuis/vers Haiphong

AVION L'aéroport de Cat Bi est à 6 km au sud-est de Haiphong. Comptez 120 000 d en taxi.
Jetstar Pacific Airways (04-3955 0550 ; www.jetstar.com) effectue la liaison entre Haiphong et HCMV.
Vietnam Airlines (381 0890 ; www.vietnamair.com.vn ; 30 P Hoang Van Thu) relie Haiphong à HCMV et Danang.
BATEAU Les bateaux partent du **port de Ben Binh**, non loin de la gare routière de Lac Long. Voir p. 110 pour les bateaux pour l'île Cat Ba.
BUS Haiphong comptent trois gares routières longue distance.
Gare routière de Tam Bac (P Tam Bac). Bus pour Hanoi (70 000 d, 2 heures, toutes les 10 min).
Gare routière de Niem Nghia (Đ Tran Nguyen Han). Bus pour les destinations au sud de Haiphong, dont Ninh Binh (90 000 d, 3 heures 30, toutes les 30 min).
Gare routière de Lac Long (P Cu Chinh Lan). Bus desservant Along (Bai Chay : 50 000 d, 1 heure 30, toutes les 30 min), et correspondances régulières pour Mong Cai (100 000 d, 4 heures, environ toutes les 2 heures), à la frontière chinoise. D'autres bus assurent aussi la liaison depuis/vers Hanoi (70 000 d, 2 heures, toutes les 10 min), pratiques pour les voyageurs empruntant les bateaux pour l'île Cat Ba au port de Ben Binh.

TRAIN Il existe une liaison quotidienne pour la gare de Long Bien à Hanoi (48 000 d ; 2 heures 30 ; 6h10, 8h55, 15h10 et 18h40).

VOITURE ET MOTO Haiphong se trouve à 103 km de Hanoi par la RN 5, une voie express très fréquentée.

Comment circuler

Contactez **Haiphong Taxi** (383 8383) ou **Taxi Mai Linh** (383 3833). Un *xe om* (moto-taxi) depuis l'une des gares routières jusqu'aux hôtels coûte environ 20 000 d.

BAIE D'ALONG

033

Ce sont près de 2 000 îles émergeant des eaux émeraude du golfe du Tonkin, une merveille naturelle dont les mots ne suffisent pas à décrire. Along (Ha Long) signifie "là où le dragon descend dans la mer". Selon la légende, c'est un dragon géant, en chemin vers la mer, qui aurait par les battements de sa queue entaillé les montagnes et créé vallées et crevasses. Lorsqu'il plongea enfin dans les flots, ces anfractuosités s'emplirent d'eau, ne laissant émergées que les îles que l'on voit aujourd'hui.

LE MONSTRE DE LA BAIE D'ALONG

Si le dragon qui donna naissance à la baie d'Along appartient à la légende, des marins prétendent avoir aperçu une créature marine mystérieuse, aux proportions gigantesques, et connue depuis les Français sous le nom de tarasque. Pour les militaires les plus paranoïaques, il s'agirait d'un sous-marin espionnant pour le compte des impérialistes, tandis que certains voyageurs croient avoir trouvé la version vietnamienne du monstre du Loch Ness. Quoi qu'il en soit, le "monstre" continue de hanter la baie, du moins dans la bouche de certains capitaines de bateaux qui exploitent à merveille cette histoire auprès des touristes.

Baies d'Along et de Bai Tu Long

NORD-EST DU VIETNAM BAIE D'ALONG

> ## INTERVIEW
>
> ### M. THIEU : CAPITAINE DANS LA BAIE D'ALONG
>
> Depuis cinq ans, M. Thieu gagne sa vie en conduisant un bateau parmi les îlot karstiques de la baie d'Along.
>
> **Quelles sont vos îles préférées ?**
> Dans la baie d'Along, c'est Dao Titop (île Titop), et j'aime beaucoup la baie de Bai Tu Long à l'est.
>
> **Quelle est la particularité de la baie de Bai Tu Long ?** Je la trouve aussi belle que la baie d'Along et peu de gens s'y rendent.
>
> **Quelle est la particularité de votre métier ?** J'ai beaucoup de chance de vivre sur un bateau, entouré de ces merveilleux îlots. J'aimerais faire ça toute ma vie.
>
> **La baie d'Along est-elle en train de changer ?** En cinq ans, j'ai vu le nombre de touristes augmenter chaque année, mais c'est toujours un endroit particulier.
>
> **Quelle île ressemble le plus à un animal ?** L'île du Poulet rieur, que l'on appelle parfois l'île du Coq de combat.

Trésor inestimable, la baie d'Along a été inscrite en 1994 au patrimoine mondial de l'Unesco. Et si on l'a souvent comparée aux paysages féeriques des îlots karstiques de Guilin, en Chine, et de Krabi, dans le sud de la Thaïlande, elle se révèle en fait beaucoup plus spectaculaire. Ses innombrables îlots recèlent des grottes nées de l'action conjuguée du vent et des vagues. Leurs versants, peu boisés, vibrent de chants d'oiseaux.

Si la baie d'Along recèle quantité de grottes, elle ne compte que quelques plages dignes de ce nom. En revanche, la baie de Lan Ha, au sud de l'île de Cat Ba, abrite d'idylliques criques de sable, facilement accessibles depuis la ville de Cat Ba.

Principal point d'accès à la baie, la grande ville d'Along ne fait pas vraiment honneur à l'incroyable site du patrimoine mondial, avec ses hôtels tape-à-l'œil et ses karaokés.

La plupart des visiteurs choisissent, avec raison, un circuit comprenant une nuit à bord d'un bateau dans la baie d'Along. Certains voyageurs évitent carrément la ville d'Along pour se rendre directement à celle de Cat Ba, d'où il est facile d'organiser des excursions vers la baie de Lan Ha, moins visitée et tout aussi attirante. L'île Cat Ba constitue également une bonne base pour partir à la découverte de la baie d'Along.

Premier site touristique du Nord-Est, la baie d'Along attire les visiteurs toute l'année. De février à avril, le temps souvent froid, bruineux et brumeux réduit la visibilité, mais confère aussi aux lieux un aspect irréel. De mai à septembre, les orages tropicaux sont fréquents. Toute l'année, les conditions météo obligent parfois les bateaux à modifier leur itinéraire.

À voir et à faire

Grottes

Les îles de la baie d'Along sont parsemées de milliers de grottes, dont beaucoup sont désormais éclairées par de savants jeux de lumière. Malheureusement, les lieux sont souvent jonchés de détritus et les vendeurs de babioles sont aussi très présents.

Hang Dau Go (grotte des Pieux ; carte p. 97) comprend trois salles auxquelles on accède par un escalier de 90 marches. Dans la première, une assemblée de gnomes semble tenir conseil parmi les stalactites. Les parois de la deuxième salle scintillent lorsqu'on les éclaire. Mais c'est de la troisième salle que la grotte tire son nom de grotte des Pieux, en raison du rôle qu'elle aurait joué dans l'histoire du Vietnam (voir p. 91). La grotte voisine, **Hang Thien Cung**, fait partie du même réseau souterrain et présente des formations calcaires en forme de choux-fleurs, ainsi que des stalactites et des stalagmites.

Hang Sung Sot (grotte de la Surprise ; carte p. 97) est très fréquentée. Elle compte également trois vastes salles ; dans la deuxième, une roche de forme phallique, éclairée en rose, est tenue pour un symbole de fertilité.

Hang Trong (grotte du Tambour ; carte p. 97) tire son nom du phénomène acoustique créé par le vent qui s'y engouffre, parmi les stalactites et les stalagmites.

Le choix des grottes que vous visiterez dépend de la météo mais aussi du nombre de bateaux présents sur le site.

Îles

Dao Titop (île Titop ; carte p. 97) est bordée d'une petite plage un peu négligée. Vous pouvez vous rendre directement au sommet de l'île, qui offre une superbe vue sur la baie d'Along.

L'île Cat Ba (carte p. 97) est la plus exploitée de la baie. La ville de Cat Ba est très proche de la magnifique baie de Lan Ha (carte p. 97).

Kayak

La plupart des tour-opérateurs proposent cette activité dans les circuits organisés en baie d'Along. La balade en kayak dure généralement une heure et permet de découvrir des grottes, de petites plages ou encore un village flottant. Les habitants vivent de la pêche, rapportant leurs prises du large pour les engraisser dans des enclos. Certains tour-opérateurs incluent dans leurs circuits la visite de ces villages, et c'est sans doute de ces localités flottantes que provient votre dîner du soir.

Si vous êtes fan de kayak, contactez Handspan Adventure Travel (p. 79), qui organise des excursions avec des guides qualifiés et gère des camps de plage. Des sorties en kayak sont aussi organisées depuis la baie de Lan Ha (p. 103), moins touristique.

❶ Renseignements

Tout visiteur doit s'acquitter d'un droit d'entrée pour le parc national. Il se monte à 40 000 d pour une journée et comprend une grotte ou une plage. Comptez 60 000 d pour deux jours et une nuit. Ajoutez 10 000 d pour chaque grotte ou plage supplémentaire, et 20 000 d pour la visite d'un village de pêcheurs. La plupart des frais d'entrée sont en général inclus dans le forfait des circuits organisés, vérifiez lors de la réservation.

Le **centre d'information touristique de la baie d'Along** (hors carte p.100 ; ☏384 7481 ; www.halong.org.vn ; ⏲7h-16h) est situé sur le dock de Bai Chay à Along. On y trouve d'excellentes cartes de la baie et des environs (20 000 d) et un accès Internet gratuit et un personnel parlant anglais. Également à Bai

À NE PAS MANQUER

LES CIRCUITS DANS LA BAIE D'ALONG

Il y a mille manières d'apprécier la beauté de la baie d'Along. Mais, à moins d'avoir son propre yacht ou d'être un rameur de haut vol, mieux vaut suivre un circuit organisé.

Pour la version luxe, optez pour une croisière à bord d'une jonque chinoise. On peut aussi embarquer sur un bateau à aubes, construit sur un modèle de navire français du début du XXe siècle. Toutes les excursions suivent cependant le même itinéraire et vous emmènent sur les îles et dans les grottes les plus connues, sans s'éloigner beaucoup d'Along. De fait, il arrive que des croisières supposées durer deux jours offrent à peine 24 heures de bateau (mais elles ne coûtent quelques centaines de dollars par personne).

Pour les petits budgets, les circuits bon marché proposés à Hanoi commencent à 35 $US par personne pour une excursion d'une journée, et peuvent atteindre 150 $US pour deux nuits dans la baie, avec un circuit en kayak en option. Pour quelque 80-90$US, vous ferez une croisière avec la nuit dans la baie. Sachez que dans cette gamme de prix, nous avons reçu beaucoup de plaintes concernant la qualité des services, de la nourriture, voire la présence de rats. Si possible, optez pour un circuit un peu plus cher afin de profiter pleinement de votre croisière. Les circuits bon marché peuvent représenter de fausses économies et mettre votre sécurité en jeu.

En février 2011, un de ces bateaux a coulé près de Dao Titop, emportant 11 touristes de huit pays étrangers et un guide vietnamien. En mai 2011, le gouvernement de la province a mis en place une nouvelle réglementation concernant les conditions de travail et la sécurité des bateaux. Les propriétaires de bateaux ont protesté, avançant que certains circuits ne seraient alors plus rentables et que les potentiels tour-opérateurs de circuits bon marché chercheraient à réaliser des économies par d'autres moyens.

La plupart des circuits incluent le transport, les repas, et parfois les randonnées sur les îles. Les boissons ne sont pas comprises. Nombre de ces circuits suivent un itinéraire fixe et font étape dans des grottes illuminées, souvent en même temps que beaucoup d'autres bateaux partant de Bai Chay.

Pour découvrir plus longuement la baie d'Along, loin des foules, préférez l'île Cat Ba. Là, des tour-opérateurs proposent désormais d'explorer la baie de Lan Ha, moins fréquentée, relativement vierge et qui possède de sublimes plages de sable (voir p. 105).

Les circuits en bateau sont parfois annulés pour des raisons météo. Dans ce cas, on vous proposera un remboursement total ou partiel. Vérifiez lors de la réservation. Vous trouverez des opérateurs fiables parmi les agences de Hanoi (voir p. 79).

Chay, **Halong Tourism** (carte p. 100 ; ☎362 8862 ; www.halongtourism.com.vn ; ⊕8h-12h et 13h30-16h30 lun-ven) fournit de bonnes informations.

❶ Depuis/vers la baie d'Along

Les circuits organisés (p. 99) sont pratiques et souvent très bon marché.

Si vous optez pour une découverte autonome, prenez un bus entre Hanoi et Bai Chay (ville d'Along), puis un xe om ou un taxi jusqu'au port de Bai Chay, où vous pourrez réserver un circuit.

Certains bateaux destinés aux circuits relient Bai Chay à l'île Cat Ba (voir p. 110) en passant par la baie d'Along. Vous pouvez aussi rejoindre l'île Cat Ba directement depuis Hanoi et y organiser un circuit en bateau pour découvrir la baie de Lan Ha.

❶ Comment circuler

La majorité des circuits en bateau partent du dock touristique de Bai Chay à Along – une véritable fourmilière où des dizaines de bateaux débarquent leurs passagers et en accueillent d'autres dans la foulée.

Les tarifs sont officiels et varient selon le trajet, la longueur du circuit et la classe du bateau. Un bateau une étoile pour une croisière de 4 heures revient à 1 000 000 d, comptez environ 1 500 000 d pour 6 heures. On peut aussi louer un bateau deux étoiles pour la journée (2 500 000 d). Les prix sont en général divisés par le nombre de passagers à bord et augmentent d'environ 20% le week-end.

Along

☎033 / 193 700 HABITANTS

La ville d'Along est le principal point d'accès à la baie. Malgré sa position privilégiée sur le cap de la baie d'Along, la ville a été malmenée par l'urbanisation et d'immenses hôtels ont été construits sur ses plages. Il n'en reste pas moins que la majorité des restaurants, des logements et des services dont dépend la baie d'Along se trouvent ici.

La plupart des voyageurs ne séjournent pas en ville, préférant passer une nuit dans la baie d'Along. En raison de la concurrence et d'une clientèle en baisse, les tarifs pratiqués par les hôtels d'Along figurent désormais parmi les plus bas du Vietnam. Les visiteurs chinois et coréens y sont désormais plus nombreux, ravis de profiter des casinos et des karaokés sur la terre ferme après avoir exploré la baie d'Along pendant la journée.

🛌 Où se loger

Nombre de visiteurs passent la nuit sur un bateau en baie d'Along plutôt que dans un hôtel en ville. Toutefois, si vous devez y séjourner, vous trouverez une kyrielle d'hôtels à Bai Chay, aux tarifs très raisonnables en dehors de la haute saison (de juin à août) et du Têt.

Presque tous les établissements petits budget se concentrent dans l'"allée des hôtels" (Đ Vuon Dao). Une confortable chambre double s'y loue environ 12 $US. Les hôtels de catégories moyenne et supérieure donnent sur la baie le long de Đ Halong.

Novotel HÔTEL $$$
(carte p. 100 ; ☎384 8108 ; www.novotelhalongbay.com ; Đ Halong ; ch à partir de 115 $US ; ❄☆@🛜☆). Cet hôtel branché associe influences japonaises à des touches contemporaines. Les chambres sont impeccables : sol en teck, sdb en marbre et portes coulissantes séparant

les différents espaces de vie. Parmi les installations figurent une piscine à débordement, un bar à expresso et un excellent restaurant. Promotions fréquentes sur Internet, autour de 80 $US la chambre.

BMC Thang Long Hotel HÔTEL $$
(hors carte p. 100 ; 384 6458 ; www.bmcthanglonghotel.com ; Đ Halong ; ch 25-75 $US ; ❄@🛜). Étape pour le déjeuner lors des circuits en baie d'Along, le BMC abrite également de vastes chambres récemment réaménagées, avec vue sur la mer. Malgré l'aspect tentaculaire de l'hôtel, le personnel y est chaleureux et attentionné, et les docks touristiques de Bai Chay sont juste en face.

Tung Lam Hotel HÔTEL $
(carte p. 100 ; 364 0743 ; 29 Đ Vuon Dao ; ch 10-12 $US ; ❄🛜). Ce mini-hôtel se démarque un peu de ses concurrents. Les chambres possèdent toutes deux lits, une TV, un minibar et une sdb. Celles situées en façade, spacieuses, disposent d'un balcon.

Thanh Hue Hotel HÔTEL $
(carte p. 100 ; 384 7612 ; Đ Vuon Dao ; ch 12-15 $US ; ❄@🛜). Il faut gravir la colline depuis le Tung Lam Hotel pour accéder à cet hôtel (peint en bleu pastel) d'un excellent rapport qualité/prix. La plupart des chambres offrent une superbe vue depuis leur balcon.

🍴 Où se restaurer

En bas de Đ Vuon Dao, de modestes restaurants servent une cuisine copieuse et bon marché. Les amateurs de fruits de mer choisiront parmi les établissements de Đ Halong, le long du port.

Toan Huong VIETNAMIEN $
(carte p. 100 ; 1 Đ Vuon Dao ; plats à partir de 35 000 d). Un établissement simple, au personnel sympathique, doté d'une terrasse côté rue. Longue carte (en anglais) hétéroclite : petit-déjeuner à l'occidentale, salades, fruits de mer et vin importé.

Along

Où se loger
1. Novotel A2
2. Thanh Hue Hotel A1
3. Tung Lam Hotel A1

Où se restaurer
4. Asia Restaurant A1
5. Toan Huong A1

DES CROISIÈRES PAS BATEAU

Voici une sélection de bateaux plus originaux :

Emeraude Classic Cruise (04-3934 0888 ; www.emeraude-cruises.com ; d 255-490 $US). Un bateau à aubes de 56 m, abritant 38 cabines climatisées agrémentées d'un mobilier en bois très élégant et de douches chaudes. Repas délicieux, sous forme de buffet. Toutefois, les tarifs restent assez chers pour une croisière de moins de 24 heures.

Handspan (04-3926 2828 ; www.handspan.com). Mise à l'eau fin 2011, la jonque *Treasure* fait partie des rares bateaux à voiles de la baie. Vous naviguerez entre les îlots karstiques sans entendre le ronronnement constant d'un moteur. Un bonheur.

Indochina Sails (04-3984 2362 ; www.indochinasails.com ; s/d à partir de 310/358 $US). Indochina dispose de deux jonques de 42 m et d'une autre plus petite. Luxueuses, elles comportent de jolies cabines en bois et des ponts d'où admirer la vue sur la baie.

Asia Restaurant VIETNAMIEN $
(carte p. 100 ; 24 Đ Vuon Dao ; plats 40 000-80 000 d). Ce restaurant, propre et attrayant, a tout pour plaire : bonne cuisine vietnamienne et quelques plats occidentaux.

ℹ️ Renseignements

Poste principale (Đ Halong). En bas de Vuon Dao.

Vietcombank (Đ Halong). Change et DAB.

ℹ️ Depuis/vers Along

BATEAU Pour tous les détails sur les excursions en bateau dans la baie d'Along, voir les encadrés p. 99 et ci-dessus. Pour les trajets en bateau entre la baie d'Along et l'île Cat Ba, voir p. 109.

Jusqu'ici, des hydrofoils reliaient Bai Chay à Mong Cai (p. 113), pour gagner la Chine, mais ce trajet a été remplacé par de meilleurs services de bus.

BUS Tous les bus partent de la **gare routière de Bai Chay**, à 6 km au sud du centre de Bai Chay, un peu à l'écart de la RN 18. Attention, de nombreux bus longue distance indiquent "Bai Chay" et non "Halong City".

BUS AU DÉPART DE BAI CHAY

DESTINATION	PRIX	DURÉE	FRÉQUENCE
Hanoi	90 000 d	3 heures	Toutes les 15 min
Haiphong	50 000 d	1 heure 30	Toutes les 20 min
Mong Cai	90 000 d	4 heures	Toutes les 30 min
Van Don	55 000 d	1 heure 30	Environ toutes les heures
Lang Son	120 000 d	5 heures 30	12h30

Pour rejoindre l'embarcadère de Cai Rong (Cai Rong Pha) sur l'île de Van Don, d'où vous prendrez un ferry jusqu'aux îles de la baie de Bai Tu Long, vous pouvez emprunter un bus direct pour Van Don, ou un bus en direction de Mong Cai ou Lang Son et descendre dans la localité de Cua Ong. Un *xe om* ou un taxi vous mènera à l'embarcadère. Tous les bus pour Van Don ne poursuivent pas jusqu'à l'embarcadère de Cai Rong, vérifiez à la gare routière de Bai Chay.

VOITURE ET MOTO La ville d'Along se situe à 160 km de Hanoi et à 55 km de Haiphong. Le trajet Hanoi-Along en voiture prend environ 3 heures.

Comment circuler

Le quartier de Bai Chay est très étendu. La compagnie **Mai Linh** (382 2226) est fiable. On trouve aussi des taxis au niveau de la gare routière ou de la poste.

Île de Cat Ba

 031 / 13 500 HABITANTS

Avec son relief déchiqueté et son épais manteau de forêt tropicale, Cat Ba, la plus grande île de la baie d'Along, commence à remporter un franc succès en tant que destination pour l'écotourisme et les sports d'aventure. Le choix est vaste : voile, observation des oiseaux, vélo, randonnée, escalade.

Hormis quelques poches fertiles, la terre y demeure trop rocailleuse pour l'agriculture : la plupart des habitants vivent de la mer, les autres du tourisme.

Ces dernières années, la ville de Cat Ba a connu un boom hôtelier, et des édifices de béton défigurent une baie autrefois magnifique. Un développement outrancier compensé par la beauté du reste de l'île, largement préservé, ainsi que par l'idyllique baie de Lan Ha.

Néanmoins, la ville reste un point de chute idéal entre deux activités sur l'île (marche, vélo ou escalade) ou dans la baie de Lan Ha (voile ou kayak). Les week-ends d'été, toutefois, Cat Ba se transforme en une station balnéaire trépidante où affluent les vacanciers vietnamiens. Les hôtels doublent, voire triplent leurs tarifs, les karaokés pullulent, le brouhaha est incessant. Les voitures sont alors interdites sur la promenade submergée par cette marée humaine. En semaine, Cat Ba est plus calme, mais reste très animée entre juin et août.

Une fête commémore chaque année la visite de Hô Chi Minh sur l'île Cat Ba en avril 1951. À cette période, attendez-vous à de nombreux karaokés et à de la techno sur le front de mer entre 8h et minuit.

En 1986, la moitié de l'île (354 km² dans sa totalité) et 90 km² de ses eaux côtières ont été déclarés parc national, afin de protéger les écosystèmes de ce petit paradis : des forêts subtropicales d'arbres à feuillage persistant sur ses hauteurs, des formations marécageuses au pied des collines, des mangroves, de nombreux lacs d'eau douce et des récifs de corail au large. Le littoral est essentiellement constitué de falaises, mais on y trouve aussi quelques plages de sable et de charmants villages de pêcheurs nichés dans de petites anses.

Des lacs, des cascades et des grottes ponctuent les collines calcaires qui culminent à 331 m. Le **lac Ech**, qui s'étend sur 3 ha, est le plus grand plan d'eau de l'île. Quant aux cours d'eau, ils sont saisonniers, l'eau de pluie ayant tendance à s'infiltrer dans les grottes avant de rejoindre la mer, d'où le manque d'eau en saison sèche.

La baie de Lan Ha, qui inclut les eaux méridionales de l'île de Cat Ba, est parsemée de centaines d'îles calcaires couvertes de jungle et recelant de nombreuses plages désertes.

La période la plus agréable à Cat Ba va de fin septembre à novembre : la température de l'air et de l'eau est alors très douce, et le ciel la plupart du temps dégagé. De décembre à février, le temps, plus frais, demeure plaisant. Entre février et avril, les pluies sont fréquentes, mais la saison reste favorable. Quant aux mois d'été, de juin à août, ils sont chauds et humides, parfois orageux ; c'est l'époque où affluent de nombreux touristes vietnamiens.

◉ À voir

À première vue, la ville de Cat Ba ressemble à une médiocre copie de Manhattan avec ses petits gratte-ciel aux façades vitrées. Une vision qui s'estompe néanmoins à mesure que l'on s'éloigne de la promenade du front de mer. Sur le mont n°1, une petite colline qui fait face à la jetée de la ville, se dresse un **monument** dédié à Hô Chi Minh. Au **marché**, très authentique, à l'extrémité nord du port, on trouve des crabes, des crevettes royales et des pyramides de fruits frais. Mais, de toute évidence, les plus beaux sites de l'île sont situés en dehors de la ville.

Baie de Lan Ha ÎLES

(carte p. 97 ; 20 000 d). Les quelque 300 îles karstiques de la baie de Lan Ha se dressent au sud-est de la ville de Cat Ba. Extension géologique de la baie d'Along, ces îles font partie d'une autre province du Vietnam, mais elles baignent dans les mêmes eaux couleur émeraude, et le spectacle des pinacles calcaires est tout aussi fantastique que celui de la baie d'Along. Cependant, les nombreuses plages de sable blanc leur confèrent un attrait particulier. La baie de Lan Ha reste assez éloignée d'Along, et les bateaux de touristes y restent rares. Il faut s'acquitter d'un droit d'entrée de 20 000 d, souvent compris dans les circuits.

La baie abrite près de 200 espèces de poissons, 500 espèces de mollusques, 400 espèces d'arthropodes, de nombreux coraux durs et mous, des phoques et trois espèces de dauphins.

Les sorties les plus intéressantes à la voile ou en kayak sont organisées à Cat Ba. Le choix de plages est si vaste qu'il est facile de trouver un petit coin de sable à soi pour la journée. Le camping est autorisé sur la magnifique **plage de Hai Pie** (ou plage du Tigre), qui fait office de camp de base pour les excursions des tour-opérateurs de Cat Ba – ou, occasionnellement, pour des soirées de pleine lune. Enfin, les rochers de la baie de Lan Ha sont fabuleux pour l'escalade ; c'est la principale destination des circuits organisés par Asia Outdoors (p. 106).

Parc national de Cat Ba RÉSERVE NATURELLE

(carte p. 97 ; 30 000 d ; ⊙aube-crépuscule). Facile d'accès, ce parc national sert d'habitat à 32 espèces de mammifères, dont le singe entelle, le macaque, le sanglier, le cerf, la civette et plusieurs espèces d'écureuils comme l'écureuil noir géant. On dénombre plus de 70 espèces d'oiseaux, dont le faucon, le calao et le coucou. Primate en danger, le semnopithèque à tête dorée est le singe le plus rare du monde, avec à peine 65 représentants dans le parc. L'île est située sur un important axe migratoire d'oiseaux aquatiques, qui nichent sur les plages et dans les mangroves. Parmi le bon millier d'espèces de plantes répertoriées, on compte 118 espèces d'arbres à bois de charpente et 160 plantes médicinales. Le parc abrite une essence unique, le *cay Kim Gao*. Autrefois, les rois et les seigneurs ne mangeaient qu'avec des baguettes fabriquées dans le bois de cet

> À NE PAS MANQUER

LE FORT DU CANON

Pour jouir de l'une des plus belles vues du Vietnam, rendez-vous au **fort du Canon** (hors carte p. 104 ; 20 000 d ; ⊙aube-crépuscule). Les tunnels souterrains et les emplacements de canon furent installés par les Japonais pendant la Seconde Guerre mondiale, puis utilisés par les Français et les Vietnamiens lors des conflits qui suivirent.

Des sentiers balisés conduisent les visiteurs à deux emplacements de canon préservés. L'un des canons est armé par des mannequins viêt-minh de taille humaine. De là-haut, on aperçoit le pittoresque fouillis des bateaux de pêche dans le port de Cat Ba et les magnifiques petites criques de Cat Co 1 et Cat Co 2. La vue sur la mer ponctuée de formations karstiques est tout simplement sublime et il y a même un bar épatant proposant café et jus de fruits à côté de l'ancienne hélisurface. Pour atteindre l'entrée, comptez 10 min de marche sur un sentier abrupt ou 10 000 d pour un trajet en *xe om* depuis la ville de Cat Ba. Un **train touristique** (40 000 d) effectue le reste du chemin, sinon c'est une rude marche de 20 min qui vous attend.

Cat Ba

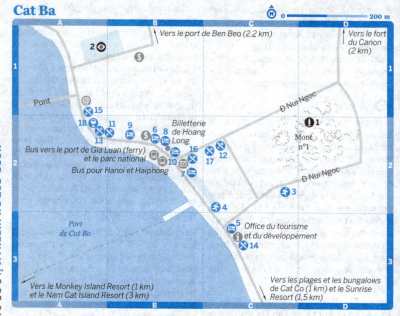

arbre, qui était censé noircir au contact d'une substance empoisonnée.

Nous vous recommandons de recourir à un guide lors de vos randonnées, faute de quoi vous risquez de ne voir que de la verdure ! Si vous souhaitez visiter une grotte, **Hang Trung Trang** (la grotte Trung Trang) est facile d'accès, mais il faut contacter un garde pour vous assurer qu'elle est ouverte. Munissez-vous d'une lampe torche.

Une randonnée intéressante et très sportive mène, à travers le parc, jusqu'aux sommets montagneux (18 km, 5-6 heures). Prévoyez non seulement les services d'un guide, mais aussi le transport en bus ou en bateau jusqu'à l'entrée de la piste et un bateau pour le retour. Vous pourrez organiser l'excursion avec les gardes forestiers du parc, ou avec Asia Outdoors ou Cat Ba Ventures à Cat Ba (ville).

Nombre de randonnées se terminent à **Viet Hai**, un village reculé de montagnards. De là, un bateau (300 000 d par embarcation) permet de rejoindre la ville de Cat Ba. Vous pourrez également loger au Whisper of Nature (p. 107). Une telle aventure ne s'improvise pas : chaussez-vous de manière adéquate, emportez un vêtement de pluie et une bonne réserve d'eau. Les marcheurs indépendants pourront acheter un en-cas dans les kiosques de Viet Hai, où les groupes s'arrêtent généralement pour déjeuner. N'oubliez pas que cette randonnée est très difficile et que le sentier devient encore plus ardu et glissant après la pluie. Il existe des circuits plus courts et moins éprouvants.

Pour vous rendre aux bureaux du parc, à Trung Trang, prenez un bus public QH vert aux docks de l'hydrofoil à Cat Ba (15 000 d, 20 min). Départ des bus à 5h, 8h10, 11h10 et 16h. Vous pouvez également prendre un *xe om* pour 60 000 d environ l'aller, ou bien louer une moto pour la journée.

Anses de Cat Co PLAGES
(hors carte p. 104). À 15 min de marche au sud-est de la ville de Cat Ba, les trois plages de Cat Co sont un paradis de la baignade au creux d'anses de sable blanc. Cat Co 2, sans doute la plus belle, au pied d'une falaise calcaire, est une petite baie abritée, avec un bar et quelques huttes de chaume très simples. Comme les promoteurs s'y intéressent beaucoup, vérifiez que l'endroit est toujours aussi tranquille.

Les plages de Cat Co 1 et de Cat Co 3, charmantes, ont été envahies par les complexes hôteliers. Les week-ends d'été, les touristes vietnamiens y viennent en nombre.

Les autres plages sont Cai Vieng, Hong Xoai Be et Hong Xoai Lon.

Cat Ba

◉ À voir
1. Monument à Hô Chi Minh D2
2. Marché.. A1

✪ Activités
   Asia Outdoors ....(voir 7)
3. Blue Swimmer C2
4. Cat Ba Ventures C2

🛏 Où se loger
5. Cat Ba Dream Hotel............................. C3
6. Duc Tuan Hotel B2
7. Noble House B2
8. Phong Lan Hotel B2
9. Thu Ha Hotel.. B2
10. Vien Dong Hotel..................................... B2

🍴 Où se restaurer
11. Bamboo Café B2
12. CT Mart C2
13. Family Bakery A2
14. Green Mango C3
15. Phuong Nung A1
16. Thao May B2
17. Vien Duong C2

🍷 Où prendre un verre
18. Flightless Bird Café A2
   Good Bar ....(voir 7)

Grotte-hôpital SITE HISTORIQUE
(carte p. 97 ; 15 000 d ; ◷7h-16h30). À environ 10 km au nord de Cat Ba sur la route qui mène à l'entrée du parc national, cette grotte est un lieu historique : protégée des bombes, elle a servi d'hôpital clandestin pendant la guerre du Vietnam, mais aussi d'abri aux dirigeants viêt-cong. Aménagée entre 1963 et 1965 avec l'aide de la Chine, sur trois niveaux, elle fut utilisée jusqu'en 1975. Un guide vous fera visiter les 17 salles, l'ancien bloc opératoire, la gigantesque caverne naturelle qui faisait office de cinéma, et comprenait même une petite piscine.

🏃 Activités

Cat Ba est l'endroit rêvé pour les sports d'aventure, sur l'île elle-même ou en mer.

Escalade
Les falaises calcaires de l'île de Cat Ba et de la baie de Lan Ha comptent parmi les sites de renommée internationale en matière d'escalade. Voir l'encadré p. 106.

Installée à Cat Ba, **Asia Outdoors** (p. 106) est la première agence à avoir proposé cette activité au Vietnam, et ses formateurs sont des professionnels qualifiés. Les grimpeurs avertis pourront louer du matériel, échanger leurs expériences et se procurer un exemplaire du livre d'Erik Ferjenstik : *Vietnam, A Climber's Guide* (en anglais seulement), qui décrit les différentes voies et donne quelques conseils concernant Cat Ba. Pour des **sorties d'escalade d'une journée**, incluant formation, transport, repas et matériel, comptez à partir de 52 $US par personne pour l'île de Cat Ba, et 75 $US pour la baie de Lan Ha. Ces excursions plus longues, en bateau, incluent kayak, étapes sur les plages et découverte du merveilleux paysage karstique. D'autres agences moins qualifiées à Cat Ba proposent ce type de sorties, mais, sur l'île, Asia Outdoors est l'expert en la matière.

Randonnée
L'île de Cat Ba est majoritairement recouverte de forêt tropicale. Pour en savoir plus sur les pistes sillonnant le parc national de Cat Ba, reportez-vous ci-contre. Asia Outdoors et Blue Swimmer proposent une fabuleuse randonnée sur l'île, qui mène notamment à la vallée des papillons (Butterfly Valley).

Vélo
De nombreux hôtels proposent des VTT chinois (environ 4 $US/j) et Blue Swimmer des vélo de randonnée (12 $US/j) de meilleure qualité.

Un itinéraire traverse le cœur de l'île, passant par la grotte-hôpital (ci-contre), et redescend vers les mangroves et les élevages de crabes de la côte ouest. Ensuite, on rejoint la ville de Cat Ba en effectuant une boucle par la route longeant la côte, où alternent vasières et plages désertes. Blue Swimmer et Asia Outdoors organisent des sorties à VTT accompagnées par un guide.

Voile et kayak
Ne manquez pas d'explorer les spectaculaires îles et plages de la baie de Lan Ha (p. 103). **Blue Swimmer** (p. 106) propose des **excursions à la voile** dans la constellation d'îles autour de Cat Ba. Pour 39 $US par personne, on peut faire une croisière dans la baie de Lan Ha jusqu'à la plage de Nam Cat, comprenant

une nuit sous une hutte en bambou. Il est également possible de louer un bateau avec skipper, ou de faire des sorties d'une journée sur une jonque chinoise jusqu'au phare de Long Chau, construit par les Français en 1920 et qui porte encore les cicatrices de la guerre du Vietnam.

Maints hôtels louent des **kayaks** (environ 8 \$US la demi-journée) et ceux de Blue Swimmer (simple/double 12/20 \$US par jour), de bonne qualité, permettent d'explorer la côte de Cat Ba de façon indépendante. Blue Swimmer organise des excursions guidées en kayak, incluant la baie de Lan Ha et des grottes maritimes, en campant sur une plage déserte.

👉 Circuits organisés

Presque tous les hôtels de Cat Ba proposent des circuits dans l'île et des excursions en bateau dans la baie d'Along. Comptez environ 20 \$US pour une journée avec sortie en kayak, et 70 \$US pour des circuits de deux jours, une nuit. Nous avons cependant reçu de nombreux avis négatifs sur certains prestataires (espace réduit, nourriture douteuse, etc.). Nous recommandons les suivants :

Cat Ba Ventures SORTIES EN BATEAU ET KAYAK (carte p. 104 ; ☎388 8755 ; www.catbaventures.com ; 223 Đ 14, ville de Cat Ba). Agence locale proposant des excursions en bateau dans la baie d'Along, ainsi que des circuits en kayak et des randonnées. De multiples recommandations de nos lecteurs confirment la qualité des services de M. Tung.

Pour une expérience plus originale, adressez-vous aux tour-opérateurs suivants, qui vous emmèneront découvrir des sites moins connus sur l'île Cat Ba, dans la baie de Lan Ha et alentour.

Asia Outdoors ESCALADE (carte p.104 ; ☎368 8450 ; www.slopony.com ; Đ 1-4, ville de Cat Ba). Anciennement connu sous le nom de Slo Pony Adventures, cette agence très professionnelle a été créée par deux passionnés de grimpe : Onslow Carrington et Erik Ferjentsik. Moniteurs d'escalade avant tout, ils proposent aussi de belles sorties à la voile, à vélo ou à pied. Faites un tour à la pension Noble House (à 18h chaque soir) pour savoir ce qui est programmé.

Blue Swimmer VOILE ET AVENTURE (carte p. 104 ; ☎369 6079 ; www.blueswimmersailing.com ; 265 Đ Nui Ngoc). Une organisation efficace et le respect de l'environnement sont les maîtres mots pour Vinh, l'un

---

ESCALADER LES PICS KARSTIQUES

Pour les amateurs d'escalade, la baie d'Along est un site de choix. Les falaises karstiques offrent des voies exceptionnelles dans un paysage splendide. La plupart des grimpeurs qui tentent l'aventure à Cat Ba sont des novices, mais le niveau des moniteurs est tel qu'ils repartent avec le virus de l'escalade.

Pas besoin de gros bras pour grimper, puisque l'on utilise surtout ses jambes. La pierre calcaire de la baie d'Along n'est pas trop rude pour les mains. De plus, les parois sont souvent abritées par des surplombs naturels qui les protègent de la pluie. Grimper est toujours possible, quel que soit le temps.

Quelques agences inexpérimentées peuvent vous proposer des sorties à votre arrivée sur l'île, mais nous conseillons aux débutants de s'adresser à l'équipe chevronnée d'Asia Outdoors (p. 106).

Les sorties pour les débutants se font sur l'île Cat Ba ou dans la magnifique baie de Lan Ha. Harnais et chaussures d'escalade sont fournis, ainsi qu'un cours sur la technique d'assurage, puis une démonstration. Ensuite, c'est à vous ! Le moniteur vous expliquera comment procéder à chaque prise et vous assurera. Des voies faciles s'offrent depuis les plages de Hai Pai et de Moody Beach, idéales pour les novices.

Les falaises abruptes des baies d'Along et de Lan Ha se prêtent aussi idéalement au "psicobloc" (ou *deep-water soloing*), l'escalade sans corde ni harnais au-dessus de l'eau. Bien sûr, cette activité est réservée aux grimpeurs expérimentés, et il est impératif de bien connaître la profondeur de l'eau et les indices de marée (certains grimpeurs se sont déjà blessés en tombant dans de l'eau pas assez profonde). Ne tentez donc le psicobloc qu'avec une équipe expérimentée, comme celle d'Asia Outdoors. En général, on termine une voie par un beau plongeon dans la mer avant de regagner la plage, ou le bateau, à la nage.

des fondateurs de Handspan, prestataire bien connu. Circuits exceptionnels à la voile, à pied, en kayak ou en VTT dans les montagnes. Lors de la rédaction de ce guide, Blue Swimmer venait de signer le bail du tout nouveau Blue Swimmer Adventure Hotel. Pour plus de détails, consultez le site web.

Où se loger

La plupart des hôtels de base se trouvent sur le front de mer (ou légèrement en retrait) de la ville de Cat Ba, mais les possibilités d'hébergement évoluent rapidement. Des établissements plus intéressants ont ouvert dans d'autres parties de l'île, et il existe aussi des lieux magnifiques isolés sur d'autres îles dans la baie de La Ha.

Les tarifs varient énormément. En haute saison, de juin à août, une chambre revient à 15 $US minimum ; hors saison, les prix descendent sous les 10 $US pour une chambre correcte. Les tarifs indiqués sont ceux de la saison creuse, car, en pleine saison, les propriétaires d'hôtels gonflent les prix en fonction de la demande.

VILLE DE CAT BA

Si les hôtels du front de mer affichent complet, essayez dans Duong (Đ) Nui Ngoc, qui comporte plusieurs hébergements d'un bon rapport qualité/prix.

Duc Tuan Hotel HÔTEL $
(carte p. 104 ; 388 8783 ; www.catbatravelservice.com ; 210 Đ 1-4 ; ch 8-15 $US ;). Établissement de gestion familiale sur l'artère principale proposant des chambres simples à la décoration colorée. Chambres sans fenêtre à l'arrière, plus calmes et coûtant moins de 10 $US. En bas, un bon restaurant sert des *lau* (fondues) de fruits de mer. Les propriétaires peuvent organiser toutes sortes d'excursions sur l'île.

Cat Ba Dream HÔTEL $
(carte p. 104 ; 388 8274 ; www.catbadream.com.vn ; 226 Đ 1-4 ; ch 10-15 $US ;). Un nouvel arrivant parmi les nombreux établissements du front de mer. Le service est un peu sommaire, mais si vous obtenez une chambre donnant sur l'eau, Cat Ba se dévoilera juste sous vos yeux.

Vien Dong HÔTEL $
(carte p. 104 ; 388 8555 ; 225 Đ Nui Ngoc, ville de Cat Ba ; ch 12-15 $US ;). Un preuve de plus que l'on trouve à Cat Ba parmi les meilleurs affaires en terme d'hébergement du Vietnam. Connu également sous le nom de Far Eastern, l'hôtel offre une vue remarquable sur la baie et abrite de vastes chambres bien tenues. On parle anglais à la réception.

Phong Lan Hotel HÔTEL $
(carte p. 104 ; 388 8605 ; Đ 1-4, ville de Cat Ba ; ch 8-12 $US ;). Demandez une chambre en façade, avec un balcon sur le port. Le propriétaire, anglophone, est serviable. Agence de voyage sur place.

Thu Ha HÔTEL $
(carte p. 104 ; 388 8343 ; Đ 1-4, ville de Cat Ba ; ch 8-12 $US ;). Clim, Wi-Fi et situation très centrale sur le front de mer : le Thu Ha, récemment rénové, offre un excellent rapport qualité/prix. Insistez pour avoir une chambre en façade, avec balcon, pour une vue sur la mer au réveil.

Noble House PENSION $
(carte p. 104 ; 388 8363 ; thenoblehousevn@yahoo.com ; Đ 1-4, ville de Cat Ba ; ch 8-20 $US ;). Des chambres simples, et le très fréquenté Good Bar ; apportez vos bouchons d'oreilles ou joignez-vous à la fête.

PLAGES DE CAT BA ET LES ÎLES

Suoi Goi Cat Ba Resort ÉCOLODGE $
(carte p. 97 ; 368 8966 ; www.suoigoicatbaresort.vn ; île Cat Ba ; d à partir 45 $US ;). Ce nouvel écolodge, situé dans un paisible village à 12 km de la ville de Cat Ba, propose de vastes maisons en bois sur pilotis autour d'un bar et d'un restaurant en plein air. Au programme : rando et balades à vélo jusqu'à la plage, à 2 km. Barbecue de fruits de mer presque tous les soirs (10 $US). On peut vous accueillir à l'arrivée du ferry ou à Cat Ba.

Nam Cat Island Resort COMPLEXE HÔTELIER $$
(hors carte p.104 ; 0989 555 773 ; namcatisland@gmail.com ; île Nam Cat ; d 25-60 $US ;). Sur la crique isolée de vos rêves, des bungalows sans prétention et des villas plus luxueuses, bien équipées, au pied d'imposantes falaises. Baignade et kayak en journée et barbecue de fruits de mer autour d'un feu de camp le soir. Nam Cat figure dans certains itinéraires organisés par Cat Ba Ventures (ci-contre).

Whisper of Nature PENSION $
(carte p. 97 ; 265 7678 ; www.vietbungalow.com ; village de Viet Hai ; dort 12 $US, d 22-28 $US). Situés dans le village de Viet Hai, autour d'un tranquille cours d'eau à la lisière de la forêt, ces simples bungalows de ciment, au

LES RESTAURANTS FLOTTANTS DE CAT BA

Les restaurants "flottants" spécialisés dans les fruits de mer sont nombreux dans le port de Cat Ba Les tarifs étant parfois excessifs, il est important de confirmer à l'avance le prix du repas et du circuit en bateau. Les îliens conseillent plutôt de se rendre de l'autre côté de la baie, dans l'un des restaurants flottants du port de Ben Beo, moins touristique – le risque d'escroquerie y est moins élevé, mais vérifiez tout de même le prix à l'avance. Comptez environ 100 000 d pour un aller-retour en bateau. Ne payez la course qu'après le retour, certains voyageurs ayant été abandonnés au restaurant. Demandez à votre hôtel de vous recommander un bateau ou prenez un *xe om* (environ 20 000 d) pour rejoindre le port derrière la colline.

Xuan Hong dans le port de Ben Beo, est recommandé. Vous y choisissez votre poisson dans l'enclos et il est directement grillé, frit ou cuit à la vapeur. Les prix sont calculés selon le poids et l'espèce : comptez autour de 150 000 d par personne pour un repas copieux. Assurez-vous de connaître le montant approximatif de l'addition avant de manger.

---

toit de chaume, abritent des dortoirs et des chambres équipées de sdb. Le trajet jusqu'à la pension est une véritable aventure, avec une étape finale à vélo dans un décor luxuriant. Renseignez-vous sur les transports lors de la réservation ou prenez un bateau en bambou de la ville de Cat Ba à l'embarcadère du village (200 000 d), puis un *xe om* (30 000 d) pour les 5 km restants.

Sunrise Resort COMPLEXE HÔTELIER $$$
(hors carte p. 104 ; ☏388 7360 ; www.catbasunriseresort.com ; Cat Co 3 ; ch à partir de 110 $US ; ❄@🛜♨). Face à la mer, dans des constructions basses au toit de tuile installées au pied de verdoyantes falaises, les chambres spacieuses et élégantes sont dotées d'un balcon avec vue sur mer. Piscine, spa et aire de jeux pour enfants. Petit-déjeuner compris.

Monkey Island Resort COMPLEXE HÔTELIER $$
(hors carte p. 104 ; ☏04-3926-0572 ; www.monkeyislandresort.com ; d 40-60 $US ; ❄). Buffet de fruits de mer le soir, musique R&B et bar avec billard : une ambiance agréable règne au Monkey Island. Vous séjournerez ici dans de confortables bungalows et profiterez de multiples activités : barbecues sur la plage, kayak, volley-ball… Transfert gratuit depuis la ville de Cat Ba. Un petit trek sur un pic karstique à proximité permet d'observer les singes.

Bungalows CAMPING $
(☏093 447 8156 ; d 400 000 d). À Cat Co 2, ces tous petits bungalows en bois n'offrent guère plus qu'un matelas, un ventilateur et un toit de chaume, mais ils sont bien situés, autour d'une jolie plage de sable, à l'ombre des arbres. Il y a des douches et un café où prendre ses repas (environ 70 000 d). Lors de la rédaction de ce guide, la construction d'un luxueux complexe 5 étoiles était envisagée à Cat Co 2 – attendez-vous à un éventuel changement.

Où se restaurer

On trouve quelques bons restaurants sur le front de mer de la ville de Cat Ba, mais vous pouvez leur préférer les restaurants flottants (voir ci-contre). Pour un repas à prix doux, rendez-vous aux échoppes face du marché.

♥ Bamboo Café VIETNAMIEN $
(carte p. 104 ; Ð 1-4, ville de Cat Ba ; plats 80 000-120 000 d). Idéal pour un repas décontracté en bord de mer, cet agréable restaurant, à l'intérieur intime recouvert de bambou, est doté d'une petite terrasse face au port. Le propriétaire parle couramment anglais et sert de généreuses assiettes. Cuisine vietnamienne et internationale. Bière fraîche et vin au verre.

Vien Duong VIETNAMIEN $$
(carte p. 104 ; 12 Ð Nui Ngoc, ville de Cat Ba ; repas à partir de 100 000 d). Ce restaurant de fruits de mer, parmi les plus populaires de Ð Nui Ngoc, est souvent bondé de touristes vietnamiens se régalant de crabe, de calamars et de fondue de fruits de mer locaux. À éviter si vous cherchez un endroit calme.

Family Bakery BOULANGERIE $
(carte p. 104 ; 196 Ð 1-4, ville de Cat Ba ; plats 80 000-120 000 d ; ⊙7h-16h). Endroit accueillant dédié aux gourmandises, telles que pain turc et pâtisseries aux amandes. Arrêtez-vous pour un café et un croissant, avant d'enchaîner les transports pour

retourner à Hanoi. Essayez la meilleure crème caramel de Cat Ba.

Green Mango
INTERNATIONAL $$

(carte p. 104 ; Đ 1-4, ville de Cat Ba ; plats 150 000-220 000 d ; 📶). Parfait pour un prendre un verre de vin, un cocktail ou le meilleur expresso de Cat Ba. Nombreux plats à la carte (pizzas, pâtes et quelques mets asiatiques), parfois médiocres, tout comme le service – un sourire ne ferait pas de mal.

Thao May
VIETNAMIEN $

(carte p. 104 ; Đ Nui Ngoc, ville de Cat Ba ; plats 80 000-120 000 d ; ⊙11h-14h et 17h-21h). Restaurant chaleureux géré par une famille et recommandé par les expatriés du coin. Plats remarquablement préparés et bière à un excellent prix. Vous y croiserez certainement des membres d'Asia Outdoors.

Phuong Nung
VIETNAMIEN $

(carte p. 104 ; 184 Đ 1-4, ville de Cat Ba ; repas 35 000 d ; ⊙7h-10h). Lieu animé, le plus populaire de la ville, réputé pour ses copieux bols de *pho bo* (soupe de pâtes de riz au bœuf) au petit-déjeuner. Exactement ce qu'il vous faut avant une journée d'escalade ou de kayak.

CT Mart
MAGASIN D'ALIMENTATION $

(carte p. 104 ; 18 Đ Nui Ngoc, ville de Cat Ba ; ⊙8h-20h). Supermarché pratique pour s'approvisionner avant un trek ou un trajet en bateau jusqu'au continent.

🍷 Où prendre un verre

En plus des échoppes où prendre un verre à l'extrémité orientale du port, la ville de Cat Ba compte quelques bars agréables.

Flightless Bird Café
BAR

(carte p. 104 ; Đ 1-4, ville de Cat Ba ; 📶). Ce bar chaleureux porte les couleurs de la Nouvelle-Zélande : photos des All Blacks et des magnifiques Alpes du sud néo-zélandaises. Wi-Fi gratuit pour les clients, ainsi que massages et service de manucure à des tarifs abordables. Graeme, le propriétaire néo-zélandais, est toujours prêt à bavarder, mais non, la manucure et le massage, ce n'est pas lui qui s'en charge !

Good Bar
BAR

(carte p. 104 ; Đ 1-4, ville de Cat Ba). Véritable QG des fêtards, ce vaste bar, au dernier étage de la pension Noble House, a vraiment de

DE LA BAIE D'ALONG À CAT BA (SANS LES TRACAS)

En consultant la carte p. 97, il paraît aisé de rejoindre l'île de Cat Ba par la mer depuis Bai Chay, à Along. La distance est assez courte mais les escroqueries sont nombreuses.

Des **bateaux touristiques** (8 $US) partent de Bai Chay (à Along) à partir de 13h environ en direction du port de Gia Luan, au nord de l'île de Cat Ba. Comptez 4 heures, avec arrêts baignade et visite d'une grotte. Une fois à Gia Luan, 40 km vous séparent encore de la ville de Cat Ba. Là, nombre de voyageurs nous ont dit avoir été importunés par des taxis et des *xe om* de la mafia locale, qui leur réclamaient jusqu'à 50 $US pour les conduire à Cat Ba. Malgré ce qu'ils affirment, le bus local QH vert (20 000 d) assure la liaison entre Gia Luan et Cat Ba. Malheureusement, le dernier bus (à 17h) quitte en général Gia Luan avant l'arrivée des bateaux en provenance de Bai Chay. Un hasard ?

Sachez aussi que certains propriétaires de bateaux dans la baie d'Along participent aux escroqueries ; si vous réservez un circuit ou un transport en bateau depuis Bai Chay jusqu'à l'île de Cat Ba, demandez bien si le transport est assuré de Gia Luan à la ville de Cat Ba. Les voyagistes recommandés, dont Cat Ba Ventures (p. 106), incluent en général ce trajet.

Une autre solution commode pour rejoindre Cat Ba depuis la baie d'Along consiste à emprunter le **ferry pour passagers et véhicules** (40 000 d, 1 heure, départ à l'heure pile, de 5h à 17h, de mai à septembre, à 8h, 11h10 et 15h d'octobre à avril) qui relie l'île de Tuan Chau à Gia Luan. Pour rejoindre Tuan Chau depuis Along, par une digue, comptez autour de 130 000 d en taxi et 35 000 d en *xe om*. Une fois sur l'île de Cat Ba, un bus QH vert rejoint Cat Ba (ville) pour 20 000 d. Le ticket s'achète auprès du chauffeur. Ce bus quitte Gia Luan pour Cat Ba (ville) à 6h, 9h30, 13h10, 16h et 17h, et les voyageurs sont tout à fait autorisés à le prendre, contrairement à ce que les chauffeurs de *xe om* et de taxi locaux vous diront.

Pour le trajet retour, de l'île Cat Ba à Bai Chay (à Along), sur les lignes citées ci-dessus, contactez Cat Ba Ventures (www.catbaventures.com) dans la ville de Cat Ba pour des informations à jour.

GARE AUX VOLEURS !

Surveillez bien vos objets de valeur, si vous effectuez un circuit dans la baie d'Along. Assurez-vous qu'une personne de confiance surveille vos affaires lors d'une croisière en journée. À défaut, elles risquent de disparaître... Les bateaux affrétés pour les croisières de nuit disposent généralement de cabines fermant à clé.

l'ambiance. Boissons et causeries vous mèneront souvent jusqu'au bout de la nuit. Tables de billard et vue imprenable sur le port.

Renseignements

Accès Internet
Vous pourrez vous connecter sur le front de mer.

Argent
La banque Agribank possède un DAB sur le port et une **agence** à 1 km au nord de la ville où changer des dollars. La bijouterie **Vu Binh** change les dollars et on peut y retirer de l'argent avec sa carte de crédit (5%).

Office du tourisme
Le plus simple est de vous adresser à **Asia Outdoors** (p. 106). Le personnel, très compétent, vous renseignera sur les transports comme sur les meilleurs restaurants. Vous y trouverez des cartes de la réserve de biosphère de Cat Ba (englobant Cat Ba et les îles voisines). Pour obtenir des informations locales, consultez www.slopony.com et www.catbaventures.com.

N'en demandez pas trop à l'**office du tourisme et du développement** (carte p. 104 ; ☎ 368 8215 ; www.catba.com.vn ; Đ 1-4, ville de Cat Ba) : le personnel préfère vendre des circuits organisés plutôt que renseigner les touristes.

Depuis/vers l'île de Cat Ba

L'île de Cat Ba se trouve à 45 km à l'est de Haiphong et à 50 km au sud d'Along. Depuis Hanoi ou Haiphong, il existe diverses options combinant bus et bateau.

La traversée en bateau depuis Along (ville) est possible mais le trajet est souvent gâché par quelques escroqueries (voir p. 109).

Depuis/vers Hanoi
À la gare routière de Luong Yen, à Hanoi, **Hoang Long** (☎ 031-268 8008) assure un service de bus pour Haiphong, puis de minibus pour le port de Dinh Vu, près de Haiphong, suivi d'un trajet de 40 min en bateau jusqu'au port de Cai Vieng (connu sous le nom de Phu Long), sur l'île Cat Ba. Là, un autre minibus dépose les passagers le long de la route côtière de Cat Ba (ville). Comptez environ 3 heures au total (210 000 d), l'organisation est bien rodée. Les bus partent de Hanoi à 5h20, 7h20, 11h20 et 13h20, le retour depuis Cat Ba (ville) se fait à 7h15, 9h15, 13h15 et 15h15. Depuis Hanoi, c'est le moyen présentant le moins d'embêtements.

Depuis/vers Haiphong
Un bateau rapide quitte le port de Ben Binh, à Haiphong, pour celui de Cai Vieng à Cat Ba, puis un bus emmène les passagers dans la ville de Cat Ba. Comptez environ 1 heure 30 au total (130 000 d). Les bateaux à destination de Cat Ba quittent Haiphong à 7h et 10h, les bus de retour partent du front de mer de la ville de Cat Ba à 14h et 16h.

Une autre possibilité consiste à prendre un bus du port de Ben Binh à Haiphong au port de Dinh Vu. Un bateau rapide file ensuite jusqu'à Cai Vieng sur l'île Cat Ba, puis un bus vous emmène dans la ville de Cat Ba. Le trajet dure environ 2 heures (150 000 d). Les bus partent de Haiphong à 6h40, 8h15, 9h45, 13h40, 15h10 et 16h35. À Cat Ba, les bus de retour partent à 6h10, 7h50, 9h10, 13h10, 14h50 et 16h10.

Comment circuler

BUS Le **bus public QH vert** de Cat Ba (20 000 d) assure la liaison entre le port de Cat Ba et celui de Gia Luan au nord de l'île, en passant par les bureaux du parc national. Il peut être difficile de prendre ce bus en arrivant de la baie d'Along, reportez-vous à l'encadré p. 109.

VÉLO ET MOTO La plupart des hôtels louent des vélos ou des motos (4-7 $US la journée). Si vous choisissez d'aller à la plage ou dans le parc national, garez-vous sur le parking payant, c'est plus sûr. Si vous recherchez un VTT correct ou un circuit à vélo avec guide, adressez-vous à l'un des tour-opérateurs (voir p. 106).

Comptez environ 10 000 d pour un xe om de Cat Ba (ville) à la plage de Cat Co 2 ou au port de Ben Beo. En été, un train touristique assez kitsch relie Cat Ba (ville) à la plage de Cat Co 2 (5 000 d/pers).

Baie de Bai Tu Long

Le plateau calcaire immergé qui a donné naissance aux îles de la baie d'Along s'étend vers le nord-est, sur près de 100 km, jusqu'à la frontière chinoise. La région contiguë à la baie d'Along par le nord-est se trouve incluse dans le **parc national de Bai Tu Long**.

La baie de Bai Tu Long est tout aussi intéressante que sa célèbre voisine, voire davantage car elle commence seulement à s'ouvrir aux visiteurs. Si l'amélioration des lignes de bateaux favorise le développement du tourisme national, les îles de la baie sont encore préservées et relativement peu exploitées, et les voyageurs occidentaux y trouveront le calme que le tourisme de masse de la baie d'Along n'offre pas.

Il est possible d'affréter des bateaux pour rejoindre la baie de Bai Tu Long depuis la baie d'Along ; comptez à partir de 300 000 d de l'heure, selon la taille du bateau et ses équipements. Moins cher, le trajet terrestre jusqu'à Cai Rong permet ensuite de visiter les îles en bateau. Les ferries étant désormais plus fréquents, cette option est beaucoup plus simple que par le passé.

Certaines agences de voyages à Hanoi, comme Ethnic Travel (p. 79), organisent des excursions dans la baie de Bai Tu Long. Vous pouvez également contacter **Le Pont Travel** (04-3935-1889 ; www.leponttravel.com ; 102 Ma May, vieille ville, Hanoi).

ÎLE DE VAN DON

Van Don (environ 30 km²) est l'île la plus grande, la plus peuplée et la plus développée de l'archipel de Bai Tu Long. Désormais reliée au continent par une série de ponts, elle offre quelques possibilités d'hébergement, et constitue, surtout, le point de départ pour visiter les autres îles.

Cai Rong (prononcez Cai Zong ; carte p. 97) est la principale bourgade de l'île Van Don. À proximité, la plage de **Bai Dai** ("longue plage" ; carte p. 97), constituée de sable compact et de mangroves, s'étend sur la majeure partie de la côte sud. À quelques encablures apparaissent d'étonnantes **formations calcaires**, similaires à celles de la baie d'Along.

Les bateaux pour les îles de la baie partent de l'embarcadère de Cai Rong (Cai Rong Pha), situé à environ 8 km au nord du pont reliant l'île au continent. C'est un port animé, les karaokés et motos y sont légion, mais vous trouverez des hôtels corrects si vous devez y passer la nuit avant de prendre le ferry du matin.

Le **Hung Toan Hotel** (387 4220 ; ch 200 000 d ; ✱), offrant un bon rapport qualité/prix, et le **Viet Linh Hotel** (379 3898 ; ch 350 000 d ; ✱), plus agréable, sont à 300 m au nord de l'embarcadère. En face du Viet Linh, un restaurant simple, sans nom, sert de bons fruits de mer et plats de porc, dont un fameux porc au gingembre, piment et citronnelle.

Plus bas, vers Bai Dai, le **Bai Tu Long Ecotourism Resort** (379 3156 ; bungalows 275 000-500 000 d ; ✱) dispose de bungalows sur la plage et de chambres plus classiques dans des maisons sur pilotis. L'endroit est assez bruyant le week-end avec le karaoké et les touristes vietnamiens, mais la proximité d'une plage correcte rend le séjour agréable. Si vous avez le temps, nous vous recommandons d'aller plus loin, jusqu'à l'île Quan Lan.

Des bus relient fréquemment Bai Chay (ville d'Along) à Cai Rong, sur l'île de Van Don (55 000 d, 1 heure 30). Vous pouvez également prendre un bus en direction de Mong Cai ou de Lang Son jusqu'à Cua Ong, puis un *xe om* ou un taxi jusqu'à l'embarcadère de Cai Rong.

ÎLE DE QUAN LAN

Au nord-est de l'île, la magnifique **plage de Minh Chau** (carte p. 97), en forme de croissant, constitue son principal atout. Longue de 1 km, elle est ourlée de vagues parfaites pour le surf. Le littoral oriental de Quan Lan ne manque pas de plages, mais entre janvier et avril, l'eau est plutôt froide. La plupart des hébergements n'ouvrent qu'entre mai et octobre et les prix augmentent en juin et juillet, avec l'afflux de touristes vietnamiens.

Les **ruines** de l'ancien port marchand de Van Don se trouvent au nord-est de l'île et une jolie **pagode** vieille de deux siècles trône dans la ville de Quan Lan. L'île en elle-même, longue et étroite, offre peu d'activités, hormis des promenades en forêt, des balades à vélo ou à moto, et l'attrait de ses plages. C'est un endroit très calme, parfait pour une escapade hors des sentiers battus. Il n'y a aucun DAB sur l'île, pensez à prendre des espèces.

Quan Lan, la principale localité de l'île, compte un nombre grandissant d'hébergements, de la simple pension aux nouveaux hôtels de catégorie moyenne, ainsi que des restaurants corrects, l'accès à Internet et des locations de vélo (4 $US/j) et de moto (6 $US/j) pour le plaisir des voyageurs. L'île, assez plate dans l'ensemble, étant étonnamment longue, mieux vaut choisir un engin à moteur. La deuxième localité de l'île, Minh Chau, à courte distance de la superbe plage de Minh Chau, se révèle assez pauvre en matière de services, mais deux bons hôtels se trouvent à 3 km environ de l'embarcadère.

Où se loger et se restaurer

Ann Hotel HÔTEL
(ville de Quan Lan ; ch 25 $US ; ❄). À environ 200 m du centre ville, en allant vers la vieille pagode, le tout nouvel Ann Hotel abrite de vastes chambres avec sdb étincelantes et balcons donnant sur la mer.

Ngan Ha Hotel HÔTEL
(☎387 7296 ; ville de Quan Lan ; ch 300 000 d ; ❄). Cet établissement au cœur de la ville, loue des chambres récemment rénovées, et il y a un bon restaurant au rez-de-chaussée.

Quan Lan Ecotourism Resort COMPLEXE HÔTELIER
(☎387 7417 ; ville de Quan Lan ; bungalows 500 000 d). En dehors de Quan Lan en direction de l'embarcadère, ce complexe hôtelier affiche des tarifs élevés mais il est situé sur une jolie plage de sable parmi les dunes. Ouvert seulement entre mai et août.

Le Pont Hotel HÔTEL
(www.leponttravel.com ; Minh Chau ; ch 25 $US ; ❄). Chambres rénovées, restaurant au rez-de-chaussée et location de vélos et de motos. Le gérant envisage de restaurer une vieille maison sur la propriété pour accueillir des clients. Une courte balade à travers la forêt mène à la plage de Minh Chau.

Minh Chau Resort COMPLEXE HÔTELIER
(Minh Chau ; ☎0904 081 868 ; ch 80-120 $US). L'établissement le plus chic de Bai Tu Long, entouré de verdure, dispose d'un très bon restaurant. Les tarifs grimpent de 15% le week-end.

Bien Ngoc Hotel HÔTEL
(☎09 1323 7985 ; village de Son Hao ; ch sans/avec clim 500 000/800 000 d ; ❄). Hôtel isolé, à 9 km de Quan Lan et à 3 km de Minh Chau. Chambres très simples, à deux pas d'une jolie plage. Ouvert uniquement de juin à août. La location d'un deux-roues est nécessaire pour s'y rendre.

ⓘ Depuis/vers la baie de Bai Tu Long

DEPUIS/VERS CAI RONG Depuis le dock de Cai Rong, des bateaux rejoignent l'embarcadère de Quan Lan, à 3 km de la localité principale, à la pointe sud de l'île, d'autres se rendent près de la plage de Minh Chau, sur la côte nord-est. Départs pour Minh Chau (120 000 d, 1 heure) à 7h30 et 13h30. Départs pour l'embarcadère de Quan Lan (100 000 d, 1 heure 30) à 8h et 14h.

DEPUIS/VERS ALONG (VILLE) Pour rallier l'embarcadère de Quan Lan, vous pouvez également partir du terminal des ferrys de Hon Gai, après le pont suspendu d'Along, à côté de la gare routière de Vinashin. Une vedette appareille à 13h30 (120 000 d, 1 heure 30). La réservation n'est généralement pas nécessaire.

ÎLES DE TRA BAN ET DE NGOC VUNG

Tra Ban (carte p. 97), l'une des plus grandes îles de la baie de Bai Tu Long, offre des paysages karstiques parmi les plus impressionnants de la baie. Le sud de l'île, couvert d'une jungle épaisse, est réputé pour ses papillons colorés. Des bateaux la desservent depuis l'embarcadère de Cai Rong, sur l'île de Van Don, à 7h et 14h (50 000 d, 1 heure). Il n'existe aucun hébergement sur l'île, vérifiez les horaires de retour des bateaux.

L'île de Ngoc Vung (carte p. 97), à la lisière de la baie d'Along, abrite quelques falaises calcaires splendides et une magnifique plage sur la côte sud, qui comporte de très simples **huttes** (200 000 d), mais il faut apporter de quoi se nourrir. Des bateaux relient tous les jours Cai Rong (départ à 7h45) à Ngoc Vung (départ à 13h50), moyennant 50 000 d. La traversée prend 2 heures 30.

On peut également se rendre sur Ngoc Vung depuis l'embarcadère de Quan Lan sur l'île de Quan Lan, mais les départs, à 6h, sont irréguliers et principalement effectués entre juin et août.

ÎLE DE CO TO

Située au nord-est, Co To est l'île habitée la plus éloignée du continent. Elle comprend plusieurs collines (culminant à 170 m), ainsi qu'un grand phare. Le littoral se compose essentiellement de falaises et de gros rochers, mais il compte au moins une plage de sable.

Quelques nouveaux hôtels et pensions ont fait leur apparition, notamment le **Coto Lodge Hotel** (www.coto.vn ; d 500 000 d, petit-déj inclus ; ❄@☎), et son restaurant, le **Jellyfish**, étonnamment chic. L'hôtel organise des **barbecues sur la plage**, des **visites de l'île** et loue du matériel de camping, dont des tentes et des réchauds.

L'île est quotidiennement desservie par un ferry depuis l'embarcadère de Cai Rong, à 7h (70 000 d, 3 heures). Un ferry supplémentaire part à 13h les mercredis, vendredis et samedis.

Une vedette, plus rapide, part tous les jours de Cai Rong à 13h30 (125 000 d, 2 heures). Consultez le site www.coto.vn pour connaître les horaires.

MONG CAI ET LA FRONTIÈRE CHINOISE

De gigantesques zones industrielles poussent en périphérie de Mong Cai, où les sociétés chinoises et étrangères s'arrachent les parcelles de terrain, et des centres commerciaux jalonnent le centre de la ville. Les Vietnamiens y viennent pour se procurer des marchandises chinoises à bas prix (et de mauvaise qualité). Les Chinois, eux, s'y rendent pour ses deux énormes casinos et les nouveaux parcours de golf. Cette région frontalière compte également un magnifique paysage karstique autour de Cao Bang, des grottes historiques, et les assourdissantes chutes de Ban Gioc.

POSTE-FRONTIÈRE : MONG CAI-DONGXING

Mong Cai, à l'extrême Nord-Est, est de l'un des trois postes-frontières officiels que le Vietnam partage avec la Chine. Ouvert tous les jours de 7h à 19h (il faut acquitter d'une taxe de sortie du Vietnam de 5 000 d), il se trouve à environ 3 km entre la frontière et la gare routière de Mong Cai. Attendez-vous à débourser environ 15 000 d pour un *xe om* ou 30 000 d en taxi.

Mong Cai

033 / 76 700 HABITANTS

Ville frontalière en plein essor, Mong Cai présente peu d'attrait touristique (excepté le passage de la frontière), mais profite du commerce florissant avec la Chine.

Où se loger et se restaurer

Nha Nghi Thanh Tam PENSION $
(388 1373 ; 71 Đ Trieu Duong ; ch 250 000 d ; ❄). Pension familiale abritant des chambres simples, propres et confortables, avec sdb et eau chaude, louées 10 $US. Duong (Đ) Trieu Duong compte d'autres établissements similaires et s'étend vers le sud de Đ Tran Phu, à deux pâtés de maison du marché principal.

Hotel Hai Chi PENSION $
(388 7939 ; 52 P Tran Phu ; ch 200 000 d ; ❄). Établissement bien tenu dans un rue qui s'étend au nord-est du rond-point principal du centre-ville. Mobilier en bois et lambris décorent les agréables chambres, dont la plupart sont triples. Parfait pour passer la nuit lors d'un transit vers ou depuis la Chine.

Nam Phong Hotel HÔTEL $$
(388 7775 ; P Hung Vuong ; ch 300 000-400 000 d ; ❄@🌐). Au sud-est du rond-point principal, cet hôtel plutôt haut de gamme abrite de spacieuses chambres bien équipées, avec TV satellite. Il y a un bar, et un restaurant où l'on sert de bons plats chinois et vietnamiens. Le Nam Phong se fait vieux mais est ouvert à la négociation. Dans la même rue, plus près du pont, de nouveaux hôtels étaient presque achevés lorsque nous rédigions ces pages.

Saigon Quan Banh Xeo VIETNAMIEN $
(P Hung Vuong ; plats 30 000-40 000 d). Au rez-de-chaussée du nouveau centre commercial Mong Cai Plaza, en face de la poste, ce restaurant moderne est fréquenté par les étudiants du coin. On y sert les classiques vietnamiens comme le *banh xeo* (savoureuse crêpe fourrée) et des salades épicées.

Lan Ly CAFÉ $
(2 P Ho Xuan Houng ; café à partir de 15 000 d). Besoin d'un café avant la frontière ? Celui-ci est accueillant et sa terrasse, côté rue, donne sur l'animation de Mong Cai. Il domine le rond-point principal après le pont traversant la rivière Ka Long.

De nombreux **étals de nourriture** bordent P Hung Vuong, notamment près du Nam Phong Hotel.

BUS AU DÉPART DE MONG CAI

DESTINATION	PRIX	DURÉE	FRÉQUENCE
Hanoi	200 000 d	8 heures	Régulière jusqu'à 13h
Along (ville)	90 000 d	4 heures	Toutes les 30 min
Lang Son	100 000 d	7 heures	6h30 et 12h30

LES CONFLITS FRONTALIERS SINO-VIETNAMIENS

Mong Cai est une zone de libre-échange dont les marchés connaissent une activité frénétique. Cependant, entre 1978 et 1990, la frontière était quasi impénétrable, les deux pays étant devenus des ennemis jurés. Si la Chine a entretenu des relations amicales avec le Nord-Vietnam après la défaite des Français en 1954, celles-ci se sont dégradées après la réunification, le Vietnam s'étant rapproché de l'Union soviétique, grande rivale de la Chine.

En mars 1978, le Vietnam lança dans le Sud une campagne contre les "commerçants opportunistes" et saisit les propriétés privées, afin d'achever la "transformation socialiste" du pays. Cette campagne toucha tout particulièrement la communauté chinoise et près de 500 000 des 1 800 000 résidents chinois ont fui le pays. Chaque réfugié, pour être autorisé à partir, dut payer au gouvernement jusqu'à 5 000 $US pour un "droit de sortie". Les entrepreneurs de Hô Chi Minh-Ville pouvaient se le permettre, mais non les Chinois du Nord, souvent très pauvres. En représailles, la Chine suspendit son aide au Vietnam et annula de nombreux projets de développement.

L'invasion du Cambodge par le Vietnam, fin 1978, mit le feu aux poudres. La Chine était un proche allié des Khmers rouges, et face à la concentration des troupes soviétiques sur sa frontière avec l'URSS, Beijing (Pékin) pensa qu'une alliance URSS-Vietnam tentait de l'encercler. Ironiquement, le Vietnam avait les mêmes inquiétudes concernant l'alliance Chine-Khmers rouges.

En février 1979, la Chine envahit le nord du Vietnam en plusieurs points frontaliers. Les troupes chinoises furent repoussées après 17 jours et si l'opération fut annoncée comme un succès par les dirigeants chinois, la plupart des observateurs estimèrent que les quelque 200 000 combattants chinois furent éreintés par les troupes vietnamiennes, expertes sur le terrain. La Chine perdit près de 20 000 hommes en 29 jours de combat, malgré l'absence des meilleures troupes vietnamiennes, envoyées au Cambodge. On estime à environ 15 000 le nombre de victimes vietnamiennes civiles et militaires.

Officiellement, ce conflit appartient au passé. Toutefois, malgré un commerce florissant, les tensions politiques persistent entre les deux pays au sujet des îles Spratleys et des droits de forage pétrolier en mer de Chine méridionale. En Chine, on vous dira que l'armée s'est défendue contre les raids vietnamiens à la frontière, une vision que réfutent la plupart des observateurs occidentaux.

Renseignements

Un accès Internet est disponible près de la **poste**, dans P Hung Vuong, au sud-est du rond-point principal.

La **Vietcombank** (P Van Don), située en bordure du rond-point principal, dispose d'un DAB et change l'argent.

Depuis/vers Mong Cai

Auparavant, des hydrofoils reliaient Mong Cai à Along et Haiphong, mais de meilleures lignes de bus ont remplacé ce service.

Lang Son

025 / 79 200 HABITANTS

Lang Son est une cité en pleine expansion, très proche de la frontière chinoise. Entourée de pics karstiques, la région de Lang Son est peuplée par différentes ethnies : les Tho, les Nung, les Man et les Dzao (Dao), mais leur présence est peu perceptible à Lang Son.

La ville a été partiellement détruite par les troupes chinoises lors de l'invasion de février 1979 (voir ci-dessus). Ses ruines, ainsi que celles de Dong Dang, bourgade frontalière dévastée, ont souvent été montrées aux journalistes étrangers comme preuves de l'agression chinoise. La frontière reste très protégée, mais les deux agglomérations ont été reconstruites et le commerce entre les deux pays semble de nouveau en plein essor.

Côté attraits, il y a à Lang Son un bon marché nocturne et un excellent restaurant. La plupart des voyageurs passent par cette cité commerçante sans s'arrêter sur la route de la Chine. Le poste-frontière se situe à la sortie de Dong Dang, à 18 km plus au nord.

À voir et à faire

À 1,2 km du centre de Lang Son se cachent deux grandes et superbes **grottes** (billet combiné avec Nhi Thanh 5 000 d ; 6h-18h). Toutes deux, bien éclairées, abritent des autels bouddhiques. Vaste et magnifique, la **grotte de Tam Thanh** renferme une piscine naturelle et comporte une ouverture panoramique sur les rizières environnantes. Quelques centaines de mètres plus loin, en haut d'un escalier en pierre, se dressent les ruines de la **citadelle de la dynastie Mac**, lieu désert offrant une vue splendide sur la campagne.

La rivière Ngoc Tuyen s'écoule à travers la **grotte de Nhi Thanh** (billet combiné avec Tam Thanh 5 000 d ; 6h-18h), située à 700 m de la grotte de Tam Thanh. Ngo Thi San, le soldat qui la découvrit au XVIIIe siècle, est l'auteur des poèmes gravés dans la paroi à l'entrée. La stèle commémorative représente l'un des premiers résidents français de Lang Son, revêtu de ses vêtements occidentaux.

L'immense **marché nocturne** (17h-23h) de Lang Son est un lieu rêvé pour faire des affaires, on y vend aussi bien du matériel électronique que des vêtements. Avant ou après la négociation, on se dirige volontiers vers les nombreux cafés et échoppes de nourriture près de l'entrée.

Où se loger et se restaurer

Van Xuan Hotel HÔTEL $
(371 0440 ; lsvanxuanhotel@yahoo.com.vn ; 147 P Tran Dang Ninh ; ch 320 000-500 000 d ; ✱@✼). Situé sur la rive est du lac Phai Loan, à une cinquantaine de mètres du marché de Lang Son, cet hôtel propose des chambres impeccables, lumineuses et spacieuses. Les familiales (500 000 d) sont particulièrement grandes et confortables. Si possible, prenez la chambre 606, son balcon domine le lac et les collines karstiques alentour.

Hoa Binh Hotel HÔTEL $
(025 870 807 ; 127 Đ Thanh Tam ; ch 250 000 d ✱✼). Une bonne adresse à prix doux, proche du marché et du superbe restaurant de Mademoiselle Lan. Mobilier en rotin, chambres spacieuses et sdb impeccables en font la meilleure offre en ville.

♥ Thanh Lan Com Binh Dan VIETNAMIEN $
(Tran Quoc Tran ; repas 40 000-50 000 d ; 11h-22h). À un pâté de maison au sud du marché, dans une rue paisible, la charmante Mlle Lan sert quotidiennement jusqu'à une vingtaine de plats différents midi et soir. On désigne parmi les produits locaux et de saison ceux que l'on souhaite déguster. Installez-vous dehors et vous aurez droit à la bière la plus fraîche du nord-est du Vietnam. Ne manquez pas les *cha khoai tay* (croquettes de pommes de terre).

New Dynasty Restaurant VIETNAMIEN $$
(Phai Loan Lake ; fondues 120 000 d ; 12h-23h). Ce bar-restaurant, le plus fréquenté de la ville, est situé sur la petite péninsule qui se jette dans le lac. On y vient pour les fondues, et le choix de bières pression – l'endroit parfait après un trajet cahoteux en bus.

❶ Renseignements

La **Vietin Bank** (51 Đ Le Loi) dispose d'un DAB et change les espèces ; la **poste** (Đ Le Loi) est juste à côté. Toutes deux se trouvent à environ 300 m du lac sur la route en direction de Mong Cai, vers l'est. Dans le hall du Van Xuan Hotel, plusieurs ordinateurs permettent d'accéder à Internet.

❶ Depuis/vers Lang Son

BUS Les bus partent de la gare routière située dans Đ Le Loi, à environ 500 m à l'est de la poste. Pour les destinations desservies, voir p. 113. Comptez 20 000 d pour vous y rendre en *xe om* ou en taxi. Pour rejoindre le marché, les hôtels et les restaurants depuis la Vietin Bank et la poste, prenez à droite dans Pho Tran Dang Ninh et poursuivez sur 200 m.

TRAIN Les trains entre Lang Son et Hanoi sont très lents (80 000 d, 5 heures 30).

Cao Bang

026 / 48 200 HABITANTS

La province montagneuse de Cao Bang est l'une des plus belles régions du Vietnam. On ne saurait en dire autant de la ville éponyme, qui constitue cependant une bonne base pour explorer la campagne alentour. Ici, le climat est plutôt doux, mais il peut faire froid en hiver lorsqu'un épais brouillard s'accroche aux berges de la Ban Giang.

◉ À voir

Profitez de votre séjour en ville pour visiter le **mémorial de guerre** dressé en haut de la colline : prenez la seconde artère partant de Đ Pac Bo, passez sous le porche d'une école primaire, et vous tomberez sur l'escalier qui y mène. Au sommet, une vue superbe s'offre à vous. La sérénité du lieu ne présume en rien de son terrible passé.

Marchés des minorités MARCHÉS
Dans la province de Cao Bang, les Kinh (Vietnamiens de souche) sont largement minoritaires ; le groupe ethnique le plus important est celui des Tay (46%), suivi des

POSTE-FRONTIÈRE : YOUYI GUAN-HUU NGHI QUAN

Le col de l'Amitié à Dong Dang/Pingxiang est le poste-frontière le plus populaire du Nord. Il se trouve à Huu Nghi Quan, à 3 km au nord de la ville de Dong Dang, d'où un *xe om* (moto-taxi) vous demandera 30 000 d par personne. La frontière est ouverte tous les jours de 7h à 17h30, et il faut marcher 500 m entre les lignes vietnamienne et chinoise.

Si vous entrez au Vietnam par cet accès, vous trouverez un DAB Agribank à la frontière (et un autre à Dong Dang). Évitez les rabatteurs qui proposent des billets de bus à la frontière et dirigez-vous directement vers le terminal de minibus de Dong Dang, où des liaisons sont assurées pour Hanoi (130 000 d, 3 heures 15), avec des départs toutes les 30 min jusqu'à 18h. Sinon, vous pouvez vous rendre à la gare routière de Lang Son ; les minibus locaux assurent des liaisons régulières (15 000 d, 18 km de trajet).

Si vous quittez le Vietnam, un taxi depuis la gare routière de Lang Son revient à 120 000 d et un *xe om* à quelque 60 000 d. Côté chinois, comptez 20 min depuis la frontière jusqu'à Pingxiang en bus ou en taxi partagé. Pingxiang est reliée en train et en bus à Nanning, la capitale de la province chinoise de Guangxi.

Trois trains relient tous les jours Hanoi à Lang Son, mais ils sont très lents (plus de 5 heures). Prenez plutôt le bus. Les trains en provenance de Hanoi et à destination de Nanning et de Beijing (Pékin) transitent par ce poste, mais on ne peut pas y monter depuis Lang Son ou Dong Dang. Pour tout savoir sur ces trains, voir p. 84.

Nung (32%), des Hmong (8%), des Dzao (ou Dao, 7%) et des Lolo (1%). Toutefois, les mariages mixtes, l'éducation et les vêtements d'aujourd'hui abolissent peu à peu les distinctions culturelles.

La plupart des minorités de Cao Bang ignorent tout des travers du monde extérieur. Au marché, par exemple, nul besoin de marchander : les vendeurs demandent les mêmes prix aux étrangers qu'aux habitants du cru. Reste à savoir si cette pratique résistera au tourisme, même limité. Les grands marchés de la province de Cao Bang, dont nous donnons la liste ci-après, se tiennent tous les 5 jours, selon le calendrier lunaire. Le marché de Na Giang, qui réunit Tay, Nung et Hmong, est l'un des plus animés de la campagne.

Nuoc Hai : les 1er, 6e, 11e, 16e, 21e et 26e jours du mois

Na Giang : les 1er, 6e, 11e, 16e, 21e et 26e jours du mois

Tra Linh : les 4e, 9e, 14e, 19e, 24e et 29e jours du mois

Trung Khanh : les 5e, 10e, 15e, 20e, 25e et 30e jours du mois

Où se loger

Hoanh Anh Hotel HÔTEL $$
(carte p. 117 ; ☎385 8969 ; 131 Đ Kim Dong ; ch 400 000 d ; ❄@🌐). Dans ce mini-hôtel, l'entrée est étincelante et le personnel accueillant parle un peu anglais. Chambres attrayantes, au mobilier moderne et à la décoration minimaliste, dotées d'une literie de qualité, du Wi-Fi et de sdb élégantes. À chaque étage, les chambres qui se terminent par 1 (201, 301 ou 701) offrent une vue sur la rivière Bang Giang.

Thanh Loan Hotel HÔTEL $$
(carte p. 117 ; ☎385 7026 ; thanh_loan_hotel@hn.vnn.vn ; 159 P Vuon Cam ; ch 380 000 d ; ❄@🌐). Situé dans une rue paisible bordée de cafés, cet établissement impeccable abrite de vastes chambres aux hauts plafonds, au mobilier en bois, dont les sdb sont équipées de baignoires. Le bar est idéal pour un dernier verre le soir.

Nguyet Nga Hotel PENSION $
(carte p. 117 ; ☎385 6445 ; ch à partir de 150 000 d ; ❄). Parfait pour les petits budgets. Les chambres sont un peu tristes mais toutes disposent de TV et de réfrigérateur. Proche de la gare routière.

Où se restaurer et prendre un verre

Men Quyen Restaurant VIETNAMIEN $
(carte p. 117 ; repas 35 000-60 000 d). Derrière le marché, cet établissement modeste propose un buffet : il suffit de désigner ce que l'on veut manger. Goûtez les succulents *cha la lot* (rouleaux au chou).

Coffee Pho VIETNAMIEN $
(carte p. 117 ; 140 P Vuon Cam). Un endroit chic avec des tables à l'extérieur où l'on peut

déguster un bon café vietnamien, un cappuccino, un jus ou une bière avec un en-cas.

Vous trouverez de quoi vous restaurer à prix doux près du **marché nocturne** (repas à partir de 15 000 d), dans Pho Vuon Cam, près du Thanh Loan Hotel, ainsi qu'au **marché Trung Tau** (carte p. 117), et en face du Hoanh Anh Hotel, dans Đ Kim Dong.

❶ Renseignements

Il y a plusieurs DAB dans le centre après le pont Bang Giang et des cybercafés dans Pho Vuon Cam, près du Thanh Loan Hotel.

❶ Depuis/vers Cao Bang

Cao Bang se trouve à 272 km au nord de Hanoi, sur la RN 3. La route est entièrement goudronnée mais le voyage dure une bonne partie de la journée jusque dans cette région montagneuse. Des bus desservent Hanoi (140 000 d, 9 heures, 12/j) et Lang Son (70 000 d, 4 heures, 4/j avant 14h).

Si vous comptez visiter la région des lacs Ba Be, prenez un bus local pour rejoindre Na Phuc, puis un autre pour Cho Ra. Vous ferez en moto-taxi les derniers kilomètres vers le parc national.

Un minibus direct dessert les chutes de Ban Gioc, le matin, à 6h30 et 7h30, au départ de la gare routière de la ville.

Hang Pac Bo (grotte de la Roue à eau)

Après 30 années d'exil, Hô Chi Minh revint au Vietnam en janvier 1941 et trouva refuge dans cette petite grotte, perdue dans l'une des régions les plus reculées du pays, à 3 km de la frontière chinoise. Hang Pac Bo (grotte de la Roue à eau ; carte p. 90) est donc un lieu vénéré par les révolutionnaires vietnamiens, de même que les zones alentour.

Hô Chi Minh vécut dans la grotte pendant quelques semaines, passant son temps à écrire des poèmes et à traduire les principaux textes de pères du socialisme. Cette cachette lui aurait permis une fuite rapide hors du pays si les soldats français avaient tenté de l'arrêter. Il baptisa le ruisseau qui coulait devant sa grotte "rivière Lénine" et un mont voisin, "pic Karl Marx". C'est d'ici qu'il lança la révolution, mûrie depuis longtemps.

Le site où se trouve la grotte, surplombé de montagnes calcaires, est noyé dans une forêt à feuillage persistant où abondent les papillons et les chants d'oiseaux : c'est un lieu magnifique.

Cao Bang

◉ À voir
1 Mémorial de guerre B2

🛏 Où se loger
2 Hoanh Anh Hotel A2
3 Nguyet Nga Hotel B1
4 Thanh Loan Hotel A1

✖ Où se restaurer
5 Men Quyen Restaurant A1
6 Marché nocturne A1
7 Marché Trung Tau A1

🍸 Où prendre un verre
8 Coffee Pho A1

Un modeste **musée** (20 000 d ; ◷7h30-11h30 et 13h30-17h mer-dim) est consacré à Hô Chi Minh à l'entrée du site (le parking est 2 km plus loin). La grotte est à 10 min à pied en suivant le sentier pierreux et ombragé qui longe la rivière. On peut pénétrer dans l'entrée de la grotte, mais non à l'intérieur. Le sentier mène à d'autres sites intéressants, comme la table en pierre qui a servi, dit-on, de bureau à Hô Chi Minh.

Dans la direction opposée, à 15 min à pied en traversant une forêt, se dresse une **cabane**, autre cachette d'oncle Hô. En chemin, vous remarquerez un rocher saillant qui lui servait de "boîte aux lettres dormante".

Hang Pac Bo est à 58 km au nord-ouest de Cao Bang. Prévoyez 1 heure pour explorer les environs et 3 heures pour le trajet aller-retour. Une escapade d'une demi-journée

BUS AU DÉPART DE LANG SON

DESTINATION	PRIX	DURÉE	FRÉQUENCE
Hanoi	80 000 d	3 heures	Régulière jusqu'à 18h
Cao Bang	70 000 d	4 heures	6h, 8h, 10h et 14h
Mong Cai	100 000 d	7 heures	5h

en *xe om* coûte approximativement 200 000 d. Vous n'avez pas besoin d'un permis de circuler, malgré la proximité de la frontière chinoise.

Chutes de Ban Gioc et grotte de Nguom Ngao

Alimentées par la rivière Quai Son, qui marque la frontière avec la Chine, les **chutes de Ban Gioc** (50 000 d ; ⊙7h30-17h) sont parmi les plus impressionnantes et les plus connues du Vietnam. Leur photo s'affiche au mur de nombreuses pensions bon marché.

Ce sont aussi les plus larges du Vietnam, mais non les plus hautes. Sur un dénivelé de 30 m, elles courent sur 300 m de largeur, avec un côté au Vietnam et l'autre en Chine. Leur débit varie considérablement entre la saison sèche et la saison des pluies. Le spectacle est particulièrement impressionnant de mai à septembre.

Des bateliers vous emmèneront en **radeau en bambou** (sortie 100 000 d) suffisamment près des chutes pour en sentir les embruns. Les radeaux vietnamiens sont verts, et les chinois bleus. La baignade est autorisée dans la grande piscine naturelle du côté vietnamien, mais pas dans la rivière ou près de la cascade principale.

Une marche pittoresque de 10 min, à travers les rizières, mène de l'aire de parking jusqu'aux pieds des chutes. Pendant la saison des récoltes, vers septembre ou octobre, des agriculteurs vous proposeront peut-être d'essayer leurs batteuses à pédales.

Il faut un permis délivré par la police (200 000 d jusqu'à 10 personnes) pour visiter cette région. L'organisation doit être prévue à l'avance. Mais rassurez-vous, tous les hôtels de Cao Bang sont en mesure de le faire pour vous. Il vous faudra présenter votre passeport.

À 4 km des chutes se trouve la **grotte Nguom Ngao** (guide inclus 30 000 d ; ⊙7h30-16h30), l'une des plus spectaculaires du Vietnam, avec plusieurs kilomètres de galeries creusées par une rivière souterraine. Les villageois s'y réfugiaient pendant la guerre contre la Chine en 1979. L'accès aux visiteurs est autorisé dans une partie de des galeries, où un chemin bétonné (long de 1 km) et de remarquables éclairages ont été aménagés. Un guide vous accompagne pendant la visite (1 heure) du réseau de galeries, au gré desquelles vous découvrirez quantité de stalagmites et de stalactites semblables à des cascades ou à des chandeliers, ainsi qu'une immense salle de 100 m.

Le trajet d'une dizaine de minutes de l'aire de parking jusqu'à la grotte, entre les collines calcaires caractéristiques de la province de Cao Bang, à travers des rizières et des champs de soja, a aussi beaucoup de charme.

Il existe un deuxième réseau de galeries, encore plus grand, qui atteindrait presque les chutes, mais il reste inaccessible aux visiteurs.

Près des chutes et de la grotte, des échoppes vendent des boissons et des en-cas, mais les hébergements les plus proches sont à Cao Bang.

❶ Depuis/vers Ban Gioc et Nguom Ngao

Le trajet vers les chutes et la grotte (87 km, environ 2 heures 30) est absolument magnifique, la route asphaltée, correcte, suivant la plupart du temps le lit de la rivière entre de hauts pics karstiques.

BUS ET MOTO-TAXI Des bus (50 000 d, 2 heures, 12/j) assurent la liaison entre Cao Bang et Trung Khanh, à 27 km des chutes. Négociez un trajet en *xe om* pour la fin du parcours depuis Trung Khanh ; vous devriez acquitter dans les 200 000 d (2 heures allouées pour la visite).

VOITURE ET MOTO Vous pouvez aussi louer une moto ou un véhicule (avec chauffeur) dans les hôtels ou les pensions de Cao Bang. Sinon, un minibus direct dessert les chutes de Ban Gioc depuis la gare routière de Cao Bang. Départ le matin, à 6h30 et 7h30.

Nord-ouest du Vietnam

Dans ce chapitre »

Hoa Binh 121
Mai Chau 121
Son La 123
Tuan Giao 124
Lac Pa Khoang 124
Dien Bien Phu 125
Muong Lay 127
Lai Chau 128
Sapa 129
Lao Cai 136
Bac Ha 137
Province
de Ha Giang 141

Le top des restaurants

» Sapa Rooms (p. 134)
» Red Dao House (p. 134)
» Viet Emotion (p. 134)
» Ngan Nga Gia Huy (p. 139)
» Café Pho Co (p. 142)

Le top des hébergements

» Mai Chau Nature Place (p. 122)
» Hmong Mountain Retreat (p. 132)
» Truong Xuan Resort (p. 141)
» Pan Hou Village (p. 142)
» Rocky Plateau Hotel (p. 142)

Pourquoi y aller

Hauts sommets couverts de végétation, vallées fertiles et villages de minorités ethniques, le Nord-Ouest, peu peuplé, est la région la plus montagneuse et la plus spectaculaire du pays.

Dans ce fief des ethnies montagnardes, turbans rouges des femmes dzao (dao), tissus indigo des sociables Hmong noirs et magnifiques tabliers ouvragés des Hmong fleurs colorent les marchés régionaux.

Sapa, ancienne station climatique de l'époque coloniale, constitue une excellente base pour de belles randonnées offrant de superbes vues sur le Fansipan, point culminant du Vietnam. Depuis Sapa, la légendaire boucle du Nord-Ouest traverse des cols de montagne vertigineux en direction de Dien Bien Phu, avant de redescendre vers le sud dans de luxuriantes vallées jusqu'à Mai Chau.

Au nord-est, Bac Ha accueille un fascinant marché dominical, et la pittoresque province de Ha Giang s'étend le long de la frontière chinoise.

Les transports publics et le réseau routier s'améliorent mais la plupart des voyageurs explorent la région à moto ou en 4x4.

Quand partir

Sapa

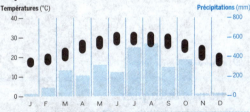

Jan-fév Les mois les plus froids (et brumeux), avec de températures qui peuvent descendre jusqu'à 0°C à Sapa.

Mars-juin Le temps est souvent magnifique, mais les pluies s'intensifient à partir du mois de juin.

Sept-déc Temps stable, une période idéale pour séjourner dans la région de Sapa.

Histoire

L'histoire du Nord-Ouest diffère de celle des plaines. Les Vietnamiens restaient traditionnellement à l'écart de ces montagnes, les pensant impropres à la culture extensive du riz. Pendant des siècles, la région fut seulement habitée par des minorités ethniques éparses, rejointes au XIXe siècle par des migrants venus du Yunnan chinois et du Tibet. À l'époque, le Nord-Ouest était considéré comme une région "hors la loi", une zone tampon entre la Chine et le Vietnam peuplée de bandits. Lorsque Hô Chi Minh dirigea le Nord-Vietnam, les Vietnamiens octroyèrent une autonomie limitée à des "zones spéciales", abolies après la réunification.

La vie a toujours été difficile pour les minorités. L'opium a longtemps constitué l'une de leurs ressources les plus rentables, mais le gouvernement a sévèrement puni la culture du pavot et la production est désormais

À ne pas manquer

❶ Les montagnes nimbées de brume, les paysages splendides et les villages autour de **Sapa** (p. 129)

❷ Une escapade à pied, à vélo ou en kayak dans la belle région de **Mai Chau** (p. 122)

❸ Les marchés et les costumes colorés des Hmong fleurs à **Bac Ha** (p. 138) et aux environs

❹ Les spectaculaires montagnes et vallées de la province de **Ha Giang** (p. 141), la dernière à s'ouvrir au tourisme

❺ Les bunkers, musées et mémoriaux de guerre à **Dien Bien Phu** (p. 125), où sonna le glas de l'Indochine française

minime. Les possibilités en matière d'éducation étaient également très limitées dans la région. Cependant, au cours de la dernière décennie, des écoles ont été ouvertes dans des secteurs reculés et la plupart des enfants sont désormais scolarisés. Les perspectives économiques sont néanmoins restreintes et nombre de montagnards rejoignent les villes afin de trouver un emploi.

ⓘ Depuis/vers le Nord-Ouest

L'aéroport principal se situe à Dien Bien Phu, mais la plupart des voyageurs prennent le train de Hanoi à Lao Cai, porte d'accès à Sapa. En bus public, les routes de montagne peuvent être impitoyables. Envisagez la location d'un 4x4 avec chauffeur ou d'une moto.

Pour se lancer sur la boucle du Nord-Ouest, beaucoup de visiteurs se dirigent vers Mai Chau, puis Son La et Dien Bien Phu, poursuivant au nord vers Lai Chau et Sapa avant de regagner Hanoi. Prévoyez une semaine pour ce voyage, plus, si vous empruntez les bus locaux.

Les voyageurs peuvent désormais passer du Laos au Vietnam via le poste-frontière de Tay Tran-Sop Hun, à 34 km de Dien Bien Phu (voir p. 127).

Hoa Binh

☏ 0218 / 112 000 HABITANTS

Après Hanoi et sa circulation démentielle, on apprécie la tranquillité de Hoa Binh (qui signifie "paix"). De nombreuses ethnies montagnardes, dont des Thaï (Thai) et des Hmong, vivent dans les environs. Hoa Binh constitue une étape pratique sur la route de Mai Chau.

👁 À voir

Un petit **musée** (entrée libre ; ⊙8h-10h30 et 14h-16h30 lun-ven) donne à voir des vestiges des guerres, dont un ancien véhicule amphibie français. Il est situé sur la RN 6, après l'embranchement pour Cu Chinh Lan.

Traversez le pont en direction de Phu Tho et vous apercevrez le **mur de barrage** d'une gigantesque station hydroélectrique, bâtie par les Russes. De l'autre côté de la rivière, un imposant monument commémore les 161 ouvriers tués pendant sa construction.

🛏 Où se loger et se restaurer

Plusieurs établissements servent du *com pho* (soupe aux nouilles de riz) le long de la RN 6, et les deux hôtels Hoa Binh disposent d'un restaurant.

Thap Vang Hotel HÔTEL $
(☏385 2864 ; 213 Đ Cu Chinh Lan ; ch 150 000-200 000 d ; ❄️🌐). Près de l'artère principale, cet élégant mini-hôtel abrite des chambres bien tenues, avec réfrigérateur et TV satellite. Payez un peu plus cher pour une plus grande chambre.

Hoa Binh Hotels I & II HÔTEL $$
(☏385 2051 ; s/d 30/35 $US ; ❄️🌐). À l'ouest du centre sur la RN 6, les Hoa Binh Hotels I et II offrent un hébergement confortable dans des maisons sur pilotis. Les chambres sont défraîchies mais l'endroit calme, presque rural, est un plus.

ⓘ Renseignements

Il y a plusieurs distributeurs de billets (DAB) le long de la RN 6. On peut se connecter à Internet (3 000 d/h) à la **poste principale**.
Hoa Binh Tourism Company (☏385 4374 ; www.hoabinhtourism.com ; Hoa Binh Hotels I et II). Possède un bureau dans chacun des hôtels Hoa Binh et propose des excursions dans la région.

ⓘ Depuis/vers Hoa Binh

BUS Depuis la gare routière de My Dinh à Hanoi, des bus publics desservent Hoa Binh (40 000 d, 2 heures, toutes les 30 min), à 74 km au sud-ouest. Pour poursuivre jusqu'à Mai Chau, prenez à Hoa Binh un bus régulier pour le carrefour de Tong Dau sur la RN 6 (40 000 d, 1 heure).

VOITURE En voiture, vous pourrez visiter le parc national de Ba Vi (p. 87) en venant de Hanoi et suivre une route en bord de rivière jusqu'à Hoa Binh.

Mai Chau

☏ 0218 / 12 000 HABITANTS

La région de Mai Chau s'étend au cœur d'une vallée ravissante et paisible, où vous aurez pour seule bande-son les chants des oiseaux et le bruit des cours d'eau. Si la localité de Mai Chau manque de charme, on découvre alentour des villages thaï qui s'inscrivent dans un superbe cadre de rizières.

Les villageois sont ici essentiellement des Thaï blancs, lointains cousins d'ethnies thaïlandaises, laotiennes et chinoises. Bien que la plupart des habitants ne les portent plus, les femmes thaï, expertes en tissage, confectionnent toujours des costumes de style traditionnel, ainsi que des objets artisanaux. Les villageois n'insistent pas lourdement pour vendre leurs produits mais un marchandage poli reste de rigueur.

L'accueil des touristes à Mai Chau est une initiative locale assez réussie, même si certains peuvent trouver l'expérience un peu aseptisée, et la bourgade est un point de passage affirmé des groupes en circuits organisés. Si vous êtes en quête d'aventure, mieux vaut passer votre chemin, sinon Mai Chau est une localité parfaite pour un séjour dédié aux randonnées à pied ou à vélo.

À voir et à faire

La région est l'une des plus proches de Hanoi où vous pourrez séjourner dans un village et passer la nuit dans une maison sur pilotis. De belles **promenades** traversent les rizières et des **randonnées** de 7 ou 8 km conduisent aux villages des minorités ethniques ; les services d'un guide coûtent environ 10 $US. La plupart des lieux d'hébergement proposent aussi des vélos à louer pour découvrir les environs à votre rythme.

Un célèbre trek de 18 km va du **village de Lac** (Ban Lac), à Mai Chau, au **village de Xa Linh**, situé près d'un col à 1 000 m d'altitude, le long de la RN 6. Ban Lac est peuplé de Thaï blancs, et Xa Linh, de Hmong. Cette randonnée, trop épuisante sur un seul jour, implique de passer la nuit dans un hameau. Il vous faudra engager un guide et organiser votre retour en voiture depuis le col jusqu'à Mai Chau. Sachez que la piste grimpe un dénivelé de 600 m et devient glissante par temps pluvieux.

Renseignez-vous à Mai Chau sur les treks plus longs, de 3 à 7 jours. Des excursions en kayak ou à VTT sont également possibles, informez-vous au Mai Chau Lodge.

À Hanoi, de nombreuses agences de voyages proposent des excursions à bon prix vers Mai Chau.

Où se loger et se restaurer

La plupart des visiteurs séjournent dans des **maisons thaï sur pilotis** (environ 150 000 d/pers, petit-déj compris) dans les villages de Lac ou de Pom Coong, à 5 min à pied l'un de l'autre.

Beaucoup prennent leurs repas à l'endroit où ils logent, négociez le prix à l'avance, car jusqu'à 150 000 d sont parfois demandés pour un dîner. On y sert de tout, des œufs sur le plat aux frites, mais la cuisine locale est meilleure.

Mai Chau Lodge HÔTEL $$$
(386 8959 ; www.maichaulodge.com ; ch 90-160 $US ; ✱@🛜🏊). Une étape privilégiée des circuits. Il y a là des chambres modernes décorées de tissus locaux, avec parquet et éclairage design, dont beaucoup bénéficient d'un balcon donnant sur les rizières. Le restaurant au toit de chaume (repas 10-16 $US) surplombe un petit lac et la piscine. Parmi les activités possibles : visite de marchés, de grottes et de villages d'artisans, cours de cuisine, ainsi que balades guidées à pied, à vélo ou sorties en kayak.

Mai Chau Nature Place CHEZ L'HABITANT $
(www.maichaunatureplace.com ; dort 5 $, d 20 $). Dans le village de Lac, une formule logement un cran au-dessus des autres hébergements chez l'habitant de Mai Chau. Il y a aussi des chambres privées confortables décorées de mobilier en bambou et de tissus

---

À NE PAS MANQUER

UNE NUIT DANS UNE MAISON SUR PILOTIS

Passer la nuit dans l'un des villages des minorités aux alentours de Mai Chau ne signifie pas renoncer au confort : l'électricité fonctionne, les toilettes sont modernes et les douches, chaudes. Des matelas confortables et des moustiquaires garantissent une bonne nuit de sommeil.

Malgré ou grâce à ces aménagement modernes, l'expérience reste mémorable et nombre de visiteurs prolongent leur séjour. La région environnante est luxuriante à souhait, les villages thaï sont charmants et bien entretenus, et les habitants, d'une gentillesse extrême. Même avec la TV et le bourdonnement d'un réfrigérateur, l'atmosphère demeure paisible et le dépaysement garanti, puisque vous dormez dans une maison en bambou sur pilotis sous un toit de chaume !

Nul besoin de réserver. Il suffit d'arriver au village, de préférence avant la tombée de la nuit.

VAUT LE DÉTOUR

LES DÉLICES DE MOC CHAU ET DE YEN CHAU

Quantité de voyageurs se rendant à l'ouest profitent de la belle région de Mai Chau avant de rejoindre le Laos en passant par Dien Bien Phu, ou Sapa, au nord. Si vous voulez goûter aux saveurs locales, en particulier si vous êtes friands de sucreries, deux étapes s'imposent sur la RN 6.

À quelque 200 km à l'ouest de Hanoi, Moc Chau possède une industrie laitière de pointe lancée à la fin des années 1970 avec l'aide de l'Australie et des Nations unies. La laiterie approvisionne Hanoi en lait frais ou condensé sucré et en petites confiseries appelées *banh sua*. La localité est l'endroit idéal pour savourer lait et yaourts frais. Moc Chau produit également l'un des meilleurs thés du Vietnam, et plusieurs minorités, dont les Hmong verts, les Dzao (dao), les Thaï et les Muong, vivent aux alentours.

60 km plus à l'ouest, le district agricole de Yen Chau est réputé pour son abondante production de fruits. Hormis les bananes, tous les fruits sont saisonniers : mangues, prunes et pêches d'avril à juin, longanes en juillet-août, anones d'août à septembre.

Les petites mangues vertes de Yen Chau sont reconnues comme étant les meilleures du pays, bien que les étrangers leur préfèrent au début celles du Sud, grosses, jaunes et juteuses. La plupart des Vietnamiens apprécient leur saveur aigrelette, et les dégustent trempées dans du *nuoc mam* (sauce de poisson) et du sucre.

Moc Chau et Yen Chau sont accessibles en bus, depuis la gare routière de My Dinh, à Hanoi, en direction de Son La ou de Dien Bien Phu. Une fois sur la route, les voyageurs trouvent assez facilement d'autres moyens de transport le long de la RN 6, des minibus locaux aux bus climatisés.

---

locaux. Les visiteurs peuvent participer en cuisine.

Depuis/vers Mai Chau

Des bus directs relient régulièrement la gare routière de My Dinh, à Hanoi, à Mai Chau entre 6h et 14h (80 000 d, 3 heures 45). Vous pouvez aussi prendre un bus, fréquent, à destination de Son La ou de Dien Bien Phu jusqu'au carrefour de Tong Dau (80 000 d, 3 heures 30), puis parcourir en *xe om* (moto-taxi) les 5 km restants jusqu'à Mai Chau (20 000 d). Il y a aussi des bus fréquents de Hoa Binh à Tong Dau (40 000 d, 1 heure).

Vous devrez peut-être payer 5 000 d pour entrer à Mai Chau, s'il y a quelqu'un au péage.

Son La

 022 / 66 500 HABITANTS

Son La doit sa prospérité à son emplacement entre Hanoi et Dien Bien Phu. Le paysage alentour est superbe, et la ville compte quelques sites d'intérêt.

La région se distingue par sa diversité ethnique, avec plus de 30 minorités, dont des Thaï noirs, des Meo, des Muong et des Thaï blancs. L'influence vietnamienne est restée minime jusqu'au XXᵉ siècle et le secteur a fait partie de la région autonome de Tay Bac de 1959 à 1980.

À voir et à faire

Ancienne prison française MUSÉE
(15 000 d ; ⊙7h30-11h et 13h30-17h). Cette ancienne prison française était autrefois une colonie pénitentiaire où étaient incarcérés les indépendantistes. Détruite par des "délestages" de munitions non utilisées lors du retour des bombardiers américains vers leurs bases, elle a été partiellement restaurée. Des tourelles surveillent les ruines des cellules et un pêcher solitaire. L'arbre fut planté par To Hieu, un détenu qui y fut emprisonné dans les années 1940.

Non loin, le **bureau du Comité du peuple** abrite un petit **musée** qui présente des objets ethniques et offre une belle vue sur les ruines de la prison.

Tour d'observation POINT DE REPÈRE
Perchée au-dessus de la ville, cette tour domine Son La et ses environs ; pour découvrir le panorama, grimpez l'escalier en pierre (20 min) sur la gauche du Trade Union Hotel.

Marchés d'artisanat MARCHÉS
Thuan Chau est située à environ 35 km au nord-ouest de Son La. Allez-y en bus local ou en *xe om* tôt le matin, quand le marché quotidien se remplit de montagnardes aux tenues colorées.

Au marché de Son La, vous trouverez également un choix de sacs tissés à bandoulière, d'écharpes, de boutons et de colliers en argent, et autres objets artisanaux des minorités montagnardes.

Où se loger et se restaurer

Hanoi Hotel HÔTEL $$
(375 3299 ; www.khachsanhanoi299.com ; 228 Đ Truong Chinh ; ch 50 $US ; ❄@☎). Un édifice étincelant sur l'artère principale, abritant des chambres spacieuses et modernes, dotées d'une literie confortable, de touches artistiques colorées et de mobilier en bois. Les installations comprennent un bar, un restaurant, un jacuzzi et des fauteuils de massage, parfaits après un long voyage en bus. Mettez vos talents de négociateur à l'œuvre pour obtenir un prix.

Viet Trinh HÔTEL $
(385 2263 ; 15 Đ 26/8 ; ch 120 000 d). Petite pension familiale, offrant des chambres simples et propres bon marché, appréciées des voyageurs au long cours en Asie du Sud-Est. Dans le parc à côté, les étals de restauration proposent chaque soir des repas et des bières à prix doux.

Trade Union Hotel HÔTEL $$
(385 2804 ; ch 25-40 $US; ❄☎). L'immense Trade Union, géré par le gouvernement, ne vieillit pas très bien mais on apprécie l'amabilité du personnel, qui peut réserver transports et circuits. Vastes chambres à 2 lits, dotées d'un bureau, d'une penderie et d'une sdb avec baignoire. Copieux petit-déjeuner compris, restaurant correct, où on se désaltère de bière fraîche.

Long Phuong Restaurant VIETNAMIEN $
(P Thinh Doi ; plats 30 000-70 000 d). Situé à l'un des carrefours les plus fréquentés de la ville, ce restaurant sert des spécialités des minorités locales, dont une soupe aigre de *mang dang* (racines de bambou) avec du riz gluant trempé dans du sel aux graines de sésame. Un verre de *ruou* (alcool de riz) local permet de passer une bonne nuit.

Restaurant Com Pho VIETNAMIEN $
(8 Đ 26/8 ; plats 25 000-40 000 d). Un endroit simple et accueillant où l'on ne parle pas anglais. Il suffit de montrer ce que l'on veut manger.

❶ Renseignements

Agribank (8 Đ Chu Van Thinh). Dispose d'un DAB et changes les dollars. La poste principale se situe à l'ouest de la banque.

❶ Depuis/vers Son La

Son La se situe à 340 km de Hanoi et à 140 km de Dien Bien Phu. La gare routière est à 5 km au sud-ouest de la ville. Voir le tableau p. 144 pour plus de détails.

Tuan Giao
0230 / 28 000 HABITANTS

Cette ville de montagne isolée s'étend au croisement de la RN 279 vers Dien Bien Phu (3 heures, 80 km) et de la RN 6 en direction de Muong Lay (3 heures, 98 km). Peu de visiteurs passent la nuit à Tuan Giao, bien qu'elle constitue une étape correcte sur la route de Dien Bien Phu. Une Agribank (avec un DAB) se tient à 200 m à l'est du principal carrefour en T de la ville.

La **Tuan Giao Guest House** (386 2316 ; Nguyen Trung Dao ; ch 160 000-200 000 d ; ☎) dispose de chambres calmes entourant une cour. Celles du bâtiment "B" sont flambant neuves et plus jolies. La cour arborée est agréable pour préparer la prochaine étape : vers le sud en direction de Dien Bien Phu et du Laos, ou au nord vers Sapa et la Chine ?

En centre-ville le **Hong Ky Hotel & Café** (386 2355 ; ch 220 000 d ; @☎) loue des chambres sans prétention. On y parle (parfois) un peu anglais. Restaurant simple et cybercafé.

À 500 m à l'ouest du carrefour en direction de Dien Bien Phu, le **Hoang Quat Restaurant** (plats 100 000-120 000 d), un établissement prisé des groupes en circuit organisé. La savoureuse cuisine vietnamienne, généreusement servie, comprend un poulet grillé au gingembre accompagné de riz "des montagnes".

La gare routière de Tun Giao est située à l'est du carrefour. Voir p. 144 pour les destinations desservies en bus dans la région du Nord-Ouest.

Lac Pa Khoang

À 17 km à l'est de Dien Bien Phu en venant de Son La et à 4 km de la nationale, le lac Pa Khoang est un superbe plan d'eau. Un trajet en voiture de 15 km autour du lac, ou sa traversée en bateau et une marche en forêt de 3 km, conduit au **bunker du**

général Giap (5 000 d ; ⏱7h30-11h30 et 13h30-16h), restauré. Giap était le commandant vietnamien de la campagne de Dien Bien Phu. Le réseau de bunkers, de tunnels, de guérites et de cabanes intéressera ceux qui veulent en savoir plus sur le célèbre stratège. Vous pouvez également visiter un **village thaï** isolé de l'autre côté du lac. Louez un bateau à moteur (200 000 d aller-retour) jusqu'au bunker ou au village.

Dien Bien Phu

📞 0230 / 72 700 HABITANTS

C'est aux environs de Dien Bien Phu qu'eut lieu bataille décisive qui sonna le glas de l'aventure coloniale française en Indochine. Le 7 mai 1954, le Viêt-minh vint à bout des forces françaises, après 57 jours de siège. Le lendemain s'ouvrait la conférence de Genève.

Située dans une région reculée du Vietnam, Dien Bien Phu s'étend dans la vaste plaine aride de la vallée de Muong Thanh, encadrée de montagnes escarpées densément boisées. Des Thaï, des Hmong et des Si La vivent dans les montagnes alentour. La vallée et la ville sont aujourd'hui essentiellement peuplées de Vietnamiens de souche.

Autrefois une bourgade mineure, Dien Bien Phu est devenue municipalité en 1992. Elle a acquis le statut de ville en 2003 et celui de capitale provinciale l'année suivante. Elle compte désormais de grands boulevards et des bâtiments officiels, et son aéroport offre des liaisons quotidiennes avec Hanoi. Depuis l'ouverture aux étrangers du proche poste-frontière de Tay Trang-Sop Hun entre le Laos et le Vietnam, un nombre croissant de voyageurs passe par la ville.

L'histoire constitue le principal attrait de Dien Bien Phu, où l'on peut visiter de multiples constructions militaires et musées.

👁 À voir

Musée de Dien Bien Phu MUSÉE
(Đ 7-5 ; 5 000 d ; ⏱7h-11h et 13h30-17h). Ce musée bien agencé commémore la bataille décisive de 1954 au gré d'une collection éclectique. Aux côtés d'armes et d'engins de guerre, on découvre une baignoire ayant appartenu au colonel français de Castries, un vélo pouvant transporter une pièce d'artillerie de 330 kg, ainsi que d'innombrables photos et documents.

Bunker du colonel de Castries MÉMORIAL DE GUERRE
(3 000 d ; ⏱7h-11h et 13h30-17h). De l'autre côté de la rivière, le bunker où le colonel Christian de Castries avait établi son PC a été reconstitué. Quelques chars parsèment les environs et vous verrez certainement des Vietnamiens agiter leur drapeau sur le bunker, imitant ainsi une célèbre photo prise à la fin des combats.

Dien Bien Phu

◉ Les incontournables
- Colline A1 .... B2
- Bunker du colonel de Castries A3
- Musée de Dien Bien Phu B2

◉ À voir
1. Bunker du commandant d'artillerie Piroth B2
2. Cimetière de Dien Bien Phu B2
3. Mémorial de guerre français A3
4. Pont Muong Thanh A2

🛏 Où se loger
5. Binh Long Hotel B1
6. Viet Hoang Hotel A1

🍴 Où se restaurer
7. Lien Tuoi Restaurant B2
8. Stands de pho A1

🍷 Où prendre un verre
9. Cafés en plein air B2

Colline A1 — MÉMORIAL DE GUERRE
(5 000 d ; ⊙7h-11h et 13h30-17h). D'autres tanks et un monument aux morts du Viêt-minh jalonnent l'ancienne position française appelée Éliane par les Français et colline A1 par les Vietnamiens, théâtre des combats les plus violents. Le système élaboré de tranchées de la défense française a également été reconstitué.

Cimetières — MÉMORIAUX DE GUERRE
Un mémorial aux 3 000 soldats français enterrés dans les rizières a été érigé en 1984, pour le 30e anniversaire de la bataille. Émouvant et soigneusement entretenu, le cimetière de Dien Bien Phu s'étend sur l'autre rive de la Ron. Là, en hommage aux victimes vietnamiennes, chaque pierre tombale porte l'étoile dorée du drapeau national et un bouquet de bâtons d'encens.

Pont Muong Thanh — PONT
L'ancien pont Muong Thanh, préservé, est fermé aux véhicules à quatre roues. Près de l'extrémité sud du pont – un cratère rempli de végétation – se trouve le bunker dans lequel se suicida le colonel Piroth.

Où se loger

Muong Thanh Hotel — HÔTEL $$
(381 0043 ; www.muongthanhthanhnien.com ; Ð Muong Thanh ; ch 45-75 $US ; ✵@☲). Hôtel confortable récemment restauré, abritant des chambres modernes avec TV satellite, mobilier élégant et sdb en marbre. Le Muong Thanh compte aussi un pub aux murs lambrissés et une piscine surmontée d'un dragon en béton. Une belle adresse.

Him Lam Hotel — COMPLEXE HÔTELIER $$
(381 1999 ; www.himlamhotel.com.vn ; RN 279 ; ch 30-45 $US ; ✵@☲). L'un des meilleurs établissements gérés par l'État, qui dispose de jolis bungalows en bois et de chambres modernes, le tout sur un grand domaine avec courts de tennis, piscines, bar et restaurant. Passez quelques nuits agréables dans une maison sur pilotis au bord du lac. Attention, le calme de votre week-end sera peut-être perturbé par un mariage.

LE SIÈGE DE DIEN BIEN PHU

En novembre 1953, le général Henri Navarre, commandant en chef des forces françaises en Indochine, envoie 12 bataillons dans la cuvette de Dien Bien Phu pour empêcher le Viêt-minh de s'emparer de Luang Prabang, alors capitale du Laos, et lui couper la route de la Chine (c'est l'opération Castor). L'armée française, composée pour un tiers de minorités ethniques vietnamiennes, prend position sur cinq points d'appui (baptisés Claudine, Huguette, Anne-Marie, Dominique, et Éliane) et des positions avancées (Gabrielle, Béatrice et Isabelle). Elle est peu à peu encerclée par le Viêt-minh, commandé par le général Vo Nguyên Giap, dont les troupes sont cinq fois plus nombreuses. Surtout, le Viêt-minh accomplit un véritable exploit logistique, transportant à dos d'homme, à travers la jungle et les cours d'eau, des pièces d'artillerie et des mitrailleuses antiaériennes, soigneusement disposées ensuite dans des caches creusées dans la montagne surplombant les positions françaises.

Le 13 mars 1954, alors que les Français attendent des fantassins, les obus de canons et de mortiers lourds se mettent à pleuvoir. Le colonel Charles Piroth, commandant l'artillerie du camp, se suicide dans son abri. Il avait affirmé que le Viêt-minh ne parviendrait pas à transporter de l'artillerie lourde jusque-là. Un premier assaut viêt-minh échoue, mais il est suivi par des semaines de bombardements intensifs. La situation empirant, Bigeard et ses parachutistes sont appelés en renfort, mais le mauvais temps et la DCA viêt-minh rendent bientôt les parachutages (en hommes, mais aussi en vivres et en munitions) problématiques. Un système sophistiqué de tranchées et de tunnels permet au Viêt-minh d'atteindre les positions françaises en restant à couvert. La France refuse de recourir aux bombardiers américains ou d'utiliser la force nucléaire, comme le suggérait le Pentagone, et ses positions tombent alors une à une.

À la veille de l'ouverture de la conférence de Genève sur l'Indochine, les troupes du général Navarre se rendent au Viêt-minh, au terme de 57 jours de siège. Elles décomptent 5 000 tués et 10 000 prisonniers, tandis que les pertes côté viêt-minh sont estimées à 25 000 hommes. Le moral des Français en est fortement ébranlé, et le gouvernement renonce à l'Indochine. Pierre Schoendoerffer évoque dans *Dien Bien Phu* (1992) les 57 derniers jours de cette bataille (voir aussi p. 446).

Viet Hoang Hotel PENSION $
(373 5046 ; 67 Đ Tran Dang Ninh ; s/d 100 000/120 000 d ; ✱@⛨). Juste en face de la gare routière, cette pension chaleureuse est idéale si vous désirez passer la frontière tôt le matin. Petites chambres propres et très colorées. Les propriétaires, M. Duc et sa famille, sont très chaleureux et offrent le thé aux clients.

Binh Long Hotel PENSION $
(382 4345 ; 429 Đ Muong Thanh ; d et lits jum 10 $US ; ✱⛨). Une autre petite pension familiale accueillante, située à un carrefour très fréquenté. Les chambres avec lits jumeaux ne sont pas très grandes mais bien tenues. Les propriétaires vous renseigneront sur les transports pour Sapa et le Laos. Petit-déjeuner : 2 $.

Où se restaurer et prendre un verre

Le choix se révèle limité. Le Muong Thanh Hotel possède un bon restaurant. Le Him Lam Hotel constitue une autre bonne option ; comptez quelque 60 000 d l'aller du centre jusqu'au Him Lam en taxi et 30 000 d en *xe om*.

En face de la gare routière, des restaurants sans prétention et des stands de *pho* permettent de se restaurer à moindres frais ; certains servent du jus de canne à sucre fraîchement pressée.

Les cafés en plein air de Duong (Đ) Hoang Van Thai sont parfaits pour déguster une *bia hoi* (bière) brassée localement.

Lien Tuoi Restaurant VIETNAMIEN $
(Đ Hoang Van Thai ; plats 60 000-90 000 d). Établi de longue date, le Lien Tuoi est réputé pour ses mets vietnamiens et chinois nourrissants. Carte en français.

🛈 Renseignements

Il y a des cybercafés dans Đ Hoang Van Thai.
Agribank (Đ 7-5). Dispose d'un DAB et change les dollars.
Poste principale (Đ 7-5)

🛈 Depuis/vers Dien Bien Phu

AVION Vietnam Airlines (382 4948 ; www.vietnamairlines.com ; Nguyen Huu Tho ; ⏰7h30-11h30 et 13h30-16h30). Assure 2 vols quotidiens entre Dien Bien Phu et Hanoi. L'agence se situe non loin de l'aéroport, à 1,5 km du centre-ville, sur la route de Muong Lay.
BUS La gare routière borde la RN 12, à l'angle de Đ Trang Dang Ninh. Voir p. 144 pour des détails concernant les liaisons en bus avec Hanoi, entre autres destinations.
VOITURE ET MOTO Le trajet de 480 km entre Hanoi et Dien Bien Phu par la RN 6 et la RN 279 demande environ 11 heures.

🛈 POSTE-FRONTIÈRE : TAY TRANG-SOP HUN

Le poste-frontière de Tay Trang, à 34 km de Dien Bien Phu, est ouvert tous les jours de 7h à 19h. Pour entrer au Vietnam par Tay Trang, vous devez être en possession d'un visa. En revanche, pour entrer au Laos, les ressortissants de la plupart des pays peuvent obtenir un visa d'un mois à la frontière. Veillez à avoir des dollars en espèces pour payer le visa pour le Laos, car il n'y a pas de banque de part et d'autre de la frontière.

Un bus part chaque jour de Dien Bien Phu à 5h30 (mieux vaut réserver votre billet la veille de votre départ) et vous dépose à Muang Khua, au Laos. Le trajet dure 7 ou 8 heures, voire plus selon l'état des routes et les formalités à la frontière.

Vous pouvez aussi prendre un *xe om* de Dien Bien Phu à la frontière (200 000 d environ), mais vous devrez sans doute parcourir 5 km à pied jusqu'au premier village laotien, où vous trouverez un moyen de transport pour Muang May. Il y a à Muang May des pensions sommaires et des transports pour Muang Khua. Vous aurez besoin de dollars ou de kips laotiens pour effectuer ce parcours ; prendre le bus de 5h30 à Dien Bien Phu est beaucoup plus simple.

Muong Lay

0231 / 8 800 HABITANTS

Autrefois connue sous le nom de Lai Chau, la petite ville de Muong Lay, entre Dien Bien Phu et Sapa, a subi des transformations majeures ces dernières années. Lors de notre précédent passage, elle n'était guère plus qu'un énorme chantier sur la rive d'un grand lac artificiel.

L'ancienne ville de Lai Chau était perchée sur les flancs de la spectaculaire vallée de la rivière Da, mais elle a été intégrée au réservoir de Song Da, élément clef d'une énorme centrale hydroélectrique. La localité a été déplacée plus haut sur les berges de la rivière, et un grand pont traverse

VAUT LE DÉTOUR

LE VILLAGE DE SINHO

Sinho est un pittoresque village de montagne, peuplé de nombreuses minorités ethniques. Il devrait attirer plus de touristes, mais ses habitants ne se montrent pas toujours très accueillants.

Toutefois, un nouvel hôtel et un meilleur accès par la route permettent d'y faire étape et de voir un authentique marché local, très différent de ceux de Sapa et Bac Ha, figurant désormais immanquablement sur les circuits.

Le marché a lieu le week-end, et celui du dimanche est le plus impressionnant et le plus coloré. Là, il n'y a pas d'artisanat tendance, mais plutôt des vaches et des cochons.

Le meilleur (et l'unique !) endroit où passer la nuit, le **Thanh Binh Hotel** (0231-387 0366 ; Zone 5, Sinho ; ch 25-27 $US ; @), est un établissement étonnamment confortable comprenant 17 chambres impeccables avec vue sur la montagne et les rizières. Le tarif comprend le petit-déjeuner. Le déjeuner et le dîner (100 000 d) sont servis dans d'agréables belvédères en bambou. Des treks de 3 à 10 km peuvent être organisés jusqu'aux villages voisins des Hmong blancs et des Dzao rouges.

Il n'y a ni DAB ni banque à Sinho, mais le Thanh Binh Hotel propose un accès Internet.

Un bus à destination de Sinho part chaque jour de Dien Bien Phu (150 000 d, 6 heures) vers 4h30, et passe par Muong Lay vers 7h. Ces horaires sont parfois changeants, vérifiez à la gare routière de Dien Bien Phu la veille de votre voyage. Depuis Sinho, un bus quotidien à 13h15 (40 000 d, 2 heures) redescend à Lai Chau. Si vous voyagez entre Dien Bien Phu, Muong Lay et Lai Chau, Sinho permet un détour agréable. Depuis Lai Chau, 2 bus quotidiens, à 6h30 et 13h30, (35 000 d, 2 heures) se rendent à Sinho.

Le trajet en transports publics est lent mais envisageable si l'on fait preuve de patience et de flexibilité. Si vous êtes en deux-roues, la route montant vers Sinho se trouve à 1 km au nord de Chan Nua, sur la route principale de Muong Lay à Lai Chau.

désormais le nouveau lac. Deux hôtels ont ouvert au-dessus du lac, mais on ne pouvait y accéder qu'en 4x4 lors de la rédaction de ce guide. Il est prévu que ce plan d'eau devienne un centre touristique dédié aux excursions en bateau et aux sports nautiques.

Où se loger et se restaurer

Lan Anh Hotel HÔTEL $$

(385 2682 ; www.lananhhotel.com ; ch 15-50 $US ; ❄@). Après le pont, sur une arête surplombant le lac, le Lan Anh dispose de chambres dans des maisons rustiques sur pilotis, et de suites VIP avec sdb luxueuse en marbre. La convivialité règne sur la superbe terrasse et dans le café en plein air. Possibilités de treks dans les villages de minorités voisins et des excursions en bateau sont envisagées dans le futur. On peut venir vous chercher à la gare routière temporaire de Muong Lay.

Depuis/vers Muong Lay

Au moment de nos recherches, Muong Lay possédait une gare routière improvisée (voir les liaisons p. 144) sur la RN 12, où plusieurs chantiers sont en cours. Vous pouvez bien logez au Lan Anh Hotel, mais, compte tenu des travaux en cours, se rendre directement de Dien Bien Phu à Lai Chau est certainement plus judicieux.

Lai Chau

0231 / 37 000 HABITANTS

Après la traversée de l'une des régions les plus reculées du pays, les boulevards à 8 voies et les bâtiments officiels de Lai Chau évoquent une sorte d'Eldorado vietnamien. La réalité est plus prosaïque.

Anciennement appelée Tam Duong, cette ville isolée a été rebaptisée Lai Chau quand fut décidée la création du réservoir qui devait submerger l'"ancienne" Lai Chau (aujourd'hui connue sous le nom de Muong Lay). La "nouvelle" Lai Chau se divise en deux parties : la vieille ville, avec son **marché** fréquenté par les ethnies montagnardes des villages alentour, et la ville nouvelle, toute de béton, à 3 km au sud-est.

Malgré ses grandes artères, Lai Chau, promue capitale de province, présente peu d'intérêt. Le paysage environnant reste heureusement stupéfiant, avec ses verdoyants pics coniques.

La plupart des visiteurs s'y arrêtent pour déjeuner entre Dien Bien Phu, Muong Lay et

Sapa. Le trajet de Lai Chau à Sapa le long de la RN 4D, qui traverse le massif du Fansipan près de la frontière chinoise, est superbe.

Où se loger et se restaurer

Phuong Tanh HÔTEL $$
(387 5235 ; route principale de Sapa ; 23 $US ; ✴⊚). L'hôtel fait partie d'un petit empire florissant : les propriétaires tiennent aussi un restaurant tout proche (plats 100 000-150 000 d). Les chambres propres et bien éclairées, dotées de grandes sdb, font oublier la triste réception. Au 2ᵉ étage, le café Phan Xi Pan offre Wi-Fi, bières fraîches et un choix de plats de riz et de nouilles.

Tay Bac Hotel PENSION $
(387 5879 ; 143 Trung Hang Dao ; ch 120 000-240 000 d ; ✴⊚). Cet établissement composé de trois bâtiments ne manque pas de caractère : certaines chambres se trouvent dans une jolie maison en bois de style thaï agrémentée de balcons. Il y a aussi d'autres chambres plus confortables, et moins originales.

Tuan Anh Restaurant VIETNAMIEN $
(Repas 20 000-40 000 d). Une bonne adresse pour un déjeuner sur la route de Sapa. Des échoppes servent du *com pho* à proximité.

Renseignements

Une Agribank et des DAB sont installés dans la rue principale de la vieille ville.

Depuis/vers Lai Chau

La gare routière se trouve à 1 km de la ville, sur la route de Sapa. Une correspondance en minibus, fréquente, est assurée pour Sapa à Lao Cai. Voir les détails p. 144.

Sapa

020 / 36 200 HABITANTS / ALTITUDE 1 650 M

Station climatique fondée par les Français en 1922, Sapa est la destination la plus touristique du nord-ouest du Vietnam. Elle figure désormais sur tous les circuits des Européens et des Nord-Américains, et on y croise fréquemment des randonneurs, un bâton de marche à la main, équipés pour affronter toutes les intempéries.

La ville est orientée de manière à profiter du cadre exceptionnel par temps clair. Entourée de hauts sommets, elle surplombe une vallée jalonnée de rizières en terrasses. Un panorama spectaculaire souvent plongé dans une épaisse brume, mais, même par temps couvert, Sapa reste une destination fascinante, en particulier lorsqu'elle se

---

UN AVENIR MEILLEUR POUR LES HMONG

Les Hmong travaillent habituellement pour des agences de trekking, des restaurants ou des lieux d'hébergements tenus par des Vietnamiens, mais une nouvelle génération cherche à assurer un avenir plus favorable et indépendant à la communauté. En voici deux principaux exemples :

Sapa O'Chau (0915 351 479 ; www.sapaochau.com), signifiant "merci, Sapa" en hmong, est une organisation remarquable, chapeautée par Shu Tan, dynamique jeune femme d'une vingtaine d'années. Enfant, elle vendait des objets artisanaux aux touristes dans la rue. Aujourd'hui, elle veut fournir une formation et des opportunités aux jeunes Hmong.

Il n'est pas rare que les enfants quittent l'école pour vendre des objets ou guider les randonneur, parcourant quotidiennement jusqu'à 10 km depuis leur village jusqu'à Sapa pour gagner de l'argent. Le centre d'enseignement Sapa O'Chau est un internat où près d'une vingtaine d'enfants hmong peuvent apprendre le vietnamien et l'anglais afin de mieux préparer leur avenir.

Les voyageurs désirant enseigner l'anglais en tant que bénévoles sont toujours les bienvenus à Sapa O'Chau. La structure organise également des randonnées d'une journée, des treks plus longs comprenant un séjour chez l'habitant, et l'ambitieuse ascension du Fansipan. Consultez le site web pour les détails et pour télécharger le formulaire de candidature des bénévoles.

Sapa Sisters (www.sapasisters.webs.com), une agence de trekking tenue par quatre adolescentes hmong audacieuses, reçoit de très bonnes critiques de la part des voyageurs. Contactez-les par e-mail ou sms pour organiser une randonnée d'une journée, un séjour de deux ou trois jours chez l'habitant ou l'ascension du Fansipan. Elles parlent anglais, et possèdent quelques notions de français, d'espagnol et de japonais.

remplit de membres des ethnies montagnardes portant de belles tenues colorées.

Si les villas coloniales françaises ont été laissées à l'abandon en raison des guerres successives contre la France, les États-Unis et la Chine, Sapa connaît une belle renaissance grâce à l'essor du tourisme. Malheureusement, les hôtels y fleurissent et les restrictions sur la hauteur des bâtiments étant rarement respectées, l'harmonie de la ville en souffre.

Autre conséquence inhérente à ce développement, la culture des ethnies montagnardes se transforme. Les Hmong, excellents vendeurs, incitent à acheter de l'artisanat et autres objets. Et si beaucoup ont peu fréquenté l'école, les plus jeunes maîtrisent le français, l'anglais et quelques autres langues.

À voir et à faire

Marché de Sapa
MARCHÉ

Presque tous les jours, les habitants des villages environnants se rendent au marché de Sapa pour vendre de l'artisanat et des vêtements de style ethnique. Le samedi est le jour le plus animé, les groupes de touristes arrivent de Hanoi pour assister, en soirée, au "marché de l'amour", au cours duquel des adolescents des ethnies montagnardes viennent en ville pour trouver un(e) partenaire. La démarche est plutôt innocente, mais, depuis quelques années, ce "marché" est devenu très commercial. On dénombre plus de touristes que de jeunes en quête d'une âme sœur, et quelques prostituées tentent de profiter de l'occasion.

Chieu Suong
MASSAGE

(16 P Thach Son ; massages à partir de 150 000 d). Ce modeste établissement propose d'excellents massages des pieds et du corps, bienvenus après une randonnée en montagne.

Victoria Spa
SPA

(387 1522 ; www.victoriahotels-asia.com ; Victoria Sapa Resort & Spa). Un spa haut de gamme, avec des salles somptueuses de massage et de soins.

Villages traditionnels
RANDONNÉE

Pour passer la nuit dans des villages ou effectuer de longs treks dans les montagnes, mieux vaut partir avec quelqu'un qui connaît le terrain, la culture et la langue. Voir p. 465 pour en savoir plus sur les us et coutumes des minorités et l'attitude à adopter lors de votre visite. Choisissez de préférence

des guides des minorités ethniques, qui trouvent là une source de revenus. Reportez-vous à l'encadré p. 129, pour plus d'informations.

Renseignez-vous auprès d'agences de voyages et de guides – certains devraient même vous aborder dans la rue –, achetez une bonne carte et préparez votre itinéraire. Les villages et la région environnante font désormais partie du parc national de Hoang Lien.

Le plus proche village accessible à pied est **Cat Cat** (25 000 d), à 3 km au sud de Sapa. Attendez-vous à une descente superbe mais escarpée. Vous trouverez facilement un *xe om* (moto-taxi) pour vous remonter jusqu'à Sapa au retour.

Une autre marche prisée conduit au village de **Ta Phin** (40 000 d), habité par des Dzao rouges, à quelque 10 km de Sapa. La plupart des visiteurs empruntent un *xe om* jusqu'au point de départ, à 8 km de Sapa,

Sapa

◎ Les incontournables
- Marché de Sapa A3

✚ Activités
1. Chieu Suong B1
   Sapa Rooms .... (voir 22)
2. Victoria Spa A1

🛌 Où se loger
3. Boutique Sapa Hotel A3
4. Casablanca Sapa Hotel B3
5. Cat Cat View Hotel A3
6. Cha Pa Garden B3
7. Fansipan View Hotel A2
8. Luong Thuy Family Guesthouse B4
9. Pinocchio Hotel B4
10. Sapa Hostel A3
11. Sapa Luxury Hotel A3
    Sapa Rooms .... (voir 22)
12. Thai Binh Hotel B2
13. Victoria Sapa Resort & Spa A1

🍴 Où se restaurer
14. Baguette & Chocolat A2
15. Bombay B3
16. Delta Restaurant B3
17. Gecko B2
18. Gerbera Restaurant B3
19. Nature Bar & Grill A3
20. Nature View A3
21. Red Dao House A2
22. Sapa Rooms A3
23. Viet Emotion B3

🍷 Où prendre un verre
24. Mountain Bar & Pub B3
25. Red Dragon Pub B4

ℹ️ Renseignements
26. Duc Minh A2
27. Handspan Travel B4
28. Sapa Pathfinder Travel A2
29. Topas Travel B4

🚌 Transports
30. Gare routière B1
31. Minibus pour Lao Cai B2
32. Bureau des réservations ferroviaires ... B1

---

puis effectuent une boucle de 14 km dans le secteur en passant par des villages hmong noirs et dzao rouges.

Un bel itinéraire longe une haute crête, à l'est de Sapa, passe par les villages hmong noirs de **Sa Seng** et **Hang Da** et offre des vues splendides sur la vallée (si le temps le permet). Il descend ensuite vers la rivière Ta Van, où des transports rejoignent Sapa.

Des circuits organisés, axés sur les villages, se rendent dans la communauté hmong de **Sin Chai**, avec une nuit sur place pour découvrir les textiles, ou la musique et la danse. Le village giay de **Ta Van** et le village hmong de **Matra** font partie des excursions appréciées. Des droits d'entrée (environ 40 000 d) s'appliquent également à ces villages.

Fansipan RANDONNÉE EN MONTAGNE
Les monts Hoang Lien, surnommés Alpes tonkinoises par les Français, entourent Sapa et comprennent le Fansipan (3 143 m), le point culminant du pays, qui surplombe la ville. Souvent caché par les nuages, il est accessible toute l'année à condition d'être en bonne forme physique et de disposer de l'équipement adéquat. Mais ne sous-estimez pas la difficulté, préparez-vous à affronter l'humidité et le froid et ne tentez pas l'ascension si le temps est mauvais à Sapa ; le manque de visibilité peut jouer de très mauvais tours.

Accessible seulement à pied, le sommet du Fansipan est à 19 km de Sapa. En dépit de cette courte distance, le circuit aller-retour demande habituellement 3 jours en raison du terrain accidenté et glissant et du mauvais temps fréquent. Certains randonneurs chevronnés le font en 2 jours mais il faut être en forme. Après la première matinée, vous ne verrez plus de villages de minorités, seulement des forêts, des paysages montagneux splendides et peut-être quelques singes, chèvres et oiseaux.

Vous n'aurez pas besoin de cordes ou de techniques particulières pour grimper, l'endurance suffit. Vous trouverez quelques refuges rudimentaires dans certains camps de base, mais mieux vaut être autonome et s'équiper de sac de couchage, tente imperméabilisée, provisions, réchaud, imperméable ou poncho, boussole et autre matériel de survie indispensable. Remportez tous vos déchets (des ordures jonchent le sol de certains camps de base). Il est essentiel de se faire accompagner par un guide réputé, et recommandé d'engager des porteurs.

Si vous organisez l'ascension avec un tour-opérateur local, prévoyez un tarif tout compris d'environ 130 $US par personne pour un couple, 100 $US en groupe de quatre et 80 $US en groupe de six (le maximum raisonnable).

Les meilleures périodes pour entreprendre cette ascension s'étendent de mi-octobre à mi-décembre, et en mars lorsque s'épanouissent les fleurs sauvages.

Col de Tram Ton VÉLO

La route entre Sapa et Lai Chau franchit le col de Tram Ton sur le versant nord du Fansipan, à 15 km de Sapa. À 1 900 m d'altitude, il s'agit du plus haut col du Vietnam et il constitue une barrière climatique. Même si vous n'envisagez pas d'explorer le Nord-Ouest, le col de Tram Ton mérite le détour pour la vue spectaculaire et les vents, parfois violents. La descente à VTT est une expérience fantastique, renseignez-vous auprès des agences de voyages de Sapa.

Sur le versant de Sapa, le temps est souvent froid et brumeux, mais quelques centaines de mètres plus bas, sur le versant de Lai Chau, il peut être chaud et ensoleillé. Sapa est l'endroit le plus froid du Vietnam et, curieusement, Lai Chau est parfois l'un des plus chauds.

Le long de la route, à 12 km en direction de Sapa, la **Thac Bac** (cascade d'Argent) dévale sur une hauteur de 100 m ; un **chemin en boucle** (3 000 d) escarpé en fait le tour.

Cours

Sapa Rooms CUISINE
(650 5228 ; www.saparooms.com ; Đ Phan Si ; 30 $US/pers). Au café Sapa Rooms, renseignez-vous sur leurs cours de cuisine tenus au Hmong Mountain Retreat. Le cours démarre à 10h, avec une visite au marché de Sapa, situé à 10 m du café.

Où se loger

Il existe à Sapa un large choix d'établissements, des pensions sommaires aux hôtels de charme, et un luxueux complexe hôtelier perché sur une colline. La plupart des hôtels cités ici louent des chambres avec vue, à condition qu'une nouvelle construction ne soit pas venue entre-temps l'obstruer, vérifiez lors de votre réservation.

Les tarifs, compétitifs, doublent souvent le week-end à cause du marché de l'amour du samedi. Certains établissements de catégorie moyenne proposent également d'excellentes chambres bon marché.

Évitez les hôtels qui utilisent les anciens poêles à charbon, leurs fumées pouvant créer de sérieux troubles respiratoires si la pièce est mal ventilée. La plupart des établissements ont désormais adopté le chauffage électrique ou des cheminées.

Hmong Mountain Retreat ÉCOLODGE $$
(650 5228 ; www.hmongmountainretreat.com ; 6 route Ban Ho, Lao Chai ; 55 $US/pers ; mars-déc). L'hébergement en bungalow est simple mais le véritable intérêt ici est de dormir au sommet d'une cascade de rizières verdoyantes, à plusieurs kilomètres de Sapa. Les tarifs incluent tous les repas, servis dans une maison des minorités vieille de 80 ans. Près de 95% des ingrédients sont récoltés dans un rayon de 2 km, et l'éblouissant domaine est parsemé des œuvres d'art du propriétaire. L'hôtel accueille également les cours de cuisine organisés par Sapa Rooms.

Boutique Sapa Hotel HÔTEL DE CHARME $$
(387 2727 ; www.boutiquesapahotel.com.vn ; 41 Đ Phan Si ; s/d à partir de 40/55 $US ; @). L'hôtel dispose d'un mobilier chic, de TV à écrans plats et offre un sublime panorama depuis la terrasse du café. Pizzas (5-8 $US) et fondues sont servies dans la salle à manger. Les chambres donnant sur la vallée coûtent un peu plus cher. Massage et cours de cuisine.

Luong Thuy Family Guesthouse PENSION $
(387 2310 ; www.familysapa.com ; 028 Đ Muong Hoa ; s et d 10-15 $US ; @). Accueillante pension familiale aux chambres sans prétention, impeccables, à quelques pas du centre animé de Sapa. Location de motos et de vélos. Organisation de trek et du transport. Magnifique vue sur la vallée brumeuse depuis les balcons en façade.

Cat Cat View Hotel HÔTEL $$
(387 1946 ; www.catcathotel.com ; 1 Đ Phan Si ; s/d à partir de 25/30 $US ; @). Excellent établissement de 40 chambres réparties sur 9 étages, la plupart jouissant d'une vue superbe. Il y en a pour tous les budgets : des chambres douillettes lambrissées, au spacieux appartement de 2 chambres (180 $US). Les chambres de l'annexe, de l'autre côté de la route, à 10-15 $US, sont d'un excellent rapport qualité/prix.

Sapa Rooms HÔTEL DE CHARME $$
(650 5228 ; www.saparooms.com ; Đ Phan Si ; ch 57-72 $US ; @). Se proclamant hôtel de charme, le Sapa Rooms, décoré dans un style insolite, comporte un excellent café dans son

lobby. Plus sobres, les chambres sont égayées de détails plaisants, tels des bouquets de fleurs fraîches. Les tarifs comprennent un bon petit-déjeuner. Le propriétaire australien est serviable et chaleureux.

Victoria Sapa Resort & Spa COMPLEXE HÔTELIER $$$
(387 1522 ; www.victoriahotels-asia.com ; ch à partir de 175 $US ; ✳@☞✳). Perché sur une colline et posé sur de magnifiques pelouses, un grand hôtel aux allures de chalet alpin. Chambres de taille moyenne, agrémentées de meubles artisanaux et de balcon. Deux bars, une piscine intérieure chauffée et un centre de fitness comptent parmi les nombreux équipements. Pour une arrivée en beauté depuis Hanoi, voyagez dans l'un des luxueux wagons du complexe, à bord du *Victoria Express*.

Topas Eco Lodge ÉCOLODGE $$$
(387 2404 ; www.topasecolodge.com ; ch 99-129 $US ; @). Surplombant une vallée, cet écolodge respectueux de l'environnement (électricité fournie par énergie solaire notamment) dispose de 25 charmants bungalows de pierre au toit de chaume, avec balcon et vue splendide. Le personnel et les guides (pour les treks et les randonnées en VTT) ont été recrutés parmi les minorités. Près du village de Tan Kim, à 18 km de Sapa, à une altitude plus basse (il y fait plus chaud). Malheureusement, une centrale hydroélectrique vient gâcher la vue depuis les bungalows portant les numéros "300".

Pinocchio Hotel PENSION $
(387 1876 ; www.pinocchiohotel.com ; 15 Đ Muong Hoa ; ch 15-20 $US ; @☞). Tenue par un personnel jeune et accueillant, cette excellente pension loue des chambres simples joliment décorées, réparties sur plusieurs étages à flanc de montagne. Celles du haut bénéficient d'une vue splendide sur la vallée depuis leur balcon. Restaurant sur le toit.

Baguette & Chocolat PENSION $
(387 1766 ; www.hoasuaschool.com ; Đ Thac Bac ; ch 22 $US ; ☞). Située au-dessus d'un excellent café français, cette pension pleine de charme, gérée par Hoa Sua (un groupe d'aide aux jeunes défavorisés), ne compte que 4 chambres ; la réservation est indispensable. Bon petit-déjeuner compris.

Sapa Hostel PENSION $
(387 3073 ; www.sapahostel.com ; 9 et 33 Đ Phan Si ; dort/s/d/tr 5/12/15/18 $US ; @☞). Presque voisins dans Đ Phan Si, les deux bâtiments de Sapa Hostel abritent des chambres spacieuses au joli mobilier, et l'ambiance y est décontractée. Les meilleurs restaurants de Sapa sont tout proches. Chambres environ 3 $ moins chères au Sapa Hostel 2 (33 Đ Phan Si), mais la décoration n'est pas aussi moderne.

Cha Pa Garden HÔTEL DE CHARME $$
(387 2907 ; www.chapagarden.com ; 23B P Cau May ; ch 65-85 $US ; ✳@☞). Le Cha Pa occupe une villa coloniale restaurée avec soin, dans un jardin luxuriant au cœur de Sapa. Il n'y a que 4 chambres, de style contemporain, dotées de sdb modernes aux lignes épurées. L'hôtel semble par endroits un peu défraîchi, espérons que les nouveaux propriétaires y remédieront.

Thai Binh Hotel HÔTEL $
(387 1212 ; 45 Đ Ham Rong ; ch 22-25 $US). Tenu par un couple d'enseignants, le Thai Binh jouit d'un emplacement calme près de la place principale et de l'église. Chambres impeccables à l'élégant mobilier en pin et aux couvre-lits douillets. Petit-déjeuner compris. Les propriétaires sauront vous renseigner si vous poursuivez vers la Chine.

Sapa Luxury Hotel HÔTEL $
(387 2771 ; www.sapaluxuryhotel.com ; 36 Đ Phan Si ; s/d/tr à partir de 30/30/45 $US ; @☞). Un nouvel hôtel dans Đ Phan Si, apprécié pour ses chambres spacieuses, avec parquet et décoration asiatique à la mode. Bon rapport qualité/prix dans un quartier montant de la ville.

Sapa View HÔTEL $$
(387 2388 ; www.sapaview-hotel.com ; 41 Đ Muong Hoa ; s/d/ste à partir de 65/75/85 $US ; @☞). Aucun risque de publicité mensongère ici : la vue sur la vallée est magnifique, en particulier depuis le restaurant, le Tam Tam. La décoration offre un mélange réussi d'art local et de mobilier de style scandinave.

Fansipan View Hotel HÔTEL $
(387 3759 ; www.fansipanview.com ; 45 Đ Xuan Vien ; s/d à partir de 22/35 $US ; @☞). Dans une artère paisible en direction du Victoria Sapa Resort & Spa, le Fansipna renferme des chambres douillettes. Celles en façade offrent une vue sur la ville. Le bon restaurant Sapa Cuisine est installé en bas.

Casablanca Sapa Hotel HÔTEL $
(387 2667 ; www.sapacasablanca.com ; Đ Dong Loi ; s/d/tr 17/20/25 $US ; ☞). Le style autrefois

branché de cet hôtel se fait un peu vieux, mais l'endroit affiche toujours un bon rapport qualité/prix. Les chambres les moins chères sont situées à l'arrière. M. Kien, l'attentif propriétaire, parle couramment anglais.

Green Valley Hostel AUBERGE DE JEUNESSE $
(387 1449 ; 45 Đ Muong Hoa ; ch 15-20 $US). L'entretien laisse un peu à désirer, mais les chambres restent bon marché et la vue dégagée. Location de moto (5 $/j). Bar chaleureux avec billard.

Où se restaurer

Dans Pho Cau May, l'artère principale, des restaurants proposent de la cuisine occidentale et vietnamienne dans un cadre confortable. La plupart des établissements de Sapa ouvrent pour le petit-déjeuner, le déjeuner et le dîner.

Les étals situés au sud de la gare routière servent la très populaire fondue vietnamienne (viande cuite dans un bouillon de légumes, chou et champignon).

Vous mangerez à prix doux dans les modestes restaurants vietnamiens regroupés au sud du marché dans Đ Tue Tinh, et aux échoppes du marché nocturne au sud de l'église, inégalables pour le *bun cha* (porc grillé).

Sapa Rooms CAFÉ $$
(www.saparooms.com ; Đ Phan Si ; en-cas 50 000 d, repas autour de 90 000 d). Ce café au décor flamboyant, de style asiatique, ne déparerait pas dans une capitale occidentale. L'endroit est idéal pour un en-cas (beignets de maïs ou sandwich), un repas (filet de porc caramélisé ou *fish and chips*) ou simplement un thé et une pâtisserie. Renseignez-vous sur les cours de cuisine, quotidiens, qui ont lieu au Hmong Mountain Retreat.

Red Dao House VIETNAMIEN $$
(4B Đ Thac Bac ; repas à partir de 100 000 d). Restaurant raffiné, installé dans une maison de style montagnard avec une agréable terrasse en façade. Le personnel, en costume dzao, propose des menus fixes et des plats vietnamiens de poulet et de fruits de mer. Cherchez les lanternes rouges derrière l'office du tourisme.

Baguette & Chocolat CAFÉ $
(Đ Thac Bac ; gâteaux à partir de 20 000 d, en-cas et repas 70 000-160 000 d). Installé dans une villa, ce café est réputé pour ses délicieux petits-déjeuners, tartines, baguettes et pâtisseries. On peut aussi s'y restaurer de salades, pâtes et spécialités asiatiques, notamment vietnamiennes. Pique-niques à emporter, pratiques pour les randonneurs. Par temps froid et brumeux, une tasse de thé au gingembre fait l'affaire.

Nature View VIETNAMIEN $
(Đ Phan Si ; repas à partir de 60 000 d). Récemment ouvert, en face du Cat Cat View Hotel, le Nature View offre un choix de mets vietnamiens et occidentaux : parmi les meilleures pizzas de Sapa et fantastiques smoothies. Le menu fixe de 4 plats (75 000 d), d'un excellent rapport qualité/prix.

Viet Emotion MÉDITERRANÉEN $$
(www.vietemotion.com ; 27 P Cau May ; repas 70 000-150 000 d). Petit bistrot chic avec une agréable cheminée et des bouteilles de vin suspendues au plafond. Parmi les spécialités : l'omelette du randonneur, la soupe maison ou les crevettes à l'ail. Si le mauvais temps s'installe, des livres, magazines et jeux de société sont à disposition.

Gecko FRANÇAIS $$
(Đ Ham Rong ; plats 7-10 $US). Tenu par des Français, cet agréable restaurant aux allures d'auberge rustique n'a pas son pareil en matière de spécialités du terroir. Fameux bœuf bourguignon et soupe "gecko" (pommes de terre, bacon et fromage). Il comprend un bar et une petite terrasse donnant sur un parc.

Delta Restaurant ITALIEN $$
(P Cau May ; plats 7-12 $US). Autre établissement élégant et stylé, le Delta Restaurant est réputé pour ses authentiques pizzas et ses pâtes, à accompagner d'un vin rouge australien.

Bombay INDIEN $$
(36 P Cau May ; plats 7-10 $US). À défaut d'ambiance, ce restaurant indien sert de bons *dhal*, *naan*, curries et plats végétariens.

Gerbera Restaurant VIETNAMIEN $
(P Cau May ; plats à partir de 40 000 d). Apprécié de longue date des voyageurs, pour sa copieuse cuisine vietnamienne à prix doux. La carte est très longue.

Nature Bar & Grill VIETNAMIEN $
(P Cau May ; repas 60 000-100 000 d). On y déguste des plats vietnamiens et occidentaux dans une vaste salle lambrissée, où trône une cheminée centrale.

🍷 Où prendre un verre et sortir

Sapa n'a rien d'une ville festive : la tournée des bars se résume à trois ou quatre adresses.

Mountain Bar & Pub BAR
(2 Đ Muong Hoa). Cocktails fortement alcoolisés, bière fraîche et parties endiablées de baby-foot en font un endroit parfait pour sortir le soir à Sapa. S'il fait froid dehors, une chicha (pipe à eau) près de la cheminée revigorera les voyageurs les plus frileux. Délicieux vin chaud à la pomme.

Red Dragon Pub PUB
(23 Đ Muong Hoa). Cet établissement d'allure respectable ressemble à un salon de thé du pays de Galles. Parfait pour prendre un verre dans une ambiance paisible, ou se régaler avec des plats de pub, comme la tourte du berger.

🛍 Achats

Les boutiques de Pho Cau May et de Đ Phan Si offrent le meilleur choix en matière de vêtements, d'accessoires et de bijoux réalisés par les diverses minorités de la région. Des créateurs vietnamiens urbains proposent aussi des vêtements et des objets de décoration inspirés des styles et des motifs ethniques.

Nombre de femmes issues des minorités se sont lancées dans le commerce des souvenirs et les plus âgées sont réputées pour leurs talents de vendeuses. Négociez fermement les prix en évitant toute agressivité.

Sachez que certains vêtements traditionnels bon marché sont teints avec des produits naturels, sans fixateur, et peuvent déteindre (y compris sur votre peau). Lavez-les séparément dans de l'eau froide salée ou vinaigrée pour fixer les teintures. Dans l'attente de ce traitement, enveloppez-les dans des sacs en plastique avant de les ranger dans vos bagages.

Si vous n'êtes pas équipé en vêtements chauds, vous trouverez des parkas, des tenues chaudes et des chaussures de marche "de marque", parfois authentiques, dans des boutiques le long de Pho Cau May.

ℹ Renseignements

Accès Internet

L'accès Internet, y compris le Wi-Fi gratuit, est fourni dans les hôtels, restaurants et cafés de la ville.

Agences de voyage

Deux structures tenues par des membres des ethnies proposent également treks, séjours chez l'habitant et ascension du Fansipan, consultez l'encadré p. 129.

Duc Minh (☎387 1881 ; www.ducminhtravel. vn ; 10 P Cau May). Cet opérateur anglophone et chaleureux organise vos transports, des randonnées vers les villages des ethnies et l'ascension du Fansipan.

Handspan Travel (☎387 2110 ; www. handspan.com ; Chau Long Hotel, 24 Dong Loi). Propose treks et circuits à VTT vers les villages et les marchés.

Sapa Pathfinder Travel (☎387 3468 ; www. sapapathfinder.com ; 13 Đ Xuan Vien). Trekking, VTT, Fansipan et conseils sur les transports.

Topas Travel (☎387 1331 ; www.topastravel. vn ; 24 Đ Muong Hoa). Un tour-opérateur local qui offre d'excellents treks, randonnées à vélo et excursions dans les villages, comprenant souvent une nuit au Topas Eco Lodge.

Argent

Deux DAB sont installés en ville. De nombreux hôtels et commerces changent dollars et euros.

BIDV (Đ Ngu Chi Son) Possède un DAB, et change les espèces.

Office du tourisme

La *Sapa Tourist Map*, une excellente carte au 1/75 000, indique les chemins de randonnée et les sites aux alentours de Sapa. La *Sapa Trekking Map*, une petite carte dessinée à la main, décrit des itinéraires de randonnée et la ville.

Sapa Tourism (☎387 3239 ; www.sapa-tourism.com ; 103 Đ Xuan Vien ; ⊙7h30-11h30 et 13h30-17h). Le personnel serviable, et anglophone, renseigne sur les transports, les treks et la météo. Le site web est une précieuse mine d'informations.

Poste

Poste Principale (Đ Ham Rong)

ℹ Depuis/vers Sapa

On accède à Sapa via Lao Cai, à 38 km de là, à la frontière chinoise ; une belle route bien entretenue relie les deux villes.

BUS La gare routière de Sapa se situe au nord de la ville. Les horaires des bus sont disponibles à l'office du tourisme et dans la plupart des agences de voyages. Consultez les lignes de bus p. 144.

MINIBUS Des minibus réguliers assurent la liaison entre Sapa et Lao Cai, entre 5h et 17h (40 000 d, 1 heure), le départ s'effectue devant l'église. Des hôtels et agences de voyages proposent des minibus directs pour le marché du dimanche à Bac Ha (à partir de 15 $US aller-

> **POSTE-FRONTIÈRE : LAO CAI-HEKOU**
>
> La frontière Lao Cai-Hekou est le point de passage entre le nord du Vietnam et le Yunnan, en Chine. Elle est ouverte tous les jours de 7h à 22h. La Chine est séparée du Vietnam par un pont routier et un pont ferroviaire sur le fleuve Rouge.
>
> La frontière se situe à 3 km de la gare ferroviaire de Lao Cai, un court trajet en *xe om* (moto-taxi ; 20 000 d). Des voyageurs ont signalé s'être fait confisquer leur guide Lonely Planet *Chine* par les fonctionnaires chinois à cette frontière. Par précaution, masquez la couverture.
>
> Les trains ne circulent plus entre Hekou et Kunming, mais il existe plusieurs bus "couchettes" (157 yuan). L'un d'eux part à 19h et arrive à Kunming vers 7h le lendemain matin. Avancez votre montre d'une heure pour la Chine. Le visa pour la Chine doit être obtenu à l'avance.

retour). Un minibus public, plus lent, revient moins cher, avec un changement à Lao Cai.

TRAIN Aucun train ne dessert Sapa, mais des trains relient régulièrement Hanoi à Lao Cai. Les billets pour Hanoi sont en vente au **bureau des réservations ferroviaires** (◷7h30-11h et 13h30-16h), près de la gare routière.

VÉLO ET MOTO Le long trajet de 380 km entre Hanoi et Sapa est faisable à moto. Plus simple, vous pouvez mettre votre moto dans un train jusqu'à Lao Cai. La côte de 38 km entre Lao Cai et Sapa est un véritable enfer à vélo.

Comment circuler

La marche constitue le meilleur moyen de découvrir Sapa et ses environs. Vous pouvez louer un vélo, mais vous passerez la moitié du temps à pousser votre engin sur des côtes vertigineuses.

Pour des excursions plus lointaines, vous pouvez louer une moto moyennant quelque 7 $US par jour. Si vous n'avez jamais conduit de moto, ce n'est pas l'endroit où apprendre ! Le temps reste imprévisible toute l'année et les routes escarpées sont régulièrement endommagées par la pluie et les inondations. Mieux vaut sans doute louer une moto avec chauffeur (environ 12 $US par jour).

Il est également possible de louer une voiture, un 4x4 ou un minibus.

Lao Cai

020 / 46 700 HABITANTS

Située à la frontière sino-vietnamienne, Lao Cai a été rasée lors de l'invasion chinoise en 1979 et la plupart de ses bâtiments sont récents. La frontière, fermée durant les combats, n'a rouvert qu'en 1993. Aujourd'hui, la ville est animée par le commerce frontalier, en plein essor.

Lao Cai constitue aussi un point de passage pour les voyageurs qui se rendent de Hanoi à Sapa, ou plus au nord, à Kunming en Chine. Sapa étant à une heure de route, on ne s'attarde pas à Lao Cai, mais les voyageurs gagnant la Chine pourront y passer la nuit.

Où se loger et se restaurer

Terminus Hotel & Restaurant HÔTEL $
(383 5470 ; 342 P Nguyen Hue ; ch 200 000-300 000 d ; ❋☎). En face de la gare ferroviaire, une bonne adresse pour un petit-déjeuner ou un repas copieux. Les chambres sont impeccables et décorées de quelques fanfreluches. Le personnel se débrouille en anglais.

Nga Nghi Tho Huong PENSION $
(383 5111 ; 342a P Nguyen Hue ; ch 150 000-250 000 d ; ❋☎). À deux pas de l'hôtel Terminus, une pension familiale un rien kitsch (beaucoup de poupées et peluches), aux chambres propres et colorées. Salon de thé au rez-de-chaussée.

Pineapple CAFÉ $
(Pha Dinh Phung ; repas 60 000-100 000 d ; ❋@☎). Dans ce café chic, Bui Duc Thinh, un ancien guide qui parle couramment anglais, propose des petits-déjeuners anglais complets, ainsi que des salades, pizzas, baguettes, milk-shakes et jus de fruits. À une centaine de mètres dans la rue en face de la gare ferroviaire.

Viet Emotion CAFÉ $
(65 Pha Dinh Phung ; repas 70 000-150 000 d ; ❋@☎). Digne concurrent du Pineapple, le Viet Emotion à côté, petit frère du café de Sapa, est une adresse pratique, située entre les gares routière et ferroviaire. Les voyageurs en provenance ou en direction de Hanoi apprécient les petits-déjeuners, les pizzas et les pâtes.

Renseignements

Méfiez-vous des changeurs au marché noir, surtout du côté chinois. Si vous n'avez pas le choix, ne changez que de petites sommes.

Deux DAB sont installés à la gare ferroviaire. La **BIDV Bank** (Đ Thuy Hoa), sur la rive ouest de la rivière, change les espèces.

Depuis/vers Lao Cai

BUS ET MINIBUS Neuf bus partent tôt le matin de la **gare routière longue distance** (P Nguyen Hue) pour Hanoi (340 km, 155 000 d, 9 heures), mais les touristes préfèrent généralement prendre le train.

Des minibus pour Sapa (40 000 d, 1 heure) attendent devant la gare ferroviaire à l'arrivée des trains de Hanoi. Ils partent aussi régulièrement du terminus des minibus, à côté du pont du fleuve Rouge. De ce même terminus, des minibus desservent Bac Ha (50 000 d, 2 heures 30) à 6h, 7h, 10h, 12h et 15h.

TAXI En taxi, comptez 20 $US environ pour Sapa et 40 $US pour Bac Ha.

TRAIN Le train reste, de loin, le moyen de transport le plus utilisé depuis/vers Hanoi. Il y a quantité de trains, ainsi que de luxueux wagons privés que l'on accroche aux trains réguliers. Vous pouvez acheter votre billet dans les hôtels et les agences de Hanoi, ou à la gare ferroviaire. Le trajet prend quelque 8-9 heures.

Plusieurs compagnies proposent des voitures privées avec couchettes confortables, comme **ET Pumpkin** (www.et-pumpkin.com), aux tarifs très abordables, **Livitrans** (www.livitrantrain.com), en catégorie moyenne, et le luxueux et onéreux **Victoria Express** (www.victoriahotels-asia.com), réservé aux hôtes du Victoria Sapa Resort & Spa.

Le site www.seat61.com donne les dernières informations sur les trains entre Hanoi et Lao Cai.

Bac Ha

📍 020 / 7 400 HABITANTS

Bourgade de montagne paisible et accueillante, Bac Ha constitue une excellente base, peu touristique, pour explorer les hauts plateaux du Nord et les villages des minorités durant quelques jours. L'ambiance diffère totalement de celle qui règne à Sapa et vous pourrez flâner dans les rues sans être sollicité par des vendeurs.

Bac Ha a conservé tout son charme, bien que les vieilles maisons traditionnelles en adobe cèdent peu à peu la place à des constructions en béton. Une odeur de feu de bois flotte dans les ruelles, où cochons et poulets vont et viennent. La ville sommeille six jours durant, puis se remplit le dimanche

LES TRAINS ENTRE HANOI ET LAO CAI

Depuis Hanoi

DÉPART	SIÈGE DUR	SIÈGE MOU	COUCHETTE DURE	COUCHETTE MOLLE
6h10	110 000 d	133 000 d	non disponible	non disponible
19h40	125 000 d	150 000 d	195 000 d	290 000 d
20h35	125 000 d	150 000 d	195 000 d	290 000 d
21h10	125 000 d	150 000 d	195 000 d	290 000 d
21h50	125 000 d	150 000 d	195 000 d	290 000 d
22h	120 000 d	145 000 d	190 000 d	270 000 d

Depuis Lao Cai

DÉPART	SIÈGE DUR	SIÈGE MOU	COUCHETTE DURE	COUCHETTE MOLLE
18h55	110 000 d	133 000 d	non disponible	non disponible
19h30	125 000 d	150 000 d	195 000 d	290 000 d
20h05	125 000 d	150 000 d	195 000 d	290 000 d
20h45	125 000 d	150 000 d	195 000 d	290 000 d
21h20	120 000 d	145 000 d	190 000 d	270 000 d

N.B : les tarifs indiqués sont des prix planchers.

quand les Hmong fleurs – et les touristes – se rendent au marché hebdomadaire.

Malgré l'afflux de visiteurs qui y viennent pour la journée depuis Sapa, ce marché, festival de couleurs et d'échanges, vaut le détour et se rejoint assez facilement. Les autres marchés des environs étant également de plus en plus fréquentés par les touristes, il vous faudra plutôt aller, pour une expérience plus authentique, dans la bourgade de montagne de Sinho (p. 128).

Bac Ha bénéficie d'un climat bien plus doux que Sapa et compte un nombre croissant d'hôtels bon marché. Dix ethnies montagnardes vivent aux alentours ; les Hmong fleurs sont les plus reconnaissables, mais on rencontre aussi des Dzao, des Giay (Nhang), des Han (Hoa), des Xa Fang, des Lachi, des Nung, des Phula, des Thaï, des Tay et des Thulao.

L'une des principales industries locales est la production de boissons distillées (alcools de riz, de manioc et de maïs). Le *ruou*, ici un alcool de maïs produit par les Hmong fleurs, est particulièrement fort ; une section lui est réservée au marché du dimanche.

À voir et à faire

Plusieurs marchés ont lieu à Bac Ha et dans la région environnante. Pour vous y rendre, vous pouvez réserver des excursions à Bac Ha et dans les agences de voyages à Sapa.

Marché de Bac Ha MARCHÉ
Il draine tous les dimanches les habitants des villages alentour, notamment des Hmong fleurs. Si l'on y trouve de plus en plus d'artisanat, c'est essentiellement un marché local où l'on vient pour savourer l'ambiance.

Les femmes hmong fleurs portent plusieurs épaisseurs de vêtements aux couleurs flamboyantes, dont un châle-collerette, attaché dans le cou par une épingle, et une sorte de tablier ; tous deux sont faits de bandes de tissus multicolores au tissage serré, souvent ornées d'une bordure fantaisie. Un foulard à carreaux (habituellement rose ou vert vif), des guêtres et des coudières élaborées complètent le costume traditionnel.

Essayez d'arriver le samedi à Bac Ha afin d'explorer le marché avant l'arrivée des flots de visiteurs venant de Sapa. Le marché commence à l'aube et s'achève vers 14h.

Marché de Can Cau MARCHÉ
Le samedi matin, à 20 km au nord de Bac Ha et seulement 9 km de la frontière chinoise, ce marché en plein air attire un nombre croissant d'étrangers. Certains circuits organisés à Sapa prévoient désormais la visite de Can Cau le samedi, puis de Bac Ha le dimanche. Quelques marchands de Bac Ha font également le voyage jusqu'à Can Cau le samedi. Ce marché demeure cependant essentiellement un rendez-vous de minorités locales, dont des Hmong fleurs et des Hmong bleus (reconnaissables à leur étonnant costume aux motifs en zigzag).

Il s'installe à flanc de colline, avec les stands de restauration à un niveau et les animaux (dont quantité de chiens) au fond de la vallée. Les habitants insisteront pour vous faire goûter le *ruou* local, un alcool de maïs. Certaines excursions au départ de Bac Ha comprennent une randonnée l'après-midi jusqu'au village voisin de Fu La.

Bac Ha

Les incontournables
Marché de Bac Ha B2
Vua Meo B1

Où se loger
1 Congfu Hotel A2
2 Hoang Vu Hotel.................................A2
3 Ngan Nga Gia Huy A2
4 Sao Mai Hotel A1
5 Toan Thang Hotel A1

Où se restaurer
6 Duc Tuan Restaurant B2
7 Hoang Yen Bar A2

M. NGHE, VOTRE HOMME À BAC HA

Si vous séjournez à Bac Ha, l'infatigable **M. Nghe** (0912 005 952 ; www.bachatourist.com), généralement vêtu d'un costume soigné, vous trouvera certainement. Totalement subjugué par le charme de la région de Bac Ha, M. Nghe officie en tant que spécialiste de la région au Hoang Vu Hotel et collabore aussi avec le Hoang Yen Bar.

Son site web (en anglais) présente les treks et excursions d'une journée vers les meilleurs marchés de montagnards, ainsi que les circuits de 2 à 6 jours comprenant un séjour chez l'habitant et des randonnées en montagne, plus éprouvantes.

Il loue également des motos (150 000-200 000 d/j) à ceux qui préfèrent s'organiser seuls. À Bac Ha, il est de loin la personne la plus à même de vous renseigner sur les complexités d'un voyage plus à l'est, vers la province de Ha Giang.

Lung Phin   MARCHÉ
La bourgade de Lung Phin est située entre celui de Can Cau et Bac Ha, à 12 km de cette dernière localité. Moins fréquenté que les autres, son marché a lieu le dimanche et conserve son authenticité.

Coc Ly   MARCHÉ
Dzao, Hmong fleurs, Thaï et Nung descendent le mardi de leurs villages de montagne jusqu'à l'impressionnant marché de Coc Ly, à 35 km au sud-ouest de Bac Ha par des routes correctes. Les tour-opérateurs de Bac Ha peuvent organiser une excursion d'une journée à Coc Ly, suivie d'une descente en bateau de la Chay avant de revenir à Bac Ha.

Vua Meo   PALAIS
(maison du "roi Chat" ; 5 000 d ; 7h30-11h30 et 13h30-17h). Ne manquez pas de visiter l'extravagant Vua Meo, un palais de style "baroque oriental" à la lisière nord de Bac Ha. Il fut construit par les Français en 1921 pour complaire au chef hmong fleur Hoang A Tuong, et ressemble au croisement d'une église exotique et d'un château français. L'édifice abrite également un tout nouvel office du tourisme et une boutique d'artisanat des minorités.

Villages traditionnels   RANDONNÉE
La belle région de Bac Ha se prête à la randonnée et à la découverte des villages des minorités. De **Ban Pho**, village hmong fleur le plus proche, vous pouvez gagner à pied la localité nung de **Na Kheo**, puis revenir à Bac Ha. Parmi les autres villages, citons **Trieu Cai**, une marche de 8 km aller-retour, et **Na Ang** (6 km aller-retour). Mieux vaut organiser ces escapades avec un guide local.

Jusque récemment, les villageois des minorités avaient rarement accès à l'éducation. Ces dernières années, le gouvernement a ouvert plusieurs écoles et la plupart des enfants sont désormais scolarisés (en vietnamien), souvent en internat en raison de l'extrême dispersion des villages. Des guides de Bac Ha peuvent organiser la **visite de ces écoles** au cours d'un circuit d'une journée à pied ou à moto.

Chute de Thai Giang   CASCADE
Près du village de Thai Giang Pho, à 12 km à l'est de Bac Ha, une cascade comporte une piscine naturelle, assez grande pour se baigner.

Où se loger

Bac Ha compte une dizaine de pensions simples et deux hôtels plus confortables. Les tarifs augmentent de 20% le week-end en raison du marché dominical. Nous indiquons ici les prix en semaine.

Hoang Vu Hotel   PENSION $
(388 0264 ; www.bachatourist.com ; 5 Tran Bac ; ch à partir de 8 $US). Un établissement sans prétention, doté de grandes chambres d'un bon rapport qualité/prix (toutes équipées de TV et ventil). Vous y trouverez le meilleur "tour-opérateur" de Bac Ha, M. Nghe (voir l'encadré ci-dessus), qui vous proposera quantité d'excursions intéressantes à la journée… pour vous faire rester plus longtemps que prévu. Le meilleur hôtel pour les petits budgets.

Ngan Nga Gia Huy   HÔTEL $$
(388 0231 ; www.nganngabacha.com ; 133 Ngoc Uyen ; ch 25-35 $US ;). L'endroit, accueillant, se trouve au-dessus d'un restaurant populaire où l'on prépare de savoureuses fondues pour les voyageurs et les groupes en circuit organisé. Au fond, à l'étage, une nouvelle aile abrite des chambres flambant neuves, impeccables et calmes, dont certaines vraiment spacieuses.

UN HOMME À CONNAÎTRE À HA GIANG

Tout comme M. Nghe à Bac Ha (voir l'encadré p. 139), M. Anh est à l'avant-garde du tourisme dans la province de Ha Giang. Il dirige **Karst Plateau Travel** (0915 458 668 ; karstplateau@gmail.com ; 50 P Hai Ba Trung, Ha Giang) et c'est *la* personne à contacter pour découvrir cette fascinante région qui a le vent en poupe.

M. Anh dirige aussi le Rocky Plateau Hotel et le Café Pho Co à Dong Van, et il est à l'origine de l'existence de minibus touristiques très pratiques qui desservent Dong Van et Meo Vac depuis Ha Giang, en passant par des sites d'intérêt comme le **col de Quan Ba**, la **tour du drapeau de Lung Cu** à la frontière chinoise, et l'incroyable palais du roi hmong dans le village de **Sa Phin**. Un guide anglophone vous accompagne et le trajet, effectué avec prudence, à travers le **col de Ma Pi Leng** jusqu'à Meo Vac est certainement l'une des routes les plus spectaculaires que vous verrez.

Les minibus partent à 8h du **iLike Café** (386 0368 ; buses.ilike@gmail.com ; P Nguyen Trai ; sans/avec déj 150 000/200 000 d par pers), à Ha Giang, et atteignent Dong Van, en passant par Meo Vac, au bout de 7 heures environ. Pour retourner à Ha Giang, un minibus quitte Meo Vac à 8h et passe au Café Pho Co à Dong Van à 9h. Ce service n'ayant été mis en place qu'en 2011, il est recommandé de prendre contact avec M. Anh par e-mail pour confirmer ses horaires de départ.

Ce dernier peut aussi organiser des treks dans les villages hmong de cette région éblouissante, et des circuits, guidés ou non, depuis Hanoi. Il possède également un **bureau à Hanoi** (Lane 63B, Dao Tan 101, Hanoi).

Circuits possibles, comprenant séjours chez l'habitant et marchés des minorités.

Congfu Hotel HÔTEL $$
(388 0254 ; www.congfuhotel.com ; 152 Ngoc Uyen ; ch 30 $US ; ❄@📶). Un nouvel hôtel de 21 chambres attrayantes au design quasi minimaliste. Literie de qualité et douches modernes. Le restaurant (repas à partir de 60 000 d) est l'un des meilleurs de Bac Ha. Les chambres 205, 208, 305 et 308 disposent d'une baie vitrée donnant sur le marché. Possibilité d'excursions vers les marchés de Can Cau (30 $US) et de Coc Ly (50 $US).

Sao Mai Hotel HÔTEL $$
(388 0288 ; www.saomaitours.com ; ch 15-35 $US ; ❄@📶). Les chambres bon marché sont un peu défraîchies et les moins chères n'ont pas de fenêtre. D'autres, plus onéreuses, dans une nouvelle annexe, offrent un bon rapport qualité/prix. À essayer si les autres hôtels sont complets. Le personnel de la réception est généralement prêt à négocier.

Toan Thang Hotel HÔTEL $
(388 0444 ; ch 10-20 $US). Deux types de chambres sont proposés. Celles de l'ancien bâtiment en bois, avec des lits jumeaux, TV et ventil, sont correctes pour le prix, quoi qu'un peu sombres. Les plus récentes sont surévaluées.

Où se restaurer

Parmi les restaurants des hôtels, celui du Congfu donne sur le marché aux bestiaux à travers ses grandes baies vitrées et celui du Ngan Nga Gia Huy propose de très bonnes fondues. Tous deux sont très fréquentés le dimanche, jour du marché.

Des tarifs plus élevés sont souvent demandés aux touristes dans les cafés près du marché, établissez les prix avant de consommer.

Hoang Yen Bar VIETNAMIEN $
(plats 40 000-80 000 d). Le nom indique un bar mais il s'agit d'un restaurant aux tarifs très corrects pour de bons petits-déjeuners, de savoureux plats de riz et de nouilles ou une copieuse soupe de potiron. Bière bon marché et vin de Dalat. En face du Sao Mai Hotel et il se peut que M. Nghe vous trouve ici.

Duc Tuan Restaurant VIETNAMIEN $$
(plats 40 000-50 000 d). Près du marché, le Duc Tuan prépare une bonne cuisine vietnamienne, généreusement servie, et il n'y a généralement pas de groupe de touristes.

Renseignements

Il n'y a pas de DAB à Bac Ha mais vous pourrez changer des dollars à l'Agribank. Le Sao Mai Hotel change les euros, les livres sterling, les dollars US et les yuans chinois.

Un **office du tourisme** (7h30-11h30 et 13h30-17h) a ouvert dans le Vua Meo et vous pourrez accéder à Internet à côté du Hoang Vu Hotel.

ⓘ Depuis/vers Bac Ha

BUS Des bus assurent la liaison depuis/vers Hanoi (400 000 d, 11 heures, 20h tlj) et Lao Cai (60 000 d, 2 heures 30, à 6h, 8h, 12h, 13h, 14h).

Si vous comptez vous rendre à Ha Giang, à l'est, vous avez deux possibilités : prendre un *xe om* de Bac Ha à Xin Man (15 $US), à 35 km au nord-est, puis un bus public (400 000 d, 5 heures, 6h et 11h) pour Ha Giang. Sinon, prenez un bus public de Bac Ha à Bac Ngam (40 000 d, 45 min, 6h), au sud, puis un autre bus de Bac Ngam à Ha Giang (350 000 d, 5 heures, 7h). Cette option laisse très peu de marge pour la correspondance.

De Sapa, vous pouvez vous joindre à une excursion organisée jusqu'à Bac Ha (à partir de 15 $US/pers), puis vous arrêter au retour à Lao Cai et prendre le train de nuit pour regagner Hanoi.

MOTO ET TAXI La course à moto ou en taxi jusqu'à Lao Cai revient à 20/60 $US et à 25/75 $US jusqu'à Sapa.

Province de Ha Giang

Province la plus septentrionale du Vietnam, Ha Giang se caractérise par un paysage lunaire de pitons calcaires et d'affleurements granitiques. La pointe nord de la province offre certains des plus beaux paysages du pays et le trajet par la route entre Dong Van et Meo Vac est époustouflant. Cette destination devrait être la plus touristique de la région, mais, du fait de sa proximité avec la frontière chinoise, des permis sont toujours indispensable pour y circuler ; la paperasserie en décourage plus d'un. Toutefois, les routes s'améliorent lentement, et les tracas liés à l'obtention d'un permis sont largement compensés par l'incroyable beauté des paysages.

HA GIANG
0219 / 49 000 HABITANTS

Ha Giang permet de faire étape sur la longue route vers le nord. Traversée par la large rivière Lo, cette capitale provinciale bénéficie d'une ambiance paisible. Tracée sur un axe nord-sud, l'artère principale, Pho Nguyen Trai, longe la rive ouest de la Lo sur 3 km environ. Vous y trouverez la gare routière, les hôtels, les banques et les restaurants.

Si la ville en elle-même est d'un intérêt mitigé, le paysage alentour, avec de spectaculaires affleurements calcaires, offre un aperçu du cadre époustouflant qui vous attend plus loin. Si vous souhaitez continuer plus au nord pour aller explorer les districts de Yen Minh, Dong Van, Meo Van et Bac, vous devrez demander ici un permis de circuler.

🍴 Où se loger et se restaurer
Plusieurs restaurants bon marché jalonnent Pho Nguyen Trai.

Truong Xuan Resort COMPLEXE HÔTELIER $
(381 1102 ; www.hagiangresort.com ; km 5, P Nguyen Van Linh ; d 15-20 $US ; ❄️🛜). Une magnifique situation en bordure de rivière et 13 spacieux bungalows – soit l'endroit le plus agréable de la ville pour passer la nuit. Le complexe dispose d'un bon restaurant (plats 80 000-220 000 d) et loue des kayaks pour découvrir le cours d'eau voisin. Si vous êtes épuisé par les longues journées à moto, profitez des massages des Dzao rouges (60 000 d) et des bains d'herbes (60 000 d). À 5 km du centre de Ha Giang ; comptez 30 000 d en *xe om* ou 70 000 d en taxi depuis la gare routière.

Huy Hoan Hotel HÔTEL $
(386 1288 ; P Nguyen Trai ; ch 180 000-500 000 d ; 🛜). Cet hôtel haut et étroit abrite de grandes chambres bien tenues au mobilier sombre, de style oriental, et aux matelas (très) fermes. La décoration des nouvelles chambres est très chargée, et les moins chères n'ont pas de fenêtre. Il y a un oiseau tapageur à la réception. Quelques bons restaurants à deux pas.

Duc Giang Hotel PENSION $
(387 5648 ; 14 P Nguyen Trai ; s/d/tr 140 000/150 000/200 000 d ; ❄️). Une pension familiale à la situation centrale, offrant des chambres carrelées claires et spacieuses. Des triples sont également disponibles.

Bien Nho Thanh Thu Restaurant VIETNAMIEN LOCAL
(17 P Duong Huu Nghi ; repas à partir de 100 000 d). Ici, on sert des repas exotiques : crocodile, fruits de mer, oie et spécialités traditionnelles des minorités de Ha Giang.

A...Lo CAFÉ
(P Nguyen Trai ; 🛜). Café accueillant mais enfumé. Wi-Fi.

Trung Nguyen Café CAFÉ
(P Nguyen Trai ; 🛜). En face du A...Lo, ce café disposant d'une connexion Wi-Fi est ce qui

> **VAUT LE DÉTOUR**
>
> ## LE PAN HOU VILLAGE
>
> (383 3565 ; www.panhou-village.com ; s/d 30/40 $US ; ✆※). Dans une vallée perdue au cœur du massif du haut Son Chay, jardins tropicaux et rizières entourent les bungalows du Pan Hou Village. Cet écolodge merveilleusement isolé constitue une base de choix pour des treks, des randonnées et ses visites de marchés des minorités. Jolies chambres carrelées dotées de mobilier en bois ; restaurant/bar (déjeuner 10 $US, dîner 12 $US) spacieux et chaleureux. Les bains de thé et de plantes médicinales traditionnelles au spa soulagent la fatigue et les courbatures. On arrive au Pan Hou, à 36 km à l'ouest du village de Tan Quang, au sud de Ha Giang, en grimpant une route de montagne sinueuse.

se rapproche le plus d'un lieu branché pour les jeunes.

❶ Renseignements

Pour obtenir un permis (300 000 d), adressez-vous de préférence à votre hôtel ou au **service d'immigration de Ha Giang** (22 P Tran Quoc Toan ; ⊙8h-12h et 14h-17h). À côté, le petit office du tourisme dispose d'une intéressante maquette des paysages environnants.

L'**Agribank** possède une agence avec DAB dans Pho Nguyen Trai, des cybercafés sont situés tout près.

❶ Depuis/vers Ha Giang

La nouvelle gare routière de Ha Giang se trouve à l'extrémité nord de la ville près du pont du 3-Février. Consultez le tableau des lignes de bus. Attention, aucun bus n'effectue de liaison directe de Ha Giang à Bac Ha. L'itinéraire est joli mais vous devrez passer par Xin Man ou Bac Ngam. Pour plus de détails, voir p. 141.

Le service de minibus de Karst Plateau Travel (p. 140) assure également la liaison Dong Van-Meo Vac.

ENVIRONS DE HA GIANG

Pour une aventure mémorable, partez au nord vers les districts de Dong Van et de Meo Vac, à proximité de la frontière chinoise. Il est désormais possible d'effectuer une sorte de "boucle de l'extrême Nord" en continuant au-delà de Bao Lac vers la RN 3 et Cao Bang. Les transports publics sont lents et peu fréquents. Assurez-vous de posséder le permis de circuler nécessaire (à obtenir à Ha Giang), faute de quoi vous devrez payer une lourde amende à la police de Meo Vac avant d'être directement renvoyé à Ha Giang.

Après Ha Giang, la route grimpe jusqu'au **col de Quan Ba** (porte du Paradis). La métaphore poétique, sport national au Vietnam, prend ici tous ses droits. La route serpente à travers une combe, puis dévoile une incroyable vue sur des tours calcaires sculptées par les forces de la nature.

Au sommet du col de Quan Ba vous trouverez un nouvel office du tourisme et un poste d'observation offrant une vue splendide sur Yen Minh. Un panneau en anglais explique l'initiative prise en 2011 de faire figurer le **plateau karstique de Dong Van** parmi les géoparcs nationaux du réseau mondial de l'Unesco. Il s'agit du premier géoparc reconnu par l'Unesco au Vietnam, et du deuxième en Asie du Sud-Est, après celui de Langkawi en Malaisie.

En arrivant à **Yen Minh** par des forêts de pins, arrêtez-vous pour boire un verre avant la dernière étape, à travers un paysage irréel vers les confins de la Chine.

Dong Van est essentiellement un avant-poste poussiéreux mais la localité accueille un superbe marché dominical et constitue une bonne base pour des randonnées d'une journée dans les villages de minorités alentour. Elle possède également un vieux quartier, où se trouve une maison de marchand centenaire joliment restaurée qu'occupe désormais le sympathique **Café Pho Co** (vieux marché ; ⊙10h-23h). Le **Rocky Plateau Hotel** (385 6868 ; rockyplateau@gmail.com ; ch 250 000 d ; @), un établissement tranquille, décoré d'œuvres d'art colorées, représente la meilleure option d'hébergement en ville et la meilleure source d'informations pour les voyageurs. Le DAB le plus proche est à Ha Giang.

Au-delà de Dong Van, le spectaculaire **col de Ma Pi Leng** se poursuit sur 22 km jusqu'à **Meo Vac**. Taillée dans la falaise, la route surplombe les eaux de la Nho Que, encastrée dans une gorge impressionnante. Prenez le temps de savourer ce spectacle.

Meo Vac, une capitale de district entourée de montagnes, est, comme nombre de villes de la région, investie par des Vietnamiens venus d'autres parties du pays. Face à la gare routière, le nouvel **Hoa Cuong Hotel** (387 2888 ; ch 15-20 $US ; @✆※), impressionnant dans cette localité si isolée, offre de spacieuses chambres avec TV à écran plat. À côté, un petit supermarché propose nouilles instantanées et en-cas si l'offre culinaire de Meo Vac, bien loin d'être cosmopolite, ne vous inspire pas.

Quelques échoppes de *com pho* en ville s'ajoutent aux étals de restauration du marché. Ne vous étonnez pas si l'on vous propose de goûter la spécialité locale, le "vin aux abeilles". Nous ne savons toujours pas s'il est fait avec des abeilles et du miel ou s'il est "100% abeilles". En tout cas, c'est une boisson tonifiante pour les froides nuits à Meo Vac.

Comme Dong Van, Meo Vac accueille un grand marché dominical et il est assez simple de visiter les deux. Un *xe om* vous conduira de l'un à l'autre pour environ 220 000 d.

VERS LE SUD JUSQU'À CAO BANG

Les étrangers sont désormais autorisés à circuler de Meo Vac à Bao Lac (5 heures environ), dans la province de Cao Bang. Il

---

À MOTO SUR LES ROUTES DU NORD-OUEST

Profitant des paysages spectaculaires et d'une circulation réduite, un nombre croissant de voyageurs effectuent à moto la "boucle du Nord-Ouest" de Hanoi à Lao Cai, avec un retour vers la capitale par Dien Bien Phu. Pour les plus intrépides, les routes courant au nord en direction de la Chine dans les superbes provinces de Ha Giang et de Cao Bang, constituent la toute nouvelle frontière des voyageurs au Vietnam.

C'est à Hanoi que vous pourrez organiser votre périple et louer une moto. Vous pouvez bien sûr vous joindre à un circuit (p. 525), ou faire appel à un guide connaissant bien les routes et qui vous assistera pour les problèmes mécaniques et linguistiques. Essayez la moto et renseignez-vous sur l'état des routes avant de partir.

La plupart des motos qui circulent au Vietnam sont de petites cylindrées (moins de 250 cm^3). Les robustes Minsk, fabriquées en Biélorussie, ont fait le bonheur des voyageurs pendant des années et ont toujours leurs fans (voir le site www.minskclubvietnam.com, en anglais), même si les deux-roues chinois ont désormais envahi le marché. Bien que supportant les routes défoncées, les Minsk sont capricieuses et d'une fiabilité douteuse, mais les mécaniciens du Nord-Vietnam les connaissent bien et savent les réparer.

Réputées pour leur solidité et dotées d'amortisseurs corrects, les Honda routières (comme la GL 160) ou tout-terrain feront très bien l'affaire. Certains choisissent de découvrir le Vietnam sur de petites cylindrées (par exemple la Honda Wave 100 cm^3), une bonne solution pour les conducteurs inexpérimentés grâce à la boîte de vitesses automatique, mais pénible pour les reins.

Même si les agences de location vous fournissent une checklist, pensez à vous munir d'un bon casque, d'un téléphone portable local, de vêtements de pluie, de pièces de rechange et d'une trousse de réparation (comprenant bougies, clés, chambre à air et démonte-pneu), d'une pompe et de cartes correctes. Coudières, genouillères et gants peuvent aussi se révéler utiles.

Mieux vaut vous épargner le long et pénible trajet jusqu'à Lao Cai et prendre le train. Chargez votre moto, réservoir vide, ou presque, dans un wagon à bagages et dormez sur une couchette. À Lao Cai, faites le plein et démarrez !

Ne roulez pas trop vite, surtout quand il pleut. Les routes goudronnées peuvent se transformer en pistes boueuses en un rien de temps. Arrêtez-vous durant les fortes averses et attendez un peu après l'arrêt de la pluie avant de repartir : les remblais des routes de montagne, souvent récentes, sont instables, et des glissements de terrain se produisent fréquemment. Ne comptez pas dépasser 35 km/h de moyenne. Garez-vous dans les parkings des hôtels et faites le plein dans les stations-service, où vous risquez moins d'avoir de l'essence coupée.

Si le temps ou l'énergie viennent à vous manquer, sachez que de nombreuses compagnies de bus transporteront votre moto sur le toit d'un bus ; obtenez au préalable l'autorisation de l'agence de location.

Cuong's Motorbike Adventure (p. 83) et Offroad Vietnam (p. 83) sont deux agences spécialisées et recommandées à Hanoi.

LES LIGNES DE BUS DU NORD-OUEST

LIGNE	PRIX	DURÉE	FRÉQUENCE
Dien Bien Phu-Hanoi	à partir de 300 000 d	11 heures 30	régulière jusqu'à 12h
Dien Bien Phu-Lai Chau	130 000 d	6 heures	5h-14h
Dien Bien Phu-Muong Lay	57 000 d	2 heures	5h-14h
Dien Bien Phu-Son La	97 000 d	4 heures	régulière jusqu'à 12h
Ha Giang-Dong Van	100 000 d	5 heures	10h30
Ha Giang-Hanoi	à partir de 170 000 d	7 heures	5h-21h
Ha Giang-Meo Vac	100 000 d	6 heures	10h30
Lai Chau-Dien Bien Phu	à partir de 120 000 d	6 heures	5h-13h30
Lai Chau-Hanoi	à partir de 280 000 d	12 heures	5h et régulière de 16h à 20h
Lai Chau-Lao Cai	65 000 d	3 heures 30	5h-16h
Lai Chau-Muong Lay	60 000 d	3 heures	5h-13h30
Lai Chau-Sinho	40 000 d	2 heures	6h30 et 13h30
Muong Lay-Dien Bien Phu	57 000 d	2 heures	5h-14h
Muong Lay-Lai Chau	60 000 d	3 heures	5h-13h30
Muong Lay-Sinho	70 000 d	2 heures 30	7h
Sapa-Dien Bien Phu	à partir de 170 000 d	8 heures	7h30
Sapa-Hanoi	à partir de 210 000 d	12 heures	7h30 et 17h30
Sapa-Lai Chau	70 000 d	3 heures	6h-16h
Son La-Dien Bien Phu	à partir de 97 000 d	4 heures	régulière, 5h30-13h30
Son La-Hanoi	à partir de 125 000 d	8 heures 30	toutes les 30 min, 5h-13h
Son La-Ninh Binh	à partir de 135 000 d	9 heures	5h30
Tuan Giao-Dien Bien Phu	46 000 d	2 heures 30	régulière jusqu'à 15h30
Tuan Giao-Hanoi	210 000 d	11 heures 30	régulière jusqu'à 14h
Tuan Giao-Son La	65 000 d	3 heures	régulière jusqu'à 15h30

faut bien sûr obtenir un permis à Ha Giang pour effectuer ce trajet, spectaculaire. Bien que la route soit en majeure partie asphaltée, une moto tout-terrain ou un 4x4 reste le meilleur moyen de transport. En transports publics, un bus quotidien part de Meo Vac à 9h (170 000 d), à destination de Cao Bang (p. 115).

Khau Vai, à une vingtaine de kilomètres au sud de Meo Vac, est célèbre pour son **marché de l'amour**, où les membres des minorités ethniques de la région viennent chercher mari ou femme. Cette manifestation étonnante attire désormais des bus entiers de touristes vietnamiens et l'événement, annuel, tient aujourd'hui un peu du cirque. Il a lieu le 27e jour du 3e mois lunaire, entre fin avril et mi-mai.

Après Khau Vai, un nouveau pont traverse la Nho Que, et la route continue au sud jusqu'à Bao Lac. Comptez ensuite 7 heures de trajet sur des routes cahoteuses entre Bao Lac et Cao Bang via Nguyen Binh.

Il est pour l'instant impossible d'effectuer ce trajet dans l'autre sens (à partir de la province de Cao Bang), car il faut disposer d'une autorisation émise à Ha Giang pour pénétrer dans cette région frontalière.

Centre-nord du Vietnam

Dans ce chapitre »

Province
de Ninh Binh 147
Vinh 154
Environs de Vinh 156
Parc national
de Phong Nha-Ke
Bang 156
Dong Hoi
et environs 159

Le top des restaurants

» Thuong Hai (p. 155)
» Huong Mai Restaurant (p. 148)
» Centre d'accueil des visiteurs, parc national de Cuc Phuong (p. 153)

Le top des hébergements

» Phong Nha Farmstay (p. 158)
» Nam Long Hotel (p. 160)
» Thanh Thuy's Guest House & New Hotel (p. 147)

Pourquoi y aller

Le Centre-Nord a peu de chance de devenir un jour une destination balnéaire en vue ou un pôle culturel majeur. Il s'agit en effet d'une région pauvre attachée à ses traditions, où le froid règne en hiver et où, à l'image de Vinh, les villes portent encore les stigmates de la guerre du Vietnam. Pourtant, les voyageurs à petit budget y trouveront de quoi satisfaire leur curiosité avec des sites sortant de l'ordinaire et des paysages propices à de magnifiques excursions.

La destination phare est sans conteste la région de Phong Nha, dont les immenses réseaux de grottes s'inscrivent dans un superbe parc national émaillé de montagnes calcaires et de forêt vierge.

Hérissée de monts karstiques, la province de Ninh Binh a aussi son charme, et le parc national de Cuc Phuong, à la saisissante beauté, s'étend à sa lisière sud. Enfin, la station balnéaire portuaire de Dong Hoi constitue un point de chute agréable pour passer un jour ou deux loin des axes touristiques.

Quand partir
Ninh Binh

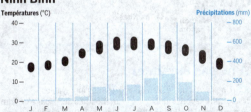

Avr Les vents d'hiver tombent, le thermomètre grimpe et les rivières de Phong Nha invitent à la baignade.

Oct La période idéale, avec des journées chaudes, des soirées douces et une mer à sa température maximale.

Déc À Noël, une foule de fidèles catholiques investissent la ville de Phat Diem et sa cathédrale.

À ne pas manquer

1 Une randonnée à pied ou à vélo dans l'époustouflant **parc national de Phong Nha-Ke Bang** (p. 157)

2 La beauté intacte du **parc national de Cuc Phuong** (p. 151)

3 La **grotte du Paradis**, nichée en pleine nature (p. 157)

4 Les incroyables monolithes de calcaire de **Tam Coc** (p. 149), à découvrir lors d'une promenade tranquille en barque sur la rivière Ngo Dong

5 Les **temples anciens de Hoa Lu** (p. 150), et la vue, royale, depuis le site

6 La **cathédrale de Phat Diem** (p. 153) et son étonnante architecture, à la croisée des influences orientale et occidentale

7 L'immense **grotte de Phong Nha** (p. 157)

Histoire

Cette région, aujourd'hui si paisible, a traversé quelques moments forts de l'Histoire. Au Xe siècle, après une domination chinoise de presque un millénaire, l'un des premiers empereurs établit la capitale à Hoa Lu, et édifia sa citadelle à l'abri de hautes falaises de calcaire. Aux XIIIe et XIVe siècles, la dynastie des Trân, qui siégeait à Thang Long (l'actuelle Hanoi), instaura une disposition spécifique : l'héritier de la couronne succédait partiellement à son père en tant que roi, celui-ci continuant de régner dans une autre "capitale", Tuc Mac, à 5 km de Nam Dinh. Cela permit d'éviter les guerres de succession, et assura à la dynastie des Trân une stabilité politique et une prospérité rarement égalées dans l'histoire du Vietnam.

Durant la guerre du Vietnam, les bombardements américains firent de terribles dégâts, réduisant la plupart des villes à l'état de ruines et parsemant la campagne de pièces d'artillerie mortelles. Aujourd'hui, le Centre-Nord demeure une région pauvre et sous-développée, dont les habitants choisissent souvent d'émigrer vers les grandes métropoles en quête d'une vie meilleure.

ⓘ Depuis/vers le Centre-Nord

La grande ligne ferroviaire Nord-Sud, tout comme la RN 1, traverse toute la région. Les aéroports, situés à Vinh et à Dong Hoi, accueillent des vols pour Hô Chi Minh-Ville (HCMV) et Hanoi.

Province de Ninh Binh

À une courte distance au sud de Hanoi, cette province qui englobe le parc national de Cuc Phuong affiche un décor naturel somptueux et de passionnants sites culturels. Elle est hélas surfréquentée par les touristes vietnamiens et ses lieux phares font l'objet d'une forte exploitation mercantile. Aussi, préparez-vous à être harcelé par les rabatteurs et autres commerçants.

NINH BINH
📞 030 / 141 800 HABITANTS

Ville de province industrielle, Ninh Binh présente peu d'intérêt en soi, mais constitue une bonne base pour explorer les reliefs karstiques emblématiques du Vietnam qui se dressent alentour. Bien qu'il ne s'agisse guère d'un endroit paisible – la RN 1 en traverse le centre –, quelques jolies petites rues et quartiers traditionnels subsistent néanmoins. Si un petit nombre régulier de voyageurs occidentaux se rendent ici, ce sont surtout les vacanciers vietnamiens qui prennent d'assaut les sites voisins, parmi lesquels la plus grande pagode (p. 150) du pays et les grottes de Trang An (p. 151).

À ceux qui sont lassés des bars touristiques, Ninh Binh permet de découvrir la campagne bucolique environnante et de se détendre le soir, comme les locaux, devant une assiette de chèvre grillée ou une *bia hoi* (bière) à la brasserie du coin.

👉 Circuits organisés

Des excursions sur les sites de la province sont proposées par les hôtels, comme le Thanh Thuy's, où officient les guides **Truong** (📞 091 566 6911 ; truong_tour@yahoo.com) et **Binh** (📞 094 422 9166). Comptez 10 $US/jour pour un circuit à moto empruntant les routes de campagne. Renseignez-vous sur les treks dans la réserve naturelle de Pu Luong, zone préservée entre deux crêtes montagneuses, où l'on peut loger dans des familles thaï et hmong. Sinon, il est possible de louer des motos Minsk pour explorer les marchés et les villages des minorités ethniques.

🛏 Où se loger

Les hébergements de Ninh Binh présentent l'un des meilleurs rapports qualité/prix du pays. La plupart des hôtels peuvent organiser des excursions et leur personnel, comme les guides, parle souvent bien anglais.

💙 Thanh Thuy's Guest House & New Hotel   HÔTEL $
(📞 387 1811 ; www.hotelthanhthuy.com ; 128 Đ Le Hong Phong ; ch guesthouse 7-10 $US, ch hôtel 15-25 $US ; ❄@🛜). L'un des meilleurs endroits pour rencontrer d'autres voyageurs. L'établissement est animé par une équipe sympathique, dont des guides qui connaissent parfaitement la région et organisent d'excellents circuits. Impeccables et parfois pourvues d'un balcon, les chambres diffèrent un peu les unes des autres, et se situent presque toutes bien en retrait de la route. Bref, on se sent ici comme chez soi.

Thuy Anh Hotel   HÔTEL $$
(📞 387 1602 ; www.thuyanhhotel.com ; 55A Đ Truong Han Sieu ; s/d aile ancienne 20/25 $US, s/d nouvelle aile 30/45 $US ; ❄@🛜). On comprend aisément la popularité de cet hôtel bien tenu, qui accueille les voyageurs depuis 1993. Les chambres les moins chères, dans l'aile ancienne, offrent un honnête rapport qualité/prix. Celles situées à l'arrière, confortables et

Ninh Binh

Ninh Binh

Où se loger
1 Kinh Do Hotel A1
2 Thanh Binh Hotel A1
3 Thanh Thuy's Guesthouse &
   New Hotel A1
4 Thuy Anh Hotel A2

Où se restaurer
5 Huong Mai Restaurant A1
6 Restaurants d'escargots A1

Où prendre un verre
7 Bia hoi B1
8 Bia hoi A1

les chambres hautes de plafond, nettes et spacieuses, se révèlent intéressantes malgré leurs matelas plutôt durs. Spa basique avec hammam et massages.

Où se restaurer et prendre un verre

Les établissements ne sont pas légion et mieux vaut prévoir de dîner tôt, car on ne trouve plus grand-chose d'ouvert après 21h. La spécialité du lieu est la *de* (chèvre), qui se mange habituellement enveloppée d'une galette de riz avec des herbes fraîches. À 3 km de la ville, des **restaurants de viande de chèvre** bordent la route à destination des grottes de Trang An.

Dans les ruelles au nord de Đ Luong Van Tuy, près du stade, plusieurs **restaurants d'escargots**, l'autre plat du cru, servent de savoureux *oc luoc xa* (escargots à la citronnelle et au piment). Le même secteur compte aussi quelques bars décontractés.

Le **Huong Mai Restaurant** (12 Đ Tran Hung Dao ; plats 20 000-80 000 d) possède une carte en anglais, mais les serveurs ne parlent que vietnamien. Mention spéciale pour les gâteaux de riz cuits dans un bouillon de bœuf. Bons fruits de mer, viande de chèvre et plats plus exotiques comme l'anguille cuisinée avec des bananes.

Vous trouverez des échoppes de **bia hoi** dans les petites rues en face de l'hôtel Thanh Thuy ou au bord de la rivière, à côté de la brasserie locale.

modernes, allient de bons équipements à un mobilier choisi avec goût. Bar au dernier étage et restaurant à la cuisine occidentale (copieux petit-déjeuner inclus).

Ninh Binh Legend Hotel HÔTEL $$$
(389 9880 ; www.ninhbinhlegendhotel.com ; Tien Dong Zone ; ch/ste à partir de 77/126 $US ; ✱@✆☎). À 2 km au nord-ouest du centre-ville, ce nouveau quatre-étoiles comporte 108 chambres bien équipées (4 catégories de prix), claires et spacieuses, avec parquet et vue sur les rizières. Salle de gym, spa, courts de tennis ainsi qu'un vaste et coûteux restaurant.

Thanh Binh Hotel HÔTEL $
(387 2439 ; www.thanhbinhhotelnb.com.vn ; 31 Đ Luong Van Tuy ; s 10-25 $US, d 15-30 $US ; ✱@✆). En retrait de l'artère principale, cet hôtel fréquenté, bien aménagé pour les voyageurs, décline un bon choix de chambres. Les meilleures occupent les étages supérieurs et incluent le petit-déjeuner. Accueillant propriétaire. Restaurant, location de vélos et motos à petit prix.

Kinh Do Hotel HÔTEL $
(389 9152 ; http://kinhdohotel.vn ; 18 Đ Phanh Dinh Phung ; ch 250 000 d ; ✱@). Les réceptionnistes ne parlent guère anglais, mais

Renseignements

BIDV (Đ Le Hong Phong). Distributeur automatique de billets et service de change.
Hôpital (Benh Vien Da Khoa Tinh ; 387 1030 ; Đ Hai Thuong Lan)

Internet (Đ Luong Van Tuy ; 6 000 d/h). Plusieurs cybercafés sont regroupés là.
Poste principale (Đ Tran Hung Dao)
Vietin Bank (DAB) (Đ Tran Hung Dao)

❶ Depuis/vers Ninh Binh

BUS La **gare routière** de Ninh Binh (Đ Le Dai Hanh) se situe près du pont Lim, juste en contrebas de l'autopont vers Phat Diem. Jusqu'à 19h, des bus publics partent pratiquement toutes les 15 min pour rejoindre les gares routières de Giap Bat et de Luong Yen à Hanoi (55 000 d, 2 heures 30, 93 km). Les bus "open tour" s'y arrêtent aussi, entre Hanoi (6 $US, 2 heures) et Hué (13 $US, 10 heures) ; on peut vous prendre ou vous déposer à votre hôtel.

TRAIN La **gare ferroviaire** (Ga Ninh Binh ; 1 Đ Hoang Hoa Tham) se trouve sur la principale ligne nord-sud qui dessert notamment Hanoi (55 000 d, 2 heures-2 heures 30, 4/j), Vinh (90 000 d, 6 heures, 3/j) et Hué (275 000 d, 12 heures 30-13 heures 30, 4/j).

❶ Comment circuler

Le plupart des hôtels louent des vélos (1-2 $US/j) et des motos (5-8 $US/j). Les conducteurs de moto demandent environ 10 $US/j.

TAM COC

La plupart des voyageurs viennent à Ninh Binh pour Tam Coc et ses formations karstiques se dressant au milieu des rizières, que l'on apprécie lors d'une tranquille promenade en barque.

◉ À voir et à faire

Balade en bateau à Tam Coc EXCURSION AU FIL DE L'EAU

(30 000 d, bateau 60 000 d). Certes, Tam Coc ("trois grottes"), décrite comme la "baie d'Along terrestre", à une échelle beaucoup plus modeste, offre, sur 2 km de la Ngo Dong, un paysage d'une beauté surnaturelle ponctué de pics calcaires. Le site connaît toutefois une forte affluence touristique, qui se traduit par une interminable procession de barques accompagnée de bruit et d'agitation. Pour profiter véritablement du paysage, venez tôt le matin ou en fin d'après-midi.

Chaque embarcation prend à son bord deux personnes, en plus du rameur. L'itinéraire (environ 2 heures) conduit les visiteurs au fil de l'eau et dans les trois grottes qui ont donné son nom à Tam Coc, Hang Ca (127 m de long), Hang Giua (70 m) et Hang Cuoi (45 m).

Pensez à vous munir de crème solaire et d'un chapeau, car les embarcations ne sont pas couvertes. Les bateliers manœuvrent souvent les rames avec leurs pieds.

Van Lan VILLAGE

Derrière les restaurants de Tam Coc, près de l'entrée, ce village est connu pour ses broderies. Des artisans confectionnent des serviettes, des nappes, des housses de coussins ou des T-shirts ; certains viendront vous en proposer lors de votre périple en bateau. Négociez ferme si vous voulez en acheter.

GRATUIT Pagode de Bich Dong TEMPLES

(grotte de Jade). Ces charmants temples troglodytiques se trouvent à 2 km environ au nord de Tam Coc. De la pagode inférieure, au pied du rocher, il faut gravir une centaine de marches pour atteindre la pagode intermédiaire, puis poursuivre l'ascension – moins longue, mais tout aussi raide – jusqu'à la pagode supérieure. Dans les temples, la fumée de l'encens enveloppant d'inquiétantes statues crée une atmosphère irréelle. À l'extérieur, on découvre une superbe vue.

🍴 Où se loger et se restaurer

Il existe plusieurs pensions à Van Lan, dont le **Lang Khanh** (✆361 8073 ; langkhanhtc@yahoo.com.vn ; ch 6-12 $US ; ❄), une adresse familiale offrant des chambres propres et soignées, ainsi qu'un restaurant simple (repas 35 000-60 000 d).

❶ Depuis/vers Tam Coc

Tam Coc se trouve à 9 km au sud-ouest de Ninh Binh. Les hôtels de Ninh Binh organisent des circuits (que vous pouvez faire vous-même à moto ou à vélo) et peuvent aussi vous indiquer de superbes routes secondaires.

À Hanoi, des tours-opérateurs proposent des excursions d'une journée à Tam Coc et Hoa Lu, moyennant 20-30 $US.

GROTTE DE MUA

Nichée à l'extrémité d'une route passant entre les rizières, cette **grotte** (grotte de la

L'ÉPREUVE DE TAM COC

Si les sublimes formations karstiques de Tam Coc éblouissent, l'insistance des vendeurs de boissons ou d'artisanat et des photographes ambulants peut rendre l'expérience pénible. Aussi, il n'est pas rare de voir à bord des bateaux qui reviennent du site des touristes à l'air renfrogné ou abattu. Pour éviter que ces petits tracas gâchent la balade, montrez-vous ferme mais poli et adoptez une attitude indifférente.

Danse ; 20 000 d) n'a rien de spectaculaire en soi, mais se tient au pied d'un pic karstique dont le sommet offre une vue panoramique. L'escalier en pierre à côté de l'entrée grimpe à flanc de rocher – 500 marches environ (attention aux crottes de chèvre) – jusqu'à un simple autel dédié à Quan Am, la déesse de la Miséricorde. En regardant vers l'ouest, vous verrez la rivière Ngo Dong qui serpente à travers le site de Tam Coc.

HOA LU

Hoa Lu était la capitale du Vietnam sous la dynastie des Dinh (968-980), puis sous celle des Lê antérieurs (980-1009). Les Dinh ont choisi ce site pour mettre un peu de distance entre eux et la Chine, et pour tirer parti de la "barrière" offerte par les formations rocheuses de la région, tout aussi impressionnantes que celles de Tam Coc.

Si l'ancienne citadelle est en majeure partie en ruine, le mont Yen Ngua forme un superbe arrière-plan aux deux **temples** (12 000 d), qui ont traversé les siècles. Le premier, **Dinh Tien Hoang**, est consacré à la dynastie des Dinh. Le socle en pierre d'un trône royal se dresse devant l'entrée ; à l'intérieur vous verrez des cloches de bronze et une statue de l'empereur Dinh Tiên Hoang avec ses trois fils.

Le deuxième temple est dédié au souverain Le Dai Hanh. La salle principale contient l'assortiment habituel de tambours, de gongs, d'encensoirs, de chandeliers et d'armes au milieu desquels se dresse une statue du roi, avec son épouse sur la droite et son fils sur la gauche. Un modeste **musée** présente une partie des fouilles du mur de la citadelle du Xe siècle.

C'est depuis la tombe de l'empereur Dinh Tien Hoang qu'on a la meilleure vue d'ensemble des ruines. Le sentier qui gravit la colline, en face de la billetterie, y conduit en une vingtaine de minutes.

Hoa Lu se situe à 12 km au nord-ouest de Ninh Binh. À 6 km au nord, tournez à gauche sur la RN 1. Aucun transport public ne s'y rend.

CHUA BAI DINH

GRATUIT Chua Bai Dinh (☉7h-17h45), un nouveau et imposant complexe bouddhique, vous attend au nord-ouest de Ninh Binh, sur le flanc d'une montagne karstique au sommet arrondi.

Après avoir franchi la (petite) porte d'entrée, vous traverserez à droite des galeries et passerez devant 500 *arhat* (fidèles ayant atteint le plus haut degré de la perfection bouddhique) en pierre qui bordent la route montant jusqu'à la pagode Phap Chu, coiffée d'un triple toit. Celle-ci renferme un bouddha en bronze haut de 10 m et pesant 100 tonnes, flanqué de deux bodhisattvas dorés, devant lequel s'étale une collection kitsch de lampes, d'offrandes et de bouquets d'encens.

Derrière, des marches montent vers un point de vue, une pagode de 13 étages (presque achevée lors de notre passage) et un bouddha géant. En revenant par la partie centrale de l'ensemble, vous passerez devant d'autres temples, dont l'un abrite une cloche de 36 tonnes, la plus grosse du pays, fondue à Hué en 2006.

Chua Bai Dinh attire certains jours des milliers de Vietnamiens, parmi lesquels de nombreux touristes en excursion, ce qui ne favorise guère le recueillement spirituel. Cela dit, l'endroit a le mérite d'être construit à partir de matériaux naturels et certains de ses éléments décoratifs en bois, en laque ou pierre sculptée impressionnent.

Le site se trouve à 11 km au nord-ouest de Ninh Binh, en passant par Trang An et en longeant des dizaines de restaurants de viande de chèvre.

KENH GA

Ce village, dont le nom signifie "canal aux poulets", retient l'attention pour son étonnant **mode de vie fluvial** et les impressionnants reliefs calcaires qui l'environnent.

Les villageois semblent passer la majeure partie de leur vie sur ou dans l'eau : ils s'occupent de leurs élevages piscicoles flottants, récoltent des plantes aquatiques pour nourrir les poissons, ou vendent leurs légumes de bateau à bateau. Même les enfants vont à l'école par ce moyen. Kenh Ga était autrefois un village essentiellement flottant, mais l'amélioration du niveau de vie s'est traduit par l'apparition d'un nombre croissant de maisons.

Sur la jetée, vous trouverez quelqu'un qui vous emmènera en bateau à moteur (70 000 d) pour un circuit de 1 heure 30 autour du village.

Kenh Ga se trouve à 21 km de Ninh Binh, sur la route du parc national de Cuc Phuong. Suivez la RN 1 vers le nord sur 11 km, et faites encore 10 km vers l'ouest jusqu'à la jetée.

RÉSERVE NATURELLE DE VAN LONG

Dans un paysage splendide de pics calcaires, cette paisible **réserve** (15 000 d, bateau 90 000 d) comprend une zone humide propice

LE LABORIEUX PASSAGE DE LA FRONTIÈRE 1

Ceux qui aspirent à l'aventure peuvent tenter de franchir la frontière à **Nam Xoi-Na Meo** (carte p. 146 ; ☉7h-17h), à 175 km au nord-ouest de Thanh Hoa (Vietnam) et 70 km à l'est de Sam Neua (Laos), où des visas laotiens sont désormais délivrés. Dans la mesure du possible, choisissez un bus direct et évitez de poursuivre avec un autre moyen de transport côté vietnamien car les étrangers se font copieusement arnaquer.

De Sam Neua (Laos), un bus direct part chaque jour à 7h30 pour Thanh Hoa (190 000 kips ; 10 heures), d'où vous pourrez prendre une correspondance pour Hanoi, ou pour Vinh, au sud. Sinon, il est possible de voyager par étapes, mais vous paierez davantage et mettrez plus longtemps. Des *songthaew* et des minibus (33 000 kips, 4 heures) quittent Sam Neua à destination de la frontière. Nos lecteurs ne rapportent aucune tracasserie particulière, mais on vous proposera des taux de change très désavantageux sur toutes les monnaies – adressez-vous plutôt aux hôtels de Na Meo. C'est ensuite que les choses sérieuses commencent (sauf si vous avez pris un bus direct). Les chauffeurs des bus vietnamiens qui se rendent à Thanh Hoa appliquent aux étrangers un tarif honteusement majoré, soit 50 \$US au lieu de 7 \$US.

En sens inverse, un bus quotidien pour Sam Neua (275 000 d) démarre à 8h de la gare routière Ouest de Thanh Hoa (*Ben Xe Mien Tay*) ; attendez-vous là encore à un prix supérieur à la normale. Mieux vaut ne pas rester bloqué côté laotien, car les transports sont très irréguliers et les lieux d'hébergement inexistants. Na Meo compte plusieurs pensions simples et fonctionnelles.

à l'**observation des oiseaux**, notamment la rare petite spatule, l'anserelle de Coromandel et la marouette grise. Van Long est également le dernier refuge d'une espèce menacée de singe, le semnopithèque de Delacour.

La **balade en barque** (2 personnes par embarcation) est merveilleusement paisible.

Van Long est à 2 km à l'est de Tran Me, bourgade elle-même située à 23 km de Ninh Binh sur la route de Cuc Phuong.

GROTTES DE TRANG AN

Nouvel et immense aménagement au bord de la rivière, **Trang An** (☉7h30-16h) offre une expérience comparable à celle de Tam Coc, dans une version très commerciale. Le nombre des bateaux, la proximité de la nationale, les vastes parkings, les embouteillages du week-end et la bousculade généralisée composent un cirque peu engageant. Une fois à bord d'une barque qui glisse sur la Sao Khe et s'enfonce à travers une succession de **grottes calcaires**, on commence à se sentir beaucoup mieux. Il n'en reste pas moins que le site est surexploité.

Des excursions en bateau (100 000 d jusqu'à 4 pers) de 2 heures font le tour des grottes et des galeries souterraines. Prévoyez un couvre-chef et de la crème solaire car il n'y a pas d'ombre.

Trang An se trouve à 7 km au nord-ouest de Ninh Binh. Suivez la grande route nationale à la sortie de la ville.

PARC NATIONAL DE CUC PHUONG
♪030 / ALTITUDE 150-656 M

La forêt primaire de ce splendide **parc national** (carte p. 146 ; ♪384 8006 ; www.cucphuongtourism.com ; adulte/enfant 20 000/ 10 000 d) abrite une faune et une flore d'une étonnante variété, qui font de ce parc l'une des plus importantes zones naturelles protégées du Vietnam. On y recense 307 espèces d'oiseaux, 133 espèces de mammifères, 122 espèces de reptiles et plus de 2 000 variétés de plantes.

Le parc se trouve à cheval sur trois provinces et deux massifs calcaires. Le point culminant, le Dinh May Bac (pic du Nuage argenté), s'élève à 656 m. Hô Chi Minh prit le temps d'inaugurer le parc pendant la guerre du Vietnam, en 1962, et prononça à l'occasion une courte allocution : "La forêt est comme de l'or. Si nous savons la protéger, elle restera un bien précieux. Si elle est détruite, en revanche, les conséquences seront désastreuses pour la vie et la productivité."

Hélas, le braconnage et la destruction de l'habitat sont toujours des problèmes majeurs dans le parc. L'amélioration des routes a accru l'exploitation forestière illégale, et de nombreuses espèces endémiques, comme l'ours noir d'Asie, le crocodile du Siam, le chien sauvage et le tigre, ont disparu de la région par la faute de l'homme.

Les deux centres qui protègent, l'un les primates menacés, l'autre les tortues (voir l'encadré p. 152), à la lisière du parc, vous feront découvrir les initiatives des autorités du parc en matière de préservation.

Des Muong vivent aussi dans le parc. Installés auparavant dans la vallée centrale, ils ont été déplacées à la fin des années 1980 vers la partie ouest du parc. Il s'agissait officiellement de mettre un terme à la pratique de la culture sur brûlis et d'encourager la culture sédentaire, mais on a constaté par la suite que la route nationale Hô Chi Minh, projet phare du gouvernement, traversait une partie des terres muong.

La meilleure époque pour la visite s'étend de novembre à février, pendant la saison sèche. En avril-mai, vous y verrez des millions de papillons. D'avril à juin, la température, l'humidité, ainsi que la quantité de gadoue augmentent progressivement, tandis que, de juillet à octobre, les pluies apportent avec elles une multitude de sangsues. Les week-ends se traduisent souvent par un afflux de familles vietnamiennes.

Le centre d'accueil des visiteurs, qui jouxte l'entrée, dispose d'un personnel compétent parlant anglais. Il organise des circuits et peut fournir des guides.

◉ À voir et à faire

Le parc se prête à d'excellentes randonnées. Parmi les promenades courtes, citons la visite d'un grand **jardin botanique**, où l'on découvre cerfs, civettes, gibbons et entelles et le sentier qui mène, via un escalier abrupt, de 220 marches, à la **grotte de l'Homme préhistorique**, où des outils vieux de 7 500 ans ont été mis au jour (ce qui en fait l'un des plus anciens sites habités du Vietnam).

Parmi les randonnées plus longues, une marche de 6 km aller-retour mène à un **grand arbre** millénaire *(Tetrameles nudiflora)*, et une autre, de 4 heures, vous conduira au **pic du Nuage argenté**. Une marche éprouvante de 15 km (5 heures) conduit à **Kanh**, un village muong, où il est possible de passer la nuit chez l'habitant, avant de descendre la rivière Buoi en radeau (50 000 d).

SAUVER LES SINGES ET LES TORTUES

Cuc Phuong comporte deux **centres de préservation** (entrée libre, avec guide 10 000 d) où les visiteurs peuvent découvrir le travail effectué et les espèces concernées. Le **centre pour la protection des primates menacés** (📞384 8002 ; www.primatecenter.org ; ⊙9h30-11h30 et 13h30-16h30) protège quelque 150 singes, appartenant à 12 espèces de gibbons, 3 d'entelles et 2 de loris. Le premier est un singe à longs bras, qui se nourrit de fruits, le second un singe arboricole à longue queue et le troisième un primate nocturne, plus petit et doté de grands yeux. Vous remarquerez Vinh, un gibbon d'une incroyable agilité malgré son handicap (il s'est cassé le bras en se battant avec un chasseur).

Tous les animaux du centre y ont vu le jour ou ont été sauvés du commerce illégal, qui les conduit essentiellement en Chine, où on leur prête des vertus médicinales.

Plus de 100 animaux ont jusqu'à présent été élevés sur place, dont le premier langur de Cat Ba et le premier primate "à jambes grises" *(Pygathrix cinerea)* né en captivité. Il est cependant incroyablement difficile de réadapter ces primates à leur habitat naturel ; une trentaine de gibbons et de langurs (entelles) ont été lâchés dans un espace semi-sauvage attenant au centre, ainsi que sur un autre site, au parc national de Phong Nha-Ke Bang. Des T-shirts et autres souvenirs sont en vente au centre.

Le **centre pour la protection des tortues** (📞384 8090 ; www.asianturtlenetwork.org, voir Project Profiles ; ⊙9h-11h15 et 14h-16h45) accueille plus de 1 000 tortues terrestres, semi-aquatiques et aquatiques, qui représentent 20 des 25 espèces existant dans le pays. Beaucoup ont été saisies à des contrebandiers – dans ce cas aussi, la demande vient de Chine (et du Vietnam), où la chair de tortue a la réputation d'accroître la longévité. Les chasseurs, professionnels ou opportunistes, ont ainsi décimé la population sauvage de toute l'Asie du Sud-Est, 10 millions de tortues ayant été vendues tous les ans au cours des années 1990.

Le centre dispose d'un excellent centre d'interprétation, où l'on voit notamment des pièces réservées à l'incubation et à l'éclosion des œufs. Il a élevé et relâché avec succès des individus de 11 espèces différentes, dont 6 locales. Chaque année, une soixantaine de tortues retrouvent la liberté.

Le personnel du parc vous remettra des cartes rudimentaires. Si vous envisagez une marche un peu longue, recourrez aux service d'un guide. Jusqu'à 5 personnes, une randonnée pour observer des animaux nocturnes ou au pic du Nuage argenté (Silver Cloud Peak) coûte 20 $US. Le trek "Deep Jungle" (50 $US) s'aventure dans des zones reculées où l'on peut surprendre des civettes et des écureuils volants.

Où se loger et se restaurer

On peut se loger dans trois endroits du parc.

Le **centre d'accueil des visiteurs** (ch 7 $US/pers, pension 23-27 $US, bungalow 30 $US), qui jouxte l'entrée du parc, loue des chambres basiques, des chambres avec sdb dans une pension, et un bungalow. Sans doute l'option la plus agréable, les bungalows donnant sur le **lac Mac** (ch 25 $US), à 2 km à l'intérieur du parc, étaient en cours de rénovation lors de notre venue. Il est également possible de camper (2 $US/pers, 4 $US avec tente) près du centre d'accueil ou du lac.

Le **centre du parc** (maison sur pilotis 7 $US/pers, qua 20 $US, bungalows 28 $US), situé à Bong, à 18 km de l'entrée, constitue le meilleur point de chute pour une marche matinale ou pour observer les oiseaux. Il dispose de chambres rudimentaires sans eau chaude dans une pseudo-maison sur pilotis, de grandes chambres de 4 lits dans un bâtiment et de quelques bungalows.

Des familles muong du **village de Kanh** (5 $US/pers) hébergent des visiteurs dans des conditions sommaires.

On trouve au centre du parc et au centre d'accueil des visiteurs des restaurants assurant les trois repas (25 000-50 000 d). Il faut commander à l'avance par téléphone, sauf pour le petit-déjeuner.

Cuc Phuong connaissant une très forte affluence le week-end et pendant les vacances scolaires vietnamiennes, mieux vaut alors réserver.

Depuis/vers le parc de Cuc Phuon

Ce parc national se situe à 45 km de Ninh Binh. Sur la RN 1, l'embranchement qui y mène, au nord de Ninh Binh, conduit au village flottant de Kenh Ga et à la réserve naturelle de Van Long.

Cuc Phuong est desservi par des bus réguliers au départ de Ninh Binh (18 000 d). Un bus direct part tous les matins à 9 heures de la gare routière de Giap Bat, à Hanoi (85 000 d, retour à 15h). Vous pouvez aussi prendre un bus pour Nho Quan (48 000 d, 2 heures 30 à 3 heures 30, 6 bus/j), puis trouver une moto (50 000 d) pour vous emmener jusqu'à l'entrée du parc.

PHAT DIEM

Phat Diem (carte p. 146) est célèbre pour sa **cathédrale**, remarquable par ses dimensions et son architecture sino-vietnamienne.

Durant la colonisation française, la ville était un haut lieu du catholicisme. L'évêque de Phat Diem régnait jadis sur la région, à la tête de sa propre armée, tradition qui perdura jusqu'à l'arrivée des troupes françaises en 1951. La cathédrale (1891) occupe une place importante dans le roman de Graham Greene, *Un Américain bien tranquille*, et c'est depuis son clocher que l'auteur a observé les combats entre l'Armée nord-vietnamienne et les troupes françaises.

Aux heures d'affluence, il vous faudra vous frayer un chemin entre les vendeurs et les mendiants pour parvenir à l'intérieur du sanctuaire, majoritairement en bois, où règne un calme sépulcral. Le plafond voûté est supporté par de massives colonnes en bois de près de 1 m de diamètre, et 10 m de hauteur. L'autel de granit est surmonté d'une nuée de chérubins aux traits vietnamiens, et aux ailes dorées sur fond de voûte bleue, sur laquelle semblent flotter des nuages de style chinois. Au-dessous, on remarque les martyrs mis à mort par l'empereur Tu Duc durant les purges anticatholiques des années 1850.

Face aux portes principales s'élève le clocher (doté d'une énorme cloche), dont les colonnes sculptées figurent des bambous. À sa base, vous remarquerez deux grosses dalles de pierre posées l'une sur l'autre : elles servaient d'estrade pour les mandarins qui venaient là observer les rites catholiques.

Entre le clocher et la cathédrale se trouve la tombe du fondateur, un prêtre vietnamien du nom de Six, ainsi que la "grotte de Lourdes", à côté de laquelle on découvre un buste plutôt sinistre représentant le père Six.

Cette cathédrale attire quantité de touristes vietnamiens : peu sont catholiques, mais tous font preuve d'une grande curiosité à l'endroit du christianisme. Les messes, célébrées tous les jours à 5h et à 17h, rassemblent un grand nombre de fidèles.

Non loin de la cathédrale un **pont couvert** date de la fin du XIXe siècle. La **pagode Dong Huong**, la plus grande de la région, est fréquentée par la communauté bouddhiste, constituée en grande partie de Muong. Pour y accéder, tournez à droite à la hauteur du canal en arrivant en ville depuis le nord et suivez la petite route au bord de l'eau sur 3 km.

À 5 km environ de la ville, en bordure de la route 10, la **cathédrale** de Ton Dao, sorte de contrepoint gothique au sanctuaire de Phat Diem, émerge curieusement au milieu des rizières. Au fond du cimetière, une statue de la Vierge Marie tient compagnie à des figures en porcelaine de Quan Am.

❶ Depuis/vers Phat Diem

Phat Diem, parfois appelée par son ancien nom de Kim Son, se situe à 121 km au sud de Hanoi et à 26 km au sud-est de Ninh Binh. Des bus directs s'y rendent depuis Ninh Binh (15 000 d, 1 heure) et les conducteurs de *xe om* (moto-taxi) demandent environ 140 000 d pour le trajet aller-retour, attente comprise.

Vinh

📞 038 / 437 000 HABITANTS

Presque entièrement rasée pendant la guerre, Vinh (carte p. 146) a été reconstruite à la hâte avec l'aide de l'ex-Allemagne de l'Est, d'où l'allure massive du centre-ville. À l'inverse des autres cités vietnamiennes, Vinh est découpée en grands boulevards bordés de trottoirs tout aussi larges.

Malgré les efforts pour l'embellir à l'aide d'arbres et de parcs, la ville demeure résolument morne. À moins de vouer un culte à la mémoire de Hô Chi Minh, né dans un village des environs, ou de vouloir rejoindre le Laos, il y a peu de raison de s'arrêter ici.

Histoire

Sortie de l'ombre à l'époque de la révolte des Tây Son (c'est ici que les rebelles tentèrent d'instaurer leur "capitale Phénix"), Vinh a entamé, sous la colonisation française, sa mutation vers l'industrie. En 1930, la manifestation du 1er mai fut brutalement réprimée par la police, qui fit sept personnes. La ferveur révolutionnaire continua néanmoins à gagner du terrain, et l'activité des cellules communistes, ainsi que celle des organisations syndicales et paysannes valurent à Vinh le surnom de "glorieuse cité rouge".

Au début des années 1950, la ville fut réduite à l'état de décombres par les bombardements de l'aviation française, la politique de la terre brûlée du Viet-minh et un gigantesque incendie. Pendant la guerre du Vietnam, le port de Vinh devint l'un des points d'approvisionnement stratégiques de la piste Hô Chi Minh (voir l'encadré p. 300), ce qui en fit la cible des premières frappes aériennes américaines sur le Nord-Vietnam. Bombardé ensuite sans relâche durant 8 ans, Vinh ne comptait plus à la fin de la guerre que deux édifices intacts. En 1972, sa population était officiellement réduite à zéro.

👁 À voir

Il ne reste pas grand-chose à voir de la **citadelle** (1831), à l'exception des douves et de trois portes : la **porte gauche** (Cua Ta ; Đ Dao Tan), la **porte droite** (Cua Huu ; Đ Dao Tan) et la **porte de devant** (Cua Tien ; Khoi 5 Đ Dang Thai Than). La balade conduisant de la porte gauche à la porte droite, plaisante, passe par le **musée Xo Viet Nghe Tinh** (entrée libre ; Đ Dao Tan ; ⏰7h-11h et 13h-17h), consacré aux héros du mouvement nationaliste mené

LE LABORIEUX PASSAGE DE LA FRONTIÈRE 2

Souvent noyé dans les brumes, le poste-frontière de **Nong Haet-Nam Can** (⏰7h-17h) se trouve à 119 km à l'est de Phonsavan, au Laos, et à 250 km au nord-ouest de Vinh.

Les bus reliant Vinh à Phonsavan traversent ici la frontière, avec départ quotidien de Phonsavan (110 000 kips, 13 heures, 403 km), et retour de Vinh les mercredi, vendredi, samedi et dimanche (235 000 d). Certains bus au départ de Phonsavan sont prétendument prévus pour Hanoi ou Danang, mais débarquent leurs passagers à Vinh.

Sinon, il faut prendre un bus le matin à Phonsavan jusqu'à Nong Haet (30 000 kips, 4 heures, 119 km), puis trouver un *songthaew* (30 000 kips, mais certains voyageurs se sont vu demander le double, voire le triple) pour effectuer les 13 km vous séparant de la frontière. Passé au Vietnam, vous négocierez la course à moto jusqu'à la ville la plus proche, Muong Xen. La route, magnifique, dégringole la montagne, mais ce trajet de seulement 25 km ne devrait pas vous coûter beaucoup plus que 5 \$US (certains chauffeurs demandent 15 \$US). À Muong Xen, vous trouverez un bus pour gagner Vinh (90 000 d, 8 heures, 250 km).

Dans l'autre sens, le bus pour Muong Xen part de Vinh le matin. Prenez ensuite une moto pour grimper jusqu'à la frontière. Côté laotien, les transports jusqu'à Nong Haet sont très irréguliers, mais, une fois arrivé dans cette localité, vous pourrez prendre un bus pour Phonsavan.

localement contre les colons français en 1930 et 1931. Devant le bâtiment, un grand **monument** en pierre caractéristique de l'art socialiste, a été élevé à la mémoire de ceux qui périrent aux mains des Français.

🛏 Où se loger

Thanh An Hotel HÔTEL $
(384 3478 ; 156 Nguyen Thai Hoc ; s/d 180 000 /200 000 d ; ❄🌐). À 300 m au sud de la gare routière, un nouvel hôtel d'excellente qualité aux chambres modernes et dépouillées, avec un minibar, des lits confortables et de jolis meubles en bois. Vous aurez peut-être cependant du mal à vous faire comprendre à la réception. Parking sûr au sous-sol.

Saigon Kimlien Hotel HÔTEL $$
(383 8899 ; www.saigonkimlien.com.vn ; 25 Đ Quang Trung ; ch 38-50 $US, ste 100 $US ; ❄🌐@≈). Situé à 1 km au sud de la gare routière, ce vaste hôtel aux prestations trois-étoiles fait figure d'institution locale. Il comporte des chambres bien équipées, bien qu'un peu datées, un restaurant, un hall chic et une piscine. Dommage que le service du petit-déjeuner s'arrête à 9h pile.

APEC Hotel HÔTEL $
(358 9466 ; apec_hotel_na@yahoo.com ; Ngo 1 Đ Ho Tung Mau ; ch 190 000-240 000 d ; ❄🌐@). Nichée dans une ruelle derrière Đ Ho Tung Mau (suivez les panneaux), cette adresse correcte loue des chambres confortables et bien tenues d'un bon rapport qualité/prix.

Asian Hotel HÔTEL $
(359 3333 ; 114 Tran Phu ; ch 240 000-300 000 d ; ❄@). Un hôtel de plusieurs étages, avec ascenseur, qui fut moderne il y a quelques décennies mais dont les chambres demeurent dans un état satisfaisant. Il comprend également un parking sûr, un restaurant et un espace massage/sauna, le tout à 300 m au sud-est du parc central.

🍴 Où se restaurer et prendre un verre

L'offre en matière de restauration est plutôt restreinte à Vinh. Pour un bon repas, direction le bruyant **Thuong Hai** (144 Đ Nguyen Thai Hoc ; repas 35 000-70 000 d), qui a pour spécialité un délicieux poulet à la mode de Shanghai et qui prépare aussi de savoureux plats vietnamiens de fruits de mer et végétariens. Côté cuisine de rue, le marché abrite des **échoppes de pho bo** (soupe de nouilles au bœuf ; Đ Phan Dinh Phung), de **bun bo Hue** (soupe de vermicelle au bœuf et au piment à la mode de Hué ; près de Đ Dinh Cong Trang) et de **pho ga** (soupe de nouilles au poulet ; Đ Ho Sy Doung).

Vous trouverez un groupe de **bars** le long de Duong (Đ) Quang Trung et des **salles de billard** dans Đ Nguyen Thai Hoc.

ℹ Renseignements

Cap Quang Internet (33 Đ Dinh Cong Trang). Près de Đ Quang Trung.

Hôpital municipal (Benh Vien Da Khoa Thanh Pho Vinh ; 383 5279 ; 178 Đ Tran Phu). Juste au sud-ouest du parc central.

Poste principale (Đ Nguyen Thi Minh Khai). Juste au nord-ouest du parc central.

Saigon Commercial Bank (25 Đ Quang Trang). DAB et change, dans l'artère principale.

Vietcombank ATM (33 Đ Le Mao). À l'ouest du parc central.

ℹ Depuis/vers Vinh

AVION Vietnam Airlines (359 5777 ; www.vietnamairlines.com ; 2 Đ Le Hong Phong) assure 5 vols hebdomadaires pour Hanoi et des vols quotidiens pour HCMV. **Jetstar Pacific** (355 0550 ; 46 Đ Nguyen Thi Min Khai) offre chaque jour une liaison avec HCMV. L'aéroport se trouve à environ 20 km au nord de la ville.

BUS La **gare routière** (Đ Le Loi), en plein centre-ville, dispose d'une billetterie assez moderne avec un tableau des départs et une liste des tarifs. Des bus pour Hanoi (110 000-145 000 d, 7 heures) partent toutes les 30 min jusqu'à 16h30. Il existe aussi 10 bus-couchettes et des services à destination de toutes les gares routières de la capitale. Pour Ninh Binh (70 000 d), prenez un bus à destination de Hanoi. Huit bus quotidiens (dont 5 bus-couchettes) desservent Danang (190 000 d, 11 heures), via Dong Hoi (60 000 d, 4 heures 30) et Dong Ha (95 000 d, 6 heures) et Hue (145 000 d, 7 heures 30). Tous les bus "open tour" entre Hanoi et Hué passent par Vinh, mais s'il est facile de descendre à Vinh, il est plus difficile de s'organiser pour monter en route ici.

Des bus pour Vientiane (400 000 d, 22 heures), au Laos, partent à 6h30 les jours pairs. Signalons aussi des bus pour Phonsavan, toujours au Laos, et Tay Son (alias Trung Tam) sur la RN 8, près de la frontière laotienne. Voir l'encadré p. 156 pour plus de détails.

TRAIN La **gare ferroviaire de Vinh** (Ga Vinh ; Đ Le Ninh) se trouve en lisière nord-ouest de la ville. Des trains desservent notamment Hanoi (175 000 d, 5 heures 30 à 8 heures, 8/j), Ninh Binh (114 000 d, 3 heures 30 à 4 heures 30, 5/j), Dong Hoi (110 000 d, 3 heures 30 à 6 heures 30, 8/j) et Hué (196 000 d, 6 heures 30 à 10 heures 30, 8/j).

LE LABORIEUX PASSAGE DE LA FRONTIÈRE 3

Le poste frontière de **Nam Phao-Cau Treo** (⊙7h-18h) se situe à 96 km à l'ouest de Vinh et à une trentaine de kilomètres à l'est de Lak Sao, au Laos.

L'endroit a mauvaise réputation auprès des voyageurs, qui rapportent des prix majorés et des tracasseries dans les bus locaux (ex : des chauffeurs qui obligent les étrangers à payer un supplément en menaçant de les débarquer au milieu de nulle part). La plupart des moyens de transport à destination de Phonsavan (Laos) passent par le poste-frontière de Nam Can-Nong Haet, plus au nord.

Si vous décidez de vous déplacer par étapes, des bus réguliers relient Vinh à Tay Son (ex-Trung Tam) à partir de 6h (70 000 d, 3 heures). Il reste ensuite 25 km à parcourir jusqu'à la frontière. Des bus circulent le matin entre Tay Son et Lak Sao, mais ils ne coïncident pas avec ceux en provenance de Vinh, à moins d'arriver en milieu de matinée. Sinon, des motos couvrent la distance moyennant 150 000 d. Côté laotien, le trajet en jumbo ou *songthaew* de la frontière jusqu'à Lak Sao tourne autour de 45 000 kips (négociez ferme).

Dans l'autre sens, les chauffeurs de bus côté Vietnamien demandent 40 \$US pour vous emmener à Vinh. La course en taxi (avec compteur) coûte environ 45 \$US, une moto 270 000 d. Certains bus en provenance de Lak Sao vont prétendument jusqu'à Danang ou Hanoi, mais Vinh est en réalité leur terminus.

Environs de Vinh

PLAGE DE CUA LO

L'endroit est assez plaisant : plage de sable blanc, eau limpide et bosquet de pins offrant un peu d'ombre. Néanmoins, l'abondance de béton, de karaokés et de salons de massage risque de décevoir nombre de voyageurs. Il n'empêche que si vous êtes dans le coin, Cua Lo mérite une visite pour se baigner avant de faire un savoureux déjeuner de fruits de mer dans l'un des restaurants de plage.

Le front de mer est bordé d'hôtels d'État derrière lesquels sont installées de ternes **pensions** (ch 200 000-250 000 d). La plupart des hôtels proposent "massages" et karaoké ; certains sont fréquentés par des prostituées. Les prix sont parfois multipliés par trois – voire plus – en été.

Cua Lo, à 16 km au nord-est de Vinh, est facilement accessible à moto (100 000 d temps d'attente inclus) ou en taxi (150 000 d).

KIM LIEN

La maison natale de Hô Chi Minh, à Hoang Tru, et le village de Kim Lien, où il a passé une partie de sa jeunesse, sont situés à 14 km au nord-ouest de Vinh. **Lieux de pèlerinage** (entrée libre ; ⊙7h-11h30 et 14h-17h lun-ven, 7h30-12h et 13h30-17h sam-dim) des fidèles du Parti, ces sites n'offrent guère plus à voir que la réplique de maisons construites en bambou et en feuilles de palmier, avec à l'intérieur quelques rares pièces de mobilier.

Hô Chi Minh a vécu les cinq premières années de sa vie à Hoang Tru, où il est né en 1890. Après avoir séjourné à Hué, la famille s'est installée en 1901 à Kim Lien, village situé à 2 km de Hoang Tru. Entouré de murs vert pâle, un petit **musée** a été aménagé à proximité de la demeure, et la boutique d'à côté vend tous les souvenirs possibles à l'effigie de l'oncle Hô.

Aucun des deux sites ne fournit d'information en français ou en anglais. Pour vous y rendre depuis Vinh, prenez une moto (80 000 d, temps d'attente compris) ou un taxi (140 000 d).

Parc national de Phong Nha-Ke Bang

♪ 052

Classé au patrimoine mondial de l'Unesco en 2003, le remarquable **parc national de Phong Nha-Ke Bang** (entrée libre) abrite les plus anciennes montagnes karstiques d'Asie, formées il y a environ 400 millions d'années. Criblé de grottes aux dimensions souvent spectaculaires et sillonné de rivières souterraines, Phong Nha constitue un véritable eldorado pour les spéléologues.

Les superbes grottes sèches ou en terrasses, les stalagmites imposantes et les stalactites recouvertes de cristaux luisants composent ici un cadre géologique grandiose et l'intérêt de ses découvertes commence à se répandre dans le pays.

Dans les années 1990, la British Cave Research Association et l'université de Hanoi ont entrepris les premiers véritables travaux d'exploration de la zone. Ceux-ci ont débouché sur la mise au jour de l'immense grotte de Phong Nha, de la grotte du Paradis en 2005 et de Son Doong (voir p. 158), la plus grande grotte du monde dit-on, en 2009.

En surface, une forêt quasi vierge composée d'arbres à feuilles persistantes, dont 90% de forêt primaire, recouvre les 885 km² de relief montagneux du parc. Ce dernier jouxte la réserve de biodiversité de Hin Namno, au Laos, formant ainsi un habitat naturel protégé ininterrompu. Une centaine d'espèces de mammifères (dont 10 de primates, des tigres, des éléphants et le saola, un rare bovidé asiatique), 81 espèces de reptiles et d'amphibiens, et plus de 300 espèces d'oiseaux y ont été recensées.

Jusqu'à une période récente, l'accès au parc était limité et strictement contrôlé par l'armée vietnamienne. Si certaines parties restent interdites au public, la situation évolue progressivement et l'on peut désormais découvrir la grotte du Paradis, la rivière turquoise, le sentier écologique de Nuoc Mooc et un sanctuaire de guerre connu sous le nom de grotte des Huit Femmes. Il est également possible de monter jusqu'à l'entrée de la grotte de Son Doong, mais pas d'y pénétrer. D'autres sites et chemins de randonnée devraient ouvrir dans le futur.

À voir et à faire

Grottes de Phong Nha   SITE NATUREL

Il s'agit à juste titre de l'excursion la plus populaire dans la région, qui fait l'objet d'une promenade en bateau spectaculaire. La **grotte de Phong Nha** (adulte/enfant 40 000/20 000 d, bateau 220 000 d ; 7h-16h) mesure près de 55 km de long, mais les visiteurs n'ont accès qu'au premier kilomètre. Du village de Son Trach, des bateaux rejoignent la grotte en passant devant des buffles d'eau, des pics calcaires déchiquetés et des clochers d'église qui émaillent les berges de la rivière Son. La "grotte aux dents" doit son nom aux stalagmites depuis longtemps disparues qui hérissaient jadis son entrée. Une fois le moteur coupé, l'embarcation pénètre à la rame dans un monde souterrain irréel, un rien gâché par la lumière crue qui éclaire certaines formations rocheuses.

Sur le chemin du retour, vous pourrez monter à la **grotte de Tien Son** (adulte/enfant 40 000/20 000 d ; 7h-16h), une grotte sèche à flanc de montagne au-dessus de Phong Nha, qui demande de gravir 330 marches. Elle abrite des vestiges d'autels et d'inscriptions cham remontant au IXe siècle. La grotte, qui servit d'hôpital et de dépôt de munitions durant la guerre du Vietnam, fut lourdement bombardée par les Américains.

La billetterie des deux sites et l'embarcadère se trouvent à Son Trach. Comptez 2 heures pour voir Phong Nha, 1 heure pour Tien Son. En novembre et décembre, les crues entraînent la fermeture de Phong Nha. Les touristes vietnamiens qui affluent le week-end rendent le lieu bruyant et enfumé.

Le Phong Nha Farmstay projetait d'organiser des circuits nocturnes en kayak dans la grotte de Phong Nha.

Grotte du Paradis   SITE NATUREL

(Thien Dong ; adulte/enfant de moins de 1,3 m ; 120 000/60 000 d ; 7h30-16h30). Ouvert au public depuis 2011, ce formidable réseau souterrain de 31 km, dont un seul est accessible au public, formerait la plus longue grotte sèche de la planète. L'aménagement du site a été réalisé dans le respect de l'environnement : aucun détritus ne jonche le sol et des voiturettes électriques conduisent de la billetterie aux 500 marches qui grimpent jusqu'à l'entrée. Même les arbres qui jalonnent la voie sont étiquetés.

Une fois à l'intérieur, les dimensions de la grotte laissent pantois. Des escaliers en bois descendent dans une salle aux allures de cathédrale, où se dressent des stalagmites colossales et où luisent des stalactites et cristaux semblables à des colonnes de verre.

Niché dans les profondeurs du parc national, au milieu d'une forêt dense et de pics karstiques menaçants, l'endroit est moins touristique que Phong Nha. Un **restaurant** (repas 35 000-70 000 d) jouxte le centre d'accueil des visiteurs et un café vend des boissons fraîches près de l'entrée.

VAUT LE DÉTOUR

LE NUOC MOOC ECO-TRAIL

Dans le parc national, à 12 km au sud-ouest de Son Trach, les promenades en bois et les sentiers de ce **sentier écologique** (adulte/6-16 ans 30 000/50 000 d ; 7h-17h) serpentent sur plus de 1 km de forêt, à la confluence de deux rivières. On peut se baigner ici dans des eaux turquoise et pique-niquer sur fond de massifs calcaires.

LA PLUS GRANDE GROTTE DU MONDE

Ho Khanh, chasseur d'un village proche de la frontière laotienne, s'abritait souvent dans les grottes qui criblent cette région montagneuse. Au début des années 1990, il tomba sur la gigantesque **Hang Son Doong** ("grotte de la Montagne"). Il fallut toutefois attendre que des explorateurs britanniques y retournent avec lui, en 2009, pour découvrir les véritables dimensions (plus de 5 km de long, 200 m de haut et jusqu'à 150 m de large) et la majesté de la principale grotte, qui serait la plus grande du monde connue à ce jour.

La difficulté majeure consista à trouver un passage au-dessus de la vaste barrière de calcite en surplomb, surnommée la "grande muraille du Vietnam", qui séparait la grotte en deux. L'obstacle surmonté, les spéléologues virent apparaître une salle souterraine assez vaste pour contenir un navire de guerre. Par endroits, des lucarnes éclairent un ensemble de stalagmites baptisé le "jardin de cactus". Des sphérules de 10 cm de diamètre, appelées "perles des cavernes", se sont formées au cours des millénaires par la cristallisation du calcite autour de grains de sable.

Si Hang Son Doong figure parmi les sites les plus spectaculaires d'Asie du Sud-Est, seuls les scientifiques et les spéléologues ont le droit de le visiter. Il est toutefois possible d'entreprendre une randonnée jusqu'à son entrée. Oxalis (ci-dessous), basé à Son Trach, propose un superbe trek de 2 jours (3-4 participants, 170 $US/pers) dans la forêt vierge, qui permet d'entrevoir le gouffre en chemin.

La grotte du Paradis se trouve à 14 km au sud-ouest de Son Trach.

GRATUIT Réserve de primates RÉSERVE NATURELLE
Aménagée sur une colline avec le soutien du zoo de Cologne, cette petite réserve de primates en semi-liberté est un centre d'élevage de langurs de Ha Tien, une espèce gravement menacée. Tout le périmètre est clôturé et inaccessible, mais on peut en faire le tour le long d'un sentier pédestre de 1,8 km. Vous aurez d'avantage de chance d'apercevoir un singe tôt le matin.

La réserve se situe à 3 km de Son Trach, tout près de la route qui dessert le parc.

🛏 Où se loger et se restaurer

Le village de Son Trach regroupe une douzaine de pensions pratiquant le même tarif (200 000 d la double).

♥ Phong Nha Farmstay PENSION $$
(📞367 5135 ; www.phong-nha-cave.com ; village de Cu Nam ; dort 8 $US, ch 25-35 $US ; repas 30 000-90 000 d; ✴@🛜🛁). Il n'y a sans doute pas meilleur point de chute pour faire escale entre Hanoi et Hué. Propriété de Ben et Bich, un couple australo-vietnamien accueillant et branché, cette nouvelle pension donnant sur un océan de rizières est bien conçue pour les voyageurs : salon-bar avec table de billard, vélos et motos à louer, et cuisine asiatique savoureuse. Les chambres nettes, hautes de plafond, profitent d'un balcon commun pour la vue. Le dortoir de 12 lits sans clim, dans le bâtiment voisin, jouit du même panorama. Formidables sorties en kayak, à vélo, à pied ou sur de grosses bouées. Le tout dans le village de Cu Nam, à 13 km au sud-est de Son Trach. On peut venir vous chercher à Dong Hoi.

Song Son Phong Nha HÔTEL $$
(📞367 7241 ; Son Trach ; ch 200 000 d ; ✴@🛜). Nouvel hôtel, dans l'artère principale, offrant un excellent rapport qualité/prix. Ses 27 chambres engageantes comprennent une TV, un minibar et des matelas bien fermes (belle vue sur la campagne des numéros 214 à 217). Au restaurant : bière fraîche et menu avantageux.

Plusieurs tables économiques, dont le **Thuy Thuyet** (repas 10 000-22 000 d), se tiennent aux abords du marché de Son Trach.

ℹ Renseignements

Les excursions organisées constituent une excellente façon d'explorer le parc – nous vous recommandons chaudement les formules à moto (1 100 000 d) ou en minibus (900 000 d) du **Phong Nha Farmstay** (p. 158). **Oxalis** (📞090 337 6776, www.oxalis.com.vn), un tour-opérateur vietnamien de tourisme d'aventure basé à Son Trach, propose aussi des treks et des excursions dans le parc.

ℹ Depuis/vers le parc de Phong Nha-Ke Bang

Le village de Son Trach se trouve à 50 km au nord-ouest de Dong Hoi. De Dong Hoi, suivez la

RN 1 vers le nord sur 20 km jusqu'à Bo Trach, puis roulez vers l'ouest pendant encore 30 km.

Le parc national jouxte Son Trach et s'étend à l'ouest jusqu'à la frontière laotienne. Il n'y a guère d'information disponible sur place et certains responsables se montrent peu avenants envers les voyageurs indépendants. Lors de notre enquête, les visiteurs pouvaient entrer librement par le poste de gardes forestiers de Tro Mung, sur la route Hô Chi Minh, mais les employés à l'entrée principale du parc, sur la RN 20, en refoulaient certains. La situation devrait toutefois s'améliorer en même temps que l'organisation.

BUS Des bus locaux (45 000 d, 2 heures) irréguliers relient Dong Hoi à Son Trach. Signalons aussi un minibus (200 000 d) quotidien entre Danang et le Phong Nha Farmstay, qui s'arrête en chemin à Dong Ha et à Hué.

EXCURSIONS Des circuits à Phong Nha peuvent être organisés depuis Dong Hoi, mais mieux vaut loger dans le secteur, car la région a beaucoup à offrir.

Dong Hoi et environs

052 / 116 000 HABITANTS

Dong Hoi est une station balnéaire, doublée d'un port, agréablement peu touristique et dépourvue de boutiques de souvenirs, où personne ne harcèle les voyageurs. Joliment située, la ville s'agrippe aux berges de la rivière Nhat Le et possède des plages au nord et au sud.

Après la partition du pays au niveau du 17ᵉ parallèle en 1954, Dong Hoi, principale base de ravitaillement de l'armée nord-vietnamienne dans la région, a particulièrement souffert lors de la guerre du Vietnam. La capitale de province a depuis repris des couleurs et la plage de Nhat Le est en plein développement.

◉ À voir

Une promenade a été aménagée en bordure de la rivière Nhat Le, qui sépare la ville d'une jolie langue de sable. Elle passe devant l'impressionnante **église Tam Toa**, dont

Dong Hoi
◉ **À voir**
1 Porte de la citadelle B3
2 Porte de la citadelle B3
3 Église Tam Toa B1

🛏 **Où se loger**
4 Hotel Mau Hong B1
5 Nam Long Hotel B1
6 Sun Spa Resort D1

🍴 **Où se restaurer**
7 QB Teen B3

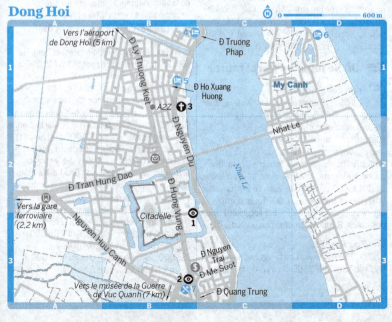

la grande façade en ruine et quelques fragments rappellent son bombardement, en 1965.

Les seuls vestiges de la citadelle de Dong Hoi (1825) sont deux **portes** restaurées, l'une proche de la rivière, et l'autre dans Đ Quang Trung.

Musée de la Guerre de Vuc Quanh MUSÉE
(Khu Du Lich Sinh Thai – Van Hoa Vuc Quanh ; 224 0042 ; vucquanh@yahoo.com ; Nghia Ninh ; sur rdv uniquement 20 000 d). À 7 km de Dong Hoi, ce musée en plein air est né de la volonté d'un seul homme, M. Lien, désireux d'évoquer le souvenir de la guerre Nord-Sud dans la province de Quang Binh. Sa collection de souvenirs et d'objets d'époque est exposée dans la réplique d'un village construit par ses soins.

Le village se compose de cabanes au toit de chaume, posées çà et là dans un lacis de sentiers et de tranchées. Il y a une ferme, une école, un hôpital, une crèche, mais aussi des objets personnels plus émouvants, ainsi que des reliques militaires, dont des carcasses d'obus américains, des détecteurs de présence et la copie d'une lettre de Hô Chi Minh félicitant la province pour avoir abattu une centaine d'avions US.

Pour rejoindre le musée, prenez Đ Le Loi jusqu'à son extrémité, tournez à gauche et continuez sur un bon kilomètre. Aux panneaux indiquant *chao sang bun be*, bifurquez à droite. Le musée est à 1 km. Vous pouvez aussi venir ici dans le cadre d'une excursion. Renseignez-vous à l'agence A2Z.

Où se loger et se restaurer

Nam Long Hotel HÔTEL $
(382 1851 ; sythang@yahoo.com ; 22 Đ Ho Xuan Huong ; ch 10-15 $US ;). Chaleureuse et impeccable, une adresse économique épatante, tenue par madame Nga et son mari. Chambres claires, dotées de hauts plafonds et de grandes fenêtres, à la décoration moderne, avec minibar et TV câblée. La 301 s'agrémente d'un balcon donnant sur la rivière, tandis que la 201 jouit d'une vue panoramique. Petit-déjeuner et excursions possibles. Rapport qualité/prix imbattable.

Sun Spa Resort COMPLEXE HÔTELIER $$$
(384 2999 ; www.sunsparesortvietnam.com ; My Canh ; ch 122-165 $US ; ste à partir de 242 $US ;). Cet immense cinq-étoiles, sur un terrain paysagé en bordure de plage, comprend de grandes chambres, une piscine, des courts de tennis et un spa. Séances gratuites de yoga et de taï-chi en prime.

Hotel Mau Hong HÔTEL $
(382 1804 ; Đ Truong Phap ; ch 8-10 $US ;). Un endroit simple et vieillot, mais très accueillant. Certaines des vastes chambres dépouillées profitent d'une vue somptueuse sur la rivière.

QB Teen CUISINE INTERNATIONALE $
(3 Đ Le Loi ; repas 26 000-80 000 d). Un petit restaurant tout indiqué pour manger de la cuisine occidentale, boire de la bière fraîche et converser.

Renseignements

A2Z (384 5868 ; info@atoz.com.vn ; 29 Đ Ly Thuong Kiet). À contacter pour des excursions à Phong Nha et la réservation de billets de bus "open tour".

Agribank (2 Đ Me Suot). DAB et change.

Poste principale (1 Đ Tran Hung Dao)

Depuis/vers Dong Hoi et ses environs

AVION De l'aéroport, situé à 6 km au nord de la ville, Vietnam Airlines assure 4 vols hebdomadaires vers HCMV et Hanoi.

BUS La **gare routière** (Đ Tran Hung Dao) dessert au sud Danang (140 000 d, 5 heures, 6/j) via Hué (105 000 d, 4 heures) et Dong Ha (50 000 d, 2 heures) ; au nord Vinh (95 000 d, 4 heures, 7/j) et Hanoi (145 000 d, 7 heures). Dong Hoi se trouve sur le trajet des bus "open tour". Réservez votre place dans une agence.

Il existe des bus pour le poste-frontière de Lao Bao (95 000 d, 4 heures, 5/j) et la ville laotienne de Muang Khammouan (230 000 d, 11 heures). Le second part de Dong Hoi les lundi, mercredi et vendredi (retour le jour suivant), et franchit la frontière au petit **poste de Cha Lo-Na Phao** (7h-17h), qui ne délivre pas de visas laotiens.

TRAIN La **gare ferroviaire** (Ga Dong Hoi ; Đ huan Ly) est à 3 km à l'ouest du centre. Des trains rallient notamment Hanoi (278 000 d, 9 heures-12 heures 30, 7/j), Vinh (118 000 d, 3 heures 30-6 heures 30, 7/j), Dong Ha (58 000 d, 2-3 heures, 7/j) et Hué (95 000 d, 2 heures 30-6 heures, 9/j).

Centre du Vietnam

Dans ce chapitre »

Zone démilitarisée
(DMZ) 163
Dong Ha 166
Hué. 169
Parc national
de Bach Ma 185
Suoi Voi (sources
de l'Éléphant). 185
Plage de Lang Co. . . . 186
Col et tunnel
de Hai Van 186
Station climatique
de Ba Na 187
Danang 187
Hoi An 198
My Son. 219
Tra Kieu
(Simhapura). 222
Chien Dan 222

Le top des restaurants

» Morning Glory Street Food Restaurant (p. 211)
» Cargo Club (p. 211)
» Casa Verde (p. 211)
» Waterfront (p. 191)

Le top des hébergements

» Pilgrimage Village (p. 175)
» New Moon Hotel (p. 189)
» Ha An Hotel (p. 208)
» Violet Hotel (p. 166)

Pourquoi y aller

Noyau culturel du pays, le centre du Vietnam, fort de son histoire recèle maints sites passionnants, des plages sublimes et des réserves naturelles si riches que les scientifiques y découvrent encore de nouvelles espèces. Même Danang, longtemps méconnue, commence à forger son identité de ville parmi les plus dynamiques du pays.

Vous serez émerveillé par Hué, l'ancienne capitale impériale, qui abrite une impressionnante citadelle et des sépultures royales ; décontenancé par la grâce sans égale de Hoi An et de son cadre splendide en bord de fleuve. Dans un registre moins urbain, c'est au fil de routes de campagne traversant des rizières que vous atteindrez les mystérieuses ruines cham. Vous pourrez aussi vous inscrire à un cours pour découvrir la cuisine de la région, la plus élaborée du Vietnam, ou vous familiariser avec le contexte historique en vous rendant sur les sites de la zone démilitarisée (DMZ). Restera le farniente sur le sable doré de la plage d'An Bang ou sur les idylliques îles Cham.

Quand partir

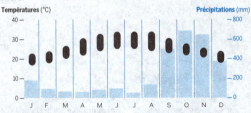

Mars Après la mousson d'hiver, la mer est plus calme : un excellent moment pour visiter les îles Cham.

Fin avril Les bords du fleuve, à Danang, sont hauts en couleur pour le Concours annuel de feux d'artifice.

Sept C'est la fin des chaleurs moites de l'été, les touristes se font moins nombreux, et la mer est tiède.

Histoire

Le centre du Vietnam est une région chargée d'histoire. Au IIe siècle, naissait ici le royaume du Champa qui prospéra pendant plus d'un millénaire. Il a laissé dans le paysage de nombreuses tours, dont les plus célèbres se trouvent à My Son. Les Vietnamiens soumirent le Champa au XVe siècle. Au cours des siècles suivants, les négociants européens, japonais et chinois s'imposèrent à Hoi An.

La France colonisa l'Indochine au moment où le pouvoir local s'implantait dans le Centre, passant aux mains de la dernière dynastie, les Nguyên, de 1802 à 1945. Les empereurs successifs tinrent cour à Hué, qui devint le centre politique, intellectuel et spirituel du pays. Après l'indépendance, le pouvoir retourna à Hanoi.

En 1954, les accords de Genève consacrent la partition du Vietnam avec une

À ne pas manquer

1. Les vénérables ruelles aux superbes demeures de **Hoi An** (p. 199)

2. La Cité pourpre interdite et les tombeaux impériaux de **Hué** (p. 170)

3. La quête de la plage idéale dans les **îles Cham** (p. 218)

4. L'atmosphère mystérieuse qui imprègne les lieux sacrés des Chams, à **My Son** (p. 219)

5. Le circuit à moto sur les charmantes petites routes de la région (p. 217)

6. Les **tunnels de Vinh Moc** (p. 165) et la vie souterraine dans la zone démilitarisée

7. Le perfectionnement de vos compétences culinaires dans un cours de cuisine vietnamienne (p. 207)

ATTENTION AUX MINES

Des millions de tonnes de munitions ont été lâchées sur le Vietnam pendant la guerre, et l'on estime qu'un tiers d'entre elles n'ont pas explosé. La mort et les risques de blessure sont, de fait, toujours d'actualité dans l'ancienne zone démilitarisée (DMZ). Les accidents surviennent plus fréquemment qu'on ne le pense, car de nombreux obus et mines non désamorcés traînent encore dans cette zone. Aussi, ne touchez à *rien* et regardez bien où vous mettez les pieds. Si les gens des environs ont laissé sur place certains débris, c'est qu'eux-mêmes jugent trop dangereux de les ramasser.

Le problème ne se pose pas uniquement dans la DMZ. On estime que 20% du Vietnam n'a pas encore été déminé, avec plus de 3,5 millions de mines et de 350 000 à 800 000 munitions non explosées. Entre 1975 et 2007, ces mines ont causé la mort de plus de 45 000 personnes et fait 105 000 blessés de par le pays. Chaque année, 1 000 personnes sont tuées et 1 700 mutilées (un grand nombre d'entre elles sont des enfants des minorités ethniques).

L'armée du peuple est responsable de l'essentiel du déminage en cours, mais elle est aidée par un certain nombre d'ONG étrangères, dont **Mines Advisory Group** (www.maginternational.org) et **Clear Path International** (www.clearpathinternational.org). Vous trouverez sur leurs sites (en anglais) comment soutenir leur action par un don.

---

zone démilitarisée (DMZ) entre le Nord et le Sud, qui connaîtra les affrontements les plus violents durant la guerre du Vietnam. Durant l'offensive du Têt, même l'ancienne capitale impériale de Hué ne fut pas épargnée. La plupart des villes de la région, à l'exception de Hoi An, ont été presque entièrement reconstruites après la guerre. Aujourd'hui, l'économie du Centre est en plein essor, avec un secteur touristique florissant et une ville en croissance, Danang.

Depuis/vers le centre du Vietnam

Danang a un aéroport international (où un nouveau terminal est en construction). Hué est pourvue d'un aéroport régional très actif. La grande ligne ferroviaire Nord-Sud ainsi que la RN 1A traversent la région en ligne droite.

Zone démilitarisée (DMZ)

053

Bien que la plupart des bases et des bunkers aient disparu, cette bande de 5 km de part et d'autre du fleuve Ben Hai est toujours connue sous le nom qui fut le sien du temps de la guerre : la zone démilitarisée. De 1954 à 1975, la DMZ a servi de zone tampon entre le Nord et le Sud. Elle couvrait 5 km sur chaque rive du fleuve, qui faisait office de ligne de démarcation entre le Nord et le Sud. Aujourd'hui, ce nom s'applique plus spécifiquement à la partie au sud du Ben Hai, fortifiée par les Américains et littéralement jonchée de champs de bataille dont les noms résonnent encore aujourd'hui dans la culture populaire.

Plusieurs décennies après, il n'y a plus grand-chose à voir. De nombreux sites ont été nettoyés et ont laissé place à des plantations d'hévéas et de café. Seuls Ben Hai, Vinh Moc et Khe Sanh sont dotés de petits musées. À moins d'être féru d'histoire militaires, il vaut mieux se faire accompagner par un guide compétent sur ces sites.

À voir

Tunnels de Vinh Moc   SITE HISTORIQUE

L'impressionnant réseau souterrain de **Vinh Moc** (20 000 d ; 7h-16h30) a été l'habitat quotidien de tout un village côtier nord-vietnamien durant la guerre. Plus de 90 familles se terraient dans les trois étages de tunnels couvrant presque 2 km, continuant à vivre et à travailler pendant que les bombes américaines pleuvaient sans répit autour d'eux.

La plupart des tunnels sont ouverts aux visiteurs et conservés en l'état (exception faite de l'éclairage électrique, luxe dont les villageois ne disposaient certainement pas). Un guide anglophone vous guidera dans le souterrain, dont vous pourrez voir les 12 entrées avant d'arriver à une plage grandiose de la mer de Chine méridionale.

Le **musée** présente des photos et des vestiges de la vie dans les tunnels, ainsi qu'une carte du réseau.

Quittez la RN 1A à hauteur du village de Ho Xa, à 6,5 km au nord du fleuve Ben Hai. Vinh Moc se trouve à 13 km de là, vers l'est.

Autour de la DMZ

Cimetière de Truong Son
CIMETIÈRE

Ce vaste cimetière honore la mémoire des soldats nord-vietnamiens tués dans la cordillère Annamitique (monts Truong Son), le long de la piste Hô Chi Minh. Plus de 10 000 tombes s'alignent sur les collines, simples pierres blanches gravées de l'épitaphe *liet si*, qui signifie martyr. Or, de nombreuses sépultures sont vides, portant seulement le nom de quelques-uns des 300 000 combattants portés disparus.

Entre 1972 et 1975, le site servit de base pour le corps d'armée de mai 1959 (son nom correspond à la date de sa fondation), qui avait pour mission de construire et d'entretenir une route d'approvisionnement du Sud, la piste Hô Chi Minh.

Le cimetière n'est pas inclus dans la plupart des circuits organisés. Il se trouve à 27 km au nord-ouest de Dong Ha. La sortie de la RN 1 est proche de la base de Doc Mieu.

Base de Khe Sanh
SITE MILITAIRE

Théâtre du siège le plus célèbre de la guerre du Vietnam, la base militaire de Khe Sanh ne fut jamais prise, mais a été le lieu de la plus sanglante bataille du conflit (voir l'encadré p. 167). Près de 10 000 soldats nord-vietnamiens, quelque 500 soldats américains, ainsi qu'un nombre inconnu de civils perdirent la vie dans cette base de montagne, sous une avalanche de bombes de 1 000 kg, d'obus au phosphore, de napalm, de tirs de mortier et de tirs d'artillerie lâchés par les forces américaines, qui ont fini par repousser l'armée nord-vietnamienne.

Aujourd'hui, le site est occupé par un petit **musée** (20 000 d ; 7h-17h), qui expose de vieilles photographies, quelques bunkers reconstruits et quelques avions américains. Une partie du site est devenue une plantation de café, et des grains de café Arabica de grande qualité sont en vente à l'entrée.

Khe Sanh se trouve à 3 km au nord de Huong Hoa.

Huong Hoa (Khe Sanh)

Officiellement rebaptisée Huong Hoa, cette ville restera à jamais gravée dans les mémoires occidentales sous le nom de Khe Sanh. Elle doit sa renommée à ses plantations de café. La plupart des habitants font partie de l'ethnie Bru (dont les femmes arborent des jupes longues semblables à des sarongs). À moins que vous ne preniez la route pour le Laos le lendemain, vous n'aurez guère intérêt à y passer la nuit. Le **May Hong** (388 0189 ; km 64, Khe Sanh ; ch 12 $US ;) dispose de quelques chambres propres et fonctionnelles. La gare routière de Khe Sanh se situe sur la

RN 9. Des bus rejoignent régulièrement Dong Ha (33 000 d, 1 heure 30) et Lao Bao (22 000 d, 1 heure). Pour toutes les autres destinations, vous devrez changer de bus à Dong Ha.

Base de Con Thien   SITE MILITAIRE
Il ne reste qu'un seul bunker de cette base des marines, qui occupait trois petites collines. En septembre 1967, les troupes nord-vietnamiennes l'assiégèrent. La riposte des Américains ne se fit pas attendre : leurs avions effectuèrent 4 000 sorties. Aujourd'hui, la région est déminée, mais comporte encore des munitions non explosées : ne quittez pas les sentiers.

La base de Con Thien se situe à 15 km à l'ouest de la RN 1A et à 8 km au sud du cimetière de Truong Son.

Fleuve Ben Hai   FLEUVE
Le Ben Hai a servi de ligne de démarcation entre le Vietnam Nord et le Vietnam Sud. Aujourd'hui, un monument grandiose dédié à la réunification s'élève sur la rive sud, avec des feuilles de palmier dont la forme rappelle étrangement celle des missiles. Le sable doré de la plage de Cua Tung est tout près, à l'est. La rive nord du Ben Hai est surplombée par la tour du Drapeau reconstituée ainsi que par un petit **musée** (20 000 d ; ⓘ7h-17h) rempli de souvenirs de la guerre.

Le fleuve est à 22 km au nord de Dong Ha, sur la RN 1.

Hamburger Hill   SITE MILITAIRE
À moins de 2 km de la frontière laotienne, la colline Ap Bia a été en mai 1969 le théâtre d'une féroce bataille entre les forces américaines et le Viêt-cong, qui causa la mort de 600 Nord-Vietnamiens et de 72 Américains. L'assaut final de la colline où s'étaient retranchés les communistes, véritable boucherie, lui valut son surnom de Hamburger Hill et fut à l'origine d'un mouvement d'opinion aux États-Unis (il inspira aussi à John Irvin le film *Hamburger Hill*, sorti en 1987). Aujourd'hui, une autorisation (qui s'obtient dans la ville d'Aluoi) ainsi qu'un guide sont nécessaires pour pouvoir jeter un coup d'œil sur ce qu'il reste de tranchées et de bunkers. Un monument commémoratif est en construction.

Hamburger Hill se trouve à 8 km au nord-ouest d'Aluoi, à environ 6 km de la RN 14.

Camp Carroll   SITE MILITAIRE
Ce camp porte le nom d'un capitaine des marines fauché en essayant de prendre une crête. Les énormes canons de 175 mm pouvaient atteindre des cibles aussi éloignées que Khe Sanh. Il ne reste pas grand-chose de Camp Caroll, hormis une borne commémorative vietnamienne. La bifurcation pour Camp Carroll se trouve à 10 km à l'ouest de Cam Lo. La base s'étend à 3 km de la RN 9.

The Rockpile   SITE MILITAIRE
Visible depuis la RN 9, le sommet de ce pic karstique haut de 230 m accueillit un poste

---

LES ABRIS SOUTERRAINS DE VINH MOC

En 1966, les Américains lancèrent une attaque massive contre le Vietnam-Nord, par le biais de bombardements aériens et de tirs d'artillerie continus. Situé juste au nord de la DMZ (zone démilitarisée), le village de Vinh Moc devint alors l'un des secteurs les plus bombardés de la planète. Les abris de fortune ne résistèrent pas à ces assauts : certains villageois prirent la fuite, d'autres entreprirent de creuser, avec de simples outils, des tunnels dans la terre rouge argileuse.

Le Viêt-cong décida d'implanter une base à cet endroit et encouragea les villageois à rester sur place. Après 18 mois de travail, une immense base souterraine fut ainsi établie, avec des abris sur trois niveaux (entre 12 et 23 m sous terre). Des familles entières s'y installèrent, restant entre 10 jours et 10 nuits au plus. Au fil des ans, 17 enfants y sont nés. Les civils et le Viêt-cong furent ensuite rejoints par des soldats nord-vietnamiens, dont la mission consistait à garder le contact avec l'île Con Co et à la fournir en matériel militaire.

D'autres villages au nord de la DMZ creusèrent leur propres tunnels, mais aucun réseau n'était aussi élaboré que celui de Vinh Moc. Un bombardement eut d'ailleurs raison de celui de Vinh Quang (à l'embouchure du Ben Hai) et de la population qui y avait trouvé refuge.

Les navires de guerre américains stationnés sur la côte bombardaient les tunnels de Vinh Moc sans relâche (les cratères sont toujours visibles), et les entrées donnant sur la mer étaient parfois mitraillées. Les villageois ne craignaient que les bombes perforantes. Une seule de ces bombes atteignit le tunnel : elle n'explosa pas et personne ne fut blessé. Les habitants transformèrent le trou percé par la bombe en bouche d'aération.

d'observation des marines, à proximité duquel était installée une base pour l'artillerie longue portée. Vous devrez sans doute recourir à un guide pour le trouver. Il se trouve à 29 km à l'ouest de Dong Ha.

Pont sur le Dakrong PONT
Enjambant le Dakrong, ce pont, situé à 13 km à l'est de la gare routière de Khe Sanh, a été reconstruit en 2001, et porte une plaque indiquant son importance comme accès à la piste Hô Chi Minh.

Comment s'y rendre et circuler

La plupart des gens visitent la DMZ dans le cadre d'un circuit organisé. Vous pourrez en réserver un à un prix tout à fait abordable (11 à 15 $US pour la journée) auprès de la plupart des hôtels et des cafés de Hué ou de Dong Ha. Cela dit, il y a de fortes chances pour que vous fassiez partie d'un groupe de l'une des rares agences qui en organisent. De nombreux lecteurs se plaignent d'avoir passé plus de temps sur la route qu'à voir les sites, du fait des grandes distances couvertes. La plupart des circuits incluent The Rockpile, Khe Sanh, Vinh Moc et Doc Mieu et partent de Hué à 7h et en reviennent vers 17h.

Il est sans doute plus intéressant de découvrir la DMZ en solo. Un circuit avec voiture et un bon guide vous coûtera dans les 100 $US par jour.

Dong Ha
053 / POPULATION : 85 200 HABITANTS

Située au croisement de la RN 1 et de la RN 9, Dong Ha est un nœud important pour les transports. Sa rue principale, poussiéreuse et envahie par la circulation, affiche un air lugubre – la ville a été complètement rasée pendant la guerre du Vietnam. Mais elle a des aspects plus plaisants, avec un quai bordé d'excellents restaurants de fruits de mer. L'offre d'hébergement s'améliore également. Dong Ha est une bonne base pour explorer la DMZ ; c'est également la dernière ville avant le poste-frontière de Lao Bao.

GRATUIT Bao Tang Quang Tri
(8 Đ Nguyen Hue ; 7h30-11h et 13h30-17h mar, jeu, sam, dim), seul vrai site touristique de la ville, est un musée de dimensions modestes. Dédié à l'histoire de la province de Quang Tri, il met l'accent sur les minorités ethniques.

Circuits organisés
Plusieurs agences proposent des circuits dans la DMZ et aux alentours. Tam, le très sympathique propriétaire du Tam's Café, peut vous fournir une moto et organiser une visite de la DMZ et de la région.

Annam Tour CIRCUIT MILITAIRE
(0905 140 600 ; www.annamtour.com ; 207B Đ Nguyen Du). D'excellents circuits sur mesure, avec un guide spécialiste d'histoire militaire et très bon anglophone, M. Vu.

DMZ Tours CIRCUITS MILITAIRES ET D'AVENTURE
(356 4056 ; www.dmztours.net ; 260 Đ Le Duan). Circuits de qualité dans la DMZ et voyages d'aventure, notamment en bateau vers les îles Can Co.

Sepon Travel CIRCUITS MILITAIRES/AGENCE DE VOYAGES
(385 5289 ; www.sepontour.com ; 189 Đ Le Duan). Cet organisme propose des circuits dans la DMZ et assure également des réservations de vols et de bus pour Savannakhet (Laos).

Où se loger

Un nouvel hôtel quatre-étoiles est en construction, à l'endroit où la RN 1 croise le fleuve au centre de Dong Ha.

Violet Hotel HÔTEL $
(358 2959 ; Đ Ba Trieu ; s 180 000 d, lits jum 230 000-300 000 d ;). Ce mini-hôtel moderne présente un excellent rapport qualité/prix : chambres impeccables avec minibar, TV sat, ventil, clim et Wi-Fi, ainsi qu'un balcon surplombant les rizières pour certaines. Il se trouve à 1 km à l'ouest de la rue principale, dans un quartier tranquille en face de bons restaurants au bord du lac. Le personnel ne parle presque pas anglais, mais fera son possible pour vous aider.

Huu Nghi Hotel HÔTEL $
(385 2361 ; www.huunghihotel.com.vn ; 68 Đ Tran Hung Dao ; s/d/tr 350 000/390 000/510 000 d ;). Au moment de notre voyage, cet hôtel de cinq étages était la meilleure adresse de Dong Ha. Chambres spacieuses, rénovées, très agréables et bien équipées, avec armoire, lampes de chevet, matelas confortable, TV à écran plat, et une vue sur le fleuve pour certaines. Petit-déjeuner compris.

Thuy Dien Guesthouse HÔTEL $
(385 7187 ; 9 Đ Le Van Huu ; ch 160 000 d ;). En face de la gare routière, des chambres propres sans grand charme mais d'un bon rapport qualité/prix.

KHE SANH, UNE BATAILLE POUR RIEN

À la fin de l'année 1966, malgré l'opposition de l'état-major des marines à la stratégie d'usure du général Westmoreland (commandant en chef des forces américaines au Vietnam), les forces spéciales (Bérets verts) firent de la petite base de Khe Sanh un véritable bastion de marines. En avril 1967, ils lancèrent les "batailles des collines" afin de déloger l'armée nord-vietnamienne des environs. En l'espace de quelques semaines, 155 marines et des milliers de Nord-Vietnamiens y trouvèrent la mort. Les combats se focalisèrent sur les collines à environ 8 km au nord-ouest de la base de Khe Sanh.

Fin 1967, les services secrets américains décelèrent la présence de dizaines de milliers d'artilleurs nord-vietnamiens dans les collines avoisinantes. Le général Westmoreland en conclut que Hanoi préparait un autre Dien Bien Phu (voir p. 126) ; la comparaison était absurde, à considérer la puissance de feu américaine et la proximité des autres bases. Même le président Johnson était alors obsédé par le spectre de Dien Bien Phu : il se fit construire une maquette en relief du plateau de Khe Sanh et exigea – fait sans précédent – une garantie écrite du chef de l'état-major interarmées selon laquelle la base tiendrait bon. Westmoreland fit rassembler 5 000 avions et hélicoptères et porta à 6 000 le nombre de soldats à Khe Sanh. Il aurait même, dit-on, demandé une étude sur un hypothétique recours à l'arme nucléaire tactique.

Le siège de Khe Sanh, qui dura 75 jours, commença le 21 janvier 1968 par un assaut limité au périmètre de la base. Tandis que les marines et leurs alliés, les rangers sud-vietnamiens, se préparaient pour une grande offensive au sol, Khe Sanh devint le centre d'attraction des médias du monde entier, faisant notamment la couverture des magazines américains *Newsweek* et *Life*. Durant les deux mois qui suivirent, les Nord-Vietnamiens pilonnèrent la base jour et nuit, alors que les bombardiers américains déversaient 100 000 tonnes d'explosifs dans ses environs immédiats ; toutefois, à aucun moment les Nord-Vietnamiens ne tentèrent de donner l'assaut. Le 7 avril 1968, après de violents combats, les troupes américaines finirent par rouvrir la RN 9 pour rejoindre les marines et mettre fin aux combats.

On sait aujourd'hui que Khe Sanh n'était qu'une diversion destinée à détourner l'attention des villes du Sud, où se préparait l'offensive du Têt, qui commença une semaine après le début du siège. Sur le moment, cela n'empêcha pas le général Westmoreland de clamer le contraire, croyant que l'offensive du Têt était la manœuvre de diversion !

La fin du commandement de Westmoreland au Vietnam, en juillet 1968, coïncida avec le redéploiement des troupes américaines : les nouveaux stratèges estimèrent que Khe Sanh, où tant d'hommes avaient perdu la vie, ne revêtait pas une réelle importance stratégique. Après avoir détruit, enterré ou fait sauter tout ce qui pourrait, le cas échéant, servir à la propagande ennemie, les Américains évacuèrent la base dans le plus grand secret. Les généraux donnaient ainsi raison, sans le savoir, à un officier des marines, qui avait déclaré longtemps auparavant : "Quand on est à Khe Sanh, on ne se trouve nulle part. Alors, si on la perdait, on ne perdrait rien."

Où se restaurer et prendre un verre

Dong Ha est connue pour ses fruits de mer. Les restaurants au bord du fleuve de Đ Hoang Dieu servent d'exquis *cua rang me* (crabe dans une sauce au tamarin), *vem nuong* (palourdes grillées) et des calamars cuits à la vapeur ou rôtis. On trouve près du Violet Hotel d'autres très bons établissements informels.

Tam's Cafe CAFÉ $
(www.tamscafe.co.nr ; 81 Đ Tran Hung Dao ; repas 2 $US ; ☎). Une très bonne adresse. Ce petit café, qui possède probablement la seule machine à expresso de la région, sert d'excellents plats vietnamiens et des en-cas occidentaux (pizzas, smoothies, jus). Son propriétaire, Tam, est aussi serviable qu'informé. Il parle couramment anglais et œuvre à la promotion de sa ville natale. L'établissement emploie et soutient des sourds, et peut donner aux voyageurs des informations très actualisées.

Con Soi VIETNAMIEN $
(Đ Ba Trieu ; repas 50 000 d). Le meilleur des restaurants au bord du lac. Toutes les spécialités locales sont fraîches et savoureuses. Le

POSTE-FRONTIÈRE : LAO BAO-DANSAVANH

Lao Bao, sur le fleuve Sepon, est le **point de passage** (◉7h-18h) le plus fréquenté et le moins problématique entre le Laos et le Vietnam. Il est possible de se procurer un visa laotien valable 30 jours en arrivant, mais le visa vietnamien doit s'obtenir à l'avance, par exemple auprès du consulat de Savannakhet, au Laos.

Les bus en direction de Savannakhet partent de Hué et desservent Dong Ha et Lao Bao. Les jours impairs, un bus climatisé quitte Hué à 7h (9 heures 30 ; 280 000 d) depuis l'agence Sinh Tourist (voir p. 179), dessert Dong Ha en s'arrêtant au Sepon Travel vers 8h30 pour embarquer d'autre passagers (le tronçon Dong Ha-Savannakhet coûte 210 000 d) pour arriver à Savannakhet à 16h. Le lendemain, le même bus repart du Savanbanhao Hotel de Savannakhet.

Si vous voulez passer la frontière par vos propres moyens, prenez le bus depuis Dong Ha jusqu'à la gare routière de Lao Bao (2 heures, 85 km, 50 000 d). De là, vous pouvez marcher 20 min pour atteindre la frontière, ou prendre un *xe om* (moto-taxi) qui vous coûtera 12 000 d. Il faut marcher quelques centaines de mètres entre le poste-frontière du Vietnam et celui du Cambodge.

Il y a un immense marché du côté vietnamien, mais pas vraiment de raison de s'arrêter à Lao Bao. Au besoin, le **Sepon Hotel** (✆377 7129 ; www.seponhotel.com.vn ; Đ 82 Lao Bao ; ch 20-27 $US ; ❄@) est un hôtel d'affaires correct. Le **Bao Son Hotel** (✆387 7848 ; ch 15-17 $US ; ❄), un peu décati, loue quant à lui des chambres bon marché.

Évitez de changer de l'argent à Lao Bao : les taux sont très désavantageux.

Une fois au Laos, vous ne trouverez qu'un seul bus quotidien qui rallie directement Savannakhet (5 heures, 250 km, 60 000 kips), et qui ne part que quand il est plein. Des *sawngthaew* (camionnettes) partent assez régulièrement en direction de Sepon, où vous attendent des bus ou d'autres *sawngthaew* pour Savannakhet.

En sens inverse, le bus de Savannakhet à Dansavanh part à heures régulières durant la journée, avec un service de nuit à 22h pour Hué. Sachez toutefois que ce dernier arrive vers 3h du matin à Dansavanh, où des passagers ont eu la mauvaise surprise d'être débarqués au bord de la route, n'ayant d'autre recours que d'attendre le premier bus de la matinée. Aucun bus public depuis le Laos n'est direct jusqu'à Hué, quoi qu'en disent les chauffeurs !

Si vous prenez un bus touristique, faites-vous confirmer (si possible par écrit) que c'est le même bus qui continue jusqu'après la frontière. Nous avons eu écho de voyageurs débarqués de beaux bus du côté vietnamien pour être embarqués dans des bus locaux rudimentaires une fois qu'ils avaient atteint le Laos. Certains véhicules arrivent à la frontière après la fermeture, ce qui oblige à passer une inconfortable nuit d'attente dans le véhicule bondé. Vérifiez avant le départ si vous avez droit à une nuit d'hôtel.

---

cochon de lait rôti, le poisson et les fruits de mer grillés sont délicieux.

❶ Renseignements

Le gérant du Tam's Cafe fournit aux touristes abondance de renseignements sans parti pris.

DAB de la Vietcombank (Đ Tran Hung Dao)

DAB de la Vietin Bank (Đ Hung Vuong)

Poste (183 Đ Le Duan)

❶ Depuis/vers Dong Ha

BUS La **gare routière de Dong Ha** (Ben Xe Khach Dong Ha ; 68 Đ Le Duan) se trouve près du croisement entre la RN 1 et la RN 9. Des bus desservent régulièrement Dong Hoi (50 000 d, 2 heures), Hué (42 000 d, 1 heure 30), Danang (65 000 d, 3 heures 30), Khe Sanh (28 000 d, 1 heure 30) et Lao Bao (45 000 d, 2 heures).

Pour Lao Bao, vous devrez peut-être changer de bus à Khe Sanh. Pour les bus vers Savannakhet, au Laos, les étrangers ne peuvent pas acheter leur billet dans la gare, et doivent aller le prendre à Sepon Travel, de l'autre côté de la rue.

Un minibus part tous les jours du Tam's Cafe pour l'hôtel Phong Nha Farmstay, près de la grotte de Phong Nha (p. 158 ; 100 000 d) à 15h30 ; au retour, il poursuit sa route vers le sud, s'arrêtant à Hué pour arriver à Danang à 19h30 (100 000 d).

Les horaires de tous les moyens de transports sont disponibles au Tam's Cafe.

TRAIN De la **gare de Dong Ha** (Ga Dong Ha ; 2 Đ Le Thanh Ton) partent des trains pour Hanoi (couchette à partir de 480 000 d, 12 heures 30 à 16 heures de voyage, 5 trains/j), Dong Hoi (à

partir de 58 000 d, 1 heure 30 à 3 heures de voyage, 7 trains/j) et Hué (à partir de 44 000 d, 1 heure 30 à 2 heures 30 de voyage, 7 trains/j). La gare se situe à 2 km au sud du pont de la RN 1.
VOITURE ET MOTO Pour effectuer un circuit à moto dans la DMZ, comptez 15 $US au minimum. Le trajet en voiture jusqu'à Lao Bao, à la frontière, revient à 45 $US. On peut louer des motos au Tam's Cafe à partir de 5 $US/jour.

Quang Tri
♪053 / 28 600 HABITANTS

Quang Tri était autrefois une importante cité fortifiée, mais il reste peu de chose de sa gloire passée. Au printemps 1972, au cours de l'offensive "Eastertide", l'armée nord-vietnamienne assiégea la ville puis la prit. Les forces américaines et sud-vietnamiennes répliquèrent par des bombardements et des tirs d'artillerie massifs, qui réduisirent la ville à néant.

N'en demeurent donc plus que des vestiges des douves, des remparts et des portes de la **citadelle**, située à 1,6 km au nord de la RN 1 en retrait de Đ Tran Hung Dao.

À l'extérieur de Quang Tri, au bord de la RN 1 en direction de Hué, l'**église de Long Hung**, en ruine, témoigne des violents combats de 1972.

La **gare routière** (Đ Tran Hung Dao) est à 1 km de la RN 1. Vous pouvez toutefois intercepter les bus sur la nationale, plutôt que d'attendre à la gare.

Hué
♪054 / 358 000 HABITANTS

Pour qui s'intéresse à l'art et à l'architecture, Hué vient en tête de liste des lieux à visiter. Capitale des empereurs Nguyên, Hué, classée au patrimoine mondial de l'Unesco, évoque encore les splendeurs impériales, et ce bien que ses plus beaux édifices aient été détruits pendant la guerre du Vietnam.

Hué doit son charme en grande partie à sa situation sur la rivière des Parfums – pittoresque quand il fait beau, elle se nimbe de mystère les jours moins radieux. Si des travaux de restauration sont toujours en cours quelque part en ville pour lui redonner un peu de sa splendeur impériale, le neuf et l'ancien cohabitent sans problème. Des maisons modernes s'accrochent aux murs séculaires de la vieille citadelle, et une nouvelle tour hôtelière domine les majestueuses résidences coloniales.

Avec le tourisme, les rangs des rabatteurs (prompts à accoster le chaland) ont grossi. Or, abstraction faite de ce petit inconvénient, Hué reste une ville conservatrice et tranquille. Les bars y sont rares, et même l'administration touristique locale déplore que les habitants soient au lit à 22h.

Histoire
En 1802, l'empereur Gia Long, fondateur de la dynastie des Nguyên, déplaça la capitale de Hanoi à Hué dans le but d'unir le nord et le sud du pays, et ordonna l'édification de la citadelle. La cité prospérait, mais ceux qui la dirigeaient devaient lutter contre l'influence croissante de la France.

Gia Long ordonna la construction de la citadelle, symbole de la ville. En 1885, lorsque les conseillers de l'empereur Ham Nghi, alors âgé de 13 ans, contestèrent la légitimité du protectorat français sur le Tonkin, l'armée coloniale répondit en assiégeant la ville. Malgré la supériorité des troupes ennemies, les Vietnamiens lancèrent une attaque. La riposte des Français fut implacable : pendant 3 jours, ils brûlèrent la bibliothèque impériale et dépouillèrent la cité de tous ses objets de valeur. Les Français placèrent alors sur le trône impérial Dông Khanh, plus malléable, coupant ainsi court à toute velléité d'indépendance vietnamienne.

Les empereurs continuèrent à résider à Hué, écartés cependant de toute décision d'intérêt national. Ce n'est qu'en 1968 que l'attention se porta à nouveau sur elle, à la faveur de l'offensive du Têt. Tandis que l'état-major américain concentrait ses efforts sur Khe Sanh, les troupes nord-vietnamiennes et viêt-cong contournèrent les forces ennemies et envahirent presque toute la ville en moins de 24 heures.

Les cadres politiques entreprirent alors d'éliminer les éléments "réfractaires" de Hué : des milliers de citoyens, figurant sur des listes méticuleusement établies des mois à l'avance ou fraîchement dénoncés, se retrouvèrent alors victimes de gigantesques rafles. Pendant les 25 jours que flotta sur la citadelle le drapeau du Front national de libération, plus de 2 500 personnes – soldats de l'ARVN, marchands, fonctionnaires, bonzes, prêtres, intellectuels – furent fusillés, tués à coups de gourdin ou enterrés vivants. Le Nord les qualifiait de "laquais qui avaient des dettes de sang".

Les troupes du Sud se révélant incapables de déloger les armées nord-vietnamiennes et viêt-cong, le général Westmoreland ordonna aux GI de reprendre la cité, laquelle fut donc, pendant plusieurs semaines, la cible des roquettes viêt-cong et des bombes américaines. L'intérieur de la citadelle fut en grande partie dévasté par l'aviation nord-vietnamienne, l'artillerie américaine (qui utilisa du napalm dans le palais impérial) et les combats de rue. Selon les remarques attribuées à un soldat américain qui participa à l'assaut, ils devaient "détruire la ville afin de la sauver". Environ 10 000 habitants périrent à Hué, notamment plusieurs milliers de Viêt-cong, 400 soldats sud-vietnamiens, 150 marines et une grande majorité de civils.

En mars 1975, les forces nord-vietnamiennes revinrent et, fortes de leur succès dans les hauts plateaux du Centre, prirent la ville après 3 jours de combat.

◉ À voir

Citadelle SITE HISTORIQUE
La majorité des sites de Hué, et une bonne partie de sa population, se concentrent à l'intérieur des murs longs de 10 km et épais de 2 m de la **citadelle** (Kinh Thanh), sur la rive nord de la rivière. Érigés entre 1804 et 1833, les remparts sont entourés de douves en zigzag d'une largeur de 30 m et d'une profondeur de 4 m, et comptent 10 portes fortifiées.

La citadelle compte plusieurs parties bien distinctes. L'enceinte impériale et l'espace situé au-delà de la Cité pourpre interdite constituaient le cœur de la vie de la cour vietnamienne, tandis qu'on trouvait un ensemble de temples au sud-ouest, des résidences au nord-ouest, des jardins au nord-est et la **forteresse militaire de Mang Ca** au nord.

S'élevant au-dessus de toute la citadelle, la **tour du Drapeau** (Cot Co), avec ses 37 m, est le mât aux couleurs le plus élevé du pays. En 1968, le Viêt-cong y fit flotter le drapeau du Front national de libération pendant plus de 3 semaines, dans un geste de défi.

HUÉ EN FÊTE

Hué, qui fut un temps oubliée, semble bien décidée à ce que cela ne se reproduise plus. Chaque année paire, la ville accueille le désormais célèbre **festival de Hué** (www.huefestival.com), durant lequel des artistes locaux et internationaux viennent se produire ou exposer leurs œuvres dans tous les sites historiques et les centres d'art de la ville.

Situés à l'intérieur de la citadelle, près des portes encadrant la tour du Drapeau, les **neuf canons sacrés** (1804) sont les défenseurs symboliques du palais et du royaume. Fondus sur l'ordre de l'empereur Gia Long, à partir d'objets en cuivre dérobés aux rebelles Tay Sôn, ils n'ont jamais eu pour vocation de servir. D'une longueur de 5 m, chacun pèse environ 10 tonnes. Les quatre canons situés près de la **porte Ngan** symbolisent les saisons, tandis que les cinq canons proches de la **porte Quang Duc** représentent les éléments (métal, bois, eau, terre et feu).

Enceinte impériale SITE HISTORIQUE
(55 000 d ; ◉6h30-17h30 en été, 7h-17h en hiver). Abritant la résidence de l'empereur et les principaux bâtiments de l'État, l'enceinte est une véritable citadelle à l'intérieur de la citadelle, dont les murs atteignent 6 m de hauteur pour 2,5 km de longueur. Ce qu'on voit aujourd'hui n'est qu'une petite partie du site d'origine : l'enceinte a subi des bombardements intensifs durant les guerres d'Indochine et du Vietnam, et seuls 20 des 148 bâtiments sont parvenus jusqu'à nous. La restauration des parties les moins endommagées et la reconstruction complète font partie des projets en cours.

L'enceinte est divisée en plusieurs sections, avec la Cité pourpre interdite en son centre. Les palais officiels se situent entre cette dernière et la porte principale. Une série de temples et de résidences bordent le pourtour, les mieux préservés se trouvant le long du mur sud-ouest. Le long du mur opposé, le plus près de l'entrée principale, subsistent les ruines du **temple Thai To Mieu** (qui abrite une pépinière) et derrière se dresse l'**université des Beaux-Arts**, installée dans l'ancien Trésor royal. À l'arrière s'étendent des jardins non entretenus, un lac et un parc.

C'est un site étonnant, dont l'exploration demande une bonne partie de la journée. Il est facilement accessible à pied de toute la ville, et reste agréable car peu fréquenté.

Porte Ngo Mon
Face à la tour du Drapeau, la porte Ngo Mon (porte du Midi ; 1833) sert d'accès principal à l'enceinte impériale. Parée de battants jaunes, elle était jadis exclusivement réservée à l'usage de l'empereur, tout comme le pont de l'étang aux Lotus.

La porte est surmontée du **Ngu Phung** (belvédère des Cinq Phénix), où l'empereur apparaissait lors des grandes occasions, comme la publication du calendrier lunaire.

C'est sur ce même belvédère que Bao Dai, dernier souverain de la dynastie des Nguyên, abdiqua le 30 août 1945, devant une délégation du gouvernement révolutionnaire provisoire de Hô Chi Minh.

Palais Thai Hoa

Construit en 1803, le "palais de l'Harmonie suprême" est une vaste salle surmontée d'un toit de madriers, soutenu par 80 colonnes sculptées et laquées. Il accueillait les réceptions officielles et les cérémonies impériales. À ces occasions, l'empereur restait assis sur son trône surélevé, regardant les visiteurs entrer par la porte Ngo Mon.

L'audioguide, très bien réalisé, donne un excellent aperçu de l'architecture et de l'histoire de toute la citadelle.

Maisons des Mandarins

Juste derrière le palais, de part et d'autre d'une cour, ces **salles**, restaurées en 1977, servaient de bureaux et de vestiaires aux mandarins.

La salle de gauche a été aménagée pour les photos touristiques : vous pourrez prendre la pose sur le trône, en costume impérial (20 000 à 100 000 d). Dans l'autre salle, sont exposées de vieilles photographies (notamment celles du couronnement de l'enfant-roi Vua Duya Tan), des bouddhas dorés et d'autres curiosités impériales.

Au-delà de la cour, vous découvrirez les ruines du **palais Can Chanh**, où deux longues et magnifiques **galeries**, laquées de rouge, ont été récemment reconstruites.

Cité pourpre interdite

Derrière le palais, au cœur de l'enceinte impériale, la Cité pourpre interdite (Tu Cam Thanh) est une autre citadelle dans la citadelle. Presque entièrement détruite par les guerres, elle fut jadis une enceinte murée exclusivement réservée à l'usage personnel de l'empereur. Les seuls serviteurs autorisés étaient les eunuques.

La cité est aujourd'hui en grande partie noyée sous la verdure. Attention en vous promenant au milieu des ruines, car il y a quelques trous béants.

Sur la droite, le **théâtre royal** (Duyêt Thi Duong ; 351 4989 ; www.nhanhac.com.vn ; place 50 000 d ; représentations à 9h, 10h, 14h30 et 15h30), édifié en 1826, a été reconstruit sur ses anciennes fondations. Durant l'ère impériale, il accueillit des opéras classiques *(tuong)* et des spectacles de danse et de musique *(nha nhac)* en l'honneur de l'empereur et de ses hôtes. Aujourd'hui, ces représentations sont donnés par le théâtre traditionnel et royal de Hué.

Installée sur deux étages derrière le théâtre, la **salle de Lecture de l'empereur** (Thai Binh Lau) est, quoique fort décatie, la seule partie de la Cité pourpre interdite à avoir échappé aux dommages causés durant la réoccupation française de Hué, en 1947. L'édifice n'est pas ouvert au public, mais admirez son toit décoré de belles mosaïques.

Temple To Mieu

Occupant l'angle sud de l'enceinte impériale, ce temple dédié aux empereurs Nguyên a été superbement restauré. Le premier bâtiment que vous apercevez après l'entrée est le **pavillon Hien Lam**. De l'autre côté se trouvent les **neuf urnes dynastiques**. Chacune de ces *dinh* (urnes), fondues entre 1835 et 1836, est consacrée à un souverain de la dynastie des Nguyên. Sur les côtés sont gravés des corps célestes et des paysages. Mesurant environ 2 m de hauteur, et pesant chacune de 1 900 à 2 600 kg, elles symbolisent la puissance et la stabilité du règne des Nguyên. L'urne centrale, la plus grande et la plus finement ornée, est dédiée à Gia Long, fondateur de la dynastie.

De l'autre côté de la cour, dotée de magnifiques jardins, s'étend le bâtiment rouge et or du **temple To Mieu** lui-même. À l'intérieur, les chapelles de chaque empereur sont surmontées de leur photo. Sous la domination française n'étaient honorés de la sorte que les sept empereurs qui avaient la faveur de la puissance coloniale. Ham Nghi, Thanh Thai et Duy Tan furent ajoutés en 1959.

Le temple est flanqué d'une pièce où l'on revêtait les habits de cérémonie, et d'un sanctuaire voué à un dieu de la terre. Derrière chacune d'elles, une porte mène à la partie suivante de l'ensemble : une cuisine et un entrepôt sis de part et d'autre d'un petit enclos entouré d'un mur, où se situe le **temple Hung To Mieu**. Il s'agit d'une reconstruction effectuée en 1951 du temple d'origine, bâti en 1804, en hommage aux parents de Gia Long.

Résidence Dien Tho

Derrière les deux temples se dresse cette étonnante résidence (1804), partiellement en ruine. Elle accueillait autrefois les appartements et la salle d'audience des reines mères de la dynastie des Nguyên. La salle d'audience comprend une collection de photos et de vêtements royaux.

Hué

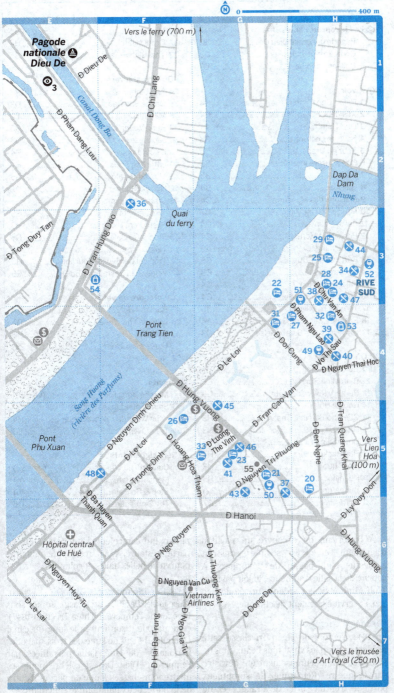

Hué

◉ Les incontournables
- Pagode nationale Dieu De E1
- Complexe des musées D3
- Collège national D7

◉ À voir
1. Palais Can Chanh B4
2. Résidence Dien Tho B4
3. Duc Thanh E1
4. Salle de Lecture B3
5. Tour du Drapeau C5
6. Cité pourpre interdite B3
7. Galerie B3
8. Galerie B4
9. Maisons des Mandarins C4
10. Musée Hô Chi Minh C7
11. Porte Ngan D4
12. Porte Ngo Mon C4
    - Ngu Phung ....(voir 12)
13. Porte Quang Duc C5
14. Théâtre royal C3
15. Palais Thai Hoa C4
16. Temple Thai To Mieu C4
17. Temple To Mieu B5
18. Résidence Truong San A4
19. Université des Beaux-Arts C3

ⓛ Où se loger
20. Bamboo Hotel H5
21. Binh Minh Sunrise 1 .... G5
22. Century Riverside Hotel G3
23. Google Hotel G5
24. Guesthouse Nhat Thanh H3
25. Halo H3
26. Hotel Saigon Morin F5
27. Hue Backpackers H4
28. Hue Thuong H3
29. Huenino H3
    - Hung Vuong Inn .... (voir 37)
30. La Résidence C7
31. Mercure G4
32. Orchid Hotel H4
33. Thai Binh Hotel 2 .... G5

ⓧ Où se restaurer
34. Anh Binh H3
35. Caphé Bao Bao D3
36. Marché Dong Ba F2
37. Hung Vuong Inn G5
38. Japanese Restaurant H3
39. La Carambole H4
40. Little Italy H4
41. Mandarin Café G5
42. Ngo Co Nhan D2
43. Omar Khayyam's Indian
    Restaurant G5
44. Restaurant Bloom H3
45. Stop & Go Café G5
46. Take G5
47. Tropical Garden Restaurant H3
48. Vegetarian Restaurant Bo De E5

ⓒ Où prendre un verre
49. Bar Why Not? H4
50. Café on Thu Wheels G5
51. DMZ Bar H3
    - Hue Backpackers .... (voir 27)
52. New Sky H3

ⓐ Achats
- Marché Dong Ba .... (voir 36)
53. Spiral Foundation Healing
    the Wounded Heart Center H4
54. Trang Tien Plaza E3

ⓘ Renseignements
- Café on Thu Wheels .... (voir 50)
- Mandarin Café .... (voir 41)
- Stop & Go Café .... (voir 45)
55. The Sinh Tourist G5

À l'extérieur, on découvre un pavillon d'agrément en bois sculpté construit au-dessus d'un bassin de nénuphars. À gauche de la salle d'audience, le joli pavillon Tinh Minh était la résidence privée de Bao Dai, et servit également de clinique.

Résidence Truong San
En 1844, l'empereur Thiêu Tri classa cette résidence parmi les vingt plus beaux sites de Hué. Elle a malheureusement été dévastée par la guerre. Remarquez le somptueux portique d'entrée, orné de dragons et de phénix qui caracolent. L'intérieur a été en partie restauré, mais reste vide, quoique pourvu de belles dalles et colonnes.

GRATUIT **Pagode nationale Dieu De** PAGODE
(Quoc Tu Dieu De ; 102 Đ Bach Dang). Édifiée sous le règne de l'empereur Thiêu Tri (1841-1847), cette pagode a son entrée le long du canal Dong Ba. Il s'agit de l'une des trois "pagodes nationales" de Hué, jadis parrainées par l'empereur. Dieu De est célèbre pour ses quatre tours basses – une de part et d'autre de la porte, deux flanquant le sanctuaire.

Sous le gouvernement Diêm (1955-1963), et jusqu'au milieu des années 1960, la pagode Dieu De était le bastion de la révolte bouddhiste et estudiantine contre la guerre et le régime en place. En 1966, elle fut prise d'assaut par la police, qui confisqua le matériel radio et arrêta nombre de bonzes, de laïcs et d'étudiants.

Les pavillons qui encadrent l'entrée principale abritent les 18 La Ha – situés juste au-dessous des bodhisattvas dans la hiérarchie bouddhiste – et les 8 Kim Cang, protecteurs du Bouddha. Derrière les estrades se tient le Bouddha Thich Ca entouré de ses deux assistants.

Collège national INSTITUTION
(Truong Quoc Hoc ; 10 Ð Le Loi ; ⊙11h30-13h et après 17h). Fondé en 1896, le collège national est l'un des établissements secondaires les plus prestigieux du Vietnam. De nombreuses personnalités, du Nord comme du Sud, le fréquentèrent avant de faire carrière : citons le général Vo Nguyên Giap, stratège émérite de la victoire de Dien Bien Phu, qui servit le Nord-Vietnam de très longues années en qualité de vice-Premier ministre de la Défense et commandant en chef ; Pham Van Dông, Premier ministre nord-vietnamien pendant plus d'un quart de siècle ; Do Muoi, secrétaire général du Parti communiste et ancien Premier ministre ; Hô Chi Minh, qui y fit de brèves études en 1908.

Le collège admet des élèves de 16 à 18 ans, soumis à un examen d'entrée réputé très difficile. On ne peut visiter les lieux qu'à l'heure du déjeuner et à la fin des cours.

GRATUIT Musée d'Art royal de Hué MUSÉE
(150 Ð Nguyen Hue ; ⊙6h30-17h30 en été, 7h-17h en hiver). Ce musée occupe le palais An Dinh (1918). Commandé par l'empereur Khai Dinh, le bâtiment, d'influence baroque, est décoré d'une profusion de fresques murales très élaborées, de motifs floraux et de trompe-l'œil. Après son abdication en 1945, l'empereur Bao Dai vécut ici entouré de sa famille. Les céramiques, les peintures, le mobilier et les costumes royaux qui subsistent justifient largement la visite.

GRATUIT Complexe des musées MUSÉES
(Ð 23 Thang 8 ; ⊙7h30-11h et 13h30-17h mar-dim). Le ravissant bâtiment quelque peu délaissé situé en face du palais Long An est une ancienne école qui accueillait autrefois les princes et les fils des grands mandarins. L'endroit regroupe une pagode dédiée à l'archéologie, un petit Muséum d'histoire naturelle et un bâtiment consacré au mouvement de résistance contre le gouvernement français. Devant le musée sont exposés des tanks rappelant la bataille de 1975, quand Hué fut conquise par le Nord.

GRATUIT Pagode Bao Quoc PAGODE
(colline Ham Long). Édifiée en 1670, cette pagode qui domine la colline Ham Long est située sur la rive sud de la rivière des Parfums. Notez l'imposante porte à trois arches, que l'on atteint après avoir gravi un large escalier. À droite apparaît une école de moines, en service depuis 1940 ; à gauche, le cimetière des moines.

Pour y accéder depuis Ð Le Loi, dirigez-vous vers le sud jusqu'à Ð Dien Bien Phu, puis prenez la première à droite après la voie ferrée.

Musée Hô Chi Minh MUSÉE
(7 Ð Le Loi ; 10 000 d ; ⊙7h30-11h et 13h30-16h30 mar-dim). Chaque ville a le sien, mais celui de Hué se distingue des autres. Hô Chi Minh a de fait passé 10 ans à Hué. Photographies intéressantes, avec des légendes en anglais.

Lac Tang Tau LAC
(Ð Dien Tien Hoang). Sur une île au centre du lac Tang Tau (situé au nord du lac Tinh Tam) s'élevait une bibliothèque royale. Le site est aujourd'hui occupé par la petite pagode Ngoc Huong.

🛏 Où se loger

L'offre d'hébergement est vaste à Hué, tout comme l'éventail de prix. Les venelles situées entre Ð Le Loi et Ð Vo Thi Sau constituent le principal quartier touristique.

💙 Pilgrimage Village COMPLEXE HÔTELIER $$$
(☎388 5461 ; www.pilgrimagevillage.com ; 130 Ð Minh Mang ; ch/maisonnette à partir de 121/172 $US ; ❄️@🛜🏊). Cet petit havre de luxe, se niche dans une vallée verdoyante et isolée. Fort d'une piscine de 40 m, de bassins aux lotus et d'un espace yoga et spa dernier cri, il évoque davantage une retraite zen qu'un hôtel ! Chambres extrêmement confortables. Pour être vraiment comblés, choisissez l'une des maisonnettes avec piscine privée. Bon restaurant, salle de petit-déjeuner et bar très agréables. À 3 km du centre-ville, desservi par une navette.

Mercure HÔTEL $$
(393 6688 ; www.mercure.com ; 38 Đ Le Loi ; ch à partir de 58 $US ;). Récent et stylé, cet hôtel dominant la rivière des Parfums présente un excellent rapport qualité/prix. La réception saturée d'influences vietnamiennes donne le ton. Belles chambres, avec mobilier en bois, sdb au goût du jour, balcons et tout le confort souhaitable. Un restaurant à la cuisine française et vietnamienne ainsi qu'un bar (le Sky Bar) sont disponibles. Piscine un peu petite. Réservez en ligne pour bénéficier d'une réduction.

Google Hotel HÔTEL $
(383 7468 ; www.googlehotel-hue.com ; 26 Đ Tran Cao Van ; d/tr 15/18 $US ;). Le nom est un peu connoté, mais ce nouvel établissement offre le chic d'un hôtel aux tarifs d'une auberge de jeunesse. Chambres claires et spacieuses, lits confortables, sdb et immense TV à écran plat. Au rez-de-chaussée, le grand bar-restaurant permet de faire des rencontres.

La Résidence HÔTEL $$$
(383 7475 ; www.la-residence-hue.com ; 5 Đ Le Loi ; ch à partir de 151 $US ;). Jadis résidence du gouverneur français, cet hôtel de luxe donnant sur les berges de la rivière des Parfums évoque l'Indochine d'antan. Chambres somptueusement meublées, belle piscine et excellent restaurant. Le buffet du petit-déjeuner est un spectacle à lui seul.

Orchid Hotel HÔTEL $$
(383 1177 ; www.orchidhotel.com.vn ; 30A Đ Chu Van An ; ch 35-60 $US ;). Un hôtel très bien géré : service impeccable et chaleureux, chambres très agréables, avec sol stratifié, coussins et lecteur DVD. Les chambres les plus chères sont pourvues d'un ordinateur, et certaines sont même équipées d'un jacuzzi avec vue sur la ville. Petit-déjeuner compris, avec surveillance des enfants.

Huenino PENSION $
(625 2171 ; www.hueninohotel.com ; 14 Đ Nguyen Cong Tru ; ch 14-22 $US ;). La famille qui tient cette pension se met en quatre pour satisfaire ses hôtes. Chambres très bien aménagées, avec objets d'art, minibar, TV satellite et bons lits. Petit-déjeuner copieux compris. Réserver.

Hue Backpackers AUBERGE DE JEUNESSE $
(382 6567 ; www.hanoibackpackershostel.com/hue ; 10 Đ Pham Ngu Lao ; dort 6 $US, ch 20 $US ;). Très bien située, tout près de la rivière des Parfums, cet établissement enchante les baroudeurs, avec son personnel, sympathique et bien informé, et son *happy hour*. Les dortoirs (pour hommes ou femmes seulement, ou mixtes, avec 4 ou 8 lits) sont bien aménagés et pourvus de bons matelas, de ventilateurs, de clim et de casiers fermant à clef. La chambre privée est juste correcte.

Hue Thuong HÔTEL $
(388 3793 ; 11 Đ Chu Van An ; ch 250 000 d ;). Un fantastique mini-hôtel, dont les chambres rénovées, quoique petites, sont plaisantes et impeccables, avec une literie pourpre et blanche, et de jolis meubles.

Guesthouse Nhat Thanh PENSION $
(393 5589 ; nhatthanhguesthouse@gmail.com ; 17 Đ Chu Van An ; ch 13-15 $US ;). Une bonne adresse, centrale et très bien tenue par une famille chaleureuse. Chambres vastes et lumineuses, avec bons lits, minibar, TV, et un petit bureau pour la plupart.

Hotel Saigon Morin HÔTEL $$$
(382 3526 ; www.morinhotel.com.vn ; 30 Đ Le Loi ; ch/ste à partir de 112/222 $US ;). Ouverture en 1901, le Saigon Morin a été à une époque le cœur de la vie coloniale française. Le bâtiment est impressionnant, organisé autour de deux cours intérieures et d'une petite piscine. Chambres spacieuses, bien meublées, riches de somptueux tapis et de touches d'époque. Petit-déjeuner compris.

Halo HÔTEL $
(382 9371 ; huehalo@yahoo.com ; 10a/66 Đ Le Loi ; ch 8-15 $US ;). Dans l'"allée des backpackers", des chambres immaculées, dont beaucoup sont pourvues d'un balcon et d'une baignoire. Personnel à l'écoute.

Thai Binh Hotel 2 HÔTEL $$
(382 7561 ; www.thaibinhhotel-hue.com ; 2 Đ Luong The Vinh ; ch 18-35 $US ;). À une rue de la grande artère touristique, un hôtel bleu pastel, pratique et calme. Superbe vue depuis les étages supérieurs, personnel efficace. Restaurant (repas à partir de 3 $US).

Hung Vuong Inn HÔTEL $
(382 1068 ; truongdung2000@yahoo.com ; 20 Đ Hung Vuong ; ch 11-17 $US ;). Neuf chambres de belle taille, avec TV satellite et sdb agréable. Situation pratique, malgré la circulation. Le restaurant a beaucoup de succès.

Binh Minh Sunrise 1 — HÔTEL $
(☎ 382 5526 ; www.binhminhhue.com ; 36 Đ Nguyen Tri Phuong ; ch 10-30 $US ; ✱@🛜). Sur 6 étages, cet hôtel très central emploie un personnel aimable et loue des chambres propres, plutôt spacieuses, certaines avec balcon. Les moins chères n'ont pas la clim et leur prix n'inclut pas le petit-déjeuner.

Bamboo Hotel — HÔTEL $
(☎ 832 8888 ; huuthuan@dng.vnn.vn ; 61 Đ Hung Vuong ; ch 11-16 $US ; ✱@🛜). Un hôtel central fort de jolies chambres au mobilier imitant le bambou. Correct, mais pas exceptionnel. Petit-déjeuner simple compris.

Century Riverside Hotel — HÔTEL $$
(☎ 382 3390 ; www.centuryriversidehue.com ; 49 Đ Le Loi ; s/d à partir de 60/70 $US ; ✱@🛜≋) Grand hôtel merveilleusement situé au bord du fleuve et très vert. Chambres spacieuses, au mobilier désuet.

✕ Où se restaurer

C'est à l'empereur Tu Duc, grand gourmet devant l'Éternel, que Hué doit sa richesse culinaire (voir p. 490). S'offrir un "banquet impérial" est une expérience inoubliable.

Les gâteaux de riz royaux (le plus courant étant le *banh khoai*) sont la première spécialité à goûter. Vous en trouverez, ainsi que des variantes (*banh beo, banh loc, banh it* et *banh nam*) sur les étals et dans les restaurants du **marché Dong Ba** (Đ Tran Hung Dao ; plats 5 000-10 000 d), et dans toute la ville.

Hué possède une longue tradition de cuisine végétarienne. Le marché Dong Ba offre l'embarras du choix les 1er et 15e jours du mois lunaire. Divers plats à base de soja figurent aux menus des restaurants.

♥ Take — JAPONAIS $
(34 Đ Tran Cao Van ; repas 50 000-120 000 d ; ⏱11h30-21h30). Ce japonais d'un très bon rapport qualité/prix propose un menu des plus authentiques dans un décor qui l'est également, avec lanternes, tentures calligraphiées et même cerisier en fleurs. Essayez les sushis (environ 24 000 d/2 pièces), savourez un *yakitori* (45 000 d) et faites passer le tout avec un verre de saké (30 000 d).

♥ Anh Binh — VIETNAMIEN $$
(☎ 382 5305 ; 65 Đ Vo Thi Sau ; plats 40 000-155 000 d ; ⏱11h30-21h30). Ce petit paradis gastronomique tire avantage d'une ambiance raffinée et d'un service attentionné. Il sert une délicieuse cuisine de la région, notamment du crabe frais, des feuilletés aux crevettes et du poulet grillé au piment et au gingembre.

♥ Lien Hoa — VÉGÉTARIEN $
(3 Đ Le Quy Don ; repas 30 000-50 000 d ; ⏱11h-21h30 ; 🍴). Ce très authentique restaurant est réputé pour ses excellents plats à prix doux : *banh beo*, nouilles et assortiments cuits à la vapeur. Le menu comporte des photos et de (mauvaises) traductions en anglais qui vous aideront à commander, sachant que le personnel ne parle presque pas la langue de Shakespeare. À 800 m au sud-est du pont Trang Tien.

🌿 Restaurant Bloom — INTERNATIONAL, CAFÉ $
(14 Đ Nguyen Cong Tru ; en-cas à partir de 15 000 d ; 🛜). Parfait pour un sandwich, un croissant ou un gâteau maison. Cet agréable café emploie des jeunes défavorisés ou formés par le programme d'aide aux orphelins de l'ACWP (Aid to Children Without Parents).

Mandarin Café — VIETNAMIEN $
(24 Đ Tran Cao Van ; plats à partir de 26 000 d). C'est M. Cu, dont les photos inspirées ornent les murs, qui vous accueille dans ce bon restaurant familial. Grand choix de plats végétariens et de petits-déjeuners sur la carte qui mêle spécialités occidentales et orientales. Le Mandarin Café est aussi une agence de voyages.

Tropical Garden Restaurant — VIETNAMIEN $$
(☎ 384 7143 ; 27 Đ Chu Van An ; plats 25 000-140 000 d). Les tables sont installées sous des abris en chaume, à l'intérieur d'un jardin tropical luxuriant. La cuisine est bonne, spécialisée dans les mets de la région. On dîne au son de musiciens (tlj 19h-21h), et souvent à côté de groupes en voyage organisé.

🌿 Japanese Restaurant — JAPONAIS $
(12 Đ Chu Van An ; plats 1.50-9 $US ; ⏱18h-21h). Beaucoup plus simple que son concurrent, ce petit restaurant sert les classiques nippons (*teriyaki*, nouilles de soja, sushis...). Le cadre n'a rien d'exceptionnel, mais l'établissement emploie d'anciens enfants des rues et contribue à les loger.

Stop & Go Café — INTERNATIONAL $
(3 Đ Hung Vuong ; repas 20 000-60 000 d ; 🛜). Un petit chalet où se restaurer de nourriture vietnamienne ou occidentale savoureuse, à des prix très corrects. Gâteaux de riz, *tacos*,

pizzas, pâtes, et petits-déjeuners copieux. L'établissement travaille aussi comme tour-opérateur, et loue des vélos.

La Carambole FRANÇAIS $$
(381 0491 ; www.lacarambole.com ; 19 Ð Pham Ngu Lao ; plats 32 000-155 000 d). Ce bistrot, ouvert de longue date, est tenu par un Français et son épouse vietnamienne. Outre les mets de leurs pays respectifs, ils mitonnent des spécialités impériales de Hué. Belle carte des vins. Ce restaurant a un franc succès auprès des groupes organisés français ; réservez bien à l'avance, et sachez que vous pouvez être placés, à l'extérieur, sur une terrasse qui fait aussi office de parking.

Little Italy ITALIEN $$
(www.littleitalyhue.com ; 2A Ð Vo Thi Sau ; plats 45 000-115 000 d). Cette trattoria sert une authentique cuisine italienne (pâtes, *calzone*, pizzas, fruits de mer), un large choix de bières et un vin sicilien correct.

Hung Vuong Inn INTERNATIONAL $
(20 Ð Hung Vuong ; repas 30 000-60 000 d). Des classiques occidentaux (pâtes, salades, hamburgers…) sont au menu de ce petit café très branché. La cuisine vietnamienne est en revanche assez fade.

Caphé Bao Bao VIETNAMIEN $
(38 Ð Le Thanh Ton ; repas 15 000-25 000 d). Un restaurant simple, avec cour, qui vend à bon prix de délicieux sandwichs au porc grillé, servis avec des nouilles et des légumes.

Ngo Co Nhan FRUITS DE MER $$
(47 Ð Nguyen Dieu ; plats 30 000-100 000 d). Dans une rue tranquille de la citadelle, ce grand restaurant sur deux étages, assez guindé, est réputé pour ses fruits de mer grillés ou cuits à la vapeur.

Vegetarian Restaurant Bo De VÉGÉTARIEN $
(11 Ð Le Loi ; plats 12 000-55 000 d ;). On se régale ici d'une bonne cuisine végétarienne, installé dans un coin tranquille, au bord de la rivière. Le service est parfois un peu froid.

Omar Khayyam's Indian Restaurant INDIEN $
(34 Ð Nguyen Tri Phuong ; plats 35 000-95 000 d ; 12h-22h). Si vous aimez les saveurs épicées, et n'êtes pas trop regardant sur le cadre ou l'ambiance, vous trouverez ici de bons curries, samosas et plats végétariens indiens.

Où prendre un verre

Hue Backpackers BAR
(10 Ð Pham Ngu Lao ; ☎). Ce bar, incontournable pour les jeunes voyageurs, propose une longue liste de vodkas parfumées et de cocktails audacieux. Un bon endroit pour regarder les matchs de foot ou autres événements sportifs. *Happy hour* de 20h à 21h.

Café on Thu Wheels BAR
(10/2 Ð Nguyen Tri Phuong ; ☎). Le bar de baroudeurs par excellence. Murs couverts de graffitis, ambiance propice aux rencontres. Thu, son jovial propriétaire, ainsi que sa famille, informe volontiers les clients. Ils proposent aussi de bons circuits organisés.

DMZ Bar BAR
(www.dmz.com.vn ; 60 Ð Le Loi ; ☎). Le bar le plus animé de la ville. Vue sur le fleuve, billard gratuit, et brouhaha animé la plupart du temps. Sert de la nourriture jusqu'à minuit, notamment le menu de Little Italy.

Bar Why Not? BAR
(www.whynotbarhue.com ; 21 Ð Vo Thi Sau). Également très apprécié des voyageurs, il est plus calme que le Hue Backpackers et tire avantage d'une fabuleuse carte de cocktails. Belle terrasse donnant sur la rue.

New Sky BAR
(34 Ð Vo Thi Sau). Plus couleur locale, ce bar-club jouit d'une large popularité auprès de la jeunesse de Hué, et fait venir des DJ prometteurs.

Achats

Hué est réputée pour ses chapeaux coniques, sans doute les meilleurs du pays. Sa spécialité est le "chapeau poétique" qui, placé à contre-jour, laisse apparaître en ombres chinoises des scènes de la vie quotidienne. La ville tire également renom de ses papiers de riz et de ses peintures sur soie.

Spiral Foundation Healing the Wounded Heart Center ARTISANAT
(www.hwhshop.com ; 23 Ð Vo Thi Sau). Ce magasin vend un choix d'objets d'art fabriqués, à partir de matériaux recyclés, par des artisans handicapés, et ce dans le respect de l'environnement. On trouve ainsi des cadres réalisés à partir de canettes de bière ou des sacs tissés à la main. Le produit de la vente contribue au financement d'opérations de chirurgie cardiaque pour des enfants nécessiteux.

LES ARTISANS DE L'EMPEREUR

La construction de la cité impériale de Hué a exigé le travail de milliers d'ouvriers et d'artisans, non seulement pour ériger les murs, mais aussi pour meubler et décorer les appartements. Bien que le temps où les artisans étaient favorisés par l'empereur soit révolu, certains de leurs descendants continuent à vivre de leur métier.

Dans la citadelle, le propriétaire de **Duc Thanh** (352 7707 ; 82 Đ Phan Dang Luu), M. Kinh Van, transmet la tradition de la broderie sur soie. Son père, brodeur de la troisième génération, a travaillé pour les empereurs Khai Dinh et Bao Dai. M. Kinh, lui, a appris comme tous les apprentis en regardant son père et les autres membres de la famille. À 8 ans, il réalise son premier projet (encadré dans sa boutique), mais, quand il atteint l'âge adulte, les jours des empereurs Nguyên sont déjà comptés.

M. Kinh n'en entretient pas moins ses talents et, plus tard, fonde une coopérative où travaillent des artisans brodeurs. Il a dû poser ses aiguilles quand sa vue a commencé à baisser, mais il enseigne des techniques avancées, par exemple comment faire apparaître les motifs plus vivants, ou créer l'illusion de changements de couleurs si l'on regarde l'œuvre sous un autre angle. Il enseigne aussi gratuitement aux enfants handicapés. Il vous dira avec fierté que toutes les broderies dans sa boutique ont été réalisées à la main, point après point, ce qui lui vaut des commandes provenant même du Japon.

M. De Van Nguyên perpétue lui aussi la tradition familiale. Ce septuagénaire dirige une petite **fonderie** (383 2151 ; 324/7 Đ Bui Thi Xuan) près de la rivière des Parfums, dans le sud-ouest de la ville. Il y coule des cloches, des statues et des chaudrons, certaines pièces étant destinées aux temples de Hué et des provinces voisines.

La famille de M. De Van Nguyên, qui habite à Hué depuis le début du XIXe siècle, a travaillé pour la famille royale en fabriquant les canons de la citadelle. Sa spécialité est le *kham tam khi* – un procédé de fonderie qui utilise un mélange de bronze, d'argent et d'or. Dix ouvriers travaillent dans la fonderie, dont son fils, mais il leur faut tout de même 2 mois pour réaliser une statue de bouddha plus grande que nature.

M. Kinh et M. De Van Nguyên sont heureux de former à leur art une nouvelle génération. Le plus dur toutefois reste de trouver des jeunes intéressés par ces métiers qui nécessitent de longues années d'apprentissage et qui ne sont pas bien rémunérés comparés aux professions modernes. Certes, ils n'ont pas encore disparu, mais ils n'ont plus le prestige qui était le leur à l'époque impériale.

Dong Ba Market MARCHÉ
(Đ Tran Hung Dao ; 6h30-20h). Ce marché installé au bord de la rivière des Parfums, au nord du pont Trang Tien, est le plus important de Hué. On y trouve absolument de tout.

Trang Tien Plaza CENTRE COMMERCIAL
(6 Đ Tran Hung Dao ; 8h-22h). Ce petit centre commercial moderne, sis entre le pont Trang Tien et le marché Dong Ba, abrite une enseigne Coopmart.

Renseignements

Accès Internet
De nombreux cybercafés bordent les rues touristiques de Đ Hung Vuong et de Đ Le Loi.

Agences de voyages
Cafe on Thu Wheels (383 2241 ; minhthuhue@yahoo.com ; 10/2 Đ Nguyen Tri Phuong). Circuits bon marché et très courus, à vélo, à moto (à partir de 10 $US/pers) et en voiture (DMZ à partir de 40 $US/pers) à Hué et dans les environs, organisés par Minh et ses collègues.

Mandarin Café (382 1281 ; www.mrcumandarin.com ; 24 Đ Hung Vuong). Excellents renseignements et organisation de circuits et transport. M. Cu parle français.

Sinh Tourist (382 3309 ; www.thesinhtourist.vn ; 7 Đ Nguyen Tri Phuong). Réservation de billets de bus "open tour" et classiques pour le Laos.

Stop & Go Café (382 7051 ; www.stopandgo-hue.com ; 3 Đ Hung Vuong). Circuits sur mesure à moto et en voiture. Un circuit d'une journée dans la DMZ, avec un vétéran vietnamien, coûte 42 $US/pers.

Argent
Vietcombank (30 Đ Le Loi ; fermé dim)
Vietin Bank (12 Đ Hung Vuong). DAB et change.

DESSERTE DE HUÉ

DESTINATION	AVION	BUS	VOITURE/MOTO	TRAIN
Hanoi	à partir de 30 $US, 1 heure, 3 vols/j	18-27 $US, 13 à 16 heures, 8 départs/j	16 heures	20-41 $US, 12 à 16 heures 30, 5 trains/j
HCMV	à partir de 32 $US, 1 heure 45, 4 vols/j	23-37 $US, 19 à 24 heures, 8 départs/j	22 heures	27-54 $US, 19 heures 30 à 22 heures, 4 trains/j
Ninh Binh	non disponible	13-22 $US, 10 heures 30 à 12 heures, 7 départs/j	11 heures	17-35 $US, 10 à 13 heures, 5 trains/j
Danang	non disponible	3 $US, 3 heures, départ toutes les 20 min	2 heures 30 à 4 heures	3-6 $US, 2 heures 30 à 4 heures, 8 trains/j
Dong Hoi	non disponible	4 à 7 $US, 3 heures 30, 12 départs/j	3 heures 30	5-10 $US, 3 heures à 5 heures 30, 8 trains/j
Vinh	non disponible	9-16 $US, 7 heures 30 à 9 heures, 7 départs/j	7 heures	21-38 $US, 6 heures 30 à 10 heures, 5 trains/j

Poste

Poste (8 Đ Hoang Hoa Tham). Services postaux, téléphoniques et Internet.

Services médicaux

Hôpital central de Hué (Benh Vien Trung Uong Hué ; ☎382 2325 ; 16 Đ Le Loi)

Depuis/vers Hué

AVION L'agence de **Vietnam Airlines** (☎382 4709 ; 23 Đ Nguyen Van Cu ; ⊙lun-sam) s'occupe des réservations. Trois vols quotidiens relient Hué à Hanoi et à HCMV. **Jetstar** (☎395 5955 ; Đ 176 Hung Vuong ; ⊙fermé le dim) assure aussi une liaison quotidienne entre Hué et HCMV. Le bureau de la compagnie se trouve à 1,5 km au sud-est du pont Trang Tien.

BUS De la gare routière principale, à 4 km au sud-est, partent des bus pour Danang et pour le sud, jusqu'à HCMV. La **gare routière d'An Hoa** (RN 1), au nord-ouest de la citadelle, dessert les destinations du Nord, dont Dong Ha (35 000 d, 2 heures, bus toutes les 30 min).

Les bus "open tour" s'arrêtent régulièrement à Hué. En général, ils déposent et embarquent les passagers dans les hôtels du centre. Attention : des rabatteurs rôdent à l'arrêt du bus.

Les cafés Mandarin, Sinh et Stop and Go peuvent se charger de réservations de bus pour Savannakhet, au Laos.

Le Hue Backpackers peut se charger de vous réserver un minibus (150 000 d, 7 heures 30, 13h), au départ tous les jours à destination de Phong Nha Farmstay (voir p. 158).

TRAIN La **gare ferroviaire de Hué** (☎382 2175 ; 2 Đ Phan Chu Trinh) se situe à l'extrémité sud-ouest de Đ Le Loi.

Comment circuler

L'aéroport de Hué, Phu Bai, est à 14 km du sud du centre-ville. Des taxis avec compteur attendent les arrivées. La course jusqu'au centre coûte environ 175 000 d. Vous pouvez aussi prendre un minibus pour 40 000 d. La navette de Vietnam Airlines peut venir vous chercher à votre hôtel (billet 55 000 d).

Le vélo, que vous pourrez louer dans de nombreux hôtels pour 1-2 $US/jour, permet de découvrir agréablement la ville et les tombeaux impériaux des environs. Une moto sans chauffeur revient 4-10 $US/jour selon le modèle et l'état du véhicule. Pour une voiture avec chauffeur, comptez 40 $US/jour au minimum.

Se déplacer à pied dans Hué est chose facile, même si vous risquez d'y être harcelé par les conducteurs de cyclos et de motos-taxis, criant "hello cyclo" ou "hello moto". Ces deux types de transport ne devraient pas vous coûter plus de 12 000 d/km. Négociez ferme.

Pour réserver un taxi, appelez **Mai Linh** (☎389 8989), très fiable.

Environs de Hué

TOMBEAUX IMPÉRIAUX

(⊙6h30-17h30 en été, 7h-17h en hiver). Les tombeaux de la dynastie des Nguyên (1802-1945) sont de somptueux mausolées disséminés le long des rives de la rivière des Parfums, entre 2 km et 16 km au sud de Hué.

Presque tous furent érigés par les empereurs de leur vivant, certains leur ayant même servi de résidence.

Si chaque mausolée se caractérise par une structure et une architecture propres, la plupart se composent de cinq parties. La première est un pavillon abritant une stèle en marbre, sur laquelle sont gravés les exploits et les vertus du défunt empereur. La deuxième est un temple consacré au culte de l'empereur et de l'impératrice. La troisième est le tombeau de l'empereur, généralement installé dans une enceinte carrée ou circulaire. La quatrième est une cour d'honneur flanquée de statues de pierre représentant des éléphants, des chevaux, des mandarins civils et militaires. Enfin, la cinquième est un bassin recouvert de fleurs de lotus, entouré de frangipaniers et de pins.

Nombre de ces tombeaux sont accessibles en bateau, mais vous aurez davantage le temps d'en profiter en louant votre propre vélo ou moto, ou encore une moto-taxi ou une voiture avec chauffeur pour la journée.

Tombeau de Tu Duc TOMBEAU

(55 000 d). Érigé entre 1864 et 1867, ce tombeau est le plus populaire, et certainement l'un des plus impressionnants des mausolées royaux. L'empereur Tu Duc vécut et fut enterré dans ce monument qu'il avait dessiné lui-même : la dépense fut énorme et les ouvriers furent enrôlés de force. S'ensuivit un complot contre le souverain, qui échoua en 1866.

De fait, Tu Duc menait une existence excessivement luxueuse et débridée. Or malgré ses 104 épouses et ses innombrables concubines, il ne laissa aucune descendance. Tout membre de son harem subissait une fouille avant d'être autorisé à pénétrer dans sa chambre.

Depuis l'entrée, un chemin mène à un embarcadère sur les rives du **lac Luu Khiem**. Tu Duc venait chasser le petit gibier sur l'île de droite, Tinh Khiem. À l'opposé se dresse le **pavillon Xung Khiem**, où l'empereur venait composer et réciter des poèmes, accompagné de ses concubines.

Le **temple Hoa Khiem**, dédié au culte de l'empereur et de l'impératrice, Hoang Lê Thiên Anh, son épouse. Ce temple contient désormais un grand nombre d'objets royaux, livrés à la poussière et sans notices. Le trône le plus grand est celui de l'impératrice, car Tu Duc ne mesurait que 1,53 m.

La **salle Minh Khiem**, à droite du temple Hoa Khiem, devait initialement servir de théâtre. Aujourd'hui, elle est utilisée comme cadre pour les photos de cérémonie et accueille des spectacles culturels. Derrière le temple Hoa Khiem, le **temple Luong Khiem** est consacré à Tu Du, mère de Tu Duc.

En suivant l'allée pavée qui longe l'étang, on arrive à la **cour d'honneur**. Encadrée d'éléphants, de chevaux et de minuscules mandarins, l'allée mène ensuite au **pavillon de la Stèle**. Cette pierre pèse près de 20 tonnes. Tu Duc écrivit lui-même son épitaphe. Admettant pleinement ses erreurs, il choisit de baptiser sa tombe *Khiem*, ce qui signifie "modeste".

Protégée par un mur, la **sépulture** s'étend de l'autre côté d'une pièce d'eau. En fait, l'empereur n'y fut jamais enterré et l'on ignore où il repose (entouré de nombreux objets précieux). Le secret fut bien gardé : pour éviter que sa tombe ne soit pillée, les 200 serviteurs chargés de ses funérailles furent décapités.

Le tombeau de l'empereur se dresse à quelque 5 km au sud de Hué, dans le village de Duong Xuan Thuong, perché sur la colline de Van Nien.

Tombeau de Minh Mang   TOMBEAU
(55 000 d) Renommé autant pour son architecture que pour son splendide cadre sylvestre, ce tombeau est probablement le plus majestueux de tous. Conçu du vivant de Minh Mang (1820-1840), il fut édifié par son successeur, Thiêu Tri.

Trois portes à l'est de l'enceinte mènent à la **cour d'honneur**. Trois escaliers en granit relient la cour au **pavillon de la Stèle** (Dinh Vuong), de forme carrée.

Pour parvenir au **temple Sung An**, dédié à Minh Mang et à l'impératrice, il faut franchir trois esplanades et la porte Hien Duc, qui a été refaite. De l'autre côté du temple, trois ponts en pierre traversent le **lac Trung Minh Ho** (lac de la Clarté pure). Tout en marbre, le pont central, Cau Trung Dao, était réservé à l'usage exclusif de l'empereur. Le **pavillon Minh Lau** (pavillon de la Lumière) est juché sur trois terrasses, symbolisant les "trois pouvoirs": le ciel, la terre et l'eau. Sur la gauche se dressent le **pavillon de l'Air frais** et, sur la droite, le **pavillon de la Pêche**.

Du pont de pierre qui enjambe le **lac Tan Nguyet** (lac de la Nouvelle Lune), en forme de croissant, un imposant escalier bordé d'une haie de dragons mène au **tombeau**. La porte en est ouverte une fois l'an à la date de la mort de l'empereur.

La tombe de Minh Mang se situe dans le village d'An Bang, à 12 km du centre de Hué, après le pont, sur la rive occidentale de la rivière des Parfums.

Tombeau de Khai Dinh   TOMBEAU
(55 000 d). Ce monument à flanc de colline représente la synthèse d'éléments vietnamiens et européens. L'extérieur grandiose de ce tombeau est en grande partie recouvert de ciment noirci, tandis que les salles intérieures, ornées de mosaïques, explosent de couleurs.

Khai Dinh, qui régna de 1916 à 1925, fut l'avant-dernier empereur du Vietnam, considéré par les jeunes nationalistes comme la marionnette des Français. La construction de ce flamboyant tombeau prit onze ans.

Un escalier mène à la **cour d'honneur**, où des mandarins sculptés montent une garde silencieuse. Leurs visages sont "eurasiens". Trois volées de marches supplémentaires conduisent au bâtiment principal, **Thien Dinh**. Les murs et le plafond sont recouverts de décors muraux représentant les Quatre Saisons, les Huit Objets précieux et les Huit Fées. Sous un dais de béton disgracieux, et devant le symbole du soleil, est disposée une statue en bronze doré de Khai Dinh. À 18 m sous terre, enfin, reposent les reliques de l'empereur.

Le tombeau de Khai Dinh est à 10 km de Hué, dans le village de Chau Chu.

Tombeau de Gia Long   TOMBEAU
(entrée libre). Fondateur de la dynastie des Nguyên en 1802, l'empereur Gia Long régna jusqu'en 1819. Si l'on en croit les archives royales, le souverain sillonna la région à dos d'éléphant pour choisir l'emplacement de sa sépulture (qui était aussi celle de son épouse). Rarement visité, le tombeau, dont il ne reste que des ruines, se trouve à quelque 14 km au sud de Hué et à 3 km de la rive ouest de la rivière des Parfums.

Tombeau de Thiêu Tri   TOMBEAU
(55 000 d). Contrairement aux autres, ce tombeau, de 1848, n'est pas protégé par un mur d'enceinte. En revanche, sa configuration est similaire à celui de son père Minh Mang, en beaucoup plus petit.

Restauré voici peu, le tombeau se trouve à quelque 7 km de Hué. Vous devrez suivre sur 2 km environ un chemin à travers champs depuis le tombeau de Dông Khanh.

Tombeau de Dông Khanh   TOMBEAU
Le modeste mausolée de Dông Khanh fut construit en 1889. Placé sur le trône impérial par les Français en 1885, Dông Khanh se serait montré docile jusqu'à sa mort, trois ans plus tard.

Ce tombeau est l'objet d'un projet de restauration de grande envergure, et était fermé lors de notre passage. Il se trouve à 500 m derrière celui de Tu Duc.

PAGODE THIEN MU
(Linh Mu). Édifiée sur une colline dominant la rivière des Parfums, à 4 km au sud-ouest de la citadelle, cette pagode est l'un des emblèmes du Vietnam. Construite en 1844 sous le règne de Thiêu Tri, la tour octogonale **Thap Phuoc Duyen**, de 21 m de hauteur, est devenue aussi le symbole officieux de Hué. Chacun des 7 étages qui la composent est dédié à un *manushi-buddha*, un bouddha qui apparaissait sous une forme humaine.

La pagode a été fondée en 1601 par le Nguyên Hoang, gouverneur de la province de Thuan Hoa. Au fil des siècles, elle a

EXCURSIONS EN BATEAU SUR LA RIVIÈRE DES PARFUMS

De nombreux sites des environs de Hué peuvent se visiter dans le cadre d'une croisière en bateau sur la rivière des Parfums (Song Huong), notamment la pagode Thien Mu, ainsi que plusieurs tombes royales. L'affrètement d'un bateau revient à environ 10 $US pour une promenade d'une heure sur la rivière et à partir de 20 $US pour une croisière d'une demi-journée incluant la visite d'un ou plusieurs sites.

Renseignez-vous directement auprès d'un des quatre principaux sites de mouillage des bateaux sur la rive sud de la rivière. Cela vous reviendra moins cher que de passer par une agence, et vous pourrez négocier votre itinéraire. Soyez clair sur vos exigences, en les mettant de préférence par écrit, sinon vous risquez fort de payer plus cher pour le déjeuner ou pour la moto (pour aller de la rivière aux tombes).

La plupart des hôtels et cafés pour voyageurs font la promotion de leurs circuits. Les prix varient, mais sont en général très bon marché : autour de 3 $US/pers, incluant souvent un maigre déjeuner, mais pas les droits d'entrée. La croisière se déroule entre 8h et 16h. Étant donné les contraintes de temps, vous devrez prendre une moto pour vous rendre du mouillage à la première tombe. La deuxième, située à moins de 1 km, est accessible à pied, mais on insistera pour que vous y alliez à moto. La troisième tombe, située à 1,5 km à l'intérieur des terres, représente une longue balade que l'on vous déconseillera, car, survenant aux heures les plus chaudes du jour, c'est en général l'un des derniers arrêts de la croisière. Une fois payés les divers frais, les voyageurs concluent souvent qu'ils auraient mieux fait d'effectuer directement l'excursion à vélo ou à moto.

été plusieurs fois détruite et reconstruite. Depuis les années 1960, c'est un foyer de contestation politique (voir l'encadré p. 184).

Dans le pavillon à droite de la tour, vous pourrez admirer une stèle de 1715 surmontant une tortue en marbre, symbole de longévité. À gauche de la tour, un second pavillon hexagonal abrite une gigantesque cloche de 2 052 kg coulée en 1710 : on dit qu'elle s'entend à 10 km à la ronde.

Le temple lui-même est un bâtiment modeste au milieu d'une cour intérieure à laquelle on accède par une porte à trois arches. Avant d'entrer, jetez un coup d'œil aux trois statues des divinités qui protègent le bouddhisme. Dans le sanctuaire principal, derrière le bouddha rieur, trois statues représentent A Di Da, le Bouddha du passé, Thich Ca (Sakyamuni), le Bouddha historique, et Di Lac, le Bouddha du futur.

Essayez de faire la visite tôt le matin pour éviter les groupes. S'y rendre à vélo est l'occasion d'une belle promenade. Longez Đ Tran Hung Dao (qui borde la rivière des Parfums) en direction du sud-ouest, puis Đ Le Duan après le pont Phu Xuan ; traversez ensuite la voie ferrée et suivez Đ Kim Long. Il est aussi possible de venir à Thien Mu en barque.

PAGODE TU HIEU

Au cœur d'une forêt de pins, cette pagode renommée a été érigée en 1843. Plus tard, elle devint la pagode des eunuques de la citadelle (qui ont leur propre cimetière, sur la gauche). Le temple est associé au maître zen Thich Nhat Hanh, qui étudia ici au monastère dans les années 1940, mais vécut en exil pendant plus de 40 ans, et ne fut autorisé à revenir au Vietnam qu'en 2005. Aujourd'hui, 70 moines vivent à Tu Hieu. Ils accueillent les visiteurs dans les deux temples jumeaux (l'un dédié à Cong Duc, l'autre à Bouddha). Vous pourrez les écouter psalmodier (tlj à 4h30, 10h, 12h, 16h et 19h). La pagode est à 5 km du centre de Hué, sur le chemin du tombeau de Tu Duc.

DE THUAN AN À VINH HIEN

Proche de l'embouchure de la rivière des Parfums, à 15 km au nord-est de Hué, la plage de Thuan An s'ouvre sur le splendide lagon de Tam Giang-Cau Hai, à la pointe d'une île longue et étroite. La plage se prête à de belles promenades, dans un cadre assez préservé, malgré la présence de quelques paillotes. De septembre à avril, la mer est généralement trop agitée pour la baignade. Derrière la plage, une route de 50 km s'étire sur toute la longueur de l'île, de Thuan An à Vinh Hien. Cette belle excursion d'une journée au départ de Hué, à moto ou en voiture, constitue aussi une autre possibilité d'itinéraire vers/depuis Hué pour ceux qui longent la côte à moto ou à vélo. En venant de Thuan An, la route longe plusieurs

LA PAGODE THIEN MU, TEMPLE DE LA CONTESTATION

Derrière le grand sanctuaire de la pagode Thien Mu, on peut voir l'Austin dans laquelle le bonze Thich Quang Duc se rendit à Saigon, en 1963, pour s'immoler par le feu publiquement en signe de protestation contre la politique du président sud-vietnamien, Ngô Dinh Diêm. Les journaux du monde entier publièrent la photo de son sacrifice, lequel inspira une vague d'immolations volontaires.

La réaction de la belle-sœur du président Diêm (Tran Lê Xuan, ou Mme Nhu), qui qualifia crûment ces immolations de "*barbecue party*", ajoutant "Laissons-les brûler, et applaudissons", resta dans les mémoires. Ces déclarations ne firent qu'amplifier le ressentiment populaire à l'égard du régime Diêm. Au mois de novembre, Diêm fut assassiné par ses forces armées, de même que son frère, Ngô Dinh Nhu, l'époux de Mme Nhu, laquelle se trouvait alors à l'étranger.

Un autre incident provoqua de nouvelles manifestations en 1993. Cette fois, un homme arriva à la pagode et, après avoir déposé ses offrandes, s'immola par le feu en psalmodiant le nom de Bouddha. Bien que les motivations de cet homme restent obscures, son action déclencha une série d'événements au cours desquels les principaux moines furent arrêtés pour leur lien avec l'Église bouddhique unifiée du Vietnam (EBUV), dissidente de l'Église bouddhique officielle. La Fédération internationale des ligues des droits de l'Homme (FIDH) porta plainte à l'ONU en accusant le gouvernement vietnamien de violer sa propre Constitution, laquelle est censée garantir la liberté religieuse.

villages et de vastes jardins potagers. Mais le paysage le plus extraordinaire est celui des milliers de tombeaux et de temples familiaux qui bordent le rivage. À Vinh Hien, le nouveau pont Tu Hien relie l'île au continent et à la route qui rattrape la RN 1 en suivant la rive sud-est du lagon.

HO QUYEN

(arène des Tigres ; entrée libre). Bien qu'envahie par la végétation, Ho Quyen, construite en 1830, est toujours évocatrice du passe-temps favori de l'empereur : regarder s'affronter des éléphants et des tigres (voire des léopards). On enlevait habituellement les griffes et les dents des fauves afin que les éléphants, symboles du pouvoir impérial, triomphassent. Le dernier combat eut lieu ici en 1904. On ne peut pénétrer à l'intérieur de cette petite arène, mais si vous grimpez sur le talus, vous l'observerez d'en haut. La section face au sud, devant les cages des tigres, était réservée à la famille impériale. Ho Quyen est à 2 km de Hué, dans le village de Truong Da. Prenez Đ Bui Thi Xuan en direction de l'ouest depuis la gare ferroviaire, puis repérez, près du marché, le panneau bleu qui indique le chemin sur la gauche. Suivez-le pendant 200 m jusqu'à une fourche où vous prendrez à droite.

ESPLANADE DE NAM GIAO

Cette esplanade à trois niveaux constituait autrefois le principal lieu de culte du Vietnam. C'est ici que les empereurs Nguyên procédaient à des sacrifices et à des offrandes en hommage au dieu Thuong De.

La cérémonie (la dernière eut lieu en 1946) s'accompagnait d'une grandiose procession depuis la citadelle. L'empereur s'y préparait par un jeûne de 3 jours dans le **palais du Jeûne**. Depuis 2006, elle se déroule à nouveau en grande pompe à l'occasion du festival de Hué. Le palais du Jeûne, situé à l'autre extrémité du parc à partir de l'entrée, en montre des photos commentées en anglais. Pour accéder à l'esplanade, suivez Đ Dien Bien Phu vers le sud pendant près de 2 km après la voie ferrée.

PONT THANH TOAN

Ce pont piétonnier est un pont couvert japonais classique, similaire à celui de Hoi An, mais moins visité car il est plus isolé dans un joli paysage campagnard, sans aucune boutique de souvenirs en vue : une aimable digression, une fois quitté Hué. Le pont, dans le paisible village de Thuy Thanh, est à 7 km à l'est de Hué. Pour vous y rendre, suivez Đ Ba Trieu sur quelques centaines de mètres vers le nord jusqu'à un panneau indiquant le Citadel Hotel, puis tournez à droite : sur 6 km, le long d'un sentier cahoteux, vous traverserez plusieurs villages, rizières et pagodes avant d'atteindre le pont.

Parc national de Bach Ma

📞 054 / ALTITUDE : 1 450 M

Ce parc national (Vuon Quoc Gia Bach Ma ; 📞387 1330 ; www.bachma.vnn.vn ; adulte/enfant 20 000 d/10 000 d, gratuit moins de 6 ans), site d'une station climatique de l'époque de la colonisation française, culmine à 1 450 m au mont Bach Ma, à seulement 18 km de la côte. Attirés par la fraîcheur du climat, les Français commencèrent à y construire des villas en 1930. Sept ans plus tard, époque à laquelle on commença à l'appeler la "Dalat du centre du Vietnam", on en comptait déjà 139. Le Viêt-minh y mena des combats sanglants au début des années 1950, et le secteur connut à nouveau le fracas des armes durant la période de présence américaine.

Maints chantiers sont actuellement menés dans le parc pour prolonger la route jusqu'au sommet ; lors de notre passage, seules les plaines étaient ouvertes. Les travaux devraient s'achever en 2013.

Le parc national, qui a été agrandi en 2008, s'étend de la côte à la cordillère annamitique, à la frontière avec le Laos. Plus de 1 400 variétés de plantes, notamment des fougères et des orchidées rares, y ont été recensées : elles couvrent un cinquième de la flore que l'on trouve au Vietnam. Pas moins de 132 mammifères vivent à Bach Ma. Parmi eux, trois n'ont été découverts que dans les années 1990 : le saola, proche de l'antilope, le muntjac de Truong Son, qui ressemble à un cerf, et le muntjac géant. On trouve également 9 espèces de primates, y compris quelques représentants de l'espèce rare *Pygathris nemaeus*, repérable à ses jambes rouges. Les conservateurs espèrent voir revenir des éléphants sauvages du côté laotien de la frontière.

La faune du parc étant majoritairement nocturne, l'observer réclame des trésors de patience. Avec 358 espèces d'oiseaux, dont le merveilleux argus ocellé, le parc national est un véritable éden pour les amateurs d'ornithologie, à condition de se lever à l'aube.

Le centre d'accueil des visiteurs, à l'entrée du parc, abrite une exposition sur la faune et la flore du parc, et fournit des brochures aux randonneurs. Vous pouvez réserver des circuits ornithologiques, des visites de village et des guides francophones (200 000 d/j). Des munitions non explosées infestent encore les parages : aussi ne quittez jamais les sentiers. Voitures et motos sont interdites dans le parc national.

Bach Ma est l'endroit le plus humide du Vietnam, les plus fortes pluies tombant en octobre-novembre (gare aux sangsues !). Rien n'empêche cependant d'envisager une visite durant ces mois, à condition de consulter la météo pour vérifier l'état des routes. La meilleure période va de février à septembre, en particulier entre mars et juin.

🛌 Où se loger et se restaurer

National Park PENSIONS $
(📞387 1330 ; bachmaeco@gmail.com ; empl camping 10 000 d/pers, ch avec ventil/clim 180 000/270 000 d). Les autorités du parc gèrent un petit terrain de camping et 2 maisons d'hôtes près de l'entrée, aux chambres rudimentaires à lits jumeaux avec sdb. Sachez que le karaoké peut animer la vie nocturne du parc.

Il y a quatre pensions ainsi qu'un hôtel à proximité du sommet, mais ils sont fermés jusqu'en 2013. L'un des établissements devrait comprendre un dortoir à sa réouverture. Les repas doivent être commandés au moins 4 heures à l'avance, le parc faisant venir les produits frais du marché.

ℹ️ Comment s'y rendre et circuler

Le parc de Bach Ma s'étend à 28 km à l'ouest de Lang Co, et à 40 km au sud-est de Hué. L'embranchement est indiqué depuis le bourg de Cau Hai sur la RN 1. L'entrée se trouve à 3 km, au bord de l'étroite route menant au parc. Vous pouvez aussi venir à partir de la ville de Phu Loc.

Depuis le centre d'accueil, il reste 16 km de route en lacets pour monter au sommet. Des véhicules privés sont disponibles au centre. Pour redescendre à pied, comptez de 3 à 4 heures. Pensez à emporter beaucoup d'eau ainsi qu'un chapeau et de l'écran total.

Des bus desservent le parc au départ de Danang (38 000 d, 2 heures) et de Hué (22 000 d, 1 heure), et s'arrêtent à Cau Hai, d'où des conducteurs de *xe om* peuvent vous véhiculer jusqu'à l'entrée. Cau Hai possède aussi une **gare ferroviaire** (village de Loc Dien), où ne s'arrêtent que deux trains quotidiens.

Suoi Voi (sources de l'Éléphant)

À l'écart des lieux touristiques, à 15 km au nord de la plage de Lang Co, Suoi Voi (10 000 d/pers, supp moto/voiture 3 000/10 000 d) est un lieu parfait pour faire une pause, surtout pour ceux qui voyagent par leurs propres moyens. Après le trajet sur la route, les eaux cristallines et la forêt luxuriante reposent le corps et l'esprit.

La piscine naturelle est encerclée par de gigantesques rochers, dont l'un évoque vaguement la tête d'un éléphant ("maquillé" pour accentuer la ressemblance). Si vous prenez le temps d'explorer les lieux, vous trouverez des bassins moins fréquentés.

L'endroit n'étant guère touristique, il vous arrivera même, en semaine, de jouir d'une solitude totale. En revanche, évitez les week-ends et les vacances, car de nombreuses familles prennent les lieux d'assaut.

Pour accéder aux sources depuis la RN 1, bifurquez vers l'intérieur des terres à la hauteur du panneau indiquant "Danang 52 km" (en venant du nord) ou "Phu Bai 44 km" (en venant du sud). Vous verrez juste devant vous l'église Thua Luu (XIXe siècle). Laissez l'église sur votre gauche pour suivre la route de terre qui mène à l'entrée du parc 5 km plus loin. Après avoir acheté votre billet, conservez-le, car on pourra vous demander de le présenter à nouveau. Restent encore 1,5 km de cahots pour accéder à l'aire de stationnement.

En haute saison, vous trouverez des étals de nourriture près des sources, mais il vaut mieux emporter son pique-nique.

Plage de Lang Co

📍054

Bordée de palmiers, Lang Co est une agréable plage de sable blanc semblable à une île : elle est bordée d'un côté par un lagon d'eau turquoise cristalline, et de l'autre par 10 km de front de mer. De nombreux bus "open tour" s'arrêtent ici pour le déjeuner, mais le lieu est aussi propice à une halte d'un ou deux jours, si le temps s'y prête. Mieux vaut se baigner à l'écart de la partie centrale de la plage, qui aurait bien besoin d'un nettoyage.

La meilleure période pour profiter de la plage va d'avril à juillet. De fin août à novembre, les averses sont fréquentes, tandis que de décembre à mars il peut faire très froid.

🛏 Où se loger

La majorité des hébergements se situent au nord de la ville, près de la route nationale.

Vedana Lagoon COMPLEXE HÔTELIER $$$
(📞381 9397 ; www.vedanalagoon.com ; Phu Loc ; maisonnette/villa à partir de 300/450 $US ; ❄✳@🌐✈). Ce nouvel et vaste hôtel spa associe une conception moderne à l'emploi de matériaux naturels. Il loue de magnifiques villas et maisons aux toits de chaume, avec mobilier dernier cri et douches en extérieur. Certaines sont dotées de piscines privées, d'autres, fortes d'une vue panoramique, s'avancent sur le lagon. Le complexe comprend un merveilleux centre de bien-être où l'on peut passer de très bons moments à profiter des massages et autres soins prodigués, après une matinée de taï-chi ou de yoga. Vedana Lagoon se situe à 15 km au nord de Lang Co, à proximité de la ville de Phu Loc. Consultez le site de l'hôtel pour bénéficier de promotions spéciales.

Lang Co Beach Resort COMPLEXE HÔTELIER $$
(📞387 3555 ; www.langcobeachresort.com.vn ; s/d 35/40 $US, villas à partir de 100 $US ; ✳@🌐✈). Certes géré par l'État, cet immense complexe hôtelier n'en est pas moins bien entretenu, aussi bien à l'extérieur qu'à l'extérieur. Les villas en bord de plage ont de vastes balcons avec vue superbe. Chambres plus simples très abordables en hiver (à partir de 15 $US).

Chi Na Guesthouse PENSION $
(📞387 4597 ; s/d 140 000/160 000 d ; ✳). Une des pensions propres et rudimentaires du nord de la ville. La famille qui tient celle-ci parle un peu anglais. Chambres un brin désuète mais commodes.

❶ Depuis/vers Lang Co

Lang Co est située juste à la sortie nord du tunnel de Hai Van. Des bus touristiques passent ici tous les jours. Ceux qui circulent à deux-roues doivent emprunter la route spectaculaire, longue de 35 km, qui passe par le col de Hai Van.

La **gare ferroviaire** (📞387 4423) de Lang Co se situe à 3 km de la plage en direction du lagon. Vous ne devriez pas avoir de problème pour trouver un *xe om* qui vous emmène à la plage. Le trajet en train entre Lang Co et Danang (24 000 d, 1 heure 30 à 2 heures, 4/j) est l'un des plus spectaculaires du Vietnam. Des trains desservent aussi Hué (41 000 d, 1 heure 30 à 2 heures, 3/j).

Col et tunnel de Hai Van

Le col de Hai Van ("mer de nuages") traverse la chaîne des monts Truong Son, qui avance dans la mer. À quelque 30 km au nord de Danang, la route atteint 496 m d'altitude et passe en contrebas du pic Ai Van Son (1 172 m d'altitude), plus au nord. Ce tronçon de route offre une vue splendide sur les montagnes. La ligne de chemin de fer, semée de nombreux tunnels, contourne la péninsule et longe la superbe côte déserte.

Au XVe siècle, ce col servait de frontière naturelle entre le Vietnam et le royaume du Champa. Les défoliants utilisés au cours de la guerre du Vietnam eurent malheureusement raison de sa végétation. Au sommet se dresse un ancien fort français criblé de balles, reconverti en bunker par les armées sud-vietnamiennes et américaines.

En hiver, le col marque une rupture abrupte entre les climats septentrional et méridional. Tel un mur de séparation, il protège Danang des "vents chinois" violents du nord-est : ainsi, de novembre à mars, le versant de Lang Co du col connaît un temps froid et humide. L'autre côté, au sud, bénéficie d'un climat chaud et sec.

Au sommet du col, lieu où vous pourrez vous poser un peu, vous devrez vous frayer un chemin parmi des vendeurs particulièrement insistants. Évitez d'y changer de l'argent : vous n'avez aucune chance d'obtenir ici un taux intéressant.

Ouvert en 2005, le **tunnel de Hai Van**, long de 6,28 km, permet d'éviter le passage du col et fait ainsi gagner une heure sur le trajet Danang-Hué. Emprunté par la plupart des voitures et des bus, ce tunnel est interdit aux motos et aux vélos, ainsi qu'aux véhicules transportant des animaux vivants ou des matériaux inflammables. Bien sûr, on gagne du temps, mais quel dommage de ne pas profiter par un jour clair de la vue depuis le col !

Même si vous courez toujours le risque d'y rencontrer un chauffeur de camion kamikaze, la route du col est bien plus sûre qu'auparavant. Si vous détachez les yeux de la route, vous verrez sur le bord des petits autels – triste rappel que certains ont vu leur fin sur cette route sinueuse.

Station climatique de Ba Na

0511 / ALTITUDE : 1485 M

La luxuriante **Ba Na** (entrée 10 000 d/pers, moto/voiture 5 000/10 000 d), elle aussi héritée des Français, bénéficie d'un air agréablement frais et d'un splendide panorama. Créée en 1919, la station n'a conservé que quelques ruines éparses des 200 et quelques villas qui s'y dressaient à l'origine.

Jusqu'à la Seconde guerre mondiale, les Français parcouraient les 20 derniers kilomètres en chaise à porteurs. Aujourd'hui, un **téléphérique** de 5 km (le plus long du monde) a désenclavé le lieu. Le dénivelé est de près de 1 300 m, et l'ascension donne à voir d'en haut une véritable jungle. Reste que le développement du tourisme s'est traduit par la construction de bâtiments qui abîment le paysage (et par un sérieux problème de gestion des déchets) au sommet de la montagne.

Couvrez-vous bien, quelle que soit la saison : il peut faire 36°C sur la côte et 15°C dans la montagne. Cette dernière est souvent plongée dans la brume, aussi vaut-il mieux y aller par grand beau temps.

De petits sentiers de montagne mènent à toutes sortes de **cascades** et de points de vue. Près du sommet, vous verrez la **pagode Linh Ung** (2004), ainsi qu'un **bouddha blanc assis**, haut de 24 m, visible à des kilomètres à la ronde.

Il y a un DAB à Ga Suoi Mo, la station de téléphérique en bas. Une fois au sommet, vous pourrez changer votre argent dans les hôtels.

🛏 Où se loger

Les trois hôtels de la station climatique ne sont pas d'un bon rapport qualité/prix, malgré de récentes rénovations. Mieux vaut faire l'aller-retour à Ba Na dans la journée.

Indochine Hotel   HÔTEL **$$**
(*379 1504 ; www.banahills.com.vn ; ch/villa 930 000/1 100 000 d ; ❄@🛜). Autrefois appelé Le Nim, cet hôtel relève d'un curieux mélange des styles colonial et cham. Quoique rénovées, les chambres restent médiocres et un peu chères, mais la vue depuis la terrasse et le restaurant est sublime.

❶ Depuis/vers Ba Na

Ba Na se trouve à 42 km à l'ouest de Danang. Le meilleur moyen de s'y rendre est le nouveau téléphérique (aller-retour 220 000 d, 20 min), en deux sections. Café à la station, qui est à mi-hauteur. Attention, la liaison peut être interrompue en cas de vent fort. Vous pouvez aussi accéder à Ba Na par une belle route tortueuse et très raide, en louant les services d'un habitant équipé d'une moto assez puissante pour effectuer l'ascension (80 000 d).

Danang

0511 / 901 000 HABITANTS

Aujourd'hui ville la plus dynamique du Vietnam, Danang a eu, des décennies durant, la réputation d'une bourgade tranquille de province. Or les temps sont au changement. Sur le quai du fleuve Han, se dressent de clinquants nouveaux hôtels, appartements et restaurants. Au nord, le tout récent quartier international, surnommé "D-City", domine la plaine. Au sud, dans toute la zone de la plage de Chine, des hôtels cinq-étoiles sont en construction. Sans oublier un aéroport international refait à neuf, qui devait ouvrir courant 2012.

Cela dit, il y a peu de chose à voir ici, à l'exception d'un très bon musée. La ville est cependant une bonne base pour des excursions d'une journée dans les environs. Sise sur la rive ouest du fleuve Han, Danang fait partie d'une fine péninsule dominée au nord par Nui Son Tra (appelée Monkey Montain, "la montagne aux Singes", par les soldats américains). Au sud-ouest, on trouve China Beach et les cinq montagnes de Marbre.

Histoire

Connue sous le nom de Tourane sous la domination française, Danang devint au XIXe siècle le principal port de la région. Elle l'est encore aujourd'hui.

Quand l'engagement américain dans la guerre fut irréversible, c'est Danang, au Sud-Vietnam, qui reçut le premier bataillon de 3 500 marines en mars 1965. Les hommes débarquèrent sur la plage de Nam O, accueillis dans la liesse par un essaim de jeunes Vietnamiennes revêtues de l'*ao dai* et portant des guirlandes de fleurs. Dix ans plus tard, la scène était tout autre : tandis que se retiraient les forces américaines et sud-vietnamiennes, les habitants, pris de panique, étaient également occupés à fuir. Le 29 mars 1975, deux camions de combattants viêt-cong, composés pour plus de moitié de femmes, pénétrèrent dans ce qui avait été la ville la mieux défendue du Sud. Sans qu'ait été tiré le moindre coup de feu, on décréta la "libération" de Danang.

Aujourd'hui, Danang est dirigée par l'une des administrations locales parmi les plus progressistes du pays, et son économie est plus dynamique que jamais.

👁 À voir et à faire

Musée de la Sculpture cham   MUSÉE
(carte p. 190 ; 1 Đ Trung Nu Vuong ; 30 000 d ; ⊙7h-17h). Le site-phare de Danang est ce musée, qui possède la plus belle collection au monde d'œuvres de cette période, présentées dans des bâtiments qui allient l'architecture coloniale française à des éléments cham. Fondé en 1915 par l'École française d'Extrême-Orient, il réunit une collection de plus de 300 œuvres (datant du Ve au XVe siècle), comprenant des sculptures cham parmi les plus magnifiques qui soient.

Les pièces du musée ont été découvertes à Dong Duong (Indrapura), à Khuong My, à My Son, à Tra Kieu et dans d'autres sites. La muséographie et les explications en anglais laissent parfois à désirer : cela vaut donc la peine de louer les services d'un bon guide, ou de vous procurer une brochure en français dans la boutique du musée.

Une partie du musée est également consacrée à la culture cham contemporaine. Outre des œuvres actuelles, on y découvre des photos du Kate (le Nouvel An cham),

Temple caodaïste   TEMPLE
(carte p. 190 ; 63 Đ Hai Phong). Ce temple est le plus grand édifice de la secte en dehors de celui de Tay Ninh. Le caodaïsme compte 50 000 fidèles dans le centre du pays, dont 20 000 à Danang même. Comme dans tous les édifices caodaïstes, la prière a lieu chaque jour à 5h30, 11h30, 17h30 et 23h30.

Le temple possède deux accès : celui de gauche est réservé aux femmes, celui de droite aux hommes. Les entrées du sanctuaire obéissent à la même règle, mais le prêtre et la prêtresse pénètrent par la porte centrale. Derrière l'autel siège un gigantesque globe orné de l'œil divin, emblème du caodaïsme.

Devant l'autel, descendant du plafond, un écriteau porte une inscription signifiant "toutes les religions ont la même raison". Derrière ces lettres d'or sont représentés les fondateurs de cinq des grandes religions mondiales : de gauche à droite, Mahomet, Lao-tseu (vêtu à la manière des orthodoxes d'Orient), Jésus, Bouddha et Confucius.

GRATUIT Musée Hô Chi Minh   MUSÉE
(carte p. 196 ; 3 Đ Nguyen Van Troi ; ⊙7h-11h et 13h30-16h30). Bien que très étendu, ce musée à la gloire de Hô Chi Minh n'éclaire pas vraiment sur sa vie. Comme toujours, on découvre d'abord une exposition d'armes américaines, soviétiques et chinoises, puis, derrière les bâtiments du Parti, la copie conforme de la maison de Hô Chi Minh à Hanoi, et un musée qui lui est dédié.

Le lieu étant rarement visité par les touristes, il se peut qu'un employé vous accompagne.

Cathédrale de Danang ÉGLISE

(carte p. 190 ; Đ Tran Phu). Appelée localement église de Con Ga (église du Coq) en raison de la girouette perchée sur son clocher, cette cathédrale rose pastel fut édifiée en 1923 pour les ressortissants français. Aujourd'hui, elle rassemble une paroisse de 4 000 fidèles.

Les messes ont lieu en général à 5h30 et 17h30 du lundi au samedi et à 5h30, 6h30, 7h30, 15h30 et 17h le dimanche.

Pagode Phap Lam PAGODE

(carte p. 190 ; 574 Đ Ong Ich Khiem ; ◉5h-11h30 et 13h-21h30). Récemment reconstruite, cette pagode abrite trois bouddhas géants dans sa cour, et un autre tout aussi imposant à l'intérieur.

Où se loger

Des mini-hôtels de très bonne tenue ont ouvert au bord de fleuve, au centre-ville. Il reste cependant difficile de trouver des hébergements petits budgets. Des hôtels Hilton et Novotel sont en construction, au nord du pont Song Han. Pour plus d'informations sur les hébergements au-delà du fleuve, reportez-vous à la plage de My Khe.

New Moon Hotel HÔTEL $$

(carte p. 190 ; ☎382 8488 ; info@newmoonhotel.vn ; 126 Đ Bach Dang ; ch 300 000-800 000 d ; ✻@✽). Construit en 2011, ce petit hôtel présente un rapport qualité/prix inégalé : chambres très bien finies, toutes pourvues de TV à écran plat, d'un minibar, du Wi-Fi et de sdb en marbre. Certaines, juste au-dessus du Han, offrent une vue saisissante sur les collines de Nui Son Tra, au-delà des bateaux de pêcheurs. Ascenseur. Le personnel, serviable, parle un peu anglais.

Rainbow Hotel HÔTEL $$

(carte p. 190 ; ☎382 2216 ; www.rainbowhotel.com.vn ; 220 Đ Bach Dang ; ch 450 000-600 000 d ; ✻@✽). Un hôtel flambant neuf en face du fleuve, branché et tout à fait accessible. Réception conviviale et ascenseur. Les chambres sont ravissantes, avec déco et sol dernier cri, tableaux modernes et tout le confort souhaitable. Les baies vitrées permettent d'apprécier la belle vue sur le fleuve.

Winn Hotel HÔTEL $

(carte p. 190 ; ☎388 8571 ; ngockhanh_nk@yahoo.com ; 36 Hung Vuong ; ch 17-20 $US ; ✻@✽). Autre établissement récent, qui loue 15 chambres modernes peintes en blanc et rose pastel, avec TV et Wi-Fi. Les moins chères n'ont pas de fenêtre, mais restent plutôt lumineuses et aérées, du fait de leur hauteur sous plafond.

HAGL Plaza Hotel Da Nang HÔTEL $$$

(carte p. 190 ; ☎222 3344 ; 1 Đ Nguyen Vanh Linh ; ch 95-140 $US, ste 365 $US ; ✻✱@✽✽). Cet hôtel d'affaires, installé dans une tour, s'est rapidement imposé comme le premier de sa catégorie, autant pour ses équipements adaptés que pour son service, efficace et convivial. Chambres immenses, modernes et très bien aménagées. Excellents restaurants, et bar au dernier étage. Transfert de l'aéroport gratuit en minibus.

Sun River Hotel HÔTEL $$

(carte p. 190 ; ☎384 9188 ; www.sunriverhotelldn.com.vn ; 132-134 Đ Bach Dang ; ch 850 000-1 400 000 d ; ✻@✽). Cet hôtel au bord du Han propose des chambres immaculées et meublées au goût du jour, avec belle sdb. Les chambres standard n'ont pas de fenêtres, et seules les chambres de catégorie VIP ont vue sur le fleuve. Sis au dernier étage, le restaurant offre une vue en surplomb de la ville et du fleuve.

Green Plaza Hotel HÔTEL $$$

(carte p. 190 ; ☎322 3399 ; www.greenplazahotel.vn ; 238 Đ Bach Dang ; s 83 $US, d 90-183 $US, ste 246 $US ; ✻@✽✽). Une adresse prestigieuse, sise au cœur de la ville, en bord de fleuve. Bonne salle de sports, piscine de 12 m avec vue sur la ville. Les chambres, avec balcon pour la plupart, sont équipées de mobilier en rotin, de lits immenses et de sdb modernes.

Bao Ngoc Hotel HÔTEL $

(carte p. 190 ; ☎381 7711 ; baongochotel@dng.vnn.vn ; 48 Đ Phan Chu Trinh ; ch 18-22 $US ; ✻@✽). Chambres extrêmement spacieuses et confortables, avec moquette au sol, mobilier massif en bois foncé comprenant parfois un sofa. L'édifice à cinq étages, vieillissant, garde l'empreinte du style colonial, avec ses persiennes couleur chocolat.

Prince Hotel HÔTEL $$

(carte p. 190 ; ☎381 7929 ; princehotel2009@yahoo.com ; 60 Đ Tran Phu ; ch 350 000-550 000 d ; ✻@✽). Les chambres, très spacieuses (à l'exception des moins chères) et très bien aménagées, font de ce mini-hôtel central une bonne adresse en termes de rapport qualité/prix. Celles à l'arrière ont de toutes petites fenêtres.

Danang

Elegant Hotel HÔTEL $$
(carte ci-dessus ; 389 2893 ; elegant@dng.vnn.vn ; 22a Đ Bach Dang ; ch 32-70 $US, ste 70-80 $US ; ❋@⌂). Un établissement ancien à l'extrémité nord du quai, près du port. Chambres avec moquette bien entretenues, un peu tristes néanmoins. La vue panoramique qu'offre le restaurant au 6ᵉ étage en fait un endroit fabuleux pour prendre le petit-déjeuner (compris).

Stargazer Hotel HÔTEL $$
(carte ci-dessus ; 381 5599 ; www.stargazer.net ; 77 Đ Tran Phu ; ch 350 000-600 000 d ; ❋@⌂).

Danang

⊙ Les incontournables
- Temple caodaïste B3
- Cathédrale de Danang D5
- Musée de la Sculpture cham D6
- Pagode Phap Lam B6

🛏 Où se loger
1. Bao Ngoc Hotel C4
2. Elegant Hotel D2
3. Green Plaza Hotel D5
4. HAGL Plaza Hotel Da Nang B6
5. Hai Van Hotel B2
6. New Moon Hotel D4
7. Phu An Hotel B6
8. Prince Hotel D4
9. Rainbow Hotel D5
10. Stargazer Hotel D4
    Sun River Hotel .... (voir 6)
11. Winn Hotel D4

⊗ Où se restaurer
12. Bread of Life D1
13. Com Nieu D4
14. Com Tay Cam Cung Dinh B6
15. Le Bambino B3
16. Memory Lounge D3
17. Red Sky D6
18. Vietnamese Home D2
19. Waterfront D5

⊙ Où prendre un verre
20. Bamboo 2 Bar D5
21. Chillout Cafe D5
22. Le Funk D5

ⓘ Renseignements
23. Dana Tours D4
24. Danang Family Medical Practice B6
25. Hôpital C B3
26. Sinh Tourist D5

L'entrée ne paie pas de mine, mais les chambres, impeccables quoique petites, sont en excellent état. Joli mobilier en bois, grande TV, lit confortable avec couette. La chambre n°301 dispose d'un balcon et d'une vue sur le fleuve. Le propriétaire, très prévenant, parle couramment anglais.

Hai Van Hotel HÔTEL $

(carte ci-contre ; ☎382 3750 ; kshaivan.dng@vnn.vn ; 2 Đ Nguyen Thi Minh Khai ; s/d 12/19 $US ; ❄). Cet hôtel un peu désuet ne remportera pas de prix du design, mais il est pourvu de chambres spacieuses et fonctionnelles qui en font une adresse tout à fait correcte.

Phu An Hotel HÔTEL $

(carte ci-contre ; ☎382 5708 ; phuanhotelng@gmail.com ; 29 Đ Nguyen Van Linh ; s 240 000 d, d 275 000-300 000 d ; ❄@🛜). Grandes chambres avec sdb modernes, mais bruit de la circulation côté rue.

✕ Où se restaurer

Des cuisines ambulantes animent presque tous les quartiers de Danang ; difficile de trouver une rue qui n'ait pas son échoppe de *bun cha* (porc grillé), de *com* (riz) ou de *mi quang* (soupe de nouilles). Les étals végétariens sont également nombreux et de bonnes tables apparaissent un peu partout en ville.

♥ Waterfront INTERNATIONAL $$

(carte ci-contre ; ☎384 3373 ; www.waterfrontdanang.com ; 150-152 Đ Bach Dang ; repas 90 000-300 000 d ; ⊙10h-23h). Ce restaurant *lounge* sensationnel, au bord de fleuve, a contribué à faire connaître Danang. Le bâtiment lui-même est étonnant, carapace stylée en béton, sièges tendance, grand bar à l'intérieur et petite terrasse verdoyante. À l'étage, vous trouverez un excellent restaurant ; réservez une table en terrasse pour jouir d'une vue splendide sur le fleuve. Sandwichs gastronomiques copieux, petits en-cas délicieux, tels les calamars. Carte très complète. Branché sans être snob, c'est à la fois un bar détendu, où lire le journal en sirotant une bière, et un restaurant sortant de l'ordinaire.

Red Sky INTERNATIONAL $$

(carte p. 196 ; Đ 248 Tran Phu ; repas 80 000-200 000 d ; ⊙11h30-22h30). Ce restaurant informel est parfait pour la cuisine occidentale : bons steaks, côtelettes de porc, salades généreuses, ailes de poulet et spécialités italiennes. Les plats vietnamiens sont bons également. La bière bon marché (15 000 d pour une Larue) et le *happy hour*, de 17h à 20h, rencontrent un franc succès. Personnel attentif et aimable.

Vietnamese Home VIETNAMIEN, INTERNATIONAL $$

(carte p. 196 ; 34 Đ Bach Dang ; repas 50 000-250 000 d). Véritable institution, ce restaurant rustique possède une immense cour ouverte. À la carte, de nombreux fruits de mer (notamment cuits à la vapeur), de la viande (essayez le porc au piment et à la citronnelle), des nouilles et des soupes. Longue carte de vins. Un bon endroit où prendre un petit-déjeuner copieux.

Phi Lu Chinese Restaurant   CHINOIS $$
(carte p. 190 ; 361 1888 ; 1-3 Đ 2/9 ; plats 42 000-430 000 d). Ce vaste établissement est décoré dans le style chinois et éclairé par des lanternes rouges le soir. Excellents fruits de mer. Deux annexes à Danang.

Memory Lounge   VIETNAMIEN, INTERNATIONAL $$$
(carte p. 190 ; www.loungememory.com ; 7 Đ Bach Dang ; repas 120 000-400 000 d ; fermé dim). Ce bar-restaurant récent donne sur le fleuve, au niveau du pont Song Han. La carte de spécialités orientales et occidentales comprend de bons en-cas (plats autour de 60 000 d) et des plats raffinés (le filet de saumon poché dans une sauce aux crevettes, pommes de terre, olives noires, artichauts et purée d'épinards, est à 250 000 d). L'établissement propose aussi une longue carte de cocktails et une grande terrasse pour les siroter.

Bread of Life   INTERNATIONAL $
(carte p. 190 ; www.breadoflifedanang.com ; 4 Đ Dong Da ; repas 40 000-100 000 d ; fermé dim). Ce restaurant américain, qui a déménagé, reste toujours aussi populaire, avec sa carte de pancakes, de hamburgers, de sandwichs, de pizzas et autres spécialités. Le personnel est sourd, car l'établissement promeut la formation des malentendants à Danang (voir l'encadré p. 209).

Le Bambino   INTERNATIONAL $$
(carte p. 190 ; 389 6386 ; www.lebambino.com ; 122/11 Đ Quang Trung ; repas 120 000-300 000 d). Une délicieuse oasis européenne, tenue par un couple. Le mari, français, son épouse vietnamienne ont composé un menu sympathique qui comprend des classiques de la cuisine française, des en-cas, de la viande grillée (essayez les côtes de bœuf) et des spécialités vietnamiennes. À l'étage, de vastes chambres aménagées avec goût sont à louer pour 30 $US/nuit.

Com Nieu   VIETNAMIEN $
(carte p. 190 ; 25 Đ Yen Bai ; plats 14 000-120 000 d). Un restaurant moderne, qui propose un vaste choix de plats vietnamiens, notamment de succulents fruits de mer et le fameux riz cuit dans un pot de terre.

Com Tay Cam Cung Dinh   VIETNAMIEN $
(carte p. 190 ; K254/2 Đ Hoang Dieu ; nombreux plats à 15 000-40 000 d). Ce restaurant, tout simple, plaît pour ses spécialités locales, telles le *hoanh thanh*, sorte de ravioli chinois au porc et aux crevettes. Au bout d'une petite allée.

Où prendre un verre

Pour qui cherche un bar tendance avec vue, direction le Waterfront ou le Memory Lounge (voir *Où se restaurer*).

Le Funk   BAR
(carte p. 190 ; 166 Đ Bach Dang). Il faut venir dans ce bar très animé en début de soirée, lorsque s'y rassemble la jeunesse branchée locale. Le propriétaire, français, est DJ.

Tulip Brewery   BAR
(carte p. 196 ; 174 Đ 2/9). Très prisée localement, cette micro-brasserie dans le style tchèque livre ses cuves aux regards. Bière pression blonde et brune. Plats occidentaux et vietnamiens.

Tam's Pub & Surf Shop   BAR
(carte p. 196 ; 38 An Thuong 5). À deux pas de China Beach, un bar-restaurant convivial, populaire et bon marché. Comme son nom l'indique, il est possible d'y louer des planches de surf (5 $US/j) et d'y recevoir des conseils.

Chillout Cafe   BAR
(carte p. 190 ; 36 Đ Thai Phien). Ce bar très accueillant, de gérance à la fois vietnamienne et occidentale, propose, dans une atmosphère détendue, une nourriture copieuse, des soirées questions/réponses, des échanges de livres et de très bons renseignements sur la ville.

Bamboo 2 Bar   BAR
(carte p. 190 ; 230 Đ Bach Dang). Le bar d'expatriés classique, avec sa clientèle d'habitués et son billard. Un peu guindé, mais bienvenu pour qui souhaite prendre un verre tranquillement.

Renseignements

Accès Internet
On trouve des cybercafés dans tout Danang. Pour avoir accès à Internet 24h/24, rendez-vous chez **Skynet** (carte p. 190 ; 172 Đ Tran Phu ; 7 000 d/h).

Agences de voyages
Dana Tours (carte p. 190 ; 382 5653 ; 76 Đ Hung Vuong ; lun-sam). Propose, à prix

DESSERTE DE DANANG

DESTINATION	AVION	BUS	VOITURE/MOTO	TRAIN
HCMV	à partir de 35 $US, 1 heure, 4 vols/j	20-34 $US, 19 à 25 heures, 7 départs/j	18 heures	25-49 $US, 17 à 23 heures, 5 trains/j
Nha Trang	à partir de 28 $US, 30 min, 1 vol/j	16-23 $US, 10 à 13 heures, 7 départs/j	13 heures	15-28 $US, 9 à 12 heures, 5 trains/j
Hué	non disponible	3 $US, 3 heures, toutes les 20 min	2 heures 30 à 4 heures	3-6 $US, 2 heures 30 à 4 heures, 8 trains/j
Dong Hoi	non disponible	7-12 $US, 6 heures 30, 5 départs/j	6-7 heures	8-16 $US, 5 heures 30 à 8 heures 30, 6 trains/j
Hanoi	à partir de 38 $US, 1 heure, 3 vols/j	22-31 $US, 16 à 19 heures, 7 départs/j	19 heures	22-43 $US, 15 heures 30 à 21 heures, 6 trains/j

avantageux, des locations de voitures, des croisières en bateau, des randonnées et la prorogation des visas.

Sinh Tourist (carte p. 190 ; ☏384 3258 ; www.the sinhtourist.vn ; 154 Đ Bach Dang). Pour réserver un circuit dans un bus "open tour" ou tout autre circuit, ou pour changer votre argent.

Trong's Real Easy Riders (☏0903 597 971 ; www.easyridersvietnam.wordpress.com). Ce groupe de motards organise des sorties d'une journée (20 $US) ou des circuits plus longs à Hoi An et dans les hauts plateaux du Centre.

Argent

Agribank (carte p. 190 ; 202 Đ Nguyen Chi Thanh). Dispose d'un DAB et d'un comptoir de change.

Vietcombank (carte p. 190 ; 140 Đ Le Loi). La seule banque qui change les chèques de voyage.

Poste

Poste principale (carte p. 190 ; 64 Đ Bach Dang)

Services médicaux

Danang Family Medical Practice (carte p. 190 ; ☏358 2700 ; www.vietnammedicalpractice.com ; 50-52 Đ Nguyen Van Linh). Conçue comme un petit hôpital, avec des équipements pour accueillir les patients à demeure, cette excellente clinique a des succursales à Hanoi et à HCMV.

Hôpital C (carte p. 190 ; Benh Vien C ; ☏382 1483 ; 122 Đ Haiphong). Le plus moderne des quatre hôpitaux de la ville.

Sites Internet

Consultez le site www.indanang.com pour avoir des informations actualisées sur la ville et ce qui s'y déroule.

Depuis/vers Danang

AVION Les vols opérés par **Silk Air** pour Singapour (☏356 2708 ; www.silkair.com ; HAGL Plaza Hotel, 1 Đ Nguyen Van Linh) étaient lors de notre passage la seule liaison internationale depuis l'aéroport de Danang. D'autres destinations devraient être desservies avec l'ouverture du nouveau terminal en 2012. Pour les vols intérieurs, **Jetstar Pacific** (plan p. 190 ; ☏358 3538 ; www.jetstar.com ; 307 Đ Phan Chu Trinh) relie quotidiennement Danang à HCMV et à Hanoi, et la compagnie **Vietnam Airlines** (plan p. 190 ; ☏382 1130 ; www.vietnamairlines.com ; 35 Đ Tran Phu) propose des vols directs pour Hanoi, HCMV, Haiphong, Buon Ma Thuot et Nha Trang.

BUS Toute neuve, la **gare routière interurbaine** (carte p. 196 ; Đ Dien Bien Phu) se trouve à 3 km à l'ouest du centre-ville. Le trajet en taxi (avec compteur) jusqu'au bord de la rivière vous reviendra à 60 000 d.

Les bus desservent tous les grands centres, notamment Quy Nhon (72 000 à 125 000 d, 6 heures, 4 départs/j).

Pour aller au Laos, des bus desservent Savannakhet 3 fois par semaine (départ à 20h, 130 000 d, 14 heures de voyage) et passent la frontière à Lao Bao. Il y a aussi un bus quotidien pour Pakse (départ à 6h30, 190 000 d, 14 heures de voyage). Les bus pour la frontière de La Bao coûtent 95 000 d (6 heures de voyage) ; il faut parfois changer à Dong Ha.

Les bus publics jaunes pour Hoi An (18 000 d, 1 heure, départs toutes les heures) longent Đ Tran Phu, en plein centre. La pratique des prix surtaxés est répandue sur cet itinéraire.

Moyennant réservation, les bus "open tour" de Sinh Tourist marquent l'arrêt devant le bureau de l'agence, deux fois par jour, pour aller à Hué (70 000 d, 2 heures 30) ou Hanoi (300 000 d, 14 heures).

TRAIN De la **gare** de Danang (carte p. 190 ; 202 Đ Hai Phong), des trains desservent toutes les destinations sur la ligne principale nord-sud.

Le trajet en train jusqu'à Hué est l'un des plus beaux du pays : cela vaut la peine de l'effectuer rien que pour la vue.

VOITURE ET MOTO Une voiture pour Hoi An coûte environ 330 000 d si vous louez auprès de votre hôtel ou d'une agence de voyages. En *xe om* (moto-taxi), vous vous en sortirez pour 120 000 d. Soyez prêt à négocier le supplément si vous voulez faire une halte aux montagnes de Marbre et à China Beach.

ⓘ Comment circuler

DEPUIS/VERS L'AÉROPORT L'aéroport de Danang se situe à 2 km à l'ouest du centre-ville : le trajet ne prend que 10 min en *xe om* (environ 40 000 d). La course en taxi (avec compteur) revient à quelque 55 000 d.

CYCLO ET *XE OM* Trouver une moto-taxi, ou un cyclo, ne présente aucune difficulté ; suivez les précautions habituelles et préparez-vous à marchander. Une course en ville ne devrait pas excéder 10 000-15 000 d. Méfiez-vous des conducteurs de *xe om* qui vous proposent la nuit de vous emmener dans des bars à filles... Vous risqueriez de finir par débourser des centaines de dollars.

TAXI Si vous recherchez un taxi muni d'un compteur, téléphonez à **Mai Linh** (☏ 356 5656).

Environs de Danang
☏ 0511
NUI SON TRA
(MONTAGNE AUX SINGES)
ALTITUDE : 850 M

La péninsule de Son Tra est couronnée par la montagne que les soldats américains surnommaient Monkey (singe). Surplombant de manière grandiose Danang au sud, et le col de Hai Van au nord, elle fut une célèbre base américaine pendant la guerre. Elle était encore fermée au public (et demeurée presque inchangée, à l'exception du port de Cang Tien Sa) jusqu'à il y a peu. De nouvelles routes et complexes balnéaires y ouvrent depuis.

Le **sommet** de la montagne aux Singes offre une vue sublime par temps clair. De la présence militaire américaine, il reste quelques dômes de radars (toujours utilisés par l'armée vietnamienne, et donc zone interdite) à côté de l'héliport, transformé en belvédère. La route abrupte qui mène au sommet, très peu empruntée, peut poser problème. Faire l'ascension à moto requiert une grosse cylindrée. Vous en trouverez l'embranchement à environ 3 km avant le port de Tien Sa, marqué par un panneau bleu annonçant "Son Tra Eco-tourism".

La plupart des visiteurs vietnamiens rejoignent l'un des complexes hôteliers sur la côte au sud-est de la péninsule. Autre grande attraction, **Linh Ung** est un immense bouddha sur un socle en forme de lotus, qui regarde vers le sud et la ville de Danang. Il y a également un monastère sur le site. Une route en construction permettra bientôt de faire le tour de la péninsule et d'en contempler les très beaux paysages.

Sur l'autre versant de Nui Son Tra, près du port, se niche la **plage de Tien Sa**. Un mémorial, près du port, rappelle un épisode tragique de l'histoire coloniale. En août 1858, des troupes françaises et philippines, menées par les Espagnols, attaquèrent Danang pour mettre un terme aux persécutions dont se rendait coupable le gouvernement de l'empereur Tu Duc à l'encontre des catholiques. Si les assaillants n'eurent aucun mal à prendre la cité, ils durent par la suite affronter le choléra, la dysenterie, le scorbut, le typhus, ainsi que de mystérieuses fièvres : dès l'été suivant, les pertes humaines causées par la maladie surpassaient de vingt fois celles dues aux combats.

De nombreuses **tombes de soldats espagnols et français** se trouvent sous une chapelle près du port de Tien Sa.

🍴 Où se loger et se restaurer

L'offre d'hébergement n'est pas très développée pour l'instant. Toutefois, de nouveaux établissements sont en construction, notamment un complexe hôtelier cinq étoiles.

Bien Dong Resort COMPLEXE HÔTELIER $$
(☏ 392 4464 ; www.biendongresortdanang.com ; Son Tra ; 34-39 $US ; ✱@≋). Niché dans une jolie crique abritée des vents froids du nord, cet établissement bien entretenu propose des bungalows spacieux avec mobilier en bois. Deux piscines et un restaurant.

Bay Ban FRUITS DE MER $$

(221 4237 ; Son Tra ; repas 80 000-250 000 d). Authentique restaurant de fruits de mer, le Bay Ban remporte un franc succès auprès des familles vietnamiennes le week-end et pendant les vacances. Le reste du temps, il est assez calme. Prenez votre repas au bord de l'eau, dans l'une des maisons de chaume de la baie. Longue carte de poisson délicieusement frais, d'araignées de mer, de plats d'anguilles et de crevettes.

PLAGE DE NAM O

La plage de Nam O, à 15 km au nord-ouest de Danang, est celle où débarquèrent les premières troupes de combat américaines au Sud-Vietnam, en 1965. Aujourd'hui, le calme est revenu et la plage, moins attirante que celles du côté est, connaît à peine le développement, et compte moins d'hôtels.

La petite communauté locale a longtemps vécu de la fabrication de pétards, activité interdite depuis 1995. Pour survivre, la population s'est tournée vers la production de *nuoc mam*. L'autre spécialité de Nam O est le *goi ca*, des filets de poisson cru marinés dans une sauce et recouverts d'une poudre épicée, sortes de sushis vietnamiens. On les accompagne de légumes frais sur des feuilles de riz roulées. En été, ils sont vendus sur la plage, sinon vous en trouverez dans le village.

MONTAGNES DE MARBRE

Offrant une vision spectaculaire depuis la route du littoral longeant China Beach, les **montagnes de Marbre** (Ngu Hanh Son) sont constituées de cinq gros affleurements en marbre surmontés de pagodes. Chaque montagne représenterait un élément naturel, dont elle porte d'ailleurs le nom : Thuy Son (eau), Moc Son (bois), Hoa Son (feu), Kim Son (métal ou or) et Tho Son (terre). Les villages au pied de ces montagnes sont spécialisés dans le travail du marbre. Mais les sculpteurs travaillent désormais du marbre importé de Chine, de manière à préserver le site qui attire les visiteurs (et les acheteurs).

La plus haute et la plus réputée des cinq montagnes, **Thuy Son** (15 000 d ; 7h-17h), abrite des grottes naturelles où, au fil des siècles, furent édifiés des sanctuaires hindous, puis bouddhiques. Des deux chemins menant à Thuy Son, le plus proche de la plage (à l'extrémité du village) permet de faire un meilleur circuit.

Au sommet de l'escalier se dresse le portique **Ong Chon**, criblé d'impacts de balles, qui conduit à la **pagode Linh Ong**. Derrière elle, un chemin traverse deux tunnels pour mener à un ensemble de grottes, appelées **Tang Chon Dong**, où l'on peut admirer des bouddhas et des bas-reliefs Cham. À côté de l'un des autels, un escalier monte vers une autre grotte, partiellement ouverte, qui abrite deux bouddhas assis.

Prenez ensuite le chemin qui part immédiatement à gauche après le portique, où l'on découvre la **pagode Xa Loi**, une belle tour en pierre qui surplombe la côte. Un escalier débouche sur **Vong Hai Da**, petite terrasse panoramique offrant une vue magnifique sur China Beach. Le chemin pavé se poursuit vers la droite et débouche sur une gorge où se trouve, à gauche, la **grotte de Van Thong**.

À la sortie de la gorge, après un portique endommagé par la guerre, on suit un sentier rocailleux qui part sur la droite et aboutit à **Linh Nham**, une grande grotte en forme de cheminée abritant un petit autel. À côté, un autre chemin arrive à **Hoa Nghiem**, cavité peu profonde renfermant un bouddha. En prenant le chemin à gauche du bouddha, on parvient à l'immense grotte de **Huyen Khong**, qui, éclairée par une ouverture sur le ciel, ressemble à une cathédrale. Son accès est gardé par des statues représentant deux mandarins civils (à gauche) et deux mandarins militaires (à droite).

La grotte abrite plusieurs **autels bouddhiques et confucéens** ; notez les inscriptions sur les murs. À droite, une porte donne sur des stalactites qui, selon la légende, répandent des gouttes provenant du ciel. En réalité, seule l'une d'entre elles suinte ; l'autre se serait asséchée au contact de la main de l'empereur Tu Duc. Durant la guerre du Vietnam, les combattants viêtcong transformèrent la grotte en hôpital. À l'intérieur se trouve une plaque commémorative dédiée au groupe d'artilleuses qui, en 1972, détruisit 19 avions américains stationnés au pied des montagnes.

De retour sur le chemin principal, à gauche de la porte, s'élève la **pagode Tam Thai Tu**, restaurée par l'empereur Minh Mang en 1826. Un sentier obliquant à droite conduit aux habitations des bonzes, mais, avant d'y parvenir, prenez sur la gauche un escalier menant à la terrasse panoramique de **Vong Giang Dai** (vue imprenable sur les montagnes de Marbre et la campagne environnante).

Environs de Danang

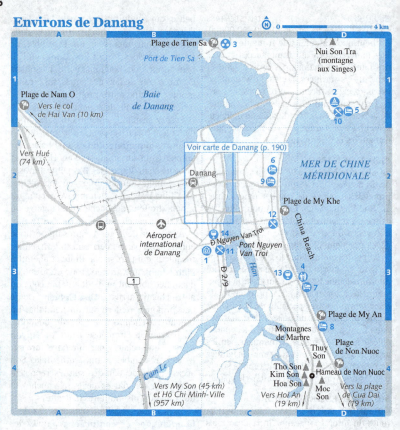

Pour explorer ces grottes, une lampe de poche peut se révéler utile. L'ascension de la montagne est aisée, excepté le début, abrupt.

Les bus locaux Danang-Hoi An (18 000 d) peuvent vous déposer à la hauteur des montagnes de Marbre, à 10 km au sud de Danang.

CHINA BEACH

Le nom de China Beach était utilisé par les Américains pour désigner la superbe plage de sable blanc qui s'étend sur 30 km, de la montagne aux Singes pratiquement jusqu'à Hoi An, avec les montagnes de Marbre à mi-chemin. La partie qui leur était la plus familière se trouvait à proximité de Danang : c'est là que les soldats américains étaient envoyés pour prendre un peu de repos.

China Beach est divisée en plusieurs plages – My Khe, My An, Non Nuoc, An Bang, Cua Dai... Alors que My Khe, à l'extrême nord, se trouve presque dans les faubourgs de Danang, Cua Dai, plus au sud, est largement considérée comme la plage de Hoi An. La région intermédiaire a été partagée entre le Raffles, le Hyatt et autres cinq-étoiles. De fabuleux complexes hôteliers y sont en construction, ne laissant au public que de maigres parcelles de plage. On peut se demander comment les promoteurs vont remplir les chambres de ces luxueux palaces.

La meilleure saison pour nager à China Beach va de mai à juillet, quand la mer est la plus calme. En dehors de ces mois, elle peut être très agitée. Sachez que les sauveteurs en mer ne surveillent que certaines parties de la plage.

En décembre 1992, China Beach accueillit la première compétition internationale de surf au Vietnam. De belles vagues s'y forment entre mi-septembre et décembre environ, en particulier le matin quand le vent souffle comme il faut.

Environs de Danang

À voir
1 Musée Hô Chi Minh A1
2 Linh Ung B1
3 Tombes de soldats espagnols
   et français A1

Activités
4 Da Boys Surf Shop B1

Où se loger
5 Bien Dong Resort B3
6 Eena Hotel A3
7 Fusion Maia B3
8 Hoa's Place B3
9 Jimmy Hotel B3

Où se restaurer
10 Bay Ban B2
11 Phi Lu Chinese Restaurant B2
12 Van Xuan B3

Où prendre un verre
13 Tam's Pub & Surf Shop C1
14 Tulip Brewery C1

À voir et à faire

Plage de My Khe PLAGE

Juste de l'autre côté du pont Song Han (10 000 d en *xe om*), My Khe est en passe de devenir le dernier faubourg de Danang, côté est. En début de matinée et de soirée, la plage se remplit de citadins pratiquant le taï-chi. Les touristes surgissent sur la plage aux heures les plus chaudes pour se faire bronzer, tandis que les gens du coin n'apparaissent qu'en fin de journée. Malgré sa popularité, on constate avec bonheur que la plage n'est pas encore investie par les vendeurs ambulants ; la seule chose qu'on vous incitera à louer est un transat (15 000 d).

Un courant sous-marin rend la mer dangereuse, en particulier en hiver. Toutefois, protégée par les hauteurs de Nui Son Tra, My Khe reste la partie la plus sûre de China Beach.

Plages de My An et Non Nuoc PLAGES

Presque toute la partie centrale de China Beach ayant été confisquée au public par les nouveaux complexes hôteliers, chaque week-end, c'est le grand rush sur la plage de My Khe. Quelques hôtels offrent cependant une ambiance plus calme sur les plages de My An et de Non Nuoc. Le **Da Boys Surf Shop** (www.daboyssurf.com ; Furama Resort, 68 Đ Ho Xuong Huong, My An) vend de bonnes planches de surf, de bodyboard et de planche à rames *(paddleboard)*, et propose des cours de surf.

Où se loger et se restaurer

Il n'y a pas d'hébergement en bordure de plage, mais les hôtels indiqués ci-dessous ne sont pas loin de la mer. Les habitants de la région viennent ici pour déguster des fruits de mer et apprécier les brises marines.

Eena Hotel HÔTEL $

(222 5123 ; www.geocities.jp/eenahotel ; Khu An Cu 3, My Khe ; s/d/lits jum 14/19/24 $US ; ❄@✶). Ce mini-hôtel tenu par des Japonais présente un excellent rapport qualité/prix. Chambres impeccables, lumineuses, vastes, avec matelas ferme, et vue sur la mer ou les montagnes pour certaines. Ascenseur, Wi-Fi haut débit. Le personnel est sympathique et parle anglais. Petit-déjeuner (japonais, vietnamien ou occidental) compris.

Jimmy Hotel HÔTEL $$

(394 5888 ; www.jimmyhoteldanang.com.vn ; Lot F 18, An Cu No 3, My Khe ; s 22 $US, d 30-40 $US ; ❄@✶). Une fois passé le vestibule un peu kitsch, on trouve 30 chambres très correctes, avec TV à écran plat, minibar et douche ou baignoire.

Fusion Maia HÔTEL $$$

(396 7999 ; www.fusionmaiadanang.com ; Đ Truong Sa, plage de Khue My ; ste/villa à partir de 305/520 $US ; ⊜❄@✶☲). Un hôtel récent, moderne, sur la plage, doté d'un spa dont tous les clients peuvent profiter. Il s'agit d'un vaste espace consacré au bien-être, avec 16 pièces de soins, saunas et hammams répartis autour d'un jardin intérieur coupé par un mur d'eau artificiel. Vous ne serez pas déçu par les suites et villas : belle déco minimaliste, piscine privée, iPods remplis de musique, machine à expresso… S'y ajoute un service attentif (possibilité de prendre le petit-déjeuner à n'importe quelle heure) qui rend le séjour très plaisant.

Hoa's Place PENSION $

(396 9216 ; hoasplace@hotmail.com ; 215/14 Đ Huyen Tran Cong Chua, plage de My An ; ch 8 $US). Le sens de l'accueil du propriétaire, très bon cuisinier, et l'ambiance sont les points forts de cette modeste pension juste derrière la plage. Les matelas très fins en sont un point faible. À louer, des planches de surf qui ont déjà bien servi. Renseignez-vous avant d'arriver, car les plans de développement touristique pourraient entraîner la fermeture de la pension d'ici un an ou deux.

Van Xuan

FRUITS DE MER $

(233a Đ Nguyen Van Thoai, My Khe ; plats 25 000-125 000 d ; ⊙déj et dîner). Un cadre agréable, avec jardin, où manger des plats savoureux de fruits de mer et de crocodile. Bière de type tchèque brassée sur place, la *Five Mountains Beer*.

❶ Depuis/vers China Beach

La partie de la plage de Chine nommée My Khe est à environ 3 km du centre de Danang. La course en *xe om*/taxi revient à 20 000/35 000 d.

Hoi An

📞 0510 / 131 000 HABITANTS

Hoi An est une ville historique pleine de charme – peut-être la plus ravissante du Vietnam. Jadis port de première importance, elle tire aujourd'hui avantage de son architecture et de son cadre exceptionnel, en bord de fleuve. Mieux encore : la ville est peu touchée par le fléau de la circulation et de la pollution. Que vous y passiez une journée ou un mois, vous ne vous y ennuierez pas.

C'est au hasard que Hoi Han doit sa belle allure de cité provinciale historique. Si le Thu Bon ne s'était pas trouvé asséché à la fin du XIXe siècle, empêchant les navires d'accéder aux docks, la ville aurait très certainement un visage très différent aujourd'hui. Un siècle durant, son importance a décru, jusqu'à sa renaissance dans les années 1990 avec le développement du tourisme. Aujourd'hui, Hoi An est à nouveau une ville cosmopolite, l'une des plus riches du pays, un haut lieu de la gastronomie et l'un des foyers du tourisme au Vietnam.

Ce retournement de fortune a préservé la vieille ville et son très riche patrimoine – maisons de marchands japonais construites de guingois, temples chinois et anciennes maisons de thé – même si les espaces autrefois occupés par des maisons ou des rizières ont peu à peu cédé la place à des commerces. Les bars, les hôtels de charme, les agences de voyage et les boutiques de prêt-à-porter font vraiment partie de la ville. Mais il suffit de se rendre jusqu'au marché et à la péninsule voisine d'An Hoi et de l'île Cam Nam pour découvrir un paysage tout à fait différent. Encore quelques kilomètres, et vous trouverez de superbes balades à faire à vélo, à moto ou en bateau, qui vous emmèneront vers des plages ou des paysages parmi les plus beaux du pays.

Histoire

On a récemment découvert à Hoi An des fragments de céramique vieux de 2 200 ans : ce sont les plus anciens vestiges d'occupation humaine, que l'on attribue à la civilisation Sa Huynh, apparentée à la culture de Dông Son du nord du pays et datant de la fin de l'âge du fer. Du IIe au Xe siècle, ce fut un important port maritime du royaume du Champa, et les archéologues ont découvert aux alentours les fondations de nombreuses tours cham.

En 1307, le roi cham épousa la fille d'un monarque de la dynastie des Trân et fit don aux Vietnamiens de la province de Quang Nam. À sa mort, son successeur contesta la légitimité de ce présent et entreprit de récupérer la province. Pendant plus d'un siècle, la région fut donc en proie au chaos. Au XVe siècle, la paix revenue, le commerce put reprendre normalement son cours. Durant les quatre siècles suivants, Hoi An – connue sous le nom de Faifo au temps des premiers marchands occidentaux – fut l'un des principaux ports internationaux d'Asie du Sud-Est. Chinois, Japonais, Néerlandais, Portugais, Espagnols, Indiens, Philippins, Indonésiens, Thaïlandais, Français, Britanniques et Américains vinrent tous s'y approvisionner en soie, étoffes, papier, porcelaine, thé, sucre, mélasse, noix d'arec, poivre, plantes médicinales chinoises, ivoire, cire d'abeille, nacre, laque, soufre et plomb.

Au printemps, les navires chinois et japonais étaient poussés vers le sud par les vents de mousson. Ils séjournaient à Hoi An jusqu'à l'été, reprenant la mer avec les vents du sud. Au cours de leurs quatre mois en ville, les marchands louaient sur le front de mer des maisons qui leur tenaient lieu à la fois d'entrepôt et de résidence. Certains d'entre eux y installèrent par la suite des représentants habilités à gérer leurs affaires sur place le reste de l'année : c'est ainsi que s'implantèrent les premières colonies – à l'exception toutefois des Japonais, auxquels leur gouvernement interdit dès 1637 tout contact avec le monde extérieur.

C'est à Hoi An que vint s'implanter la première colonie de Chinois du Sud. Les *hoi quan* chinoises (maisons communes des congrégations) jouent encore, à l'heure actuelle, un rôle essentiel auprès de la population chinoise du Sud, dont une partie fait parfois de longs voyages pour venir assister aux célébrations de Hoi An.

Ce fut par Hoi An que le christianisme pénétra au Vietnam. De tous les missionnaires du XVIIe siècle, le plus célèbre fut le père Alexandre de Rhodes, inventeur du *quôc-ngu*, l'alphabet romanisé qui transcrit toujours le vietnamien aujourd'hui.

Presque entièrement détruite par la révolte des Tây Son entre les années 1770 et 1790, Hoi An fut reconstruite et garda son statut de plaque tournante commerciale jusqu'à la fin du XIXe siècle. Toutefois, l'ensablement du fleuve Thu Bon (Cai), qui relie Hoi An à la mer, commença à gêner la navigation ; Danang (Tourane) éclipsa donc peu à peu Hoi An en tant que port et centre du commerce.

À l'époque coloniale, Hoi An était un centre administratif. La ville n'a quasiment pas été touchée par les bombardements pendant la guerre du Vietnam, les deux camps ayant convenu de la préserver. La vieille ville a été classée au patrimoine mondial de l'Unesco en 1999, et il existe aujourd'hui une législation très stricte destinée à préserver cette architecture unique.

ZONE INONDABLE

La situation de Hoi An au bord de la rivière la rend vulnérable aux inondations, plus particulièrement durant la saison des pluies (octobre et novembre). Il est courant que l'eau monte de 1 m et, en cas de typhon, de 2 m ou plus. Fin 2006, et à nouveau en 2007, la ville a connu les pires inondations de ces dernières années.

👁 À voir

L'Unesco s'efforce de préserver plus de 800 bâtiments historiques dans Hoi An. La **vieille ville** (90 000 d ; www.hoianworldheritage.org.vn) a gardé son visage d'il y a plusieurs siècles.

Comme dans toutes les villes d'Asie, les Chinois qui s'installèrent à Hoi An s'identifiaient selon leurs provinces d'origine. Chaque communauté construisait sa maison commune (*hoi quan* en vietnamien), utilisée à des fins sociales, commerciales et culturelles. Toutes les demeures, excepté la maison Diep Dong Nguyen et la maison Quan Thang, offrent de courtes visites guidées, généralement menées par une jeune femme de la famille. Efficace mais parfois manquant de conviction, la jeune guide vous fait asseoir sur une lourde chaise de bois et récite sa présentation. Ensuite, vous pouvez vous promener dans la maison.

La popularité de ces demeures a son revers : jadis lieux de vie, elles sont désormais figées dans le temps, privées de cette vie qu'elles devaient aux familles qui les occupaient jadis, et qui s'en trouvent écartées à des fins touristiques. Les groupes organisés, qui se bousculent pour prendre des photos, peuvent aussi venir troubler votre visite. Ils ne restent généralement pas longtemps : cela vaut le coup de revenir un peu plus tard pour poursuivre votre découverte tranquillement.

Les quatre petits musées sont de taille assez réduite. Leurs collections restent assez limitées et les informations fournies rudimentaires.

Seuls 18 bâtiments sont ouverts au public, lesquels requièrent presque tous d'être muni d'un billet d'entrée pour la vieille ville ; les droits perçus sont destinés au financement des travaux de conservation. Acheter un billet dans l'une des billetteries de la vieille ville est simple, en revanche, planifier sa visite l'est beaucoup moins à cause de la complexité du système. Un billet accorde un droit d'entrée dans cinq lieux : musées, maisons communes, vieilles maisons, et autorise son détenteur à assister à un concert de musique traditionnelle dans l'atelier d'artisanat. Les billets sont valables pendant trois jours.

Dans la plupart des bâtiments, on collecte avec zèle les souches des billets. À l'heure du déjeuner, de nombreuses demeures et maisons communes sont fermées, mais les musées restent ouverts.

Malgré l'afflux des touristes, Hoi An reste une cité conservatrice et il est conseillé de porter une tenue convenable pour en visiter les maisons, qui sont toujours privées.

GRATUIT Pont couvert japonais   PONT

(Cau Nhat Ban). Ce pont est devenu le symbole moderne de Hoi An. C'est la communauté japonaise de Hoi An qui, en 1593, construisit un premier pont à cet emplacement, afin d'établir une voie de communication avec le quartier chinois situé sur l'autre rive.

D'une solidité à toute épreuve, il fut apparemment conçu, à l'origine, pour résister aux tremblements de terre. Au fil des siècles, son ornementation est restée relativement fidèle au raffinement du style japonais. Les Français avaient aplani la chaussée pour faciliter

Hoi An

CENTRE DU VIETNAM HOI AN

Carte – Légendes visibles

- Đ Ly Thuong Kiet
- Đ Pham Hong Thai
- Đ Nguyen Duy Hieu
- Đ Truong Minh Luong
- Đ Cua Dai
- Đ Hoang Dieu
- Đ Thai Phien
- Đ Nguyen Hué
- Đ Phan Boi Chau
- Đ Tran Hung Dao
- Đ Nguyen Truong To
- Đ Tran Cao Van
- Đ Hoang Van Thu
- Đ Le Loi
- Đ Nguyen Thai Hoc
- Đ Bach Dang
- Đ Tran Phu
- Đ Hai Ba Trung
- Đ Ba Trieu
- Đ Phan Chu Trinh
- Đ Nguyen Phuc Chu
- Đ Nguyen Thi Minh Khai

Points d'intérêt nommés :
- Chapelle de la famille Tran
- Maison commune de la congrégation chinoise du Fujian
- Pont couvert japonais
- Maison Tan Ky
- Mémorial de guerre
- Église
- Pont Cam Nam
- Embarcadère
- Thu Bon
- Péninsule d'An Hoi

Indications hors carte :
- Vers le Thien Thanh Hotel (75 m)
- Vers le Nhi Trung Hotel (700 m)
- Vers les pagodes Chuc Thanh (700 m) et Phuoc Lam (1,2 km)
- Vers la gare routière nord (1,75 km)
- Vers la plage de Cua Dai (6 km) et le spa Duyen Que (1,5 km)
- Vers My Son (35 km) et Danang (30 km)
- Vers Randy's Book Xchange (200 m) et Windbell Homestay (500 m)
- Vers Heaven & Earth (100 m)
- Vers la gare routière des bus locaux (150 m) et Thanh Ha (2,5 km)

200 m

200

Hoi An

◎ Les incontournables
- Maison commune de la congrégation chinoise du Fujian E3
- Pont couvert japonais B3
- Maison Tan Ky C4
- Chapelle de la famille Tran D3

◎ À voir
1. Maison commune de la congrégation chinoise de Canton C3
2. Maison commune de la congrégation chinoise de Chaozhou F3
3. Maison commune de la congrégation chinoise de Hainan E3
4. Bale Well D2
5. Maison commune des cinq congrégations D3
   - Conkhi Cocktail Classes .... (voir 19)
6. Maison Diep Dong Nguyen D4
7. Atelier d'artisanat E4
8. Musée d'Histoire et de la Culture E3
9. Musée de la Culture populaire D4
10. Musée de la Culture Sa Huynh et musée de la Révolution C3
11. Musée des Céramiques de commerce D3
12. Pagode Phac Hat C2
13. Maison ancienne Phung Hung B3
14. Temple Quan Cong E3
15. Maison Quan Thang D3
16. Maison Tran Duong G4

⊕ Activités
- Active Adventures .... (voir 20)
17. Ba Le Beauty Salon D2
18. Blue Coral Diving D4
19. Cham Island Diving Center D4
20. Hoi An Motorbike Adventures D3
   - Life Spa .... (voir 27)
21. Love of Life C3
   - Morning Glory Cooking School .... (voir 45)
22. Palmarosa B1

🛏 Où se loger
23. An Hoi Hotel B4
24. Ha An Hotel G3
25. Hoa Binh Hotel C1
26. Hoang Trinh Hotel A2
27. Life Heritage Resort G3
28. Long Life Hotel B1
29. Long Life Riverside B4
30. Phuong Dong Hotel B1
31. Thanh Van Hotel C2
32. Thien Nga Hotel B1
33. Vinh Hung 1 Hotel C3
34. Vinh Hung 3 Hotel B1

⊗ Où se restaurer
35. Alfresco's C2
36. Bale Well D3
37. Bobo Café D2
38. Cargo Club C4
39. Casa Verde C4
40. Gourmet Garden D4
41. Hai Cafe C4
42. Mango Mango C4
43. Mermaid Restaurant F3
44. Miss Ly Cafeteria 22 .... E3
45. Morning Glory Street Food Restaurant C4
46. Phone Café D4
47. Shree Ganesh Indian Restaurant D2
48. White Sail D2

⊙ Où prendre un verre
49. Before & Now D3
   - Dive Bar .... (voir 19)
   - Q Bar .... (voir 19)
50. River Lounge C4
51. Sun Bar C4
52. White Marble D4
53. Why Not? G3

🛍 Achats
54. A Dong Silk D3
55. Galeries d'art B3
   - Avana .... (voir 40)
56. B'lan E3
57. Marché aux tissus F3
58. Kimmy C2
59. Long Life Silk B4
   - Lotus Jewellery .... (voir 41)
60. Mosaique Decoration D3
   - Reaching Out .... (voir 38)
61. Thu Thuy D3
62. Tuoi Ngoc D3
63. Yaly E4

ℹ Renseignements
64. Cabinet du Dr Ho Huu Phuoc D3
65. Hôpital de Hoi An F2
66. Billetterie de la vieille ville E3
67. Billetterie de la vieille ville F3
68. Billetterie de la vieille ville E3
69. Billetterie de la vieille ville D3
70. Rose Travel Service C1
71. The Sinh Tourist C1

le passage des véhicules, mais les grands travaux de rénovation entrepris en 1986 lui ont rendu sa forme convexe originelle.

Les accès du pont sont gardés par des statues exposées aux éléments : d'un côté deux singes et, de l'autre, deux chiens. Deux légendes justifient la présence de ces sentinelles. Selon la première, ces animaux faisaient l'objet d'un culte particulier, car nombre d'empereurs japonais étaient nés sous le signe du Chien ou du Singe. Quant à la seconde, elle affirme que la construction du pont commença lors d'une année du Singe pour s'achever une année du Chien. Une stèle énumère les noms des Vietnamiens et des Chinois ayant contribué à financer sa rénovation. Ces inscriptions sont rédigées en *chu nho* (caractères chinois), l'écriture *nôm* étant encore peu usitée dans cette région.

Si l'accès au pont est gratuit, il vous faudra un billet pour visiter le petit **temple** (Chua Cau ; entrée avec le billet pour la vieille ville de Hoi An) assez modeste, construit sur sa partie nord. Selon la légende, il existait jadis un monstre géant du nom de Cu, dont la tête se trouvait en Inde, la queue au Japon et le corps au Vietnam. Chacun de ses mouvements provoquait au Vietnam une série de catastrophes naturelles. Les habitants auraient alors érigé un pont sur le "talon d'Achille" de la bête, afin de la tuer. Après sa mort, la population, prise de pitié, aurait construit ce temple pour rendre hommage à son âme. Au-dessus de la porte est inscrit le nom qui lui fut attribué en 1719, Lai Vien Kieu (pont des Passants du lointain), qui n'a jamais réellement réussi à détrôner l'appellation d'origine.

Maison commune de la congrégation chinoise du Fujian
TEMPLE

(Phuc Kien Hoi Quan ; face au 35 Đ Tran Phu ; entrée avec le billet pour la vieille ville de Hoi An ; ⊙7h-17h30). Initialement vouée à l'accueil des réunions de la communauté, cette maison commune fut plus tard transformée en temple dédié au culte de Thien Hau, divinité de la province du Fujian. La grande porte triple fut ajoutée à l'édifice en 1975.

Près de l'entrée du hall principal, le mur de droite (si vous arrivez à le voir derrière les rouleaux de prière) comporte une peinture représentant Thien Hau : éclairée par une lanterne, la déesse de la Mer traverse une mer déchaînée pour sauver un bateau en détresse. En face sont figurés les chefs des six familles qui quittèrent le Fujian au XVIIe siècle pour s'installer à Hoi An après la chute de la dynastie Ming.

L'avant-dernière salle accueille la statue de la déesse. De part et d'autre de l'entrée se tiennent Thuan Phong Nhi, à la peau rouge, et Thien Ly Nhan, à la peau verte. Ces divinités sont chargées, grâce à leur vue perçante et à leur ouïe fine, de repérer les navires en perdition.

Dans la dernière salle, l'autel central abrite les statuettes assises des six chefs de famille. Au-dessous, de plus petites statues représentent leurs successeurs à la tête du clan. Derrière l'autel, à droite, trois fées et 12 *ba mu* (sages-femmes), plus petites, transmettent au nouveau-né une compétence qui lui sera nécessaire au cours de sa première année de vie – sourire, téter, etc. Les couples sans enfant ont coutume de venir prier ici, et y laissent des fruits en offrande.

Maison Tan Ky
MAISON ANCIENNE

(101 Đ Nguyen Thai Hoc ; entrée avec le billet pour la vieille ville de Hoi An ; ⊙8h-12h et 14h-16h30). Construite il y a deux siècles pour un riche marchand vietnamien, cette demeure est remarquablement bien conservée : son aspect est presque identique à celui du début du XIXe siècle, et ce grâce aux bons soins des sept générations qui l'occupèrent.

Son agencement est révélateur des influences japonaise et chinoise sur l'architecture locale : au titre des éléments nippons figure le plafond (dans la pièce de réception), soutenu par trois poutres de tailles différentes superposées en ordre décroissant. On retrouve des madriers similaires dans le salon. Sous le plafond en forme de crabe furent sculptés des sabres, symboles de la force, ornés d'un ruban de soie, qui représente la flexibilité.

De certaines colonnes pendent des poèmes chinois inscrits en nacre incrustée. Les caractères agrémentant ces panneaux, réalisés il y a un siècle et demi, se composent exclusivement d'oiseaux représentés avec grâce dans plusieurs positions de vol.

La cour remplit ici quatre fonctions : elle laisse entrer la lumière, permet à l'air de circuler, apporte un peu de végétation au sein de la maison, recueille et évacue l'eau de pluie. Les balustrades de bois, ornées de feuilles de vigne gravées rappelant l'influence européenne, témoignent de la fusion culturelle unique de Hoi An.

L'arrière de la maison, donnant sur le fleuve, était autrefois loué aux marchands étrangers. Les marques sur l'un des murs

HOI AN ET SON PATRIMOINE ARCHITECTURAL

Les édifices anciens de Hoi An ont non seulement survécu aux guerres du XXe siècle, mais ils ont gardé des caractéristiques qu'on retrouve rarement ailleurs. Bon nombre de devantures de magasins se ferment toujours à l'aide de planches glissées horizontalement dans des fentes, elles-mêmes creusées dans les colonnes soutenant la toiture.

De même, certains toits sont constitués de tuiles *am-duong* (yin-yang) de couleur brique, ainsi nommées en raison de leur forme concave et convexe permettant un assemblage parfait. Lors de la saison des pluies, le lichen et la mousse qui y poussent recouvrent les toitures d'un vert éclatant.

De nombreuses portes sont surmontées d'un morceau de bois circulaire portant le symbole du *am* et du *duong*, qu'entoure une spirale. Ces *mat cua* (yeux de portes) ont pour rôle de protéger les habitants de ces demeures.

L'attrait de la vieille ville tient au fait que non seulement des bâtiments isolés ont survécu, mais aussi des rues entières, notamment autour de Ð Tran Phu et de Ð Bach Dang, la promenade au bord de l'eau. Dans l'ancien quartier français, à l'est du pont Cam Nam, subsiste tout un pâté de maisons à colonnades, peintes dans ce jaune moutarde caractéristique des bâtiments coloniaux français.

Les autorités de la ville restaurent progressivement les édifices historiques de Hoi An. Il convient d'obtenir un permis avant d'entreprendre la rénovation d'une maison ancienne et les travaux doivent faire preuve de goût, ce qui freine toute velléité de modernisation irraisonnée. Des règles strictes ont été édictées concernant les couleurs dont les maisons peuvent être peintes et les enseignes qui peuvent être utilisées.

---

indiquent le niveau de l'eau lors des récentes inondations, le record ayant été atteint en 1964 quand elle est presque montée jusqu'au plafond du premier niveau. En 2007, la marque était à 2 m. Les deux poulies (utiles en cas d'inondation pour monter les meubles) qui se balancent à une poutre du grenier attestent que, jadis, la maison servait de lieu de négoce.

Le toit recouvert de tuiles et le plafond en bois permettaient de garder la chaleur en hiver et la fraîcheur en été.

Chapelle de la famille Tran   MAISON ANCIENNE
(21 Ð Le Loi ; entrée avec le billet pour la vieille ville ; ⊙7h30-12h et 14h-17h30). Dédiée au culte de ses ancêtres, cette chapelle a été construite, en 1802, par l'un des membres du clan, qui avait atteint le rang de mandarin et servi comme ambassadeur en Chine. Son portrait figure sur la droite de la chapelle.

L'architecture du bâtiment témoigne d'influences chinoises (notamment son toit aux allures de tortue), japonaises (avec les trois poutres) et locales (voir les arcs et les flèches dans la décoration). La porte centrale, réservée au défunt, est ouverte à l'occasion de la fête du Têt et de l'anniversaire de la mort du principal ancêtre (11 novembre). Traditionnellement, les femmes entrent par la gauche et les hommes par la droite, mais ces distinctions ne sont plus observées.

Sur l'autel, des coffrets en bois renferment les tablettes en pierre des ancêtres, sur lesquelles figurent des idéogrammes chinois indiquant leurs dates de naissance et de mort, ainsi que quelques petits effets personnels. Lors de l'anniversaire de la mort de chacun des défunts de la famille, son coffret est ouvert, puis on fait brûler de l'encens et on fait des offrandes de nourriture.

C'est dans le petit jardin derrière que l'on avait jadis coutume d'incinérer les placentas des nouveau-nés de la famille, un acte de propitiation visant à empêcher les affrontements entre enfants.

Après une rapide visite, on vous montrera la salle dite des antiquités, où sont vendus des pièces de monnaie et des souvenirs.

Temple Quan Cong   TEMPLE
(Chua Ong ; 24 Ð Tran Phu ; entrée avec le billet pour la vieille ville de Hoi An). Consacré en 1653, cet édifice est un petit temple chinois dédié à Quan Cong, général chinois tenu en haute estime, révéré comme un symbole de loyauté, de sincérité, d'intégrité et justice. Sa statue de papier mâché sur une âme de bois, partiellement dorée, trône sur l'autel central à l'arrière du sanctuaire. Quand un visiteur fait une offrande à Quan Cong, le gardien frappe d'un coup solennel un vase de bronze qui résonne comme une cloche.

À gauche de Quan Cong, une statue représente le général Chau Xuong, l'un des gardes de Quan Cong, dans une pose avantageuse. À droite apparaît Quan Bing, mandarin administratif plutôt replet. Le cheval blanc grandeur nature rappelle celui que montait Quan Cong.

En passant dans la cour, jetez un coup d'œil sur les toits, décorés de carpes. Symbole de patience dans la mythologie chinoise, ce poisson est couramment représenté à Hoi An.

Ôtez vos chaussures avant de monter sur l'estrade, devant la statue de Quan Cong.

Pagode Phuoc Lam
PAGODE

(Thon 2a, Cam Ha ; ⊙8h-17h). Construite au milieu du XVIIe siècle, cette pagode fut dirigée à la fin de ce siècle par An Thiem, petit prodige vietnamien qui avait embrassé la vie monastique à l'âge de 8 ans. Une décennie plus tard, ses frères se virent enrôler par l'empereur, alors menacé de rébellion. An Thiem prit leur place, obtint ses galons de général, puis, à la fin de la guerre, retourna à la vie religieuse. Pour expier ses crimes de guerre, cependant, il s'engagea à nettoyer le marché de Hoi An pendant 20 ans. Une fois sa période de pénitence terminée, il fut nommé à la tête de la pagode.

Parcourez 500 m après la pagode Chuc Thanh. Avant de parvenir à la pagode, vous passerez devant un obélisque érigé sur les tombes de 13 résistants chinois décapités par les Japonais au cours de la Seconde Guerre mondiale.

Musée des Céramiques de commerce
MUSÉE

(80 Đ Tran Phu ; entrée avec le billet pour la vieille ville de Hoi An ; ⊙7h-17h30). Installé dans une maison en bois sombre restaurée dans sa simplicité, ce musée expose des céramiques en provenance de toute l'Asie et d'autres pays du monde (Égypte notamment), preuve de l'importance des relations commerciales de Hoi An avec l'étranger. Cependant, il faut être spécialiste pour apprécier cette collection à sa juste valeur. La petite exposition sur la restauration des vieilles maisons de Hoi An est très instructive en matière d'architecture ancienne.

GRATUIT Maison commune des cinq congrégations
ÉDIFICE HISTORIQUE

(Chua Ba ; 64 Tran Phu ; entrée libre ; ⊙8h-17h). Fondée en 1773, cette maison commune accueillait les cinq congrégations chinoises de Hoi An : Fujian, Canton, Hainan, Chaozhou et Hakka. À droite de l'entrée, on remarque les portraits de résistants chinois, morts pendant la Seconde Guerre mondiale et héros au Vietnam. Le temple principal, bien restauré, est un ravissement des sens, avec ses spirales d'encens qui s'élèvent, ses divinités aux airs démoniaques, ses dragons et sa laque rouge omniprésente. Il est dédié à Thien Hau.

Maison commune de la congrégation chinoise de Chaozhou
ÉDIFICE HISTORIQUE

(Trieu Chau Hoi Quan ; face au 157 Đ Nguyen Duy Hieu ; entrée avec le billet pour la vieille ville de Hoi An ; ⊙8h-17h). L'attrait de cette maison commune, datant de 1752, réside dans la splendeur de ses sculptures sur bois. Les motifs très élaborés sur les poutres, les murs et l'autel sont éblouissants et l'on peut passer des heures à essayer de comprendre les histoires qu'ils représentent. Si vous êtes pressé, admirez au moins, sur les portes en face de l'autel, la gravure de deux jeunes Chinoises coiffées à la japonaise.

Pagode Chuc Thanh
PAGODE

(Khu Vuc 7, Tan An ; ⊙8h-18h). Érigée en 1454 par un bonze originaire de Chine, la pagode Chuc Thanh est la plus ancienne de Hoi An. On peut y admirer des objets rituels utilisés depuis des siècles : plusieurs cloches, un gong de pierre vieux de 200 ans et un gong de bois en forme de carpe, qui serait encore plus ancien.

Prenez Đ Nguyen Truong To jusqu'au bout, puis tournez à gauche ; suivez le chemin sablonneux sur 500 m.

Atelier d'artisanat
ARTISANAT

(9 Đ Nguyen Thai Hoc ; billet pour la vieille ville de Hoi An). Installé dans la maison de commerce d'un marchand chinois, vieille de deux siècles, l'atelier accueille, dans la partie arrière, des artisans en train de broder. Des spectacles avec chanteurs, danseurs et musiciens traditionnels, typiquement destinés aux touristes, ont lieu deux fois par jour (10h15 et 15h15) dans la salle.

Maison Tran Duong
MAISON ANCIENNE

(25 Đ Phan Boi Chau ; 20 000 d ; ⊙9h-18h). Entre le 22 et le 73 Đ Phan Boi Chau, vous pourrez admirer un ensemble de bâtiments à colonnades de style français, parmi lesquelles cette demeure, qui remonte au XIXe siècle. C'est un véritable musée de meubles antiques français et chinois, où l'on admire un buffet bas et un salon ornés d'incrustations de nacre qui contrastent avec la grande

table en bois (en fait le lit familial) dans la pièce de devant.

Musée d'Histoire et de la Culture   MUSÉE
(7 Đ Nguyen Hue ; entrée avec le billet pour la vieille ville de Hoi An ; ⊙7h-17h30). Aménagé dans la pagode Quan Am, ce musée abrite une petite collection d'objets de l'époque pré-cham et cham. Le commerce portuaire est aussi représenté avec de nombreuses céramiques.

Maison Quan Thang House   MAISON ANCIENNE
(77 Tran Phu ; billet pour la vieille ville de Hoi An ; ⊙7h-17h). Construite il y a 300 ans par un capitaine chinois, cette maison appartient à la même famille depuis six générations. Son architecture comporte des éléments japonais et chinois. Admirez les sculptures de paons et de fleurs particulièrement fines des murs en teck des pièces entourant la cour, tout comme celles des poutres et du dessous du toit en carapace de crabe (dans le salon près de la cour).

Maison commune de la congrégation chinoise de Canton   ÉDIFICE HISTORIQUE
(Quang Trieu Hoi Quan ; 176 Đ Tran Phu ; entrée avec le billet pour la vieille ville de Hoi An ; ⊙8h-17h). Érigée en 1786, cette maison commune possède une belle porte d'entrée élancée qui s'ouvre sur une statue en mosaïque représentant un dragon et une carpe. L'autel principal est dédié à Quan Cong. Dans le jardin à l'arrière se dresse une statue de dragon encore plus belle.

GRATUIT Maison commune de la congrégation chinoise de Hainan   ÉDIFICE HISTORIQUE
(Hai Nam Hoi Quan ; 10 Đ Tran Phu ; ⊙8h-17h). Datant de 1851, cette maison commune est dédiée à la mémoire des 108 marchands de Hainan accusés à tort de piraterie et exécutés dans la province de Quang Nam cette même année. Sur les estrades, richement ornées, se trouvent des plaques commémoratives. Devant l'autel central, vous pourrez admirer une sculpture de bois finement dorée, représentant une scène de la cour chinoise.

Maison Phung Hung   MAISON ANCIENNE
(4 Đ Nguyen Thi Minh Khai ; entrée avec le billet pour la vieille ville de Hoi An ; ⊙8h-19h). À quelques pas du pont couvert japonais, cette demeure possède une vaste entrée, très accueillante, décorée d'exquises lanternes, de rouleaux peints et de broderies. L'autel suspendu est d'une rare beauté.

GRATUIT Maison Diep Dong Nguyen   MAISON ANCIENNE
(58 Đ Nguyen Thai Hoc ; ⊙8h-12h et 14h-16h30). Cette vieille maison était au XIXe siècle celle d'un marchand chinois, ancêtre des actuels propriétaires. La première pièce était utilisée comme cabinet de médecine chinoise *(thuoc bac)* : les plantes médicinales étaient conservées dans les vitrines qui tapissent les murs.

Musée de la Culture populaire   MUSÉE
(33 Đ Nguyen Thai Hoc62 Đ Bach Dang ; entrée avec le billet pour la vieille ville de Hoi An ; ⊙7h-17h30). Un comptoir chinois vieux de 150 ans accueille ce musée, dont les présentations illustrent les coutumes et la culture locales.

Pagode Phac Hat   PAGODE
(673 Đ Hai Ba Trung). Elle est dotée d'une façade recouverte de céramiques et de peintures colorées, et surmontée d'un toit orné de dragons qui ressemblent à des serpents. Au centre, l'immense cour est remplie de centaines de plantes en pot et de bonsaïs.

Musée de la Culture Sa Huynh et musée de la Révolution   MUSÉES
(149 Đ Tran Phu ; entrée avec le billet pour la vieille ville de Hoi An ; ⊙7h-17h30). Ce bâtiment abrite deux musées assez mal assortis (le musée de la Révolution, à l'étage, était cependant fermé lors de notre passage). Au rez-de-chaussée, on trouvera des bijoux en pierre, en bronze, en or, en verre et en agate, toutes sortes de fragments de céramiques et des jarres funéraires du début de la culture de Dông Son (Sa Huynh).

Puits Ba Le   POINT DE REPÈRE
Ce puits de forme carrée remonterait au temps des Chams. C'est aussi, selon la tradition, exclusivement l'eau de ce puits qui doit servir à la préparation des authentiques *cao lau*, une spécialité de Hoi An. Vous verrez sans doute des personnes âgées qui font leur pèlerinage quotidien pour venir remplir ici leurs seaux en métal. Pour y accéder, prenez l'allée en face du 35 Đ Phan Chu Trinh et tournez dans la deuxième ruelle sur la droite.

🏃 Activités
Plongée
Deux écoles réputées gérées par des moniteurs britanniques organisent des plongées dans le parc marin de Cu Lao Cham. Elles pratiquent les mêmes tarifs : un baptême Padi coûte 65 $US, 2 explorations 75 $US, tandis que l'Open Water est facturé 370 $US.

L'endroit est intéressant, avec une vie sous-marine très riche, et l'excursion aux îles Cham vous fera passer une très belle journée. Le snorkeling coûte quant à lui de 30 à 40 $US, selon la sortie (matériel compris). Avec ou sans bouteille, la plongée n'est généralement possible qu'entre février et septembre. Les meilleures conditions de visibilité se trouvent pendant les mois d'été (de juin à août).

Cham Island Diving Center — PLONGÉE
(391 0782 ; www.chamislanddiving.com ; 88 Ð Nguyen Thai Hoc). L'école a été créée en 2002, et possède un grand bateau et un hors-bord pour les transferts rapides.

Blue Coral Diving — PLONGÉE
(627 9297 ; www.divehoian.com ; 77 Ð Nguyen Thai Hoc). Ce nouvel organisme professionnel est équipé d'un bateau de 18 m et d'un hors-bord. Personnel très expérimenté.

Massages et spa
Hoi An compte pléthore de salons de beauté et de massage. La plupart sont très moyens, gérés par des Vietnamiens inexpérimentés et peu formés. Un massage de base y coûte environ 12 $US de l'heure. On trouvera tout un quartier d'échoppes de ce genre sur Ð Ba Trieu. À l'autre extrémité de la gamme, des organismes sérieux, généralement installés dans les hôtels, vous feront passer un très agréable moment ; les prix sont à la hauteur de la prestation.

♥ Palmarosa — SPA
(393 3999 ; www.palmarosaspa.vn ; 90 Ð Ba Trieu ; 1 heure de massage à partir de 19 $US). Un spa agréable et très pro, où est proposé tout un choix de soins (gommage de 40 min à 16 $US), notamment du visage, des mains et des pieds (manucure à partir de 5 $US). Excellents massages (asiatique, thaï, suédois, massage de la tête à l'indienne).

Duyen Que — SPA
(350 1584 ; 512 Ð Cua Dai ; 1h de massage à partir de 15 $US). Donnant sur la route qui mène à la plage, à 2 km à l'est du centre-ville, cet institut de beauté est tenu par l'ancien gérant du Victoria Hotel spa. Personnel bien formé et compétent. Essayez le rituel de beauté des pieds (15 $US) ou l'enveloppement botanique (17 $US).

Life Spa — SPA
(391 4555, ext 525 ; www.life-resorts.com ; Life Heritage Resort, 1 Ð Pham Hong Thai ; 1h de massage

---

INTERVIEW

MARK WYNDHAM, UN AUSTRALIEN À HOI AN

Australien natif des montagnes du Queensland, Mark a d'abord organisé des circuits pour l'agence de voyages Intrepid Travel avant de s'installer à Hoi An où il dirige l'agence Hoi An Motorbike Adventures (p. 217).

Qu'est-ce qui vous a par-dessus tout attiré à Hoi An ? Le beau temps, la gastronomie, les plages, la proximité des montagnes et l'ambiance cosmopolite. Je suis venu à Hoi An par choix de vie, pour échapper aux mégalopoles asiatiques.

Qu'est-ce qui fait la singularité de cette ville ? L'atmosphère comme suspendue dans le temps créée par l'architecture de la vieille ville, le mode de vie décontracté, et la simplicité des habitants. C'est une petite ville où l'on trouve tout ce qu'on apprécie dans les grandes.

Selon vous, quel est le meilleur restaurant de spécialités locales de Hoi An ? Celui de M. Ca, qui sert des fruits de mer frais. Depuis la plage d'An Bang, il faut tourner à gauche, c'est le dernier restaurant vietnamien.

Et pour la gastronomie occidentale ? Je recommande l'Alfresco's (p. 212), ou le Jasper's Beach Club sur la plage d'An Bang.

Quel est votre circuit préféré dans les environs de Hoi An ? Notre parcours découverte des villages des ethnies montagnardes, qui passe par le village de Ba Hon. Il permet de voir des rizières du delta, des villages des minorités ethniques et des paysages incroyables, et donne l'occasion de faire de la descente en rappel et du trekking.

Quel conseil donneriez-vous aux voyageurs ? Résistez à la tentation de passer tout votre temps à faire du shopping. L'arrière-pays est splendide : prenez le temps de l'explorer.

à partir de 58 $US). Ce spa, qui fait partie d'un hôtel de luxe, se révèle propice à la détente. Gamme complète de soins et de massages, notamment soin antioxydant pour le visage (52 $US), gommage au sel de mer (26 $US) et massage aux pierres chaudes (57 $US).

Ba Le Beauty Salon SPA
(0905 226 974 ; www.balewellbeautysalon.com ; 45-11 Đ Tran Hung Dao ; fermé dim). En haut d'un petit sentier derrière Tran Hung Dao, Ba Le est tenu par une personne formée au Royaume-Uni, qui parle couramment anglais. Épilation au fil ou à la cire, soins du visage à un prix très abordable.

Cours

Hoi Han est tout indiqué pour apprendre à cuisiner les exquises spécialités de la région, souvent difficiles à réaliser : une excellente raison de solliciter des mains expertes. Nombre de restaurants proposent des cours de cuisine, de la simple démonstration à des leçons plus élaborées. Le meilleur moment étant celui où l'on s'attable pour déguster le fruit de son travail !

Vous pourrez prendre des cours dans une ambiance informelle au Phone Café (12 $US).

Morning Glory ÉCOLE DE CUISINE
(224 1555 ; www.restaurant-hoian.com ; 106 Đ Nguyen Thai Hoc). Organisé dans le restaurant du même nom. C'est le programme le plus réputé, dirigé par la très reconnue Trinh Diêm Vy (qui est née à Hoi An et qui y tient aujourd'hui plusieurs restaurants), ou par son disciple, Lu. La journée commence par une visite du marché. Le cours porte ensuite sur les recettes régionales : *cao lau* (nouilles plates aux croûtons, à la feuille de riz croquante, aux germes de soja et aux herbes, accompagnées de tranches de porc), *banh khoai* et "rose blanche" (quenelles de crevettes cuites à la vapeur et trempées dans de la sauce), et un ou deux plats du Nord ou du Sud. Vous apprendrez à cuisiner dans un environnement très étudié, en ayant votre propre brûleur à gaz, vos ingrédients et votre matériel. Sachez toutefois que les cours peuvent accueillir jusqu'à 30 personnes.

Red Bridge ÉCOLE DE CUISINE
(393 3222 ; www.visithoian.com/redbridge/ ; inscription au Hai Scout Café). L'aventure débute par une descente en bateau sur la rivière pour rejoindre ce havre de tranquillité à 4 km de Hoi An. Les cours, avec passage au marché, se déroulent sur une demi-journée (23 $US) ou une journée (39 $US). En suivant les premiers, vous apprendrez à préparer des spécialités locales, ainsi qu'à fabriquer des feuilles de riz et à réaliser des sculptures végétales pour la décoration. Le programme des cours d'une journée est plus ambitieux (avec 8 élèves au maximum) : vous apprendrez à faire du *cha ca* (poisson à l'aneth cuit dans un plat en terre) et visiterez les jardins d'herbes aromatiques. Pour une simple mise en bouche, prenez un cours du soir (16 $US). Et pour ne rien gâcher, l'école est pourvue d'une piscine de 20 m ! Réservations à faire au Hai Cafe.

Conkhi PRÉPARATION DE COCKTAILS
(Dive Bar, 88 Đ Nguyen Thai Hoc ; atelier 20-30 $US). Un moyen amusant d'apprendre l'art de concocter des cocktails. Les ateliers (pour cocktails avec ou sans alcool) comprennent une visite du marché, une dégustation de boissons et d'en-cas et un livre de recettes.

Festivals

Il est particulièrement plaisant de séjourner à Hoi An le 14ᵉ jour de chaque mois lunaire : la ville célèbre alors la **fête de la Pleine Lune** (17h-23h). Les véhicules à moteur sont bannis de la vieille ville, les marchés de rue qui vendent des objets d'artisanat et des souvenirs et de la nourriture fonctionnent à plein et toutes les lanternes sont sorties ! Des concerts et spectacles de musique traditionnelle ont également lieu.

Où se loger

Hoi An est une ville où l'on peut se loger avec n'importe quel budget. Les meilleurs endroits sont vite complets : réservez bien à l'avance, et confirmez quelques jours avant d'arriver, de manière à ne pas voir votre réservation mystérieusement réattribuée, en particulier pendant la haute saison.

Les hôteliers locaux sont en phase avec les souhaits des voyageurs. Même les hébergements petits budgets peuvent compter une piscine, et le Wi-Fi est presque partout en accès libre dans les chambres.

À l'exception d'un ou deux hôtels dans la vieille ville, la plupart des hébergements accessibles sont concentrés au nord-ouest, autour de Đ Hai Ba Trung et de Đ Ba Trieu, ou à l'est le long de Đ Cua Dai. On trouvera aussi quelques très bons établissements récents sur la péninsule d'An Hoi.

De nombreux hôtels de luxe se situent à quelques kilomètres de la ville, sur la plage, mais ils proposent tous un transfert en navette. Lors de notre passage, il n'y avait pas d'auberge de jeunesse à Hoi An, et il est fort possible qu'il n'y en ait pas à l'avenir, les autorités locales étant enclines à favoriser le tourisme haut de gamme.

Ha An Hotel — HÔTEL DE CARACTÈRE $$
(386 3126 ; www.haanhotel.com ; 6-8 Đ Phan Boi Chau ; ch 58-115 $US ; ✳@🌐). Un hôtel du quartier français, organisé autour d'un luxuriant jardin planté de palmiers et de bambous, aux airs de demeure coloniale. Les chambres ont chacune leur propre décoration. Le personnel, aimable et bien formé, rend le séjour très agréable. Petit café. À 10 min de marche du cœur de la vieille ville.

Long Life Riverside — HÔTEL $$
(391 1696 ; www.longlifehotels.com ; 61 Nguyen Phuc Chu ; ch 45-90 $US ; ✳@🌐). Un hôtel récent qui en impose, fort d'un emplacement exceptionnel, juste à côté du pont qui relie la vieille ville à la tranquille péninsule d'An Hoi. Chambres extrêmement vastes et très bien finies, pourvues d'un mobilier moderne de très bon goût, d'un ordinateur et de sdb dernier cri avec des baignoires qui sont presque des jacuzzis. Petit-déjeuner servi dans la salle à manger qui donne sur le fleuve. Seul bémol, la piscine est confinée dans un espace exigu ; mieux vaut enfourcher un des vélos mis à la disposition des clients et gagner jusqu'à la plage.

Thien Nga Hotel — HÔTEL $$
(391 6330 ; thienngahotel@gmail.com ; 52 Đ Ba Trieu ; ch 30-35 $US ; ✳@🌐). Cet hôtel d'un excellent rapport qualité/prix loue des chambres ravissantes, claires, spacieuses et aérées. Elles ont toutes un balcon et un look très moderne (à l'exception des sdb). Demandez une chambre à l'arrière du bâtiment pour avoir vue sur le jardin. Personnel souriant et accommodant. Magazines à feuilleter à la réception (très chic), restaurant et piscine couverte.

Hoang Trinh Hotel — HÔTEL $
(391 6579 ; www.hoianhoangtrinhhotel.com ; 45 Đ Le Quy Don ; ch 20-28 $US ; ✳@). Ne vous laissez pas rebuter par la façade d'un vert criard : cet hôtel est bien géré, par un personnel sympathique et obligeant. Chambres un peu encombrées mais spacieuses et propres, avec hauts plafonds, TV sat et lit double (ou lits jumeaux). Petit-déjeuner compris, avec vaste choix de mets, y compris smoothies, crêpes et omelettes

Hoa Binh Hotel — HÔTEL $
(391 6838 ; www.hoianbinhhotel.com ; 696 Đ Hai Ba Trung ; ch 12-18 $US ; ✳@🌐). Avec ses chambres simples, modernes et confortables, équipées du Wi-Fi, d'un minibar, de TV sat et de clim, cet hôtel frise la catégorie "chic pour petits budgets". Seul ennui, le personnel fait changer les prix selon les jours, en fonction de la demande, et la piscine couverte ne laisse que peu d'espace en hauteur.

Life Heritage Resort — HÔTEL $$$
(391 4555 ; www.life-resorts.com ; 1 Đ Pham Hong Thai ; ch 141 $US, ste à partir de 216 $US ; ✳@🌐). Ce grand hôtel de style colonial loue des chambres très au goût du jour, avec leur mobilier et leur équipement contemporain, et leur belle sdb. Les espaces extérieurs, très vastes, sont immaculés. Bar chic, bon restaurant, café, spa et très belle piscine en bord de fleuve. Vélos à disposition des clients.

Windbell Homestay — CHAMBRES CHEZ L'HABITANT $$
(393 0888 ; www.windbellhomestay.com.vn ; Chau Trung, Cam Nam Island ; ch 55 $US, villas 80-110 $US ; ✳@🌐). Cet endroit luxueux est une version haut de gamme de la chambre chez l'habitant. Toutes les chambres et villas, jolies et spacieuses, ont soit une piscine soit vue sur le jardin, et sont dotées d'un bureau et d'une immense TV sat à écran plat. La famille hôte est adorable, et le quartier de Cam Nam, à 10 min à pied de la vieille ville, vraiment tranquille. Pour venir, franchissez le pont vers l'île de Cam Nam, continuez vers le sud pendant 300 m et tournez à gauche : Windbell est sur votre gauche.

Vinh Huy — HÔTEL $
(391 6559 ; www.vinhhuyhotel.com ; 203 Đ Ly Thuong Kiet ; ch 10-12 $US ; ✳@🌐). Un hôtel très bon marché. Chambres propres et bien aménagées, avec minibar, ventil et TV sat, ainsi que grandes sdb avec baignoire pour certaines. Personnel sympathique et habitué à accueillir des Occidentaux. Petit bémol, la piscine, minuscule, et la situation, à un quart d'heure à pied au nord de la vieille

AIDER LES HANDICAPÉS

Pour les 9 millions d'enfants vietnamiens handicapés, la chance de pouvoir aller à l'école ou d'apprendre un métier qui assurera leur indépendance financière une fois adulte est presque inexistante. La plupart des écoles ne sont pas équipées pour recevoir de tels élèves, et les employeurs ne voient pas en eux une main-d'œuvre valable. Nombre de handicapés sont confinés à la maison et dépendent entièrement de leurs parents, ou du soutien du gouvernement. Leur avenir est sombre, mais des Vietnamiens et des expatriés s'efforcent de changer les choses en créant des entreprises qui forment, emploient et donnent du pouvoir aux handicapés.

À Hoi An, depuis 2001, M. Binh Nguyên Le tient la boutique de commerce équitable Reaching Out (p. 213). Condamné au fauteuil roulant à 16 ans, à la suite d'un mauvais traitement médical, il ne comprend que trop bien les frustrations qu'endurent ses pareils. À Reaching Out, il emploie des personnes handicapées qui reçoivent d'abord une formation pour acquérir compétence et dextérité afin de travailler dans l'artisanat. L'atelier où elles officient, situé derrière la boutique, est confortable et ouvert aux visiteurs.

En plus de former les handicapés, M. Binh gère son affaire selon les règles du commerce équitable. Il s'occupe aussi de trouver des contrats pour les handicapés dans tout le Vietnam, ce qui leur assure un meilleur salaire que par d'autres intermédiaires. Les bénéfices de son affaire servent à élargir ses activités afin de former et d'employer encore plus de handicapés.

Une autre organisation, britannique, la Kianh Foundation (www.kianh.org.uk), vient en aide aux enfants handicapés de Hoi An. Depuis 2001, elle leur donne accès à des programmes d'éducation, de physiothérapie et de thérapie du langage. Elle travaille aujourd'hui dans le district pauvre de Dien Ban, à 15 min de Hoi An, qui a subi de lourds bombardements pendant la guerre du Vietnam, et dont la proportion de handicapés est la plus élevée de la province. Plus de 900 enfants handicapés n'ont pas accès à l'éducation et aux soins. La fondation construit un hôpital de jour pour aider une partie de ces enfants. Si les voyageurs souhaitent apporter leur soutien, ils peuvent faire des dons, ou travailler comme bénévoles s'ils ont une qualification spécifique.

À Dong Ha, le Tam's Cafe (www.tamscafe.co.nr ; 81 Ð Tran Hung Dao) est une organisation à but non lucratif soutenue par la Global Community Service Foundation. Il emploie et accompagne les sourds. Les jeunes malentendants se voient proposer l'hospitalité, ainsi qu'une formation au langage des signes pour les aider à trouver un emploi.

Le Tam's Cafe est lié au salon de thé-restaurant Bread of Life (www.breadoflifedanang.com ; 4 Ð Dong Da) de Danang. Tenu par Kathleen et Bob Huff, un couple américain, cet établissement finance des centres d'apprentissage de la langue des signes et de formation pour les personnes sourdes. L'objectif est le même que celui du Tam's Cafe : donner aux sourds un savoir-faire qui leur permettra d'être employés et d'acquérir une autonomie financière. Chez les Huff, ils apprennent à faire du pain et à cuisiner toutes sortes de plats, des pâtisseries locales aux pizzas et aux hamburgers. Tous les profits de leur commerce vont au soutien de la formation à la langue des signes (celle-ci n'étant pas enseignée dans les écoles publiques).

---

ville : depuis Ð Nguyen Truong To, tournez à gauche, vous arrivez sur Ð Ly Thuong Kiet.

Vinh Hung 1 Hotel HÔTEL HISTORIQUE $$$
(☎386 1621 ; www.vinhhunghotels.com.vn ; 143 Ð Tran Phu ; ch 80-100 $US ; ※❄@⚡). Tout est là pour un séjour d'exception dans cette maison bicentenaire au cœur de la vieille ville. L'édifice est chargé d'histoire : on entend presque l'écho des anciens habitants du lieu négociant le prix des épices avec des marchands venus du Japon et de Mandchourie. Les chambres à l'arrière sont un peu sombres. Si vous le pouvez, réservez la chambre 208 (elle a servi de décor au remake d'*Un Américain bien tranquille*, avec Michael Caine), qui a un très beau balcon en bois donnant sur la rue.

Vinh Hung Resort COMPLEXE HÔTELIER $$$
(☎391 0393 ; www.vinhhungresort.com ; 111 Ngo Quyen, péninsule d'An Hoi ; ch 70-100 $US, ste 125 $US ; ❄@⚡☀). Cet établissement au bord de l'estuaire du Thu Bon est un havre de paix, avec ses jardins à l'ombre des cocotiers. Les clients ont à leur disposition le spa,

la salle de sports et la piscine de 30 m. Le petit-déj vaut le coup. Toutes les chambres sont grandes, mais les plus belles donnent sur l'eau. À 5 min à pied de la vieille ville : pour venir, il faut traverser le pont, prendre la troisième à droite et suivre les panneaux.

Thien Thanh Hotel HÔTEL $$
(Blue Sky Hotel ; 391 6545 ; www.hoianthien-thanhhotel.com ; 16 Đ Ba Trieu ; ch 40-60 $US ; ❋@🛜🏊). Chambres spacieuses, engageantes et bien équipées, avec décoration vietnamienne, lecteur DVD et baignoire. Piscine de 8 m semi-couverte et petit spa. Petit-déj servi sur une terrasse paradisiaque.

Vinh Hung 3 Hotel HÔTEL $$
(391 6277 ; www.hoianvinhhung3hotel.com ; 96 Đ Ba Trieu ; ch 35-40 $US ; ❋@🛜). Distribué sur 4 niveaux, ce mini-hôtel récemment modernisé compte de jolies chambres aménagées avec soin et pourvues d'un grand lit, d'un mobilier en bois, d'un bureau et de TV sat, ainsi que de balcons pour certaines. Les sdb sont impeccables. Petit-déjeuner compris.

Long Life Hotel HÔTEL $$
(391 6696 ; www.longlifehotels.com ; 30 Đ Ba Trieu ; ch 45-55 $US ; ❋@🛜🏊). L'atout maître de cet hôtel moyen de gamme tient à son exquis jardin et à sa piscine. Le petit bar-restaurant en chaume, auquel on accède par un pont en bambou, vient couronner le tout. Chambres de qualité, avec baignoire fantaisiste. Les plus chères valent largement le supplément, car elles sont plus claires, plus aérées, et dotées d'un balcon.

Orchid Garden Hotel HÔTEL $$
(386 3720 ; www.hoianorchidgarden.com ; 382 Đ Cua Dai ; ch 39-60 $US ; ❋@🛜🏊). À mi-chemin entre la ville et la plage, ce charmant petit hôtel bien entretenu loue des chambres spacieuses, avec sol en parquet et en marbre. Les maisons, avec cuisine, sont idéales pour qui souhaite préparer ses repas. Petit-déjeuner compris, vélos mis à disposition des clients.

Phuong Dong Hotel HÔTEL $
(391 6477 ; www.hoianphuongdonghotel.com ; 42 Đ Ba Trieu ; s/d/tr 10/12/15 $US ; ❋@🛜). Chambres simples mais de qualité, avec matelas confortable, lampes de chevet, ventil, clim et Wi-Fi. Certaines ont également une sdb avec baignoire.

Nhi Trung Hotel HÔTEL $
(386 3436 ; 700 Đ Hai Ba Trung ; ch 16-25 $US ; ❋@🛜). Un hôtel plaisant et bien géré. Chambres spacieuses et claires, avec balcon pour les plus onéreuses, les moins chères étant au rez-de-chaussée. Personnel bien informé. Ordinateurs à la disposition des clients à la réception et petit-déjeuner compris. À 1,5 km au nord de la vieille ville.

An Hoi Hotel HÔTEL $$
(391 1888 ; www.anhoihotel.com.vn ; 69 Đ Nguyen Phuc Chu ; ch 20-35 $US ; ❋@🛜🏊). Excellente situation, dans un quartier paisible mais à deux pas de la vieille ville. Chambres de taille correcte, propres et modernes (certaines, au rez-de-chaussée, manquent de lumière). Assurez-vous du montant exact de la facture en arrivant, car le prix varie beaucoup.

Thanh Van Hotel HÔTEL $
(391 6916 ; www.thanhvanhotel.com ; 78 Đ Tran Hung Dao ; ch 15-20 $US ; ❋@🏊). L'une des meilleures adresses en ville. Chambres confortables et bien situées dans le quartier le plus vivant de la vieille ville. Petit-déjeuner compris (servi au bord de la piscine). Le personnel est toujours prêt à dispenser conseils et renseignements.

🍴 Où se restaurer

Dîner à Hoi An a tout d'un moment de grâce. La cuisine du Centre est sans conteste la plus savoureuse et la plus élaborée du pays, associant un usage judicieux des herbes fraîches à des influences étrangères liées à des siècles de relations avec la Chine, le Japon et l'Europe.

Ne manquez pas les spécialités locales, telles les délicates et subtiles "roses blanches" *(banh bao)*, le *cao lau*, les *hoanh thanh* (raviolis chinois) et les *banh xeo* (savoureuses crêpes croustillantes aux herbes, enveloppées d'une feuille de riz). La plupart des restaurants les servent, mais leur qualité varie considérablement.

Le charme de Hoi An tient à sa diversité : il est possible de faire un fabuleux repas pour trois fois rien au marché central et dans les petites échoppes, ou de savourer un dîner gastronomique dans un restaurant huppé. La ville est un vivier de chefs talentueux, vietnamiens ou étrangers, qui font la saveur du nouveau Vietnam à des prix très accessibles.

Ville cosmopolite, Hoi An laisse la possibilité de manger occidental : épiceries et boulangeries françaises, bars à tapas, restaurants italiens, japonais et indiens, cuisine méditerranéenne.

♥ Morning Glory Street Food Restaurant   VIETNAMIEN $$

(☎224 1555 ; www.restaurant-hoian.com ; 106 Đ Nguyen Thai Hoc ; plats 42 000-120 000 d ; 🛜🍴). Un autre restaurant d'excellence spécialisé dans la cuisine de rue et les plats traditionnels vietnamiens (essentiellement du centre du Vietnam, mais aussi du nord et du sud). On pourrait manger ici tous les jours pendant un mois sans se lasser ni tomber sur un plat décevant. Nos coups de cœur : la mousse de crevettes sur tiges de canne à sucre, et le porc caramélisé au bambou jeune. Très bonne carte végétarienne, avec de délicieuses salades et des plats comme l'aubergine fumée dans un pot de terre. Les locaux, anciens, sont immenses, et il y a une cuisine ouverte au rez-de-chaussée.

♥ Cargo Club   INTERNATIONAL ET VIETNAMIEN $$

(☎391 0489 ; www.restaurant-hoian.com ; 107 Đ Nguyen Thai Hoc ; plats 35 000-105 000 d ; 🛜). Excellents petit-déjeuners à l'occidentale, pâtisseries et viennoiseries à tomber par terre – notamment le cake aux truffes au chocolat, saturé en chocolat. Le Cargo Club sert également de bons dîners vietnamiens ou occidentaux : bar grillé, exquise souris d'agneau. Superbe vue sur le fleuve depuis la terrasse supérieure.

♥ Casa Verde   EUROPÉEN $$$

(☎391 1594 ; www.casaverde-hoian.com ; 99 Đ Bach Dang ; plats 85 000-190 000 d ; ⊕12h-22h). Le chef autrichien met un point d'honneur à associer les ingrédients les plus fins (chocolat belge, bœuf australien) aux produits frais du marché. Les locaux en bord de fleuve sont modestes, la cuisine ne l'est pas (spécialités méditerranéennes, pizzas à pâte fine et plats authentiquement asiatiques). Les glaces, maison, sont les meilleures de la ville.

♥ Shree Ganesh Indian Restaurant   INDIEN $$

(☎386 4538 ; www.ganeshindianrestaurant.com ; 24 Đ Tran Hung Dao ; repas 60 000-120 000 d ; ⊕12h-22h30). Certains restaurants indiens peuvent se révéler décevants au Vietnam. Nul risque avec celui-ci. Les *thalis* sont fabuleux, les *nans* cuits au *tandoor* et les curries ne sont pas en reste. Qui plus est, les assiettes sont généreuses et les prix raisonnables.

Mango Mango   FUSION $$$

(☎391 0839 ; www.mangorooms.com ; 111 Đ Nguyen Thai Hoc ; repas 30 ; 🛜). Le troisième restaurant de Hoi An – et le plus beau – du célèbre chef Duc Tran. Superbement situé près du pont menant à la péninsule d'An Hoi, le Mango Mango donne à voir le sublime paysage de la vieille ville dans un décor opulent qui use et abuse des couleurs. La cuisine vietnamienne est revisitée grâce à des associations inattendues, qui déroutent parfois, tel le thon frais dans une sauce à la mangue et à l'avocat. Les deux autres restaurants Mango ont presque la même carte.

Mermaid Restaurant   VIETNAMIEN $

(☎386 1527 ; www.restaurant-hoian.com ; 2 Đ Tran Phu ; plats 35 000-90 000 d pour la plupart). Cet établissement ouvert en 1994 ne paie pas de mine mais se distingue par ses spécialités régionales et ses recettes familiale. Vy, le propriétaire, avait à l'origine choisi l'endroit pour sa proximité avec le marché. On sent, du reste, la fraîcheur des produits à l'intensité des saveurs. Essayez le maquereau dans une feuille de bananier ou la salade de papaye. Réserver.

Bale Well   VIETNAMIEN $

(45-51 Đ Tran Cao Van ; repas 40 000-75 000 d ; ⊕11h30-22h). Au bout d'une petite allée près du fameux puits Ba Le, ce restaurant est réputé pour un plat, le porc grillé, servi comme un saté, auquel on ajoute ensuite des herbes fraîches et séchées pour faire son propre nem. Cet endroit n'est pas particulièrement touristique, et il y a de l'ambiance le soir.

White Sail   FRUITS DE MER $$

(47/6 Trang Hung Dao ; plats 45 000-140 000 d ; ⊕11h45-22h). Si vous voulez manger avec des Vietnamiens, venez dans ce restaurant de fruits de mer sans prétention, installé dans une cour privée, et où personne ne se soucie du décor (d'ailleurs, il n'y en a pas). Ce qui importe ici, c'est la fraîcheur des fruits de mer. Les gérants ne parlent pas anglais ; prenez votre guide de conversation pour vous repérer dans la carte, composée de plats vapeur, de poisson croustillant au curcuma, de spécialités au crabe et aux crevettes géantes.

Hai Cafe   INTERNATIONAL $$

(www.visithoian.com ; 98 Đ Nguyen Thai Hoc ; plats 60 000-105 000 d ; 🛜). Ce restaurant, qui tire le meilleur parti d'une splendide maison de commerce de la vieille ville, a une sorte d'aura naturelle, avec sa terrasse surélevée qui permet de regarder la rue, son jardin intérieur et sa salle à manger engageante. Bons sandwichs, petits-déjeuners à l'occidentale, spécialités vietnamiennes et européennes, plats végétariens. Le barbecue a du succès. Vaste choix de vins au verre ou à la bouteille.

Dingo Deli   OCCIDENTAL $$
(www.dingodeli.com ; 229 Đ Cua Dai ; en-cas et repas 50 000-105 000 d ; ✽🛜). Entre la ville et le bord de mer, sur la route côtière, le Dingo Deli sert d'excellents sandwichs, salades, petits-déjeuners, plats de pâtes et autres spécialités occidentales, ainsi que toutes les variétés de café que vous pourriez souhaiter. À l'intérieur, espace douillet avec clim, divans de cuir et ordinateurs connectés au réseau en libre accès. Jeux d'extérieur pour enfants dans le jardin.

Gourmet Garden   INTERNATIONAL $$
(55 Đ Le Loi ; tapas 40 000-60 000 d, plats 80 000-110 000 d ; 🛜). Entre les murs d'une belle maison de ville restaurée, avec un patio à l'arrière, ce restaurant propose une carte éclectique de spécialités d'Asie et d'Occident. Nombreux tapas. Goûtez les crêpes au potiron, au parmesan et à la sauge, ou les calamars au piment doux.

Miss Ly Cafeteria 22   VIETNAMIEN $$
(☎386 1603 ; 22 Đ Nguyen Hue ; plats 28 000-110 000 d). Un endroit très citadin, tenu par une équipe vietnamienne et américaine. Musique zen et vieux imprimés aux murs. À la carte, un savoureux *cao lau* et d'autres classiques vietnamiens. Assiettes très joliment présentées, excellent service et bonne sélection de vins.

Bobo Café   VIETNAMIEN $
(18 Đ Le Loi ; plats 16 000-55 000 d). Restaurant familial simple et fiable. Tables dans la cour.

Phone Café   VIETNAMIEN $
(80b Đ Bach Dang ; plats 22 000-62 000 d). Ce restaurant ne paie pas de mine, mais sert les classiques et quelques spécialités cuites en pot de terre.

Alfresco's   INTERNATIONAL $$
(www.alfrescosgroup.com ; 83 Đ Tran Hung Dao ; plats 60 000-130 000 d). Certes, il s'agit d'un établissement de chaîne. Mais les plats de pâtes, pizzas, steaks, côtes de bœuf et autres spécialités occidentales sont à la hauteur.

Où prendre un verre

Hoi An n'est pas le meilleur endroit pour faire la fête, les autorités locales contrôlant assez sévèrement les manifestations de fin de soirée. Il y a toutefois maints endroits où trouver de l'action, des bars à vins chics aux tavernes grunge. Les possibilités restent limitées dans la vieille ville, mais des bars sans cesse plus animés ouvrent au-delà du fleuve, sur la péninsule d'An Hoi. Les *happy hours* représentent un rabais considérable.

La plupart des bars ferment vers 1h à Hoi An. Le Why Not? reste ouvert jusqu'aux petites heures. Si vous voulez vraiment un endroit qui bouge, prenez l'un des minibus gratuits qui vont de Before & Now au club Zero SeaMile, sur la plage de Cua Dai.

La nuit, il est déconseillé de suivre les chauffeurs de *xe om* qui proposent de vous emmener dans des lieux à l'écart. Nous avons eu écho de tarifs exorbitants exigés pour le trajet de retour.

Dive Bar   BAR
(88 Đ Nguyen Thai Hoc ; 🛜). L'équipe britannique, très branchée, qui tient ce bar en a fait un lieu très vivant. Service fort accueillant, musique électro et atmosphère de fête. On apprécie le magnifique jardin des cocktails et le comptoir à l'arrière. On peut aussi apprendre à faire des cocktails. Abrite le centre de plongée Cham Island Diving Center.

Why Not?   BAR
(10B Đ Pham Hong Thai ; @). Le gérant de ce haut lieu de la vie nocturne connaît bien son affaire. Billard, terrasse supérieure, ambiance souvent conviviale. Vous pourrez faire vous-même la bande-son : il vous suffit

de choisir votre chanson sur YouTube. À 1 km à l'est du centre-ville.

Q Bar
BAR

(94 Đ Nguyen Thai Hoc ; ☎). Le bar le plus "in" de la ville. Lumières au top, musique électro et d'ambiance, et les meilleurs cocktails de la ville. Le Q Bar attire les foules. Il n'est pas vraiment bon marché, mais très chic. Ouvert aux gays.

White Marble
BAR À VINS

(www.visithoian.com ; 99 Đ Le Loi ; ☎). Magnifique bar à vins et restaurant au coin d'une rue de la vieille ville. Locaux anciens bien restaurés. Bonne sélection de vins, dont 12 au verre, à partir de 4 $US.

Before & Now
BAR

(www.beforennow.com ; 51 Đ Le Loi ; ☎). Le bar de voyageurs par excellence, avec billard et photos d'icônes comme le Che, Marilyn ou Charles Manson. Toujours rempli, malgré une programmation musicale cantonnée à la pop et au rock. Happy hour de 18h à 21h.

River Lounge
BAR

(www.lounge-collection.com ; 35 Đ Nguyen Phuc Chu ; ☎). Ce bar-restaurant au minimalisme chic est installé en bord de fleuve. Il fait bon s'asseoir à la terrasse pour siroter un cocktail, particulièrement pendant la *happy hour* (de 18h à 21h), ou pour déguster un café-croissant. Cuisine médiocre.

Sleepy Gecko
BAR

(To 5 Khoi Xuyen Trung, île Cam Nam). Une adresse décontractée sur l'île de Nam Cam très prisée des expatriés. Bonne cuisine, vue sur Hoi An, bière fraîche. Pour venir, prenez le premier sentier sur la gauche après le pont et suivez la route.

Sun Bar
BAR

(44 Đ Ngo Quyen, péninsule d'An Hoi). Sur la péninsule d'An Hoi, ce bar un peu bohème est le rendez-vous des baroudeurs, avec sa sono à fond (possibilité de choisir sa chanson), sa piste de danse et son *happy hour* de 20h à 23h.

Achats

Hoi An a une longue tradition de commerce. Il n'est pas rare de voir des voyageurs bien décidés à ne rien acheter quitter la ville chargés de sacs (sacs que l'on peut, d'ailleurs, facilement acheter sur place).

La grande tentation reste les vêtements (voir l'encadré p. 214). Hoi An a toujours été réputée pour sa confection, mais aujourd'hui la demande des touristes a fait surgir dans la vieille ville un nombre de boutiques de tailleurs fabuleux pour une si petite province. Pour vous faire une idée des tissus disponibles, jetez un œil au **marché aux tissus** (Đ Tran Phu). Les modèles en vente reprennent souvent des créations occidentales. Il y en a pour tous les goûts : tennis, bottes, talons aiguille, etc. Les prix sont peu élevés, mais la qualité est variable.

Hoi An compte aussi une bonne dizaine de galeries d'art en tout genre, des scènes on ne peut plus traditionnelles vietnamiennes à des toiles contemporaines époustouflantes. Promenez-vous autour du pont couvert japonais, le long de Đ Nguyen Thi Minh Khai, Đ Tran Phu et Đ Nguyen Thai Hoc.

La sculpture sur bois est une autre spécialité régionale. Pour voir les sculpteurs à l'œuvre, traversez le pont Cam Nam jusqu'au village du même nom, ou rejoignez en ferry l'île Cam Kim, où les artisans se rassemblent près de la jetée.

♥ Reaching Out
SOUVENIRS, VÊTEMENTS

(www.reachingoutvietnam.com ; 103 Đ Nguyen Thai Hoc). Cette boutique de commerce équitable est tenue par un couple vietnamien, dont l'un est handicapé. Foulards en soie, vêtements, bijoux et chapeaux vietnamiens peints à la main de qualité, ainsi que de ravissants jouets faits main et des ours en peluche. Les artisans employés sont eux aussi des handicapés, et les profits sont reversés pour soutenir des programmes de formation destinés à leurs pareils (voir l'encadré p. 209).

Lotus Jewellery
ACCESSOIRES

(www.lotusjewellery-hoian.com ; 100 Đ Nguyen Thai Hoc). Si vous souhaitez des bijoux autres que les babioles vendues dans les magasins de souvenirs, vous trouverez votre bonheur ici à un coût raisonnable : articles de fabrication artisanale inspirés de papillons ou de libellules, sampans vietnamiens, chapeaux coniques et symboles chinois.

Mosaique Decoration
ARTISANAT

(www.mosaiquedecoration.com ; 6 Đ Ly Quoc). Cette boutique mérite un arrêt pour ses éclairages stylés et modernes, ses soies, ses vêtements en chanvre et en lin, ses objets en bambou tressé, ses housses de cousin brodées à la main, ses cadeaux, ses objets de décoration.

Avana
PRÊT-À-PORTER

(www.hoiandesign.com ; 57 Đ Le Loi). Boutique au style recherché tenue par un créateur européen. Robes, blouses, chaussures, chapeaux, sacs et autres accessoires.

Tuoi Ngoc ARTISANAT
(103 Đ Tran Phu). Cette maison familiale fabrique des lanternes dans le style chinois depuis des générations et en vend une très belle sélection.

Randy's Book Xchange LIVRES
(www.randysbookxchange.com ; To 5 Khoi Xuyen Trung). Sur l'île Cam Nam, dans la première rue à droite, vous trouverez une librairie

LA FOLIE DU SUR-MESURE

Attention : se faire confectionner des vêtements à Hoi An peut virer à l'obsession. On estime qu'il y a entre 300 et 500 tailleurs en ville ! Les hôtels et les guides de circuits ont tous le leur ; ils vous promettent "un bon prix" avant de vous envoyer chez leur tante, cousine, belle-sœur ou voisine (qui leur reverse une bonne commission).

Difficile en tout cas de ne pas succomber à la tentation. Alors, comment procéder ? En règle générale, la qualité va de pair avec le prix, mais le marchandage a toujours sa place. Un tailleur qui vous annonce un prix beaucoup plus bas que celui d'un concurrent va probablement rogner sur quelque chose. Les meilleurs tailleurs, et les meilleurs tissus, sont plus chers. Il en sera de même si vous exigez de courts délais. Comment une boutique, qui vous promet une nouvelle garde-robe en 24 heures, peut-elle tenir ses engagements ? Réfléchissez... Soit elle fait travailler une armée d'apprentis dans d'horribles conditions, soit vous allez avoir de la très mauvaise qualité (ou les deux).

Les tailleurs de Hoi An sont passés maîtres dans l'art de copier : montrez-leur un modèle dans un magazine, et le lendemain votre rêve sera devenu réalité. Si vous ne savez pas ce que vous voulez, les assistantes vous apporteront une pile de catalogues de mode à feuilleter. Les tailleurs ne font pas que des *ao dai* ou des robes d'été. Les manteaux, les robes de mariée et les costumes deux ou trois pièces figurent aussi à leur répertoire.

La bonne formule consiste à choisir une boutique où vous vous sentez bien, à voir le tissu et à vous mettre d'accord à l'avance sur les détails (couleur du fil, doublures et boutons). Lorsque vous achetez de la soie, assurez-vous qu'il s'agit de soie véritable et non d'une imitation synthétique. Le seul test infaillible consiste à appliquer une allumette, ou une cigarette, sur le tissu : le synthétique fondra alors que la soie brûlera (demandez un échantillon du tissu et sortez réaliser le test à l'extérieur). De même, ne vous contentez pas de vous laisser dire qu'un tissu est 100% coton ou 100% laine sans bien le palper. Une chemise d'homme devrait coûter autour de 12 à 15 $US, une jupe et un pantalon environ 22 $US. Si un costume d'homme coûte moins de 100 $US, assurez-vous que le tissu et le travail vous conviennent.

Sachez que si vous pressez votre tailleur pour obtenir votre commande dans les 48 heures, cela ne laissera que peu de temps pour les essayages et les retouches, qui se révèlent toujours plus importantes que certains ne l'imaginent. Une fois le vêtement fini, n'oubliez pas d'en vérifier les coutures. Les vêtements non surfilés risquent de s'effilocher très vite, voire de se trouer. Tout vêtement de qualité comporte une seconde couture qui recouvre les bordures pour empêcher l'effilochage. Si vous avez l'intention de vous faire confectionner de nombreux vêtements, vous pouvez avoir intérêt à tester deux ou trois boutiques pour de petites pièces avant de vous lancer dans la commande. La plupart d'entre elles peuvent expédier vos emplettes par bateau. Parfois, des paquets se perdent, ou le contenu est autre, mais le tarif de la poste locale vaut vraiment le coup.

Il y a tant de tailleurs qu'il est difficile d'en recommander un. De plus, la plupart d'entre eux font appel à des travailleurs extérieurs, plus ou moins compétents. Il peut être intéressant de flâner dans la vieille ville à la recherche d'une petite boutique pas encore trop victime de son succès. Si vous êtes pressé toutefois, nous avons régulièrement de bons échos de certaines adresses, un peu plus chères. Les voici par ordre alphabétique :

A Dong Silk (391 0579 ; www.adongsilk.com ; 40 Đ Le Loi) ; **B'lan** (386 1866 ; www.hoianblan.com ; 23 Đ Tran Phu) ; **Kimmy** (386 2063 ; www.kimmytailor.com ; 70 Đ Tran Hung Dao) ; **Long Life Silk** (391 1955 ; www.longlifesilk.com ; 47 Đ Nguyen Phuc Chu) ; **Thu Thuy** (386 1699 ; www.thuthuysilk.com ; 60 Đ Le Loi) et **Yaly** (391 0474 ; www.yalycouture.com ; 47 Đ Nguyen Thai Hoc).

géniale. Aménagée comme une bibliothèque personnelle, elle compte plus de 5 000 titres d'occasion à vendre ou à échanger.

Renseignements

Accès Internet
Min's Computer (2 Truong Minh Luong ; 5 000 d/h). Cybercafé doté de nombreux postes, où l'on peut aussi imprimer, numériser, graver et utiliser Skype.

Agences de voyages
La concurrence étant très vive, vous avez intérêt à comparer les offres pour mieux les négocier.
Rose Travel Service (391 7567 ; www.rosetravelservice.com ; 111 Ð Ba Trieu). Propose des circuits dans tout le pays, ainsi que des locations de voitures, des réservations de bus, et des voyages en bateau, en jeep ou à moto.
Sinh Tourist (386 3948 ; www.thesinhtourist.vn ; 587 Ð Hai Ba Trung). Cette agence réservera pour vous de très bons bus "open tour".

Argent
Agribank (Ð Cua Dai), **Vietcombank** (642 Ð Hai Ba Trung) et **Vietin Bank** (4 Ð Hoang Dieu), en plus de disposer d'un DAB, changent des espèces et des chèques de voyage.

Désagréments et dangers
En général, Hoi An est très sûre, bien qu'il y ait des vols à l'arraché et des femmes suivies jusqu'à leur hôtel et agressées. Si vous êtes seule, faites-vous raccompagner jusqu'à votre lieu d'hébergement.

Une tendance inquiétante se développe ici, comme ailleurs au Vietnam, qui consiste à se servir d'enfants pour vendre des journaux, des cartes postales et des babioles. Ne soyez pas dupe : ce ne sont pas les gamins qui profitent de cet argent. On peut seulement espérer que si les touristes arrêtent d'acheter aux enfants, ceux qui les contrôlent arrêteront de se servir d'eux.

Les revendeurs ne manquent pas, qui essaieront de vous faire acheter des circuits, des tours en bateau, des motos, des souvenirs et tout le reste ; préparez-vous à être au centre de l'attention !

Office du tourisme
Il n'existe pas de centre d'information touristique officiel à Hoi An. Adressez-vous à une agence de voyages. Quatre **billetteries de la vieille ville** (7h-17h) vendent des billets pour la visite de la vieille ville, au 30 Ð Tran Phu, au 10 Ð Nguyen Hue, au 5 Ð Hoang Dieu et au 78 Ð Le Loi.

Poste
Poste principale (886 1480 ; 6 Ð Tran Hung Dao)

Services médicaux
Cabinet du Dr Ho Huu Phuoc (386 1419 ; 74 Ð Le Loi ; 11h-12h30 et 17h-21h30). Médecin local parlant anglais.
Hôpital de Hoi An (386 1364 ; 4 Ð Tran Hung Dao). En cas de problème grave, allez plutôt à Danang.

Sites Internet
Rendez-vous sur le site www.livehoianmagazine.com, qui publie également un mensuel sur l'actualité culturelle.

Urgences
Poste de police de Hoi An (386 1204 ; 84 Ð Hoang Dieu)

Depuis/vers Hoi An

AVION L'aéroport le plus proche est celui de Danang, à 45 min.

BUS La plupart des bus nord-sud ne s'arrêtent pas à Hoi An, la RN 1 passant à 10 km à l'ouest de la ville. Il faut donc aller à Vinh Dien pour y attraper un bus.

Il est plus simple de prendre un bus "open tour" depuis/vers Hué (5 $US, 4 heures) ou de Nha Trang (place assise/couchette 10/17 $US, 11 à 12 heures).

La **principale gare routière** (96 Ð Hung Vuong) se trouve à 1 km à l'ouest du centre-ville. Les bus rallient des destinations locales, notamment Danang (18 000 d, 1 heure) et Quang Ngai. Sachez que les étrangers se voient souvent contraints de payer un prix supérieur. Danang est desservie à intervalles plus fréquents au départ de la **gare routière nord** (Ð Le Hong Phong).

VOITURE ET MOTO Pour rallier Danang (30 km), on peut soit prendre la sortie nord de la ville pour rejoindre la RN 1, soit sortir vers l'est en direction de la plage de Cua Dai et suivre la route le long de China Beach. Le tarif en cours pour la course Danang-Hoi An en moto-taxi tourne autour de 120 000 d. En taxi, comptez environ 330 000 d.

Le tarif du trajet en voiture jusqu'à Hué débute à 70 $US (cela dépend du nombre d'arrêts que vous souhaitez faire), tandis qu'une demi-journée d'excursion dans les environs, englobant My Son, tourne autour de 35 $US.

Comment circuler

La vieille ville resserrée sur elle-même se parcourt facilement à pied. Pour visiter les alentours, louer un vélo revient à 20 000 d/jour. Vous aurez très vite fait le tour de la petite péninsule d'An Hoi. Et si vous prenez la route vers l'est en direction de la plage de Cua Dai, vous passerez par de jolies rizières.

Une moto sans/avec chauffeur revient à 5/12 $US/jour. Un taxi pour la plage coûte autour de 50 000 d.

BATEAU Une promenade en bateau sur la rivière Thu Bon peut se révéler une expérience mémorable. La location d'une barque avec rameur devrait vous coûter autour de 60 000 d/heure ; la plupart des voyageurs se contentent d'une heure. Certains circuits pour My Son comprennent un aller-retour en bateau, qui vous fera passer par le centre de Hoi An en grande pompe.

Un bateau à moteur, pouvant accueillir de petits groupes, pour visiter les villages de pêcheurs et d'artisans des environs se loue autour de 120 000-170 000 d/heure. De nombreux capitaines de bateaux essaieront de vous faire monter à bord ; ils attendent les touristes au bord du fleuve au centre-ville, entre les ponts Cam Nam et An Hoi.

TAXI Si vous désirez un taxi équipé d'un compteur, téléphonez à **Hoi An Taxi** (☎391 9919) ou à **Mai Linh** (☎392 5925).

Environs de Hoi An

THANH HA

Ce modeste village regroupant quelque 70 familles est célèbre depuis des siècles pour sa poterie. Or cette industrie a périclité faute de demande, et la plupart des villageois ont peu à peu abandonné la fabrication de briques et de tuiles pour celle de toutes sortes de babioles pour les touristes. Les quelques artisans qui poursuivent leur activité dans leurs ateliers étouffants ne verront pas d'inconvénient à ce que vous jetiez un coup d'œil, ou entamiez la conversation, mais ils seront surtout ravis si vous leur achetez quelque chose.

Thanh Ha est à 3 km à l'ouest de Hoi An, facilement accessible à bicyclette. On peut aussi y faire halte en revenant de My Son.

ÎLE CAM KIM

C'est du village de Kim Bong, sur l'île Cam Kim, que provenaient les remarquables sculptures sur bois qui ornent à présent les maisons marchandes et les bâtiments publics de Hoi An. Aujourd'hui encore, la plupart des sculptures sur bois vendues à Hoi An sont réalisées par des artistes de l'île.

Les bateaux à destination de l'île partent de l'embarcadère de Đ Bach Dang, à Hoi An (15 000 d, 30 min). Il est aussi agréable de découvrir le village et l'île à vélo. Vous n'y rencontrez que de rares touristes, et il n'y a aucune boutique de souvenirs.

PLAGE DE CUA DAI

Si vous allez plein est depuis Hoi An, vous traverserez des rizières et suivrez les méandres du fleuve pendant environ 5 km avant d'arriver à de superbes plages de sable fin couleur d'or. Frangée de palmiers, cette plage s'étend sur toute la côte nord jusqu'à Danang. Si vous cherchez bien, vous trouverez quelques zones préservées.

La plage de **Cua Dai**, la plus proche de Hoi An, s'urbanise rapidement ; mieux vaut l'éviter. C'est aussi la cible privilégiée des revendeurs de plage, qu'il n'y a aucun moyen de repousser. Quelques restaurants de fruits de mer (et le club Zero SeaMile), mais il y a d'autres lieux un peu plus loin. Vers le sud, les 5 km de littoral qui mènent au port de Cua Dai (d'où les bateaux partent pour les îles Cham) sont en pleine transformation : une zone de complexes hôteliers cinq-étoiles est en train de s'élever au-dessus des dunes. L'érosion de la côte est un vrai problème. Plusieurs de ces hôtels ont vu leur ouverture reportée des années de long, du fait de la disparition de certaines plages et des problèmes de construction en résultant.

En bord de mer, le bar-discothèque **Zero SeaMile** (www.zeroseamile.com ; ☎) est dans son élément, avec sa vaste piste de danse couverte rafraîchie par la brise marine, sa déco stylée et sa piscine. Ne vous attendez cependant pas à une programmation musicale originale... Le bar est ouvert en journée, et sert boissons et repas. À partir de minuit, entre avril et septembre, des bus gratuits font la navette toutes les heures entre le Before & Now à Hoi An et le Zero SeaMile.

Où se loger

Victoria Hoi An Resort COMPLEXE HÔTELIER $$$
(☎392 7040 ; www.victoriahotels.asia ; ch/ste à partir de 170/260 $US ; ⊗❄@☎≋). Cet établissement de renom associe le style historique de Hoi An à celui de l'époque coloniale dans des locaux raffinés et confortables. Chambres très chic, modernes et

AVIS AUX BAIGNEURS

L'océan peut être assez agité le long de la côte de Hoi An, notamment entre octobre et mars. Il y a régulièrement des accidents, parfois fatals. En mai 2011, quatre maîtres-nageurs ont été engagés et une tour de surveillance a été construite, mais il vaut mieux rester prudent.

CIRCUITS DANS LES ENVIRONS DE HOI AN

Le paysage des environs de Hoi An, toujours vert et très typique du Vietnam, mérite d'être exploré. Plusieurs excellents tour-opérateurs proposent des circuits dans la région.

Les circuits à moto ou à vélo ont beaucoup de succès ; rien ne permet autant que les deux-roues d'apprécier le paysage. L'agence **Hoi An Motorbike Adventures** (391 1930 ; www.motorbiketours-hoian.com ; 54a Đ Phan Chu Trinh ; circuits 35-910 $US) est spécialisée dans les circuits sur les fameuses moto Minsk. Les guides connaissent bien le terrain et vous feront découvrir de jolies routes, ainsi que les abords du fleuve.

Les circuits à vélo organisés par **Heaven & Earth** (386 4362 ; www.vietnam-bicycle.com ; 57 Đ Ngo Quyen, An Hoi ; circuits 15-19 $US) sont également bien conçus et pas trop difficiles. Ils vous font parcourir le delta du Song Thu en utilisant les bacs et les ponts flottants. L'agence est à 250 m au sud du pont de Hoi An.

Love of Life (393 9399 ; www.hoian-bicycle.com ; 95 Đ Phan Chu Trinh ; circuits 19 $US) propose de bons circuits à vélo sur des sentiers de campagne qui vous font voir des potagers, des élevages de crevettes et des villages de pêcheurs.

Près de la plage de Cua Dai, **Hoi An Eco Tour** (392 8900 ; www.hoianecotour.com.vn ; village de Phuoc Hai ; circuits 35-70 $US) organise des excursions le long de la rivière qui permettent de découvrir les villages traditionnels tout en s'essayant à pêcher ou à pagayer dans un bateau-panier. Sont également proposées des balades à vélo, menées à l'aube ou au crépuscule. Phuoc Hai se trouve à quelque 5 km à l'ouest de Hoi Han.

Active Adventures (391 1930 ; www.homestay-vietnam.com ; 54a Đ Phan Chu Trinh ; circuits 90-250 $US) vous fait découvrir les montagnes du Centre, et vous emmène en jeep américaine voir un village de l'ethnie Co Tu, où vous pourrez être logé dans une maison sur pilotis. Il y a des sources d'eau chaude et de très belles randonnées à faire dans la région. L'agence prévoit de proposer également des circuits en kayak.

Les îles Cham, idylliques, constituent une destination parfaite pour une excursion entre mars et septembre. Les deux écoles de plongée de Hoi An y organisent des sorties.

---

impeccables. Certaines sont pourvues de parquets en teck et de jacuzzis. Autre plus, l'exquise piscine de 30 m face à l'océan, et deux courts de tennis.

Hoi An Riverside Resort HÔTEL $$$
(386 4800 ; www.hoianriverresort.com ; 175 Đ Cua Dai ; ch à partir de 115 $US ;). Ses chambres de bon standing, avec parquets en bois foncé et déco recherchée, font de cet hôtel une adresse de choix. De nombreuses chambres ont un balcon donnant sur la rivière. L'établissement, bien tenu, se situe à environ 1 km de la plage et a un bon restaurant. Massages et salle de sports.

PLAGE D'AN BANG

À 3 km au nord de Cua Dai, **An Bang** est l'une des plages les plus agréables du Vietnam. Le sentier qui y mène ne paie pas de mine, mais une fois qu'on y est, on comprend pourquoi on en fait un tel éloge : on a sous les yeux une magnifique bande de sable fin, l'immensité de l'océan et l'horizon à perte de vue, qui n'est brisé que par les lointaines îles Cham.

Les bar-restaurants se multiplient. Lors de notre passage, les touristes n'étaient pas harcelés par des vendeurs, mais cela pourrait changer. Fort heureusement, la côte vers le nord, une très belle et longue plage plantée de casuarinas et de pandanus où accostent les étranges coracles des pêcheurs de la région, est restée intacte.

Où se loger

Un Novotel et quelques autres établissements de luxe sont en construction sur le littoral, bien que l'érosion de la côte ait ajourné de nombreux projets.

Nam Hai HÔTEL $$$
(394 0000 ; www.thenamhai.com ; village de Dien Duong ; villa/villa avec piscine à partir de 525/845 $US ;). À 8 km environ au nord d'An Bang, et à 15 km de Hoi An, ce temple du plaisir a tout ce qu'il faut : trois piscines dont une chauffée, un service avec maître d'hôtel, de spacieuses villas équipées de tous les accessoires modernes et de piscines d'agrément, des salles de sport très complètes et un spa de première classe (essayez le massage de Jade à quatre mains). Bien sûr, tout cela coûte un prix exorbitant, mais le service proposé est à la hauteur.

Où se restaurer et prendre un verre

De nouveaux établissements ouvrent tous les mois à An Bang ; attendez-vous à voir les possibilités se multiplier. La zone est beaucoup plus calme en hiver.

Soul Kitchen INTERNATIONAL $$
(0906 440 320 ; www.soulkitchen.sitew.com ; repas 70 000-160 000 d ; fermé lun soir ;). Ce merveilleux restaurant où se pressent les expatriés est vraiment juste au-dessus des vagues. Le menu, indiqué à l'ardoise, change tous les jours. Il peut inclure un carpaccio d'anchois, du poulet avec purée et sauce au poivre vert, ou encore une salade de fruits de mer. Bonne sélection de vins, de cocktails alcoolisés ou non. Jardin bien vert, et terrasse couverte d'un toit de chaume.

La Plage INTERNATIONAL $
(392 8244 ; www.laplagehoian.com ; en-cas/repas 60 000/100 000 d ;). Dans cette gargote franco-vietnamienne en bambou et en chaume, vous passerez un moment très reposant au bord de la mer, en vous rassasiant d'un délicieux croque-monsieur ou croque-madame, d'une tartine du pêcheur ou d'un merguez-frites. Poisson frais tous les jours, petits-déjeuners consistants, cocktails, pastis, vin français.

Luna D'Autunno ITALIEN $$
(repas 10-15 $US ;). Ce nouveau restaurant italien sert de bons plats de pâtes, de salades, de viandes, et de délicieuses pizzas cuites au four. Juste en retrait du front de mer.

ÎLES CHAM
0510 / 2700 HABITANTS

Archipel granitique situé à une quinzaine de kilomètres au large de Hoi An, les paisibles **îles Cham** ont échappé au développement touristique. Cela risque de changer dans les années qui viennent.

Jusqu'à il y a peu, les îles étaient fermées au public et contrôlées par l'armée. Aujourd'hui, on peut y faire une excursion à la journée, pratiquer la plongée au milieu des récifs ou y passer la nuit. Les ravissants îlots dispersés dans les eaux aigues-marines ne sont accessibles que pendant sept mois, de mars à septembre, l'océan étant trop agité le reste de l'année.

Seule l'île principale, **Hon Lao**, est habitée. Les sept autres îles Cham sont de minuscules îlots rocheux couverts d'une végétation dense. Si vous faites de la plongée, vous trouverez ici un environnement sous-marin très riche, avec 135 variétés de corail mou et dur et une faune variée. Les îles sont désormais une réserve marine protégée. La pêche et le recueil des nids d'oiseaux (pour faire de la soupe) sont deux industries essentielles dans la région.

Bai Lang, le petit port de Hon Lao, est le seul vrai lieu habité, si l'on fait abstraction de deux hameaux isolés. C'est un joli et paisible village envahi par la végétation, à l'abri du vent, ce qui en a fait un refuge de choix pour les marins en lutte avec les eaux houleuses de la mer de Chine du sud. Explorer ses sentiers est un vrai plaisir : le calme du lieu et le rythme tranquille de la vie ici sont un vrai bonheur pour les voyageurs fatigués. C'est ici que sont installées les trois pensions de l'île.

À voir et à faire

Ong Ngu TEMPLE
Le seul vrai monument de Bai Lang est un tout petit temple très curieux, Ong Ngu, dont l'apparence modeste dissimule une histoire fascinante. De fait, le temple est dédié aux baleines et aux requins baleines, autrefois nombreux dans les parages, et qui étaient vénérés comme des divinités protectrices de l'océan. Lorsqu'une carcasse de baleine échouait là, les habitants en nettoyaient les os avant de faire une célébration au temple puis de les enterrer. Des rituels analogues ont été observés à Mui Ne, à Vung Tau et dans d'autres lieux du littoral au Vietnam. Aujourd'hui, il est malheureusement très rare de voir des baleines dans les parages.

Plage PLAGE
Un sentier sans prétention vers le sud-ouest vous mène, après 2 km et de jolies petites criques, à une belle plage à l'abri du vent, très agréable pour nager dans les eaux couleur d'azur, au-dessus du sable fin et face aux hamacs et aux auvents de chaume de l'excellent restaurant cham. Des chemins s'engouffrent dans la forêt qui couvre les collines derrière Bai Lang.

Plongée PLONGÉE
On ne s'étonnera pas de trouver de nombreux plongeurs aux îles Cham. Si la visibilité est parfois moyenne et si la pêche à outrance pose problème, la découverte des fonds sous-marins a de quoi captiver : cinq espèces de homards, 84 mollusques et 202 poissons sont endémiques. Des séjours plongées peuvent être organisés par les clubs de Hoi An, tels que le **Cham Island Diving Center** (391 0782 ; www.

LE ROYAUME DU CHAMPA

Le royaume du Champa connut son apogée entre le IIe et le XVe siècle. Du site de l'actuelle Danang, son sanctuaire d'origine, il s'étendit vers le sud et gagna les villes aujourd'hui connues sous le nom de Nha Trang et de Phan Rang. Ses relations commerciales avec l'Inde influencèrent peu à peu cette civilisation, qui adopta l'hindouisme, utilisa le sanskrit comme langue sacrée et s'inspira de l'art indien.

Les Chams manquant cruellement de terres arables, vivaient en partie de pillages organisés sur les navires. De ces rapines résultait un état de guerre permanent avec les Vietnamiens, au nord, et les Khmers, au sud-ouest. Ils réussirent au XIIe siècle à renverser le pouvoir khmer, avant d'être entièrement absorbés par le Vietnam cinq siècles plus tard.

Les Chams sont réputés pour les nombreux sanctuaires en brique (tours cham) qu'ils érigèrent dans le sud du pays. Les plus belles collections d'art cham sont conservées au musée de la Sculpture cham de Danang. Le principal site cham se situe à My Son ; il en existe d'autres à Quy Nhon et dans ses environs, à Tuy Hoa, à Nha Trang, à Thap Cham et aux tours Po SHanu, à Mui Ne.

Les Chams restent une minorité ethnique importante au Vietnam, en particulier autour de Phan Rang, où ils sont au nombre de 140 000. L'héritage de cette civilisation reste présent dans les techniques utilisées pour la poterie, la pêche, la production sucrière, la riziculture, l'irrigation, la fabrication de la soie et la construction sur toute la côte. Les Chams qui vivent aujourd'hui au Vietnam sont soit musulmans, soit hindous. Les tours que l'on trouve au sud restent des lieux vivants de culte hindouiste.

---

chamislanddiving.com ; 88 Đ Nguyen Thai Hoc, Hoi An), dont nous recommandons vivement les circuits : une journée avec snorkeling, petite marche, le déjeuner et un peu de temps sur la plage coûte 40 $US.

Où se loger et se restaurer

Un immense complexe hôtelier, le Four Seasons, est en construction au sud-ouest de l'île, mais ne sera probablement pas achevé avant 2013 ou 2014.

Luu Ly PENSION $
(393 0240 ; ch avec sdb partagée 200 000 d). Luu Ly est une nouvelle pension de qualité. Petites chambres propres avec moustiquaire, TV, ventil et armoire. Fait aussi table d'hôtes : 200 000 d en pension complète. Il y a un groupe électrogène en cas de coupure de courant.

Thu Trang PENSION $
(393 0007 ; ch avec sdb partagée 200 000 d). En deuxième position vient la pension Thu Trang, juste derrière le temple aux baleines, très ordonnée et propre, mais il peut faire chaud dans les chambres (les coupures d'électricité sont monnaie courante). Fait également table d'hôtes : 200 000 d en pension complète.

Cham Restaurant RESTAURANT $
(224 1108 ; repas 50 000-90 000 d). À environ 2 km au sud de la ville, ce restaurant joliment installé sur une plage de sable fin sert de savoureux plats vietnamiens, dont beaucoup aux fruits de mer. Réservez en précisant votre commande, afin que les tenanciers aient assez de produits pour la satisfaire.

❶ Depuis/vers les îles Cham

Des bateaux publics desservent le débarcadère de l'archipel, qui se trouve au village de Bai Lang. Ils partent de Đ Bach Dang à Hoi An (20 000 d, 2 heures, 7h30 tlj). Les étrangers doivent souvent payer leur billet plus cher (jusqu'à 100 000 d). Attention, le service n'est pas assuré lorsque la mer est trop agitée. Prenez une copie de votre passeport avec votre visa : le capitaine en a besoin pour vous délivrer une autorisation.

Les agences de voyage font payer 25 à 40 $US un circuit autour des îles.

My Son

My Son (60 000 d ; 6h30-16h) est le site des plus importants vestiges du royaume du Champa, cachés au fond d'une superbe vallée luxuriante dominée par la montagne de la Dent du chat (Hon Quap). Seules 20 structures ont survécu au temps, alors qu'il y en avait au moins 68 à l'origine, mais l'intimité du lieu, où murmure l'eau des ruisseaux, reste saisissante.

My Son fut le plus important centre intellectuel et religieux du royaume du Champa. On pense même que le site, redécouvert à la fin du XIXe siècle par l'archéologue français Henri Parmentier, faisait office de lieu de sépulture pour les monarques cham. On allait le préserver, et commencer sa restauration, quand les bombes américaines en détruisirent une grande partie. Aujourd'hui, My Son est classé au patrimoine mondial de l'Unesco, qui apporte son soutien pour la restauration.

Le site de My Son attirant de plus en plus de visiteurs, mieux vaut s'y rendre tôt le matin ou le soir afin de profiter en toute quiétude du paysage et de l'atmosphère. En partant de Hoi An à 5h ou 6h du matin, vous arriverez au lever du soleil pour le réveil des dieux (et des gardiens) : cela vous permettra d'éviter le déferlement des cars touristiques, moins matinaux.

Les grands **bâtiments d'exposition** renferment des pierres portant des inscriptions en sanskrit, ainsi que des panneaux d'information évoquant certains aspects historiques, notamment sur la coiffure des femmes cham, et une grande carte.

Les archéologues ont réparti les monuments de My Son en dix groupes principaux : A, A', B, C, D, E, F, G, H et K. Chaque édifice est désigné par une lettre suivie d'un numéro. Sachez toutefois que seuls quelques temples sont correctement indiqués, et qu'il n'y a pratiquement pas de panneaux informatifs.

Histoire

Au cours du IVe siècle, sous le règne du roi Bhadravarman, My Son devint un important centre religieux. Elle fut habitée jusqu'au XIIIe siècle, soit plus longtemps que toute autre cité historique du Sud-Est asiatique. La plupart des temples étaient dédiés aux rois cham ainsi qu'à la divinité qui leur était associée, le plus souvent Shiva, fondateur et gardien des dynasties du royaume.

Comme l'attestent les ornementations inachevées des édifices de My Son, les Chams commençaient d'abord par construire les bâtiments, avant de sculpter les décorations dans la pierre ; toutefois, on ignore comment ils assemblaient les briques.

Il fut un temps où le sommet de certaines tours était recouvert d'or. Dans les siècles qui suivirent le déclin du royaume du Champa, les temples furent dépouillés de leurs richesses. Les Français transportèrent certaines pièces au musée de la Sculpture cham à Danang – ce qui se révéla une bonne idée, car, durant la guerre, le Viêt-cong établit une base à My Son, qui entraîna les bombardements américains et la perte de certains des monuments les plus remarquables.

GROUPE C

C1 (VIIIe siècle) était voué au culte de Shiva, représenté sous sa forme humaine. À l'intérieur se dresse un autel sur lequel reposait autrefois une statue de la divinité, aujourd'hui exposée au musée de la Sculpture cham de Danang. Les murs extérieurs, tout en brique, arborent des motifs sculptés caractéristiques du VIIIe siècle. Il est étonnant de constater que ces éléments restent debout au vu de l'immense cratère de bombes qui se trouve devant.

GROUPE B

B1, le *kalan* (sanctuaire) principal, fut dédié à Bhadresvara, forme contractée de Bhadravarman, en référence au roi qui édifia le premier temple de My Son, et d'Esvera, signifiant Shiva. Le premier édifice fut érigé au IVe siècle, détruit au VIe siècle et reconstruit au siècle suivant. Les fondations visibles aujourd'hui (de gros blocs de grès) sont celles d'un second édifice élevé au XIe siècle. Les niches murales étaient destinées à accueillir des lampes (les sanctuaires cham n'avaient pas de fenêtres). Le lingam a été découvert dans sa position actuelle en 1985, à un mètre sous terre.

Construit au Xe siècle, **B5** abritait autrefois les livres sacrés et les objets rituels que l'on utilisait lors des cérémonies tenues dans B1. Le toit en forme de bateau (la "proue" et la "poupe" ont disparu) témoigne d'influences architecturales malayo-polynésiennes. À la différence des sanctuaires, B5 est doté de fenêtres. La maçonnerie intérieure est entièrement d'origine. Sur le mur faisant face à B4, un bas-relief en brique représente deux éléphants sous un arbre où sont perchés deux oiseaux.

Dans **B4**, les ornementations du mur extérieur constituent un exemple parfait du style décoratif cham du IXe siècle, unique parmi les cultures d'Asie du Sud-Est.

B3 est surmonté d'un toit à l'indienne, dont la forme pyramidale est caractéristique des tours cham. À l'intérieur de **B6** se trouve un bassin cham qui contenait l'eau sacrée destinée à être versée sur le lingam (B1). **B2** est un portique.

Tout autour du groupe B se dressent de petits temples (**B7** à **B13**) dédiés aux dieux des Points cardinaux (*dikpalaka*).

GROUPE D

Anciennes salles de méditation, les bâtiments **D1** et **D2** abritent aujourd'hui de petites expositions de sculptures cham.

My Son

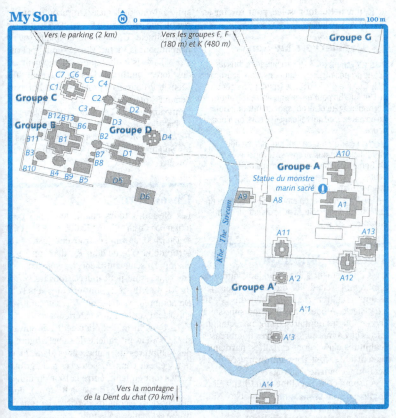

GROUPE A

Les bombardements américains détruisirent presque entièrement le groupe A. Selon la population locale, **A1**, monument imposant considéré comme le plus important de My Son, aurait dans un premier temps résisté ; c'est une équipe du génie, héliportée, qui lui aurait porté le coup fatal. Il n'en reste plus aujourd'hui qu'un amas de briques provenant des murs effondrés. Indigné par la destruction de ce site, Philippe Stern, alors conservateur au musée Guimet de Paris et spécialiste de l'art cham, écrivit une lettre de protestation au président Nixon, qui donna l'ordre de poursuivre les combats contre le Viêt-cong, mais d'épargner les monuments cham.

De tous les sanctuaires du site, A1 est le seul à posséder deux portes : l'une fait face à l'est, direction des divinités hindoues, et l'autre à l'ouest, où se trouvent les groupes B, C et D, ainsi que l'âme des anciens rois qui y auraient été enterrés. À l'intérieur se trouve un autel de pierre. Malgré le délabrement des lieux, on peut encore apercevoir de superbes sculptures sur brique caractéristiques du Xe siècle. En bas du mur donnant sur A10 (décoré dans le style du IXe siècle), une sculpture représente un petit personnage priant entre deux colonnes circulaires, surmontées d'un monstre marin sacré javanais *(kala-makara)*.

AUTRES GROUPES

Envahi par la végétation et inaccessible à l'heure actuelle, le **groupe A'** date du VIIIe siècle. Le **groupe G** est actuellement en cours de restauration : des échafaudages et des auvents ont été construits pour protéger les temples, qui datent du XIIe siècle. Le **groupe E** a été édifié entre le VIIIe et le XIe siècle, tandis que le **groupe F** remonte au VIIIe siècle. Ces deux derniers groupes ayant gravement souffert des bombardements, ils sont en partie soutenus par des échafaudages. Suivez le sentier en direction de K, une petite tour isolée, pour revenir en boucle vers le parking.

Depuis/vers My Son

BUS ET MINIBUS À Hoi An, presque tous les hôtels proposent des excursions d'une journée à My Son (de 4 à 7 $US). Les minibus partent de Hoi An à 8h pour en revenir entre 13h et 14h. Certaines agences proposent un retour à Hoi An en bateau, ce qui rallonge l'excursion d'une heure.

MOTO Le site est bien indiqué ; il n'est donc pas difficile de vous y repérer si vous visitez My Son avec votre propre moto. Le tarif pour la course en *xe om* depuis Hoi An (aller-retour avec attente) démarre à 150 000 d.

VOITURE My Son est à environ 55 km de Hoi An. La location d'une voiture avec chauffeur coûte environ 35 $US.

Tra Kieu (Simhapura)

C'est initialement à Tra Kieu, jadis nommée Simhapura (citadelle du Lion), que les Chams établirent leur capitale du IVe au VIIIe siècle. Aujourd'hui, rien ne subsiste à l'exception des remparts, de forme rectangulaire. On y a mis au jour de très nombreuses sculptures cham, dont certaines, particulièrement fines, font l'orgueil du musée de la Sculpture cham de Danang.

Au sommet de la colline Buu Chau s'élève l'**église de la Montagne** (Nha Tho Nui), construite en 1970 pour remplacer l'ancienne église détruite par un bombardement américain. Située à 200 m du **marché** qui se tient le matin (Cho Tra Kieu), elle offre un très beau panorama.

L'**église de Tra Kieu** (Dia So Tra Kieu) du XIXe siècle héberge un **musée** (Van Hoa Cham) qui rassemble une collection d'objets découverts par la population locale, et rapportés à l'un des anciens prêtres. Ces objets sont gardés dans une pièce poussiéreuse fermée à clé, à l'étage d'un bâtiment situé à droite de l'église. On raconte dans la région que cette église fut en 1885 le théâtre d'un miracle. Une femme en blanc (qu'ils prirent pour la Vierge Marie) serait apparue aux villageois catholiques, au moment où des forces antifrançaises attaquaient Tra Kieu, et les auraient protégés d'un bombardement intense. Pour venir, suivez les panneaux depuis l'église de la Montagne.

Tra Kieu est à 6,5 km de la RN 1 et à 19,5 km de My Son. Certaines excursions à My Son, menées depuis Hoi An, y marquent l'arrêt.

Chien Dan

Les élégantes tours cham de **Chien Dan** (Chien Dan Cham ; RN 1A ; 12 000 d ; 8h-11h30 et 13h-17h30 lun-ven) se trouvent juste à la sortie de la ville de Tam Ky, dans un vaste champ. La seule autre chose à voir dans les environs est un petit musée. Tous les *kalan* du XIe ou XIIe siècle sont orientés vers l'est. De nombreux vestiges des frises décoratives subsistent sur les murs extérieurs.

La tour du milieu était dédiée à Shiva ; sur le bord avant gauche de sa base figurent des sculptures de jeunes filles dansant et une scène de combat. Notez ces faces grimaçantes tout en haut, entre la tour du milieu et la tour de gauche (dédiée à Brahma), ainsi que les deux éléphants derrière. La tour de droite est dédiée à Vishnu.

Bien qu'ils aient réchappé aux bombardements de My Son, ces édifices portent des stigmates de la guerre. L'ambiance sinistre qui règne à l'intérieur de la tour du milieu est renforcée par les nombreux impacts de balles dans les murs : il y eut ici de nombreux morts.

Le site est visible sur la droite de la route en approchant de Tam Ky, à 47 km au sud de Hoi An.

Littoral du Centre et du Sud

Dans ce chapitre »

Quang Ngai..................... 225
Quy Nhon....................... 228
Ruines cham
de Cha Ban 232
Tuy Hoa 233
Nha Trang 236
Phan Rang
et Thap Cham............... 252
Plage de Ninh Chu........ 255
Ca Na 255
Mui Ne 256
Phan Thiet 264
Long Hai 266
Vung Tau 267
Îles Con Dao 272

Le top des restaurants

» Veranda (p. 248)
» Lanterns (p. 247)
» Sandals Restaurant at the Sailing Club (p. 248)
» La Taverna (p. 262)
» Lam Tong (p. 262)

Le top des hébergements

» Full Moon Resort (p. 258)
» Cham Villas (p. 258)
» Violet Hotel (p. 245)
» Jungle Beach (p. 235)
» Six Senses Con Dao (p. 276)

Pourquoi y aller

Dans son ensemble, le littoral vietnamien est magnifique, et plus particulièrement dans cette région. Avec ses vastes étendues de côtes inexplorées, falaises à pic et ses baies cachées, le pays se présente comme l'une des nouvelles destinations balnéaires en Asie. De nombreuses plages restent encore à découvrir et les infrastructures touristiques ne sont pas encore trop développées sur cette partie du littoral. Cela ne devrait pas durer longtemps…

Les stations balnéaires de Nha Trang, de Mui Ne et de Con Dao comptent parmi les plus belles, même si la houle peut s'y révéler puissante. Si le paradis évoque pour vous un cocktail bien frais servi sur le sable, face à des eaux turquoise, alors vous y êtes ! Maintes activités sont également possibles – plongée, snorkeling, surf, planche à voile, kitesurf – lorsque vous aurez votre content de farniente.

Quand partir

Quang Ngai

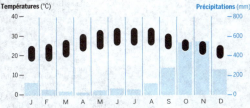

Avr Les meilleures conditions sont réunies pour la plongée sous-marine autour des îles de la baie de Nha Trang.

Oct Les Chams célèbrent le Kate, ou Nouvel An, au temple de Po Klong Garai.

Déc À Noël, à Mui Ne, les conditions météo sont idéales pour le kitesurf et la planche à voile.

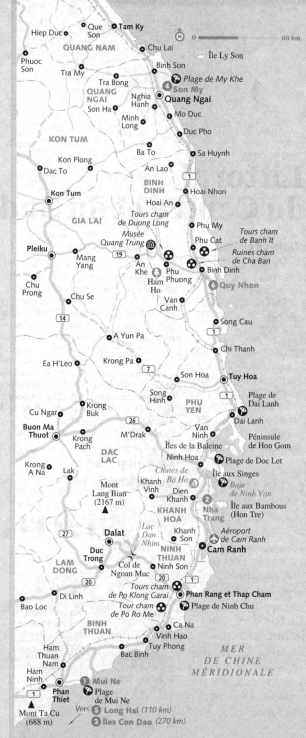

Quang Ngai

📞 055 / 145 000 HABITANTS

Capitale de la province du même nom, Quang Ngai (ou Quang Nhia, ou Quangai) a officiellement reçu le statut de ville en 2005. Dénuée d'attraits particuliers, elle ne constitue souvent qu'une étape momentanée. Cependant, une plage magnifique, My Khe, s'étire à moins de 2 km de là, qui reste l'une des plus méconnues du pays. Les rares visiteurs viennent plutôt pour le mémorial érigé en hommage aux victimes de la guerre du Vietnam (voir p. 227).

Avant la Seconde Guerre mondiale, Quang Ngai était déjà un centre de résistance antifrançaise ; pendant la guerre d'Indochine, le Viêt-minh y possédait un bastion imprenable. En 1962, le gouvernement sud-vietnamien imposa à la région son programme de "hameaux stratégiques", lequel força les paysans à quitter leurs maisons pour aller vivre, désœuvrés, dans des lieux fortifiés. Cette mesure exacerba le sentiment de colère de la population, qui se tourna vers le Viêt-cong. La province fut le théâtre de certains des combats les plus acharnés de toute la guerre du Vietnam.

🛏 Où se loger

Si vous souhaitez vraiment passer la nuit à Quang Ngai, vous pourrez opter pour la plage voisine de My Khe (p. 226).

Central Hotel   HÔTEL $$
(📞382 9999 ; www.centralhotel.com.vn ; 784 Đ Quang Trung ; ch 40-80 $US ; ❄@📶🏊). L'hôtel le plus chic de la ville offre un bon rapport qualité/prix. Les chambres standard sont pourvues d'une douche, les VIP, d'une énorme baignoire. Les équipements comprennent un court de tennis et une piscine presque olympique.

Hung Vuong Hotel   HÔTEL $
(📞381 8828 ; 33 Đ Hung Vuong ; ch 180 000-250 000 d ; ❄📶). Hôtel modique et d'un bon rapport qualité/prix. Les chambres les plus chères hébergent jusqu'à 4 personnes. L'accueillante famille parle un peu anglais.

Hung Vuong Hotel   HÔTEL $$
(📞371 0477 ; www.hungvuong-hotel.com.vn ; 45 Đ Hung Vuong ; ch 30-50 $US ; ❄@📶). Deux hôtels portant le même nom dans la même rue, c'est un peu déroutant. Celui-ci, le plus élégant, loue 64 chambres spacieuses et très bien équipées.

🍴 Où se restaurer

La province de Quang Ngai est réputée pour son *com ga*, lequel est en fait plutôt originaire de Tam Ky, un peu plus au nord. Il s'agit de poulet bouilli sur du riz jaune (cuit à la vapeur avec du bouillon de poule), accompagné de menthe, de soupe à l'œuf et de légumes marinés. On trouve des restaurants de *com ga* partout en ville. Les habitants le dégustent souvent à la cuiller, ce qui dispense d'employer des baguettes. Goûtez cette spécialité au **Nhung 1** (474 Đ Quang Trung ; repas 20 000-35 000 d), un restaurant animé dans la rue principale.

Le **Bac Son** (23 Đ Hung Vuong ; plats 25 000-75 000 d), ouvert depuis 1943, sert une bonne cuisine vietnamienne et propose

---

LA GRANDE MURAILLE DU VIETNAM

S'étirant sur 127 km de long dans l'arrière-pays des provinces de Quang Ngai et de Binh Dinh, la "grande muraille du Vietnam" n'a été mise au jour qu'au début de 2011. Davantage comparable au mur d'Hadrien du Royaume-Uni qu'à la Grande Muraille de Chine, cette construction est considérée comme le plus long monument d'Asie du Sud-Est.

En 2005, Andrew Hardy, directeur de l'École française d'Extrême-Orient (EFEO) à Hanoi, a découvert des références à cette muraille dans un manuscrit datant de 1885. Bâtie en 1819, il s'agirait d'une œuvre commune entre les Vietnamiens des plaines et les Hre des montagnes, vouée à réguler les échanges et à percevoir les taxes. En mars 2011, le mur a été inscrit sur la liste du patrimoine national et des projets de développement touristique sont envisagés, notamment un sentier de randonnée et des séjours chez l'habitant, mais leur mise en place prendra peut-être quelques années.

Pour l'instant, aucun circuit organisé ne conduit à la muraille et aucun guide n'est formé pour en présenter l'histoire. La meilleure façon de se rendre à la grande muraille est de demander aux Easy Riders de Hoi An, Nha Trang, Mui Ne ou Dalat de l'intégrer dans un circuit hors des sentiers battus dans la province de Quang Ngai.

une carte en anglais. Le propriétaire est très accueillant. Juste à côté et dans la même veine, se trouve le Mimosa (21 Đ Hung Vuong ; plats 25 000-70 000 d).

❶ Renseignements

Deluxe Taxis (⌕383 83 83)

Poste principale (80 Đ Phan Dinh Phung). Accès Internet.

Vietcombank (45 Đ Hung Vuong). Une succursale est ouverte au Hung Vuong Hotel, avec un DAB à l'extérieur.

❶ Depuis/vers Quang Ngai

AVION L'aéroport de Tam Ky (VCL) est à 36 km au nord de Quang Ngai. **Vasco** (www.vasco.com.vn) propose des vols pour Hanoi à partir de 1 200 000 d, et pour HCMV à partir de 1 050 000 d. Un taxi à compteur pour l'aéroport de Tam Ky revient à 350 000 d environ.

BUS La gare routière de Quang Ngai (Đ Le Thanh Ton) se situe au sud, à 50 m à l'est de Đ Quang Trung. Des bus desservent régulièrement les arrêts principaux sur la RN 1, comme Danang (à partir de 35 000 d, 2 heures) et Quy Nhon (à partir de 60 000 d, 3 heures 30). Les bus "open-tour" peuvent vous déposer en traversant la ville, mais il est souvent difficile d'en reprendre un autre par la suite.

TRAIN Les trains s'arrêtent à la **gare ferroviaire de Quang Ngai** (Ga Quang Nghia ; ⌕382 02 80 ; 204 Đ Nguyen Chi Thanh), à 1,5 km à l'ouest du centre-ville. Ils desservent, entre autres destinations, Danang (70 000 d, 3 heures), Quy Nhon (82 000 d, 5 heures), Nha Trang (225 000 d, 7 heures).

VOITURE ET MOTO Depuis Quang Ngai, les distances par la route sont les suivantes : 100 km pour Hoi An, 174 km pour Quy Nhon, 412 km pour Nha Trang.

Environs de Quang Ngai

SON MY (MY LAI)

Difficile d'imaginer, quand on découvre ce coin de campagne, qu'il a été le théâtre d'atrocités. Au matin du 16 mars 1968, en pleine offensive du Têt, des soldats américains investirent quatre hameaux du sous-district de Son My, tuant 504 villageois, en majorité des personnes âgées et des enfants. Le plus grand massacre s'est déroulé à Xom Lang (Thuan Yen), où le mémorial de Son My (10 000 d ; ⊗8h-11h30 et 13h-16h30 lun-ven) s'élève aujourd'hui. C'est un autre hameau qui a laissé son nom à ce sinistre épisode, remémoré sous le nom de massacre de My Lai.

Le mémorial est centré autour d'une sculpture de pierre représentant une vieille femme levant le poing d'un air de défi, un enfant mort dans les bras, des victimes blessées et agonisantes à ses pieds. De nombreux visiteurs viennent ici brûler de l'encens. Une reconstitution évoque les conséquences de ce terrible jour. Des carcasses de maisons calcinées se dressent à leur emplacement original, chacune marquée d'une plaque portant le nom et l'âge des habitants. Le ciment qui relie les ruines est peint pour représenter un chemin de terre, et marqué par les traces de pas des bottes américaines et par celles de pieds nus des villageois en fuite. La reconstitution reste toutefois assez médiocre, et surtout d'une emphase propre à faire oublier le vrai drame.

Des clichés pris par un photographe militaire, qui fut témoin du massacre, sont exposés dans un petit musée. Les images sont terribles et éprouvantes. La visite s'achève cependant par une note d'espoir, avec l'évocation des efforts des habitants pour reconstruire leur vie après la libération. Une section est consacrée aux GI qui tentèrent d'arrêter le carnage, protégeant un groupe de villageois d'une mort certaine ; elle honore aussi ceux qui donnèrent l'alerte.

La route qui mène à Son My permet de découvrir des paysages particulièrement beaux : rizières, champs de manioc et jardins potagers à l'ombre des casuarinas et des eucalyptus. Cependant, en y regardant de près, on distingue encore des cratères de bombes, et les sommets dénudés des collines témoignent toujours des terribles dégâts provoqués par l'agent orange sur l'environnement.

La meilleure façon de se rendre à Son My est de louer une moto (environ 100 000 d, attente incluse) ou un taxi (environ 350 000 d, attente incluse). Depuis Quang Ngai, dirigez-vous au nord dans Đ Quang Trung (RN 1) et traversez le grand pont sur la Tra Khuc. Prenez la première à droite (vers l'est, parallèle à la rivière), où une stèle en béton triangulaire indique le chemin, et suivez la route sur 12 km.

PLAGE DE MY KHE

À 2 km du mémorial de Son My, la superbe plage de My Khe (à ne pas confondre avec l'autre plage de My Khe, près de Danang) s'étend sur des kilomètres le long d'une mince langue de sable fin, frangée de casuarinas. Celle-ci est séparée du continent

LE MASSACRE DE MY LAI

En ce 16 mars 1968, la zone a été bombardée et la piste d'atterrissage pilonnée à l'artillerie lourde et aux roquettes. Vers 7h30, la compagnie américaine "Charlie" est débarquée en hélicoptère dans l'ouest de Son My, considéré comme un fief viêt-cong. Elle ne rencontre aucune résistance, mais n'entame pas moins un massacre.

Alors que la 1re section du lieutenant William Calley se dirige vers Xom Lang, elle ouvre le feu sur les villageois, lance des grenades sur les maisons et les abris, massacre le bétail et incendie les cahutes. Une centaine de personnes, dépourvues d'armes, sont rassemblées et jetées dans un fossé, avant d'être fauchées à la mitrailleuse.

Dans les heures qui suivent, les 2e et 3e sections, ainsi que les membres du QG de la compagnie, encerclent la zone, survolée par des hélicoptères, et se livrent à d'autres exactions. Plusieurs groupes de civils, comprenant des femmes et des enfants, sont rassemblés et exécutés ; les villageois qui fuient sur la route en direction de Quang Ngai sont abattus. Des jeunes filles et des femmes sont victimes de viols, parfois collectifs.

Aux lendemains de ces exactions, les soldats reçoivent l'ordre de se taire, mais plusieurs d'entre eux, une fois rentrés aux États-Unis, désobéissent, comme le pilote d'hélicoptère Hugh Thompson, qui a sauvé la vie de plusieurs femmes et enfants. Les journaux dévoilent l'affaire, affectant plus gravement encore le moral des troupes et provoquant de nouvelles manifestations pacifistes. Une fois de plus, l'idée que les soldats se battent pour la population vietnamienne est mise à mal dans l'opinion publique.

L'armée américaine tente, à tous les niveaux, de couvrir les atrocités commises, puis finit par ouvrir des enquêtes. Plusieurs officiers reçoivent des sanctions disciplinaires, mais un seul d'entre eux, le lieutenant William Calley, sera traduit en cour martiale et reconnu coupable du meurtre de 22 civils non armés. Condamné à l'emprisonnement à vie, il passera trois ans assigné à résidence et fera appel. Il sera libéré sur parole en 1974, la Cour suprême ayant refusé de se prononcer sur son cas.

Contrairement à ceux de la Seconde Guerre mondiale, qui connurent par la suite honneurs et gloire, les soldats du Vietnam seront souvent rejetés aux États-Unis par leurs compatriotes, et traités de "tueurs de bébés".

Encore aujourd'hui, le procès de Calley fait couler beaucoup d'encre : d'aucuns affirment qu'il a servi de bouc émissaire, les ordres ayant été donnés en plus haut lieu. De toute évidence, Calley n'a pas agi seul.

---

par Song Kinh Giang, une étendue d'eau située juste derrière. Malheureusement, les détritus sont devenus une plaie depuis deux ans. Espérons que les vendeurs à la sauvette s'en rendent compte avant qu'il ne soit trop tard. My Khe reste néanmoins une plage charmante qui mérite une halte, car elle est peu fréquentée par les voyageurs de passage entre Hoi An et Nha Trang. Seule la présence de détritus vient entacher ce cadre enchanteur.

Le boom des visiteurs attendu ne s'étant jamais produit, les possibilités d'hébergement sont assez limitées.

Le **My Khe Resort** (☎368 6111 ; ks_mytra@dng.vnn.vn ; Tinh Khe ; ch à partir de 20 $US ; ✻🛜) a l'air un peu abandonné. Le personnel est souvent difficile à trouver et le service est lent. Chambres avec TV, accès Internet gratuit, baignoire. Petit-déjeuner théoriquement inclus, servi sur le front de mer, de l'autre côté de la route.

Le **My Khe Hotel** (☎384 3316 ; My Khe), en cours de construction lorsque nous rédigions ces pages, possède un attrayant restaurant dans un belvédère et se révèle peut-être un meilleur choix.

Des dizaines de stands délabrés s'étendent le long de la plage mais les vendeurs sont parfois trop insistants. Relativement vides en semaine, ils se remplissent de citadins le week-end. Les fruits de mer frais sont succulents, mais il faut prendre soin de s'entendre avec le restaurateur sur les prix.

Sa Huynh
☎055

Sa Huynh est une étape appréciée par les routiers qui déjeunent sur la RN 1. De nombreux restaurants de *com ga* jalonnent cette route, la plupart servent de bons fruits de mer. Les plats principaux coûtent environ 50 000 d. Quand on parvient dans la baie, on découvre une magnifique plage en croissant de lune. La petite ville, également réputée pour ses marais salants et ses bassins d'évaporation, comporte des usines de fabrication de *nuoc mam* (sauce de poisson). Dans les environs, les archéologues ont mis au jour des vestiges de la culture de Dông Son remontant au Ier siècle.

Sa Huynh se situe sur la RN 1, à 60 km au sud de Quang Ngai (25 000 d, 1 heure 30 en bus) et à 114 km au nord de Quy Nhon (40 000 d, 2 heures de bus).

Quy Nhon
056 / 275 000 HABITANTS

Entourée de superbes plages dans la campagne parsemée d'anciens temples cham, Quy Nhon est très peu touristique par rapport à Nha Trang et Hoi An. Cela s'explique en partie par le fait que la ville, tentaculaire, n'est pas des plus jolies. Or l'absence de touristes n'est pas sans attrait. On apprécie la tranquillité des lieux, le nombre réduit de rabatteurs, et l'accueil des habitants, en regard de l'animation intense des villes balnéaires du Sud. Mieux : capitale de la province de Binh Dinh, Quy Nhon est l'un des ports secondaires les plus actifs du Vietnam, et l'endroit idéal pour goûter aux poissons et fruits de mer locaux.

Pendant la guerre du Vietnam, la région a connu une intense activité militaire sud-vietnamienne, américaine, viêt-cong et sud-coréenne.

À voir

Plage municipale   PLAGE
Le long front de mer de Quy Nhon s'étend du port au nord-est jusqu'aux collines du sud. Il est magnifique, et a bénéficié d'un réaménagement important ces dernières années. Moins fréquentée que Nha Trang, il a presque autant d'attrait.

La section la plus agréable se trouve près du Saigon Quy Nhon Hotel, où un bosquet de cocotiers borde la route. À l'aube et le soir, les habitants viennent y pratiquer le taï-chi. De loin, on peut voir la grande **statue de Trân Hung Dao**, insultant les Chinois depuis le lointain promontoire (voir l'encadré p. 91). Vers le sud, un **mémorial de guerre** d'allure réaliste-socialiste domine une petite place.

Au-delà, des bâtiments mordent le front de mer et bordent une promenade verdoyante, ponctuée de grands hôtels. Celle-ci s'étire jusqu'à l'extrémité sud de la baie. En retrait de la ville, cette plage est encore plus belle et isolée. La nuit, les lumières des bateaux de pêche donnent l'illusion d'un village flottant sur la mer.

GRATUIT Musée Binh Dinh   MUSÉE
(28 Đ Nguyen Hue ; 7h-11h et 14h-17h l'été, 7h30-11h et 13h30-16h30 oct-mars). Ce petit musée retrace l'histoire locale. Le hall évoque le communisme ; une impression sur soie (Zuy Nhat, 1959) figure un gros colon français assis, dominant des mandarins ; ils sont eux-mêmes soutenus par des bureaucrates et des patrons intraitables, une pyramide humaine reposant sur les masses opprimées. La salle de gauche comporte une petite section d'histoire naturelle et quelques statues cham. La pièce à l'arrière accueille une superbe collection cham. La salle située à droite de l'entrée est consacrée à la guerre du Vietnam.

Tours cham de Thap Doi   TEMPLE
(5 000 d ; 8h-11h et 13h-18h). Ces deux remarquables tours cham se dressent dans un petit parc de la ville. Des marches abruptes mènent aux anciens temples, ouverts sur le ciel. Ils comportent des toits pyramidaux courbés, et non les habituelles terrasses de l'architecture cham. La grande tour (20 m de hauteur) a conservé certaines décorations de brique et des vestiges de la statuaire en granit qui ornait jadis son sommet. Les torses démembrés de *garuda* (créature mythologique mi-oiseau, mi-humaine) subsistent aux angles du toit.

Pour vous rendre aux tours à partir du centre, prenez Đ Tran Hung Dao en direction de l'ouest, en les cherchant du regard sur la droite.

Pagode Long Khanh   TEMPLE
Difficile de manquer le bouddha de 17 m de hauteur, érigé en 1972, annonçant la principale pagode de Quy Nhon. Celle-ci est située à l'écart de la route, près du 143 Đ Tran Cao Van. Elle fut fondée en 1715 par un marchand chinois. Ses moines président aux affaires religieuses de la communauté bouddhiste de la ville, relativement active.

Endommagée pendant la guerre d'Indochine, la pagode a été restaurée en 1957. Des dragons en mosaïque aux crinières de verre brisé mènent au bâtiment principal, flanqué de tours abritant un tambour géant (à gauche) et une énorme cloche. À l'intérieur, devant le grand bouddha Thich Ca de cuivre (et son halo de néons multicolore), vous pourrez admirer la représentation d'une Chuan De (déesse de la Pitié). Ses bras et ses yeux multiples symbolisent sa capacité à toucher et à voir tout le monde.

Plages de la Reine et de Quy Hoa   PLAGES
La qualité de l'eau s'améliore considérablement, une fois la colline de Ganh Rang contournée vers le sud de la ville. Plusieurs plages sont faciles d'accès à vélo.

Plage de la Reine
Appréciée des habitants, cette petite plage de galets, au pied de Ganh Rang, était autrefois l'un des sites de villégiature favoris de la reine Nam Phuong. On y trouve un café et la vue est superbe sur Quy Nhon. Pour vous y rendre, prenez Ð An Duong Vuong jusqu'à l'extrémité sud du front de mer de Quy Nhon, et remontez la route. Après avoir traversé un petit pont, tournez à gauche et passez le portail où vous vous acquitterez du droit d'entrée (5 000 d). Suivez le chemin jusqu'en haut de la colline, en prenant à gauche à l'embranchement. La plage de la Reine est indiquée à gauche.

Plage de Quy Hoa et léproserie
Contrairement à beaucoup d'autres, cette léproserie ressemble à quelque village établi sur un joli site du bord de mer. Les patients vivent dans d'accueillantes petites maisons, et œuvrent selon leurs capacités : ils cultivent le riz, pêchent, effectuent diverses réparations, tiennent des petites boutiques d'artisanat ou travaillent en atelier – l'un d'eux, soutenu par Handicap International, fabrique des prothèses orthopédiques.

Le parc de l'**hôpital** (364 63 43 ; 5 000 d ; 7h-19h) est si bien entretenu qu'il évoque un complexe balnéaire. Y sont disséminés les bustes de nombreux médecins (vietnamiens et étrangers). Devant la léproserie, la **plage de Quy Hoa** est l'une des plus belles étendues de sable des environs, et un point de chute prisé de la petite communauté locale d'expatriés. Un peu plus haut, un sentier sablonneux mène sur la colline du **tombeau de Han Mac Tu**, poète mystique mort en 1940.

À pied ou à vélo, longez la route après la plage de la Reine jusqu'aux portes d'entrée de l'hôpital, à environ 1,5 km au sud de Quy Nhon. La léproserie est également accessible depuis la route de Song Cau. Vous tournerez à gauche lorsque vous aurez à nouveau vue sur les flots, après avoir dépassé les collines au sud de la ville.

Où se loger

Le rapport qualité/prix à Quy Nhon est excellent, on peut donc dépenser un peu plus pour gagner beaucoup en confort.

Hotel Au Co – Ben Bo Bien   HÔTELS $
(374 7699 ; hotel_auco@yahoo.com ; 8 et 24 Ð An Duong Vuong ; ch 180 000-300 000 d ;). Gérés par une même famille, ces deux hôtels portent le même nom. Légèrement plus agréable, celui situé au n°8, à la même adresse que l'Anh Vy Hotel (plus loin), est installé dans une haute maison de ville. D'étroits escaliers, dont les balustrades sont ornées de dragons sculptés, mènent aux chambres bien tenues : petite sdb et superbe vue sur mer depuis le balcon. L'hôtel du n°24 est encore plus kitsch, avec ses arbres artificiels à l'entrée. Le personnel, accueillant, parle bien anglais. Location de vélos : 30 000 d/jour ; motos : 120 000 d/jour.

Hoang Yen Hotel   HÔTEL $$
(374 6900 ; www.hoangyenhotel.com.vn ; 5 Ð An Duong Vuong ; ch 400 000-950 000 d ;). Cet hôtel de 10 étages, qui surplombe la plage au sud de la ville, offre un très bon rapport qualité/prix. Les chambres, stylées, sont équipées de TV sat, minibar, et mobilier en bois. Celles avec vue sur mer ne sont pas beaucoup plus chères.

Life Resort   HÔTEL DE CHARME $$$
(384 0132 ; www.life-resorts.com ; Bai Dai Beach ; ch 106-120 $US, ste 147 $US ;). Ce splendide complexe hôtelier, sis sur une plage privée à 18 km au sud de la ville, est le plus luxueux de Binh Dinh. Une subtile influence cham imprègne l'architecture et la décoration. Les chambres, vastes et claires, comportent une belle sdb ouverte. Offrez-vous une séance de spa, du taï-chi sur la plage ou une sortie de snorkeling. Le service est chaleureux et le personnel parle anglais. Au restaurant, le menu et la carte des vins sont impressionnants.

Anh Vy Hotel   HÔTEL $
(384 7763 ; 8 Ð An Duong Vuong ; ch 130 000-220 000 d ;). Sis à la même adresse que l'Hotel Au Co, cité plus haut, cet établissement familial loue des chambres propres avec TV sat et douches chaudes. Certaines, à l'étage, ont vue sur mer. Il y a également des triples.

Quy Nhon Hotel   HÔTEL $$
(389 2401 ; www.quynhonhotel.com.vn ; 8 Ð Nguyen Hue ; ch à partir de 400 000 d ;).

Quy Nhon

Sous l'imposante façade coloniale se cache un vieil hôtel géré par le gouvernement. Le rapport qualité/prix est parmi les meilleurs en ville en regard de la taille et les équipements des chambres.

Lan Anh Hotel HÔTEL $
(389 3109 ; 102 Đ Xuan Dieu ; ch 200 000-300 000 d ; ※@令). Situé à côté du Barbara's, un café accueillant les voyageurs, l'établissement propose des chambres dotées de TV, réfrigérateur et sdb avec eau chaude. On trouve de bons restaurants locaux juste au nord de l'hôtel.

Saigon-Quy Nhon Hotel HÔTEL $$
(382 0100 ; www.saigonquynhonhotel.com.vn ; 24 Đ Nguyen Hue ; s 40-50 $US, d 50-60 $US, ste à partir de 120 $US ; ※@令⛱). Géré par Saigon Tourist, l'hôtel propose des chambres élégantes et modernes, à l'épaisse moquette. On dispose de peignoirs, d'un coffre, d'une connexion Wi-Fi et d'une petite piscine. Le bar sur le toit offre une vue imprenable sur la mer.

Royal Hotel & Healthcare Resort COMPLEXE HÔTELIER $$
(374 7100 ; www.royalquynhon.com ; 1 Đ Han Mac Tu ; ch 55-65 $US, ste 110 $US ; ※@令⛱). Lors de notre précédent passage, nous recommandions cet établissement, mais les tarifs ont bien augmenté depuis... Immense, l'hôtel compte 133 chambres. Vaste piscine, centre de fitness, courts de tennis et services de massage.

Où se restaurer et prendre un verre

On trouve au centre-ville de Quy Nhon de nombreux étals de restauration.

Barbara's: The Kiwi Connection CAFÉ $
(102 Đ Xuan Dieu ; plats 25 000-75 000 d). Réputé pour sa cuisine néo-zélandaise, cet endroit attire voyageurs et expatriés chaque soir.

Quy Nhon

◎ À voir
1 Musée Binh Dinh C2
2 Pagode Long Khanh B2
3 Pagode Tam An C2

⊕ Où se loger
4 Anh Vy Hotel A4
5 Hoang Yen Hotel A4
6 Hotel Au Co – Ben Bo Bien A4
7 Hotel Au Co – Ben Bo Bien A4
8 Lan Anh Hotel D2
9 Quy Nhon Hotel C2
10 Saigon Quy Nhon Hotel C2

⊗ Où se restaurer
11 2000 Seafood B3
Barbara's: The Kiwi Connection ...(voir 8)
12 Khanh My B2
13 Que Huong B2
Tinh Tam ....(voir 2)

🅐 Achats
14 Co-op Mart A2
15 Marché Lon C2

On y sert des plats comme le *fish and chips* ainsi que de délicieux *smoothies* et des petits-déjeuners internationaux. Bières locales bon marché.

2000 Seafood — FRUITS DE MER $
(1 Đ Tran Doc ; plats 40 000-250 000 d). Inutile de s'inquiéter de la fraîcheur des fruits de mer : crabes, crevettes et poissons proviennent des viviers du rez-de-chaussée. Il y a également une salle à l'étage, avec un balcon. La fondue de fruits de mer est une merveille.

Que Huong — FRUITS DE MER $
(125 Đ Tang Bat Ho ; plats 30 000-190 000 d). Fréquenté par la population locale, cet établissement sert de tout, des fruits de mer au serpent. Le personnel accueille chaleureusement les quelques étrangers de passage.

Tinh Tam — VÉGÉTARIEN $
(141 Đ Tran Cao Van ; plats 10 000-20 000 d ; 🍴). Juste à côté de la pagode Long Khanh, ce minuscule restaurant propose des plats végétariens dans un cadre très simple. L'assiette mixte est copieuse et nourrissante.

Khanh My — CAFÉ $
(100 Đ Pham Hung ; plats 30 000-90 000 d). Depuis la disparition du Vespa Cafe, celui-ci est devenu le plus populaire de la ville. On s'y rend pour le café mais il propose aussi un choix de poissons vietnamiens. Wi-Fi gratuit.

🛍 Achats

Marché Lon — MARCHÉ
(Cho Lon, Đ Tang Bat Ho). Après avoir entièrement brûlé en décembre 2006, ce célèbre marché a été reconstruit dans le style, bien plus anonyme, d'un centre commercial. Toutefois, les vendeurs sont nombreux dans les rues alentour, rendant l'endroit propice à la photographie.

Co-op Mart — SUPERMARCHÉ
(📞382 1321 ; 7 Đ Le Duan). Cet immense centre commercial évoque plutôt un marché traditionnel, car on y vend un peu de tout. C'est l'adresse idéale pour acheter des provisions avant d'aller visiter les tours cham de la région, ou avant un long trajet en bus.

Nguyen Nga Centre — ARTISANAT
(📞381 8272 ; www.nguyennga.org ; 91 Đ Dong Da). Ce magasin vend de jolis tissus, des produits artisanaux, des bijoux et des vêtements. Les recettes servent à gérer un centre pour étudiants handicapés.

ℹ Renseignements

Barbara's : The Kiwi Connection (📞389 29 21 ; nzbarb@yahoo.com ; 102 Đ Xuan Dieu). On y fournit des renseignements touristiques gratuits et des cartes. Location de vélos et de motos.

Binh Dinh Tourist (📞389 25 24 ; fax 891 162 ; 10 Đ Nguyen Hue). Office du tourisme géré par le gouvernement.

Poste principale (197 Đ Phan Boi Chau ; ⊙6h30-22h). Accès Internet à petit prix.

Vietcombank (148 Đ Le Loi). À l'angle de Đ Tran Hung Dao ; dispose d'un DAB ouvert 24h/24.

ℹ Depuis/vers Quy Nhon

Avion

Vietnam Airlines (📞382 53 13 ; 1 Đ Nguyen Tat Thanh) assure des vols quotidiens entre Quy Nhon et HCMV (983 000 d). Il y a aussi des vols quotidiens pour Danang (983 000 d). Quatre fois par semaine, ils continuent jusqu'à Hanoi (2 033 000 d).

Vietnam Airlines propose également un transfert en minibus (40 000 d) pour les passagers de la compagnie entre l'agence et l'aéroport de Phu Cat, à 36 km au nord de la ville.

Bus

La gare routière de Quy Nhon (Đ Tay Son) est au sud de la ville. Le principal arrêt suivant vers le nord est Quang Ngai (60 000 d, 3 heures 30), avec des bus fréquents pour Danang (75 000 d, 6 heures) et un bus pour Hué (120 000 d, 9 heures). Vers le sud, des bus desservent régulièrement Nha Trang (80 000 d, 5 heures).

Quy Nhon est un point d'accès commode pour explorer les hauts plateaux du Centre. Des bus partent fréquemment pour Pleiku (70 000 d, 4 heures), dont plusieurs continuent jusqu'à Kon Tum (80 000 d, 5 heures) et quelques-uns jusqu'à Buon Ma Thuot (120 000 d, 7 heures).

Il est dorénavant possible d'aller en bus jusqu'à Pakse au Laos, en traversant la frontière au nord de Kon Tum (250 000 d, 20 heures, 4/semaine). Le point de passage frontalier est Bo Y. Voir l'encadré p. 305.

Train

La ligne principale la plus proche passe à Dieu Tri, à 10 km à l'ouest de Quy Nhon. La **gare ferroviaire de Quy Nhon** (Đ Le Hong Phong) se trouve au bout d'une voie latérale de 10 km débouchant sur la ligne principale nord-sud. Elle n'est desservie que par des trains locaux, très lents – et donc à éviter. Vous rejoindrez plus rapidement Dieu Tri (ou en partirez) avec un taxi (150 000 d) ou un *xe om* (moto-taxi, 80 000 d).

Parmi les destinations desservies : Quang Ngai (82 000 d, 5 heures), Danang (178 000 d, 7 heures) et Nha Trang (132 000 d, 4 heures).

Voiture et moto

Quy Nhon se trouve à 238 km de Nha Trang, à 186 km de Pleiku, à 198 km de Kon Tum, à 174 km de Quang Ngai et à 303 km de Danang.

Ruines cham de Cha Ban

Le site de l'ancienne capitale cham de Cha Ban (aussi appelée Vijay et Quy Nhon) se trouve à 26 km au nord de Quy Nhon et à 5 km de Binh Dinh. Important d'un point de vue archéologique, il n'offre pas grand-chose à voir. Cependant, plusieurs édifices cham méritent la visite dans cette zone.

TOURS CHAM DE BANH IT

Ces quatre **tours cham** (Phuoc Hiep, district de Tuy Phuoc ; entrée libre ; ⊙7h-11h et 13h30-16h30) sont visibles depuis la RN 1A au sommet d'une colline, à 20 km au nord de Quy Nhon. C'est le site cham le plus intéressant. L'architecture de chaque tour est unique, bien que toutes aient été construites entre la fin du XIe et le début du XIIe siècle. La plus petite tour, avec son toit en berceau, comporte les sculptures les plus sophistiquées. Une grande pagode bouddhique se dresse à flanc de colline sous la plus basse des tours. Du haut de la colline, le paysage est magnifique.

Suivez Đ Tran Hung Dao à la sortie de la ville pendant environ 30 min : vous verrez

---

LA VILLE PERDUE DU CHAMPA

Cha Ban fut le siège du gouvernement cham, depuis l'an 1000 (après la perte d'Indrapura, connue aussi sous le nom de Dong Duong) jusqu'en 1471. Elle subit les assauts répétés des Vietnamiens, des Khmers et des Chinois.

En 1044, le prince vietnamien Phat Ma occupa la ville et remporta un important butin – il comprenait non seulement de l'argent, mais aussi les épouses, les danseuses, les musiciennes et les chanteuses du roi cham. De 1190 à 1220, Cha Ban vécut sous la férule de Jayavarman VII et de l'Empire khmer de 1190 à 1220.

En 1377, les Vietnamiens échouèrent dans leur tentative de prendre la capitale, et leur roi fut tué pendant la bataille. En 1471, l'empereur vietnamien Lê Thanh Ton fit tomber la porte orientale de la ville et captura le roi cham, ainsi que cinquante membres de sa famille. Au cours de ce dernier grand combat livré par les Chams, 60 000 des leurs furent tués, 30 000 autres faits prisonniers.

Pendant la révolte des Tây Son, Cha Ban devint la capitale de la région Centre, sous la houlette de Nguyên Nhac, l'aîné des trois frères Tây Son. En 1793, elle résista victorieusement aux troupes de Nguyên Anh, le futur empereur Gia Long, mais s'inclina quelque six ans plus tard. Par la suite, les Tây Son récupérèrent le port de Thi Nai (actuelle Quy Nhon) et s'attaquèrent à Cha Ban. Le siège dura un an : en juin 1801, l'armée de Nguyên Anh, conduite par le général Vu Tinh, avait épuisé ses munitions et mangé tous les chevaux et les éléphants. Refusant l'ignominie d'une reddition, Vu Tinh fit construire une tour octogonale en bois que l'on remplit de poudre. Ensuite, paré de ses vêtements de cérémonie, il entra dans la tour et la fit exploser. En apprenant la mort de son dévoué général, Nguyên Anh éclata en sanglots.

les tours au loin, sur la droite. Après les feux de jonction avec la route nationale, traversez le pont et prenez à droite, puis tournez à gauche sur la route qui gravit la colline pour atteindre l'entrée.

TOURS CHAM DE DUONG LONG

Plus difficiles à trouver, ces trois **tours cham** (Binh Hoa, district de Tay Son ; entrée libre ; ⊙7h-11h et 13h30-16h30) se dressent dans la campagne, à environ 50 km au nord-ouest de Quy Nhon. La plus grande des trois tours en brique (24 m de hauteur) date de la fin du XIIe siècle. Elle est ornée de décorations de granit représentant un *naga* (serpent mythique aux pouvoirs divins) et des éléphants (Duong Long signifie tours d'ivoire). Les portes sont décorées de bas-reliefs figurant des femmes, des danseurs, des monstres et divers animaux. Les angles de la structure sont formés par d'énormes têtes de dragons. Lors de notre passage, d'importantes fouilles avaient lieu, révélant des sculptures bien préservées à environ 1 m sous le niveau actuel du sol à la base des tours. De grands travaux de restauration étaient aussi en cours.

Mieux vaut visiter les tours avec un chauffeur ou lors d'une visite organisée, car la route menant au site est parsemée de rizières et de ponts bringuebalants.

Musée Quang Trung

Ce musée est consacré à Nguyên Huê, deuxième des trois frères responsables de la révolte des Tây Son, lequel se proclama empereur en 1788 sous le nom de Quang Trung. L'année suivante, Quang Trung et ses troupes battirent à plate couture, près de Hanoi, une armée chinoise forte de 200 000 hommes : cette épopée est, aux yeux des Vietnamiens, le plus grand triomphe de leur histoire nationale.

Son règne, bien que court, fut marqué par des avancées : il encouragea la réforme agraire, révisa le système des impôts, renforça l'armée, développa l'éducation et encouragea la poésie et la littérature. Il mourut en 1792, à l'âge de 40 ans. Les ouvrages communistes aiment voir en lui le chef d'une révolution paysanne dont les acquis furent piétinés par la dynastie réactionnaire des Nguyên (arrivée au pouvoir en 1802, celle-ci fut renversée par Hô Chi Minh en 1945).

Le **musée Quang Trung** (Phu Phong ; 10 000 d ; ⊙8h-11h30 et 13h30-16h30 lun-ven) est construit sur le site de la maison des frères. Il renferme le puits original et un tamarinier qu'ils auraient planté. On peut y contempler diverses statues, des costumes, des documents et des objets du XVIIIe siècle, dont la plupart sont accompagnés d'un commentaire en anglais. Notez les tambours de guerre en peau d'éléphant et les gongs bahnar. Le musée est célèbre pour ses démonstrations de *vo binh dinh*, un art martial traditionnel utilisant un bâton en bambou.

Le musée se trouve à quelque 50 km de Quy Nhon. Prenez la RN 19 à l'ouest sur 40 km vers Pleiku. Le musée est à environ 5 km au nord de la route (l'embranchement est indiqué) à Phu Phong, dans le district de Tay Son.

Réserve naturelle Ham Ho

Superbe réserve naturelle à 55 km de Quy Nhon, **Ham Ho** (☎388 08 60 ; Tay Phu ; 12 000 d ; ⊙7h-11h30 et 13h-16h30) peut facilement s'associer à une visite au musée Quang Trung. Il est plus plaisant de visiter le parc en kayak (60 000 d), le long de la rivière limpide et poissonneuse qui traverse la jungle sur 3 km. Les piscines d'eau les plus agréables pour la baignade se trouvent plus en amont. Il est possible de trouver un hébergement aux bons soins du parc, moyennant 220 000 d pour une chambre double.

La route pour Ham Ho est indiquée au sud de la RN 19 à Tay Son.

Song Cau

☎057

Ce village figure rarement sur l'itinéraire des voyageurs. Pourtant, situé non loin d'une immense baie qui mérite le détour, c'est une bonne étape entre Nha Trang et Hoi An.

Song Cau est à 170 km au nord de Nha Trang et à 50 km au sud de Quy Nhon. Les bus empruntant la route nationale pourront, avec un peu de chance, vous déposer ou vous prendre au passage. Si vous êtes motorisé, empruntez la nouvelle route côtière reliant Song Cau à Quy Nhon : le panorama est splendide et plusieurs belles plages jalonnent la voie.

Tuy Hoa

☎057 / 165 000 HABITANTS

La capitale de la province de Phu Yen est une cité accueillante, dotée d'une grande et

> **VAUT LE DÉTOUR**
>
> ## LA PLAGE DE BAI BAU
>
> Les initiés bouderont le Life Resort qui facture 10 $US l'accès à la plage aux non-résidents (même si vous y avez pris votre repas). Gagnez plutôt, à 1 km au nord, la plage beaucoup moins chère de **Bai Bau** (10 000 d). Ce magnifique croissant de sable blanc, d'à peine 150 m de largeur, est abrité par des caps rocheux, avec des montagnes en toile de fond. Elle est fréquentée le week-end et pendant les fêtes, mais en semaine vous y serez quasi seul.
>
> Bai Bau est bien indiquée, à la sortie de la route de Song Cau, à quelque 20 km au sud de Quy Nhon, d'où il est possible de venir en moto ou en taxi.

agréable plage de sable doré, peu fréquentée et parfaite pour une halte d'une nuit.

Les quelques sites intéressants de la ville sont tous situés sur des collines que l'on aperçoit depuis la RN 1. Un énorme **bouddha assis** vous accueille si vous venez du nord. Au sud de la ville, la **tour cham Nhan** est impressionnante, surtout quand elle est illuminée la nuit. Pour y parvenir, on traverse un petit **jardin botanique** et on profite d'une vue magnifique. D'un côté de cette colline se trouve un imposant **mémorial de guerre**.

Où se loger et se restaurer

Il y a d'autres hôtels, outre ceux mentionnés ci-après, ainsi que de modestes restaurants et des vendeurs de rue sur la route nationale et dans Đ Tran Hung Dao, mais le trafic rend ces lieux peu agréables.

Le mieux est de dîner sur la plage, où de nombreux restaurants servent des fruits de mer et de la *bia hoi* (bière pression). Mettez-vous d'accord sur les tarifs, généralement au kilo, pour éviter toute mauvaise surprise.

Cong Doan Hotel HÔTEL $
(382 3187 ; 53 Đ Doc Lap ; ch 200 000 d ; ※@☎). L'hôtel, dont le nom signifie "hôtel du syndicat", est bien situé, face à la plage. Parfois quasi désert, il abrite des chambres à 10 $US, assez grandes, d'un bon rapport qualité/prix, avec TV sat et eau chaude. Demandez une chambre avec vue sur la mer.

Cendeluxe Hotel HÔTEL $$
(381 8818 ; cendeluxehotel.com ; Đ Hai Duong ; ch à partir de 65 $US ; ※@☎≋). On repère de loin ce gratte-ciel de 14 étages. L'hôtel 5 étoiles propose des tarifs spéciaux sur Internet, comprenant la pension complète et l'accès à la piscine près de la plage.

Renseignements

DAB de l'Incombank (239 Đ Tran Hung Dao). En face du marché.

Poste principale (angle Đ Tran Hung Dao et Nguyen Thai). Accès Internet.

Depuis/vers Tuy Hoa

AVION Une agence Vietnam Airlines (382 6508 ; 353 Đ Tran Hung Dao) est installée au centre-ville et l'aéroport se trouve à 8 km au sud. La compagnie Vasco propose plusieurs vols hebdomadaires entre Tuy Hoa et HCMV (780 000 d).

BUS Depuis Tuy Hoa, des bus desservent régulièrement Quy Nhon (40 000 d, 2 heures, 110 km) et Nha Trang (60 000 d, 3 heures, 123 km).

TRAIN La gare ferroviaire de Tuy Hoa (Đ Le Trung Kien) se trouve sur une route parallèle à la route nationale, au nord de la route principale. Parmi les destinations figurent Danang (8 heures) et Nha Trang (2 heures 30).

De Tuy Hoa à Nha Trang

057

La RN 1, dont le tronçon côtier entre Tuy Hoa et Nha Trang offre un magnifique spectacle, permet de rejoindre des plages isolées. D'autres se dissimulent dans la jungle, entre les promontoires et sur les îles. Il suffit d'une journée ou deux pour explorer une grande partie du secteur, si vous êtes motorisé. Comme il est difficile de changer ou de retirer de l'argent, soyez prévoyant à Nha Trang, à Tuy Hoa ou à Quy Nhon.

PLAGE DE DAI LANH
Cette plage en croissant offre deux aspects bien différents. Elle s'étend d'un village de pêcheurs délabré, au nord, jusqu'à une zone magnifique, à l'ombre de casuarinas. À environ 1 km au sud se trouve une grande chaussée de dunes qui mérite une exploration ; elle relie le continent à Hon Gom, une péninsule montagneuse de presque 30 km de longueur. Les bateaux pour l'île de la Baleine partent de **Dam Mon**, le principal village de Hom Gom, niché dans une baie.

Il est possible de dormir sous les arbres sur la plage de Dai Lanh, mais les hébergements proposés à Doc Let sont beaucoup plus confortables. Le **Thuy Ta Restaurant**

(📞384 2117 ; ch 300 000 d) loue des bungalows sommaires au fond de la plage, avec clim et sdb attenante. La carte fait la part belle aux produits de la mer (plat 50 000-150 000 d).

Dai Lanh s'étend à 40 km au sud de Tuy Hoa et à 83 km au nord de Nha Trang sur la RN 1.

ÎLE DE LA BALEINE

À 15 min en bateau de Dam Mon, l'île de la Baleine est un minuscule point sur la carte, qui abrite l'agréable **Whale Island Resort** (📞384 05 01 ; www.whaleislandresort.com ; s/d à partir de 29/41 $US). Les charmants bungalows sont décorés dans un style rustique avec un mobilier en bambou et rotin. Le cadre est parfait. Les repas, obligatoires mais copieux, coûtent 24 $US par personne et par jour. Des transferts quotidiens, combinant bus et bateau depuis Nha Trang, sont proposés (19 $US/personne ou 56 $US/minibus).

Le club de plongée Rainbow Divers est installé sur l'île ; son agence de Nha Trang peut effectuer des réservations et des transferts. La saison s'interrompt ici mi-octobre pour reprendre vers mi-janvier. Entre avril et juillet, des requins baleines croisent dans les parages pour se nourrir de krill.

PLAGE DE DOC LET

Tout en longueur et en largeur, cette belle plage de sable blanc borde des eaux peu profondes. Doc Let (prononcer "yop lek") est facilement accessible depuis Nha Trang. Elle mérite une expédition d'une journée (10 000 d), voire une nuit sur place. Malheureusement, l'artère principale, où se trouve le Doc Let Resort, géré par le gouvernement, est complètement envahie par les touristes vietnamiens voyageant le long de la côte, il est donc intéressant de louer une moto pour explorer les environs à son rythme. Malgré la petite ville proche, les hôtels de la plage sont assez isolés. Si vous séjournez ici, préparez-vous… à ne rien faire.

🛏 Où se loger

Jungle Beach PENSION $
(📞366 2384 ; syl@dng.vnn.vn ; ch 450 000 d). Certes, les logements sont un peu difficiles d'accès et plutôt spartiates : on peut camper à la belle étoile ou opter pour un petit abri sur la plage. Mais le tarif comprend tous les repas, contribuant à l'esprit de communauté et à l'ambiance festive de cet endroit, qui n'a rien à envier à la Thaïlande ou à Goa. Des chambres ont également été aménagées dans une cabane. Mieux vaut s'y rendre en taxi ou en moto-taxi *(xe om)*, pour bien mémoriser le chemin.

Paradise Resort HÔTEL $$
(📞367 0480 ; www.vngold.com/doclet/paradise ; bungalows s 25 $US, d 40-50 $US, app 70 $US ; ❄@🛜). Cette retraite, très calme, est appréciée des voyageurs cherchant à fuir la vie trépidante de Nha Trang. Situé à Dom Hai, un village tranquille où la plage reste à l'écart des infrastructures touristiques, ce complexe tenu par des Français comporte des huttes avec vue sur la plage ou des appartements de meilleur confort. Les tarifs incluent 3 repas par jour, eau, thé, café et fruits. Suivez les panneaux bleus après le virage indiquant Doc Let Resort sur 2 km. Prenez à droite après la station-service, puis à nouveau à droite à mi-chemin dans le village.

White Sand Doclet Resort & Spa COMPLEXE HÔTELIER $$$
(📞367 0670 ; www.whitesandresort.com.vn ; ch 77-85 $US, villas 92-123 $US ; ❄@🛜☒). Ce complexe chic propose des chambres joliment décorées, ainsi que tout le nécessaire, des peignoirs aux coffres. Toutes les chambres donnent sur la plage et les villas sont pourvues d'une immense TV et d'un lecteur DVD.

VAUT LE DÉTOUR

LA BAIE DE VUNG RO

Présentée comme le point le plus à l'est du Vietnam sur le continent, la baie de Vung Ro est également réputée pour ses jolies baies isolées qui dissimulent des plages préservées. C'est aussi l'un des premiers ports en eau profonde dans cette partie du Vietnam. Il fit parler de lui en février 1965, lorsqu'un hélicoptère de l'armée américaine y repéra un navire de ravitaillement nord-vietnamien. Vung Ro faisait partie de la piste maritime Hô Chi Minh (alternative à la piste terrestre), et on y faisait passer des armes pour les forces viêt-cong du Sud-Vietnam. La découverte d'un ravitaillement du Sud par le Nord confirma les soupçons des États-Unis et justifia l'intensification des combats. Accessible à moto ou en voiture, la petite ville de Vung Ro se trouve à 33 km au sud-est de Tuy Hoa.

Ki-em Art House
HÔTEL DE CHARME $$$

(☎367 0952 ; www.ki-em.com ; bungalows 160-190 $US ; ✴@🛜☒). Cet hôtel, tout proche du village de Dom Hai, dans la propriété d'un artiste vietnamo-allemand, est tout à fait charmant. Les élégants bungalows, agrémentés de lits à baldaquin et d'œuvres d'art, sont répartis dans le somptueux jardin qui fait face à une plage tropicale. Le site héberge aussi une galerie d'art, avec des œuvres du maître des lieux. Sur le site web, on peut lire "Ceci n'est pas un hôtel…" et c'est vrai, c'est beaucoup mieux que ça.

ⓘ Depuis/vers Doc Let
Parcourez 35 km au nord de Nha Trang sur la RN 1. Ensuite, prenez à droite (à l'est) à environ 4 km après Ninh Hoa. Tournez à droite, continuez sur 10 km le long de beaux marais salants, et ouvrez l'œil pour repérer les panneaux indiquant les hôtels (Jungle Beach n'est pas mentionné). Prenez à gauche, traversez le village de Doc Let, puis tournez à droite jusqu'à la plage. Si vous comptez séjourner ici, renseignez-vous à votre hôtel pour les transferts.

BAIE DE NINH VAN

Sur une plage isolée, à l'extrémité d'une péninsule recouverte de jungle au nord de Nha Trang, aucune route ne mène au site de **Six Senses Ninh Van Bay** (☎372 82 22 ; www.sixsenses.com ; villas 734-2 070 $US ; ✴@🛜☒). Seuls les clients – têtes couronnées, stars de cinéma et autres célébrités – peuvent y accéder après 30 min de bateau sur la vedette du complexe. Ils embarquent à partir d'un débarcadère, à 14 km au nord de Nha Trang. Les lieux ont même leur propre fuseau horaire – les horloges retardent d'une heure pour encourager les clients à profiter du lever du soleil ! L'architecture d'inspiration traditionnelle et les chemins de terre entre les bâtiments donnent l'illusion d'un village de jungle… où chaque habitation serait une élégante villa à deux niveaux, avec sa piscine et un majordome disponible 24h/24. Comme les prix le laissent espérer, les services sont de haute volée, le personnel est affable et le cadre, tout simplement magique. Parmi les équipements figurent plusieurs restaurants et bars, dont le Dining by the Rocks au-dessus du complexe, ainsi que l'emblématique Six Senses Spa.

Nha Trang

☎058 / 375 000 HABITANTS

Nha Trang n'est peut-être pas aussi belle que Mui Ne, ou autant chargée d'histoire que Hoi An, mais elle n'en attire pas moins les foules. Pour beaucoup, c'est la plus belle plage du Vietnam. Le décor est somptueux : des montagnes surgissent derrière la ville, des plages s'étirent à perte de vue et les eaux turquoise sont tachetées d'îles. Celles-ci offrent la possibilité de petites croisières et d'exploration sous-marine.

Le front de mer a été beaucoup réaménagé au cours des dernières années. Des parcs et des jardins de sculptures sont ainsi apparus le long de la plage. La nuit, les lieux reprennent toutefois une atmosphère fiévreuse. Les motos filent, tandis qu'arrivent les dealers, proxénètes et prostituées qui espèrent soulager les touristes de leurs derniers dongs.

La ville principale, où vrombissent les *xe om*, est une entité bien locale, totalement indifférente aux touristes amassés sur les plages. Un complexe hôtelier international ceinture le littoral sur quelques pâtés de maisons, avec son cortège d'hôtels de luxe, de magasins de souvenirs, de restaurants et de bars. Ce quartier de la ville n'a plus rien à voir avec le Vietnam authentique.

Nha Trang ne se résume pas uniquement à ses plages paradisiaques. On y trouve aussi d'excellentes tables pour se régaler de fruits de mer, de poissons et de plats internationaux. Le nombre de restaurants diminue, mais la vie nocturne s'intensifie dans cette ville très festive.

Si vous préférez d'autres loisirs que la tournée des bars, maintes activités vous attendent : spa traditionnel, bains de boue, visite des tours cham séculaires qui se dressent dans le centre-ville. Vous pouvez également visiter Vinpearl Land, une pâle copie des parcs d'attractions à l'américaine. Bref, chacun peut trouver son bonheur à Nha Trang.

Un microclimat règne sur cette partie du pays où les pluies se concentrent d'octobre à décembre. Si vous aimez le farniente et la plongée dans les eaux limpides, mieux vaut éviter cette période.

⊙ À voir

Plage de Nha Trang
PLAGE

Les eaux claires et turquoise de la plage de Nha Trang (6 km) sont plus agréables à la saison sèche, de juin à début octobre. La plus grande partie de l'année, l'eau est bien de la couleur annoncée dans les brochures touristiques. En revanche, pendant les fortes pluies, les rivières qui se déversent

Nha Trang

Nha Trang

◉ À voir
1 Bouddha A2
2 Pagode Long Son A2
3 Musée océanographique
   national B5
4 Tours cham de Po Nagar A1

◉ Activités
5 Con Se Tre B4
6 Parc aquatique de Phu Dong A4
7 Thap Ba Hot Spring Center A1

◉ Où se loger
8 Bao Dai's Villas B5
9 Evason Ana Mandara Resort &
   Spa B4

◉ Où se restaurer
10 Lang Nuong Phu Dong Hai San A4

---

dans la baie, à chaque extrémité de la plage, charrient une eau marron ; la pluie tombe généralement la nuit ou le matin. Le meilleur moment pour profiter de la plage est avant 13h. Ensuite, la brise peut gâcher le farniente jusqu'à ce que le vent retombe, en soirée.

Vous pourrez louer des sièges de plage et tranquillement prendre un verre, un repas léger ou vous faire masser. Les sites les plus appréciés pour le farniente sont le Sailing Club et Louisiane Brewhouse. Le Four Seasons Cafe, en face du Nha Trang Lodge, offre une ambiance plus locale. Dirigez-vous un peu plus au sud, après l'Evason Ana Mandara Resort et vous pourrez trouver un coin de sable rien que pour vous.

Tours cham de Po Nagar TEMPLE
(Thap Ba, Dame de la cité ; carte p. 237 ; 16 000 d ; ⊙6h-18h). Le site de Po Nagar fut édifié entre le VIIe et le XIIe siècle, sur un lieu de culte hindou remontant au IIe siècle. Aujourd'hui, les bouddhistes chinois et vietnamiens viennent y prier et faire des offrandes, selon leurs traditions respectives. Par respect pour ce site sacré, il est préférable de se déchausser à l'entrée.

Les tours sont consacrées à Yang Ino Po Nagar, déesse du clan Dua (Liu) qui régna sur le sud du royaume cham – celui-ci recouvrait le Kauthara et le Pan Duranga (actuelles provinces de Khanh Hoa et de Thuan Hai). En 774, une violente attaque des Javanais eut raison de la structure primitive en bois. En 784, elle fut remplacée par un temple de brique et de pierre, le premier du genre. De nombreuses fondations en pierre jalonnent le site, témoins de la vie spirituelle et des structures sociales des Chams.

À l'origine, l'ensemble couvrait environ 500 m^2 et comportait sept ou huit tours – il n'en reste aujourd'hui que quatre. Tous les temples sont orientés vers l'est, de même que l'ancienne entrée (à droite, en remontant la petite colline). Jadis, les fidèles devaient passer par la salle de méditation aux multiples piliers (dix seulement subsistent), avant de gravir les marches menant aux tours.

Avec son toit pyramidal en gradins, sa voûte intérieure et son vestibule, la **tour nord** (Thap Chinh), haute de 28 m, est un superbe témoignage d'architecture cham. Elle fut édifiée en 817 après le saccage et l'incendie des temples. Les pillards repartirent avec un lingam (symbole phallique de Shiva) en métal précieux. En 918, le roi Indravarman III installa dans la tour un *mukha lingam*, phallus stylisé en or décoré d'un visage humain peint, qui fut dérobé par les Khmers. Les vols ou les destructions de statues se poursuivirent jusqu'en 965, date à laquelle le roi Jaya Indravarman IV remplaça le *mukha lingam* par une sculpture en pierre d'Uma (*shakti*, ou forme féminine de Shiva). Celle-ci est encore visible aujourd'hui.

Au-dessus de l'entrée de la tour nord, deux musiciens entourent Shiva qui danse à quatre bras, un pied posé sur la tête du taureau Nandin. Les montants en grès de la porte et certaines parties des murs du vestibule sont recouverts d'inscriptions. Un gong et un tambour trônent sous le plafond pyramidal de l'antichambre. Dans la grande salle en forme de pyramide (28 m de hauteur), une statue de pierre noire représente la déesse Uma aux dix bras, assise sur un animal mythique. Deux bras sont dissimulés sous son vêtement.

La **tour centrale** (Thap Nam) fut en partie reconstruite avec des briques récupérées au XIIe siècle sur le site d'un édifice du VIIe siècle. Son architecture ne présente ni la finesse ni le raffinement des autres : le toit pyramidal est dénué de gradins ou de pilastres. Vous remarquerez les inscriptions sur le mur gauche du vestibule. Les autels étaient autrefois recouverts d'argent, et la salle principale abrite un lingam.

La **tour sud** (Mieu Dong Nam) était jadis dédiée à Sandhaka (Shiva). On peut aussi y admirer un lingam. La **tour nord-ouest** (Thap Tay Bac), richement ornée, était consacrée à Ganesh. À l'arrière du site, un petit **musée** expose quelques témoignages sur l'art cham.

Les tours de Po Nagar sont perchées sur un monticule de granit à 2 km au nord de Nha Trang, sur la rive gauche du fleuve Cai. Depuis Nha Trang, prenez la Ð Quang Trung (qui devient la Ð 2 Thang 4) en direction du nord, puis traversez les ponts Ha Ra et Xom Bong. Vous pouvez également emprunter le pont Tran Phu en suivant la route du front de mer.

Pagode de Long Son PAGODE

(carte p. 237 ; ⊙7h30-11h30 et 13h30-17h30). Cette remarquable pagode se dresse à environ 400 m à l'ouest de la gare ferroviaire, juste à côté de Ð 23 Thang 10. Elle fut édifiée à la fin du XIXe siècle et reconstruite à plusieurs reprises. Le portique et la toiture sont ornés de dragons en mosaïque de verre et de céramique. Le sanctuaire principal, splendide, est décoré de motifs traditionnels réinterprétés de façon moderne.

Au sommet de la colline, derrière la pagode, se dresse un énorme **bouddha** blanc, haut de 14 m (carte p. 237 ; Kim Than Phat To). Son piédestal est entouré de bustes en relief de Thich Quang Duc et de six autres moines bouddhistes auréolés de flammes, qui s'immolèrent par le feu en 1963 (voir p. 184). Depuis la plate-forme, à laquelle on accède par un escalier de 152 marches à droite de la pagode, la vue sur Nha Trang et la campagne environnante est superbe. Prenez le temps d'explorer les lieux en obliquant sur votre gauche : vous découvrirez l'entrée d'une autre salle, tout aussi impressionnante.

Mendiants et artistes de pacotille se rassemblent ici. Faites attention aux escroqueries : des enfants – et parfois des adultes – portant des badges à leur nom vous abordent, prétendant travailler pour les bonzes. Après avoir insisté pour vous faire visiter la pagode, ils vous demanderont de l'argent "pour les bonzes" ou vous presseront d'acheter une carte postale à 100 000 d. Faites-leur comprendre que vous n'avez pas besoin d'eux et, s'ils persévèrent, dites-leur que vous savez qu'ils ne travaillent pas pour les bonzes. Si vous désirez faire un don à la communauté, utilisez les boîtes prévues à cet effet, comme dans les autres pagodes.

Cathédrale de Nha Trang ÉGLISE

(carte p. 242 ; angle Ð Nguyen Trai et Ð Thai Nguyen). Bâtie entre 1928 et 1933 dans un style gothique, tout comme les vitraux, cette cathédrale se dresse sur une petite butte surplombant la gare ferroviaire. Cet édifice est d'une surprenante élégance, d'autant plus qu'il a été construit à l'aide de simples blocs de ciment. Le néon rouge, autour du crucifix, est une particularité vietnamienne, ainsi que l'éclairage rose sur le tabernacle, l'arche en néon bleue et le halo en néon blanc au-dessus de la statue de Marie. En 1988, un cimetière catholique proche de l'église a été déplacé pour faire de la place à un nouveau bâtiment ferroviaire. Les ossements ont été enfouis dans des cavités, derrière le mur de plaques qui borde la rampe d'accès à la cathédrale.

Musée océanographique national MUSÉE
(carte p. 237 ; ☎359 00 37 ; haiduong@dng.vnn.vn ; 1 Cau Da ; adulte/enfant 15 000/7 000 d ; ◐6h-18h). Il se trouve dans un grand bâtiment colonial français du quartier portuaire de Cau Da, à l'extrême sud de Nha Trang. Rattaché à l'Institut océanographique fondé en 1923, celui-ci comporte des aquariums aux créatures colorées et quelque 60 000 bocaux de spécimens. On y découvre aussi des oiseaux et des mammifères marins empaillés, ainsi qu'une exposition de bateaux locaux et de matériel de pêche. La plupart des commentaires sont traduits en anglais.

Musée Alexandre Yersin MUSÉE
(carte p. 242 ; 10 Đ Tran Phu ; 26 000 d ; ◐7h30-11h et 14h-16h30 lun-ven, 8h-11h sam). L'Institut Pasteur local fut fondé en 1895 par le bactériologiste français Alexandre Yersin (1863-1943). Ce personnage fut probablement le Français le plus apprécié des Vietnamiens. Né en Suisse, Yersin arriva au Vietnam en 1889, après avoir travaillé quelque temps à Paris avec Louis Pasteur. Parlant couramment vietnamien, il voyagea quelques années dans la région des hauts plateaux du Centre en notant ses observations. Il recommanda au gouvernement d'installer un centre de cure sur le site de Dalat, et introduisit en Indochine l'arbre à quinine et l'hévéa. En 1894, alors qu'il était à Hong Kong, il découvrit le bacille responsable de la peste bubonique, transmis par les rats. Ce grand chercheur repose non loin de Nha Trang, selon sa volonté.

L'Institut Pasteur de Nha Trang coordonne aujourd'hui des campagnes de vaccination et de prévention sur le littoral sud. Il fabrique des vaccins et procède à des recherches et à des essais selon les normes européennes. Les médecins y reçoivent environ 70 patients par jour. Le Vietnam compte deux autres Instituts Pasteur, à Hô Chi Minh-Ville et à Dalat.

La bibliothèque et le bureau du professeur Yersin ont été reconvertis en musée. Du matériel de laboratoire et des instruments astronomiques sont exposés, mais aussi des livres de sa bibliothèque et quelques-unes du millier de lettres écrites à sa mère ! La maquette de bateau lui fut offerte par des pêcheurs, avec lesquels il passait une bonne partie de son temps. Ces lieux sont l'objet d'une visite guidée en français.

Galeries de photographies PHOTOS DU VIETNAM
On trouve à Nha Trang plusieurs galeries de photographies noir et blanc. La **galerie Long Thanh** (carte p. 242 ; ☎382 4875 ; www.longthanhart.com ; 126 Đ Hoang Van Thu ; ◐9h-19h lun-ven) présente l'œuvre du photographe le plus célèbre du Vietnam. Long Thanh a développé sa première photo en 1964 et continue à prendre de superbes clichés en noir et blanc évoquant la vie quotidienne du Vietnam – autant d'images qui sont un reflet de l'âme du pays. Parmi ses œuvres, *Sous la pluie* représente deux jeunes filles surprises par une averse, alors que surgit un mystérieux rayon de soleil. Admirez *La Bouderie*, portrait saisissant d'enfants en pleine chamaillerie. Son œuvre est honorée dans les concours de photographie internationaux.

La **galerie Do Dien Khanh** (carte p. 242 ; ☎351 2202 ; www.ddk-gallery.com ; 126B Đ Hong Bat ; ◐8h-18h lun-ven) est une autre galerie privée à l'éclairage contemporain. Le photographe, Do Dien Khanh, est accueillant et ses

---

VINPEARL LAND

Le complexe insulaire de **Vinpearl Land** (☎359 01 11 ; www.vinpearlland.com ; Hon Tre ; adulte/enfant 320 000/230 000 d ; ◐8h-22h) comprend un parc aquatique, des manèges, des jeux d'arcades, etc. L'aquarium Underwater World comporte des spécimens de la faune marine qu'habituellement seuls les plongeurs ont la chance de voir. Ce n'est pas encore un parc d'aventure de premier ordre mais il provoque quelques frissons, notamment grâce aux montagnes russes, appelées Evolution. Il y a ici de quoi divertir les petits pendant une journée. Le complexe comporte également le plus long téléphérique du monde à passer au-dessus de la mer et la plus grande piscine à vagues d'Asie du Sud-Est. L'attraction phare reste cependant le parc aquatique, avec sa vingtaine d'impressionnants toboggans.

La majorité des visiteurs arrivent en bateau ou en téléphérique, tous deux inclus dans le prix du billet. Le départ, depuis la côte, est situé au sud des docks de Cau Da.

portraits des membres de la communauté cham des environs sont extrêmement beaux.

**Promontoire
de Hon Chong** ROCHER LÉGENDAIRE
Cet étroit promontoire de granit (carte p. 237 ; 11 000 d) offre une belle vue sur la côte montagneuse au nord de Nha Trang et des îles voisines. Ici, la plage conserve un charme bien à elle, plus que celle de Nha Trang, mais la présence de détritus peut rebuter les vacanciers. Une maison ruong a été reconstituée. La visiter est l'occasion de

> **À NE PAS MANQUER**
>
> ## EXPLORER LA BAIE DE NHA TRANG EN BATEAU
>
> Les 71 îles au large de Nha Trang sont réputées pour leurs eaux translucides. Un circuit vers ces îles est l'un des intérêts majeurs de Nha Trang : tâchez de prévoir une journée pour vous y rendre en bateau. Presque tous les hôtels et les agences de voyages de la ville organisent ce type de circuits. Certaines croisières, moins fréquentées mais plus chères, explorent des îles plus nombreuses et permettent de pratiquer le snorkeling.
>
> Les circuits les plus populaires sont ceux, très festifs, inventés par Mama Hanh dans les années 1990. Mama Hanh a officiellement été mise à la retraite par des représentants locaux du parti : peut-être trouvaient-ils son bar flottant trop contre-révolutionnaire. Depuis, Mama Linh, Funky Monkey et d'autres continuent la tradition d'une manière ou d'une autre, l'herbe en moins.
>
> Le circuit typique comprend l'aquarium Tri Nguyen (50 000 d) sur Hon Mieu, du snorkeling au large de Hon Mun et un déjeuner sur Hon Mot. Une fois la partie culturelle accomplie, la fête peut commencer l'après-midi avec des DJ sur le pont et un bar flottant. Pensez à la crème solaire et à boire de l'eau ; beaucoup oublient et cuisent au soleil. Le circuit s'achève généralement en repassant près de Hon Mieu et par un moment à la plage (20 000 d transat inclus). Une fois le parcours terminé, les passagers se déversent souvent dans les différents bars, confirmant ainsi la réputation de ville festive de Nha Trang. Sachez toutefois que cette minicroisière n'est pas idéale pour les familles… ni pour les buveurs repentis. Des excursions plus classiques sont aussi possibles.
>
> Parmis les circuits en bateau les plus populaires citons :
>
> **Booze Cruise** (carte p. 242 ; 016-8844 7233 ; Ð Nguyen Thien Thuat ; croisière 350 000 d). Pour ceux qui préfèrent faire une croisière alcoolisée de nuit, cette excursion en bateau démarre à 16h30. Toutes les boissons, ainsi qu'un buffet pour le dîner, sont compris.
>
> **Con Se Tre** (carte p. 237 ; 381 1163 ; www.consetre.com.vn ; 100/16 Ð Tran Phu ; 8h-18h). Propose des excursions plus calmes vers Hon Tam, comprenant du snorkeling et le déjeuner (à partir de 13 $US/personne), et des sorties snorkeling à Hon Mun (à partir de 18 $US/personne).
>
> **Funky Monkey** (carte p. 242 ; 352 2426 ; www.funkymonkeytour.com.vn ; 75A Ð Hung Vuong ; croisière et transfert 100 000 d). Sur l'un des tout nouveaux bateaux de croisière, en plus des arrêts habituels, vous aurez droit à l'animation de la part du *boys band* de Funky Monkey.
>
> **Mama Linh's Boat Tours** (carte p. 242 ; 352 2844 ; mamalinhvn@yahoo.com ; 23C Ð Biet Thu). Parmi les plus anciens de la baie, ces circuits sont toujours très prisés, bien qu'il y ait désormais beaucoup de formules similaires.
>
> **Office du tourisme de Khanh Hoa** (carte p. 242 ; 352 8000 ; khtourism@dng.vnn.vn ; Ð Tran Phu ; croisière et déjeuner 349 000 d). Si vous souhaitez quelque chose d'un peu différent, vous pouvez opter pour un circuit vous emmenant plus loin, jusque dans la jolie baie de Van Phong. Les 2 heures de route en décourageront plus d'un, mais vous débarquerez sur des plages isolées et ignorées des touristes.
>
> Pour aller en mer sans beaucoup débourser, empruntez le ferry régulier jusqu'à Vinpearl sur Hon Tre (adulte/enfant 45 000/20 000 d aller), au départ du port de Phu Quy juste après le dock de Cau Da. Sinon, prenez le téléphérique pour Vinpearl Land, qui survole la baie en 10 min. La plupart des visiteurs le prennent en même temps que leur billet d'entrée pour le parc.

faire de jolies photos mais l'intérieur en est plus touristique que traditionnel.

Sur le gros rocher situé au bout du promontoire de Hon Chong, cherchez l'empreinte d'une énorme main : la légende veut qu'elle ait appartenu à un gigantesque génie. Quelque peu éméché, il lorgnait une fée qui se baignait nue à Bai Tien (plage de la Fée, la terre la plus proche de Hon Rua, l'île de la Tortue) de façon si insistante qu'il fit une chute. Le génie et la fée tombèrent amoureux, mais les dieux décidèrent de punir le génie en l'envoyant au loin. La fée attendit donc en vain le retour de son amant. Un jour, désespérée, elle resta allongée et se transforma en **Nui Co Tien** (montagne de la Fée). Depuis le promontoire de Hon Chong, regardez vers le nord-est : le pic au nord est censé représenter le visage de la fée, dirigé vers le ciel ; le sommet du milieu symbolise ses seins ; celui de gauche, c'est-à-dire le plus haut, ses jambes croisées.

À environ 300 m au sud de Hon Chong, vers Nha Trang, et à quelques dizaines de mètres de la plage se trouve la minuscule **Hon Do** (île Rouge), surmontée d'un temple bouddhique. Au nord-est s'étend **Hon Rua**, île aux allures de tortue dont elle porte le nom. Les deux îles de **Hon Yen** (nid d'oiseaux) sont plus loin vers l'est.

🏃 Activités

Depuis près de 10 ans, Nha Trang est le haut lieu des sports à sensation. Le choix est vaste : plongée, surf, wakeboard, parachute ascensionnel, rafting en eaux vives, randonnée et plus encore, ainsi que les très populaires excursions en bateau dans la baie.

Les îles

Les circuits dans les îles sont incontournables à Nha Trang. Pour d'autres informations sur ces minicroisières, voir ci-contre.

Hon Tre (île aux Bambous) PARC D'ATTRACTIONS
La beauté de la plus grande et la plus proche des îles près de Nha Trang est aujourd'hui gâchée, côté ville, par un immense panneau de style hollywoodien vantant les mérites du parc d'attractions Vinpearl Land (voir p. 239). Vous pouvez accéder à cette île par bateau ou téléphérique.

Hon Mieu CIRCUIT INSULAIRE
L'île Hon Mieu (ou île Tri Nguyen) abrite un **"aquarium naturel"** (Ho Ca Tri Nguyen). Il s'agit plutôt d'un vivier où évoluent plus de 40 espèces de poissons, crustacés et autres créatures marines, dans trois bassins séparés. Un café sur pilotis a été construit sur l'île.

La plupart des visiteurs font un circuit organisé par l'intermédiaire d'un hôtel ou d'un café. Vous pouvez également prendre le ferry au dock de Cau Da qui dessert le village de Tri Nguyen.

Hon Mun (île d'Ébène) SNORKELING
Située au sud-est de Hon Tre, cette île ravira les amateurs de snorkeling.

Hon Mot SNORKELING
Cet îlot, situé entre Hon Mun et Hon Tam, est également idéal pour le snorkeling.

Hon Yen (île aux Nids d'hirondelles) CIRCUIT INSULAIRE
Le nom d'île des Salanganes désigne les deux îles en forme de bosse que l'on aperçoit depuis la plage de Nha Trang. C'est ici, ainsi que sur d'autres îles au large de la province de Khanh Hoa, que se trouvent les plus beaux nids d'hirondelle des Salanganes (voir ci-dessus). L'île possède une petite plage isolée. Comptez de 3 à 4 heures en bateau depuis Nha trang pour parcourir les 17 km vers ces deux îles.

Hon Lao (île aux Singes) CIRCUIT INSULAIRE
Cette île abrite nombre de primates habitués aux touristes (surtout vietnamiens) : vous n'aurez donc aucun mal à les approcher. N'oubliez pas cependant que ces animaux sont sauvages. Ne les traitez pas comme des peluches, surtout si vous voyagez avec des enfants, et gardez en tête que les morsures de singe sont susceptibles de transmettre la rage.

Hormis le fait qu'ils n'apprécient pas trop les câlins, les singes n'hésiteront pas à vous arracher vos lunettes ou à chiper un stylo de votre poche avant de décamper. Restez vigilant !

Plusieurs touristes nous ont indiqué que, lors des spectacles d'ours et de singes, les animaux étaient souvent frappés par leurs dresseurs.

Long Phu Tourist (☎383 9436 ; www.longphutourist.com ; Vinh Luong) organise des excursions comprenant une visite de l'île aux orchidées et du snorkeling à partir de 230 000 d. Des balades à dos d'éléphant ou d'autruche sont en supplément.

Centre de Nha Trang

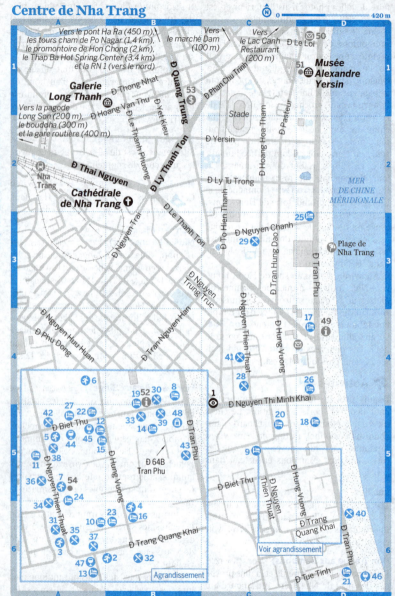

Plongée sous-marine

Nha Trang est, sans conteste, l'endroit le plus couru au Vietnam pour qui veut pratiquer la plongée, même s'il n'est pas forcément le meilleur. La visibilité moyenne est de 15 m mais elle peut atteindre 30 m selon la saison. La meilleure période pour plonger s'étend de février à septembre. En revanche, l'activité est à éviter entre octobre et décembre.

On compte près de 25 sites de plongée, de profondeur variable. Il n'existe pas d'épaves,

Centre de Nha Trang

◎ Les incontournables
- Musée Alexandre Yersin D1
- Galerie Long Thanh B1
- Cathédrale de Nha Trang B2

◎ À voir
1. Galerie Do Dien Khanh C4

◎ Activités
2. Angel Dive...B6
3. Booze Cruise A6
- Crazy Kim Spa & Gym ....(voir 39)
4. Funky Monkey B6
5. Mama Linh's Boat Tours A5
6. Rainbow Divers A4
- Sailing Club Divers.....................(voir 40)
- Shamrock Adventures ....(voir 2)
7. Su Spa A5
- Waves Watersports ....(voir 46)

◎ Où se loger
8. 62 Tran Phu Hotel B4
9. AP Hotel C5
10. Axar Hotel A6
11. Backpacker's House A5
12. Golden Rain Hotel A5
- Green Peace E Hotel....................(voir 31)
- Ha Tram Hotel.............................(voir 14)
13. Ha Van Hotel A6
14. Hotel An Hoa B5
15. King Town Hotel A5
- La Suisse Hotel ....(voir 13)
16. Mai Huy Hotel B6
17. Nha Trang Lodge Hotel D4
18. Novotel Nha Trang D5
19. Perfume Grass Inn B4
20. Phong Lan Hotel C5
21. Phu Quy 2 Hotel D6
- Quang Vinh Hotel........................(voir 21)
22. Rainbow Hotel A5
23. Rosy Hotel B6
24. Sao Mai Hotel A5
25. Sheraton Nha Trang Hotel &
Spa D3
- Summer Hotel..............................(voir 9)
26. T78 Guesthouse D4
27. Violet Hotel A5

◎ Où se restaurer
28. Artful Ca Phe C4
29. Au Lac C3
30. Café des Amis B4
31. Da Fernando A6
32. Grill House B6
33. Kirin Restaurant B5
34. La Mancha A6
35. La Taverna A6
36. Lanterns A5
37. Le Petit Bistro A6
- Louisiane Brewhouse .... (voir 46)
38. Omar's Tandoori Cafe A5
39. Romy's B5
40. Sandals Restaurant
au Sailing Club D6
- Something Fishy ....(voir 22)
41. Thanh Thanh Cafe C4
42. Truc Linh 2 ....A5
43. Veranda B5

◎ Où prendre un verre
- Altitude ....(voir 25)
44. Crazy Kim Bar A5
45. Guava A5
46. Louisiane Brewhouse D6
- Nghia Bia Hoi ....(voir 16)
47. Oasis A6
- Red Apple Club ....(voir 11)
- Sailing Club ....(voir 40)

◎ Achats
- A Mart .... (voir 45)
- Bambou .... (voir 45)
- Sagu du Mekong .... (voir 32)
48. XQ B5

◎ Renseignements
- Highland Tours ....(voir 11)
49. Office du tourisme
de Khanh Hoa D4
50. Poste principale D1
51. Institut Pasteur D1
52. Sinh Tourist B4
53. Vietcombank B1
54. Vietnam Airlines A5

mais il est possible d'explorer plusieurs petites grottes. Les eaux abritent une grande variété de coraux, mous ou durs, et de petits poissons de roche.

Une sortie d'une journée (comprenant le transport, deux plongées et le déjeuner) coûte entre 40 et 70 \$US. La plupart des clubs, une douzaine à Nha Trang, proposent des cours. Une formule "découverte" permet ainsi aux débutants de s'initier sous la houlette d'un moniteur qualifié. Moins chers de 50 \$ que leurs homologues Padi, les cours SSI rencontrent un franc succès dans les environs de Nha Trang.

Si une douzaine de clubs ont un bureau à Nha Trang, les organismes répertoriés ci-dessous sont établis depuis longtemps et se montrent respectueux de l'environnement.

Angel Dive PLONGÉE
(carte p. 242 ; ☎352 2461 ; www.angeldivevietnam.info ; 1/33 Đ Tran Quang Khai). Un organisme fiable offrant une formation en anglais, français et allemand et le choix entre les certifications Padi et SSI.

Rainbow Divers PLONGÉE
(carte p. 242 ; ☎352 43 51 ; www.divevietnam.com ; 90A Đ Hung Vuong). Une référence pour la plongée au Vietnam, avec 5 centres dans le pays. Il s'agit ici de l'agence centrale, qui gère aussi un restaurant et un bar.

Sailing Club Divers PLONGÉE
(carte p. 242 ; ☎352 27 88 ; www.sailingclubvietnam.com ; 72-74 Đ Tran Phu). Également connu sous le nom d'Octopussy Diving, c'est la section plongée du célèbre club de voile.

Autres activités aquatiques

Parc aquatique de Phu Dong NATATION
(carte p. 237 ; Đ Tran Phu ; adulte/enfant 40 000/20 000 d ; ⊙9h-17h). Sur le front de mer, ce parc aquatique possède des toboggans, des bassins peu profonds et des fontaines d'eau douce.

Waves Watersports SPORTS AQUATIQUES
(carte p. 242 ; ☎090-544 73 93 ; www.waveswatersports.com ; Louisiane Brewhouse, 29 Đ Tran Phu). Planche à voile, kayak, wakeboard, ski nautique et voile y sont enseignés avec un équipement de pointe et l'on bénéficie de superbes spots de surf au long de Bai Dai, près de la baie de Cam Ranh.

Shamrock Adventures RAFTING
(carte p. 242 ; ☎090-515 0978 ; www.shamrockadventures.vn ; Đ Tran Quang Khai ; à partir de 35 $US/pers, déjeuner compris). L'agence propose une descente en rafting assez calme selon les

---

PLONGÉE RESPONSABLE

L'impact de la plongée sur le patrimoine sous-marin est loin d'être anodin. Pour limiter au maximum les dangers encourus par les splendides récifs coralliens, très fragiles, respectez les recommandations suivantes :

» Ne jetez pas l'ancre sur les récifs ; incitez les centres de plongée et les organismes officiels à installer des bouées d'amarrage sur chaque site.

» Évitez de toucher les organismes marins avec le corps ou l'équipement : les polypes ne résistent pas au moindre effleurement. Ne prenez pas appui sur les coraux, même s'ils semblent robustes, et limitez-vous aux rochers ou aux coraux morts.

» Évitez les coups de palme intempestifs : même sans contact, les organismes les plus délicats peuvent en souffrir. Faites également attention à ne pas disperser trop de sable, car cela peut étouffer certains coraux.

» Maîtrisez votre progression : une descente trop rapide ou des mouvements brusques peuvent endommager le récif. Assurez-vous que votre ceinture est bien positionnée, de façon à rester à l'horizontale. Si vous n'avez pas plongé depuis longtemps, entraînez-vous auparavant dans une piscine. N'oubliez pas que votre souffle évolue quand vous plongez plusieurs jours : au début, vous respirez plus fort et vous avez besoin de plus de poids.

» Ne remontez pas de coraux ou de coquillages. Évitez également d'en acheter : au-delà des dégâts écologiques, cela nuit à la beauté du site. Il en va de même des sites archéologiques marins (des épaves, en général) : respectez leur intégrité, d'ailleurs parfois protégée par des lois.

» Emportez tous vos détritus et ramassez ceux que vous trouvez sous l'eau, notamment les sacs en plastique, particulièrement dangereux pour la faune – les tortues risquent de les confondre avec des méduses et de les avaler.

» Résistez à la tentation de nourrir les poissons : les aliments étrangers à leur régime habituel peuvent perturber leur métabolisme et les conduire à des comportements contre nature.

» Limitez vos contacts avec la faune marine à la stricte observation.

critères internationaux, ne vous attendez pas au Zambèze ou au Nil. Toutefois, la sortie est divertissante et peut être combinée à une randonnée à VTT. Proche d'Angel Dive dans Đ Tran Quang Khai.

Thap Ba Hot Spring Center   BAINS DE BOUE
(carte p. 237 ; 383 4939 ; www.thapbahotspring.com.vn ; 25 Ngoc Son ; 7h-19h30). Le seul moyen d'être vraiment propre à Nha Trang, c'est de se plonger dans un bain de boue. Le Thap Ba Hot Spring Center offre une expérience mémorable. Pour 220 000/400 000 d vous profitez d'une baignoire simple/double en bois emplie de boue thermale. La version commune dans un plus grand bassin coûte 100 000 d par personne. Le centre possède aussi des piscines d'eau minérale chaude et froide (50 000 d), et des cascades thermales. Vous pourrez également vous offrir des soins plus chers comme le Tien Sa Mineral Bath et le VIP Spa. Pour vous y rendre, suivez les panneaux sur la deuxième route à gauche, après les tours cham de Po Nagar. Prenez ensuite la route sinueuse et accidentée sur 2,5 km. Le trajet en navette coûte 40 000 d.

Spas
Les spas sont en plein essor à Nha Trang. Voici de très bonnes adresses :

Crazy Kim Spa & Gym   SPA, GYM
(carte p. 242 ; 352 7837 ; 1D Đ Biet Thu). Ce centre participe au financement de la campagne "Hands off the kids !" menée par Kimmy (voir p. 250). Une séance de musculation coûte 60 000 d, une manucure seulement 30 000 d et les massages corporels démarrent à 160 000 d.

Su Spa   SPA
(carte p. 242 ; 352 3242 ; www.suspa.vn ; 93 Đ Nguyen Thien Thuat). Un spa design qui propose toute une gamme de gommages, de frictions et de bains. Les soins du visage démarrent à 27 \$US et les massages corporels à 21 \$US.

Où se loger

Avec plus de 250 établissements, du simple hôtel au palace, le choix ne manque pas à Nha Trang. De nouvelles enseignes appartenant à des chaînes hôtelières vont d'ailleurs apparaître, comme le Sheraton et le Crowne Plaza. La plage étant l'attraction majeure, mieux vaut prendre une chambre à proximité. De nombreux hôtels de catégories moyenne et supérieure sont situés sur le front de mer, Đ Tran Phu. À quelques pas, en retrait de la plage, vous trouverez des établissements pour petits budgets. La plupart n'incluent pas le petit-déjeuner. Cependant, à la différence des hôtels de catégories moyenne et supérieure, les taxes et le service sont compris dans les tarifs.

Quelques mini-hôtels sont regroupés dans une allée au 64 Đ Tran Phu, tout près de la plage. Ils offrent tous des chambres semblables et climatisées autour de 10 \$US, et moins chère avec un ventilateur. Autour de la pagode Chanh Quang, vous trouverez des hébergements à prix doux, des deux côtés de Đ Hung Vuong, qui dégage une ambiance locale.

Pour d'autres établissements en front de mer au nord de Nha Trang, voir p. 236.

♥ Ha Van Hotel   HÔTEL \$\$
(carte p. 242 ; 352 5454 ; www.in2vietnam.com ; 3/2 Đ Tran Quang Khai ; ch 22-32 \$US ; ✻@☎). La direction canadienne de cet hôtel fait tout pour offrir un meilleur accueil que ses concurrents. Les chambres sont bien équipées et décorées avec soin. Depuis peu, un bar-restaurant est installé sur le toit et on vend des glaces Fanny à la réception. L'établissement est situé dans une petite rue près de Đ Tran Quang Khai.

♥ Violet Hotel   HÔTEL \$\$
(carte p. 242 ; 352 2314 ; www.violethotelnha-trang.com ; 12 Đ Biet Thu ; ch 450 000-800 000 d ; ✻@☎≋). Ce nouvel hôtel, bien situé, offre des chambres raffinées d'un excellent rapport qualité/prix. Piscine dans la cour. Petit-déjeuner compris.

♥ Evason Ana Mandara Resort & Spa   COMPLEXE HÔTELIER \$\$\$
(carte p. 237 ; 352 2522 ; www.evasonresorts.com ; Đ Tran Phu ; villa 279-537 \$US ; ✻@☎≋). Cet ensemble de villas très courues donne sur une plage privée. Le mobilier et les lits à baldaquin rappellent Bali. Le complexe compte deux piscines et un spa Six Senses. Chaque semaine, des cuisiniers locaux sont invités à partager leurs recettes et un cocktail est organisé le soir sur la plage.

Mai Huy Hotel   HÔTEL \$
(carte p. 242 ; 352 7553 ; maihuyhotel.vn@gmail.com ; 7H Quan Tran, Đ Hung Vuong ; ch 7-15 \$US ; ✻@☎). On se sent ici comme chez soi. Cet hôtel familial loue des chambres propres et d'un excellent rapport qualité/prix. Certaines, avec un ventilateur, sont moins chères.

AP Hotel HÔTEL $
(carte p. 242 ; 352 7545 ; 34 Đ Nguyen Thien Thuat ; ch 290 000-450 000 d ; ✱@☎). Ce mini-hôtel mérite davantage que son unique étoile. Les chambres ont un écran plat, un minibar et une baignoire. Les moins chères n'ont malheureusement pas de fenêtre, les autres disposent d'un balcon donnant sur la mer.

Axar Hotel HÔTEL $
(carte p. 242 ; 352 1655 ; axarhotel@vnn.vn ; 148/10 Đ Hung Vuong ; ch 12 $US ; ✱@☎). Niché dans une petite allée, ce nouvel hôtel loue des chambres spacieuses et lumineuses, ce qui est rare à ce prix. La décoration, plus soignée qu'ailleurs, en fait un établissement d'un excellent rapport qualité/prix.

Perfume Grass Inn HÔTEL $$
(carte p. 242 ; 352 4286 ; www.perfume-grass.com ; 4A Đ Biet Thu ; ch 12-30 $US ; ✱@☎). Très appréciée, cette accueillante auberge compte des chambres charmantes, en particulier les plus chères, dotées de boiseries. Les moins onéreuses sont équipées de ventil, TV sat. et douche chaude. Petit-déjeuner gratuit et bar douillet au rez-de-chaussée.

La Suisse Hotel HÔTEL $$
(carte p. 242 ; 352 4353 ; www.lasuissehotel.com ; 3/4 Đ Tran Quang Khai ; ch 22-45 $US ; ✱@☎). Ici, le service fait honneur à la réputation des hôteliers suisses. Les chambres sont élégamment meublées et les suites familiales ont une baignoire aux airs de jacuzzi et un grand balcon doté de chaises longues.

King Town Hotel HÔTEL $$
(carte p. 242 ; 352 5818 ; www.kingtownhotel.com.vn ; 92 Đ Hung Vuong ; ch 20-40 $US ; ✱@☎≋). Dans la rue Hung Vuong, ce nouvel hôtel propose un bon choix de chambres dotées d'éléments décoratifs en soie et de sdb chic. La piscine sur le toit offre une vue sur la ville.

Golden Rain Hotel HÔTEL $$
(carte p. 242 ; 352 7799 ; www.goldenrainhotel.com ; 142 Đ Hung Vuong ; ch 26-55 $US ; ✱@☎≋). Cet autre hôtel élégant, ouvert en 2010, dans Đ Hung Vuong abrite de belles chambres, certaines avec de grandes fenêtres. Piscine sur le toit et salle de sport.

Hotel An Hoa HÔTEL $
(carte p. 242 ; 352 4029 ; www.anhoahotel.com.vn ; 64B/6 Đ Tran Phu ; ch 8-14 $US ; ✱@☎). Dans une rue où les établissements bon marché sont légion, cet hôtel accueillant propose des petites chambres sans fenêtre ni clim et d'autres, comme les chambres "VIP" à 14 $US, plus vastes et confortables avec une grande sdb.

Phong Lan Hotel HÔTEL $
(carte p. 242 ; 352 2647 ; orchidhotel2000@yahoo.com ; 24/44 Đ Hung Vuong ; ch 6-12 $US ; ✱@☎). Sis dans une allée, à l'écart de Hung Vuong, cet hôtel accueillant est tenu par une famille. Les chambres sont propres et disposent de TV et réfrigérateur. Les propriétaires parlent français.

Sao Mai Hotel HÔTEL $
(carte p. 242 ; 352 6412 ; saomai2hotel@yahoo.com ; 99 Đ Nguyen Thien Thuat ; dort 4 $US, ch 6-12 $US ; ✱@☎). Ouvert de longue date, cet établissement bon marché est d'un bon rapport qualité/prix. Chambres simples et propres. La terrasse sur le toit permet d'échapper à l'agitation des rues. M. Mao Loc, le réceptionniste, vend des clichés noir et blanc et peut organiser des circuits personnalisés autour de la photographie.

Rainbow Hotel HÔTEL $
(carte p. 242 ; 352 5480 ; rainbowhotel@dng.vnn.vn ; 10A Đ Biet Thu ; ch 15-25 $US ; ✱@☎). Malgré son nom, cet établissement n'est pas affilié à Rainbow Divers, mais n'en est pas moins apprécié pour ses 50 chambres aux tarifs raisonnables. Eau chauffée à l'énergie solaire et restaurant sur le toit avec vue sur la ville.

Rosy Hotel HÔTEL $
(carte p. 242 ; 352 2661 ; 20 Quan Tran, Đ Hung Vuong ; ch 250 000-300 000 d ; ✱@☎). Dans une allée à l'écart de Đ Hung Vuong, cet hôtel tout en hauteur, une forme très répandue dans les villes vietnamiennes, est propre et confortable. La décoration est soignée et pour 50 000 d de plus vous aurez une chambre en façade avec balcon.

Backpacker's House AUBERGE DE JEUNESSE $
(carte p. 242 ; 352 3884 ; www.backpackershouse.net ; 54G Đ Nguyen Thien Thuat ; dort 7-8 $US, ch 12-24 $US ; ✱@). Cette auberge pour voyageurs raffinés, très prisée des fêtards, se trouve à deux pas du Red Apple Club. Dortoirs mixtes de 4 à 6 lits. Les chambres, plus agréables, sont dotées de lecteur DVD et sdb privée, mais restent bruyantes.

Novotel Nha Trang HÔTEL $$$
(carte p. 242 ; 625 6900 ; www.novotel.com/6033 ; 50 Đ Tran Phu ; ch 116-162 $US, ste 231 $US ; ✱@☎≋)..Il s'agit là d'un des tout nouveaux Novotel grand style au Vietnam.

Très modernes, ses chambres sur plusieurs niveaux sont équipées d'une baignoire encastrée. Celles du dernier étage offrent une vue imprenable sur Nha Trang.

Sheraton Nha Trang Hotel & Spa   HÔTEL $$$
(carte p. 242 ; 388 0000 ; sheraton.com/nhatrang ; 26-28 Đ Tran Phu ; ch à partir de 176 $US, ste à partir de 287 $US ; ✱@🛜⛱). Le Sheraton, l'un des plus hauts édifices de Nha Trang, offre tout ce qu'on attend d'une chaîne 5 étoiles. Chambres spacieuses et modernes avec sdb ouverte. Les suites comprennent l'accès au Club Lounge.

Phu Quy 2 Hotel   HÔTEL $$
(carte p. 242 ; 352 5050 ; www.phuquyhotel.com.vn ; 1 Đ Tue Tinh ; ch 33-53 $US, ste 86 $US ; ✱@🛜⛱). Cet imposant hôtel dispose d'une piscine sur le toit avec vue sur la plage. Les chambres, impeccables et bien équipées, sont plus chères quand elles donnent sur la mer. Petit-déjeuner compris.

Bao Dai's Villas   HÔTEL $$
(carte p. 237 ; 359 0148 ; www.vngold.com/nt/bao dai ; village de Cau Da ; ch 25-80 $US ; ✱@🛜). À l'origine réservées à la famille royale, les villas sont désormais ouvertes au public. La retraite balnéaire du dernier empereur, bâtie dans les années 1920, n'est pas aussi somptueuse aujourd'hui. Malgré le passé prestigieux du lieu et ses jardins luxuriants, ses chambres se révèlent assez décevantes compte tenu des tarifs pratiqués. L'entrée pour les non-résidents coûte 10 000 d mais le port en arrière-plan gâche un peu la petite plage.

Summer Hotel   HÔTEL $$
(carte p. 242 ; 352 2186 ; www.thesummerhotel.com.vn ; 34C Đ Nguyen Thien Thuat ; ch 25-90 $US ; ✱@🛜⛱). Ce nouveau 3-étoiles, aux tarifs abordables, rénove ses chambres standard pour y ajouter une fenêtre. Piscine sur le toit.

Green Peace E Hotel   HÔTEL $$
(carte p. 242 ; 352 2835 ; www.greenpeacehotel.com.vn ; 102 Đ Nguyen Thien Thuat ; ch 20-30 $US ; ✱@🛜). Hôtel tout neuf aux chambres modernes et stylées, équipées de TV écran plat et de douche effet pluie. Les chambres en façade ont une grande fenêtre.

62 Tran Phu Hotel   HÔTEL $
(carte p. 242 ; 352 5095 ; 62 Đ Tran Phu ; ch 10-15 $US ; ✱@🛜). La réception aurait grand besoin d'être rénovée mais, au fond, un nouveau bâtiment offre des chambres d'un bon rapport qualité/prix.

Ha Tram Hotel   HÔTEL
(carte p. 242 ; 352 1819 ; 64B/5 Đ Tran Phu ; ch 10-15 $US ; ✱@🛜). Cet établissement compte parmi les plus chics des hôtels bon marché de cette allée. Chambres lumineuses et jolies sdb. Ascenseur.

Quang Vinh Hotel   HÔTEL $
(carte p. 242 ; 352 4258 ; 84A Đ Tran Phu ; ch 15-20 $US ; ✱@🛜). Dans une rue à l'ambiance plus vietnamienne, cet hôtel en front de mer offre une vue dégagée sur la mer pour seulement 20 $US.

Nha Trang Lodge Hotel   HÔTEL $$
(carte p. 242 ; 352 1500 ; www.nhatranglodge.com ; 42 Đ Tran Phu ; ch 65-140 $US ; ✱). Ce grand bâtiment sans beaucoup d'attrait, qui accueille une clientèle d'affaires, offre une cependant une vue splendide. De catégorie supérieure, l'hôtel propose des tarifs moyens sur Internet.

T78 Guesthouse   HÔTEL $$
(carte p. 242 ; 352 3445 ; 44 Đ Tran Phu ; ch 220 000-1 400 000 d ; ✱). Cette belle demeure coloniale aurait le potentiel d'un hôtel de charme. Or il s'agit d'un édifice décrépit, géré par l'État, mais non dénué d'un certain caractère.

🍴 Où se restaurer

Nha Trang fait honneur aux spécialités internationales : cuisine vietnamienne, française, italienne et indienne, tout y est ! Đ Tran Quang Khai et Đ Biet Thu comptent de bonnes adresses. Les spécialités vietnamiennes se dégustent un peu plus loin. Les amateurs de fruits de mer se régaleront de poissons frais, de crabe, de crevettes et d'autres crustacés exotiques.

Le **marché Dam** (carte p. 242 ; Đ Trang Nu Vuong ; ⊕petit-déj et déj) et ses diverses échoppes, notamment les *com chay* (échoppes végétariennes), permettent de s'immerger dans la vie locale.

♥ Lanterns   VIETNAMIEN $$
(carte p. 242 ; 34/6 Đ Nguyen Thien Thuat ; plats 35 000-178 000 d ; ⊕déj et dîner). Les spécialités vietnamiennes dominent la carte, comme les cassolettes de porc braisé ou le tofu frit à la citronnelle mais on sert également des plats internationaux. Le restaurant participe au financement d'un orphelinat local et invite les enfants et leurs tuteurs à dîner une fois par mois. Des cours de cuisine sont

> **NIDS D'HIRONDELLES**
>
> Les nids des salanganes, utilisés pour faire de la soupe et en pharmacopée traditionnelle, sont considérés comme des aphrodisiaques. On raconte que l'extraordinaire virilité de l'empereur Minh Mang, qui régna sur le Vietnam de 1820 à 1840, était liée à sa consommation de nids de salanganes.
>
> Ces nids, construits avec des sécrétions salivaires semblables à de la soie, mesurent de 5 à 8 cm de diamètre. Ils sont généralement récoltés deux fois par an. Les nids rouges sont les plus recherchés. La production annuelle, dans les provinces de Khanh Hoa et de Phu Yen, se monte à environ 1 000 kg. Aujourd'hui, la salive de salangane vaut jusqu'à 2 000 $US le kg sur le marché international.

proposés à 9h les mardis, jeudis, samedis et dimanches pour 18 $US.

💙 Lac Canh Restaurant VIETNAMIEN $$
(carte p. 242 ; 44 Đ Nguyen Binh Khiem ; plats 30 000-150 000 d ; ⊙déj et dîner). Les habitants affluent ici pour faire griller leurs propres viandes, calamars, crevettes, homards, etc. sur les barbecues de table. Il suffit de choisir parmi les nombreux accompagnements au menu. Bref, une adresse vraiment populaire !

💙 Veranda INTERNATIONAL $
(carte p. 242 ; 66 Đ Tran Phu ; plats 40 000-120 000 d ; ⊙déj et dîner). Cet élégant petit restaurant affiche un menu léger, composé avec finesse. On y réinvente des saveurs, en mariant les ingrédients vietnamiens aux influences internationales. De nombreux menus de trois plats, comprenant la boisson, sont proposés pour seulement 5 $US.

💙 Sandals Restaurant au Sailing Club INTERNATIONAL $$
(carte p. 242 ; 72-74 Đ Tran Phu ; plats 50 000-250 000 d ; @). Véritable institution à Nha Trang, cet établissement propose des spécialités vietnamiennes, italiennes et indiennes, ainsi que quelques plats internationaux. On s'installe sur la terrasse donnant sur la plage, l'endroit le plus agréable du restaurant pour déjeuner ou dîner, ou dans le jardin, côté rue.

Le Petit Bistro FRANÇAIS $$
(carte p. 242 ; ☎352 7201 ; 26D Đ Tran Quang Khai ; plats 50 000-250 000 d ; ⊙déj et dîner ; ✱). Dans ce restaurant français, favori des expatriés, on déguste du fromage, de la charcuterie de premier choix et des spécialités de canard. Carte des vins de qualité.

La Mancha ESPAGNOL $$
(carte p. 242 ; 78 Đ Nguyen Thien Thuat ; plats 45 000-210 000 d ; ⊙10h-24h). Ce restaurant-bar espagnol se révèle une agréable surprise à Nha Trang. Au menu : beaucoup de tapas et des plats plus copieux comme la paella. Goûtez les *gambas con ajillo* ou le jambon Serrano, accompagnés d'un vin espagnol.

Louisiane Brewhouse INTERNATIONAL $$
(carte p. 242 ; 29 Đ Tran Phu ; www.louisianebrewhouse.com.vn ; plats 50 000-350 000 d ; ⊙7h-1h ; @≋). On y vient pour la bière mais aussi pour le menu, éclectique : classiques internationaux, plats thaïs épicés, spécialités vietnamiennes et japonaises. La piscine côté plage est un endroit merveilleux pour digérer au calme et les petites faims seront comblées par de bons gâteaux et pâtisseries.

Nha Trang Xua VIETNAMIEN $$
(Thai Thong, Vinh Thai ; plats 50 000-180 000 d ; ⊙8h-22h). Très apprécié des résidents de Nha Trang, ce restaurant vietnamien est installé dans une jolie maison ancienne à environ 5 km à l'ouest de la ville. Il sert un menu raffiné qui rappelle ceux de Hué ou Hoi An. La présentation est belle et le cadre agréable.

Truc Linh 2 VIETNAMIEN $$
(carte p. 242 ; www.truclinhrest.vn ; 21 Đ Biet Thu ; plats 40 000-190 000 d ; ⊙déj et dîner). L'empire Truc Linh compte plusieurs restaurants au cœur de la ville. Celui-ci sert, dans un joli jardin, des plats authentiques à des prix abordables.

Omar's Tandoori Cafe INDIEN $
(carte p. 242 ; 89B Đ Nguyen Thien Thuat ; plats 40 000-120 000 d). Une authentique cuisine indienne : grand choix de curries et de spécialités *tandoori*. L'endroit est prisé des expatriés.

Grill House INTERNATIONAL $$$
(carte p. 242 ; 1/18 Đ Tran Quang Khai ; www.grillhouse.org ; plats 50 000-450 000 d ; ⊙déj et dîner). Ce nouveau restaurant en vogue ravira les amateurs de viande avec une carte comportant essentiellement de gros hamburgers et

des biftecks d'aloyau de 600 g. Des fruits de mer sont aussi proposés.

Artful Ca Phe
CAFÉ $

(carte p. 242 ; 20A Đ Nguyen Thien Thuat ; plats 20 000-100 000 d). Moitié galerie de photos, moitié café, ce endroit douillet se prête à une pause autour d'un café, d'un jus ou d'un en-cas. La petite terrasse à l'étage offre encore plus de calme.

Café des Amis
CAFÉ $

(carte p. 242 ; 2D Đ Biet Thu ; plats 25 000-100 000 d). Apprécié des voyageurs avec ses petits plats bon marché et sa bière abondante, ce café propose une longue carte de spécialités vietnamiennes, des plats internationaux et des fruits de mer à prix raisonnables. Les murs sont ornés d'œuvres d'art locales.

Lang Nuong Phu Dong Hai San
FRUITS DE MER $

(carte p. 237 ; Đ Tran Phu ; plats 30 000-150 000 d ; ⊙14h-3h). Avec ses chaises en plastique, ce restaurant est bien moins chic que son voisin, le Ngoc Suong, mais les fruits de mer sont frais et délicieux. Coquilles Saint-Jacques, crabes, crevettes et homards sont tous au prix du marché car le propriétaire les exporte vers HCMV.

Something Fishy
FRUITS DE MER $

(carte p. 242 ; 12A Đ Biet Thu ; plats 50 000-80 000 d ; ⊙déj et dîner). Ce petit café-restaurant offre un large choix de poissons et de fruits de mer bon marché, et même un copieux *fish and chips*.

Da Fernando
ITALIEN $$

(carte p. 242 ; 96 Đ Nguyen Thien Thuat ; plats 50 000-180 000 d ; ⊙déj et dîner). Un bon restaurant italien où l'on sert des pâtes fraîches et des vins du pays.

Kirin Restaurant
VIETNAMIEN $

(carte p. 242 ; 1E Đ Biet Thu ; plats 20 000-120 000 d). Dans une ancienne demeure coloniale, on savoure une authentique cuisine vietnamienne à prix raisonnables, sur la terrasse à l'étage et dans la cour intérieure.

Thanh Thanh Cafe
CAFÉ $

(carte p. 242 ; 10 Đ Nguyen Thien Thuat ; repas 25 000-105 000 d). Moins couru que par le passé, ce café populaire sert de bons plats vietnamiens et de très bonnes pizzas.

Romy's
ITALIEN $

(carte p. 242 ; 1C Đ Biet Thu ; 25 000 d la coupelle ; ⊙7h-22h). Ce café italien sert des glaces artisanales avec un grand choix de parfums ainsi que des pâtisseries, des gâteaux et un bon café.

Au Lac
VÉGÉTARIEN $

(carte p. 242 ; 28C Đ Hoang Hoa Tham ; repas à partir de 12 000 d, ⊘). Restaurant végétarien établi de longue date près de l'angle de Đ Nguyen Chanh. Ses assiettes composées végétariennes offrent le meilleur rapport qualité/prix pour un repas à Nha Trang.

🍷 Où prendre un verre

Oasis
BAR

(carte p. 242 ; 3 Đ Tran Quang Khai). Ce bar, très fréquenté pour ses cocktails, ses seaux ou sa chicha, pratique un *happy hours* de 16h à minuit. La terrasse est un endroit animé où l'on peut profiter des grands événements sportifs. Ouvert jusqu'à l'aube pour les plus audacieux.

Sailing Club
BAR

(carte p. 242 ; 72-74 Đ Tran Phu ; @). Malgré un évident embourgeoisement, le Sailing Club reste un lieu idéal pour sortir. Les boissons étant plus chères qu'ailleurs, l'établissement a tendance à se remplir au fur et à mesure que la nuit avance. Les fêtes de la pleine lune données sur la plage sont inoubliables mais l'entrée est payante pour ce genre d'occasion. En accord avec l'image sophistiquée des lieux, les ivrognes en sont chassés sans ménagement.

Louisiane Brewhouse
BRASSERIE

(carte p. 242 ; ⌕352 1948; 29 Đ Tran Phu ; @≋). Les amateurs de bière viennent goûter la production de cette petite brasserie. Derrière les cuves en cuivre se cachent la piscine et une plage privée.

Guava
BAR-LOUNGE

(carte p. 242 ; www.clubnhatrang.com ; 17 Đ Biet Thu ; @). Ce bar-lounge branché dispose à l'intérieur de canapés bien moelleux et, à l'extérieur, d'un patio arboré. Parmi les promotions, on peut choisir "une surprise pour deux au prix d'une". Un bloody mary peut ainsi accompagner le petit-déjeuner "spécial gueule de bois". L'endroit sert une bonne cuisine.

Red Apple Club
BAR

(carte p. 242 ; 54H Đ Nguyen Thien Thuat ; @). L'incontournable point de chute des visiteurs qui, entre deux excursions en bateau, viennent savourer une bière ou un cocktail – la liste est impressionnante et l'addition

> ### DES COCKTAILS FRELATÉS
>
> Il nous a été indiqué à plusieurs reprises que, dans certains établissements de Nha Trang, des cocktails servis dans des seaux peuvent être trafiqués. Il peut s'agir de whisky distillé illégalement et servi par le personnel, ou de n'importe quelle drogue ajoutée dans la boisson par un client. Même si les seaux sont une manière originale de boire un cocktail, faites bien attention à leur contenu !

raisonnable. Les promotions et la musique indé attirent du monde tous les soirs. Le billard rencontre un franc succès.

Crazy Kim Bar BAR
(carte p. 242 ; www.crazykimbar.com ; 19 Đ Biet Thu ; @). Tenu par Kimmy Ly, une célébrité locale, ce bar sert aussi de QG à la campagne de lutte contre la pédophilie, "Hands off the kids". Une partie des recettes provenant des ventes de boissons, de repas et de T-shirts est destinée à la campagne. Kimmy a créé une classe pour accueillir les enfants de la rue, et accepte des bénévoles pour enseigner l'anglais : renseignez-vous au bar. Soirées à thèmes régulières, bonne musique, généreux cocktails et connexion Wi-Fi gratuite.

Altitude BAR
(carte p. 242 ; 26-28 Đ Tran Phu). Situé au 28ᵉ étage du Sheraton Nha Trang, ce bar offre une vue panoramique sur la côte. Attendez-vous à des prix dignes d'un 5-étoiles.

Nghia Bia Hoi BAR
(carte p. 242 ; 7G/3 Đ Hung Vuong). Les voyageurs affluent pour savourer les bières blondes et brunes les moins chères de Nha Trang.

🛍 Achats

Nha Trang est connue pour ses boutiques d'objets d'art et d'artisanat local. Certaines sont installées dans les rues proches du croisement de Đ Tran Quang Khai et de Đ Hung Vuong.

Saga du Mekong HABILLEMENT
(carte p. 242 ; 1/21 Đ Nguyen Dinh Chieu). Cette boutique de mode chic est spécialisée dans le lin et coton, parfaits pour le climat tropical.

Bambou HABILLEMENT
(carte p. 242 ; 15 Đ Biet Thu). Cette boutique appartenant à l'enseigne Bambou vend des vêtements de sports aux motifs vietnamiens, maillots de bain compris.

A Mart ALIMENTATION
(carte p. 242 ; 17A Đ Biet Thu). Ce petit marché central offre un grand choix de produits. En sus de l'alimentaire, on trouve des cosmétiques et de l'écran solaire.

XQ ARTISANAT
(carte p. 242 ; www.xqhandembroidery.com ; 64 Đ Tran Phu ; ⊙8am-8pm). Un lieu conçu comme un village traditionnel. On y flâne parmi les ateliers de broderie et les galeries, en observant le travail des artisans, et on peut y boire un thé vert servi gracieusement.

ℹ Renseignements

Accès Internet
Il y a des dizaines de cybercafés à Nha Trang. Vous pouvez également consulter Internet dans les hôtels et les cafés : de nombreux établissements disposent d'une connexion Wi-Fi dans Đ Trang Quang Khai ou Đ Biet Thu.

Agences de voyages
Highland Tours (carte p. 242 ; ☎352 4477 ; www.highlandtourstravel.com ; 54G Đ Nguyen Thien Thuat). Nombreux circuits abordables dans les hauts plateaux du Centre.

Office du tourisme de Khanh Hoa (carte p. 242 ; ☎352 8000 ; khtourism@dng.vnn.vn ; Đ Tran Phu). Cet office du tourisme sur le front de mer est géré par le gouvernement. Il propose divers circuits, notamment en bateau.

Sinh Tourist (carte p. 242 ; ☎352 2982 ; www.thesinhtourist.vn ; 2A Đ Biet Thu). Circuits bon marché dans la région et visites en bus.

Argent
Vous trouverez des DAB partout en ville. L'agence **Vietcombank** (carte p. 242 ; 17 Đ Quang Trung ; ⊙lun-ven) change les chèques de voyage et fait des avances en espèces.

Dangers et désagréments
À Nha Trang, des pickpockets ont été signalés sur la plage et des objets de valeur peuvent disparaître à la moindre inattention, au cours de massages ou dans les chambres d'hôtel (aucun de ceux que nous répertorions, cependant). N'hésitez pas à confier votre argent liquide à la réception de votre établissement. Celui-ci sera responsable en cas de vol, même si cette précaution ne met pas toujours à l'abri d'opérateurs peu scrupuleux.

Attention aux vols à l'arraché si vous circulez en moto-taxi. Le soir, aux abords du front de mer, il arrive que des bandes de jeunes usent de Taser pour neutraliser leurs victimes avant de les détrousser.

Enfin, des voyageuses ont rapporté que de jeunes Vietnamiens, souvent insistants, les prenaient en photo alors qu'elles sortaient de l'eau ou se faisaient bronzer sur la plage.

Dans les sites touristiques, vous éviterez les abus en vérifiant le tarif d'entrée sur votre ticket. Comptez bien votre monnaie et refusez de payer trop cher pour garer votre deux-roues.

Poste
Poste principale (carte p. 242 ; 4 Ð Le Loi ; ⊙6h30-22h)

Services médicaux
Institut Pasteur (carte p. 242 ; ☎382 23 55 ; 10 Ð Tran Phu). Installé dans le musée Alexandre Yersin, un service de consultations et vaccinations. Voir p. 239.

❶ Depuis/vers Nha Trang
Avion
Vietnam Airlines (carte p. 242 ; ☎352 6768 ; 91 Ð Nguyen Thien Thuat) propose des vols quotidiens pour HCMV (à partir de 680 000 d), Hanoi (à partir de 1 700 000 d) et Danang (à partir 980 000 d). **Jetstar** (www.jetstar.com) dessert Hanoi à partir de 775 000 d.

Bus
La **gare routière de Phia Nam Nha Trang** (Ð 23 Thang 10), principal terminal des bus, est située à 500 m à l'ouest de la gare ferroviaire. Des bus réguliers partent tous les jours vers le nord pour Quy Nhon (100 000 d, 5 heures), certains continuent jusqu'à Danang (170 000 d, 12 heures). Des bus réguliers se dirigent au sud vers Phan Rang (40 000 d, 2 heures), et il existe des services réguliers vers HCMV (180 000 d, 11 heures), notamment en bus-couchettes à partir de 19h. D'autres bus desservent Dalat (100 000 d, 5 heures) et Buon Ma Thuot (85 000 d, 4 heures) sur les hauts plateaux.

Nha Trang est une étape importante pour les bus "open tour". Ils constituent le meilleur moyen d'accès à Mui Ne, qui n'est pas desservie par les bus locaux. Ces bus partent en général entre 7h et 8h pour arriver à Mui Ne au déjeuner, avant de continuer sur HCMV. D'autres bus rallient Dalat (5 heures) et Hoi An (11 heures).

Train
La **gare ferroviaire de Nha Trang** (carte p. 242 ; Ð Thai Nguyen ; ⊙billetterie 7h-11h30, 13h30-18h et 19h-21h) se trouve à l'ouest de la cathédrale. Parmi les destinations figurent Quy Nhon (132 000 d, 4 heures), Danang (285 000 d siège mou/475 000 d couchette molle, 10 heures) et HCMV (247 000 d siège mou/420 000 d couchette molle, 9 heures).

Voiture et moto
Les distances routières depuis Nha Trang sont : 235 km jusqu'à Quy Nhon, 523 km jusqu'à Danang, 104 km jusqu'à Phan Rang, 250 km jusqu'à Mui Ne, 448 km jusqu'à HCMV, 205 km jusqu'à Dalat et 205 km jusqu'à Buon Ma Thuot.

De nombreux Easy Riders sont basés à Nha Trang. Certains voyageurs traversent avec eux les hauts plateaux du Centre mais vous pouvez également découvrir le col de montagne entre Nha Trang et Dalat. En continuant sur les routes de montagne de Dalat à Mui Ne, vous ferez l'un des plus beaux voyages à moto possibles dans le Sud. Consultez l'encadré sur les Easy Riders p. 292 pour en savoir plus.

❶ Comment circuler
Depuis/vers l'aéroport
L'aéroport de Cam Ranh, à 28 km au sud de Nha Trang, dessert maintenant cette ville. Une

TRANSPORTS AU DÉPART DE NHA TRANG

DESTINATION	AVION	BUS	VOITURE/MOTO	TRAIN
HCMV	à partir de 34 $US, 1 heure, 3/j	9-12 $US, 11 heures, fréquent	10 heures	8-23 $US, 9 à 12 heures, fréquent
Mui Ne	non disponible	5-7 $US, 6 heures, régulier	5 heures	non disponible
Dalat	non disponible	3,50-6 $US, 5 heures, régulier	4 heures	non disponible
Quy Nhon	non disponible	5-7 $US, 5 heures, fréquent	4 heures	3-7 $US, 4 à 6 heures, fréquent
Danang	à partir de 49 $US, 1 heure, 1/j	9-12 $US, 12 heures, régulier	11 heures	9-24 $US, 12 à 15 heures, fréquent

jolie route côtière relie Nha Trang et Cam Ranh. Une navette couvre ce trajet (40 000 d) depuis le site de l'ancien aéroport (près de 86 Đ Tran Phu). Le départ a lieu 2 heures avant les vols (trajet de 40 min). Prenez de préférence un taxi, c'est plus pratique et cela vous évitera d'attendre à l'aéroport. Les **taxis Nha Trang** (382 60 00), taxis officiels de couleur marron, prennent 320 000 d pour une course entre l'aéroport et Nha Trang, et 190 000 d pour la course en sens inverse. Les autres taxis facturent au kilomètre, c'est-à-dire au moins 300 000 d.

Taxi, cyclo et *xe om*

Ils sont à Nha Trang en nombre excessif. Les conducteurs de *xe om* sont les plus insistants, bien que, à l'image des taxis du monde entier, ils se révèlent introuvables quand vous en avez besoin. Une course à moto n'importe où dans le centre ne devrait pas vous coûter plus de 20 000 d. Soyez prudent dans le choix de votre chauffeur, surtout la nuit : certains sont des dealers et/ou des proxénètes. Il est conseillé de choisir un taxi avec compteur, appartenant à une société réputée, comme Mai Linh.

Vélo

La bicyclette est un moyen pratique pour aller d'un site à l'autre, y compris à Thap Ba. La plupart des grands hôtels en louent pour environ 30 000 d/jour. Attention aux sens uniques autour de la gare, et aux ronds-points chaotiques.

Environs de Nha Trang

CITADELLE DE THANH

Cette place forte, dont ne subsistent que des pans de murs, date de la dynastie des Trinh (XVIIe siècle). Le prince Nguyên Anh (futur empereur Gia Long) l'avait fait reconstruire en 1793, après sa victoire sur les rebelles Tây Son. Elle se dresse à 11 km à l'ouest de Nha Trang, près de la ville de Dien Khanh.

CHUTES DE BA HO

Formées de trois cascades et de trois bassins, les **chutes de Ba Ho** (Suoi Ba Ho) s'étendent au cœur d'une forêt, à 20 km au nord de Nha Trang et quelque 2 km à l'ouest du village de Phu Huu. Quittez la RN 1 juste au nord d'un restaurant baptisé Quyen. On peut grimper au-dessus des bassins et les touristes sont moins nombreux que dans les autres sites naturels de la région.

SUOI TIEN (SOURCES AUX FÉES)

L'enchanteresse **source aux Fées** (10 000 d) semble jaillir de nulle part. Telle une petite oasis, elle est cernée par la verdure, de plantes tropicales et de rochers arrondis. Le site, à vocation écotouristique, voit déjà l'entrée se recouvrir de béton. Plus en amont, l'endroit reste paisible. Les Vietnamiens aiment y pique-niquer, il peut donc y avoir beaucoup de détritus mais ils disparaissent si l'on suit la source.

Louez une moto ou une voiture pour atteindre la source. Depuis Nha Trang, roulez vers le sud sur la RN 1 pendant 27 km jusqu'à Suoi Cat, et prenez à droite (à l'ouest) au panneau bleu et blanc "Huong Lo 39". Au bout de 5 km, un panneau vous indiquera la direction de la source.

PORT DE CAM RANH

Le magnifique port naturel de la **baie de Cam Ranh** s'étend à 25 km au sud de Nha Trang et à 56 km au nord de Phan Rang. L'excellente route de l'aéroport, récemment ouverte, a rendu plus accessible la superbe **Bai Dai** (longue plage), au nord du port. Elle reste assez préservée, bien que le gouvernement encourage son essor touristique.

Sur la route de la plage, des chars abandonnés évoquent la guerre. L'armée contrôle encore l'accès à une grande partie de la zone, mais elle commence à collaborer avec des agences touristiques. Le Nha Trang's Waves Watersports (voir p. 244) a négocié l'accès à certains des meilleurs spots de surf du Vietnam. **Shack Vietnam** (www.shack-vietnam.com) loue des planches et propose des formations à Bai Dai.

Une grande partie de la plage est encore inexploitée par rapport à Nha Trang, l'endroit est donc idéal pour fuir la foule le temps d'une journée. Plusieurs cabanons y servent des fruits de mer.

Pour vous y rendre, vous pouvez emprunter la navette de l'aéroport (voir ci-contre), ce qui oblige à organiser l'excursion en fonction des horaires de vol. En taxi, l'aller simple coûte environ 250 000 d et le tarif est moins cher en *xe om* : 150 000 d, temps d'attente compris.

Phan Rang et Thap Cham

068 / 170 000 HABITANTS

Ces deux villes n'en forment en réalité qu'une seule : Pha Rang s'accroche à la RN 1 et Thap Cham au début de la RN 20 qui part vers Dalat. Si vous écumez le Vietnam du nord au sud, vous noterez un grand changement dans la végétation en approchant des cités jumelles de Phan Rang et de Thap Cham, capitales de la province de Ninh Thuan. Les luxuriantes rizières vertes sont

LA BAIE DE CAM RANH, ANCIENNE BASE NAVALE

Cam Ranh a longtemps été considéré comme l'un des plus grands ports en eau profonde d'Asie. La flotte russe de l'amiral Rodjestvenski en fit son mouillage d'attache en 1905, à la fin de la guerre russo-japonaise, imité en cela par la flotte japonaise pendant la Seconde Guerre mondiale. À l'époque, la région était encore très réputée pour la chasse au tigre. Au milieu des années 1960, les Américains y installèrent une vaste base comprenant un port, des chantiers de réparation navale et une piste d'atterrissage.

Après la réunification du Vietnam, les Soviétiques en firent leur plus grande base navale hors d'URSS. Après 1991, toutefois, l'effondrement de l'Union soviétique, la fin de la guerre froide et les nouveaux problèmes économiques ont contraint les Russes à réduire considérablement leur présence militaire à l'étranger : alors que leur contrat initial n'expirait qu'en 2004, ils ont accepté dès fin 2002 d'évacuer la base – dernier bastion de la marine russe en Asie.

---

alors remplacées par des sols sablonneux, couverts de plantes rabougries. La flore locale comprend des flamboyants royaux et des cactus aux épines cruelles. La production de raisin de table de la région est réputée, et de nombreuses maisons des faubourgs sont agrémentées de treillis de vignes.

Le site le plus connu est le groupe de tours cham appelées Po Klong Garai, d'où Thap Cham (tour cham) tient son nom. Or, depuis la construction de la nouvelle nationale dans les montagnes, reliant Dalat à Nha Trang, les temples accueillent moins de visiteurs que par le passé. D'autres tours ponctuent le paysage. Les Chams, comme d'autres minorités ethniques du Vietnam, souffrent de discrimination et sont généralement plus pauvres que leurs voisins vietnamiens. On compte aussi plusieurs milliers de Chinois dans la région, dont beaucoup viennent rendre leurs dévotions à **Quang Cong** (Đ Thong Nhat), temple chinois bâti voici 135 ans et situé au centre-ville.

La RN 1 et la RN 20 font de ces villes une étape toute choisie lors d'un trajet soit vers la côte, soit vers Dalat. La plage proche de Ninh Chu (p. 255) est une autre halte, plus calme. La RN 1 devient Đ Thong Nhat lorsqu'elle traverse le centre-ville. Đ 16 Thang 4 part du rond-point principal et rejoint la plage de Ninh Chu, à l'est.

👁 À voir

Tours cham de Po Klong Garai   TEMPLE
(Thap Cham ; 10 000 d ; ⏰7h30-18h) Les 4 tours en brique de Po Klong Garai ont été érigées de la fin du XIIIe au début du XIVe siècle. Construites sur le modèle de temples hindous, elles se dressent sur une plate-forme au sommet du Cho'k Hala, colline de granit couverte de cactus.

Un grand bâtiment moderne s'étend au pied de la colline. De style cham, il est consacré à cette culture. Des **galeries** séparées présentent photographies, peintures et poterie traditionnelle. Si le royaume cham a disparu depuis longtemps, le peuple cham, lui, est bien vivant (voir p. 218).

Au-dessus de l'entrée de la plus grande tour (le **kalan** ou sanctuaire) trône une sculpture de Shiva dansant à six bras. Les remarquables inscriptions en ancienne langue cham que l'on aperçoit sur les montants de la porte témoignent des efforts accomplis pour restaurer le temple, ainsi que des offrandes et des sacrifices d'esclaves destinés à l'honorer. Pour entrer, il faut se déchausser, car il s'agit d'un lieu de culte en activité. Le vestibule abrite une statue du taureau blanc Nandin, symbole de fertilité agricole et véhicule du dieu Shiva. Les paysans avaient coutume de déposer des offrandes de légumes frais, d'herbes et de noix d'arec devant le mufle de l'animal pour s'assurer une bonne récolte. Sous la tour principale se dresse un *mukha lingam*, phallus sculpté et peint d'un visage humain, sous une pyramide en bois.

Depuis la petite tour située face à l'entrée du *kalan*, vous pourrez admirer l'ingéniosité dont firent preuve les maçons cham pour concevoir les colonnes en bois qui soutiennent le toit léger. La structure qui s'y rattache constituait autrefois l'entrée principale du site.

Po Klong Garai se trouve au nord de la route RN 20, à 6 km de Phan Rang en direction de Dalat. Les tours se situent de l'autre côté des voies de la gare de Thap Cham. Certains des bus "open tour" y font un arrêt.

Tour cham de Po Ro Me
TEMPLE

(entrée libre, don apprécié). Cette tour cham est l'une des plus évocatrices du Vietnam. Elle est isolée au sommet d'une colline escarpée, d'où la vue s'étend sur le paysage ponctué de cactus. Le temple honore le dernier dirigeant d'un Champa indépendant, le roi Po Ro Me (1629-1651), qui mourut prisonnier des Viet-namiens. Son image et celles des membres de sa famille figurent parmi les décorations extérieures. Notez le motif de flamme répété autour des arches, symbole de pureté.

Le temple est encore utilisé lors de céré-monies deux fois par an. Le reste du temps, il est fermé, mais les gardiens, au pied de la colline, ouvriront le sanctuaire. Laissez-leur un petit pourboire et n'oubliez pas de vous déchausser.

Les occupants du temple n'ont pas l'habi-tude d'être dérangés, et vous risquez d'être surpris quand les chauves-souris battront des ailes dans la pénombre. Il est possible de distinguer une pièce centrale rouge et noire, et un bas-relief représentant le roi déifié sous la forme de Shiva. Derrière la principale déité sur la gauche se trouve l'une de ses reines, Thanh Chanh. Cherchez les inscriptions sur les montants de la porte et une statue du taureau Nandin.

La meilleure manière d'accéder au site consiste à emprunter une moto ou un *xe om*. Prenez la RN 1 au sud de Phan Rang sur 9 km. Tournez à droite à l'embranche-ment vers Ho Tan Giang, une route couverte étroite juste après la station-service, et continuez sur 6 km. Tournez à gauche au milieu d'un village poussiéreux, au niveau d'un enclos qui fait aussi office de terrain de foot, et suivez la route dans son virage à droite jusqu'à ce que la tour apparaisse. Un panneau indique le chemin à travers champs sur les 500 derniers mètres.

Village de Bau Truc
VIE LOCALE

Ce village cham est réputé pour ses poteries ; de nombreuses boutiques sont installées devant les maisons de terre et de bambou. Sur le chemin de Po Ro Me, sortez à droite de la RN 1A près du mémorial de guerre, et rendez-vous jusqu'à la commune portant la bannière "Lang Nghe Gom Bau Truc". Dans le village, prenez la première à gauche pour rejoindre les deux meilleures boutiques.

Où se loger

La plage de Ninh Chu regroupe de nombreux hébergements plus luxueux (ci-contre).

Ho Phong Hotel
HÔTEL $

(☎392 0333 ; www.hophong.co.net ; 363 Đ Ngo Gia Tu ; ch 230 000-450 000 d ; ✳@☎). Situé près du pont principal, ce somptueux édifice, visible de nuit grâce à son puissant éclai-rage, fait figure de fanal en ville. Toutes les chambres sont bien équipées et comportent d'agréables détails : douche haute pression et toilettes avec dorures.

Viet Thang Hotel
HÔTEL $

(☎383 5899 ; 430 Đ Ngo Gia Tu ; s/d/q 160 000/180 000/300 000 d ; ✳☎). À l'écart de la route principale, dans Đ Ngo Gia Tu, l'hôtel est un peu délabré, mais les chambres y sont abor-dables et les propriétaires très chaleureux.

Où se restaurer

L'une des spécialités locales est le gecko rôti ou au four *(ky nhong)*, servi avec de la mangue verte (voir p. 256). Les touristes ont souvent moins de mal avec le *com ga* – poulet et riz. Les poulets du coin semblent plus en chair que les spécimens croisés en temps normal, et la coutume veut que l'on s'arrête ici pour en acheter (ou s'en restaurer). Quelques restaurants servant du *com ga* jalonnent Đ Tran Quang Dieu, Le

---

LE NOUVEL AN CHAM

Le Nouvel An cham (Kate) est célébré à Po Klong Garai le 7e mois du calendrier cham (vers le mois d'octobre du calendrier grégorien) : il rend hommage aux ancêtres, aux héros nationaux et aux divinités cham, telle la déesse agricole Po Ino Nagar.

La veille de la fête, le costume du roi Po Klong Garai est transporté au cours d'une procession gardée par les montagnards Tay Nguyen, qui s'accompagne d'une musique traditionnelle et se prolonge jusqu'à minuit. Le lendemain matin, le costume est porté jusqu'à la tour ; le cortège est encore suivi de musiciens, et les habitants, portant bannières et drapeaux, chantent et dansent. Les notables et les aînés ferment la marche. Cette cérémonie colorée se poursuit jusque dans l'après-midi.

Les festivités durent tout le mois : les Chams font la fête, se rendent chez leurs proches et leurs amis et prient pour s'attirer la bonne fortune.

meilleur, **Phuoc Thanh** (3 Ð Tran Quang Dieu ; plats 20 000-50 000 d), se trouve juste au nord de Ð 16 Thang 4, la route menant à la plage de Ninh Chu.

Phan Rang est aussi la capitale du raisin au Vietnam. Des étals du marché vendent des grappes fraîches, du jus et des raisins secs (encore juteux). Ne manquez pas de goûter le fruit du dragon vert *(thanh long)*, qui rappelle le kiwi, très rafraîchissant servi glacé.

Renseignements

Agriculture Bank (540-544 Ð Thong Nhat). Voisine du marché, change les devises.
Poste principale (217A Ð Thong Nhat). Proche de la gare routière, elle dispose de l'Internet.

Depuis/vers Phan Rang

BUS La **gare routière de Phan Rang** (Ben Xe Phan Rang ; face au 64 Ð Thong Nhat) se situe dans les faubourgs nord de la ville. Des bus se rendent régulièrement vers le nord à Nha Trang (à partir de 42 000 d, 2 heures 30), au nord-ouest à Dalat (55 000 d, 4 heures), et au sud à Ca Na (à partir de 15 000 d, 1 heure) et plus loin.
TRAIN La **gare ferroviaire de Thap Cham** (7 Ð Phan Dinh Phung) est située à 6 km à l'ouest de la RN 1, non loin des tours de Po Klong Garai, mais seuls les trains lents y marquent l'arrêt. Parmi les destinations : Nha Trang (environ 2 heures) et HCMV (environ 8 heures).
VOITURE ET MOTO Quelque 344 km séparent Phan Rang de HCMV, 147 km de Phan Thiet, 104 km de Nha Trang et 108 km de Dalat.

Plage de Ninh Chu

068

Au sud-est de Phan Rang, la plage de Ninh Chu (10 km), de plus en plus fréquentée par les vacanciers vietnamiens, est une base appréciable et plus calme que Phan Rang pour partir à la découverte des ruines cham.

Le **Hoan Cau Resort** (389 0077 ; www.hoancautourist.com.vn ; parc aquatique adulte/enfant 20 000/10 000 d) est une sorte de Disneyland vietnamien. Des statues en plâtre joviales ornent le terrain et les chambres ressemblent à des souches d'arbre. Mieux vaut visiter les lieux que séjourner dans les bungalows kitsch aux airs de cabanes dans les arbres. Dans l'ensemble, le site semble être inspiré de la Crazy House de Dalat (p. 281) mais en plus grand.

Où se loger et se restaurer

Den Gion Resort HÔTEL DE CHARME $$
(387 4223 ; www.dengion-resort.com ; ch 40-60 $US ; ❄@🛜🏊). Récemment rénové avec goût, ce complexe hôtelier promet un séjour agréable. Les bungalows, répartis dans un jardin luxuriant près de la plage, sont tous aménagés de la même manière : belle douche et mobilier stylé. Petit-déjeuner compris, servi au **restaurant** (plats 50 000-125 000 d) en plein air.

Con Ga Vang Resort COMPLEXE HÔTELIER $$
(387 4899 ; www.congavangresort.com ; ch 700 000-1 500 000 d ; ❄@🛜🏊). Les nouveaux complexes hôteliers fleurissent le long de la plage de Ninh Chu. Ici, les tarifs attrayants comprennent des chambres élégantes et spacieuses, une piscine et des courts de tennis. Donnant sur la plage, le **Huong Dua Restaurant** (plats 40 000-100 000 d) est l'un des meilleurs du lieu. Il sert des fruits de mer d'un excellent rapport qualité/prix, comme les huîtres cuites à l'ail pour moins de 5 $US. On parle un peu anglais.

Anh Duong Hotel HÔTEL $
(389 0009 ; www.anhduonghotel.com.vn ; ch 200 000-400 000 d ; ❄🛜). À l'écart de la plage, de nombreux hôtels modernes ont fait leur apparition le long de la route et offrent des chambres bon marché. L'un des derniers en date, l'Anh Duong, joliment décoré, est à deux pas de la plage.

Depuis/vers Ninh Chu

Prenez à gauche (sud-est) dans Ð Ngo Gia Tu, artère située immédiatement avant le pont sur la rivière Cai, à Phan Rang, et continuez en suivant les panneaux sur 7 km. À moins d'avoir un véhicule, il est plus simple de prendre un *xe om* (environ 30 000 d) ou un taxi (80 000 d).

Ca Na

068

Au XVIe siècle, les princes de la famille royale cham pêchaient et chassaient le tigre, l'éléphant et le rhinocéros dans la région. Aujourd'hui, Ca Na est plus connue pour ses plages de sable blanc ponctuées d'énormes blocs de granit. La plus belle partie de la plage et les meilleurs hôtels se trouvent juste au sortir de la RN 1, à 1 km au nord du village de pêcheurs. C'est un endroit superbe où l'accueil est agréable, malgré le bruit constant des camions.

Le terrain est parsemé de magnifiques cactus. **Son**, une petite pagode jaune vif à flanc de colline, est intéressante à visiter, mais l'ascension est difficile.

Si vous séjournez ici, sachez qu'il n'y a ni banque ni DAB, et que personne n'accepte les cartes de crédit ni les chèques de voyage.

Le **Ca Na Hotel** (376 0922 ; www.canahotel.com.vn ; ch 180 000-250 000 d ; ✷@⍟) est un petit complexe constitué de 8 bungalows et d'un motel de 12 chambres. L'endroit est cependant un peu triste.

 Depuis/vers Ca Na

Ca Na se trouve à 114 km au nord de Phan Thiet et à 32 km au sud de Phan Rang. De nombreux bus longue distance de la RN 1 peuvent vous y déposer, mais y embarquer en route se révèle plus compliqué. Les bus locaux de Phan Rang (12 000 d, 1 heure) desservent le village de Ca Na – demandez à être déposé sur la route et prenez un *xe om* pour le dernier kilomètre.

Mui Ne

062 / 15 000 HABITANTS

Autrefois magnifique bande de sable blanc isolée, Mui Ne est désormais envahie de complexes hôteliers, plus nombreux chaque année, avec leur lot de restaurants et de magasins. Ici, il est impossible de se perdre : sur 10 km de route nationale, la plupart des hôtels se trouvent côté plage, et côté terre, les magasins et restaurants. Cependant, la plage garde son charme et les édifices, bordés de jardins près de la mer, restent peu élevés. Le village de pêcheurs originel est toujours là, mais les habitants sont à présent bien moins nombreux que les touristes.

Vous ne trouverez pas véritablement ici de possibilité de plongée ou de snorkeling. En revanche, la cité balnéaire attire les surfeurs d'août à décembre, époque à laquelle les pluies s'abattent sur Nha Trang et Hoi An. Les amateurs de planche à voile trouvent également leur bonheur, surtout de fin octobre à fin avril, quand déferle la houle des ouragans philippins. Le kitesurf est lui aussi très populaire. Mui Ne est donc réputée pour son ambiance sportive.

Côté climat, cette portion du littoral reçoit environ moitié moins de précipitations que Phan Thiet, pourtant toute proche : en effet, le microclimat de la station est protégé par les dunes de sable et, même durant la saison humide, de juin à septembre, les pluies restent relativement faibles et sporadiques.

L'érosion côtière pose un gros problème. De nombreux complexes hôteliers au nord du km 12 ont quasi perdu leur plage et tentent de sauver ce qu'il en reste avec des sacs de sable.

Mui Ne est en réalité un village de pêcheurs situé à l'extrémité est de la route 706, et ce n'est pas là où séjournent les voyageurs. Le village le plus proche de l'activité touristique est celui de Ham Tien.

À voir

Dunes de sable PLAGE

Mui Ne est célèbre pour ses immenses dunes de sable blanc et rouge, qui ont inspiré nombre de photographes vietnamiens : certains restent assis là des heures, sous le soleil brûlant, en attendant que le vent sculpte les dunes pour saisir le cliché parfait.

Vous aurez besoin d'une jeep pour explorer le site, mais mettez-vous d'accord sur l'itinéraire avant de partir, de préférence par écrit. Des plaintes nous sont parvenues au sujet de circuits "coucher de soleil" moins longs que prévu, avec des conducteurs devenant agressifs en cas de réclamation. Gardez aussi en tête que les dunes de sable blanc sont devenues très fréquentées, et que les quads et buggies perturbent le calme du site.

LA PÊCHE AUX LÉZARDS

Quand on parle de pêche en montagne, on pense à la truite de rivière ou à la perche de lac, mais il existe un loisir d'un tout autre genre : la pêche au lézard ! Celle-ci se pratique dans les collines arides en retrait de la côte, notamment autour de Ca Na, Phan Rang, Phan Tiet et Mui Ne.

Ces lézards, appelés *than lan nui*, appartiennent à la famille des geckos et sont comestibles – certains prétendent qu'ils ont un goût de poulet. Traditionnellement, on les attrape en fixant un crochet au bout d'une longue canne en bambou. On laisse pendre un appât du haut d'un rocher jusqu'à ce que ces petits reptiles montrent le bout de leur nez.

Dans les restaurants, ils sont servis grillés, rôtis, frits, ou encore réduits en une sorte de pâté (os compris) où l'on trempe des crackers de riz. Bon appétit !

Autre site, la **source aux Fées** (Suoi Tien) est un petit cours d'eau s'écoulant entre les dunes et des formations rocheuses. Vous pourrez faire une promenade depuis la mer jusqu'à la source, de préférence avec un guide. Attention, le sable est brûlant sur les dunes et il vaut mieux être équipé de bonnes semelles. Des promenades à dos d'autruche (40 000 d) y sont proposées, mais nous ne recommandons guère cette activité.

Tours cham de Po Shanu TEMPLE
(Km 5 ; 5 000 d ; ⊙7h30-11h30 et 13h30-16h30). Vers l'ouest, elles occupent une colline près de Phan Thiet, offrant une vue dégagée sur la ville et un cimetière. Cet ensemble du IXe siècle abrite les ruines de trois tours mal conservées. Une petite pagode se dresse sur le site, ainsi qu'une galerie et une boutique.

Activités
Cours
Taste of Vietnam CUISINE
(☏091-665 5241 ; atasteofvietnam@gmail.com ; Sunshine Beach Resort, 82 Đ Nguyen Dinh Chieu ; ⊙9h-12h30 et 13h30-16h). Vous apprendrez ici tous les secrets de la cuisine locale. Le cours du matin (25 $US) comprend une visite au marché ; celui de l'après-midi est un peu moins cher (20 $US).

Golf
Tropical Minigolf Mui Ne MINIGOLF
(97 Đ Nguyen Dinh Chieu ; ⊙10h-22h30 ; 100 000 d). Ce parcours de minigolf est aménagé dans un joli jardin parsemé de rochers. Le tarif comprend une boisson et le soir, pour 120 000 d, il inclut un cocktail.

Sealinks Golf & Country Club GOLF
(☏374 1777 ; www.sealinksvietnam.com ; km 8, Mui Ne ; à partir de 1 945 000 d parcours 18 trous). Donnant sur la mer, ce nouveau parcours est considéré comme le plus difficile du Vietnam. Un rabais est consenti à partir de 14h30. Vous trouverez aussi un complexe hôtelier et des villas résidentielles.

Ocean Dunes Golf Club GOLF
(☏382 3366 ; www.oceandunesgolf.vn ; 1 Đ Ton Duc Thang ; parcours à partir de 77 $US, caddie et voiturette en sus). Un excellent 18-trous par 72 dessiné par Nick Faldo, en dehors de la ville, près du front de mer de Phan Thiet. Des formules avec hébergement au Novotel Ocean Dunes, tout proche, sont disponibles à prix raisonnables sur le site web.

Spas
La plupart des hôtels haut de gamme possèdent leur propre spa, avec l'habituel choix de gommages, de massages et de bains.

Nina Spa SPA
(☏384 7577 ; 165 Đ Nguyen Dinh Chieu ; ⊙9h-22h). Le spa le plus attrayant de Miu Ne occupe une jolie maison traditionnelle, dotée d'une piscine. Massages à partir de 21 $US, soin de 2 heures pour 65 $US.

Activités aquatiques
Avant d'opter pour un stage de plusieurs jours de kitesurf, faites un essai avec une leçon, car ce sport extrême ne convient pas à tout le monde et vous ne serez pas toujours remboursé si vous décidez d'abandonner.

Jibes KITESURF
(☏384 7405 ; www.windsurf-vietnam.com ; 90 Đ Nguyen Dinh Chieu ; ⊙7h30-18h). Cette école de kitesurf propose des cours et loue du matériel de pointe : planches à voile, surf, de kitesurf et kayaks. L'assurance est en sus.

Sankara Kitesurfing Academy KITESURF
(☏91-491 0607 ; www.kiteschoolmuine.com ; 78 Đ Nguyen Dinh Chieu). Installés dans le Sankara (p. 263), un bar ultrabranché, des kitesurfers chevronnés proposent des cours et louent le matériel.

Vietnam Kitesurfing Tours KITESURF
(☏090-946 9803 ; www.vietnamkitesurfingtours.com). Cette agence, devant la pension Mellow, vous emmène là où personne ne va. Les sorties à la journée coûtent 80 $US et à partir de 180 $US pour 2 jours.

Mystic Fish Charters VOILE
(☏012-7287 8801 ; www.mysticfishcharters.com ; 108 Đ Huynh Thuc Khang). Une excursion à bord d'un catamaran Corsair Marine Sprint revient à 295 $US qu'il est possible de répartir entre 7 personnes au maximum.

Surf Vietnam SURF
(www.surf-vietnam.com). Cours à partir de 50 $US sur différentes vagues de Mui Ne. Location de shortboards (18 $US/demi-journée).

Où se loger
Le secteur hôtelier connaît un véritable boom à Mui Ne, offrant un large choix d'hébergements pour tous les budgets. Auparavant, Mui Ne était le refuge favori des expatriés travaillant à HCMV et des Vietnamiens cherchant à fuir la pollution de

la ville. Les meilleurs établissements étaient donc souvent complets pendant le week-end et les vacances. La situation change, la RN 1 étant particulièrement encombrée, plus personne ne veut passer 6 heures sur la route pour se rendre sur la côte. La réservation n'est donc plus indispensable. Toutefois, si vous souhaitez séjourner dans un hôtel en particulier, il vaut mieux réserver.

La plupart des établissements de catégorie supérieure appliquent un supplément de 10% pour les taxes et de 5% pour le service.

♥ Mui Ne Backpackers   PENSION $
(☎384 7047 ; www.muinebackpackers.com ; 88 Đ Nguyen Dinh Chieu ; dort 6-10 $US ; ch 20-60 $US ; ❋@☎☀). Dans cette pension très prisée, la sympathique et accueillante direction australienne propose un large choix : jolis dortoirs de 4 lits avec accès aux douches chaudes ou chambres privées totalement rénovées. Les bungalows donnant sur la plage offrent une vue dégagée sur la mer. Une soirée est organisée en ville (dîner et quelques-uns des meilleurs bars sont au programme), éloignant les fêtards et laissant régner le calme dans le complexe.

♥ Full Moon Resort   HÔTEL DE CHARME $$
(☎384 7008 ; www.windsurf-vietnam.com ; 84 Đ Nguyen Dinh Chieu ; ch 48-165 $US ; ❋@☎☀). Les propriétaires de ce complexe hôtelier, l'un des premiers apparus à Mui Ne, ont pris soin de le réaménager pour faire face à la concurrence. Bungalows sur le front de mer particulièrement agréables, dotés de tentures et de baignoire aux airs de jacuzzi. Canapé-lit pour les enfants dans les chambres familiales.

♥ Cham Villas   HÔTEL DE CHARME $$$
(☎374 1234 ; www.chamvillas.com ; 32 Đ Nguyen Dinh Chieu ; ch 150-185 $US ; ❋@☎☀). Les 20 magnifiques villas de ce complexe au charme certain affichent souvent complet en haute saison. Un jardin luxuriant entoure la vaste piscine. Plage privée de 60 m de long.

Indochina Dreams   HÔTEL DE CHARME $$
(☎384 7271 ; 74 Đ Nguyen Dinh Chieu ; ch 40-55 $US ; ❋@☎☀). Agrandi, le complexe comporte désormais 12 chambres. Les nouveaux bungalows en pierre parsèment le grand jardin. La piscine est idéale pour se relaxer mais il est probable que d'autres bungalows apparaîtront avec le temps.

Mia Resort   HÔTEL DE CHARME $$$
(☎384 7440 ; www.sailingclubvietnam.com ; 24 Đ Nguyen Dinh Chieu ; ch 66 $US, bungalows 85-170 $US ; ❋@☎☀). Le Sailing Club change de nom mais la formule reste la même : un complexe luxueux louant des chambres à des tarifs raisonnables, dotées de mobilier design, boiseries et balcon privé. La piscine, près de la plage, est dotée de l'excellent Sandals Restaurant, ouvert à tous pour un verre ou un repas. Cours de cuisine.

Shades   APPARTEMENTS $$$
(☎374 3236 ; www.shadesmuine.com ; 98A Đ Nguyen Dinh Chieu ; ch 74-380 $US ; ❋@☎☀). S'il est petit, ce site ne manque pas de caractère. Shades propose de luxueux

Plage de Mui Ne

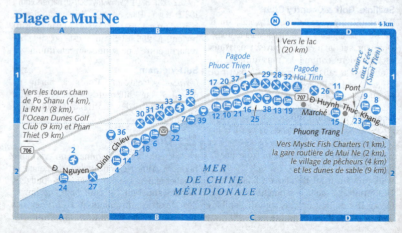

studios aux lignes modernes. Les plus grands disposent d'une cuisine américaine et tous sont dotés d'une TV écran plat et de lits électriques. Petit-déjeuner sain et laverie inclus.

Sunsea Resort HÔTEL DE CHARME $$$
(384 7700 ; www.sunsearesort-muine.com ; 50 Ð Nguyen Dinh Chieu ; ch 75-150 $US ; ✻@🛜🏊). Depuis une importante rénovation, ce complexe compte parmi les plus attrayants de la plage. Les chambres les plus stylées se trouvent dans les bungalows d'inspiration africaine et donnent sur la piscine ou sur la mer. Les moins chères ouvrent sur une autre piscine ombragée et sur le jardin. Le chic Sukothai Restaurant est réputé pour sa cuisine thaïe.

Coco Beach Resort HÔTEL DE CHARME $$$
(384 7111 ; www.cocobeach.net ; 58 Ð Nguyen Dinh Chieu ; ch 110-270 $US ; ✻@🛜🏊). À son ouverture, en 1995, le Coco Beach ne comportait ni restaurant, ni spa, ni bar. Il a beaucoup évolué depuis et reste l'un des plus jolis complexes de Mui Ne, proposant de spacieux bungalows disposés dans un jardin luxuriant.

Victoria Phan Thiet Beach Resort COMPLEXE HÔTELIER $$$
(381 3000 ; www.victoriahotels-asia.com ; km 9 ; ch 170-460 $US ; ✻@🛜🏊). Le tout premier complexe Victoria est une bonne adresse pour séjourner à Mui Ne. Les bungalows, aménagés d'un seul tenant, sont pourvus d'immenses sdb avec une profonde

Plage de Mui Ne

⊕ Activités
Jibes		(voir 10)
1	Nina Spa	C1
	Sankara Kitesurfing Academy	(voir 12)
2	Sealinks Golf & Country Club	A2
	Taste of Vietnam	(voir 12)
3	Tropical Minigolf Mui Ne	B1
	Vietnam Kitesurfing Tours	(voir 17)

🛏 Où se loger
4	Allez Boo Resort	B2
	Bao Quynh Bungalow	(voir 18)
5	Beach Resort	B2
	Bien Dua Resort	(voir 38)
6	Cham Villas	B2
7	Coco Beach Resort	B1
8	Duy An Guesthouse	D1
9	Duyen Vu Guesthouse	D1
10	Full Moon Resort	C1
11	Golden Sunlight Guesthouse	D1
	Hai Yen Resort	(voir 38)
12	Hiep Hoa Beachside Bungalow	C1
13	Hoang Kim Golden	C1
	Hotel 1 & 10	(voir 32)
	Indochina Dreams	(voir 12)
14	L'Anmien Resort	B2
15	Little Mui Ne Cottages	D1
16	Lu Hoang Guesthouse	C1
17	Mellow	C1
18	Mia Resort	B2
	Mui Ne Backpackers	(voir 10)
	Mui Ne Lodge	(voir 19)
19	Mui Ne Resort	C1
	Paradise Huts	(voir 10)
	Paris Mui Ne Plage	(voir 10)
	Rang Garden Bungalows	(voir 29)
	Salina Resort	(voir 19)
20	Sea Winds Resort	C1
21	Shades	C1
22	Sunsea Resort	B2
23	Thai Hoa Mui Ne Resort	D1
24	Victoria Phan Thiet Beach Resort	A2

🍴 Où se restaurer
	Bo De	(voir 25)
25	Bo Ke	C1
26	Restaurants servant de la chèvre	D1
	Guava	(voir 31)
27	Hoa Vien Brauhaus	A2
	Hoang Vu	(voir 20)
28	Info Café	C1
29	La Taverna	C1
	Lam Tong	(voir 10)
	Le Chasseur Blanc	(voir 3)
30	Luna d'Autunno	B1
	Mui Ne Health Bar	(voir 35)
31	Peaceful Family Restaurant	B1
32	Phat Hamburgers	C1
33	Rung Forest	B1
34	Shree Ganesh	B1
35	Snow	B1

🍸 Où prendre un verre
36	Deja Vu	B2
	DJ Station	(voir 25)
	Fun Key	(voir 25)
37	Joe's Café	C1
38	Pogo	C1
	Sankara	(voir 12)
39	Wax	B1

baignoire et des douches extérieures de style balinais. Longue plage et deux piscines.

Paris Mui Ne Plage
HÔTEL $$

(090-278 8020 ; www.parismuineplage.com.vn ; 94 Đ Nguyen Dinh Chieu ; ch 20-75 $US ; ✴@🛜⛱). Il s'agit en fait de deux établissements. Le plus luxueux, côté plage, propose des chambres à partir de 55 $US. Côté route, vous aurez droit à d'excellents tarifs. Chaque hôtel dispose de sa propre piscine.

Bien Dua Resort
PENSION $

(Coconut Beach ; 384 7241 ; www.bienduaresort.com ; 136 Đ Nguyen Dinh Chieu ; ch 10-20 $US ; ✴@🛜). Cet établissement chaleureux, tenu par des Français, loue des chambres en front de plage, aux allures de bungalow et d'un bon rapport qualité/prix. Les moins chères ont un ventilateur, toutes ont la TV et l'eau chaude.

Rang Garden Bungalow
HÔTEL $

(374 3638 ; 233A Đ Nguyen Dinh Chieu ; ch 10-30 $US ; ✴@🛜⛱). Ouvert en 2011, cet hôtel, d'un excellent rapport qualité/prix, propose des chambres distribuées dans des villas autour d'une vaste piscine. Les chambres de qualité supérieure correspondent à celles d'un 3-étoiles. Petit restaurant sur place.

Paradise Huts
HÔTEL $$

(384 7177 ; 86 Đ Nguyen Dinh Chieu ; ch 35-50 $US ; ✴@🛜). Cet établissement est également connu sous le nom de "Chez Nina". Les jolis bungalows se trouvent dans un jardin ombragé, au cœur de Mui Ne. Pas de piscine mais la plage est à deux pas.

Thai Hoa Mui Ne Resort
HÔTEL $$

(384 7320 ; www.thaihoaresort.com ; 56 Đ Huynh Thuc Khang ; ch 20-50 $US ; ✴@🛜). Le lieu s'est embourgeoisé avec le temps mais doit son succès à ses charmants bungalows, à l'orée d'un vaste jardin. Un supplément vous permet d'être plus proche de la mer.

Lu Hoang Guesthouse
HÔTEL $

(350 0060 ; 106 Đ Nguyen Dinh Chieu ; ch 15-20 $US ; ✴@🛜). L'accueil chaleureux des propriétaires rend le séjour très agréable. La maison est décorée avec soin. Plusieurs chambres ont vue sur la mer depuis leur balcon et toutes comportent une sdb étincelante.

Salina Resort
HÔTEL $$

(374 3666 ; www.salinaresort.net ; 130D Đ Nguyen Dinh Chieu ; ch 600 000-700 000 d ; ✴@⛱). Près du km 16, ce nouvel hôtel familial abrite de vastes chambres, celles en façade disposant d'un balcon avec vue sur mer.

Hai Yen Guesthouse
PENSION $

(384 7243 ; www.haiyenguesthouse.com ; 132 Đ Nguyen Dinh Chieu ; ch 15-25 $US ; ✴@🛜). Cette pension accueillante offre plusieurs chambres derrière la piscine en front de mer. Toutes sont climatisées et celles à 25 $US disposent d'un réfrigérateur et d'une vue sur la mer. Accès par la plage et petit restaurant.

Sea Winds Resort
PENSION $

(384 7018 ; 139 Đ Nguyen Dinh Chieu ; ch 7-18 $US ; ✴@🛜). La devanture est toute petite mais, sitôt passé la porte, un ravissant jardin s'offre au regard, entouré de chambres d'un excellent rapport qualité/prix. Celles avec ventilateur sont très spacieuses pour ce tarif.

Hotel 1 & 10
PENSION $

(384 7815 ; 261A Đ Nguyen Dinh Chieu ; dort 3 $US, ch 5-15 $US ; ✴@🛜). Il en coûte 3 $US pour passer la nuit dans une maison des minorités ethniques, sur un matelas posé au sol comme à Mai Chau. La vieille maison en bois comporte environ 25 couchages. Des chambres plus sophistiquées sont proposées à l'arrière. Au restaurant-bar, la chicha ne coûte que 4 $US.

Duy An Guesthouse
PENSION $

(384 7799 ; 87 Đ Huynh Thuc Khang ; ch 7-20 $US ; ✴@🛜). À l'extrémité de Ham Tien, où l'on trouve plusieurs pensions bon marché, celle-ci se démarque par ses sympathiques propriétaires anglophones. Dans la plupart des chambres, un matelas peut être ajouté au sol. Quadruples : 20 $US. Location de vélos : 30 000 d.

Little Mui Ne Cottages
HÔTEL $$$

(384 7550 ; www.littlemuine.com ; 10B Huynh Thuc Khang ; ch 55-176 $US ; ✴@🛜⛱). Nichée dans d'immenses jardins, cette petite oasis offre un service personnalisé. Les maisonnettes sont bien espacées et l'endroit n'a jamais l'air bondé. La piscine est assez grande pour y faire des longueurs.

Mui Ne Resort
HÔTEL $$

(384 7542 ; www.thesinhtourist.vn ; 114 Đ Nguyen Dinh Chieu ; ch 30-60 $US ; ✴@🛜⛱). Un hôtel un brin bobo, géré par le Sinh Tourist. Les chambres sont impeccables et le personnel est accueillant. Superbe piscine au milieu des feuillages.

Bao Quynh Bungalow HÔTEL $$
(374 1007 ; www.baoquynh.com ; 26 Ð Nguyen Dinh Chieu ; ch 36-115 $US ; ✳@⚡☎). Ce charmant resort propose des chambres bon marché et des bungalows spacieux. Jolie plage.

Mellow PENSION $
(374 3086 ; 117C Ð Nguyen Dinh Chieu ; ch 6-15 $US ; ✳@☎). Un endroit tranquille, d'un bon rapport qualité/prix, pour se reposer. Sdb commune pour les chambres les moins chères.

Mui Ne Lodge PENSION $
(384 7327 ; www.muinelodge.com ; 150 Ð Nguyen Dinh Chieu ; ch 12-25 $US ; ✳@☎). Cette petite pension agréable, accueillante aux voyageurs sac au dos, propose 12 chambres au toit de chaume. Billard dans le bar.

Hiep Hoa Beachside Bungalow HÔTEL $$
(384 7262 ; www.muinebeach.net/hiephoa ; 80 Ð Nguyen Dinh Chieu ; ch 20-30 $US ; ✳@☎⚡). Un petit hôtel familial aux tarifs raisonnables offrant un peu plus de confort que les pensions bon marché.

Hoang Kim Golden HÔTEL $$
(384 7689 ; www.hoangkim-golden.com ; 140 Ð Nguyen Dinh Chieu ; ch 15-40 $US ; ✳@☎⚡). Totalement rénové, cet hôtel établi de longue date propose des chambres en bungalows donnant sur la plage et répartis autour de la piscine.

Golden Sunlight Guesthouse PENSION $
(374 3124 ; 19B Ð Nguyen Dinh Chieu ; ch 8-12 $US ; ✳@☎). Cette pension bon marché est l'une des premières à avoir ouvert au km 18. C'est un endroit accueillant. Les chambres sont propres et vastes, avec ventilateur et sdb.

Duyen Vu Guesthouse PENSION $
(374 3404 ; 77A Ð Huynh Thuc Khang ; ch 10 $US ; ✳@☎). Derrière un grand restaurant, quelques chambres aux airs de bungalows donnent sur un jardin sablonneux et ombragé. Prix correct.

Beach Resort COMPLEXE HÔTELIER $$
(384 7626 ; www.thebeachresort.com.vn ; 18 Ð Nguyen Dinh Chieu ; ch à partir d'1 300 000 d ; ✳@☎⚡). Complexe 3 étoiles populaire au cœur de l'action. Un réaménagement est prévu.

Allez Boo Resort COMPLEXE HÔTELIER $$$
(374 1081 ; www.allezboo.com ; 8 Ð Nguyen Dinh Chieu ; ch 80-410 $US ; ✳@☎⚡). On peine à croire que le bar Pham Ngo Lao, fréquenté par les voyageurs, occupait les lieux. Les chambres sont décorées dans un style colonial. Énorme piscine et jacuzzi.

L'Anmien Resort COMPLEXE DE LUXE $$$
(374 1888 ; www.lanmienresort.com ; 12A Ð Nguyen Dinh Chieu ; ch 250-980 $US ; ✳@☎⚡). Se définissant comme un hôtel hédoniste le resort le plus chic de Mui Ne est membre de Small Luxury Hotels of the World.

Princess d'Annam COMPLEXE DE LUXE $$$
(368 2222 ; www.princessannam.com ; ch 350-1370 $US ; ✳@☎⚡). Un ensemble de villas de grand luxe situé à environ 30 km au sud de Mui Ne, sur la plage de Ke Ga.

✘ Où se restaurer

Aventurez-vous au-delà du km 14, où une série de cabanons face à la mer servent des fruits de mer à prix raisonnables à partir du

---

LE NOUVEAU MUY NE

Jusqu'au boom hôtelier de Mui Ne, les adresses étaient désignées par la distance en kilomètres qui les séparait de la RN 1, à Phan Thiet (à l'ouest). Les propriétés suivent désormais un nouveau système chiffré, et la route 706 a été rebaptisée Ð Nguyen Dinh Chieu à l'ouest de la plage, et Ð Huynh Thuc Khang au-delà de Ham Tien.

Depuis Phan Thiet jusqu'au km 8, où se trouve la splendide université de Phan Thiet, il y a très peu de constructions. Ensuite, on trouve de nombreux complexes hôteliers, restaurants et parcours de golf. Du km 10 au km 12, Mui Ne a des allures russes, nombre de boutiques de souvenirs et spas portent des inscriptions en cyrillique. Beaucoup de complexes hôteliers et restaurants de catégorie moyenne sont situés entre le km 12 et le km 14. À partir de là, les étals de fruits de mer prennent le relais avec quelques clubs de plage qui ferment tard, puis, autour du km 16, on retrouve d'autres hébergements et des bars-restaurants. Le village de Ham Tien commence alors, il accueille beaucoup d'autres hébergements autour du km 18. Admirez la vue sur la flottille de pêche de Mui Ne vers le km 20 et vous arrivez à la fin de la route.

> **INTERVIEW**
>
> ### LES BONS PLANS D'ADAM BRAY À MUI NE
>
> Écrivain voyageur, Adam Bray, a contribué à plus de 20 guides et magazines sur le Vietnam. Il vit à Mui Ne et parle couramment vietnamien et cham. Suivez ses aventures sur www.muinebeach.net et www.fisheggtree.com.
>
> **Quand vos amis viennent à Mui Ne, où leur recommandez-vous de séjourner ?**
> En général, je recommande le Mia Resort. C'est un complexe luxueux, accueillant et bien aménagé. C'est aussi l'un des plus jolis bars de piscine donnant sur la plage.
>
> **Le meilleur endroit pour manger des fruits de mer ?** Les stands de fruits de mer au cœur de Mui Ne. Bo Ke est le plus populaire, donc comme souvent au Vietnam, tous les autres ont adopté le même nom. Celui dont je parle est le plus grand à l'extrémité est, et il fait de merveilleuses Saint-Jacques grillées.
>
> **Votre restaurant international préféré ?** J'hésite entre Shree Ganesh, un indien, et Joe's Café (ci-contre), qui sert d'excellents hamburgers, sandwichs, pâtes et cafés.
>
> **La vie nocturne de Mui Ne prend de l'ampleur ; vous avez des endroits favoris ?**
> J'aime l'atmosphère paisible du nouveau bar de plage, Fun Key, où l'on mange très bien et qui sert des cocktails pas chers.
>
> **Votre grand-père est le fameux archéologue David Livingston ; avez-vous fait vous-même des découvertes récemment ?** Ces deux dernières années, j'ai découvert les ruines de trois anciens temples cham. L'an dernier, j'ai été le premier journaliste à visiter la grande muraille de Quang Ngai (p. 225), à la faveur d'un reportage pour la BBC.

crépuscule. Choisissez-en un fréquenté par des Vietnamiens ou essayez **Bo Ke** (Ð Nguyen Dinh Chieu ; plats 30 000-80 000 d), recommandé par les habitants, mais vous aurez du mal à distinguer les stands les uns des autres puisque beaucoup ont copié le nom ! **Bo De** (Ð Nguyen Dinh Chieu ; plats 30 000-80 000 d) nous a aussi été recommandé.

Pour une autre expérience populaire, essayez les **restaurants spécialisés dans la viande de chèvre** de Ham Tien, aux environs du km 18. Essayez la chèvre grillée ou la fondue de chèvre aux herbes.

Lam Tong   VIETNAMIEN $
(92 Ð Nguyen Dinh Chieu ; plats 25 000-75 000 d). Coincé parmi les luxueux complexes hôteliers de Mui Ne en bord de mer, ce restaurant familial semble plutôt modeste mais on y sert l'une des meilleures cuisines de la ville, dont de savoureux fruits de mer. Il est très fréquenté par les voyageurs et les habitants du coin.

Phat Hamburgers   INTERNATIONAL $
(374 3502 ; 253 Ð Nguyen Dinh Chieu ; hamburgers 50 000-75 000 d ; déj et dîner). On sert ici les meilleurs hamburgers du Vietnam, sous des tailles et des formes diverses. Le Baby Phat suffit pour un en-cas mais vous pouvez tester le Phatarella, avec pesto aux noix de cajou et mozzarella. Phat propose aussi des hot-dogs.

La Taverna   ITALIEN $$
(374 3272 ; 229C Ð Nguyen Dinh Chieu ; plats 50 000-150 000 d ; 10h-23h). Fines pizzas croustillantes et pâtes fraîches font déjà le succès de ce nouveau restaurant italien à Mui Ne, près du km 16. La longue carte propose également des plats vietnamiens, des fruits de mer et du vin italien.

Info Café   INTERNATIONAL $
(241 Ð Nguyen Dinh Chieu ; boissons 20 000-50 000 d ; 7h-22h). Les voyageurs raffolent du café, servi dans des styles et parfums variés. On y trouve aussi des renseignements touristiques sur Mui Ne.

Hoa Vien Brauhaus   INTERNATIONAL $$
(www.hoavien.vn ; 2A Ð Nguyen Dinh Chieu ; plats 50 000-150 000 d ; déj et dîner). On s'y rend pour boire une Pilsner Urquell fraîchement brassée tout en profitant de la vue sur la mer de Chine méridionale. L'immense restaurant propose des plats tchèques et internationaux, ainsi qu'un large choix de fruits de mer.

Peaceful Family Restaurant   VIETNAMIEN $
(Yen Gia Quan ; 53 Ð Nguyen Dinh Chieu ; plats 30 000-70 000 d ; déj et dîner). Une table familiale ouverte de longue date, où l'on savoure

une cuisine vietnamienne traditionnelle servie sous un toit de chaume. Les prix sont restés raisonnables et le service est efficace.

Hoang Vu — VIETNAMIEN $$

(121 Đ Nguyen Dinh Chieu ; plats 40 000-90 000 d ; ☺déj et dîner). Au Vietnam, lorsqu'une entreprise est prospère, on ouvre une seconde enseigne. Celle-ci est notre préférée. Le menu est essentiellement asiatique : mets vietnamiens, chinois et thaïlandais. Cadre agréable et service attentionné.

Rung Forest — VIETNAMIEN $$

(65A Đ Nguyen Dinh Chieu ; plats 49 000-179 000 d ; ☺déj et dîner). Plantes grimpantes, motifs rappelant la jungle et artisanat des minorités ornent ce restaurant. Les fruits de mer sont bons mais évitez la tortue et le serpent.

Le Chasseur Blanc — FRANÇAIS $$

(www.chasseurblanc.com ; 97 Đ Nguyen Dinh Chieu ; plats 80 000-200 000 d ; ☺déj et dîner ; 🛜). C'est d'évidence le meilleur restaurant français à Mui Ne. Outre de savoureux steaks et du canard, il sert également des viandes inattendues : crocodile, kangourou et autruche. Wi-Fi gratuit et table de billard.

Luna d'Autunno — ITALIEN $$

(51A Đ Nguyen Dinh Chieu ; plats 80 000-200 000 d ; ☺déj et dîner ; 🛜). Cette luxueuse chaîne de restaurants italiens possède 5 établissements de Hanoi à Phnom Penh. Les prix sont plus élevés qu'ailleurs à Mui Ne, mais les pizzas et les pâtes sont authentiques et les fruits de mer du jour sont concoctés à l'italienne.

Snow — FUSION $$

(109 Đ Nguyen Dinh Chieu ; plats 50 000-250 000 d ; ☺déj et dîner ; ❄🛜). Snow est l'un des rares restaurants climatisés de Mui Ne. On peut y déguster des sushis et sashimis ou des plats russes, internationaux et vietnamiens. Plus tard en soirée, l'endroit se transforme en bar à cocktails.

Quelques autres adresses :

Shree Ganesh — INDIEN $$

(57 Đ Nguyen Dinh Chieu ; plats 50 000-150 000 d ; ☺déj et dîner ; 🛜). Cet élégant restaurant propose une cuisine indienne authentique. Les expatriés du coin l'adorent.

Guava — INTERNATIONAL $$

(57 Đ Nguyen Dinh Chieu ; plats 40 000-160 000 d ; ☺déj et dîner ; 🛜). Tout comme l'établissement jumeau de Nha Trang, celui-ci fait plus office de restaurant que de bar. Il propose des fruits de mer, une cuisine fusion et des cocktails.

Mui Ne Health Bar — VÉGÉTARIEN $

(101 Đ Nguyen Dinh Chieu ; plats 40 000-80 000 d ; ☺déj et dîner ; 🌿🛜). Un nouveau bar végétarien qui propose également des séances de yoga ou de gymnastique.

🍷 Où prendre un verre

Mui Ne, repaire de véliplanchistes et de kitesurfers, ne serait pas digne de sa réputation sans sa kyrielle de bars de plage.

Sankara — BAR, CLUB

(www.sankaravietnam.com ; 78 Đ Nguyen Dinh Chieu ; 🛜). Cet endroit, assez inattendu à Mui Ne, est la nouvelle adresse locale des sorties nocturnes. Semblable au Ku De Ta à Bali, cet élégant bar de plage, constitué de petits pavillons, de divans et d'une piscine propose un menu international. Les prix reflètent l'élégance.

DJ Station — BAR, CLUB

(120C Đ Nguyen Dinh Chieu ; 🛜). Également connu sous le nom de El Vagabundo, le club le plus populaire de Mui Ne a son DJ résident et sert des boissons à des prix imbattables. À partir de 22h la soirée bat son plein et peut se prolonger jusqu'à l'aube.

Fun Key — BAR

(124 Đ Nguyen Dinh Chieu ; 🛜). Ouvert en 2011, ce nouveau bar tendance est fréquenté par les voyageurs qui voient en Mui Ne le nouveau Ko Pha Ngan (en Thaïlande) célèbre pour ses "full moon parties". Boissons à petits prix pendant la soirée.

Wax — BAR

(68 Đ Nguyen Dinh Chieu ; 🛜). Le Wax, un des plus anciens bars de plage de Mui Ne, propose un *happy hours* jusqu'à minuit, heure à laquelle on allume un feu de joie. On peut y danser et s'installer sur la plage.

Joe's Café — BAR, RESTAURANT

(139B Đ Nguyen Dinh Chieu ; 🛜). Seul restaurant-bar ouvert 24h/24, Joe's attire une clientèle plus calme avec des concerts tous les soirs à partir de 20h. On peut voir des films dans le "loft" et dans le jardin. Parfait aussi pour combler aussi les petits creux de minuit.

Quelques autres endroits sympathiques :

Deja Vu — BAR, RESTAURANT

(21 Đ Nguyen Dinh Chieu ; 🛜). Un bar lounge branché situé à l'extrémité de la rue, du côté

de Phan Thiet, proposant shishas, cocktails et un menu international.

Pogo BAR
(138 Đ Nguyen Dinh Chieu ; 🕿). Assis sur un pouf, on savoure d'épatants cocktails du jour dans ce bar relaxant. Piscine gratuite.

❶ Renseignements

Le site www.muinebeach.net est une mine d'informations sur Mui Ne.

La plupart des hôtels et des complexes hôteliers, ainsi que de nombreux restaurants et cafés, ont un accès Internet et Wi-Fi. On trouve plusieurs DAB le long de la plage principale.

Poste principale (348 Đ Huynh Thuc Khang). Dans le village de Mui Ne.

Poste (44 Đ Nguyen Dinh Chieu). Bien placée dans Swiss Village.

Sinh Tourist (144 Đ Nguyen Dinh Chieu). Dans ce complexe de Mui Ne, on peut réserver des bus "open tour" et obtenir des avances de liquide sur présentation d'une carte de crédit.

❶ Depuis/vers Mui Ne

Mui Ne, longtemps isolée, est aujourd'hui reliée au nord et au sud à la RN 1. Cette jolie route, qui longe des plages désertes et un superbe lac encerclé de nénuphars, réduit considérablement le trajet vers le nord et permet aux bus "open tour" de traverser Mui Ne sans revenir en arrière. Parallèle à la plage, un axe important traverse les dunes et conduit au village de Mui Ne. Il devrait soulager la circulation sur la route du bord de mer.

BUS Les bus "open-tour" constituent la meilleure option pour Mui Ne car la plupart des bus publics desservent Phan Thiet. Plusieurs compagnies proposent un service quotidien vers/depuis HCMV (90 000 d, 6 heures), Nha Trang (90 000 d, 5 heures) et Dalat (100 000 d, 5 heures). Des bus de nuit desservent également HCMV (160 000 d), Nha Trang (160 000 d) et Hoi An (200 000 d). **Phuong Trang** (97 Đ Nguyen Dinh Chieu) propose quatre bus par jour reliant Mui Ne et HCMV (90 000 d). Un bus local relie la gare routière de Phan Thiet à Mui Ne. Il part du Coopmart, à l'angle de Đ Nguyen Tat Thanh et de Đ Tran Hung Dao, toutes les 15 min.

MOTO On trouve des Easy Riders à Mui Ne, bien qu'ils soient moins nombreux qu'à Dalat ou à Nha Trang. Ces trois destinations forment l'un des meilleurs trajets à faire à moto : les routes de montagne de Mui Ne à Dalat, puis en direction de Nha Trang, sont parmi les plus spectaculaires du Sud (vois l'encadré p. 292). Une course en *xe om* de Phan Thiet à Mui Ne coûte environ 60 000 d.

❶ Comment circuler

TAXI Mui Ne est tellement étendue qu'il est difficile de s'y déplacer à pied. De nombreux chauffeurs de *xe om* font la liaison d'un point à l'autre de la bande de sable (20 000-40 000 d). Si vous souhaitez un moyen de transport plus confortable, l'agence **Mai Linh** (🕿389 89 89) propose un service de taxi (au kilomètre). Mieux vaut réserver pour le soir ou demander de l'aide au restaurant ou au bar.

VOITURE ET MOTO Comme cette zone se trouve située à l'écart de la route principale, on peut opter pour une location de vélo ou de moto (renseignez-vous à votre hôtel ou à l'agence de voyages). Attention, la circulation peut se révéler dangereuse pour les deux-roues.

Phan Thiet

🕿062 / 175 000 HABITANTS

Auparavant, Phan Thiet était une ville balnéaire en plein essor, mais, de toute évidence, le succès de Mui Ne lui a fait de l'ombre. Traditionnellement, ce port vit de la pêche et produit une *nuoc mam* très réputé ; la production varie entre 16 et 17 millions de litres par an. Sa population est formée en grande partie de descendants des Chams, lesquels contrôlèrent la région jusqu'en 1692. Pendant la période coloniale, les Européens vivaient repliés sur eux-mêmes sur la rive nord de la Phan Thiet, tandis que Viêts, Chams, Chinois, Malais et Indonésiens en occupaient la rive sud.

La rivière qui coule dans le centre-ville forme un petit **port de pêche**, toujours rempli de bateaux. Pour rejoindre le **front de mer** depuis Đ Tran Hung Dao (RN 1), tournez dans Đ Nguyen Tat Thanh – la route est située en face du **monument à la victoire**. Il s'agit d'une tour en béton en forme de flèche, ornée à sa base de statues de valeureux patriotes en ciment.

Binh Thuan Tourist (www.binhthuantourist.com ; 82 Đ Trung Trac ; ⊙7h-11h et 13h30-17h lun-ven, 8h-10h30 sam et dim). Cartes touristiques et renseignements.

> ### ❶ BAGARRES ET DÉBOIRES À MUI NE
>
> Des bagarres éclatent de temps à autres, peut-être à cause des boissons extrêmement bon marché proposées dans les bars de Mui Ne. Restez à l'écart, en particulier si des Vietnamiens sont impliqués : vous ne savez pas qui ils sont, s'ils sont accompagnés, ni ce qu'ils peuvent avoir dans les poches.

ℹ️ Depuis/vers Phan Thiet

La **gare routière de Phan Thiet** (Đ Tu Van Tu) est située dans les faubourgs nord de la ville. Phan Thiet se situe sur la RN 1, à 198 km à l'est de HCMV, à 250 km de Nha Trang et à 247 km de Dalat. La gare ferroviaire la plus proche de Phan Thiet se trouve à 12 km à l'ouest de la ville, à Muong Man, une petite localité poussiéreuse.

Mont Takou

📍062

La plupart des gens viennent au mont Takou pour voir le **bouddha blanc couché** (Tuong Phat Nam), long de 49 m, qui est le plus grand de ce type dans le pays. La pagode, édifiée en 1861 sous la dynastie des Nguyen, est devenue un important lieu de pèlerinage bouddhiste ; la statue y a été installée en 1972. Les fidèles peuvent passer la nuit dans le dortoir. Les étrangers ne sont autorisés à faire de même qu'avec la permission de la police, mais le **Thien Thay Hotel** (📞386 74 84 ; ch 250 000 d ; ❄) loue des chambres rudimentaires au sommet de la montagne.

Le mont Takou surplombe la RN 1, à 28 km de Phan Thiet : de là, une très belle randonnée mène au bouddha. Comptez 2 heures de marche (15 000 d) ou 10 min en funiculaire (75 000 d aller-retour).

Sources thermales de Binh Chau

📍064

Les **sources thermales de Binh Chau** (Suoi Khoang Nong Binh Chau ; 30 000 d), et le **Binh Chau Hot Springs Resort** (📞387 1131 ; www.saigonbinhchauecoresort.com ; ch 800 000-3 000 000 d, villas 2 200 000 d-4 500 000 d ; ❄@🛜🏊) se trouvent à environ 150 km de HCMV et à 60 km au nord-est de Long Hai. Les prix semblent plutôt élevés mais le site web propose des offres, comprenant de nombreuses activités, qui reviennent beaucoup moins cher que les tarifs officiels.

L'attraction principale de ce domaine de 35 ha est une piscine en plein air (150 000 d) alimentée par les sources thermales ; pour une expérience complète, choisissez aussi le bain de boue (400 000 d). La température de la piscine avoisine les 37°C, et l'eau des sources est réputée bénéfique pour les os, les muscles et la peau, la circulation sanguine et les troubles psychologiques. Un spa propose des massages. Le domaine comprend un practice de golf, un court de tennis, un restaurant et un terrain de jeux.

Le complexe hôtelier comporte des chambres propres, lumineuses et joliment meublées, un peu exiguës pour les moins chères. Les bungalows offrent plus d'espace pour les familles. Les prix incluent l'accès gratuit aux sources et, pour les chambres les plus chères, des petits bonus comme un bain de boue, une heure de tennis ou des œufs.

Jusque dans les années 1990, des animaux sauvages, dont des tigres et des éléphants, vivaient dans la région, mais les hommes semblent les avoir définitivement chassés. En 1994, six éléphants ont été capturés près des sources et conservés quelques mois avant d'être transférés au zoo de HCMV. Aujourd'hui, seuls des lions, des guépards et des panthères en céramique décorent les marécages des alentours.

La source la plus chaude atteint 82°C, ce qui est assez chaud pour cuire un œuf dur en 10 à 15 min. Des paniers en bambou sont à disposition à cet effet. Deux statues géantes représentant des poules ornent les sources où vous pourrez, vous aussi, faire cuire vos œufs, en vente sur le site.

ℹ️ Depuis/vers Bin Chau

Le complexe thermal se situe à 6 km au nord du village de Binh Chau. Les transports publics ne desservent pas le site ; vous devrez louer une moto ou une voiture. En voiture, essayez de partager les frais à plusieurs.

De Phan Thiet à Long Hai

📍064

Idéale pour les motards quelque peu expérimentés, une jolie route reliant Mui Ne à Vung Tau serpente le long de la côte, traversant les villes de La Gi et de Phuoc Hai. Entre Binh Chau et Long Hai, elle longe les plages de Ho Coc, Ho Tram et Loc An. Parfait pour une excursion d'une journée à moto en partant de Vung Tau ou de Long Hai, cette nouvelle route est en très bon état et la balade permet de profiter du spectacle qu'offrent les hautes dunes de sable et la mer, en particulier entre Ho Coc et Ho Tram.

En voiture, l'expérience n'est pas aussi exaltante (elle est toujours plus agréable que le trajet sur la cauchemardesque RN 1) et peut se transformer en belle virée si vous prévoyez une pause-déjeuner et quelques arrêts sur les plages en chemin. En transport public, c'est un peu plus compliqué :

des bus quotidiens reliant Phan Thiet à Vung Tau peuvent vous déposer en chemin, mais poursuivre sera plus compliqué. Les bus locaux entre Long Hai et La Gi longent ces superbes plages. Le meilleur moyen reste tout de même la moto.

PLAGE DE HO COC

La route côtière continue de serpenter vers le nord-est et rejoint, à quelque 12 km de Ho Tram, la superbe plage isolée de Ho Coc. Le sable doré, les dunes, l'eau limpide et l'absence de constructions en font un lieu privilégié en semaine. Comme ailleurs sur la côte, les touristes vietnamiens affluent le week-end.

Où se loger

Hotel Ven Ven HÔTEL $$
(379 1121 ; http://venvenhotel.com ; ch 350 000-800 000 d ; ✴@📶≋). Ce bel hôtel n'est pas face à la plage, mais niché dans un jardin luxuriant. Il loue des chambres stylées, dont des quadruples à 600 000 d, et quelques bungalows, plus chers.

Saigon-Ho Coc Beach Resort COMPLEXE HÔTELIER $$$
(387 8175 ; ch 800 000-3 500 000 d ; ✴@📶≋). Cet immense complexe comprend le Prosperity Sea Village Resort, le Viet Village Resort et le South East Wind Seaside Resort. Des voiturettes transportent les clients et l'hôtel affiche complet les week-ends avec les touristes vietnamiens. Assez agréable mais plutôt destiné à une clientèle nationale.

PLAGE DE HO TRAM

Balayée par le vent, Ho Tram, avec ses hautes dunes, est l'une des plus jolies plages de sable de cette partie du littoral. Elle reste peu développée pour le moment mais à proximité, l'énorme Ho Tram Strip comprendra un gigantesque complexe MGM Grand Resort and Casino, des restaurants et des boutiques. Ho Tram va changer !

Où se loger et se restaurer

Ho Tram Beach Resort & Spa HÔTEL DE CHARME $$$
(378 1525 ; www.hotramresort.com ; bungalow 2 781 000-6 336 000 d ; ✴@📶≋). Également connu sous le nom de Ho Tram Osaka, ce complexe, joliment paysagé, est parsemé d'élégants bungalows hauts de plafond, rappelant l'architecture de Hoi An. Chacun est meublé et agencé différemment. Spa, bar de plage et restaurant en plein air ouvert aux non-résidents.

Sanctuary COMPLEXE HÔTELIER DE LUXE $$$
(378 1631 ; www.sanctuary.com.vn ; villas 420-780 $US ; ✴@📶≋). Assemblage de villas ultra modernes, le Sanctuary accueille les Saïgonnais désireux de se faire plaisir. Les villas de trois chambres disposent de cuisine américaine, piscine privative, et TV écran plat. Rien ne manque et les prix sont finalement assez raisonnables pour qui s'y rend à plusieurs couples ou en famille. Ho Tram a beaucoup de potentiel.

Long Hai
🎧 064

Si Vung Tau vous semble trop clinquante, continuez jusqu'à Long Hai, une petite cité balnéaire moins développée à 2 heures de route de HCMV. Cette bourgade de pêcheurs, désormais à 15 km au nord-est de Vung Tau grâce à un grand pont, possède une belle plage de sable blanc, et la région bénéficie d'un microclimat, moins pluvieux qu'ailleurs dans le Sud. Cela incita Bao Dai, le dernier empereur du Vietnam, à y construire une résidence secondaire (l'actuel Anoasis Beach Resort).

Paisible localité en semaine, Long Hai perd son charme le week-end, quand affluent les touristes vietnamiens. Quelques complexes hôteliers discrets sont installés aux abords de Long Hai, mais les touristes occidentaux restent rares. Si vous recherchez un endroit animé, avec restaurants et vie nocturne, préférez Mui Ne (p. 263).

👁 À voir et à faire

Des bateaux de pêche mouillent dans la partie occidentale de la plage, dont la propreté laisse à désirer. Avec son sable blanc et ses palmiers, la partie orientale est agréable. Continuez vers l'est pour trouver de plus jolies plages.

Après la fête du Têt, Long Hai accueille chaque année un grand **pèlerinage de pêcheurs**, qui viennent par centaines en bateau prier au **temple Mo Co**.

Où se loger

Thuy Lan Guesthouse PENSION $
(366 3567 ; RN 19 ; ch 250 000-450 000 d ; ✴@📶). Parmi les quelques petites pensions familiales situées derrière la Military Guesthouse 298, cet établissement est plus propre et plus récent que celui du gouvernement. Chambres bien tenues et sdb étonnamment chic. On y parle un peu anglais.

**Tropicana Beach
Resort & Spa** COMPLEXE HÔTELIER $$$
(367 8888 ; ch 100-160 $US ; ✵@🛜☰). Ce magnifique resort donne sur une plage balayée par le vent et sur les collines de Long Hai. Allez-y en semaine pour profiter tranquillement de l'endroit. Les chambres sont décorées dans un style vietnamien et offrent une vue sur la mer. Les chalets conviennent aux familles. Court de tennis.

**Anoasis
Beach Resort** COMPLEXE HÔTELIER DE LUXE $$$
(386 8227 ; www.anoasisresort.com.vn ; route provinciale 44 ; bungalows 189-1 500 $US ; ✵@🛜☰). Cette ancienne résidence de l'empereur Bao Dai est l'une des plus ravissantes retraites de la côte sud. Les bungalows et les cottages sont répartis dans un jardin bien soigné face à une splendide plage privée. Vélo, pêche, tennis et spa font partie des distractions proposées. Le complexe, agrandi et rénové, dispose désormais de villas ultra luxueuses avec piscine privative.

Thuy Duong Tourist Resort HÔTEL $$
(388 6215 ; www.thuyduongresort.com.vn ; ch 700 000-2,200 000 d ; ✵@🛜☰). Cette immense résidence s'étend de part et d'autre de la route côtière, à 4 km au sud de Long Hai. Y sont louées des chambres de formes et de tailles diverses, dont certaines en suites et en villas. La plage est particulièrement belle, avec de gros rochers que peuvent escalader les enfants. Accès par jour : 60 000/70 000 d semaine/week-end.

🍴 Où se restaurer

Près de la Military Guesthouse 298, en bord de plage, plusieurs gargotes au toit de chaume, appelés **Can Tin 1, 2, 3** et **4** (plats autour de 30 000-100 000 d ; ⏱7h-21h) servent une bonne cuisine vietnamienne, notamment des fruits de mer. Dînez puis digérez sur un transat avant d'aller vous baigner.

ℹ Depuis/vers Long Hai

Long Hai se situe à 124 km de HCMV, à environ 3 heures en voiture. Le trajet combinant hydrofoil et route en passant par Vung Tau (p. 272) est plus reposant. De Vung Tau à Long Hai (15 km), comptez environ 100 000 d en *xe om* ou 200 000 d en taxi équipé d'un compteur.

Depuis Mui Ne, empruntez la route côtière 55, moins fréquentée. Très pittoresque, elle longe une série de superbes plages et la circulation y est fluide.

Vung Tau
064 / 270 000 HABITANTS

Escapade appréciée des citadins, Vung Tau a longtemps été ignorée par les voyageurs venus de HCMV, qui préféraient Mui Ne ou Nha Trang, plus haut sur la côte. Cela va sans doute changer grâce à la superbe route côtière qui relie désormais Vung Tau à Phan Thiet et à Mui Ne, en passant par quelques idylliques plages désertes. Merveilleusement calme en semaine, Vung Tau s'anime le week-end, quand affluent les habitants de HCMV. Les plages de Vung Tau sont devenues une destination prisée des habitants de Saigon quand les colons français ont commencé à les fréquenter vers 1890. L'endroit a toutefois changé depuis : les constructions se sont multipliées, l'ambiance est bruyante et frôle parfois la vulgarité. De nombreux retraités de l'armée australienne et néo-zélandaise s'y sont établis au fil du temps, un peu comme à Pattaya en Thaïlande. Appelée Cap Saint-Jacques durant l'époque coloniale, Vung Tau se situe sur une péninsule qui s'avance dans la mer de Chine, à 128 km au sud-est de HCMV. Si les plages ne comptent pas parmi les plus belles du pays, elles sont facilement accessibles de HCMV via une mémorable traversée en hydrofoil. L'industrie pétrolière florissante explique la présence régulière de tankers à l'horizon. Elle a également attiré de nombreux Russes, qui composent un pourcentage significatif des touristes.

👁 À voir et à faire

Au sommet de Nui Nho, un **Christ géant** (entrée libre, parking 2 000 d ; ⏱7h30-11h30 et 13h30-17h), les bras grands ouverts, bénit la mer de Chine méridionale. Les Vietnamiens affirment que c'est la plus grande statue du Christ du monde ; haute de 32 m, elle dépasse de 6 m le célèbre Christ de Rio de Janeiro. On peut monter jusqu'aux bras pour une vue panoramique sur Vung Tau. Au pied de la statue trônent deux gros canons de l'époque coloniale. Quelque 900 marches serpentent jusqu'au sommet de la montagne, comme menant au paradis, mais il est possible de s'y rendre à moto par une route accidentée, si vous trouvez un habitant connaissant le chemin. Elle part de Hem 220, à l'écart de Đ Phan Chu Trinh.

À environ 1 km au nord-ouest, le **phare** (entrée libre, parking 2 000 d ; ⏱7h-17h), construit en 1910, offre une vue spectaculaire sur Vung Tau. De l'embarcadère de Cau Da, dans Đ Ha

Vung Tau

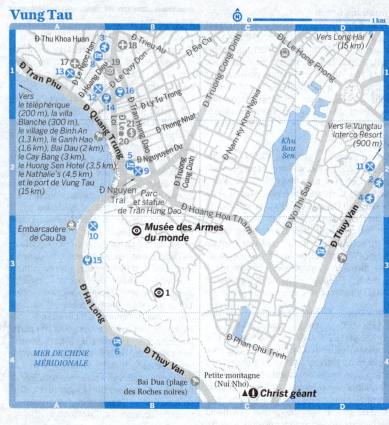

Vung Tau

⊚ Les incontournables
- Christ géant C4
- Musée des Armes du monde B3

⊚ À voir
- 1 Phare B3

⊕ Activités
- 2 Piscine Dolphin D2
- 3 Stade Lam Son A1
- Piscine Seagull .... (voir 2)
- 4 Surf Station D2

🛏 Où se loger
- 5 Grand Hotel B2
- 6 Lan Rung Resort & Spa B4
- 7 Lua Hong Hotel D3
- 8 Son Ha Hotel A1

⊗ Où se restaurer
- 9 Ali Baba B2
- 10 David Italian Restaurant A3
- 11 Imperial Plaza D2
- 12 Nine A1
- 13 Tommy's 3 .... A1
- Tommy's 3 .... (voir 16)

🍸 Où prendre un verre
- Another Bar .... (voir 16)
- 14 Red Parrot B1
- 15 Tommy's Bar A3
- 16 Vitamin C B1

ℹ Renseignements
- 17 International SOS A1
- 18 Le Loi Hospital B1
- 19 Poste principale B1
- 20 OSC Vietnam Travel B2
- 21 Vietcombank B2

Long, tournez à droite dans la ruelle au nord du Hai Au Hotel, qui grimpe à flanc de colline. Même si Jésus semble et le phare semblent proches, il est impossible d'aller directement de l'un à l'autre à pied ou en voiture car une base militaire est installée sur les collines.

La **villa Blanche** (Bach Dinh ; Ð Tran Phu ; 15 000 d), ancienne résidence secondaire de Paul Doumer, alors gouverneur général de l'Indochine (1897-1902 ; par la suite président de la République française), est une somptueuse demeure coloniale. Promenez-vous dans le grand jardin pour découvrir les éléments Art nouveau de la façade défraîchie. À l'intérieur, des poteries Ming proviennent de bateaux naufragés au large. La villa se situe à 30 m de la route, au bout d'une allée sinueuse.

Plus loin dans Tran Phu, au-delà de Bai Dau, une jolie route serpente à flanc de colline jusqu'à d'anciens **canons français** (entrée libre). Au nombre de six, ces imposantes pièces d'artillerie et leurs tranchées témoignent de l'importance stratégique que revêtait Cap Saint-Jacques pour les autorités coloniales françaises, qui, de là, surveillaient les eaux menant à Saigon. Cherchez Hem 444 dans le village de pêcheurs, à environ 8 km de Vung Tau, et prenez un petit sentier à droite.

Des pagodes jalonnent Ð Ha Long, mais la jolie **pagode Hon Ba**, édifiée sur un îlot, est l'endroit idéal pour contempler le lever du soleil à marée basse.

Si vous préférez nager en eau douce, les **piscines Seagull** et **Dolphin** (Ð Thuy Ban, Bai Sau) font quasi face à l'Imperial Plaza ; comptez 50 000 d la journée.

Le **Surf Station** (www.vungtausurf.com ; 8 Ð Thuy Ban), installé au Vung Tau Beach Club, se trouve sur la plage arrière et propose des cours de kitesurf et de surf lorsque le vent se lève.

Vous pouvez même assister à une course de lévriers en vous rendant au **stade Lam Son** (380 7309 ; 15 Ð Le Loi ; 30 000 d gradins/60 000 d VIP ; 7h-22h30 sam).

Où se loger

Le week-end et les jours fériés, les nombreux hôtels de Vung Tau affichent rapidement complet, aussi vaut-il mieux réserver. La plupart des voyageurs préfèrent séjourner sur la plage avant (Bai Truoc) où se trouvent les restaurants et les bars ; à l'inverse, les Vietnamiens ont tendance à loger sur la plage arrière (Bai Sau).

BAI SAU

Lua Hong Motel HÔTEL $
(381 8992 ; 137 Ð Thuy Van ; ch 250 000-350 000 d ; ✻@🛜). Cette zone, empreinte d'une ambiance authentiquement vietnamienne, compte pléthore d'hôtels et de pensions. Ce "motel" est légèrement mieux décoré que certains autres dans le quartier et il offre une vue sur la mer.

Vungtau Intourco Resort COMPLEXE HÔTELIER $$
(385 3481 ; www.intourcoresort.com ; 1A Ð Thuy Van ; ch à partir de 850 000 d, bungalows à partir de 1 250 000 d ; ✻@🛜≋). L'un des seuls établissements installés sur la plage dans ce secteur. Il possède un immense jardin et une piscine naturelle. Les chambres sont plutôt chic et les bungalows avantageux pour les familles.

BAI TRUOC

Lan Rung Resort & Spa HÔTEL $$
(352 6010 ; www.lanrungresort.com ; 3-6 Ð Ha Long ; s/d à partir de 60/80 $US ; ✻@🛜≋). L'un des hôtels les plus chics de la ville, et l'un des rares au bord d'une plage, rocheuse toutefois. Les chambres impeccables, aux meubles en bois sombre, comprennent tous les aménagements habituels. La piscine donne sur la mer et vous aurez le choix entre deux restaurants : de poisson ou italien.

Son Ha Hotel HÔTEL $
(385 2356 ; 17A Ð Thu Khoa Huan ; ch 18 $US ; ✻@🛜). Cet hôtel familial offrant un accueil chaleureux est l'un des rares établissements bon marché de Bai Truoc. Les chambres,

---

ℹ️ LES PLAGES DE VUNG TAU

La péninsule de Vung Tau est ponctuée par la Petite Montagne (Nui Nho) au sud et la Grande Montagne (Nui Lon) au nord. Bai Sau, ("plage de Derrière"), une large bande de sable fréquentée et bordée de pensions et d'hôtels, s'étire sur des kilomètres. L'animation du centre-ville se concentre sur Bai Truoc ("plage de Devant"), réaménagée en une série de jolis parcs avec des allées en marbre, mais peu de sable. Si vous recherchez le calme et que les galets ne vous dérange pas, rejoignez Bai Dau ("plage des Mûriers"), sur la côte nord-ouest.

> **VAUT LE DÉTOUR**
>
> ### LE MUSÉE DES ARMES DU MONDE
>
> Une autre villa blanche au nord de Bai Truoc abrite le **musée des Armes du monde** (14 Ð Hai Dong ; don à l'entrée), un trésor inattendu, dissimulé dans les petites rues de Vung Tau. Il n'avait pas encore ouvert officiellement lors de notre passage, mais il abrite une éblouissante collection d'uniformes militaires, d'armes décoratives et de pistolets ornés provenant du monde entier. Un tarif fixe sera peut-être fixé une fois le musée ouvert.
>
> À l'arrière du musée, se trouve un centre de sauvegarde des primates avec de vastes enclos pour les gibbons et autres singes sauvés des mains des trafiquants. Il ne s'agit pas d'un zoo mais d'une passion personnelle du propriétaire du musée. Celui-ci aime tellement ces mammifères qu'il a même financé une opération de la cataracte sur une femelle gibbon pour qu'elle recouvre la vue.

en bon état, disposent de TV sat et d'un réfrigérateur.

Grand Hotel HÔTEL $$
(385 6888 ; www.grand.oscvn.com ; 2 Ð Nguyen Du ; s/d à partir de 75/90 $US ; ✴@🛜🏊). Dans ce luxueux hôtel, les chambres raffinées sont dotées d'un coffre-fort et de peignoirs. Particulièrement séduisante, la piscine est ombragée par un immense banian.

BAI DAU

Binh An Village HÔTEL DE CHARME $$$
(351 0016 ; www.binhanvillage.com ; 1 Ð Tran Phu ; ch et ste 85-250 $US ; ✴@🏊). L'adresse la plus attrayante de Vung Tau, qui évoque Bali. Les bungalows, joliment décorés d'antiquités asiatiques, sont répartis dans un cadre paisible en bord de mer. Deux piscines, l'une d'eau de mer et l'autre d'eau douce, bordent les flots. Presque tous les week-ends, des concerts de jazz animent en soirée le restaurant en plein air. Menu à la carte.

Huong Sen Hotel HÔTEL $$
(355 1711 ; 182 Ð Tran Phu ; ch 29-49 $US ; ✴@🛜). Juste à l'extrémité de Bai Dau, cet hôtel appartient au Huong Sen, déjà bien établi, de HCMV. Les tarifs sont très raisonnables pour les prestations et l'établissement est agréable pour qui souhaite fuir l'agitation de la ville.

🍴 Où se restaurer

Vung Tau offre un vaste choix : des restaurants de fruits de mer et une grandes variété de cuisines internationales, des saveurs indiennes à celles d'Italie.

BAI TRUOC

Tommy's 3 INTERNATIONAL $$
(3 Ð Ba Cu ; plats 50 000-300 000 d ; 🛜). Aussi appelé Someplace Else, ce restaurant possède un grand patio et attire habitants, expatriés et touristes. Le menu, essentiellement international, propose des viandes importées d'Australie et des barbecues, ainsi que d'authentiques plats vietnamiens. Lorsque nous imprimions ces pages, l'établissement allait déménager près de la clinique International SOS. **Tommy's** est désormais au 94 Ð Halong, une adresse plus calme pour contempler la mer.

Nine FRANÇAIS $$
(9 Ð Truong Vinh Ky ; plats 50 000-150 000 d). Connu auparavant sous le nom de Plein Sud, Nine est le meilleur restaurant français de la ville. Café, pâtisseries et glaces sont servis toute la journée dans le patio. Au menu : fruits de mer préparés à la française, pizzas et desserts maison comme les profiteroles.

David Italian Restaurant ITALIEN $$
(130 Ð Halong ; plats 50 000-200 000 d). Un authentique italien situé face au dock des hydrofoils. Les pâtes sont faites maison et les pizzas sont les meilleures de la ville.

Ali Baba INDIEN $$
(351 0685 ; 7 Ð Nguyen Trai ; plats autour de 50 000-120 000 d). Restaurant indien populaire, situé dans une artère bordée de bars de nuit. Partagez une assiette de *kebab tandoori* ou profitez de la situation sur le littoral pour savourer un excellent curry de fruits de mer. Livraison à domicile.

BAI SAU

Imperial Plaza VIETNAMIEN $
(159 Ð Thuy Van ; ✴). Ce nouveau et clinquant centre commercial offre diverses possibilités de restauration. Au rez-de-chaussée, une succursale du populaire Highlands Coffee sert d'excellents frappés et milkshakes. À l'étage, l'espace de restauration climatisé rendra votre choix difficile : on y sert de tout, de la pizza au *pho*.

BAI DAU

Ganh Hao
FRUITS DE MER $$
(3 Ð Tran Phu ; plats 40 000-180 000 d ; déj et dîner). Au nord de la baie, sur la route de Bai Dau, ce restaurant d'habitués est souvent bondé. Il sert de tout, même du homard et du crabe royal, et les prix sont très raisonnables.

Cay Bang
FRUITS DE MER $$
(69 Ð Tran Phu ; plats 30 000-200 000 d ; 11h-22h). Bien situé au bord de l'eau, cette autre institution pour les fruits de mer est installée à l'ombre de la Vierge et de Jésus. Le week-end, les clients affluent pour se régaler de coquillages.

Nathalie's
THAÏ $$
(220 Ð Tran Phu ; plats 50 000-220 000 d ; déj et dîner). Le premier restaurant thaï de Vung Tau, à l'emplacement plutôt spectaculaire, est installé dans une grande maison surplombant la mer. Bon choix de spécialités et de fruits de mer.

 Où prendre un verre

Suivant les normes vietnamiennes, la vie nocturne de Vung Tau est bruyante. On y trouve de nombreux bars à hôtesses et quelques spectacles de cabaret.

Another Bar
BAR
(3 Ð Ba Cu). Dans la même enceinte que le Someplace Else, ce café des sports australien est un endroit calme parmi les bars agités de Ð Nguyen Trai. Bières bien fraîches et bonne ambiance.

Vitamin C
BAR
(27 Ð Ba Cu). On y croise de nombreuses hôtesses mais ce bar fait aussi office de restaurant. La décoration est un peu plus élaborée que chez les concurrents. Table de billard très prisée.

Red Parrot
BAR
(6 Ð Le Quy Don). Ce bar ferme tard et s'anime au fur et à mesure que la nuit avance. Vétérans de la guerre, travailleurs du secteur pétrolier, alcooliques et entraîneuses fréquentent cet endroit décadent.

Renseignements

Le site www.vungtau-city.com donne des informations relativement à jour sur la ville.

International SOS (385 8776 ; 1 Ð Le Ngoc Han ; 24h/24). Clinique internationale offrant des services médicaux aux standards internationaux, à des prix élevés.

Le Loi Hospital (383 2667 ; 22 Ð Le Loi). Hôpital principal, mais HCMV offre de meilleurs services.

OSC Vietnam Travel (385 2008 ; www.oscvietnamtravel.com.vn ; 2 Ð Le Loi). La plus grande agence de voyages de Vung Tau vend une bonne carte de la ville (20 000 d) et

---

LES SITES MILITAIRES AUTOUR DE VUNG TAU

Près de 60 000 soldats australiens participèrent à la guerre du Vietnam dans les années 1960 et 1970. La croix-mémorial de Long Tan commémore une bataille particulièrement sanglante entre les troupes australiennes et les combattants viêt-cong le 18 août 1966. Érigée à l'origine par des survivants australiens, la croix est une réplique installée par les Vietnamiens en 2002. Elle se situe à 18 km de la ville de Ba Ria et à 55 km de Vung Tau, près de la ville de Nui Dat. Un permis n'est plus nécessaire pour s'y rendre, et on peut combiner le détour avec la visite des tunnels de Lon Phuoc, similaires à ceux de Cu Chi et peu fréquentés.

À 5 km de Long Hai, les **grottes de Minh Dam** gardent le souvenir des guerres contre les Français puis contre les Américains. Ce ne sont souvent que des anfractuosités entre les rochers amoncelés au pied de la falaise, où les soldats vietnamiens se réfugièrent entre 1948 et 1975 ; des impacts de balles témoignent des escarmouches. Des marches creusées dans la paroi mènent aux grottes. Au sommet, vous découvrirez une vue spectaculaire sur les plaines côtières.

Tout près, un **temple au sommet d'une montagne** offre un panorama encore plus époustouflant de la côte.

Tommy's (351 5181 ; 3 Ð Ba Cu ; www.tommysvietnam.com) organise des circuits pour les vétérans de la guerre comprenant Long Tan, Long Phuoc et Minh Dam. Le tarif, incluant le transport et le guide, est de 120 $US pour 2 personnes ou de 40 $US par personne pour un groupe d'au minimum 3 personnes.

Autrement, un chauffeur de *xe om* peut vous conduire à ces sites pour 10 à 15 $US.

propose divers circuits originaux, dont la visite d'anciens champs de bataille.

Poste principale (8 Đ Hoang Dieu). Au rez-de-chaussée des tours Petrovietnam.

Vietcombank (27-29 Đ Tran Hung Dao). Change les espèces et les chèques de voyage, et délivre des avances sur les cartes de crédit.

Depuis/vers Vung Tau

BATEAU Le trajet est beaucoup plus agréable en hydrofoil. **Greenlines** (HCMV ☎08-3821 5609 ; Vung Tau ☎351 0720), **Petro Express** (HCMV ☎08-3821 0650 ; Vung Tau ☎351 5151) et **Vina Express** (HCMV ☎08-3825 3333 ; Vung Tau ☎385 6530) effectuent régulièrement la traversée vers HCMV (adulte/enfant 200 000/100 000 d, 75 min) : toutes les 30 min jusqu'à environ 16h30. Des départs supplémentaires sont proposés le week-end et il vaut mieux réserver à l'avance. À Vung Tau, les bateaux partent de l'embarcadère de Cau Da, en face du Hai Au Hotel.

Deux ferries relient l'île Con Son à Vung Tau un jour sur deux environ. Pour plus de détails, voir p. 278. Les billets sont en vente au bureau **BQL Cang Ben Dam Huyen Con Dao** (⊙7h30-11h30 et 13h30-16h30 lun-ven au 1007/36 Đ 30/4. Les ferries partent à 17h du port de Vung Tau, situé à environ 15 km à l'ouest de la ville.

BUS De la gare routière de Mien Dong à HCMV, des minibus climatisés (à partir de 40 000 d, 3 heures, 128 km) partent pour Vung Tau dans la journée jusqu'à 16h30. De la **gare routière** (192A Đ Nam Ky Khoi Nghia) de Vung Tau, la course en *xe om* jusqu'à Bai Dau ou à Bai Sau revient à 20 000 d environ.

Comment circuler

Vung Tau s'explore facilement en voiture ou à deux-roues. Des pensions et des restaurants louent vélos (2 $US/j) et motos (7-10 $US/j). Vous paierez probablement moins cher en prenant un taxi équipé d'un compteur qu'en tentant de négocier avec un intraitable conducteur de *cyclo* ou de *xe om*. Mai Linh est une compagnie fiable qui possède de nombreux taxis dans la ville.

Îles Con Dao

☎064 / 5 500 HABITANTS

Isolées du continent, les îles Con Dao sont l'une des attractions phares du Vietnam. Longtemps l'Alcatraz de l'Indochine pour les prisonniers politiques et les indésirables, l'archipel éblouit aujourd'hui par sa fabuleuse beauté naturelle. Con Son, la plus grande de ce chapelet de 15 îles et îlots, possède de jolies plages, des récifs de corail, des baies pittoresques et d'épaisses forêts. Outre la marche, la plongée, l'exploration de routes côtières peu fréquentées et de plages désertes, elle offre d'excellentes possibilités d'observer sa faune.

D'une superficie de 20 km², Con Son est également connue par son nom malais européanisé, Poulo Condor (Pulau Kundur), qui signifie "île aux Courges". Malgré son aspect paradisiaque, elle fut un enfer pour des milliers de détenus durant l'époque coloniale et sous le régime soutenu par les Américains.

Environ 80% de l'archipel fait partie du parc national de Con Dao, qui protège les plus importants **sites de ponte des tortues marines** du Vietnam. Au cours de la dernière décennie, la World Wildlife Foundation (WWF) a travaillé avec les gardes forestiers dans le cadre d'un programme à long terme. Pendant la saison de ponte (de mai à septembre), le parc installe des postes de gardes pour récupérer les œufs menacés et les transporter dans des couvoirs protégés.

Parmi la faune marine présente autour de Con Dao, le **dugong** est un mammifère rare de la famille des lamantins. Les dugongs vivent du Japon, au nord, jusqu'aux côtes subtropicales de l'Australie, au sud. Leur nombre diminue régulièrement et des efforts croissants sont entrepris pour protéger ces créatures pacifiques. La construction des routes côtières, qui provoque la destruction des champs d'algues peu profonds dont ils se nourrissent, constitue l'un des principaux dangers qui les menacent.

Con Dao est l'un des rares endroits du pays où les constructions ne dépassent pas deux étages et où les touristes ne sont presque pas harcelés. Les prix relativement élevés et la difficulté d'accès maintiennent le tourisme de masse à l'écart de l'archipel.

Encore aujourd'hui, la plupart des visiteurs sont d'anciens soldats viêt-cong en circuits organisés, autrefois emprisonnés à Con Son. Le gouvernement subventionne généreusement ces excursions en signe de gratitude pour leur sacrifice. Toutefois, de plus en plus de voyageurs découvrent ces îles qui sont amenées à devenir un important site touristique.

L'époque la plus sèche pour visiter Con Dao s'étend de novembre à février, mais la mer est plus calme entre mars et juillet. La saison des pluies dure de juin à septembre. De septembre à novembre, les moussons du nord-est et du sud-ouest peuvent s'accompagner de vents violents. En novembre 1997, le typhon Linda a coulé 300 bateaux de pêche, détruit des récifs et arraché des forêts. Septembre et octobre sont les mois les plus chauds, mais la brise marine rend Con Dao plus agréable que HCMV ou Vung Tau.

Comparée aux stations balnéaires du continent, telles Nha Trang et Mui Ne, Con Dao n'a guère changé. Les choses commencent toutefois à bouger et l'apparition des luxueuses résidences Six Senses indique la nouvelle tendance : il ne s'agit pas d'un complexe hôtelier, mais de villas à vendre !

Histoire

Occupée à diverses époques par les Khmers, les Malais et les Vietnamiens, Con Son fut également l'une des premières bases pour les Européens venus commercer dans la région. Un navire portugais y accosta en 1560 et la Compagnie britannique des Indes orientales y conserva un comptoir fortifié de 1702 à 1705 ; l'expérience s'acheva lors du massacre des Britanniques au cours d'une révolte des soldats makassar, recrutés dans l'île indonésienne de Sulawesi.

Con Son possède une longue et riche histoire politique et culturelle. De nombreux héros révolutionnaires vietnamiens (dont maintes rues portent aujourd'hui le nom) furent incarcérés sur l'île. Durant la colonisation française, elle servit de bagne pour les opposants politiques, et fut tristement réputée pour les tortures et les mauvais traitements infligés aux prisonniers. Le gouvernement sud-vietnamien prit la relève en 1954 et profita de l'isolement de l'île pour y détenir ses dissidents (dont des étudiants) dans des conditions effroyables. Pendant la guerre du Vietnam, les forces américaines rejoignirent à cet endroit les Sud-Vietnamiens.

◉ À voir

Paisible bourgade en bord de mer, la cité balnéaire de Con Son serait un décor parfait pour un film historique. La rue principale, Đ Ton Duc Thang, comprend une rangée de villas coloniales de plain-pied, la plupart à l'abandon, mais un ambitieux projet de réaménagement est prévu dans cette partie de l'île. À proximité, le **marché** local s'anime surtout entre 7h et 8h.

LE RETOUR DES TORTUES VERTES

Il y a quelque 20 ans, les tortues vertes (Chelonia mydas) de Con Dao semblaient vouées à disparaître. Elles étaient en effet prisées pour leur viande, leurs carapaces constituaient des souvenirs recherchés et les colonies étaient décimées par des techniques de pêches destructrices. Cependant, après une décennie d'initiatives locales et internationales, la situation s'est nettement améliorée. Les rives de l'archipel de Con Dao sont l'un des plus importants sites de ponte de tortues marines au Vietnam. Aux côtés d'autres organisations internationales, la World Wildlife Foundation (WWF) a contribué à créer des couvoirs protégés sur les îles Bay Canh, Tre Lon, Tai et Cau. Selon la WWF, 800 000 petites tortues ont été relâchées en mer depuis 1995. En 2006, près de 85% des œufs ont éclos, le plus fort taux du Vietnam. La même année, la WWF a lancé un programme de surveillance par satellite (le premier du genre au Vietnam) afin d'obtenir plus d'informations sur les routes migratoires et les habitats utilisés par les tortues pour se nourrir et s'accoupler. Bien que la population augmente, de nombreuses tortues périssent après la ponte, souvent parce qu'elles s'empêtrent dans des filets de pêche.

Si vous souhaitez voir des tortues dans leur environnement naturel, organisez une excursion à l'île de Bay Canh et passez la nuit dans la réserve protégée. Les tortues ne pondent que la nuit et creusent chacune de trois à dix nids avec une moyenne de 90 œufs. Le meilleur moment pour les observer est la période de ponte, de mai à septembre. Pour des informations sur les excursions, renseignez-vous aux bureaux du parc national de Con Dao (p. 272). Les tarifs des circuits varient selon le nombre de participants, mais vous devrez prévoir autour de 5 000 000 d pour la location d'un bateau du parc national, 400 000 d pour un guide, 40 000 d pour les frais d'entrée dans le parc et 150 000 d pour un hébergement sommaire. Dive! Dive! Dive! propose également d'observer les tortues lors d'excursions en bateau comprenant une plongée l'après-midi et une nocturne, les repas et la nuit en camping. Les personnes ne plongeant pas ou pratiquant le snorkeling peuvent se joindre aux excursions moyennant un prix raisonnable.

Îles Con Dao

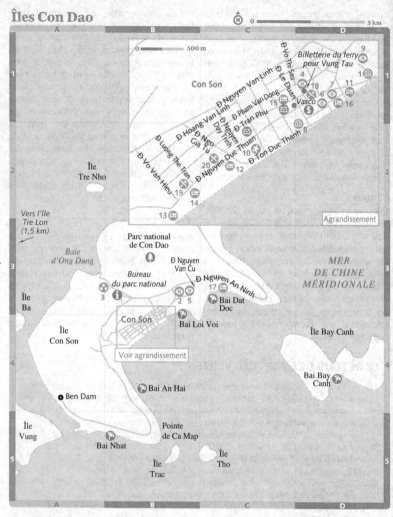

Prisons historiques BÂTIMENTS HISTORIQUES
Un musée, plusieurs prisons datant des époques françaises et américaines, et un sombre cimetière constituent les principaux sites de l'île. La **prison de Phu Hai** (20 000 d ; ⊙7h-11h30 et 13h-17h lun-sam) est le seul endroit annonçant les tarifs et le billet inclut théoriquement tous les autres sites.

Le **musée de la Révolution** (⊙7h-11h et 13h30-17h lun-sam), à côté du Saigon Con Dao Hotel, renferme des expositions sur la résistance vietnamienne lors de la colonisation française, sur l'opposition communiste à la République du Vietnam et sur les traitements infligés aux prisonniers politiques (dont d'atroces photos de séances de torture). Il contient également une maquette de l'archipel et quelques animaux curieusement naturalisés, dont un singe fumant la pipe ! Le tout nouveau et impressionnant **musée de Con Dao** se trouve à l'extrémité est de Đ Nguyen Hue. Les objets du musée de la Révolution y seront déplacés après l'ouverture.

La **prison de Phu Hai**, à une courte distance du musée, est la plus vaste des 11 prisons de l'île. Bâtie en 1862, elle comprend plusieurs centres de détention,

Îles Con Dao

À voir
1. Musée de Con Dao D1
2. Cimetière de Hang Duong B3
3. Pont Ma Thien Lanh A3
4. Marché D1
5. Camp de Phu Binh B3
6. Prison de Phu Hai D1
7. Prison de Phu Son D1
8. Musée de la Révolution D2
9. Cages à tigres D1

Activités
10. Dive! Dive! Dive! C2
    Rainbow Divers .... (voir 17)

Où se loger
11. ATC Con Dao Resort &
    Spa D1
12. Con Dao Camping C2
13. Con Dao Resort B2
14. Con Dao Seatravel D2
15. Hai Nga Mini Hotel C1
16. Saigon Con Dao Resort D1
17. Six Senses Con Dao C3

Où se restaurer
18. Phuong Hanh D1
19. Thu Tam B2
20. Tri Ky C2

---

dont l'un peuplé d'une centaine de mannequins enchaînés et émaciés. Les cellules individuelles, avec les fers qui enchaînaient les chevilles des prisonniers, donnent également le frisson ; le règlement en vietnamien affiché sur les murs signifie "Ne tuez pas les puces" : les prisonniers n'avaient pas le droit de salir les murs. À proximité, la **prison de Phu Son** est aussi effrayante.

Les fameuses **cages à tigres** furent construites par les Français dans les années 1940. Près de 2 000 prisonniers politiques ont été enfermés dans ces cellules minuscules entre 1957 et 1961 : 120 d'entre elles possèdent des barreaux en guise de toit pour que les gardes puissent surveiller les prisonniers comme des fauves dans un zoo et 60 "solariums" sont dépourvus de toit.

Au cours des quatre décennies de guerre, quelque 20 000 personnes ont été tuées à Con Son et 1 994 d'entre elles reposent, à l'orée est de la ville, dans le **cimetière de Hang Duong** ; seules 700 tombes portent le nom des victimes. La plus célèbre héroïne du Vietnam, Vo Thi Sau (1933-1952), fut la première femme fusillée à Con Son, le 23 janvier 1952. Aujourd'hui, des pèlerins viennent brûler de l'encens sur sa tombe et déposer des miroirs et des peignes (symbolisant sa jeunesse). Au loin, derrière le cimetière, un immense **monument** représente trois bâtons d'encens géants.

Le **camp de Phu Binh** fait partie du circuit guidé, bien qu'il se situe hors de la ville. Bâti en 1971 par les Américains, il comporte 384 cellules et était appelé Camp 7 jusqu'en 1973, quand il fut fermé à la suite des dénonciations de tortures. Il changea de nom après les accords de Paris, en 1973. Attention aux chauves-souris tapies dans les cellules silencieuses.

La romancière franco-vietnamienne Anna Moï évoque dans *Riz noir* (Gallimard, 2004) le destin de deux sœurs internées sur Poulo Condor à la fin des années 1960. Filles d'un résistant communiste, elles avaient 15 et 16 ans quand elles furent arrêtées à Saigon et envoyées à Con Dao, où elles passèrent près de 2 ans, dont 18 mois dans les terribles cages à tigres.

Plages de Con Son et autres îles PLAGES
Con Son possède plusieurs belles plages. Les hôtels louent le matériel de snorkeling (100 000 d/jour), ou procurez-vous le chez Dive! Dive! Dive! (10 $US/jour). Superbe plage de sable, **Bai Dat Doc** est en partie occupée par les nouvelles résidences Six Senses. Tentez d'apercevoir les dugongs qui batifolent dans l'eau.

Petite plage charmante, **Bai Nhat** n'émerge qu'à marée basse. **Bai An Hai** semble séduisante, mais de nombreux bateaux de pêche jettent l'ancre à proximité et les puces de sable prolifèrent. **Bai Loi Voi** constitue une autre possibilité, du moins quand elle n'est pas jonchée de détritus et de coquillages. **Bai Dam Trau**, à l'extrémité sud de l'île, est la plus belle crique reculée.

Certaines des plus belles plages bordent les îles plus petites, comme la magnifique **Tre Lon**, à l'ouest de Con Son. Si vous ne devez visiter qu'une seule île, choisissez **Bay Canh**, à l'est. Vous y découvrirez des plages superbes, une forêt d'arbres séculaires, des mangroves, des récifs de corail (parfaits pour le snorkeling à marée basse) et des tortues marines (à la saison de ponte). Une splendide randonnée de 2 heures conduit à un phare de l'époque coloniale, toujours en service, qui se dresse à la pointe est de l'île. Il faut grimper une pente raide de 325 m, mais au sommet, le panorama est époustouflant.

Activités

Pour plus d'info sur la randonnée et les sorties en bateau autour des îles, visitez le site du parc national de Con Dao : www. condaopark.com.vn. L'entrée du parc coûte 20 000 d le jour et 40 000 d la nuit.

Randonnée

Le terrain boisé de l'île Con Son est idéal pour la randonnée. Il faut engager un guide du parc national pour s'aventurer dans la forêt. Les prix varient de 150 000 d à 250 000 d selon la durée du trek.

L'une des plus belles randonnées passe par une forêt épaisse et des mangroves, grimpe jusqu'à un torrent au sommet d'une colline et aboutit au Bamboo Lagoon (Dam Tre). Cet endroit est splendide et la baie, propice au snorkeling. Cette paisible marche de 2 heures débute près de l'aérodrome, mais il vous faudra engager un guide local.

La promenade de 1 km (environ 25 min dans chaque sens) à travers la forêt tropicale jusqu'à la baie d'Ong Dung peut se faire sans guide. Le sentier démarre à quelques kilomètres au nord de la ville. Sur la route conduisant au chemin, vous passerez devant les ruines du pont Ma Thien Lanh, construit par les prisonniers pendant la période coloniale. La baie se résume à une plage de rochers, mais vous découvrirez un beau récif corallien à 300 m au large.

Vous pouvez également vous rendre aux anciennes plantations fruitières de So Ray, servant désormais à nourrir la faune qui peuple les collines de Con Dao. Le site offre une vue panoramique sur la ville principale et les îles.

Plongée et snorkeling

De nombreux plongeurs avertis assurent que l'environnement marin de Con Dao est le plus beau du pays. La plupart des eaux autour des îles étant protégées, on y trouve des coraux en abondance et des variétés de gros poissons comme les raies et les requins. Il est possible de plonger toute l'année mais les conditions sont meilleures et la visibilité optimale de mars à septembre. L'activité est un peu plus chère qu'à d'autres endroits plus développés sur le continent tels que Nha Trang. Des épaves ont été découvertes autour de Con Dao, offrant de grandes possibilités pour les plongeurs confirmés.

Deux compagnies explorent désormais les eaux de Con Dao :

Dive! Dive! Dive! PLONGÉE
(383 0701 ; www.dive-condao.com ; 36 Đ Ton Duc Thang). Un nouveau club américain. Le moniteur résident, Larry, possède de nombreuses années d'expérience au Vietnam. Il propose tous les jours des plongées et des sorties snorkeling, ainsi qu'une formation SSI pour les débutants. La boutique en front de mer offre aussi de bonnes infos générales sur l'île.

Rainbow Divers PLONGÉE
(090-557 7671 ; www.divevietnam.com ; Six Senses Con Dao). Cet organisme, établi de longue date au Vietnam, possède un club au Six Senses Con Dao, ouvert aux non-résidents. Vous pourrez aussi vous renseigner sur ses activités au Con Dao Seatravel tous les jours à partir de 17h.

Où se loger

On trouve désormais à Con Son un peu plus d'une dizaine d'hôtels et de résidences, mais certains petits hôtels (et la National Park Guesthouse) affichent complet, car ils sont constamment occupés par le personnel du Six Senses Con Dao.

Con Dao Camping HÔTEL $$
(383 1555 ; condaocamping.com ; Đ Nguyen Duc Thuan ; ch 600 000 d ; ✴@✈). Face à la plage, ces étranges bungalows triangulaires ressemblent plus à un camp de vacances qu'à un lieu de séjour paradisiaque, mais ils sont d'un excellent rapport qualité/prix. Les tarifs comprennent TV sat, minibar et une douche.

Six Senses Con Dao HÔTEL DE CHARME $$$
(383 1222 ; www.sixsenses.com ; plage de Dat Doc ; villas à partir de 685 $US ; ✴@✈✉). Les hôtels Six Senses sont de véritables temples de l'hédonisme et cette nouvelle réalisation n'échappe pas à la règle. Design épuré et grand confort caractérisent les superbes villas en bord de mer, dotées de piscine, de hi-fi Bose et d'une cave à vins. La cuisine proposée surclasse tout ce qu'on peut trouver dans un endroit aussi isolé que Con Dao.

Hai Nga Mini Hotel HÔTEL $
(363 0308 ; 7 Đ Tran Phu ; ch 200 000-550 000 d ; ✴@✈). Niché au cœur de la ville, ce petit hôtel est tenu par une famille chaleureuse

parlant anglais, français et allemand. Les chambres, sommaires mais d'un bon rapport qualité/prix, disposent de la clim, de la TV et de douches chaudes. D'autres, plus chères, accueillent jusqu'à 4 ou 5 personnes.

Con Dao Seatravel HÔTEL $$
(363 0768 ; www.condaoseatravel.com ; 6 Đ Nguyen Duc Thuan ; ch 70 $US ; ✷@🛜). Dans ce petit complexe hôtelier, les jolis bungalows sont répartis dans le jardin. Les chambres, spacieuses et claires, disposent de mobilier en pin et d'élégantes sdb avec une douche à effet pluie. Le bar-restaurant, le plus populaire en ville, est très fréquenté dès le coucher du soleil.

ATC Con Dao Resort & Spa HÔTEL $$
(383 0111 ; www.atcvietnam.com ; 8 Đ Ton Duc Thang ; s 55-80 $US, d 65-90 $US ; ✷@🛜≋). Anciennement connu sous le nom de "resort A", cet hôtel loue de belles chambres dans des villas distribuées autour d'une piscine. Deux grandes maisons sur pilotis à toit de chaume, apportées de Hoa Binh et placées dans un joli jardin, étaient en rénovation lors de notre passage.

Saigon Con Dao Resort HÔTEL $$$
(383 0155 ; www.saigoncondao.com ; 18 Đ Ton Duc Thang ; s 75-145 $US, d 80-150 $US ; ✷@🛜≋). La plupart des visiteurs étrangers sont logés dans une nouvelle annexe dotée d'une piscine. L'ancien site, constitué de maisons coloniales sur le front de mer, est réservé aux vétérans et aux loyalistes du parti qui visitent les prisons de Con Dao.

Con Dao Resort HÔTEL $$
(383 0939 ; www.condaoresort.com.vn ; 8 Đ Nguyen Duc Thuan ; ch 58-94 $US ; ✷@🛜≋). L'un des plus grands resorts de Con Dao possède une plage attrayante et une vaste piscine. Les chambres cependant, et les sdb en particulier, mériteraient une petite rénovation.

🍴 Où se restaurer et prendre un verre

La scène culinaire se développe à vive allure à Con Son. Beaucoup de fruits de mer sont destinés au continent pour être consommés ou exportés, mais les pêcheurs locaux vendent désormais leurs prises en ville. Parmi les hôtels, **Con Dao Seatravel** dispose du meilleur cadre pour un repas ou un verre. Au **Six Senses Con Dao,** vous profiterez d'un somptueux menu.

À EMPORTER AU PARADIS...

Assurez-vous d'avoir assez d'espèces avant de partir pour les îles Con Dao. Il y a bien une banque en ville mais les DAB y sont assez capricieux. La plupart des hôtels de moyenne catégorie acceptent les cartes de crédit, mais si vous avez besoin d'espèces sur place, les taux de change ne sont pas avantageux dans cet endroit isolé.

Thu Tam VIETNAMIEN $
(Đ Nguyen Hue ; plats 20 000-100 000 d ; ⊙déj et dîner). Auparavant situé dans le port de Ben Dam, le restaurant a été déplacé dans une rue de Con Son et sert les fruits de mer sortis de ses viviers. Coquillages de toutes sortes et énormes poissons capables de nourrir toute une famille.

Tri Ky VIETNAMIEN $$
(7 Đ Nguyen Duc Thuan ; plats 40 000-200 000 d ; ⊙déj et dîner). Un autre restaurant prisé des îliens pour ses fruits de mer. Essayez le calamar grillé aux 5 épices ou accordez-vous une fondue de fruits de mer.

Phuong Hanh VIETNAMIEN $
(38 Đ Nguyen Hue ; plats 40 000-120 000 d ; ⊙déj et dîner). Ce restaurant, établi de longue date derrière la prison de Phu Hai, propose des fruits de mer et un choix de plats vietnamiens du continent.

ⓘ Renseignements

Le **bureau du parc national** (383 0669 ; ecotourism@condaopark.com.vn ; www.condaopark. com.vn ; 29 Đ Vo Thi Sau ; ⊙7h-11h30 et 13h30-17h tlj) est un bon endroit où glaner des informations. Les militaires contrôlant l'accès à certaines parties du parc, passez d'abord au bureau pour vous renseigner sur les excursions et la randonnée (une brochure gratuite est disponible sur cette activité). Profitez-en pour jeter un œil à l'exposition qui présente la biodiversité des forêts et du milieu marin, les menaces qui pèsent sur l'environnement et les initiatives locales de protection.

Il y a désormais une **Vietin Bank** (Đ Le Duan) avec deux DAB, lesquels sont toutefois souvent à court de dongs. Or la banque ne change pas les devises étrangères : venez donc pourvu d'argent liquide.

Les hôtels en ville fournissent un accès Internet, notamment le Wi-Fi gratuit pour les clients et des postes dans leur hall.

Depuis/vers les îles Con Dao

AVION il existe plusieurs vols quotidiens entre Con Son et HCMV. **Vasco** (☏383 1831 ; www.vasco.com.vn ; 44 Đ Nguyen Hue) propose 3 vols par jour à 863 000 d l'aller simple, mais on trouve souvent des promotions sur le site web. **Air Mekong** (☏08-3514 6666 ; www.airmekong.info) envisage d'instaurer des vols quotidiens depuis que Con Dao prend de l'ampleur.

Le petit aéroport est à 15 km du centre-ville. Tous les hôtels de l'île proposent le transport gratuit depuis/vers l'aéroport. Bien qu'il soit préférable de réserver son hébergement, il est possible d'emprunter l'une des navettes des hôtels pour environ 60 000 d.

BATEAU Deux ferries relient l'île Con Son à Vung Tau, les bateaux partent environ un jour sur deux. Les ferries quittent le port de Ben Dam à 17h, la traversée dure environ 12 heures. Les sièges sont à 125 000 d mais mieux vaut investir dans une couchette (6 par cabine) à 200 000 d. Les équipements sont assez sommaires et les annulations fréquentes en cas de mer agitée à certains moments de l'année, mais vous serez l'un des rares étrangers sur le bateau.

Les billets sont en vente en ville, près du marché, dans un petit kiosque portant l'enseigne **BQL Cang Ben Dam Huyen Con Dao** (⊙8h-11h30 et 13-17h) dans Đ Vo Thi Sau. Si vous en trouvez un, un *xe om* jusqu'à Ben Dam coûte environ 80 000 d.

Comment circuler

BATEAU Il est possible de louer une embarcation auprès des bureaux du parc national pour explorer les îles. Comptez de 2 000 000 à 5 000 000 d par jour pour un bateau de 12 places, suivant le parcours prévu.

MOTO ET VÉLO Certains des sites principaux de Con Son, comme le musée de la Révolution et la prison de Phu Hai, sont accessibles à pied depuis le centre-ville. Pour aller plus loin, l'idéal est de louer une moto (7-10 $US la journée) ou un vélo (environ 2 $US/j). La plupart des hôtels en louent. Doucement vallonnées et peu fréquentées, les routes côtières se prêtent parfaitement au cyclotourisme, notamment celle qui relie la ville de Con Son à Bai Nhat, puis au hameau de Ben Dam. Lorsque vous vous rendez à moto ou à vélo à Ben Dam, méfiez-vous du vent aux alentours de Mui Ca Map. Des habitants ont déjà été balayés par des vents violents.

Hauts plateaux du Centre

Dans ce chapitre »

Dalat et environs 281
Bao Loc 291
Col de Ngoan Muc...291
Parc national
de Cat Tien 291
Buon Ma Thuot 294
Environs de
Buon Ma Thuot 297
Pleiku..............301
Kon Tum 302

Le top des restaurants

» V Cafe (p. 288)
» Nam Phan (p. 288)
» Black & White Restaurant (p. 296)
» Dakbla Restaurant (p. 304)

Le top des hébergements

» Dalat Hotel du Parc (p. 287)
» Dreams Hotel (p. 287)
» Forest Floor Lodge (p. 293)
» Ana Mandara Villas Dalat (p. 287)

Pourquoi y aller

Ce paysage accidenté, où les soldats du Viêt-cong trouvèrent refuge en aval de la piste Hô Chi Minh, est une contrée à découvrir hors des sentiers battus. Ses villages, ses vallées, ses cascades et ses routes sinueuses sont empreints d'un charme rustique. On vient ici pour découvrir les villages des minorités ethniques (les "montagnards"), et échapper aux zones touristiques du Nord-Ouest.

La région comprend deux parcs nationaux importants, qui permettent au visiteur de découvrir la facette sauvage du Vietnam. Celui de Cat Tien a été classé réserve mondiale de biosphère par l'Unesco du fait de la richesse de sa faune et de sa flore. Le parc de Yok Don, où vivent singes et cervidés, représente, quant à lui, la plus vaste superficie protégée du pays.

Malgré un passé tourmenté, les hauts plateaux sont aujourd'hui une région sûre, où l'on se déplace facilement. Envisagez une immersion d'une semaine, loin de l'agitation des foules, et profitez de la fraîcheur de Dalat le temps d'un week-end.

Quand partir

Dalat

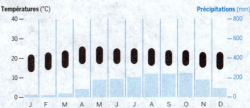

Mars Pour le Festival du café à Buon Ma Thuot ou les courses d'éléphants à Don, le village voisin.

Oct L'automne est un bon moment pour explorer Dalat et ses environs et partir à l'aventure.

Déc En hiver, parcourez le parc national de Cat Tien à pied ou à vélo, à l'affût des gibbons.

À ne pas manquer

❶ Les villages isolés des environs de **Kon Tum**, pour découvrir le mode de vie des ethnies montagnardes (p. 302)

❷ Le climat frais et le style français de **Dalat** (p. 281), la célèbre station climatique du pays

❸ Une équipée à moto à travers les cols de la fameuse **piste Hô Chi Minh** (p. 300)

❹ Un circuit aventure dans les montagnes des environs de **Dalat** (p. 286)

❺ Le **parc national de Cat Tien**, peuplé de gibbons sauvages, à parcourir à pied ou à vélo (p. 291)

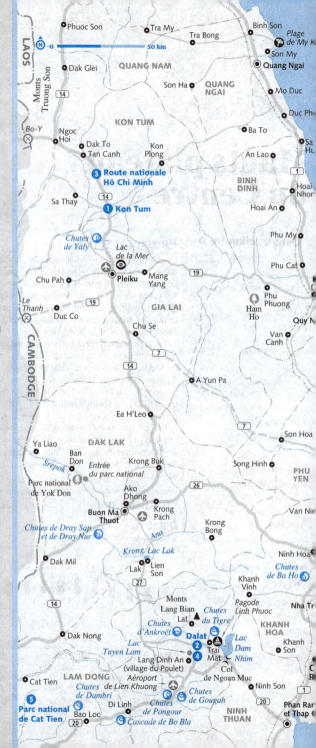

Dalat et environs

📍 063 / 250 000 HABITANTS / ALTITUDE 1 475 M

Avec sa fraîcheur printanière, ses élégantes villas coloniales et les fermes alentour cultivant fraises et fleurs, Dalat occupe une place singulière dans un pays accablé par la chaleur tropicale, parsemé de massives constructions socialistes et jalonné de rizières. Depuis plus d'un siècle, cette station climatique séduit les touristes par sa beauté naturelle et ses diverses attractions.

Les Français arrivèrent les premiers, fuyant la touffeur de Saigon. En partant, ils laissèrent derrière eux leurs résidences secondaires, aussi qu'une ambiance européenne et une prédilection pour le port du béret parmi les artistes locaux ! Les Vietnamiens n'ont pas hésité à se fendre d'ajouts, parfois surprenants, comme la tour de radio copiant la tour Eiffel et les carrioles à cheval.

Que cela ne vous empêche pas d'apprécier le charme réel de la ville et la splendeur du cadre environnant. Autrefois prisée pour la chasse, la région était décrite dans les années 1950 comme "abondante en cerfs, chevreuils, paons, faisans, sangliers, ours noirs, panthères, tigres, buffles sauvages et éléphants". Les chasseurs firent preuve d'un tel zèle qu'il n'en reste plus que des spécimens empaillés dans le musée local.

Dalat séduit les touristes vietnamiens, qui viennent passer leur lune de miel dans le "Petit Paris" et séjournent en été dans la "Cité de l'éternel printemps" (la température varie de 15°C à 24°C). La saison sèche (décembre à mars) est la période la plus plaisante. Il pleut le reste de l'année, mais les matinées sont habituellement ensoleillées.

Histoire

Habitée depuis des siècles par des montagnards, "Da Lat" signifie "rivière de la tribu lat" dans leur langue. Le bactériologiste Alexandre Yersin fut, en 1893, le premier Européen à "découvrir" la région. La ville fut construite en 1912 et attira rapidement les Européens. Durant la période coloniale, les étrangers représentèrent jusqu'à 20% de la population de Dalat et ils ont laissé quelque 2 500 villas aux allures de châteaux.

Pendant la guerre du Vietnam, Dalat fut épargnée par un accord tacite des diverses parties. Des soldats sud-vietnamiens suivaient une formation dans l'école militaire locale, tandis que les notables du régime de Saigon se détendaient dans leurs villas, non loin de celles des cadres du Viêt-cong. La ville se rendit sans combattre aux troupes nord-vietnamiennes le 3 avril 1975.

👁 À voir
DALAT
Folie Hang Nga CURIOSITÉ

(3 Đ Huynh Thuc Khang ; 30 000 d). Interprétation débridée du surréalisme, cet édifice ne peut se décrire en quelques mots. Les passionnés d'architecture s'émerveilleront des références à Antoni Gaudí, les amateurs de photos prendront des poses dans les pièces au décor étrange (parfois avec des miroirs au plafond et d'effrayantes statues d'animaux aux yeux de braise) et les enfants se perdront dans le dédale de tunnels et de passages.

La demeure comporte 10 pièces, qui portent chacune le nom d'une plante ou d'un animal imaginaire, toutes aménagées dans une structure d'aspect organique qui ressemble à un arbre énorme. On peut s'y promener librement, se perdre fait partie de l'expérience. Les pièces du dernier étage offrent une vue superbe sur Dalat.

Imaginée par sa propriétaire, Mme Dang Viet Nga, la "maison folle" ne cesse d'évoluer depuis sa création en 1990. Formée à Moscou et titulaire d'un doctorat en architecture, Hang Nga, comme on l'appelle ici, a conçu plusieurs autres bâtiments de Dalat, dont le Palais de la culture des enfants et l'église catholique de Lien Khuong. Jugée antisocialiste par le Comité du peuple, la "Maison aux 100 toits", l'un de ses premiers chefs-d'œuvre, fut détruite par un incendie "accidentel".

Hang Nga a entamé la construction de la "maison folle" pour inciter le public à retrouver la nature et, bien que le projet devienne de plus en plus extravagant au fil des années, sa conceptrice ne risque guère de nouveaux ennuis avec les autorités. Feu son père, Truong Chinh, succéda à Hô Chi Minh et fut le deuxième président du Vietnam de 1981 à 1988. Une exposition le concernant occupe une pièce du rez-de-chaussée, à la fois salon et grotte de calcaire.

Si vous disposez d'assez de temps, vous pouvez passer la nuit sur place (chambre double à partir de 35 $US) et vous réveiller dans le Pays des merveilles d'Alice.

**Gare du train
à crémaillère** BÂTIMENT HISTORIQUE

(Ga Da Lat ; 1 Đ Quang Trung ; entrée libre ; ⊙6h30-17h). La jolie gare ferroviaire a aujourd'hui une fonction essentiellement décorative. La ligne à crémaillère qui reliait

Centre de Dalat

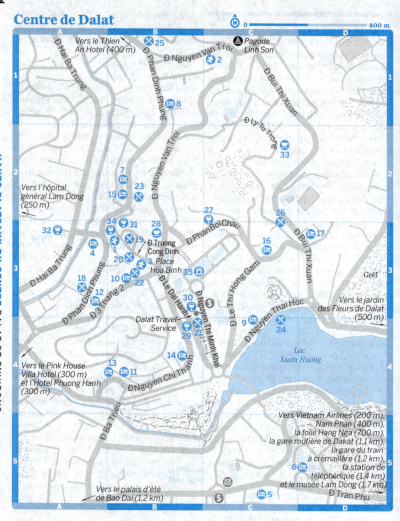

Dalat et Thap Cham depuis 1928 fut fermée en 1964 en raison des attaques du Viêt-cong. Une courte section en a été rouverte en 1997 jusqu'au village de Trai Mat, et l'État a promis de restaurer le reste de la ligne. Si les travaux sont réalisés, ce sera une excellente liaison touristique avec les grandes lignes nord-sud.

De vieilles locomotives, dont une machine à vapeur japonaise, sont exposées à la gare. Si 5 trains sont prévus tous les jours, entre 7h45 et 16h05, pour Trai Mat (aller-retour 100 000 d, 30 min, 8 km), ils ne partent qu'avec un minimum de deux passagers ; les billets sont vendus 30 min avant le départ.

Lac Xuan Huong
LAC

Créé par un barrage en 1919, ce lac en forme de croissant doit son nom à une poétesse vietnamienne du XVIIe siècle, réputée pour ses attaques virulentes contre l'hypocrisie des conventions sociales et les faiblesses des bonzes, des mandarins et des rois. Un chemin goudronné de 7 km fait le tour du lac et passe par plusieurs des principaux sites de Dalat, dont le jardin des Fleurs, le club de golf et l'hôtel Dalat Palace. On peut louer des pédalos en forme de cygne, qui ont un grand succès auprès des touristes vietnamiens.

Centre de Dalat

Activités
1. Groovy Gecko Adventure Tours B3
2. Phat Tire Ventures C1
3. Youth Action B3

Où se loger
4. Cam Do Hotel A3
5. Dalat Hotel du Parc C5
6. Dalat Palace D5
7. Dreams Hotel B2
8. Dreams Hotel (annexe nord) B1
9. Empress Hotel C4
10. Hoan Hy Hotel B3
11. Hotel Chau Au – Europa B4
12. Hotel Phuong Hanh A3
13. Le Phuong Hotel B4
14. Ngoc Lan Hotel B4
15. River Prince Hotel B2
16. Thi Thao Hotel C3
17. Trung Cang Hotel D3

Où se restaurer
18. An Lac A3
    Art Café .... (voir 31)
    Café de la Poste .... (voir 5)
19. Chocolate Café B3
20. Da Quy B3
21. Stands de restauration B4
    Le Rabelais .... (voir 6)
22. Long Hoa B3
23. Nhat Ly B2
24. Thanh Thuy Blue Water Restaurant C4
25. Trong Dong B1
26. V Cafe C3

Où prendre un verre
27. 100 Roofs Café C2
28. Cafe Tung B3
29. Cafe-Bars B4
30. Envy Lounge Bar B3
31. Peace Cafe B3
32. Saigon Nite A3
33. Stop & Go Cafe C2
34. The Hangout B3

Achats
35. Marché central B3

Jardin des Fleurs
JARDIN

(Vuon Hoa Thanh Pho ; Ð Tran Nhan Tong ; 10 000 d ; ☺7h30-16h). Vision inhabituelle au Vietnam, ce lieu a été créé en 1966. Parmi les diverses fleurs figurent des hortensias, des fuchsias et des orchidées, ces dernières étant abritées dans des bâtiments ombragés à gauche de l'entrée. Le jardin est un bon endroit pour découvrir une sélection de plantes locales.

Comme tous les parcs de Dalat, il comprend une section kitsch d'art topiaire. Des statues représentent des montagnards héroïques et des carrioles à cheval promènent les enfants et les amoureux.

Palais d'été de Bao Dai
BÂTIMENT HISTORIQUE

(près de Ð Trieu Viet Vuong ; 10 000 d ; ☺7h-17h). Cette villa, d'inspiration Art déco, fut construite en 1933 et comptait parmi les trois palais de Bao Dai à Dalat. Le décor n'a pas changé depuis des décennies et la résidence ressemble à un décor de film.

Un buste grandeur nature de Bao Dai (mort en 1997) trône dans son bureau, au-dessus de la bibliothèque. Les bustes plus petits dorés et bruns représentent son père, l'empereur Khai Dinh. Remarquez le lourd sceau impérial en cuivre (à droite) et le sceau militaire (à gauche). Des photos de Bao Dai, de son fils aîné, Bao Long (en uniforme), et de son épouse, l'impératrice Nam Phuong, ornent la cheminée.

Les appartements privés sont installés à l'étage. L'immense canapé semi-circulaire était utilisé par le couple impérial lors des réunions familiales ; les trois filles s'asseyaient dans les fauteuils jaunes et les deux fils, dans les roses.

Les pièces à l'arrière ont été converties en cabines, où l'on peut revêtir un costume "royal" et se faire photographier sur un trône factice (15 000 d). L'attraction a beaucoup de succès auprès des touristes vietnamiens.

Le palais se niche dans une pinède, à 2 km au sud-ouest du centre-ville. Les visiteurs doivent enfiler des protections sur leurs chaussures avant d'entrer.

Musée Lam Dong
MUSÉE

(4 Ð Hung Vuong ; 10 000 d ; ☺7h30-11h30 et 13h30-16h30 lun-sam). Installé dans un récent bâtiment rose à flanc de colline, ce musée renferme des poteries et des artefacts anciens, ainsi que des costumes et des instruments de musique de minorités ethniques de la région. Une exposition consacrée à Alexandre Yersin et à l'histoire de Dalat occupe le dernier étage.

> ### CONFLITS SUR LES HAUTS PLATEAUX
>
> En 2001 et 2004, des manifestations ont eu lieu à Buon Ma Thuot, à Pleiku et dans d'autres localités des hauts plateaux, dénonçant la politique foncière du gouvernement, les déplacements de population et la discrimination ressentie par les montagnards. Si le climat général s'est aujourd'hui apaisé, des troubles récents autour de Dien Bien Phu pourraient s'étendre vers le sud et ranimer un mécontentement persistant. Les organisations internationales de défense des droits de l'homme dénoncent régulièrement les mauvais traitements infligés aux minorités ethniques.
>
> Le paysage, dans l'ensemble superbe, a par endroits été dévasté par l'agent orange (herbicide déversé par l'armée américaine durant la guerre), l'agriculture sur brûlis et, récemment, par l'expansion des fermes et la multiplication des barrages. En revanche, en allant vers le nord, du côté de la route nationale Hô Chi Minh, ou bien à l'extrémité nord du pays, l'environnement a été préservé, et il est somptueux.

Église Du Sinh ÉGLISE

(Đ Huyen Tran Cong Chua ; entrée libre). Ce sanctuaire, construit en 1955 par des réfugiés catholiques du Nord-Vietnam, ressemble en réalité plus à un temple qu'à une église. Le clocher sino-vietnamien à quatre colonnes fut érigé à la demande d'un prêtre de sang royal originaire de Hué. Levez les yeux en passant sous le porche pour voir une statue de style grec flanquée de deux féroces dragons chinois dorés.

L'église se dresse au sommet d'une colline et offre une vue panoramique. Suivez Đ Tran Phu pour quitter le centre, jusqu'à ce que la rue devienne Đ Hoang Van Thu. Tournez à gauche sur Đ Huyen Tran Cong Chua en direction de l'ancien **couvent des Oiseaux**, aujourd'hui un centre de formation des enseignants : l'église est à 500 m vers le sud-ouest, en haut de la route.

ENVIRONS DE DALAT

Vallée de l'Amour PARC

(Thung Lung Tinh Yeu ; Đ Phu Dong Thien Vuong; adulte/enfant 10 000/5 000 đ ; ⊙7h-17h). Ce parc, qui entoure un lac dans une vallée, a été appelé ainsi par des étudiants de l'université de Dalat en 1972. Le kitsch atteint ici un niveau tel que même les habitants le jugent de mauvais goût. Des ornements et des statues romantiques (dont un couple nu) sont disséminés dans un jardin paysager, tandis que pédalos, barques et bateaux à moteur sillonnent le lac.

Ajoutant à l'ambiance surréaliste, les "Dalat cowboys", des guides vietnamiens habillés en cow-boys, louent des chevaux pour une promenade autour du lac. Vous devrez payer pour les prendre en photo.

Étape obligée des bus touristiques, la vallée de l'Amour se situe à 5 km au nord du lac Xuan Huong.

Fabrique de soie de Cuong Hoan TEXTILE

(⊙7h30-17h). Cette petite fabrique, tenue par une famille, permet de découvrir toutes les étapes de la production de la soie : tri des cocons (élevés sur place), trempage dans l'eau bouillante, dévidage du fil, teinture et tissage de pièces aux couleurs chatoyantes. On peut même goûter une larve grillée, à la saveur de noix. De beaux vêtements et coupons de tissu sont proposés à la vente.

La fabrique se situe à Nam Ban, un village à 30 km à l'ouest de Dalat, près des chutes de l'Éléphant. De nombreux Easy Riders y font halte.

Cascades PAYSAGES NATURELS

Plusieurs cascades parsèment les alentours de Dalat. Aucune n'est réellement exceptionnelle et plusieurs ont fortement diminué en raison de la multiplication des barrages. Facilement accessibles de Dalat, les chutes de Datanla et de l'Éléphant sont les plus visitées. D'autres constituent des points de repère pratiques si vous explorez la campagne sans guide. D'autres constituent des points de repère pratiques pour qui explore la campagne sans guide. Les plus connues sont les **chutes d'Ankroët**, les **chutes de Gougah** et les **chutes de Pongour** (entrée 5 000 đ pour chacune).

Chutes de Datanla

(5000 đ). La proximité de Dalat explique la popularité de ces chutes modestes. Un chemin pavé conduit à leur pied. Un **traîneau sur rails** (adulte aller/aller-retour 30 000/40 000 đ) a été ajouté et dévale le long d'une voie sinueuse. Avec la musique à plein volume et la foule du week-end, cet endroit jadis paisible ressemble à un champ de foire. Les chutes se trouvent à 7 km au sud de Dalat. Suivez la RN 20 et tournez à droite à 200 m après l'embranchement vers le lac Tuyen Lam. L'endroit est bien indiqué.

Chutes de l'Éléphant
(entrée libre). Étape prisée sur le circuit des Easy Riders, ces belles chutes incurvées sont les plus imposantes de la base. Un sentier inégal et parfois périlleux conduit au pied de la cascade. On peut aussi se hasarder derrière les chutes, à condition de bien regarder où l'on pose les pieds. Non loin, la **pagode Linh An** a été construite en 2004 pour profiter du feng shui favorable : l'eau en façade et la montagne à l'arrière. À l'intérieur, trois grands bouddhas sont flanqués de deux bouddhas à bras multiples. D'autres statues ornent le jardin à l'arrière, dont un gigantesque bouddha hilare, entouré d'un halo de néons et dissimulant une salle dans sa vaste bedaine. Les chutes se situent près de Nam Ban, à 30 km à l'ouest de Dalat. La visite peut se combiner avec celle de la fabrique de soie de Cuong Hoan.

Lac Tuyen Lam et pagode Truc Lam LAC
(Ho Tuyen Lam ; entrée libre). Également appelé réservoir de Quang Trung, ce lac artificiel a été créé par un barrage en 1980. Au sommet de la colline à droite du réservoir, la pagode Truc Lam et son grand jardin restent agréables malgré l'affluence et offrent une vue superbe sur le lac. Le **centre de méditation** (◉6h-17h) organise des stages ; renseignez-vous sur place. La région offre des possibilités de randonnées et de sorties en canoë. Informez-vous auprès des tour-opérateurs de Dalat. Le lac Tuyen Lam se situe à 7 km de Dalat. Prenez la RN 20, tournez à droite au panneau à 5 km de la ville et continuez sur 2 km. Plus amusant, le téléphérique (aller/aller-retour adulte 50 000/70 000 d, enfant 30 000/40 000 d) séduira les plus intrépides. De la **station de téléphérique** (Cap Treo ; près de Đ 3 Thang 4 à Dalat ; ◉7h-11h30 et 13h30-17h), il parcourt 2,3 km au-dessus de majestueuses forêts de pins jusqu'à la colline et à la pagode Truc Lam.

Monts Lang Bian RÉSERVE NATURELLE
(5000 d). Également appelé Lam Vien, ce massif comprend cinq pics volcaniques de 2 100 à 2 400 m d'altitude. Les deux plus hauts sommets, le K'Lang à l'est et le K'Biang à l'ouest, portent respectivement un nom de femme et un nom d'homme. Seuls les versants supérieurs du massif restent boisés. Jusque dans les années 1950, ses contreforts luxuriants abritaient une faune abondante. La randonnée de la billetterie jusqu'à la vue spectaculaire au sommet demande 3 ou 4 heures. Les monts Lang Bian se situent à 13 km au nord de Dalat. Suivez Đ Xo Viet Nghe Tinh jusqu'au hameau de Trung Lam et continuez tout droit (en direction du nord-ouest). Comptez environ 45 min à vélo. Le parapente compte au nombre des sports d'aventure proposés.

Villages de minorités VILLAGES
Bien que sans grand intérêt, les deux villages de minorités à courte distance de Dalat attirent nombre de touristes. Pour découvrir la vie des montagnards, rendez-vous plutôt à Kon Tum ou dans l'extrême Nord du pays.

À moins de 1 km du pied des monts Lang Bian, le **village Lat** (prononcez "lak") compte 6 000 habitants répartis dans neuf hameaux. Seuls cinq d'entre eux abritent des membres de l'ethnie lat. Les quatre autres sont habités par des Chill, des Ma et des Koho. Le village est un endroit paisible, avec quelques boutiques d'artisanat. Des dégustations de vin ou des concerts de gongs y sont parfois organisés pour les groupes touristiques.

Lang Dinh An (village du Poulet) se distingue par son poulet géant, en béton, au milieu du village. La statue fait partie d'un système d'adduction d'eau qui ne fonctionne plus depuis belle lurette et qui poussait un cocorico quand on pompait l'eau. Le village abrite quelque 600 Koho, aujourd'hui

---

> **VAUT LE DÉTOUR**
>
> ### LA BASE FORESTIÈRE DE MADAGUI
>
> Le **Madagui Forest Resort** (☎061-394 6999 ; www.madagui.com.vn ; km 152 sur la RN 20 ; adulte/enfant 30 000/20 000 d) rencontre un succès fou auprès des Vietnamiens, et il est vrai que cette halle aux aventures sur la route de Dalat a de quoi plaire. Le **paintball** (47 000 d, plus 1 500 d/coup tiré) en est une attraction majeure et assez surréaliste. Parmi les autres activités, citons le rafting et le kayak d'eaux vives, le VTT, l'équitation et la pêche. Le site de Madagui, en anglais, vante aussi les descentes en canoë. Vous pouvez loger sur place à partir de 1 300 000 d la nuit, mais mieux vaut sans doute s'y arrêter sur le chemin entre Dalat et Hô Chi Minh-Ville.

À VOIR LE LONG DE LA NATIONALE 20

Bus "open tour" et voitures privées négocient les virages de la route qui va de Hô Chi Minh-Ville à Dalat. Plusieurs haltes sont possibles.

Lac Langa
La route HCMV-Dalat (RN 20) enjambe ce lac grâce à un pont. Vous verrez de nombreuses maisons flottantes sous lesquelles des familles élèvent des poissons. L'endroit est splendide et de nombreux véhicules touristiques y font halte le temps d'une photo.

Cratères volcaniques
Près de Dinh Quan sur la RN 20, trois volcans, aujourd'hui éteints, demeurent impressionnants. Les cratères datent de la fin de la période jurassique, il y a environ 150 millions d'années. Vous devrez marcher un peu pour les voir. L'un se situe à gauche de la route, à environ 2 km au sud de Dinh Quan, et l'autre à droite, à 8 km après Dinh Quan en direction de Dalat.

Tunnels de lave souterrains
Au-delà des cratères volcaniques en direction de Dalat, vous découvrirez ces tunnels de lave. Ces grottes, d'un genre peu commun, ont été formées alors que la lave en surface se refroidissait et se solidifiait, tandis que la lave souterraine, brûlante, continuait de couler, laissant un espace creux. Les tunnels de lave diffèrent fortement des grottes calcaires (formées par des sources souterraines). Alors que ces dernières abondent en stalactites et en stalagmites, les parois des grottes de lave sont lisses.

Pour y accéder, repérez d'abord la forêt de teck sur la RN 20 entre le km 120 et le km 124. Les enfants du coin vous indiqueront l'entrée des tunnels. Ne pénétrez pas seul dans les grottes. Le risque de se perdre ou de se retrouver coincé est le même qu'en spéléologie. Des enfants attendent près de la route et proposent parfois de servir de guide pour la modique somme de 40 000 d. N'oubliez pas d'emporter une lampe torche.

---

largement vietnamisés ; ils proposent un artisanat et des activités "culturelles" similaires à ceux du village lat. Lang Dinh An se trouve sur la RN 20, à 17 km de Dalat.

🏃 Activités

Le climat frais et les montagnes alentour favorisent toutes sortes d'activités de plein air. Le long de Đ Truong Cong Dinh, de nombreux tour-opérateurs proposent des randonnées à pied ou à VTT, du kayak, du canyoning, des descentes en rappel et des ascensions, ainsi que des circuits dans les hauts plateaux. Comparez les prix et renseignez-vous sur les équipements et les conditions de sécurité.

Phat Tire Ventures CIRCUITS AVENTURE
(✆382 9422 ; www.ptv-vietnam.com ; 109 Đ Nguyen Van Troi). Le tour-opérateur le plus expérimenté de la région. Randonnées à partir de 26 $US, kayak à partir de 37 $US et canyoning à partir de 40 $US. Il offre aussi des circuits à vélo d'un ou deux jours (77/169 $US) à Mui Ne et à Nha Trang, ainsi que des sorties plus courtes, telle la bien-nommée *Skid Marks* ("les marques de dérapage") à partir de 42 $US.

Groovy Gecko Adventure Tours CIRCUITS AVENTURE
(✆383 6521 ; www.groovygeckotours.net ; 65 Đ Truong Cong Dinh). Une agence très pro et très prisée. Les prix démarrent à 25 $US environ pour le canyoning ou le VTT. De plus longs circuits à moto jusqu'à Mui Ne ou à Nha Trang, descente à VTT incluse, sont également organisés.

Youth Action CIRCUITS AVENTURE
(✆351 0357 ; www.youthactiontour.com ; 45 Đ Truong Cong Dinh). Propose des excursions similaires (randonnée à partir de 20 $US, VTT à partir de 24 $US, escalade à partir de 30 $US, aussi que des randonnées équestres (34 $US/demi-journée) et du parapente (80 $US) sur les monts Long Bian.

Dalat Palace Golf Club GOLF
(✆382 1202 ; www.dalatpalacegolf.vn ; Đ Tran Nhan Tong). Jadis fréquenté par l'empereur Bao Dai, ce club possède un beau parcours de 18 trous près du lac (à partir de 95 $US). Renseignez-vous sur les Twilight Specials, des tarifs réduits en fin de journée. Frais supplémentaires pour les clubs, les chariots, ou les services d'un caddie. Pour venir,

suivez Đ Ba Huyen Thanh Quan vers le nord en longeant le lac Xuan Huong, puis tournez à gauche sur Đ Tran Nhan Tong. Le club est à environ 300 m sur la gauche.

🛏 Où se loger

Dalat est l'un des rares endroits où la climatisation se révèle superflue. Très prisée des touristes vietnamiens, la ville compte de nombreux établissements pour petits budgets et de catégorie moyenne, dont certains d'un excellent rapport qualité/prix.

Le sentier tranquille qui se trouve près de Đ Hai Thuong, en face de l'hôpital Lam Dong, est bordé de plusieurs bons hôtels petits budgets. Seul inconvénient : il faut monter une côte un peu raide pour y arriver.

💙 Dreams Hotel   HÔTEL $

(☎383 3748 ; dreams@hcm.vnn.vn ; 151 Đ Phan Dinh Phung ; ch 20-25 $US ; @🛜). L'hôtel le plus sympathique et le plus confortable de Dalat. Le buffet du petit-déjeuner, à l'anglo-saxonne, justifie à lui seul le prix de la chambre. Vous ne serez pas harcelé pour acheter des excursions, l'hôtel n'en proposant pas. Un nouveau sauna est accessible gratuitement pour les hôtes entre 16h et 19h. L'annexe au bout de la même rue, au 164b, est gérée selon les mêmes principes.

💙 Dalat Hotel du Parc   HÔTEL $$

(☎382 5777 ; www.hotelduparc.vn ; 7 Đ Tran Phu ; ch 55-85 $US, ste 105 $US ; ✱@🛜). Cet établissement sort de l'ordinaire. Quiconque cherche le vieux Dalat sera charmé par cet édifice de 1932 refait à neuf, où la clientèle peut jouir du faste de l'époque coloniale à un prix modique. Le vénérable ascenseur de la réception donne le ton. Les chambres sont meublées de bois et ornées de photographies anciennes. Les TV à écran plat leur confèrent une touche moderne.

Thi Thao Hotel   HÔTEL $$

(☎383 3333 ; www.thithaogardenia.com/en ; 29 Đ Phan Boi Chau ; ch à partir de 25 $US ; ✱@🛜). L'établissement est également connu sous le nom de Gardenia Hotel, ce qui peut dérouter de prime abord. Il s'agit de l'un des meilleurs hôtels de la ville. Chambres récentes et spacieuses, meublées avec goût et dotées de TV à écran plan et de très belles sdb.

Ana Mandara Villas Dalat   HÔTEL DE CHARME $$$

(☎355 5888 ; www.anamandara-resort.com ; Đ Le Lai ; ch 142-259 $US, ste 372-435 $US ; ✱@🛜). Cette fabuleuse propriété comprend 70 chambres et suites, distribuées dans 17 ravissantes villas coloniales restaurées, et aménagées avec mobilier d'époque. Chaque ensemble de villas possède sa salle à manger avec cheminée, où l'on peut commander un dîner privé. Le spa, très sophistiqué, a été conçu par Six Senses. Perdu dans les faubourgs, il est bien indiqué : suivez les panneaux depuis le centre-ville.

Hotel Chau Au – Europa   HÔTEL $

(☎382 2870 ; europa@hcm.vnn.vn ; 76 Đ Nguyen Chi Thanh ; ch 10-20 $US ; ✱@🛜). Un hôtel agréable et spacieux, tenu par un aimable francophone. Les chambres en façade donnent sur la cathédrale et la "tour Eiffel".

Trung Cang Hotel   HÔTEL $

(☎382 2663 ; www.thesinhtourist.vn ; 4a Đ Bui Thi Xuan ; ch 15-25 $US ; @🛜). Les prix de cet établissement chic, appartenant à la chaîne Sinh Tourist, ont augmenté. Chambres décorées avec goût (soieries comprises). Le bureau annexe fournit nombre d'informations sur les circuits et les transports.

Le Phuong Hotel   HÔTEL $

(☎382 3743 ; lephuonghotel@gmail.com ; 80 Đ Nguyen Chi Thanh ; ch 250 000-330 000 d ; ✱@🛜). Ce nouvel hôtel familial, situé dans un quartier où les hébergements ne manquent pas, sort du lot grâce à ses chambres spacieuses, à ses lits immenses et à ses sdb raffinées.

Empress Hotel   HÔTEL $$

(☎383 3888 ; www.empresshotelvn.com ; 5 Đ Nguyen Thai Hoc ; ch à partir de 60 $US ; ✱@🛜). Très bien situé, juste au-dessus du lac Xuan Huong, cet hôtel est calme et chaleureux. Il loue 20 chambres spacieuses et stylées, dont beaucoup ont vue sur le jardin intérieur. Réductions fréquentes de 30%.

Dalat Palace   HÔTEL COLONIAL $$$

(☎382 5444 ; www.dalatpalace.vn ; 12 Đ Tran Phu ; s 246-306 $US, d 260-320 $US, ste 446-510 $US ; ✱@🛜). Ce grand hôtel de Dalat, qui date de 1922, offre des vues imprenables sur le lac Xuan Huong. Le faste des intérieurs coloniaux a été superbement préservé, depuis les baignoires sur pieds et les cheminées jusqu'aux lustres somptueux et aux tableaux. L'hôtel n'a plus l'enseigne Sofitel, mais il n'a rien perdu de son éclat.

Hoan Hy Hotel   HÔTEL $

(☎3511288 ; hoanhyhotel@yahoo.com ; 16 Đ 3 Thang 2 ; ch 15 $US ; @🛜). Un hôtel récent en plein centre-ville. Chambres d'un bon rapport qualité/prix, avec des éléments d'un confort supérieur, comme une TV à écran plat. Proche d'une boulangerie très populaire.

Thien An Hotel   HÔTEL $
(352 0607 ; thienanhotel@vnn.vn ; 272a Đ Phan Dinh Phung ; ch 18-25 $US ; @). Tenu par M. Anh, le frère du propriétaire des Dreams, le Thien An perpétue la tradition familiale : accueil chaleureux, chambres spacieuses et somptueux petit-déjeuner. Un peu excentré – une bénédiction pour qui souhaite fuir les néons de la ville. Prêt gracieux de vélos.

Cam Do Hotel   HÔTEL $$
(382 2732 ; 81 Đ Phan Dinh Phung ; ch 30-60 $US ; @). Un bel hôtel de catégorie moyenne au centre de Dalat. Un trois-étoiles avec tout l'équipement nécessaire, plus le thé gracieusement servi dans les chambres. Autres attraits : le karaoké et la possibilité de se faire masser.

Ngoc Lan Hotel   HÔTEL DE CHARME $$
(382 2136 ; www.ngoclanhotel.vn ; 42 Đ Nguyen Chi Thanh ; ch à partir de 65 $US ; *@). Premier d'un nouveau genre d'hôtels, plus ou moins de charme, à Dalat, le Ngoc Lan a des lignes blanches épurées avec une touche violette stylée. Il porte l'empreinte du style colonial, avec ses parquets et ses persiennes, mais tout le reste est parfaitement moderne.

River Prince Hotel   HÔTEL $$
(356 5888 ; 135 Đ Phan Dinh Phung ; ch à partir de 60 $US ; *@). Un nouvel hôtel au cœur de la ville. Les 104 chambres ont du parquet au sol, des sdb ultramodernes et d'immenses télévisions.

Hotel Phuong Hanh   HÔTEL $
(383 8839 ; phuonghanhhotel@gmail.com ; 80-82 Đ 3 Thang 2 ; ch 10-20 $US ; @). Les voyageurs apprécient le personnel obligeant (quoique parfois enthousiaste à l'excès !) et les chambres de cet hôtel, d'un bon rapport qualité/prix. Mieux vaut visiter plusieurs chambres : une différence d'à peine deux ou trois dollars peut se solder par beaucoup plus d'espace ou de calme.

Hotel Phuong Hanh   HÔTEL $
(356 0528 ; 7/1 Đ Hai Thuong ; ch 6-10 $US ; @). Ce prédécesseur de l'hôtel du même nom installé dans Đ 3 Thang 2 occupe un bâtiment ancien bien entretenu et plein de cachet.

Pink House Villa Hotel   HÔTEL $
(381 5667 ; ahomeawayfromhome_dalat@yahoo.com ; 7 Đ Hai Thuong ; s/d/tr 10/15/20 $US ; @). Une très bonne adresse : ambiance conviviale et bon rapport qualité/prix. L'aimable propriétaire, M. Rot, organise également des circuits dans la campagne, en dehors des sentiers battus.

Où se restaurer

Dalat compte un choix de bons restaurants où les produits locaux sont à l'honneur. Pour un repas à prix doux dans la journée, rendez-vous au dernier étage du **marché central** (Cho Da Lat). Le soir, des **stands de restauration** (Đ Nguyen Thi Minh Khai) s'installent près du marché.

V Cafe   INTERNATIONAL $$
(352 0215 ; 1/1 Đ Bui Thi Xuan ; plats 25 000-79 000 d ; déj et dîner). Apprécié des voyageurs, ce charmant bistrot, décoré de lanternes chinoises, propose des plats asiatiques et occidentaux, le plus souvent accompagnés de purée et de légumes frais. Tenu par un Américain féru de musique, l'endroit accueille souvent des concerts.

Chocolate Café   INTERNATIONAL $
(40a Đ Truong Cong Dinh ; plats 20 000-70 000 d ; déj et dîner). Ce restaurant, récemment installé dans cette rue prisée des baroudeurs, doit sa popularité à ses pizzas et ses plats de pâtes bon marché, ainsi qu'à ses spécialités vietnamiennes. Joli décor. À la carte, des cafés, macchiato et expresso.

Art Café   VIETNAMIEN $$
(76 Đ Truong Cong Dinh ; plats 25 000-75 000 d ; déj et dîner). Tenu par un artiste dont les œuvres ornent les murs, ce restaurant chic, à l'ambiance intime, mitonne une cuisine vietnamienne revisitée, dont de nombreux plats végétariens.

Da Quy   VIETNAMIEN $
(Wild Sunflower ; 49 Đ Truong Cong Dinh ; plats 25 000-65 000 d ; déj et dîner). Son raffinement et ses prix doux valent à cette table une popularité méritée auprès des voyageurs. Goûtez les plats mijotés traditionnels, avec du poisson ou des crevettes.

Nam Phan   VIETNAMIEN $$$
(381 3816 ; 7 Đ Tran Hung Dao ; plats 55 000-1,500 000 d ; déj et dîner). Cousin montagnard du fameux Nam Phan de HCMV, cet excellent restaurant occupe une demeure coloniale joliment restaurée, avec

> **DÉLICES DE DALAT**
>
> Paradis des maraîchers, Dalat bénéficie d'un climat idéal pour cultiver petits pois, carottes, radis, tomates, concombres, avocats, poivrons, laitues, choux chinois, betteraves, haricots verts, pommes de terre, épinards, ail, courges et ignames. Vous pouvez ainsi déguster des plats que vous ne trouverez nulle part ailleurs dans le pays.
>
> La région de Dalat est renommée à juste titre pour sa confiture de fraises, ses cassis séchés, ses prunes confites, ses kakis et ses pêches. Les abricots, très appréciés, sont souvent servis avec une boisson chaude très salée. Le sorbet à l'avocat, les pois sucrés *(mut dao)* et les sirops de fraise, de mûre ou d'artichaut font partie des délices de la région. La tisane d'artichaut, une autre spécialité locale, ferait baisser la tension et serait bénéfique pour le foie et les reins.
>
> Les vins de Dalat sont réputés dans tout le pays. Les rouges sont agréablement légers, tandis que les blancs ont un fort arôme de chêne.

des jardins bien tenus et une vue panoramique. Les menus du soir vont de 20 à 90 $US, et comprennent de délicieux fruits de mer et des plats traditionnels présentés avec art.

Café de la Poste
FRANÇAIS $$$

(382 5777 ; Ð Tran Phu ; plats 6-58 $US). Sis dans un bel édifice colonial, ce restaurant français appartient au Dalat Hotel du Parc. La carte est ambitieuse, mais les meilleurs plats restent les salades, les sandwiches, les spécialités de pâtes et les pains frais.

Thanh Thuy Blue Water Restaurant
INTERNATIONAL $$

(2 Ð Nguyen Thai Hoc ; plats 30 000-105 000 d). Superbement situé près du lac, ce restaurant vaut surtout pour la vue. La carte comporte surtout des spécialités cantonaises et quelques plats vietnamiens et occidentaux.

Le Rabelais
FRANÇAIS $$$

(382 5444 ; 12 Ð Tran Phu ; plats 10-47 $US). Élégance et raffinement sont au rendez-vous dans le restaurant français du Dalat Palace. Prenez-y votre repas suivi d'un digestif au son du piano. Pour les gourmets, menu dégustation de 7 plats à 85 $US.

An Lac
VÉGÉTARIEN $

(71 Ð Phan Dinh Phung ; repas à partir de 10 000 d). La carte en anglais comprend toutes sortes de plats, des soupes de nouilles aux *banh bao* (raviolis vapeur, farcis à la viande et aux légumes) et aux quenelles à la farine de riz fourrées. Annexe au 26 Ð Bui Thi Xuan.

Trong Dong
VIETNAMIEN $

(220 Ð Phan Dinh Phung ; plats 25 000-80 000 d ; déj et dîner). Un restaurant accueillant et sans prétention, joliment décoré de miroirs. Essayez le lapin ou l'anguille.

Long Hoa
INTERNATIONAL $$

(6 Ð 3 Thang 2 ; plats 25 000-100 000 d ; déj et dîner). Dans cet établissement de style bistrot, tenu par un francophile et décoré de clichés français, les Occidentaux viennent se régaler de cuisine vietnamienne, tandis que les Vietnamiens préfèrent les grillades. Accompagnez votre repas d'un verre de vin de Dalat.

Nhat Ly
VIETNAMIEN $$

(88 Ð Phan Dinh Phung ; plats 30 000-120 000 d ; déj et dîner). Ce restaurant local sert de copieux repas, dont une fondue exceptionnelle. Lapin et cuisses de grenouille figurent également sur la carte.

Où prendre un verre

Alors que Dalat possède un marché de nuit animé, ses bars manquent singulièrement d'ambiance. Suivez les habitants dans la rue des **cafés-bars** (Ð Le Dai Hanh). Si la musique n'a rien d'extraordinaire, ils sont toujours vivants et plaisants le temps d'un verre.

The Hangout
BAR

(71 Ð Truong Cong Dinh). Un lieu convivial où se retrouvent des Easy Riders (voir l'encadré p. 292) et des baroudeurs. Bière bon marché, billard.

Saigon Nite
BAR

(11a Ð Hai Ba Trung). Un bar classique, qui se targue d'être le plus vieux de Dalat (et cela commence à se voir). On y vient, non pour le cadre, mais pour la bière et le billard.

100 Roofs Café
CAFÉ-BAR

(57 Ð Phan Boi Chau). Ce bar conçu par un architecte de l'école de la "maison folle" est un lieu unique, dont les propriétaires assurent avoir reçu la visite de Gandalf et de ses

amis hobbits. De fait, on se croirait dans le *Seigneur des anneaux*.

Peace Cafe
BAR

(64 Đ Truong Cong Dinh). Le bruyant café du Peace Hotel ne désemplit pas, sans doute grâce aux hôtesses qui interpellent tout étranger qui passe. Une fois assis, vous pourrez tranquillement bavarder avec d'autres voyageurs le soir ou rencontrer des Easy Riders dans la journée.

Envy Lounge Bar
BAR

(Đ Le Dai Hanh). Dans le quartier le plus animé de Dalat, ce bar est le summum du cosy, avec ses divans en velours et son groupe de musique. Les boissons sont chères.

Café Tung
CAFÉ

(6 place Hoa Binh). On trouve aussi des cafés bohèmes à Dalat, tels le Café Tung, rendez-vous des intellectuels de Saigon dans les années 1950. Il est resté en l'état, et ne sert que du thé, du café, du chocolat chaud, de la limonade et de l'orangeade aux accents d'une suave musique française.

Stop & Go Cafe
CAFÉ

(2a Đ Ly Tu Trong). Ce petit café, bohème et chaleureux, est tenu par un poète barbu, enclin à donner une fleur aux femmes et à réciter aux hommes des poèmes dans différentes langues.

Achats

Songez à vous fournir en café si vous n'envisagez pas de pousser jusqu'à Buon Ma Thuot. Explorez les échoppes du **marché central** (6h-18h) et des alentours, et n'hésitez pas à marchander.

Village historique XQ
ARTISANAT

(http://tranhtheuxq.com ; 258 Đ Mai Anh Dao, pavillon 8). Cet endroit, qui tient plus de la galerie marchande que du village historique, comprend des "musées" portant sur différents types d'artisanat et permet d'acheter toutes sortes de travaux, des peintures sur soie aux linges brodés. Mieux vaut venir en taxi, le lieu étant excentré et difficile à trouver.

Renseignements

Agences de voyages

Pour les circuits accompagnés à moto, voir l'encadré p. 292. Pour les sports d'aventure dans les environs (VTT, escalade ou trekking), voir la rubrique *Activités*, p. 286.

Dalat Travel Service (382 2125 ; dalattravelservice@vnn.vn ; Đ Nguyen Thi Minh Khai). Circuits et location de véhicules.

The Sinh Tourist (382 2663 ; www.thesinhtourist.vn ; 4a Đ Bui Thi Xuan). Circuits et réservation de bus "open tour", dans le Trung Cang Hotel (p. 287).

Argent

Vietcombank (6 Đ Nguyen Thi Minh Khai). Change les espèces et les chèques de voyage.
Vietin Bank (1 Đ Le Dai Hanh). Change les espèces et les chèques de voyage.

Poste

Poste principale (14 Đ Tran Phu). Service téléphonique international et fax.

Services médicaux

Hôpital général Lam Dong (382 1369 ; 4 Đ Pham Ngoc Thach)

Depuis/vers Dalat

AVION Vietnam Airlines (383 3499 ; 2 Đ Ho Tung Mau) offre des vols quotidiens pour HCMV (680 000 d), Danang (980 000 d) et Hanoi (1 700 000 d). L'aéroport Lien Khuong se situe à 30 km au sud de la ville.

DESSERTE DE DALAT

DESTINATION	BUS	AVION	VOITURE/MOTO
HCMV	7 à 10 $US, 11 heures, départs fréquents	à partir de 34 $US, 1 heure, 4 vols/j	9 heures
Mui Ne	n/a	n/a	5 heures
Nha Trang	3.50 à 6 $US, 5 heures, départs fréquents	n/a	4 heures
Buon Ma Thuot	4 à 6 $US, 5 heures, départs fréquents	n/a	4 heures
Danang	n/a	à partir de 49 $US, 1 heure, 1 vol/j	15 heures

BUS La **gare routière longue distance** (Đ 3 Thang 4) se situe à 1 km au sud du lac Xuan Huong ; de nombreux bus privés viendront vous chercher ou vous déposeront à votre hôtel. Des bus desservent la majeure partie du pays, avec plusieurs départs pour HCMV (110 000 d, 6-7 heures), Phan Rang (45 000 d, 4 heures 30), Nha Trang (70 000 d à 100 000 d, 4 heures par la nouvelle route, 7 heures par l'ancienne) et Buon Ma Thuot (à partir de 65 000 d, 4 heures). **Phuong Trang** (358 5858) assure un service de car-couchettes à destination de HCMV (160 000 d), toutes les heures entre 22h et 1h.

Dalat est aussi une étape majeure des bus "open tour". Le Sinh Tourist (voir ci-contre) propose un bus quotidien pour Mui Ne (100 000 d, 4 heures) et Nha Trang (100 000 d, 5 heures).

VOITURE ET MOTO De HCMV, la route qui traverse l'arrière-pays (RN 20) jusqu'à Dalat est plus rapide que la route côtière (RN 1A). De Nha Trang, une nouvelle route raccourcit le trajet de près de 70 km et offre des vues splendides, notamment à moto et à vélo. Elle serpente à travers des montagnes boisées et grimpe jusqu'à 1 700 m au mont Hon Giao, où elle franchit un col spectaculaire de 33 km. Les routes reliant Dalat à Mui Ne et à Nha Trang sont parmi les plus belles du Sud. Les amateurs de moto peuvent faire le triangle entre les trois villes.

Voici quelques distances routières à partir de Dalat : Nha Trang (140 km), Phan Rang (108 km), Phan Thiet (247 km) et HCMV (308 km). La RN 27 couvre un itinéraire superbe jusqu'à Buon Ma Thuot (200 km).

❶ Comment circuler

DEPUIS/VERS L'AÉROPORT La navette de Vietnam Airlines circule en fonction des vols entre l'aéroport Lien Khuong et Dalat (35 000 d, 30 min). À l'aéroport, elle stationne devant la porte du terminal. À Dalat, elle part devant le 40 Đ Ho Tung Mau 2 heures avant les vols.

Comptez environ 300 000 d en taxi privé et 200 000 d en moto-taxi.

MOTO Dalat est trop montagneuse pour les cyclo-pousse. Pour un court trajet en ville (10 000 à 20 000 d), prenez un *xe om* (moto-taxi) aux alentours du marché central. Si vous souhaitez louer une moto, comptez 150 000 à 200 000 d par jour.

TAXI On trouve facilement des taxis. En cas de besoin, appelez **Mai Linh** (352 1111) ou **Dalat Taxi** (355 6655).

VÉLO Voici un excellent moyen d'explorer Dalat, mais le terrain vallonné et les longues distances entre les sites rendent l'exercice épuisant. Plusieurs hôtels louent des vélos et certains en prêtent à leurs hôtes. Renseignez-vous sur les circuits à vélo.

VOITURE La location d'une voiture avec chauffeur coûte à partir de 40 $US par jour. Renseignez-vous dans votre hôtel ou contactez Dalat Travel Service (voir ci-contre).

Bao Loc

145 000 HABITANTS

Bao Loc vit essentiellement du thé, de la soie et de la culture des mûriers, dont les feuilles constituent la nourriture des vers à soie. Des relais routiers offrent la dégustation gratuite du thé local. Quelques pensions en font une étape pratique entre HCMV (180 km) et Dalat (118 km). Les Easy Riders s'y arrêtent fréquemment.

Non loin, les **chutes de Dambri** (10 000 d) comptent parmi les plus hautes (90 m), les plus belles et les plus faciles d'accès du pays. Pour les rejoindre, quittez la nationale au nord de Bao Loc et suivez sur 18 km la route qui traverse des plantations de thé et de mûriers. Le haut sommet sur la droite est le mont May Bay.

Col de Ngoan Muc

ALTITUDE : 980 M

Appelé col de Bellevue par les Français, le **col de Ngoan Muc** se situe à 43 km de Dalat, à 64 km de Phan Rang et 5 km du lac Dan Nhim (à 1 042 m d'altitude). Par temps clair, on voit l'océan à 55 km. La nationale serpente en descendant la montagne et passe sous deux énormes conduites qui relient le lac à la centrale hydroélectrique, au pied du col.

Au sud de la route (à droite face à l'océan), vous verrez les voies escarpées du train à crémaillère qui relie Thap Cham à Dalat. Au sommet du col, près de la route, vous découvrirez une cascade, des forêts de pins et l'ancienne gare ferroviaire de Bellevue.

Parc national de Cat Tien

061 / ALTITUDE : 700 M

Cat Tien (366 9228 ; www.cattien nationalpark.vn ; adulte/enfant 50 000/20 000 d ; ☉7h-22h) couvre 72 000 ha et protège une forêt tropicale de basse altitude à l'extraordinaire biodiversité. Le parc offre les meilleures possibilités de randonnées à pied ou à VTT et d'observation des oiseaux de tout le Sud. Appelez pour réserver, car il ne peut héberger qu'un nombre limité de touristes. Ne vous attendez pas à voir des rhinocéros ou des tigres : les visiteurs aperçoivent rarement de grands mammifères.

Au IIe siècle, la région de Cat Tien était le centre spirituel du royaume du Funan, et d'anciennes reliques Oc-Eo ont été découvertes dans le parc. Cat Tien a été arrosé de défoliants durant la guerre du Vietnam, mais les arbres séculaires ont résisté et la végétation basse a repoussé. La faune a également récupéré et l'Unesco a inscrit le parc national de Cat Tien sur la liste des réserves de biosphère en 2001. Depuis, les infrastructures ont été améliorées et le parc offre des hébergements corrects. Si vous avez le temps, prévoyez au moins deux jours sur place.

La faune comprend 326 espèces d'oiseaux, 100 de mammifères, 79 de reptiles, 41 d'amphibiens, ainsi qu'une multitude d'insectes, dont quelque 400 espèces de papillons. Au début des années 1990 fut découvert ici un groupe de rhinocéros de Java. Il n'en resterait aujourd'hui plus qu'un ou deux individus en fin de vie. Des léopards vivraient également dans le parc. Parmi les oiseaux rares figurent la perdrix à gorge orangée, le paon spicifère et le faisan prélat. En revanche, les singes prospèrent. Les sangsues font partie des hôtes moins sympathiques et mieux vaut s'équiper en conséquence, surtout pendant la saison des pluies.

◉ À voir et à faire

Le parc national de Cat Tien peut s'explorer à pied, à VTT, en 4x4 ou en bateau le long de la Dong Nai. De nombreux chemins bien tracés le sillonnent, mais vous devrez engager un **guide** (à partir de 250 000 d) et louer un véhicule depuis/vers le début du sentier.

LES EASY RIDERS

Pour nombre de voyageurs, un circuit à moto hors des sentiers battus avec un "Easy Rider" constitue le point fort d'un périple dans les hauts plateaux du Centre. Outre le plaisir de circuler sur des routes sans fin, vous vous promènerez avec un conducteur sympathique qui connaît parfaitement la région et vous fera découvrir la vie rurale.

Le succès des Easy Riders a un revers : le premier venu revendique ce titre. Dans le centre de Dalat, vous ne pourrez pas faire un pas sans que quelqu'un ne vous propose un circuit (parfois avec une insistance pesante). Afin de protéger "leur" appellation, des Easy Riders se sont regroupés en association ; ils portent un blouson bleu et font payer une adhésion. À Danang (où seraient apparus ces guides à moto), Hoi An et Nha Trang, le terme "Easy Rider" désigne également des groupes de guides à moto, vêtus de blousons de diverses couleurs.

Que vous vous adressiez à un guide en uniforme ou indépendant, faites-vous préciser ce qu'il peut vous montrer que vous ne pouvez découvrir par vos propres moyens. Les Easy Riders ne sont pas bon marché : à un tarif normal de 20 $US au minimum, le service revient cher. De longs circuits, à partir de 50 $US par jour, sillonnent les hauts plateaux du Centre, traversent le Sud, ou remontent au nord jusqu'à Hanoi. Préférez aussi un conducteur parlant une langue que vous comprenez.

Les Easy Riders portant un blouson ne sont pas tous de bons guides et de nombreux conducteurs indépendants se révèlent excellents. Dans l'univers tortueux des guides à moto, des indépendants dédaignent le terme "Easy Rider" et se définissent comme "Free Riders" ou simplement guides à moto.

Avant un long périple, testez le conducteur pour une excursion d'une journée. Est-il prudent ? Pouvez-vous envisager de passer deux jours ou plus en sa compagnie ? Vos sacs sont-ils correctement arrimés sur la moto ? La selle et le casque sont-ils confortables (et propres) ? Nombre de conducteurs possèdent un livre d'or recueillant les témoignages des clients précédents. Consultez aussi les forums sur Internet.

Autre critère de taille, l'itinéraire. Les plus belles routes du sud du Vietnam sont les nouvelles voies côtières qui relient Dalat à Mui Ne et à Nha Trang. L'ancienne route côtière, qui passe par Phan Rang, vaut aussi le coup, bien qu'elle soit en mauvais état. Les routes principales qui traversent la région, en particulier celle qui va de Buon Ma Thuot à Pleiku, ne sont pas particulièrement pittoresques ; mieux vaut emprunter les routes secondaires. Si vous êtes en quête de paysages saisissants, allez à l'extrême nord du Vietnam, autour de la boucle du Nord-Ouest, Sapa, Ha Giang et Cao Bang, ou bien roulez vers la DMZ et le parc national de Phong Nha-Ke.

Le parc propose également un **safari nocturne** (300 000 d), lequel ne permet généralement de voir que des cerfs. Quelle que soit votre destination, réservez les services d'un guide à l'avance et emportez des provisions d'antimoustique.

Marécage des crocodiles MARÉCAGE
(Bau Sau ; 100 000 d, guide 300 000 d, bateau 300 000 d). Cette excursion, très populaire, mène ses participants à 9 km en voiture des bureaux du parc, puis à 4 km de marche – une randonnée de 3 heures aller-retour. Les petits groupes (4/pers maximum) peuvent passer la nuit sur place, au poste des gardes forestiers. Un emplacement idéal pour observer les animaux qui viennent s'abreuver au marécage.

**Centre de réhabilitation
pour les grands singes** RÉSERVE NATURELLE
(www.go-east.org ; adulte/enfant, trajet en bateau compris 150 000/50 000 d ; ⊙8h et 14h). Sur une île de la Dong Nai, près de l'entrée du parc, ce centre lié à l'organisation britannique Monkey World prend en charge des gibbons, des langurs (entelles) et des loris, arrachés au trafic d'animaux, l'objectif à terme étant de les remettre en liberté. Vous pourrez voir des gibbons dans un environnement semi-sauvage et entendre leurs incroyables cris d'appel. Le centre vend également des produits pour alimenter son fonds (gibbons en peluche, sacs et T-shirts…).

☞ Circuits organisés

De nombreuses agences de voyages de HCMV organisent des circuits dans le parc, mais les avis sont assez réservés concernant les moins chères d'entre elles. Pour de bons circuits à vélo ou à pied ou pour des visites ornithologiques de qualité, adressez-vous à **Sinhbalo Adventures**, à HCMV (☏3837 6766 ; www.sinhbalo.com ; 283/20 Đ Pham Ngu Lao ; ⊙7h30-12h et 13h30-17h30 lun-ven, 7h30-12h sam).

🛏 Où se loger et se restaurer

Le parc national offre plusieurs possibilités d'hébergement, notamment dans un charmant pavillon privé. Évitez autant que possible de venir le week-end ou pendant les vacances : les Vietnamiens sont nombreux à visiter le parc à ces moments.

♥ Forest Floor Lodge HABITAT ÉCOLOGIQUE
(☏366 9890 ; www.vietnamforesthotel.com ; tente de luxe à partir de 100 $US, maison traditionnelle à partir de 100 $US ; ✱@). Ce nouvel habitat écologique a posé les normes d'un hébergement de qualité dans les parcs nationaux du Vietnam. Tentes de safari donnant sur la Dong Nai, chambres et suites familiales (avec lit supplémentaire) dans des maisons traditionnelles en bois.

Le **Hornbill Bar-Restaurant** (repas à partir de 75 000 d) sert toutes sortes de plats vietnamiens et internationaux, ainsi qu'une bonne sélection de vins et de liqueurs. Le Forest Floor Lodge et le restaurant se trouvent à côté du centre pour les primates de Dao Tien, de sorte que l'on peut entendre et voir les gibbons sur l'île. Le Forest Floor Lodge organise des transferts de et vers le parc, ainsi qu'un ensemble d'activités dans le parc.

Cat Tien National Park PENSION
(☏366 9228 ; petite tente/grande tente 200 000 /300 000 d, bungalows à partir de 500 000 d ; ✱). Le parc propose des chambres dans des bungalows ainsi que des tentes près des bureaux du parc. Les chambres sont rudimentaires, mais comprennent une sdb. Les grandes tentes (où l'on peut dormir jusqu'à 12, si l'on n'est pas trop grand) ne se réservent qu'en intégralité, mais se révèlent intéressantes pour les groupes.

Park Restaurants CAFÉ, RESTAURANT
(⊙7h-21h). Deux petits restaurants avoisinent l'entrée du parc, dont une gargote à toit de chaume (plats de 25 000 à 75 000 d), et un restaurant très fréquenté au bout

---

DES ÉLÉPHANTS ET DES HOMMES

Des éléphants vivent dans le parc national de Cat Tien, mais leur présence est l'objet de controverses. Au début des années 1990, une harde de 10 pachydermes affamés tomba dans un cratère de bombe à l'orée du parc. Des villageois, les prenant en pitié, creusèrent une rampe pour les sauver. Or des villageois périrent, dans les temps qui suivirent, tués par des éléphants. À long terme, ce type de problème devrait se répéter, car les batailles territoriales s'intensifient entre la faune sauvage et une population humaine croissante. Selon les autorités du parc, plusieurs éléphants ont été empoisonnés par des villageois ces dernières années, et le nombre d'individus diminue dangereusement.

du chemin, qui sert des plats copieux (de 25 000 à 220 000 d). Pour 220 000 d, vous aurez cet incontournable de la gastronomie vietnamienne qu'est la fondue.

❶ Depuis/vers Cat Tien

BATEAU Il est possible prendre un bateau pour traverser le lac Langa et continuer à pied jusqu'au parc. Renseignez-vous auprès de **Dalat Holidays/Phat Tire Ventures** (☏063-382 9422 ; www.ptv-vietnam.com), un tour-opérateur fiable de Dalat.

BUS Prenez n'importe quel service à destination de Dalat (environ 50 000 d, 4 heures) et demandez au chauffeur de vous déposer à Vuon Quoc Gia Cat Tien. À ce croisement, vous pourrez louer une moto (environ 150 000 d, mais négociez ferme) pour parcourir les 24 km restants jusqu'au parc. Une autre solution consiste à contacter le Forest Floor Lodge pour qu'il vienne vous chercher en voiture sur la route principale.

Quel que soit votre itinéraire, on vous déposera à la billetterie du parc, 100 m avant le ferry qui traverse la Dong Nai jusqu'aux bureaux du parc. Achetez votre billet, qui comprend la traversée en ferry.

VÉLO On peut louer des vélos dans le parc, à partir de 20 000 d/j.

VOITURE ET MOTO Si vous disposez d'un véhicule, la voie d'accès la plus empruntée part de la RN 20, qui relie HCMV et Dalat. Pour rejoindre le parc, vous devrez suivre sur 24 km une route étroite, qui bifurque à l'ouest de la RN 20, à Tan Phu, à 125 km au nord de HCMV et à 175 km au sud de Dalat. Elle est indiquée au croisement et facile à repérer.

Buon Ma Thuot

☏0500 / 312 000 HABITANTS / ALTITUDE : 451 M

Désormais prospère et moderne, Buon Ma Thuot (ou Ban Me Thuot) a oublié ses origines rustiques – son nom signifie "village du père de Thuot". De fait, elle connaît une intense circulation et est recouverte d'une poussière brun orangé. Elle a pour seul atout son café. Cultivé dans la région, et largement vendu en ville, il s'agit du meilleur du Vietnam. Buon Ma Thuot accueille en mars le Festival du café, au cours duquel chacun en fait ample consommation. Des courses d'éléphants ont lieu à la même période dans le village voisin de Don.

La plupart des voyageurs font étape à Buon Ma Thuot avant de visiter des sites alentour : le parc national de Yok Don, quelques superbes cascades et les nombreux villages des minorités. La province abrite 44 groupes ethniques, dont plusieurs originaires du Nord. Les Ede, les Jarai, les Mnong et les Lao représentent les communautés indigènes les plus importantes. La politique d'assimilation du gouvernement a porté ses fruits, car presque tous parlent désormais couramment le vietnamien.

Avant la Seconde Guerre mondiale, la région était un centre de chasse au gros gibier, prisé de l'empereur Bao Dai, mais la faune a disparu depuis. Vers la fin de la guerre du Vietnam, Buon Ma Thuot était une base stratégique et mal défendue du Sud-Vietnam. Elle tomba aux mains du Nord en une journée, au terme d'une attaque surprise menée en mars 1975. Les forces du Sud entamèrent alors une retraite dont elles ne devaient pas se relever.

Dans la région, la saison des pluies dure de mai à octobre, avec des averses habituellement courtes. À une altitude plus basse que Dalat, Buon Ma Thuot est plus chaude et plus humide, mais très venteuse.

◉ À voir

Monument à la Victoire MONUMENT
Au centre de la ville, ce monument commémore les événements du 10 mars 1975, lorsque le Viêt-cong et les troupes nord-vietnamiennes prirent la cité. Bel exemple de sculpture réaliste soviétique, il se compose d'une colonne qui soutient un groupe central de personnages brandissant un drapeau, avec une arche formant un arc-en-ciel au-dessus d'un tank en béton.

Village d'Ako Dhong VIE LOCALE
À la lisière nord de Buon Ma Thuot, ce village ede est un joli faubourg de maisons sur pilotis. L'explorer constitue une agréable promenade, loin du bruit de la ville, et vous verrez peut-être des habitants tisser leurs étoffes traditionnelles.

À 1,5 km du centre-ville, Ako Dhong est facilement accessible à pied. Suivez Đ Phan Chu Trinh vers le nord et tournez à gauche dans Đ Tran Nhat Duat. Le village se situe à 500 m, bordé à l'est par le Yang Sing Hotel et à l'ouest par un cimetière.

Musée Dak Lak MUSÉE
(4 Đ Nguyen Du ; 10 000 d ; ⏱7h30-11h et 14h-17h). Poussiéreux et peu visité, ce musée possède une modeste collection d'artefacts et de photos des minorités ethniques. Des citations de Hô Chi Minh, au-dessus de son buste doré dans la salle principale, proclament que toutes les minorités sont les "enfants du Vietnam" et les "frères de sang" des

Buon Ma Thuot

Vietnamiens. Le musée occupe la villa de Bao Dai, une belle maison coloniale qui fut l'une des nombreuses résidences de l'empereur.

Dak Lak Water Park PISCINE
(Đ Nguyen Chi Thanh ; adulte/enfant 35 000/25 000 d ; ◎8h-17h30). Pour occuper un après-midi désœuvré, profitez des toboggans de ce parc aquatique, à 4 km du centre-ville, juste avant la gare routière.

🛏 Où se loger

Damsan Hotel HÔTEL $$
(✆385 1234 ; www.damsanhotel.com.vn ; 212-214 Đ Nguyen Cong Tru ; ch 25-50 $US ; ❋@≋). Un hôtel plaisant à tous égards, qui offre un luxe inattendu, comme la grande piscine et le court de tennis dans un jardin soigneusement entretenu. Chambres spacieuses et confortables, avec vue sur les plantations de café pour certaines. Restaurant correct, comparé à l'offre locale.

Buon Ma Thuot

◉ À voir
1 Monument à la Victoire C3

🛏 Où se loger
2 Thanh Binh Hotel C3
3 Thanh Cong Hotel B3

⊗ Où se restaurer
4 Hanoi Bakery A4
5 Thanh Loan C3

🛍 Achats
6 Coffee Shop Strip C3

ℹ Renseignements
DakLak Tourist .... (voir 3)
Vietnam Highland Travel .... (voir 2)

À NE PAS MANQUER

SUR LES TRACES DES GIBBONS SAUVAGES

Une famille de gibbons du parc de Cat Tien a été accoutumée à la présence des touristes venus les observer. L'expérience offre à ces derniers un aperçu rare de la vie de ces primates. La marche (60 $US/pers, max. 4 pers.) a lieu tous les jours et commence à 4h du matin, cela afin d'entendre le chant des gibbons à l'aube. Goûtez un moment de quiétude dans un hamac en écoutant la forêt s'éveiller sous leur chant, avant de regarder toute la famille vaquer à ses occupations.

L'après-midi, le circuit comprend une visite guidée du centre pour les primates de Dao Tien. Tous les bénéfices vont au financement du parc national et permettent d'aider les gardes forestiers dans leurs efforts pour sa préservation. Pour éviter toute déception, réservez bien à l'avance en écrivant à avoiecotourism@cattiennationalpark.vn ou en téléphonant (366 9228). Pour en savoir plus sur la tenue appropriée et les règles à respecter, allez sur le site www.go-east.org. Nous recommandons vivement l'expérience.

Thanh Cong Hotel   HÔTEL $
(385 8243 ; daklaktour@dng.vnn.vn ; 51 Đ Ly Thuong Kiet ; ch 220 000-400 000 d ; ❄@⬚). Tenu par Dak Lak Tourist, c'est l'un des établissements les plus agréables du secteur. Chambres avec baignoire, à partir de 280 000 d. Petit-déjeuner compris.

Thanh Binh Hotel   HÔTEL $
(385 3812 ; 24 Đ Ly Thuong Kiet ; ch 200 000-240 000 d ; ❄@⬚). Bien situé dans le quartier des pensions, cet hôtel loue des chambres d'un bon rapport qualité/prix. Essayez d'en obtenir une avec fenêtre.

Dakruco Hotel   HÔTEL $$$
(397 0888 ; www.dakrucohotels.com ; 30 Đ Nguyen Chi Thanh ; ch 65-200 $US ; ❄@⬚☐). Ce nouvel établissement, qui brigue les quatre étoiles et pratique des tarifs en conséquence, est le plus chic de la ville. Proche la gare routière, il est prisé par les négociants en café et les groupes organisés. Quittez la ville par Đ Nguyen Tat Thanh, vous ne pourrez pas le manquer une fois arrivé au gros rond-point près de la gare routière.

Où se restaurer et prendre un verre

Force est de constater que Buon Ma Thuot n'a rien d'une étape gastronomique.

Black & White Restaurant   VIETNAMIEN $$
(171 Đ Nguyen Cong Tru ; plats 30 000-200 000 d ; ⏱déj et dîner). De loin le restaurant le plus raffiné de Buon Ma Thuot, il est aménagé sur deux niveaux, serait à sa place à Hanoi ou à HCMV. À la carte, de délicieux fruits de mer, ainsi que du passereau et du pigeon.

Thanh Loan   VIETNAMIEN $
(22 Đ Ly Thuong Kiet ; plats 25 000 d ; ⏱déj et dîner). La carte ici ne comporte qu'un seul choix : des rouleaux en feuille de riz à farcir soi-même de salade, d'herbes, de porc frit et d'ail, à tremper dans un bouillon de viande ou dans une sauce de poisson pimentée. Un repas léger et savoureux.

Cafe Hoa Da Quy   CAFÉ $
(173 Đ Nguyen Cong Tru). Élégant et confortable, ce café-bar sur trois niveaux, agrémenté d'une jolie terrasse sur le toit, jouxte le Black & White et fait le plein en soirée. Un bon endroit pour siroter une bière fraîche ou un café bien fort.

Hanoi Bakery   BOULANGERIE $
(123-125 Đ Le Hong Phong). Réputée pour son pain et ses pâtisseries, cette boulangerie-épicerie vend aussi du fromage et du chocolat.

Achats

Faites des provisions de café ici : il est moins cher et de meilleure qualité qu'à HCMV ou à Hanoi. Descendez Đ Ly Thuong Kiet avant d'acheter, vous y trouverez quantité d'**échoppes de café**.

Renseignements

Agences de voyages

Ces agences proposent des circuits dans les villages et aux cascades des environs, au lac Lak et au parc national de Yok Don.

DakLak Tourist (385 8243 ; www.daklaktourist.com.vn ; 51 Đ Ly Thuong Kiet). Au rez-de-chaussée du Thanh Cong Hotel.

Damsan Tours (385 2505 ; damsantour@dng.vnn.vn ; 212-214 Đ Nguyen Cong Tru). Associée au Damsan Hotel.

Vietnam Highland Travel (385 5009 ; highlandco@dng.vnn.vn ; 24 Đ Ly Thuong Kiet). Installée dans le Thanh Binh Hotel, cette agence emploie des guides expérimentés, spécialisés dans les séjours chez l'habitant et les treks hors des sentiers battus.

Argent

Agribank (37 Đ Phan Boi Chau). Change les espèces et les chèques de voyage.
Donga Bank (9 Đ Phan Chu Trinh). Change les espèces et dispose d'un DAB.

Permis

Des permis sont requis pour visiter les villages des minorités de la région, hormis Ako Dhong et Ban Don. Toutes les agences locales peuvent se charger des démarches.

Poste et accès Internet

Poste principale (1 Đ No Trang Long). Offre également l'accès à Internet.

Services médicaux

Hôpital général Dak Lak (385 2665 ; 2 Đ Mai Hac De)

Comment s'y rendre et circuler

AVION Vietnam Airlines (395 4442 ; 17-19 Đ No Trang Long) assure des vols quotidiens pour HCMV (à partir de 983 000 d) et Hanoi (à partir de 2 044 000 d), ainsi que 4 vols par semaine pour Danang (à partir de 983 000 d). L'aéroport se situe à 8 km à l'est de la ville (environ 120 000 d en taxi).

BUS De la **gare routière** (71 Đ Nguyen Chi Thanh), à 4 km du centre-ville, de nombreux bus desservent Dalat (80 000 d, 4 heures), Nha Trang (85 000 d, 5 heures), Pleiku (85 000 d, 4 heures) et Kon Tum (90 000 d, 5 heures).

TAXI Pour une prestation fiable, appelez la compagnie locale, **Mai Linh** (381 9819).

VOITURE ET MOTO La RN 26 relie la côte et Buon Ma Thuot et croise la RN 1A à Ninh Hoa (157 km), à 34 km au nord de Nha Trang. Asphaltée et en bon état, la route est plutôt escarpée. Excellente, la RN 14 rejoint Pleiku (199 km). La RN 27, qui traverse de beaux paysages, conduit de Buon Ma Thuot à Dalat (200 km via le lac Lak) ; quoique très sinueuse, elle est en plutôt bon état.

Environs de Buon Ma Thuot
0500
PARC NATIONAL DE YOK DON

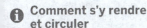**Ce parc national** (378 3049 ; www.yokdonnationalpark.vn ; entrée libre, incluse dans le forfait), plus grande réserve naturelle du pays, a été progressivement agrandi et couvre

---

LES MONTAGNARDS

Les tensions entre les montagnards et la population vietnamienne remontent à plusieurs siècles, quand l'expansion vietnamienne a repoussé ces ethnies minoritaires vers les hauts plateaux du Centre. Alors que les autorités coloniales françaises considéraient les montagnards comme une population spécifique, le gouvernement du Sud-Vietnam tenta de les assimiler en supprimant les écoles et les tribunaux coutumiers, en interdisant les maisons sur pilotis et en s'appropriant leurs terres.

En réaction, les montagnards formèrent des mouvements de guérilla nationalistes, dont le Front unifié pour la libération des races opprimées (Fulro). Courtisés dans les années 1960 par les États-Unis pour participer à la lutte contre le Nord-Vietnam, ils furent entraînés par la CIA et les forces spéciales américaines.

Ils payèrent chèrement cet engagement après la guerre. Le régime communiste envoya plus de Vietnamiens dans les hauts plateaux, interdit l'enseignement dans les langues indigènes et limita la liberté de religion (nombre de montagnards appartiennent à des églises non autorisées). De nombreux montagnards furent déplacés dans des villages modernes, en partie pour décourager la culture sur brûlis, mais aussi pour accélérer l'assimilation.

En 2001 et 2004, des mouvements de protestation ont éclaté, rapidement – et brutalement selon certains – réprimés par le gouvernement. Des groupes de défense des droits de l'homme ont recensé plus de victimes que celles officiellement reconnues par les autorités, et des milliers de montagnards ont fui au Cambodge et aux États-Unis. Quand on questionne des Vietnamiens au sujet de ces événements, ils répètent habituellement la thèse officielle du complot fomenté à l'étranger. Les organisations qui travaillent auprès des montagnards évoquent la surveillance constante, le harcèlement, la persécution religieuse et les abus.

aujourd'hui 115 545 ha, majoritairement composés de forêt sèche à feuilles caduques. Traversé par la superbe rivière Serepok, il s'étend jusqu'à la frontière cambodgienne.

Yok Don abrite 67 espèces de mammifères, dont 38 menacées dans la péninsule Indochinoise et 17 mondialement. Outre des éléphants, des tigres des léopards et de rares loups à queue rouge, le parc est habité par des cervidés (dont des muntjacs), des singes et des serpents, ainsi que près de 250 espèces d'oiseaux – dont un couple d'ibis géants *(Thaumatibis gigantea)*, une espèce en voie d'extinction.

À l'intérieur du parc, quatre villages de minorités sont essentiellement peuplés de Mnong, mais aussi d'Ede et de Lao. Trois sont facilement accessibles et le quatrième se cache dans les profondeurs du parc. Les Mnong, une ethnie matrilinéaire, sont connus pour leur adresse dans la capture des éléphants sauvages.

L'équilibre entre la sauvegarde écologique et la préservation des cultures locales constitue un défi du fait de la pauvreté des populations locales et de leur mode de vie traditionnel (lequel inclut la chasse). Le gouvernement vietnamien travaille avec des organisations internationales, telles que le

UNE VIE D'ÉLÉPHANT

Le prestige dont jouit apparemment l'éléphant au Vietnam dissimule une histoire tourmentée qui s'étend sur plusieurs siècles. Très appréciés des rois, ces animaux paisibles et intelligents étaient capturés par des chasseurs mnong dans l'actuel parc national de Yok Don. Ils étaient ensuite domptés sous les coups avant d'être offerts aux souverains ou utilisés pour des travaux.

Et quels travaux ! Les éléphants servaient, et servent encore, de bulldozers, de chariots-élévateurs et de semi-remorques. Aujourd'hui, ils sont essentiellement employés par la lucrative industrie du tourisme, promenant des visiteurs en forêt ou participant à des festivités des minorités.

Il ne s'agit pas forcément d'une vie meilleure. Pour les domestiquer plus facilement, les animaux sont souvent capturés bébés, alors qu'un éléphanteau a besoin du lait maternel jusqu'à quatre ans pour se développer correctement. On surestime par ailleurs souvent ce que peut supporter un adulte. Si la peau d'un éléphant semble rugueuse et imperméable, elle est aussi sensible que l'épiderme humain, vulnérable aux rayons du soleil, à la poussière et aux infections.

Une autre idée reçue veut que les éléphants soient forts, voire infatigables, alors que leur colonne vertébrale n'est pas faite pour porter de lourdes charges durant de longues périodes. De plus, ces animaux ont besoin de 250 kg de nourriture par jour, un entretien coûteux même pour un propriétaire prospère.

Avant de faire une promenade à dos d'éléphant, examinez bien l'animal et son environnement de travail :

» L'éléphant doit disposer d'un espace de repos ombragé, avec de l'eau propre et de la nourriture. Sa chaîne doit être suffisamment longue pour qu'il puisse se déplacer.
» Le siège placé sur le dos de l'éléphant doit être en bambou léger, pas en bois, et plusieurs épaisseurs de rembourrage doivent le séparer de la peau. Les cordes servant à l'attacher doivent être passées dans des tuyaux en caoutchouc, afin de ne pas râper la peau.
» L'éléphant ne doit travailler que quatre ou cinq heures par jour et ne doit pas transporter plus de deux adultes à la fois.
» Le cornac ne doit pas utiliser un crochet ou un fouet à chaque injonction.

Bien que la capture des éléphants ait été interdite en 1990, la loi n'est pas appliquée scrupuleusement. L'espèce native du Vietnam figure sur la liste des animaux menacés depuis 1976 et il n'en resterait qu'une centaine d'individus dans les hauts plateaux. Sans réserves spécifiques ou autres programmes, le sort de l'éléphant vietnamien n'a rien d'enviable : une vie à promener des touristes, une utilisation illégale pour l'exploitation forestière ou la construction ou, si l'argent vient à manquer, l'abandon et la mort.

Rédigé avec l'aide de Jin Pyn Lee

Programme des Nations unies pour le développement (PNUD), afin de maintenir cet équilibre. Les projets favorisent l'éducation et la participation des communautés à la protection de l'environnement.

Pour explorer Yok Don, vous devez engager un guide à Buon Ma Thuot ou à l'entrée du parc. Comptez 150 000 d pour une simple balade, ou 250 000 d par demi-journée de trekking, plus 1 000 000 d par nuit passée en station forestière. À cela s'ajoutent 100 000 d pour traverser la Serepok en bateau. Une expédition de nuit permet d'observer les animaux nocturnes.

Treks et promenades à dos d'éléphant sont également organisés, moyennant 200 000 d l'heure par personne ou à partir de 4 000 000 d pour un trek d'une journée.

À voir et à faire

L'activité touristique se concentre à **Ban Don**, un village du district d'Ea Sup, à 45 km au nord-ouest de Buon Ma Thuot et à 5 km après l'embranchement vers le parc national. Le **Ban Don Tourist Centre** (378 3020 ; ttdl. buondon@gmail.com) propose des concerts de gong, la dégustation de vin dans une jarre commune (à l'aide de longues pailles) et d'autres spectacles "traditionnels". Près du centre touristique, un **pont suspendu** (20 000 d) en bambou long de 200 m traverse la rivière Srepok, une agréable promenade ombragée.

Où se loger et se restaurer

À l'entrée du parc, à 5 km au sud-est de Ban Don, la **Yok Don Guesthouse** (378 3049 ; ch 19 $US ; ❄) loue des chambres avec eau chaude. Vous pouvez également passer la nuit dans l'une des trois **stations forestières** (5 $US/pers), des cabanes sommaires utilisées par les gardes à 7 km, 17 km et 25 km de l'entrée.

À Ban Don, contactez le Ban Don Tourist Centre pour loger dans des **maisons sur pilotis** (150 000 d/pers) ou des **bungalows** (300 000 d/pers) ; ces derniers sont installés près du lac et sur l'île Aino, desservie par une série de ponts suspendus en bambou. Ban Don possède un restaurant, qui organise parfois des spectacles de danse et de gong pour les groupes.

Comment s'y rendre et circuler

BUS Des bus locaux partent toutes les heures de la gare routière de Buon Ma Thuot pour le parc national de Yok Don (40 km, 20 000 d).

XE OM Une moto-taxi de Buon Ma Thuot jusqu'au parc revient à 200 000/300 000 d aller/aller-retour.

CHUTES DE DRAY SAP ET DE DRAY NUR

Impressionnantes, ces **chutes** (321 3194 ; 10 000 d) sur la Krong Ana offrent de belles possibilités de randonnée en bordure de rivière. Du parking, on arrive d'abord à **Dray Sap** ("cascade fumante" en ede), large de 100 m. Pour une meilleure vue, descendez le sentier le long de la rivière jusqu'à un pont suspendu.

Traversez-le et suivez le chemin à travers des champs de maïs sur 250 m. Il conduit à un autre pont qui surplombe **Dray Nur**, large de 30 m. Au bout du pont, un chemin mène à proximité des chutes.

Notez que, du fait de la présence de nombreux barrages sur la Srepok, ces chutes se tarissent à la saison sèche.

Pour rejoindre les chutes, suivez Đ Le Duan, qui devient Đ Nguyen Thi Dinh, puis la RN 14 vers le sud. Après 12 km, repérez sur la gauche l'embranchement signalé vers les chutes. Parcourez 11 km à travers une petite zone industrielle, puis des champs, avant d'arriver à l'entrée des chutes.

LAC LAK

Le **lac Lak** (Ho Lak), le plus vaste plan d'eau naturel des hauts plateaux du Centre, s'étend sur 700 ha durant la saison des pluies et se réduit à 400 ha entourés de rizières pendant la saison sèche. Les rares infrastructures touristiques n'ont pas le caractère hautement organisé de celles de Ban Don, près du parc national de Yok Don.

Le paysage alentour, tableau enchanteur de vie rurale, séduisit l'empereur Bao Dai qui se fit construire un nouveau palais en surplomb du lac. Deux villages de minorités proches du lac reçoivent souvent des visiteurs. Sur la rive sud, près de la ville de Lien Son, **Jun** est un village mnong traditionnel, avec des maisons en bois et en rotin sur pilotis. Les villageois ne se préoccupent guère des touristes, même si DakLak Tourist y possède un petit bureau et propose des promenades à dos d'éléphant (30 $US/h). **M'lieng**, le second village sur la rive sud-ouest, se rejoint en bateau ou à dos d'éléphant ; renseignez-vous à DakLak Tourist.

Où se loger et se restaurer

Si vous souhaitez passer la nuit dans un village ethnique, M. Duc, du **Cafe Duc Mai** (358 6280 ; 268 Đ Nguyen Tat Thanh ; 5 $US/pers), peut vous trouver un matelas dans

LA PISTE HÔ CHI MINH

Cette route légendaire était constituée de plusieurs pistes, qui formaient l'axe principal d'approvisionnement du Nord-Vietnam et du Viêt-cong durant la guerre du Vietnam. Les vivres et les troupes partaient du port de Vinh et rejoignaient l'arrière-pays par des sentiers à travers la jungle et les montagnes, faisant des crochets par le Laos, pour arriver près de Saigon. Entre la propagande, le secret et la confusion entourant cette piste, il est difficile de définir sa longueur réelle ; les estimations vont de quelque 5 500 km (selon l'armée américaine) à plus de 13 000 km (selon les Nord-Vietnamiens).

Si des éléphants furent d'abord utilisés pour franchir les monts Truong Son (cordillère Annamitique) vers le Laos, l'approvisionnement fut ensuite transporté à dos d'homme, parfois à l'aide de chevaux, de bicyclettes ou de camions. Au milieu des années 1960, il fallait à peu près 6 mois pour aller du 17e parallèle à Saigon ; des années plus tard, un réseau de sentiers plus complexe permettait de couvrir le trajet en 6 semaines.

Chaque homme portait 36 kg d'approvisionnement et quelques effets personnels (comme une tente, un uniforme de rechange et du sérum antivenin). Intempéries, maladie et menace constante des bombardements américains ajoutaient à la difficulté du parcours montagneux et escarpé. À leur apogée, plus de 500 raids aériens bombardaient la piste chaque jour et plus de bombes y furent larguées que sur l'ensemble des champs de bataille de la Seconde Guerre mondiale.

Malgré ces raids meurtriers et la pose de capteurs électroniques perfectionnés le long de la ligne McNamara, la piste ne fut jamais coupée. Si la jungle en a aujourd'hui recouvert la majeure partie, on peut toujours en parcourir des sections, qui suivent la piste tracée dans les années 1970 (la plus ancienne se situe au Laos). Courant le long de l'épine dorsale du pays, la saisissante route nationale Hô Chi Minh (1A/14), construite à partir de 2000 sur certaines portions de l'ancienne piste, commence près de Hanoi et passe par d'anciens champs de bataille et des sites touristiques, dont la grotte de Phong Nha, Khe Sanh, Aluoi, Kon Tum et Buon Ma Thuot, avant de rejoindre HCMV. L'un des tronçons les plus spectaculaires est celui qui traverse le parc national de Phong Nha-Ke Bang, où des pics karstiques émergent de la jungle, et des villages traditionnels ponctuent le superbe paysage au nord de la grotte de Pong Nha.

Vous pouvez parcourir cette route en voiture, en 4x4, à moto ou même à vélo si vous êtes en forme. Vous pouvez aussi organiser le circuit avec les Easy Riders (p. 292) de Dalat ou l'un des tour-opérateurs de Hanoi (p. 525). **Explore Indochina** (www.exploreindochina.com, en anglais) s'est fait une spécialité des circuits à la découverte de la piste Hô Chi Minh. **Hoi An Motorbike Adventures** (www.motorbiketours-hoian.com) propose des circuits plus courts sur des sections entre Hoi An et Phong Nha.

---

l'une des longues maisons traditionnelles sur pilotis et organiser les habituels concerts de gong, promenades à dos d'éléphant, randonnées à pied et sorties en kayak.

Lak Resort HÔTEL $$
(358 6164 ; bungalows 27 $US, maisons longues à partager $US10 ; ❄@❀✆). Dans un endroit charmant au bord du lac, ce complexe hôtelier dispose de spacieuses maisonnettes autour d'une piscine assez propre, ainsi que de dortoirs moins chers aménagés dans des maisons longues traditionnelles (le prix de 10 $US paraissant toutefois excessif pour un matelas usé). Le restaurant sert des repas vietnamiens de 30 000 à 100 000 d. L'établissement s'est engagé à recruter au moins 51% de son personnel parmi les Mnong.

Villa de Bao Dai HÔTEL COLONIAL $$
(358 6164 ; ch 30-50 $US). Goûtez au faste de la vie impériale dans cet ancien palais, qui trône au sommet d'une colline surplombant le lac. Le lieu n'a en fait pas grand-chose d'un palais, mais il comprend six chambres immenses ornées de photographies du couple impérial. Le petit café ne sert que des boissons ; pour manger, allez au Lak Resort.

❶ Depuis/vers le lac Lak

BUS De la gare routière de Buon Ma Thuot, des bus publics desservent régulièrement le lac Lak (20 000 d).

MOTO Le lac Lak se situe sur la route de montagne entre Dalat (154 km au sud-est) et Buon Ma Thuot (50 km au nord) et constitue une étape régulière du circuit des Easy Riders. De Buon Ma Thuot, une excursion d'une journée à l'arrière d'une moto devrait coûter 200 000 d, temps d'attente compris. Toutes les agences de Buon Ma Thuot organisent des circuits.

Pleiku

059 / 250 000 HABITANTS / ALTITUDE : 785 M

La capitale de la province de Gia Lai est surtout connue comme une base stratégique américaine et sud-vietnamienne durant la guerre du Vietnam. Pleiku (ou Playcu) constitue une étape pratique, mais ne donne guère envie de s'attarder. Incendiée par les soldats sud-vietnamiens lors de leur retraite en 1975, la ville a été reconstruite dans les années 1980 avec l'aide de l'Union soviétique. Elle manque donc de ce charme commun à la plupart des bourgades du pays.

En 2001 et 2004, Pleiku a été le théâtre de manifestations antigouvernementales des montagnards (voir l'encadré p. 297). Les autorités ont rapidement réagi en interdisant l'accès de la région aux étrangers. Si ces restrictions ont été progressivement assouplies et si la province est totalement sûre, un permis est requis pour visiter les villages des minorités. Passer outre entraîne immanquablement des complications avec la police. Après le départ des Américains en 1973, les Sud-Vietnamiens conservèrent Pleiku en tant que principale base de combat de la région. Ils s'enfuirent devant l'avancée du Viêt-cong, entraînant avec eux les habitants de Pleiku et de Kon Tum. L'exode vers la côte le long de la RN 7, la seule route, fut appelé le "convoi des larmes", car les quelque 100 000 fugitifs furent attaqués sans relâche par les forces nord-vietnamiennes ; on estime que seul un quart ou un tiers d'entre eux survécurent.

À voir

Musée Hô Chi Minh MUSÉE
(1 Phan Dinh Phuong ; entrée libre ; 8h-11h et 13h-16h30 lun-ven). Ce musée présente les habituels éloges de l'oncle Hô, mettant l'accent sur ses affinités avec les ethnies montagnardes et leur amour pour le dirigeant communiste. Une exposition est consacrée au héros bahnar Anh Hung Nup (1914-1998), qui commanda des montagnards contre les Français et les Américains. Une **statue d'Anh Hung Nup** (angle Ð Le Loi et Ð Tran Hung Dao) se dresse à proximité.

Où se loger et se restaurer

Duc Long Gia Lai Hotel HÔTEL $
(387 6303 ; thienhc@diglgroup.com ; 95-97 Ð Hai Ba Trung ; ch 180 000-300 000 d ;). Ses jolies chambres d'une propreté impeccable font de cette adresse la meilleure affaire de la ville. Les plus chères disposent d'un balcon et d'une baignoire d'angle. On y parle peu anglais. Bon café dans l'enseigne d'à côté.

Dien Hong Lake Tourist Village HÔTEL $
(371 6450 ; Ð Ho Dien Hong ; s/d 300 000/ 360 000 d ;). À l'écart de l'animation du centre, cette rangée de bungalows récents, équipés de tout le confort moderne, borde la rive d'un lac artificiel.

My Tam VIETNAMIEN $
(3 Ð Quang Trung ; repas à partir de 30 000 d ; déj et dîner). Ce minuscule restaurant a pour spécialité le poulet rôti, délicieusement croustillant et servi avec du riz aux tomates et à l'ail.

Hoang Ha Cafe CAFÉ
(26 Ð Nguyen Van Troi). Un couple d'arowanas (poissons-dragons) vous accueille à l'entrée de ce café au décor moderne, installé sur trois niveaux. Bon choix de cocktails.

LES RITES FUNÉRAIRES JARAI

Dans la région de Pleiku, la minorité jarai honore ses défunts dans des cimetières qui ressemblent à des villages miniatures. Ils sont installés à l'ouest des villages, vers le soleil couchant.

Chaque tombe est surmontée d'un abri ou bordée de bambous. Des personnages en bois sculpté sont disposés autour, souvent représentés assis, les mains sur la figure en signe de deuil. Sur la tombe, une jarre représente le défunt, enterré avec les objets dont il pourrait avoir besoin dans l'autre monde.

Pendant sept ans après le décès, les parents apportent de la nourriture sur la tombe et célèbrent l'anniversaire du trépas en pleurant, en festoyant et en buvant du vin de riz. Après la septième année, l'esprit doit avoir quitté le village et la tombe est abandonnée.

> **POSTE-FRONTIÈRE : LE THANH-O YADAW**
>
> Isolé et rarement franchi par les voyageurs étrangers, ce poste-frontière se situe à 90 km de Pleiku et à 64 km de Ban Lung au Cambodge. Vous pouvez obtenir un visa en arrivant au Cambodge, mais pas au Vietnam : si vous voulez entrer au Vietnam en venant du Cambodge, il vous faudra obtenir à l'avance un visa vietnamien.
>
> La route a été améliorée du côté cambodgien ; désormais, des minibus relient tous les jours Ban Lung à la frontière. Pas de service international toutefois.
>
> De Pleiku, un bus local dessert plusieurs fois par jour Moc Den (30 000 d, 2 heures, 80 km), où un autre bus rallie la frontière (20 000 d, 15 km). À O Yadaw, au Cambodge, vous devrez demander une place dans un minibus (30 000 r ou 7,50 $US) ou sur une moto (15 $US) pour rejoindre Ban Lung. Si vous partez tôt, il sera plus facile de trouver un moyen de transport abordable une fois au Cambodge.
>
> Depuis Ban Lung, pour aller à Pleiku, prenez un minibus qui part le matin vers la frontière, puis attendez-en un pour Moc Den ou Duc Co (20 000 d) ; de ces deux villes, vous pourrez rejoindre Pleiku. Des *xe om* attendent du côté vietnamien et affirment qu'il n'existe pas de bus pour Pleiku pour faire payer le prix fort.

 Renseignements

Vous aurez besoin d'un permis (10 $US) et d'un guide (20 $US) pour visiter les villages de la province de Gia Lai. Cela décourage de nombreux voyageurs, qui évitent Pleiku et se rendent à Kon Tum, au nord. Gia Lai Tourist peut vous obtenir permis et guide dans le cadre d'un de ses forfaits.

BIDV Bank (1 Đ Nguyen Van Troi). Change les devises, et délivre des avances sur les cartes de crédit.

Gia Lai Tourist (387 4571 ; www.gialaitourist.com ; 215 Đ Hung Vuong). Des guides francophones accompagnent ses divers circuits, dont des treks et des itinéraires destinés aux anciens combattants.

Poste principale (69 Đ Hung Vuong)

Vietin Bank (1 Đ Tran Hung Dao). Change les devises, et délivre des avances sur les cartes de crédit.

 Comment s'y rendre et circuler

AVION **Vietnam Airlines** (382 4680 ; 18 Đ Le Lai) a des vols quotidiens pour Hanoi (à partir de 1 500 000 d), HCMV (à partir de 900 000 d) et Danang (à partir de 900 000 d). **Air Mekong** (08-3514 6666 ; www.airmekong.info) dessert également ces villes et est installé dans les mêmes bureaux que Vietnam Airlines. L'aéroport se trouve à environ 5 km de la ville ; on peut s'y rendre en taxi (80 000 d) ou en *xe om* (environ 40 000 d).

BUS La **gare routière** (45 Đ Ly Nam De) se trouve à 2,5 km au sud-est de la ville. Des bus réguliers desservent Buon Ma Thuot (85 000 d, 4 heures), Kon Tum (15 000 d, 1 heure) et Quy Nhon (85 000 d, 4 heures). Des bus rallient également le Cambodge (voir l'encadré ci-dessus) et le Laos (voir l'encadré p. 305).

Pleiku se tient au carrefour de la RN 14 et de la RN 19, qui la relient à Buon Ma Thuot (199 km), à Quy Nhon (186 km) et à Kon Tum (47 km).

Kon Tum

060 / 145 000 HABITANTS / ALTITUDE : 525 M

Kon Tum est une ville assez calme, qui a pour principal attrait de constituer un point de départ pour explorer la région. La plupart des voyageurs continuent vers les villages des montagnards (700 parsèment les alentours), la piste Hô Chi Minh ou la frontière laotienne. À part quelques villages bahnar à la lisière de la ville, Kon Tum compte peu de sites touristiques.

Kon Tum a connu son lot d'affrontements durant la guerre du Vietnam. La ville et ses environs furent le théâtre d'une bataille majeure entre les armées du Nord et du Sud-Vietnam au printemps 1972 et la région fut dévastée par des centaines de raids des B-52 américains. Après la chute de Buon Ma Thuot en mars 1975, les habitants de Kon Tum rejoignirent le "convoi des larmes".

En 2004, lors de manifestations contre les mesures gouvernementales dans les hauts plateaux, des montagnards de la province se sont heurtés aux policiers et aux militaires. La situation s'est calmée en apparence, mais des tensions demeurent.

 À voir

Villages de montagnards VIE LOCALE
Plusieurs villages bahnar sont installés à la périphérie de Kon Tum. Dans ces faubourgs

beaucoup plus pauvres que la ville, la vie s'organise autour de la *nha rong* traditionnelle, une haute maison communale au toit de chaume construite sur pilotis. Les pilotis étaient à l'origine une protection contre les éléphants, les tigres et les autres animaux. Habituellement fermées, les maisons *rong* sont ouvertes pour les réunions, les mariages, les fêtes ou les prières.

Les trois groupes de villages les plus proches se situent à l'est, au sud et à l'ouest de la ville. Le groupe de l'est forme le village de Kon Tum qui a donné naissance à la ville moderne et comprend deux villages, **Kon Tum Konam** (Bas Kon Tum) et **Kon Tum Kopong** (Haut Kon Tum), chacun doté d'une maison *rong*. Au sud, **Kon Harachot** abrite l'orphelinat Vinh Son 2 (voir l'encadré p. 304). Le groupe de l'ouest, proche de l'hôpital, comporte cinq villages.

Les villageois se montrent généralement accueillants envers les touristes, et certains des plus âgés parlent français. Vous pourrez flâner dans les villages, mais demandez la permission avant de photographier des habitants ou une maison. Vous ne verrez sans doute personne en costume traditionnel, sauf le dimanche soir lors

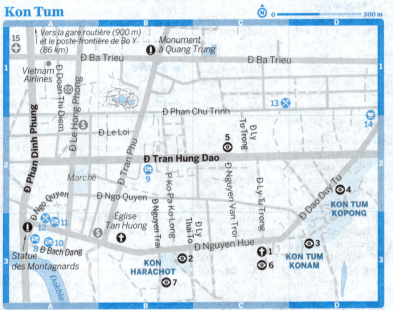

de la messe en bahnar à la cathédrale de l'Immaculée Conception.

Si vous souhaitez passer plusieurs jours sur place, Kon Tum Tourist peut organiser un séjour chez l'habitant. Les guides prennent garde à ne pas venir trop souvent dans un village, préservant ainsi les traditions et l'assurance d'un bon accueil. Des excursions d'une journée reviennent à 25 $US pour le guide, plus de 2 à 12 $US par personne selon les villages visités. Les permis ne sont plus requis, mais renseignez-vous pour éviter toute mauvaise surprise.

Cathédrale de l'Immaculée conception ÉGLISE
(Ð Nguyen Hue). Cette belle cathédrale en bois, construite par les Français, possède une façade sombre, des moulures bleu ciel, de vastes terrasses et un vaste intérieur élégant. Siège du diocèse de Kon Tum vieux de 160 ans, elle est essentiellement fréquentée par la minorité bahnar et des textiles traditionnels ornent l'autel.

Séminaire et musée des Montagnards MUSÉE
(Ð Tran Hung Dao ; entrée libre ; 8h-11h et 14h-16h lun-sam). Ce charmant séminaire catholique ne dépareait pas dans une bourgade française. Édifié en 1934, il comprend une chapelle aux superbes sculptures en bois. À l'étage, une "salle traditionnelle" fait fonction de musée présentant la vie des minorités ethniques et le diocèse de Kon Tum. Si vous trouvez porte close, adressez-vous à un séminariste.

Où se loger

Family Hotel HÔTEL $
(386 2448 ; phongminhkt@yahoo.com ; 55 et 61 Ð Tran Hung Dao ; ch 15-25 $US ;). On ne voit pas très bien l'allure de l'endroit depuis la rue, mais portez vos pas vers l'arrière de la propriété : il y a un joli jardin intérieur, avec des bungalows. La famille, accueillante, tient aussi un petit restaurant, où l'on peut parfois entendre des groupes de musique.

Dakbla Hotel HÔTEL $
(386 3333 ; 2 Ð Phan Dinh Phung ; ch 10 $US ;). Un vieux monolithe géré par l'État. Ne vous laissez pas rebuter par la façade : à l'intérieur, les chambres ont été récemment rénovées et présentent un bon rapport qualité/prix, avec leurs nouvelles salles de bains.

Viet Nga Hotel HÔTEL $
(224 0247 ; 160 Ð Nguyen Hue ; ch 8-15 $US ;). Chambres spacieuses et claires dans ce mini-hôtel familial. TV sat, mini-réfrigérateur et douches avec eau chaude.

Indochine Hotel HÔTEL $$
(386 3335 ; www.indochinehotel.vn ; 30 Ð Bach Dang ; ch 25-33 $US ;). Le meilleur hôtel de la ville. Les prix ont grimpé ces dernières années, mais la qualité a suivi. Choisissez une grande chambre avec vue sur le fleuve.

Où se restaurer et prendre un verre

Dakbla Restaurant VIETNAMIEN $
(168 Ð Nguyen Hue ; plats 20 000-120 000 d ; 8h-22h). Ce restaurant, l'un des rares de Kon Tum, propose une carte vietnamienne

---

LES ORPHELINATS VINH SON

Les touristes qui viennent à Kon Tum visitent souvent les **orphelinats** Vinh Son 1 et 2, tenus par les sœurs de la Médaille miraculeuse et accueillant chacun quelque 200 enfants. Pour la plupart montagnards, ils ne sont pas tous orphelins et certains ont été placés ici par leur famille qui ne peut plus subvenir à leurs besoins.

Si les deux orphelinats reçoivent volontiers les visiteurs et une aide étrangère, l'irruption d'un groupe de touristes peut perturber un cours ou toute autre activité éducative. Mais, comme partout ailleurs, les enfants apprécient les distractions et l'attention affectueuse des étrangers.

Évitez de leur donner bonbons et sucreries (qui gâtent les dents) et apportez plutôt des fruits ou des produits frais et nourrissants. Vous pouvez aussi offrir des vêtements, des jouets et des fournitures scolaires. Les contributions financières sont bien évidemment appréciées.

Vinh Son 1 se situe juste derrière la cathédrale de l'Immaculée Conception, dans Ð Nguyen Hue. Vinh Son 2 est installé à Kon Harachot, un petit village à la lisière sud de la ville. Vous le trouverez au bout de la deuxième piste sur la droite après le petit enclos.

POSTE-FRONTIÈRE : BO Y-PHOU KEUA

Le poste-frontière Bo Y-Phou Keua se situe à 86 km au nord-ouest de Kon Tum et à 119 km au nord-est d'Attapeu (Laos). Bien que des habitants vous affirmeront peut-être le contraire, il est ouvert aux touristes depuis 2006. Il n'est pas délivré de visa vietnamien à cette frontière, mais vous pourrez vous procurer leur pendant laotien.

En venant du Vietnam, un bus part tous les jours de Pleiku à 8h pour Attapeu (240 000 d, 8 heures, 250 km) et continue jusqu'à Pakse (320 000 d, 12 heures, 440 km). Il passe par Kon Tum à 9h30 ; achetez votre billet auprès de Kon Tum Tourist. En sens inverse, des bus partent tous les jours de Pakse et passent par Attapeu avant de rejoindre Kon Tum et Pleiku. **Mai Linh Express** (391 3888 ; www.mailinh.vn) a des bus quotidiens sur cet itinéraire.

Plusieurs fois par semaine, des bus partent de Quy Nhon et passent par Pleiku et Kon Tum avant de rejoindre Attapeu et Pakse. Les horaires varient ; renseignez-vous à la gare routière. Les prix vont de 250 000 d à 16 $US, selon la compagnie.

Traverser la frontière en indépendant peut être compliqué. Du côté vietnamien, la ville la plus proche est Ngoc Hoi, accessible par bus de Kon Tum (30 000 d, 1 heure 30, 60 km). À Ngoc Hoi, vous devrez prendre un minibus ou un *xe om* jusqu'à la frontière, à 14 km. Du côté laotien, vous devrez demander une place dans un véhicule de passage. Mieux vaut prendre un bus partant de Kon Tum ou de Pleiku, les possibilités locales de transport ne correspondant pas à d'honnêtes prestations.

---

standard et des viandes telles que le sanglier et les cuisses de grenouille. Des objets ethniques composent le décor.

Quan 58
VIETNAMIEN $
(58 Đ Phan Chu Trinh ; fondue 90 000 d ; déj et dîner). Ce modeste établissement sert uniquement de la chèvre, qu'elle soit préparée à l'étouffée (*de hap*), grillée (*de nuong*), sautée (*de xao lan*), en curry (*de cari*) ou en fondue (*lau de*).

Eva Cafe
CAFÉ $
(1 Đ Phan Chu Trinh). Un café agréable et insolite, aménagé dans une sorte de cabane, avec des masques tribaux aux murs. L'endroit se révèle parfait pour se détendre devant une bière ou un café.

Renseignements

BIDV (1 Đ Tran Phu). Dispose d'un DAB, change les dollars US et délivre des avances sur les principales cartes de crédit.

Highlands Eco Tours (391 2788 ; www.vietnamhighlands.com ; 41 Đ Ho Tung Mau). Une agence de voyages indépendante spécialisée dans les visites de villages et les séjours au sein de communautés à l'écart des circuits habituels.

Hôpital général de Kon Tum (386 2565 ; 224A Đ Ba Trieu)

Kon Tum Tourist (386 1626 ; ktourist@dng.vnn.vn ; 2 Đ Phan Dinh Phung). Installée dans le Dakbla Hotel, cette agence peut organiser circuits et séjours dans des villages bahnar et jarai, ainsi que des treks.

Poste principale (205 Đ Le Hong Phong)

Vietcombank (108D Đ Le Hong Phong)

Comment s'y rendre et circuler

AVION Vietnam Airlines (386 2282 ; 131 Đ Ba Trieu) vend ses propres vols ainsi que ceux d'Air Mekong. L'aéroport le plus proche est celui de Pleiku.

BUS Depuis la **gare routière** de Kon Tum (279 Đ Phan Dinh Phung), nombreux services pour Pleiku (20 000 d, 1 heure) et Danang (107 000 d, 4 heures). De Kon Tum, la RN 14 rejoint Pleiku (49 km au sud) et Danang (300 km au nord).

TAXI Pour commander un taxi, appelez **Mai Linh** (395 5555).

XE OM Kon Tum s'explore aisément à pied et l'on peut aussi prendre des *xe om* ; comptez 20 000 d pour une course en ville.

Hô Chi Minh-Ville

📍08 / POPULATION : 7,4 MILLIONS D'HABITANTS

Dans ce chapitre »

À voir 307
Activités 325
Cours 327
Circuits organisés . . 328
Fêtes et festivals . . . 328
Où se loger 328
Où se restaurer 333
Où prendre
un verre 339
Où sortir 342
Achats 344
Environs de
Hô Chi Minh-Ville. . . .351

Le top des restaurants

» Cuc Gach Quan (p. 337)
» Nha Hang Ngon (p. 333)
» Lion City (p. 337)
» Pho Hoa (p. 337)
» Temple Club (p. 334)

Le top des hébergements

» Giang & Son (p. 331)
» Hong Han (p. 331)
» Ma Maison (p. 333)
» Park Hyatt (p. 329)
» Ngoc Son (p. 332)

Pourquoi y aller

Hô Chi Minh-Ville (HCMV) est un concentré enivrant du Vietnam. Cette métropole fourmillante, d'une grande richesse commerciale et culturelle, possède une incroyable énergie qui a poussé tout le pays en avant. C'est un organisme vivant qui insuffle vitalité à qui s'y installe, et les visiteurs ne peuvent qu'entrer dans la danse.

Hôtels luxueux ou pensions petit budget, restaurants chics ou succulents étals de rue, boutiques sélectes ou marchés grouillants, HCMV a de quoi satisfaire tous les voyageurs. Ici, les ruelles intemporelles mènent à de vénérables pagodes puis, par un saut dans le temps, à des gratte-ciel étincelants, à des galeries marchandes dernier cri. Pour autant, les fantômes du passé sont bien présents dans des édifices qui, il n'y a pas si longtemps, voyaient une ville sens dessus dessous. En tout cas, la véritable beauté de cette mosaïque urbaine que forme l'ancienne Saigon, reste la fusion de ces deux mondes en une même effervescence envoûtante. Il s'agit d'un lieu unique, tout simplement.

Quand partir

Hô Chi Minh-Ville

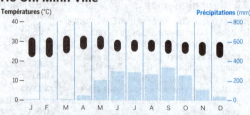

Fév Il ne pleut presque pas, et la ville se couvre de fleurs pour la fête du Têt.

Mars Peu de précipitations et d'humidité, avec en prime la course annuelle de cyclo-pousse.

Déc Un temps plus frais et sec qu'à l'ordinaire règne à HCMV.

Histoire

À l'origine, Saigon faisait partie du royaume du Cambodge et, jusqu'à la fin du XVIIe siècle, était une petite ville portuaire appelée Prey Nokor. Les colons vietnamiens migrant de plus en plus vers le sud, la cité fut absorbée par le Vietnam et devint la capitale de la dynastie Nguyen.

Durant la révolte des Tây Son, au XVIIIe siècle, des réfugiés chinois s'établirent à proximité dans un lieu baptisé Cholon (grand marché) par leurs voisins vietnamiens. Après avoir maté les rebelles, Nguyen Anh édifia une vaste citadelle à peu près à l'emplacement actuel des ambassades de France et des États-Unis.

Les deux villes furent prises en 1859 par les Français qui détruisirent la citadelle et firent de Saigon la capitale de la colonie de Cochinchine. L'expansion des deux cités fut officialisée en 1931 par leur fusion en Saigon-Cholon, rebaptisée Saigon en 1956. Capitale de la république du Vietnam à partir de cette date, elle tomba aux mains des forces du Vietnam du Nord en 1975 et fut alors rebaptisée Hô Chi Minh-Ville.

⊙ À voir

Certes, HCMV n'est pas ce qu'on appelle une belle ville, mais le voyageur y découvrira tout de même des lieux fascinants : petites pagodes peu fréquentées et dissimulées dans des ruelles tranquilles, musées, sites historiques et marchés bruissant d'activité, le tout imbriqué dans un paysage urbain chaotique.

Plus qu'une ville, HCMV est à elle seule une petite province qui s'étend de la mer de Chine méridionale jusqu'à la frontière cambodgienne, ou presque. Les régions rurales constituent environ 90% de la superficie de HCMV et accueillent 25% de sa population. La grande majorité des habitants se regroupe ainsi dans le centre urbain.

HCMV est divisée en 19 districts urbains (*quan*, d'après le mot "quartier") et en 5 districts ruraux *(huyen)*. La ville connaît une croissance rapide et les chantiers fleurissent dans les quartiers résidentiels chics, comme An Phu, dans le district 2, ou Saigon Sud (ou district 7).

La majorité des sites décrits dans ce chapitre se situent dans le district 1, toujours dénommé Saigon (même si, pour compliquer les choses, nombre d'habitants continuent d'appeler la ville entière Saigon), qui comprend Pham Ngu Lao (PNL), quartier pour voyageurs à petit budget et le secteur plus cossu de Dong Khoi. Cependant, certains quartiers, tel le district 3, offrent une ambiance plaisante, avec des bâtiments de style international et néoclassique, des rues bordées d'arbres et truffées de boutiques, cafés et restaurants.

QUARTIER DE DONG KHOI

Immédiatement à l'ouest de la Saigon, le cœur de la vieille ville est entouré de gratte-ciel et de boutiques de mode, eux-mêmes encerclés par des zones réservées aux affaires et à l'administration. Le quartier emprunte son nom à sa principale artère commerçante, Đ Dong Khoi, qui s'étend

HÔ CHI MINH-VILLE EN...

Un jour

Démarrez la journée par un bol de *pho* fumant suivi de notre itinéraire de **promenade à pied**. Après un déjeuner au **Shri**, direction le **musée des Souvenirs de guerre**, le **palais de la Réunification** et, s'il reste du temps, le **musée de Hô Chi Minh-Ville**. Le soir, profitez du coucher de soleil et du point de vue depuis le bar sur le toit du **Sheraton Saigon**, puis dînez au **Nha Hang Ngon** ou au **Temple Club**. Terminez par un dernier verre au **Vasco's** ou l'un des autres bars installés dans la cour de l'ancienne raffinerie d'opium.

Deux jours

Passez la matinée à la découverte du marché et des pagodes anciennes de **Cholon**. Rendez-vous ensuite en taxi au District 3 pour un repas traditionnel bon marché au **Pho Hoa** ou au **Banh Xeo 46A** avant de rejoindre à pied la **pagode de l'Empereur de Jade** et le **musée d'Histoire** en passant par Da Kao. Pour profiter au mieux de votre dernière nuit à HCMV, débutez la soirée dans un grand restaurant de la ville – **Cuc Gach Quan**, **Camargue** ou **Lion City** – et écoutez un groupe à l'**Acoustic** ou au **Yoko**. Pour vous éclater à la saïgonnaise, terminez en beauté dans les clubs tendance **Apocalypse Now** et **Go2**.

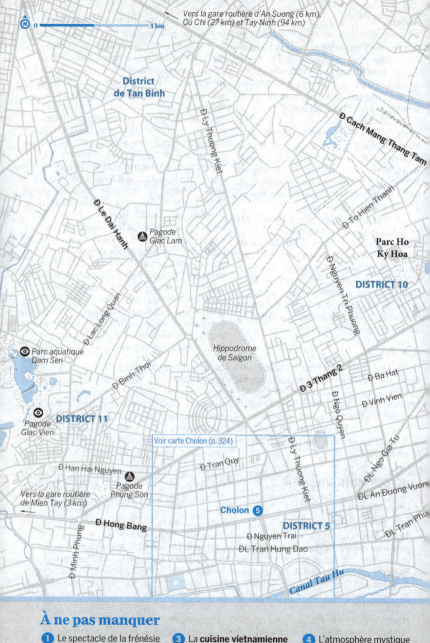

À ne pas manquer

1. Le spectacle de la frénésie urbaine du haut des **bars en terrasse sur les toits** (p. 340)

2. L'évocation de l'histoire récente tumultueuse du Vietnam au **musée des Souvenirs de guerre** (p. 314)

3. La **cuisine vietnamienne et internationale** servie dans les restaurants et les étals de rue de cette ville gastronomique (p. 333)

4. L'atmosphère mystique aux nuages d'encens de la **pagode de l'Empereur de Jade** (p. 310)

5. Les pagodes chinoises du pittoresque **Cholon** (p. 318)

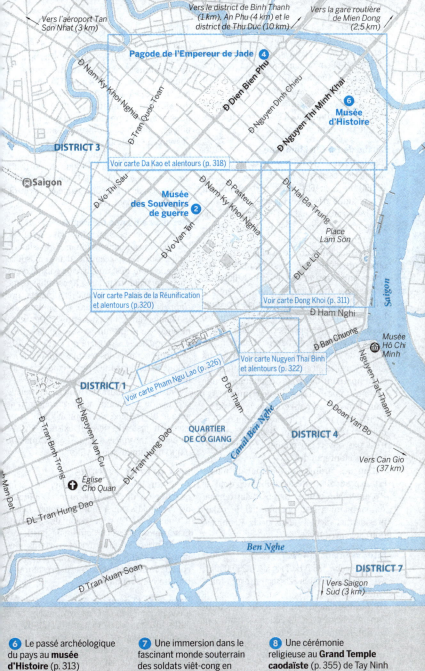

de la rivière à la cathédrale Notre-Dame en passant par l'Opéra. Ce sont les larges boulevards Le Loi et Nguyen Hue, bordés d'arbres et perpétuellement envahis de motos, qui laissent la plus forte impression, surtout lorsqu'on a risqué sa vie pour les traverser. Le long de ces axes imposants, les témoins de la colonisation française côtoient le dynamisme trépidant de la ville moderne.

Musée de Hô Chi Minh-Ville — MUSÉE
(Bao Tang Thanh Pho Ho Chi Minh ; carte ci-contre ; www.hcmc-museum.edu.vn ; 65 Ð Ly Tu Trong ; 15 000 d ; ⊗8h-16h). Ce superbe bâtiment néoclassique gris construit en 1885, qui s'appelait autrefois le palais Gia Long (et, plus récemment, le musée de la Révolution), vaut en lui-même le coup d'œil.

Il retrace l'histoire de la ville grâce à des objets archéologiques, des céramiques, des cartes anciennes et des dioramas illustrant le mariage traditionnel dans différentes ethnies. La lutte pour l'indépendance occupe bien sûr une place centrale, la majeure partie de l'étage supérieur lui étant consacrée. Les sous-sols du bâtiment abritent un réseau de bunkers en béton et de couloirs fortifiés, reliés au palais de la Réunification et comprenant des zones d'habitation, une cuisine et une grande salle de réunion. C'est dans l'un de ces bunkers que le président Diêm et son frère se cachèrent avant de s'enfuir vers l'église Cha Tam (p. 322). Ce réseau n'est pas ouvert au public, la plupart des tunnels étant inondés.

Dans les jardins situés autour du musée est exposé du matériel militaire, dont le F-5 américain utilisé par un soldat renégat sud-vietnamien pour bombarder le palais présidentiel (actuel palais de la Réunification), le 8 avril 1975.

Bitexco Financial Tower — TOUR
(carte ci-contre ; 36 Ð Ho Tung Mau ; 200 000 d ; ⊗13h-21h lun-ven, 10h-22h sam et dim). Inaugurée fin 2010, cette superbe tour de 68 étages conçue par l'architecte Carlos Zapata éclipse, avec ses 262 m de haut, tout ce qui l'entoure. Sa forme s'inspire d'un bouton de lotus, même si la ressemblance ne saute pas aux yeux. Le toit du **Saigon Skydeck**, une plate-forme d'observation circulaire suspendue au 48e étage, sert d'hélistation. L'intérêt principal réside dans la perspective exceptionnelle.

GRATUIT Musée Ton Duc Thang — MUSÉE
(Bao Tang Ton Duc Thang ; carte ci-contre ; 5 Ð Ton Duc Thang ; ⊗7h30-11h30 et 13h30-17h mar-dim). Ce petit musée peu visité rend hommage à Ton Duc Thang, successeur de Hô Chi Minh. Né en 1888 à Long Xuyen, dans le delta du Mékong, il mourut en 1980 au cours de son mandat présidentiel. Des photos et objets, dont de captivantes illustrations des violences coloniales, retracent son rôle dans la lutte pour l'indépendance. L'étage abrite une collection loufoque de portraits du personnage réalisés à l'aide de fils téléphoniques, de grains de sésame et de riz, de timbres et de boutons.

Mosquée indienne de Saigon — MOSQUÉE
(carte ci-contre ; 66 Ð Dong Du). Bâtie en 1935, par des musulmans originaires du sud de l'Inde, sur l'emplacement d'une mosquée plus ancienne, c'est un havre de paix au cœur de ce quartier trépidant. L'ensemble blanc et bleu est hérissé de quatre minarets, qui n'appellent plus à la prière, la communauté indienne ayant fui le pays en 1975. Devant la mosquée se trouve un bassin pour les ablutions rituelles. La sobriété du lieu contraste avec l'exubérance des temples chinois et les alignements de statues des pagodes bouddhiques. Déchaussez-vous avant d'entrer.

Plusieurs restaurants indiens et malais servant de la cuisine halal se concentrent autour de l'édifice, dont un modeste mais excellent juste derrière. Il existe à HCMV 12 autres mosquées destinées aux quelque 6 000 musulmans de la ville.

DA KAO ET ALENTOURS
Juste au nord du centre-ville, ce vieux quartier du district 1 regroupe la plupart des consulats ainsi que plusieurs beaux bâtiments de l'époque coloniale. Ses rues historiques (et celles bordant la partie est du District 3) dissimulent certains des nouveaux restaurants et bars les plus branchés de HCMV, de même que des restaurants traditionnels réputés.

Pagode de l'Empereur de Jade — PAGODE
(Chua Phuoc Hai Tu ou Chua Ngoc Hoang ; carte p. 318 ; 73 Ð Mai Thi Luu). Construite en 1909 par la congrégation de Canton (Quang Dong), c'est l'une des pagodes à l'ambiance la plus spectaculaire de HCMV. Dédiée à l'empereur de Jade (Ngôc Hoang), le dieu suprême taoïste assimilé au seigneur du Ciel, elle abonde en statues de divinités fantasmagoriques et de héros délirants. La fumée

âcre de l'encens obscurcit les magnifiques panneaux de bois sculptés de caractères chinois dorés. Une mosaïque sophistiquée couvre le toit. Les statues de papier mâché représentent les personnages des traditions bouddhique et taoïste.

À l'intérieur du bâtiment principal, deux statues de 4 m de hauteur, à l'air féroce, se dressent contre le mur. À droite, le général vainqueur du Dragon vert pose un pied sur sa victime terrassée. À gauche, le général vainqueur du Tigre blanc adopte une position similaire.

L'empereur de Jade, drapé d'étoffes luxueuses, domine le **sanctuaire principal**. Il est flanqué de ses gardiens, les quatre Grands Diamants (Tu Dai Kim Cuong), censés être aussi durs que la pierre du même nom.

Un passage à gauche de l'autel principal mène à une autre salle. L'espace situé à droite en entrant est dominé par Thanh Hoang, le maître des Enfers, son cheval rouge à sa gauche. Les autres statues figurent les dieux chargés de punir les mauvaises actions et de récompenser les bonnes. Notons également la **salle des dix régions des Enfers**, dont les bas-reliefs en bois ornant les murs évoquent les tourments.

Derrière la cloison, une superbe petite salle contient douze **statues de porcelaine**,

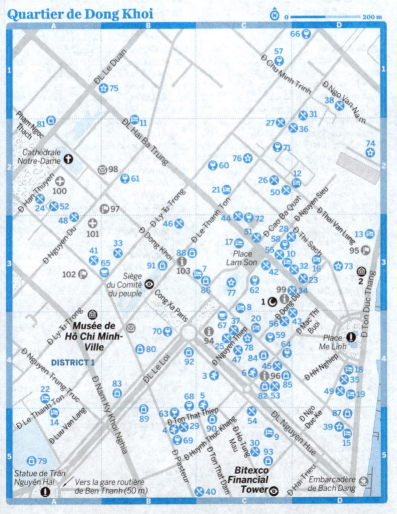

Quartier de Dong Khoi

Quartier de Dong Khoi

◎ Les incontournables
- Bitexco Financial Tower C5
- Musée de Hô Chi Minh-Ville A4

◎ À voir
1. Mosquée indienne de Saigon C3
2. Musée Ton Duc Thang D3

✦ Activités
- Aqua Day Spa .... (voir 20)
- Diamond Superbowl .... (voir 81)
3. Glow C4
4. Jasmine B5
5. Just Men C4
6. L'Apothiquaire Artisan Beauté C4
- Saigon Cooking Class .... (voir 72)

⌂ Où se loger
7. Asian Hotel C3
8. Caravelle Hotel C3
9. Duxton Hotel C5
10. Indochine Hotel C3
11. Intercontinental Asiana Saigon B2
12. King Star Hotel D2
13. Legend Hotel Saigon D3
14. Liberty Central A5
15. Majestic Hotel D5
16. Northern Hotel D3
17. Park Hyatt Saigon C3
18. Renaissance Riverside Hotel D4
19. Riverside Hotel D4
20. Sheraton Saigon C4
21. Spring Hotel C2
22. Thien Xuan A4

✖ Où se restaurer
- 3T Quan Nuong .... (voir 29)
23. Annam Gourmet Shop D3
24. Au Parc A2
25. Augustin C4
26. Bernie's Bar & Grill C2
27. Cepage C2
28. El Gaucho C3
- Elbow Room .... (voir 40)
29. Fanny B5
30. Flow C5
31. Ganesh D1
32. Golden Elephant D3
- Hoa Tuc .... (voir 72)
33. Huong Lai B3
34. Java Coffee Bar D3
35. La Fourchette D4
36. La Hostaria D2
- Le Jardin .... (voir 76)
37. Lemon Grass C4
38. Mandarine D1
39. Maxim's Nam An D5
40. Mogambo C5
41. Nha Hang Ngon A3
42. Pacharan C3
43. Pasha D4
44. Pat a Chou C3
45. Pho 24 .... C4
46. Pho 24 .... B3
- Pho 24 .... (voir 88)
47. Pho 24 .... C4
- Pho 24 .... (voir 81)
48. Pho 24 .... A3
49. Restaurant 13 .... D4
50. Skewers C2
51. Tandoor C3
- Temple Club .... (voir 29)
52. Ty Coz A2
53. Warda C4
- Wrap & Roll .... (voir 81)
54. Wrap & Roll C5
- Wrap & Roll .... (voir 46)
55. Wrap & Roll C3
- Wrap & Roll .... (voir 88)
- Xu .... (voir 42)
56. Zan Z Bar C4

☕ Où prendre un verre
- 2 Lam Son .... (voir 17)
57. Ala Mezon C1
58. Alibi C3
59. Amber Room C4
60. Blue Gecko C2
61. Casbah B2
62. Centro Caffe C3
63. Drunken Duck B5
64. Juice C4
65. La Fenêtre Soleil B3
66. Lush D1
67. L'Usine C4
- M Bar .... (voir 15)
68. Phatty's B4
- Q Bar .... (voir 77)
69. Qing B5
- Refinery .... (voir 72)
70. Rooftop Garden Bar B4
- Saigon Saigon .... (voir 8)
- Sheraton Saigon .... (voir 20)
71. Sheridan's Irish House C2
72. Vasco's C3
- Vino .... (voir 72)

✦ Où sortir
73. Apocalypse Now D3
- Factory .... (voir 6)

74 Fuse	D2
75 Hard Rock Cafe	B1
76 Idecaf	C2
Lotte Cinema Diamond	(voir 81)
77 Théâtre municipal	C3
78 Villa	C4

🛍 Achats

Art Arcade	(voir 67)
79 Marché de Ben Thanh	A5
80 Chi Chi	B4
81 Diamond Department Store	A2
Dogma	(voir 4)
82 Fahasa Bookshop	C4
83 Fahasa Bookshop	B4
84 Khai Silk	C4
85 Lucky Plaza	C4
86 Mai's	C3
87 Nguyen Frères	D5
88 Parkson Plaza	B3
89 Saigon Centre	B5
90 Sapa	C5
91 Song	B3
92 Tax Trade Centre	B4
93 Vietnam Quilts	C5

ℹ Renseignements

94 Asiana Travel Mate	C4
95 Consulat australien	D3
96 Buffalo Tours	C4
97 Consulat canadien	B2
98 Poste principale	B2
99 Exotissimo	C3
HCMC Family Medical Practice	(voir 81)
100 International Medical Centre	A2
101 International SOS	A3
102 Consulat laotien	A3
Consulat de néo-zélandais	(voir 97)
103 Saigon Tourist	B3

disposées sur deux rangées, représentant douze femmes vêtues de couleurs vives et entourées d'enfants. Chacune d'elles symbolise un trait du caractère humain, bon ou mauvais, ainsi que les douze années du calendrier astrologique chinois. Kim Hoa Thanh Mau, chef des femmes, domine la salle.

Musée d'Histoire   MUSÉE

(Bao Tang Lich Su ; carte p. 318 ; Đ Nguyen Binh Khiem ; 15 000 d ; ⊙8h-11h et 13h30-17h mar-dim). L'architecture franco-chinoise du musée d'Histoire, construit en 1929 par la Société des études indochinoises, vaut à elle seule le déplacement. Excellente collection d'objets illustrant l'évolution des cultures du Vietnam – de la civilisation de Dông Son (qui apparut à l'âge du bronze vers le IIIe siècle av. J.-C.) et du royaume du Funan (Ier-VIe siècle) aux Chams, aux Khmers et aux Vietnamiens ; de superbes reliques proviennent d'Angkor Vat, au Cambodge.

Le musée se tient juste après la porte d'accès au jardin botanique et zoologique. Ignorez la billetterie du zoo située devant d'édifice et payez à l'entrée.

Temple du roi Hung Vuong   TEMPLE

(carte p. 318 ; Đ Nguyen Binh Khiem). Juste en face du musée d'Histoire, ce temple sophistiqué haut de plafond célèbre le premier des rois Hung, fondateurs du Vietnam, qui fait l'objet de maints récits légendaires (il serait le fils d'un seigneur dragon et d'une fée de la montagne). Cette dynastie, dont de nombreux rois ont repris le nom de Hung Vuong, aurait régné sur la région du fleuve Rouge avant l'invasion des Chinois.

Musée militaire   MUSÉE

(Bao Tang Quan Doi ; carte p. 318 ; ☎3822 9387 ; 2 ĐL Le Duan ; ⊙ 7h30-11h et 13h30-16h30). À courte distance du musée d'Histoire, ce lieu évoque la campagne lancée par Hô Chi Minh pour libérer le sud du pays. Les expositions intérieures offrent peu d'intérêt, mais des engins de guerre américains, chinois et soviétiques sont présentés à l'extérieur. Vous y verrez notamment un Cessna A-37 de l'armée de l'air sud-vietnamienne et un Tiger F-5E de fabrication américaine encore prêt à tirer. Le tank exposé est l'un de ceux qui pénétra dans le palais de la Réunification le 30 avril 1975.

Pho Binh   SITE HISTORIQUE

(carte p. 318 ; ☎3848 3775 ; 7 Đ Ly Chinh Tha Thang, district 3 ; soupe de nouilles 30 000 d). Cet humble restaurant abritait, pendant la guerre, le QG secret de l'armée viêt-cong de Saigon. C'est ici qu'a été planifiée, notamment, l'attaque de l'ambassade américaine durant l'offensive du Têt en 1968. On se demande comment tant de soldats américains ont pu fréquenter l'endroit sans avoir de doutes. Le Pho Binh sert par ailleurs un *pho* délicieux.

PALAIS DE LA RÉUNIFICATION ET ALENTOURS

À cheval entre le district 1 et le district 3, ce damier de rues fréquentées entourant le parc Tao Dan et celui du palais de la Réunification regroupe plusieurs sites phares et quelques restaurants de premier ordre.

Musée des Souvenirs de guerre   MUSÉE
(Bao Tang Chung Tich Chien Tranh ; carte p. 320 ; 28 Đ Vo Van Tan ; 15 000 d ; ⊗7h30-12h et 13h30-17h). Auparavant appelé musée des Crimes de guerre chinois et américains, cet endroit est devenu l'un des musées les plus visités par les touristes occidentaux à HCMV. La plupart des atrocités montrées ici ont été largement diffusées en Occident. Il n'empêche que le détail de ces exactions, présenté par les victimes elles-mêmes, reste très impressionnant.

Si le propos peut sembler partial, voire à la limite de la propagande, il est à noter que nombre de photos dérangeantes sur les atrocités commises par les Américains, dont celles du fameux massacre de My Lai (p. 227), proviennent de sources étasuniennes.

Dehors sont exposés des véhicules blindés américains, des pièces d'artillerie, des bombes et des armes d'infanterie. Un coin du parc consacré aux bagnes insulaires de Phu Quoc et de Poulo Condor (actuel Con Son), de sinistre mémoire, donne à voir la guillotine utilisée par les Français et les "cages à tigre" inhumaines dans lesquelles les Sud-Vietnamiens enfermaient leurs prisonniers viêt-cong.

Au rez-de-chaussée, une collection d'affiches et de photos en rapport avec le mouvement contre la guerre à travers le monde soulage un peu des horreurs présentées plus haut.

Peu de musées dans le monde expriment avec autant de force la brutalité de la guerre, en particulier vis-à-vis de la population civile. Les photographies d'enfants brûlés au napalm ou déchiquetés par les bombes américaines glacent le sang. De même celles qui montrent les malformations chez les nouveau-nés dues aux herbicides chimiques, et les fœtus conservés dans du formol. Vous aurez également le triste privilège de découvrir quelques armes expérimentales (classées à l'époque "secret défense") employées pendant la guerre du Vietnam, dont la Fléchette, un obus rempli de minuscules traits acérés.

À l'étage, ne manquez pas l'**exposition Requiem** compilée par le grand photographe de guerre Tim Page qui illustre le travail de ses collègues des deux côtés du conflit, avec notamment des tirages de Larry Burrows et de Robert Capa.

LA VALSE DES NOMS

L'histoire agitée du Vietnam pendant les quatre dernières décennies se reflète dans la valse des noms qu'ont dû subir provinces, districts, villes, rues et institutions. Certains endroits ont été baptisés à trois reprises depuis la Seconde Guerre mondiale et, le plus souvent, plusieurs noms sont utilisés.

La plupart des références françaises ont disparu de la carte du Vietnam en 1954, à la fin de l'ère coloniale. C'est ainsi que la rue Catinat à Saigon reçut le nom de Đ Tu Do ("liberté") et, depuis la réunification, celui de Đ Dong Khoi ("insurrection générale"). En 1956, on changea les noms de plusieurs provinces et villes du Sud, pour effacer de la mémoire populaire les exploits antifrançais du Viêt-minh communiste, bien souvent connus par le nom de l'endroit où ils avaient eu lieu. Les soldats viêt-cong, infiltrés plus tard dans les villages, employaient toujours les anciens noms. Les paysans s'adaptèrent vite à cette situation, utilisant une appellation avec les communistes et une autre avec les représentants du gouvernement sud-vietnamien.

Après la réunification, le Comité militaire provisoire de la municipalité de Saigon s'empressa de rebaptiser la métropole Hô Chi Minh-Ville (HCMV), initiative entérinée par Hanoi l'année suivante. Le nouveau gouvernement entreprit de changer les noms de rue "inopportuns" et les vietnamisa. Les seuls noms français trouvant encore grâce aux yeux de Hanoi sont ceux d'Albert Calmette (1893-1934), inventeur du vaccin BCG, contre la tuberculose, d'Alexandre Yersin (1863-1943), qui découvrit le bacille de la peste, de Marie Curie (1867-1934) et de Louis Pasteur (1822-1895).

Si les nouveaux noms de rue ont pris, la plupart des habitants continuent d'appeler leur ville Saigon.

Le musée occupe l'immeuble utilisé à l'époque par l'US Information Service, au croisement de Đ Le Quy Don. Commentaires en vietnamien et en anglais.

Palais de la Réunification
MONUMENT HISTORIQUE

(Dinh Thong Nhat ; carte p. 320 ; Đ Nam Ky Khoi Nghia ; adulte/enfant 30 000/3 000 d ; ⊙7h30-11h et 13h-16h). C'est l'un des lieux les plus spectaculaires de la ville, tant pour son architecture moderne que pour l'étrangeté qui se dégage de ses vastes salles désertes. Le palais semble s'être figé le 30 avril 1975, jour où les premiers chars nord-vietnamiens entrèrent dans Saigon. Ils écrasèrent les grilles, puis un soldat courut planter un drapeau viêt-cong sur le balcon. Ce matin-là, le général Duong Van Minh, promu chef de l'État sud-vietnamien 43 heures auparavant, attendait les vainqueurs dans un superbe salon, en compagnie de ses ministres. "Je vous attendais pour vous transférer les pouvoirs", dit Minh à l'officier viêt-cong qui entrait dans la pièce. "Il n'y a aucun pouvoir à passer, répondit l'officier avec morgue, vous ne pouvez transmettre ce que vous n'avez pas."

En 1868, la résidence du gouverneur général de Cochinchine française fut édifiée à cet emplacement. Après plusieurs agrandissements, ce bâtiment devint le palais Norodom. Au départ des Français, le président sud-vietnamien, Ngô Dinh Diêm, s'y installa. Cet homme faisait l'objet d'une telle impopularité que sa propre force aérienne essaya vainement de le faire disparaître en bombardant le palais en 1962. Diêm ordonna alors qu'un nouvel édifice soit construit sur l'emplacement de l'ancien, doté cette fois d'un abri antiaérien au sous-sol. Les travaux furent achevés en 1966, mais Diêm, assassiné par ses troupes en 1963, ne profita jamais des installations. Baptisé palais de l'Indépendance, le bâtiment hébergea le nouveau président du Vietnam du Sud, Nguyên Van Thiêu, jusqu'à sa fuite en 1975.

Typique de l'architecture des années 1960, le palais, dû à l'architecte Ngô Viêt Thu, formé à Paris, respire l'harmonie, et ses spacieuses salles sont décorées, avec goût. Le rez-de-chaussée renferme des salles de réunion, le 1er étage, la salle de réception où le président du Sud-Vietnam recevait les dignitaires du régime et les délégations étrangères. Les appartements privés se tiennent à l'arrière du bâtiment, où vous découvrirez des maquettes de bateaux, des queues de cheval et des pattes d'éléphant. Le 2e étage comporte une salle de jeu du plus pur style *seventies*. Citons aussi une salle de projection et une salle de bal sur le toit, ainsi qu'une terrasse aménagée en héliport. Bref, un décor digne d'un film de James Bond !

Le sous-sol renferme un dédale de tunnels, un centre de télécommunications et une salle d'état-major. Il y a aussi une salle vidéo, où est projeté un film sur l'histoire du palais (commentaires en plusieurs langues) – à la fin résonne l'hymne national : levez-vous, il serait impoli de rester assis. Le palais de la Réunification est fermé au public lors des réceptions ou des réunions officielles. Sinon, les visiteurs peuvent profiter des services de guides parlant français et anglais.

Temple hindou de Mariamman
TEMPLE

(Chua Ba Mariamman ; carte p. 320 ; 45 Đ Truong Dinh ; ⊙7h30-19h30). Bien que la ville ne compte qu'un nombre restreint d'hindouistes, ce temple coloré, le seul encore en activité, est considéré comme un lieu sacré par de nombreux Chinois et Vietnamiens. Il est réputé pour ses pouvoirs miraculeux. Construit à la fin du XIXe siècle, il est consacré à la déesse hindoue Mariamman.

Le lion, à gauche de l'entrée, était promené en procession dans la ville chaque automne. Dans le sanctuaire, au centre du temple, préside la déesse Mariamman flanquée de ses deux gardiens, Maduraiveeran (à gauche) et Pechiamman (à droite). Devant Mariamman se dressent deux lingam (phallus stylisé, symbole de la divinité hindoue Shiva), entourés d'offrandes : d'encens, fleurs de jasmin, lys et glaïeuls.

Après la réunification, le gouvernement prit possession du temple, et en convertit une partie en usine de bâtonnets d'encens. Une autre partie était occupée par une entreprise d'exportation de crustacés, qui étaient mis à sécher sur le toit.

Vous atteindrez le temple après trois rues à l'ouest du marché Ben Thanh. Déchaussez-vous avant de poser le pied sur la plate-forme légèrement surélevée.

Parc Tao Dan
PARC

(carte p. 320 ; Đ Nguyen Thi Minh Khai). Une métropole de la taille de HCMV a résolument besoin de poumons verts comme ce parc de 10 ha, l'un des plus vastes et des plus fréquentés, aux allées jalonnées de bancs à l'ombre d'immenses arbres tropicaux.

Tôt le matin et en fin d'après-midi, une foule de Saïgonnais profitent de la fraîcheur relative pour accomplir de lents

DÉPART PARC DU 23-SEPTEMBRE
ARRIVÉE LE SHRI
DISTANCE 4 KM
DURÉE 3 HEURES

Promenade à pied
dans le vieux Saigon

❯ Au cœur d'une ville qui s'élance à grands pas vers l'avenir, cette balade dans le district 1 révèle la cité historique.

L'itinéraire commence par le ❶ **parc du 23-Septembre**, qui longe Đ Pham Ngu Lao. Tout en longueur, il s'étend sur le site de l'ancien terminus ferroviaire principal, d'où sa forme Traversez-le pour rejoindre le ❷ **marché couvert Ben Than**, bourdonnant d'activité le matin. Les Halles centrales furent bâties en béton armé par les Français en 1914. L'entrée principale, surmontée d'une tour de l'horloge, fait partie des emblèmes de HCMV.

Après avoir arpenté le marché, traversez très prudemment la rue jusqu'à l'énorme rond-point dominé par la ❸ **statue équestre de Trân Nguyên Han**, fidèle général de l'empereur Lê Loi au XVᵉ siècle. À sa base, une colonne porte le buste blanc de Quach Thi Trang, une jeune fille de 15 ans tuée en 1963 lors de manifestations contre le gouvernement.

Traversez de nouveau le rond-point, cette fois en direction de la gare routière, que vous dépasserez. Sur Đ Pho Duc Chinh, le ❹ **musée des Beaux-Arts** a élu domicile dans la jolie maison de style sino-vietnamien d'un riche marchand, où fut installé le premier ascenseur de la ville. Engagez-vous ensuite dans Đ Le Cong Kieu, une courte rue bordée de ❺ **magasins d'antiquités.** Arrivé au bout, tournez deux fois à gauche et prenez à droite ĐL Ham Nghi. Avant 1870, ce large boulevard était un canal bordés par des routes.

Suivez à gauche Đ Ton That Dam pour déambuler parmi les étals colorés du ❻ **marché de rue**, puis empruntez à droite Đ Huynh Thuc Khang jusqu'à ĐL Nguyen Hue, un autre canal transformé en boulevard. Tournez à droite et passez devant la ❼ **Bitexco Financial Tower**, étincelant gratte-ciel qui s'élance derrière une façade coloniale.

Prenez à gauche Đ Ton Duc Thang, l'axe passant au bord de la rivière. À l'angle de Đ Dong Khoi se dresse le grandiose ❽ **Majestic Hotel**, construit en 1925 et transformé en caserne par les Japonais durant la Seconde Guerre mondiale.

Continuez le long de la rivière jusqu'à l'imposante ❾ **statue de Trân Hung Dao**, vainqueur des Mongols, sur une place semi-circulaire d'où rayonnent plusieurs artères. Au bout de la seconde, Đ Ho Huan Nghiep, vous déboucherez à droite sur Đ Dong Khoi, l'ex-rue Catinat qui reste la plus célèbre de HCMV. Au n°151 se tient l'ancien ❿ **Brodard Café** immortalisé par Graham Greene dans *Un Américain bien tranquille*, désormais une enseigne de la chaîne australienne Gloria Jean's.

Plus loin, vous arriverez devant le ⓫ **Caravelle Hotel.** La partie arrondie qui fait l'angle correspond au bâtiment d'origine de 1959, qui abrita pendant la guerre du Vietnam les agences de presse étrangères ainsi que les ambassades d'Australie et de Nouvelle-Zélande.

En face, ⓬ l'**Opéra**, officiellement baptisé théâtre municipal, date de 1897. Ce fier édifice colonial, dont l'escalier d'accès décrit une courbe majestueuse, reflète le style français de la Belle Époque. Il fut dans les années 1950 et 1960 le siège de l'Assemblée nationale du Sud-Vietnam.

Au croisement suivant, le ⓭ **Continental**, construit en 1880, est sans doute l'hôtel le plus connu de HCMV. Lieu de prédilection des journalistes durant la guerre d'Indochine, il accueillit régulièrement Graham Greene dans sa chambre 214.

Face à l'Opéra, le ⓮ **parc Lam Son** donne souvent à voir d'intéressantes affiches de propagande. Après l'avoir traversé, tournez à droite pour tomber sur un autre petit parc où une ⓯ **statue de Hô Chi Minh** trône devant le ⓰ **siège du Comité du peuple**, ancien hôtel de ville. Celui-ci se distingue par sa façade élaborée d'inspiration Renaissance et son intérieur élégant orné de lustres en cristal. Bâti entre 1901 et 1908, il fait pendant à l'Opéra. La nuit, des milliers de geckos se pressent sur ses murs en quête d'insectes. Il vous faudra l'admirer du dehors car les demandes de visite formulées par les touristes sont catégoriquement rejetées.

Prenez à droite puis à gauche pour revenir Đ Dong Khoi. Droit devant, la ⓱ **cathédrale Notre-Dame** en brique, précédée d'une haute statue blanche de la Vierge tenant un globe, évoque clairement l'Hexagone. Elle fut érigée entre 1877 et 1883 avec des matériaux importés de France. Sa façade plutôt sobre, d'un intérêt relatif, comporte des arches romanes et deux clochers jumeaux hauts de 40 m. Les vitraux d'origine, brisés lors de la Seconde Guerre mondiale, ne furent jamais remplacés.

À droite, la massive ⓲ **poste centrale** (1886-1891) de style colonial, dessinée par Gustave Eiffel, renferme dans son vaste hall d'intéressantes cartes peintes du Sud-Vietnam, de Saigon et de Cholon. Sur le mur du fond, un portrait en mosaïque de Hô Chi Minh occupe la place d'honneur.

Franchissez la place devant la cathédrale et empruntez la rue à droite jusqu'au beau parc du 30-Avril qui sert d'écrin au ⓳ **palais de la Réunification**, ouvert à la visite. Longez ensuite Pham Ngoc Thach vers le nord jusqu'au ⓴ **lac de la Tortue** (Ho Con Rua), un grand rond-point sillonné d'allées cimentées et orné d'une fleur de lotus géante en béton.

Rebroussez chemin sur un pâté de maisons et engagez-vous à gauche dans Đ Nguyen Thi Minh Khai pour conclure la promenade par un verre au ㉑ **Shri**, perché au 23ᵉ étage de la Centec Tower, d'où la vue embrasse une large portion de la ville.

mouvements de taï-chi ou s'adonner sans retenue à la danse. On assiste aussi chaque jour au "café des oiseaux", un rassemblement de vieux messieurs qui viennent ici avec leurs volatiles en cage.

Đ Truong Dinh coupe le parc en deux. Au sud-ouest se déploient des jardins à la française, avec buissons taillés en forme de dragon et reproductions miniatures de monuments vietnamiens emblématiques comme les tours cham de Nha Trang. Durant la période qui précède la fête du Têt Festival, l'endroit accueille des expositions florales.

Au nord, un petit **jardin de sculptures** contemporaines voisine avec le **club des travailleurs**, ancien cercle sportif de l'élite coloniale. Empreint d'une atmosphère désuète, ce dernier comprend onze courts de tennis, une piscine Art déco à colonnades (voir p. 325) et un pavillon.

Pagode Xa Loi   PAGODE

(Chua Xa Loi ; carte p. 320 ; 89 Đ Ba Huyen Thanh Quan ; ⊙7h-11h et 14h-17h). Censé receler une relique du Bouddha, ce vaste sanctuaire datant de 1956 présente surtout un intérêt historique. En août 1963, un commando aux ordres de Ngo Dinh Nhu, frère du président Ngô Dinh Diêm, attaqua la pagode, alors foyer de l'opposition au gouvernement

Da Kao et alentours

Diêm. Elle fut saccagée et 400 bonzes et bonzesses, dont le patriarche bouddhiste du pays, âgé de 80 ans, furent arrêtés. Ce raid, tout comme d'autres, renforça l'opposition des bouddhistes au régime et fut un facteur déterminant dans la décision des États-Unis de soutenir un coup d'État contre Diêm. La pagode fut également le théâtre de plusieurs immolations de bonzes, qui protestaient contre le régime et l'agression américaine.

Les femmes entrent dans la pagode Xa Loi, qui recèle un grand Bouddha d'or, par un escalier situé à droite de l'entrée. Les hommes utilisent celui de gauche. Les murs du sanctuaire sont ornés de peintures qui retracent la vie de Bouddha.

Un bonze prêche le dimanche entre 8h et 10h. Les jours de pleine et de nouvelle lune, des prières spéciales ont lieu de 7h à 9h et de 19h à 20h.

NGUYEN THAI BINH ET ALENTOURS

Ce quartier passant du district 1, assez ordinaire, se niche entre le centre-ville, le marché de Ben Thanh, le quartier de Pham Ngu Lao, et le canal Ben Nghe.

Musée des Beaux-Arts   MUSÉE

Datant de l'ère coloniale, ce bâtiment classique jaune et blanc montre une vague influence chinoise. Il abrite une collection exceptionnelle de laques et d'émaux ainsi que des tableaux contemporains d'artistes vietnamiens et étrangers. Si vous ne souhaitez pas la visiter, pénétrez quand même dans l'immense hall pour admirer ses magnifiques carrelages. Le 1er étage accueille des œuvres d'art contemporain officiel, souvent kitsch ou tendant vers l'art abstrait, avec quelques pièces superbes.

Hormis des peintures contemporaines, le plus souvent inspirées par la guerre, le musée expose des pièces du IVe siècle, parmi lesquelles d'élégantes sculptures en bois ou en pierre du royaume de Funan représentant Vishnu, Bouddha et d'autres figures vénérées, ainsi que des œuvres cham du VIIe au XIVe siècle. Une salle regroupe des statues funéraires ethniques provenant des hauts plateaux du centre.

D'autres sculptures émaillent le parc et la cour centrale, accessible par l'arrière du bâtiment.

CHOLON

Une myriade de temples et de pagodes dignes d'intérêt vous attend à Cholon (district 5). Le quartier chinois de HCMV est aujourd'hui bien moins chinois qu'autrefois, en raison de la campagne de 1978-1979, qui a provoqué le départ de nombreux Chinois et, avec eux, de leurs capitaux et de leurs compétences d'entrepreneurs. Beaucoup de ces réfugiés reviennent actuellement (munis de passeports étrangers) afin d'explorer les possibilités d'investissement.

Cholon, dont le nom signifie "grand marché", fut pendant la guerre du Vietnam le centre d'un marché noir florissant. Aujourd'hui, comme presque partout en ville, les vieilles échoppes disparaissent sous les panneaux publicitaires ou succombent aux coups des bulldozers. Cependant, les **herboristeries traditionnelles** (carte p. 324 ; Đ Hai Thuong Lan Ong) qui subsistent entre Đ Luong Nhu Hoc et Đ Trieu Quang Phuc

Da Kao et alentours

◉ Les incontournables
- Musée d'Histoire.....................D1
- Pagode de l'Empereur de Jade..............C1

◎ À voir
1. Musée militaire D2
2. Pho Binh A1
3. Temple du roi Hung Vuong D2
4. Temple Tran Hung Dao B1

✚ Activités
5. Université des Sciences humaines et sociales D2

✖ Où se restaurer
6. Au Lac do Brasil B2
7. Banh Xeo 46A B1
8. Camargue..............................B2
9. Cuc Gach Quan A1
10. Pho Hoa A2
11. Tib B2
12. Tib Vegetarian A1

◉ Où prendre un verre
13. Hoa Vien C2

✪ Où sortir
14. Bar Bui B2
15. Barocco A2
16. Saigon Water Puppet Theatre D1

🛍 Achats
17. Adidas Puma Factory Shop B2
18. Cham Khanh A2
    - Orange............................ (voir 17)
19. Thu Quan Sinh Vien C2

ℹ Renseignements
20. Consulat américain C2
21. Consulat britannique C2
22. Consulat cambodgien B2
23. Consulat hollandais C2
24. Consulat français C2
25. Consulat allemand B2

---

offrent encore un aperçu visuel et olfactif de la vieille ville chinoise.

Marché Binh Tay MARCHÉ
(Cho Binh Tay ; carte p. 324 ; www.chobinhtay.gov.vn (en vietnamien et anglais) ; ĐL Hau Giang). Un chef-d'œuvre d'architecture chinoise que le principal marché de Cholon, au centre duquel se trouvent une belle tour de l'horloge et une cour avec jardins. Les commerçants pratiquent essentiellement la vente en gros, mais l'endroit fait partie des itinéraires des groupes en voyage organisé.

Pagode Thien Hau PAGODE
(Ba Mieu, Pho Mieu ou Chua Ba Thien Hau ; carte p. 324 ; 710 Đ Nguyen Trai). Construite par la congrégation de Canton au début du XIXe siècle, cette superbe pagode est dédiée à Thien Hau. S'y bousculent en permanence fidèles et visiteurs sous d'immenses spirales d'encens suspendues.

La croyance veut que la déesse de la Mer puisse traverser les océans sur un tapis et chevaucher les nuages pour sauver les bateaux en difficulté. Elle est très populaire à Hong Kong et à Taiwan, ce qui expliquerait le nombre de groupes de touristes.

En dépit des gardiens postés de chaque côté de l'entrée, on dit que les vraies protectrices de cette pagode sont les deux tortues qui y vivent. De superbes frises en céramique soulignent le toit de la cour. Près des fours où brûlent les requêtes des fidèles, deux petites structures en bois contiennent une statue de Thien Hau que l'on sort en procession tous les ans, le 23e jour du 3e mois lunaire.

Sur l'estrade principale, trois statues de Thien Hau, en file indienne, sont encadrées chacune de deux serviteurs ou gardiens. L'estrade est flanquée, à gauche, du lit de la déesse ; à droite, d'une maquette de bateau et, à l'extrême droite, de la déesse Long Mau, protectrice des mères et des nouveau-nés.

Pagode Khanh Van Nam Vien PAGODE TAOÏSTE
(carte p. 324 ; 269/2 Đ Nguyen Thi Nho). Ce lieu de culte, construit entre 1939 et 1942 par les Cantonnais, serait l'unique pagode taoïste du Vietnam. Il est exceptionnel par ses statues colorées de disciples taoïstes. HCMV ne compterait pas plus de 5 000 taoïstes "authentiques", bien que la plupart des Chinois pratiquent un mélange de taoïsme et de bouddhisme.

L'un des éléments incontournables dans cette pagode est la statue de Lao-tseu (1,5 m) en haut de l'escalier. Cette pièce unique en son genre porte une incroyable auréole de miroir, une utilisation de la lumière fluorescente tout à fait étonnante.

Deux plaques de pierre à la gauche de Lao-tseu expliquent les techniques de l'inspiration et de l'expiration. Un dessin

Palais de la Réunification et alentours

schématique représente les organes du corps humain sous forme d'un paysage chinois. Le diaphragme, agent de l'inspiration, est situé en bas. Un paysan labourant avec son buffle incarne l'estomac. Quatre symboles du yin et du yang évoquent le rein ; le foie a la forme d'un bosquet et le cœur, celle d'un cercle où se tient un paysan, surmonté d'une constellation. La haute pagode symbolise la gorge et l'arc-en-ciel, la bouche. En haut, les montagnes et le personnage assis représentent respectivement le cerveau et l'imagination.

La pagode gère un foyer qui accueille plusieurs dizaines de personnes âgées sans famille, pour la plupart des femmes. Chaque pensionnaire dispose d'un four en brique pour cuisiner. À côté, les bonzes ont également installé un dispensaire gratuit où l'on soigne par phytothérapie et par acupuncture. Si vous voulez soutenir cette action, vous pouvez faire un don aux bonzes.

Pagode Quan Am PAGODE

(Chua Quan Am ; carte p. 324 ; 12 Đ Lao Tu). Fondée par la congrégation du Fujian au début du XIXᵉ siècle, elle porte incontestablement la marque d'influences chinoises ; c'est l'une des pagodes les plus actives de Cholon. Elle doit son nom à Quan Thê Âm Bô Tat, déesse de la Miséricorde, dont la statue est dissimulée derrière une façade remarquablement travaillée.

Le plafond est orné de fantastiques céramiques représentant des personnages de contes et de récits traditionnels chinois. On remarque des navires, des maisons de village et plusieurs dragons féroces. Autre élément tout à fait original dans cette pagode : les portes d'entrée agrémentées de panneaux dorés et laqués. Juste à l'intérieur, des fresques en relief sur les murs de l'entrée figurent des scènes se déroulant en Chine à l'époque de Quan Cong, général du IIIᵉ siècle déifié. Au-dessus de l'entrée, remarquez les fines boiseries sculptées.

Pagode Phuoc An Hoi Quan PAGODE

(carte p. 324 ; 184 Đ Hong Bang). Édifiée en 1902 par la congrégation du Fujian, cette pagode est l'une des plus belles de la ville, malgré quelques aménagements utilitaires et un éclairage au néon. Elle compte de nombreuses miniatures de porcelaine, des objets de culte en cuivre finement ciselé, ainsi que de belles sculptures sur bois ornant les autels, les murs, les colonnes et les lanternes. Le toit, décoré de scènes en céramique, fourmille de personnages.

À gauche de l'entrée se trouve une statue grandeur nature du cheval sacré de Quan Cong. Avant d'entreprendre un voyage, la

Palais de la Réunification et alentours

⊙ Les incontournables
- Palais de la Réunification C2
- Musée des Souvenirs de guerre C1

◎ À voir
1. Temple hindou de Mariamman C3
2. Parc Tao Dan C2
3. Pagode Xa Loi A2

✪ Activités
4. La Maison de L'Apothiquaire A1
5. Workers' Club C2
6. X-Rock Climbing C1

🛏 Où se loger
7. Lavender Hotel D3
8. Saigon Star Hotel B2
9. Sherwood Residence C1

🍴 Où se restaurer
10. Au Manoir de Khai B1
11. Beefsteak Nam Son C1
12. Lion City C3
13. Marina C1
14. Ngoc Suong B1
15. Pho 2000 .... D3
16. Shri D1
17. Tib Express C1

🍷 Où prendre un verre
18. Cloud 9 .... D1
19. Serenata B1
- Shri .... (voir 16)

✪ Où sortir
20. Acoustic B1
21. Conservatoire de musique C3
22. Galaxy C3
23. Golden Dragon Water Puppet Theatre C2
- Metallic .... (voir 26)
24. MZ Bar B3
25. Yoko B2

🛍 Achats
26. Vinh Loi Gallery B2

---

coutume veut que l'on vienne lui faire une offrande et caresser sa crinière en faisant tinter la cloche qu'il porte au cou. L'autel principal, où brûle de l'encens, est dominé par la statue de Quan Cong, à qui la pagode est dédiée.

Pagode Tam Son Hoi Quan PAGODE
(Chua Ba ; carte p. 324 ; 118 Đ Trieu Quang Phuc). Consacrée à Me Sanh, la déesse de la fertilité, elle est particulièrement plébiscitée par les femmes qui y prient pour avoir des enfants. Construite par la congrégation chinoise du Fujian au XIXe siècle, elle a conservé la majeure partie de sa riche décoration.

Parmi les personnages frappants représentés dans cette pagode, le général déifié Quan Cong, avec sa longue barbe noire, se tient à droite dans la cour couverte, flanqué de ses deux gardiens, le mandarin général Chau Xuong à gauche, tenant une arme, et le mandarin administratif Quan Binh à droite. À côté de Chau Xuong, vous remarquerez le cheval rouge sacré de Quan Cong.

À l'autre extrémité de la cour, une petite salle contient des urnes funéraires, ainsi que des plaques commémoratives de défunts, ornées de leur photo. À côté, dans une petite pièce, une tête de dragon en papier mâché ressemble à celles qu'utilise la congrégation du Fujian pour sa danse du dragon.

Pagode Ong Bon PAGODE
(Chua Ong Bon et Nhi Phu Hoi Quan ; carte p. 324 ; 264 ĐL Hai Thuong Lan Ong). Construit par la congrégation du Fujian, truffé de sculptures dorées et toujours envahi de fumée d'encens, cet édifice résonne des cris d'enfants de l'école d'à côté. Afin de s'attirer les faveurs du dieu Ong Bon, gardien du bonheur et de la prospérité, les fidèles font brûler de faux billets dans le fourneau de la pagode, situé dans la cour, face à l'entrée. Autre particularité de la pagode, son autel en bois doré finement sculpté. Les murs de la salle sont ornés de fresques représentant cinq tigres (à gauche) et deux dragons (à droite).

Pagode Nghia An Hoi Quan PAGODE
(carte p. 324 ; 678 Đ Nguyen Trai). Remarquable pour ses ornements en bois doré, elle a été érigée par la congrégation chinoise du Chaozhou. Au-dessus de la porte d'entrée est accroché un gros bateau en bois sculpté, et à l'intérieur, à gauche de la porte, on observe une énorme représentation du cheval rouge de Quan Cong avec son palefrenier. Quant au célèbre général Quan Cong, il est installé dans une vitrine derrière l'autel principal, flanqué de part et d'autre de ses assistants. Nghia An Hoi Quan déploie toutes ses beautés le 14e jour du 1er mois lunaire, quand des spectacles de danse sont donnés sur une

scène devant la pagode et que des offrandes sont présentées aux esprits.

Pagode Ha Chuong Hoi Quan   PAGODE
(carte p. 324 ; 802 Đ Nguyen Trai). Typiquement fujianaise, elle est consacrée à Thien Hau, déesse de la Mer originaire du Fujian. Les quatre piliers en pierre sculptée, entourés de dragons peints, ont été fabriqués en Chine et acheminés par bateau. De belles fresques encadrent l'autel principal et d'impressionnantes scènes en céramique en relief ornent le toit.

Le sanctuaire s'anime tout particulièrement lors de la fête des Lanternes, célébration chinoise le 15e jour du 1er mois lunaire (la première pleine lune de la nouvelle année lunaire).

Nguyen Thai Bin et alentours

Nguyen Thai Binh et alentours

Les incontournables
- Musée des Beaux-Arts B1

Où se loger
1. Blue River Hotel 2 .... B2
2. Quynh Kim A2

Où se restaurer
3. Anh Ky A1
4. Tiem Com Ga Hai Nam A1
5. Tin Nghia A1

Où sortir
6. Gossip A2

Achats
7. Blue Space B1
8. Marché Dan Sinh A2
   Lacquer & Oil .... (voir 7)

Église Cha Tam   ÉGLISE
(carte p. 324 ; 25 Đ Hoc Lac). Construite vers la fin du XIXe siècle, cette église décatie donne une impression de langueur tropicale. Elle n'en fut pas moins le théâtre d'horreurs pendant l'une des périodes les plus terribles de l'histoire de la ville.

C'est là que se sont réfugiés le président Ngô Dinh Diêm et son frère Ngô Dinh Nhu lors du coup d'État du 2 novembre 1963. Après avoir vainement tenté de rallier les rares officiers fidèles, ils acceptèrent de se rendre sans conditions. Les chefs de la mutinerie envoyèrent un petit véhicule blindé à l'église, mais au lieu de conduire les deux hommes en prison, les soldats les exécutèrent à bout portant et lardèrent leur cadavre de coups de couteau.

L'annonce de leur mort à la radio plongea la ville dans la joie. Leurs portraits furent mis en pièces et les prisonniers politiques, dont beaucoup avaient été torturés, furent libérés. Les boîtes de nuit que les Ngô, fervents catholiques, avaient fait fermer, rouvrirent. Trois semaines plus tard, le président américain John F. Kennedy était assassiné. L'administration Kennedy ayant soutenu le coup d'État contre Diêm, certains théoriciens de la conspiration ont laissé entendre que la famille Diêm avait pu se venger en commanditant cet assassinat.

La statue dans le clocher représente Mgr François-Xavier Tam Assou (1855-1934), un vicaire apostolique d'origine chinoise. La congrégation de l'église, très dynamique, compte environ 3 000 Vietnamiens et 2 000 Chinois. Des messes sont célébrées tous les jours.

Mosquée de Cholon Jamail   MOSQUÉE
(carte p. 324 ; 641 Đ Nguyen Trai). Lignes pures et décoration sobre pour cette mosquée, construite en 1935 par des musulmans tamouls. Depuis 1975, elle est fréquentée par les communautés malaise et indonésienne. La cour comporte un bassin pour les ablutions rituelles. Remarquez la niche carrelée (mihrab) dans le mur de la salle de prière, indiquant la direction de La Mecque.

Église Cho Quan   ÉGLISE
(carte p. 308 ; 133 Đ Tran Binh Trong ; 4h-7h et 15h-18h lun-sam, 4h-9h et 13h30-18h dim). Construite par les Français il y a environ 100 ans, cette église est l'une des plus grandes de la ville. L'intérêt de sa visite tient plus au point de vue depuis le beffroi – préparez-vous à une bonne grimpette – qu'au Jésus de

l'autel éclairé au néon. L'église se dresse à la lisière est du district 5, entre ĐL Tran Hung Dao et Đ Nguyen Trai.

DISTRICT 11

Juste à l'ouest de Cholon, le district 11 couvre 5 km² et compte 312 000 habitants. Des pagodes anciennes, un parc aquatique populaire et l'hippodrome de Saigon constituent ses principaux attraits. La course en taxi depuis Pham Ngu Lao tourne autour de 100 000 d.

Pagode Giac Vien — PAGODE

(carte p. 308 ; Đ Lac Long Quan, district 11 ; ⊙7h-11h30 et 13h30-19h). Dans un pays où tant de pagodes ont été "restaurées" à grand renfort de béton et de néons, celle-ci a conservé la patine du temps.

Elle fut fondée par Hai Tinh Giac Vien à la fin des années 1700. On raconte que l'empereur Gia Long, qui mourut en 1819, venait se recueillir ici. Semblable à la pagode Giac Lam (ci-contre) tant d'un point de vue architectural que pour son atmosphère sereine, cette étonnante **pagode**, beaucoup moins visitée, se situe dans un cadre rural, à proximité du lac Dam Sen.

En arrivant à la pagode, dissimulée derrière un dédale de ruelles sinueuses, vous remarquerez sur la droite plusieurs **tombes** impressionnantes qui servent de terrain de jeu aux gamins du coin. L'intérieur du sanctuaire recèle une centaine de riches statues représentant des divinités diverses. Des tablettes funéraires s'alignent dans la première chambre, tandis que la seconde est dominée par une statue de Hai Tinh Giac Vien tenant la queue d'un cheval. À côté, des portraits représentent ses disciples et ses successeurs.

Le **sanctuaire** principal se trouve de l'autre côté du mur, derrière la statue de Hai Tinh Giac Vien. On y trouve un magnifique encensoir de cuivre, d'où émergent deux superbes têtes de dragon. Dai The Chi Bo Tat (ou Mahasthamaprapta), bodhisattva représentant la sagesse et la force, surmonte l'autel situé à gauche et Quan Thê Âm Bô Tat, celui de droite. Entre les deux, une statue de l'empereur de Jade fait face à Bouddha. Le gardien de la pagode est à l'opposé de l'encensoir. Tout près, un arbre à prières ressemble à celui de la pagode Giac Lam. Les juges des 10 régions des Enfers (tenant des rouleaux) et 18 autres bodhisattvas longent les murs latéraux.

Pagode Phung Son — PAGODE

(Phung Son Tu ou Chua Go ; carte p. 308 ; 1408 ĐL 3 Thang 2). Cette pagode bouddhique, de style vietnamien, a été construite entre 1802 et 1820 sur l'emplacement de ruines de la période du Funan (Ier-VIe siècle). Elle possède une riche statuaire en cuivre martelé, bronze, bois et céramique. Certaines statues sont dorées ; d'autres, superbement sculptées, sont peintes. L'**estrade centrale**, à multiples niveaux, est dominée par la statue dorée du Bouddha A Di Da (Bouddha de la lumière infinie).

Il fut décidé, il y a fort longtemps, de transférer la pagode à un autre emplacement. Les objets rituels (cloches, tambours, statues) furent alors chargés sur le dos d'un éléphant blanc, mais celui-ci croula sous le poids et son chargement tomba dans une mare. On vit là le signe que la pagode devait demeurer sur le site initial. Les objets sacrés furent tous retrouvés, à l'exception de la cloche. Jusqu'au XIXe siècle, on l'entendait sonner, paraît-il, à chaque changement de lune.

Les prières ont lieu trois fois par jour, de 4h à 5h, de 16h à 17h et de 18h à 19h. Les entrées principales sont en général fermées, mais l'entrée latérale (à droite en arrivant) reste ouverte.

AUTRES QUARTIERS

Pagode Giac Lam — PAGODE

(Chua Giac Lam ; carte p. 308 ; 118 Đ Lac Long Quan, district Tan Binh ; ⊙6h-12h et 14h-20h30). Nichée dans un jardin paisible, cette pagode datant de 1744 serait la plus ancienne de HCMV. Il émane une atmosphère fantastique de ce lieu où se dresse l'un des plus impressionnants stupas du pays (32 m de hauteur). L'imposant figuier, ou arbre de la Bodhi, est un cadeau d'un moine sri-lankais remontant à 1953. À côté de l'arbre, la statue de Quan Thê Âm Bô Tat, d'un blanc immaculé, se tient sur une fleur de lotus – symbole de pureté.

Cette pagode bouddhique, comme souvent au Vietnam, intègre des aspects taoïstes et confucianistes. Elle renferme une cloche en bronze qui, lorsqu'elle sonne, réaliserait les prières des fidèles.

Dans la pièce de réception du **bâtiment principal**, on découvre Chuan De aux 18 bras, autre représentation de la déesse de la Miséricorde. Des colonnes en bois dur gravé portent des inscriptions en vietnamien ainsi que les portraits d'importants moines des générations passées.

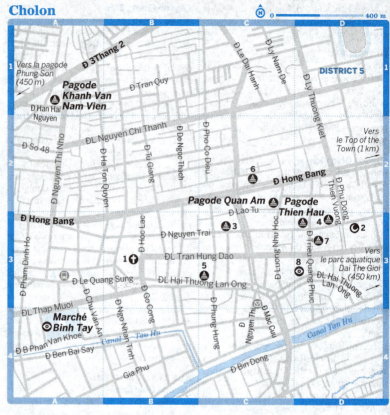

Cholon

⊙ Les incontournables
- Marché Binh Tay A4
- Pagode Khanh Van Nam Vien A1
- Pagode Quan Am C2
- Pagode Thien Hau D3

⊙ À voir
1. Église Cha Tam B3
2. Mosquée de Cholon D3
3. Pagode Ha Chuong Hoi Quan C3
4. Pagode Nghia An Hoi Quan D3
5. Pagode Ong Bon C3
6. Pagode Phuoc An Hoi Quan C2
7. Pagode Tam Son Hoi Quan D3
8. Herboristeries traditionnelles D3

Le **sanctuaire** principal se trouve dans la salle suivante, remplie d'innombrables statues dorées. A Di Da (Amitabha) est assis sur l'estrade au centre de la rangée du fond ; il est facilement identifiable à son auréole colorée. L'homme gras et rieur, entouré de cinq enfants qui lui grimpent dessus, n'est autre qu'Ameda, Bouddha de l'éveil, de la compassion et de la sagesse. Sur les autels bordant les murs du sanctuaire sont exposés divers bodhisattvas.

L'autel de bois rouge et or (qui n'est pas sans rappeler un sapin de Noël) est orné de 49 lampes et d'autant de miniatures de bodhisattvas. Les gens viennent y prier, notamment pour leurs proches malades. Ils offrent en obole du pétrole destiné aux lampes et attachent à l'"arbre" de petits bouts de papier portant leur nom et ceux de leurs parents malades.

La prière – des chants accompagnés de tambours, de cloches et de gongs – suit un rite désormais rarement pratiqué. Elle a lieu tous les jours à 4h, 11h, 16h et 19h.

La pagode Giac Lam se trouve à quelque 3 km de Cholon, dans le district de Tan Binh, facilement accessible en taxi (environ 100 000 d depuis Pham Ngu Lao) ou *xe om*.

Musée Hô Chi Minh   MUSÉE
(Bao Tang Ho Chi Minh ; carte p. 308 ; 1 Ð Nguyen Tat Thanh, district 4 ; 10 000 d ; ◉7h30-11h30 et 13h30-17h mar-dim). Surnommé la "maison du dragon" (Nha Rong), le bâtiment des anciennes messageries maritimes fut construit par les autorités françaises en 1863. Les liens entre Hô Chi Minh (1890-1969) et ce lieu semblent plutôt ténus : il en serait parti en 1911, à l'âge de 21 ans, pour s'embarquer comme chauffeur et cuisinier sur un cargo français. Il entamait là un exil de 30 ans, qui allait notamment le mener en France, en Union soviétique et en Chine.

Le musée contient de nombreux effets personnels de l'oncle Hô, dont certains vêtements (il s'habillait de façon décontractée), ses sandales et ses lunettes. Il retrace la vie et l'engagement politique du grand homme, de sa naissance sous le nom de Nguyen Tat Thanh à sa mort en 1969, essentiellement à l'aide de photos, commentées en vietnamien et en anglais.

Le musée se trouve au bord de l'eau, de l'autre côté du canal Ben Nghe par rapport au district 1. Pour s'y rendre à pied depuis le centre-ville, il suffit de suivre la rivière vers le sud le long de Ð Ton Duc Thang puis de franchir le pont.

Saigon Sud   QUARTIER
(hors carte p. 308). En lisière de HCMV, le district 7 compose une enclave cossue à la mode qui tranche avec le reste de la ville. Hommes d'affaires vietnamiens, expatriés et nouveaux riches ont adopté ce quartier aux larges avenues bordées de boutiques chics et de parcs soignés. Pièce maîtresse de l'ensemble, le **Crescent** (Ho Ban Nguyet) est une luxueuse promenade le long d'un tronçon de canal.

L'endroit justifie une balade. Ceux qui aiment l'exercice pourront y faire du jogging dans un environnement moins pollué par les gaz d'échappement. Côté restauration, les tables réputées du centre et les enseignes de chaînes se sont empressées de coloniser les lieux. Le Crescent se situe à 7 km au sud de Pham Ngu Lao, soit 15 min en taxi en dehors des heures de pointe.

🏃 Activités
CROISIÈRES FLUVIALES
(carte p. 311 ; Ð Ton duc Thang). On vous abordera aux alentours de la jetée de Bach Dang pour vous proposer un tour en bateau à moteur sur la Saigon. Le prix moyen de la location va de 10 \$US l'heure pour un petit bateau, à 15-30 \$US pour une embarcation plus grande et plus rapide. La location à l'heure entraîne quelques abus : certains pilotes traînent, conscients que le compteur tourne. Mieux vaut s'entendre au préalable sur l'itinéraire et la durée. Demandez qu'on vienne vous chercher en bateau plutôt que d'y aller vous-même.

Les autorités ont démoli le gros des baraques qui encombraient les berges des canaux intérieurs, progressivement transformées en parcs et en promenades. Jusqu'à présent, cela n'a rien changé à la qualité des eaux, noirâtres et nauséabondes.

Bonsai River Cruise   DÎNER-CROISIÈRE
(☏3910 5095 ; www.bonsaicruise.com.vn, en anglais ; 36 \$US). Cette croisière à bord d'un étonnant bateau en bois à la coque décorée d'un dragon se déroule sur fond de musique *live*. Le prix comprend verre de bienvenue, canapés, buffet, boisson sans alcool et, curieusement, un massage de la tête et des épaules.

Tau Sai Gon   DÎNER-CROISIÈRE
(☏3823 0393 ; www.tausaigon.com). Le grand restaurant flottant de Saigon Tourist qui lève l'ancre chaque soir propose deux cartes, l'une asiatique, l'autre européenne. Un tarif fixe s'applique au buffet déjeuner du dimanche (adulte/enfant 150 000/100 000 d ; départ 11h30, retour 13h30).

Indochina Junk   DÎNER-CROISIÈRE
(☏3824 8299 ; www.indochinajunk.com.vn). Cette formule à bord d'une pittoresque jonque en bois offre le choix entre plusieurs menus (15-35 \$US).

Piscines et parcs aquatiques
Quand la chaleur devient moite, les piscines de la ville rafraîchissent agréablement. Plusieurs hôtels du centre en possèdent une accessible aux non-résidents moyennant un droit d'entrée. C'est le cas du Legend (p. 329), du Park Hyatt (p. 329), du Majestic (p. 329), du Renaissance Riverside (p. 330) et du Rex (p. 340).

Dam Sen Water Park   PARC AQUATIQUE
(Dam Sen Water Park ; carte p. 237 ; ☏3858 8418 ; www.damsenwaterpark.com.vn ; 3 Ð Hoa Binh, district 11 ; 35 000-75 000 d ; ◉9h-18h). Toboggans aquatiques, rapides et de balançoires de corde.

Workers' Club   PISCINE
(carte p. 320 ; ☏3930 1819 ; arrière 55B Ð Nguyen Thi Minh Khai, district 3 ; 14 000 d). Avec ses

colonnades, la piscine de l'ancien Cercle sportif conserve un charme Art déco.

Parc aquatique Dai The Gioi PARC AQUATIQUE
(hors carte p. 324 ; Đ Ham Tu, Cholon ; 35 000-65 000 d ; ⏱8h-21h lun-ven, 10h-21h sam et dim). Vaste piscine et toboggans.

Massages et spas

Pour les hommes, la prudence s'impose car même un innocent "massage traditionnel des pieds" peut dégénérer. Il s'avère hélas très difficile de distinguer les établissements sérieux de leurs concurrents plus douteux. Pour autant que nous sachions, les adresses qui suivent sont parfaitement réglo.

L'Apothiquaire SPA
(www.lapothiquaire.com) La Maison de L'Apothiquaire (carte p. 320 ; ☎3932 5181 ; 64A Đ Truong Dinh, district 3 ; ⏱9h-21h ; ✸) ; Artisan Beauté (carte p. 311 ; ☎3822 2158 ; 100 Đ Mac Thi Buoi, district 1) ; Saigon Sud (☎5413 6638 ; 103 Đ Ton Dat Thien, district 7). Le plus élégant institut de la ville, installé dans une belle maison blanche, au bout d'une allée tranquille. Piscine et sauna. Nombreuses prestations : enveloppement du corps, massages, soins du visage, des pieds et bains aux herbes. L'Apothiquaire a sa propre ligne de produits. Les filiales sont plus modestes et spécialisées en soins cosmétiques.

Aqua Day Spa SPA
(carte p. 301 ; ☎3827 2828 ; www.aquadayspa-saigon.com ; Sheraton Saigon, 88 Đ Dong Khoi ; 1 350 000 d/h ; ⏱10h-23h). L'un des plus chics spas d'hôtel, qui propose une large gamme de prestations : massages aux pierres chaudes, gommages aux plantes, soins des pieds.

Institut vietnamien de massage traditionnel INSTITUT DE MASSAGE
(carte p. 326 ; ☎3839 6697 ; 185 Đ Cong Quynh ; 50 000-60 000 d/h ; ⏱9h-20h). Massages bon marché et d'excellente qualité, effectués par des praticiens aveugles de l'Association pour les aveugles de HCMV.

Just Men SPA POUR HOMMES
(carte p. 311 ; ☎3914 1407 ; 40 Đ Ton That Thiep, district 1 ; ⏱9h-20h). Dans une ville où les établissements destinés exclusivement aux hommes donnent la priorité à la stimulation plutôt qu'à la relaxation, celui-ci fait exception à la règle. Tout à fait recommandable, il propose coupes de cheveux distinguées, rasages, excellents soins du visage. C'est aussi le lieu idéal pour une

Quartier de Pham Ngu Lao

Quartier de Pham Ngu Lao

⊕ Activités
- Delta Adventure Tours ....(voir 31)
- 1 Vietnam Vespa Adventure B2
- 2 Institut vietnamien de massage traditionnel A6

🛏 Où se loger
- 3 An An Hotel B2
- 4 Beautiful Saigon B2
- 5 Beautiful Saigon 2 .... B2
- 6 Bich Duyen Hotel A4
- 7 Diep Anh A3
- 8 Elios Hotel A3
- 9 Giang & Son A4
- 10 Hong Han Hotel B5
- 11 Madame Cuc's 127 .... B6
- 12 Mai Phai Hotel A2
- 13 Nhat Thao B2
- 14 Spring House Hotel A3
- 15 Xuan Mai Hotel B6

🍴 Où se restaurer
- 16 Asian Kitchen A2
- 17 Bread & Butter B2
- 18 Chi's Café B2
- 19 Coriander B5
- 20 Dinh Y A6
- 21 Hong Hoa Mini-Market A2
- 22 Margherita & An Lac Chay A1
- 23 Mumtaz B5
- 24 Pho 24 .... A3
- 25 Pho Hung B7
- 26 Pho Quynh A4
- 27 Sozo B3
- 28 Stella B3
- 29 Vietnamese Aroma A2
- 30 Zen B2

🍷 Où prendre un verre
- 31 Allez Boo Bar A2
- 32 Bobby Brewers B2
- 33 Go2 .... B2
- 34 Le Pub A2
- 35 Long Phi B5
- 36 Spotted Cow B3
- 37 Street Pub A5

🎭 Où sortir
- 38 Galaxy Cinema B7

🛍 Achats
- 39 Blue Dragon B2
- 40 Hanoi Gallery B3
- 41 Mekong Creations B4
- 42 SahaBook A2

ⓘ Transports
- Café Zoom .... (voir 1)

---

manucure ou une pédicure dans une ambiance conviviale.

Jasmine   SPA POUR FEMMES
(carte p. 311 ; ☏3827 2737 ; 45 Đ Ton That Thiep, district 1 ; ⊙9h-20h). Le pendant unisexe de Just Men.

Glow   SPA
(carte p. 311 ; ☏3823 8368 ; www.glowsaigon.com ; 129 ĐL Nguyen Hue, district 1, massage 32 $US/h ; ⊙11h-21h). Offre un éventail d'aromathérapies faciales, de soins des cheveux et de massages thérapeutiques.

Autres activités

Diamond Superbowl   BOWLING
(carte p. 311 ; ☏3825 7778 ; 4ᵉ étage, Diamond Department Store, 34 ĐL Le Duan ; 35 000-60 000 d ; ⊙10h-1h ; 🛜). Devant ce bowling du centre-ville entouré de fast-foods américains, on se demanderait presque qui a gagné la guerre ! Boules fluo et marquage des points électronique attirent la clientèle locale. Un grand centre de loisirs complète les lieux, avec tables de billard et jeux d'arcade.

Vietnam Golf & Country Club   GOLF
(Cau Lac Bo Golf Quoc Te Viet Nam ; ☏6280 0101 ; www.vietnamgolfcc.com ; Long Thanh My Village, district 9 ; 18 trous semaine/week-end 109/143 $US). Jouer au golf est devenu au Vietnam un signe extérieur de réussite sociale. À une vingtaine de kilomètres du centre, ce club fréquenté par les *yuppies* de HCMV comporte un parcours de 36 trous, des courts de tennis et une piscine.

X-Rock Climbing   ESCALADE
(carte p. 320 ; ☏6278 5794 ; www.xrockclimbing.com ; 75 ĐL Nguyen Dinh Chieu, district 3 ; formule d'essai/forfait journée 80 000/180 000 d). Un mur de 16 m permet ici de s'entraîner à l'escalade avant d'aborder Cat Ba ou la baie d'Along.

Cours

Saigon Cooking Class   CUISINE
(carte p. 311 ; ☏3825 8485 ; www.saigoncookingclass.com ; 74/7 ĐL Hai Ba Trung, district 1 ; adulte/moins de 12 ans 39/25 $US ; ⊙10h et 14h mar-dim). Venez apprendre la cuisine vietnamienne

en regardant les chefs du Hoa Tuc préparer trois plats de résistance (*pho bo* et deux de leurs spécialités) et un dessert. Visite du marché en option (adulte/moins de 12 ans 44/28 $US, cours de 3 heures inclus).

Vietnam Cookery Centre CUISINE
(☎3512 7246 ; www.vietnamcookery.com ; 362/8 Đ Ung Van Khiem, district de Binh Thanh). Cours d'initiation ou "VIP" et visites du marché.

Université des Sciences humaines et sociales LANGUE
(Dai Hoc Khoa Hoc Xa Hoi Va Nhan Van ; carte p. 318; ☎3822 5009 ; www.vns.edu.vn ; 10-12 Đ Dinh Tien Hoang). Si vous prévoyez un séjour de longue durée, les cours de l'université permettent d'acquérir les bases du vietnamien à un prix raisonnable.

Circuits organisés

Des dizaines d'agences de voyages organisent des visites de la ville, des excursions aux alentours et des circuits plus longs à travers le pays (voir adresses p. 347). Les formules proposées par les opérateurs de Pham Ngu Lao présentent le meilleur rapport qualité/prix, même si prix bas rime souvent avec groupes importants, moindre flexibilité et logement sommaire (dont on peut souvent améliorer la qualité moyennant supplément).

Les visites de HCMV comprennent d'ordinaire la cathédrale Notre-Dame, la Poste centrale, le palais de la Réunification, le musée des Souvenirs de guerre et la pagode Thien Hau à Cholon, parfois la pagode de l'Empereur de Jade, le marché Binh Tay ou un atelier de laque. Les tarifs s'échelonnent de 7-9 $US en groupe à 80 $US pour un circuit individuel personnalisé.

Les tunnels de Cu Chi, à découvrir dans le cadre d'une excursion d'une demi-journée (4-7 $US) ou combinés au grand temple caodaïste de Tay Ninh (7-9 $US), constituent la destination la plus prisée. Les excursions d'une journée dans le delta du Mékong, qui comprennent toujours une promenade en bateau, vont à My Tho et Ben Tre (8-28 $US) ou à Vinh Long et au marché flottant de Cai Be (13-33 $US). On peut également découvrir la mangrove de Can Gio (25 $US).

Louer un cyclo pour une demi-journée peut être intéressant, mais mettez-vous bien d'accord sur le prix (le tarif habituel est de 2 $US l'heure).

Vietnam Vespa Adventure CIRCUIT EN SCOOTER
(carte p. 326 ; ☎0122 565 6264 ; www.vietnamvespaadventure.com ; 169A Đ De Tham). Le Cafe Zoom assure des visites guidées de la ville en Vespa (à partir de 48 $US) ainsi que des formules de plusieurs jours dans le sud du Vietnam.

Fêtes et festivals

Têt FÊTE NATIONALE
(Nouvel An vietnamien ; 1er jour du 1er mois lunaire). La ville entière célèbre le Têt… avant de se vider, car les familles partent en congé. Đ Nguyen Hue est fermé pour accueillir une immense exposition florale et tout le monde échange de l'argent porte-bonheur.

Course de cyclos de Saigon COURSE PHILANTROPIQUE
(mi-mars). Conducteurs de cyclo-pousse professionnels et amateurs se lancent dans une course de vitesse. L'argent récolté est destiné à des œuvres de bienfaisance.

Où se loger

Proche de presque tous les sites phares et accessible de l'aéroport, le district 1 concentre le plus grand nombre d'hébergements. Selon votre budget, vous vous dirigerez plutôt à l'est vers Đ Dong Khoi, où les hôtels chics côtoient les meilleurs bars et restaurants de la ville, à l'ouest vers Đ Pham Ngu Lao, fief des pensions et tour-opérateurs bon marché, ou bien entre les deux pour des prestations intermédiaires.

Dans la catégorie économique, quelques dollars de plus peuvent vous faire passer d'une cellule aveugle, sale et humide à une chambre agréable, propre et bien aménagée avec clim et Wi-Fi gratuit. Inutile de dire

---

AVEC DES ENFANTS

De prime abord, les rues encombrées de circulation de HCMV peuvent sembler inhospitalières pour les petits, mais elles recèlent en réalité quelques surprises. La ville compte en effet des parcs aquatiques (p. 325), quantité d'espaces verts luxuriants et nombre de cafés et glaciers accueillent volontiers les familles. Il existe aussi des activités pour les grands, comme le bowling (p. 327) et l'escalade (p. 327). En périphérie, citons le parc d'attractions Dai Nam, l'un des rares de la région.

qu'il existe des adresses moins chères que celles mentionnées plus bas, mais la qualité n'est pas la même. Si vous recherchez vraiment le plus bas prix, un tour à Pham Ngu Lao devrait vous permettre de dénicher une chambre à 10 $US ou moins.

Opter pour la catégorie moyenne peut paraître sans objet dans la mesure où l'on trouve à Pham Ngu Lao des options tout confort relativement au goût du jour pour 20 $US. On pourra toutefois réserver des chambres semblables à des prix un peu moins élevés dans des secteurs voisins, comme Co Giang et Nguyen Thai Binh.

Dans la catégorie haut de gamme, beaucoup des meilleurs hôtels de la ville occupent des édifices anciens pleins de cachet, et sont dotés d'une piscine et d'un spa luxueux. Ils offrent un standing international et des tarifs à l'avenant.

Si vous avez réservé, nombre d'établissements proposent le trajet depuis l'aéroport moyennant 5 à 10 $US.

QUARTIER DE DONG KHOI

Dong Khoi regroupe la majorité des hôtels de luxe de HCMV, mais on y trouve également d'excellentes adresses de catégorie moyenne.

Park Hyatt Saigon — HÔTEL $$$

(carte p. 311 ; 3824 1234 ; www.saigon.park.hyatt.com ; 2 Lam Son Sq ; ch autour de 350 $US ; ✱@🛜⛱). Considéré comme l'hôtel le plus chic de Saigon, le Park Hyatt jouit d'un emplacement de choix en face de l'Opéra. Son architecture néoclassique est aussi agréable à l'œil que ses chambres somptueusement aménagées. Il possède une piscine, un spa (Xuan Spa) très apprécié et un restaurant italien (Opera) aussi réputé qu'abordable.

Intercontinental Asiana Saigon — HÔTEL $$$

(carte p. 311 ; 3520 9999 ; www.intercontinental.com ; angle ĐL Hai Ba Trung et ĐL Le Duan ; ch à partir de 189 $US ; ✱@🛜⛱). Récent, moderne et de bon goût sans être impersonnel. Les chambres comportent une cabine de douche et une baignoire séparées et beaucoup bénéficient d'une vue splendide. Pour les résidents de plus longue durée, il existe à côté un immeuble avec des appartements.

Caravelle Hotel — HÔTEL $$$

(carte p. 311 ; 3823 4999 ; www.caravellehotel.com ; 19 Lam Son Sq ; ch à partir de 218 $US ; ✱@🛜⛱). L'un des premiers hôtels haut de gamme à rouvrir ses portes après la guerre. Chambres bien équipées, d'une élégance tranquille, réparties sur 16 étages et dans l'aile historique. Sur le toit, le Saigon Saigon Bar offre un cadre spectaculaire pour siroter un cocktail.

Legend Hotel Saigon — HÔTEL $$$

(carte p. 311 ; 3823 3333 ; www.legendsaigon.com ; 2A-4A Đ Ton Duc Thang ; s 160-390 $US, d 175-415 $US ; ✱@🛜⛱). Fastueusement kitsch, le hall sous verrière de ce grand hôtel donne à voir une débauche de marbre, vitraux, fauteuils romains et statues d'animaux, dont deux immenses chevaux de bronze. Il donne par ailleurs sur la plus belle piscine de Saigon. Bien que légèrement datées, les chambres garnies de linge fin s'avèrent extrêmement confortables.

Spring Hotel — HÔTEL $$

(carte p. 311 ; 3829 7362 ; www.springhotelvietnam.com ; 44-46 Đ Le Thanh Ton ; s 35-55 $US, d 40-60 $US, ste 72-97 $US ; ✱@🛜). Une adresse accueillante appréciée de longue date, tout près de la multitude de restaurants et de bars de Le Thanh Ton et Hai Ba Trung. Des chambres un peu démodées, mais élégantes, avec leurs corniches et moulures.

Liberty Central — HÔTEL $$$

(carte p. 311 ; 3823 9269 ; www.libertycentralhotel.com ; 177 Đ Le Thanh Ton ; s 100-140 $US, d 110-150 $US ; ✱@🛜⛱). Le hall donne le ton : murs entièrement revêtus de marbre crème et immense peinture sépia représentant le vieux Saigon. Chambres au mobilier haut de gamme, toit en terrasse avec piscine offrant une vue sensationnelle. Vu l'emplacement aux abords animés du marché Ben Thanh, impossible d'éviter le bruit de la rue.

Northern Hotel — HÔTEL $$$

(carte p. 311 ; 3825 1751 ; www.northernhotel.vn ; 11A Đ Thi Sach ; s 70-110 $US, d 80-120 $US ; ✱@🛜⛱). Les chambres du Northern comptent parmi les plus classieuses de la ville à ce prix raisonnable, avec des sdb un cran au-dessus de la moyenne. Bar et salle de gym sur le toit.

Majestic Hotel — HÔTEL $$$

(carte p. 311 ; 3829 5517 ; www.majesticsaigon.com.vn ; 1 Đ Dong Khoi ; s/d à partir de 148/158 $US ; ✱@🛜⛱). Construit en 1925 au bord de la rivière, le vénérable Majestic ne possède peut-être pas les meilleures chambres de Saigon, mais l'ambiance coloniale offre un cadre romantique. Plongez dans la piscine extérieure les jours de chaleur ou allez boire un cocktail sur le toit pour profiter des douces soirées. Petit-déjeuner et panier de fruits inclus.

King Star Hotel — HÔTEL $$
(carte p. 311 ; ☎3822 6424 ; www.kingstarhotel.com ; 8A ĐL Thai Van Lung ; ch 40-70 $US ; ❄@🛜). Entièrement rénové en 2008, il est désormais à mi-chemin entre l'hôtel d'affaires et l'hôtel de charme, avec une décoration très contemporaine et des chambres toutes équipées d'un écran plat et d'une douche splendide.

Duxton Hotel — HÔTEL $$$
(carte p. 311 ; ☎3822 2999 ; www.duxtonhotels.com ; 63 Đ Nguyen Hue ; ch à partir de 110 $US ; ❄🛜@≋). Une entrée grandiose ornée d'une grande fontaine à vasque accueille les résidents de cet hôtel d'affaires sélect, bien situé pour explorer la ville à pied.

Sheraton Saigon — HÔTEL $$$
(carte p. 311 ; ☎3827 2828 ; www.sheraton.com/saigon ; 88 Đ Dong Khoi ; ch à partir de 225 $US ; ⇔❄@≋). Avec ses chambres luxueuses, son excellent spa et sa belle piscine, l'établissement répond à toutes les attentes.

Riverside Hotel — HÔTEL $$$
(carte p. 311 ; ☎3822 4038 ; www.riversidehotelsg.com ; 18 Đ Ton Duc Thang ; s 59-150 $US, d 69-169 $US ; ❄@🛜). Si son bâtiment des années 1920 a connu des jours meilleurs, le Riverside continue d'offrir un rapport qualité/prix très avantageux pour un emplacement hors pair.

Renaissance Riverside Saigon — HÔTEL $$$
(carte p. 311 ; ☎3822 0033 ; www.renaissance-saigon.com ; 8-15 Đ Ton Duc Thang ; ch à partir de 162 $US ; ❄@🛜≋). Un imposant gratte-ciel au bord de l'eau avec des chambres élégantes et un service impeccable. La vue exceptionnelle sur la Saigon vaut bien de débourser quelques dollars supplémentaires.

Indochine Hotel — HÔTEL $$
(carte p. 311 ; ☎3822 0082 ; www.indochinehotel.com ; 40-42 ĐL Hai Ba Trung ; ch 30-50 $US, ste 65-100 $US ; ❄@🛜). Cette valeur sûre dans la catégorie moyenne jouit d'un formidable emplacement. Vous avez tout intérêt à vous offrir une chambre pourvue de fenêtres, pour 10 $US de plus que le premier prix.

Asian Hotel — HÔTEL $$
(carte p. 311 ; ☎3829 6979 ; asianhotel@hcm.fpt.vn ; 150 Đ Dong Khoi ; s/d 43/48 $US ; ❄@🛜). Une adresse centrale dotée de chambres propres et confortables un peu impersonnelles.

Thien Xuan — HÔTEL $$
(carte p. 311 ; ☎3824 5680 ; www.thienxuanhotel.com.vn ; 108 Đ Le Thanh Ton ; ch 39-51 $US ; ❄@🛜). Une autre sympathique option de catégorie moyenne, à quelques mètres à peine du marché Ben Thanh. Moins chères, les chambres aveugles ont aussi l'avantage d'être plus calmes.

PALAIS DE LA RÉUNIFICATION ET ALENTOURS

Sherwood Residence — APPARTEMENTS $$$
(carte p. 320 ; ☎3823 2288 ; www.sherwoodresidence.com ; 127 Đ Pasteur ; app 128-143 $US ; ❄🛜≋). Les portiers en uniforme à épaulettes annoncent la couleur : hall grandiose à la limite du kitsch, rehaussé d'un plafond peint et doré et d'un lustre monumental. Louables au mois (environ 2 000 $US), les appartements de deux ou trois pièces affichent un style beaucoup plus sobre. Le complexe comprend salle de gym, sauna, aire de jeu pour enfants, supérette et superbe piscine intérieure.

Lavender Hotel — HÔTEL $$
(carte p. 320 ; ☎2222 8888 ; www.lavenderhotel.com.vn ; 208 Đ Le Thanh Ton ; ch 70-110 $US, ste 140 $US ; ❄🛜). Tout en marbre crème et tons sobres. Sa situation juste à côté du marché Ben Thanh le rend hélas potentiellement bruyant.

Saigon Star Hotel — HÔTEL $$
(carte p. 320 ; ☎3930 6290 ; www.saigonstarhotel.com.vn ; 204 Đ Nguyen Thi Minh Khai ; s 50-75 $US, d 60-85 $US ; ❄🛜). Bien qu'il commence à montrer des signes d'usure (d'où ses tarifs), cet hôtel d'affaires peut convenir aux familles du fait de son emplacement en face du parc Tao Dan.

QUARTIER DE PHAM NGU LAO

La plupart des voyageurs à petit budget se rendent directement à Pham Ngu Lao, facile à parcourir à pied en quête d'un point de chute. Quatre rues (Đ Pham Ngu Lao, Đ De Tham, Đ Bui Vien et Đ Do Quang Dau) et le lacis de ruelles adjacentes forment le cœur de cette enclave touristique, où vous aurez le choix entre plus d'une centaine d'hébergements. Ne vous laissez pas rebuter par son aspect de ghetto pour routards, car l'endroit recèle aussi d'excellentes adresses de catégorie moyenne. Habituellement compris, le petit-déjeuner a toutefois tendance à être sommaire et peu varié.

Parmi les nombreuses options figurent des pensions familiales (10-35 $), des mini-hôtels (25-55 $US) et même quelques dortoirs. Nous ne citons ici que certaines des meilleurs, mais quantité d'autres ouvrent chaque jour. Force est de constater que les malfaçons et le défaut d'entretien transforment rapidement une pension flambant neuve en gourbi moisi. Par conséquent, demandez toujours à voir la chambre avant de vous décider.

♥ Giang & Son   PENSION $
(carte p. 326 ; 3837 7548 ; www.giangson.netfirms.com ; 283/14 Đ Pham Ngu Lao ; ch 16-25 $US ; ✳@✶). Pourquoi loger dans un endroit plus cher quand il existe des pensions aussi propres, confortables et accueillantes que celle-ci, sise dans une ruelle du quartier étonnamment calme. Tout en hauteur, l'immeuble comporte trois chambres à chaque étage. Seule ombre au tableau, l'absence d'ascenseur qui rend fatigante l'ascension jusqu'au toit en terrasse. Prenez une chambre à 20 $US pour bénéficier d'une fenêtre.

♥ Hong Han Hotel   PENSION $
(carte p. 326 ; 3836 1927 ; www.honghan.netfirms.com ; 238 Đ Bui Vien ; ch 20-25 $US ; ✳@✶). Autre pension filiforme (7 étages sans ascenseur), qui place la barre plus haut en matière de style. Les chambres en façade sur Đ Bui Vien bénéficient d'une vue superbe jusqu'à la Bitexco Tower, tandis que celles à l'arrière, plus petites et moins chères, offrent davantage de calme. Petit-déjeuner inclus servi sur la terrasse au 1er étage surplombant la rue.

Bich Duyen Hotel   PENSION $
(carte p. 326 ; 3837 4588 ; bichduyenhotel@yahoo.com ; 283/4 Đ Pham Ngu Lao ; ch 17-25 $US ; ✳@✶). Une adresse accueillante dans la même jolie ruelle que Giang & Son et sur un modèle semblable. Contrairement aux autres, les chambres à 25 $US disposent d'une fenêtre. Il y a de bonnes cabines de douche, mais sans savonnette.

Diep Anh   PENSION $
(carte p. 326 ; 3836 7920 ; dieptheanh@hcm.vnn.vn ; 241/31 Đ Pham Ngu Lao ; ch 20 $US ; ✳@✶). Un cran au-dessus de la plupart des pensions du quartier, cet immeuble haut et étroit aux escaliers interminables abrite en haut des chambres claires et spacieuses, bien entretenues par un personnel courtois.

An An Hotel   HÔTEL $$
(carte p. 326 ; 3837 8087 ; www.anan.vn ; 40 Đ Bui Vien ; ch 40-50 $US ; ✳@✶). D'une élégance sans prétention, ce mini-hôtel de catégorie moyenne occupe lui aussi un immeuble élancé. Il comporte des chambres de style affaires bien proportionnées, avec une baignoire-douche et des petits plus inattendus tels que casier de sécurité et ordinateur. Personnel affable.

Elios Hotel   HÔTEL $$
(carte p. 326 ; 3838 5584 ; www.elioshotel.vn ; 233 Đ Pham Ngu Lao ; ch 48-102 $US, d 53-107 $US ; ✳@✶). L'entrée chic témoigne de l'embourgeoisement du secteur. Et si les chambres nettes et modernes ne sont pas tout à fait à la hauteur du hall, elles comportent néanmoins un coffre-fort et un bureau. Pour une vue imprenable, direction le Blue Sky Restaurant sur le toit.

Beautiful Saigon 2   HÔTEL $$
(carte p. 326 ; 3920 8929 ; www.beautifulsaigon2hotel.com ; 40/19 Đ Bui Vien ; s 26-37 $US, d 29-42 $US ; ✳@✶). Si la première enseigne du nom se tient à l'angle d'une artère passante, ce nouveau mini-hôtel domine une petite rue. Avec un restaurant au rez-de-chaussée, il fait davantage penser à une pension. Les chambres "deluxe" s'agrémentent d'un balcon.

Beautiful Saigon   HÔTEL $$
(carte p. 326 ; 3836 4852 ; www.beautifulsaigonhotel.com ; 62 Đ Bui Vien ; ch 26-45 $US, d 29-55 $US ; ✳@✶). Un énième mini-hôtel en hauteur, doté cette fois d'une réception où les employées portent le *ao dai* traditionnel. Un ascenseur en verre et marbre dessert des chambres soignées, dont les plus économiques sont petites et aveugles.

Green Suites   HÔTEL $$
(hors carte p. 326 ; 3836 5400 ; www.greensuiteshotel.com ; 102/1 Đ Cong Quynh ; s 22-40 $US, d 26-50 $US ; ✳@✶). La couleur verte – façade vert pâle, canapés vert pomme et uniforme vert sapin du personnel – semble être le mot d'ordre de cet hôtel assez grand, niché dans une ruelle tranquille près de Đ Cong Quynh, juste au sud de Đ Bui Vien. Seules les chambres carrelées proprettes échappent à cette palette.

SE REPÉRER À HCMV

Hô Chi Minh-Ville a beau ressembler à une ville moderne, elle s'est agrandie au fil des ans d'une manière anarchique. La moindre parcelle de terrain étant précieuse, une grande partie de la population vit dans les lacis de ruelles reliés aux axes principaux.

Anonymes, ces ruelles sont désignées par le nom de la rue voisine et son numéro le plus proche (ex : 175 Ð Pham Ngu Lao). Le long de chacune d'elles, les bâtiments portent un numéro indiqué dans l'adresse après une barre oblique (ex : 175/22 Ð Pham Ngu Lao). Pour les ruelles particulièrement denses en constructions, des sous-numéros et des lettres figurent parfois après une seconde barre oblique, ce qui complique encore les choses.

Si la ruelle s'étend entre deux grandes artères, chaque bout prend un nom différent. Ainsi les immeubles à l'extrémité sud de 175 Ð Pham Ngu Lao ont pour adresse 28 Ð Bui Vien. Vous suivez ?

Mai Phai Hotel   HÔTEL $
(carte p. 326 ; 3836 5868 ; maiphaihotel@saigonnet.vn ; 209 Ð Pham Ngu Lao ; ch 18-25 $US ; ✱@⚹). Un service agréable et des chambres bien meublées caractérisent ce mini-hôtel qui donne sur l'artère principale. En bonus, l'ascenseur et de curieuses décorations dans les couloirs.

Nhat Thao   PENSION $
(carte p. 326 ; 3836 8117 ; Nhatthaohotel@yahoo.com ; 35/4 Ð Bui Vien ; ch 20-22 $US ; ✱⚹). Une adresse familiale derrière une courette, avec de petites chambres propres. Pour 2 $US de plus, vous aurez droit à une fenêtre.

Madame Cuc's 127   PENSION $
(carte p. 326 ; 3836 8761 ; www.madamcuchotels.com ; s 16-20 $US, d 25-30 $US ; 127 Ð Cong Quynh ; ✱@⚹). La première et de loin la meilleure des trois enseignes tenues par la sympathique madame Cuc et son aimable personnel. Chambres nettes et spacieuses.

Spring House Hotel   HÔTEL $
(carte p. 326 ; 3837 8312 ; www.springhousehotel.com.vn ; 221 Ð Pham Ngu Lao ; ch 18-40 $US ; ✱@⚹). Un établissement cosy, décoré de bambou et de rotin, au cœur du quartier. Chambres de tailles et de formes variées.

Xuan Mai Hotel   PENSION $
(carte p. 326 ; 3838 6418 ; xuan_mai_hotel@yahoo.com ; 140 Ð Cong Quynh ; s/d 22/24 $US ; ✱@⚹). Ne vous laissez pas rebuter par la réception fatiguée, car les chambres sont correctes.

NGUYEN THAI BINH ET ALENTOURS

Blue River Hotel 2   PENSION $
(carte p. 322 ; 3915 2852 ; www.blueriverhotel.com ; 54/13 Ð Ky Con ; ch 17-25 $US ; ✱@⚹). À la fois proche de Dong Khoi et de Pham Ngu Lao, mais assez éloignée pour donner l'impression d'échapper à l'enclave touristique, cette chaleureuse pension familiale constitue une excellente option. Sa situation dans une ruelle tranquille donne un aperçu de la vie locale. Son autre enseigne à Pham Ngu Lao n'est pas mal non plus.

Quynh Kim   PENSION $
(carte p. 322 ; 3821 0533 ; 28 Ð Trinh Van Can ; ch 17-25 $US ; ✱). Des fleurs et champignons en plastique bordent l'escalier qui monte à la réception, où vous serez accueilli par une aimable famille et une rangée de dieux du foyer. Chambres propres et de bonne taille.

QUARTIER DE CO GIANG

Pour une alternative plus calme et légèrement moins chère que Pham Ngu Lao, direction le quartier de Co Giang (district 1) où une ruelle tranquille reliant Ð Co Giang et Ð Co Bac regroupe de bonnes pensions familiales. Suivez ÐL Tran Hung Dao vers le sud-ouest, prenez à gauche Ð Nguyen Kac Nhu, tournez à droite dans Ð Co Bac puis dans la première ruelle à gauche.

Vu le caractère simple et populaire du secteur, tous les établissements ont la faveur des résidents à long terme (profs d'anglais, expatriés...), d'où la nécessité de réserver bien à l'avance. Sachez que les propriétaires privilégient les séjours prolongés.

♥ Ngoc Son   PENSION $
(3836 4717 ; ngocsonguesthouse@yahoo.com ; 178/32 Ð Co Giang ; s/d 12/17 $US ; ✱⚹). Une petite adresse pimpante qui comporte un salon décoré de papier peint imprimé au rez-de-chaussée et des chambres d'un bon rapport qualité/prix à l'étage, avec des tableaux et des livres.

California
PENSION $
(3837 8885 ; guesthousecaliforniasaigon@yahoo.com ; 171A Đ Co Bac ; ch 15-18 $US ; ❄@☎). Un endroit charmant, intime, propre et convivial. Chose rare et appréciable, les hôtes disposent d'une cuisine approvisionnée en gâteaux et café ainsi que d'une laverie gratuite.

Miss Loi's
PENSION $
(3837 9589 ; missloi@hcm.fpt.vn ; 178/20 Đ Co Giang ; ch 12-25 $US ; ❄@☎). La première pension ouverte dans le quartier dégage une atmosphère simple et chaleureuse. Miss Loi se montre une hôtesse attentive et emploie un personnel avenant. Petit-déjeuner léger inclus.

Dan Le Hotel
PENSION $
(3836 9651 ; danle_hotel@yahoo.com.vn ; 171/10 Đ Co Bac ; s/d 12/16 $US ; ❄). Au bout d'une impasse, cette adresse élégante aux chambres soignées se distingue par une profusion de palmiers en pot et des aquariums remplis de carpes koï. Petite terrasse sur le toit.

AUTRES QUARTIERS

♥ Ma Maison Boutique Hotel
HÔTEL $$
(3846 0263 ; www.mamaison.vn ; 656/52 Cach Mang Thang Tam, district 3 ; s 65-90 $US, d 75-95 $US ; ❄☎). À mi-chemin entre l'aéroport et le centre-ville (environ 80 000 d en taxi), cet hôtel accueillant vous attend dans une paisible ruelle débouchant sur un axe fréquenté. Il occupe un immeuble de hauteur moyenne dont les volets en bois adoucissent la façade moderne. Des meubles en bois peint et des sdb de premier ordre confèrent une touche classieuse aux chambres de style campagnard français.

Thien Thao
HÔTEL $$
(Hors carte p 326 ; 3929 1440 ; www.thienthaohotel.com ; 89 Đ Cao Thang, district 3 ; ch 32-60 $US ; ❄@☎). Offrant tout ce qu'on peut espérer d'un établissement de catégorie moyenne, le Thien Thao, au personnel affable, dispose de petites chambres propres et confortables avec vraie cabine de douche, peignoir et coffre. Les "deluxe" diffèrent peu des autres, mais sont plus calmes. De Pham Ngu Lao, suivez Đ Bui Thi Xuan qui devient ensuite Đ Cao Thang.

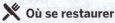 Où se restaurer

Si Hanoi se considère plus cultivée, HCMV fait figure de capitale gastronomique. L'offre va des modestes étals de rue aux villas typiques, chaque catégorie proposant sa propre interprétation de la gastronomie traditionnelle du Vietnam.

Outre les délicieuses spécialités locales, la ville décline un large éventail de cuisines étrangères, avec la possibilité de manger indien, japonais, thaï, moyen-oriental, italien et autres. Fort logiquement, elle abrite une bonne gamme de restaurants français, qu'il s'agisse de bistrots décontractés ou de tables plus huppées.

Parmi les meilleurs quartiers gourmands figurent Dong Khoi, qui concentre beaucoup d'adresses haut de gamme, et les secteurs limitrophes du district 3. Les restaurants de Pham Ngu Lao, susceptibles de satisfaire toutes les papilles, sont généralement plus ordinaires mais d'un bon rapport qualité/prix. À Cholon, les établissements chinois règnent en maître, même s'ils semblent rares comparés aux pagodes. Les plus aventureux pourront tenter une escapade dans un quartier excentré.

Les marchés comptent toujours des étals à la cuisine savoureuse. Nous recommandons en particulier le marché de nuit Ben Thanh. À l'instar des vendeurs de rue, la plupart de ces stands sont spécialisés dans un seul plat. En choisissant ceux qui attirent du monde, vous aurez peu de chances d'être déçu.

Le long des trottoirs, des marchands proposent des *banh mi*, sandwichs franco-vietnamiens : un morceau de baguette garni de charcuterie, de cornichons, de carottes râpées et de coriandre (15 000-25 000 d selon la garniture).

Les restaurants végétariens se concentrent surtout à Pham Ngu Lao et on en trouve généralement un aux abords de chaque pagode. Le 1er et le 15e jours du mois lunaire, les échoppes ambulantes, principalement sur les marchés, servent des versions végétariennes des spécialités vietnamiennes pour les bouddhistes (qui ne consomment pas de viande ces jours-là). Elles assurent d'ordinaire un service rapide, mais sont souvent prises d'assaut lors de ces journées spéciales. Patience, vous ne le regretterez pas.

QUARTIER DE DONG KHOI

♥ Nha Hang Ngon
VIETNAMIEN $
(carte p. 311 ; 3827 7131 ; 160 Đ Pasteur ; plats 35 000-205 000 d ; ⏰7h-22h ; ♿☎). Toujours bondé de Vietnamien et d'étrangers, c'est l'une des adresses les plus prisées de la ville pour déguster le meilleur de la cuisine de

rue en profitant d'un cadre raffiné. Dans un jardin planté d'arbres, les cuisiniers œuvrent individuellement pour mitonner chacun un plat traditionnel. Faites le tour des étals et laissez-vous guider par vos sens.

♥ Temple Club   VIETNAMIEN $
(carte p. 311 ; 3829 9244 ; 29 Đ Ton That Thiep ; plats 59 000-98 000 d ; 11h30-22h30 ;). Au 2e étage d'une jolie villa de l'époque coloniale, cet établissement chic orné de motifs religieux offre une impressionnante sélection de délicieux plats vietnamiens, dont des recettes végétariennes. Les cocktails alcoolisés constituent une belle entrée en matière.

Huong Lai   VIETNAMIEN $
(carte p. 311 ; 3822 6814 ; 38 Đ Ly Tu Trong ; plats 40 000-120 000 d). Aménagée dans le grenier clair et spacieux d'une boutique de la période française, cette table ne ressemble à aucune autre. Tous les membres du personnel viennent de familles défavorisées ou sont d'anciens enfants des rues, et reçoivent une formation, un enseignement scolaire et un logement. La plupart trouvent par la suite un emploi sûr dans des hôtels et restaurants haut de gamme. Le must pour déguster une cuisine vietnamienne artistiquement présentée.

Xu   VIETNAMIEN $$
(carte p. 311 ; 3824 8468 ; www.xusaigon.com ; 1er étage, 75 ĐL Hai Ba Trung ; déjeuner 50 000-165 000 d, dîner 175 000-340 000 d ; 11h-24h ;). Ce restaurant-lounge très sophistiqué propose de plats fusion d'inspiration vietnamienne dont la qualité justifie les prix onéreux (son nom signifie "pièce de monnaie"). Le service de premier ordre, la carte des vins et le bar-lounge tendance sont la cerise sur le gâteau. Pour une aventure gastronomique, essayez le menu dégustation (850 000 d).

Flow   EUROPÉEN $$
(carte p. 311 ; 3915 3691 ; www.flowsaigon.com ; 88 Đ Ho Tung Mau ; plats 130 000-365 000 d ; 10h-24h lun-ven, 10h-24h sam, 10h-15h30 dim ;). L'endroit a tout pour plaire, à commencer par un cadre design (chaises noires capitonnées, banquettes cramoisies et tableaux contemporains) et une cuisine merveilleusement créative. Ajoutez-y les as du cocktail qui officient derrière le bar du rez-de-chaussée, une terrasse attrayante et des spectacles occasionnels le soir et vous obtiendrez l'une des tables les plus branchées de HCMV.

Warda   MOYEN-ORIENTAL $$
(carte p. 311 ; 3823 3822 ; 71/7 Đ Mac Thi Buoi ; 140 000-258 000 d ; 8h-24h ;). Nichée dans une ruelle digne d'une médina débouchant sur Mac Thi Buoi, cette adresse chic décline toute la palette des saveurs orientales, du Maroc à la Perse. Tagine d'agneau aux pruneaux, kebabs, mezzes… tout y est, même l'incontournable narghilé.

El Gaucho   ARGENTIN $$$
(carte p. 311 ; 3825 1879 ; www.elgaucho.com.vn ; 5 Đ Nguyen Sieu ; 250 000-690 000 d ; 16h-23h). Paradis des vrais amateurs de viande, El Gaucho sert de copieux jarrets d'agneau

---

DES FAST-FOODS DE HAUTE VOLÉE À HCHV

Avec leur cuisine traditionnelle savoureuse, les chaînes de fast-foods de HCHV prouvent que restauration rapide ne rime pas forcément avec fadeur, gras et calories.

Pho 24   VIETNAMIEN
(www.pho24.com.vn ; plats 45 000-68 000 d ; 7h-tard ;) ; 71-73 Đ Dong Khoi (carte p. 311) ; 5 Đ Nguyen Thiep (carte p. 311) ; 82 Đ Nguyen Du (carte p. 311) ; Diamond Department Store (carte p. 311 ; 34 Đ Le Duan) ; Parkson Plaza (carte p. 311 ; Le Thanh Ton) ; Vincom Centre (carte p. 311 ; 72 Le Thanh Ton) ; 271 Đ Pham Ngu Lao (carte p. 326). Dans la grande enseigne de *pho* du pays, les clients peuvent choisir le morceau de viande qui garnira leur soupe de nouilles fumante agrémentée de multiples herbes.

Wrap & Roll   FAST-FOOD
(carte p. 311 ; www.wrap-roll.com ; plats 38 000-98 000 d ; 10h30-22h30 ;) ; 62 Đ Hai Ba Trung ; 115 ĐL Nguyen Hue ; Vincom Centre (sous-sol, 72 Le Thanh Ton) ; Diamond Department Store (34 Đ Le Duan) ; Parkson Plaza (Le Thanh Ton). Ces restaurants d'allure élégante offrent un vaste choix de plats roulés ou à rouler soi-même dans des galettes de riz. Parfait pour ceux qui aiment jouer avec les saveurs.

fondants, de tendres brochettes et des steaks juteux dans un environnement plaisant. Il y a même du chorizo et de la *salchicha* (saucisse épicée) de fabrication maison.

Cepage
INTERNATIONAL $$

(carte p. 311 ; 3823 8733 ; www.cepage.biz ; Lancaster Bldg, 22 Đ Le Thanh Ton ; plats 200 000-350 000 d ; 7h30-24h lun-sam, 17h-24h dim ;). Valeur sûre de la scène culinaire, ce bar à vins à la mode se compose d'un lounge au rez-de-chaussée et d'une salle pour les gourmets à l'étage. Tentez la "boîte noire", un mystérieux menu déjeuner de 3 plats (135 000 d).

Golden Elephant
THAÏ $

(carte p. 311 ; 3822 8544 ; 34 ĐL Hai Ba Trung ; plats 75 000-250 000 d ; 11h-22h ;). Du haut de leur portrait, les souverains de Thaïlande semblent regarder avec approbation les spécialités fumantes de leur pays (plus quelques plats cambodgiens) déposées sur les tables recouvertes de nappes. De la musique *live* rehausse l'atmosphère sélecte.

Augustin
FRANÇAIS $$

(carte p. 311 ; 3829 2941 ; 10 Đ Nguyen Thiep ; plats 140 000-380 000 d ; lun-sam). Bien que d'aspect modeste, ce petit bistrot n'en propose pas moins une succulente cuisine française assortie de vins hexagonaux. Si certains plats — le filet de canard caramélisé au gingembre et aux épices — s'inspirent de la tradition vietnamienne, d'autres sont plus typiques, comme le soufflé au Grand Marnier.

Hoa Tuc
VIETNAMIEN $

(carte p. 311 ; 3825 1676 ; 74/7 ĐL Hai Ba Trung ; plats 50 000-190 000 d ; 10h30-22h30 ;). Étendard de la gastronomie vietnamienne dans la cour de l'ancienne raffinerie d'opium, le Hoa Tuc allie à l'excellence de sa cuisine un cadre des plus stylés. Parmi ses spécialités phares, citons les feuilles de moutarde fourrées de crevettes et de légumes croustillants ainsi que la salade de bœuf épicée aux kumquats, aux mini-aubergines et à la citronnelle. Les cuisiniers du dimanche peuvent prendre des cours sur place (p. 327).

Pacharan
ESPAGNOL $$

(carte p. 311 ; 8825 6024 ; www.pacharan.biz ; 97 Đ Hai Ba Trung ; tapas 80 000-120 000 d, plats 260 000-340 000 d ; 9h-24h ;). Réparti sur 3 étages dans l'un des lieux les plus séduisants de la ville, Pacharan sert des "tapas" (chorizo, anchois marinés, gambas épicées...) et des plats plus substantiels, dont une authentique paella pour deux. Bar cosy au rez-de-chaussée et toit en terrasse agréable pour déguster du vin espagnol.

Au Parc
CAFÉ $

(carte p. 311 ; 23 Đ Han Thuyen ; plats 95 000-165 000 d ; 7h30-22h30 lun-sam, 8h-17h dim ;). Les expatriés fréquentent en masse ce petit café qui affiche une carte méditerranéenne de salades, quiches, sandwichs à la française, *focaccia*, pâtes, mezzes et grillades légères. Smoothies et jus de fruits exquis, mais café décevant.

Bernie's Bar & Grill
INTERNATIONAL $$

(carte p. 311 ; 19 Đ Thai Van Lung ; plats 85 000-660 000 d ; 7h30-23h ;). Avec sa nourriture de qualité et sa bière fraîche, ce restaurant attire nombre d'expatriés australiens. La carte va des steaks et hamburgers australiens (à la betterave) aux basiques italiens, sans oublier d'excellents plats vietnamiens sans glutamate.

Elbow Room
AMÉRICAIN $$

(carte p. 311 ; www.elbowroom.com.vn ; 52 Đ Pasteur ; plats 100 000-350 000 d ; 8h-22h lun-sam, 8h-17h dim ;). Ce café-bistrot américain haut de gamme prépare des petits-déjeuners complets, dont une formule Lumberjack roborative (pancakes, bacon, œufs, jambon, frites et toast). Il y a aussi une bonne carte de hamburgers, *burritos*, hot-dogs, pizzas, pâtes, sandwichs et *wraps*.

Ty Coz
FRANÇAIS $$

(carte p. 311 ; 3822 2457 ; 178/4 Đ Pasteur ; plats 190 000-300 000 d ; Mar-dim ;). Les frères à la tête de cet établissement accueillant parlent avec enthousiasme des classiques de la cuisine française, qui changent régulièrement sur l'ardoise. La disposition des lieux est curieuse : il faut entrer dans la maison des patrons pour accéder à une salle à manger rétro située à l'étage supérieur. Par beau temps, les tables sur le toit en terrasse face à la cathédrale sont rapidement prises d'assaut.

Skewers
MÉDITERRANÉEN $$

(carte p. 311 ; 3822 4798 ; www.skewers-restaurant.com ; 9A Đ Thai Van Lung ; plats 250 000-400 000 d ; déj lun-sam, dîner tlj ;). La carte méditerranéenne couvre une zone allant de Marseille au Maghreb et fait la part belle aux brochettes. Avec sa cuisine ouverte, c'est un lieu plein de charme qui draine généralement beaucoup de monde.

Tandoor
INDIEN $

(carte p. 311 ; ✆3930 4839 ; www.tandoorvietnam.com ; 74/6 Đ Hai Ba Trung ; plats 55 000-120 000 d ; ❂🍴). Toujours rempli de clients indiens (un gage de qualité), ce restaurant renommé de longue date occupe plusieurs étages. Bien qu'essentiellement axée sur les spécialités d'Inde du Nord, sa carte étendue propose aussi des plats d'Inde du Sud et des spécialités végétariennes.

Fanny
GLACES $

(carte p. 311 ; 29-31 Đ Ton That Thiep ; 26 000-30 000 d la boule ; 📶). Installée dans la somptueuse villa française qui abrite le Temple Club, l'enseigne confectionne d'excellentes glaces franco-vietnamiennes aux saveurs locales telles que durian (très spécial !), anis étoilé ou thé vert.

Le Jardin
FRANÇAIS $$

(carte p. 311 ; ✆3825 8465 ; 31 Đ Thai Van Lung ; plats 100 000-160 000 d ; ⏲lun-sam ; 📶). Très coté auprès des expatriés français fuyant la frénésie des grandes artères, l'endroit présente une bonne carte de bistrot et une terrasse ombragée dans le jardin de l'Institut d'échanges culturels avec la France (Idecaf).

3T Quan Nuong
VIETNAMIEN $

(carte p. 311 ; ✆3821 1631 ; 29 Đ Ton That Thiep ; plats 75 000-130 000 d ; ⏲17h-23h). Ce grill a élu domicile sur le toit en terrasse du bâtiment qui abrite le Temple Club et Fanny. Choisissez parmi les viandes, poissons, fruits de mer et légumes, ce que vous ferez griller à votre table.

Mandarine
VIETNAMIEN $$$

(carte p. 311 ; ✆3822 9783 ; www.orientalsaigon.com.vn ; 11A Đ Ngo Van Nam ; menu 38-120 $US). Sachez-le, Mandarine s'adresse clairement aux touristes aisés. L'architecture traditionnelle et les concerts du soir composent une atmosphère magique, tandis que la carte tentante regroupe des plats de toutes les régions du pays.

Maxim's Nam An
VIETNAMIEN $$

(carte p. 311 ; ✆3829 6676 ; 15 Đ Dong Khoi ; plats 160 000-350 000 d). Véritable institution saïgonnaise, ce restaurant nocturne se révèle plus intéressant pour son ambiance de club de jazz et sa musique *live* que pour sa cuisine, bonne, sans plus. Mais il offre de quoi passer une soirée mémorable.

Lemon Grass
VIETNAMIEN $

(carte p. 311 ; ✆3822 0496 ; 4 Đ Nguyen Thiep ; plats 69 000-119 000 d). Une adresse sur trois étages établie de longue date qui peut être touristique mais a encore la faveur des Vietnamiens.

Ganesh
INDIEN $

(carte p. 311 ; www.ganeshindianrestaurant.com ; 15B4 Đ Le Thanh Ton ; plats 52 000-99 000 d ; 🍴). D'authentiques spécialités d'Inde du Nord et du Sud, notamment des plats tandoori, des *thalis* et quantité de recettes végétariennes, sont proposées ici dans un cadre plaisant.

Zan Z Bar
INTERNATIONAL $$

(carte p. 311 ; ✆3822 7375 ; www.zanzbar.com ; 41 Đ Dong Du ; reps 8-25 $US ; ⏲7h-1h ; 📶). Un bar-restaurant ultra tendance dans Dong Du, qui s'est forgé une réputation grâce à sa carte fusion des cuisines du Pacifique.

La Hostaria
ITALIEN $$

(carte p. 311 ; ✆3823 1080 ; www.lahostaria.com ; 17B Đ Le Thanh Ton ; plats 140 000-670 000 d ; 📶). Trattoria familiale modeste et bien agréable.

Java Coffee Bar
CAFÉ $

(carte p. 311 ; 38-42 Đ Dong Du ; plats 65 000-195 000 $US ; ⏲7h30-24h ; 📶). Cet élégant café qui fait l'angle sert des petits-déjeuners occidentaux et des smoothies veloutés à consommer dans des fauteuils extrêmement confortables.

Pasha
TURC $$

(carte p. 311 ; ✆6291 3677 ; www.pasha.com.vn ; 25 Đ Dong Du ; plats 140 000-360 000 d ; ⏲10h-2h ; ❂🍴). L'exubérant décor d'inspiration ottomane va de pair avec de savoureux mezzé, *kofte* et kebab.

La Fourchette
FRANÇAIS $$

(carte p. 311 ; ✆3829 8143 ; 9 Đ Ngo Duc Ke ; 160 000-180 000 d ; ❂📶). Un petit restaurant central très apprécié dont la carte se limite chaque soir à quelques plats.

Mogambo
AMÉRICAIN $$

(carte p. 311 ; ✆3825 1311 ; 50 Đ Pasteur ; plats 120 000-200 000 d ; ⏲9h-23h ; 📶). Certains jurent qu'il n'existe pas de hamburgers plus réussis à HMCV. Bonne carte américaine et tex-mex.

Restaurant 13
VIETNAMIEN $

(carte p. 311 ; ✆3823 9314 ; 15 Đ Ngo Duc Ke ; plats 42 000-240 000 d). Populaire auprès des responsables de circuits aventure, c'est l'un des quelques restaurants "numérotés" du quartier où l'on mange de savoureux classiques vietnamiens sans chichis.

Annam Gourmet Shop SUPÉRETTE $$
(carte p. 311 ; 16 Đ Hai Ba Trung ; ◉9h-20h). Une boutique de taille modeste mais distinguée et bien approvisionnée en fromages, vins, chocolats et autres produits importés que vous ne trouverez nulle part ailleurs.

Pat a Chou BOULANGERIE $
(carte p. 311 ; 74B Đ Hai Ba Trung ; sandwichs à la baguette 29 000-37 000 d). Boulangerie à la française.

DA KAO ET ALENTOURS

♥ **Cuc Gach Quan** VIETNAMIEN $
(carte p. 318 ; ☎3848 0144 ; 10 Đ Dang Tat ; plats 50 000-200 000 d ; ◉9h-24h). Cette villa ancienne intelligemment rénovée a un architecte pour propriétaire et cela se voit. Le décor allie élégance et rusticité, la cuisine de même. En dépit de sa situation excentrée à l'extrémité nord du district 1, l'endroit est bien connu et il est conseillé de réserver.

♥ **Pho Hoa** VIETNAMIEN $
(carte p. 318 ; 260C Đ Pasteur ; plats 45 000-50 000 d ; ◉6h-24h). Prétendant au titre de meilleur restaurant de *pho* de la ville, cette vieille institution plus haut de gamme que ses concurrents jouit d'une grande réputation auprès de la clientèle saïgonnaise. Des assiettes d'herbes, de piments et de citrons verts attendent sur les tables, de même que des *gio chao quay* (pains frits chinois), des *banh xu xe* (gâteaux à la noix de coco gélatineux, fourrés de pâte de haricot mungo) et des *cha lua* (cervelas vietnamien enveloppé de feuilles de bananier).

Banh Xeo 46A VIETNAMIEN $
(carte p. 318 ; 46A Đ Dinh Cong Trang ; plats 25 000-50 000 d ; ◉10h-21h). Les habitants préfèrent toujours les restaurants spécialisés dans un plat particulier, ici des *banh xeo* renommés. Ces crêpes de riz frites, fourrées de pousses de soja, de crevettes et de porc (il existe des versions végétariennes), sont légendaires.

Camargue FRANÇAIS $$$
(carte p. 318 ; ☎3520 4888 ; www.vascosgroup.com ; 191 Đ Hai Ba Trung ; plats 370 000 d ; ◉18h-22h30 ; ◉◉). Depuis longtemps la grande dame de la cuisine méditerranéenne à Saigon, Camargue occupe une terrasse romantique au 1er étage d'une villa coloniale française. La carte comprend des plats rustiques tels que lapin et magret de canard.

Au Lac do Brazil BRÉSILIEN $$$
(carte p. 318 ; ☎3820 7157 ; www.aulacdobrazil.com ; 238 Đ Pasteur ; plats 450 000-530 000 d ; ◉17h-22h30 ; ◉◉). Embarquez pour un voyage au Brésil dans cette *churrascaria* (grill) décorée de peintures sur le thème du carnaval. Steaks et 11 autres pièces de viande à volonté.

Tib VIETNAMIEN $
(www.tibrestaurant.com.vn) ; Tib Restaurant (carte p. 318 ; ☎3829 7242 ; 187 Đ Hai Ba Trung ; plats 60 000-240 000 d ; ◉) ; Tib Express (carte p. 320 ; 162 Đ Nguyen Dinh Chieu ; plats 28 000-50 000 d ; ◉) ; Tib Vegetarian (carte p. 318 ; 11 Đ Tran Nhat Duat ; plats 30 000-40 000 d ; ◉). Nombre de présidents et de Premiers ministres en visite ont longé l'allée jalonnée de lanternes et de guirlandes électriques menant à ce haut lieu de la cuisine impériale de Huê, installé dans une vieille demeure. On trouve certes des mets similaires à des prix plus bas, mais le cadre est incomparable. Les deux autres enseignes constituent une solution de repli plus décontractée.

PALAIS DE LA RÉUNIFICATION ET ALENTOURS

♥ **Lion City** SINGAPOURIEN $
(carte p. 320 ; www.lioncityrestaurant.com ; 45 Đ Le Anh Xuan ; plats 65 000-200 000 d ; ◉7h-15h ; ◉). Digne représentant d'une cité-État célèbre pour sa gastronomie, le Lion City se montre à la hauteur. Son "porridge de grenouille" et son crabe au piment lui valent des louanges justifiées, mais nous avons également adoré le curry malais e t les plats au *sambal*.

Shri JAPONAIS FUSION $$
(carte p. 320 ; ☎3827 9631 ; 23e étage, Centec Tower, 72-74 Đ Nguyen Thi Minh Khai ; plats 200 000-400 000 d ; ◉11h-24h ; ◉◉). Perché au sommet d'une tour, cet établissement classieux jouit d'une vue inégalée sur la ville. Réservez une table en terrasse ou prenez place dans la salle à manger chic à la lumière tamisée. Les convives ont le choix entre deux cartes, l'une composée de plats occidentaux d'inspiration japonaise, l'autre typiquement nippone (et beaucoup moins onéreuse) comprenant sushi, sashimi, nouilles *udon* et *ramen*.

Marina VIETNAMIEN, FRUITS DE MER $$
(carte p. 320 ; ☎3930 2379 ; www.ngocsuong.com.vn ; 172 Đ Nguyen Dinh Chieu ; plats 50 000-500 000 d). Demandez à des Saïgonnais fortunés de vous conseiller une table de fruits de mer et ils vous indiqueront sans

doute celle-ci et sa seconde enseigne, **Ngoc Suong** (carte p. 320 ; 17 Ð Le Quy Don), juste au coin de la rue. Toutes deux s'adressent au goût local (éclairage agressif, TV diffusant du sport et fond musical ringard), mais les plats se révèlent succulents. Mention spéciale pour le crabe à carapace molle.

Au Manoir de Khai   FRANÇAIS $$$
(carte p. 320 ; 3930 3394 ; www.khaisilkcorp.com ; 251 Ð Dien Bien Phu ; plats 370 000-520 000 d ; 18h-23h ;). Doté d'un décor noir et blanc des plus somptueux, ce restaurant français de grand standing a été aménagé dans une majestueuse villa coloniale au terrain émaillé de bassins, ayant appartenu à un marchand de soie. Le résultat est un brin prétentieux, mais ne chipotons pas !

Beefsteak Nam Son   VIETNAMIEN $
(carte p. 320 ; 88 Ð Nam Ky Khoi Nghia ; plats 35 000-75 000 d ; 6h-22h ;). Une aubaine si vous rêvez d'un steak et n'avez pas les moyens de fréquenter un endroit chic. Au menu : steak du pays ou importé du Canada, plats à base de bœuf comme le *bun bo Hue* (soupe épicée) et même de l'autruche.

Pho 2000   VIETNAMIEN $
(carte p. 320 ; 1-3 Ð Phan Chu Trinh ; plats 42 000-58 000 d ; 6h-2h). Proche du marché Ben Thanh, Pho 2000 est l'enseigne qu'a choisie Bill Clinton pour déguster un bol de *pho*.

QUARTIER DE PHAM NGU LAO

Mumtaz   INDIEN $
(carte p. 326 ; 3837 1767 ; 226 Ð Bui Vien ; plats 45 000-90 000 d ; 11h-23h ;). Un service excellent, un cadre plaisant et une cuisine exquise constituent les marques de fabrique de ce restaurant apprécié. La carte étendue inclut des plats végétariens, des *tandoori* et de grands classiques d'Inde du Nord et du Sud. Le buffet du déjeuner et les *thalis* à 110 000 d s'avèrent très avantageux pour les appétits voraces.

Coriander   THAÏ $
(carte p. 326 ; 185 Ð Bui Vien ; plats 40 000-140 000 d ; 9h30-23h30). L'un des plus petits restaurants thaïs de la ville mais qui joue dans la cour des grands avec d'authentiques délices. *Pad Thai* très réussi et curry vert bien relevé.

Dinh Y   VÉGÉTARIEN $
(carte p. 326 ; 171B Ð Cong Quynh ; plats 12 000-40 000 d ;). Tenu par une sympathique famille caodaïste, cet humble restaurant se tient dans la partie très couleur locale de Pham Ngu Lao, près du marché Thai Binh. Plats délicieux à prix doux et carte en anglais.

Margherita
& An Lac Chay   INTERNATIONAL, VÉGÉTARIEN $
(carte p. 326 ; 175/1 Ð Pham Ngu Lao ; plats 22 000-77 000 d ; 8h-22h ;). Plats vietnamiens, italiens et mexicains à prix modiques. Un escalier à l'arrière de la salle monte au restaurant An Lac Chay, strictement végétarien (cuisine entièrement séparée) à l'offre tout aussi éclectique.

Mon Hue   VIETNAMIEN $
(hors carte p. 326 ; 98 Ð Nguyen Trai ; plats 29 000-150 000 d ; 6h-23h). Jadis le privilège des souverains du Vietnam, la fameuse cuisine de Hue est désormais accessible au commun des mortels à travers une chaîne de 8 restaurants. Cette adresse pratique en donne un bon aperçu aux voyageurs qui n'ont pas l'intention de pousser jusqu'à l'ancienne capitale impériale.

Sozo   CAFÉ, SNACK $
(carte p. 326 ; www.sozocentre.com ; 176 Ð Ð Vien ; bagels 40 000 d ; 7h-22h30 lun-sam ;). Un petit café ravissant dans le secteur bon marché de la ville, réputé pour ses smoothies, petits roulés à la cannelle, gâteaux maison et autres douceurs. Mieux encore, il recrute et forme des employés issus des couches défavorisées de la population. Wi-Fi gratuit.

Pho Quynh   VIETNAMIEN $
(carte p. 326 ; 323 Ð Pham Ngu Lao ; pho 40 000 d). Dans un coin trépidant de Pham Ngu Lao, l'endroit semble toujours bondé d'un mélange de touristes et de locaux. En dehors de l'habituel *pho* (soupe de nouilles au bœuf), il a pour spécialité le *pho bo kho*, une soupe au ragoût de bœuf.

Asian Kitchen   ASIATIQUE $
(carte p. 326 ; 3836 7397 ; 185/22 Ð Pham Ngu Lao ; plats 15 000-60 000 d ; 7h-24h ;). Une adresse fiable et bon marché où manger vietnamien, japonais, chinois et indien.

Pho Hung   VIETNAMIEN $
(carte p. 326 ; 241 Ð Nguyen Trai ; plats 40 000-50 000 d ; 6h-3h). Un spécialiste du *pho* apprécié, ouvert aux petites heures du jour près de Pham Ngu Lao.

Tan Hai Van
CHINOIS $

(hors carte p. 326 ; 162 Đ Nguyen Trai ; plats 52 000-260 000 d ; ◉24h/24). La solution en cas de fringale nocturne, car il ne ferme jamais.

Vietnamese Aroma
VIETNAMIEN, INTERNATIONAL $

(carte p. 326 ; 175/10 Đ Pham Ngu Lao ; plats 45 000-89 000 d ; ✎). Des classiques vietnamiens parfumés, plus quelques plats italiens et mexicains.

Stella
ITALIEN, BISTROT $

(carte p. 326 ; ✆3836 9220 ; www.stellacaffe.com ; 119 Đ Bui Vien ; plats 25 000-119 000 d ; ◉7h-23h30 ; 🛜). Plus raffiné que bien des adresses pour petits budgets, ce bistrot essentiellement italien sert salades, pâtes, gnocchi et pizzas. Le café est aussi plutôt bon.

Bread & Butter
INTERNATIONAL, CAFÉ $

(carte p. 326 ; 40/24 Đ Bui Vien ; plats 75 000-110 000 d ; ◉Mar-dim ; 🛜). Dans une ruelle bordée d'hôtels, ce mouchoir de poche a la faveur des professeurs d'anglais pour ses plats familiers tels que burgers et rosbif.

Zen
VÉGÉTARIEN $

(carte p. 326 ; 185/30 Đ Pham Ngu Lao ; plats 30 000-120 000 d ; ✎). Restaurant établi de longue date, aux prix restant très raisonnables, et dont la nourriture ne déçoit pas. Champignons braisés cuits dans une cocotte en terre ou tofu frit au piment et à la citronnelle, la carte ne manque pas de saveurs.

Chi's Cafe
INTERNATIONAL, CAFÉ $

(carte p. 326 ; 40/27 Đ Bui Vien ; plats 30 000-80 000 d ; ◉7h-23h ; 🛜✎). L'un des meilleurs cafés économiques du quartier. Copieux petits-déjeuners à l'occidentale et quelques spécialités locales.

Hong Hoa Mini-Market
SUPÉRETTE $

(carte p. 326 ; Hong Hoa Hotel, 185/28 Đ Pham Ngu Lao ; ◉9h-20h). Un petit magasin plein à craquer d'articles de toilette, d'alcools, de barres chocolatées et autres friandises occidentales.

NGUYEN THAI BINH ET ALENTOURS

Tiem Com Ga Hai Nam
CHINOIS $

(carte p. 322 ; 67 Đ Le Thi Hong Gam ; plats 27 000-80 000 d). Poulets bouillis et canards laqués pendent dans la vitrine de cet humble restaurant où les cuisiniers s'affairent dehors et où la plupart des clients choisissent de manger dans la rue. Le poulet hainanais au riz, plat phare de la maison, constitue un repas savoureux, substantiel et bon marché.

Anh Ky
CHINOIS $

(carte p. 322 ; 80 Đ Le Thi Hong Gam ; plats 30 000 d ; ◉6h30-24h). La fabuleuse soupe de raviolis est la raison d'être de ce petit local en bordure de rue.

Tin Nghia
VÉGÉTARIEN $

(carte p. 322 ; 9 ĐL Tran Hung Dao ; plats 22 000-35 000 d ; ◉7h-20h30). Dans un cadre simple, les propriétaires bouddhistes mitonnent de succulents mets traditionnels.

QUARTIER AN PHU (DISTRICT 2)

An Phu, dans le district 2 à l'est de la Saigon, plaît beaucoup aux expatriés et regorge de tables destinées à cette clientèle aisée. Vous devrez vous y rendre en taxi (130 000-150 000 d depuis Pham Ngu Lao), mais assurez-vous d'abord que le chauffeur connaît le chemin.

Deck
FUSION $$

(✆3744 6632 ; www.thedecksaigon.com ; 33 Đ Nguyen U Di ; plats 105 000-425 000 d ; ◉8h-24h ; 🛜). Dans un pavillon à l'architecture impressionnante, entre un élégant jardin et la rivière, c'est le genre d'endroit où l'on s'attarderait volontiers tout un après-midi devant quelques bouteilles et des assiettes de *dim sum*. Cuisine au confluent de l'Europe et de l'Asie.

Mekong Merchant
CAFÉ-BISTROT $$

(✆3744 6788 ; 23 Đ Thao Dien ; petits-déjeuners 40 000-200 000 d, plats 95 000-170 000 d ; ◉8h-22h ; ⊜🛜). Des bâtiments coiffés de chaume autour d'une cour dessinent le cadre pittoresque de cet endroit décontracté mais néanmoins haut de gamme. Si les œufs à la bénédictine et la pizza n'ont pas d'équivalent à Saigon, on vient aussi pour l'offre de fruits de mer en provenance directe de Phu Quoc, qui change chaque jour sur l'ardoise.

🍸 Où prendre un verre

Célèbre pour sa vie nocturne pendant la guerre, Saigon a subi une sorte de couvre-feu idéologique à sa libération, en 1975. Ces derniers temps, les bars et les discothèques sont réapparus et fonctionnent bien. Cependant, des campagnes officielles de lutte contre la drogue, la prostitution et le bruit calment régulièrement toute velléité de débordement.

Le quartier de Dong Khoi rassemble l'essentiel des lieux susceptibles de plaire aux noctambules, du bouge obscur au bar huppé. Si la plupart des établissements de ce secteur ferment vers 1h (en raison de pressions exercées par les autorités locales), vous pouvez toujours tabler sur les pubs du quartier de Pham Ngu Lao, qui restent ouverts jusqu'au petit matin.

QUARTIER DE DONG KHOI

Nombre des bars les plus attrayants de Dong Khoi se doublent d'un restaurant (voir Flow, Cepage, Pacharan, Bernie's Bar & Grill et Zan Z Bar) ou occupent le toit en terrasse de certains hôtels (voir l'encadré ci-dessous).

Vasco's — BAR, CLUB
(carte p. 311 ; www.vascosgroup.com ; 74/7D ĐL Hai Ba Trung ; ⊘16h-tard ; ⊖🛜). Dans la cour de l'ancienne raffinerie d'opium, Vasco's fait partie des adresses les plus branchées de la ville. Le rez-de-chaussée abrite un bar-restaurant, tandis que l'espace club à l'étage reçoit régulièrement des DJ et des groupes.

Ala Mezon — BAR
(carte p. 311 ; 10 Đ Chu Minh Trinh ; ⊘11h30-1h ; 🛜). Chic comme seul peut l'être un bar japonisant dirigé par un Français, Ala Mezon sert des cocktails originaux et des tapas japonaises dans plusieurs espaces cosy. On peut jouer à des jeux de plateau, à la Wii ou à la Xbox dans une pièce rose bonbon décorée comme la chambre d'une écolière niponne, ou prendre un verre sur l'élégant toit en terrasse.

2 Lam Son — BAR À COCKTAILS
(carte p. 311 ; www.saigon.park.hyatt.com ; 2 Lam Son Sq, entrée sur ĐL Hai Ba Trung ; ⊘16h-2h ; ⊖). Avec son cadre évoquant l'ambiance feutrée d'une fumerie d'opium (il se tient d'ailleurs juste en face de l'ancienne raffinerie d'opium), le bar à cocktails du Park Hyatt est le plus stylé du genre et aussi l'un des plus onéreux.

COCKTAILS AVEC VUE

Il y a quelque chose de magique à regarder la nuit les néons de la ville sur un toit en terrasse en sirotant un cocktail. Vues d'en haut, les motos innombrables ressemblent à des bancs de poissons phosphorescents qui se divisent et se reforment autour des taxis et autres obstacles. Cela vaut la peine de faire un petit extra dans ce type de bar pour contempler la frénésie urbaine à ses pieds. Voici quelques-unes de nos adresses favorites :

Rooftop Garden Bar (carte p. 311 ; www.rexhotelvietnam.com ; 141 ĐL Nguyen Hue ; ⊘24h/24). La hauteur relativement faible du Rex Hotel joue en faveur de ce bar qui permet d'être assez proche de la rue pour sentir l'énergie qui s'en dégage. Le décor ne lésine pas sur le kitsch : éléphants grandeur nature, lanternes en forme de cage à oiseaux, arbustes drapés de guirlandes électriques et immense couronne lumineuse. Un orchestre assure l'animation presque chaque soir.

Sheraton Saigon (carte p. 311 ; www.sheraton.com/saigon ; 88 Đ Dong Khoi ; ⊘16h-24h). Le plus haut des bars du centre-ville, au 23e étage, n'a pas d'égal pour se rendre compte de la taille de HCMV et de la circulation qui règne dans ĐL Le Loi. Musique live et restauration.

Shri (carte p. 320 ; ☏3827 9631 ; 23e étage, Centec Tower, 72-74 Đ Nguyen Thi Minh Khai). Au 23e étage, l'élégante terrasse du restaurant Shri dispose d'un coin séparé pour prendre un verre, accessible en franchissant un minuscule cours d'eau sur des pierres de gué.

Saigon Saigon (carte p. 311 ; www.caravellehotel.com ; 19 Lam Son Sq ; ⊘11h-2h ; 🛜). Depuis le bar du Caravelle Hotel, l'un des premiers ouverts au sommet d'un gratte-ciel, on peut siroter des boissons onéreuses sur des tables en plein air et admirer la vue somptueuse avec de la musique *live* en fond sonore.

M Bar (carte p. 311 ; www.majesticsaigon.com.vn ; 1 Đ Dong Khoi ; ⊘16h-1h). Au 8e étage du Majestic Hotel, c'est un merveilleux endroit pour un apéritif au coucher du soleil. Vue panoramique sur la rivière et charme colonial.

Top Of The Town (www.windsorplazahotel.com ; 18 Đ An Duong Vuong, district 5 ; ⊘17h-24h). Depuis le 25e étage du Windsor Plaza Hotel, à Cholon, vous aurez une perspective à 360° sur le centre-ville au loin.

Alibi
BAR À COCKTAILS

(carte p. 311 ; www.alibi.vn ; 5A Đ Nguyen Sieu ; ⊙10h-tard ; 🍴📶). Un bar à la mode de style new-yorkais, avec des photos noir et blanc au mur et une longue table centrale. Cocktails créatifs et, à l'étage, excellente cuisine fusion.

Q Bar
BAR

(carte p. 311 ; www.qbarsaigon.com ; 7 Lam Son Sq ; ⊙17h-tard). Père de tous les lieux nocturnes branchés de HCMV, le Q Bar semble exister depuis presque aussi longtemps que l'Opéra qui l'héberge. Sa musique tendance et son décor sophistiqué attirent du beau monde.

Lush
BAR, CLUB

(carte p. 311 ; www.lush.vn ; 2 Đ Ly Tu Trong ; ⊙19h30-tard). Une décoration très manga vous attend ici. Après avoir papoté côté jardin, direction le bar central pour observer vos semblables et vous trémousser. DJ presque tous les soirs et hip-hop le vendredi.

La Fenêtre Soleil
CAFÉ-BAR

(carte p. 311 ; 1er étage, 44 Đ Ly Tu Trong ; ⊙10h-24h ; 📶). Tirant le meilleur parti de son bâtiment colonial, l'établissement arbore des briques et poutres apparentes, des lustres et des miroirs moulurés. Idéal pour boire tranquillement un verre, accompagné d'un plat vietnamien ou japonais.

L'Usine
CAFÉ

(carte p. 311 ; www.lusinespace.com ; 151/1 Đ Dong Khoi ; ⊙9h-22h ; 🍴📶). Un café très sympathique, aménagé dans un édifice colonial intéressant qui renferme aussi une boutique présentant des articles de créateurs. Traversez l'Art Arcade, tournez à droite dans l'allée nichée entre deux immeubles et montez à l'étage.

Refinery
BISTROT

(carte p. 311 ; 74/7C ĐL Hai Ba Trung ; ⊙11h-22h30 ; 🍴📶). Le bar-bistrot qui a inauguré la reconversion branchée de l'ancienne raffinerie d'opium réserve d'excellents cocktails (goûtez le martini grenade) et des en-cas appétissants.

Vino
BAR À VINS

(carte p. 311 ; www.vinovietnam.com ; 74/17 ĐL Hai Ba Trung ; ⊙9h-22h ; 📶). Ouvrant sur la cour de la raffinerie d'opium, Vino sert de vitrine séduisante à un gros importateur de vins, ce qui garantit un bon choix en la matière.

Centro Caffe
CAFÉ

(carte p. 311 ; 11-13 Lam Son Sq ; 🍴📶). Aussi central que son nom l'indique, l'établissement propose un remarquable café italien décliné sous toutes ses formes et une cuisine transalpine.

Amber Room
BAR À COCKTAILS

(carte p. 311 ; www.theamberroom.com ; 1er étage, 59 Đ Dong Du ; ⊙15h-24h ; 📶). Une entrée banale conduit dans ce bar à cocktails à l'étage, baigné d'une lumière ambrée, dont la petite terrasse permet d'observer le ballet des clients du Sheraton.

Qing
BAR À VINS

(carte p. 311 ; 110 Đ Pasteur ; 📶). Un lieu confortablement haut de gamme doté d'une vaste sélection de vins.

Casbah
BAR

(carte p. 311 ; 57 Đ Nguyen Du ; 📶). Caché dans une ruelle près de la poste principale, il offre un cadre arabisant pour boire un café ou un cocktail.

Phatty's
BAR SPORTIF

(carte p. 311 ; www.phattysbar.com ; 46-48 Đ Ton That Thiep ; ⊙9h-24h ; 📶). L'atmosphère conviviale, la nourriture correcte et le sport sur grand écran drainent ici une foule d'expatriés après le travail.

Juice
BAR À JUS

(carte p. 311 ; 49 Đ Mac Thi Buoi ; 🍴📶). L'étroite devanture dissimule un bar sur quatre étages qui met à l'honneur les jus de fruits frais et les smoothies, assortis d'en-cas sains.

Drunken Duck
BAR SPORTIF

(carte p. 311 ; 58 Đ Ton That Thiep ; ⊙16h-tard ; 📶). Le "canard ivre" doit sans doute son nom à ses *shooters* fatals.

Sheridan's Irish House
PUB

(carte p. 311 ; www.sheridansbarvn.com ; 17/13 Đ Le Thanh Ton ; ⊙8h-24h ; 🍴📶). Un pub irlandais assez authentique qui propose une dangereuse sélection de whiskeys du pays. Bonne cuisine de pub.

Blue Gecko
BAR SPORTIF

(carte p. 311 ; www.bluegeckosaigon.com ; 31 Đ Ly Tu Trong ; ⊙17h-24h ; 📶). Un bar australien avec bière fraîche, musique, tables de billard et nombreux écrans pour regarder les matchs.

DA KAO ET ALENTOURS

Hoa Vien — MICROBRASSERIE
(carte p. 318 ; www.hoavien.vn ; 28 Đ Mac Dinh Chi ; ⏲8h-24h ; 🍴📶). Une trouvaille inattendue que ce restaurant tchèque niché dans les petites rues de HCMV, qui brasse chaque jour de la Pilsener.

PALAIS DE LA RÉUNIFICATION ET ALENTOURS

Serenata — CAFÉ
(carte p. 320 ; ☎3930 7436 ; 6D Đ Ngo Thoi Nhiem ; ⏲7h30-22h30 ; 📶). Dans la même ruelle que l'Acoustic (ci-contre), cette maison majestueuse compose un décor parfait pour siroter un café. Les tables disposées dans le jardin autour d'une cour remplie de bassins confèrent à l'ensemble une atmosphère romantique. Concert tous les soirs à 20h30, et le week-end, piano le matin.

Cloud 9 — BAR
(carte p. 320 ; 6ᵉ étage, 2 bis Cong Truong Quoc Te ; ⏲17h30-24h). La jeunesse dans le vent se retrouve au bar sur le toit, tandis qu'une musique dansante résonne dans la salle plus bas. L'établissement se trouve au-dessus du café Gloria, à l'endroit où Đ Tran Cao Van rejoint le rond-point.

QUARTIER DE PHAM NGU LAO

Le Pub — PUB
(carte p. 326 ; www.lepub.org ; 175/22 Đ Pham Ngu Lao ; ⏲7h-tard ; 📶). Le nom parle de lui-même : ce mélange de pub anglais et de café français est le chouchou des expatriés et des voyageurs. Belle carte de bières, promotions le soir, pichet de cocktail et cuisine de brasserie.

Go2 — BAR
(carte p. 326 ; 187 Đ De Tham ; 📶). Il n'y a guère de spectacle plus divertissant que le va-et-vient frénétique de la rue observable depuis les tables à l'extérieur de ce bar ouvert toute la nuit. La musique est généralement de qualité, le club à l'étage accueille ceux qui veulent bouger et la terrasse sur le toit invite à la détente. Restauration jusqu'au petit matin et narghilé.

Allez Boo — BAR
(carte p. 326 ; 195 Đ Pham Ngu Lao ; ⏲7h-tard). Difficile à manquer, Allez Boo affiche fièrement sa dinguerie tropicale – murs en bambou et bar façon paillote – à un angle de rue stratégique. La valse des voyageurs sac au dos et l'animation jusque tard dans la nuit assurent son succès.

Spotted Cow — BAR SPORTIF
(carte p. 326 ; 111 Đ Bui Vien ; ⏲11h-24h). Propriétaires australiens. Murs peints de motifs "peau de vache" et nombreuses formules spéciales pour les boissons.

Street Pub — PUB
(carte p. 326 ; 43-45 Đ Do Quang Dau). Réparti sur deux niveaux, ce clone de Le Pub possède une table de billard et une petite terrasse en haut.

Long Phi — BAR
(carte p. 326 ; 207 Đ Bui Vien ; ⏲Mar-dim). Parmi les plus anciens de Pham Ngu Lao, ce bar français ouvert très tard accueille parfois des groupes de musiciens.

Bobby Brewers — CAFÉ
(carte p. 326 ; www.bobbybrewers.com ; 45 Đ Bui Vien ; 🍴📶). Ce café moderne sur trois niveaux appartenant à une chaîne locale sert des jus de fruits et projette des films à l'étage. Carte de jus de fruits, sandwichs, pâtes et salades.

AUTRES QUARTIERS

Himiko Visual Cafe — CAFÉ, GALERIE
(hors carte p. 320 ; 1ᵉʳ étage, 324B Đ Dien Bien Phu, district 10 ; ⏲10h-23h ; 🍴📶). Dirigée par un artiste vietnamien formé au Japon, cette galerie doublée d'un café-bar se met parfois à dos les autorités collet monté, et c'est justement ce qui fait son attrait.

☆ Où sortir

Procurez-vous *The Word HCMC*, *Asialife HCMC* ou *The Guide* pour connaître les expositions, concerts, pièces de théâtre et soirées programmées durant votre séjour à HCMV. Vous pouvez aussi consulter les sites www.anyarena.com et www.wordhcmc.com.

Discothèques

La soirée la plus tendance, **Everyone's a DJ** (www.everyonesadjvietnam.wordpress.com), se déroule plus ou moins régulièrement à **La Fenêtre Soleil** (p. 341). Des moments qui valent le détour aussi au **dOSe** et à **The Beats Saigon** (www.thebeats-saigon.com).

La plupart des discothèques citées ne s'animent qu'à partir de 22h. Renseignez-vous dans les bars les plus populaires sur les derniers lieux incontournables. Plus proche du bar que de la boîte, le **Lush** (p. 341) constitue une valeur sûre. Et lorsque tout les autres ferment, la fête continue au **Go2** (ci-contre).

HCMV GAY ET LESBIEN

Bien qu'il n'existe pas à proprement parler de scène gay à HCMV, les bars et les discothèques les plus fréquentés sont généralement *gay friendly*. Le petit club **Villa** (carte p. 311 ; 131 Đ Dong Khoi), au-dessus de l'actuel Gloria Jean's, se remplit le week-end de jeunes hommes vietnamiens coquets. **Apocalypse Now** (ci-dessous) attire parfois un petit contingent gay au milieu d'une clientèle essentiellement hétéro. De même le **Q Bar** (p. 341) et l'**Amber Room** (p. 341). La soirée la plus branchée est la **Bitch Party** (www.bitchpartysaigon.com ; 100 000 d avec une boisson) mensuelle, qui change régulièrement de lieu mais se tient souvent à la **Factory** (carte p. 311 ; Đ 102 Mac Thi Buoi).

Quelques mots d'avertissement concernant les masseurs : beaucoup circulent à vélo dans les rues de Pham Ngu Lao, actionnant leur sonnette pour annoncer leurs services. Ils proposent souvent des massages peu coûteux, combinés à d'autres prestations, mais ils essaient souvent d'obtenir plus d'argent par la suite. Parfois, les choses tournent mal : de façon générale, il vaut mieux les éviter.

Apocalypse Now   DISCOTHÈQUE
(carte p. 311 ; ☏3824 1463 ; 2C Đ Thi Sach ; ⊙19h-2h). Les clubs vont et viennent, mais l'"Apo" est là depuis le début et reste l'un des plus en vue. Établissement vaste, avec une grande piste de danse et une cour extérieure, il attire une clientèle bigarrée mêlant voyageurs, expatriés, Vietnamiens branchés et quelques prostituées. L'ensemble est incroyablement chaotique et bruyant. Une boisson est comprise dans le tarif de 150 000 d du week-end.

Gossip   DISCOTHÈQUE
(carte p. 322 ; 79 ĐL Tran Hung Dao ; 120 000 d ; ⊙21h30-2h30). L'ambiance de cette discothèque bien établie, à l'intérieur du Dai Nam Hotel, se réchauffe considérablement le week-end, lorsqu'expatriés et habitants viennent s'agiter, en tenue de soirée, sur la techno.

Fuse   DISCOTHÈQUE
(carte p. 311 ; 3A Đ Ton Duc Thang ; ⊙19h-tard). Un petit club bruyamment technoïde.

Barocco   DISCOTHÈQUE
(carte p. 318 ; 254B Đ Nam Ky Khoi Nghia). Des go-go danseurs s'agitent sur la piste de danse zébrée de rayons laser rouge et vert.

Concerts

L'appétit de concerts qui existait avant la guerre du Vietnam reprend aujourd'hui à HCMV, où des groupes de tous styles se produisent sur les différentes scènes. **Bernie's Bar & Grill** (p. 335) programme de la musique *live* chaque week-end, **Pacharan** (p. 335) les mercredis et vendredis soir, **Sheridan's** (p. 341) tous les soirs. Un groupe cubain chauffe l'atmosphère du **Saigon Saigon** (p. 340) presque chaque soir, tandis que **Vasco's** (p. 340) reçoit régulièrement des artistes de partout.

Acoustic   MUSIQUE LIVE
(carte p. 320 ; 6E1 Đ Ngo Thoi Nhiem ; ⊙19h-24h ; 🛜). Ne vous laissez pas induire en erreur par le nom : les musiciens qui montent sur la scène intimiste de cette salle phare jouent le plus souvent sur des instruments électriques et sont carrément survoltés. La foule adore.

Yoko   BAR ROCK
(carte p. 320 ; ☏3933 0577 ; 22A Đ Nguyen Thi Dieu ; h 8h-tard ; 🛜). Des concerts qui varient entre funk-rock et métal, vers 21h tous les soirs. La scène est minuscule, les fauteuils confortables et il y a régulièrement des expositions d'art.

Hard Rock Cafe   BAR
(carte p. 311 ; www.hardrock.com ; 39 Đ Le Duan ; ⊙11h-24h ; 🛜). Groupes ou DJ les samedi et vendredi soir.

Théâtre municipal   SALLE DE CONCERT
(Nha Hat Thanh Pho Ho Chi Minh ; carte p. 311 ; ☏3829 9976 ; Lam Son Sq). Construit à l'époque de la colonisation française, le siège du ballet, de l'orchestre symphonique et de l'Opéra de HCMV (www.hbso.org.vn) programme aussi d'autres spectacles et artistes.

Conservatoire de musique   SALLE DE CONCERT
(Nhac Vien Thanh Pho Ho Chi Minh ; carte p. 320 ; ☏3824 3774 ; 112 Đ Nguyen Du). Il programme aussi bien de la musique traditionnelle vietnamienne que de la musique classique.

MZ Bar   CLUB
(carte p. 320 ; 56 Đ Bui Thi Xuan). Un groupe reprend ici des tubes dansants.

Bar Bui
BAR
(carte p. 318 ; 39/2 Đ Pham Ngoc Thach ; ☺10h-24h). Flamenco et country tous les soirs à partir de 20h30.

Metallic
BAR
(carte p. 320 ; www.metallicbar.com ; 41 Đ Ba Huyen Thanh Quan ; ☺21h-1h ; 🍴🎵). Des tubes occidentaux joués de 21h30 à 23h45 par des groupes vietnamiens et philippins.

Marionnettes sur l'eau
Cet art apparu dans le Nord a été récemment introduit à HCMV, en raison notamment du succès qu'il remporte auprès des touristes.

Golden Dragon
Water Puppet Theatre
MARIONNETTES SUR L'EAU
(carte p. 320 ; ☎3930 2196 ; 55B Đ Nguyen Thi Minh Khai). Principale salle accueillant des spectacles (environ 50 min), à 17h et 18h30.

Saigon Water
Puppet Theatre
MARIONNETTES SUR L'EAU
(carte p. 318 ; musée d'Histoire, Đ Nguyen Binh Khiem ; 40 000 d) À l'intérieur du musée, ce petit théâtre donne des représentations de 20 min, à 9h, 10h, 11h, 14h, 15h et 16h.

Cinémas
Les cinémas (*rap*) sont nombreux dans le centre-ville, à un tarif entre 60 000 et 70 000 d. En revanche, les films diffusés dans une autre langue que le vietnamien sont rares, excepté dans les salles suivantes :

Lotte Cinema Diamond
CINÉMA
(carte p. 311 ; 13e étage, Diamond Department Store, 34 Đ Le Duan). Trois salles projettent des films en v.o. sous-titrés en vietnamien.

Galaxy
CINÉMA
(www.galaxycine.vn ; tickets 60 000-160 000 d) 116 Đ Nguyen Du (carte p. 320) 230 Đ Nguyen Trai (carte p. 326). Blockbusters hollywoodiens et succès locaux.

Idecaf
CINÉMA FRANÇAIS
(carte p. 311 ; ☎3829 5451 ; www.idecaf.gov.vn ; 31 Đ Thai Van Lung). L'Institut d'échanges culturels avec la France programme des films en français et parfois des pièces de théâtre.

Courses hippiques
Saigon Racing Club
HIPPODROME
(Cau Lac Bo The Thao Phu To ; carte p. 308 ; ☎3855 1205 ; 2 Đ Le Dai Hanh, district 11 ; ☺12h-17h sam et dim). À la libération du Vietnam du Sud, en 1975, le gouvernement de Hanoi se dépêcha d'interdire les distractions capitalistes décadentes, comme les paris. Les champs de courses, concentrés dans la région de Saigon, furent fermés. Cependant, d'impérieux besoins financiers eurent raison de l'idéologie et l'hippodrome a rouvert ses portes en 1989.

Comme la loterie nationale, les courses rapportent gros à l'État. L'écrasante majorité des turfistes sont vietnamiens, car il s'agit de l'une des rares formes de paris légaux. Cependant, aucune loi n'interdit aux étrangers de parier. Le minimum légal d'une mise est de 10 000 d et il n'y a pas de maximum. Des listes complètes avec description des chevaux sont disponibles.

Un taxi depuis le centre-ville coûte environ 100 000 d.

🛍 Achats
Quantité d'articles de mauvaise qualité sont présentés aux touristes dans les rues, mais on peut aussi dénicher de véritables trésors dans les immenses marchés, magasins d'antiquités, fabriques et boutiques de soie et magasins de céramiques, de tissus, d'articles en bambou laqué et de vêtements de créateurs. Certes, le marché de l'art est plus intéressant dans le Nord, mais de plus en plus de galeries s'installent à HCMV et proposent peintures à l'huile, photographies ou vieilles affiches de propagande.

D'autres objets sont plus insolites, par exemple les cyclo-pousses miniatures, ou les hélicoptères fabriqués à partir de canettes de soda ou de bière – à découvrir notamment à la boutique du musée des Souvenirs de guerre (p. 314).

Le meilleur secteur pour commencer une journée de shopping est Đ Dong Khoi et ses perpendiculaires, truffées de galeries et de boutiques. Vous y trouverez des souvenirs de très bonne facture. Si vous manquez de temps, plusieurs centres commerciaux vous tendent les bras.

Il est possible de trouver des vêtements de qualité et de jeter son dévolu sur un *ao dai* traditionnel. Cette tenue qui comprend une tunique et un pantalon en soie est confectionnée dans les ateliers du marché Ben Thanh et en haut de Đ Pasteur. Il existe également des *ao dai* pour homme – ils sont plus larges et s'accompagnent d'un couvre-chef en soie assorti.

Il est intéressant de savoir que le Vietnam fabrique de nombreux sacs à dos, valises et autres bagages onéreux, que l'on peut acheter à bas prix à HCMV. Le district 1 compte de nombreuses boutiques vendant des marques, en général authentiques, pour moins cher qu'en Occident.

DONG KHOI AREA

Le meilleur secteur pour commencer une journée de shopping est Ð Dong Khoi et ses perpendiculaires, truffées de galeries et de boutiques. Vous y trouverez des souvenirs de très bonne facture. Si vous êtes à court de temps, plusieurs centres commerciaux vous tendent les bras.

Ben Thanh Market MARKET
(Cho Ben Thanh ; carte p. 311 ; ÐL Le Loi, ÐL Ham Nghi, ÐL Tran Hung Dao et Ð Le Lai) Ben Tanh et les rues avoisinantes forment l'une des zones les plus vivantes de la ville, avec ce marché très central. Vous y découvrirez toutes sortes de produits d'alimentation (fruits et légumes, viande, épices, biscuits, confiserie), du tabac, des vêtements, des chapeaux, de la quincaillerie, des articles ménagers, sans oublier les souvenirs. N'hésitez pas à marchander, car les prix sont plus élevés qu'ailleurs.

Vietnam Quilts HANDICRAFTS
(carte p. 311 ; www.mekong-quilts.org ; 64 Ð Ngo Duc Ke) On trouve ici de superbes couvre-lits de soie, cousus par des paysans défavorisés qui en tirent leurs revenus.

Dogma SOUVENIRS
(carte p. 311 ; 1er étage, 43 Ð Ton That Thiep ; ⊙9h-22h). Cette petite enseigne propose toute une gamme de superbes affiches de propagande, reproduites aussi sur des tasses, des dessous de verre et des T-shirts. Qui a dit que les autorités n'avaient pas le sens de l'humour ?

Mai's MODE
(carte p. 311 ; www.mailam.com.vn ; 132-134 Ð Dong Khoi). Cette boutique de créateur ultra-tendance, aux allures de galerie d'avant-garde, vend des vêtements et accessoires pour hommes et femmes cousus main, beaux mais onéreux.

Nguyen Frères MEUBLES, DÉCORATION
(carte p. 311 ; 2 Ð Dong Khoi). Bel assortiment de meubles neufs et anciens, tissus, housses de coussins, articles en soie, poteries et lampes.

Khai Silk VÊTEMENTS
(carte p. 311 ; www.khaisilkcorp.com ; 107 Ð Dong Khoi). Une des succursales à HCMV de l'empire de la soie. Articles onéreux mais de grande qualité.

FORT DE CAFÉ !

Le café produit au Vietnam est exporté dans le monde entier. Les meilleures variétés viennent de Buon Ma Thuot, où les grains sont torréfiés dans du beurre. Les amateurs d'exotisme ne manqueront pas d'essayer le *ca phe chon* ("café de civette", le n°8 de la marque Trung Nguyen). Les grains de ce café sont récoltés dans les déjections de civettes sauvages qui se nourrissent des fruits du caféier mais ne digèrent pas leurs noyaux. Ceux-ci sont ensuite directement torréfiés et il ne vous reste qu'à déguster.

Song VÊTEMENTS
(carte p. 311 ; 76D Ð Le Thanh Ton). Boutique centrale spécialisée dans les lins et les cotons pour hommes et femmes.

Sapa ARTISANAT, ACCESSOIRES
(carte p. 311 ; 3836 5163 ; 223 Ð De Tham). Petite boutique mariant tissus et motifs traditionnels dans un style moderne. Bijoux et cadeaux.

Art Arcade ART
(carte p. 311 ; 151 Ð Dong Khoi). Un passage bordé de marchands d'art le long de Dong Khoi.

Librairie Fahasa LIBRAIRIE
(carte p. 311 ; ⊙8h-22h ; 40 ÐL Nguyen Hue, 60-62 ÐL Le Loi). Librairie d'État, avec des dictionnaires, des cartes et des livres en français.

Librairie française Nam Phong LIBRAIRIE
(www.namphongsaigon.com ; 94 Ho Tung Mau ; ⊙9h-12h30 et 14h-18h, lun-sam). Lieu de rencontres et d'échanges, la librairie française Nam Phong offre un choix de près de 2 000 livres en français, ainsi que des magazines. Vous pouvez y réserver vos hebdomadaires et mensuels préférés.

Librairie Phuong Nam LIBRAIRIE
(carte p. 311 ; 3822 9650 ; 2A ÐL Le Duan ; ⊙8h-21h30). Des livres et des magazines (d'information pour la plupart), français notamment.

Lucky Plaza CENTRE COMMERCIAL
(carte p. 311 ; 69 Ð Dong Khoi). Bien pour acheter des bagages bon marché, ce modeste centre commercial sur un seul niveau renferme aussi les stands habituels d'objets en laque et en bambou.

Tax Trade Centre CENTRE COMMERCIAL
(carte p. 311 ; Thuong Xa Tax ; angle Đ Nguyen Hue et Đ Le Loi ; ◎9h-21h30). Essentiellement des petits stands et beaucoup d'artisanat au dernier étage.

Diamond Department Store GRAND MAGASIN
(carte p. 311 ; 34 Đ Le Duan). Quatre étages d'articles occidentaux surmontés d'un bowling, d'une salle de jeux d'arcade et de fast-foods à l'américaine.

Saigon Centre CENTRE COMMERCIAL
(carte p. 311 ; 65 ĐL Le Loi). Dans une tour, des enseignes internationales clinquantes et des cafés.

Parkson Plaza GRAND MAGASIN
(carte p. 311 ; 41-45 Đ Le Thanh Ton). Habillement et cosmétiques.

Chi Chi VÊTEMENTS
(carte p. 311 ; 138 Đ Pasteur). Vêtements sur mesure.

DA KAO ET ALENTOURS

Thu Quan Sinh Vien LIBRAIRIE
(carte p. 318 ; 2A ĐL Le Duan ; ◎8h-22h ; 📶). Remplie d'étudiants de l'université qui utilisent son Wi-Fi gratuit, cette librairie haut de gamme propose des livres et magazines importés en français, anglais et chinois.

Adidas Puma Factory Shop CHAUSSURES ET VÊTEMENTS
(carte p. 318 ; 32 Đ Pasteur). De vraies baskets de marque cinq fois moins chères que chez soi.

Orange VÊTEMENTS ET ACCESSOIRES
(carte p. 318 ; 238B Đ Pasteur). T-shirts et sacs à la mode.

Cham Khanh PRÊT-À-PORTER ET SUR-MESURE
(carte p. 318 ; 256 Đ Pasteur). Parmi les boutiques de *ao dai* du boulevard, celle-ci offre de riches versions du costume traditionnel vietnamien et confectionne également des modèles sur mesure.

PALAIS DE LA RÉUNIFICATION ET ALENTOURS

Gaya MODE ET DÉCORATION
(hors carte p. 320 ; www.gayavietnam.com ; 1 Đ Nguyen Van Trang). Des articles pour la maison et des vêtements de créateurs, dont la collection de la styliste franco-cambodgienne Romyda Keth. La boutique se trouve juste en face de Pham Ngu Lao en traversant le parc.

Vinh Loi Gallery ART
(carte p. 320 ; www.galerievinhloi.com ; 41 Đ Ba Huyen Thanh Quan; ◎9h-18h). Beaux tableaux d'artistes contemporains.

QUARTIER DE PHAM NGU LAO
Pour des reproductions bon marché de tableaux célèbres, direction les magasins d'art le long de Đ Bui Vien.

Mekong Creations ARTISANAT
(carte p. 326 ; www.mekong-creations.org ; 141 Đ Bui Vien). Paniers, plats et saladiers en bambou dont la vente bénéficie à des villages reculés du Mékong.

Hanoi Gallery AFFICHES
(carte p. 326 ; 79 Đ Bui Vien ; ◎9h-22h). Les amateurs de réalisme socialiste ne manqueront pas ce sympathique petit magasin où les affiches de propagande originales (600 $US) ou censées l'être côtoient des reproductions en format A3 (8 $US).

SahaBook LIBRAIRIE
(carte p. 326 ; www.sahabook.com ; 175/24 Đ Pham Ngu Lao). Chez ce spécialiste des guides et de la littérature de voyage, les titres Lonely Planet sont des guides authentiques dotés de cartes lisibles, contrairement aux contrefaçons vendues dans la rue !

NGUYEN THAI BINH ET ALENTOURS
Il existe plusieurs excellentes galeries d'art derrière le musée des Beaux-Arts, dont **Blue Space** (carte p. 322 ; www.bluespacearts.com ; 1A Đ Le Thi Hong Gam) et **Lacquer & Oil** (carte p. 322 ; 97A Đ Pho Duc Chinh). Pour les antiquités, rendez-vous dans Đ Le Cong Kieu, juste en face du musée, mais soyez vigilant car rien ne garantit leur ancienneté.

Marché Dan Sinh MARCHÉ
(carte p. 322 ; 104 Đ Yersin). Lieu idéal si vous souhaitez vous procurer une paire de bottes de combat ou des plaques d'identité rouillées, avec des surplus militaires plus ou moins authentiques : masques à gaz, moustiquaires, équipements imperméables, civières, gilets pare-balles, mais aussi cantines, sacs et bottes à prix intéressants.

AUTRES QUARTIERS

Mai Handicrafts ARTISANAT
(www.maihandicrafts.com ; 298 Đ Nguyen Trong Tuyen, district de Tan Binh ; ◎10h-19h lun-sam). Boutique liée au commerce équitable, où acheter de la porcelaine, des tissus traditionnels et autres idées de cadeaux, au profit des

familles défavorisées et des enfants des rues. Pour y aller, suivez vers le nord-ouest ĐL Hai Ba Trung qui se prolonge par Đ Phan Dinh Phung et tournez à gauche dans Đ Nguyen Trong Tuyen.

ⓘ Renseignements

Agences de voyages

Saigon Tourist (carte p. 311 ; ☏3824 4554 ; www.saigontourist.net ; 45 Đ Le Thanh Ton ; ⓧ8h-11h30 et 13h-17h30) est l'agence de voyages officielle et gouvernementale de HCMV. Elle possède, directement ou en participation, plus de 70 hôtels, des restaurants, une société de location de voitures, des clubs de golf et un certain nombre de "pièges à touristes".

Les innombrables autres agences de la ville sont presque toutes gérées conjointement par le gouvernement et des entreprises privées. Elles se chargeront de vous procurer voiture, billets d'avion ou de faire proroger votre visa. Elles se livrent une rude concurrence et, en cherchant bien, vous trouverez souvent des tarifs inférieurs à ceux de Saïgon Tourist. Elles emploient en général des guides polyglottes.

La plupart des guides et des chauffeurs sont mal rémunérés : laissez-leur un pourboire si vous êtes satisfait de leurs services. Certains voyageurs qui effectuent un circuit en bus à Cu Chi ou dans le delta du Mékong organisent une collecte (1 ou 2 \$US/pers) qu'ils remettent au guide ou au chauffeur à la fin du voyage.

Renseignez-vous auprès de plusieurs tour-opérateurs pour trouver une formule qui corresponde à vos souhaits et à votre budget. Ce ne sont pas les circuits bon marché qui manquent, en particulier à Pham Ngu Lao. Discutez avec des voyageurs de retour d'excursion avant d'arrêter votre choix.

Vous pouvez également organiser votre circuit à la carte, en louant une voiture, ainsi que les services d'un chauffeur et d'un guide. Cette solution offre le maximum de flexibilité et le partage des frais à plusieurs rend la formule très abordable.

Sinhbalo Adventures (carte p. 326 ; ☏3837 6766 ; www.sinhbalo.com ; 283/20 Đ Pham Ngu Lao ; ⓧ7h30-12h et 13h30-17h30 lun-ven, 7h30-12h sam). L'une des meilleures agences de HCMV pour un circuit personnalisé. Outre les circuits à vélo, Sinhbalo propose des itinéraires à thème dans le delta du Mékong, les hauts plateaux du Centre et les régions éloignées. L'excursion de 2 jours et le circuit à vélo de 3 jours dans le delta du Mékong sont les formules qui ont le plus de succès.

Handspan Adventure Travel (☏3925 7605 ; www.handspan.com ; 7ᵉ étage, Titan Bldg, 18A Đ Nam Quoc Cang, district 1). La branche saïgonnaise d'une agence de Hanoi connue pour la qualité de ses circuits.

Exotissimo (carte p. 311 ; ☏3827 2911 ; www.exotissimo.com ; 64 Đ Dong Du ; ⓧ9h-18h lun-sam)

Sinh Tourist (carte p. 326 ; ☏3838 9593 ; www.thesinhtourist.vn ; 246 Đ De Tham ; ⓧ6h30-22h30)

Buffalo Tours (carte p. 311 ; ☏3827 9170 ; www.buffalotours.com ; 81 Đ Mac Thi Buoi)

Innoviet (carte p. 326 ; ☏6291 5406 ; www.innoviet.com ; 158 Đ Bui Vien)

Cafe Kim Tourist (carte p. 326 ; ☏3836 5489 ; www.thekimtourist.com ; 270 Đ De Tham)

PXN Travel (carte p. 326 ; ☏6271 9208 ; www.pxntravel.info ; 38 Đ Do Quang Dau)

Asiana Travel Mate (carte p. 311 ; ☏3525 0615 ; www.asianatravelmate.com ; 92-96 Đ Nguyen Hue)

Argent

Vous trouverez plusieurs guichets de change dans le hall des arrivées de l'aéroport Tan Son Nhat, juste après les douanes. La plupart pratiquent les taux de change officiels. On trouve des DAB à droite après le terminal.

Si les DAB abondent, la plupart n'autorisent les retraits que pour un montant maximal de 2 000 000 d/jour. Certains distributeurs de l'ANZ dans le centre permettent toutefois de retirer jusqu'à 4 000 000 d. Mais le plafond le plus élevé, 8 000 000 d, est celui fixé par la **Citibank** (carte p. 311 ; 115 Đ Nguyen Hue), dans le hall de la Sun Wah Tower. Pour obtenir une avance plus importante sur votre carte de crédit (en dongs ou en dollars), adressez-vous aux guichets aux heures d'ouverture des banques.

Désagréments et dangers

Attention dans le quartier de Dong Khoi et sur les berges de la Saigon, où opèrent des voleurs à moto qui arrachent sacs et appareils photo. Voir l'encadré p. 348 au sujet des escroqueries courantes pratiquées par les taxis et les *xe om*.

Médias

Les hôtels, les bars et les restaurants de HCMV mettent à disposition des magazines gratuits concernant les sorties, comme l'excellent **The Word HCMC** (www.wordhcmc.com), **Asialife HCMC** (www.asialifehcmc.com) et *The Guide*, supplément mensuel du *Vietnam Economic Times* (VET).

Un choix de journaux et de magazines étrangers est disponible à la vente dans les librairies et les hôtels chics. Sinon, des vendeurs arpentent les quartiers populaires de Dong Khoi et de Pham Ngu Lao, mais vérifiez la date de parution et n'hésitez pas à négocier le prix.

Poste

Poste centrale (carte p. 311 ; 2 Cong Xa Paris ; ⊙7h-21h30). Cet édifice grandiose bâti par les Français entre 1886 et 1891 voisine avec la cathédrale Notre-Dame. Nombreux autres bureaux en ville.

Federal Express (carte p. 311 ; ✆3829 0995 ; www.fedex.com ; 146 Đ Pasteur ; ⊙8h-18h lun-ven, 8h-14h sam).

Services médicaux

FV Hospital (Hôpital franco-vietnamien ; ✆5411 3333 ; www.fvhospital.com ; 6 Đ Nguyen Luong Bang, district 7 ; ⊙24h/24). Praticiens polyglottes, soins et matériel excellents.

HCMC Family Medical Practice (carte p. 311 ; urgences 24h/24 ✆3822 7848 ; www.vietnammedicalpractice.com ; arrière Diamond Department Store, 34 ĐL Le Duan ; ⊙24h/24). Centre bien géré, avec des succursales à Hanoi et à Danang.

International Medical Centre (carte p. 311 ; ✆3827 2366 ; www.cmi-vietnam.com ; 1 Đ Han Thuyen ; ⊙24h/24). Cette organisation à but non lucratif dispose de médecins français.

International SOS (carte p. 311 ; ✆3382 8424, urgences 24h/24 ✆3829 8520 ; www.internationalsos.com ; 65 Đ Nguyen Du ; ⊙24h/24). Une équipe internationale de médecins parlant français, entre autres.

Depuis/vers HCMV

Avion

Tan Son Nhat International Airport (SGN ; www.tsnairport.hochiminhcity.gov.vn ; district de Tan Binh). L'aéroport Tan Son Nhat était l'un des trois les plus fréquentés du monde à la fin des années 1960. Les pistes sont toujours entourées de structures militaires – murs de protection couverts de lichen et hangars.

Pour plus de détails sur les vols internationaux, voir p. 519. Les compagnies suivantes assurent des vols intérieurs au départ de HCMV :

Vietnam Airlines (✆3832 0320 ; www.vietnamairlines.com). Dessert Hanoi, Hai Phong, Vinh, Dong Hoi, Hue, Danang, Quy Nhon, Nha Trang, Dalat, Buon Ma Thuot, Pleiku, Rach Gia and l'île de Phu Quoc.

Air Mekong (✆3846 3666 ; www.airmekong.com.vn). Dessert Hanoi, Quy Nhon, Dalat, Buon Ma Thuot, Pleiku, les îles Con Dao et l'île de Phu Quoc.

Jetstar Pacific Airlines (✆1900 1550 ; www.jetstar.com). Dessert Hanoi, Hai Phong, Vinh, Hue et Danang.

Vietnam Air Service Company (VASCO ; www.vasco.com.vn). Dessert Tuy Hoa, Chu Lai, les îles Con Dao et Ca Mau.

Bateau

Toutes les heures, des **hydrofoils** (adulte/enfant 200 000/100 000 d, 1 heure 15) partent pour Vung Tau (p. 404) de la **jetée de Bach Dang** (carte p. 311 ; Đ Ton Duc Thang). Les principales agences :

Greenlines (✆3821 5609 ; www.greenlines.com.vn)

Petro Express (✆3821 0650)

Vina Express (✆3825 3333 ; www.vinaexpress.com.vn)

Bus

HCMV compte plusieurs gares routières en périphérie, bien desservies par les bus de ville au départ du marché Ben Thanh. Les bus "open tour" rencontrent un vrai succès à HCMV, puisqu'ils partent et arrivent dans le quartier très pratique de Pham Ngu Lao. Ils permettent d'économiser un trajet de bus supplémentaire ou une course de taxi. Parmi les destinations : Mui Ne (5-10 $US), Nha Trang (7-20 $US), Dalat (8-15 $US), Hoi An (15-37 $US) et Hanoi (31-49 $US).

La **gare routière de Mien Tay** (Ben Xe Mien Tay ; Đ Kinh Duong Vuong) regroupe les lignes à destination du Sud. Elle est située à 10 km à l'ouest de HCMV, à An Lac, dans le district de Binh Chanh (Huyen Binh Chanh). Le taxi depuis Pham Ngu Lao coûte dans les 150 000 d. De cette gare, des bus express climatisés et des minibus grand confort desservent la plupart des villes du delta du Mékong. Certains tarifs sont indiqués sous les destinations adéquates du chapitre *Delta du Mékong*.

TRANSPORTS AU DÉPART DE HCMV

DESTINATION	AVION	BUS	TRAIN
Dalat	50 min/à partir de 39 $US	7 heures/8-15 $US	pas de service
Nha Trang	55 min/à partir de 44 $US	13 heures/7-20 $US	6 heures 30/13-27 $US
Hué	80 min/à partir de 37 $US	29 heures/26-37 $US	18 heures/32-54 $US
Hanoi	2 heures/à partir de 70 $US	41 heures/31-49 $US	30 heures/50-79 $US

Les bus ralliant le Nord partent de l'immense **gare routière de Mien Dong** (Ben Xe Mien Dong), dans le district de Binh Thanh, à 5 km du centre-ville, sur la RN 13 (Quoc Lo 13), dans le prolongement de Ð Xo Viet Nghe Tinh. La gare se trouve à moins de 2 km au nord de l'intersection de Ð Xo Viet Nghe Tinh et de Ð Dien Bien Phu. Sachez que les bus express partent du côté est et que les bus locaux desservent la zone située à l'ouest du bâtiment.

Les bus à destination de Tay Ninh, de Cu Chi et des autres villes au nord-ouest de HCMV partent de la **gare routière d'An Suong** (Ben Xe An Suong), dans le district 12, à l'ouest du centre. Pour vous y rendre, suivez Ð Cach Mang Thang Tam jusqu'au bout, puis Ð Truong Chinh. La gare est proche du pont autoroutier pour Quoc Lo 1 (RN 1). Sachez qu'il n'est pas vraiment intéressant d'utiliser les bus locaux pour visiter Tay Ninh et Cu Chi, la plupart des petits sites souterrains étant à l'écart des routes, ce qui rend les déplacements affreux. Les bus pour touristes, eux, offrent des prix serrés et partent du district 1.

BUS INTERNATIONAUX Il existe de nombreuses liaisons entre HCMV et le Cambodge, la plupart depuis le quartier de Pham Ngu Lao. **Sapaco** (carte p. 326 ; 3920 3623 ; 309 Pham Ngu Lao) assure chaque jour 9 bus directs pour Phnom Penh (départs 6h-15h ; 10 $US) et un pour Siem Reap (20 $US).

Train

De la **gare ferroviaire de Saigon** (Ga Sai Gon ; carte p. 308 ; 3823 0105 ; 1 Ð Nguyen Thong, district 3 ; billetterie 7h15-11h et 13h-15h), des trains desservent au nord les villes suivantes :

Nha Trang (272 000-550 000 d ; 6 heures 30-9 heures, 8/jour)
Danang (616 000-1 019 000 d, 15 heures 30-20 heures 30, 6/jour)
Hue (655 000-1 100 000 d, 18-24 heures 30, 6/jour)
Dong Hoi (759 000-1 199 000 d, 21-26 heures, 5/jour)
Hanoi (1 036 000-1 622 000 d, 30-41 heures, 4/jour)

À Pham Ngu Lao, vous pouvez acheter vos billets auprès de **Saigon Railway Tours** (carte p. 326 ; 3836 7640 ; www.railtour.com.vn ; 275C Ð Pham Ngu Lao ; 7h30-20h) ou, moyennant une petite commission, dans une agence de voyages.

Voiture et moto

La plupart des cafés et des hôtels touristiques peuvent vous procurer une voiture de location. Sachez que la location doit obligatoirement inclure un chauffeur, car il est interdit de conduire au Vietnam sans permis vietnamien. Les agences du quartier de Pham Ngu Lao s'efforcent de pratiquer les tarifs les plus bas. **Budget Car Rental** (3930 1118 ; www.budget.com.vn) propose des voitures récentes, avec guide, à des prix raisonnables.

Des motos sont disponibles dans le quartier de Pham Ngu Lao (environ 10 $US/jour. Toutefois, HCMV est une ville où il est préférable d'avoir de l'expérience. Vérifiez l'état du casque fourni... Pour un long trajet, il peut être prudent d'investir dans un casque de meilleure qualité.

Comment circuler

Depuis/vers l'aéroport

L'aéroport Tan Son Nhat se trouve à 7 km au nord-ouest du centre. À l'heure où nous écrivons, **Saigon Airport Taxis** détient le monopole sur la station située devant le terminal international, et **Sasco Taxi** sur celle du terminal des vols intérieurs. Des contrôleurs parlant anglais vous dirigent vers les taxis en attente et indiquent au chauffeur votre destination. Vérifiez auprès de ce dernier, de préférence en présence du contrôleur, s'il s'agit d'une course au compteur ou à tarif fixe (le prix peut alors atteindre jusqu'à 10 $US pour le centre-ville).

Un taxi au compteur revient normalement autour de 100 000 d. Si vous voyagez léger et ne craignez pas de perdre un peu de temps pour économiser, montez dans la zone des arrivées ou rejoignez le parking du terminal intérieur pour trouver au passage un taxi concurrent qui vient de déposer quelqu'un. Assurez-vous toutefois que vous avez affaire à une compagnie fiable (voir p. 351).

Les chauffeurs de taxi vous recommanderont sans doute un "bon hôtel pas cher", où ils touchent une commission. Si vous donnez l'adresse d'un hôtel qui ne verse pas de commission, le chauffeur pourra prétendre qu'il a fermé, a brûlé, est sale ou dangereux, etc.

Plusieurs cafés de Pham Ngu Lao disposent de navettes pour l'aéroport et proposent des formulaires de réservation de taxi collectif (environ 4 $US/pers).

Entre 6h et 18h, le plus économique est le bus n°152 (climatisé) qui fait la navette depuis/vers l'aéroport pour 3 000 d, avec un supplément variable pour les bagages. Il part de l'aéroport toutes les 15 min environ et marque des arrêts dans Ð De Tham (quartier de Pham Ngu Lao) et devant les hôtels internationaux de Ð Dong Khoi, comme le Caravelle et le Majestic. Le libellé des destinations sur ces bus est en anglais, mais vous pouvez également repérer les mots "Xe Buyt San Bay".

N'optez pour une moto-taxi qu'en dernier ressort, car il n'est pas aisé de garder l'équilibre avec les bagages. Les chauffeurs ne peuvent pas entrer à l'intérieur de l'aéroport. Il vous faudra donc sortir et négocier la course (tarif en vigueur : 60 000 d pour le centre-ville).

XE OM OU TAXI ?

On s'attend à payer davantage pour la sécurité et le confort relatifs d'un taxi climatisé que pour un trajet à moto qui décoiffe. En fait, les conducteurs de *xe om* qui opèrent dans les secteurs touristiques majorent les prix au point de rendre la différence négligeable. À moins de connaître la distance à parcourir et le tarif correspondant, opter pour un taxi muni d'un compteur peut vous éviter le sentiment désagréable d'être arnaqué. Si vous êtes plusieurs, un taxi a des chances d'être plus économique. D'un autre côté, une moto se montre généralement plus rapide, surtout dans les embouteillages aux heures de pointe.

Néanmoins certains chauffeurs de taxi malhonnêtes trafiquent leur compteur. Choisissez si possible le véhicule d'une compagnie réputée comme Vinasun ou Mai Linh en vous méfiant des imitateurs qui utilisent des logos similaires et des noms proches (Vinasum, Vina, Vinamet, Ma Lin, M.Group).

Si vous décidez de prendre un *xe om*, accordez-vous d'abord sur le prix. Le trajet de Pham Ngu Lao à Dong Khoi ne devrait pas dépasser 20 000 d. Une escroquerie classique consiste à annoncer 15 000 d avant le départ et à prétendre ensuite avoir dit 50 000 d (les deux chiffres ont une sonorité proche en anglais).

Bus

Il existe plus de 130 itinéraires dans la ville et ses environs, et le tarif est très raisonnable. Pratique et gratuit, le *Ho Chi Minh Bus Route Diagram* est disponible à la **gare routière de Ben Thanh** (hors carte p. 311 ; ĐL Tran Hung Dao).

Parmi les bus utiles au départ de Ben Thanh, citons le n°152 pour l'aéroport, le n°149 pour la gare ferroviaire de Saigon, le n°1 pour le marché Binh Tay, dans Cholon, le n°102 qui mène à la gare routière de Mien Tay et le n°26 qui conduit à la gare routière de Mien Dong. Tous les bus sont climatisés. Le prix moyen d'un billet est de 3 000 d, à acheter à bord.

Cyclo-pousse

Les cyclo-pousses ne sont plus aussi mythiques que par le passé, mais on en voit tout de même quelques-uns dans certaines rues, en particulier dans Đ Pham Ngu Lao et autour de Đ Dong Khoi. Avec l'essor de la moto et des taxis, ils sont beaucoup moins utilisés, et si certains Vietnamiens continuent de les apprécier, les touristes sont devenus les principaux clients de ce commerce bien peu rémunérateur. À HCMV, la plupart des conducteurs sont d'anciens soldats de l'armée sud-vietnamienne. Tous ont une histoire de guerre, de "rééducation", de persécution et de pauvreté à raconter (à la fin de leur journée de travail, ils seront ravis d'en parler devant un bol de *pho* ou une bière).

Afin de juguler les problèmes de circulation à HCMV, des dizaines de rues sont interdites aux cyclos. Les conducteurs doivent donc faire des détours pour les éviter et ne pas encourir les amendes que les policiers n'hésitent pas à infliger. Parfois, ils ne pourront pas vous laisser à l'adresse exacte : faites preuve de compréhension.

Gonfler les prix pour les touristes étant la norme, négociez le tarif au départ et assurez-vous d'avoir l'appoint. Avant de sauter sans réfléchir dans un cyclo pour lequel le conducteur vous laisse fixer le prix, négociez clairement avec lui (sur la base de 100 000/200 000 d pour une demi-journée/une journée de circuit). Si vous voyagez à plusieurs, convenez d'un prix de groupe, et non d'un prix par personne. Il peut être utile de recourir aux chiffres écrits, voire au dessin, afin de bien se faire comprendre, car les malentendus sont fréquents. À moins que le conducteur du cyclo ne vous ait fait visiter tous les districts de HCMV, 25 $US n'est pas le tarif normal. Ne croyez pas pour autant que tous les cyclos vont essayer de vous escroquer !

Louer un cyclo-pousse constitue une bonne option pour une longue promenade (40 000 d/h). Dans le quartier de Pham Ngu Lao, la plupart des conducteurs de cyclo-pousse proposent un circuit type. Une petite course dans le centre coûte quelque 15 000-25 000 d ; comptez environ 40 000 d pour vous rendre du district 1 à Cholon.

Il faut profiter des cyclos tant qu'il est encore temps, car les autorités municipales menacent de les supprimer complètement.

Moto-taxi

Les *xe om* (parfois appelés *Honda om*) ou motos-taxis, sont beaucoup plus fréquents et rapides que les taxis traditionnels. Les chauffeurs de *xe om* se tiennent généralement au coin d'une rue sur leur moto arrêtée, et klaxonnent à l'intention des clients potentiels. En cas de besoin, vous en trouverez forcément un avant d'avoir fait dix pas. Le tarif normal se monte à

20 000 d pour une petite course (de Pham Ngu Lao à Dong Khoi par exemple) et une location est facturée environ 3 $US/h ou 15 $US/jour.

Taxi

Des taxis équipés de compteur sillonnent les rues, mais si vous sortez des sentiers battus, il vaudra mieux en réserver un par téléphone. Comptez 15 000 d pour la prise en charge et le premier kilomètre. La plupart des courses dans le centre tournent autour de 2 $. Prenez garde aux compteurs d'aspect douteux, qui ont tendance à tourner très vite (voir l'encadré ci-contre).

Voici les compagnies de taxis les plus réputées de HCMV :

Mai Linh Taxi (3838 3838)
Vinasun Taxi (3827 2727)

Vélo

Le vélo est pratique pour visiter la ville à votre rythme, bien que la circulation soit un peu rebutante. La location est très simple, auprès des hôtels, des cafés et des agences de voyages.

Les parkings à vélos consistent généralement en une portion de trottoir délimitée par une corde. Pour quelque 2 000 d, vous pouvez y laisser votre deux-roues en toute sécurité (le vol constitue cependant un réel problème). L'employé inscrit un numéro à la craie sur la selle ou l'agrafe au guidon et vous remet un reçu — ne le perdez pas ! Si votre vélo disparaît, les gérants du parking sont censés le remplacer.

Voiture et moto

Les agences de voyages, les hôtels et les cafés pour touristes proposent tous des voitures (avec chauffeur) et des motos de location. Au dire des expatriés, la moto est le moyen de transport le plus rapide et le plus pratique pour circuler en ville, à condition de rester très prudent. Même si vous êtes un motard expérimenté, observez bien le fonctionnement de la circulation dans la ville avant de vous lancer. Renseignez-vous dans les cafés. Comptez en général 7-10 $US/jour pour une 100 cm^3 (casque en état aléatoire compris). Le loueur conservera parfois votre passeport le temps de la location. Vérifiez que la moto est en état de marche avant de signer.

Le **Saigon Scooter Centre** (3848 7816 ; www.saigonscootercentre.com ; 25/7 Đ Cuu Long, district de Tan Binh ; 12h-17h mar-ven, 10h-16h sam) loue des scooters Vespa remis en état et des moto de cross récentes. Comptez à partir de 20/100 $US par jour/semaine, pour une durée minimale de 4 jours. Moyennant un supplément, vous pourrez bénéficier d'un service "aller simple" permettant de laisser le véhicule n'importe où au Vietnam.

ENVIRONS DE HÔ CHI MINH-VILLE

La continuelle expansion de Hô Chi Minh-Ville (HCMV), qui absorbe villages et campagnes alentour, rend difficile toute escapade hors de la jungle urbaine. Heureusement, il existe encore quelques zones sauvages préservées, des plages séduisantes et de passionnants sites historiques et culturels à courte distance de la métropole.

Cu Chi

Si l'on cherche un lieu symbolique de la ténacité du peuple vietnamien, c'est sans doute Cu Chi qui remportera la palme. Ce district de 350 000 habitants (contre 80 000 durant la guerre du Vietnam) fait partie de l'agglomération de HCMV. À première vue, peu de traces témoignent des combats acharnés, des bombardements et des destructions qui ont dévasté Cu Chi pendant les hostilités. Pour les découvrir, il faut s'aventurer sous terre.

Le réseau des tunnels de Cu Chi devint légendaire dans les années 1960 en permettant au Viêt-cong de contrôler une grande partie de la campagne, à seulement 30 ou 40 km de HCMV. À cette époque, il s'étendait de la capitale sud-vietnamienne à la frontière cambodgienne ; plus de 250 km de galeries souterraines sillonnaient le district de Cu Chi. Ce labyrinthe, creusé par endroits sur plusieurs niveaux, comportait d'innombrables trappes, des quartiers d'habitation, des entrepôts, des fabriques d'armes, des hôpitaux de campagne, des centres de commandement et des cuisines.

Les tunnels facilitaient la communication et la coordination entre les enclaves contrôlées par le Viêt-cong, isolées par les opérations terrestres et aériennes des Sud-Vietnamiens et des Américains. Le Viêt-cong pouvait ainsi lancer des attaques surprises – jusque dans le périmètre de la base américaine de Dong Du – et disparaître sans laisser de traces. Les tentatives de destruction de ce réseau se révélant aussi meurtrières qu'inefficaces, les Américains décidèrent de frapper fort et transformèrent les 420 km^2 de Cu Chi en ce qui fut appelé par des historiens "la région la plus bombardée, gazée, défoliée et dévastée de tous les temps par la guerre".

Environs de Hô Chi Minh-ville

Cu Chi est devenu un lieu de pèlerinage pour les écoliers vietnamiens et les cadres du Parti.

Histoire

La construction des tunnels de Cu Chi, entamée vers la fin des années 1940, demanda plus de 25 ans. Elle constitua la réponse improvisée d'une armée de paysans sous-équipés à des adversaires dotés d'un armement moderne.

Le Viêt-minh creusa les premières galeries dans la dure terre rouge de Cu Chi durant la guerre d'Indochine. Elles étaient alors essentiellement utilisées pour communiquer entre les villages et échapper aux incursions de l'armée française.

Lorsque la résistance du Front national de libération du Vietnam du Sud (FLN, nom officiel du Viêt-cong) s'intensifia vers 1960, les anciens tunnels viêt-minh furent réparés et prolongés. En quelques années, ces réseaux acquirent une importance stratégique majeure et permirent au Viêt-cong de contrôler la quasi-totalité du district de Cu Chi et la région avoisinante. Cu Chi servait également de base aux agents secrets et aux équipes de sabotage de Saigon. Les attaques téméraires dans la capitale sud-vietnamienne au cours de l'offensive du Têt en 1968 furent planifiées et lancées à Cu Chi.

Au début de l'année 1963, le gouvernement Diêm mit en œuvre le "programme des hameaux stratégiques", qui consistait à "reloger" des habitants de régions passées aux mains des communistes dans des camps fortifiés, entourés de rangées de pieux en bambou. Le premier hameau stratégique vit le jour dans le district de Ben Cat, près de Cu Chi. Le Viêt-cong réussit cependant à creuser des tunnels dans les hameaux et, fin 1963, il contrôlait déjà le premier.

Au fil des années, le Viêt-cong développa des techniques simples et efficaces pour rendre ses tunnels indécelables. Il camoufla les trappes en bois sous de la terre et des branchages, en piégea certaines et construisit des issues secrètes dans les rivières. Pour préparer les repas, on utilisait des cuisines "Dien Bien Phu", dont la fumée était évacuée à bonne distance par des conduits. Des trappes empêchaient les gaz lacrymogènes, la fumée et l'eau de se propager d'un système de galeries à l'autre. Certaines sections étaient même équipées d'éclairage électrique.

La série de défaites subie par l'armée sud-vietnamienne dans la région permettait d'imaginer une victoire totale du Viêt-cong à la fin de 1965. Dans les premiers mois de l'année, la guérilla avait même organisé un défilé militaire dans les rues de Cu Chi.

La puissance du Viêt-cong à Cu Chi et aux alentours fut l'une des raisons qui incita l'administration Johnson à engager les troupes américaines dans la guerre.

Pour parer à la menace du contrôle viêt-cong dans un secteur tout proche de la capitale sud-vietnamienne, les Américains installèrent rapidement une vaste base dans le district de Cu Chi. Sans le savoir, ils la construisirent juste au-dessus d'un réseau de galeries. La 25e division mit des mois à comprendre pourquoi les soldats se faisaient abattre la nuit sous les tentes.

Les forces américaines et australiennes employèrent diverses méthodes pour "pacifier" la région de Cu Chi, surnommée le Triangle de fer. De vastes opérations terrestres, impliquant des milliers de soldats, ne parvinrent pas à localiser les tunnels. Pour priver le Viêt-cong d'abris et d'approvisionnement, des défoliants furent déversés sur les rizières, des bulldozers arrachèrent la jungle, des villages furent évacués et rasés. Quelques mois après avoir arrosé la région de produits chimiques, les Américains mirent le feu à la végétation desséchée à grand renfort d'essence et de napalm. Cependant, des averses éteignirent les feux, et le Viêt-cong survécut dans ses abris souterrains.

Incapable de gagner cette bataille avec des armes chimiques, l'armée américaine envoya des hommes à l'assaut des tunnels. Ces "rats des tunnels", souvent contraints à livrer des combats souterrains, subirent de lourdes pertes.

Les Américains commencèrent alors à employer des bergers allemands, dressés à débusquer les trappes et les rebelles. Pour tromper leur odorat, les soldats viêt-cong se lavèrent avec du savon américain et revêtirent les uniformes de leurs prisonniers. Par ailleurs, les chiens n'avaient pas appris à reconnaître les objets piégés. Beaucoup furent tués ou blessés et leurs maîtres finirent par refuser de les envoyer dans les tunnels.

Les Américains déclarèrent alors Cu Chi "zone de tir à volonté" : les GI pouvaient faire feu sur tout ce qui bougeait, des tirs d'artillerie au jugé avaient lieu de nuit, et les pilotes pouvaient déverser leurs surplus de bombes et de napalm avant de rentrer à leur base. Le Viêt-cong continua de résister. À la fin des années 1960, les B52 déversèrent un tapis de bombes sur la région, détruisant la plupart des tunnels et la campagne alentour. Ce fut néanmoins une action quasi symbolique, car les États-Unis commençaient déjà à retirer leurs troupes. Les tunnels avaient rempli leur mission.

Les soldats viêt-cong qui combattaient dans les tunnels vivaient dans des conditions extrêmement pénibles et essuyèrent de terribles pertes. Seuls 6 000 des 16 000 cadres survécurent, et des milliers de civils de la région furent tués. Leur ténacité était extraordinaire compte tenu des bombardements, de l'oppression des mois passés sous terre, et de la mort d'innombrables camarades et amis.

Les villages du district de Cu Chi ont depuis eu droit à de nombreux honneurs. Le gouvernement les a décorés et déclarés "villages héroïques". Depuis 1975, de nouveaux hameaux ont été construits et la population de la région a augmenté en flèche. Toutefois, les défoliants contaminent toujours la terre et l'eau, tandis que les récoltes restent maigres.

Les Tunnels de Cu Chi, de Tom Mangold et John Penycate (Albin Michel, 1986), est un ouvrage excellent sur l'histoire des tunnels et les combattants impliqués de part et d'autre.

👁 À voir

Tunnels de Cu Chi   SITES HISTORIQUES
(www.cuchitunnel.org.vn ; adulte/enfant 80 000/20 000 d). Deux sections de ce remarquable réseau de tunnels ont été agrandies et aménagées pour ouvrir au public. L'une se trouve près du village de Ben Dinh, l'autre à Ben Duoc, 15 km plus loin. D'un accès plus facile pour les bus d'excursion, la première voit affluer davantage de touristes.

La visite de chacun des sites débute généralement par une vidéo de propagande très datée, puis des guides en treillis conduisent de petits groupes à travers de courts tronçons de galerie. Même si vous ne descendez pas sous terre, l'expérience reste intéressante.

Sur place, on peut tirer avec d'authentiques kalachnikovs et mitrailleuses moyennant une petite fortune. Il faut savoir que le prix est fixé par balle et que celles-ci partent en rafales dans le cas d'une arme automatique.

Ben Dinh

Secteur le plus visité, cette petite portion rénovée se situe près du village de Ben Dinh, à 50 km de HCMV. Dans une salle du centre d'accueil, on peut voir une carte montrant l'étendue du réseau, ainsi que des schémas en coupe des tunnels.

La section du tunnel ouverte au public se trouve à quelques centaines de mètres au sud du centre d'accueil. Elle serpente sur 50 m à travers diverses salles. Les tunnels, non éclairés, mesurent environ 1,20 m de hauteur sur 0,80 m de largeur. Un tank M41 endommagé et un cratère de bombe avoisinent la sortie, dans un bosquet d'eucalyptus récemment planté.

Sachez que le site est très touristique et régulièrement bondé.

Ben Duoc

Comme à Ben Dinh, les tunnels ont été élargis pour faciliter l'accès des touristes, mais ils n'en demeurent pas moins fort étroits. Ils comportent des bunkers, un hôpital et un centre de commandement qui joua son rôle lors de l'offensive du Têt en 1968, avec tables, chaises, lits, lampes et mannequins en uniforme.

Peut-être plus émouvant que les souterrains, l'imposant **temple de Ben Duoc** fut construit en 1993 en hommage aux Vietnamiens tués à Cu Chi. Il est flanqué d'une tour de neuf étages précédée d'un jardin fleuri. Seules peuvent entrer les personnes portant une tenue appropriée (pas de shorts, etc.).

GRATUIT Musée de la Guerre de Cu Chi   MUSÉE
(Nha Truyen Thong Huyen Cu Chi). Le musée ne se trouve pas à l'entrée des tunnels, mais près de la nationale, dans le centre de la ville de Cu Chi.

Selon la loi du genre, il présente essentiellement des photographies, dont certaines difficiles à regarder, et du gros matériel militaire qui rouille au-dehors. D'un intérêt limité, il n'égale en rien le musée des Souvenirs de guerre de HCMV. Beaucoup des mêmes photos sont en outre visibles dans les tunnels.

**Centre de protection
de la faune de Cu Chi**   RÉSERVE D'ANIMAUX
(www.wildlifeatrisk.org ; adulte/enfant 5 $US/entrée libre). À quelques kilomètres des tunnels de Ben Dinh. On recueille ici des animaux sauvages confisqués à leurs propriétaires ou à des trafiquants. Ours noirs d'Asie, loutres, gibbons et même un léopard font partie des pensionnaires. Lors de notre passage, le centre agrandissait ses enclos pour améliorer les habitats. Une exposition instructive présente la situation assez déplorable de la faune au Vietnam et comprend une "chambre de la mort", un ensemble d'appâts et de pièges. Il est facile de se perdre sur les petites routes, aussi vaut-il mieux demander à un tour-opérateur de combiner cette visite avec les tunnels de Cu Chi.

Comment s'y rendre et circuler

Le district de Cu Chi couvre une vaste superficie, dont une partie se situe à 30 km seulement du centre de HCMV. Le musée de la Guerre de Cu Chi est le site le plus proche de la ville ; les tunnels de Ben Dinh et de Ben Duoc se situent respectivement à 50 km et à 65 km de HCMV.

VOITURE Pour visiter le centre de protection et les tunnels, mieux vaut louer une voiture avec chauffeur, une option relativement bon marché si l'on partage le coût à plusieurs. Le site étant difficile à trouver, assurez-vous que le chauffeur connaît bien le chemin.

TRANSPORTS EN COMMUN Compliqué, car cela implique plusieurs changements de bus. Les bus à destination de Tay Ninh passent par Cu Chi, mais il est difficile d'aller de la ville aux tunnels.

CIRCUITS Les excursions organisées (voir p. 328) constituent le moyen le plus simple de découvrir les tunnels. Comme la concurrence fait rage, les prix s'avèrent exceptionnellement raisonnables. Pour une formule originale, essayez la demi-journée en bateau (12 $US) organisée par **Delta Adventure Tours** (carte p. 326 ; ☎3920 2112 ; www.deltaadventuretours.com ; 267 Ð De

---

POSTE-FRONTIÈRE : MOC BAI-BAVET

Ce poste-frontière fréquenté est l'itinéraire le plus rapide entre HCMV et Phnom Penh. De nombreux cafés de voyageurs du quartier de Pham Ngu Lao vendent des tickets de bus pour Phnom Penh (environ 12 $US), avec des départs essentiellement entre 6h et 14h. Prévoyez 6 heures de trajet en tenant compte des formalités. Les visas cambodgiens (20 $US) sont émis à la frontière ; vous aurez besoin d'une photo d'identité. Moc Bai est devenue une importante zone de produits hors taxes pour les Vietnamiens et compte plusieurs hypermarchés. Côté cambodgien, Bavet est une sorte de mini-Macao avec une demi-douzaine de casinos.

Tham ; tour 378 000 d) ou la formule à vélo d'**Exotissimo** (carte p. 311 ; ☎3827 2911 ; www.exotissimo.com ; 64 Đ Dong Du ; 3 110 000/3 900 000/4 600 000/6 200 000 d pour 1/2/3/4 pers ; ⏰9h-18h lun-sam).

Tay Ninh

📍066 / 127 000 HABITANTS

La ville de Tay Ninh, capitale de la province du même nom, est avant tout le siège de l'une des plus curieuses religions du Vietnam, le caodaïsme. Construit entre 1933 et 1955, le grand temple caodaïste est un extravagant édifice rococo, associant des influences conflictuelles : église romane, musée Grévin, pagode chinoise et jardins du Baume du Tigre à Hong Kong.

La province de Tay Ninh, au nord-ouest de HCMV, longe sur trois côtés la frontière cambodgienne ; elle est délimitée à l'est par la rivière Saigon. Son point culminant, le Nui Ba Den (mont de la Dame noire), domine les plaines environnantes. La VamCo, qui prend sa source au Cambodge, traverse l'ouest de la province.

En raison de la puissance politique et militaire des caodaïstes, la région fut le théâtre de combats acharnés durant la guerre d'Indochine. La province de Tay Ninh devint ensuite une étape primordiale de la piste Hô Chi Minh durant la guerre du Vietnam. En 1969, le Viêt-cong parvint à s'emparer de la ville de Tay Ninh et la conserva plusieurs jours.

Durant la période de conflit entre le Cambodge et le Vietnam à la fin des années 1970, les Khmers rouges effectuèrent des raids dans la province et commirent des atrocités contre les civils, comme en témoignent plusieurs cimetières aux alentours de Tay Ninh.

👁 À voir

Grand Temple caodaïste   TEMPLE

(Thanh That Cao Dai). Le siège du caodaïsme fut fondé en 1926 à proximité du village de Long Hoa, à 4 km à l'est de Tay Ninh. L'ensemble comprend aujourd'hui, outre le grand temple, des bureaux, des logements pour les employés et les fidèles, ainsi qu'un hôpital de médecine traditionnelle par les plantes, qui attire des patients de tout le sud du Vietnam. Après la réunification, le gouvernement "emprunta" certains édifices pour son propre usage (et peut-être pour surveiller la secte).

Les prières ont lieu quatre fois par jour dans le grand temple (sauf durant la fête du Têt). Ne manquez pas d'y assister – celle de 12h est la préférée des groupes venus de HCMV –, mais prenez soin de ne pas perturber les fidèles. Une centaine d'adhérents y participent et ils se comptent par milliers lors des fêtes.

Les photos des objets de culte sont autorisées, mais ne photographiez pas des personnes sans leur permission, rarement accordée. Vous pourrez photographier les séances de prière depuis le balcon, concession due sans doute à l'afflux quotidien de touristes. Une tenue décente est requise pour pénétrer dans le temple (ni short, ni débardeur).

Un "œil divin" orne le fronton du grand temple. Les femmes entrent par la tour de gauche et font le tour de la salle à l'extérieur des colonnades dans le sens des aiguilles d'une montre. Les hommes entrent par la droite et circulent en sens inverse. Le centre du sanctuaire est réservé aux prêtres caodaïstes.

Une peinture murale dans le hall d'entrée représente les trois signataires de la "troisième alliance entre Dieu et l'homme" : le révolutionnaire et homme d'État chinois Sun Yat-sen (1866-1925) tient un encrier de pierre, tandis que le poète vietnamien Nguyên Binh Khiêm (1492-1587) et Victor Hugo (1802-1885) écrivent "Dieu et Humanité" et "Amour et Justice" en chinois et en français, respectivement avec un pinceau et une plume. Des inscriptions en français, anglais et allemand donnent une version légèrement différente des principes du caodaïsme.

La salle principale est divisée en neuf niveaux qui symbolisent les neuf marches menant au paradis, flanqués chacun de deux colonnes. Les fidèles progressent d'un espace à l'autre en fonction de l'ancienneté de leur adhésion au caodaïsme. Au fond du sanctuaire, huit colonnes en plâtre, entourées de dragons multicolores, soutiennent un dôme qui symbolise le ciel. Au-dessous, une énorme sphère bleue parsemée d'étoiles porte l'"œil divin".

Le plus grand des sept sièges placés devant ce globe est réservé au pape caodaïste, un poste vacant depuis 1933. Les trois suivants sont destinés aux responsables des livres contenant les préceptes de la religion. Les trois autres sont occupés par les dirigeants des trois branches du caodaïsme, représentées par les couleurs jaune, bleu et rouge.

LE CAODAÏSME

Fascinante fusion entre l'Orient et l'Occident, le caodaïsme (Dai Dao Tam Ky Pho Do) est une religion syncrétique née au Vietnam au début du XXe siècle et comportent des éléments du bouddhisme, du confucianisme, du taoïsme, de croyances vietnamiennes, du christianisme et de l'islam, plus une pointe d'enseignement séculier. Les termes Cao Dai (qui signifient "haute tour" ou "palais") sont un euphémisme pour désigner Dieu. Il y aurait de 2 à 3 millions d'adeptes du caodaïsme dans le monde.

Histoire

Le caodaïsme fut fondé par Ngô Minh Chiêu (également connu sous le nom de Ngô Van Chiêu ; 1878-1933), fonctionnaire mystique qui dirigea le district de l'île Phu Quoc. Très érudit en matière de religions occidentales et orientales, il se passionna pour le spiritisme. En 1919, il commença à recevoir des révélations de Cao Dai, sur lesquelles il fonda sa doctrine.

Le caodaïsme devint une religion officielle en 1926 et attira des milliers de fidèles au cours des décennies qui suivirent. Les caodaïstes allèrent jusqu'à transformer la province de Tay Ninh en un État féodal presque indépendant. En 1956, le caodaïsme représentait une puissance politique forte d'une armée de 25 000 hommes. Ayant refusé de soutenir le Viêt-cong pendant la guerre du Vietnam, les caodaïstes s'attendaient au pire après la réunification, et ils avaient raison : toutes leurs terres furent confisquées par le nouveau gouvernement communiste et quatre membres du groupe religieux furent exécutés en 1979. Ce n'est qu'en 1985, après une pacification totale au sein du groupe, que les caodaïstes purent récupérer leur grand temple, ainsi que 400 autres temples.

Philosophie

La doctrine caodaïste s'inspire en grande partie du bouddhisme mahayana, mêlé à des éléments taoïstes et confucianistes (la "triple religion" du Vietnam). L'éthique caodaïste se fonde sur l'idéal bouddhiste de l'homme bon, tout en incorporant des croyances vietnamiennes traditionnelles.

Le but ultime de tout disciple est d'échapper au cycle des réincarnations. Il doit pour cela s'abstenir de tuer, mentir, voler, vivre dans le luxe ou s'adonner aux plaisirs de la chair.

Les caodaïstes croient à l'existence de l'âme, à la communication avec le monde des esprits et à un seul dieu, bien qu'ils admettent la dualité chinoise du yin et du yang. Ils sont végétariens, pratiquent la méditation et les prêtres font vœu de célibat.

Pour eux, l'histoire se divise en trois grandes périodes de révélation divine. Au cours de la première période, la vérité de Dieu fut révélée à l'humanité par Lao-tseu et des personnages associés au bouddhisme, au confucianisme et au taoïsme. Les agents humains de la révélation intervenus durant la deuxième période sont le Bouddha (Sakyamuni), Mahomet, Confucius, Jésus et Moïse. La troisième et dernière révélation est le résultat de la "troisième alliance entre Dieu et l'homme", et c'est là qu'interviennent les séances de spiritisme. Les caodaïstes pensent échapper aux erreurs des deux premières périodes, car l'esprit des morts guide les vivants. Parmi les différents esprits contactés figurent Jeanne d'Arc, Shakespeare, Lénine et Victor Hugo, ce dernier nommé chef spirituel des missions étrangères à titre posthume en raison de ses apparitions fréquentes.

Les temples caodaïstes célèbrent tous quatre cérémonies quotidiennes, à 6h, 12h, 18h et minuit. Le rite, au cours duquel les dignitaires portent une tenue d'apparat, comporte des offrandes d'encens, de thé, d'alcool, de fruits et de fleurs. L'autel est toujours surmonté de "l'œil divin", devenu le symbole officiel de la religion d'après une vision de Ngô Minh Chiêu. Pour en savoir plus, consultez le site officiel : www.caodai.org.

De part et d'autre de l'espace entre les colonnes, deux chaires ressemblent aux minbars des mosquées.

Au-dessus de l'autel, on discerne difficilement les portraits de six personnages importants du caodaïsme : le Bouddha Sakyamuni (Siddhartha Gautama, fondateur du bouddhisme), Ly Thai Bach (Li Taibai, fée de la mythologie chinoise), Khuong Tu Nha (Jiang Taigong, saint chinois), Laozi (Lao-Tseu, fondateur du taoïsme), Quan Cong (Guangong, dieu chinois de la guerre) et Quan Am (Guanyin, déesse chinoise de la miséricorde).

Nui Ba Den — MONTAGNE, TEMPLES

(mont de la Dame noire ; adulte/enfant 10 000/5 000 d). À 15 km au nord-est de Tay Ninh, le mont culmine à 850 m dans un paysage de rizières, de champs de maïs et de manioc et de plantations d'hévéas. Pendant des siècles, Nui Ba Den fut un sanctuaire pour divers peuples de la région – Khmers, Cham, Vietnamiens et Chinois –, comme en témoignent plusieurs **temples creusés dans la roche**. Le sommet du Nui Ba Den bénéficie d'un climat nettement plus frais que le reste de la province.

Lieu de ravitaillement pour le Viêt-minh puis le Viêt-cong, Nui Ba Den fut le théâtre de combats acharnés pendant les guerres d'Indochine et du Vietnam. Les Américains installèrent une base de tir et une station relais au sommet, avant qu'il ne soit – ironie de l'histoire – lourdement bombardé et défolié par l'aviation américaine.

Plusieurs histoires existent pour expliquer le nom de "Dame noire", dont la légende de Huong, une jeune femme qui épousa l'homme qu'elle aimait en dépit des avances d'un mandarin fortuné. Alors que son mari était parti au service militaire, Huong décida d'aller jusqu'à une statue miraculeuse du Bouddha, au sommet de la montagne. En chemin, elle fut attaquée et enlevée, mais, préférant la mort au déshonneur, elle se jeta du haut d'une falaise. Son fantôme apparut à un bonze qui raconta son histoire.

La marche aller-retour du pied de la montagne au temple principal se fait en 1 heure 30. Escarpé par endroits, le chemin reste facile et de nombreux pèlerins âgés le parcourent en sandales. Autour du temple, quelques stands vendent des en-cas et des boissons.

Si l'exercice ne vous fait pas peur, la randonnée jusqu'au sommet et la descente demandent environ 6 heures. Plus rapide et moins fatigant, le **télésiège** (aller/aller-retour adulte 50 000/90 000 d, enfant 30 000/50 000 d) transporte les fidèles jusqu'au sommet. Pour une descente plus palpitante, essayez le "toboggan", une sorte de luge qui dévale sur 1 700 m autour de la montagne le long d'une piste sinueuse.

Au pied de la montagne, vous découvrirez des lacs, des jardins soigneusement entretenus, des animations religieuses et des attractions de fête foraine : pédalos à louer et petit train pour les plus fatigués.

Si très peu d'étrangers visitent le site du Nui Ba Den, les Vietnamiens y viennent en nombre, surtout le dimanche, les jours fériés et lors des fêtes.

ⓘ Depuis/vers Tay Ninh

Tay Ninh se situe sur la RN 22 (Quoc Lo 22), à 96 km de HCMV. La route traverse Trang Bang, l'endroit où fut prise la célèbre photo d'une petite fille grièvement brûlée, courant et criant durant une attaque américaine au napalm. Pour savoir ce qu'est devenue la fillette, lisez *La Fille de la photo*, de Denise Chong (Poche, 2003). Plusieurs temples caodaïstes bordent la RN 22, dont un sévèrement endommagé par le Viêt-cong lors de sa construction, en 1975.

BUS ET CIRCUITS De la gare routière d'An Suong, des minibus relient HCMV à Tay Ninh (50 000 d), mais il est beaucoup plus simple d'opter pour un circuit organisé Tay Ninh/Cu Chi partant du district 1. Vous pouvez envisager de quitter l'une des excursions les moins chères (7 $US) au Grand Temple caodaïste. De là, un taxi pour Nui Ba Dem tourne autour de 100 000 d, un *xe om* de 40 000 d. Vous devrez ensuite payer un prix similaire pour rejoindre la gare routière de Tay Ninh.

Pagode au Pilier unique de Thu Duc

(Chua Mot Cot Thu Duc ; ☏3896 0780 ; 1/91 Đ Nguyen Du, district de Thu Duc). S'élevant au milieu d'un petit plan d'eau, le petit édifice renferme une effigie de la déesse de la miséricorde aux multiples bras. D'autres sanctuaires l'entourent, dont un grand bâtiment en construction lors de notre passage. À l'arrière de l'ensemble, des tombes contiennent des urnes funéraires de moines et de fidèles.

Officiellement baptisée Nam Thien Nhat Tru, la pagode n'est pas sans rappeler son homonyme d'Hanoi, érigée au XIe siècle, puis rebâtie après sa destruction par les Français en 1954. Lors de la partition du Vietnam la même année, de nombreux moines bouddhistes (et prêtres catholique) s'enfuirent au sud de crainte d'éventuelles persécutions. L'un d'eux demanda au gouvernement sud-vietnamien l'autorisation de bâtir une réplique de ce lieu de culte. Le président Ngô Dinh Diêm, un catholique peu tolérant envers le clergé bouddhiste, refusa. Thich et ses partisans réunirent néanmoins les fonds

VAUT LE DÉTOUR

LE PARC DAI NAM

Mélange de Disneyland, de fantaisie bouddhique, d'hommage historique et d'œuvre de propagande nationale, le **parc Dai Nam** (Lac Canh Dai Nam Van Hien ; www.laccanhdainamvanhien.vn ; adulte/enfant 50 000/25 000 d ; ☉8h-18h) est un véritable monument du kitsch. Situé à une trentaine de kilomètres de HCMV, sur la RN 13, ce complexe ambitieux se divise en quatre parties à l'ombre de hauts murs, gardés par de faux soldats grandeur nature, qui font penser à la Grande Muraille de Chine.

Le **parc d'attractions** (☉8h-18h) comprend un circuit de montagnes russes digne de ce nom, un parcours aquatique à bord d'embarcations en forme de bûches, une salle enneigée et quantité de manèges pour les plus petits. Le palais Ngu Lan (Cinq Licornes), où des bateaux gonflables glissent à travers des tableaux représentant la vie, la mort, la réincarnation, la descente aux enfers (une débauche de corps démembrés, de tortures et de démons sadiques) et l'arrivée au nirvana, suscitent une franche hilarité. Nous le déconseillons toutefois aux jeunes enfants. Son pendant, le palais Ngu Phung (Cinq Phénix), donne aux touristes l'impression d'être arrivés au paradis. Il faut payer pour chaque attraction (20 000-50 000 d).

Le **zoo** (adulte/enfant 40 000/20 000 d) de 12,5 ha est le seul de l'agglomération saïgonnaise où les animaux ont un minimum d'espace et que nous pouvons par conséquent recommander. Parmi les gros mammifères figurent des tigres, des lions, des ours et des rhinocéros blancs. La **plage** voisine (adulte/enfant 50 000/20 000 d) se dote de vastes bassins d'eau douce ou salée qui rafraîchiront agréablement votre progéniture.

Dans le genre clinquant et monumental, rien ne vaut toutefois le **complexe du temple**, un ensemble de lacs et de montagnes artificiels, de sentiers pédestres, de tours et de pagodes derrière une grande esplanade. Dans l'énorme sanctuaire trônent toutes les divinités et personnages éminents du Vietnam, Hô Chi Minh occupant bien entendu la place d'honneur.

Le bus 18 circule tous les jours entre la gare routière de Ben Thanh et Dai Nam. Sur place, les endroits où se garer ne manquent pas.

À 5 km au sud du parc, vous pourrez faire halte à **Tuong Binh Hiep**, qui fabrique depuis le début du XVIIIe siècle des objets en laque de qualité vendus beaucoup moins chers qu'à HCMV. En venant de HCMV, tournez à gauche dans Le Chi Dan, juste après les deuxièmes cabines de péage, et vous verrez plusieurs ateliers le long de la route.

---

et bâtirent la pagode sans se préoccuper du veto présidentiel. Le gouvernement ordonna la destruction du temple mais, malgré les menaces d'emprisonnement, les moines refusèrent et le conflit s'enlisa. Les tentatives de harcèlement et d'intimidation du président à l'encontre des religieux déplurent fortement dans un pays à 90% bouddhiste, et contribuèrent sans doute à l'assassinat de Diêm par ses propres soldats en 1963.

La pagode se situe à 15 km au nord-est du centre de HCMV. Les cafés de voyageurs et les agences de voyages de HCMV pourront organiser une excursion personnalisée ou vous procurer une voiture avec chauffeur.

Can Gio

Remarquable pour sa vaste mangrove qui, pour certains, constitue la réponse de la nature à la pollution croissante de la ville, Can Gio est une île plate frangée de palmiers à 25 km au sud-est de HCMV.

À l'embouchure de la rivière Saigon, elle a été formée par l'accumulation du limon, d'où l'absence de plages de sable blanc. Quelques complexes hôteliers prometteurs ont néanmoins fleuri le long des 10 km de rivage terreux et d'autres sont prévus. On peut toutefois s'interroger sur leur attrait pour les visiteurs étrangers.

Plus intéressante, la forêt classée réserve biosphère par l'Unesco présente une grande diversité naturelle, avec plus de 200 espèces animales et 150 espèces de plantes. Si vous cherchez un endroit relativement épargné par la circulation à explorer à moto, Can Gio peut faire l'objet d'une journée d'excursion.

👁 À voir

Monkey Island
Eco Forest Park
RÉSERVE NATURELLE

(www.cangioresort.com.vn ; 30 000 d). Comme souvent en matière d'"écotourisme" au Vietnam, Saigon Tourist a participé à l'initiative et en a fait un spectacle. Bien qu'il s'agisse de la partie la plus intéressante et la plus accessible de la forêt, difficile de ne pas être indigné face aux conditions de captivité des vedettes de ce cirque animalier, notamment les ours et les primates.

L'île abrite également une réserve de singes comprenant une centaine d'individus sauvages mais peu farouches qui peuvent se montrer tour à tour charmeurs, voleurs ou carrément agressifs. Gardez un œil sur vos affaires.

La promenade en bateau à moteur (environ 150 000 d) sur les voies d'eau qui conduisent à la **base de Rung Sac** est le temps fort de la visite. Le site reconstitué donne à voir des mannequins représentant des cadres viêt-cong en train d'ouvrir des obus américains pour en récupérer les charges explosives ou de lutter contre les crocodiles qui pullulaient à l'époque (ils sont désormais confinés aux fermes d'élevage comme celle proche de l'entrée). Un petit **musée** traite de la faune ainsi que de l'histoire locale de la guerre du Vietnam et des trouvailles archéologiques dans la région.

En venant de HCMV, Monkey Island se trouve à droite de l'axe principal, 34 km après le ferry.

Vam Sat
RÉSERVE NATURELLE

Cette portion de forêt où se pratique la pêche au crabe comporte une ferme d'élevage de crocodiles et le lieu de nidification des chauves-souris frugivores de **Dam Doi** (marais des chauves-souris). Les bateaux pour Vam Sat (environ 150 000 d) mouillent sous le pont Dan Xay, sur la route principale, à 22 km au sud du ferry et à 12 km au nord de Monkey Island.

Duyen Hai
VILLE

À l'extrémité sud-est du district de Can Gio, face à Vung Tau, Duyen Hai possède un **temple caodaïste** et un grand **marché** qu'on repère de loin à ses puissants effluves de poisson. Les spécialités locales sont les fruits de mer et le sel, fruits, légumes et riz étant apportés par bateau de HCMV. Un vaste **cimetière** et un **monument aux morts** (Nghia Trang Liet Si Rung Sac), jouxtent l'élevage de crevettes, à 2 km du marché.

ℹ Depuis/vers Can Gio

CIRCUITS ORGANISÉS Le Cafe Kim Tourist (25 $US) et Saigon Tourist (à partir de 56 $US) proposent des excursions d'une journée au départ de HCMV. Voir p. 347.

VOITURE ET MOTO Can Gio se situe à 60 km au sud-est du centre de HCMV, à 2 heures en voiture ou à moto. Vous devrez emprunter un ferry (moto/voiture 2 000/10 000 d) à Binh Khanh (Cat Lai), une ancienne base navale américaine à 15 km de HCMV. Après la traversée, la circulation se raréfie et des mangroves bordent la route. Le trajet à moto constitue à lui seul un plaisir pour les conducteurs expérimentés.

Delta du Mékong

Dans ce chapitre »

My Tho	362
Ben Tre	366
Tra Vinh	368
Vinh Long	371
Can Tho	375
Soc Trang	381
Ca Mau	384
Rach Gia	387
Île de Phu Quoc	389
Ha Tien	400
Chau Doc	405
Long Xuyen	411
Cao Lanh	413
Sa Dec	416

Le top des restaurants

- » Marché de nuit de Dinh Cao (p. 398)
- » Bassac Restaurant (p. 407)
- » Tan Phat (p. 405)
- » Noi Ben Tre (p. 368)

Le top des hébergements

- » Kim Tho Hotel (p. 377)
- » La Veranda (p. 395)
- » Victoria Can Tho Resort (p. 377)
- » Bamboo Cottages (p. 398)

Pourquoi y aller

Véritable "grenier à riz" du Vietnam, le delta du Mékong est une région magnifique présentant toute une palette de verts. Dans ce monde aquatique, bateaux, maisons restaurants et même marchés flottent sur un réseau sans fin de rivières, de canaux et de cours d'eau. Luttant contre la nature et les saisons, la population produit ici l'une des plus abondantes récoltes de riz au monde.

Essentiellement rurale, la région est l'une des plus densément peuplées du pays et le moindre lopin de terre est cultivé. Le charme unique du Sud, combiné à la vie fluviale, constitue le principal attrait du delta. Les visiteurs peuvent explorer de paisibles villes en bord de fleuve, où peu de touristes s'aventurent goûter les fruits vendus sur les marchés flottants, savourer un repas maison et passer la nuit chez l'habitant ou sur un bateau traditionnel. Des réserves ornithologiques, d'imposantes pagodes khmères, et bien entendu, des témoignages de la guerre sont à voir.

Si vous cherchez un paradis tropical, rejoignez Phu Quoc, une île aux plages de sable blanc, aux sources fraîches et aux pistes désertes, idéales pour un périple à moto.

Quand partir

My Tho

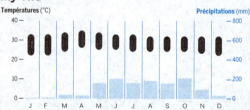

Nov Le début de la saison sèche, marquée par des courses de bateaux lors des fêtes khmères de Tra Vinh et de Soc Trang.

Jan Pendant que le Nord frissonne, les plages de l'île de Phu Quoc connaissent un climat sec et tempéré.

Mars Un séjour à cette période vous évitera la folie du Têt et le temps chaud et pluvieux qui règne en été.

Histoire

Le delta du Mékong faisait autrefois partie du royaume khmer et fut la dernière région annexée par le Vietnam actuel. Les Cambodgiens n'oublient pas qu'ils l'ont possédé jusqu'au XVIIIe siècle et continuent de l'appeler Kampuchea Krom (Bas-Cambodge). Les Khmers rouges tentèrent de récupérer ce territoire en attaquant des villages vietnamiens et en massacrant leurs habitants. On connaît la suite : en réponse, l'armée vietnamienne envahit le Cambodge le 25 décembre 1978 et chassa les Khmers rouges du pouvoir, mettant fin au régime de Pol Pot. Aujourd'hui majoritairement composée de Viêts, la population du delta comprend néanmoins une proportion non négligeable de Chinois et de Khmers, ainsi que quelques Chams. Sur les Khmers de la région, voir l'encadré p. 372.

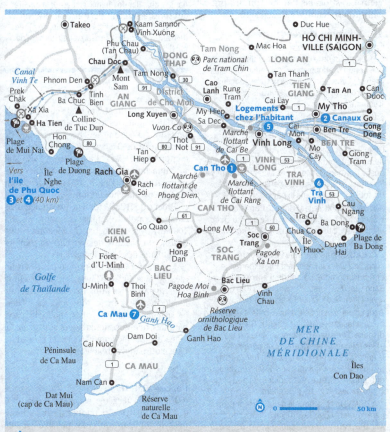

À ne pas manquer

1. Une sortie en bateau au départ de **Can Tho** (p. 377) pour découvrir les marchés flottants animés

2. Une balade au fil des **canaux** (p. 363) entre My Tho et Ben Tre, avec halte sur une île verdoyante pour se régaler de poisson frais

3. Un périple à moto dans les recoins isolés de l'**île de Phu Quoc** (p. 389)

4. Les **plages** idylliques de l'île de Phu Quoc (p. 393)

5. Un **séjour chez l'habitant** au bord de l'eau à proximité de Vinh Long (p. 374)

6. Les magnifiques **pagodes khmères** de Tra Vinh (p. 369)

7. L'authenticité de villes reculées comme **Ca Mau** (p. 384), dépourvues de touristes

En 1975, la collectivisation des terres provoqua l'effondrement de la production agricole. Si les paysans ont réussi à subvenir à leurs besoins, Saigon a souffert de la disette. Les citadins tentèrent alors de se procurer du riz au marché noir dans le delta, mais, pour éviter les "profits illicites", le gouvernement installa des postes de contrôle, chargés de confisquer tout transport supérieur à 10 kg. Cette politique a pris fin en 1986 et le Vietnam est depuis devenu l'un des principaux exportateurs mondiaux de riz.

❶ Comment s'y rendre et circuler

La plupart des touristes découvrent le delta du Mékong dans le cadre d'un circuit organisé, une option pratique et peu coûteuse. Ceux qui préfèrent voyager par leurs propres moyens trouveront facilement des endroits peu fréquentés à explorer.

Depuis l'ouverture de plusieurs postes-frontières entre le Vietnam et le Cambodge, dont la frontière fluviale à Vinh Xuong (près de Chau Doc) et la frontière terrestre à Xa Xia (près de Ha Tien), nombre de voyageurs délaissent le poste-frontière de Moc Bai-Bavet et passent par le delta. Les visas cambodgiens sont délivrés partout à l'arrivée dans le pays.

AVION Des vols relient Hanoi à Can Tho et HCMV à Rach Gia et Ca Mau. L'île de Phu Quoc est desservie depuis Hanoi, HCMC, Can Tho et Rach Gia.

BATEAU Circuler par voie fluviale entre certaines villes du delta est une expérience enthousiasmante, notamment entre Ca Mau et Rach Gia. Des bateaux pour l'île de Phu Quoc lèvent l'ancre de Rach Gia et de Ha Tien.

BUS Le delta bénéficie d'un excellent réseau de bus qui facilite les déplacements. Chaque ville dispose d'une gare routière utilisée par les bus et les minibus, généralement en périphérie, d'où la nécessité de prendre un *xe om* (moto-taxi) ou un taxi pour rejoindre son hôtel. Les minibus ont tendance à être plus rapides, un peu plus confortables et guère plus chers.

À HCMV, les bus pour le delta partent de la gare routière Mien Tay, 10 km à l'ouest du centre. Afin d'éviter l'inconvénient du trajet jusqu'à la gare, vous pouvez réserver une excursion bon marché ralliant My Tho depuis Đ Pham Ngu Lao et abandonner le groupe après la traversée en bateau.

VOITURE, VÉLO ET MOTO Vous pouvez aussi sillonner la région en voiture, à vélo ou à moto. Un deux-roues est particulièrement plaisant pour s'égarer dans le dédale des petites routes.

Quelle que soit votre destination, attendez-vous à trouver des péages et, bien que les ponts soient de plus en plus nombreux, à emprunter des ferries. Ceux-ci sont fréquents et peu coûteux. Des fruits, des sodas et des en-cas à base de riz gluant sont vendus dans les salles d'attente des embarcadères.

☞ Circuits organisés

Au départ de HCMV, les circuits dans le delta du Mékong – à la journée ou plus longs – se comptent par dizaines. Ils constituent un gain de temps, mais n'offrent aucune liberté concernant l'itinéraire et l'hébergement.

Les agences les moins chères se regroupent dans le quartier de Pham Ngu Lao, et la qualité de la prestation correspond en général au prix, qui dépend de la distance parcourue, du mode de transport, de la nourriture et du nombre de participants.

My Tho

🕿 073 / 180 000 HABITANTS

Porte du delta du Mékong, et seul aperçu de la région pour les visiteurs qui se contentent d'y passer une journée, la capitale de la province de Tien Giang semble paisible comparée à HCMV. Bien que My Tho soit un important centre marchand, il faut continuer jusqu'à Can Tho (p. 375) pour découvrir les fameux marchés flottants.

Proche de HCMV, My Tho est un lieu d'excursion populaire auprès des touristes qui veulent avoir un aperçu du Mékong – une flottille de bateaux dessert chaque jour les îles et leurs fabriques artisanales.

My Tho fut fondée vers 1680 par des réfugiés chinois fuyant Taïwan après la chute de la dynastie des Ming du Sud. L'économie locale repose sur le tourisme, la pêche, la riziculture et les fruits (noix de coco, bananes, mangues, longanes et agrumes). La ville s'explore facilement à pied et le bord du fleuve offre une agréable promenade.

👁 À voir

Pagode Vinh Trang   PAGODE
(60A Đ Nguyen Trung Truc ; entrée libre ; ⊙9h-11h30 et 13h30-17h). Des bouddhas géants dominent le joli parc de cette paisible pagode ornée de sculptures en bois doré. Les bonzes accueillent des enfants orphelins, handicapés ou démunis. Les dons sont toujours appréciés. La pagode est à 1 km du centre-ville. Il faut prendre Đ Le Loi vers le nord, tourner à droite sur Đ Nguyen Trai, puis à gauche au bout de 400 m. L'entrée du sanctuaire se situe à 200 m, sur la droite du bâtiment.

Marché central   MARCHÉ
(Cho My Tho ; Đ Trung Trac). Couvrant la rue face au canal Bao Dinh, ce marché où

MÉKONG, LE FLEUVE AUX NEUFS DRAGONS

Le Mékong est l'un des plus grands fleuves au monde, et son delta l'un des plus vastes. Il prend sa source au Tibet, traverse la Chine sur 4 500 km, passe entre le Myanmar (Birmanie) et le Laos, qu'il arrose sur une bonne longueur et sépare de la Thaïlande, puis coule à travers le Cambodge et le Vietnam, avant de se jeter dans la mer de Chine méridionale. À Phnom Penh (Cambodge), il se sépare en deux bras : le Hau Giang ou Bassac (fleuve inférieur), qui rejoint la mer via Chau Doc, Long Xuyen et Can Tho, et le Tien Giang (fleuve supérieur), qui se divise lui-même en plusieurs bras à Vinh Long et se jette dans la mer en cinq endroits différents. Les nombreux bras du fleuve expliquent son nom vietnamien, Song Cuu Long, le fleuve aux Neuf Dragons.

Le niveau du Mékong commence à monter fin mai et atteint son plus haut niveau en septembre. Son débit varie de 1 900 à 38 000 m³/seconde selon la saison. L'affluent qui se jette dans le fleuve à Phnom Penh provient du lac Tonlé Sap, au Cambodge. Quand le fleuve est en crue, cet affluent inverse son courant pour se déverser dans le lac, limitant ainsi les inondations dans le delta. Hélas, la déforestation du Cambodge perturbe cet équilibre précaire, entraînant plus d'inondations dans la partie vietnamienne du bassin.

Ces dernières années, les crues ont fait plusieurs centaines de victimes et contraint des dizaines de milliers d'habitants à quitter leur foyer. Par endroits, la population doit attendre plusieurs mois le retrait complet des eaux avant de pouvoir revenir. Les dommages causés par les inondations coûtent chaque année des sommes astronomiques et ont des conséquences catastrophiques sur la culture du riz et du café.

Vivre dans une plaine inondable présente des défis techniques. À défaut de hauteurs pour se protéger de la montée des eaux, les habitants construisent leurs maisons sur des pilotis en bambou. Pendant les crues, de nombreuses routes sont submergées ou deviennent des bourbiers ; des voies praticables toute l'année ont été construites sur des tertres surélevés, mais cela coûte cher. La solution traditionnelle consiste à se déplacer en bateau et à creuser des canaux, qui doivent être dragués pour rester navigables.

La propreté des canaux constitue un autre problème, car les riverains ont l'habitude de jeter leurs détritus et leurs eaux usées dans les cours d'eau qui passent devant chez eux. Dans les régions les plus peuplées du delta, l'accumulation des déchets est de plus en plus visible. La World Wildlife Foundation (WWF) travaille en partenariat avec les autorités locales afin d'améliorer les techniques de sauvegarde de la nature et de mettre en place des campagnes de sensibilisation aux problèmes écologiques.

En 2011, les eaux boueuses du Mékong ont à nouveau fait l'objet d'une controverse avec la décision du Laos de bâtir le premier barrage en amont du fleuve. Auparavant, les barrages construits côté chinois avaient déjà été rendus responsables de la baisse du niveau des eaux. Les 263 groupes de protection de l'environnement qui demandent au gouvernement laotien de suspendre son projet craignent que le phénomène perturbe le cycle de reproduction de nombreuses espèces de poissons. Ils redoutent également une pénétration accrue de l'eau salée en territoire vietnamien, ce qui pourrait avoir un effet catastrophique sur la production rizicole.

Parmi les nombreux poissons qui vivent dans le Mékong figurent divers poissons-chats, dont le plus rare, le poisson-chat géant du Mékong, peut atteindre 3 m de longueur. Plus au nord, au Cambodge et au Laos, le dauphin d'eau douce de l'Irrawaddy reste présent dans quelques secteurs. D'innombrables serpents d'eau, tortues et insectes aquatiques complètent la faune du fleuve.

---

flottent des odeurs curieuses présente les étalages habituels de poissons séchés, fruits exotiques et animaux vivants destinés à la consommation.

Temple caodaïste TEMPLE
(85 Đ Ly Thuong Kiet). Un petit édifice coloré qui mérite un coup d'œil rapide.

Circuits organisés

Dans un gros bâtiment au bord du fleuve, la **My Tho Tourist Boat Station** (8 Đ 30 Thang 4) regroupe plusieurs tour-opérateurs proposant des promenades en bateau dans les îles voisines et à travers le réseau d'étroits canaux. Une fabrique de bonbons à la noix

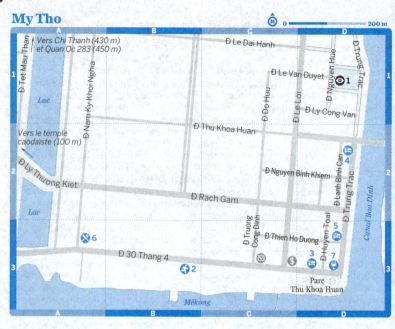

My Tho

À voir
1 Marché de My Tho D1

Activités
2 My Tho Tourist Boat Station B3

Où se loger
3 Minh Quan Hotel D3
4 Song Tien D2
5 Song Tien Annex D3

Où se restaurer
6 Hu Tieu 44 .... A3
   Hu Tieu Chay 24 .... (voir 6)

Où prendre un verre
7 Lac Hong D3

de coco, une ferme d'apiculteur (goûtez le vin de banane) et un jardin d'orchidées font partie des destinations fréquentes. Le circuit de 2 heures 30 tourne autour de 350 000 d/450 000 d pour 1/2 personnes. Pour une simple journée d'excursion, il est aisé de réserver auprès d'une agence de HCMV une formule comprenant le transport. Vous payerez nettement moins cher en vous joignant à un groupe, mais vous pourrez davantage négocier l'itinéraire en solo. Tours-opérateurs de My Tho :

Tien Giang Tourist (387 3184 ; www.tiengiangtourist.com)

Vietnamese Japanese Tourist (397 5559 ; www.dulichvietnhat.com).

Où se loger

Vu la proximité de HCMV, il n'y a guère de raison de passer la nuit à My Tho. Vous y trouverez néanmoins d'excellentes adresses.

Song Tien Annex HÔTEL $$
(387 7883 ; www.tiengiangtourist.com ; 33 Đ Thien Ho Duong ; ch 30-40 $US ; ✻☎). Si les concepts d'"hôtel de charme" et de "compagnie touristique d'État" vont rarement de pair, c'est pourtant le cas ici. Les chambres comportent du parquet ciré, des détails appréciables tels que peignoir et sèche-cheveux, et une jolie sdb pour le prix (avec baignoire à pattes de lion). On y accède par une étroite terrasse à arcades faisant le tour du bâtiment, d'où une vue limitée sur le fleuve. La perspective depuis le restaurant du toit compense toutefois cet inconvénient.

Song Tien HÔTEL $
(387 2009 ; www.tiengiangtourist.com ; 101 Đ Trung Trac ; ch à partir de 400 000 d ; ✻☎). Dans cet établissement fiable de 7 étages avec ascenseur, les chambres possèdent TV satellite, minibar et eau chaude. Certaines

parmi les moins chères n'ont pas de fenêtre, mais ne pâtissent pas de l'humidité. Les suites se distinguent par leur mobilier plus chic.

Minh Quan HÔTEL $

(397 9979 ; minhquanhotel@gmail.com ; 69 Đ 30 Thang 4 ; ch 400 000-750 000 d ; ❄@☎). Des couloirs jalonnés de pilastres aux couleurs criardes conduisent à des chambres bien tenues et de bon goût, quoiqu'un peu exiguës. Le café sur le toit peut être bruyant jusqu'à 23h.

Où se restaurer et prendre un verre

La ville est réputée pour son *hu tieu My Tho*, une soupe de vermicelles accompagnée de fruits de mer frais et séchés, de porc, d'abats, de poulet et d'herbes. Servie avec ou sans bouillon, elle existe aussi en version végétarienne.

Presque tous les restaurants préparent ce plat, mais quelques-uns en font leur spécialité unique. Les carnivores essaieront le **Hu Tieu 44** (46 Đ Nam Ky Khoi Nghia ; soupes 20 000 d), les végétariens le **Hu Tieu Chay 24** (24 Đ Nam Ky Khoi Nghia ; plats 10 000-14 000 d).

Ngoc Gia Trang VIETNAMIEN $

(196 Đ Ap Bac ; plats 45 000-150 000 d). Prisé des groupes de touristes en bus, cet endroit accueillant se tient dans une ruelle sur la route de My Tho en venant de HCMV. Les tables sont nichées dans la verdure, près de bassins. La longue carte traduite en français et en anglais comprend de délicieux fruits de mer présentés avec art.

Quan Oc 283 VIETNAMIEN, FRUITS DE MER $

(283 Đ Tet Mau Than ; plats 15 000-100 000 d). Une aubaine pour manger des fruits de mer grillés à prix doux. Faites votre choix parmi les plateaux remplis de palourdes, de coquilles Saint-Jacques, de moules et de bulots en devanture, ou dans les aquariums où évoluent poissons, crabes et crevettes à l'arrière. L'établissement fait face au mémorial de la guerre : suivez Đ Ly Thuong Kiet et tournez à droite juste après le lac.

Chi Thanh SINO-VIETNAMIEN $

(279 Đ Tet Mau Than ; plats 35 000-80 000 d). Un petit restaurant fort populaire, près du Quan Oc 283, dont la carte en anglais décline de savoureux plats chinois et vietnamiens (bœuf, poulet, porc, crabe, calmars, crabe, nouilles, fondues…).

Lac Hong CAFÉ-BAR

(3 Đ Trung Trac ; ☎). Installé au bord du fleuve dans une superbe maison de négoce de l'époque coloniale, le Lac Hong ne manque pas de cachet et ne dépareraît pas au centre de HCMV. Chaises longues et Wi-Fi gratuit au rez-de-chaussée, brise et vue sur le Mékong à l'étage. Concerts le jeudi.

❶ Comment s'y rendre et circuler

Les ponts et autoroutes construits depuis peu ont considérablement réduit les trajets jusqu'à My Tho. Il faut désormais compter entre 1 heure et 1h30 de route depuis le centre de HCMV (70 km), tandis que Ben Tre se trouve à seulement 17 km de la ville par le nouveau pont.

La **gare routière de My Tho** (Ben Xe Tien Giang ; 42 Đ Ap Bac) se situe à 3 km à l'ouest du centre, sur le grand axe menant à HCMV. Des bus desservent la gare de Mien Tay à HCMV (30 000 d), ainsi que Can Tho (50 000 d), Cao Lanh (25 000 d), Chau Doc (51 000 d) et Ca Mau (100 000 d).

Environs de My Tho

ÎLE DU PHÉNIX

Jusqu'à son emprisonnement par les communistes pour ses activités antigouvernementales et la dispersion de ses adeptes, le "moine aux noix de coco" (voir l'encadré p. 366) dirigeait une petite communauté sur cette île (Con Phung), à quelques kilomètres de My Tho. À son apogée, l'île était dominée par un extravagant **sanctuaire** (5 000 d ; ⏱8h-11h30 et 13h30-18h) en plein air. Les colonnes entourées de dragons et l'étrange tour, avec un énorme globe de métal, éclataient alors de couleurs. Aujourd'hui, cet ensemble défraîchi, silencieux et branlant, conserve néanmoins des éléments kitsch, telle la maquette d'une fusée Apollo parmi les statues bouddhiques ! Avec un peu d'imagination, vous pourrez vous représenter le moine aux noix de coco présidant sa congrégation, assis sur un trône richement ouvragé entre d'énormes défenses d'éléphant. Les tour-opérateurs privés peuvent faire figurer l'île dans un circuit organisé.

Si vous souhaitez prolonger votre séjour, vous pouvez passer la nuit au modeste **Con Phung Hotel** (☎075 382 2198 ; www.conphungtourist.com ; ch 200 000 d ; ❄). Toutes les chambres disposent d'une TV, d'un réfrigérateur et de l'eau chaude ; les plus chères donnent sur le fleuve. Le restaurant sert des spécialités du delta (plats 40 000-220 000 d).

AUTRES ÎLES

Réputée pour ses vergers de longaniers, **l'île du Dragon** (Con Tan Long) constitue une escale plaisante. Là, des bateaux de pêche en bois s'alignent le long des côtes frangées de palmiers. À 5 min en bateau de My Tho, l'île compte quelques petits restaurants et cafés, et certains de ses habitants sont constructeurs de bateaux.

À proximité, deux autres îles, **l'île de la Tortue** (Con Qui) et **l'île de la Licorne** (Thoi Son), sont des escales classiques pour leurs fabriques de bonbons à la noix de coco et de vin de banane.

VILLAGE DE TAN THACH

De l'autre côté du fleuve dans la province de Ben Tre, cet ancien arrêt de ferry est plus ou moins tombé dans l'oubli depuis l'inauguration du nouveau pont. Il possède néanmoins une pension rustique où passer la nuit et un restaurant au bord de l'eau fréquenté par les groupes de touristes.

Où se loger et se restaurer

Thao Nhi Guesthouse PENSION $
(075-386 0009 ; thaonhitours@yahoo.com ; hameau 1, village de Tan Thach ; ch 6-15 $US ; ❄). Pour changer de l'ordinaire, voici une sympathique pension rurale qui permet de loger chez l'habitant au milieu de la verdure. Bien qu'assez sommaires, les chambres ont la clim et la TV. Les moins chères occupent des bungalows équipés de ventilateurs. Repas copieux (poisson oreille d'éléphant) et vélos gratuits à disposition. Le fils du propriétaire parle très bien anglais et propose des excursions autour de Ben Tre et dans les provinces voisine.

Hao Ai VIETNAMIEN $
(Hameau 2, village de Tan Thach ; plats 50 000-80 000 d). Sis au milieu de luxuriants jardins paysagés où déambulent buffles et poulets, ce séduisant restaurant insulaire fait des affaires en or grâce aux groupes qui visitent le delta en bateau. Il se compose toutefois d'assez de pavillons pour que les voyageurs indépendants puissent s'isoler, et propose des menus substantiels pour deux personnes et plus. Déjeuner uniquement.

❶ Depuis/vers Tan Thach

À 6 km au nord de la gare routière de Ben Tre (30 000 d en *xe om*), Tan Thach dépend du district de Chau Thanh ; prenez la RN 60 qui retourne vers My Tho, tournez à droite au grand croisement marqué Chau Thanh et continuez jusqu'au bout. La pension et le restaurant se tiennent le long de la dernière petite route à droite. Après 300 m, un panneau indique sur la droite le chemin de la pension qu'il faut suivre pendant 50 m.

Ben Tre

075 / 120 000 HABITANTS

Alors que le tourisme s'est développé dans le delta du Mékong, la charmante petite province de Ben Tre s'est développée à un rythme bien plus lent que My Tho. Pour l'instant, l'ouverture d'un pont n'y a pas changé grand-chose. Le bord de fleuve paisible, jalonné de villas anciennes, offre une agréable promenade, de même que le faubourg rural, de l'autre côté du pont, au sud du centre. Ben Tre est aussi un bon endroit pour organiser une excursion en bateau, surtout si vous souhaitez échapper aux circuits en bus.

LE MOINE AUX NOIX DE COCO

Né en 1909, dans l'actuelle province de Ben Tre, Nguyên Thanh Nam fut surnommé le "moine aux noix de coco" (Ong Dao Dua) parce qu'il se serait exclusivement nourri de ces fruits pendant trois ans.

De 1928 à 1935, il étudia la physique et la chimie à Lyon, Caen et Rouen, puis retourna au Vietnam, se maria et eut une fille. En 1945, il quitta sa famille pour se consacrer à la vie monastique et passa alors trois ans à méditer jour et nuit, assis sur une dalle de pierre sous un mât. Les gouvernements vietnamiens successifs l'emprisonnèrent à plusieurs reprises, car il préconisait l'unification du pays par des moyens pacifiques. Il est mort en 1990.

La vie de ce moine est racontée sur une jarre en porcelaine haute de 3,50 m (réalisée en 1972) de l'île du Phénix (Con Phung). Il fonda une religion appelée Tinh Do Cu Si, mélange de bouddhisme et de christianisme. Ses adeptes ont désormais quitté l'île, mais on peut encore y voir plusieurs représentations témoignant de ce syncrétisme.

Ben Tre

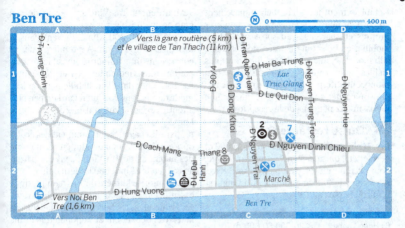

Ben Tre est réputée pour ses *keo dua* (bonbons à la noix de coco). Nombre de femmes les confectionnent dans des petits ateliers, faisant bouillir une mixture gluante dans de grands chaudrons, avant de la rouler et de la couper en petits carrés.

À voir

GRATUIT Musée de Ben Tre MUSÉE
(Bao Tang Ben Tre ; Đ Hung Vuong ; ⊙8h-11h et 13h-17h). Installé dans une villa jaune pleine de caractère, il présente l'habituel assortiment d'armes rouillées et de souvenirs de la guerre du Vietnam, la plupart légendées en anglais. La salle à l'arrière contient des objets provenant de fouilles archéologiques avec des explications uniquement en vietnamien.

Pagode Vien Minh PAGODE
(Đ Nguyen Trai ; ⊙7h-11h et 13h-21h). Dans le centre, ne manquez pas cette pagode précédée de grandes statues blanches de Bouddha et de Quan Thê Âm Bô Tat, déesse de la Miséricorde. L'édifice actuel date des années 1950 et s'élève à l'emplacement d'un sanctuaire en bois qui aurait été construit au XIXe siècle. Ses calligraphies chinoises décoratives sont l'œuvre de bonzes.

Circuits organisés

Ben Tre Tourist VÉLO ET SORTIES EN BATEAU
(☎382 9618 ; www.bentretourist.vn ; 65 Đ Dong Khoi ; ⊙7h-11h et 13h-17h). L'agence loue des vélos (1/4 $US heure/jour), des bateaux à moteur (10 $US/heure) et des vedettes (100 $US/heure). Elle organise aussi des excursions, dont une formule motorcart/bateau à destination de la ferme d'apiculteur et de la fabrique de bonbons à la noix de coco (25/30/42/52 $US pour 1/2/3/4 pers) et un circuit "écologique" à vélo pour voir des plantations de cocotiers, de goyaves et de pamplemousses.

Ben Tre
À voir
1 Musée de Ben Tre B2
2 Pagode Vien Minh C2

Activités
3 Ben Tre Tourist C1

Où se loger
4 Ham Luong Hotel A2
5 Hung Vuong Hotel B2

Où se restaurer
6 Food Stalls C2
7 Nam Son C2

Où se loger

Ham Luong HÔTEL $
(☎356 0560 ; www.hamluongtourist.com.vn ; 200 Đ Hung Vuong ; s 18-23 $US, d 23-29 $US ; ❄@≋). Ce vaste hôtel moderne au bord du fleuve parie clairement sur le pont pour assurer son succès. Les chambres joliment meublées contrastent avec les immenses couloirs austères et les installations comportent piscine et salle de gym, du jamais vu à Ben Tre. Connexion Internet mais pas de Wi-Fi.

Hung Vuong HÔTEL $
(☎382 2408 ; 166 Đ Hung Vuong ; d/lits jum/ ste 350 000/370 000/530 000 d ; ❄🛜).

L'établissement jouit d'un bel emplacement au bord du fleuve. Il renferme des chambres propres et spacieuses au sol carrelé et au mobilier en bois, qui disposent toutes d'une sdb moderne, mais dont certaines sont plus vieilles que d'autres. Quoique d'un bon rapport qualité/prix, l'ensemble ne brille pas par son cachet, malgré la sirène qui domine le bassin aux poissons de la réception.

Où se restaurer

Les **étals du marché** (plats environ 15 000 d) permettent de se sustenter à prix modique. Pour prendre un verre ou manger une glace, le café sur le toit de l'hôtel Ham Luong est l'endroit le plus agréable.

Noi Ben Tre   VIETNAMIEN $
(Đ Hung Vuong ; plats 20 000-60 000 d). Cette barge sur plusieurs niveaux reste amarrée au bord du fleuve, et profite en soirée d'une brise rafraîchissante. La carte en anglais propose des salades piquantes aux crevettes, de délicieuses grenouilles à la citronnelle et des soupes aux œufs ainsi que des plats de "poisson de vase", de porc et de poulet.

Nam Son   VIETNAMIEN $
(40 Đ Phan Ngoc Tong ; plats 20 000-60 000 d). Centrale et animée, cette table séduit la clientèle locale grâce à son poulet grillé à arroser d'une bière à la pression.

Depuis/vers Ben Tre

La nouvelle **gare routière** (Ben Xe Ben Tre ; RN 60) de vastes dimensions, à 5 km au nord-est du centre-ville (30 000 d en *xe om*), dessert notamment HCMV (67 000 d), Can Tho (55 000 d), Ca Mau (103 000 d) et Ha Tien (134 000 d). Les derniers bus pour HCMV partent entre 16h et 17h.

Comment circuler

À l'embarcadère public, près du marché, des bateaux proposent des croisières de 2 heures au minimum sur les canaux (70 000-90 000 d/h).

Tra Vinh
📞 074 / 131 000 HABITANTS

Des arbres ombragent toujours les boulevards de Tra Vinh, l'une des plus jolies villes du delta. Cette cité paisible rappelle une époque révolue et les quelque 140 pagodes khmères qui émaillent la province en font une destination privilégiée pour découvrir les origines cambodgiennes du delta, volontiers dissimulées. Peu de touristes s'aventurent à Tra Vinh en raison de son emplacement isolé, sur une péninsule.

Environ 300 000 Khmers vivent dans la province de Tra Vinh. À première vue, ils constituent une "minorité invisible", car ils parlent tous vietnamien et rien ne semble les distinguer dans leur habillement ou leur mode de vie. Toutefois, un regard un peu plus attentif révèle le dynamisme de la culture khmère dans cette partie du Vietnam. La plupart des pagodes comprennent des écoles où s'enseigne la langue khmère et nombre des habitants de Tra Vinh lisent et écrivent aussi bien le khmer que le vietnamien.

La minorité khmère du Vietnam pratique essentiellement le bouddhisme theravada. Au Cambodge, les bonzes ne travaillent pas la terre et dépendent de la population locale pour leur nourriture. À Tra Vinh, les guides vietnamiens vous feront fièrement remarquer que la culture du riz par les bonzes est l'une des réussites du régime ; en effet, le gouvernement vietnamien considérait les moines qui ne travaillaient pas comme des "parasites". Les Khmers ne partagent pas ce point de vue et continuent de financer subrepticement les monastères.

Entre 15 et 20 ans, la plupart des adolescents suivent la vie monastique pendant quelques mois ou quelques années, selon leur choix. Les bonzes khmers peuvent manger de la viande, mais tuer les animaux leur est interdit.

Tra Vinh abrite également une petite communauté chinoise dynamique, l'une des rares à subsister dans le delta du Mékong.

👁 À voir

Étang Ba Om et pagode Ang   PAGODE, MUSÉE
Appelé Ao Ba Om (lac Carré), cet étang idyllique, entouré de grands arbres, est un agréable lieu de promenade. Site spirituel pour les Khmers et lieu de pique-nique pour les Vietnamiens, il aurait servi de bassin d'ablutions pour le temple angkorien du Xe siècle qui s'élevait à proximité.

Construite sur les ruines du temple, la pagode Ang (Chua Ang en vietnamien ; Angkor Rek Borei en khmer), splendide édifice, combine à l'architecture khmère classique quelques éléments coloniaux. À l'intérieur, des scènes aux couleurs vives représentent la vie de Bouddha. En face de l'entrée de la pagode, le **musée de la Minorité khmère** (Bao Tang Van Hoa Dan Tac ; entrée libre ; ⏰7h-11h et 13h-17h ven-mer), joliment agencé, présente des photos, des

> **INTERVIEW**
>
> ## LÊ VAN SINH, UN PIONNIER DU TOURISME VIETNAMIEN
>
> Peu de gens ont eu autant d'impact sur le tourisme au Vietnam que Lê Van Sinh, patron de Sinhbalo Adventures (voir p. 347 et 525) et grande source d'informations pour les auteurs de Lonely Planet.
>
> **Qu'est-ce qui fait la spécificité du delta du Mékong ?** J'ai toujours été intéressé par les voies d'eau, car naviguer sur le fleuve étendu dans un hamac est une façon formidable de se relaxer. La singularité de l'incroyable réseau de canaux et de marchés flottants justifie vraiment le voyage.
>
> **Pourquoi le vélo ?** C'est le meilleur moyen de savourer le paysage et de sortir des sentiers battus. Le cyclotourisme dans l'extrême Nord ou sur les hauts plateaux du Centre requiert entraînement et endurance, tandis que le relief plat du delta permet à n'importe qui de découvrir la région à vélo. Que vous soyez sportif ou cycliste du dimanche, les circuits possibles abondent.
>
> **Quels sont les plus beaux itinéraires ?** Le chemin à l'ombre des cocotiers qui relie Ben Tre à Can Tho, en passant par Mo Cay et la jolie ville de Tra Vinh, compte parmi mes parcours préférés à travers la campagne. La plupart des touristes qui se rendent à Can Tho empruntent la RN 1A, mais cela n'a rien à voir !

costumes et d'autres objets de la culture khmère traditionnelle. L'édifice lui-même, une structure moderne au toit typique de l'architecture khmère construite autour d'un bassin, présente un certain attrait.

L'étang Ba Om est à 5 km au sud-ouest de Tra Vinh, le long de la nationale en direction de Vinh Long.

Pagode Ong   PAGODE CHINOISE
(Chua Ong et Chua Tau ; 44 Dien Bien Phu). Richement orné et peint de couleurs vives, ce lieu de culte en activité est purement chinois. Sur l'autel, le dieu à visage rouge représente le général Quan Cong (Guan Yu en chinois). Supposé empêcher la guerre, ce personnage s'inspire d'un soldat ayant vécu au IIIe siècle, et figure dans le roman chinois *L'Histoire des Trois Royaumes*, écrit par Luo Guanzhong au XIVe siècle, qui a été porté à l'écran par John Woo (*Les Trois Royaumes*, 2009).

Fondée en 1556 par la congrégation chinoise du Fujian, la pagode, reconstruite à plusieurs reprises, a récemment été restaurée grâce à des fonds venus de Taïwan et de Hong Kong, d'où son aspect pimpant.

Temple de l'Oncle Hô   TEMPLE COMMUNISTE
(Den Tho Chu Tich Ho Chi Minh ; parking voiture/vélo 5 000/2 000 d ; 7h-11h et 13h-17h). Très inhabituel, ce lieu consacré à Hô Chi Minh contient un sanctuaire à sa gloire coiffé d'un toit en rotin et un petit musée montrant des photos du héros. Désormais à l'abri d'un bâtiment rond en béton, le premier fut érigé en 1971, alors que la guerre du Vietnam faisait encore rage, témoignant ainsi du large soutien dont bénéficiaient les communistes dans le delta du Mékong. Le parc alentour donne à voir un hélicoptère, une Jeep et un canon antichar américains ainsi que d'énormes pythons en cage. Le temple se trouve dans la commune de Long Duc, 5 km au nord de Tra Vinh.

Pagode Hang   PAGODE KHMÈRE
(Chua Hang ; Kampongnigrodha ; Ð Dien Bien Phu). Cette pagode khmère moderne porte aussi le nom de pagode aux Cigognes en raison des grands oiseaux blancs qui nichent dans les hauts arbres alentour et qui justifient à eux seuls le détour ; vous aurez plus de chances de les apercevoir au crépuscule pendant la saison des pluies. Chua Hang se situe à 6 km au sud de la ville, 300 m après la gare routière.

Pagode Ong Met   PAGODE KHMÈRE
(Chua Ong Met ; Ð Ngo Quyen). Très grand temple khmer en plein centre-ville. Certains bâtiments sont tout neufs.

👉 Circuits organisés

Tra Vinh Tourist   EXCURSIONS
(385 8556 ; tvtourist@yahoo.com ; 64 Ð Le Loi ; 7h30-11h et 13h30-17h). Cet opérateur propose des excursions vers les différents sites de la province, dont un circuit en bateau dans les îles (500 000 d).

Tra Vinh

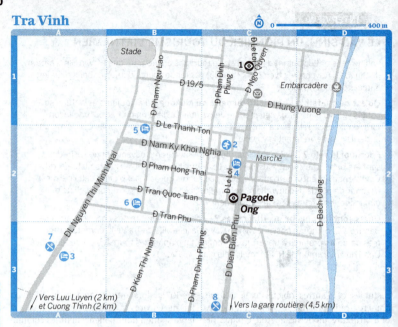

Tra Vinh

⊙ Les incontournables
Pagode Ong..C2

⊙ À voir
1 Pagode Ong Met C1

⊙ Activités
2 Tra Vinh Tourist C2

⊙ Où se loger
3 Hoan My A3
4 Tan Hang C2
5 Tra Vinh Palace B2
6 Tra Vinh Palace 2 ....B2

⊙ Où se restaurer
7 Cuu Long Restaurant A3
8 Vi Huong C3

Où se loger

Tra Vinh Palace 2   HÔTEL $
(☎386 3999 ; 48 Đ Pham Ngu Lao ; d/lits jum/tr 180 000/220 000/250 000 d ; ✱@☎). Joliment paré de rose, ce nouveau mini-hôtel accueillant, doté d'un ascenseur, loue de pimpantes chambres modernes avec sol carrelé et baignoire ou douche. Les doubles n'ayant pas de fenêtres sur l'extérieur, mieux vaut opter pour une triple.

Hoan My   HÔTEL $
(☎386 2211 ; 105A ĐL Nguyen Thi Minh Khai ; ch 200 000-360 000 d ; ✱☎). Des murs en brique apparente, du parquet, du mobilier en bois sombre confèrent à ce mini-hôtel avec ascenseur une touche déco. Les chambres les plus chères, très spacieuses, bénéficient d'une TV grand écran, d'un lecteur de DVD et d'un balcon. Bien qu'assez récent, l'endroit commence hélas à montrer de légers signes de décrépitude et nous avons repéré quelques toiles d'araignée.

Luu Luyen   HÔTEL $
(☎384 2306 ; 16 ĐL Nguyen Thi Minh Khai ; ch avec ventil 90 000-120 000 d, avec clim 190 000-550 000 d ; ✱). Un peu à l'écart sur la route de Vinh Long, l'établissement abrite des chambres élégantes rehaussées de grandes fleurs aux murs, mais la moquette élimée dépare un peu. Le bâtiment principal se tient derrière une petite cour-jardin.

Tra Vinh Palace   HÔTEL $
(☎386 4999 ; www.travinh.lofteight.com ; 3 Đ Le Thanh Ton ; ch 250 000-350 000 d ; ✱☎). Avec ses colonnes roses, ses décorations en plâtre, ses carreaux de terre cuite et ses balcons, cet hôtel de 4 étages à l'angle d'une ruelle assoupie se donne des airs de palais. Les grandes chambres hautes de plafond

s'agrémentent de mobilier en bois incrusté de nacre.

Tan Hang HÔTEL $
(626 6999 ; 14 Dien Bien Phu ; ch 200 000-500 000 d ; ❉🛜). En plein centre-ville, ce mini-hôtel tout en hauteur reste assez neuf pour damer le pion à des concurrents mal entretenus. Les murs en brique claire et le mobilier en marqueterie du rez-de-chaussée font à première vue une impression favorable. Une chambrette intérieure dotée d'une bonne cabine de douche coûte 200 000 d. En payant un peu plus cher, vous aurez droit à une fenêtre.

✖ Où se restaurer

Cuu Long Restaurant VIETNAMIEN $
(386 2615 ; 999 ĐL Nguyen Thi Minh Khai ; plats 60 000-190 000 d). Derrière la façade impossible de l'hôtel d'État Cuu Long, ce restaurant présente un cadre agréable sous un immense toit de chaume. La carte en anglais décline un large éventail de plats, parmi lesquels de délicieuses salades, des soupes gluantes et des escargots ainsi que du serpent pour les plus aventureux. Des musiciens jouent bruyamment certains soirs.

Cuong Thinh VIETNAMIEN $
(18A ĐL Nguyen Thi Minh Khai ; plats 25 000-180 000 d). Ce vaste restaurant ouvert entouré de palmiers vous attend à 2 km au sud de la ville, sur la route de Vinh Long. Réputé pour son ambiance et sa cuisine traditionnelle, il affiche une longue carte de classiques, plus quelques emprunts culinaires appréciés comme les nouilles à la mode de Singapour.

Vi Huong VIETNAMIEN $
(37A Đ Dien Bien Phu ; plats 15 000-40 000 d). Minuscule, chaleureux et très bon marché, ce restaurant privilégie les plats traditionnels simples comme la soupe aigre-douce, le poisson mijoté dans une cocotte en terre et le porc au riz.

❶ Depuis/vers Tra Vinh

Tra Vinh se situe à 65 km de Vinh Long et à 185 km de HCMV. De Ben Tre, on y accède facilement en empruntant un nouveau pont, puis le car-ferry qui traverse la rivière Co Chien (voiture 35 000 d) ; ce dernier devrait bientôt être remplacé par un autre pont, déjà en chantier.

La gare routière (Ben Xe Khach Tra Vinh) se tient à 5 km au sud du centre-ville, sur la RN 54 qui prolonge Đ Dien Bien Phu, l'artère principale. Des bus rallient HCMV (85 000 d), Cao Lanh (45 000 d) et Ha Tien (116 000 d).

Environs de Tra Vinh

CHUA CO

Le domaine de ce monastère khmer est une réserve ornithologique où nichent plusieurs espèces de cigognes et d'ibis ; vous les verrez arriver en nombre au crépuscule. Vu le nombre de nids, il faut prendre garde à ne pas déranger les oiseaux.

Chua Co se trouve à 43 km de Tra Vinh. Rejoignez Tra Cu, à 36 km, puis suivez la route sablonneuse qui conduit au monastère, à 7 km.

PLAGE DE BA DONG

De beaux couchers de soleil compensent le rivage sale, les eaux troubles, les singes en cage et les hébergements délabrés de Ba Dong. Très calme en semaine, la plage peut être bondée le week-end.

Principal événement de l'année, la **fête khmère d'Oc Bom Boc** mérite le détour pour ses pittoresques courses de bateaux ; elle a lieu un week-end à la fin d'octobre ou en novembre. Renseignez-vous auprès de Tra Vinh Tourist.

De Tra Vinh, suivez la route asphaltée sur 50 km jusqu'à Duyen Hai, puis empruntez la piste cahoteuse jusqu'à la plage, à 12 km. Environ 5 bus par jour relient Tra Vinh à Duyen Hai (18 000 d), d'où un *xe om* pourra vous conduire à la plage (environ 50 000 d).

Vinh Long

070 / 130 000 HABITANTS
Si Vinh Long n'est pas la plus grande ville du delta, elle n'en est pas moins un carrefour majeur, parfois bruyant et chaotique. Pour échapper au tumulte, réfugiez-vous près du fleuve, bordé de cafés et de restaurants. Dépourvue de curiosités touristiques, Vinh Long donne accès aux îles fluviales et à d'autres sites intéressants, comme les nombreux vergers et le marché flottant de Cai Be. De là, on peut aussi organiser un séjour chez l'habitant. Vinh Long, capitale de la province du même nom, se situe à mi-chemin de My Tho et de Can Tho.

⊙ À voir

Îles du Mékong ÎLES
Les superbes îles à proximité de Vinh Long justifient à elles seules le détour par cette ville sans intérêt. Elles sont dévolues à l'agriculture et à la production de fruits tropicaux notamment, expédiés vers les marchés de

BIENVENUE AU KAMPUCHEA KROM

Dans certaines provinces du delta du Mékong, vous serez peut-être surpris de découvrir des villes dont les habitants parlent une langue différente, suivent une autre branche du bouddhisme et ont une histoire et une culture très éloignées des autres Vietnamiens. Vous êtes chez les Khmers Krom, une minorité dans le delta, mais qui furent les premiers habitants de la région, installés ici depuis plus de 2 000 ans.

Les Khmers continuent d'appeler Kampuchea Krom ("Bas-Cambodge") le delta du Mékong, où leur présence remonte au Ier siècle, lors de la fondation du Funan, un empire maritime qui s'étendait de la péninsule malaise jusqu'au Mékong. Les archéologues pensent que le royaume du Funan était régi par une société très avancée qui construisit des canaux, fit le commerce des métaux précieux, mit en place un système politique élaboré et utilisa des techniques agricoles efficaces. Au Funan succéda le royaume du Chenla (630-802), puis l'Empire khmer, royaume le plus puissant d'Asie du Sud-Est, qui édifia Angkor Vat, entre autres splendeurs. Au XVIIe siècle cependant, l'Empire khmer était en ruine, menacé par les velléités expansionnistes du Siam (l'actuelle Thaïlande) et du Vietnam. Ce fut l'époque de la montée en puissance de l'Empire vietnamien qui commença à s'étendre vers le sud, envahissant d'abord l'Empire cham avant de s'intéresser aux territoires khmers du delta du Mékong.

Selon certains historiens, quelque 40 000 familles khmères vivaient autour de Prey Nokor lors de l'arrivée des Vietnamiens dans les années 1600, à la suite de l'octroi de droits d'installation par le roi Chey Chettha en 1623. Prey Nokor, un important port pour le royaume cambodgien, fut rebaptisé Saigon en 1698. Des vagues de colons vietnamiens peuplèrent la ville, tandis que d'autres poursuivaient leur avancée au sud. Avant leur arrivée, 700 temples khmers parsemaient le sud du Vietnam. Au cours du siècle suivant, les Khmers Krom luttèrent et remportèrent quelques victoires, parvinrent à repousser l'envahisseur avant de subir de nouvelles attaques.

Lorsque les Français s'emparèrent de l'Indochine au XIXe siècle, l'espoir d'un Kampuchea Krom indépendant fut irrémédiablement détruit. Alors que les Khmers constituaient la majorité de la population dans le sud du Vietnam, les Français ne rattachèrent pas cette colonie au Cambodge, mais en firent un protectorat séparé, appelé Cochinchine. Les Français annexèrent officiellement le Kampuchea Krom le 4 juin 1949, un jour de deuil pour les Cambodgiens, même si le sort de la région était prévisible depuis des siècles.

Depuis l'indépendance, en 1954, le gouvernement vietnamien a adopté une politique d'intégration et d'assimilation forcée ; les Khmers Krom doivent, entre autres obligations, prendre des noms de famille vietnamiens et parler vietnamien. Selon la Fédération des Khmers du Kampuchea Krom (FKK), ils ont été victimes de nombre d'atrocités au cours des quarante dernières années et continuent d'être persécutés. Ils dénoncent l'accès difficile au système de santé vietnamien et des discriminations religieuses (les Khmers Krom sont des bouddhistes theravada, alors que les Vietnamiens sont des bouddhistes mahayana) et raciales. Ces dernières années, plusieurs moines ont été défroqués pour leur participation à des manifestations pacifistes et, selon Human Rights Watch, le gouvernement cambodgien a même aidé à déporter des agitateurs.

Les Khmers constituent la couche la plus pauvre de la population. Même leur nombre soulève la controverse : les autorités vietnamiennes recensent 1 million de Khmers Krom, appelés *Nguoi Viet Goc mien* (Vietnamiens d'origine khmère), alors que la FKK affirme que 7 millions de Khmers vivent dans le sud du Vietnam.

HCMV. Dans cette région où l'eau est omniprésente, les maisons sont habituellement construites sur pilotis.

Parmi les îles les plus visitées figurent **Binh Hoa Phuoc** et **An Binh**, mais il en existe bien d'autres.

Vous pouvez aussi emprunter le ferry public (500 d, moto 1 000 d) jusqu'à l'une des îles, puis vous y promener à pied ou à deux-roues. Cette solution est toutefois moins intéressante qu'un circuit en bateau, car les ferries ne naviguent pas dans les étroits canaux. En vous adressant à l'un des opérateurs le long du quai, vous devriez pouvoir entreprendre une promenade de 2 ou 3 heures pour moins de 300 000 d.

Vinh Long

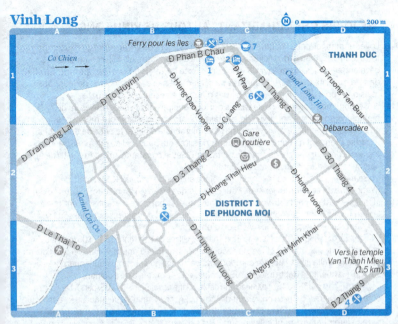

Marché flottant de Cai Be
MARCHÉ FLUVIAL

(5h-17h). Ce marché animé sur la rivière mérite de figurer au programme d'un circuit en bateau depuis Vinh Long. Mieux vaut cependant arriver tôt le matin. Les grossistes, chacun spécialisé dans quelques fruits ou légumes, amarrent leurs gros bateaux et suspendent des échantillons de leurs produits à de longues perches en bois. Les acheteurs vont de l'un à l'autre dans de petites embarcations. L'une des caractéristiques de ce marché flottant est l'immense église qui se dresse sur la berge, un arrière-plan mémorable, aubaine pour les photographes.

De Vinh Long, on rejoint le marché en 1 heure ; la plupart des visiteurs font des détours à l'aller ou au retour pour explorer les canaux ou découvrir des vergers. Ceux qui explorent le delta en circuit organisé prennent habituellement un bateau ici, explorent les îles et mouillent à Vinh Long avant de continuer vers Can Tho.

Temple Van Thanh Mieu
TEMPLE CONFUCÉEN

(Phan Thanh Gian ; Đ Tran Phu; 5h-11h et 13h-17h). Proche du fleuve, ce vaste et superbe temple se trouve sur un site très agréable. Les temples confucéens sont une rareté dans

Vinh Long

Activités
Cuu Long Tourist .... (voir 1)

Où se loger
1 Cuu Long Hotel C1
2 Van Tram Guesthouse C1

Où se restaurer
3 Com 36 ....B2
4 Dong Khanh......................................D3
5 Phuong Thuy C1
6 Marché de Vinh Long..........................C1

Où prendre un verre
7 Hoa Nang Cafe C1

le Sud. Autre originalité, la salle en façade fut édifiée en l'honneur du héros local, Phan Thanh Gian. Cet homme mena, en 1930, un soulèvement contre les Français ; lorsqu'il prit conscience que son mouvement était définitivement voué à l'échec, il préféra se suicider plutôt que d'être capturé par les autorités coloniales.

Dans la salle du fond, bâtie en 1866, un portrait de Confucius trône au-dessus de l'autel. L'ensemble semble arrivé droit de Chine.

"SÉJOURS CHEZ L'HABITANT" AUTOUR DE VINH LONG

Loger et manger chez l'habitant constitue pour nombre de voyageurs l'un des temps forts d'un circuit au fil du Mékong. Cette forme d'hébergement, qui a commencé à se développer sur les îles autour de Vinh Long, porte toutefois un nom inapproprié. En effet, dans la majorité des cas, les touristes ne séjournent pas dans la maison de leur hôte mais dans un bâtiment à part aux allures d'auberge de jeunesse spartiate.

Ces logements disposent de vastes dortoirs équipés de lits superposés ou de bungalows sommaires pourvus de sanitaires communs. Certains ont même des chambres avec sdb. Le prix comprend généralement le dîner et le petit-déjeuner. Les repas se prennent en compagnie des propriétaires ou, pour les lieux de plus grande capacité, dans une sorte de salle de restaurant. Seule constante, un cadre rustique et verdoyant qui donne un aperçu du Vietnam rural.

Beaucoup de touristes réservent un séjour en groupe depuis HCMV, mais rien n'empêche de se débrouiller seul. Pour cela, prenez le ferry à Vinh Long, puis un *xe om* jusqu'au point de chute de votre choix. Notez que les hôtes ne parlent souvent que le vietnamien, mais se montrent hospitaliers. La plupart des adresses ci-dessous se trouvent sur les berges d'une rivière ou d'un canal.

Bay Thoi (385 9019 ; hameau Binh Thuan 2, village de Hoa Ninh ; 13-15 $US/pers). L'une des options les plus chics et les plus accueillantes, autour d'une jolie maison familiale en bois. La nouvelle aile à l'arrière comporte du carrelage au sol et plusieurs chambres avec sdb qui justifient de débourser 2 $US de plus. Vélos gratuits à disposition.

Song Tien (385 8487 ; hameau An Thanh, village de An Binh ; 10 $US/pers). De l'autre côté de la rivière Co Chien en venant de Vinh Long, ce sympathique établissement reçoit les voyageurs dans des petits bungalows dotés de toilettes à la turque. Le cadre est particulièrement luxuriant et les propriétaires sortent à l'occasion la mandoline pour entonner quelques chants traditionnels. Assez petit, d'où l'atmosphère familiale.

Tam Ho (385 9859 ; info@caygiong.com ; hameau Binh Thuan 1, village de Hoa Ninh ; dort/ch 11/15 $US par pers). À 1,5 km de Vinh Long, Tam Ho est un verger en activité exploité par une famille accueillante. Il y a trois chambres disponibles, mais le canal peut être bruyant.

Ngoc Sang (385 8694 ; 95/8 Binh Luong, village de An Binh ; 15 $US/pers). Nos lecteurs aiment cet endroit chaleureux face au canal. On vous prête gracieusement des vélos et vous pouvez participer aux travaux agricoles dans le verger.

Mai Quoc Nam 1 (385 9912 ; maiquocnam@yahoo.com ; hameau Phuan 1, village de Binh Hoa Phuoc ; 250 000-300 000 d/pers). À une courte distance en bateau de Vinh Long, Mai Quoc Nam comprend un bâtiment moderne en béton sur le devant et des bungalows en bois plus attrayants nichés dans un jardin à l'arrière. Du fait de sa taille importante, il présente moins d'intimité que certains. Les propriétaires peuvent organiser des excursions sur les canaux.

Mai Quoc Nam 2 (385 9912 ; maiquocnam@yahoo.com ; hameau Binh Hoa 2, village de Binh Hoa Phuoc ; 300 000 d/pers). Surplombant la Co Chien du haut de ses pilotis, cette annexe du précédent a du cachet et une vue somptueuse sur la rivière, mais vous dormirez dans des dortoirs aménagés dans des constructions bien ventilées au toit en rotin. Les repas sont servis dans un bâtiment central.

Le temple Van Thanh Mieu se situe à 3 km au sud-est de la ville. Ne le confondez pas avec la pagode Quoc Cong, plus petite, devant laquelle vous passerez en chemin.

👉 Circuits organisés

Cuu Long Tourist — CIRCUITS EN BATEAU
(382 3616 ; www.cuulongtourist.com ; 2 Phan Boi Chau ; 7h-17h). Propose divers circuits en bateau, de 3 heures à 3 jours. Petits canaux, vergers, fours en brique, atelier de fabrication de chapeaux coniques en feuilles de palmier ou marché flottant de Cai Be (p. 373) figurent parmi les attractions. Pas forcément conseillé pour d'autres prestations touristiques.

🛏 Où se loger

Il existe des hôtels bien meilleurs à Ben Tre, Tra Vinh et Can Tho, de même que des logements chez l'habitant beaucoup plus typiques (voir l'encadré ci-dessus). Si vous voulez vraiment passer la nuit à Vinh Long, voici les meilleures adresses :

Cuu Long Hotel
HÔTEL $$

(382 3656 ; www.cuulongtourist.com ; 2 Phan Boi Chau ; s 440 000-580 000 d, d 560 000-700 000 d ; ❄︎🛜). Un établissement d'État propre mais sans cachet où descendent la plupart des groupes des circuits moyenne gamme dont les bateaux lèvent l'ancre juste en face. Chambres spacieuses avec sdb et balcon ou vue sur le fleuve.

Van Tram Guesthouse
PENSION $

(382 3820 ; 4 Đ 1 Thang 5 ; ch 250 000-300 000 d ; ❄︎). Près du fleuve et d'un marché vivant, cette pension compte 5 chambres de bonne taille pourvues d'une minuscule sdb.

Où se restaurer et prendre un verre

Dong Khanh
VIETNAMIEN $

(49 Đ 2 Thang 9 ; plats 30 000-50 000 d). Cette table fréquentée offre une carte variée, traduite en anglais, où figurent de nombreuses fondues et plats de riz. Les nappes apportent une touche d'élégance.

Marché de Vinh Long
MARCHÉ $

(Đ 3 Thang 2). Parfait pour acheter des fruits de la région et des en-cas à prix doux.

Com 36
VIETNAMIEN $

(36 Đ Hoang Thai Hieu ; plats 20 000-40 000 d). Un restaurant vietnamien typique au cadre purement fonctionnel et à la cuisine authentique. Pour commander, il suffit de choisir parmi les plats exposés derrière le comptoir vitré.

Phuong Thuy
VIETNAMIEN $

(Đ Phan Boi Chau ; plats 25 000-80 000 d). Un superbe emplacement au bord du fleuve, mais les groupes en circuit organisé gâchent un peu l'ambiance.

Hoa Nang Cafe
CAFÉ-BAR

(Đ 1 Thang 5). Perché sur la rive, c'est un endroit plaisant pour boire un café glacé ou un thé parfumé le matin ou bien se désaltérer d'une bière fraîche au retour d'une promenade en bateau.

❶ Depuis/vers Vinh Long

BATEAU Des cargos transportent parfois des passagers de Vinh Long jusqu'à Chau Doc (près de la frontière cambodgienne) ; renseignez-vous sur place, près de l'embarcadère des ferries.

BUS La **gare routière de Vinh Long** (Ben Xe Thanh Pho Vinh Long ; Đ 3 Thang 2), dans le centre, dessert HCMV (70 000 d) et Sa Dec (9 000 d). Pour les autres destinations, dont Can Tho (34 000 d) et Cao Lanh (17 000 d), mieux vaut prendre le bus à la **gare routière provinciale** (Ben Xe Khach Vinh Long ; RN 1A), 3 km au sud de la ville sur la route de Can Tho.

VOITURE ET MOTO Vinh Long se situe près de la RN 1A, à 33 km de Can Tho, à 66 km de My Tho et à 136 km de HCMV.

Can Tho

📞 071 / 1,1 MILLION D'HABITANTS

Épicentre du delta du Mékong, Can Tho est la plus grande ville de la région et fait figure de métropole après quelques jours passés en pleine nature. Centre politique, économique, culturel et carrefour des transports du delta, c'est une cité affairée, avec des quais animés et un séduisant ensemble de rues étroites et de larges boulevards. Base idéale pour découvrir les marchés flottants alentour, la ville attire quantité de touristes qui partent sillonner en bateau la myriade de canaux et de cours d'eau de la région.

👁 À voir

Temple Ong
TEMPLE CHINOIS

Dans un cadre superbe, face la rivière Can Tho, au sein de la **maison de la congrégation de Guangzhou** (Đ Hai Ba Trung), c'est l'un des sanctuaires les plus intéressants de la ville. Il fut construit à la fin du XIXe siècle pour le culte de Kuan Kung, un dieu symbolisant la loyauté, la justice, la raison, l'intelligence, l'honneur et le courage, entre autres vertus. Le temple est conçu de manière à évoquer le caractère chinois qui signifie "nation", avec des sections closes disposées symétriquement. En approchant de l'écran gravé, on remarque le côté droit est consacré à la déesse de la Fortune et le côté gauche au général Ma Tien. Au centre du temple, Kuan Kung est encadré par le dieu de la Terre et le dieu de la Prospérité.

Can Tho abritait auparavant une importante communauté chinoise, dont la plupart des membres ont fui les persécutions antichinoises de 1978-1979.

GRATUIT Musée de Can Tho
MUSÉE

(1 ĐL Hoa Binh ; ⏰8h-11h et 14h-17h mar-jeu, 8h-11h et 18h30-21h sam et dim). Ce vaste musée bien agencé illustre l'histoire locale à l'aide de mannequins et de maquettes grandeur nature, dont une pagode chinoise et

Can Tho

l'intérieur d'une habitation. Il met l'accent sur les communautés khmère et chinoise, les plantes, les poissons et la riziculture. La guerre occupe comme toujours une place de choix, avec les inévitables photos d'atrocités et même un squelette.

GRATUIT Musée militaire   MUSÉE
(6 ĐL Hoa Binh ; ⊙8h-11h et 14h-16h30 mar, jeu et ven, 8h-11h et 19h-21h sam). Renferme l'habituel assortiment de portraits de Hô Chi Minh et d'armes de la guerre du Vietnam. Des missiles et un avion de combat sont exposés sur la pelouse en façade.

Des missiles et un bombardier A37 américain sont exposés sur la pelouse devant, et un camp de jungle a été reconstitué dans la cour centrale.

Dans un bâtiment séparé, le **musée Hô Chi Minh** contient encore d'autres photos (pas de légendes en anglais) ainsi que quelques témoins prosaïques de l'existence du grand homme, tels son porte-savon en plastique et ses baguettes.

Pagode Munirensay   PAGODE
(36 ĐL Hoa Binh). Une série de constructions était en cours lorsque nous avons visité cette pagode édifiée en 1946 pour la communauté khmère. Les ornements sont typiques des pagodes bouddhiques theravada de style khmer.

🏃 Activités

Van Tho   MASSAGES
(56/68 Tran Quan Khai ; massage 40 000 d ; ⊙9h-22h). Van Tho, agence pour le travail des aveugles, emploie des masseurs professionnels formés aux techniques vietnamiennes et japonaises à l'université Hô Chi Minh. Les prix sont très raisonnables et les massages sans ambiguïté, ce qui n'est pas toujours le cas ailleurs. C'est l'occasion de contribuer à financer une bonne cause.

Can Tho

⦿ Les incontournables
- Musée de Can Tho B3
- Temple Ong C3

⦿ À voir
1. Musée militaire B3
2. Pagode Munirensay A3

⦿ Activités
3. Parc aquatique de Can Tho D1

⦿ Où se loger
4. Hello 2 .... B4
5. Kim Lan Hotel A4
6. Kim Tho Hotel C3
7. Ninh Kieu 2 .... B3
8. Ninh Kieu Hotel C2
9. Saigon Cantho B4
- Tay Do Hotel .... (voir 11)
10. Victoria Can Tho Resort D2
11. Xuan Mai Minihotel B4

⦿ Où se restaurer
12. Cafe Dong Tau B4
13. Du Thuyen C3
14. Hop Pho C3
15. Mekong C3
- Phuong Nam .... (voir 15)
16. Quan Com 16 .... B4
17. Sao Hom C4

⦿ Achats
- Vieux marché .... (voir 17)

L'établissement jouxte le marché ; suivez Đ Nguyen Trai et engagez-vous à droite dans la troisième rue après le pont.

Parc aquatique de Can Tho   PARC AQUATIQUE
(Đ Le Loi ; parc aquatique/piscine seule 40 000/25 000 d ; ⊙9h-18h). Si un bain d'eau chlorée rafraîchissant vous tente, essayez les toboggans et la piscine à vagues de ce vaste complexe, gratuit pour les enfants de moins de 1 mètre.

Franchissez le pont Ninh Kien et vous apercevrez les toboggans droit devant vous, derrière l'énorme rond-point.

☞ Circuits organisés

Visiter un marché flottant est la première chose qu'on vous proposera à Can Tho. Comptez environ 5 \$US l'heure pour la location d'un petit bateau à rames de 2 ou 3 places. Vous trouverez leurs pilotes (essentiellement des femmes) le long des quais, près de la statue de Hô Chi Minh. Vous pouvez aussi vous adresser à Can Tho Tourist, mais les prix sont difficilement négociables.

De gros bateaux à moteur permettent des excursions plus longues sur le Mékong même. Renseignez-vous sur les tarifs auprès de Can Tho Tourist, puis allez faire un tour à l'embarcadère situé près de l'hôtel Ninh Kieu. Les prix varient de 200 000 pour un circuit de 3 heures, à 350 000 d les 5 heures de croisière. N'hésitez pas à marchander.

🛏 Où se loger

Can Tho possède la meilleure gamme d'hébergements du delta.

♥ Kim Tho Hotel   HÔTEL \$\$
(☎381 7517 ; www.kimtho.com ; 1A Đ Ngo Gia Tu ; ch 40-120 \$US ; ❄@🛜). Cette adresse chic aux allures d'hôtel de charme change la donne en matière d'hébergement de catégorie moyenne dans le delta. Ses chambres élégantes se dotent de sdb stylées et celles avec vue sur le fleuve (50 \$US) constituent une aubaine. Café-bar sur le toit.

♥ Victoria Can Tho Resort   COMPLEXE HÔTELIER \$\$\$
(☎381 0111 ; www.victoriahotels.asia ; Cai Khe Ward ; ch 91-230 \$US, ste 277-310 \$US ; ❄@🛜🏊). Le comble du chic dans le delta du Mékong, avec des chambres de style colonial autour d'une piscine engageante surplombant le fleuve. Les installations offrent un excellent restaurant, un bar en plein air et un spa au bord du fleuve. Nombreuses activités possibles (circuits à vélo, cours de cuisine, croisières à bord du *Lady Hau*, une ancienne barge à riz…).

♥ Kim Lan Hotel   HÔTEL \$
(☎381 7049 ; www.kimlancantho.com.vn ; 138A Đ Nguyen An Ninh ; ch 18-50 \$US ; ❄@🛜). Un mini-hôtel qui ne paie pas de mine, mais qui se révèle plus intéressant à l'intérieur. Les belles chambres sont aménagées avec des meubles modernes en bois et en bambou et des tableaux décorent les murs. Même les petites sans fenêtre conviennent parfaitement pour le prix. Wi-Fi gratuit, et mention spéciale à l'eau chauffée à l'énergie solaire.

Xuan Mai Minihotel
HÔTEL $

(382 3578 ; tcdac@yahoo.com ; 17 Đ Dien Bien Phu ; ch 12 $US ; ❈ 🛜). Ne vous laissez pas rebuter pas l'aspect spartiate de la réception. Au bout de la ruelle qui accueille en journée le marché An Lac, l'établissement a la faveur des groupes en circuit organisé économique. Ses chambres spacieuses et propres, avec TV, réfrigérateur et douche chaude, se révèlent étonnamment calmes.

Hello 2
HÔTEL $

(381 0666 ; 31 Đ Chau Van Liem ; ch 200 000-260 000 d ; ❈ 🛜). La présence d'un ascenseur distingue ce mini-hôtel de ses concurrents bon marché de Can Tho, mais ce n'est pas tout. Il propose pour 260 000 d des chambres assez chics avec de larges fenêtres et une baignoire d'angle dans la sdb. Les chambres moins chères, bien qu'aveugles, restent tout à fait correctes.

Phuong Nam
HÔTEL $

(376 3959 ; 118/9/39 Đ Tran Van Kheo ; ch 20 $US ; ❈ @ 🛜). Si vous désirez fuir les autres touristes, ce mini-hôtel de 7 étages avec ascenseur vous attend dans un coin animé du centre proche de la gare routière, sur la même artère que le marché central. Les chambres comportent une grande sdb et le Wi-Fi.

Tay Do Hotel
HÔTEL $$

(382 7009 ; www.taydohotel.com.vn ; 61 Đ Chau Van Liem ; ch 28-35 $US ; ❈ @ 🛜). Les 3 étoiles semblent un brin exagérées, mais ce bel hôtel offre néanmoins une belle gamme d'équipements. Toutes les chambres disposent de la TV satellite et la plupart d'une baignoire et d'un balcon. Petit-déjeuner compris.

Saigon Cantho
HÔTEL $$

(382 5831 ; www.saigoncantho.com ; 55 Đ Phan Dinh Phung ; s 35-65 $US, d 40-75 $US ; ❈ @ 🛜). Un bon choix de chambres et des prix stables font de cet établissement bien tenu une option intéressante. Les chambres "deluxe" ressemblent à des suites, avec TV à écran plat et panier de fruits.

Ninh Kieu 2
HÔTEL $$

(625 2377 ; www.ninhkieuhotel.com ; 3 ĐL Hoa Binh ; ch 35-70 $US, ste 110 $US ; ❈ 🛜). Ce grand hôtel neuf à proximité des musées abrite des chambres nettes et confortables de bon standing. Le hall arbore tous les attributs du chic à la vietnamienne : sol en marbre, lustres imposants et enseigne en néon au-dessus de la réception. Comme il s'agit d'une propriété de l'armée, le personnel a tendance à se montrer un peu trop empressé.

Ninh Kieu Hotel
HÔTEL $$

(382 1171 ; 2 Đ Hai Ba Trung ; ch ancienne aile 41-46 $US, nouvelle aile 48-99 $US ; ❈ @ 🛜). S'il appartient à l'armée, cet hôtel n'a rien d'une caserne. Bien situé sur la rive, il occupe plusieurs bâtiments coloniaux de couleur crème, dont une nouvelle aile beaucoup plus plaisante que l'ancienne.

Où se restaurer et prendre un verre

Pour des plats économiques et savoureux, essayez les **étals de restauration du marché central** (Đ Tran Quang Khai), regroupés dans un espace couvert à deux rues au nord du bâtiment principal.

Hop Pho
VIETNAMIEN, CAFÉ $

(6 Đ Ngo Gia Tu ; plats 30 000-130 000 d ; 🛜). Pour dîner dans un cadre design sans vous ruiner, privilégiez ce café-restaurant servant des classiques vietnamiens. Si son emplacement et son aspect semblent le destiner aux touristes, la présence d'une majorité d'autochtones constitue un gage de qualité et de prix abordables. La salle climatisée confortable et le jardin luxuriant invitent à siroter un café ou un cocktail.

Sao Hom
VIETNAMIEN ET INTERNATIONAL $

(381 5616 ; 50 Đ Hai Ba Trung ; plats 35 000-150 000 d ; ⏰8h-24h). Installé dans l'ancien marché (désormais haut de gamme), le Sao Hom s'inscrit dans un environnement pittoresque au bord du fleuve. À la carte : plats vietnamiens, internationaux et fusion, dont de bons rouleaux de printemps et quelques *tandoori*. Très fréquenté à midi, c'est l'un des restaurants les plus engageants de Can Tho.

Mekong
VIETNAMIEN, PIZZA $

(382 1646 ; 38 Đ Hai Ba Trung ; plats 25 000-105 000 d ; ⏰8h-14h et 16h-22h). Juste en face de la statue de Hô Chi Minh, l'endroit a depuis longtemps la faveur des voyageurs grâce à un bon choix de plats locaux à prix très raisonnables. Le soir, quelques tables sur la rue font office de bar au bord de l'eau.

La Ca
VIETNAMIEN ET CORÉEN $

(118/15A Đ Tran Van Kheo ; plats 45 000-180 000 d ; ⏰8h-22h). Le cochon de lait (360 000 d l'animal entier) est la spécialité de ce grill sympathique et raffiné, mais sa carte très fournie comprend aussi des plats occidentaux et coréens pour faire bonne mesure.

Les employés se déplacent en rollers afin d'accélérer le service. À l'est du marché central, dans la même grande artère.

Cafe Dong Tau
ITALIEN, MEXICAIN $

(346 1981 ; Ð Hai Ba Trung ; plats 35 000-90 000 d). Si le lieu ne paye pas de mine, il sert en revanche une cuisine italienne – pâtes, risotto et pizzas – savoureuse et incroyablement bon marché. Il y a aussi des steaks et du goulasch ainsi que des plats vietnamiens et mexicains.

Quan Com 16
VIETNAMIEN $

(45 Ð Vo Van Tan ; plats 20 000-50 000 d). Établie de longue date, cette quasi-institution connaît un vif succès auprès des habitants de Can Tho. Comme son nom l'indique, elle propose de copieuses assiettes de riz *(com)* garnies de poisson, de viande et de légumes fraîchement cuisinés. Service rapide.

Phuong Nam
VIETNAMIEN $

(48 Ð Hai Ba Trung ; plats 50 000-110 000 d). Voisin du Mékong, ce restaurant a l'avantage de posséder une terrasse à l'étage, même si la salle au rez-de-chaussée s'avère un peu plus haut de gamme. Outre du serpent, spécialité de la maison, vous aurez l'embarras du choix en matière de plats.

Du Thuyen
VIETNAMIEN $

(381 0841 ; Ð Hai Ba Trung ; plats 45 000-130 000 d). Un restaurant flottant aménagé sur trois niveaux où l'on embarque à partir de 20h.

Xe Loi
BAR, CLUB

(Hau Riverside Park ; 17h-tard). Ce club, le plus branché de Can Tho, ne commence vraiment à s'animer que tard le soir. Il comporte des tables dans un vaste jardin et une plage artificielle le long du fleuve. La discothèque, avec DJ ou musique live, ressemble à un saloon du Far West. Entrée gratuite sauf en cas d'événement spécial, mais boissons onéreuses.

Achats

Vieux marché
MARCHÉ

(50 Ð Hai Ba Trung). Coiffé d'un toit en tuiles ourlé de décorations en céramique, ce pittoresque marché de l'époque coloniale est le fleuron du joli quartier touristique qui borde le fleuve. L'activité marchande haute en couleurs a été transférée au marché central (et, dans une moindre mesure, le long des rues adjacentes), cédant la place à des stands d'objets en laque, de vêtements, d'enveloppes de coussins et autres articles du même genre.

Marché central
MARCHÉ

(Ð Tran Van Kheo). Le marché de Can Tho s'étend sur quatre bâtiments et plusieurs pâtés de maisons contigus au canal Cai Khe, par lequel de nombreux paysans et grossistes continuent d'acheminer leurs produits. Consacrée à l'alimentaire, la halle principale regorge de viandes, de poissons, de fruits et de légumes multicolores et odorants. De l'autre côté de la rue se tient le marché aux vêtements. Derrière le pâté de maisons suivant, jalonné de stands de restauration, un autre bâtiment renferme des échoppes de sacs, de ceintures et de bijoux.

Prenez Ð Nguyen Trai et tournez à droite après la traversée du pont.

Renseignements

Can Tho Tourist (382 1852 ; www.canthotourist.com.vn ; 50 Ð Hai Ba Trung). Il fournit des cartes correctes de la ville et vous renseignera sur la région. Un guichet de réservation pour Vietnam Airlines et Jetstar est installé sur place. Le personnel, très serviable, parle français et anglais.

Hôpital (Benh Vien ; 382 0071 ; 4 Ð Chau Van Liem).

Poste principale (2 DL Hoa Binh). Services postaux et accès à Internet.

Depuis/vers Can Tho

AVION À l'heure où nous écrivons, l'aéroport international inauguré début 2011 n'accueille que des vols de **Vietnam Airlines** (www.vietnamairlines.com) à destination de l'île de Phu Quoc (à partir de 500 000 d, tlj), des îles Con Dao (à partir de 400 000 d, 4/semaine) et de Hanoi (à partir de 1 700 000 d, tlj). Il se trouve à 10 km au nord-ouest du centre le long de Ð Le Hong Phong, prolongement de Ð Nguyen Trai.

BUS De la **gare routière de Can Tho** (Ben Xe Khach Can Tho ; angle Ð Nguyen Trai et Ð Hung Vuong), à la lisière nord du centre-ville, des bus desservent régulièrement la gare routière de Mien Tay à HCMV (75 000 d, 5 heures). Les minibus express (90 000 d) mettent toutefois près d'une heure de moins. Cao Lanh (30 000 d), My Tho (50 000 d), Tra Vinh (55 000 d), Vinh Long (34 000 d), Soc Trang (50 000 d), Ca Mau (65 000 d) et Ha Tien (83 000 d), entre autres, sont également desservis.

BATEAU Plusieurs services permettent de rejoindre d'autres villes du delta, dont des ferries qui rallient Ca Mau (100 000 d, 3-4 heures) en passant par Phung Hiep.

UNE NUIT SUR LE MÉKONG

En plus des séjours chez l'habitant, des pensions, des hôtels et des complexes hôteliers, il est possible de passer la nuit à bord d'un bateau sur le Mékong. C'est un excellent moyen d'explorer les nombreux cours d'eau qui rendent cette région exceptionnelle et de découvrir la vie du fleuve. Parmi les options les plus intéressantes, citons :

Bassac (%0710-382 9540 ; www.transmekong.com ; nuit 232 $US). TransMékong dispose de trois superbes bateaux en bois pour des petits groupes, qui portent le nom de Bassac. La croisière standard de deux jours relie Cai Be à Can Tho. On peut également organiser un circuit sur mesure.

Exotissimo (08-3827 2911 ; www.exotissimo.com ; 1 nuit 4 123 000-12 659 000 d). Cet opérateur haut de gamme propose plusieurs formules en bateau d'un ou plusieurs jours.

Le Cochinchine (08-3993 4552 ; www.lecochinchine.com ; tarifs sur demande). Des croisières dans une luxueuse barge à riz aménagée et un sampan traditionnel semblables à des hôtels flottants. Cai Be-Can Tho (1 nuit) et Cai Be-Sa Dec-Ving Long-Can Tho (2 nuits) sont les deux principaux itinéraires. Privatisation possible.

Mekong Eyes (0710-246 0786 ; www.mekongeyes.com ; tarifs sur demande). Une autre barge à riz typique merveilleusement transformée, qui doit son nom aux yeux peints sur tous les bateaux du delta. Elle navigue de Can Tho à Cai Be, mais on peut aussi la louer.

Plusieurs compagnies comme **Pandaw Cruises** (www.pandaw.com ; 7 nuits 1 132-2 713 $US) proposent des croisières haut de gamme entre My Tho et Siem Reap (transport depuis HCMV inclus). Plus petite, la **Compagnie Fluviale du Mekong** (www.cf-mekong.com ; 5 nuits à partir de 2 415 $US) est réputée pour son service personnalisé et ses excellents repas. **AmaWaterways** (www.amawaterways.com ; 6 nuits 1 599-2 599 $US) et **Heritage Line** (www.heritage-line.com ; 7 nuits 3 384-8 129 $US) placent la barre encore plus haut. Avant d'embarquer pour un long circuit, sachez que les paysages varient peu dans le delta et qu'on peut se limiter à un tronçon plus court, par exemple My Tho-Phnom Penh.

Comment circuler

Propre au delta du Mékong, le *xe loi*, un véhicule de fortune, est le moyen de transport le plus utilisé à Can Tho. Sorte de cyclo-pousse motorisé, il consiste en une petite remorque à deux roues fixée à l'arrière d'une moto et peut transporter au moins 2 passagers. Une course en ville coûte en moyenne 10 000 d par personne.

Environs de Can Tho

Installés le long des rives dans les secteurs larges du fleuve, les marchés flottants sont l'un des grands attraits du delta. La plupart des commerçants viennent tôt pour éviter la chaleur, et visiter les marchés entre 6h et 8h permet d'échapper à l'affluence touristique. Les marées conditionnent toutefois les déplacements des gros bateaux, qui doivent souvent attendre que le tirant d'eau soit suffisant pour naviguer.

Du fait de l'amélioration de l'état des routes et de l'accès désormais facilité aux transports publics ou privés, certains de ces petits marchés sont en voie de disparition. Les plus importants, proches des zones urbaines, restent toutefois très actifs.

De Can Tho, on accède facilement à vélo ou en bateau à la campagne environnante, réputée pour ses vergers de durians, de mangoustaniers et d'orangers.

À voir

Marché flottant de Cai Rang   MARCHÉ FLUVIAL
Cai Rang, le plus grand marché flottant du delta du Mékong, se situe à 6 km de Can Tho en direction de Soc Trang. Si des vendeurs restent jusqu'à midi, le marché est plus intéressant avant 9h. Venez tôt pour éviter les groupes en circuit organisé. Un pont permet de prendre d'excellentes photos.

Bien que Cai Rang soit visible de la route, mieux vaut venir en bateau ; comptez 1 heure depuis le marché de Can Tho. Vous pouvez aussi aller en voiture jusqu'à l'embarcadère de Cau Dau Sau (près du pont Dau Sau), à 10 min en bateau du marché.

**Marché flottant
de Phong Dien**   MARCHÉ FLUVIAL
Sans doute le plus beau marché flottant du delta, Phong Dien compte moins de bateaux

à moteur et plus de barques à godille. Moins fréquenté et bien moins touristique que Cai Rang, il s'anime particulièrement entre 6h et 8h. Il se trouve à 20 km de Can Tho et la plupart des visiteurs viennent par la route.

En principe, il est possible d'organiser un circuit éclair en bateau jusqu'à Phong Dien, en visitant les petits canaux à l'aller et le marché flottant de Cai Rang au retour, une excursion de 5 heures à partir de Can Tho.

Vuon Co RÉSERVE ORNITHOLOGIQUE
(20 000 d ; ◷5h-18h). Halte prisée des groupes en circuit organisé entre Can Tho et Long Xuyen, cette réserve de 1,3 ha abrite des milliers de cigognes. Une haute plate-forme en bois permet d'observer les oiseaux dans leur nid. L'aube et le crépuscule sont les moments les plus favorables.

Vuon Co se trouve dans le district de Thot Not, à 15 km au sud-est de Long Xuyen. Dans le hameau de Thoi An, repérez le panneau indiquant "Ap Von Hoa" ; en venant de Can Tho, vous le verrez du côté ouest de la route, juste après un petit pont. La réserve est à 30 min de marche de la nationale (compter 20 000 d de moto-taxi).

Soc Trang

📞 079 / 174 000 HABITANTS

Ville sans grand charme, Soc Trang est un haut lieu de la communauté khmère, qui représente 28% de la population de la province. Elle constitue une base pratique pour découvrir les imposants temples khmers des alentours. Une fête pittoresque s'y déroule habituellement en novembre, et justifie le détour si vous êtes dans la région.

◉ À voir

Pagode aux Chauves-Souris PAGODE
(Chua Doi). Vaste et paisible complexe monastique khmer, c'est l'une des étapes favorites des touristes vietnamiens et étrangers du fait des centaines de chauves-souris frugivores qui colonisent les arbres alentour. Les plus grandes pèsent environ 1 kg et leur envergure peut atteindre 1,50 m.

Les chauves-souris frugivores ne connaissent pas l'usage des toilettes alors mieux vaut ne pas s'attarder sous un arbre, à moins d'avoir prévu un parapluie. Essayez de visiter la pagode tôt le matin ou une heure avant le coucher du soleil, quand les chauves-souris sont le plus actives ; au crépuscule, elles s'envolent par centaines pour envahir les vergers, à la consternation des fermiers qui les piègent et les mangent. Dans le monastère, elles sont protégées et semblent le savoir. Les bonzes ne demandent pas d'argent, mais vous pouvez laisser une obole. La pagode est ornée de bouddhas dorés et de peintures murales, financés par des Vietnamiens expatriés. Dans une salle se dresse la statue grandeur nature du moine fondateur du temple.

La pagode se dresse à 2 km au sud de Soc Trang. On peut s'y rendre en *xe om* (20 000 d) ou bien à pied en suivant Đ Le Hong Phong vers le sud sur 1 km avant de tourner à droite dans Đ Van Ngoc Chinh.

Pagode d'Argile PAGODE
(163 Đ Ton Duc Thang). Le Buu Son Tu (temple de la Montagne précieuse) fut fondé il y a plus de deux siècles par une famille chinoise, les Ngô. Aujourd'hui, il est plus connu sous le nom de Chua Dat Set, pagode d'argile.

D'aspect banal, cette pagode a la particularité de ne contenir que des objets en argile. Les centaines de statues et sculptures ont été réalisées par le moine Ngô Kim Tong, qui, de l'âge de 20 ans jusqu'à sa mort à 62 ans, s'est consacré à son décor, totalement différent des pagodes khmères ou vietnamiennes de Soc Trang. C'est un lieu de culte actif. Le bonze qui la dirige, Ngô Kim Giang, est le frère cadet de l'artiste. Très sympathique, il parle parfaitement français et se fera un plaisir de vous renseigner.

À l'entrée, les visiteurs sont accueillis par l'une de ses plus imposantes créations : un éléphant à six défenses qui serait apparu en rêve à la mère du Bouddha. L'autel central, réalisé avec plus de 5 tonnes d'argile, compte un millier de bouddhas assis sur des pétales de lotus. Remarquez la tour chinoise de 13 étages, haute de plus de 4 m ; décorée de 156 dragons, elle comporte 208 niches contenant chacune un petit bouddha.

La pagode se situe à une courte distance du centre-ville. Faites attention à ne pas effleurer les fragiles objets en argile au cours de la visite. Les dons sont appréciés.

Pagode Kh'leang PAGODE CAMBODGIENNE
(Chua Kh'Leang ; 68 Đ Ton Duc Thang). Hormis la peinture criarde, cette pagode semble directement importée du Cambodge. Construite à l'origine en bambou en 1533, elle a été entièrement rebâtie en béton en 1905. Sept fêtes religieuses ont lieu chaque année, attirant des fidèles des confins de la province.

Plusieurs bonzes résident dans la pagode, qui accueille plus de 150 novices venus de tout le delta pour étudier à l'École bouddhique de Soc Trang, de l'autre côté de la rue.

GRATUIT Musée khmer — MUSÉE

(23 Đ Nguyen Chi Thanh ; 7h30-11h et 13h30-17h lun-ven) Consacré à l'histoire et à la culture de la minorité khmère au Vietnam, ce petit musée se double d'un centre culturel où des spectacles de danse et de musique traditionnelles sont régulièrement organisés pour des groupes. Il n'expose que des photos, plus quelques costumes et autres objets traditionnels.

Le Musée khmer fait face à la pagode Kh'leang et semble souvent fermé ; vous devrez trouver quelqu'un qui vous l'ouvrira.

GRATUIT Musée de Soc Trang — MUSÉE

(Bao Tang Tinh Soc Trang ; So 4 Đ Hung Vuong). À l'intérieur de ce majestueux bâtiment, c'est surtout la reconstitution grandeur nature d'une maison en bois traditionnelle qui retient l'attention. Sinon, des photos (légendées en vietnamien seulement), bronzes, céramiques, maquettes de monuments khmers et costumes ethniques composent l'essentiel des collections. Une batterie antiaérienne et un char américains trônent dans la cour de devant.

Carrefour Hung Vuong — MONUMENT

Si vous êtes amateur de réalisme socialiste, vous serez servi avec ce monument qui accueille les visiteurs dans la ville, au bout de Đ Hung Vuong. Devant un obélisque géant se dressent trois colosses, l'un d'eux brandissant un atome, les deux autres tendant le bras à une colombe…

Fête

Tous les ans, la communauté khmère organise la **fête d'Oc Bom Boc** (appelée au Cambodge Bon Om Tuk, fête de l'Eau), qui s'accompagne de courses de bateaux sur la rivière Soc Trang. Des visiteurs affluent alors de tout le pays et même du Cambodge. L'équipe gagnante remporte plus de 1 000 \$US et la compétition est féroce ! Les courses se déroulent le 15e jour du 10e mois lunaire, habituellement en novembre. Elles commencent à midi, mais la ville se remplit dès la veille. Les hôtels sont alors pris d'assaut.

Où se loger et se restaurer

Soc Trang n'ayant rien enthousiasmant en matière d'hébergement, mieux vaut pousser jusqu'à Can Tho. Des hôtels se construisent toutefois le long de la nationale à la périphérie de la ville. Si vous êtes motorisé, allez faire un tour de ce côté pour jeter votre dévolu sur celui qui paraît le plus neuf. Vous éviterez ainsi les moisissures et les relents d'humidité qui affectent la plupart des établissements au bout d'un an à peine.

Peu de restaurants fournissent une carte en anglais, et celle en vietnamien omet souvent de mentionner les prix.

Que Huong Hotel — HÔTEL $

(361 6122 ; khachsanquehuong@yahoo.com ; 128 Đ Nguyen Trung Truc ; ch 270 000 d, ste 450 000-600 000 d ;). La meilleure option d'un lot médiocre, gérée par le Comité du Peuple local. Les chambres se révèlent plus attrayantes que ne le laisse supposer la façade austère. Les suites disposent d'une baignoire encastrée et d'un bar (boissons en sus). Wi-Fi dans le hall.

Quan Hung — VIETNAMIEN $

(24/5 Đ Hung Vuong ; plats 40 000-120 000 d). Dans une ruelle le long de la route qui mène en ville, ce vaste restaurant ouvert sur les côtés attire constamment du monde grâce à ses délicieuses grillades de viande et de poisson. Si vous êtes nombreux, tentez une fondue.

Hang Ky — VIETNAMIEN $

(6 Đ Hung Vuong ; plats autour de 70 000 d). Une valeur sûre qui décline un large éventail de plats traditionnels, dont un curry de chèvre et des fondues. Depuis la salle sans charme à l'éclairage vif, les convives peuvent contempler le ballet des motos autour du rond-point principal.

Depuis/vers Soc Trang

Des bus circulent entre Soc Trang et la plupart des villes du Mékong. La gare routière se trouve sur la RN 1A, près du croisement avec Đ Hung Vuong, le grand axe qui conduit en ville. Elle dessert Can Tho (1h30, 50 000 d), Cao Lanh (55 000 d), Bac Lieu (65 000 d) et Ha Tien (105 000 d).

Bac Lieu

0781 / 136 000 HABITANTS

Peu de voyageurs s'arrêtent à Bac Lieu. En chemin, les amoureux des oiseaux pourront visiter l'excellente réserve ornithologique, proche de la ville.

Bac Lieu possède quelques beaux bâtiments coloniaux décrépits, parmi lesquels le **Cong Tu Hotel** (395 3304 ; 13 Đ Dien Bien Phu ; ch 300 000-500 000 d ; ✺), une demeure construite en 1919 avec des matériaux importés de France, est le plus grandiose. Playboy *(cong tu)* notoire, le fils aîné des anciens propriétaires se serait illustré en brûlant des billets pour faire cuire un œuf dans l'espoir d'impressionner l'une de ses conquêtes. Après la dilapidation de la fortune familiale, la maison fut vendue et transformée en hôtel. Aujourd'hui, celui-ci aurait bien besoin de rénovations. Sinon, des pensions bon marché jalonnent la route en provenance de Soc Trang (chambres autour de 10 $US).

L'agriculture locale souffre des infiltrations d'eau salée, mais la province est connue pour ses robustes vergers de longaniers. La pêche, l'ostréiculture, l'élevage des crevettes et l'exploitation des marais salants constituent d'autres sources de revenus.

Où se restaurer et prendre un verre

La ville a pour spécialité culinaire le *bun nuoc leo Soc Trang*, une soupe de nouilles au poisson, aux crevettes et au porc grillé, que vous pourrez goûter à l'étal installé dans la journée devant la charmante maison bleu pâle du 179 Đ Tran Phu (soupe 20 000 d).

Pho Ngheu Thanh Huong   VIETNAMIEN $
(43 Tran Quynh ; plats 25 000-47 000 d). Si l'on peut sans doute manger des *pho* et des *banh mi* similaires dans la rue, la terrasse sur le toit éclairée de guirlandes électriques de ce lieu élégant a l'avantage de dominer le trafic. La carte décline toute une gamme de *pho*, dont une savoureuse version aux champignons.

Sai Gon 3   VIETNAMIEN $
(38 Ba Trieu ; soupe 19 000 d). Les serviettes et les herbes qui jonchent le sol durant la période d'affluence matinale témoignent de l'immense popularité de cette enseigne de *pho bo* conviviale. Attablé au milieu du chaos ambiant et des odeurs appétissantes, il ne vous reste qu'à attendre qu'on vous apporte le plat unique de la maison.

Kitty   CAFÉ-BAR
(angle Đ Tran Phu et Ba Trieu). Étonnamment haut de gamme pour une ville provinciale, cette adresse aménagée au 1er étage surplombe l'un des nombreux ronds-points très passants de Đ Tran Phu. Avec son décor noir et blanc rehaussé de chromes et son mur tapissé d'écrans de télévision, il offre un cadre plaisant pour boire un café vietnamien accompagné de pâtisseries, ou quelque chose d'un peu plus fort.

ⓘ Renseignements

Bac Lieu Tourist (382 4273 ; www.baclieu tourist.com ; 2 Đ Hoang Van Thu ; ⏰7h-11h et 13h-17h). Le personnel très obligeant fournit des plans sommaires de la ville et des renseignements sur les excursions à la réserve ornithologique.

Poste (20 Đ Tran Phu)

ⓘ Comment s'y rendre et circuler

La **gare routière** (Ben Xe Tinh Bac Lieu) borde la principale route qui mène en ville, à 1 km au nord du centre. Des bus desservent régulièrement HCMV (130 000 d), Soc Trang (65 000 d), Ha Tien (89 000 d), Ca Mau (30 000 d), Can Tho (65 000 d) et Cao Lanh (65 000 d).

Environs de Bac Lieu

RÉSERVE ORNITHOLOGIQUE DE BAC LIEU
(Vuon Chim Bac Lieu ; 383 5991 ; 10 000 d ; ⏰7h30-17h). L'un des sites les plus intéressants de ce coin somnolent du delta, où l'on trouve une cinquantaine d'espèces d'oiseaux, dont une importante colonie de hérons blancs. La réserve attire de nombreux

---

VAUT LE DÉTOUR

LA PAGODE XA LON

Cette splendide pagode khmère classique fut à l'origine construite en bois au XVIIIe siècle. Entièrement rebâtie en 1923, elle se révéla trop petite. L'actuel sanctuaire a été lentement édifié de 1969 à 1985, au rythme des dons des fidèles. De magnifiques tuiles en céramique couvrent les murs extérieurs.

Comme dans les autres pagodes, les quelque 25 bonzes résidant ici mènent une vie austère : petit-déjeuner à 6h, aumônes jusqu'à 11h, prière, déjeuner à 12h, étude l'après-midi (pas de repas le soir). La pagode possède également une école qui enseigne le bouddhisme et le sanskrit.

Elle se situe à 12 km de Soc Trang sur la RN 1A en direction de Bac Lieu.

touristes vietnamiens, mais peu d'étrangers, sans doute à cause de son isolement.

Le nombre d'oiseaux varie selon la période de l'année : très nombreux à la saison des pluies (peu ou prou de mai à octobre), ils nichent là jusqu'en janvier, puis s'envolent presque tous vers de plus vertes contrées jusqu'au retour de la saison des pluies suivante.

De Bac Lieu, le trajet de 5 km est particulièrement pénible en raison du mauvais état de la route. Ensuite, il faut marcher dans une jungle épaisse (et souvent boueuse). Prévoyez de bonnes chaussures, de l'eau, des jumelles et suffisamment d'antimoustique.

Vous paierez le droit d'entrée en arrivant à la réserve. Mieux vaut engager un guide pour éviter de vous perdre. Les guides, qui pour la plupart ne parlent que vietnamien, ne sont pas censés recevoir de l'argent ; remettez-leur discrètement un pourboire. Vous pouvez également réserver transport et guide à l'office du tourisme de Bac Lieu, mais cela vous coûtera beaucoup plus cher.

PAGODE MOI HOA BINH

Cette pagode khmère (Chua Moi Hoa Binh ou Se Rey Vongsa) se situe dans le village de Hoa Binh, à 13 km à l'ouest de Bac Lieu le long de la RN 1A. Son architecture unique et l'énorme tour du monastère la rendent facile à repérer. Relativement récente, la pagode a été construite en 1952 et la tour, utilisée pour conserver les ossements des défunts, date de 1990. Une vaste salle de réunion se tient devant la tour.

La plupart des Khmers de la région fréquentent les écoles des monastères de Soc Trang. Hormis un petit nombre de bonzes étudiants, la pagode Moi Hoa Bin accueille peu d'élèves.

Ca Mau

0780 / 205 000 HABITANTS

Bâtie sur les rives marécageuses de la Ganh Hao, Ca Mau est la capitale et la seule ville de la province du même nom. Elle occupe la pointe sud du delta du Mékong, une région reculée et inhospitalière qui ne fut pas cultivée avant la fin du XVIIe siècle. La province de Ca Mau a été dévastée par le typhon Linda en 1997.

Cette région détient la plus faible densité de population du sud du Vietnam. Ca Mau s'étend au cœur du plus grand marais du pays, réputé pour ses moustiques voraces.

Compte tenu de cela, on peut s'étonner que la ville de Ca Mau soit aussi agréable, avec de larges boulevards, des parcs, des rues commerçantes animées et une impression générale de propreté (à condition de ne pas regarder de trop près l'eau du fleuve et les cabanes sur les berges). Malgré un rapide essor ces dernières années, elle n'abrite aucun site, d'où l'absence de touristes. En conséquence, vous risquez de susciter la curiosité, en particulier celle des enfants.

Principale activité possible : l'exploration en bateau des marais et des forêts alentour, pour observer les oiseaux, des cigognes notamment, et découvrir la flore et l'écosystème.

À voir

Marché de Ca Mau MARCHÉ
(Đ Le Loi). La vie de Ca Mau se déroule traditionnellement au bord de l'eau et, si le marché flottant a disparu, le marché principal s'étend toujours le long des rues à l'ouest du canal Phung Hiep, au sud de Đ Phan Ngoc Hien.

Temple caodaïste TEMPLE
(Đ Phan Ngoc Hien). À l'instar de tous les lieux de culte caodaïstes, ce temple édifié en 1966 présente une débauche de couleurs et d'ornements tels que dragons, cigognes juchées sur des tortues et nuages au plafond.

Où se loger

Quoc Te Hotel HÔTEL $
(International Hotel ; 366 6666 ; www.hotelquocte.com ; 179 Đ Phan Ngoc Hien ; ch 280 000-480 000 d ; ❄️🌐⛱️). Avec ses équipements et prestations – petit-déjeuner et transfert de l'aéroport inclus, piscine, service de massage et ascenseur –, l'établissement vise clairement la clientèle d'affaires. Loin des standards internationaux, mais plaisantes au demeurant, les chambres possèdent TV satellite, minibar et baignoire dans la sdb.

Anh Nguyet Hotel HÔTEL $$
(356 7666 ; www.anhnguyethotel.com ; 207 Đ Phan Ngoc Hien ; ch 29-59 $US ; ❄️🌐). Le "Clair de lune" s'efforce tellement de paraître luxueux qu'il en devient clinquant. Les chambres se veulent classes, ce que démentent la moquette bon marché et la minceur des cloisons. Elles sont néanmoins parfaitement convenables.

Ca Mau

Thanh Son Hotel
PENSION $

(☎ 355 0992 ; 23 Đ Phan Ngoc Hien ; ch 80 000-230 000 d ; ❄). Mini-hôtel typique, ce bâtiment de 5 étages renferme des chambres au sol carrelé propres et lumineuses avec TV et eau chaude, plus une baignoire pour les plus chères. Le personnel ne parle guère anglais.

🍴 Où se restaurer

Spécialité de Ca Mau, la crevette est élevée dans les étangs et les mangroves. Ce sont les gargotes et les stands de *banh mi* regroupés dans les rues autour du marché, en particulier au bout de Đ Nguyen Huu Le, qui offrent la meilleure cuisine. Le soir, l'extrémité de Đ Pham Ngoc Hien se transforme en un vaste café en plein air.

Pho Xua
VIETNAMIEN, FRUITS DE MER $

(126 Đ Phan Ngoc Hien ; plats 50 000-290 000 d). Crevettes, poissons et autres produits de la mer dominent la carte de cette table typique aménagée dans un jardin paysagé éclairé de guirlandes électriques. On sert aussi des rognons de bouc pour les plus curieux.

Thanh Truc
VIETNAMIEN $

(126 Đ Phan Ngoc Hien ; plats 30 000-80 000 d). Voisin du précédent, c'est l'endroit idéal pour se régaler d'une fondue ou d'une viande grillée.

Ca Mau

⊙ À voir
1 Marché de Ca Mau............................B2
2 Temple caodaïste..............................C2

🛏 Où se loger
3 Anh Nguyet Hotel..............................D3
4 Quoc Te Hotel....................................D3
5 Than Son Hotel..................................B2

🍴 Où se restaurer
6 Pho Xua...A1
7 Thanh Truc..A1

Renseignements

Hôpital de Ca Mau (Benh Vien Ca Mau ; ☎383 1015 ; Đ Ly Thuong Kiet).

Ca Mau Tourist (☎381 7057 ; www.camautravel.vn ; 1B Đ An Duong Vuong). Excursions en bateau à Dat Mui (cap de Ca Mau) et aux îles Da Bac.

Comment s'y rendre et circuler

AVION Vietnam Air Service Company (VASCO ; www.vasco.com.vn), une filiale de Vietnam Airlines, assure deux vols quotidiens depuis/vers HCMV (399 000–863 000 d). L'aéroport se situe à 3 km à l'est du centre-ville, sur la RN 1A.

BATEAU Chaque jour, 3 ou 4 hydrofoils circulent entre Ca Mau et Rach Gia (110 000 d, 3 heures). Ils partent de l'embarcadère des ferries de Can Ganh Hao. De là, des vedettes rallient Nam Can (60 000 d, 1 heure). Les bateaux pour Can Tho (150 000 d, 3-4 heures, 3/j) partent de l'embarcadère de Cong Ca Mau (Đ Quang Trung), à 3 km à l'est de la ville, et font escale à Phung Hiep.

BUS À HCMV, les bus à destination de Ca Mau partent de la gare routière de Mien Tay ; le trajet dure de 8 à 9 heures en bus express (130 000 d). Tous les jours, plusieurs bus express partent pour HCMV entre 5h et 10h30. Des bus réguliers desservent quotidiennement d'autres villes de la région, dont Rach Gia (50 000), Ha Tien (89 000 d), Bac Lieu (50 000 d), Can Tho (65 000 d), Cao Lanh (83 000 d), My Tho (100 000 d) et Ben Tre (103 000 d). La gare routière de Ca Mau se situe à 2,5 km du centre-ville ; empruntez la RN 1A en direction de Bac Lieu.

VOITURE ET MOTO La RN 1A continue jusqu'à Nam Can, la ville la plus méridionale du Vietnam, à 50 km. Ca Mau se situe à 176 km de Can Tho (3 heures environ) et à 329 km de HCMV (7 heures environ).

Environs de Ca Mau

FORÊT D'U-MINH

La ville de Ca Mau longe la forêt d'U-Minh, une immense mangrove de 1 000 km² qui s'étend dans les provinces de Ca Mau et de Kien Giang. Les habitants utilisent certaines essences pour la construction, le charbon de bois, le chaume et le tanin. Ils recueillent également le miel et la cire des abeilles qui butinent les palétuviers en fleur. La mangrove constitue également un habitat privilégié pour la faune aquatique.

U-Minh, la plus grande forêt de mangrove au monde après le bassin amazonien, fut l'une des caches favorites du Viêt-cong pendant la guerre du Vietnam. Il y tendait des embuscades aux bateaux de patrouille américains et posait régulièrement des mines dans les canaux. Les Américains répliquèrent en pulvérisant des défoliants et la forêt en a cruellement souffert. Les sols étaient si contaminés que les premiers efforts de reboisement ont échoué, mais les fortes pluies ont fini par charrier la dioxine vers la mer et les arbres ont repoussé. Beaucoup d'eucalyptus ont été replantés ici en raison de leur relative résistance à la dioxine.

Malheureusement, les mangroves continuent d'être déboisées pour installer des élevages de crevettes et produire du charbon et des copeaux de bois. Le gouvernement a tenté de limiter ces activités, mais le conflit entre l'homme et la nature se poursuit. La situation va sans doute empirer avec le rapide accroissement de la population. En 2002, une zone de 80 km² est devenue le parc national d'U-Minh Thuong.

La région est renommée pour son avifaune, mais les oiseaux souffrent également de la dégradation de l'environnement. Toutefois, les ornithologues amateurs apprécieront une promenade en bateau aux alentours de Ca Mau, même si les oiseaux sont nettement moins nombreux que les moustiques.

Ca Mau Tourist propose des circuits en bateau d'une journée dans la forêt. Renseignez-vous sur les prix (140 $US, apparemment négociable), puis discutez avec les bateliers privés à l'embarcadère.

NAM CAN

Si l'on omet un minuscule hameau de pêcheurs (Tran De) et une île côtière (Hon Khoai), Nam Can est la localité la plus méridionale du Vietnam. Peu de touristes visitent cette communauté isolée, qui vit essentiellement de l'élevage des crevettes. Ferry régulier depuis Ca Mau (60 000 d, 1 heure).

RÉSERVE NATURELLE DE CA MAU

Parfois appelée réserve ornithologique de Ngoc Hien. C'est l'une des régions les plus sauvages et les plus protégées du delta, qui s'étend sur 130 ha. L'élevage de crevettes est interdit dans la réserve. Uniquement accessible par bateau.

DAT MUI (CAP DE CA MAU)

Si vous souhaitez visiter un autre endroit isolé, louez un bateau depuis Nam Can pour découvrir la pointe sud-ouest du pays. Une moto peut vous conduire de Dat Mui à la borne qui signale l'extrémité sud du Vietnam, à 2 km. Ce parcours n'a toutefois guère d'intérêt.

Rach Gia

077 / 206 000 HABITANTS

Ville du Sud en plein essor, Rach Gia prospère grâce aux revenus de son port sur le golfe de Thaïlande et profite des fonds injectés par les Viêt Kiêu, les expatriés qui financent largement le développement. La population compte un nombre significatif d'habitants d'origine chinoise ou khmère. La plupart des voyageurs traversent rapidement le centre et vont directement au port pour prendre un bateau à destination de l'île Phu Quoc. Si vous vous attardez, vous découvrirez le front de mer animé et les ruelles effervescentes, bordées de restaurants de poisson bon marché.

L'accès facile à la mer et la proximité du Cambodge et de la Thaïlande font de la pêche, de l'agriculture et de la contrebande des activités lucratives. La région était autrefois le principal fournisseur des grandes plumes utilisées pour fabriquer les éventails de cérémonie de la cour impériale.

Comme à Ha Tien, l'expansion de Rach Gia s'accompagne de grands projets. De nouveaux quartiers ont été bâtis le long de la côte, au sud de la ville, et on y trouve maintenant hôtels et cafés.

À voir

Temple Nguyên Trung Truc   TEMPLE

(18 Ð Nguyen Cong Tru). Ce temple honore la mémoire de Nguyên Trung Truc, leader de la résistance vietnamienne contre la toute nouvelle présence française, dans les années 1860. Ce fut l'instigateur de l'attaque qui provoqua l'incendie du navire de guerre français *L'Espérance*. Nguyên Trung Truc continua à combattre jusqu'en 1868, quand les Français prirent en otage sa mère et plusieurs civils et menacèrent de les tuer s'il ne se rendait pas. Il se constitua prisonnier et fut exécuté le 27 octobre 1868 sur la place du marché de Rach Gia.

Le premier temple, un bâtiment simple à toit de chaume, fut agrandi au fil des ans et reconstruit à plusieurs reprises. Le portrait de Nguyên Trung Truc trône sur l'autel, au centre de la salle principale.

Pagode Phat Lon   PAGODE

(Chua Phat Lon ; 151 Ð Quang Trung ; ⊙prières 4h-6h et 17h-19h). Cette grande pagode bouddhique theravada cambodgienne, dont le nom signifie Grand Bouddha, fut fondée au XIXe siècle. Tous les bonzes qui y résident sont d'origine khmère, mais des Vietnamiens la fréquentent également.

À l'intérieur du sanctuaire *(vihara)*, des statues du Bouddha Thich Ca (Sakyamuni, le personnage historique) portent des coiffes pointues. Huit petits autels entourent la salle principale. Les deux tours proches de l'entrée servent à la crémation des bonzes défunts. Une vingtaine de tombes de bonzes entourent la pagode.

Pagode Tam Bao   PAGODE

(Chua Sac Tu Tam Bao ; 3 Ð Su Thien An ; ⊙prières 4h30-5h30 et 17h30-18h30). La pagode des Trois Joyaux fut édifiée en 1803 par l'empereur Gia Long en hommage à une femme de Rach Gia qui l'avait aidé après la révolte des Tay Son. L'édifice fut copieusement remanié en 1917. Son jardin contient de nombreux arbres taillés en forme de dragon, de cerf et autres animaux. Le sanctuaire joua un rôle lors du mouvement révolutionnaire anticolonial, plusieurs de ses moines ayant été emprisonnés après la découverte par les Français d'une cache d'armes artisanales.

GRATUIT Musée Kien Giang   MUSÉE

(21 Ð Nguyen Van Troi ; ⊙7h30-11h lun-ven et 13h30-17h lun-mer). Installé dans une splendide demeure coloniale, il expose une collection de photos de guerre ainsi que des objets artisanaux (poteries…) provenant d'Oc Eo.

Temple caodaïste   TEMPLE

(189 Ð Nguyen Trung Truc). Ce petit temple édifié en 1969 mérite le coup d'œil.

Où se loger

Des hôtels se concentrent aux abords de la gare routière dans Ð Le Thanh Ton et près de l'embarcadère dans Ð Tu Do.

Linda   HÔTEL $

(391 8818 ; angle Ð 3 Thang 2 et Nguyen An Ninh ; ch 180 000-400 000 d ; ❉❀). Cet hôtel, l'un des premiers ouverts dans le nouveau quartier du front de mer, loue des chambres parmi les plus chics de la ville. Si les plus onéreuses, des suites qui font l'angle, comportent deux

Rach Gia

◉ À voir
1. Musée Kien Giang C4
2. Temple Nguyên Trung Truc B3
3. Pagode Phat Lon A1

🛏 Où se loger
4. Hoang Gia 2 Hotel B1
5. Kim Co Hotel C4
6. Phuong Hong Hotel A3
7. Thanh Nhan Hotel A3

🍴 Où se restaurer
8. Hai Au C4
9. Quan F28 .... B1
10. Song Binh Bakery C3
11. Than Binh D4

Kim Co Hotel   HÔTEL $
(☎387 9610 ; www.kimcohotel.com ; 141 Đ Nguyen Hung Son ; ch 300 000 d ; ❄🛜). L'établissement le plus central se distingue par ses tons pastel. En bon état, ses chambres disposent pour certaines d'une ample baignoire. La plupart donnent toutefois sur le couloir, ce qui oblige à baisser les stores pour bénéficier d'un peu d'intimité.

Hong Yen   HÔTEL $
(☎387 9095 ; 259 Đ Mac Cuu ; ch 150 000-250 000 d ; ❄@🛜). Réparti sur 4 étages de couleur rose, ce mini-hôtel sympathique tenu par d'aimables propriétaires propose des chambres propres, certaines avec balcon. Ascenseur.

Phuong Hong Hotel   PENSION $
(☎387 8777 ; phuonghonghotel@ymail.com ; 5 Đ Tu Do ; ch avec ventil/clim 10/15 $US ; ❄@🛜). Une petite adresse accueillante, proche de l'embarcadère, qui comprend des chambres balcons et une baignoire à remous, les moins chères manquent un brin d'espace. Suivez Nguyen Trung Truc en direction du sud et tournez à droite dans Nguyen An Ninh.

propres de taille modeste, certaines avec clim et eau chaude.

Thanh Nhan Hotel PENSION $
(394 6694 ; 21 Đ Tu Do ; ch 10-13 $US ; ✷@☎). Autre pension avenante, à courte distance de l'embarcadère.

Hoang Gia 2 Hotel HÔTEL $
(Royal Hotel ; 392 0980 ; www.hoanggiahotels.com.vn ; 31 Đ Le Than Thon ; s 250 000, d 350 000-400 000 d ; ✷☎). Un cran au-dessus de la concurrence dans le secteur de la gare routière, cet hôtel présente des chambres aussi roses qu'impeccables.

Où se restaurer

Rach Gia est réputée pour ses fruits de mer, ses seiches et ses filets de poisson séchés *(ca thieu)*, ainsi que pour son *nuoc mam* et son poivre noir.

Than Binh VIETNAMIEN $
(2 Đ Nguyen Thai Hoc ; plats 18 000-35 000 d). Les nombreux clients qui viennent petit-déjeuner d'une soupe de nouilles au poisson dans cette humble gargote garantissent une cuisine de qualité et des prix raisonnables. Comme il n'y a pas de carte, le plus simple est de montrer du doigt ce qui vous inspire dans les assiettes de vos voisins.

Hai Au VIETNAMIEN, INTERNATIONAL $$
(2 Đ Nguyen Trung Truc ; plats 25 000-200 000 d ; ☎). Coûteux par rapport aux normes locales, ce restaurant justifie son prix par son emplacement au bord de la rivière Cai Lon. Installez-vous dans la salle climatisée ou sur la terrasse, plus animée, et savourez langoustes, crabes et autres fruits de mer. Parmi les plats occidentaux figurent des œufs au petit-déjeuner et des spaghettis bolognaise.

Quan F28 VIETNAMIEN, FRUITS DE MER $
(28 Đ Le Than Thon ; plats 25 000-60 000 d). Pratique d'accès depuis les hôtels proches de la gare routière, cette table animée le soir sert des coquillages et des crustacés à prix doux.

Song Binh BOULANGERIE $
(9 Đ Ly Tu Trong ; petit pain 8 000 d). Alléchant assortiment de petits pains sucrés ou salés.

Renseignements

Hôpital Benh Vien (394 9494 ; 80 Đ Nguyen Trung Truc). Un hôpital privé, l'un des meilleurs centres de soins du delta du Mékong.

TRAVERSÉES EN HYDROFOIL

Si vous hésitez entre l'hydrofoil et le bus, optez toujours pour le premier. Moins bondé et généralement plus confortable, ce type d'embarcation longue et basse offre en outre une vue au ras de l'eau qui permet d'appréhender au plus près la vie grouillante du fleuve, dans toute sa splendeur et sa misère. La traversée entre Ca Mau et Rach Gia se révèle particulièrement intéressante car elle passe d'une zone rurale verdoyante ponctuée d'habitations en rotin à un tronçon urbain industrialisé.

Kien Giang Tourist (Du Lich Lu Hanh Kien Giang ; 386 2081 ; ctycpdulichkg@.vnn.vn ; 5 Đ Le Loi ; 7h-17h). L'office du tourisme de la province.

Poste principale (387 3008 ; 2 Đ Mau Than). Centrale, elle se situe près du fleuve et offre l'accès à Internet.

Depuis/vers Rach Gia

AVION Vietnam Airlines assure des vols quotidiens depuis/vers HCMV (à partir de 500 000 d) et l'île de Phu Quoc (à partir de 500 000 d). L'aéroport se trouve à 10 km au sud-est du centre, sur la RN 80 en direction de Long Xuyen.

BATEAU L'embarcadère des ferries pour l'île de Phu Quoc se situe à l'extrémité ouest de Đ Nguyen Cong Tru (voir la section Île de Phu Quoc). Environ trois hydrofoils partent chaque jour pour Ca Mau (110 000 d, 3 heures) de l'**embarcadère des ferries de Rach Meo** (Đ Ngo Quyen), à 2 km au sud de la ville.

BUS De la **gare routière centrale** (Đ Nguyen Binh Khiem), des bus desservent régulièrement Ca Mau (50 000 d, 3 heures), Ha Tien (38 000 d, 2 heures) et d'autres villes de la région.

VOITURE ET MOTO Rach Gia est à 90 km de Ha Tien, à 120 km de Can Tho et à 270 km de HCMV.

Île de Phu Quoc

077 / 85 000 HABITANTS

Ourlée de plages de sable blanc et couverte à l'intérieur d'une jungle épaisse, Phu Quoc est rapidement passée de la situation de petit coin tranquille à celle de destination balnéaire prisée des expatriés et des touristes. Au-delà des complexes hôteliers

Île de Phu Quoc

Ancienne base militaire

- Hon Ban
- CAMBODGE / VIETNAM
- 319 m
- Plage de Thom
- 365 m
- 683 m
- Plage de Dai
- Hon Doi Moi (île de la Tortue)
- Gang Dau
- Parc national de Phu Quoc
- 539 m
- Cua Can
- Plage de Vung Bao
- Bai Bung
- Plage de Cua Can
- 333 m
- Khu Tuong
- Ong Thay
- Plage d'Ong Lang
- Duong Dong
- Aéroport de Phu Quoc
- Suoi Da Ban (source à la Surface de pierre)
- 365 m
- Duong Dong
- 410 m
- Cat Lap
- Suoi Tranh
- Voir agrandissement
- Ham Ninh
- Duong Dong
- Long Beach
- Bai Vong
- Đ-Tran Hung Dao
- Plage de Vong
- 242 m
- Plage de Dam
- Vers Hon Chong (60 km) et Ha Tien (65 km)
- Hameau de Cau Sau
- Plage de Sao
- Baie de Tau Ru
- Plage de Khem
- Golfe de Thaïlande
- An Thoi
- Hon Dua
- Hon Dam Trong
- Hon Dam Ngoai
- Hon Roi
- Îles An Thoi
- Hon Thom
- Hon Vang

DELTA DU MÉKONG ÎLE DE PHU QUOC

Île de Phu Quoc

◉ À voir
1 Ferme de perles de Phu Quoc A1

⊙ Où se loger
2 A74 Hotel A2
3 Bamboo Cottages & Restaurant A2
4 Beach Club A2
   Bo Resort .... (voir 11)
5 Cassia Cottage A2
6 Charm A2
7 Chen Sea Resort & Spa A2
   Freedomland .... (voir 11)
8 La Veranda A2
9 Lien Hiep Thanh Hotel A2
10 Mai House A2
11 Mango Bay A2
12 Mango Garden A2
13 Moon Resort A2
14 Nhat Lan A2
   Paris Beach .... (voir 4)
15 Saigon-Phu Quoc Resort A2
16 Sea Star Resort A2
17 Thanh Kieu Beach Resort A2
18 Thien Hai Son Resort A2

⊗ Où se loger
19 Ai Xi A2
20 Ganesh A2
21 Hop Inn B2
22 Mondo A2
   My Lan .... (voir 12)
23 Pepper's Pizza & Grill A2
   Peppertree Restaurant .... (voir 8)
   Restaurant Chez Carole .... (voir 22)

⊙ Où prendre un verre
   Amigo's .... (voir 8)
   Luna Bar .... (voir 13)
24 Oasis B1
   Rainbow Bar .... (voir 17)

qui jalonnent Long Beach, elle reste toutefois largement préservée. Et si l'île aspire à égaler Phuket, il n'y a pour l'instant pas grand-chose à y faire le soir. Pensez plutôt à la plongée sur les récifs coralliens, au kayak de mer dans les criques paisibles ou à l'exploration des petites routes à moto. Les moins sportifs se détendront sur les plages, profiteront d'un massage et se régaleront de poisson frais.

Située dans le golfe de Thaïlande, à 45 km à l'ouest de Ha Tien et à 15 km au sud de la côte cambodgienne, l'île est longue de 48 km et d'une superficie de 1 320 km², ce qui en fait la plus grande du pays... son territoire étant aussi le plus contesté. En effet, le Cambodge revendique cette île, appelée Koh Tral en khmer, qui fut offerte au Vietnam par les Français en 1949 lors de l'annexion du delta du Mékong. Ce qui explique pourquoi les Vietnamiens ont construit une base militaire qui couvre la majeure partie du nord de l'île.

L'île ne fait pas réellement partie du delta du Mékong et ne se prête pas à la riziculture. Sa culture la plus lucrative est le poivre noir, mais les îliens ont toujours gagné leur vie grâce à la mer. Phu Quoc est également réputée pour son *nuoc mam* de qualité supérieure.

Il y a sur l'île des chiens de chasse inhabituels ; dotés d'une queue en trompette et d'une langue bleue, ils sont capables de repérer l'odeur de leur maître à plus de 1 km. Avec leur aide, les îliens ont décimé la majeure partie de la faune locale.

En dépit d'aménagements imminents – un nouvel aéroport international, un golf et un casino –, l'île reste en grande partie protégée depuis la création du parc national en 2001. D'une superficie de 31 422 ha, le parc national de Phu Quoc couvre près de 70% de l'île.

La saison des pluies dure de juillet à novembre. La haute saison touristique correspond au milieu de l'hiver, quand le ciel est bleu et la mer, calme. La chaleur peut être écrasante en avril et mai.

Au moment de notre enquête, plusieurs projets de voirie au point mort avaient laissé un méli-mélo confus de routes et de déviations inachevées sillonnant l'île. Jusqu'à ce que ces chantiers soient terminés, nos cartes (et les autres) ne correspondront pas exactement à la réalité du terrain. Du fait de la superficie modeste de Phu Quoc, les risques de s'égarer vraiment s'avèrent toutefois limités.

Histoire
Phu Quoc servit de base au missionnaire français Pigneau de Béhaine pendant les années 1760 et 1780. Il abrita ici le prince Nguyên Anh, futur empereur Gia Long, alors pourchassé par les rebelles Tây Son.

Duong Dong

◎ À voir
1 Château de Cau A2
2 Fabrique de nuoc mam A1

✈ Activités
3 Coco Dive Centre A4
4 Rainbow Divers A3
5 Searama A3
6 Vietnam Explorer A4
7 X Dive A3

🛏 Où se loger
8 Hiep Phong Hotel A2
9 My Linh Hotel A3
10 Sea Breeze A4

🍴 Où se restaurer
11 Buddy Ice Cream B2
12 Marché de nuit de Dinh Cao A3
13 Le Giang B3
   Tuoi Tham .... (voir 13)

Île relativement isolée, boisée et sans grand intérêt économique, Phu Quoc servit de prison à l'administration coloniale française. Les Américains prirent le relais et environ 40 000 prisonniers viêt-cong y furent détenus.

Les terribles conditions de détention sont bien illustrées au musée des Souvenirs de guerre de HCMV, notamment à travers des reconstitutions.

La prison du Cocotier (Nha Lao Cay Dua), la principale colonie pénitentiaire, toujours en activité, se situe près d'An Thoi. Bien qu'elle soit considérée comme un site historique, le projet d'installer un musée a été repoussé.

◎ À voir

Duong Dong   VILLE PORTUAIRE

Principal port de pêche, qui se trouve au centre de la côte ouest et abrite le petit aéroport. Au sud s'étire Long Beach, le secteur le plus développé de l'île, avec la plupart des hôtels et des aires d'accueil.

La ville elle-même n'a guère d'intérêt. Vous pourrez flâner dans le marché de jour, sale mais animé, et goûter les délices proposés sur les étals de restauration de l'excellent marché de nuit (accessoirement très propre). Le vieux pont est un bon endroit pour photographier la flotte de pêche, amarrée dans un étroit canal.

Château de Cau

(Dinh Cau ; Đ Bach Dang). Il s'agit plutôt d'un temple combiné à un phare, construit en 1937 en l'honneur de Thien Hau, déesse de la mer et protectrice des marins et des pêcheurs. Le château mérite le coup d'œil et offre une belle vue sur l'entrée du port. Au coucher du soleil, les habitants flânent sur la promenade entre le château et Đ Tran Hung Dao.

Fabrique de nuoc mam

(⊙8h-11h et 13h-17h). La visite de la fabrique Hung Thanh, la plus grande de l'île, est intéressante. À première vue, les énormes cuves en bois évoquent les fûts des viticulteurs, mais l'odeur prenante vous ramène vite à la réalité. La majeure partie du *nuoc mam* produit ici pourvoit à la consommation intérieure, mais une quantité importante est exportée en Europe, au Japon et en Amérique du Nord.

La fabrique se situe à une courte distance des marchés de Duong Dong. La visite est gratuite, mais mieux vaut engager un guide si vous ne parlez pas vietnamien. L'authentique *nuoc mam* constitue un cadeau idéal, mais il n'est pas toujours possible de le sortir du pays. Des compagnies aériennes, comme Vietnam Airlines, l'interdisent sur leurs vols.

Long Beach   PLAGE
(Bai Truong). La bien nommée Long Beach s'étire de Duong Dong vers le sud, le long de la côte ouest, jusqu'aux abords du port de An Thoi. Les constructions se concentrent dans la partie nord proche de Duong Dong, où les chaises longues et les parasols en rotin des différents complexes hôteliers ont investi le rivage sablonneux. Comme ailleurs au Vietnam, ces plages privées sont les seules à être maintenues propres. Vous ne devriez pas avoir de problème à y installer votre serviette, à condition de ne pas trop vous approcher des hôtes payants.

On peut facilement la rejoindre à pied en se dirigeant vers le sud à partir du château de Cau. En revanche, vous aurez besoin d'une moto ou d'un vélo pour atteindre les secteurs isolés, vers la pointe sud de l'île. Plusieurs petites allées relient l'artère principale, Ð Tran Hung Dao, et Long Beach ; certaines de ces allées sont bordées d'excellents restaurants. Quelques huttes de bambou vendent des boissons, mais pensez à emporter de l'eau si vous envisagez une longue promenade. Les massages sur la plage ont du succès, mais mieux vaut se mettre d'accord sur le service pour ne pas se voir imposer, souvent simultanément, une manucure, une épilation des jambes au fil et un massage des pieds.

Perles de Phu Quoc
(www.treasuresfromthedeep.com ; ⊙8h-17h). Étape incontournable pour les amateurs de perles, située dans un secteur isolé de Long Beach, la petite boutique propose colliers et boucles d'oreille, et des panneaux (en anglais) expliquent comment les huîtres fabriquent les perles. Les acheteurs trouveront des articles moins onéreux dans les kiosques du village de Ham Ninh, mais ici l'authenticité est garantie.

Il y a aussi une collection de poteries du XVIe siècle découvertes dans des épaves de la zone ainsi qu'un petit café.

Bai Sao, Bai Dam et Bai Vong   PLAGES
Belles étendues de sable blanc, Bai Sao et Bai Dam se situent à quelques kilomètres d'An Thoi, principal port de navigation à la pointe sud de l'île. La première, dotée de quelques restaurants en bord de mer et de chaises longues, offre l'occasion de pratiquer des sports nautiques.

Au nord, Bai Vong accueille les vedettes rapides en provenance du continent. Sur place, Mui Duong Watersports propose jet-ski, ski nautique et autres activités aquatiques. Lors de notre passage, les méduses pullulaient dans les eaux autour de la jetée ; vérifiez avant de vous baigner.

Au sud, Bai Khem, l'une des plus belles plages de l'île, reste préservée. Toujours sous contrôle militaire, elle est interdite au public.

Bai Cua Can et Bai Ong Lan   PLAGES
Bai Cua Can, à 11 km de Duong Dong, est la plus accessible des plages du nord. Merveilleusement calme en semaine, elle peut être bondée le week-end. Juste au sud, Bai Ong Lan présente une série de criques sablonneuses abritées par des promontoires rocheux. Dans ce secteur, plusieurs complexes hôteliers de catégorie moyenne séduisent les voyageurs en quête d'isolement.

La visite en voiture des villages autour de Cua Can présente un intérêt car elle comprend la traversée de plusieurs ponts en bois branlant au-dessus de la rivière.

Bai Vung Bau, Bai Dai et Bai Thom   PLAGES
Toujours isolées et empreintes d'un charme tropical, ces plages du nord de l'île voient rarement du monde. La nouvelle route côtière qui longe Bai Vung Bau et Bai Dai raccourcit le trajet à moto et évite d'être couvert de poussière rouge. La route de Bai Dai à Bai Thom via Ganh Dau est splendide et traverse une forêt épaisse, avec des échappées sur la côte en contrebas.

Parc national de Phu Quoc   RÉSERVE NATURELLE
Le sol pauvre de Phu Quoc et la pénurie d'eau ont désespéré des générations d'agriculteurs, mais ont préservé l'environnement de l'île. La forêt couvre 90% de sa superficie, les arbres et l'écosystème marin sont aujourd'hui officiellement protégés, et elle est même reconnue "réserve de biosphère" par l'Unesco en 2010. C'est en effet la dernière grande forêt du sud du Vietnam.

La végétation est plus dense dans la moitié nord de l'île, classée réserve forestière (Khu Rung Nguyen Sinh). Vous aurez besoin d'une moto ou d'un VTT pour explorer la réserve, sillonnée de quelques pistes, mais dépourvue de chemin de randonnée.

Suoi Tranh et Suoi Da Ban CASCADES

(3 000 d, moto 1 000 d). Comparée au delta du Mékong, Phu Quoc compte peu de cours d'eau, mais plusieurs sources jaillissent dans les collines. La plus accessible est Suoi Tranh ; repérez le panneau d'entrée et l'arbre en béton sur la route entre Duong Dong et la plage de Vong. De la billetterie, il faut marcher 10 min dans la forêt pour gagner le site.

Suoi Da Ban (source à la Surface de pierre) s'écoule en torrent parmi de gros rochers de granit. Des bassins profonds permettent la baignade. N'oubliez pas l'antimoustique !

La période la plus propice pour voir les cascades s'étale de mai à septembre – en fin de saison sèche, elles se résument à un filet d'eau.

Îles An Thoi ÎLES

Au large de la pointe sud de Phu Quoc, les quinze îles et îlots An Thoi peuvent se visiter en louant un bateau. Ce superbe archipel constitue un endroit privilégié pour la pêche, la baignade et le snorkeling. Hon Thom (île aux Ananas) est la plus grande avec 3 km de longueur. Hon Dua (île aux Noix de coco), Hon Roi (île de la Lampe), Hon Vang (île de l'Écho), Hon May Rut (île du Nuage froid), Hon Dam (île de l'Ombre), Chan Qui (île de la Tortue jaune) et Hon Mong Tay (île du Petit Pistolet) font partie de cet archipel. Elles restent pour le moment peu développées, mais cela risque de changer dans les années à venir.

La plupart des bateaux partent d'An Thoi à Phu Quoc, mais les hôtels de Long Beach peuvent organiser l'excursion. Renseignez-vous également auprès des centres de plongée, dont les bateaux se rendent régulièrement dans l'archipel. Sachez que les bateaux ne sortent pas pendant la saison des pluies.

Activités

Plongée et snorkeling

Si Nha Trang reste sans doute la meilleure destination pour la plongée au Vietnam, Phu Quoc offre des fonds intéressants pendant la saison sèche, de novembre à mai. Comptez de 40 à 80 $US pour deux plongées en fonction de l'endroit et de l'opérateur. L'Open Water de Padi (4 jours) coûte entre 320 et 360 $US, tandis qu'une sortie snorkeling est facturée entre 20 et 30 $US.

Rainbow Divers PLONGÉE ET SNORKELING

(carte p. 392 ; 0913-400 964 ; www.divevietnam.com ; Đ Tran Hung Dao ; 9h-18h). Opérateur fiable, qui a été le premier à s'installer sur l'île et qui offre un grand choix de sorties plongée ou snorkeling. Outre cette agence, il possède des antennes dans les complexes hôteliers de Long Beach.

Coco Dive Center PLONGÉE ET SNORKELING

(carte p. 392 ; 398 2100 ; www.cocodivecenter.com ; 58 Đ Tran Hung Dao). Bien établi auprès du public, son siège est à Nha Trang.

Searama PLONGÉE ET SNORKELING

(carte p. 392 ; 629 1679 ; www.searama.com ; 50 Đ Tran Hung Dao). Un peu plus cher que la concurrence, ce club emploie des moniteurs francophones et anglophones et utilise du matériel neuf.

Vietnam Explorer PLONGÉE

(carte p. 392 ; 384 6372 ; 36 Đ Tran Hung Dao). Un tour-opérateur réputé, qui possède également son siège à Nha Trang

X Dive PLONGÉE ET SNORKELING

(carte p. 392 ; 399 4877 ; 12 Đ Tran Hung Dao). Autre opérateur basé à Duong Dong.

Kayak

Plusieurs établissements louent des kayaks le long de Bai Sao, dont les eaux calmes et protégées garantissent une sortie paisible. Vous pouvez également vous adresser aux restaurants qui bordent la plage. Comptez environ 60 000 d l'heure.

Circuits organisés

Duong Dong ne possède pas d'office du tourisme. Pour organiser un circuit, adressez-vous à votre hôtel. La plupart des touristes se déplacent dans l'île avec des motos de location. Sur l'île, quelques guides à moto parlent anglais.

Quelques tour-opérateurs se spécialisent dans les circuits en bateau et les sorties de pêche. Essayez les suivants :

An Tu's Tours CIRCUITS EN BATEAU

(399 6009 ; anhtupq@yahoo.com). Snorkeling, pêche au calamar, circuits dans les îles et location de motos.

John's Tours CIRCUITS EN BATEAU

(091-910 7086 ; www.johnsislandtours.com ; 4 Đ Tran Hung Dao). Bien représenté dans les hôtels et les complexes hôteliers. Snorkeling, circuits dans les îles et sorties de pêche.

Où se loger

Les prix des hôtels de Phu Quoc varient selon la saison et la fréquentation touristique. Les écarts sont plus importants que partout ailleurs au Vietnam et affectent davantage les hébergements bon marché que les complexes haut de gamme. Certains établissements triplent leurs tarifs durant la haute saison, en décembre et janvier, période à laquelle il faut impérativement réserver. Toutes catégories confondues, les prestations se révèlent plutôt décevantes.

DUONG DONG

La plupart des touristes préfèrent loger près de la plage, mais il existe à Duong Dong plusieurs pensions, utiles quand les hébergements du rivage affichent complet. Les prix y sont en outre plus raisonnables.

Sea Breeze HÔTEL $

(Gio Bien ; 399 4920 ; www.seabreezephuquoc.com ; 62A Ð Tran Hung Dao ; ch avec ventil 15 $US, clim 25-40 $US ;). Aussi frais et tropical que le cocktail dont il porte le nom, ce nouvel hôtel proche des marchés de nuit vous attend au début de la route de la plage. Il comprend d'élégantes chambres modernes et une terrasse sur le toit rafraîchie par la brise.

Hiep Phong Hotel PENSION $

(384 6057 ; nguyet_1305@yahoo.com ; 17 Ð Nguyen Trai ; ch 280 000 d ;). Tenu par une famille très accueillante, ce mini-hôtel en centre-ville loue des chambres avec TV satellite, réfrigérateur et eau chaude, un luxe qu'on ne trouve pas près de la plage à ce prix-là.

My Linh Hotel PENSION $

(384 8674 ; 9 Ð Nguyen Trai ; ch 300 000 d ;). Un autre mini-hôtel à quelques pas du précédent, qui assure des prestations similaires. Garnies de robustes lits en bois, les chambres ont parfois un balcon. Le personnel parle anglais.

LONG BEACH

Il existe maintenant plusieurs dizaines de complexes hôteliers formant une bande ininterrompue le long du rivage sablonneux de Long Beach. Certains se chargent gratuitement du transfert depuis/vers l'aéroport ; renseignez-vous au moment de la réservation. La plupart se rejoignent depuis Ð Tran Hung Dao.

♥ La Veranda COMPLEXE HÔTELIER $$$

(398 2988 ; www.laverandaresort.com ; 118/9 Ð Tran Hung Dao ; ch 275-375 $US ;). Conçu dans le style colonial, l'établissement le plus chic de Phu Quoc reste intime avec seulement 44 chambres, toutes pourvues d'un grand lit et d'une sdb déco. Une piscine avec un coin pour les enfants, un spa élégant et une fort jolie plage ajoutent à son attrait. Pour manger, les hôtes ont le choix entre un café sur la pelouse et le Peppertree Restaurant à l'étage.

Sea Star Resort COMPLEXE HÔTELIER $$

(398 2161 ; www.seastarresort.com ; ch 40 $US, bungalow 50-75 $US ;). Dirigé par une équipe sympathique qui a le sens de l'humour et veille efficacement au bien-être des hôtes, ce vaste complexe comprend 37 chambres et bungalows, dont beaucoup agrémentés d'un balcon donnant sur une plage soignée. Les prix baissent d'environ 20% en basse saison.

Beach Club COMPLEXE HÔTELIER $

(398 0998 ; www.beachclubvietnam.com ; ch 25-35 $US ;). Tenue par un couple anglo-vietnamien, cette retraite décontractée permet d'échapper à l'effervescence de l'artère principale. Elle se compose de bungalows rapprochés, simples mais nets et spacieux. Le propriétaire est une mine d'information sur l'île. Restaurant en bord de plage, idéal au coucher du soleil.

Cassia Cottage COMPLEXE HÔTELIER $$$

(384 8395 ; www.cassiacottage.com ; 100C Ð Tran Hung Dao ; ch 120-190 $US ;). Nouveau complexe de charme, dont les chambres joliment meublées s'inscrivent dans un jardin fleuri. Certaines donnent sur la piscine ou la mer. Charmant restaurant en plein air au bord de la plage.

Mai House COMPLEXE HÔTELIER $$

(384 7003 ; maihouseresort@yahoo.com ; 118 Ð Tran Hung Dao ; ch ventil/clim 75/85 $US ;). L'établissement présente le plus beau cadre de Long Beach, ses jardins soignés, son restaurant ouvert sur les côtés et ses chaises longues à l'ombre de parasols en rotin composant une atmosphère tropicale paradisiaque. Disséminés sur les pelouses, les bungalows ne manquent pas de cachet, même si ceux du fond sont bien plus serrés que ceux des deux premières rangées. Cuisine excellente.

LES FRUITS DU VIETNAM

L'un des grands plaisirs d'un séjour dans le delta du Mékong est la découverte des innombrables fruits disponibles sur les marchés, dans les vergers et aux étals de rue de toute la région. Essayez de goûter les suivants :

Buoi (pamplemousse) : Ce fruit énorme se caractérise par sa peau épaisse et sa chair, plus sucrée et moins acide que celle d'un pamplemousse ordinaire.

Chom Chom (ramboutan) : Petit fruit rouge à peau velue. La chair blanche est tendre et sucrée. On le trouve surtout pendant la saison des pluies (mai à octobre).

Đu Đu (papaye) : On ne dénombre pas moins de 45 espèces de papaye au Vietnam ; on les consomme mûres, en jus ou telles quelles (chair orange à rouge), ou vertes, en salades acidulées.

Dua (ananas) : Autre fruit courant dans le delta du Mékong, aux variétés parfois un peu acides. Parfois consommé avec du sel et du piment en poudre.

Khe (carambole) : Fruit ovoïde à cinq côtes, ce qui donne à sa tranche une forme d'étoile. Peau brillante et chair extrêmement juteuse.

Mang Cau (anone) : Fruit bosselé à peau verte, renfermant des graines noires entourées d'une chair blanche dont le goût évoque la crème anglaise.

Mang Cut (mangoustan) : Fruit violet, de la taille d'une balle de tennis. À l'intérieur, de délicieux quartiers de couleur crème.

Mit (jaque) : Énorme fruit en forme de montgolfière, à chair jaune et molle. Très riche en vitamines.

Nhan (longane) : minuscule fruit à fine peau marron. La pulpe est translucide et juteuse. On l'utilise à des fins diverses dans le delta (parfois même séché comme combustible).

Oi (goyave) : La peau verte est comestible, la chair est rose. Riche en vitamine, la goyave est délicieuse telle quelle ou en jus.

Sau Rieng (durian) : Ce fruit volumineux, à l'odeur caractéristique, a une carapace à grosses épines et une chair épaisse dont le goût évoque à la fois l'ail, la crème anglaise et le camembert. On adore ou on déteste !

Thanh Long (fruit du dragon) : Très joli, le fruit du dragon est hérissé de feuilles rouges aux pointes vertes. Sa chair tendre, un peu fade, contient de nombreux grains comestibles.

Trai Vai (litchi) Très courant, ce petit fruit rond est couvert d'une pelure rouge à écailles. Sa chair blanche est juteuse et particulièrement sucrée.

Xoai (mangue) : Il existe plusieurs variétés de mangues. Les plus sucrées sont grosses et rondes avec une peau jaune brillante. Ces fruits sont particulièrement délicieux en avril et mai.

Vu Sua (pomme étoilée) : fruit rond et mou, produisant un jus sucré et laiteux (son nom signifie lait maternel).

Thanh Kieu Beach Resort COMPLEXE HÔTELIER $$
(☎384 8394 ; www.thanhkieuresort.com ; 100C/14 Đ Tran Hung Dao ; ch 39-49 $US ; @☎). Joliment situés en bord de plage, ces bungalows en brique attrayants, aux chambres agréablement meublées, se répartissent à l'intérieur d'un jardin verdoyant, ombragés par des palmiers et des bosquets de bambous. Le Rainbow Bar, très fréquenté, se tient sur la plage.

Saigon-Phu Quoc Resort COMPLEXE HÔTELIER $$$
(☎384 6999 ; www.sgphuquocresort.com.vn ; 1 Đ Tran Hung Dao ; ch 159-480 $US ; ✱@☎✱). Vaste et chic, avec 98 chambres occupant des villas ou des bungalows, dont la plupart donnent sur la plage. Discothèque, salles de karaoké, spa, minigolf, courts de tennis et terrains de pétanque complètent les installations. Consultez le site Internet pour les promotions saisonnières.

Thien Hai Son Resort
COMPLEXE HÔTELIER $$$

(398 3044 ; www.phuquocthienhaison.com ; 68 Đ Tran Hung Dao ; ch 90-99 $US, bungalows 132-161 $US ; ❄️🛜🏊). Ce grand complexe jaune et vert en bordure de plage abrite des pavillons et des bungalows. Les larges allées en béton et les arbres de la même matière suggèrent qu'il s'adresse essentiellement à une clientèle vietnamienne.

Lien Hiep Thanh Hotel
COMPLEXE HÔTELIER $

(384 7583 ; lienhiepthanh2007@yahoo.com.vn ; 118/12 Tran Hung Dao ; ch avec ventil 15 $US, avec clim 20-45 $US ; ❄️🛜). Également appelé Family Hotel, l'endroit regroupe 21 chambres et bungalows sans prétention. Les chambres en bord de mer disposent de la clim et de l'eau chaude. Petit restaurant sur la plage.

A74 Hotel
HÔTEL $

(398 2772 ; www.a74hotel.com ; 74 Đ Tran Hung Dao ; ch 10-25 $US ; ❄️). Dans l'artère principale près de Long Beach, voici une solution de remplacement fiable quand les adresses de la plage affichent complet. Assez basiques, les chambres ont parfois vue sur la mer.

Paris Beach
HÔTEL $

(399 4548 ; www.phuquocparisbeach.com ; ch avec ventil/clim 25/30 $US ; ❄️@🛜). Précédé d'une vaste terrasse carrelée, ce mini-hôtel face à la plage jouxte le Beach Club, au sud de la principale série de resorts, et propose des chambres sobres.

Moon Resort
COMPLEXE HÔTELIER $

(399 4520 ; www.moonresort.vn ; 82 Tran Hung Dao ; bungalows avec ventil 15 $US, clim 30-35 $US ; ❄️@🛜). Juste sur la plage, dans un jardin peu entretenu, ses bungalows rustiques en rotin tissé présentent un excellent rapport qualité/prix. Le bar sur la plage est un lieu de rendez-vous animé.

Charm
HÔTEL $$

(399 4606 ; www.phuquoccharm.com ; 118/1 Đ Tran Hung Dao ; ch 40-75 $US ; ❄️@🛜). Le charme de cet établissement de style traditionnel, en retrait de la plage, serait plus évidente si les chambres bénéficiaient d'un meilleur entretien et si le personnel se montrait plus prévenant.

Nhat Lan
PENSION $

(384 7663 ; nhanghinhatlan@yahoo.com ; 118/13 Đ Tran Hung Dao ; bungalows avec ventil/clim 20/40 $US). Dernière d'une rangée de pensions abordables en bordure de plage, celle-ci possède des bungalows dans un jardin ombragé. Peu d'entre eux bénéficient d'une vue sur la mer.

BAI SAO

Mango Garden
B&B $$

(629 1339 ; mangogarden.inn@gmail.com ; ch 35 $US ; ⊙sept-avr ; ❄️@🛜). Une piste de terre cahoteuse (tournez à gauche juste avant Bai Sao et suivez les panneaux) dessert ce B&B isolé ; mieux vaut être motorisé. De style occidental et tenu par un canado-vietnamien, il niche dans un beau jardin planté de fleurs et de manguiers, derrière une haute clôture. Les quelques chambres ouvrent sur un bassin central au-dessus duquel sont suspendus des pots d'orchidées. Réservez longtemps à l'avance.

BAI ONG LANG

Plus rocheuse que Long Beach, cette plage à 7 km au nord de Duong Dong a l'avantage d'être nettement moins bondée et conserve par conséquent une atmosphère de refuge tropical. Du fait de son relatif isolement, attendez-vous à passer la majeure partie du temps dans votre hébergement et ses abords immédiats. La plupart des complexes louent cependant des vélos ou des motos pour circuler alentour. Réservation impérative.

Chen Sea Resort & Spa
COMPLEXE HÔTELIER $$$

(399 5895 ; www.chenla-resort.com ; bungalows 234-473 $US ; ❄️@🛜🏊). Concourant pour le titre de resort le plus somptueux de l'île, il comporte de jolies villas agrémentées d'une véranda profonde qui évoquent des maisons anciennes au toit de tuile. Une vaste piscine fait face à la superbe plage de sable. Les nombreuses activités possibles (location de vélos, kayaks et catamarans), le spa et le restaurant ouvert sur les côtés compensent l'isolement du lieu.

🌿 Mango Bay
COMPLEXE HÔTELIER $$

(398 1693 ; www.mangobayphuquoc.com ; ch 75-80 $US, bungalows 90-145 $US ; @🛜). Installé autour d'une petite crique accessible par une route poussiéreuse à travers une plantation de manguiers, le Mango Bay utilise des panneaux solaires et des matériaux de construction écologiques recyclés. Tous les bungalows se dotent d'une terrasse privative. Si vous recherchez un endroit simple, romantique et intime, voilà ce qu'il vous faut.

Freedomland
CHEZ L'HABITANT $$

(☎399 4891 ; www.freedomlandphuquoc.com ; ch 30-40 $US ; @). Plus proche de la communauté hippie que du resort, Freedomland compte 11 bungalows sommaires (avec moustiquaire et ventilateur mais sans eau chaude) sur une parcelle ombragée à 5 min à pied de la plage. Des hamacs suspendus entre les arbres invitent à la paresse. L'ambiance conviviale et les repas en commun lui valent une certaine popularité, surtout auprès des voyageurs en solo au budget limité.

Bo Resort
COMPLEXE HÔTELIER $$

(☎398 6142 ; www.boresort.com ; bungalows avec eau froide/chaude 50/80 $US ; @). Avec ses bungalows épars sur une colline tapissée de jungle descendant jusqu'à une plage rocheuse, ce complexe tenu par des Français garantit intimité et isolement ainsi qu'une excellente cuisine.

BAI VUNG BAU

♥ Bamboo Cottages & Restaurant
COMPLEXE HÔTELIER $$

(☎281 0345 ; www.bamboophuquoc.com ; ch 50-85 $US ; ✵@). Une aimable famille et ses chiens effrontés vous accueillent dans ce complexe qui a pratiquement la plage pour lui seul. Son vaste bar-restaurant ouvert sur les côtés donne directement sur le sable et ses 14 jolies villas couleur citron possèdent une sdb individuelle à ciel ouvert dont l'eau est chauffée à l'énergie solaire. Les propriétaires contribuent à financer la scolarisation d'enfants défavorisés de l'île.

Où se restaurer

Nombre des hôtels recommandés comportent des restaurants de qualité, souvent en bord de plage ou permettant de contempler le coucher de soleil. Les clients des établissements plus retirés, comme ceux de Bai Ong Lang, prennent habituellement leurs repas sur place.

Le **Bo Resort** (plats autour de 14 $US), le **Mai House** (plats 4-18 $US) et le **Peppertree Restaurant** (La Veranda ; plats 6-20 $US), qui présentent une carte franco-vietnamienne, sortent du lot. Le restaurant du **Charm** (plats 70 000-160 000 d) arbore un style vietnamien traditionnel évoquant l'architecture de Hoi An.

Pour plus d'authenticité, explorez les tables de fruits de mer du village de pêcheurs de Ham Ninh. Plusieurs, dont le **Kim Cuong I** (plats 30 000-300 000 d), bordent la jetée au bout de l'artère principale.

DUONG DONG
Marché de nuit de Dinh Cao
MARCHÉ $

(Đ Vo Thi Sau). De loin l'endroit le plus pittoresque et le plus abordable pour dîner sur l'île, ce marché rassemble des dizaines d'étals aux savoureux plats de poisson, de viande ou de légumes. Repérez ceux qui attirent le plus de clients ou essayez le **Thanh Xuan** (45 000-100 000 d), réputé pour ses grillades de la mer.

Buddy Ice Cream
GLACIER $

(26 Đ Nguyen Trai ; plats 25 000-130 000 d ; @☎). Une bonne adresse pour obtenir des informations touristiques et accéder gratuitement à Internet en savourant une glace néo-zélandaise (25 000 d la boule). La carte affiche aussi des sandwichs chauds, *fish and chips*, etc.

Le Giang
VIETNAMIEN $

(289 Đ Tran Hung Dao ; plats 40 000-80 000 d). Un large éventail de spécialités vietnamiennes, dont des poissons caramélisés cuits dans une cocotte en terre, sont servis dans ce restaurant spacieux au décor couleur locale. Carte en anglais et terrasse à l'étage rafraîchie par la brise.

Tuoi Tham
VIETNAMIEN $

(289 Đ Tran Hung Dao ; plats 35 000-100 000 d). Une adresse appréciée pour sa bonne cuisine et son atmosphère conviviale.

LONG BEACH
Mondo
TAPAS $

(82 Đ Tran Hung Dao ; tapas 50 000-90 000 d). Mêlant les tapas espagnoles (fromage grillé, chorizo, boulettes de viande épicées, crevettes à l'ail) à des plat plus typiques de la région (le poulet à la thaïlandaise parfumé dans une feuille de bananier, par exemple), ce petit établissement ajoute une note chic bienvenue à Long Beach. On peut aussi commander à toute heure un petit déjeuner occidental.

Ganesh
INDIEN $$

(www.ganeshindianrestaurant.com ; 97 Đ Tran Hung Dao ; plats 52 000-99 000 d ; ◷11h-22h ; ✐). Une cuisine authentique du nord et du sud de l'Inde vous attend dans cet agréable restaurant clair et spacieux, notamment des *tandoori* et une vaste sélection de recettes végétariennes. Les *thali* composés de plusieurs plats permettent de varier les plaisirs (végétarien 110 000 d, viande ou fruits de mer 160 000 d).

Hop Inn
VIETNAMIEN $

(Đ Tran Hung Dao ; plats 50 000-130 000 d). Ne vous fiez pas à l'enseigne incongrue représentant un kangourou car le Hop Inn concocte en réalité la meilleure cuisine vietnamienne de Tran Hung Dao. Une carte fournie inclut beaucoup de fruits de mer ainsi que des sandwichs. Le soir, des lanternes suspendues confèrent un peu de charme au cadre.

Pepper's Pizza & Grill
PIZZAS, INTERNATIONAL $

(📞384 8773 ; 89 Đ Tran Hung Dao ; plats 65 000-190 000 d). Au dire des résidents de longue date, c'est ici que l'on trouve les meilleures pizzas de l'île (livraison à la demande). S'y ajoutent des plats italiens, allemands et asiatiques, parmi lesquels des steaks et des côtelettes.

Restaurant Chez Carole
FRANCO-VIETNAMIEN $

(88 Đ Tran Hung Dao ; plats 50 000-200 000 d). Si l'endroit a l'accent français, les fruits de mer vietnamiens occupent la vedette, à l'image des crevettes au cognac et au pastis, le plat emblématique de la maison.

BAI SAO

Pour rejoindre les adresses ci-après, suivez la route goudronnée sur quelques kilomètres au nord de An Thoi, puis la piste de terre sur la droite indiquée par le panneau "My Lan" qui conduit jusqu'à la plage.

My Lan
VIETNAMIEN, FRUITS DE MER $

(plats 55 000-110 000 d). Attablez-vous sur le sable blanc, à quelques mètres des flots, pour déguster de fameux poissons et fruits de mer mijotés dans des cocottes en terre.

An Xi
VIETNAMIEN, FRUITS DE MER $

(plats 50 000-100 000 d). Même genre de cuisine et de cadre que le My Lan, à environ 400 m au nord.

Où prendre un verre et sortir

Vu sa popularité à la saison sèche, on peut s'étonner que Phu Quoc brille aussi peu par sa vie nocturne. Même lorsque les complexes hôteliers font le plein, les lieux de sortie de l'île ne réunissent guère qu'une poignée de clients. Les adresses ci-dessous bordent Long Beach.

Oasis
BAR

(118/5 Đ Tran Hung Dao ; 📞). Dans la ruelle qui mène à La Veranda et à Mai House, l'Oasis est connu pour sa pop britannique et ses curieux collages à l'effigie de Mohammed Ali, Shane Warne, Jonny Wilkinson et des frères Gallagher. Table de billard à l'arrière et terrasse en devanture.

Amigo's
BAR, CLUB

(www.amigosphuquoc.com ; 118/10 Đ Tran Hung Dao ; 📞). Si un endroit mérite d'être rempli de vacanciers qui se trémoussent, c'est bien ce grand espace voisin de la Véranda, pourvu de lasers rouges et verts, d'une piste correcte et d'un séduisant bar de plage. On peut danser ici de 22h jusqu'à tard dans la nuit, mais peu de gens semblent le savoir. Qu'à cela ne tienne, les bons cocktails devraient vous aider à mettre l'ambiance.

Rainbow Bar
BAR

(Thanh Kieu Beach Resort, 100C/14 Đ Tran Hung Dao). Un bar de plage avec table de billard qui sert des milk-shakes et cocktails tropicaux. Rainbow Divers y tient une permanence tous les soirs de 18h à 21h.

Luna Bar
BAR

(Moon Resort, 82 Tran Hung Dao). Un autre bar sur le sable équipé d'un billard.

Achats

Pour acheter des souvenirs, direction les marchés de nuit de Duong Dong et la ferme de perles proche du centre de Long Beach.

Renseignements

Il existe des DAB à Duong Dong et dans de nombreux resorts de Long Beach. Vous en trouverez un pratique d'accès au bout de la ruelle à hauteur du 118 Đ Tran Hung Dao, en face du Charm.

Poste (carte p. 392 ; Đ 30 Thang 4)

PHU QUOC EN CIRCUIT

Un circuit apprécié entre HCMV et Phu Quoc consiste à traverser le delta du Mékong par voie terrestre, à emprunter un ferry pour l'île à Rach Gia ou à Ha Tien, puis, une fois reposé et bronzé, à prendre le vol qui rallie HCMV en une heure. Depuis l'ouverture du poste-frontière de Xa Xia-Prek Chak entre le Vietnam et le Cambodge, Phu Quoc est devenue une étape prisée dans le cadre d'un circuit qui traverse le delta du Mékong et rejoint la côte sud du Cambodge.

ⓘ Depuis/vers Phu Quoc

AVION Réservez bien à l'avance en haute saison car la demande est forte. Un nouvel aéroport international doit ouvrir fin 2012 ; renseignez-vous si vous prenez l'avion après cette date.

Air Mekong (☏04-3718 8199 ; www.airmekong.com.vn). Vol depuis/vers HCMV (à partir de 450 000 d, 4/j) et Hanoi (à partir de 2 230 000, 2/j).

Vietnam Airlines (carte p. 392 ; ☏399 6677 ; www.vietnamairlines.com ; 122 Đ Nguyen Trung Truc). Liaisons avec Rach Gia (à partir de 500 000 d, tlj), Can Tho (à partir de 500 000 d, tlj) et HCMV (à partir de 450 000 d, 10/j).

BATEAU Des bateaux rapides relient Phu Quoc à Ha Tien (1 heure 30) et Rach Gia (2 heures 30). Des agences de voyages de Phu Quoc comme **Green Cruise** (☏397 8111 ; www.greencruise.com.vn ; 14 Đ Tran Hung Dao, Duong Dong) fournissent des informations à jour et vendent des billets.

De Ha Tien, deux petits bateaux (8h, 180 000 d ; 13h, 230 000 d) et un gros car-ferry de 200 passagers (départ à 9h30 de Ha Tien, à 14h30 de Phu Quoc ; passager/moto/voiture 145 000 d/100 000 d/50 $US) assurent chaque jour la traversée.

De Rach Gia, deux opérateurs fiables couvrent la ligne :

Savanna Express (☏369 2888 ; www.savannaexpress.com ; adulte/enfant 295 000/200 000 d). Départ de Rach Gia/Phu Quoc à 8h05/13h05 ; 2 heures 30.

Superdong (☏Rach Gia 077-387 7742, Phu Quoc 077-398 0111 ; www.superdong.com.vn ; adulte/enfant 225 000/295 000 d). Départs de Rach Gia à 8h, 13h et 13h30, de Phu Quoc à 8h, 8h30 et 13h ; 2 heures 30.

À Phu Quoc, les ferries utilisent l'embarcadère de Bai Vong. Les bus qui coïncident prennent les passagers dans Đ Tran Hung Dao et Đ 30 Thang 4 (20 000 d).

ⓘ Comment circuler

DEPUIS/VERS L'AÉROPORT L'aéroport se situe actuellement dans le centre de Duong Dong, mais un nouvel aéroport international devrait avoir ouvert à 10 km de la ville vers la fin 2012 (renseignez-vous au moment de la réservation). À l'aéroport, les conducteurs de moto-taxi demandent 1 ou 2 $US pour la plupart des établissements de Long Beach, mais ils essaient souvent d'emmener leurs clients aux hôtels qui leur versent une commission. Si vous savez où aller, dites-leur que vous avez réservé.

Le taxi coûte environ 90 000 d pour Long Beach et 250 000 d pour Ong Lang.

VÉLO La chaleur, les routes défoncées et poussiéreuses demandent un certain courage pour se promener à bicyclette. Néanmoins, la plupart des hôtels en louent, moyennant 3 $US par jour.

BUS De rares bus circulent toutes les 1 ou 2 heures entre An Thoi et Duong Dong. À l'arrivée des ferries, à Bai Vong, un bus emmène les passagers à Duong Dong (20 000 d). Plusieurs hôtels disposent de navettes ou offrent le transfert gratuit à leurs hôtes.

MOTO Vous n'aurez pas à chercher les motos-taxis, leurs conducteurs vous trouveront. Vous devrez sans doute négocier poliment le prix. Pour une brève course en ville, 20 000 d devraient suffire. Sinon, comptez environ 50 000 d pour 5 km. Le trajet de Duong Dong à Bai Vong revient à 70 000 d.

La plupart des hôtels louent des motos pour 7 $US (semi-automatique) à 10 $US (automatique) par jour. Les moins chères sont souvent de vieux engins en mauvais état ; inspectez soigneusement la moto avant de partir. La location pour plusieurs jours n'est pas une pratique courante ; mettez-vous bien d'accord avec le loueur avant de prendre la moto.

TAXI Parmi les compagnies de taxis présentes sur l'île, Mai Linh (☏397 9797) est fiable et ses chauffeurs utilisent toujours le compteur. Prévoyez environ 250 000 d de Duong Dong à l'embarcadère de Bai Vong.

Ha Tien

☏077 / 93 000 HABITANTS

Bordant le golfe de Thaïlande, Ha Tien fait partie du delta du Mékong, mais semble à mille lieues des rizières et des cours d'eau qui le caractérisent. La région est ponctuée de spectaculaires formations calcaires qui abritent un réseau de grottes, transformées en temples pour certaines. Les plantations de poivriers grimpent à flanc de colline. Par temps clair, on distingue l'île Phu Quoc à l'ouest. La ville elle-même séduit par sa langueur, ses villas coloniales décrépites et son marché pittoresque au bord du fleuve. Grâce à l'ouverture du poste-frontière de Xa Xia-Prek Chak, entre le Vietnam et le Cambodge, et la création d'une zone économique spéciale permettant de se rendre sans visa dans la ville et ses environs, le nombre de visiteurs est récemment monté en flèche.

Par ailleurs, des projets de construction de grande envergure vont entraîner l'expansion de la ville au sud-ouest le long de la côte. Un ensemble de marchés et d'hôtels a déjà vu le jour dans un secteur regagné sur le fleuve, entre l'extrémité de Phuong Thanh et le pont encore assez neuf, qui a replacé l'ancien et joli ponton de bois. Le développement immobilier étant concentré

Ha Tien

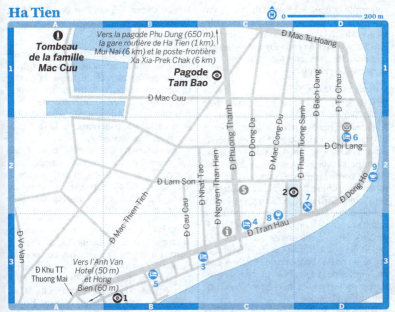

à cet endroit, les charmantes devantures coloniales autour du vieux marché peuvent continuer de se délabrer en paix.

Histoire

Ha Tien faisait partie du Cambodge jusqu'en 1708. Face aux attaques du Siam, le gouverneur khmer, un immigrant chinois appelé Mac Cuu, demanda l'aide des Vietnamiens. Dès lors, la région devint un fief dirigé par Mac Cuu et protégé par les seigneurs Nguyên. Par la suite, son fils, Mac Thiên Tu, lui succéda. Au XVIIIe siècle, le Siam envahit et mit à sac la région à plusieurs reprises. Rach Gia et la pointe méridionale du delta furent directement contrôlés par les Nguyên en 1798.

Durant le régime khmer rouge, les forces cambodgiennes se livrèrent à des incursions répétées et tuèrent des milliers de civils, provoquant la fuite des habitants de Ha Tien et des villages proches par dizaines de milliers. La campagne au nord de Ha Tien, le long de la frontière cambodgienne, fut parsemée de mines et de pièges et certains secteurs n'ont pas encore été déminés.

À voir

Tombeau de la famille Mac Cuu TOMBES
(Lang Mac Cuu ; Đ Mac Cuu). Ces sépultures, appelées Nui Lang (colline des Tombes),

Ha Tien

Les incontournables
Tombeau de la famille Mac Cuu A1
Pagode Tam Bao C1

À voir
1 Marché aux poissons B3
2 Marché de nuit C2

Où se loger
3 Du Hung Hotel C3
4 Ha Tien Hotel C3
5 Hai Phuong B3
6 Hai Yen Hotel D2

Où se restaurer
7 Xuan Thanh D2

Où prendre un verre
8 Oasis C3
9 Thuy Tien D2

se situent près de la ville. Des dizaines de membres de la famille de Mac Cuu sont enterrés ici dans des tombes chinoises traditionnelles, ornées de dragons, de phénix, de lions et de gardiens.

Au pied de la corniche se dresse le sanctuaire très décoré de la famille Mac. En gravissant la colline, la plus grande sépulture est celle du général Mac Cuu lui-même, construite en 1809 sur l'ordre de l'empereur Gia Long, qui comporte des figures sculptées de Thanh Long (Dragon vert) et de Bach Ho (Tigre blanc). Sa première épouse repose quant à elle dans une tombe flanquée de dragons et de phénix.

Pagode Phu Dung
PAGODE

(Phu Cu Am Tu ; Ð Phu Dung ; ⊙prières 4h-5h et 19h-20h). Elle a été érigée au milieu du XVIIIe siècle par Nguyên Thi Xuan, l'épouse de Mac Thiên Tich. Un seul bonze y réside actuellement. Au centre de la salle principale, la statue la plus intéressante de la grande estrade est un bronze du bouddha Thich Ca, rapporté de Chine. Derrière le sanctuaire, un petit temple, le Dien Ngoc Hoang, est dédié à l'empereur de Jade taoïste. En empruntant le raide escalier bleu, on peut aller voir l'effigie de Ngoc Hoang, entouré de Nam Tao, dieu de l'Étoile polaire du Sud et de la Félicité (à droite), et de Bac Dao, dieu de l'Étoile polaire du Nord et de la Longévité (à gauche) ; ces statues sont en papier mâché, moulé sur une structure en bambou.

Pour rejoindre la pagode, continuez vers le nord après le tombeau des Mac Cuu et prenez Ð Phu Dung, la première à droite.

Pagode Thach Dong
PAGODE SOUTERRAINE

Également appelée Chua Thanh Van, cette pagode bouddhique souterraine se situe à 4 km au nord-est du centre-ville. À gauche de l'entrée, la stèle de la Haine (Bia Cam Thu), en forme de poing levé, commémore le massacre de 130 habitants par les Khmers rouges le 14 mars 1978.

Plusieurs salles contiennent des tablettes funéraires et des autels dédiés à Ngoc Hoang, à Quan Thê Âm Bô Tat et aux deux bonzes fondateurs de la pagode. Le vent crée des sons extraordinaires en soufflant dans les galeries de la grotte. Diverses ouvertures offrent la vue sur le Cambodge voisin.

Marchés
MARCHÉS

Plusieurs marchés existent à Ha Tien, sous de grands pavillons le long de la rivière To Chau. Nombre de produits en provenance de Thaïlande et du Cambodge sont moins chers qu'à HCMV. La contrebande de cigarettes est un commerce florissant. Le long de la rive, le **cho ca** (marché aux poissons) est également intéressant, surtout le matin au retour des bateaux de pêche.

Un **marché de nuit**, vendant vêtements et nourriture, se tient à partir de 15h dans une halle du quartier colonial, ouverte sur les côtés, entre Ð Tuan Phu Dat et Ð Tham Tuong Sanh.

Monastère Ngoc Tien
MONASTÈRE

(Tinh Xa Ngoc Tien). Depuis la berge, ce monastère bouddhique accroché au versant de la colline de l'autre côté du fleuve offre une vision saisissante. Ses bâtiments proprement dits n'ont rien d'exceptionnel, mais cela vaut la peine de gravir la pente abrupte pour admirer le panorama sur la ville et la compagne environnante.

Vous trouverez d'instinct la route étroite qui monte et n'aurez plus ensuite qu'à emprunter le petit sentier qui débute à hauteur du n°48 ; repérez le panneau jaune surmonté d'un svastika (symbole d'éternité).

Dong Ho
BRAS DE MER

Bien que son nom signifie lac de l'Est, le Dong Ho est en fait un bras de mer qui s'étend à l'est de Ha Tien. Il est bordé à l'est par une chaîne de collines granitiques appelée Ngu Ho (Cinq Tigres), et par les monts To Chan à l'ouest. Le Dong Ho est réputé pour sa beauté les nuits de pleine lune quand, selon la légende, des fées viennent y danser.

Où se loger

Les mini-hôtels bon marché abondent en ville, mais leur qualité laisse un peu à désirer. Lors de notre enquête, un hôtel à l'architecture intéressante (un 5-étoiles dit-on) était en chantier au bord du fleuve.

Hai Phuong
HÔTEL $

(385 2240 ; So 52, Ð Dong Thuy Tram ; ch 200 000-700 000 d ; ❄️🛜). Au moment de notre visite, cet hôtel familial sur six niveaux était le plus récent du lot, et donc en meilleur état que la concurrence. Élégant et sympathique, il comporte plusieurs chambres dotées d'une belle vue sur le fleuve depuis leur balcon ; profitez-en avant que les constructions n'envahissent le secteur.

Anh Van Hotel
HÔTEL $

(395 9222 ; So 2, Ð Tran Hau ; d/lits jum/f 200 000/400 000/500 000 d ; ❄️🛜). Dans le nouveau quartier près du pont, ce vaste hôtel compte parmi les meilleurs. Petites et dépourvues de fenêtres, les chambres les moins chères ont cependant de nombreux équipements. Cela vaut malgré tout la peine de payer un supplément pour bénéficier d'une vue sur le fleuve et d'une sdb plus chic.

Ha Tien Hotel
HÔTEL $$

(☎395 2093 ; 36 Đ Tran Hau ; s 30-50 $US, d 40-60 $US ; ❄☎). Il n'y a pas si longtemps, le Ha Tien se rangeait en tête de classement, avec ses vastes chambres, ses larges corridors, ses sdb en marbre pourvues d'une baignoire et son restaurant. Aujourd'hui, il commence à montrer des signes de décrépitude – moquette usée et matelas inconfortables – qui ne cadrent plus trop avec les tarifs. Restent sa propreté et sa situation centrale.

Hai Yen Hotel
HÔTEL $

(☎385 1580 ; 15 Đ To Chau ; ch 250 000-400 000 d ; ❄). Parmi les doyens de la ville, cet établissement immense s'est agrandi et comprend deux ailes reliées. Les plus chères de ses chambres agrémentées de boiseries possèdent une jolie sdb carrelée et une vue sur le fleuve.

Du Hung Hotel
HÔTEL $

(☎395 1555 ; duhung@hcm.vnn.vn ; 27A Đ Tran Hau ; ch 250 000 d ; ❄). Ce mini-hôtel sis au milieu de l'artère principale loue des chambres d'un bon rapport qualité/prix, desservies par un ascenseur. Celles qui font l'angle jouissent d'une perspective sur le fleuve et la côte. Location de vélos (80 000 d/j) et de motos (200 000 d/j).

Où se restaurer et prendre un verre

La spécialité de Ha Tien est une variété inhabituelle de noix de coco qui ne pousse qu'au Cambodge et dans ce coin du Vietnam. Elle ne contient pas de lait, ce qui ne l'empêche pas d'être délicieuse. Les restaurants de la région en servent dans un verre avec de la glace et du sucre.

Les nouveaux marchés et celui de nuit abritent d'excellents étals de nourriture.

Xuan Thanh
VIETNAMIEN $

(20 Đ Tran Hau ; plats 30 000-60 000 d). Sur la côte, les crevettes sont le plat le plus économique. Cette table dotée d'une carte en anglais décline un choix de fruits de mer et de grillades, ainsi que des petits-déjeuners bon marché.

Huong Bien
VIETNAMIEN $

(Đ Khu Trung Tam Thuong Mai ; plats 25 000-70 000 d). Appréciée de longue date, cette adresse a déménagé dans la partie moderne de la ville, près du pont. Sa carte reste simple, avec moins de 20 plats, et séduit toujours une clientèle locale.

Oasis
BAR

(www.oasisbarhatien.com ; 42 Tuan Phu Dat ; ◷9h-21h ; @). Ce petit bar accueillant, tenu par le seul expatrié occidental de Ha Tien et son épouse vietnamienne, ne se contente pas d'être agréable pour boire une bière fraîche ou un café, il fournit aussi des renseignements touristiques impartiaux. Lors de notre passage, les patrons envisageaient de proposer aussi petits-déjeuners, sandwichs et salades.

Thuy Tien
CAFÉ FLOTTANT

(☎385 1828 ; Đ Dong Ho). Venez prendre un café frappé ou une bière en fin d'après-midi dans ce café sur l'eau qui domine le Dong Ho.

ⓘ Renseignements

Ha Tien Tourism (☎395 9598 ; 1 Đ Phuong Thanh). L'agence vend des billets de transport, notamment la traversée en bateau pour Phu Quoc et le trajet en bus jusqu'au Cambodge, et se charge des visas cambodgiens (25 $US).

Poste (☎385 2190 ; 3 Đ To Chau ; ◷7h-22h ; @).

ⓘ Depuis/vers Ha Tien

BATEAU Les ferries accostent sur la rive du fleuve en face de la ville. Pour connaître les liaisons avec Phu Quoc, consultez la section relative à cette île.

BUS La **gare routière de Ha Tien** (Ben Xe Ha Tien ; RN 80), sur la principale route vers la plage de Mui Nai et la frontière cambodgienne, à 1 km au nord du centre, dessert Chau Doc (52 000 d), Long Xuyen (67 000 d), Rach Gia (38 000 d), Ca Mau (89 000 d), Soc Trang (105 000 d), Can Tho (83 000 d), Tra Vinh (116 000 d), Ben Tre (134 000 d) et HCMV (132 000 d, 10 heures environ).

Concernant les bus pour le Cambodge, voir l'encadré p. 404.

VOITURE ET MOTO Ha Tien se trouve à 90 km de Rach Gia, à 95 km de Chau Doc, à 206 km de Can Tho et à 338 km de HCMV. La route de Ha Tien à Chau Doc est étroite et cahoteuse, mais elle suit un canal le long de la frontière, offrant une jolie vue. Aux abords de Ha Tien, le paysage se transforme en mangrove quasi inhabitée. En chemin, vous pouvez visiter Ba Chuc et Tuc Dup. Si vous ne souhaitez pas conduire, prenez un *xe om* (20-30 $US) ou louez une voiture auprès d'une agence de voyages ou d'un hôtel.

Environs de Ha Tien

MUI NAI

Les plages bordent le golfe de Thaïlande. L'eau, merveilleusement chaude et calme, est idéale pour la baignade et la plongée

> ### POSTE-FRONTIÈRE : XA XIA-PREK CHAK
>
> Le poste-frontière de Xa Xia-Prek Chak relie Ha Tien à Kep et Kampot, sur la côte sud du Cambodge, ce qui facilite grandement le trajet jusqu'à Phu Quoc pour les voyageurs en provenance de ce pays. Des bus directs traversent la frontière deux fois par jour à destination de Sihanoukville ou de Phnom Penh. Des casinos et un hôtel imposant, le Ha Tien Vegas (www.hatienvegas.com), ont surgi au milieu du no man's land entre les deux postes-frontières. Cette zone attire de nombreux joueurs vietnamiens et cambodgiens, qui n'ont pas le droit de fréquenter les casinos de leurs territoires nationaux respectifs.
>
> Des bus directs pour le Cambodge quittent Ha Tien tous les jours à 12h et à 16h. Ils desservent Kep (12 $US, 1 heure, 47 km), Kampot (15 $US, 1 heures 30, 75 km), Sihanoukville (20 $US, 4 heures, 150 km) et Phnom Penh (18 $US, 4 heures, 180 km). Les réservations s'effectuent auprès de Ha Tien Tourism, qui peut également se charger du visa cambodgien.

(mais aucune chance de surfer par ici). La plus belle, **Mui Nai** (péninsule de la Tête de cerf ; 2 500/10 000 d par personne/voiture), à 8 km à l'ouest de Ha Tien, ressemblerait à un cerf qui brame. Un phare se dresse au sommet et les deux côtés de la péninsule offrent des plages de sable bordées de modestes restaurants et pensions.

Aucun transport public ne dessert la plage. Comptez 40 000 d en *xe om*.

ÎLE HON GIANG ET ÎLE NGHE

De nombreuses îles ponctuent le large de la côte. Sur leurs falaises rocheuses, des habitants récoltent les nids de salanganes, ingrédient principal de la fameuse soupe chinoise aux nids d'hirondelles. À une quinzaine de kilomètres de Ha Tien et accessible à bord de petites embarcations, l'**île Hon Giang** possède une jolie plage retirée.

Lieu de pèlerinage bouddhiste, l'**île Nghe** abrite un **temple troglodytique** (Chua Hang) à côté d'une grande statue de Quan Thê Âm Bô Tat face à la mer. Des bateaux amarrés à Hon Chong près de la grotte de Chua Hang vous y conduiront pour environ 150 $US.

HON CHONG

Fort de la plus belle plage du delta, Hon Chong avait tout pour devenir une station balnéaire prisée. Aujourd'hui, un rivage jonché de détritus, une cimenterie dégageant des nuages de fumée et un projet de grande station électrique au charbon semblent compromettre pour longtemps cette perspective radieuse. En dehors de la plage, le seul attrait du lieu réside désormais dans son joli sanctuaire bouddhique à l'intérieur d'une grotte.

Après avoir dépassé la ville décrépite et polluée, la route contourne un cap et suit la **plage de Duong** (Bai Duong) sur 3 km. Un droit d'entrée n'est appliqué qu'à l'extrémité de celle-ci (pers/voiture 5 000/10 000 d), où des stands de restauration et des bars-karaokés se tiennent au milieu de quelques poulets et cochons en goguette. De l'extrémité sud de la plage, très animée à proximité de la grotte, vous verrez les vestiges de l'**île du Père et du Fils** (Hon Phu Tu) à quelques centaines de mètres au large. Sa forme évoquait un père enlaçant son fils, mais le "père" s'est abîmé dans les flots en 2006. Sur la rive, vous pouvez louer un bateau à rames pour vous en approcher.

Il faut traverser le marché pour atteindre la **grotte de Chua Hang** (Chua Hang) qui s'ouvre à la base d'un promontoire rocheux. Construit au pied d'une colline, le temple bouddhique **Hai Son Tu** (temple de la Mer et de la Montagne) y donne accès. Les visiteurs allument des bâtons d'encens et prient avant de pénétrer dans la grotte, dont l'entrée se situe derrière l'autel.

À l'intérieur se dressent des statues de Bouddha et de Quan Thê Âm Bô Tat. Les pèlerins affluent durant les 15 jours qui précèdent et les 30 jours qui suivent le Têt, ainsi qu'en mars et en avril.

Où se loger et se restaurer

Hontrem Resort COMPLEXE HÔTELIER $$
(☎385 4331 ; ctycpdulichkg@vnn.vn ; ch 60 $US ; ✱☎). De loin l'hébergement le plus chic de Hon Chong, ce resort s'étend sur une butte vers le bout de l'artère principale. Les bungalows de forme hexagonale joliment disposés face à la mer comportent un grand lit aux draps blancs, une sdb de bonne taille et même un coffre. Outre des jardins soignés, il y a aussi un restaurant donnant sur la plage. Petit déjeuner inclus.

Green Hill Guesthouse PENSION $
(385 4369 ; ch 500 000 d ; ❄). Dans une imposante villa construite sur le promontoire nord de la plage de Duong, cette sympathique adresse familiale comporte des chambres spacieuses – la meilleure se trouve au dernier étage – et un balcon commun rafraîchi par la brise au 2e étage.

Tan Phat RESTAURANT $
(plats 60 000-90 000 d ; ❄). Sur la route principale de Hon Chong, à environ 1 km de la plage de Duong, ce restaurant de fruits de mer aux allures de cabane sert une cuisine excellente dans des pavillons au-dessus de l'eau avec vue sur la flottille de pêche locale. Goûtez en particulier les calamars à la sauce aigre-douce (carte en anglais).

ⓘ Depuis/vers Hon Chong

Hong Chong se situe à 32 km de Ha Tien en direction de Rach Gia. La route d'accès part de la nationale Rach Gia-Ha Tien, au niveau de la bourgade de Ba Hon. Les bus peuvent vous déposer à Ba Hon, où une moto vous emmènera à Hong Chong (environ 60 000 d).

COLLINE DE TUC DUP
Du fait de son réseau de grottes reliées entre elles, la colline de Tuc Dup (216 m) fut une base stratégique durant la guerre du Vietnam. Son nom signifie en khmer "eau qui coule la nuit". La colline est également appelée localement "colline à 2 millions de dollars", en référence à l'argent dépensé par les Américains pour en prendre le contrôle. Tuc Dup se trouve à 35 km de Chau Doc et à 64 km de Long Xuyen.

Ce site historique ne mérite pas le détour, à moins de visiter Ba Chuc.

BA CHUC
La pagode aux Ossements de Ba Chuc est un sinistre souvenir des horreurs perpétrées par les Khmers rouges. Entre 1975 et 1978, des soldats khmers rouges franchirent régulièrement la frontière pour tuer des civils vietnamiens. Au Cambodge régnait alors la terreur et le régime de Pol Pot coûta la vie à près de 2 millions de Cambodgiens.

Entre le 12 et le 30 avril 1978, les Khmers rouges tuèrent 3 157 personnes à Ba Chuc, dont beaucoup furent torturées à mort ; seuls deux habitants survécurent. Le gouvernement vietnamien avait sans doute d'autres raisons d'envahir le Cambodge à la fin de 1978, mais ce massacre lui fournit une justification majeure.

Dans la pagode aux Ossements, une tombe commune contient les crânes et les ossements de plus de 1 100 victimes ; l'endroit évoque les charniers de Choeung Ek au Cambodge, où sont exposés des milliers de crânes de victimes des Khmers rouges. À proximité, un temple renferme des photos atroces prises peu après le massacre et particulièrement difficiles à regarder.

Pour vous rendre à Ba Chuc, proche de la frontière cambodgienne, prenez la route qui longe le canal de Ha Tien à Chau Doc ; tournez dans la RN 3T et suivez-la sur 4 km.

Chau Doc

076 / 102 000 HABITANTS

Construite sur les rives du Hau Giang (rivière Bassac), Chau Doc voit passer d'innombrables voyageurs qui circulent par voie fluviale entre le Cambodge et le Vietnam. Cette petite ville plaisante abrite d'assez importantes communautés chinoise, cham et khmère. Mosquées, temples, églises et sites de pèlerinage alentour témoignent de sa diversité culturelle et en font une destination fascinante, même si vous ne continuez pas vers le Cambodge. Traverser le fleuve pour visiter les villages cham constitue une superbe excursion en bateau. Le marché animé et la berge paisible incitent à s'attarder quelques jours.

POSTE-FRONTIÈRE : TINH BIEN-PHNOM DEN

Ce poste-frontière n'est pas le plus pratique quand on va vers Phnom Penh, mais il peut avoir un intérêt pour ceux qui aiment découvrir les tracasseries locales. Il a été éclipsé par le nouveau poste-frontière de Xa Xia, près de Ha Tien. On peut obtenir des visas cambodgiens, souvent pour 25 $US, soit quelques dollars de plus que le tarif officiel.

Les bus à destination de Phnom Penh partent de Chau Doc à 7h30. On peut réserver les billets auprès de Mekong Tours à Chau Doc (15-21 $US, 5 heures). Sachez que les routes qui mènent à la frontière sont en piteux état.

Chau Doc

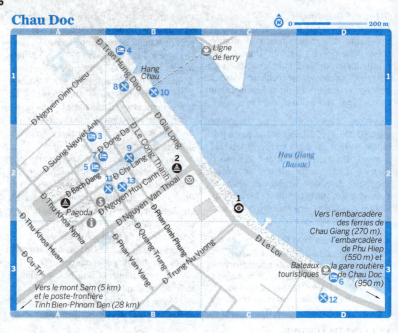

À voir

Parc 30 Thang 4 PARC
(Đ Le Loi). S'étirant entre le marché et le Victoria Chau Doc Hotel, ce parc à la française au bord du fleuve est le lieu de promenade privilégié des habitants. Des sculptures et des fontaines dignes d'intérêt se dressent parmi ses pelouses et ses allées soignées. Des batelières vous aborderont sans doute pour vous proposer des balades à bord de petites embarcations (voir p. 409).

Temple Chau Phu TEMPLE
(Dinh Than Chau Phu ; angle Đ Nguyen Van Thoai et Đ Gia Long). Édifié en 1926 à la mémoire de Thoai Ngoc Hâu (1761-1829), haut dignitaire de la dynastie des Nguyên qui repose au mont Sam (p. 409). Des motifs vietnamiens et chinois ornent le bâtiment. À l'intérieur, des épitaphes portent les noms des défunts et des détails sur leur vie. Il y a aussi un sanctuaire dédié à Hô Chi Minh.

Mosquées MOSQUÉES
Coiffée d'un dôme et agrémentée d'arcades, la **mosquée Chau Giang**, dans le hameau du même nom, est fréquentée par les musulmans cham. Pour la rejoindre, prenez le car-ferry à l'embarcadère de Chau Giang pour traverser le Hau Giang. À l'arrivée, parcourez 30 m vers l'intérieur des terres, tournez à gauche et continuez sur 50 m.

Du même côté du fleuve, 800 m à l'est, la **mosquée Mubarak** (Thanh Duong Hoi Giao) abrite une école coranique. Les visiteurs sont admis, mais évitez d'y pénétrer pendant la prière (cinq fois par jour) si vous n'êtes pas musulman.

D'autres petites mosquées parsèment les alentours de Chau Doc. Elles sont accessibles en bateau, mais vous aurez besoin d'un guide pour les découvrir toutes.

Maisons flottantes MAISONS FLOTTANTES
Ces maisons, qui flottent sur un châssis de barils vides, constituent à la fois le logis et le lieu de travail des habitants. Sous chacune d'elles, des poissons, élevés dans des nasses en métal, vivent dans leur milieu naturel ; les familles les nourrissent avec leurs restes. Vous pourrez approcher des maisons flottantes en louant un bateau, mais restez discret. Voir aussi l'encadré p. 408.

Où se loger

Outre les établissements qui suivent, il en existe d'autres en dehors de la ville, près du mont Sam.

Chau Doc

À voir
1. Parc 30 Thang 4 .... C2
2. Temple Chau Phu B2

Où se loger
3. Hai Chau A2
4. Thuan Loi Hotel B1
5. Trung Nguyen Hotel A2
6. Victoria Chau Doc Hotel D3
7. Vinh Phuoc Hotel A2

Où se restaurer
    Bassac Restaurant .... (voir 6)
8. Bay Bong B1
9. Marché couvert de Chau Doc B2
10. Chau Giang Floating Restaurant B1
11. Lam Hung Ky B2
12. Mekong D3
13. Thanh Tinh B2

Où prendre un verre
    Bamboo Bar .... (voir 6)
    Tan Chau Salon Bar .... (voir 6)

Victoria Chau Doc Hotel HÔTEL $$$
(386 5010 ; www.victoriahotels-asia.com ; 32 Ð Le Loi ; ch 162-210 $US ; ste 220-275 $US ; ✱@☎☆). Luxueux pour Chau Doc, cet hôtel magnifique situé au bord du fleuve affiche un style colonial classique. Ses chambres majestueuses, au sol recouvert de parquet, arborent d'élégantes tentures et une belle baignoire. La piscine surplombe la rive animée et un petit spa fonctionne à l'étage. Les clients disposent d'un choix de circuits, dont une croisière frontalière de 2 heures (25 $US) et une excursion au mont Sam (32 $US).

Trung Nguyen Hotel HÔTEL $
(386 6158 ; trunghotel@yahoo.com ; 86 Ð Bach Dang ; ch 13-15 $US ; ✱@☎). Après rénovation, c'est maintenant le meilleur hôtel économique de la ville, avec des aménagements dignes de la catégorie moyenne. Plus joliment décorées que celles de la concurrence, les chambres ont un balcon donnant sur le marché. Emplacement bruyant à un angle de rue ; prévoyez des bouchons d'oreilles.

Hai Chau HÔTEL $
(626 0026 ; www.haichauhotel.com ; 61 Ð Suong Nguyet Anh ; ch 360 000-560 000 d ; ✱☎). Cette bonne adresse centrale équipée d'un ascenseur compte 4 étages au-dessus d'un restaurant. Ses 16 chambres élégantes présentent des meubles en bois foncé et une cabine de douche dans la sdb.

Thuan Loi Hotel HÔTEL $
(386 6134 ; ksthuanloi@yahoo.com ; 275 Ð Tran Hung Dao ; ch avec ventil/clim 200 000/230 000 d ; ✱). L'unique hébergement bon marché au bord du fleuve se double d'un restaurant flottant au toit de chaume. Quoique moins charmantes, les chambres restent avantageuses. Contrairement aux grandes chambres climatisées, celles munies d'un ventilateur n'ont pas d'eau chaude.

Vinh Phuoc Hotel HÔTEL $
(386 6242 ; www.hotels-chaudoc.com ; 12 Ð Quang Trung ; ch avec ventil 7-10 $US, clim 10-12 $US ; ✱@). Le personnel avenant de cet hôtel apprécié des routards connaît bien la région du delta. L'offre va de la chambre sommaire pourvue d'un simple ventilateur à l'option climatisée plus plaisante avec eau chaude. Le restaurant, d'un bon rapport qualité/prix, attire aussi les amateurs de bière.

Où se restaurer

Pour de savoureuses spécialités vietnamiennes (10 000-20 000 d), rendez-vous au **marché couvert de Chau Doc** (Ð Bach Dang). Le soir, des stands proposent différentes variétés de *che* (entremets chauds ou froids) dans Ð Bach Dang, à côté de la pagode. D'autres étals inscrivent leurs plats sur de grands tableaux blancs.

Bassac Restaurant FRANCO-VIETNAMIEN $$
(386 5010 ; 32 Ð Le Loi ; plats 9-18 $US). La table la plus raffinée, qui vous attend au Victoria Chau Doc Hotel. Sa carte comprend des spécialités vietnamiennes bien présentées ainsi qu'une gamme alléchante de plats français créatifs.

Bay Bong VIETNAMIEN $
(22 Ð Suong Nguyet Anh ; plats 40 000-90 000 d). Ce spécialiste des fondues, des soupes et du poisson ne paye pas de mine, mais sa cuisine ne laisse pas indifférent. Goûtez le *ca kho to* (ragoût de poisson cuit en cocotte) ou le *canh chua* (soupe aigre-douce).

Mekong VIETNAMIEN $
(41 Ð Le Loi ; plats 35 000-70 000 d). En face du Victoria Chau Doc Hotel, ce restaurant possède une grande salle et une terrasse aménagée devant l'ancienne villa, qui vieillit

PISCICULTURE ET BIOCARBURANT

Largement pratiquée dans la province d'An Giang, près de la frontière cambodgienne, la pisciculture représente environ 20% de la production piscicole totale du Vietnam. La plus forte concentration de "maisons flottantes" avec des nasses à poissons se situe sur les rives du Hau Giang (rivière Bassac) à Chau Doc, non loin de sa confluence avec le Mékong. Il est intéressant de noter que, même avec deux marées par jour, la rivière ne contient pas d'eau de mer.

Les poissons élevés sont deux espèces de poissons-chats asiatiques, le *basa (Pangasius bocourti)* et le *tra (Pangasius hypophthalmus)*. La région produit ainsi chaque année environ 1,1 million de tonnes de poisson sous forme de filets congelés, essentiellement exportés vers les marchés européen, japonais, australien et nord-américain.

Le cycle de production comprend deux étapes : on récolte les œufs de poisson dans la nature, habituellement dans le lac Tonlé Sap, au Cambodge, puis on élève les poissons jusqu'à ce qu'ils atteignent leur poids de vente, d'environ 1 kg. Ils sont nourris d'une sorte de pâte à base de céréales, de légumes et d'abats de poissons. La plus grande nasse, d'une capacité de 2 000 m², peut donner jusqu'à 400 tonnes de poisson en 10 mois, la durée du cycle.

L'un des développements les plus intéressants de la pisciculture concerne la transformation de la graisse de poisson, un sous-produit du conditionnement, en biocarburant. Selon les spécialistes, 1 kilo de cette substance peut donner 1 litre de biocarburant, plus performant, moins toxique et générant moins de fumée que le gazole. Ceux qui pensaient pouvoir faire rouler des camions au *nuoc mam* n'étaient en fait pas très loin du compte.

En raison des effets néfastes de la pisciculture sur l'environnement (liés en particulier à la gestion des déchets et à l'utilisation d'antibiotiques et autres produits chimiques), le WWF avait placé le *Pangasius* d'élevage vietnamien sur la liste rouge des produits à éviter. Il en a été retiré en 2011 et la fondation a établi une série de normes ainsi qu'une agence d'homologation pour certifier les producteurs employant des méthodes durables.

---

avec grâce. Une adresse conseillée pour des classiques vietnamiens à prix raisonnables.

Chau Giang Floating Restaurant VIETNAMIEN $
(Đ Tran Hung Dao ; plats 40 000-90 000 d). Hormis du poisson, on peut manger sur le pont supérieur de ce bateau amarré plusieurs recettes de *hu tieu*, la soupe de nouilles typique du Mékong, garnies au choix de bœuf, de fruits de mer ou de poulet.

Lam Hung Ky CHINOIS $
(71 Đ Chi Lang ; plats 50 000-120 000 d). Parmi les tables chinoises qui jalonnent Chi Lang, celle-ci donne à voir les habituels canards et poulets suspendus en vitrine. Carte en anglais.

Thanh Tinh VIETNAMIEN $
(42 Đ Quang Trung ; plats 30 000-80 000 d ;). Cette valeur sûre, dont le nom signifie "pour apaiser le corps", satisfera les végétariens.

 Où prendre un verre

Ville plutôt calme, Chay Doc ne se distingue pas par son animation nocturne. Pour siroter un verre dans un cadre stylé, essayez le **Bamboo Bar** au bord de la piscine ou le **Tan Chau Salon Bar**, au Victoria Chau Doc Hotel. Pittoresque et décontracté, le **Chau Giang Floating Restaurant** pratique quant à lui des prix beaucoup plus bas.

Renseignements

Mekong Tours (386 8222 ; www.mekong vietnam.com ; 14 Đ Nguyen Huu Canh). Cette agence de voyages locale vend des billets de bateau et de bus pour Phnom Penh ainsi que des excursions sur le Mékong. Elle fournit également des voitures avec chauffeur.
Poste (386 9200 ; 2 Đ Le Loi ; @).

Depuis/vers Chau Doc

BATEAU Concernant les traversées à destination du Cambodge, voir l'encadré p. 409.
BUS À HCMV, les bus pour Chau Doc partent de la gare routière de Mien Tay. Les bus express effectuent le trajet en 6 heures (environ 120 000 d). La **gare routière de Chau Doc** (Ben Xe Chau Doc) se tient à la lisière est de la ville, là où Đ Le Loi devient la RN 91. Elle dessert Ha Tien (52 000 d) et My Tho (51 000 d).

VOITURE ET MOTO Chau Doc se situe à 95 km de Ha Tien, 117 km de Can Tho, à 181 km de My Tho et à 245 km de HCMV. La route de Chau Doc à Ha Tien (100 km, 3 heures) est lentement améliorée. Sur la route pour Ha Tien, voir p. 412.

Comment circuler

Les bateaux qui desservent le district de Chau Giang, de l'autre côté du Hau Giang, partent de deux endroits : les car-ferries partent de **l'embarcadère de Chau Giang** (Ben Pha Chau Giang, en face du 419 Đ Le Loi, et les bateaux plus petits et plus fréquents, de **l'embarcadère de Phu Hiep** (Ben Pha FB Phu Hiep), un peu plus au sud-est.

Des bateaux privés, manœuvrés à la godille, peuvent se louer à l'un ou l'autre embarcadère (80 000 d les 2 heures), ou au 30 Parc Thang 4, et sont chaudement recommandés pour voir les maisons flottantes et visiter les villages et mosquées cham. Des bateaux à moteur (100 000 d/h) sont également disponibles.

Environs de Chau Doc

MONT SAM

Site sacré pour les bouddhistes, le mont Sam (Nui Sam, 284 m) et ses abords recèlent des dizaines temples et de pagodes. Si l'influence chinoise saute aux yeux, les pèlerins chinois ne sont pas les seuls à fréquenter les lieux.

Une jolie route, tracée sur le flanc est de la montagne, permet de grimper à moto jusqu'au sommet (20 000 d environ). L'ascension pédestre est plus difficile. Au pied du mont, il faut aller à gauche puis à droite après 1 km, quand la route, commence à monter.

Le long du sentier abrupt qui grimpe au sommet, de nombreux cafés et échoppes témoignent d'une activité mercantile bien peu spirituelle. Les visiteurs ont ainsi l'embarras du choix pour se restaurer ou acheter de l'encens et des lunettes de soleil.

À voir

Pagode Tay An   PAGODE

(Chua Tay An). Fondée en 1847 sur le site d'un sanctuaire antérieur en bambou, cette pagode reconstruite en 1958 reflète des influences hindoues et islamiques, notamment au niveau du dôme sur la tour.

La porte principale est de style vietnamien traditionnel. Sur la ligne du toit, des lions et deux dragons se disputent des perles, des chrysanthèmes, des abricotiers et des fleurs de lotus. À proximité s'élève une statue de Quan Am Thi Kinh, gardienne de la mère et de l'enfant.

Devant la pagode se dressent des statues représentant un éléphant noir à deux défenses et un éléphant blanc à six défenses. À l'intérieur trônent de belles sculptures religieuses, le plus souvent en bois et parfois auréolées de lumières psychédéliques.

En arrivant de Chau Doc par la RN 91, vous apercevrez Chua Tay An droit devant, au pied de la montagne.

Temple de la Déesse Xu   TEMPLE

(Mieu Ba Chua Xu). Édifié en 1820 pour abriter une statue devenue objet de dévotion populaire, ce vaste ensemble s'élève face au mont Sam, le long de la même route que la pagode Tay An. Le bâtiment, à l'origine en bambou et en feuillage, a été reconstruit à plusieurs reprises, la dernière fois entre 1972

POSTE-FRONTIÈRE : VINH XUONG-KAAM SAMNOR

L'une des manières les plus agréables de pénétrer au Cambodge consiste à traverser la frontière juste au nord-ouest de Chau Doc, le long du Mékong. Si vous arrivez du Cambodge, vous devrez être en possession d'un visa vietnamien. Si vous quittez le Vietnam, vous pourrez obtenir un visa cambodgien à la frontière, à un prix parfois un peu gonflé – prévoir 23 $US.

À Chau Doc, plusieurs compagnies vendent des traversées en bateau de Chau Doc à Phnom Penh via Vinh Xuong. **Hang Chau** (Chau Doc 076-356 2771 ; Phnom Penh 855-12-883 542 ; www.hangchautourist.com.vn) fait partir à 7h30, de l'embarcadère à hauteur du 18 Đ Tran Hung Dao, des bateaux qui arrivent à 12h30 (24 $US). En sens inverse, le bateau quitte Phnom Penh à 12h.

Plus haut de gamme, **Blue Cruiser** (www.bluecruiser.com ; HCMV 08-3926 0253 ; Phnom Penh 855-236-333 666) lève l'ancre à 7h de l'embarcadère du Victoria Hotel. Le trajet coûte 55 $US et dure environ 4 heures 30, formalités incluses. Réservés aux clients du Victoria Hotel, les **Victoria Speedboats** (www.victoriahotels-asia.com) prennent le départ du même endroit à la même heure (5 heures, 97 $US) et de Phnom Penh à 13h30.

et 1976. Il combine des éléments décoratifs du bouddhisme vietnamien à une architecture du milieu du XXe siècle. L'effigie de la déesse pourrait être un vestige de la culture d'Oc-Eo datant du VIe siècle, représentant en réalité un homme.

Selon l'une des légendes, la statue de la déesse Xu se dressait au sommet du mont Sam. Au début du XIXe siècle, des troupes siamoises envahirent la région et, impressionnées par la statue, décidèrent de l'emporter au Siam. Cependant, alors que les soldats descendaient la montagne, elle devint de plus en plus lourde et ils l'abandonnèrent au bord du chemin.

Des villageois la trouvèrent et décidèrent de la rapporter au village pour lui construire un temple. Cependant, son poids les empêcha de la déplacer. Apparut alors une jeune fille possédée par un esprit, qui déclara être la déesse Xu. Elle leur demanda d'amener 9 vierges qui, seules, pourraient transporter la statue. Les vierges parvinrent en effet à la descendre, mais, une fois dans la plaine, celle-ci devint plus pesante et elles durent la poser. Les paysans en conclurent que la déesse souhaitait un temple à cet emplacement et, depuis, le temple de la déesse Xu se tient à cet endroit.

Des porcs entiers rôtis font partie des offrandes fréquentes. La fête principale a lieu du 23e au 26e jour du 4e mois lunaire (fin mai ou début juin). Durant cette période, les pèlerins affluent et dorment sur les nattes dans les grands dortoirs de l'auberge à 2 étages qui jouxte le temple.

Tombeau de Thoai Ngoc Hâu — TOMBE

(Lang Thoai Ngoc Hau). Haut dignitaire, Thoai Ngoc Hâu (1761-1829) servit les seigneurs Nguyên, puis la dynastie des Ngûyen. Au début de l'année 1829, il ordonna qu'on lui érige son tombeau au pied du mont Sam, presque en face du temple de Xu.

Les marches sont taillées dans une pierre ocre insolite *(da ong)* provenant du sud-est du pays. La tombe de Thoai Ngoc Hâu et celles de ses deux épouses, Chau Thi Tê et Truong Thi Miêt, occupent le milieu de la plate-forme. Tout près, des dizaines de sépultures renferment les dépouilles de fonctionnaires ayant servi sous ses ordres.

Pagode de la Caverne — PAGODE

(Chua Hang). Cette pagode, également appelée Phuoc Dien Tu, se niche à mi-hauteur du versant ouest du mont Sam. La partie inférieure comprend les habitations des bonzes et abrite deux tombeaux hexagonaux, celui de la fondatrice de la pagode, une couturière nommée Lê Thi Tho, et celui d'un ancien chef bonze, Thich Huê Thiên.

La partie supérieure est divisée en deux : le sanctuaire principal, qui renferme des statues d'A Di Da (le Bouddha du passé) et du Bouddha Thich Ca (Sakyamuni, le Bouddha historique), et la caverne. Au fond de la caverne, derrière le sanctuaire, un autel est dédié à la déesse Quan Thê Âm Bô Tat.

Selon la légende, Lê Thi Tho aurait quitté la pagode Tay An il y a 50 ans pour mener une vie consacrée à la méditation à cet endroit. À son arrivée, elle aurait trouvé deux énormes serpents, l'un blanc, l'autre vert foncé. Elle les convertit et ils menèrent une vie pieuse. À sa mort, ils disparurent.

Où se loger et se restaurer

Une petite localité animée s'étend aujourd'hui au pied du mont Sam, avec plusieurs hôtels, pensions et restaurants.

Long Chau — COMPLEXE HÔTELIER $

(✆386 1249 ; www.vamcotravel.com ; RN 91 ; ch 10-20 $US ; ❄️🛜). Au milieu des rizières, ce charmant ensemble de bungalows au toit en rotin s'organise autour d'un étang à nénuphars, à 4 km de Chau Doc sur la route du mont Sam. Il bénéficie d'une belle vue sur la montagne et loue des chambres d'un bon rapport qualité/prix, à partir de 15 $US avec clim. Son restaurant agréable mérite une visite, même si vous ne logez pas sur place.

Ben Da Nui Sam — COMPLEXE HÔTELIER $

(✆386 1745 ; www.angiangtourimex.com.vn ; RN 91 ; ch 300 000-720 000 d ; ❄️🛜). Cet immense hôtel d'État abrite des chambres assez élégantes, équipées de la TV satellite et d'un minibar. Petit-déjeuner compris.

Long Bo — VIETNAMIEN $

(RN 91 ; plats 40 000-90 000 d). À 1 km à l'ouest du temple de la déesse Xu, ce grill particulièrement couru des habitants de Chau Doc prépare des mets de choix comme le *bo lui xa* (viande de bœuf enroulée autour d'un bâton de citronnelle), que chacun fait cuire à sa table.

❶ Depuis/vers le mont Sam

La plupart des visiteurs louent une moto ou viennent en *xe om* (environ 40 000 d l'aller). Des bus locaux font également le trajet depuis Chau Doc (5 000 d).

DISTRICT DE PHU CHAU (TAN CHAU)

Le travail traditionnel de la soie assure la renommée de ce district dans tout le sud du Vietnam. Le **marché** de Phu Chau est largement fourni en produits thaïlandais et cambodgiens à prix compétitifs.

Pour aller de Chau Doc au district de Phu Chau, prenez un ferry à l'embarcadère de Phu Hiep, puis un *xe om* (environ 60 000 d) pour les 18 km restants.

Long Xuyen

076 / 300 000 HABITANTS

À part quelques sites mineurs et un marché animé, la capitale de la province d'An Giang n'offre guère d'attrait. Il s'agit en revanche d'une ville relativement prospère, qui tire ses revenus de l'agriculture, en particulier des noix de cajou, et de l'industrie du poisson.

Long Xuyen fut jadis un bastion de la secte bouddhiste Hoa Hao. Fondée en 1939, elle préconise la simplicité du culte et rejette les temples ou tout intermédiaire entre les humains et l'Être suprême. Jusqu'en 1956, la secte possédait une armée et fut une force militaire prépondérante dans la région.

Autre titre de gloire, Long Xuyen est la ville natale de Ton Duc Thang, le deuxième président du Vietnam. Elle possède un musée consacré à Bac Ton (oncle Ton), ainsi qu'une grande statue à son effigie.

Histoire

Du Ier au VIe siècle, quand le sud du Vietnam et le sud du Cambodge faisaient partie du royaume cambodgien hindouiste du Funan, Oc-Eo était une cité importante, à la fois port et centre marchand de cette partie du delta du Mékong. Les quelques ruines sont à une quarantaine de kilomètres au sud de Long Xuyen. Ce que l'on sait de cet empire, qui atteint son apogée au Ve siècle, provient essentiellement de sources chinoises contemporaines et de fouilles réalisées à Oc-Eo et à Angkor Borei, au Cambodge. Les fouilles ont prouvé que la cité entretenait des relations avec les actuelles Thaïlande,

Long Xuyen

À voir
1 Église catholique de Long Xuyen A2

Où se loger
2 Dong Xuyen Hotel B2
3 Long Xuyen Hotel A2

Où se restaurer
Buu Loc ....(voir 4)
4 Hai Thue B3
5 Hong Phat B3

Malaisie et Indonésie, ainsi qu'avec la Perse et l'Empire romain.

Autour d'Oc-Eo, un système élaboré de canaux servait à l'irrigation et aux transports. Ainsi, les voyageurs chinois de l'époque purent écrire qu'ils avaient "navigué à travers le Funan" pour rejoindre la péninsule malaise. La plupart des constructions d'Oc-Eo étaient édifiées sur pilotis, et les vestiges révèlent le grand raffinement de cette civilisation. Les objets découverts sur le site sont exposés au musée d'Histoire et au musée des Beaux-Arts de HCMV, ainsi qu'au musée d'Histoire de Hanoi.

À voir

GRATUIT Blue Sky Crocodile Land ÉLEVAGE DE CROCODILES
(Ca Sau Long Xuyen ; 44/1A Đ Tran Hung Dao ; 7h-18h). À 8 km au sud de la ville sur la route de Can Tho, cet élevage permet d'approcher les sauriens qui vivaient autrefois dans le Mékong. Elle rassemble des milliers de crocodiles mesurant de 10 cm à 4 m de long, qui couvent d'un regard sournois les paons enfermés dans un enclos voisin. La chair et la peau de ces animaux sont essentiellement destinées à l'exportation, mais quelques Vietnamiens viennent s'approvisionner ici en viande congelée ou déguster de la viande fraîche dans le restaurant sur place. Une petite boutique vend des sacs et des portefeuilles.

Église catholique de Long Xuyen ÉGLISE
(Đ Tran Hung Dao). Cette église, l'une des plus grandes du delta du Mékong, est une imposante construction moderne, dotée d'un clocher haut de 50 m. Construite entre 1966 et 1973, elle peut accueillir un millier de fidèles et fait souvent le plein. Haute de plafond et bien ventilée (au Vietnam, seuls quelques temples protestants sont climatisés), elle renferme un crucifix géant surmontant un globe tenu par deux mains.

Cho Moi DISTRICT
De l'autre côté du fleuve, le district de Cho Moi est réputé pour sa production de fruits, notamment des bananes, des durians, des goyaves, des jaques, des longanes, des mangues, des mangoustans et des prunes. Pour accéder au district de Cho Moi, prenez le bateau à l'embarcadère des ferries.

Où se loger

Dong Xuyen Hotel HÔTEL $
(394 2260 ; www.angiangtourimex.com.vn ; Đ 9A Luong Van Cu ; ch 400 000-770 000 d, ste 800 000 d ; ❄☎). L'établissement le plus chic de la ville ne se repose pas sur ses lauriers car des rénovations étaient en cours lors de notre passage. Il possède des chambres garnies de jolis meubles en bois et bien équipées, en particulier d'un minibar. Le personnel, sympathique et serviable, parle bien anglais.

Long Xuyen Hotel HÔTEL $
(384 1927 ; www.angiangtourimex.com.vn ; 19 Đ Nguyen Van Cung ; ch 300 000-420 000 d ; ❄☎). Propriété de l'État, le Long Xuyen se tient juste en face du Dong Xuyen, plus récent. Il aurait certes bien besoin de travaux, mais les prix restent raisonnables. Les chambres, avec TV satellite, eau chaude et balcon commun, dégagent en outre un certain charme.

Où se restaurer

Hong Phat VIETNAMIEN $
(242/4 Đ Luong Van Cu ; plats 30 000-80 000 d). Ce restaurant climatisé affiche une carte (en anglais) composée de viandes grillées et de moult produits de la mer. Son personnel avenant constitue un atout supplémentaire.

Hai Thue VIETNAMIEN $
(245/3 Đ Luong Van Cu ; plats 15 000-40 000 d). Pour une cuisine authentique et bon marché.

Buu Loc VIETNAMIEN $
(246/3 Đ Luong Van Cu ; plats 20 000-40 000 d). Une autre table appréciée pour ses repas copieux. Pas de carte en anglais.

Depuis/vers Long Xuyen

BATEAU Pour rejoindre l'embarcadère des ferries de Long Xuyen depuis Đ Pham Hong Thai, traversez le pont Duy Tan et tournez à droite. Des ferries de passagers partent de là pour Sa Dec et d'autres localités du delta.

BUS À HCMV, les bus à destination de Long Xuyen partent de la gare routière de Mien Tay (à partir de 85 000 d). La **gare routière de Long Xuyen** (Ben Xe Khach Long Xuyen) se situe en bord de route à la lisière sud de la ville ; suivez Đ Tran Hung Dao, puis Đ Phan Cu Luong sur 1,5 km. De là, des bus desservent Can Tho (62 km), Chau Doc (55 km), Ha Tien (130 km) et Rach Gia (75 km).

VOITURE ET MOTO Pour rejoindre Cao Lanh ou Sa Dec, il faut prendre le car-ferry à l'embarcadère d'An Hoa.

Cao Lanh

📍 067 / 150 000 HABITANTS

Ville nouvelle construite parmi la jungle et les marécages du delta, Cao Lanh prospère grâce au commerce mais n'attire guère les touristes. Son principal attrait réside dans la proximité des réserves ornithologiques et de la forêt de Tram (Rung Tram), des sites majeurs que l'on rejoint en bateau.

👁 À voir

GRATUIT Musée de Dong Thap　　　MUSÉE
(226 Đ Nguyen Thai Hoc ; ⏲7h-11h30 et 13h30-17h). Impressionnant, il compte parmi les meilleurs musées du delta. Au rez-de-chaussée sont exposées des pièces relatives à l'histoire anthropologique de la province. Parmi elles figurent outils, sculptures, maquettes de maisons traditionnelles et quelques animaux empaillés. Le 1er étage est consacré à l'histoire militaire du pays et, bien entendu, à Hô Chi Minh. Toutes les explications sont en vietnamien.

Monument aux morts　　　MÉMORIAL
(Dai Liet Si). Situé à la lisière est de la ville près de la RN 30, c'est le monument le plus imposant de Cao Lanh. Dans le style du réalisme socialiste, la sculpture en béton représente un soldat médaillé tenant un bouquet de fleurs devant une immense étoile stylisée. Au dos, des cigognes symbolisent le Mékong. Derrière un bassin de lotus se dresse le mémorial décoré de bas-reliefs illustrant la guerre. Le parc alentour abrite les sépultures de 3 112 soldats viêt-cong morts au combat.

Tombeau de Nguyên Sinh Sac　　　PARC
(Lang Cu Nguyen Sinh Sac ; près de Đ Pham Huu Lau ; parking 6 000 d). Autre tombeau

---

LA PRODUCTION RIZICOLE

En sanskrit, riz se dit *dhanya* ("soutien de la race humaine"), un mot qui décrit parfaitement bien l'importance de cet "or blanc" pour les Vietnamiens.

Selon une légende locale, il fut un temps où le riz n'avait pas besoin d'être récolté : on le sollicitait par des prières et il arrivait du ciel dans chaque foyer sous la forme d'une grosse balle. Un jour, un homme demanda à sa femme de balayer le sol en prévision de l'arrivage du riz, mais, lorsque l'énorme balle surgit, elle balayait encore et la heurta malencontreusement, la brisant en mille morceaux. Depuis ce jour, les Vietnamiens doivent travailler dur et cultiver le riz à la main.

Si des régions reculées du Vietnam n'ont guère changé au fil des siècles – les femmes, coiffées de leur *non bai tho* (chapeau conique), irriguent la rizière à la main, tandis que les hommes repiquent le riz ou labourent à la herse avec des buffles –, l'agriculture est devenue de plus en plus mécanisée à mesure que le pays a augmenté sa production.

Principale culture du pays, le riz occupe 50% de la population active. Si sa production a toujours tenu une place importante dans l'économie, elle a été considérablement intensifiée à la suite des réformes économiques (*doi moi*) de 1986. Jusqu'alors importateur de riz, le Vietnam est devenu exportateur en 1989, et le riz fournit aujourd'hui une part substantielle des revenus du pays. En 2010, le Vietnam a exporté 6,5 millions de tonnes de riz, ce qui en fait le deuxième exportateur mondial derrière la Thaïlande.

L'importance du riz dans l'alimentation vietnamienne n'est plus à démontrer. Il entre dans la composition de très nombreux plats, dont les crêpes croustillantes à la farine de riz (*banh xeo*), le gruau de riz (*chao*), et le puissant vin de riz (*ruou gao*). Omniprésents, les restaurants de *pho* (soupe de nouilles de riz) servent le riz blanc (*com*) avec une grande variété de viandes et de légumes.

Le riz pousse en 3 à 6 mois, selon la variété et l'environnement. Le climat du Vietnam permet trois récoltes (hiver-printemps, été-automne et saison des pluies). À maturité, les plants arrivent à hauteur de hanche et sont immergés dans environ 30 cm d'eau. Les grains poussent en panicules, coupées à la main, puis sont transportés en brouette jusqu'à des batteuses qui les séparent de leur enveloppe. Ensuite, d'autres machines les décortiquent (riz brun) ou les polissent (riz blanc). À ce stade, on voit fréquemment des tapis de riz brun étalés le long des routes pour sécher avant d'être moulu.

En 2006, après le scandale provoqué par la contamination des stocks mondiaux de riz par des variétés transgéniques et illégales en provenance des États-Unis et de Chine, le Vietnam et la Thaïlande ont interdit la culture de riz génétiquement modifié.

Cao Lanh

◎ À voir
1 Musée Dong Thap..............................A3
2 Tombeau de Nguyên Sinh Sac A3
3 Monument aux morts..........................D1

🛏 Où se loger
4 Hoa Anh...C2
5 Nha Khach Dong Thap B1
6 Song Tra Hotel C2
7 Xuan Mai Hotel....................................B2

🍴 Où se restaurer
8 A Chau B1
9 Tan Nghia C1

important, celui de Nguyên Sinh Sac (1862-1929), père de Hô Chi Minh, dans un charmant parc de 9,6 ha où est exposée la reconstitution en bois d'un village peuplé de mannequins vaquant à des activités traditionnelles (broyage du riz, préparation du tabac, musique...).

La sépulture proprement dite se tient sous un curieux sanctuaire évoquant un coquillage, derrière un bassin de lotus en forme d'étoile. Bien que diverses plaques (en vietnamien) et brochures touristiques le présentent comme un révolutionnaire, rien ne confirme que Nguyên Sinh Sac ait participé à la lutte contre la colonisation. À côté du sanctuaire, le petit musée consacré à Hô Chi Minh se résume à une collection de photos légendées en vietnamien. Ne manquez pas, dans la salle 2, le portrait dont la barbe est réalisée à l'aide de poils véritables.

Le parc se situe à la périphérie sud-ouest de la ville ; tournez à droite après la pagode Hoa Long et longez la clôture jusqu'à l'entrée.

🛏 Où se loger

Hoa Anh HÔTEL $
(☎224 567 ; hoaanhhotel@yahoo.com.vn ; 40 Đ Ly Tu Trung ; ch 170 000-350 000 d ; ❄🛜). Cet établissement à dominante jaune citron et orange foncé apporte une touche de fraîcheur dans le parc hotelier de Cao Lanh. Moyennant 200 000 d, vous aurez droit à une double soignée de dimensions modestes, avec du carrelage en marbre et une petite sdb. Une chambre à deux lits plus spacieuse coûte 250 000 d, une familiale, 350 000 d.

Xuan Mai Hotel HÔTEL $
(☎385 2852 ; 33 Đ Le Qui Don ; ch 200 000-300 000 d ; ❄🛜). Apprécié de longue date et toujours d'un excellent rapport qualité/prix, ce mini-hôtel juste derrière la poste loue des chambres nettes et ordonnées, toutes avec baignoire et eau chaude. Petit-déjeuner compris.

Nha Khach Dong Thap HÔTEL $
(✆387 2670 ; 48 Đ Ly Thuong Kiet ; ch 260 000-800 000 d ; ❋☎). Le gouvernement s'efforce désormais d'offrir des hôtels plutôt séduisants et celui-ci ne fait pas exception à la règle, avec des chambres claires et spacieuses et une réception tapissée de marbre. Les suites, immenses mais onéreuses, peuvent loger toute une famille.

Song Tra Hotel HÔTEL $
(✆385 2624 ; www.dongthaptourist.com ; 178 Đ Nguyen Hue ; ch 19-35 $US, ste 50 $US ; ❋). Si la façade semble un peu délabrée, les chambres aux larges fenêtres sont dans un état satisfaisant et comportent TV satellite, minibar et eau chaude. Pour un hôtel gouvernemental, les employés se montrent plus aimables que la moyenne.

Où se restaurer

Cao Lanh est réputée pour son *chuot dong* (rat des rizières), une expérience culinaire à ne pas rater.

A Chau VIETNAMIEN $
(42 Đ Ly Thuong Kiet ; plats 20 000-70 000 d). Vous vous régalerez de *banh xeo* (crêpe frite), la spécialité de la maison, à rouler et à tremper dans du *nuoc mam*. Sinon, le *lau de* (fondue de chèvre) s'avère également savoureux et le rat des rizières tentera les audacieux.

Tan Nghia VIETNAMIEN $
(331 Đ Le Duan ; plats 30 000-110 000 d). Donnant sur le fleuve, il draine une clientèle constante attirée par son vaste choix de viandes et de fruits de mer. Le rat ou les cuisses de grenouille vous changeront du bœuf et du poulet.

Renseignements

Dong Thap Tourist (✆385 5637 ; www.dongthaptourist.com ; 2 Đ Doc Binh Kieu). Ce tour-opérateur sympathique et compétent organise des excursions en bateau et autres circuits dans la région. Il dispose d'une **annexe** (✆391 8487) dans le village de My Hiep.
Poste (85 Đ Nguyen Hue ; @).

Comment s'y rendre et circuler

La **gare routière de Cao Lanh** (Ben Xe Cao Lanh ; 71/1 Đ Ly Thuong Kiet), en plein centre ville, dessert HCMV (85 000 d), Sa Dec (15 000 d), Vinh Long (17 000 d), My Tho (25 000 d), Tra Vinh (45 000 d), Can Tho (30 000 d), Soc Trang (55 000 d), Bac Lieu (65 000 d) et Ca Mau (83 000 d).

Les sites autour de Cao Lanh se visitent plus facilement en bateau. Vous pouvez négocier directement avec un batelier privé, mais il est cependant plus facile – quoique plus onéreux – de s'adresser à Dong Thap Tourist (p. 415). Comptez 30 $ US pour un circuit d'une demi-journée.

Environs de Cao Lanh

RUNG TRAM
(Xeo Quyt, Xeo Quit ; 5 000 d ; ⏱7h-17h). Au sud-est de Cao Lanh et accessible en bateau, Rung Tram s'étend sur 52 ha près du village de My Hiep. Ce vaste marécage, protégé par une épaisse canopée de grands arbres et de lianes, est l'une des dernières forêts naturelles du delta du Mékong. Il aurait sans doute été transformé en rizière s'il ne revêtait une importante signification historique.

Pendant la guerre du Vietnam, le Viêt-cong y possédaient une base, appelée Xeo Quyt, où une dizaine de généraux dirigeaient des opérations depuis des bunkers souterrains. Cela à 2 km à peine d'une base militaire américaine ! Les Américains ne se doutèrent jamais que l'ennemi vivait à deux pas. Voyant d'un mauvais œil la forêt, ils la bombardaient régulièrement, mais les généraux viêt-cong demeuraient à l'abri.

Pendant la saison des pluies, un **circuit en canoë** de 20 min (10 000 d) vous fera passer devant de vieux bunkers et d'anciens champs de mines le long d'étroits canaux remplis de jacinthes d'eau et de libellules. Pendant la saison sèche, vous pourrez explorer ce secteur à pied.

La plupart des visiteurs combinent l'excursion avec la réserve des cigognes blanches et arrivent à Rung Tram en bateau. Vous pouvez aussi louer un hors-bord de Cao Lanh à Rung Tram, qui effectue le trajet en 30 min (selon la marée). La forêt peut aussi se rejoindre par la route si vous disposez d'une voiture ou d'une moto. De My Hiep, un bateau lent (entre 15 et 20 $US, jusqu'à 10 passagers) rejoint Rung Tram, à 2 km, en 40 min. Plusieurs des circuits organisés par Dong Thap Tourist incluent une visite guidée de Rung Tram.

PARC NATIONAL DE TRAM CHIM
GRATUIT Ce parc se trouve au nord de Cao Lanh, dans le district de Tam Nong (province de Dong Thap). Il abrite notamment des grues antigones. Plus de 220 espèces d'oiseaux ont été répertoriées dans le parc, dont de rares

hérons à tête rouge, qui atteignent 1,50 m de hauteur. Apercevoir ces oiseaux requiert beaucoup d'efforts, de temps et d'argent, une expérience réservée aux passionnés d'ornithologie.

Les oiseaux nichent ici de décembre à mai ; de juin à novembre, ils migrent dans le nord-ouest du Cambodge. L'aube et le crépuscule sont les meilleurs moments pour les observer.

Tam Nong est une ville calme à 45 km de Cao Lanh. Prévoyez 1 heure en voiture, puis 1 heure de plus en petit bateau (environ 1 800 000 d) pour rejoindre le secteur où vivent les grues, à quoi s'ajoute le temps d'observation des oiseaux à la jumelle (pensez à prendre les vôtres), suivi du retour à Tam Nong puis à Cao Lanh (de 1 à 4 heures selon le mode de transport). Si souhaitez rester tard le soir ou visiter le parc de bonne heure, vous trouverez à Tam Nong quelques pensions rudimentaires. La nuit commence tôt à Tam Nong ; si vous souhaitez dîner, prenez vos dispositions avant 17h.

Sa Dec

📞067 / 108 000 HABITANTS

Ancienne capitale de la province de Dong Thap, Sa Dec est une paisible ville aux rues bordées d'arbres et de villas coloniales décrépites, entourée de vergers et de marchés aux fleurs. Elle a connu son heure de gloire lors du tournage de *L'Amant*, film de Jean-Jacques Annaud inspiré du roman de Marguerite Duras. Depuis le quartier du marché, vous verrez, de l'autre côté du fleuve, l'une des villas coloniales (aujourd'hui transformée en pension) apparaissant dans le film.

Les groupes qui effectuent un circuit éclair dans le delta du Mékong font souvent étape à Sa Dec pour déjeuner et visiter les pépinières.

👁 À voir

Maison de Huynh Thuy Lê BÂTISSE HISTORIQUE
(Nha Co Huynh Thuy Le ; 📞093-953 3523 ; 225A Đ Nguyen Hue ; 10 000 d). Sise au bord du fleuve, cette belle demeure pittoresque de 1895 fut le lieu de résidence de Huynh Thuy Lê, fils d'une riche famille chinoise, avec qui Marguerite Duras, alors âgée de 15 ans, eut une liaison amoureuse en 1929 et qu'elle immortalisa dans *L'Amant*. De style franco-chinois, la maison conserve des boiseries ouvragées et un carrelage d'origine. On peut loger, pour 22 $US, dans une des deux chambres charmantes, quoique sommaires, qui partagent une sdb à l'arrière du bâtiment.

Pagode Huong PAGODE
(Chua Huong ; Đ Hung Vuong). À la "pagode des Parfums" (1838), de style chinois classique, les inconditionnels de Duras chercheront le sanctuaire de Huynh Thuy Lê, mais ils auront peut-être du mal à reconnaître l'inspirateur de *L'Amant* dans le septuagénaire représenté en photo avec son épouse.

Une statue de la déesse Quan Thê Âm Bô Tat, d'un blanc étincelant, trône sur un piédestal entre la pagode Huong et la **pagode Buu Quang** voisine, moins séduisante.

Pépinières PÉPINIÈRES
(Vuon hoa ; ⊙8h-11h et 13h-17h). Ouvertes toute l'année, les pépinières se retrouvent quasi dépouillées de toutes leurs fleurs juste avant la fête du Têt. Les Saïgonnais y viennent nombreux le dimanche, et les pépinières

Sa Dec

À voir
1 Pagode Buu Quang A2
2 Pagode Huong A2
3 Maison de Huynh Thuy Lê B3

Où se loger
4 Bong Hong Hotel A4
5 Phuong Nam A4
6 Sa Dec Hotel A2

Où se restaurer
7 Échoppes de pho B3
8 Quan Com Thuy A2

constituent un but d'excursion privilégié pendant les vacances du Têt.

Il y a de nombreux pépiniéristes le long des canaux, chacun spécialisé dans des espèces différentes. Venez le matin pour assister au chargement des plantes à bord des bateaux.

Où se loger et se restaurer

Peu d'étrangers passent la nuit à Sa Dec, qui compte néanmoins quelques hôtels. Des **échoppes de pho** (soupe de nouilles, environ 15 000 d) bordent Đ Hung Vuong.

Phuong Nam   HÔTEL $
(386 7867 ; hotelphuongnam@yahoo.com ; 384A Đ Nguyen Sinh Sac ; ch 180 000-300 000 d ; ❄️📶). Bien tenu et presque chic, ce mini-hôtel loue de petites chambres bon marché pourvues d'une minuscule sdb et d'un balcon ainsi que d'autres plus vastes, parquetées.

Bong Hong Hotel   HÔTEL $
(386 8288 ; bonghonghotel@yahoo.com.vn ; 251A Đ Nguyen Sinh Sac ; ch avec ventil 10 $US, avec clim 16-22 $US, ste 32 $US ; ❄️@📶). Les chambres les plus plaisantes de ce grand hôtel morne occupent le dernier étage et s'agrémentent d'un balcon. Courts de tennis à côté. Petit-déjeuner compris.

Sa Dec Hotel   HÔTEL $
(386 1430 ; sadechotel@yahoo.com.vn ; 108/5A Đ Hung Vuong ; ch avec ventil 9 $US, avec clim 14-16 $US, ste 25 $US ; ❄️@📶). Cet établissement d'État parfaitement correct présente une architecture *seventies* légèrement rétro. Les chambres n'ont rien de luxueux, pas plus que leurs sdb basiques, mais certaines possèdent une baignoire et un balcon.

Quan Com Thuy   VIETNAMIEN $
(386 1644 ; 439 Đ Hung Vuong ; plats 15 000-30 000 d). Parmi les rares restaurants de Sa Dec, l'endroit jouit d'une bonne réputation pour ses plats de riz et de viande. Un autel des ancêtres et un téléviseur dans un coin lui donnent l'aspect d'un salon familial.

Depuis/vers Sa Dec

Sa Dec se trouve à mi-chemin entre Vinh Long, Chau Doc et Long Xuyen, les deux dernières destinations nécessitant de prendre le ferry.
La **gare routière de Sa Dec** (Ben Xe Sa Dec), sur la RN 80 au sud-est du centre ville, dessert Vinh Long (9 000 d) et Cao Lanh (15 000 d).

Siem Reap et les temples d'Angkor

Dans ce chapitre »
Siem Reap 419
Musée cambodgien des Mines terrestres 425
Chong Kneas 425
Kompong Pluk 425
Temples d'Angkor . . 426
Angkor Vat 426
Angkor Thom 427

Le Cambodge en bref
» **Superficie** 181 035 km²
» **Nombre de frontières avec le Vietnam** huit
» **Capitale** Phnom Penh
» **Code du pays** ☏855
» **Chef d'État** Norodom Sihamoni
» **Population** 15 millions
» **Monnaie** 1 $US = 4 000 r (riel)
» **Jours fériés** *Chaul Chhnam* ou Nouvel An khmer, mi-avril
» **Expressions** *sua s'dei* (bonjour), *lia suhn hao-y* (au revoir), *aw kohn* (merci)

Pourquoi y aller
Nul autre ensemble architectural édifié de main d'homme ne recèle autant de merveilles, qu'il s'agisse du plus grand édifice religieux du monde, Angkor Vat, du plus étrange, Bayon, et de la jungle exubérante du temple Ta Prohm, majestueux dans l'abandon. Tous ces sites sont devenus des symboles et ont fait du Cambodge le pays du temple par excellence en Asie. Aujourd'hui, ils sont un lieu de pèlerinage pour les Khmers, et quiconque voyage dans la région ne saurait se dispenser de les voir. Les visiteurs du Vietnam poussent souvent jusqu'au Cambodge pour contempler ce formidable ensemble.

Si Angkor et le chic moderne de Siem Reap ont de quoi impressionner, le vrai trésor du Cambodge tient à ses habitants. Quoique revenus de l'enfer, les Khmers n'ont rien perdu de leur naturel aimable, et nul ne quitte ce royaume sans évoquer avec affection le souvenir de ceux qu'il y côtoya.

Quand partir
Siem Reap

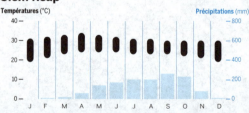

Déc-jan Peu d'humidité, peu de pluie, et des brises froides. C'est la saison la plus touristique.

Fév-juin Les températures augmentent. En mai et juin, vient la mousson.

Juin-oct C'est la saison des pluies : Angkor est entourée d'une végétation luxuriante, et les fossés sont remplis d'eau.

SIEM REAP

📞 063 / 119 500 HABITANTS

Lieu de vie et de ravitaillement au départ de la visite des temples d'Angkor, Siem Reap (prononcer *Sièm-rièp*) est l'épicentre du nouveau Cambodge, et une destination particulièrement prisée. Siem Reap (dont le nom, guère diplomatique, signifie "Les Siamois défaits") a encore son charme, avec ses vieilles échoppes françaises, ses boulevards ombragés et son fleuve au cours paisible.

👁 À voir

Musée national d'Angkor   MUSÉE
(www.angkornationalmuseum.com ; 968 bd Charles de Gaulle ; plein tarif 12 $US, -12 ans 6 $US, audio-guide 3 $US ; ⏱8h30-18h). Une introduction intéressante aux gloires de l'Empire khmer. Ce musée dernier cri aide à comprendre l'importance historique, religieuse et culturelle d'Angkor. L'exposition comporte 1 400 superbes sculptures et objets en pierre.

Les Chantiers-Écoles   CENTRE CULTUREL
(village de Puok ; ⏱7h-18h lun-ven, 7h-12h le sam). Perdue dans une rue excentrée, cette magnanerie enseigne l'artisanat khmer traditionnel (fabrication de la laque, sculpture sur bois et sur pierre) à des jeunes défavorisés ; on peut visiter les ateliers aux horaires d'ouverture de l'école. Les locaux abritent une boutique ravissante, "Artisans d'Angkor". Pour voir tout le processus de fabrication de la soie, des mûriers aux vers à soie et de l'embobinage au tissage, visiter la **magnanerie** (⏱7h30-17h30), 16 km à l'est de la ville. Des navettes quittent tous les jours l'école à 9h30 et 13h30 pour un circuit de 3 heures.

Village culturel cambodgien   CENTRE CULTUREL
(carte p. 427 ; www.cambodianculturalvillage.com ; NH6 ; prix étranger/cambodgien 11/4 $US, -12 ans 2 $US; ⏱8h-19h lun-jeu, 8h-20h30 ven-dim). Tout le Cambodge est représenté ici dans un tourbillon de maisons et de villages reconstitués. Kitsch, mais très populaire chez les Cambodgiens. Les spectacles de danse et de musique enchanteront les enfants.

À ne pas manquer

① Voir le soleil se lever sur l'un des édifices les plus emblématiques au monde, le grand et unique Angkor Vat (p. 426)

② Contempler la sérénité et la splendeur de Bayon (p. 430), avec ses 216 mystérieux visages qui vous fixent à travers la jungle

③ Regarder la nature reprendre ses droits sur les ruines mystérieuses de Ta Prohm (p. 431)

④ Admirer les sculptures délicates du temple de Banteay Srei (p. 432), sans doute le plus beau d'Angkor

⑤ S'enfoncer au cœur de la jungle pour découvrir la rivière des Mille Lingams à Kbal Spean (p. 432)

Siem Reap

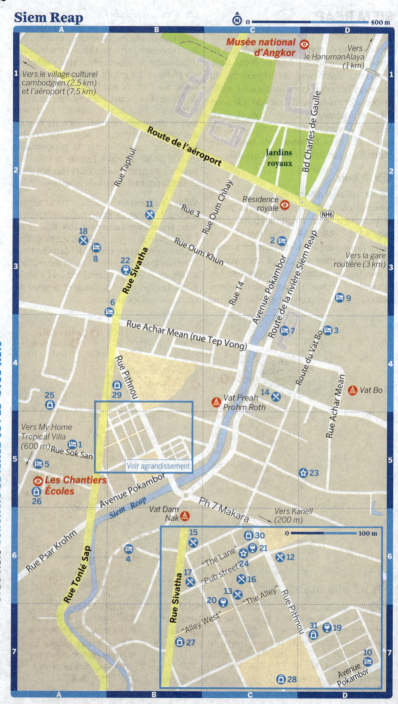

Siem Reap

⦿ Les incontournables
Musée national d'Angkor	D1
Les Chantiers-Écoles	A5

🛏 Où se loger
1	Encore Angkor Guesthouse	A5
2	FCC Angkor	C3
3	Frangipani Villa Hotel	D4
4	Golden Banana	B6
5	Golden Temple Villa	A5
6	Hôtel de la Paix	B3
7	La Résidence d'Angkor	C4
8	Sala Bai	A3
9	Seven Candles Guesthouse	D3
10	Shadow of Angkor Guesthouse	D7

✕ Où se restaurer
11	Marché d'Angkor	B2
12	Blue Pumpkin	C6
13	Cambodian BBQ	C6
	Chamkar	(voir 13)
14	Le Café	C4
15	Le Malraux	B6
16	Le Tigre de Papier	C6
17	Stands de restauration	B6
18	Sugar Palm	A3

🍷 Où prendre un verre
19	Laundry Bar	D7
20	Linga Bar	C6
21	Miss Wong	C6
22	Nest	B3
	Warehouse	(voir 31)

🎭 Où sortir
23	Théâtre Apsara	D5
24	Temple Club	C6

🛍 Achats
25	Marché de nuit d'Angkor	A4
26	Artisans d'Angkor	A5
27	Keo Kjay	B7
28	Psar Chaa	C7
29	Rajana	B4
30	Samatoa	C6
31	Senteurs d'Angkor	D7

🛏 Où se loger

L'offre d'hébergement est variée à Siem Reap, des modestes hôtels avec toilettes sur le palier à 3 $US aux palaces cinq étoiles.

La Résidence d'Angkor   HÔTEL DE CHARME $$$
(☏963390 ; www.residencedangkor.com ; rte de la rivière Siem Reap ; ch à partir de 225 $US ; ✱@🛜☰). Habillées de bois, les chambres, avec véranda et baignoire de la taille d'un jacuzzi, sont parmi les plus chics et les plus accueillantes de la ville. La nouvelle aile comprend de splendides suites, et le divin Kong Kea Spa.

 My Home Tropical Garden Villa   PENSION $
(☏760035 ; www.myhomecambodia.com ; Psar Khrom ; ch 12-26 $US ; ✱@🛜☰). Le confort d'un hôtel au prix d'une pension : un bon endroit pour vous reposer. Mobilier de goût avec de jolies soieries.

Seven Candles Guesthouse   PENSION $
(☏963380 ; www.sevencandlesguesthouse.com ; 307 rue Wat Bo ; ch 10-20 $US ; ✱@🛜). Une pension originale, dont les bénéfices reviennent à la fondation Ponheary Ly, laquelle promeut l'instruction dans les communautés rurales. Chambres avec TV, réfrigérateur et eau chaude.

Frangipani Villa Hotel   HÔTEL DE CHARME $$
(☏963030 ; www.frangipanihotel.com ; rue Wat Bo ; ch 30-60 $US ; ✱@🛜☰). Un très bon rapport qualité/prix pour cet hôtel de charme abordable. Les chambres, modernes et stylées, sont lumineuses. Piscine couverte.

Hôtel de la Paix   HÔTEL $$$
(☏966000 ; www.hoteldelapaixangkor.com ; rue Sivatha ; ch à partir de 205 $US ; ✱@🛜☰). Le royaume du design contemporain, de la décoration branchée et du style minimaliste. Chambres avec sdb ouverte et iPod.

HanumanAlaya   HÔTEL DE CHARME $$$
(☏760582 ; www.hanumanalaya.com ; près du bd Charles de Gaulle ; ch 60-100 $US ; ✱@🛜☰). Ce complexe hôtelier, inspiré du style khmer traditionnel, doit à son personnel accueillant de tenir d'un véritable cocon.

Shadow of Angkor Guesthouse   PENSION $
(☏964774 ; www.shadowofangkor.com ; 353 av. Pokambor ; ch 15-25 $US ; ✱@🛜). Installée dans une demeure coloniale donnant sur la rivière, cette sympathique pension de 15 chambres propose la climatisation à un prix abordable. Internet gratuit.

Golden Banana   HÔTEL DE CHARME $$
(☎012-885366 ; www.goldenbanana.info ; quartier de Wat Damnak ; ch 48-98 $US ; ✳@🛜🏊). Un endroit exquis, très populaire, avec 10 chambres de caractère et 16 autres standard. Gays bienvenus.

Encore Angkor Guesthouse   PENSION $$
(☎969400 ; www.encoreangkor.com ; 456 rue Sok San ; ch 20-50 $US ; ✳@🛜🏊). La jolie réception donne le ton de cette pension de charme à prix modérés. Outre les aménagements habituels, les chambres possèdent des lits immenses et un coffre.

Golden Temple Villa   HÔTEL $
(☎012-943459 ; www.goldentemplevilla.com ; près de la rue Sivatha ; ch 13-23 $US ; ✳@🛜). Le décor haut en couleur et l'ambiance joyeuse font le succès de cet hôtel, entouré d'un jardin luxuriant et doté d'un petit bar-restaurant.

LES RELATIONS VIETNAMO-CAMBODGIENNES

Franchir la frontière vietnamo-cambodgienne, c'est passer d'une économie en plein essor à l'un des pays les pauvres de l'Asie du Sud-Est. Quelque chaotiques que soient Hô Chi Minh-Ville et Hanoi elle paraissent bien modernes et organisées comparées à Siem Reap.

Or, tout Cambodgien vous le dira fièrement, le Vietnam n'a pas toujours été en avance sur le plan économique. De fait, l'Empire khmer contrôlait jadis une grande partie de la région, ports de Saigon compris. Toutefois, au début du XIXe siècle, la suprématie politique du Vietnam se trouva établie, et le Cambodge passa sous l'emprise de son voisin.

Par la suite, les deux pays vécurent sous administration française, mais celle-ci favorisa les travailleurs et bureaucrates vietnamiens. Malgré la décolonisation, en 1954, la deuxième moitié du XXe siècle fut ponctuée de conflits, alimentés par la Chine, les États-Unis et l'Union soviétique. Pendant la guerre du Vietnam, à une époque où le Cambodge était soutenu par les États-Unis, les avions américains bombardèrent les campagnes pour en éradiquer les guérillas terroristes. En vain. Une faction dure de communistes appuyée par la Chine, les Khmers rouges, renversa le fragile gouvernement pro-américain en 1975 pour fonder un régime communiste qui devint l'une des plus terribles dictatures du siècle.

En 1975, le Vietnam et le Cambodge étaient l'un et l'autre communistes, mais, malgré leur proximité idéologique, l'ancienne haine ne s'était pas éteinte. À la fin des années 1970, les Khmers rouges, dirigés par Pol Pot, tentèrent de reprendre au Vietnam des terres perdues des siècles auparavant, en commençant par l'île de Phu Quoc, puis au gré d'attaques éclairs, dans la province de Dong Thap. Les Vietnamiens réagirent en occupant le Cambodge pendant 10 ans et en installant des dirigeants à leur botte, dont beaucoup sont toujours au pouvoir aujourd'hui.

Aujourd'hui, les gouvernements des deux pays parlent de fraternité entre leurs nations, mais on peut entendre dans la rue des Cambodgiens parler du Vietnam comme du tyran d'à côté et des Vietnamiens évoquer dédaigneusement le "petit frère" voisin. Malgré cette rivalité, des points communs rapprochent les cultures des deux pays. On y observe un même respect des anciens, tandis que la confrontation sociale est, elle, soigneusement évitée, les éclats de colère étant tenus pour un pas vers la folie.

La différence entre les deux cultures se décèle davantage en matière domestique. Influencés par le confucianisme, les Vietnamiens ont le culte des ancêtres lointains, alors que les Cambodgiens n'honorent que leur famille proche. Surtout, les lois "des deux enfants" au Vietnam ont rendu les familles plus petites qu'au Cambodge, où les enfants participent à l'effort commun de subsistance.

Par rapport à la frénésie de Saigon et de Hanoi, Siem Reap respire encore la tranquillité, mais le Cambodge suit lentement le même chemin que le Vietnam. Ceux qui s'attendent à une zone dévastée seront pris au dépourvu par les nouveaux complexes hôteliers et les bars chics. Vous entendrez les coqs chanter, mais pourrez aussi bien trouver un fast-food au coin de la rue. Le tourisme y est en plein essor, et si les Cambodgiens se plaignent ouvertement du Vietnam, leur pays emprunte la même voie, préférant oublier un passé tragique, s'ouvrir au commerce mondial et élever des tours de bureaux au milieu de baraques en tôle. De fait, si le Vietnam voit encore dans le Cambodge un "petit frère", ce dernier est en pleine poussée de croissance.

Par Patrick Winn – correspondant du Global Post *pour l'Asie du Sud-Est*

Où se restaurer

Il y a de bons restaurants dans toute la ville, mais le centre gastronomique de Siem Reap est le quartier du Psar Chaa, dont le cœur névralgique, The Alley, est bordé d'établissements aussi agréables qu'animés. Non loin, des **stands de restauration khmers** (Pub St ; plats pour 4 000 à 8000 r ; 16h-3h du matin) servent des repas à petits prix.

Pour faire des courses, on trouvera fruits et légumes au marché. Le **marché d'Angkor** (rue Sivatha ; 7h30-22h) vend des produits internationaux, tels qu'olives et fromages.

Blue Pumpkin INTERNATIONAL $
(rue Pithnou ; plats 2-6 $US ; 6h-22h ;). Au rez-de-chaussée, un café à l'ancienne, où sont vendus de délicieux gâteaux, pains et glaces maison. À l'étage s'offre un autre monde, d'un blanc minimaliste, avec sofas et Wi-Fi gratuit.

Le Tigre de Papier INTERNATIONAL $
(Pub St ; plats khmers 3-6.50 $US ; 24h/24 ;). Ce restaurant établi depuis longtemps est équipé d'un four à bois et sert de bons plats italiens, français et khmers. Cours de cuisine abordables.

Sugar Palm KHMER $$
(rue Taphul ; plats 5-8 $US ; 11h30-15h et 17h30-22h). Dans cette superbe maison en bois, vous pourrez goûter les saveurs traditionnelles, parfumées aux herbes et aux épices.

Sala Bai INTERNATIONAL $$
(963329 ; www.salabai.com ; rue Taphul ; menu déj 8 $US ; 12h-14h lun-ven). Cette école forme des jeunes Khmers aux métiers de l'hôtellerie et propose une carte abordable de spécialités cambodgiennes et occidentales.

Le Café INTERNATIONAL $
(quartier Wat Bo ; plats 3,75-5 $US ; 7h30-20h ;). Dans les jardins du Centre culturel français. Excellents sandwiches, salades et snacks.

Cambodian BBQ KHMER $$
(The Alley ; plats 5.50-8.75 $US ; 11h-23h ;). Ses grillades de crocodile, de serpent, d'autruche et de kangourou donnent une touche exotique au *phnom pleung* (montagne de feu) traditionnel.

Chamcar VÉGÉTARIEN $
(The Alley ; plats 3-5 $US ; 11h-23h, fermé dim midi ;). Le nom signifie "ferme" et les produits bio doivent provenir d'une grande exploitation maraîchère, si l'on se fie à la variété et à l'originalité des plats proposés.

Le Malraux FRANÇAIS $$
(155 rue Sivatha ; plats 5-15 $US ; 7h-13h ;). Recommandé aux gastronomes, cet joli café Art déco sert une cuisine française raffinée et quelques spécialités khmères.

Kanell INTERNATIONAL $$
(www.kanellrestaurant.com ; 7 rue Makara ; plats 5-15 $US ; 11h-24h ;). Installé dans une belle villa khmère à l'entrée de la ville, Kanell offre de vastes jardins et une piscine, à qui souhaite associer gastronomie et détente.

Où prendre un verre

Siem Reap est bel et bien le foyer d'une vie nocturne. La plupart des bars intéressants sont situés dans le voisinage du Psar Chaa, autour de Pub Street et de The Alley.

Warehouse BAR
(rue Pithnout ; 10h30-3h ;). Dans ce bar populaire en face du Psar Chaa, on appréciera les chants indiens, le babyfoot, le billard et les cocktails diaboliques.

Laundry Bar BAR LOUNGE
(près de la rue Pithnou, quartier du Psar Chaa ; 13h-3h). Un des bars les plus stylés de la ville : éclairage tamisé, décor étudié et musique douce. *Happy hour* de 17h30 à 21h.

Linga Bar BAR LOUNGE
(www.lingabar.com ; The Alley ; 10h-1h env.;). Bar gay sélect et animé. Atmosphère décontractée et carte des cocktails alléchante.

Miss Wong BAR-LOUNGE
(The Lane ; 18h-tard). Une immersion dans le Shangai chic des années 1920. Réputé pour ses cocktails très élaborés.

Nest BAR
(rue Sivatha ; 16h-tard ;). Un bar fantaisiste, avec ses grands abris en forme de voiles, ses sièges stylés et une carte des cocktails très créative.

Où sortir

On trouve des spectacles de danse cambodgienne dans toute la ville, mais seuls quelques-uns valent le déplacement.

Théâtre Apsara DANSE CLASSIQUE CAMBODGIENNE
(www.angkorvillage.com ; près de la rue Wat Bo ; 22 $US, dîner compris). Représentations en soirée dans un pavillon en bois de style *wat*, en face de l'Angkor Village.

La Résidence d'Angkor   DANSE DU CAMBODGE
(rte de la rivière Siem Reap ; entrée libre, plats 12-25 $US ; 20h mar, jeu, sam). Laissez-vous tenter par la salle à manger de l'établissement, le temps d'un dîner raffiné et d'authentiques spectacles de danse, en alternance avec du théâtre d'ombres.

Temple Club   DANSE DU CAMBODGE
(Pub St ; 5 $US, buffet compris). Bar-restaurant très populaire, où l'on donne à l'étage le meilleur spectacle de danse de la ville.

🛍 Achats

Siem Reap propose de très beaux objets d'artisanat. Le Psar Chaa est bien fourni en produits plus ou moins intéressants. Vous pouvez faire des affaires si vous marchandez avec patience et humour. Le **marché de nuit d'Angkor** (www.angkornightmarket.com ; près de la rue Sivatha ; 16h-24h) déborde de soieries, d'objets d'artisanat et de souvenirs. L'alléchante Alley West est un incontournable.

Certaines boutiques viennent en aide aux handicapés et aux déshérités.

Artisans d'Angkor   ARTISANAT
(www.artisansdangkor.com ; près de la rue Sivatha ; 7h30-19h30). Une excellente adresse où trouver des souvenirs et cadeaux de qualité, des vêtements en soie aux accessoires et aux jolies reproductions des statues d'Angkor.

Keo Kjay   VÊTEMENTS
(www.keokjay.org ; Alley West ; 11h-22h). Cette petite boutique branchée dont le nom signifie "frais" est une entreprise de commerce équitable, dont l'activité permet à des femmes séropositives de disposer de revenus minimaux.

Rajana   ARTISANAT
(www.rajanacrafts.org ; rue Sivatha ; 8h-22h lun-sam, 14h-22h le dim). Cette boutique équitable vend des soieries, des bijoux et des cartes postales peintes à la main.

Samatoa   VÊTEMENTS
(rue Pithnou ; 8h-23h). Boutique équitable de vêtements en soie de créateurs. Possibilité d'une confection sur mesure en 48 heures.

Senteurs d'Angkor   PRODUITS DE BEAUTÉ
(www.senteursdangkor.com ; rue Pithnou ; 7h-22h). Réponse cambodgienne au Body Shop, ce magasin vend des produits de beauté naturels, des huiles de massage, des épices, des cafés et des thés.

ℹ Renseignements

Procurez-vous gratuitement, ou consultez en ligne, le *Siem Reap Angkor Visitors Guide* (www.canbypublications.com) ou les deux brochures éditées par Pocket Guide Cambodia (www.cambodiapocketguide.com).

Il y a des DAB à l'aéroport et des supérettes un peu partout dans le centre, notamment sur le bd Sivatha. Les cybercafés sont concentrés sur le bd Sivatha et autour du Psar Chaa.
Police touristique (097-778 0013). Au principal poste de contrôle des billets d'Angkor.
Royal Angkor International Hospital (761888 ; www.royalangkorhospital.com ; RN6). Un établissement récent, d'un standard international, affilié au Bangkok Hospital.

ℹ Depuis/vers Siem Reap

Pour aller du Vietnam au Cambodge, l'avion reste le plus pratique (liaisons quotidiennes entre HCMV, Hanoi et Siem Reap). Le voyage en bus est plus fastidieux : il faut une journée entière pour aller de HCMV à Siem Reap, en changeant de bus à Phnom Penh. Toutefois, on peut facilement couper le voyage en s'arrêtant dans la capitale vietnamienne pour une ou deux nuits.

Avion

L'aéroport international de Siem (www.cambodia-airports.com), à 7 km du centre, a des allures de hall de luxe et offre des prestations très complètes. Vietnam Airlines assure des liaisons quotidiennes entre Siem Reap et HCMV

VISAS POUR LE CAMBODGE

La plupart des ressortissants étrangers peuvent se procurer un visa touristique d'un mois, avec 20 $US et une photo d'identité, à l'arrivée dans les aéroports de Siem Reap et de Phnom Penh, ainsi qu'à tous les postes-frontières terrestres. Les visas touristiques d'un mois délivrés en ligne en trois jours ouvrables (www.mfaic.gov.kh) sont valables pour pénétrer au Cambodge aux aéroports et à la frontière Bavet-Moc Bai avec le Vietnam.

Si vous prévoyez de faire une excursion aux temples d'Angkor puis de retourner au Vietnam, il vous faudra un visa multi-entrées pour le Vietnam, à moins d'obtenir un autre visa pendant que vous êtes au Cambodge. Il n'existe plus de visa double entrée au Vietnam.

(aller à partir de 135 $US, 5/jour) ou Hanoi (à partir de 195 $US, 4/jour). Silk Air relie Siem Reap à Danang deux fois par semaine (à partir de 243 $US). Pour plus d'informations sur les comptoirs de Vietnam Airlines au Vietnam, voir la rubrique concernée dans ce guide.

Voici les compagnies qui desservent Siem Reap vers des destinations internationales :

Air Asia (www.airasia.com). Vers Bangkok et Kuala Lumpur.

Bangkok Airways (www.bangkokair.com). Vers Bangkok.

Cambodia Angkor Air (www.cambodiaangkorair.com). Vers HCMV ; même code de compagnie que Vietnam Airlines.

Dragonair (www.dragonair.com). Vers Hong Kong.

Jetstar Asia (www.jetstarasia.com). Vers Singapour.

Lao Airlines (www.laos-airlines.com). Vers Luang Prabang et Paksé.

Silk Air (www.silkair.com). Vers Singapour et Danang.

Vietnam Airlines (www.vietnamairlines.com). Vers, Hô Chi Minh-Ville et Luang Prabang.

Bus

La plupart des voyageurs prennent des bus internationaux entre HCMV et Phnom Penh, qui passent la frontière de Moc Bai (Vietnam) – Bavet (Cambodge). Environ 6 heures de route, en comptant les formalités de passage aux frontières. Billets entre 10 et 12 $US. Départs réguliers dans les deux sens entre 6h et 2h du matin, depuis le quartier Pham Ngu Lao à HCMV. Différents arrêts à Phnom Penh, dont ceux, bien connus, des compagnies suivantes :

Capitol Tour (217627 ; 182 rue 14)
Mai Linh (211888 ; 391 bd Sihanouk)
Mekong Express (427518 ; 87 quai Sisowath)
Sapaco (210300 ; 307 bd Sihanouk)

Il est théoriquement possible de faire un changement le jour même à Phnom Penh, mais c'est plus facile de HCMV à Siem Reap que dans l'autre direction, le service de Phnom Penh à Siem Reap se poursuivant plus tard dans l'après-midi.

Billets Siem Reap – Phnom Penh : 5 à 11 $US, selon les prestations (clim., espacement des sièges, toilettes, présence d'un guide).

Il y a également un bus de nuit de la compagnie **Virak Buntham** (016-786270 ; rue 106) entre Phnom Penh et Siem Reap. Il part à Sihanoukville et passe généralement par Phnom Penh vers 23h30.

À Siem Reap, tous les bus partent de la gare routière, à 3 km à l'est de la ville, environ 200 m au sud de la RN6. Billets en vente dans les pensions et hôtels, dans les bureaux des compagnies, les agences de voyages et les kiosques. Certaines compagnies viennent chercher en minibus les passagers là où ils sont logés. À votre arrivée à Siem Reap, préparez-vous à être harangué par les chauffeurs de moto-taxis.

 Comment circuler

Depuis l'aéroport, un taxi, minibus ou une moto-taxi coûte 2/7/8 $US. On trouve des *tuk-tuk* (motos tractant une carriole, 4-5 $US) à l'extérieur du terminal. De la gare routière au centre-ville, compter 1 à 2 $US pour un trajet en moto-taxi/*tuk-tuk*.

Dans le centre, des courses rapides reviennent à 2 000 à 3 000 r (1 $US la nuit) en moto-taxi, le double (ou plus, selon le nombre de personnes) en *tuk-tuk*.

Pour rejoindre les temples, voir l'encadré p. 430.

ENVIRONS DE SIEM REAP

Musée cambodgien des Mines terrestres

Situé à 25 km de Siem Reap et 6 km au sud du temple de Banteay Srei, ce musée à but non lucratif (www.cambodialandminemuseum.org ; district de Banteay Srei ; 1 $US; 7h-18h) reçoit beaucoup de voyageurs. Très informatif, il comprend un champ de mines où les visiteurs peuvent tenter de repérer les engins désamorcés.

Chong Kneas

Le village flottant de Chong Kneas a un tel succès qu'il est devenu un attrape-touristes, notamment en matière de location de bateau (13 $US au moins par personne pour 1 heure 30). Le petit **Gecko Environment Centre** (www.tsbr-ed.org ; entrée libre ; 7h-16h), également flottant, donne des explications sur le cycle annuel étonnant du Tonlé Sap. En moto-taxi, le trajet jusqu'à Chong Kneas (11 km) coûte 3 $US.

Kompong Pluk

Plus intéressant que Chong Kneas mais moins facile d'accès, ce village construit sur de hauts pilotis est un autre monde. À la saison des pluies, on peut explorer en pirogue la forêt inondée voisine. Pour rejoindre Kompong Pluk, vous pouvez louer un bateau à Chong Kneas (environ 55 $US aller-retour) ou passer par la bourgade de Roluos en combinant moto-taxi (environ

> **TONLÉ SAP : LE CŒUR DU CAMBODGE**
>
> Le Tonlé Sap, plus vaste lac d'eau douce d'Asie du Sud-Est, résulte d'un fabuleux phénomène naturel et fournit poissons et irrigation à la moitié de la population du Cambodge.
>
> Un chenal long de 100 km, également appelé Tonlé Sap (*tonlé* signifie "fleuve"), relie le lac au Mékong, à hauteur de Phnom Penh. De mi-mai à début octobre (saison des pluies), les pluies font augmenter le niveau du Mékong, refoulant les eaux du Tonlé Sap et renversant son cours vers le nord-ouest, où il se jette dans le lac. La superficie du lac est alors multipliée par 5, passant de 2 500 km² à 13 000 km², et sa profondeur maximale, initialement de 2,2 m, atteint plus de 10 m. Quand s'amorce la décrue du Mékong, début octobre, le Tonlé Sap reprend son cours normal et draine le surplus du lac vers le Mékong.
>
> Ce processus extraordinaire fait du Tonlé Sap l'une des plus riches réserves de poissons d'eau douce du monde, et un habitat idéal pour les oiseaux d'eau.

7 $US aller-retour) et bateau (20 $US pour 8 personnes) pour un trajet de 2 heures.

TEMPLES D'ANGKOR

Représentation terrestre du mont Meru (l'Olympe de la foi hindoue, la demeure des dieux), Angkor est la fusion parfaite de l'ambition créatrice et de la dévotion. Les dieux-rois de jadis ont chacun tenté de surpasser leurs prédécesseurs en érigeant des temples sans cesse plus grands, plus imposants et plus harmonieux, dont l'aboutissement est Angkor Vat, le plus grand édifice religieux du monde.

Les centaines de temples qui subsistent ne constituent que la partie sacrée de l'immense centre politique, social et religieux de l'ancien Empire khmer. À son apogée, Angkor comptait un million d'habitants, quand Londres n'en dénombrait que 50 000. Les maisons, les bâtiments publics et les palais, construits en bois, ont disparu depuis longtemps ; la brique et la pierre étaient réservées aux dieux.

Angkor est l'un des sites les plus saisissants de la planète. Alliant les proportions grandioses de la Grande Muraille de Chine, le raffinement du Taj Mahal et la symétrie des pyramides, il mériterait le titre de huitième merveille du monde.

Angkor Vat

Dès le premier regard qu'on lève sur Angkor Vat, expression ultime du génie khmer, on est saisi comme on peut l'être à Machu Picchu ou à Pétra.

S'élevant vers le ciel, ceint d'une imposante douve, Angkor Vat est l'un des monuments les plus grandioses et les plus inspirés jamais conçus par l'esprit humain. Il relève d'une harmonie splendide entre la forme et la fonction, un autel élevé à Vishnou dont l'image fascinante est réfléchie dans les bassins placés devant le temple.

À l'instar des autres temples-montagnes d'Angkor, Angkor Vat est une réplique miniature de l'univers. La tour centrale symbolise le mont Meru, entouré de pics plus petits, au milieu des continents (les cours inférieures) et des océans (la douve). Le *nâga* à sept têtes, serpent mythique, représente l'arc-en-ciel, pont symbolique entre l'homme et la demeure des dieux.

Angkor Vat est entouré d'une douve large de 190 m, qui délimite un immense rectangle de 1,5 km sur 1,3 km. À l'extérieur du temple central s'étire sur 800 m une extraordinaire série de bas-reliefs, destinée à être contemplée dans le sens inverse des aiguilles d'une montre. Se dressant à 31 m au-dessus du dernier étage et 55 m au-dessus du sol, la tour centrale donne à l'ensemble sa somptueuse unité.

Angkor Vat a été construit par Suryavarman II (vers 1112-52), qui unifia le Cambodge et étendit l'influence khmère sur l'essentiel de l'Asie du Sud-Est. Il se distingua des rois précédents par sa dévotion au dieu hindou Vishnou, à qui il dédia le temple – construit, notons-le, au même moment que les grandes cathédrales gothiques, telles Notre-Dame-de-Paris ou la cathédrale de Chartres.

Le dernier niveau d'Angkor Vat est ouvert aux visiteurs, mais les visites sont strictement limitées à 20 min.

Angkor Thom

Si Angkor Vat impressionne par sa majesté et son harmonie rarement égalées, Angkor Thom doit son caractère grandiose à la somme des éléments qui la composent. La découverte débute par les cinq portes, immenses, flanquées d'une représentation monumentale de la légende du barattage de la mer de lait, laquelle figure, sur la chaussée, 54 dieux et autant de démons engagés dans un conflit épique. Chacune des portes (du Nord, du Sud, de l'Est, de l'Ouest et de la Victoire) domine le visiteur, avec ses gigantesques visages du bodhisattva Avalokiteshvara veillant sur le royaume.

Imaginez-vous un instant à la place d'un paysan du XIIIe siècle, approchant la cité interdite pour la première fois… Passer par ces portes, être confronté au pouvoir divin des dieux-rois, devait tenir d'un moment à la fois extraordinaire et redoutable.

Dernière capitale de l'Empire khmer, Angkor pousse le grandiose à son paroxysme et couvre plus de 10 km². Accédant au trône après le sac d'Angkor par les Chams, Jayavarman VII (vers 1181-1219) décida que l'empire ne serait plus jamais attaqué dans ses propres terres. Derrière les imposants remparts, une douve de 100 m de largeur devait rebuter les envahisseurs les plus téméraires.

Les temples d'Angkor

⊚ Les incontournables
- Angkor Vat B2
- Bayon B1
- Preah Khan B1
- Ta Prohm C1

⊚ À voir
1. Porte Est d'Angkor Thom B1
2. Porte Nord d'Angkor Thom B1
3. Porte Sud d'Angkor Thom B2
4. Porte de la Victoire d'Angkor Thom B1
5. Porte Ouest d'Angkor Thom B1
6. Baphuon B1
7. Village culturel cambodgien A3
8. Neak Poan C1
9. Phnom Bakheng B2
10. Terrasse des Éléphants B1
11. Terrasse du Roi lépreux B1

Temples d'Angkor

UNE EXPLORATION EN TROIS JOURS

L'ensemble des temples d'Angkor est immense, à tel point que les mots manquent pour lui rendre justice. À cette multitude de temples, formant le plus grand ensemble religieux au monde, s'adjoint une vaste cité fortifiée longtemps laissée à l'abandon, probablement la première métropole d'Asie du Sud-Est, bien avant la création de Bangkok et de Singapour.

Commencez par le groupe de Roluos, une des premières capitales d'Angkor, puis empruntez le grand circuit, lequel comprend le temple à la fois bouddhiste et hindou de **1 Preak Khan** et le beau **2 Neak Poan**, entouré d'eau.

Le deuxième jour, passez au petit circuit, en débutant par l'atmosphère magique du **3 Ta Prohm** à l'aube, avant de découvrir le temple-montagne de Ta Keo, le monastère bouddhique de Banteay Kdei et l'immense bassin d'ablutions royal de **4 Sra Srang**.

Ensuite, poussez jusqu'au Banteay Srei, joyau de l'art angkorien, et visitez le Beng Mealea, un temple envahi par la jungle.

Gardez le meilleur pour la fin ; allez voir le soleil se lever à **5 Angkor Vat** et restez-y à l'heure du déjeuner pour admirer sa splendeur dans le calme. L'après-midi, explorez **6 Angkor Thom**, un ensemble architectural immense qui abrite l'énigmatique **7 Bayon**.

Trois jours à Angkor, ce n'est qu'un début !

BON À SAVOIR

» **Éviter l'affluence** Vous y arriverez en visitant Ta Prohm à l'aube, Angkor Vat dans la matinée et Banteay Srei à l'heure du déjeuner.

» **Séjour prolongé** Le forfait de trois jours peut désormais être utilisé sur une période d'une semaine, à condition d'en faire la demande à l'achat.

Bayon
Le temple irréel du roi légendaire Jayavarman VII, avec ses 216 visages qui dominent les pèlerins, symbolisant l'autorité royale et religieuse du souverain.

Angkor Vat
Le plus grand édifice religieux au monde. Assistez au lever du soleil dans le saint des saints, puis admirez les bas-reliefs : la dévotion gravée dans la pierre.

Angkor Thom
La dernière grande capitale de l'Empire khmer recèle profusion de temples. Ses proportions titanesques auraient suscité la crainte autant que l'admiration.

Preah Khan
Un temple pluriconfessionnel dédié à Bouddha, à Brahma, Shiva et Vishnou, et dont les très longs couloirs semblent sans fin.

Neak Poan
Neak Poan est une féerie aquatique, avec sa petite tour au milieu d'une pièce d'eau, elle-même entourée de quatre bassins plus petits.

Ta Prohm
Troublée seulement le temps du tournage du film *Tomb Raider*, la nature a repris ses droits dans le temple, laissant les racines étouffer la pierre.

Sra Srang
Ce bassin d'ablutions royal est un bon endroit où regarder le soleil couchant.

À LA DÉCOUVERTE DES TEMPLES D'ANGKOR

Un jour

Arrivez à Angkor Vat au lever du soleil, pour explorer le temple dans le calme. De là, continuez jusqu'à Ta Prohm avant de faire une pause pour déjeuner. Partez ensuite à la découverte des temples de la cité fortifiée d'Angkor Thom puis du Bayon dans la lumière déclinante de la fin de l'après-midi.

Trois jours

Après avoir suivi l'itinéraire d'une journée, devancez la foule au beau Banteay Srei en faisant halte à Preah Khan en chemin, puis portez vos pas vers la rivière aux Mille Lingams, Kbal Spean. Le troisième jour, dirigez-vous vers Roluos, avant de venir jeter un dernier regard sur Angkor Vat et Angkor Thom.

Une semaine

Ajoutez les visites du Beng Mealea et de Koh Ker. Pour changer de rythme, rendez-vous en bateau au village flottant de Kompong Pluk (p. 425).

Billets et circuits organisés

La **billetterie** (forfait 1 jour/3 jours/1 semaine 20/40/60 $US, gratuit pour les moins de 12 ans ; ⊙5h-17h30) est située sur la route de Siem Reap à Angkor. Les billets délivrés après 17h (pour le coucher de soleil) sont valables le lendemain. Ils ne donnent pas accès à Phnom Kulen et Beng Mealea. Tout fraudeur est passible d'une amende de 100 $US.
L'Association khmère des guides d'Angkor (www.khmerangkortourguide.com ; ⊙7h-11h, 14h-17h) organise des circuits organisés agréés en 10 langues (compter de 25 à 50 $US par jour).

Où se restaurer

Il y a des lieux de restauration près de l'entrée de tous les grands temples, en particulier en face d'Angkor Vat. Au nord de Bayon, on trouve des dizaines de stands de nouilles.

Transports

Le vélo est un excellent moyen de circuler d'un temple à l'autre, les routes étant plates et en bon état. Nombre de pensions et d'hôtels louent des vélos de l'association **White Bicycles** (www.thewhitebicycles.org ; 2 $US/jour), dont les bénéfices financent des projets communautaires.

Rapides et bon marché, les *motos-taxis* sont le transport le plus répandu autour des temples (compter 8 à 10 $US/jour, plus pour les sites éloignés). Les conducteurs accostent les touristes dès leur arrivée à Siem Reap et se révèlent compétents et sympathiques.

Les tuk-tuk (12 à 15 $US la journée, plus pour les sites éloignés) sont un peu plus lents mais vous protègent de la pluie et du soleil.

Vous serez encore plus à l'abri dans une voiture, mais aussi moins immergé dans les paysages, les sons et les odeurs (compter environ 30 $US la journée pour les environs d'Angkor, 45 $US pour Kbal Spean et Banteay Srei, et environ 70 $US pour Beng Mealea).

◉ À voir

Bayon TEMPLE

Au cœur d'Angkor Thom trône le fascinant Bayon, un temple construit par Jayavarman VII comme incarnation du génie créatif et de l'ego démesuré de ce roi légendaire. Ses 54 tours sont ornées de 216 visages d'**Avalokiteshvara**, au sourire énigmatique. La ressemblance du bodhisattva avec le souverain est frappante. Ces visages monumentaux veillent depuis tous les angles de l'édifice ; ils dégagent puissance, autorité et bienveillance, qualités indispensables pour assurer la soumission d'une population disparate et dispersée dans un vaste empire.

Les extraordinaires bas-reliefs du Bayon se déploient sur 1,2 km et comptent plus de

11 000 personnages. Les célèbres sculptures qui couvrent le mur extérieur du premier niveau dépeignent des scènes de la vie quotidienne au XIIe siècle.

Baphuon
TEMPLE

À 200 m du Bayon, le Baphuon est une représentation pyramidale du mythique mont Meru. Il marquait le centre de la cité qui précéda Angkor Thom. Sa restauration fut interrompue par la guerre civile et tous les registres furent détruits sous le régime des Khmers rouges, laissant les restaurateurs français face au plus grand puzzle du monde. Sur le côté ouest du temple, le mur de soutènement du deuxième niveau fut sculpté en Bouddha couché long de 60 m, probablement au XVe ou XVIe siècle.

Terrasse des Éléphants
ÉDIFICE HISTORIQUE

Longue de 350 m, cette terrasse servait de tribune géante pour les cérémonies publiques. Le roi l'utilisait également comme grande salle d'audience. Imaginez le faste et la grandeur de l'Empire khmer à son apogée, l'infanterie, la cavalerie, les attelages et les éléphants paradant sur la place centrale, avec banderoles et étendards.

Terrasse du Roi lépreux
ÉDIFICE HISTORIQUE

La terrasse du Roi lépreux, au nord de la terrasse des Éléphants, est une plateforme de 7 m de hauteur, surmontée d'une mystérieuse statue nue et asexuée. Selon la légende, au moins deux rois d'Angkor auraient contracté la lèpre et il s'agirait de l'un d'eux. Une autre théorie, plus vraisemblable, avance que la statue représente Yama, le dieu de la mort, et que la terrasse abritait le crématorium royal.

Environs d'Angkor Thom

TA PROHM

Le Ta Prohm est drapé d'une ombre intermittente. Ses tours et ses murs croulants ne tiennent plus que grâce à l'entrelacs des immenses racines qui les enserrent. Si Angkor Vat, le Bayon et d'autres temples attestent le génie des anciens Khmers, le Ta Prohm évoque surtout la fécondité sans limites et la puissance de la jungle. Un cycle poétique lui a été consacré, où l'humanité conquiert la nature pour créer dans la hâte, la nature reprenant ensuite ses droits pour anéantir lentement le genre humain.

Construit vers 1186 et alors appelé Rajavihara ("monastère du roi"), le Ta Prohm était un temple bouddhique dédié à la mère de Jayavarman VII. C'est un temple fait de tours, de cours fermées et de couloirs étroits. Les arbres plusieurs fois centenaires dominent l'ensemble ; leur feuillage ne laisse passer qu'une lumière verdâtre.

Cette visite nous fait ressentir un peu de la magie qu'ont dû vivre les premiers explorateurs.

PHNOM BAKHENG

La vue sur Angkor Vat au couchant constitue le principal attrait de la colline de Phnom Bakheng, à 400 m au sud d'Angkor Thom ; mais la cohue des touristes lui fait perdre de son charme. Construit par Yasovarman Ier (vers 889-910), le temple compte cinq étages, soit sept niveaux.

PREAH KHAN

Dédale de couloirs voûtés, de sculptures raffinées et de pierres couvertes de lichen, le temple de Preah Khan (Épée sacrée), érigé

DANS LES PAS DE LARA CROFT

Plusieurs séquences de *Lara Croft : Tomb Raider* (2001), avec Angelina Jolie en Lara Croft, ont été tournées près des temples d'Angkor. D'abord à Phnom Bakheng, où l'on voit Lara contempler à travers ses jumelles le mystérieux temple. Les méchants sont déjà en train de pénétrer par la porte Est d'Angkor Thom en démolissant une gigantesque *apsara* en polystyrène. Retrouvant sa fidèle Land Rover personnalisée, Lara tourne autour du Bayon avant de découvrir une voie dérobée pour pénétrer dans le temple depuis le Ta Prohm, où elle cueille un brin de jasmin et débouche dans… les studios anglais de Pinewood. Après avoir lutté contre une statue vivante et échappé à Daniel Craig (alias 007) en plongeant dans une cascade à la hauteur de Phnom Kulen, elle émerge dans un marché flottant en face d'Angkor Vat. Remontée sur le rivage, elle emprunte un téléphone portable à un moine et s'aventure dans la galerie aux Mille Bouddhas, où elle est guérie par le supérieur.

Nick Ray était régisseur d'extérieur pour Tomb Raider

par Jayavarman VII, figure parmi les plus grands ensembles d'Angkor. Le site est très étendu, mais le temple lui-même n'occupe qu'un rectangle fortifié de 700 m sur 800 m.

Preah Khan est un temple authentiquement pluriconfessionnel : l'entrée orientale est dédiée au bouddhisme mahayana avec des portes de taille similaire, tandis que les autres points cardinaux sont consacrés à Shiva, Vishnou et Brahma, avec des portes de plus en plus petites illustrant la stratification sociale de l'hindouisme.

NEAK POAN
Voilà encore un ouvrage de la fin du XIIe siècle, construit par Jayavarman VII. À l'est de Preah Khan, ce petit temple comporte un grand bassin carré avec une île circulaire au centre, et quatre bassins plus petits autour de lui, entre lesquels l'eau s'écoulait autrefois par des gargouilles ornementales en formes de tête d'éléphant, de cheval, de lion et d'homme.

GROUPE DE ROLUOS
Les monuments de Roluos, qui faisaient partie de la capitale d'Indravarman Ier (vers 877-89), comptent parmi les premiers grands temples permanents érigés par les Khmers et marquent le début de l'art khmer classique. Le **Preah Ko,** dédié à Shiva, arbore des inscriptions en sanskrit sur le chambranle des portes de chacune de ses tours, et renferme certains des plus beaux plâtres khmers ayant subsisté. Le principal temple de la cité, **Bakong,** avec sa pyramide centrale en grès à cinq niveaux, est une représentation du mont Meru. Roluos est à 13 km à l'est de Siem Reap, sur la RN6.

BANTEAY SREI
Considéré par beaucoup comme le joyau de l'art angkorien, ce temple hindou dédié à Shiva, taillé dans une pierre rosée, possède des sculptures d'une finesse exceptionnelle. Sa construction commença en 967 et, chose rare à Angkor, ne fut pas commandée par un roi mais par un brahmane, peut-être un précepteur de Jayavarman V.

Le Banteay Srei se trouve à 21 km au nord-est du Bayon et à 32 km de Siem Reap. Sa visite peut être combinée avec celle de Kbal Spean et du musée des Mines terrestres.

KBAL SPEAN
Enfoui dans la jungle à 50 km au nord-est d'Angkor, Kbal Spean est un lit de rivière superbement sculpté, plus connu sous le nom de "rivière aux Mille Lingams". Un sentier ascendant de 2 km mène aux sculptures. Au retour, vous pourrez bifurquer vers la cascade pour vous rafraîchir. Veillez à emporter assez d'eau.

Non loin, l'**Angkor Centre for Conservation of Biodiversity** (Centre pour la conservation de la biodiversité d'Angkor ; www.accb-cambodia.org), soigne des animaux victimes d'un trafic. Visites gratuites, généralement à 13h, tous les jours sauf le dimanche.

PHNOM KULEN
Montagne la plus sacrée du pays pour les Khmers, Phnom Kulen (487 m) est un lieu de pèlerinage fréquenté le week-end et les jours fériés, et un point de vue extraordinaire. C'est ici que Jayavarman II se proclama *devaraja* (dieu-roi) en 802, donnant ainsi naissance au Cambodge.

Phnom Kulen s'élève à 50 km de Siem Reap et à 15 km de Banteay Srei. Le péage est de 20 $US par touriste étranger, dont pas un centime ne revient à la préservation du site.

BENG MEALEA
Érigé par Suryavarman II sur le même plan qu'Angkor Vat, le Beng Mealea (5 $US) est complètement envahi par la jungle. La nature y a bel et bien repris ses droits : des pierres gisent çà et là, joyaux oubliés recouverts de lichen, et les galeries sont étouffées par le lierre et les vignes.

Beng Mealea se trouve à 65 km au nord-est de Siem Reap, sur une route goudronnée à péage.

KOH KER
Abandonnée pendant des siècles dans les forêts du nord, Koh Ker (10 $US), capitale de l'Empire angkorien de 928 à 944, peut se visiter dans la journée à partir de Siem Reap. La plupart des visiteurs commencent par le **Prasat Krahom,** où les linteaux, les portes et les colonnes des fenêtres sont ornés de superbes sculptures en pierre. Principal monument de Koh Ker, le **Prasat Thom** est une pyramide couverte de grès, de 40 m de hauteur et 55 m de largeur, dont les sept niveaux offrent une vue extraordinaire sur la forêt. L'accès au Prasat Thom est toutefois temporairement interdit pour des raisons de sécurité.

Koh Ker se situe à 127 km au nord-est de Siem Reap (location de voiture 80 $US, 2 heures et demie de trajet).

Comprendre le Vietnam

LE VIETNAM AUJOURD'HUI 434
Passé du communisme à l'économie de marché capitaliste, le Vietnam a connu une mutation rapide, mais qu'en est-il à présent ?

HISTOIRE 437
L'histoire millénaire du Vietnam se confond avec la conquête des territoires voisins et la lutte farouche contre les envahisseurs, qu'ils viennent d'Asie ou d'Occident.

LA SOCIÉTÉ VIETNAMIENNE.................455
Sans doute le pays le plus varié d'Asie du Sud-Est, le Vietnam abrite une mosaïque de peuples et de cultures.

LES ETHNIES MONTAGNARDES 465
Le mode de vie, les traditions, les croyances et les paysages des hauts plateaux offrent un contraste saisissant avec ceux des plaines côtières.

ARCHITECTURE 475
Du style colonial français au réalisme socialiste, le Vietnam fascine par la diversité de son architecture.

LES SPÉCIALITÉS PAR RÉGION 485
Différente du nord au sud, la gastronomie vietnamienne a pour fleuron la cuisine impériale de Hué et le patrimoine culinaire unique de Hoi An.

CUISINE VIETNAMIENNE 493
Riche d'une multitude de saveurs, la cuisine vietnamienne ne se résume pas à quelques plats emblématiques comme les *nems* ou le *pho* (soupe de nouilles au bœuf).

ENVIRONNEMENT 500
Le Vietnam possède un décor naturel de toute beauté, hélas menacé par la pollution et le commerce illicite des animaux sauvages.

Le Vietnam aujourd'hui

Il est peu d'endroits au monde qui aient autant changé que le Vietnam ces dernières décennies. Naguère dévasté par la guerre et l'un des États les plus pauvres de la planète, ce pays est devenu une nation stable et prospère. Le niveau de vie a augmenté de façon spectaculaire, l'éducation et le système de santé se sont nettement améliorés. Dans ce bastion du communisme, le capitalisme s'est ouvert une voie et les "camarades" se sont lancés dans les affaires. Un changement radical et plutôt réussi.

Pourtant, derrière cette apparente et insolente santé, les sujets d'inquiétude ne manquent pas. Avec la crise mondiale, la croissance à deux chiffres a vacillé. La corruption reste généralisée. Les Vietnamiens doivent payer des pots-de-vin pour tout, que ce soit pour obtenir une connexion Internet ou une consultation à l'hôpital. Au plus haut niveau de l'État, des politiciens ont été convaincus de corruption, exigeant des millions de dollars de dessous-de-table en échange de l'attribution de marchés.

» Population : 90,5 millions

» Espérance de vie : hommes 69 ans, femmes 75 ans

» Mortalité infantile : 21 décès/1 000 naissances

» PIB : 104,6 milliards de $US

» Taux d'alphabétisation des adultes : 94%

Le paysage politique

Le système politique du Vietnam est simple : le Parti communiste est la seule instance du pouvoir. D'après la Constitution, l'Assemblée nationale est l'autorité suprême du pays ; en pratique, c'est un outil du Parti, dont les membres, élus sous l'étroite surveillance du pouvoir, sont issus à 90%.

Officiellement, le pays est communiste, mais il doit se trouver bien peu d'adeptes pour croire encore que le Vietnam a réalisé l'utopie marxiste. Le socialisme ouvert au marché est le nouveau credo. Le capitalisme y est florissant comme jamais, avec un secteur privé dynamique qui porte le pays. Il suffit de déambuler dans les rues pour constater la frénésie économique qui s'est emparée du Vietnam.

En réalité, l'État a la mainmise sur un vaste pan de l'économie. Il possède plus de la moitié des 200 plus grosses entreprises vietnamiennes

À lire

» **Un barrage contre le Pacifique** (Marguerite Duras). La vie d'une mère et de ses deux enfants dans la Cochinchine des années 1930.

» **Un Américain bien tranquille** (Graham Greene). Un grand classique, qui se déroule pendant la guerre d'Indochine.

» **Le Chagrin de la guerre** (Bao Ninh). L'histoire poignante d'un soldat nord-vietnamien de retour à Hanoi après 10 ans de guerre.

» **La Colline des Anges, retour au Vietnam** (Jean-Claude Guillebaud et Raymond Depardon). Regards croisés, 20 ans après, pour un ancien correspondant de guerre et un photographe.

» **Le Souffle du cobra** (Andrew X. Pham) Le récit autobiographique d'un Américain d'origine vietnamienne.

religions
(% de la population)

bouddhistes — 25
chrétiens — 7,5
caodaïstes — 2,5
autres — 2,4

sur 100 personnes au Vietnam

86 seraient kinh (viêt)
3 seraient thai et muong
2 seraient tay
2 seraient khmers krom (d'origine khmère)
1 serait hoa (d'origine chinoise)
6 seraient d'une autre origine ethnique

et contrôle les secteurs clés du pétrole, de la construction navale, du ciment, du charbon et du caoutchouc.

Rien n'indique que l'hégémonie du parti soit en recul dans les autres domaines. L'opposition politique est complètement interdite et le réseau Internet du pays entier fonctionne derrière un pare-feu qui bloque tout site potentiellement subversif, Facebook compris. En 2007, Nguyên Van Dai et Lê Thi Công Nhân, membres du mouvement démocratique, ont été incarcérés pour avoir diffusé une "propagande anti-État".

Le Nord et le Sud

Depuis 20 ans, l'économie vietnamienne prospère, mais certaines régions sont plus dynamiques que d'autres. En 2011, la croissance à Hô Chi Minh-Ville était deux fois supérieure au taux national (10,3% contre 5,5%). C'est le Sud qui a le plus bénéficié d'investissements étrangers, avec le retour et l'apport des Viêt Kiêu (Vietnamiens de la diaspora).

Conscient de ces disparités, le gouvernement s'efforce de maintenir un équilibre dans ses effectifs : si le Premier ministre vient du Sud, le chef du Parti communiste viendra du Nord.

Au sein de la vieille génération, le Sud n'a jamais pardonné au Nord d'avoir rasé ses cimetières de guerre, imposé le communisme et exercé une répression sévère contre des familles entières. Le Nord n'a jamais pardonné au Sud de s'être rangé au côté des Américains contre ses compatriotes. Heureusement pour le pays, les jeunes semblent prêter moins d'attention à sa douloureuse histoire.

» Production annuelle de riz : 36 millions de tonnes

» Bombes lâchées pendant la guerre du Vietnam : 8 millions de tonnes

» Nombre de téléphones portables : au moins 98 millions

» Production annuelle de *nuoc mam* (sauce de poisson) : 200 millions de litres

Le Vietnam dans le monde

En 2000, Bill Clinton a été le premier président américain à visiter le nord du Vietnam, suivi par George W. Bush en 2006. Aujourd'hui, les

À voir

» **L'Amant** (1992), de Jean-Jacques Annaud, d'après Duras
» **Apocalypse Now** (1979), de Francis Ford Coppola
» **Cyclo** (1995), de Tran Anh Hung
» **Platoon** (1986) d'Oliver Stone
» **Voyage au bout de l'enfer** (1978) de Michael Cimino

Les meilleurs fruits

» **Le mangoustan** (*mang cut*) Fruit arrondi et violacé, parfumé, subtil et savoureux.

» **Le rambhoutan** (*chom chom*) Aussi appelé "litchi chevelu" et de la même famille que le longane, il est juteux et sucré à l'intérieur.

La papaye (*du du*) Verte, elle est délicieuse et croquante en salade. Mûre, elle est sucrée et rafraîchissante.

» **Le longane** (*nhan*) Ce fruit à la peau mordorée a un goût proche du litchi.

relations américano-vietnamiennes se sont normalisées ; les échanges commerciaux sont très dynamiques (plus de 18 milliards de dollars en 2010). Les militaires des deux pays tiennent des dialogues annuels sur la politique de défense. L'interdiction de la contestation politique au Vietnam, la liberté de parole et de confession restent des sujets litigieux. Pour les Vietnamiens, les séquelles de l'agent orange restent un problème : les États-Unis n'ont jamais indemnisé les trois millions de victimes empoisonnées par la dioxine des épandages aériens pendant la guerre.

Les relations avec la Chine, l'ennemi historique, se sont nettement améliorées. Le commerce prospère, le trafic est intense à la frontière et la coopération se poursuit (production d'acier, patrouilles navales…). Le chinois est la deuxième langue la plus étudiée au Vietnam. Mais les îles Spratleys, riches en pétrole et revendiquées par les deux pays, restent un sujet de discorde. En juin 2011, leur occupation par les Chinois ont entraîné des manifestations à Hanoi et à Hô Chi Minh-Ville.

Le Vietnam rééquilibre le rapport de force en étant membre actif de l'Asean (Association des nations de l'Asie du Sud-Est) et en entretenant des liens étroits avec l'Inde, la Russie et les pays de l'ancien bloc soviétique, auxquels il achète la plupart de ses équipements militaires.

Principaux produits agricoles exportés :
» Riz
» Café
» Caoutchouc
» Coton
» Thé
» Poivre
» Soja
» Noix de cajou
» Canne à sucre
» Arachide
» Bananes

L'état de la nation

La plupart des Vietnamiens ont désormais accepté le *statu quo*. Ils vivent une période de prospérité croissante. Les affaires vont plutôt bien pour beaucoup, malgré une inflation inquiétante, atteignant 22% en juin 2011. Le pays est stable. Le tourisme est en plein essor, augmentant le niveau de vie des jeunes Vietnamiens. Le vent pourrait tourner, mais pour l'instant l'optimisme domine, tant qu'il existe des possibilités d'emploi et que l'économie est florissante.

À faire absolument

» Apprendre l'art de traverser la rue.
» Parcourir le pays à deux-roues.
» Goûter sans façon la fabuleuse cuisine de rue.
» Rencontrer les minorités ethniques dans un village de montagne.
» Faire *tram phan tram* ("100%"), c'est-à-dire boire cul sec, dans quelque bar interlope.

Histoire

Pour se faire une idée de l'histoire tourmentée du Vietnam, il suffit de se promener dans n'importe quelle ville du pays et de prêter attention aux noms des rues. Vous y trouverez partout la même litanie des héros nationaux qui ont repoussé les envahisseurs successifs pendant les deux derniers millénaires. Si une rue longe une rivière, ce sera Bach Dang (lieu de deux batailles, en 938 et en 1288). Une grosse artère sera appelée Lê Loi, en hommage à l'empereur qui battit les Chinois en 1428.

Dès le IIe siècle avant notre ère, les Vietnamiens ont tenu tête à leur imposant voisin chinois et, après avoir résisté à sa domination, ont subi son occupation pendant 1 000 ans. La lutte pour accéder au statut de nation a été immense. La guerre du Vietnam a certes éveillé l'attention des Occidentaux ; mais pour les Vietnamiens, les Américains n'étaient que les derniers d'une longue succession de "visiteurs" venus et repartis. Pour quelqu'un comme Hô Chi Minh, ils devaient, eux aussi, être vaincus et boutés hors du pays, à n'importe quel prix.

Au cours des siècles précédents, les Khmers, les Mongols et les Chams avaient tous été refoulés. Il y a eu l'humiliante colonisation française. En 1979, à peine finies les horreurs de la guerre contre les Américains, le pays exsangue repoussait en quelques semaines l'armée chinoise qui l'attaquait. Ces envahisseurs ont laissé des traces : les Chinois ont apporté le bouddhisme, le taoïsme et le confucianisme (primat de la communauté sur l'individu, respect de l'éducation et de la famille…). La France a introduit le chemin de fer, légué un style architectural et des pratiques gastronomiques. Les Américains ont laissé un pays dévasté, mais l'honneur vietnamien était resté intact.

Le Vietnam a connu une évolution remarquable ces dernières années. Membre de l'Asean, il a vu son économie décoller, malgré une corruption généralisée, des infrastructures déliquescentes et un pouvoir autocratique. Le pays est aujourd'hui uni et prospère, ses frontières sont sûres, et les Vietnamiens peuvent croire en un avenir stable et prometteur.

IRONOLOGIE	2789 av. J.-C.	2000 av. J.-C.	300 av. J.-C.
	Les rois Hung Vuong fondent le royaume de Van Lang, considéré comme le premier État vietnamien indépendant. Des écrits des dynasties chinoises Chin et Tang attestent de l'existence de ce royaume.	À l'âge du bronze, la culture de Dông Son apparaît dans le delta du fleuve Rouge (près de Hanoi). Elle est renommée pour la riziculture et le travail du bronze, dont des tambours et des gongs.	Dans le Nord, les Vietnamiens se distinguent entre les Au Viêt (Vietnamiens des montagnes) et les Lac Viêt (Vietnamiens des plaines), installés dans le bassin du fleuve Rouge.

Les origines

Le plus ancien peuplement du nord du Vietnam remonte à environ 500 000 ans, mais les chasseurs-cueilleurs qui vivaient là ne pratiquèrent une agriculture rudimentaire qu'à partir de 7000 av. J.-C. La très brillante culture de Dông Son, connue pour ses tambours de bronze *moko*, apparut à l'âge du bronze, vers le IIIe siècle av. J.-C. La période Dông Son vit également de grands progrès pour la riziculture et l'émergence du delta du fleuve Rouge en tant que centre agricole majeur.

Du Ier au VIe siècle, le sud du Vietnam faisait partie du royaume cambodgien indianisé du Funan, réputé pour le raffinement de ses arts et de son architecture. Ce royaume avait pour capitale la cité fortifiée d'Angkor Borei, proche de l'actuelle Takeo. Les habitants du Funan construisirent un système élaboré de canaux pour le transport et l'irrigation des rizières. Oc-Eo, le port principal du royaume, se situait dans le delta du Mékong. Des fouilles archéologiques ont révélé que le Funan entretenait des relations avec la Chine, l'Indonésie, la Perse et même des pays méditerranéens. Par la suite, le royaume shivaïte khmer du Chenla remplaça celui du Funan et s'étendit autour du Mékong.

> Lors de fouilles réalisées à Oc-Eo, des archéologues ont découvert un médaillon romain à l'effigie de l'empereur Antonin le Pieux, datant de 152.

À la fin du IIe siècle, le royaume hindouiste du Champa émerge aux alentours de l'actuelle Danang (voir p. 219). À l'instar du Funan, il adopte le sanskrit comme langue sacrée et s'inspire fortement de la culture et de l'art indiens. Au VIIIe siècle, le Champa s'était étendu vers le sud, englobant les actuelles villes de Nha Trang et de Phan Rang. Peuple guerrier, les Chams lançaient des attaques le long de la côte indochinoise, affrontant en permanence les Vietnamiens au nord et les Khmers au sud. Pris entre deux ennemis, ils finirent par perdre leur royaume. Ne manquez pas d'admirer les ravissantes sculptures du musée de la Sculpture cham à Danang (p. 188).

Mille ans d'occupation chinoise

Les Chinois conquièrent le delta du fleuve Rouge au IIe siècle av. J.-C. Durant les siècles suivants, de nombreux colons, fonctionnaires et intellectuels chinois s'installent au sud et tentent d'imposer une administration centralisée aux Vietnamiens.

> Les peuples de la période Dông Son étaient d'excellents commerçants. Des tambours de bronze en provenance du nord du Vietnam ont été retrouvés jusque sur l'île d'Alor, dans l'est de l'Indonésie.

Lors de l'acte de résistance le plus célèbre, en l'an 40, les sœurs Trung (Hai Ba Trung) rallient le peuple, lèvent une armée et dirigent une révolte contre les Chinois. Face à la riposte chinoise, les sœurs Trung, plutôt que de se rendre, préfèrent se jeter dans la rivière Hat Giang. Du IIIe au VIe siècle, de nombreuses rébellions à petite échelle s'opposent à la férule chinoise, caractérisée par la tyrannie, le travail forcé et des impôts toujours plus lourds ; toutes sont écrasées.

250 av. J.-C.	248-225 av. J.-C.	111 av. J.-C.	40
Un seigneur de guerre chinois s'empare du royaume de Van Lang. Un nouveau royaume, Au Lac, est fondé à Co Loa, près de l'actuelle Hanoi.	Une femme guerrière, Triêu Thi Trinh, décrite comme une géante montant des éléphants pour combattre, fait face aux Chinois pendant des décennies, avant d'être défaite et de se suicider en 248.	L'annexion du delta du fleuve Rouge par les empereurs Han marque le début d'un millénaire de domination chinoise. Le confucianisme devient la philosophie dominante.	Les sœurs Trung (Hai Ba Trung) conduisent une rébellion contre l'occupant chinois, levant une armée qui chasse le gouverneur chinois. Elles se proclament reines du Vietnam indépendant.

IL ÉTAIT UNE FOIS LE VIETNAM

Chaque peuple possède un mythe sur sa création et le Vietnam ne fait pas exception. Ainsi, les Vietnamiens descendraient de l'union du seigneur-dragon Lac Long Quân et de la fée Âu Co. Le couple donna naissance à 100 fils, dont 50 suivirent leur mère dans les montagnes, les autres partant avec leur père vers la mer. Ces fils fondèrent la première dynastie vietnamienne des Hung, qui régna sur le royaume de Van Lang et ses habitants, les Lac Viêt.

Cependant, les Vietnamiens ont énormément appris des Chinois, notamment la construction des digues et les systèmes d'irrigation, qui renforcent la prédominance du riz dans l'alimentation quotidienne. Mieux nourrie, la population s'accroît en même temps que le besoin de terres nouvelles. Limités à l'ouest par les monts Truong Son (cordillère Annamitique), au climat rude et aux terres impropres à la culture du riz, les Vietnamiens se déplacent alors vers le sud le long de la côte.

À cette époque, le Vietnam constituait une escale de premier plan sur la route maritime entre la Chine et l'Inde. Les Chinois apportent le confucianisme, le taoïsme et le bouddhisme mahayana, les Indiens introduisent le bouddhisme theravada et l'hindouisme (au Champa et au Funan). La transmission par les bonzes des connaissances scientifiques et médicales de ces deux grandes civilisations ont aussi permis au Vietnam de former ses propres érudits, médecins et botanistes.

La libération du joug chinois

Profitant de la chute de la dynastie Tang, au début du Xe siècle, les Vietnamiens rejettent l'autorité chinoise. En 938, Ngô Quyên défait les armées chinoises lors d'une célèbre bataille sur la rivière Bach Dang. Feignant la retraite, il entraîne la flotte chinoise en amont de la rivière, puis contre-attaque alors que les bateaux chinois s'empalent sur un mur de pieux, caché sous l'eau. Il met ainsi fin à un millénaire de domination (ce ne fut toutefois pas le dernier affrontement entre les Vietnamiens et leur puissant voisin).

Du XIe au XIIIe siècle, les empereurs de la dynastie des Ly, fondée par Ly Thai Tô, consolident l'indépendance du Vietnam. Durant cette période prospère, un système élaboré de digues est construit pour juguler les inondations et irriguer les cultures, et la première université du pays voit le jour. Les attaques menées par de nombreux voisins, dont les Chinois, les Khmers et les Chams, sont toutes repoussées. Parallèlement, les Vietnamiens poursuivent leur expansion vers le sud, renforçant leur emprise sur le royaume cham.

446	602	938	1010
Les relations entre le royaume du Champa et la Chine se détériorent. Les Chinois envahissent le Champa, pillent sa capitale, Simhapura, et dérobent une statue de bouddha de 50 tonnes d'or.	Des rébellions contre le joug chinois, menées notamment par Ly Bon et Triêu Quang Phuc, échouent avec la reconquête du Vietnam par la dynastie Sui, qui proclame Dai La Thanh (Hanoi) capitale.	Ngô Quyên défait les armées chinoises lors de la bataille de rivière Bach Dang et met fin à un millénaire d'occupation.	L'empereur Ly Thai Tô fonde Thanh Long ("la cité du dragon qui prend son envol"), l'actuelle Hanoi, qui devient la nouvelle capitale du Vietnam.

Vous tirerez grand profit de la lecture de *Viêt-Nam : parcours d'une nation* (Belin, 2003). Philippe Papin, historien et spécialiste du Vietnam, raconte le formidable destin de cette nation jusqu'aux nouveaux défis auxquels elle est confrontée aujourd'hui.

Bach Dang, bis repetita

Au milieu du XIIIe siècle, l'empereur mongol Kubilaï khan achève sa conquête de la Chine et demande à traverser le territoire vietnamien pour attaquer le Champa. Les Vietnamiens refusent, mais les hordes mongoles, fortes de 500 000 hommes, décident de passer outre. Elles sont repoussées par le légendaire général Trân Hung Dao, qui les met en déroute lors de la célèbre bataille de la rivière Bach Dang, en utilisant exactement la même tactique que Ngô Quyên (voir aussi l'encadré p. 91).

Le retour des Chinois

Les Chinois reprennent le contrôle du Vietnam au début du XVe siècle. Ils obligent alors des intellectuels vietnamiens à émigrer en Chine, dans la ville de Nankin où ils emportent aussi les archives nationales, une "fuite de cerveaux" qui pénalise durablement la civilisation vietnamienne. De lourds impôts et le travail forcé marquent également cette époque. Le grand poète Nguyên Trai (1380-1442) décrit ainsi la domination chinoise :

> "Toute l'eau de la mer orientale ne saurait suffire à effacer la tache de leur ignominie ; tous les bambous des montagnes méridionales ne sauraient produire assez de papier pour recenser leurs crimes."

Lê Loi entre en scène

En 1418, le refus de Lê Loi, un riche philanthrope, de devenir fonctionnaire au service des Ming, déclenche l'insurrection de Lam Son. En 1428, des rébellions éclatent dans plusieurs régions et Lê Loi parcourt le pays pour rallier les populations contre les Chinois. Après la victoire de Lê Loi, son compagnon d'armes, le poète Nguyên Trai, rédige sa fameuse *Grande Proclamation sur la pacification des Chinois*, qui continue d'exalter l'esprit d'indépendance des Vietnamiens six siècles plus tard :

> "Notre peuple a fait du Vietnam, il y a longtemps déjà, une nation indépendante dotée de sa propre civilisation. Nous avons nos montagnes et nos fleuves, nos coutumes et nos traditions, toutes différentes de celles du pays étranger du Nord... Nous avons été parfois faibles et parfois puissants, mais nous n'avons jamais manqué de héros."

Lê Loi et ses successeurs lancent une campagne pour s'emparer des territoires cham au sud et aboutir à la prise de Vijaya, la capitale proche de l'actuelle Quy Nhon, en 1471. Cela sonne le glas du Champa en tant que puissance militaire et les Chams commencent à migrer vers le sud tandis que des Vietnamiens s'installent sur leurs terres.

1010-1225	1076	1288	XIVe siècle
Dirigé par la dynastie des Ly pendant deux siècles, le Vietnam garde des institutions et traditions héritées de l'ère chinoise (confucianisme, administration...). La riziculture joue un rôle essentiel.	L'armée vietnamienne, conduite par le général Ly Thuong Kiêt, attaque les Song (Chinois) et gagne une bataille décisive près de l'actuelle ville de Nanning, avant de mettre en déroute les forces cham.	Les Mongols tentent, pour la troisième fois, d'envahir le Dai Viêt. Le général Trân Hung Dao les repousse en employant le même stratagème que Ngô Quyên lors de la bataille de la rivière Bach Dang.	Sous la houlette du roi Chê Bong Nga l'armée cham tue l'empereur vietnamien Trân Due Tông et assiège la capitale Thang Long en 1377 et en 1383

L'arrivée des Européens

Les premiers marins portugais débarquent à Danang en 1516, bientôt suivis par des missionnaires dominicains. Durant les décennies suivantes, les Portugais développent des échanges commerciaux avec le Vietnam et, à l'instar des Japonais et des Chinois, installent un comptoir à Faifo (aujourd'hui Hoi An). Au fil des siècles, l'Église catholique s'implante au Vietnam avec plus de succès que dans tout autre pays d'Asie, à l'exception des Philippines, soumises pendant 400 ans à la férule espagnole.

Les seigneurs du peuple

Comme cela se répétera au XXe siècle, le Vietnam est divisé en deux pendant la majeure partie des XVIIe et XVIIIe siècles. Les puissants seigneurs Trinh règnent sur le Nord, au nom des rois Lê, tandis que dans le Sud s'étend la domination des seigneurs Nguyên. Les Trinh ne parvinrent pas à soumettre les Nguyên, beaucoup mieux armés (ils étaient équipés par les Portugais). Dans le même temps, plusieurs nations européennes s'intéressent au Vietnam et tentent d'y accroître leur influence. Pour leur part, les Nguyên étendent leur contrôle au sud, sur les territoires du delta du Mékong.

> Hô Chi Minh-Ville (Saigon) était au XVIe siècle un petit village khmer du nom de Prey Nokor à la lisière orientale du Cambodge.

La révolte des Tây Son

En 1765, les impôts prohibitifs exigés par les seigneurs Nguyên provoquent une révolte dans le Sud, dite des Tây Son, du nom du village de la région de Quy Nhon d'où étaient originaires les trois frères à la tête du mouvement. Tel Robin des Bois, ces trois frères – Nguyên Nhac, Nguyên Lu et Nguyên Huê (eh oui, encore des Nguyên…) – prenaient aux riches pour distribuer aux pauvres. Leur popularité leur permit de contrôler le centre du Vietnam en moins de dix ans. En 1783, ils prennent Saigon et le Sud, tuent le prince régnant et sa famille. Nguyên Lu devient le souverain du Sud et Nguyên Nhac est couronné roi du Centre.

Sur leur lancée, les rebelles renversent les seigneurs Trinh du Nord et les Chinois entrent dans la danse, espérant tirer parti de la vacance du pouvoir. C'était compter sans le troisième des frères, Nguyên Huê, qui se proclame empereur sous le nom de Quang Trung, en 1788. L'année suivante, ses troupes infligent aux Chinois une défaite cuisante à Dong Da, autre fait d'armes majeur de l'histoire vietnamienne.

Dans le Sud, Nguyên Anh, l'un des rares survivants des seigneurs Nguyên, parvient à repousser peu à peu les rebelles Tây Son. Se proclamant empereur en 1802, sous le nom de Gia Long, il fonde la dynastie des Nguyên. Quand il s'empare de Hanoi, sa victoire est totale. Hué devient la nouvelle capitale d'un Vietnam enfin réunifié après deux siècles de divisions.

> L'un des premiers missionnaires, le jésuite français Alexandre de Rhodes (1591-1660), s'est rendu célèbre pour ses travaux d'élaboration du *quôc-ngu*, l'alphabet phonétique romanisé qui est toujours utilisé pour écrire le vietnamien.

1428
Lê Loi triomphe de l'occupant chinois et se proclame empereur, le premier d'une longue dynastie. Il est révéré comme l'un des plus grands héros du Vietnam.

1471
Les Vietnamiens infligent une défaite humiliante au royaume du Champa, tuant plus de 60 000 soldats cham et faisant 36 000 prisonniers, dont le roi et presque toute la famille royale.

1516
Arrivée des marchands portugais à Danang marquant le début de l'intérêt des Européens pour le Vietnam. Ils installent un comptoir à Faifo (Hoi An) et convertissent au catholicisme certains Vietnamiens.

1524
Début d'une période d'instabilité et de guerres causée par des conflits féodaux entre les Trinh au nord (Thang Long) et les Nguyên au sud (autour de Hué).

Retour à la tradition

Gia Long, pour séduire l'élite conservatrice de son empire et ainsi consolider son pouvoir, revient aux valeurs confucianistes. Son fils, l'empereur Minh Mang, s'attache à renforcer l'État. Profondément hostile au catholicisme, qu'il considère comme une menace pour les traditions confucéennes, il étend son aversion à toute forme d'influence occidentale.

Les premiers empereurs Nguyên poursuivent l'expansionnisme de leurs prédécesseurs, pénétrant au Cambodge et sur un large front dans les montagnes de l'Ouest. Ils annexent de vastes pans du territoire laotien et disputent au Siam (Thaïlande) les restes de l'Empire khmer disloqué.

Si le retour aux valeurs traditionnelles leur vaut le soutien de l'élite vietnamienne, l'isolationnisme et l'hostilité envers l'Occident ont été fatals aux empereurs Nguyên, qui ont échoué à moderniser assez rapidement le pays pour résister aux Européens, bien armés.

La colonisation française

L'armée française intervient pour la première fois au Vietnam en 1847, lorsque la marine attaque le port de Danang en représailles à l'emprisonnement de missionnaires catholiques par l'empereur Thiêu Tri. Saigon est prise début 1859 et, en 1862, l'empereur Tu Duc signe un traité cédant aux Français les trois provinces orientales de Cochinchine (le sud du Vietnam durant la colonisation française). Néanmoins, durant les quatre décennies suivantes, l'aventure coloniale française dans la péninsule indochinoise reste très hésitante, et ne doit son maintien qu'aux seuls agissements d'une poignée d'aventuriers indisciplinés.

En 1872, Jean Dupuis, un négociant désireux de fournir sel et armes à un général du Yunnan via le fleuve Rouge, s'empare de la citadelle de Hanoi. Le capitaine Francis Garnier, officiellement dépêché pour maîtriser Dupuis, entame la conquête du Nord (le Tonkin).

Quelques semaines après la mort de Tu Duc, en 1883, les Français attaquent Hué et imposent un traité de protectorat à la cour impériale. Commence alors une lutte de succession tragi-comique, ponctuée d'étranges décès d'empereurs et de révolutions de palais, orchestrées en sous-main par les diplomates français.

Proclamée par la France en 1887, l'Union indochinoise, comprenant la Cochinchine, l'Annam, le Tonkin, le Cambodge et le Laos, met fin à l'existence d'un État vietnamien indépendant. Toutefois, la résistance perdurera en divers points du pays tout au long de la période coloniale. L'époque de l'expansionnisme est révolue et les Vietnamiens doivent restituer les territoires pris au Cambodge et au Laos.

L'administration coloniale entreprend d'ambitieux travaux publics, comme la voie ferrée Hanoi-Saigon (le *Transindochinois*, aujourd'hui *Express de la Réunification*) ou l'assèchement des marais du delta du

---

Les dynasties du Vietnam
» Ngô 939-965
» Dinh 968-980
» Lê antérieurs 980-1009
» Ly 1010-1225
» Trân 1225-1400
» Hô 1400-1407
» Trân postérieurs 1407-1413
» Domination chinoise 1414-1427
» Lê postérieurs 1428-1524
» Mac 1527-1592
» Seigneurs Trinh du Nord 1539-1787
» Seigneurs Nguyên du Sud 1558-1778
» Tây Son 1788-1802
» Nguyên 1802-1945

1651
Publication du *Dictionarium Annamiticum Lusitanum et Latinum*, premier dictionnaire en *quôc-ngu* (alphabet romanisé), grâce au travail du jésuite français Alexandre de Rhodes (1591-1660).

XVIIe siècle
Des colons vietnamiens s'installent dans le delta du Mékong et la région de Saigon, profitant de l'affaiblissement des Khmers, déchirés par des guerres intestines et les invasions siamoises.

» Le delta du Mékong aujourd'hui, à Vinh Long

Mékong, financés par des impôts exorbitants qui dévastent l'économie rurale. Ils sont aussi restés tristement célèbres pour les déplorables conditions de travail de la main-d'œuvre vietnamienne.

L'aspiration à l'indépendance

Durant toute la période coloniale, le désir d'indépendance ne quitte pas la plupart des Vietnamiens. L'élan nationaliste se traduit souvent par une hostilité ouverte aux Français, se manifestant de diverses manières, de la publication de journaux patriotiques à la tentative d'empoisonnement de la garnison française de Hanoi.

Bien que corrompue, la cour impériale de Hué reste un bastion du nationalisme, et les Français s'emploieront à démettre les empereurs qui leurs sont défavorables, le jeu de chaises musicales atteignant son apogée avec l'accession au trône, en 1925, de l'empereur Bao Dai, alors âgé de 12 ans et faisant ses études en France.

Rapidement, les patriotes comprennent que la modernisation est la clé de l'indépendance. Le militant Phan Bôi Châu lance le mouvement Dông Du ("voyage à l'est"), qui prévoit d'envoyer des intellectuels vietnamiens étudier au Japon afin de fomenter ultérieurement une rébellion victorieuse. Phan Châu Trinh favorise l'éducation des masses, la modernisation de l'économie et le travail avec les Français en vue de l'indépendance. C'est à cette époque que s'impose l'écriture latine *quôc-ngu*, bien plus pratique pour instruire le peuple que la complexe écriture *nôm* utilisant des caractères chinois.

La montée du communisme

Toutefois, les anticolonialistes qui remportent le plus de succès sont les communistes, les seuls à comprendre les frustrations et les aspirations de la population – en particulier des paysans – et à transmettre leurs revendications pour une plus juste répartition des terres.

L'histoire du communisme vietnamien, qu'épouse en grande partie la carrière politique de Hô Chi Minh (voir p. 444), est compliquée. Le premier groupe marxiste indochinois est l'Association de la jeunesse révolutionnaire du Vietnam, que Hô Chi Minh constitue à Canton (Chine) en 1925. Elle est remplacée en février 1930 par le Parti communiste vietnamien. En 1941, Hô Chi Minh fonde la Ligue pour l'indépendance du Vietnam, plus connue sous le nom de Viêt-minh. Cette organisation résistera au gouvernement français de Vichy et à l'armée japonaise et déploiera un intense activisme politique durant la Seconde Guerre mondiale. En dépit de sa base nationaliste, le Viêt-minh est, dès le début, dominé par les communistes emmenés par Hô Chi Minh, homme pragmatique, patriote, proche du peuple, et convaincu de la nécessité d'une unité nationale.

> Le bouddhisme s'épanouit aux XVIIe et XVIIIe siècles et de nombreuses pagodes furent érigées un peu partout dans le pays. Un mélange de croyances ancestrales, d'animisme et de taoïsme différenciait le bouddhisme vietnamien de la doctrine orthodoxe.

> Entre 1944 et 1945, le Viêt-minh a reçu des fonds et des armes de l'Office américain des services stratégiques (OSS, l'actuelle CIA). Ironie de l'histoire : lorsque Hô Chi Minh proclame l'indépendance en 1945, des agents de l'OSS se tiennent à ses côtés, et il empruntera librement à la Déclaration d'indépendance américaine.

1765
La révolte des Tay Sôn éclate près de Quy Nhon, menée par trois frères qui contrôleront le pays entier durant les 25 années suivantes.

1802
L'empereur Gia Long monte sur le trône et fonde la dynastie des Nguyên, qui gouvernera le Vietnam jusqu'en 1945. Le pays est réunifié pour la première fois après plus de 200 ans.

1862
Après les attaques françaises sur Danang et Saigon, l'empereur Tu Duc signe un traité cédant à la France le contrôle des provinces du delta du Mékong, rebaptisées Cochinchine.

1883
Les Français imposent au Vietnam un traité de protectorat, marquant le début officiel de 70 ans de domination coloniale, et ce malgré une résistance active durant toute cette période.

La Seconde Guerre mondiale et la famine

Après la défaite de la France en 1940, le gouverneur d'Indochine, nommé par le régime de Vichy, autorise la présence de troupes japonaises au Vietnam. Les Nippons n'en laissent pas moins la gestion des affaires courantes du pays à l'administration française. Pour un temps épargné par les ravages de l'occupation japonaise, le Vietnam connaît une vie à peu près normale. Cependant, vers la fin de la Seconde Guerre mondiale, les réquisitions de riz imposées par l'occupant, combinées à des ruptures de digues et à des inondations, provoquent une épouvantable famine qui fait probablement 2 millions de morts sur les 10 millions d'habitants du Nord-Vietnam. Le Viêt-minh est alors, de fait, la seule force à s'opposer à

L'ONCLE HÔ

Le père de la nation, Hô Chi Minh ("Celui qui éclaire"), de son vrai nom Nguyên Tat Thanh, était le fils d'un fonctionnaire lettré, fervent nationaliste. Né près de Vinh en 1890, il grandit à Hué. Il adoptera au cours de sa vie de nombreux pseudonymes, mais beaucoup de Vietnamiens l'appellent affectueusement Bac Ho ("l'oncle Hô").

En 1911, il s'engage comme apprenti cuisinier sur un navire français. Il parcourt les mers jusqu'en Amérique du Nord, en Afrique et en Europe, où il s'établit et travaille tour à tour comme jardinier, balayeur, serveur, retoucheur de photos et chauffeur, développant peu à peu sa conscience politique.

Hô Chi Minh s'installe à Paris où il apprend plusieurs langues (dont le français, l'anglais, l'allemand et le mandarin) et commence à militer pour l'indépendance indochinoise. En 1920, il est l'un des membres fondateurs du Parti communiste français et un peu plus tard on le retrouve à Canton (Guangzhou, Chine) œuvrant à la fondation de l'Association de la jeunesse révolutionnaire du Vietnam.

Au début des années 1930, à la demande des Français, le gouvernement britannique de Hong Kong l'incarcère pour ses activités révolutionnaires. À sa libération, il voyage en Union soviétique et en Chine, avant de regagner son pays en 1941, après 30 ans d'absence. La même année, alors âgé de 51 ans, il crée le Viêt-minh, dont le but est l'unité et l'indépendance du Vietnam. À la veille de la reddition du Japon, en août 1945, Hô Chi Minh prend la tête de la révolution d'Août et ses troupes parviennent à contrôler la majeure partie du pays.

Peu après, avec le retour des Français, le Viêt-minh entre dans la résistance armée jusqu'à la victoire à Dien Bien Phu, en 1954. Hô restera à la tête du Nord-Vietnam jusqu'à sa mort, en septembre 1969, sans voir la victoire du Nord sur le Sud.

Le Parti a soigneusement entretenu l'image de l'oncle Hô, qui domine toujours le Vietnam plus de 40 ans après sa mort. Chaque ville possède une statue de Hô et un musée à son nom, un culte de la personnalité qui contraste fortement avec la simplicité du grand homme. Pour en savoir plus, reportez-vous à l'excellente biographie que lui a consacré Pierre Brocheux (*Hô Chi Minh, du révolutionnaire à l'icône*, Payot, 2003).

Fin du XIXe siècle	1925	Années 1930	1940
Le quôc-ngu, écriture romanisée du vietnamien, s'impose comme moyen d'éradiquer l'illettrisme et de promouvoir l'éducation. Les idéogrammes chinois disparaissent.	Hô Chi Minh passe à l'activisme politique organisé et fonde à Canton l'Association de la jeunesse révolutionnaire du Vietnam, qui deviendra le Parti communiste vietnamien.	Le marxisme gagne en popularité avec la formation de trois partis communistes qui s'unissent ensuite pour former le Parti communiste vietnamien, avec Trân Phu pour premier secrétaire général.	Début de l'occupation japonaise : le gouvernement vichyste d'Indochine met ses installations militaires à disposition des Japonais, mais conserve la gestion administrative du pays.

toute présence étrangère au Vietnam. Durant cette période, Hô Chi Minh reçoit du gouvernement américain un soutien d'autant plus important que l'armée japonaise s'était emparée, à terme, de tout le pays. Alors que la guerre se termine en Europe, les occupants japonais et français relâchent leur emprise et le Viêt-minh en profite pour avancer ses pions.

Une aube trompeuse

Au printemps 1945, le Viêt-minh contrôle de vastes pans du pays, notamment dans le Nord. À la mi-août, Hô Chi Minh appelle au soulèvement général, nommé par la suite révolution d'Août. Entre-temps, dans le Centre, l'empereur Bao Dai abdique en faveur du nouveau gouvernement, et dans le Sud, le Viêt-minh forme une coalition instable avec des groupes non communistes. Le 2 septembre 1945, Hô Chi Minh proclame l'indépendance de la République démocratique du Vietnam lors d'un rassemblement à Hanoi. Durant cette période, il n'écrit pas moins de huit lettres au président Truman et au département d'État pour réclamer une aide américaine, sans jamais obtenir la moindre réponse.

La conférence de Potsdam de 1945, qui fixe le sort des ennemis des forces alliées, confie le désarmement japonais en Indochine à la Chine au nord du 16ᵉ parallèle et à la Grande-Bretagne au sud de cette ligne.

Lorsque les Britanniques arrivent à Saigon, le pays a sombré dans l'anarchie, avec quatre camps se battant pour dominer le pays : ce qu'il reste des troupes japonaises, les forces françaises, les milices privées et le Viêt-minh. Lorsque des parachutistes français armés réagissent à la déclaration d'indépendance de Hô Chi Minh en attaquant les populations, le Viêt-minh s'engage dans une guérilla. Le 24 septembre, le général Leclerc arrive à Saigon et déclare : "Nous sommes venus réclamer notre héritage."

Dans le Nord, les soldats chinois du Guomindang fuient devant les communistes chinois et se dirigent vers Hanoi. Hô Chi Minh tente en vain de calmer le jeu ; l'occupation chinoise s'éternisant, il finit par accepter un retour temporaire des Français. En échange de cinq années de mandat supplémentaires, la France accordait au Vietnam un statut d'État libre à l'intérieur de l'Union française.

La guerre d'Indochine

Les Français sont donc parvenus à reprendre le contrôle du Vietnam, du moins officiellement. Cependant, la détente avec le Viêt-minh commence à vaciller après le bombardement de Haiphong par les Français en novembre 1946, qui fait des centaines de victimes civiles. Des combats éclatent bientôt à Hanoi, marquant le début de la guerre d'Indochine. Hô Chi Minh et ses troupes se réfugient dans les montagnes, où ils resteront huit ans.

En mai 1954 à Dien Bien Phu les combattants du Viêt-minh creusent un réseau de galeries sous les défenses françaises de la colline A1, qu'ils truffent d'explosifs. Le camarade-sapeur Nguyên Van Bach se porte volontaire pour servir de bombe humaine au cas où le détonateur ne se déclencherait pas. Heureusement pour lui, il fonctionna et Nguyên Van Bach est aujourd'hui un héros national.

À Hanoi et dans le Nord, Hô Chi Minh avait créé une police d'État particulièrement efficace. Le régime se caractérisait par une police brutale, les dénonciations via un gigantesque réseau d'informateurs, le fichage des dissidents et de leur famille.

1941

Hô Chi Minh crée le Viêt-minh (Ligue pour l'indépendance du Vietnam), mouvement de libération qui a pour objectif de mettre fin à la colonisation française et à l'occupation japonaise.

Années 1940

Les réquisitions de riz imposées par les Japonais, combinées à des inondations, provoquent une terrible famine qui cause la mort de 20% de la population dans le nord du Vietnam.

1945

Le 2 septembre, Hô Chi Minh proclame l'indépendance du Vietnam sur la place Ba Dinh, au centre de Hanoi. Les Français veulent rétablir leur autorité et imposent à nouveau le régime colonial.

1946

Les relations tendues entre les forces du Viêt-minh et le pouvoir colonial français aboutissent à des combats à Haiphong et à Hanoi. Ils marquent le début de la guerre d'Indochine, qui durera 8 ans.

Le film *Dien Bien Phu* (1992) est l'hommage rendu par Pierre Schoendoerffer à ces hommes jetés dans une bataille perdue d'avance. Le cinéaste, qui a participé à la bataille en tant que correspondant de guerre, avait connu nombre d'entre eux.

Malgré l'aide massive des Américains (qui veulent "contenir" l'expansion communiste) et le soutien des Vietnamiens anticommunistes, la France ne parvient pas à rétablir son contrôle. Hô Chi Minh avait dès le début prévenu les Français : "Vous pouvez tuer dix de mes hommes pour un des vôtres. Même avec cet avantage, vous perdrez et je gagnerai."

Après 8 ans de combat, le Viêt-minh dominait la quasi-totalité du Vietnam et du Laos. Le 7 mai 1954, après un siège de 57 jours, plus de 10 000 soldats français affamés se rendent au Viêt-minh à Dien Bien Phu (p. 126), défaite qui met fin à l'aventure coloniale française en Indochine. Le lendemain, s'ouvrait la conférence de Genève pour négocier la fin du conflit, mais les Français n'avaient plus de cartes en main. Les accords comprennent l'échange des prisonniers, la division "temporaire" du Vietnam en deux zones séparées par le fleuve Ben Hai (près du 17e parallèle) jusqu'aux élections nationales, la libre circulation des personnes à travers le 17e parallèle durant 300 jours et la tenue d'élections nationales le 20 juillet 1956. Au cours de cette guerre, plus de 35 000 soldats français ont été tués et 48 000 blessés ; les chiffres restent incertains du côté vietnamien, mais sont probablement bien plus élevés.

Un Sud-Vietnam autonome

Après la signature des accords de Genève (juillet 1956), le Sud-Vietnam est gouverné par Ngô Dinh Diêm, un catholique farouchement anticommuniste. Son pouvoir se trouve renforcé par l'arrivée de quelque 900 000 réfugiés, majoritairement catholiques, qui avaient fui le Nord communiste pendant les 300 jours de passage autorisé.

Graham Greene, dans *Un Américain bien tranquille*, campe le Saigon du début des années 1950. Récit d'une enquête policière et d'une histoire d'amour, ce tableau du Vietnam colonial évoque le retrait des Français et l'arrivée des Américains. Ce roman a été adapté au cinéma, une première fois par Joseph L. Mankiewicz (1958), puis par Phillip Noyce (2003), avec Michael Caine dans le rôle-titre.

Les élections nationales ne furent jamais organisées, les Américains redoutant que Hô Chi Minh ne les remporte. Diêm parvient à consolider son pouvoir durant les premières années, démantelant la confrérie criminelle des Binh-Xuyên et les bandes armées des sectes Hoa Hao et caodaïste. À l'occasion d'une visite officielle de Diêm aux États-Unis en 1957, le président Eisenhower voit en lui l'"homme providentiel" de l'Asie. Au fil du temps, Diêm se montra de plus en plus despotique envers les dissidents, fermant des monastères bouddhiques, emprisonnant des bonzes et interdisant les partis d'opposition. Le gouvernement devint une affaire de famille. Diêm choisit son jeune frère, Ngô Dinh Ngu, comme principal conseiller politique, et sa belle-sœur, madame Nhu, tint le rôle de première dame, Diêm n'ayant jamais été marié.

Un mouvement anti-Diêm, mené par les étudiants et le clergé bouddhiste, secoue le Sud au début des années 1960 ; plusieurs bonzes s'immolent par le feu (voir p. 184). Washington favorise alors le coup d'État mené par les généraux de Diêm, qui s'emparent du pouvoir en novembre 1963 et exécutent Diêm et son frère. Les gouverneurs militaires qui lui succèdent pratiqueront cependant une politique identique.

Fin des années 1940	1954	1955	1960
Alors que le Viet-minh se retire dans les montagnes pour s'organiser, les Français essaient de former un gouvernement vietnamien sous Bao Dai, dernier empereur de la dynastie Nguyên.	Reddition des forces françaises au Viêt-minh, le 7 mai, à Dien Bien Phu, après un siège de 170 jours. Fin de la colonisation française en Indochine.	Le pays est "temporairement" divisé au 17e parallèle en Vietnam-Nord communiste et Vietnam-Sud "libre". Catholiques et communistes ont 300 jours pour changer de camp.	Le Front national de libération (ou Viêt-cong) entame une guérilla contre le gouvernement Diêm dans le Sud, ce qui déclenchera l'intervention américaine.

Un nouveau Nord-Vietnam

Les accords de Genève autorisaient le retour à Hanoi des dirigeants de la République démocratique du Vietnam et leur offraient le contrôle du territoire au nord du 17e parallèle. Le nouveau gouvernement s'emploie immédiatement à éliminer tous ceux qui menacent son pouvoir. Des dizaines de milliers de "propriétaires" terriens, dont certains ne possédaient qu'un minuscule lopin, sont dénoncés par leurs voisins aux "comités de sécurité" et arrêtés. Des procès sommaires aboutissent à quelque 15 000 condamnations à mort et à des milliers d'incarcérations. En 1956, le Parti, confronté à l'insurrection des paysans, reconnaît ses excès et lance une "campagne pour la rectification des erreurs".

La guerre Nord-Sud

La campagne des communistes pour "libérer" le Sud commence en 1959. La piste Hô Chi Minh, tracée depuis plusieurs années, est rouverte. En avril 1960, le Nord décrète la mobilisation générale et, huit mois plus tard, Hanoi annonce la formation du Front national de libération du Sud-Vietnam (FNL), plus tard appelé Viêt-cong (ou VC) par le gouvernement de Saigon.

Dès le début de l'offensive du FNL, Diêm perd le contrôle des campagnes. Pour endiguer la déroute, le "programme des hameaux stratégiques", inspiré d'une tactique utilisée par les Britanniques en Malaisie, est mis en place en 1962. Il consiste à regrouper les paysans dans des hameaux fortifiés afin de priver le Viêt-cong de tout soutien populaire. À la mort de Diêm, ce programme est abandonné, mais le Viêt-cong a reconnu des années plus tard qu'il l'avait significativement gêné.

Dans le Sud, ce n'est plus seulement une bataille contre le Viêt-cong. En 1964, des unités de l'Armée nord-vietnamienne (ANV) commencent à s'infiltrer via la piste Hô Chi Minh. Au début de 1965, le gouvernement de Saigon est dans une situation désespérée ; les rangs de l'ARVN (Armée de la République du Vietnam), déplorent quelque 2 000 désertions par mois. Le Sud perd un chef-lieu de province chaque semaine, mais seul un haut gradé de l'ARVN sera blessé en 10 ans. L'armée se prépare à évacuer Hué et Danang, et les hauts plateaux du Centre sont sur le point de tomber.

L'intervention américaine

Les Américains considéraient la guerre d'Indochine comme un élément important de la lutte mondiale contre l'expansion communiste. En 1950, des conseillers militaires américains étaient intervenus au Vietnam pour entraîner les troupes locales, mais l'armée américaine allait en réalité rester au Vietnam pendant les 25 années suivantes. Dès 1954, l'aide militaire américaine à la France se montait à 2 milliards de dollars.

Le 12 décembre 1955, les États-Unis ferment leur consulat à Hanoi. Il faudra attendre 40 ans pour qu'une ambassade américaine se réinstalle officiellement dans la capitale vietnamienne.

Viêt-cong et VC sont les abréviations de *Viêt Nam Công San*, qui signifie "communiste vietnamien". Les soldats américains surnommaient le VC "Charlie", comme dans "Victor Charlie".

Si l'offensive du Têt saigna à blanc les forces viêt-cong à court terme, elle a aussi fait basculer l'opinion publique américaine, épouvantée par les combats, couverts par la presse. Et elle confirma que les soldats nord-vietnamiens allaient jouer un rôle décisif dans l'issue de la guerre.

1962
Le parc national de Cuc Phuong, à l'ouest de la ville de Ninh Binh, est proclamé premier parc national vietnamien. Hô Chi Minh déclare que "la forêt est de l'or".

1963
Le président sud-vietnamien Ngô Dinh Diêm est renversé et tué lors d'un coup d'État orchestré par les États-Unis, qui porte au pouvoir un nouveau groupe de jeunes généraux.

1964
Bien que les États-Unis n'aient pas officiellement déclaré la guerre, ils lancent l'opération *Pierce Arrow* et bombardent le Nord-Vietnam, en représailles à l'incident du golfe du Tonkin.

1965
Pour empêcher l'effondrement du régime de Saigon, le président américain Johnson intensifie les bombardements au Vietnam-Nord et approuve le déploiement de troupes dans le Sud.

La guerre en chiffres

» 3 689 avions et 4 857 hélicoptères américains abattus

» 15 millions de tonnes de munitions lâchées

» 4 millions de Vietnamiens tués ou blessés

Le concept de journalistes "embarqués", apparu avec la guerre du Golfe, est une conséquence directe de la couverture négative de la guerre du Vietnam par la presse. Pendant le conflit, les journalistes pouvaient se déplacer à leur guise et rapporter les événements selon les deux points de vue. Certains chefs militaires américains n'ont pas hésité à affirmer que les médias avaient joué un rôle dans la défaite.

Les États-Unis changent brutalement de stratégie en août 1964, lors de l'incident du golfe du Tonkin. Deux destroyers américains, le *Maddox* et le *Turner Joy*, prétendent avoir été attaqués sans raison tandis qu'ils naviguaient dans les eaux internationales. Une enquête révélera plus tard que la première attaque avait eu lieu alors que le *Maddox* croisait dans les eaux territoriales du Nord-Vietnam, appuyant une mission secrète d'un commando sud-vietnamien. Selon un rapport officiel publié en 2005 par la National Security Agency (NSA), la seconde attaque n'a jamais eu lieu.

Toutefois, sur ordre du président Lyndon Johnson, 64 bombardements aériens frappent le Nord, inaugurant les milliers d'opérations qui ont suivi, détruisant toutes les routes et les ponts, ainsi que 4 000 des 5 788 villages du Nord-Vietnam. Quelques jours plus tard, le Congrès américain vote à la quasi-unanimité la résolution du golfe du Tonkin, qui donne au président Johnson le pouvoir de prendre toutes les mesures nécessaires pour faire face aux agressions futures, sans avoir à en référer au Congrès.

Alors que la situation militaire du gouvernement de Saigon frôle de nouveau la catastrophe, les premières troupes de combat américaines débarquent à Danang en mars 1965. En décembre 1965, 184 300 militaires américains sont présents au Vietnam et 636 soldats ont déjà péri. En décembre 1967, les chiffres se montent à 485 600 soldats américains et 16 021 morts. En comptant les Sud-Vietnamiens et les autres alliés, 1,3 million d'hommes se battaient pour le gouvernement de Saigon.

La stratégie américaine

En 1966, Washington employait les termes de "pacification", "ratissage et destruction" et "zones de feu à volonté". La pacification consistait à installer une infrastructure civile progouvernementale dans tous les villages, gardée par des soldats. Pour protéger les villages des incursions du Viêt-cong, des unités mobiles de ratissage et de destruction parcouraient le pays, traquant les maquisards. Par endroits, les villageois étaient évacués pour que les Américains puissent utiliser des armes lourdes, comme le napalm et les tanks, dans des régions déclarées "zones de feu à volonté".

Pourtant, si les forces américaines contrôlaient les campagnes pendant la journée, le Viêt-cong reprenait l'avantage la nuit. Bien que dépourvus d'armes lourdes, les maquisards infligeaient de fortes pertes aux Américains en multipliant les embuscades, les mines et les pièges. Alors que les "zones de feu à volonté" étaient supposées épargner les civils, les villageois n'en étaient pas moins bombardés ou arrosés de napalm, ce qui incitait souvent les survivants à rejoindre le Viêt-cong.

Le tournant

En janvier 1968, les troupes nord-vietnamiennes lancent une attaque majeure contre la base américaine de Khe Sanh (p. 167), dans la zone

---

1967	1968	1969	1970
À la fin de l'année, 1,3 million de soldats, dont près de 500 000 Américains, se battent pour le Sud-Vietnam.	Le Viêt-cong lance l'offensive du Têt sur les villes et villages du Sud, surprenant les Américains alors mobilisés par le siège de Khe Sanh.	Hô Chi Minh meurt à Hanoi en septembre 1969 d'un arrêt cardiaque, après avoir dédié sa vie à la révolution. Une "présidence collective" lui succède, avec Lê Duan à sa tête.	Le conseiller à la sécurité de Nixon, Henry Kissinger, et Lê Duc Tho pour le gouvernement de Hanoi, entament des pourparlers à Paris. Les États-Unis réduisent le déploiement de leurs troupes.

SUR LES TRACES DE LA GUERRE

Les guerres d'Indochine et du Vietnam ont marqué plus d'une génération. Suivez les pas des soldats, des journalistes et des politiciens de tous bords en visitant les sites suivants :

» **China Beach** (p. 196). La plage proche de Danang où les GI passaient quelques jours de détente. C'est aussi le nom de la série TV qui lui a été consacrée.

» **Tunnels de Cu Chi** (p. 353). Pour échapper aux forces américaines, les Vietnamiens creusèrent à 30 km de Saigon un réseau extrêmement complexe de tunnels, juste sous le nez des occupants d'une base militaire US.

» **Zone démilitarisée** (DMZ ; p. 163). Ce *no man's land*, situé au niveau du 17ᵉ parallèle, qui divisait le nord et le sud du pays depuis 1954, devint rapidement, malgré son nom, l'une des zones les plus fortement militarisées du monde.

» **Dien Bien Phu** (p. 125). Site de la dernière bataille livrée par les Français contre le Viêt-minh en mai 1954. Une défaite qui signe la fin de l'Indochine française.

» **Piste Hô Chi Minh** (p. 300). La route d'approvisionnement du Sud ; les Nord-Vietnamiens faisaient transiter soldats et munitions le long de cette incroyable piste à travers les monts Truong Son, réalisant de véritables prouesses techniques.

» **Citadelle de Hué** (p. 170). L'ancienne citadelle fut totalement rasée lors des combats de rue de 1968, lorsque les Américains reprirent la ville après trois semaines d'occupation communiste.

» **Khe Sanh** (p. 164). En 1968, les Nord-Vietnamiens massèrent leurs forces autour de cette base américaine. La plus grosse opération de diversion de toute cette guerre visait à masquer l'offensive du Têt, alors imminente.

» **Mémorial de Long Tan** (p. 271). Il rend hommage au contingent australien, essentiellement basé à Vung Tau, dans le Sud, qui combattit au Vietnam.

» **My Lai** (p. 227). Ce village fut le théâtre d'une des pires atrocités de la guerre du Vietnam, quand des GI massacrèrent des centaines de villageois en mars 1968.

» **Tunnels de Vinh Moc** (p. 163). Contrairement à ceux de Cu Chi, ces tunnels n'ont pas été élargis pour les touristes et témoignent de l'ingéniosité du Viêt-cong.

---

démilitarisée (DMZ). Cette bataille, la plus importante de la guerre, faisait partie d'une manœuvre de diversion dans le cadre de l'offensive du Têt.

L'offensive du Têt marque un tournant décisif de la guerre. Dans la soirée du 31 janvier, alors que le pays célèbre le Nouvel An lunaire, le Viêt-cong rompt un cessez-le-feu tacite avec une série d'attaques dans plus de cent localités. Devant les caméras de télévision, un commando viêt-cong investit la cour de l'ambassade américaine, en plein cœur de Saigon. Cependant, les communistes avaient misé à tort sur le soutien de la population, et le soulèvement escompté ne se produit pas. Dans des

1971	**1972**	**1973**	**1975**
L'opération Lam Son lance par l'ARVN pour couper la piste Hô Chi Minh au Laos, se solde par une défaite cuisante, la moitié des troupes étant capturées ou tuées.	Offensive dite de Pâques : les Nord-Vietnamiens traversent la zone démilitarisée (DMZ) à hauteur du 17ᵉ parallèle pour attaquer le Sud et les forces américaines.	Le 27 janvier, tous les protagonistes signent les accords de paix de Paris, qui mettent fin aux hostilités. Les Américains se retirent, mais le conflit perdure.	Le 30 avril, Saigon tombe aux mains des Nord-Vietnamiens, tandis que les derniers Américains sont évacués par hélicoptère.

Le Chagrin de la guerre, de Bao Ninh (Philippe Picquier, 1994), est un récit poignant sur la guerre vécue du côté nord-vietnamien. Il retrace l'histoire d'un homme de 30 ans qui, après une décennie de combats, tente de rassembler les morceaux épars de son existence.

Apocalypse Now (1979), de Francis Ford Coppola, est le film de guerre américain par excellence, mais aussi celui qui ose la dénoncer. Marlon Brando incarne le colonel Kurtz, renégat imbibé d'alcool et de drogues qui s'est retiré dans la jungle cambodgienne, où il vit comme les indigènes. Martin Sheen, chargé de le retrouver, découvre l'enfer psychotique de cet homme qui mène des attaques sur l'ennemi d'une sauvagerie terrifiante.

villes comme Hué, le Viêt-cong n'est pas accueilli en libérateur, ce que la population civile paie au prix fort. Bien que pris de court (un échec cuisant pour les renseignements américains), les Américains contre-attaquent avec une énorme puissance de feu, bombardant et pilonnant les villes surpeuplées, décimant le Viêt-cong mais semant aussi la mort et la dévastation dans la population civile…

L'offensive du Têt a coûté la vie à près de 1 000 soldats américains et 2 000 soldats de l'ARVN, mais les pertes viêt-cong se chiffrent à près de 32 000 morts. Le Viêt-cong perd peut-être la bataille, mais c'est aussi le tournant vers la victoire finale. Les militaires avaient longtemps claironné que le succès n'était qu'une affaire de temps. Après la diffusion en direct à la télévision des massacres et du chaos à Saigon, de nombreux Américains cessent alors de croire aux communiqués officiels. Tandis que leurs généraux criaient victoire, les civils supportaient de moins en moins le coût humain et matériel de la guerre. Parallèlement, des détails filtrent sur les atrocités perpétrées à l'encontre des civils vietnamiens, comme le massacre de My Lai (p. 227). Cela contribue à renverser l'opinion, et bientôt les manifestations pacifistes commencent à ébranler les campus des universités et à se répandre dans les rues.

Nixon et sa doctrine

Élu président en novembre 1968, Richard Nixon dévoile bientôt sa fameuse doctrine, qui incite les nations d'Asie à se montrer plus autonomes en matière de défense. Elle appelle à la "vietnamisation" du conflit, laissant les troupes sud-vietnamiennes combattre seules, sans le soutien des Américains. Le premier semestre de 1969 est pourtant marqué par une escalade du conflit. En avril, le nombre de soldats américains au Vietnam a atteint le pic de 543 400 hommes. Tandis que les combats font rage, Henry Kissinger, le chef de la diplomatie, entame à Paris des pourparlers de paix avec Lê Duc Tho, son homologue nord-vietnamien.

En 1969, les États-Unis commencent à bombarder secrètement le Cambodge, cherchant à détruire les sanctuaires des communistes vietnamiens. En 1970, des fantassins américains sont envoyés au Cambodge poussant les Nord-Vietnamiens à s'enfoncer plus avant dans le territoire cambodgien. À l'été 1970, avec leurs alliés Khmers rouges, ils contrôlent la moitié du pays, dont les célèbres temples d'Angkor.

Cette nouvelle escalade provoque de violentes manifestations antiguerre aux États-Unis et ailleurs. Quatre manifestants sont abattus par la Garde nationale lors d'un meeting pacifiste à l'université d'État de Kent (Ohio). L'émergence d'organisations comme les "Vétérans du Vietnam contre la guerre" prouve alors que ceux qui exigeaient le retrait des troupes américaines n'étaient pas que des jeunes redoutant la conscription. La guerre déchirait bel et bien le pays.

» Portrait de Hô Chi Minh dans la poste centrale de HCMV

1976
Proclamation de la République socialiste du Vietnam. Saigon est rebaptisée Hô Chi Minh-Ville. Des centaines de milliers de Vietnamiens quittent le pays, notamment les *boat people*.

1978
Le jour de Noël, le Vietnam envahit le Cambodge ravagé par les Khmers rouges et les chassent du pouvoir le 7 janvier 1979.

LE COÛT DE LA GUERRE

Au total, 3,14 millions d'Américains (dont 7 200 femmes) ont servi dans les forces armées au Vietnam. Le bilan officiel des pertes humaines fait état de 58 183 Américains tués au combat ou portés disparus. Le coût direct de la guerre a été évalué à 165 milliards de dollars, mais son coût réel a pesé considérablement plus sur l'économie.

Fin 1973, 223 748 soldats sud-vietnamiens avaient été tués au combat et on estimait à 1 million les pertes dans les rangs de l'armée nord-vietnamienne et du Viêt-cong. Environ 4 millions de civils, soit 10% de la population, ont été tués ou blessés. Au moins 300 000 Vietnamiens et 2 200 Américains sont toujours portés disparus.

Au printemps 1972, les Nord-Vietnamiens lancent une offensive au-delà du 17ᵉ parallèle. Les États-Unis répondent par des bombardements accrus sur le Nord et en minant les ports. Les "bombardements de Noël" sur Hanoi et Haiphong à la fin de 1972 étaient destinés à obtenir des concessions du Nord-Vietnam à la table des négociations. Et enfin, le 27 janvier 1973, les accords de Paris sont signés par les États-Unis, le Nord-Vietnam, le Sud-Vietnam et le Viêt-cong. Ils prévoient un cessez-le-feu, le retrait total des forces américaines et la libération de 590 prisonniers américains, mais ne mentionnent pas les 200 000 soldats nord-vietnamiens déployés dans le Sud.

Des équipes américaines continuent de rechercher les dépouilles de leurs concitoyens morts au Vietnam, au Laos et au Cambodge. Plus récemment, les Vietnamiens ont commencé à chercher leurs soldats disparus au Cambodge et au Laos.

En marge : les contingents étrangers

D'autres nations, telles l'Australie, la Nouvelle-Zélande, la Corée du Sud, la Thaïlande et les Philippines, ont envoyé des troupes combattre aux côtés des États-Unis au Sud-Vietnam dans le cadre de ce que les Américains appelaient les "Forces militaires du monde libre". Washington a cherché à internationaliser l'effort de guerre pour légitimer le sien (une pratique qu'elle professe toujours).

La chute du Sud-Vietnam

La majorité du personnel militaire américain quitte le Vietnam en 1973, à l'exception d'un petit contingent de techniciens, de conseillers et d'agents de la CIA. Le bombardement du Nord-Vietnam cesse et les POW américains sont libérés. Cependant, la guerre continuait et les Sud-Vietnamiens se battaient seuls.

Avec *Platoon* (1987), Oliver Stone porte un regard brutal et cynique sur la guerre du Vietnam, à travers les yeux du jeune volontaire Chris Taylor, incarné par Charlie Sheen. Tom Berenger et Willem Dafoe sont également excellent dans leurs rôles.

1979
En février, la Chine envahit le nord du Vietnam en représailles à l'attaque contre leurs alliés khmers rouges. Les Vietnamiens les repoussent. Des milliers de Vietnamiens d'origine chinoise fuient le pays.

Années 1980
Le Vietnam reçoit une assistance économique et militaire de l'URSS de près de 3 milliards de dollars par an. Il commerce essentiellement avec l'URSS et le bloc communiste.

1986
L'instauration rapide du *doi moi*, à l'instar de la *perestroïka* russe, marque le premier pas vers le rapprochement avec l'Occident. D'audacieuses réformes économiques sont lancées.

1989
Les forces vietnamiennes se retirent du Cambodge en septembre alors que l'URSS allège son soutien aux pays communistes. Le Vietnam connaît la paix pour la première fois depuis des décennies.

Avec *L'Innocence perdue* (Seuil, 1991), Neil Sheehan remporta le prix Pulitzer. Cette biographie du colonel John Paul Vann évoque le désenchantement d'un homme face à la guerre et la prise de conscience de l'échec des États-Unis dans ce conflit.

De 1965 à 1973, Olivier Todd couvre le conflit au Vietnam pour *Le Nouvel Observateur*. Dans *La Chute de Saigon* (Poche, 2011), il raconte les derniers mois de cette tragédie et revient sur son parcours intellectuel.

En janvier 1975, le Nord lance une attaque terrestre massive sur le 17e parallèle, appuyée par des tanks et l'artillerie lourde. L'invasion sème la panique dans l'armée sud-vietnamienne, depuis toujours dépendante du soutien américain. En mars, l'ANV occupait la région de Buon Ma Thuot, zone stratégique des hauts plateaux du Centre. Nguyên Van Thiêu, le président du Sud-Vietnam, décide alors un repli tactique sur des positions plus défendables, ce qui s'est révélé une énorme erreur.

Des brigades entières de l'ARVN s'enfuient vers le sud, rejoignant les centaines de milliers de civils qui se bousculent sur la RN 1. L'une après l'autre, les villes de Hué, Danang, Quy Nhon et Nha Trang sont abandonnées. Les troupes sud-vietnamiennes fuyaient si rapidement que l'armée du Nord peinait à les suivre.

Au pouvoir depuis 1967, Nguyên Van Thiêu démissionne le 21 avril 1975 et quitte le pays, emportant avec lui des millions de dollars. Les Nord-Vietnamiens continuent vers Saigon et, le 30 avril 1975 au matin, leurs tanks éventrent les grilles du palais de l'Indépendance (aujourd'hui palais de la Réunification). Après seulement 42 heures d'exercice en tant que président, le général Duong Van Minh rend officiellement les armes. Cet épisode marque la fin de la guerre.

Quelques heures avant la reddition du Sud-Vietnam, les derniers Américains sont évacués par hélicoptère du toit de leur ambassade vers des navires mouillant au large. Ainsi prit fin une implication militaire américaine de plus de 25 ans. Et durant toute la durée du conflit, les États-Unis n'auront en fait jamais déclaré la guerre au Nord-Vietnam.

Les Américains ne sont pas les seuls à partir. Lors de la chute du Sud, 135 000 Vietnamiens quittent leur pays, imités par plus de 500 000 autres au cours des cinq années suivantes. Ceux qui fuient par la mer seront bientôt connus dans le monde entier comme les *boat people*. Prêts à affronter tous les risques d'un périlleux voyage en mer de Chine méridionale, beaucoup de ces courageux réfugiés sont finalement arrivés au bout du cauchemar et ont commencé une nouvelle vie, en France ou ailleurs.

"NOUS AVIONS TORT"

Selon les historiens et les commentateurs, si Washington s'était laissé dissuader d'attaquer le Vietnam compte tenu de sa capacité éprouvée par l'histoire à repousser ses envahisseurs, la tragédie de cette guerre et les troubles sociaux qui en résultèrent aux États-Unis auraient pu être évités. Toute une génération d'Américains chercha à comprendre ce qui s'était passé au Vietnam. Des années plus tard, l'ancien secrétaire d'État à la Défense, Robert McNamara, écrivit dans ses mémoires : "Nous avions tort, terriblement tort. Nous nous devons d'expliquer pourquoi aux générations futures."

1991
En mal de devises, le Vietnam s'ouvre au tourisme pour stimuler son économie. Arrivée des premiers voyageurs, malgré de strictes restrictions.

1992
Une nouvelle Constitution autorise des réformes et des libertés économiques limitées. Le Parti communiste reste cependant le moteur de la vie politique et sociale.

1994
Fin de l'embargo américain contre le Vietnam, instauré au Nord en 1964 et étendu à la nation réunifiée depuis 1975.

1995
Le Vietnam rejoint l'Association des nations de l'Asie du Sud-Est (Asean), organisation créée à l'origine comme rempart contre le communisme.

La réunification

Le jour de la victoire, les communistes changèrent le nom de Saigon en Hô Chi Minh-Ville (HCMV). Le premier de nombreux changements.

Le succès soudain de l'offensive nord-vietnamienne surprit presque autant le Nord que le Sud. Hanoi n'avait aucun plan détaillé pour intégrer les deux parties du pays, aux systèmes économiques et sociaux totalement différents.

Le Parti hérita des conséquences d'un conflit long et cruel qui avait littéralement fracturé la nation. Chaque camp était rongé d'amertume, et de multiples problèmes se posaient aux dirigeants. Les dommages de guerre étaient énormes, des champs de mines non identifiés à l'économie exsangue, fondée sur la guerre, de la campagne empoisonnée par des produits chimiques à une population blessée physiquement ou mentalement. Si la paix était revenue, la fin de la lutte restait lointaine.

Jusqu'à la réunification officielle du Vietnam, en juillet 1976, le Sud fut dirigé par le gouvernement révolutionnaire provisoire. Le Parti communiste n'avait aucune confiance dans l'intelligentsia urbaine du Sud, pas même en ceux qui avaient soutenu le Viêt-cong, et envoya du Nord une armada de cadres pour assurer la transition. Cette politique augmenta le ressentiment de ceux qui avaient lutté contre le gouvernement de Thiêu et se retrouvaient rejetés.

Par ailleurs, la rapide transition vers le socialisme décidée par le Parti se révéla désastreuse pour l'économie. La réunification s'accompagna en outre d'une impressionnante répression politique. Malgré les promesses répétées d'impunité, des centaines de milliers de personnes liées à l'ancien régime se virent dépossédées de leurs biens, arrêtées et emprisonnées sans procès dans des "camps de rééducation". Des dizaines de milliers d'hommes d'affaires, d'intellectuels, d'artistes, de journalistes, d'écrivains, de syndicalistes et de religieux, dont certains opposés au gouvernement du Sud et à la guerre, furent détenus dans des conditions épouvantables.

En contradiction avec sa politique économique, le Vietnam tenta de se rapprocher des États-Unis. En 1978, Washington était sur le point de rétablir des relations avec Hanoi, mais privilégia finalement la carte de la Chine : le Vietnam fut sacrifié au profit des relations sino-américaines et poussé dans les bras de l'Union soviétique, dont il dépendit pendant la décennie suivante.

> Les accords de paix de Paris, signés en 1973, prévoyaient une provision de 3,5 milliards de dollars à verser par les États-Unis au Vietnam au titre des réparations. Cette clause constituera la principale entrave à la normalisation des relations entre les deux pays en 1978. Le Vietnam ne recevra jamais le moindre dollar.

La Chine et les Khmers rouges

Les relations avec la Chine au nord et ses alliés Khmers rouges à l'ouest se détériorent rapidement. Affaibli par la guerre, le Vietnam se sentait encerclé d'ennemis. La campagne anticapitaliste lancée en mars 1978 se traduit par la saisie de propriétés et d'entreprises privées. La plupart des

2000
Bill Clinton visite le Vietnam à la fin de son mandat, devenant le premier président américain à se rendre à Hanoi. Il entame ainsi un nouveau chapitre dans les relations entre les deux pays.

2003
Nam Cam, une figure de crime, est condamné à mort pour corruption, détournement de fonds, enlèvement, meurtre… et révèle la connivence de la pègre saïgonnaise avec le pouvoir.

2004
Premier vol de ligne entre les États-Unis et Hô Chi Minh-Ville depuis la guerre. Essor du tourisme et des échanges vietnamo-américains.

2006
Le Vietnam accueille le sommet de la CEAP (Coopération économique Asie-Pacifique), reçoit George W. Bush et s'apprête à rejoindre l'OMC (Organisation mondiale du commerce).

> La majorité des *boat people* ayant fui le pays à la fin des années 1970 étaient non pas des Vietnamiens "de souche", mais des membres de la minorité chinoise, que leur argent et leur sens des affaires, outre leur origine, avaient transformés en cible rêvée pour la Révolution.

victimes étant d'origine chinoise – grossissant le nombre des réfugiés ou *boat people* –, les relations avec la Chine empirent encore.

Parallèlement, les attaques répétées des Khmers rouges contre les villages frontaliers obligent les Vietnamiens à réagir. Ils entrent au Cambodge le 25 décembre 1978, chassent les Khmers rouges du pouvoir le 7 janvier 1979 et installent un gouvernement pro-Hanoi à Phnom Penh. La Chine considéra l'attaque khmer rouge comme une grave provocation. En février 1979, des troupes chinoises envahirent le nord du Vietnam et combattirent 17 jours avant de se retirer (voir l'encadré p. 114).

La libération du Cambodge du joug des Khmers rouges se transforma bientôt en occupation doublée d'une longue guerre civile, qui coûta cher au Vietnam. L'économie planifiée étranglait les initiatives des riziculteurs vietnamiens et le pays, aujourd'hui l'un des premiers exportateurs mondiaux de riz, devait en importer au début des années 1980. La guerre et la révolution avaient ruiné le pays, et il fallait un changement radical de politique.

L'ouverture

Secrétaire général du Parti communiste soviétique en 1985, Mikhaïl Gorbatchev lança la *perestroïka* (restructuration), un programme de réformes, et fit le choix de la *glasnost* (transparence). Le Vietnam suivit son exemple en 1986, nommant le réformiste Nguyên Van Linh à la tête du Parti communiste. Le *doi moi* (réforme économique), d'abord expérimenté au Cambodge, fut appliqué au Vietnam. Lorsque l'URSS commença à réduire ses appuis aux pays communistes, les avant-postes les plus éloignés en souffrirent les premiers. En septembre 1989, le Vietnam décida de se retirer du Cambodge, dont il ne pouvait plus financer l'occupation. Le Parti communiste vietnamien se retrouva seul et contraint d'évoluer pour survivre.

> Durant l'occupation du Cambodge dans les années 1980, les Vietnamiens posèrent le plus long cordon de mines au monde, le K-5, pour se protéger des attaques de la guérilla khmère rouge menées depuis la Thaïlande. Il s'étendait du Mékong au golfe du Siam. La région reste l'une des plus fortement minée au monde.

Les changements radicaux en Europe de l'Est en 1989 et l'effondrement de l'Union soviétique en 1991 déplurent à Hanoi. Le Parti fustigea la participation de non-communistes à des gouvernements de pays du bloc de l'Est et vit derrière les révolutions démocratiques une "contre-attaque des cercles impérialistes". Si la situation évoluait à peine en matière politique, au niveau économique les Vietnamiens décidaient d'adopter le marché. Le capitalisme s'est, depuis, solidement enraciné et Hô Chi Minh ne reconnaîtrait plus ce pays dynamique.

Les relations entre le Vietnam et les États-Unis se sont nettement améliorées. Début 1994, le gouvernement américain a levé l'embargo économique en vigueur contre le Nord depuis les années 1960. Des relations diplomatiques pleines et entières ont été restaurées et les présidents Clinton et George W. Bush ont visité Hanoi à plusieurs reprises.

2008	2009	2010	Juin 2011
Une inflation galopante frappe le pays et les prix des matières premières flambent. La bulle financière vietnamienne éclate, provoquant la chute de l'immobilier et le surendettement de nombreux foyers.	Des militants démocrates sont incarcérés pour avoir "diffusé une propagande contre le gouvernement" en accrochant des banderoles à un pont et en publiant des articles en ligne.	Célébration des 1000 ans de Hanoi en octobre, avec des expositions et des manifestations dans toute la capitale. Sa citadelle impériale est inscrite au patrimoine mondial de l'Unesco.	Le pays a été visité par près de 3 millions de touristes au premier semestre, soit une augmentation de 18% par rapport à 2010. Chinois, Coréens, Japonais, Américains et Taïwanais sont les plus représentés.

La société vietnamienne

Les Vietnamiens

Industrieux, fiers, espiègles et prompts à rire, les Vietnamiens peuvent aussi se révéler difficiles à comprendre par les Occidentaux. Par exemple, les questions directes reçoivent souvent des réponses évasives. Un Vietnamien ne fera jamais part à un étranger de ses réflexions intimes ou de son histoire personnelle comme on peut le faire en Occident. La mentalité du pays valorise le travail en équipe, dans l'harmonie plutôt que dans le conflit, sauf dans les hautes sphères, où prévaut le "chacun pour soi". Le respect profond qu'ont les Vietnamiens pour la tradition, la famille et l'État est l'un des principes fondamentaux du confucianisme.

Questions de génération

À de nombreux égards, le Vietnam est encore un pays traditionnel et conservateur. Habituée aux restrictions, la vieille génération, qui se rappelle les longues années de guerre et chaque parcelle du territoire pour lequel elle s'est battue, est restée insensible à la société de consommation. Le Vietnam des jeunes est tout autre : c'est un endroit où l'on peut réussir, ignorer le carcan légué par les communistes et pourquoi pas exhiber sa nouvelle moto, sa coupe de cheveux ou son iPhone.

La division Nord-Sud

La division Nord-Sud persiste. Les habitants du Nord ont la réputation de réfléchir avant d'agir, tandis que ceux du Sud réfléchissent… avant de réfléchir encore. Les Sud-Vietnamiens trouvent que leurs compatriotes du Nord sont froids, qu'ils se prennent trop au sérieux et ne savent pas s'amuser. À l'inverse, les Nord-Vietnamiens trouvent les Sud-Vietnamiens superficiels, frivoles et obsédés par l'argent. Pour caricaturaux qu'ils soient, ces préjugés n'en mettent pas moins en lumière des disparités bien réelles, qui vont au-delà des (nombreuses) différences dialectales.

Dat Nuoc : c'est par ces termes qui signifient "terre-eau" que les Vietnamiens désignent leur pays, marquant ainsi la conquête des terres par la riziculture. Vous saurez tout, ou presque, sur les identités culturelles du pays en lisant *Voyages dans les cultures du Vietnam*, de Lê Thanh Khôi (Horizon du monde, 2001).

GARDER LA FACE

Dans toute l'Asie, et plus particulièrement au Vietnam, la notion de "face" est un élément culturel fondamental. Avoir une "grande face" signifie avoir du prestige, autre notion capitale dans le pays. Chaque famille, y compris les plus pauvres, est censée organiser de fastueuses cérémonies de mariage et y dépenser de véritables fortunes pour "gagner de la face". Ce qui peut être ruineux, mais bien moins grave que de "perdre la face". C'est pour cette raison qu'un étranger ne doit jamais s'emporter face à un Vietnamien. Blesser l'estime et l'orgueil de son interlocuteur revient à entraver toute possibilité de trouver une issue à une querelle.

Le climat y contribue aussi : la vie est plus facile dans le Sud, où le fertile delta du Mékong permet trois récoltes par an. Le Nord doit endurer un long hiver de ciels gris, de crachin, de brume et de vent glacé. N'oublions pas non plus que le Nord vit avec le communisme depuis plus de 50 ans, tandis que le Sud pratique le libre-échange avec les États-Unis depuis plus de 20 ans.

Pour plus de détails, reportez vous à l'encadré p. 435.

Mode de vie

La société traditionnelle gravitait autour de la famille, des travaux des champs et de la religion. Ce rythme de vie rural est resté inchangé pendant des siècles avant d'être ébranlé par la guerre, le communisme et la mondialisation. S'il est vrai que plusieurs générations peuvent encore partager le même toit, manger le même riz et pratiquer la même religion, les modes de vie ont toutefois beaucoup évolué.

Le Vietnam connaît une véritable mutation – comparable à celle des années 1960 pour la société occidentale – entraînant de multiples tensions dans les foyers. Les jeunes gens s'habillent dorénavant à leur goût, fréquentent les personnes de leur choix, sortent en ville et rentrent tard. La plupart vivent cependant toujours chez leurs parents, où les conversations peuvent être vives, notamment pour ce qui concerne le mariage et la question de l'indépendance.

Tout n'a pas changé pour autant. La plupart des Vietnamiens méprisent la paresse et se lèvent tôt. Vous verrez des parcs remplis d'adeptes du taï-chi dès l'aube, et les bureaux fonctionnent à plein dès 7h. Le pays semble déborder d'énergie et de vitalité, malgré la chaleur et l'humidité.

Famille

Au Vietnam, le statut de la famille est plus important que le salaire. La bonne réputation d'une famille inspire le respect et ouvre des portes.

La famille élargie est très importante et, loin de la famille nucléaire à l'occidentale, comprend les cousins au deuxième et au troisième degrés. Elle a coutume de se rassembler aux heures d'adversité et de deuil, mais aussi en des occasions solennelles ou joyeuses. Pour les anciennes générations, ce lien représente une force.

> Les hommes d'affaires en difficulté font souvent appel à un géomancien (expert en *feng shui*). Le remède consiste parfois à déplacer une porte ou une fenêtre. Si cela ne marche pas, il faudra alors peut-être envisager de déplacer la tombe d'un ancêtre...

LE SENS VIETNAMIEN DES AFFAIRES

Les Occidentaux se plaignent souvent des pratiques marchandes locales, qui vont de la surfacturation caractérisée à l'entourloupe en règle. C'est là pour beaucoup de touristes l'aspect le plus déplaisant de leur séjour. Il semble même parfois impossible de payer quoi que ce soit à son prix local. Quelques explications s'imposent.

Tout d'abord, la plupart de ceux qui en ont après votre porte-monnaie travaillent dans le tourisme : le phénomène est rare en dehors des sentiers battus. Selon cette mentalité, les Occidentaux ne se préoccupent pas de connaître le vrai prix, ne parlent pas deux mots de vietnamien et ne sont dans le pays que pour une ou deux semaines. Pendant longtemps, beaucoup de Vietnamiens ne pensaient qu'au court terme, et à se faire de l'argent facilement. Aujourd'hui, ils ont tiré les leçons de leur expérience dans le tourisme, et l'idée qu'un bon service est aussi une bonne publicité pour le futur (et qu'un mauvais sera immédiatement dénoncé sur les forums Internet) s'impose peu à peu.

Cela n'excuse rien, mais le Vietnam a une histoire bien particulière. La famine a fait deux millions de victimes dans les années 1940, et le pays était l'un des plus pauvres à la fin de la guerre. Le secteur du tourisme est encore très jeune, et l'État vietnamien a contribué à forger cette mentalité : jusqu'à récemment, il y avait, pour presque toutes les prestations, des billets de train aux chambres d'hôtel, des prix distincts pour les Vietnamiens et pour les étrangers, les seconds étant 4 à 10 fois supérieurs.

Habitués à vivre en nombreuse communauté familiale, les Vietnamiens ne partagent généralement pas les concepts occidentaux de vie privée et d'espace personnel. Ne vous étonnez donc pas si la femme de chambre entre dans votre chambre d'hôtel sans frapper !

Population

En 2011, le Vietnam comptait 90,5 millions d'habitants, ce qui en fait le 13e pays le plus peuplé du monde. La natalité a cependant nettement diminué, passant de 3,6 enfants par femme en 1991 à 1,91 enfant 20 ans plus tard.

La société, de tradition rurale et agricole, connaît aujourd'hui un fort exode vers les villes. La répartition démographique du Vietnam s'en trouve bouleversée, les jeunes désertant les campagnes dans l'espoir de faire fortune à Hanoi ou à Hô Chi Minh-Ville. En 2011, quelque 30% des Vietnamiens vivaient en ville. La population de Hô Chi Minh-Ville et de sa banlieue dépasse déjà 7 millions d'habitants, celle de l'agglomération de Hanoi, 6 millions. Danang, Haiphong et Can Tho ont dépassé le million d'habitants.

Le peuple vietnamien

La culture et la civilisation vietnamiennes ont été profondément influencées par la Chine, qui a occupé le pays pendant un millénaire (voir p. 437).

Au cours de l'histoire, les minorités vietnamiennes se sont mélangées. Peu à peu descendues vers le sud à la recherche de terres cultivables, elles ont absorbé le royaume du Champa puis les terres orientales de l'Empire khmer ; les Chams et les Khmers constituent aujourd'hui des minorités importantes.

Ces mouvements de populations ne se sont pas faits à sens unique. Une grande partie des quelque 50 minorités vivant dans le Nord-Ouest, et qui constituent aujourd'hui l'une des facettes les plus originales de la mosaïque ethnique du Vietnam, n'ont quitté le Yunnan et le Tibet (Chine) qu'au cours des deux derniers siècles, s'installant dans les montagnes que les Vietnamiens des plaines rechignaient à cultiver. Pour en savoir plus sur les minorités montagnardes, voir p. 465.

La minorité la plus importante n'en demeure pas moins la communauté chinoise, qui maîtrise l'essentiel du commerce dans les zones urbaines. Les Chinois ont longtemps été considérés avec beaucoup de méfiance par le pouvoir, qui en expulsa un grand nombre à la fin des années 1970 *(boat people)*. Beaucoup d'entre eux sont cependant aujourd'hui revenus au Vietnam, où ils jouent un rôle non négligeable dans le développement économique.

Religion

Les Vietnamiens ne sont pas très religieux : interrogés à ce sujet, seuls 20% d'entre eux se disaient croyants. Cela dit, au fil des siècles, le confucianisme, le taoïsme et le bouddhisme se sont mêlés aux croyances populaires chinoises et à l'ancien animisme vietnamien pour former le Tam Giao ("triple religion"), auquel beaucoup de Vietnamiens s'identifient. La plupart vous diront cependant qu'ils sont bouddhistes, même s'ils suivent plutôt les principes du confucianisme pour ce qui concerne les devoirs familiaux ou civiques. Leur compréhension de la nature et du cosmos relève davantage du système taoïste.

Bien que la majorité de la population ne possède que de vagues notions des enseignements bouddhistes, les moines participent aux cérémonies rituelles et funéraires. Aux yeux des Vietnamiens, les

---

Les jeunes voyageurs occidentaux, s'ils sont habillés de manière un peu débraillée, sont souvent affublés du sobriquet de *tay balo* ("sac à dos de l'Ouest").

Les Vietnamiens émigrés, appelés Viêt Kiêu, ont longtemps été considérés comme lâches, arrogants et privilégiés. Dans les années 1990, ceux qui revenaient au pays étaient souvent surveillés par la police. Aujourd'hui, ils sont les bienvenus dans la mère patrie… ainsi que leur argent.

Georges Condominas (1921-2011), le "Proust de l'ethnologie" selon Claude Lévi-Strauss, est né à Haiphong et a consacré plusieurs ouvrages aux ethnies du Vietnam, et aux Mnong en particulier. Vous pourrez notamment lire *Nous avons mangé la forêt de la pierre-génie Gôo* (1957) et *L'Exotique est quotidien* (1965).

AU VIETNAM... FAITES COMME LES VIETNAMIENS

Prenez le temps de découvrir la culture vietnamienne. Cela vous aidera à ne pas commettre d'impair et cela facilitera votre intégration auprès de vos hôtes. Voici quelques conseils :

Habillement
Montrez-vous respectueux des codes vestimentaires, notamment dans les lieux de prière. Retirez toujours vos chaussures avant de pénétrer dans un temple. Sur les plages, le nudisme est à proscrire.

Salutations
On se salue traditionnellement en joignant les deux mains devant soi, et en inclinant légèrement la tête. L'habitude occidentale de se serrer la main a toutefois pris le pas sur l'ancien usage.

Tout est dans les cartes
Il est de bon ton d'échanger ses cartes de visite, même pour la plus petite transaction. Faites-en imprimer avant votre départ, et distribuez-les généreusement.

Baguettes funèbres
Une paire de baguettes plantées verticalement dans un bol de riz ressemble beaucoup aux bâtons d'encens que l'on brûle pour les morts. C'est donc un puissant symbole mortuaire.

Langage des pieds
Comme les Chinois et les Japonais, les Vietnamiens sont obsédés par la propreté des sols. Il est d'usage de retirer ses chaussures en entrant chez quelqu'un. Par ailleurs, diriger ses orteils vers autrui est très mal élevé. Enfin, ne tournez jamais la pointe des pieds vers des représentations du Bouddha ou de tout autre objet sacré.

Chapeau bas !
La correction veut que l'on se découvre devant une personne âgée, ou devant tout autre individu digne d'égards, comme un moine. Il faut également incliner la tête avant de s'adresser à eux. En Asie, la tête est le point symbolique le plus élevé : aussi, ne touchez jamais le crâne ou le visage des personnes que vous côtoyez.

---

pagodes bouddhiques représentent, dans ce monde incertain, un refuge physique et spirituel.

Le christianisme, présent au Vietnam depuis plus de 500 ans, et le caodaïsme (propre au pays) exercent également une influence importante.

Bouddhisme

Les bouddhistes mahayana croient aux bodhisattvas (Quan Âm au Vietnam), êtres parvenus à l'Éveil qui par compassion renoncent temporairement à atteindre le nirvana et à devenir bouddha afin d'aider l'humanité.

Le bouddhisme, comme toutes les grandes religions, a connu plusieurs schismes. Il a été introduit au Vietnam par deux vecteurs : le bouddhisme *mahayana* pénétra par le nord au Népal, au Tibet, en Chine, en Corée, en Mongolie, au Vietnam et au Japon, tandis que le bouddhisme *theravada* (celui du Sud) prenait la route de l'Inde, du Sri Lanka, du Myanmar et du Cambodge.

L'école prédominante au Vietnam est le bouddhisme mahayana (*Dai Thua*, ou *Bac Tong*, ce qui signifie "qui vient du Nord"). La principale secte mahayana du pays est la secte zen (*Dhyana*, ou *Thien*), également appelée école de la méditation. Dao Trang (école du pur pays), autre secte importante, est surtout présente dans le Sud.

Le bouddhisme theravada (*Tieu Thua*, ou *Nam Tong*) se pratique essentiellement dans le delta du Mékong, au sein des communautés d'origine khmère.

Taoïsme

Le taoïsme (*Lao Giao*, ou *Dao Giao*) est né en Chine. Le philosophe Lao-tseu (le Vieux Sage) aurait vécu au VIe siècle av. J.-C., mais son existence même est mise en doute. L'histoire veut pourtant que Confucius en personne ait consulté ce gardien des archives impériales.

Comprendre le taoïsme n'a rien de facile. Cette philosophie, dont l'idéal est de revenir au Tao (la Voie, le principe de l'univers), préconise la contemplation et la vie simple. Elle se fonde sur le *am* et le *duong*, équivalents vietnamiens du *yin* et du *yang*. L'essentiel du rituel taoïste a été absorbé par le bouddhisme chinois et vietnamien, y compris dans l'architecture, avec l'utilisation des dragons et des démons en guise d'ornements sur les toitures des temples.

> Vous trouverez un bon aperçu du bouddhisme vietnamien sur le site de l'Association d'amitié franco-vietnamienne (www.aafv.org).

Caodaïsme

Le caodaïsme (voir p. 356) est une secte vietnamienne en quête d'une religion idéale qui synthétiserait les philosophies religieuses de l'Orient et de l'Occident. Créée au début des années 1920 par Ngô Minh Chiêu, qui aurait reçu des "révélations" de l'au-delà, cette religion compterait aujourd'hui entre 2 et 3 millions d'adeptes au Vietnam.

C'est à Tay Ninh, à 96 km au nord-ouest de HCMV, que se trouve le singulier grand temple caodaïste.

TÊT : LA GRANDE FÊTE

C'est à la fois Noël, le Nouvel An et les anniversaires. Le *Têt Nguyên Dan* ("fête du premier jour de l'année") coïncide avec le Nouvel An lunaire, et il s'agit de la date la plus importante du calendrier vietnamien. C'est l'occasion pour les familles de se réunir dans l'espoir que l'année à venir soit placée sous le signe de la chance. L'ensemble du Vietnam célèbre un anniversaire, et tout le monde vieillit d'un an.

La fête a lieu entre le 19 janvier et le 20 février, en même temps que le Nouvel An chinois. Les trois premiers jours suivant le Têt sont officiellement fériés, mais beaucoup prennent toute la semaine de vacances.

La célébration commence sept jours avant le Nouvel An. Des autels chargés d'offrandes sont préparés afin de s'assurer une année propice. On se rend au cimetière, et l'on invite les esprits des défunts à revenir à la maison pour prendre part à la fête. Ceux qui vivent loin reviennent au domicile familial. Toute chose en cours est menée à bien afin de commencer l'année sur de nouvelles bases, les dettes sont payées, et le ménage devient pour un temps le sport national. On dresse un arbre du Nouvel An *(cây nêu)* – une branche de kumquat, de pêcher ou d'abricotier – pour éloigner les mauvais esprits.

La nuit du Nouvel An, aux douze coups de minuit, les problèmes de l'année sont laissés derrière, et la folie commence. Le but est de faire le plus de bruit possible, au moyen de tambours et de percussions.

Le déroulement du jour de l'an est crucial, car il est censé influencer toute l'année à venir. Chacun fait particulièrement attention à être poli et à ne pas manifester de colère. Certaines activités sont réputées attirer les mauvais esprits ; ainsi, il est déconseillé de coudre, de balayer, de jurer ou de casser quoi que ce soit.

Il est primordial que le premier visiteur de l'année soit convenable, l'idéal étant un homme riche, marié et père de famille. Les étrangers ne sont pas forcément de bon augure.

En dehors du jour de l'An, le Têt est une fête de famille tranquille, où l'on mange du *banh chung* (riz gluant au porc et à l'œuf). Les magasins sont fermés, et la plupart des transports ne fonctionnent pas. Ce n'est pas la période idéale pour voyager dans le pays. Cependant, c'est un moment spécial, et vous serez certainement invité à vous joindre aux festivités. Retenez simplement cette phrase : *chuc mung nam moi* ("bonne année !").

Bouddhisme Hoa Hao

La secte bouddhiste et nationaliste Hoa Hao (*Phât Giao Hoa Hao*), fondée par le jeune Huynh Phu So, est apparue dans le delta du Mékong en 1939. Guéri miraculeusement d'une maladie chronique, So commença à prêcher auprès du petit peuple un bouddhisme réformé, en s'appuyant sur la foi personnelle plutôt que sur des rites. Sa philosophie préconise la simplicité du culte et nie le besoin d'un intermédiaire entre les êtres humains et l'Être suprême. Le bouddhisme Hoa Hao compterait actuellement 1,5 million de fidèles.

Christianisme

Le catholicisme a été introduit au XVIe siècle par des missionnaires. Aujourd'hui, le Vietnam est le deuxième pays catholique d'Asie après les Philippines : sa population compte en effet de 8 à 10% de catholiques. Sous le régime communiste, leur liberté religieuse avait été fortement réduite : les Églises étaient officiellement assimilées à des institutions capitalistes et considérées par le gouvernement comme un dangereux contre-pouvoir. Depuis 1990, toutefois, l'État conduit une politique plus libérale et la religion catholique effectue un retour en force.

Les premiers protestants firent leur apparition au Vietnam en 1911. Les 200 000 pratiquants vietnamiens sont en majorité des montagnards des hauts plateaux. Les protestants ont été persécutés par Diêm, catholique intransigeant, avant de l'être ensuite par les communistes.

Islam

Il y a environ 70 000 musulmans au Vietnam (essentiellement des Chams et plutôt dans le Sud). Les Chams ont un peu transformé la théologie et la loi islamiques : ils ne prient que le vendredi et ne célèbrent le ramadan que pendant trois jours. Leur rite a traditionnellement coexisté avec l'animisme et le culte des dieux védiques. Aujourd'hui, beaucoup ont adopté des pratiques plus orthodoxes et de nouvelles mosquées sont en construction, les Chams ayant eu plus de contacts avec le reste du monde islamique.

Hindouisme

Le royaume du Champa a été profondément influencé par l'hindouisme, et beaucoup de tours cham (qui servaient jadis de sanctuaires hindous) renferment un *lingam* (symbole phallique de Shiva, lié à la fertilité) que Vietnamiens et Chinois vénèrent encore. Après la chute du Champa, au XVe siècle, beaucoup de Chams demeurés au Vietnam se sont convertis à l'islam, tout en continuant de pratiquer des rites et coutumes brahmaniques. Des centaines de milliers d'autres Chams ont migré au Cambodge, où ils constituent aujourd'hui une minorité importante.

Environ 60 000 Chams du Vietnam se disent hindous. Ils vivent pour la plupart dans la même région que les Chams musulmans, autour de Phan Rang, sur la côte sud.

Le caodaïsme est un mélange de croyances et de philosophies du monde entier. Parmi ses prophètes figurent Bouddha, Confucius, Jésus-Christ, Moïse et Mahomet, ainsi que, entre autres guides spirituels, Jeanne d'Arc, Shakespeare et Victor Hugo.

Ces dernières années ont vu la construction de nouveaux grands temples bouddhiques, notamment le Chua Bai Dinh (p. 150), et d'immenses statues de Bouddha ont été érigées sur le littoral de Danang et de Vung Tau.

PAGODE OU TEMPLE ?

Comment faire la différence ? En fait, les Vietnamiens considèrent une pagode (ou *chua*) comme un lieu de prières et d'offrandes. À l'inverse, un temple (ou *den*) n'est pas tant un lieu de dévotions qu'un monument élevé à la gloire d'une grande figure historique (Confucius, Tran Hung Dao ou même Hô Chi Minh).

Le temple caodaïste, lui, relève un peu des deux, comme on pourrait s'y attendre d'un culte fondé sur un syncrétisme total.

> **LE CULTE DES ANCÊTRES**
>
> Le culte des ancêtres existait chez les Vietnamiens bien avant le confucianisme ou le bouddhisme. Selon cette croyance, l'âme du défunt survit après sa mort et protège ses descendants. À considérer l'influence que les esprits des ancêtres exercent sur la vie de chacun, il n'est pas seulement honteux, mais tout bonnement dangereux, de les contrarier ou de leur refuser le repos.
>
> Les Vietnamiens honorent régulièrement les esprits de leurs ancêtres, particulièrement à l'anniversaire de leur mort. Ils offrent ce jour-là des sacrifices au dieu du foyer et à l'âme des ancêtres. Prières et offrandes sont alors censées apporter la prospérité ou permettre de recouvrer la santé. La possession d'un autel familial et la propriété d'un morceau de terrain pour assurer financièrement l'"entretien" des ancêtres sont nécessaires à la pratique de ce culte.

La condition féminine

Comme c'est encore le cas dans beaucoup d'autres pays d'Asie, les Vietnamiennes assument des tâches nombreuses et pénibles sans aucune contrepartie décisionnelle (et financière). Dans les campagnes, elles travaillent aux champs, cassent les pierres sur les chantiers et portent de lourdes palanches. Pendant la guerre du Vietnam, ces femmes se sont révélées de redoutables combattantes, mais n'ont pourtant été remerciées, à la fin du conflit, que par de belles paroles, les hommes ayant, pour leur part, accaparé tous les postes importants.

Les mesures gouvernementales en faveur de la limitation à deux enfants par famille sont de nouveau d'actualité, du moins dans les zones urbaines, donnant aux femmes plus d'indépendance, et leur permettant de retarder leur mariage pour continuer leurs études. Si 50% de la population étudiante est féminine, les compétences de ces jeunes filles semblent, hélas, assez peu mises à profit à leur sortie de l'université.

> D'une manière ou d'une autre, beaucoup de femmes (un nombre estimé à plus de 2 millions) finissent par se prostituer, travaillant dans des salons de massage, des clubs de karaoké ou des bars douteux.

Arts
Musique traditionnelle

Bien que fortement influencée par les traditions musicales chinoise, khmère et cham, la musique traditionnelle vietnamienne a son propre style. Le système traditionnel de transcription musicale et la gamme pentatonique (à cinq tons) sont, certes, d'origine chinoise, mais la musique chorale vietnamienne est unique : la mélodie épouse l'accentuation des paroles – ainsi, elle ne peut pas monter la gamme sur un mot au ton descendant.

Le folklore vietnamien se chante généralement *a capella*. Le Parti communiste l'a adapté pour créer de nombreux chants patriotiques.

La musique classique, ou "musique savante", est assez rigide et cérémonieuse. Elle était jouée à la cour impériale pour distraire les mandarins. Il existe deux types de musique de chambre classique : le *hat a dao*, originaire du Nord, et le *ca Hue*, originaire du Centre.

La musique traditionnelle se joue sur de nombreux instruments typiques, dont certains très anciens, à l'image des *dong son*, des tambours aujourd'hui très recherchés par les collectionneurs. L'instrument traditionnel le plus surprenant est sans doute le *dan bau*, une cithare monocorde produisant une gamme de sons étonnante. Par ailleurs, le *dan tranh*, cithare à 16 cordes aux sonorités obsédantes, et le *to rung*, grand xylophone de bambou, sont fréquemment utilisés dans les concerts de musique folklorique.

Vous pourrez écouter la musique traditionnelle vietnamienne dans les restaurants et les musées de Hanoi, de Hô Chi Minh-Ville et de Hué.

> La réforme économique, ou *doi moi*, a débuté en 1986. La collectivisation avait quasi ruiné le pays et avait transformé le grenier à riz de la région en un importateur de ce même produit. Lorsque l'aide soviétique a diminué, le Parti communiste a compris qu'il devrait évoluer pour survivre. Des réformes encourageant le marché libre ont été peu à peu mises en place, et l'économie vietnamienne a commencé à décoller.

> **PÂLE DE PRÉFÉRENCE**
>
> Les Vietnamiens préfèrent les peaux claires : voilà pourquoi vous verrez parfois de jeunes élégantes abriter leur visage sous un parapluie. Les paysannes tentent de se préserver du soleil en portant des chemisiers à manches longues, des gants montant jusqu'aux coudes et un chapeau conique, et en s'enveloppant la tête dans une serviette. Dire à une Vietnamienne qu'elle a la peau blanche est un grand compliment, et la féliciter pour son "joli bronzage", une insulte.

Musiques actuelles

La scène musicale vietnamienne est assez sage. Il y a bien du hip-hop (le parc Lénine à Hanoi est un haut lieu de rencontre des breakdancers), du rock et du punk (consultez le programme du Hanoi Rock City) et d'electro, mais peu de rébellion à l'horizon. Le hip-hop est plus préoccupé par les techniques de danse que par la contestation de l'ordre établi.

La chanteuse la plus célèbre, Khanh Ly (www.khanhly.com), a quitté le pays en 1975 pour les États-Unis. Elle est aussi populaire au Vietnam qu'à l'étranger. Il est très facile de trouver ses disques au Vietnam, mais le gouvernement vietnamien n'apprécie guère ses dernières compositions évoquant ses souvenirs pénibles de réfugiée.

L'enfant chéri du pays, né à Hué, se nomme Quang Linh. Les Vietnamiens, tous âges confondus, adorent ses chansons d'amour.

Le sex-symbol Phuong Thanh est une icône de la pop vietnamienne, connue pour s'être exprimée sur des questions comme l'homosexualité ou la prostitution. Parmi les groupes qui font fureur, citons Microwave (rock), Black Infinity (métal), Giao Chi (punk) et 6789 (rock alternatif).

Trinh Cong Son, mort en 2001, était un auteur-compositeur prolifique, qui écrivait des chansons pacifistes ; Joan Baez l'avait surnommé "le Bob Dylan du Vietnam".

> Association fondée en 1981, Tieng Hat Que Huong a pour but de préserver, de développer et de promouvoir la musique traditionnelle vietnamienne en mettant en relation les artistes, jeunes ou plus expérimentés. Consultez leur site www.tienghatquehuong.com et repérez les prochains spectacles présentés à HCMV.

Danse

Les danses folkloriques se pratiquent généralement pendant les cérémonies et les festivals, mais le tourisme les a banalisées. Intéressante et spectaculaire, la danse des chapeaux coniques met en scène des femmes revêtues d'un *ao dai* (le costume traditionnel) dont les coiffes tournoient et s'entrelacent.

Les minorités possèdent leurs danses traditionnelles propres.

Théâtre et marionnettes

Des dizaines de troupes et de compagnies subventionnées présentent, dans tout le pays, les diverses formes de théâtre vietnamien, lequel intègre musique, chant, récitation, déclamation, danse et mime.

Le théâtre classique, très cérémonieux, s'appelle *hat tuong* dans le Nord et *hat boi* dans le Sud. Très nettement influencé par l'opéra chinois, il lui emprunte sa gestuelle et ses décors. Un orchestre de six musiciens, dominé par le tambour, l'accompagne.

> *Gai nhay* ("Les entraîneuses") réalisé par Lê Hoang, a fait sensation lors de sa sortie en 2003. Il relate l'histoire de deux prostituées séropositives.

Le théâtre populaire *(hat cheo)* a pour objet la satire sociale. On y chante et y déclame des mots de tous les jours, en recourant à de nombreux proverbes et dictons. La plupart des mélodies sont d'origine paysanne.

Le théâtre moderne *(cai luong)*, né dans le Sud au début du XXe siècle, est largement influencé par l'Occident. Le théâtre parlé *(kich noi* ou *kich)*, inspiré du théâtre occidental, est apparu dans les années 1920 ; il trouve ses adeptes parmi les étudiants et les intellectuels.

Les marionnettes conventionnelles *(roi can)* et les marionnettes sur l'eau *(roi nuoc)*, art exclusivement vietnamien, tirent leurs intrigues des mêmes légendes que les autres formes de théâtre traditionnel.

Il y a plusieurs théâtres de marionnettes sur l'eau à Hanoi et à Hô Chi Minh-Ville. Pour en savoir plus sur cette forme d'art originale, voir p. 75.

Cinéma

Le film réalisé à l'occasion de la proclamation d'indépendance de Hô Chi Minh, en 1945, est l'une des premières contributions du Vietnam au septième art. Par la suite, sous l'égide du ministère de l'Information, des reconstitutions de certains épisodes de la guerre d'Indochine, comme la bataille de Dien Bien Phu, ont été tournées. Avant la réunification, l'industrie cinématographique du Sud-Vietnam produisait principalement des séries B spectaculaires à petits budgets, tandis que le Nord-Vietnam voyait surtout dans le cinéma un moyen de propagande.

La production contemporaine comprend aussi bien des films de guerre que des comédies romantiques.

Dans *Un général à la retraite*, de Nguyên Khac (1988), le personnage central doit passer de sa condition de soldat pendant la guerre contre les Américains, à la vie civile.

Dang Nhât Minh, né en 1936, est le réalisateur vietnamien le plus prolifique. Dans *La Fille sur la rivière*, 1987), l'histoire émouvante d'une journaliste qui aide une ex-prostituée à retrouver un ancien amant, un soldat viêt-cong à qui elle a sauvé la vie et auquel elle était promise. Dans *Le Retour*, (1993), il s'interroge sur la complexité des relations modernes à travers le personnage d'un *boat people* de retour à HCMV.

En nombre croissant, de jeunes réalisateurs expatriés se font une place sur la scène internationale et sont récompensés dans les festivals.

L'Odeur de la papaye verte (1992), très beau film tourné en France par Tran Anh Hung, relate le passage à l'âge adulte d'une jeune paysanne employée comme servante, dans les années 1950, chez une riche famille saïgonnaise. Étonnant sur le plan visuel, *Cyclo* (1995), Lion d'or à Venise, explore les bas-fonds de HCMV. *À la verticale de l'été* (2000) montre le quotidien de trois sœurs tiraillées entre traditions et modernité et donne à voir la beauté des paysages vietnamiens.

L'Américano-Vietnamien Tony Bui a remporté un immense succès avec son premier et superbe film *Trois Saisons* (2000). Situé dans l'actuelle HCMV, il entrelace les vies de quatre personnages et leurs rapports avec un vétéran américain (joué par Harvey Keitel), venu au Vietnam retrouver sa fille.

Littérature

On distingue traditionnellement trois genres littéraires. La littérature orale traditionnelle *(truyên khâu)* se perpétue depuis des temps immémoriaux ; elle comprend les légendes, les chansons folkloriques et les proverbes. La littérature sino-vietnamienne, quant à elle, s'écrivait en caractères chinois *(chu nho)* : influencée par les textes confucéens et bouddhiques, elle obéissait à des règles métriques et de versification très strictes. Enfin, la littérature moderne *(quôc âm)* recouvre la totalité des écrits en caractères *nôm*. Le premier grand texte écrit en *nôm*, *Van Te Ca Sau* (Ode à un alligator), date du XIIIe siècle.

Nguyên Du (1765-1820), poète, homme de lettres, mandarin et diplomate, est l'auteur du chef-d'œuvre de la littérature vietnamienne, *Kim Vân Kiêu (La Légende de Kiêu)*, qui date du début du XIXe siècle, période de grande activité littéraire.

Architecture

Les Vietnamiens n'ont pas été de grands constructeurs de l'histoire comme leurs voisins khmers ou comme les Chams, dont vous verrez les tours et les temples dans le sud du pays. Pour en savoir plus sur l'architecture vietnamienne, voir p. 475.

La Saison des goyaves (2000), de Dang Nhât Minh raconte, sur un mode intimiste, 50 ans de l'histoire du Vietnam à travers les souvenirs d'un pauvre hère de Hanoi.

Les Paradis aveugles (Des Femmes, 1991) se déroule dans un village du Nord et dans un quartier pauvre de Hanoi. Son auteur, Duong Thu Huong, une ancienne communiste, connut la prison après-guerre pour ses écrits et sa lutte en faveur de la démocratie. À lire aussi : *Roman sans titre* (Des Femmes, 1992), *Au-delà des illusions* (Philippe Picquier, 2000) et *Histoire d'amour racontée avant l'aube* (L'Aube, 2001).

> **L'ART DE LA LAQUE**
>
> Ce sont les Chinois qui initièrent les Vietnamiens à l'art de la laque, au milieu du XVe siècle. Au cours des années 1930, des professeurs japonais, appelés par l'École des beaux-arts de Hanoi, enseignèrent de nouveaux styles et de nouvelles méthodes de production d'objets laqués.
>
> La laque, ou *son mai*, est une résine que l'on extrait d'un arbre, le sumac (*Rhus Vernaciflua*), ou *cay son*. Ce latex, blanc crémeux à l'état brut, devient noir ou brun une fois mélangé avec des pigments et laissé au repos une quarantaine d'heures dans un récipient en fer. L'objet à laquer (traditionnellement en teck) reçoit d'abord un fixatif, puis dix couches de laque au minimum. Il faut laisser sécher chaque couche une semaine, puis la poncer, d'abord avec une pierre ponce, puis avec un os de seiche, avant d'appliquer la couche suivante. Une laque spécialement raffinée est utilisée pour la onzième et dernière couche, que l'on polit avec de la chaux et une fine poussière de charbon avant de passer à la décoration. Les motifs peuvent être gravés en léger relief, peints ou incrustés de nacre, de coquille d'œuf, d'argent, voire d'or.

Peinture et sculpture

La peinture sur soie, qui remonte au XIIIe siècle, fut longtemps le domaine réservé de calligraphes lettrés qui aimaient également représenter la nature. On réalisait également de cette façon les portraits des défunts pour le culte des ancêtres.

Au cours du XXe siècle, la peinture vietnamienne fut fortement influencée par l'Occident. Quant aux œuvres récentes, elles tirent leur inspiration de thèmes politiques plus que de préoccupations esthétiques. Certaines de ces œuvres sont cependant aujourd'hui très prisées et font l'objet de collections.

La libéralisation économique a incité beaucoup de jeunes artistes à abandonner les thèmes révolutionnaires en faveur de sujets plus commerciaux. Certains sont revenus à la peinture sur soie ou à la laque, tandis que d'autres se lancent dans de nouvelles expériences. Hanoi et Hoi An abritent ainsi de remarquables galeries d'art.

Les Chams sculptaient d'étonnantes statues de grès destinées à orner leurs sanctuaires hindouistes ou bouddhiques, profondément influencés par l'art indien. Le musée de la Sculpture cham de Danang (p. 188) abrite la plus grande collection de ces œuvres au monde. Pour plus de détail sur l'architecture cham, reportez-vous p. 252.

Sports

Le football est extrêmement populaire. Pendant les compétitions internationales, la moitié du pays reste éveillée toute la nuit à regarder les matchs en direct. L'équipe nationale, l'une des meilleures formations de la région, a remporté en 2008 le Championnat d'Asie du Sud-Est, mais elle n'a encore que peu de poids sur la scène internationale et ne s'est encore jamais qualifiée pour la Coupe du monde.

Le tennis est actuellement un sport en vogue chez les Vietnamiens aisés, qui aiment autant le pratiquer que le regarder. Le golf suscite également un intérêt croissant, et des *greens* sont aménagés un peu partout dans le pays. Les tarifs d'inscription prohibitifs en réservent cependant l'accès aux plus fortunés.

Le sport national reste le badminton, et chaque rue représente un terrain de jeu potentiel. Le volley-ball et le ping-pong sont aussi très prisés.

Les ethnies montagnardes

Jeunes filles hani dans la province de Lai Chau transportant des tiges de riz

Une mosaïque de minorités ethniques peuple les hauts plateaux du Vietnam. Aller à leur rencontre, visiter leurs marchés bigarrés constitue une expérience inoubliable.

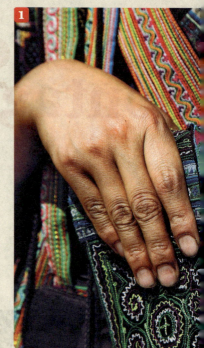

Les Français ont baptisé "montagnards" ces minorités, tandis que les Vietnamiens les ont longtemps désignés par le vocable peu flatteur de *moi* ("sauvages"). L'actuel gouvernement préfère parler de *nguoi thuong* "peuple des hauts plateaux".

C'est dans l'extrême Nord, au cœur du superbe massif s'étirant à la frontière de la Chine et du Laos, que résident les minorités dont l'apparence est la plus caractéristique. La plupart portent d'étonnantes parures tissées à la main et parfois extrêmement élaborées. Les ethnies des hauts plateaux du Centre se distinguent plus difficilement du reste de la population, du moins par l'habillement.

Plusieurs de ces ethnies vivent au Vietnam depuis des milliers d'années, d'autres, comme les Hmong, sont arrivées de Chine au cours des siècles derniers. Les zones qu'elles occupent sont généralement délimitées par l'altitude, les populations les plus récemment arrivées étant celles installées le plus haut.

Chaque ethnie possède une langue, des coutumes, des croyances et un habillement distinct. La langue et la culture tracent les frontières de leur territoire. Certaines sont tiraillées entre traditions ancestrales et civilisation contemporaine, d'autres ont complètement assimilé le monde moderne.

Presque toutes ces ethnies partagent un mode de vie rural, une architecture et des rituels similaires. La plupart sont semi-nomades et pratiquent la culture sur brûlis. Afin de les pousser à adopter une agriculture plus standard sur les terres de basse altitude, l'État a pris des mesures incitatives – financement de l'irrigation, éducation, accès au soin… –, mais la tradition d'indépendance de ces minorités, et une méfiance bien ancrée envers les Viêt, continuent de les tenir éloignées des plaines.

Comme dans d'autres régions d'Asie, la culture ancestrale des minorités ethniques se délite peu à peu sous l'action des influences extérieures. Nombre de montagnards ne portent plus les vêtements traditionnels, et ceux qui les conservent (principalement les femmes) vivent souvent dans les villages les plus reculés de l'extrême Nord.

UN HÉRITAGE DE LA GUERRE

Pendant la guerre du Vietnam, beaucoup de montagnards du Centre ont été enrôlés au sein de "groupes irréguliers de défense civile" mis en place par les forces spéciales de l'armée américaine (les "Bérets verts"), qui les considéraient comme les guerriers les plus courageux les plus loyaux du camp sud-vietnamien.

Après la fin du conflit, en 1975, certain de ces combattants ont poursuivi la lutte contre le gouvernement communiste de Hanoi. Ainsi, le Front unifié pour la libération des races opprimées (Fulro) a mené une guérila contre l'armée vietnamienne jusque dans les années 1980.

De gauche à droite
1. Broderies hmong noir au marché de Sapa **2.** Jeune fille hmong blanc de Sinho **3.** Enfants hmong fleur à Cao Son

Les minorités aujourd'hui

Dans certaines régions, le tourisme modifie la donne. Avec le nombre croissant de visiteurs, se multiplient aussi les contacts avec les habitants des plaines, négociants avisés, et la société de consommation à l'occidentale. Ainsi, les montagnards abandonnent-ils souvent l'agriculture au profit de sources de revenu plus faciles. On peut voir certains enfants, en particulier à Sapa, mendier de l'argent ou des bonbons et d'autres sèchent l'école pour vendre des babioles aux touristes. Pis, le tourisme local a créé un marché pour les bars à karaoké, les massages et la prostitution, où des femmes issues des minorités se retrouvent entraînées. Cependant, il existe désormais des tour-opérateurs dirigés par des Hmong (p. 129) qui financent des projets éducatifs et de développement.

Les montagnards jouissent d'une certaine autonomie et les enfants continuent d'apprendre leur propre langue. La défense de ces prérogatives reste une question sensible dans certaines parties des hauts plateaux du Centre, où les tensions sont encore vives. Même si les mentalités évoluent, les préjugés à l'encontre des montagnards perdurent. Les médias du pays continuent souvent de les présenter comme des peuples primitifs et exotiques. Les Vietnamiens ont aussi tendance à percevoir ces communautés comme subversives, certaines s'étant rangées du côté américain pendant la guerre.

La réalité est que les montagnards stagnent au bas de l'échelle pour ce qui est de l'éducation et de l'économie. Malgré des progrès en matière de scolarisation et d'accès aux soins, la plupart se marient jeunes, ont de nombreux enfants et meurent précocement. Ils forment toujours la fraction la plus déshéritée de la société vietnamienne, avec 52% de pauvres contre 10% dans le reste de la population selon les chiffres de la Banque mondiale en 2006.

De gauche à droite
1. Vieille femme hmong fleur en costume traditionnel
2. Femme cong sur un radeau en bambou, Muong Tei
3. Femme dzao rouge portant une coiffe typique

MOUVEMENTS DE PROTESTATION

Nombre de montagnards se sentent exclus du reste de la société. Des tensions religieuses – beaucoup sont chrétiens – et relatives à la propriété – des Vietnamiens des plaines ont colonisé leurs terres – couvent depuis des décennies.

Des mouvements de protestation ont éclaté à plusieurs reprises ces dernières années. En 2001 et 2004, des manifestations dans les hauts plateaux du Centre se sont soldées par des arrestations, la mort de 8 personnes et la fuite à l'étranger d'un millier d'autres.

En mai 2011, le rassemblement de 7 000 Hmong demandant la liberté de culte et davantage d'autonomie dans la province de Dien Bien Phu a été réprimé par l'armée et fait l'objet d'un nouveau black-out. Le Center for Public Policy Analysis, une source américaine, parle de 28 victimes, chiffre non confirmé. Le gouvernement vietnamien a accusé des "éléments perturbateurs" d'avoir poussé la communauté à réclamer la création d'un territoire hmong indépendant. D'après les autorités, "tous les niveaux du parti et de l'État s'emploient à régler la situation à Muong Nhe afin que la vie des compatriotes de la région puisse revenir à la normale".

La mosaïque ethnique

Le Vietnam reconnaît 53 minorités ethniques représentant 14% de la population. Certaines ne compte que quelques centaines de membres, d'autres plus d'un million. Au total, les montagnards sont au nombre de 11 millions.

Bahnar

Les Bahnar (175 000 individus) auraient migré il y a fort longtemps du littoral vers les hauts plateaux du Centre. Animistes, ils vénèrent des arbres comme le banian et le ficus. Ils ont leur propre calendrier, qui consacre 10 mois aux cultures et réserve les 2 mois restants aux obligations sociales et personnelles (mariages, tissage, cérémonies). Selon leur tradition, les bébés âgés de 1 mois intègrent la communauté du village après une cérémonie de percement d'oreille. Les Bahnar portent un costume similaire à celui des Jarai.

Dzao

Les Dzao (ou Zao/Dao), l'un des principaux groupes ethniques (650 000 individus), vivent dans le Nord-Ouest. Ils pratiquent le culte des ancêtres *(ban ho)*, et sacrifient des animaux au cours de rituels complexes. Leur proximité avec la Chine explique l'usage de la médecine traditionnelle et la similitude de l'écriture *nôm dao* avec les caractères chinois. Les Dzao sont connus pour leurs costumes élaborés. Les vêtements féminins associent des tissages recherchés, des perles et des pièces en argent. Leurs longs cheveux, rasés au sommet du front, sont noués dans un grand turban rouge ou brodé.

Ede

Polythéistes, les Ede (270 000 individus) vivent dans de longues maisons sur pilotis, sans poutre, en forme de bateau, qui abritent la famille étendue. Un tiers de l'espace est réservé à l'usage collectif ; le reste est compartimenté pour l'intimité des

De gauche à droite
1. Jeune villageoise montagnarde, Coc Ly **2.** Femme dzao noir avec son enfant, Tien Binh **3.** Hani à Muong Tei

uples mariés. Comme les Jarai, les Ede
nt matrilinéaires. Les filles demandent
 garçons en mariage ; le couple vit avec
 famille de l'épouse et les enfants portent
 nom de famille de leur mère. L'héritage
vient aux femmes. Celles-ci portent une
ste brodée de couleurs vives et des bijoux
 cuivre et en argent. Les Ede résident
tour de Kon Tum et de Dac Lac.

Hmong

nigrés de Chine au XIXe siècle, les Hmong
00 000 individus) forment l'un des plus
portants groupes ethniques du pays. Ils
uplent l'extrême Nord, mais les touristes
 croiseront surtout à Sapa ou à Bac Ha.
 plupart sont animistes et vénèrent les
orits. Ils vivent en altitude, où ils cultivent
 pluvial et plantes médicinales (dont le
vot, bien que de moins en moins sous la
ession de l'État) et élèvent du bétail. Ils se
visent en sous-groupes, dont les Hmong
irs, blancs, rouges, verts et fleurs, qui se
tinguent par de subtiles variations de
stume. Les Hmong noirs se reconnaissent
eur tenue couleur indigo ; les femmes

portent des jupes, des tabliers, des guêtres
et des chapeaux cylindriques. Les femmes
hmong fleurs arborent des costumes aux
bandes multicolores et se parent de larges
colliers, de boucles d'oreille et de bracelets
en argent. Les Hmong vivent aussi au Laos
et en Thaïlande et beaucoup ont aussi
trouvé refuge dans les pays occidentaux.

Jarai

Cette minorité (340 000 individus) est la
plus importante des hauts plateaux du
Centre, notamment autour de Pleiku. Leur
village, qui prend souvent le nom d'une
rivière proche ou d'un chef tribal, est bâti
autour d'une maison commune *(nha-rong)*.
Les femmes demandent les hommes en
mariage par l'intermédiaire d'une marieuse.
Les croyances et les rituels animistes sont
vivaces, et les Jarai rendent hommage à
leurs ancêtres et à la nature par le biais de
génies *(yang)*. Ils construisent des cimetières
élaborés où ils dressent des totems à la
ressemblance des défunts. Ils fabriquent
des gongs en bronze et utilisent des tubes
de bambou comme flûtes et percussions.

Muong

Établis surtout dans les environs de Hoa Binh, les Muong (1,4 million d'individus), une ethnie patriarcale, résident dans des hameaux sur pilotis. Leur culture est proche de celle des Thaï. Ils sont réputés pour leur littérature, leurs poèmes et leurs chants. Ils utilisent des instruments de musique comme le gong, le tambour, les flûtes et le violon à deux cordes.

Nung

Les Nung (750 000 individus) habitent dans de petits villages du Nord-Est. Leur foyer est divisé en deux parties : l'une réservée à l'habitation, l'autre au travail et aux dévotions. Du culte des ancêtres aux fêtes, ils s'apparentent aux Tay sur le plan spirituel et social. Les jeunes filles exigent en général une dot importante de leur futur époux. La plupart de leurs villages comptent un chaman. Les Nung s'illustrent par la qualité de leur artisanat, comme la vannerie.

Sedang

Originaires des hauts plateaux du Centre, les Sedang (140 000 individus) ont subi des siècles de guerre et d'invasions (de la part des Chams et des Khmers). Ils ne portent pas de nom de famille et respectent une totale égalité des sexes. Ils prennent soin de leurs neveux ou nièces aussi bien que de leurs propres enfants. Les Sedang ont des pratiques sans équivalent ailleurs, comme l'abandon des tombes, le partage des biens avec les défunts et l'accouchement à l'orée d'un bois.

Tay

Venus de Chine, les Tay (1,5 million d'individus), la plus importante des ethnies montagnardes, vivent à basse altitude dans le Nord. Ils ont adopté le bouddhisme, le confucianisme et le taoïsme, mais vénèrent aussi des génies et des esprits. Ils possèdent une écriture propre élaborée au XVIe siècle et leur littérature et leurs arts sont renommés. Un Tay, Nông Duc Manh, a été secrétaire général du Parti communiste pendant 10 ans jusqu'en janvier 2011.

De gauche à droite
1. Jeune fille dzao rouge, Ta Phin **2.** Muong pêchant des coquillages, Lai Chau **3.** Enfants hmong fleurs, Coc Ly

Thaï

Originaires du sud de la Chine, les Thaï (1,4 million d'individus) se sont installés sur les rives des fleuves du Nord-Ouest, entre Hoa Binh et Muong Lay. Leurs villages se composent de 40 à 50 maisons sur pilotis. Les sous-groupes se distinguent par des couleurs. Les femmes thaï noir portent des blouses et des coiffes éclatantes, tandis que les Thaï blancs adoptent plutôt des tenues occidentales. Les Thaï, dont l'écriture remonte au Ve siècle, ont produit une littérature fort diverse.

RÈGLES DE CONDUITE

Les jeunes filles de Sapa ont beau être munies de téléphones portables, la culture traditionnelle reste forte dans ces communautés. Les directives suivantes s'inspirent d'un panneau vu dans le village de la minorité giay de Ta Van.
» Évitez de porter un serre-tête ou un bandana blanc : cela renvoie au deuil et aux funérailles.
» Abstenez-vous de manifester votre affection en public et de porter des vêtements suggestifs.
» N'entrez pas dans une maison où des feuilles, os ou plumes pendent à l'entrée ou du toit.
» N'entrez pas chez quelqu'un avec votre sac sur le dos, mais portez-le à la main.
» Si vous passez la nuit dans un village, respectez le sommeil des habitants, qui se couchent tôt.
» Ne prenez pas en photo ou ne touchez pas la tête des bébés.
» Ne photographiez pas les gens sans leur demander la permission.
» Montrez l'exemple en ne consommant pas de drogue et ne cherchant pas à vous en procurer.
» Respectez les symboles et rites religieux.
» N'encouragez pas la mendicité. Plutôt que d'offrir de l'argent ou des cadeaux aux enfants qui acceptent d'être pris en photo, mieux vaut embaucher un guide local, aider les institutions caritatives ou faire un don à une école.

Rencontrer les montagnards

Avant tout, ne ratez pas le musée d'Ethnographie de Hanoi (p. 54), passionnante introduction aux cultures des hauts plateaux.

Les minorités ethniques sont dispersées dans les hauts plateaux du Centre et du Nord. Sapa est le meilleur endroit pour les rencontrer, notamment les Hmong noirs et les Dzao rouges. Dans la même région, autour de Bac Ha, les marchés colorés des Hmong fleurs valent le détour.

Loger dans la maison d'une minorité ethnique constitue un temps fort ; les Thaï blancs de Mai Chau sont réputés pour leur hospitalité. D'autres localités du Nord-Ouest, telles Ha Giang et Lai Chau, offrent la possibilité de côtoyer des montagnards.

Plus à l'est et moins fréquentée, la province de Cao Bang abrite plusieurs minorités, dont des Hmong, des Nung et des Tay. Lang Son, aussi habitée par plusieurs groupes ethniques, voit encore moins de touristes.

Dans les hauts plateaux du Centre, Buo Ma Thuot, Dalat, Kon Tum et Pleiku sont des bases idéales pour rencontrer Bahnar, Jarai et Sedang. Cependant, ils ont pour l plupart délaissé le costume traditionnel e vous serez moins étonné que dans le Nord

CINQ LIEUX PHARES

Sapa (p. 129) Dzao et Hmong habitent les spectaculaires vallées qui entourent cette station climatique.

Bac Ha (p. 137) Ville réputée pour son marché, qui attire les Hmong fleurs de toute la région.

Mai Chau (p. 121) Une jolie vallée peuplée de Thaï blancs très hospitaliers.

Cao Bang (p. 115) Les montagnes escarpées abritent plusieurs minorités.

Kon Tum (p. 302) Haut lieu pour les minorités dans les montagnes du Centre.

Ci-dessous
Vieille femme dzao rouge au marché de Sapa

Architecture

L'architecture vietnamienne »
Les édifices coloniaux »
Les pagodes et les temples »
L'influence soviétique »

La mairie de style colonial de Hô Chi Minh-Ville

L'architecture vietnamienne

L'architecture traditionnelle sort de l'ordinaire : la plupart des constructions sont des structures de plain-pied surmontées de lourds toits de tuile et reposant sur un grand cadre en bois, afin de résister aux typhons. Dans les zones rurales, les maisons, en bois, sont montées sur pilotis pour les préserver des crues saisonnières, mais aussi des serpents et des animaux sauvages. Le bambou et les feuilles de palmier, dont sont faits les toits, sont adaptés au climat de mousson. La maison est compartimentée pour le couchage, la cuisine et la conservation des aliments, tandis que le bétail vit au-dessous de la maison.

Autre incongruité, les "maisons-tunnels" très étroites de la vieille ville de Hanoi, ainsi construites afin de limiter l'impôt, proportionnelle à la largeur du bâtiment.

Pour ce qui est des villes, on songe à l'affiche de propagande qui proclamait : "Un morceau de terre, un morceau d'or". Les immeubles de béton, parfois hauts de 7 étages et d'une architecture douteuse, y poussent de façon anarchique au milieu de terrains vagues ou de rizières. Les lois d'urbanisation (ou leur absence) autorisent les propriétaires à bâtir à leur guise : les constructions de ciment peint en vert citron ou en rose, ornées de fenêtres-miroirs, de balcons inspirés du style français ou de détails chinois sont au goût du jour. Le front de mer de Cat Ba en offre un bon exemple.

TOURS D'HORIZON

» **Bitexco Financial Tower** (Hô Chi Minh-Ville ; 269 m). Achevée en 2010, cette tour offre une splendide vue sur la ville.

» **Keangnam Hanoi Landmark Tower** (Hanoi ; 345 m). Ce gratte-ciel de verre élevé en 2011 est le plus haut du Vietnam.

» **PVN Tower** (Hanoi). La tour que prévoit de construire la compagnie Petrovietnam doit atteindre 400 m.

De haut en bas et de gauche à droite
1. Le village flottant de Chau Doc **2.** Maison mnong, près de Dalat **3.** Maison communale bahnar à Kon Tun

Les édifices coloniaux

L'héritage français est très présent dans l'architecture. L'hégémonie de la puissance coloniale s'est traduite par la construction d'imposants édifices néoclassiques qui bordent toujours de nombreux boulevards.

La plupart ont été abandonnés dans les années 1950, car ils symbolisaient une époque que l'on voulait oublier. De récents travaux de rénovation ont toutefois rendu leur splendeur d'antan à certains bâtiments, tels l'ancien hôtel de ville (siège du Comité du peuple) à HCMV ou l'hôtel Sofitel Metropole à Hanoi. À HCMV, prenez le temps d'admirer le splendide hall et le plafond voûté de la poste centrale, conçus par Gustave Eiffel. Haiphong garde aussi de nombreux témoignages architecturaux de la présence française.

Dans le quartier français de Hanoi, des villas tombées en ruine font aujourd'hui les choux gras des promoteurs immobiliers. À Dalat, elles ont été transformées en hôtels (comme les impressionnantes villas Ana Mandara) ou en restaurants.

Les églises coloniales ont été érigées dans des styles variés. À Hanoi, l'austérité de la cathédrale néogothique Saint-Joseph est soulignée par sa pierre gris anthracite, tandis que les briques de la cathédrale de HCMV ont été importées de France.

Parmi les monuments Art déco de la période coloniale, citons la merveilleuse gare de Dalat aux fenêtres multicolores et l'élégant hôtel La Résidence à Hué.

LE STYLE COLONIAL

- » **Balcons** D'élégants balcons à colonnades ornent les bâtiments officiels.
- » **Fenêtres à persiennes** Généralement vertes ou brunes, elles font circuler l'air.
- » **Motifs en stuc** Purement décoratifs.
- » **Couleurs** Un bel ocre ou jaune moutarde.
- » **Toits en tuiles canal** Ils rappellent le sud de la France.

De haut en bas et de gauche à droite
1. Les balcons de l'Opéra de Hanoi 2. L'intérieur néoclassique du Musée de Hô Chi Minh-Ville 3. L'hôtel Sofitel Metropole de Hanoi, aujourd'hui restauré

Les pagodes et les temples

À la différence de nombreux autres pays d'Asie, les édifices religieux du Vietnam ne correspondent pas à une architecture nationale définie. Le style des pagodes reflète l'incroyable syncrétisme religieux du pays, mêlant des éléments chinois (confucianisme, taoïsme et bouddhisme mahayana), tandis que les temples cham, au sud, renvoient aux influences de la culture hindoue et de l'Empire khmer.

Les Pagodes

Les pagodes *(chua)* intègrent des motifs chinois et sont conçues selon un schéma identique : elles sont bâties autour de jardins intérieurs et ornées de nombreuses statues et stèles. La plupart sont surmontées d'un toit simple ou double aux coins fortement recourbés, mais d'autres, à l'image de la pagode Thien Mu à Hué, prennent la forme d'une tour *(thap)* à plusieurs niveaux.

Les pagodes vietnamiennes sont conçues selon les règles du *feng shui* (ou *dia ly* au Vietnam), pour être en harmonie avec l'environnement. La plupart sont des lieux de culte bouddhiste, mais certaines sont dédiées à une divinité locale. Elles sont le plus souvent de plain-pied, avec trois portes en bois sur le devant, et plusieurs pièces à l'intérieur, ornées de statues de Bouddha, de bodhisattvas et de héros et divinités (Thiên Hâu, déesse de la Mer, est populaire sur la côte). Les guirlandes de lumières, l'encens qui s'élève, les gongs et les énormes cloches ajoutent au charme des lieux. Les jardins, souvent garnis de sculptures et d'un étang sacré (où s'ébattent parfois des tortues), relient les différentes parties du temple. Le logement pour les moines se trouve souvent à l'arrière.

Le temple de la Littérature, à Hanoi, ainsi que les très belles pagodes de la cité impériale de Hué, sont de superbes exemples de cette architecture.

De haut en bas et de gauche à droite
1. L'autel de la pagode de l'Empereur de Jade, Hô Chi Minh-Ville **2.** Pagode de Bich Dong, province de Ninh Binh **3.** Entrée de la pagode de Ha Chuong Hoi Quan, Hô Chi Minh-Ville

Les temples cham

À l'origine, les Chams pratiquaient l'hindouisme et vénéraient la triade Shiva, Brahma et Vishnu ; des éléments bouddhistes ont ensuite été introduits. La construction des temples a commencé dès le IVe siècle. Parmi les grands monuments cham, citons My Son (près de Hoi An), Po Nagar (près de Nha Trang), Po Klong Garai (près de Phan Rang), et Po Shanu (Phu Hai) près de Phan Thiet. Mais ils ont été abîmés par le temps et parfois ravagés par la guerre.

La plupart des temples cham sont en brique, avec des ornements probablement sculptés ultérieurement. Typiquement, un ensemble cham comprend le *kalan* (la tour, foyer de la divinité), les temples *kosagrha* aux toits en gradins (où sont gardés les objets de valeur des divinités) et la *gopura* (entrée). Des statues en pierre de divinités telles que Yan Po Nagar (déesse de la Campagne) et de nombreuses stèles (My Son en compte 32) commémorant des événements importants parsèment le site.

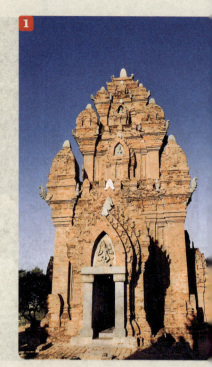

DANS LES PAGODES

» **Bodhisattvas** Humains parvenus à l'Éveil, généralement représentés sous des aspects royaux.
» **Cheung Huang Yeh** Le dieu de la Ville, très craint, équivalent de la Faucheuse.
» **Quan Âm** Déesse de la Pitié, représentée avec un visage pâle ou sous la forme d'une statue à plusieurs bras.
» **Swastika** Symbole sacré de l'Asie ancienne représentant le cœur de Bouddha.
» **Thiên Hâu** La déesse protectrice de la Mer.

De haut en bas et de gauche à droite
1. Les tours cham de Po Klong Garai, près de Phan Rang
2. Shiva dansant, sculpture des tours cham de Po Nagar, Nha Trang
3. Sculptures cham à My Son

L'influence soviétique

L'influence soviétique est patente dans de nombreux bâtiments municipaux, marchés et quartiers résidentiels. Elle a essentiellement pris la forme du style en vogue au milieu des années 1950, qui recourait à des éléments préfabriqués, du béton bon marché et des lignes modernistes stéréotypées. Même dans les petites villes, vous tomberez sur les vestiges d'un Vietnam sous influence soviétique, comme une austère façade de cinéma en béton à Hoi An ou ailleurs un hôtel de ville décati.

Des architectes et urbanistes soviétiques, tel Garold Isakovitch, séjournèrent longuement dans la capitale du Nord-Vietnam pour concevoir le mausolée de Hô Chi Minh et le buste de Lénine dans le parc du même nom à Hanoi. Vous verrez dans la capitale vietnamienne d'autres bâtiments témoignant de l'héritage soviétique, comme le siège du Comité du peuple, de style brutaliste, ou l'Assemblée nationale, où l'on décèle une influence de Le Corbusier.

Cet héritage est moins marqué à Hô Chi Minh-Ville, ce qui n'est guère surprenant, vu l'histoire de la ville. L'exception notable est le spectaculaire palais de la Réunification, tout de béton conçu par l'architecte Ngô Viêt Thu. Il a été inauguré en 1966.

Vinh, dans le Centre-Nord, est un pur produit de l'urbanisme communiste. Bombardée pendant des décennies, la ville a été anéantie (seuls deux immeubles avaient survécu en 1972), et ce sont des architectes et urbanistes d'Allemagne de l'Est qui relevèrent la ville sur le modèle de leur pays. À savoir des immeubles en béton bon marché construits à la va-vite et qui ont mal vieilli faute d'entretien. Il n'est pas impossible cependant de leur trouver un certain charme, ce qui n'est pas le cas de leurs habitants.

À droite
1. Une salle de réception du palais de la Réunification, Hô Chi Minh-Ville. **2.** Le mausolée de Hô Chi Minh à la nuit tombante, Hanoi

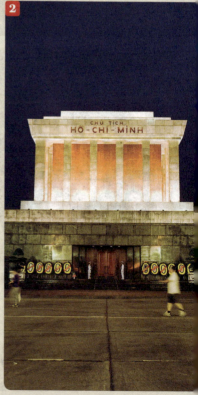

Les spécialités par région

Rouleaux de printemps au crabe

Par Andrea Nguyen, auteure reconnue de plusieurs ouvrages sur la cuisine vietnamienne et animatrice du site vietworldkitchen.com (en anglais).

Le Vietnam possède une cuisine aussi variée que ses paysages. Lorsqu'il parcourt ce territoire tout en longueur, le voyageur effectue un périple gastronomique qui le conduit de la Chine à l'Asie du Sud-Est. En dépit de sa taille modeste, il existe en la matière des différences marquées d'une région à l'autre, avec des spécificités ancrées dans la géographie, la culture et l'histoire locales. Mais au-delà de la diversité des ingrédients, des techniques et des goûts, tous les Vietnamiens se rejoignent dans un même amour pour les herbes fraîches, les nouilles et les produits de la mer.

Dans le Nord, les plats ont tendance à être doux et rustiques, avec une nette influence chinoise. La sauce soja est aussi consommée que le *nuoc mam*, le vinaigre plus souvent utilisé que le jus de citron vert ou le tamarin, le poivre noir détrône les piments et le mijotage permet d'exalter le goût des produits humbles.

Dans le Centre, l'art de la table semble avoir été miniaturisé (jusqu'aux baguettes et aux herbes). Mais grâce à l'empereur Tu Duc, fin gastronome, on y déguste l'une des meilleures cuisines du pays. On peut encore se faire servir, dans certains hôtels chics, un banquets de style impérial comprenant jusqu'à 15 petits plats raffinés. Les *banh beo* (délicates galettes de riz à la vapeur), autre héritage de la cour de Hué, sont eux vendus à tous les coins de rue. Dans le Centre, on apprécie aussi les saveurs relevées, comme en témoigne l'usage de la pâte de crevettes salée et de la citronnelle.

La cuisine du Sud, qui reflète l'abondance des récoltes tout au long de l'année, est plus copieuse, plus colorée et, selon certains, plus agréable à l'œil. Le lait de coco entre dans la composition de curries doux et d'entremets *(che)*. Herbes, fruits et légumes sont très prisés et la papaye verte, le pomélo ou les tiges de lotus agrémentent souvent les salades *(goi)*.

De gauche à droite
1. Produits du marché à HCMV **2.** Cuisinières de rue à HCMV **3.** Restaurant de rue dans la vieille ville de Hanoi

Nord

La cuisine du Nord porte plus qu'ailleurs l'empreinte de l'occupation chinoise. Elle se caractérise par des saveurs douces et rustiques et les roboratifs plats de nouilles y tiennent une bonne place.

Banh cuon

1 Ces crêpes sont préparées avec de la pâte de riz que l'on passe à travers un morceau de mousseline tendu au dessus d'un cuit-vapeur. La feuille ainsi obtenue est garnie d'un mélange de porc, de champignons et de crevettes séchées émincé, puis elle est roulée, saupoudrée d'échalotes et servie accompagnée de pousses de soja, de tranches de concombre, d'herbes fraîches et d'un petit bol de *nuoc cham* (sauce préparée avec du *nuoc mam*) pour faire trempette.

Bun cha

2 Ce plat phare de la cuisine de rue se compose de tranches ou de boulettes de porc grillées, de vermicelles de riz, d'une montagne d'herbes fraîches et de légumes verts. Un petit bol de *nuoc mam* (sauce de poisson) légèrement sucré dans lequel flottent des morceaux de légumes marinés accompagne le tout. La recette de Hanoi combine poitrine de porc et boulettes de viande hachée dans l'échine.

Pho bo

3 Fleuron culinaire du Nord, le *pho bo* (soupe de nouilles de riz au bœuf) doit tout à son bouillon, préparé en faisant bouillir du plat de côtes pendant des heures avec des échalotes, du gingembre, du *nuoc mam*, de la cardamome noire, de l'anis étoilée et de la cannelle de Chine. Sachez que les puristes rechignent à ajouter du citron vert, du basilic et des germes de soja.

De gauche à droite
1. Préparation des *banh cuon* **2.** Bol de *bun cha* **3.** Le *pho bo* (soupe de nouilles au bœuf), un grand classique

Centre

À mi-chemin entre les traditions du Nord et du Sud, la cuisine du centre du Vietnam semble le fruit de l'équilibre et de la modération, sauf à considérer le goût des habitants pour le piment. Les produits de la terre, si humbles soient-ils, ont été transformés en mets de choix pour la cour impériale de Hué dont l'héritage gastronomique demeure.

Banh khoai

1 Ces crêpes nourrissantes de la taille d'une assiette à dessert sont préparées à base de farine de riz et frites dans une poêle spéciale à long manche, avec une bonne quantité d'huile. Garnies de crevettes, de porc, d'œufs et de pousses de soja, elles se mangent enrobées de feuilles de laitue et d'herbes et trempées dans de la sauce de soja fermentée.

Bun bo Hue

2 Cette soupe de vermicelles épicée au bœuf et au porc incarne la prédilection du Centre pour les plats relevés. D'une teinte orangée à cause du piment et du rocou, le bouillon trahit la présence de citronnelle et de pâte de crevettes *(mam tom)*. On la déguste avec quantité d'herbes et de feuilles.

Com hen

3 Ce plat se compose de riz à température ambiante, de minuscules palourdes roses d'eau douce, de leur bouillon de cuisson et d'accompagnements divers (crackers de riz, couenne de porc rissolée croustillante, cacahuètes, grains de sésame, herbes fraîches et légumes). Dans votre bol, ajoutez le bouillon et la sauce aux autres ingrédients pour les humecter et les assaisonner.

De gauche à droite
1. *Banh khoai* (crêpe de riz fourrée) **2.** L'épicé *bun bo Hue* **3.** Le *com hen*, garni de petites palourdes

Sud

La cuisine du Sud joue sur l'abondance de la région et tend à privilégier le sucré. En toutes saisons, les marchés regorgent de fruits et de légumes multicolores ainsi que de poissons d'une absolue fraîcheur.

Canh chua ca

1 Toute la richesse du delta du Mékong est concentré dans un cette soupe : poissons (poissons têtes-de-serpents ou poissons-chats en général), fruits (tomates et ananas) et légumes (pousses de soja, gombo et *bac ha* ou tige de taro) cuits dans un bouillon au tamarin et au *nuoc mam*. Sur le dessus, on place des herbes et de l'ail frit, ce qui en fait aussi un régal pour les yeux.

Banh mi

2 Hérités de la colonisation française et chinoise, ces sandwichs sont cependant 100% vietnamiens. Il s'agit d'un morceau de baguette copieusement garni de viande au choix (bœuf, porc, poulet, parfois de Vache qui rit !), de tranches de concombre, de carottes râpées et de coriandre. Le tout est assaisonné de mayonnaise, de sauce soja et de piment.

Banh xeo

3 Cette grande crêpe croustillante frite dans un poêlon de 30 ou 40 cm de diamètre est fourrée de porc, de crevettes, de haricots mungo et de pousses de bambou. Prenez-en un morceau, enroulez-le dans une feuille de laitue ou de moutarde et trempez dans le *nuoc cham*.

Hu tieu

4 Les Vietnamiens se sont approprié cette délicieuse soupe d'origine chinoise à base de nouilles de tapioca caoutchouteuses, de nouilles de riz comme celles du *pho* ou de fines pâtes aux œufs. Également variable, la garniture peut inclure porc désossé, côtes de porc, abats de porc, crevettes, calmars, céleri, ail frit, échalotes frites et/ou ciboule de Chine.

À droite
1. Une *canh chua ca* fumante **2.** Un *banh mi* croustillant

Cuisine vietnamienne

Si vous êtes de ces voyageurs qui pensent que la cuisine locale est un excellent moyen de découvrir la culture d'un pays, préparez-vous à un dépaysement total. Des échoppes de rue aux restaurants contemporains et huppés des grandes villes, le Vietnam promet de véritables festins.

La cuisine vietnamienne doit sa diversité à la grande variété de ses paysages – plateaux fertiles, rizières inondées, montagnes couvertes de forêts et littoral sablonneux –, et sa complexité à la longue histoire de ses relations avec les étrangers. Au fil des siècles, les Vietnamiens ont assimilé et adapté des spécialités et des techniques chinoises, indiennes, françaises, et même japonaises, à leur propre cuisine et à leur goût. Plus récemment, des expatriés et les chefs vietnamiens qui ont vécu à l'étranger ont insufflé un renouveau dans les restaurants élégants de Hanoi et de Hô Chi Minh-Ville. Au Vietnam, la "cuisine locale" est riche et va de la simple soupe aux nouilles ou vermicelles à la farine de riz, parfumée à la sauce de poisson, à un somptueux ragoût de bœuf accompagné d'une baguette de pain croustillante.

Même si les grands classiques vietnamiens, comme le *pho* (soupe aux pâtes de riz), les rouleaux de printemps et la pâte de crevettes grillée sur de la canne à sucre, sont délicieux, les voyageurs ne regretteront pas de s'aventurer dans l'inconnu. Chaque marché animé, chaque vendeur à vélo et chaque établissement en plein air peut réserver de belles surprises culinaires dont votre palais gardera longtemps le souvenir.

> Des marchés aux cuisines familiales, des restaurants chics de Hanoi à la cuisine de rue, *Le Vrai Goût du Vietnam : une traversée du pays en 50 recettes* (Hermé, 2005) offre une promenade gourmande au cœur de la cuisine vietnamienne. Un beau livre de l'écrivain voyageur Jean-Louis André, illustré de photographies de Jean-François Mallet.

Saveurs

Les goûts diffèrent entre le nord et le sud du pays, mais, où qu'ils vivent, les Vietnamiens savent, pour chaque plat, trouver le juste équilibre entre les saveurs épicées, aigres, salées et sucrées. Le rôle central du sucre est parfaitement illustré par les très appréciés *kho* – ces plats sucrés-salés de poisson ou de viande qui mijotent dans des pots en terre avec une sauce de poisson – et l'un des assaisonnements les plus courants au Vietnam : la sauce caramel amère, faite à partir de sucre de canne. Le sucre s'utilise également dans les desserts et, bien sûr, le café.

La douceur du sucre est compensée par l'acidité des fruits, en particulier par des tranches de citron vert présentées dans des bols sur les tables des restaurants (et que l'on presse dans les soupes de nouilles et dans les sauces), et des *kalamansi* (petit agrume à la peau verte et à la chair orange, au goût à mi-chemin entre le citron vert et la mandarine), dont le jus, mélangé à du sel et à du poivre, sert de sauce dans laquelle sont trempés fruits de mer, viandes et omelettes. Dans le Sud, la pulpe acide du tamarin, réduite en purée avec de l'eau, ajoute une touche acide à la *canh chua* (une soupe de légumes et de poisson) et à un mets succulent de crevettes entières recouvertes d'une sauce collante aigre-douce. Dans le Nord, l'acidité est plutôt obtenue avec du vinaigre. D'ailleurs, on sert souvent un vinaigre clair et légèrement jaune, fabriqué avec la lie du vin et mélangé avec du gingembre haché, dans les plats d'escargots, comme le *bun oc* (soupe de vermicelles aux escargots).

Moins utilisés qu'en Thaïlande, les piments très forts sont quand même bien présents, surtout dans le Centre. Il en existe plusieurs sortes, qui vont du long piment rouge, doux et charnu, utilisé dans de nombreux plats du Sud, et présenté avec les nouilles, au petit piment vert-jaune, haché et servi avec une assiette de sauce de poisson dans les restaurants spécialisés dans la cuisine de Hué. Méfiez-vous, car ce dernier est fort. Le piment moulu et les sauces au piment épicé sont employés comme condiments dans les restaurants du Centre.

Le Vietnam est un grand exportateur de poivre en grains (mais la majeure partie du poivre noir, dit vietnamien, proviendrait en fait du sud du Cambodge), et les poivres noirs et blancs moulus relèvent tous les plats, du *chao* (gruau de riz ; soupe de riz) au ragoût de bœuf. Le poivre noir local, en grains, merveilleusement parfumé et épicé comparé à celui que l'on trouve dans nos supermarchés, est une bonne idée de cadeau à rapporter chez soi. Les 500 g de poivre achetés sur un marché vietnamien coûtent seulement 50 000 d.

Outre le sel – la région côtière des environs de Nha Trang abrite de nombreux marais salants –, les Vietnamiens utilisent plus couramment des sauces à base de produits de la mer pour saler leur cuisine. La plus répandue est le *nuoc mam* (sauce de poisson), si fondamental qu'un repas peut être composé d'un simple bol de riz accompagné de ce condiment. Le *nuoc mam* s'obtient en faisant fermenter de petits poissons (le plus souvent des anchois) dans d'immenses pots en terre, en béton ou en bois, recouverts de sel et lestés pour qu'ils baignent toujours dans leur saumure. Ils sont conservés ainsi, dans un endroit chaud, pendant près d'un an. À mesure qu'il fermente, le poisson produit un liquide odorant (malodorant pour certains). À la première extraction, appelée *nuoc mam cot*, le jus marron foncé, qui dégage un fumet capiteux, est une sorte de sauce "extra vierge" réservée à la table. La seconde extraction, obtenue en ajoutant de l'eau salée aux poissons déjà fermentés et en les laissant mariner quelques mois de plus, est utilisée en cuisine. L'île de Phu Quoc (p. 389) est réputée pour son *nuoc mam*, mais certains préfèrent la sauce plus douce fabriquée près de Phan Thiet (p. 264).

Le *nuoc mam* est l'un des innombrables produits faits à base de poissons fermentés. Au cours de son périple, le voyageur découvrira le *mam tom*, une pâte violette de crevettes salées et fermentées. À table, les Vietnamiens en assaisonnent leurs soupes de nouilles et en recouvrent les feuilles (ou galettes) de riz roulées, et trempent même dedans les fruits amers, comme la mangue verte. Elle est également très utilisée en cuisine, donnant un fort arrière-goût salé à des spécialités comme le *bun mam*, soupe de vermicelles aux poissons et aux légumes du sud du pays. Le *mam tom* a des équivalents dans tous les pays d'Asie du Sud-Est et de nombreuses versions au Vietnam, notamment des sauces à base de crabes, de crevettes de toutes tailles (le *mam tep*, spécialité du Sud-Est, est fait avec de toutes petites crevettes) et diverses espèces de poissons. Ne soyez par rebuté par l'odeur : le goût qu'il donne à certains plats est beaucoup plus subtil que son fumet !

Les saveurs de poisson viennent aussi des fruits de mer séchés. Les Vietnamiens choisissent leurs crevettes séchées avec soin, et les étals des marchés en proposent jusqu'à 15 sortes différentes. Vous trouverez aussi de nombreuses espèces de poissons séchés, soit entiers, soit découpés, ainsi que des encornets séchés qui sont souvent cuits au gril et vendus sur des étals itinérants.

Vous retrouverez bien sûr partout au Vietnam le *bo bun*, bien connu en Occident. Ce plat rafraîchissant est composé de vermicelle de riz, de bœuf sauté et de salade (pousse de soja, concombre, menthe fraîche...) auquel on ajoute souvent des nems coupés en morceaux et des cacahuètes broyées. Des oignons frits sont versés sur l'ensemble. Ce plat s'accompagne d'une sauce *nuoc mam* préparée.

Les Vietnamiens utilisent également la sauce de soja, d'huîtres et de haricots fermentés – réminiscences culinaires de l'occupation du nord du pays par la Chine. L'anis étoilé, la cannelle et les clous de girofle sont indispensables pour concocter un bon *pho*. Les curries ont été introduits au Vietnam par les commerçants indiens, qui arrivaient au port de Hoi An, autrefois important. Aujourd'hui, les curries sont préparés avec du curry en poudre produit localement et des petits pots de pâte à curry conservée dans l'huile. Les curries vietnamiens, comme le *ca ri ga* (poulet au curry, au lait de coco et à la citronnelle) et le *lau dê* (fondue d'agneau ou de chèvre au curry), sont généralement plus aromatisés et corsés.

La cuisine vietnamienne est souvent considérée fraîche et légère grâce aux succulentes fines herbes qui accompagnent les repas. Coriandre, menthe et basilic thaï au goût d'anis s'utilisent ici en abondance, comme dans les autres pays de la région. Goûtez également la *perilla (la tia tô)*, aux petites feuilles pointues, vertes et grenat, la *rau ram* ("herbe-menthe") au goût agréablement poivré et astringent, et le *rau om* (ambulie aromatique), aux saveurs délicates de citron et de cumin. Le *rau om* agrémente invariablement les bols de *canh chua*. Les échalotes, finement coupées et caramélisées dans l'huile, ajoutent un peu de saveur sucrée lorsqu'elles parsèment salades et plats de nouilles.

Produits de base
Riz
Le riz *(com)* est la base de la cuisine vietnamienne. Dans la Hué impériale, les mandarins royaux servaient du riz avec du sel aux hôtes de marque. Aujourd'hui, les habitants prennent chaque jour au moins un repas à base de riz, et en offrent un bol aux défunts. Lorsqu'un Vietnamien dit "*An com*" (littéralement, "Mangeons du riz"), il invite son interlocuteur à déjeuner ou à dîner. Les *quan com binh dan* sont des restaurants bon marché où vous mangerez votre content de riz accompagné de viandes, de poissons ou de légumes sautés préparés à l'avance. Le riz est appelé *chao* quand il est cuisiné en soupe avec du poulet, du poisson, de l'anguille ou du canard, *com rang* s'il est frit dans un wok avec des œufs, des légumes et d'autres ingrédients, et *com tam* lorsqu'il est "cassé", cuit à la vapeur et recouvert de porc grillé, d'un œuf et de concombre en tranches, et accompagné de sauce de *nuoc mam* aux piments. De minuscules palourdes *(hen)* sautées avec de la coriandre vietnamienne au goût poivré sont ajoutées à du riz pour donner le *com hen*. Le riz gluant (blanc, rouge et noir) est mélangé à des légumes secs, ou à des céréales réhydratées, des cacahuètes et des graines de sésame pour constituer un petit-déjeuner copieux appelé *xoi* (*ngo* dans le Centre). Il peut être mixé avec du sucre et du lait de coco et être consommé comme friandise, ou accompagné de porc et cuit à la vapeur dans des feuilles de bambou, ou de bananier, pour concocter une spécialité du Têt appelée *banh chung*. Mis à tremper et réduit en farine, le riz devient la base de nombreux aliments, des nouilles aux desserts, et sert à confectionner des feuilles translucides que les Vietnamiens humidifient avant d'en faire, notamment, des rouleaux.

Nouilles
Les plats de nouilles se mangent à toute heure. Le *pho*, soupe à base de *banh pho* (pâtes de riz plates), est une spécialité du Nord, mais il a presque le statut de plat national. Autres mets venus du Nord : le *bun cha*, porc grillé, en tranches ou haché, servi avec de fins vermicelles de riz et le *banh cuon*, des crêpes de farine de riz fourrées qui rappellent les rouleaux de Hong Kong.

> Voir p. 542 la liste des mots et phrases vietnamiens pouvant être utiles à table.

Si vous aimez les nouilles, testez des plats à base de *bun* (vermicelles de riz) comme le *thit nuong*, une "salade" fraîche et piquante, accompagnés de viande grillé, et le *bun bo Hue*, une soupe de vermicelles relevée, au bœuf, spécialité du Centre. Le *my quang* est un autre plat de nouilles originaire du Centre. Les pâtes de riz, jaunes quand elles sont teintées de rocou, rose pâle si elles sont préparées avec de la farine de riz rouge, sont agrémentées de porc, de crevettes, de fleurs de banane, d'herbes et de cacahuètes pilées, et baignées d'un peu de bouillon. Le *my quang* se mange avec des galettes de riz émiettées, pour ajouter du croquant, et un confit de piment sucré. Le *cao lau*, spécialité de l'ancienne ville portuaire de Hoi An, se compose d'épaisses nouilles de style soba, importées par les marchands japonais. Comme pour le *my quang*, on ajoute au *cao lau* un peu de bouillon très aromatique, des tranches de porc, des pousses de soja blanchies, des légumes frais, des herbes et des "croûtons" faits avec la même pâte que les nouilles. Les nouilles du *cao lau*, pour qu'il soit authentique, doivent être élaborées à partir de l'eau tirée d'un puits de la vieille ville de Hoi An, mais il est peu probable que cela soit encore l'usage !

Dans le Sud, on trouve aussi toute une gamme de plats de nouilles, comme le *bun thit nuong*, une salade de nouilles froides, et le *bun mam*, un bouillon de poisson assez fort à base de vermicelles de riz, de tomates, d'ananas et de *bac ha* (taro). Ne pas confondre ce *bun mam* avec un plat à base de vermicelles, de pousses de soja et d'herbes au *mam*, qui porte le même nom dans le Centre, mais qui est bien plus déroutant...

Dans tout le pays, vous trouverez les *banh hoi*, vermicelles de riz très fins présentés en nids et servis roulés avec de la viande grillée dans des herbes. Les nouilles chinoises aux œufs, appelées *mi*, sont ajoutées aux soupes (comme les nouilles wonton), ou frites et accompagnées de fruits de mer, de viandes et de légumes sautés en sauce pour constituer le *mi xao*. Les *mien*, faites à partir du haricot mungo, sont sautées avec du *mien cua* (chair de crabe) et mangées avec du poisson à la vapeur.

Galettes de riz

Les Vietnamiens enveloppent toutes sortes de denrées dans des galettes ou des feuilles de riz. Les poissons à la vapeur et les viandes grillées sont souvent enroulés, à table, avec des herbes, de la laitue et des tranches de carambole aigre, ou de banane verte, puis trempés dans une sauce *nuoc cham* Les gros *goi cuon* (rouleaux de printemps), spécialité du Sud, contiennent des crevettes, du porc, des vermicelles de riz ronds et des herbes aromatiques ; ils sont trempés dans une sauce hoisin (sauce brune à base de graines de soja fermentées). Les *bo pia*, fins cigares garnis de tranches de saucisses chinoises, de crevettes séchées, de *jicama* (ou "pois patate") cuit, de laitue et de pâte de piment, sont généralement préparés par des vendeurs de rue. Hué a aussi ses propres rouleaux de printemps, les *nem cuon Hue*, frais, garnis de patates douces, de porc, de crevettes saumurées, de liserons d'eau et d'herbes. Enfin, dans le Nord, les *nem ran ha noi* (ceux qu'on appelle "pâtés impériaux") sont frits.

Poisson et viande

Le vaste domaine côtier et les deltas offrent aux Vietnamiens de nombreux poissons (thon, pomfret, vivaneau, loup...), ainsi que des crevettes, des crabes et des palourdes, source importante de protéines. Les rizières regorgent de minuscules crabes et de gros escargots de la taille d'une balle de golf appelés *oc*. Dans le Nord, les crabes entrent dans la composition du *bun rieu cua* dans lequel de fins vermicelles de riz nagent dans un bouillon de tomate et de crabes broyés ; le tout est recouvert d'une couche de gras de crabe revenu avec des échalotes. Les escargots se mangent aussi dans une soupe à la tomate et aux vermicelles

FRENCH TOUCH

Héritage des Français, le *banh mi* est une baguette de pain à base de farine de blé (ou de riz) vendue partout. On la mange telle quelle ou trempée dans un ragoût de bœuf ou des soupes. C'est aussi le nom des sandwichs faits avec ce pain, garnis de viande et de crudités. N'avoir jamais goûté à un *banh mi* équivaut à n'avoir jamais mangé au Vietnam.

(bun oc), ou hachés avec de la citronnelle et des herbes, puis cuits à la vapeur dans leur coquille *(oc nhoi hap la xa)*. Une feuille de citronnelle dépasse de chaque coquille : tirez dessus pour en faire sortir la farce.

Les cours d'eau abritent des poissons appréciés, comme le *ca loc* (poisson tête-de-serpent), le poisson-chat, ainsi que, le long de la côte centrale, de minuscules palourdes, appelées *hen*. Celles-ci se dégustent avec du riz *(hen com)*, dans un bouillon aux nouilles ou avec des crackers de riz *(banh da)*.

Poulet et porc sont aussi très répandus. Le matin, l'arôme envoûtant du porc grillé au *nuoc mam*, destiné aux sandwichs et aux plats de riz, envahit la plupart des rues. Moins consommé, le bœuf se trouve surtout dans le *pho*, le *kho bo* (ragoût aux tomates), le *thit bo bit tet* (steak à la poêle), enveloppé de *la lot* (feuilles de poivrier sauvage) ou grillé. Parmi les autres sources de protéines figurent la viande de chèvre (en fondue dans un bouillon au curry), les cuisses de grenouille et les larves d'insectes. Dans le delta du Mékong, on consomme aussi du rat des rizières, mais rares sont les restaurants qui en servent.

Ne manquez pas les étals de *sinh to*, où vous verrez une abondance de fruits (dont des avocats, que les Vietnamiens considèrent comme un fruit et non un légume) à côté d'un mixeur, et où vous pourrez vous offrir un jus de fruits glacé mixé sur commande.

Fruits et légumes

Les légumes vont des plus connus (tomates, pommes de terre, aubergines qui sont délicieuses grillées avec du porc moulu et du *nuoc mam*, concombres, asperges) aux plus exotiques. Fleurs de banane et tiges de fleur de lotus sont proposées en *goi* (salades), la tige épaisse et spongieuse d'une plante appelée *bac ha* (ou tige de taro) est ajoutée aux soupes. Le *thien ly*, une plante sauvage aux feuilles tendres et aux fleurs odorantes, est sauté avec de l'ail, tout comme les fleurs de courge jaune vif que l'on trouve facilement sur les marchés du Sud. Durant la saison des pluies, les forêts se couvrent de divers délicieux champignons sauvages. Vous pourrez aussi savourer les pointes tendres de fougères, qui, comme les *rau muong* (liserons d'eau), sont sautées. Très appréciée, la verdure (laitue, cresson, feuille de moutarde…) est utilisée pour envelopper les *banh xeo* (crêpes jaunes à la farine de riz fourrées au porc, aux crevettes et aux germes de blé) et en faire de petites bouchées à tremper dans le *nuoc mam*.

Les amateurs de fruits seront comblés car, selon la saison, ils pourront faire une cure de mangues, de diverses variétés de goyaves, de litchis juteux, de longanes, de mangoustans, de fruits de la passion et de jaques. À Hué, les jaques sont considérés comme des légumes, la chair bouillie (dont la saveur rappelle l'artichaut et l'asperge) étant servie avec une sauce de poisson et des graines de sésame. Ce plat *(nom mit non)* est présenté avec des galettes de riz. Le tamarin est un ingrédient caractéristique du Sud ; il est associé aux crevettes (décortiquées ou non) dans le *tom rang me*, un succulent plat aigre-doux.

Desserts

Les *do ngot* (sucreries vietnamiennes) et les *do trang mieng* (desserts) sont populaires dans tout le pays, notamment pendant les fêtes. Les *banh* (gâteaux) sont très variés. Au vu de leurs couleurs, il est difficile de croire que la plupart des desserts sont confectionnés à base de farine de riz, additionnée de sucre de palme, de lait de coco, de graines de sésame, de graines de lotus et de cacahuètes. Les haricots mungo jaunes figurent aussi dans de nombreux desserts, de même que la crème caramel, héritage de l'influence française. Les desserts froids – comme le *kem* (crème glacée), le *thach*, gelée à l'agar-agar aromatisée au pandan, ou au café et noix de coco – et les yaourts sucrés produits sur place, vendus dans de petits pots en verre, sont très prisés quand il fait chaud.

Les gens dans le Nord aiment le thé vert chaud. Dans le Sud, ils le servent souvent avec de gros morceaux de glace. Les infusions de chrysanthème et de jasmin sont également appréciées ; l'infusion parfumée à base de graines de lotus est délicieuse et sans théine.

Les *che* sont des "soupes" sucrées plus ou moins compactes qui peuvent se manger chaudes ou froides, avec de la glace pilée. Les ingrédients varient d'un *che* à l'autre : haricots, fruits, graines de lotus, manioc, perles de tapioca..., le tout arrosé de lait de coco, de lait condensé, de sirop, voire des trois. L'alliance de haricots, de céréales et de liquide sucré peut sembler étrange, mais compose un délicieux dessert, très rafraîchissant.

Boissons

Tôt ou tard au Vietnam, on succombe à la *bia hoi* (bière "fraîche" ou pression) – les marques locales sont vendues, moyennant une somme dérisoire, à presque tous les coins de rue, ainsi que dans les restaurants et les magasins spécialisés. En payant un peu plus, vous aurez une bière de meilleure qualité, la Saigon Beer, qui est correcte, et la La Rue, plutôt bonne, brassée sur la côte centrale et plus souvent disponible en bouteille qu'à la pression. Les alcools d'importation peuvent être assez onéreux, mais le Vietnam produit ses propres spiritueux, dont une vodka valable, et très peu chère, baptisée Ha Noi. Le *ruou* (qui désigne tout à la fois les "vins" et les alcools locaux, de riz pour la plupart) est souvent parfumé avec des herbes, des épices, des fruits, voire des animaux. Dans les montagnes du Nord, on vous offrira ainsi du *ruou can*, alcool de riz léger à boire dans un récipient commun avec une longue paille en bambou. Vous découvrirez aussi peut-être le *ruou ran* (alcool de riz où marine un serpent), un élixir censé tout guérir, de la cécité à l'impuissance. (Les cobras et beaucoup d'autres serpents sont officiellement déclarés en voie d'extinction au Vietnam, fait dont les producteurs semblent faire malheureusement peu de cas.)

Au Vietnam, la préparation, le service et la dégustation du thé (appelé *tra* dans le Sud et *che* dans le Nord) ont une importance sociale rarement comprise par les Occidentaux. Servir le thé à la maison, ou au bureau, est plus qu'une politesse, c'est un vrai rituel.

Le Vietnam est aussi un grand producteur de **café**. Il a inondé le marché mondial de robusta (moins cher et moins parfumé que l'arabica) il y a bientôt 10 ans, faisant chuter les cours du marché. Discuter le matin, ou l'après-midi, autour d'un verre de café frappé, avec ou sans lait (*ca phe sua da* ou *ca phe da*), tient du rituel pour les hommes au Vietnam. Les cafés (le terme fait aussi bien référence aux lieux avec tables et chaises qu'aux stands de rue où l'on s'assoit sur des tabourets en plastique) sont aussi nombreux que les adresses où l'on trouve de la *bia hoi*. Le café vietnamien est fort et épais, raison pour laquelle on le mélange avec du lait concentré et sucré jusqu'à ce qu'il prenne une couleur chocolat. Parmi les autres boissons, citons le *mia da*, jus de canne à sucre fraîchement pressé, particulièrement rafraîchissant lorsqu'il est servi sur de la glace avec un trait de *kalamansi*, le *sinh to* (jus de fruits épais pressé à la demande) et le lait de soja.

Établissements

Quels que soient vos goûts, vous trouverez sûrement votre bonheur : sur la palanche d'un humble vendeur de rue, dans un restaurant de *pho* tout simple, ou dans un établissement de luxe. Pour les néophytes n'ayant pas peur de la **cuisine de rue**, les marchés sont des lieux parfaits pour tester ce que proposent les marchands de café, de jus de fruits, de nouilles, de riz, etc.

Les restaurants français et chinois sont moins répandus qu'autrefois (sauf à Cholon, le quartier chinois de HCMV), mais constituent une part importante de l'héritage culinaire et culturel du Vietnam. Ces dernières années à HCMV et à Hanoi, les nombreux expatriés ont favorisé l'accroissement du nombre des restaurants turcs, thaïs, malais, marocains, indiens et italiens.

HORAIRES

Il n'existe aucun créneau horaire précis pour se restaurer. Les cafés restent en général ouverts une grande partie de la journée et jusque tard dans la nuit. Les échoppes de rue ouvrent tôt le matin et ferment tard le soir. Quant aux restaurants, ils ouvrent leurs portes pour le déjeuner entre 11h et 15h et pour le dîner entre 17h ou 18h et 22h ou 23h.

LES BONNES MANIÈRES À TABLE

Installez-vous à table avec votre bol placé sur une petite assiette, des baguettes et une cuillère à soupe. À droite du bol, vous trouverez toujours une petite coupelle destinée au *nuoc mam* ou à d'autres sauces dans lesquelles tremper vos aliments. Lorsque vous vous servez dans les plats disposés au centre de la table, utilisez la cuillère réservée au service collectif et non pas vos baguettes. Prenez votre bol avec la main gauche, approchez-le de votre bouche, et servez-vous des baguettes pour pousser la nourriture. Pour manger des nouilles, baissez la tête au-dessus du bol et mangez en aspirant. La politesse veut que l'on serve aux invités plus qu'ils ne peuvent manger et que les invités en laissent un peu. Attention à ne pas disposer vos baguettes en V dans le bol : c'est un signe de mort.

Végétariens

Le choix en la matière s'est élargi même si le Vietnam n'est pas le pays de prédilection des végétariens. Les Vietnamiens sont en effet de purs omnivores : ils prisent les légumes, mais aussi tout ce qui rampe sur terre, vit dans la mer ou vole dans les airs. En accord avec les préceptes bouddhistes, de nombreux restaurants et vendeurs de rue ne proposent que des plats végétariens (*com chay*) entre les premier et quinzième jours du mois lunaire – la période idéale pour explorer les marchés et goûter certains mets. Le reste du temps, prudence : tous les plats de légumes sont susceptibles d'avoir été préparés avec de la sauce de poisson ou de la pâte de crevette. Certains restaurants servent des succédanés de viande : grâce à l'utilisation du tofu et du gluten, les plats ont un goût de viande étonnant qu'apprécient les carnivores les plus convaincus.

À table

En entrant dans une cuisine vietnamienne, vous découvrirez que la bonne cuisine s'inspire de choses simples. Parmi les éléments indispensables : une bonne flamme, quelques ustensiles tranchants, un mortier, un pilon, une ou deux casseroles noircies. La cuisine est un lieu tellement sacré que les Vietnamiens la croient habitée par des esprits spécifiques, dont Ong Tao, ou dieu de la cuisine. Le gardien du foyer doit y recevoir son dû : l'objet le plus important de la pièce est donc l'autel qui lui est voué.

Les Vietnamiens font trois repas par jour et grignotent dans la journée. Le petit-déjeuner est simple, souvent à base de nouilles ou de *chao*. Ils mangent des baguettes de pain à la française à toute heure, les trempant parfois dans le café ou le thé. Le déjeuner commence tôt, autour de 11h. Naguère les Vietnamiens avaient pour habitude de prendre ce repas chez eux, mais ils sont désormais nombreux à aller au café. La famille se rassemble à l'heure du dîner. Les mets sont disposés autour du plat de riz au centre de la table, chaque membre de la famille mangeant dans son bol. Quand vous passez commande, ne vous souciez pas de l'ordre des plats : tous les mets sont placés au centre de la table dès qu'ils sont prêts et les convives se servent. S'il s'agit d'une occasion spéciale, il se peut que votre hôte vous serve un ou deux morceaux de choix dans votre bol de riz.

Cours de cuisine

La meilleure façon d'aborder cette gastronomie est de s'inscrire à des cours de cuisine. Depuis quelques années, ils ont le vent en poupe du fait de la demande accrue des touristes. Leurs tarifs sont variables : bas pour les spécialités de Hoi An, beaucoup plus élevés pour les formules intensives proposées par des hôtels cinq-étoiles de Hanoi et de Hô Chi Minh-Ville, portant sur l'ensemble de la gastronomie traditionnelle.

Si vous avez l'intention de vous lancer sérieusement dans des cours de cuisine, essayez d'abord ceux organisés à Hoi An avant de vous décider pour une formule plus sophistiquée.

Environnement

Géographie

Comme le disent souvent les Vietnamiens, leur pays évoque un *don ganh*, la palanche en bambou avec un panier de riz à chaque extrémité. Les paniers représentent les principales régions rizicoles, le delta du fleuve Rouge au nord et celui du Mékong au sud. Le Vietnam forme un S, large au nord et au sud et très étroit au centre (à peine 50 km dans sa plus petite largeur). Le pays est principalement délimité au nord-ouest et au nord-est par des chaînes montagneuses.

La version en ligne du quotidien *Thanh Niên* (www.thanhniennews.com, en anglais), contient notamment de nombreux articles intéressants sur l'environnement.

Côte et îles

Ses 3 451 km de côtes exceptionnelles constituent l'un des attraits majeurs du Vietnam. Jalonné de plages de sable aux courbes majestueuses, de hautes falaises et de dunes ondulantes, le littoral comble les attentes du voyageur. Une multitude d'îles désertes ou habitées émaillent par ailleurs le large. La plus vaste d'entre elles est Phu Quoc, dans le golfe de Thaïlande. Citons également Cat Ba et Van Don, les quelque 2 000 îlots de la baie d'Along, les confettis près de Nha Trang et les légendaires îles Con Dao, loin dans la mer de Chine méridionale.

Deltas

Les deltas du fleuve Rouge et du Mékong sont plats et sujets aux inondations. Les alluvions charriées par le fleuve Rouge et ses affluents,

VOUS AUSSI, VOUS ÊTES CONCERNÉ

» Peu de gens au Vietnam se soucient de la protection de l'environnement, ou des conséquences néfastes de l'abandon de déchets en pleine nature. Montrez-vous responsable, ne jetez pas vos détritus n'importe où.

» La faune est gravement menacée par la consommation nationale de gibier et le commerce international illégal de produits dérivés d'animaux. Il est peut-être "exotique" de goûter du vin de serpent, du muntjac, de la chauve-souris, du cerf, des hippocampes ou un aileron de requin, ou d'acheter des produits fabriqués à base d'animaux ou de plantes en voie de disparition, mais cela ne fera qu'accroître la demande.

» Lorsque vous admirez les récifs coralliens, en plongée ou en bateau, ne touchez pas au corail et n'y jetez pas l'ancre, car cela entrave son développement. Les bateaux doivent utiliser des balises ou jeter l'ancre dans des zones sablonneuses – précisez que vous êtes prêt à nager jusqu'aux coraux. Sachez qu'en achetant du corail, vous contribuez à la disparition des récifs que vous avez admirés.

» Lorsque vous visitez des grottes, souvenez-vous que le simple fait de toucher les formations calcaires freine leur croissance et les noircit.

» N'emportez ni n'achetez de souvenirs provenant de sites historiques ou naturels. C'est illégal, mais surtout irresponsable.

» Quand c'est possible, réutilisez les bouteilles en plastique que vous avez achetées.

INTERVIEW

VINH VU, FONDATEUR DE HANDSPAN

Dans un pays où la majorité des tour-opérateurs se ressemblent comme des clones, Handspan (voir p. 79 et 525) se distingue par des circuits très novateurs. Nous avons questionné son fondateur pour lui soutirer quelques tuyaux.

Quels sont les paysages les plus spectaculaires du Vietnam ? Le plateau rocheux de Ha Giang, à Dong Van et à Meo Vac, ainsi que le parc national de Phong Nha-Ke Bang.

Où aimez-vous vous ressourcer ? Dans les montagnes du Nord, surtout là où les routes sont mauvaises. J'aime aussi les plages des îles comme Co To, Quan Lan, Con Dao et Con Co.

Quelles sont les régions émergentes ? L'amélioration du réseau routier permet maintenant l'accès à Ngoc Son Ngo Luong, dans la province de Hoa Binh, une belle région de rizières peuplée de Muong. Le plateau de Moc Chau, avec son climat doux, ses plantations de thé et ses communautés hmong et thaï, est également une destination nouvelle.

Vos conseils aux voyageurs pour profiter au mieux du Vietnam ? Pour découvrir tous les aspects du pays, l'idéal est d'alterner les sites incontournables et les escapades hors des sentiers battus. Les endroits méconnus nécessitent davantage d'organisation et un budget plus important, mais ils constituent une expérience unique. Dépêchez-vous toutefois, car tout change vite au Vietnam !

canalisés dans leurs lits par 3 000 km de digues, ont élevé le niveau des cours d'eau au-dessus des plaines alentour et une brèche dans les digues provoque des inondations désastreuses. Le delta du Mékong ne bénéficie d'aucune protection et, quand les *cuu long* (les "neuf dragons", surnom des neuf bras du fleuve dans le delta) sortent de leur lit, ils dévastent villages et récoltes.

Montagnes

Les trois quarts du territoire vietnamien sont composés de collines (surtout dans le Sud) et de montagnes élevées (essentiellement dans le Nord), qui culminent au Fansipan (3 143 m), près de Sapa. Les monts Truong Son (cordillère Annamitique), qui forment les hauts plateaux du Centre, courent le long des frontières du Laos et du Cambodge. D'énormes rochers parsèment les versants des chaînes côtières granitiques proches de Nha Trang et du col de Hai Van (Danang). La partie occidentale des hauts plateaux, près de Buon Ma Thuot et de Pleiku, est renommée pour son sol volcanique rouge extrêmement fertile. Les incroyables formations karstiques du Nord forment toutefois le relief le plus emblématique du pays.

Faune et flore

Malgré les ravages de la déforestation, le Vietnam conserve une faune et une flore aussi exotiques, abondantes et variées que n'importe quel pays tropical. Des recherches intensives menées par le World Wildlife Fund (WWF) le long du Mékong – au Vietnam et dans les pays voisins – ont permis de recenser 1 068 nouvelles espèces entre 1997 et 2007, plaçant cette région sur la liste des cinq premières zones de biodiversité du monde. Dans le pays, nombre de provinces demeurent non étudiées ou peu connues, et bien d'autres espèces restent sans doute à découvrir.

Faune

Si le Vietnam compte un grand nombre d'espèces, les animaux vivent principalement dans de lointaines régions boisées et s'observent

> Le parc national de Tram Chim, dans le delta du Mékong, est l'une des plus importantes zones humides protégées du Vietnam. Il abrite des grues antigone, une espèce dont les individus peuvent mesurer jusqu'à 1,80 m de hauteur.

> Flora and Fauna International publie une excellente carte touristique du Vietnam, *Nature Tourism Map of Vietnam*, qui décrit en détail tous les parcs nationaux du pays (www.fauna-flora.org). Tous les bénéfices tirés de la vente des cartes aident à la protection des primates au Vietnam.

FORMATIONS KARSTIQUES

Le karst résulte de l'érosion de reliefs calcaires par les pluies de mousson au cours des millénaires. Il revêt la forme de falaises ressemblant à des dents, percées de fissures, de dolines, de grottes et de rivières souterraines. Le nord du Vietnam recèle des reliefs karstiques spectaculaires, en particulier les superbes paysages de la baie d'Along (p. 96), de la baie de Bai Tu Long (p. 110), des environs Ninh Binh (p. 147) et de la région de Phong Nha (p. 156). Dans les baies d'Along et de Bai Tu Long, l'immense plateau calcaire s'est progressivement enfoncé dans la mer et les anciens pics se dressent hors de l'eau comme des doigts pointés vers le ciel. L'immense réseau de grottes de Phong Nha s'étend lui sur des dizaines de kilomètres dans les entrailles de la masse rocheuse.

---

difficilement. La faune présente dans des zones facilement accessibles disparaît rapidement du fait de la destruction des habitats par une population croissante. La chasse, le braconnage et la pollution ne font que renforcer les pertes.

La grande diversité des habitats – plaines équatoriales, plateaux tempérés, voire sommets alpins – explique l'immense variété de la vie sauvage. Selon un recensement récent, le pays compte 275 espèces de mammifères, plus de 800 espèces d'oiseaux, 180 types de reptiles, 80 d'amphibiens, des centaines de poissons et des dizaines de milliers d'invertébrés. De nouvelles espèces sont découvertes en permanence, augmentant cette liste.

Plus qu'ailleurs dans le monde, on trouve au Vietnam de nouvelles créatures ayant jusqu'alors échappé aux classifications scientifiques. Depuis 1990, des biologistes ont découvert plusieurs espèces inconnues de grands mammifères, dont trois nouveaux ongulés en l'espace de quatre ans. Parmi eux figure le saola, un bovidé semblable à une antilope. Les scientifiques n'ont pas encore réussi à l'observer dans la nature – des villageois laotiens ont capturé un spécimen en 2010, mais l'animal est mort en captivité avant d'avoir pu être relâché.

Des oiseaux rares et peu connus, que l'on croyait disparus, ont été repérés et les vastes forêts en bordure du Laos en recèlent certainement d'autres. Ainsi, le faisan d'Edwards, espèce que l'on croyait éteinte à l'état sauvage, a été observé lors d'une expédition scientifique, de même que le canard musqué à ailes blanches et l'ibis de Davison.

Le profane apercevra aisément des hirondelles et des martinets survolant les champs et les cours d'eau, des nuées de verdiers du Vietnam au bord des routes et dans les rizières, ainsi que des rossignols et des martins tristes dans les jardins et les bosquets. Le Vietnam constitue une halte importante pour les échassiers migrateurs entre la Sibérie, leur lieu de reproduction, et l'Australie, où ils passent l'hiver.

Espèces menacées

La destruction des forêts et la pollution des cours d'eau ont provoqué un tragique déclin de la vie sauvage du Vietnam. Illégale et répandue, la chasse de subsistance a décimé, voire exterminé, des populations animales. La déforestation continue et le braconnage aggravent la situation de nombreuses espèces menacées, proches de l'extinction. Pour certaines, les programmes de reproduction en captivité restent sans doute l'unique planche de salut, mais le pays manque d'argent et de personnel pour les mener à bien.

Le gouvernement reconnaît officiellement comme menacés 54 types de mammifères et 60 espèces d'oiseaux. Parmi les grands animaux figurent l'éléphant, le tigre, le léopard, l'ours noir, l'ours à miel, le singe

---

Pour ceux qui lisent l'anglais et veulent en savoir plus sur les extraordinaires flore et faune du Vietnam, nous conseillons Vietnam: A Natural History, *fruit de la collaboration entre des spécialistes vietnamiens et américains de la biodiversité.*

Si vous voyez des animaux d'une espèce menacée en vente ou sur la carte d'un restaurant, appelez Education for Nature Vietnam (www.envietnam.org) au 1800 1522 (numéro gratuit).

à nez retroussé, l'écureuil volant, le crocodile et la tortue. Au début des années 1990, un petit groupe de rhinocéros de Java, une espèce extrêmement rare, a été découvert dans le parc national de Cat Tien (p. 291). Il ne resterait plus qu'une douzaine d'individus dans le pays, vivant dans deux principales zones d'habitat séparées par des régions fortement cultivées ; on ne sait pas actuellement si la proportion de mâles et de femelles permettra le développement d'une population durable.

Cat Tien est aussi le site d'une remarquable renaissance, celle du crocodile du Siam. Il avait disparu à l'état sauvage en raison de la chasse et du croisement avec une espèce introduite, le crocodile de Cuba. Des scientifiques ont analysé l'ADN des crocodiles en captivité jusqu'à ce qu'ils trouvent plusieurs crocodiles du Siam génétiquement purs. Ils les ont ensuite relâchés dans un lac isolé du parc, où ils prospèrent depuis.

Autre signe positif : des espèces animales s'installent à nouveau dans les zones reboisées. Oiseaux, poissons et crustacés ont ainsi réapparu dans les forêts de mangroves replantées. Des régions où l'on croyait les grands animaux exterminés par la guerre sont aujourd'hui les refuges d'une abondante biodiversité. Les vastes forêts du Nord et des hauts plateaux du Centre abritent toujours des tigres, des éléphants, des panthères longibandes et des ours à miel. Leur survie reste néanmoins menacée par l'expansion continuelle des terres cultivées et des habitations.

> Les amateurs d'ornithologie désireux de découvrir l'avifaune du Vietnam se procureront *Birds of Southeast Asia* (2005, non traduit), de Craig Robson, qui couvre le pays de manière approfondie.

Parcs nationaux

De Hoang Lien, à l'extrême nord, jusqu'à Mui Ca Mau, à la pointe sud, le Vietnam compte 31 parcs nationaux, plus des dizaines de réserves

LES 10 PLUS BEAUX PARCS NATIONAUX

PARC (HECTARES)	CARACTÉRISTIQUES	ACTIVITÉS	MEILLEURE PÉRIODE	PAGE
Ba Be (9 022)	lacs, forêt tropicale, cascades, pics, grottes, ours, entelles	randonnée, canotage, observation des oiseaux	avr-nov	p. 91
Bai Tu Long (15 600)	pics karstiques, forêt tropicale sempervirente, plages secrètes, grottes	baignade, canotage, kayak, surf, randonnée	avr-nov	p. 110
Bach Ma (37 500)	cascades, tigres, primates	randonnée, observation des oiseaux	fév-sept	p. 185
Cat Ba (15 331)	jungle, grottes, entelles, ours, cervidés, oiseaux aquatiques	randonnée, baignade, observation des oiseaux	avr-août	p. 103
Cat Tien (71 457)	primates, éléphants, oiseaux, rhinocéros, tigres	randonnée, exploration de la jungle	nov-juin	p. 291
Con Dao (19 991)	dugongs, tortues, plages	observation des oiseaux, snorkelling, plongée	nov-juin	p. 272
Cuc Phuong (22 406)	jungle, grottes, primates, centre d'ornithologie	observation de primates menacés, randonnée	nov-fév	p. 151
Hoang Lien (28 500)	minorités ethniques, montagnes, oiseaux	randonnée à pied et à vélo, observation des oiseaux, escalade	sept-nov, avr-mai	p. 130
Phong Nha-Ke Bang (125 362)	grottes, formations karstiques	sorties en bateau, spéléologie, kayak, randonnée	avr-sept	p. 156
Yok Don (112 102)	maisons sur pilotis, minorités ethniques	promenades à dos d'éléphant, randonnée	nov-fév	p. 297

naturelles. Les infrastructures et la surveillance varient beaucoup d'un parc à l'autre, mais chacun dispose au moins d'un poste de gardes forestiers. Ces derniers peuvent le plus souvent être embauchés comme guides.

La gestion des parcs nationaux demeure une source de conflits permanents, car les autorités vietnamiennes n'ont pas encore réussi à trouver un équilibre entre la protection de l'environnement et les besoins des populations rurales, souvent des minorités ethniques, qui vivent dans les zones protégées ou à proximité. Les gardes forestiers sont généralement beaucoup moins nombreux que les villageois, dont la subsistance dépend des forêts. Certains parcs utilisent désormais des logiciels sophistiqués pour combattre le braconnage et l'abattage des arbres.

Mieux vaut visiter les parcs les plus connus en semaine afin de profiter sereinement du paysage – les Vietnamiens qui affluent le week-end pour prendre du bon temps se montrent fréquemment bruyants et peu respectueux de la nature, laissant leurs détritus derrière eux.

Nombre de parcs possèdent un lieu d'hébergement et un restaurant ; il faut toutefois téléphoner et commander les repas à l'avance.

> Lors de l'inauguration du parc national de Cuc Phuong en 1963, Hô Chi Minh déclara : "La forêt est comme de l'or. Si nous savons bien la protéger, elle restera un bien précieux. Si elle est détruite, en revanche, les conséquences seront désastreuses pour la vie et la productivité."

Écologie

Si la situation de l'environnement n'est pas encore catastrophique, certains indices se révèlent alarmants. Dans ce pays agricole pauvre et densément peuplé, les priorités du gouvernement portent essentiellement sur la création d'emplois et la croissance économique. Les mesures de contrôle de la pollution et des industries sales n'existent quasiment pas, tandis que les trafiquants de bois et d'animaux sauvages s'en sortent souvent grâce à la corruption et à l'inertie des fonctionnaires en charge. Bref, en dépit de la signature de plusieurs traités internationaux, le Vietnam se soucie assez peu de la protection de son patrimoine naturel.

> La Vietnam Association for Conservation of Nature and Environment (www.vacne.org.vn) répertorie tous les faits et les projets relatifs à l'environnement du pays.

Déforestation

La déforestation constitue un problème sérieux. En 1943, 44% du pays était couvert de forêt. Il n'en restait plus que 24% en 1983 et 20% en 1995. De récents projets de reboisement conduits par le ministère des Forêts, conjugués à l'interdiction des exportations de bois brut en 1992, ont abouti à l'accroissement de la couverture forestière. Toutefois, cela a pénalisé les pays voisins, le Vietnam achetant son bois d'œuvre au Cambodge et au Laos, où la défense de l'environnement reste laxiste. En outre, cette reforestation consiste le plus souvent en plantations d'arbres d'une seule espèce (des acacias pour la fabrication de meubles, par exemple), serrés en lignes bien droites et sans grand bénéfice écologique.

APPORTER SA PIERRE

Le Vietnam compte un nombre croissant d'ONG locales et sérieuses, ainsi que d'organisations internationales qui offrent la possibilité de participer à des projets écologiques ou d'intérêt local.

Le Vietnam Volunteer Network (www.vietnamvolunteernetwork.com), qui dirige des orphelinats à HCMV, Haiphong, Hanoi et Nha Trang, recherchent toujours des bénévoles. Project Vietnam Foundation (www.pvnf.org) assure des soins médicaux dans des communautés rurales isolées et accueille volontiers des professionnels de la santé.

PanNature (www.nature.org.vn), une ONG vietnamienne, promeut des solutions écologiques aux problèmes environnementaux et le développement durable. Elle emploie parfois des bénévoles. Vous trouverez de nombreuses offres de bénévolat sur www.idealist.org.

LA BAIE D'ALONG, UN TRÉSOR EN PÉRIL

Site classé au patrimoine mondial de l'Unesco, le fabuleux ensemble d'îlots karstiques déchiquetés émergeant des eaux bleu cobalt de la baie d'Along est sans conteste l'un des fleurons du Vietnam.

L'attrait exercé par ce formidable paysage naturel, s'il s'est révélé une véritable bénédiction pour l'industrie touristique, n'en fait pas moins peser une lourde menace sur la baie. En 2009, elle a reçu pas moins de 1,5 million de visiteurs. Afin de les recevoir, les autorités ont fait arracher des mangroves pour construire des routes côtières et de nouveaux quais. Les systèmes d'évacuation inadaptés des toilettes et le diesel répandu par les bateaux de croisière contaminent une mer autrefois préservée.

Plus alarmant encore, les énormes mines de charbon et la cimenterie de Cam Pha, à 20 km à l'est de la ville d'Along, déversent dans les eaux des tonnes de poussier et autres résidus polluants. Le nouveau port en eau profonde de Hon Gai accueille chaque année des centaines de porte-conteneurs qui empruntent un chenal de navigation international au cœur de la baie.

La vase et la poussière qui recouvrent les herbiers et les bas-fonds marins compromettent la survie de la faune et de la flore, menaçant ainsi l'écosystème dans son ensemble.

Chasse

Le braconnage décime la faune de la forêt. L'usage répandu des pièges, qui capturent et tuent sans discernement les espèces communes ou gravement menacées, constitue un vrai problème. Bien que les chiffres soient très difficiles à établir, une étude menée en 2007 par l'organisation Traffic estime qu'un million d'animaux sauvages ont fait chaque année l'objet d'un commerce illicite.

Une "chasse légitime" est pratiquée par des minorités ethniques qui cherchent simplement à assurer leur subsistance, mais il existe un marché beaucoup plus vaste, alimenté par des marchands locaux et chinois, pour le *dac san* ("viande de brousse") et les produits d'origine animale utilisée dans la médecine traditionnelle. Pour beaucoup de touristes vietnamiens, un séjour dans la nature rime avec consommation d'espèces exotique, d'où les restaurants spécialisés que l'on trouve à la lisière de nombreux parcs nationaux. En 2010, une enquête de la Wildlife Conservation Society a conclu que sur 68 restaurants de Dalat, 57 servaient du gibier provenant de la forêt (civette, porc-épic, cochon sauvage…).

Malheureusement, les tentatives de restriction du négoce des animaux aux niveaux local et international sont souvent entravées par la corruption et le manque d'effectif du département de protection de la forêt. L'ONG vietnamienne Education for Nature Vietnam combat ce trafic en faisant du lobbying auprès des politiciens et en organisant des programmes de sensibilisation dans les écoles. Elle monte des dossiers sur les restaurants servant de la "viande de brousse" et lutte contre le commerce de la bile d'ours.

Industrie et pollution

Le développement industriel rapide du Vietnam laisse présager de futurs problèmes écologiques. La mauvaise qualité de l'air à HCMV et à Hanoi se traduit déjà par une augmentation des affections respiratoires. Les motos – une pour deux habitants en moyenne dans ces métropoles – sont les principales responsables, car elles roulent avec un carburant de mauvaise qualité contenant un fort pourcentage de benzène, de soufre et de microparticules (PM10).

Le Vietnam est le deuxième producteur mondial de café. Il s'agit d'une source de revenu vitale dans les hauts plateaux du Centre où on le surnomme l'"or brun". Le robusta, moins cher et plus riche en caféine, représente environ 97% du café vietnamien.

Le Vietnam Green Building Council publie sur son site Internet (www.vgbc.org.vn, en anglais) des articles sur les problèmes d'environnement actuels et sur le réchauffement climatique.

La pollution de l'eau affecte de nombreuses régions, en particulier dans les villes et les zones côtières, où les nappes phréatiques surexploitées deviennent de plus en plus salées. Des entrepreneurs ont investi le Vietnam pour y construire des usines d'habillement, de chaussures et d'agroalimentaire, mais la plupart des zones industrielles ne disposent pas d'installations pour le traitement des eaux usées. Le rejet de celles-ci a ainsi causé la mort biologique de rivières comme la Thi Van, près de Vung Tau. À l'échelle nationale, seuls 14% des eaux usées des villes sont retraitées.

Réchauffement climatique

Le Vietnam compte parmi les pays les plus susceptibles de souffrir du réchauffement climatique, les marées, les inondations et les ouragans risquant de submerger les basses terres. Lors d'une conférence en 2008, on a déterminé qu'une élévation de 1 m du niveau de la mer provoquerait l'inondation de plus de 6% du pays et le déplacement de 10 millions d'habitants. HCMV connaît déjà de sérieuses crues chaque mois et il suffirait que la rivière Saigon monte de 1,35 m pour que ses digues soient submergées. Des inondations similaires interviendront plus souvent quand les pluies de mousson noieront les vastes deltas du fleuve Rouge et du Mékong.

"Écocide" : l'impact de la guerre

La guerre du Vietnam s'accompagna de la plus impitoyable tentative de destruction de l'environnement qu'un pays ait jamais subie. La dévastation fut telle que 40 ans plus tard le pays est toujours convalescent. L'armée américaine a pulvérisé 72 millions de litres de défoliants (dont l'agent orange, chargé de dioxine) sur 16% de la surface du Sud-Vietnam pour détruire les caches naturelles du Viêt-cong.

De vastes étendues de forêts, de terres agricoles, des villages et même des cimetières furent rasés au bulldozer, arrachant à la fois la végétation et la couche arable. Des forêts entières de malaleucas, un bois particulièrement inflammable, furent carbonisées au napalm. Dans les régions montagneuses, des glissements de terrain furent délibérément provoqués par des bombardements et l'arrosage à l'acide des versants calcaires. Même les éléphants, utilisés pour le transport, furent visés par des bombes et du napalm largués par avion. À la fin de la guerre, de vastes étendues étaient envahies de mauvaises herbes, appelées localement "chiendent américain". Le gouvernement estime que 20 000 km² de forêts et de terres arables ont été détruits à cause de la guerre.

> Treize millions de tonnes de bombes (soit 450 fois l'énergie dégagée par la bombe atomique sur Hiroshima) furent largués sur la péninsule Indochinoise pendant la guerre du Vietnam. Cela équivaut à 265 kg pour chaque homme, femme et enfant du Vietnam, du Cambodge et du Laos.

Les scientifiques doivent encore prouver le lien entre les résidus des produits chimiques utilisés par les Américains et les fausses couches, les enfants mort-nés, les malformations et d'autres problèmes de santé. Les liens entre la dioxine et d'autres maladies, dont plusieurs formes de cancer, sont eux bien établis.

Les fabricants de produits chimiques qui ont fourni des herbicides à l'armée américaine ont versé 180 millions de dollars aux vétérans de la guerre du Vietnam, sans toutefois admettre leur responsabilité. Les Vietnamiens empoisonnés à la dioxine, dont on estime le nombre à 4 millions, n'ont eux jamais été indemnisés, les plaintes de la Vietnamese Association of Victims of Agent Orange (Vava) ayant toutes été rejetées aux États-Unis.

Nombre de journalistes et de commentateurs s'accordent à dire que l'État vietnamien, soucieux de normaliser ses relations avec son ancien ennemi, rechigne à exiger de lui un quelconque dédommagement.

Le Vietnam pratique

CARNET PRATIQUE. 508
Alimentation 508
Ambassades
et consulats 508
Argent 508
Assurance 509
Bénévolat. 510
Cartes et plans 510
Cours de langues 510
Douane. 510
Électricité 510
Enfants. 510
Handicapés 511
Hébergement 512
Heure locale 513
Heures d'ouverture 513
Homosexualité 513
Formalités
et visas. 513
Informations
touristiques. 515
Internet (accès) 515
Jours fériés 515
Photo 515
Poste. 516
Problèmes juridiques 516
Sécurité 516
Téléphone 517
Toilettes 518
Travailler
au Vietnam 518
Voyager seule 518

TRANSPORTS 519
DEPUIS/VERS
LE VIETNAM. 519
Entrer au Vietnam 519
Voie aérienne 519
Voie terrestre 521
Bus 523
Train 523
Voie fluviale. 523
Voiture et moto. 523
VOYAGES ORGANISÉS ... 524
Agences au Vietnam 524
COMMENT CIRCULER 526
Avion. 526
Bateau 526
Bus 526
Vélo. 527
Voiture et moto. 528
Transports urbains. 530
Train 530

SANTÉ 533
AVANT LE DÉPART 533
Assurances 533
Sites Internet 533
Lectures
complémentaires 533
Vaccins. 533
AU VIETNAM 534
Accessibilité
et coût des soins 534
Maladies infectieuses ... 535
Diarrhée. 536
Affections liées
à l'environnement 537
Santé au féminin 539

LANGUE 540

Carnet pratique

Alimentation

Souvent très bon marché, la nourriture fait partie des plaisirs d'un voyage au Vietnam. Pour un aperçu complet, voir p. 485. Dans ce guide, nous avons classé les restaurants en trois catégories basées sur le prix d'un repas sans boisson :
Petit budget Moins de 5 $US
Moyen 5-15 $US
Supérieur Plus de 15 $US

Ambassades et consulats

Il est important de savoir ce que votre ambassade peut et ne peut pas faire si vous avez des ennuis. En règle générale, elle ne vous sera pas d'un grand secours si vous êtes responsable des problèmes rencontrés, et elle ne fera pas preuve d'indulgence si vous vous retrouvez en prison pour avoir enfreint la loi, même si ce qu'on vous reproche n'est pas un délit dans votre pays.

En cas d'urgence, elle vous fournira sans doute une assistance lorsque que tout autre recours aura été épuisé. Le remplacement d'un passeport volé peut prendre quelque temps, car certaines ambassades au Vietnam n'en délivrent pas et doivent passer par une autre ambassade de la région.

Belgique Hanoi (3934 6179 ; www.diplomatie.be/hanoifr ; Hanoi Towers, 9e ét., 49 Pho Hai Ba Trung, Hoan Kiem) ; HCMV (3512 7968 ; The Manor GBLK 5A, 91 Nguyen Huu Canh)

Cambodge Hanoi (3942 4788 ; cambocg@hcm.vnn.vn ; 71A P Tran Hung Dao) ; HCMV (3829 2751 ; 41 Ð Phung Khac Khoan)

Canada (www.canadainternational.gc.ca/vietnam) Hanoi (3734 5000 ; 31 Ð Hung Vuong) ; HCMV (3827 9899 ; 10e ét., 235 Ð Dong Khoi)

Chine (http://vn.china-embassy.org/chn) Hanoi (8845 3736 ; 46 P Hoang Dieu) ; HCMV (3829 2457 ; 39 Ð Nguyen Thi Minh Khai)

France (www.ambafrance-vn.org) Hanoi (3944 5700 ; P Tran Hung Dao) ; HCMV (3520 6800 ; 27 Ð Nguyen Thi Minh Khai)

Laos (www.embalaohanoi.gov.la) Danang (12 Ð Tran Qui Cap) ; Hanoi (3942 4576 ; 22 P Tran Binh Trong) ; HCMV (3829 7667 ; 93 Ð Pasteur)

Suisse Hanoi (www.eda.admin.ch ; 3934 6589 ; HCO Building, 15e ét., 44 Pho Ly Thuong Kiet)

Thaïlande (www.thaiembassy.org) Hanoi (3823 5092 ; 63-65 P Hoang Dieu) ; HCMV (3932 7637 ; 77 Ð Tran Quoc Thao)

Argent

La monnaie nationale est le dong (d). On trouve des billets de 500 d, 1 000 d, 2 000 d, 5 000 d, 10 000 d, 20 000 d, 50 000 d, 100 000 d, 200 000 d et 500 000 d et des pièces de 500 d, 1 000 d et 5 000 d. À l'exception des zones rurales où il est moins répandu, le dollar US a aussi largement cours.

Le dong, qui a subi de fortes fluctuations, a chuté sensiblement ces dernières années : 1 $US s'échange contre environ 22 000 d.

Dans ce guide nous indiquons les prix en dongs quand ils sont affichés en dongs et en dollars s'ils sont exprimés en dollars.

Pour les taux de change en cours à l'heure où nous imprimons, voir p. 18.

Cartes de crédit

Les cartes Visa, MasterCard et JCB sont acceptées dans les grandes villes et les centres touristiques. Inutile toutefois d'espérer vous en servir dans un petit hôtel ou une échoppe de nouilles. Une commission d'environ 3% s'applique parfois. Certains commerçants acceptent la carte AmEx (commission de 4%).

Dans la plupart des villes, la Vietcombank, ainsi que certaines banques étrangères à HCMV et à Hanoi, délivrent des avances en espèces, avec souvent une commission de 3%.

Chèques de voyage

Les chèques de voyage se changent uniquement dans les banques habilitées, qui ne sont pas présentes dans chaque ville (ni même dans chaque province).

Les banques prélèvent une commission allant de 0,5 à 2%. La Vietcombank ne le fait pas sur les chèques de voyage Amex, et se contente de 0,5% sur les autres.

Si vos chèques de voyage sont libellés dans une autre devise que le dollar, vous aurez du mal à les changer en dehors des grandes villes.

DAB

Presque toutes les villes du pays disposent de distributeurs automatiques de billets et vous pourrez retirer de l'argent avec une carte Maestro/Cirrus, Visa ou MasterCard. Attention toutefois à la commission élevée (20 000-30 000 d) et au plafond journalier, le plus souvent autour de 3 000 000 d (6 000 000 d à l'Agribank).

Espèces

Le dollar s'échange et s'utilise quasi partout. Les autres devises majeures peuvent être changées dans les principales banques, dont la Vietcombank et HSBC.

Assurez-vous que vos gros billets en dollars ne soient pas abîmés ou défraîchis : on vous les refusera partout dans le pays.

Au départ du Vietnam, il est interdit de sortir des dongs, mais il est possible d'en convertir une quantité raisonnable en dollars.

La plupart des postes-frontières possèdent une sorte de bureau de change officiel, offrant les meilleurs taux dans ces coins reculés.

Marchandage

Il est de mise dans presque toutes les transactions avec les touristes. N'oubliez toutefois pas qu'en Asie, l'important est de ne pas perdre la face : négociez donc dans la bonne humeur, avec le sourire, sans jamais crier. Vous obtiendrez tantôt jusqu'à 50% de remise, tantôt à peine 10%. Une fois l'argent accepté, l'affaire est conclue.

Marché noir

Le petit marché noir qui subsiste au Vietnam ne mérite guère l'attention car, outre son illégalité, il pratique des taux à peine meilleurs que ceux des banques (voire moins avantageux) et les risques d'escroquerie existent.

Pourboire

Les Vietnamiens ne s'attendent pas à un pourboire, mais ils seront heureux d'en recevoir un. Pour qui gagne 100 $US par mois, un pourboire de 1 $US représente une somme. Les hôtels de luxe et certains restaurants ont tendance à facturer un service de 5%, même s'il est probable que seule une infime proportion reviendra aux employés.

Si vous avez loué les services d'un guide ou d'un chauffeur, qui aura passé du temps avec vous, un pourboire est également de rigueur. Les voyageurs en excursion à bord d'un minibus se cotisent en général pour réunir une somme d'argent à répartir entre le guide et le chauffeur.

Il est de coutume de laisser une obole lors de la visite d'une pagode, surtout si le bonze vous a servi de guide. Vous trouverez un tronc prévu à cet effet.

Assurance

S'assurer est fortement recommandé pour un voyage au Vietnam, car le coût des soins médicaux est prohibitif. Attention : vous pouvez avoir souscrit une police dans votre pays qui ne soit pas valable au Vietnam. Veillez à posséder une assurance qui vous couvre en cas de vol, de perte et de problèmes de santé.

Certains assureurs excluent spécifiquement les activités dites à risque, tels la moto, la plongée et le trekking. Vérifiez que vous avez droit à une évacuation d'urgence en cas de problème grave.

LE VIETNAM PRATIQUE

» **Laveries.** La plupart des hôtels et pensions ont un service de laverie peu onéreux (en cas de mauvais temps, vérifiez qu'ils disposent d'un séchoir). Le nettoyage à sec est possible dans toutes les villes.

» **Journaux et magazines.** *Vietnam News* et le *Saigon Times* sont des quotidiens anglophones de propagande. *Le Courrier du Vietnam* (http://lecourrier.vnanet.vn) est un quotidien national en français. Pour les manifestations et sorties, citons les magazines *The Guide*, qui couvre tout le pays, ainsi que *AsiaLife* et *The Word* à HCMV.

» **Radio et télévision.** *Voice of Vietnam* tient le haut du pavé sur les ondes – elle est même diffusée par haut-parleur dans de nombreuses petites villes (et à Hanoi). Il y a plusieurs chaînes de TV nationales et régionales, mais peu d'accès au réseau satellite.

» **Cigarette.** Bien que fumer soit interdit dans les espaces publics et les transports en commun, les Vietnamiens fument partout, sauf dans les véhicules climatisés où cela n'est pas socialement admis.

» **Poids et mesures.** Le Vietnam utilise le système métrique, hormis pour les métaux et les pierres précieuses, pour lesquels il recourt au système chinois, avec le *catty* (0,6 kg) et le *taël* (1/16e de *catty*, donc 37,5 gr).

Bénévolat

Les occasions de faire du bénévolat ne sont pas aussi nombreuses qu'on pourrait le croire. Le marché local du développement, très lucratif, a en effet attiré de nombreux professionnels.

Pour tout renseignement adressez-vous au centre d'information sur les ONG, le **NGO Resource Centre** (04-3832 8570; www.ngocentre.org.vn, en anglais ; Hotel La Thanh, 218 Pho Doi Can, Hanoi), qui possède des dossiers complets sur les ONG présentes au Vietnam. Consultez le site de Service Civil International (www.sciint.org) pour connaître les possibilités dans le pays, notamment avec SOS Village, à Viet Tri, au nord de Hanoi, et avec **Friendship Village** (www.vietnamfriendship.org), fondé par des vétérans vietnamiens et américains pour venir en aide aux victimes de l'agent orange.

Vous pouvez contacter les organismes (anglophones) suivants :

15 May School (www.15mayschool.org). Des écoles à HCMV et à Vinh qui offrent éducation et formation professionnelle aux enfants défavorisés.

KOTO (www.koto.com.au). Permet d'offrir vos compétences, votre temps ou un peu d'argent aux enfants des rues pris en charge par cette organisation. Le projet de base de l'association Street Voices est le restaurant KOTO à Hanoi.

Volunteers for Peace (www.vpv.vn). Cherche toujours des bénévoles pour travailler dans un orphelinat à la périphérie de Hanoi.

En France, quelques organismes offrent des opportunités de travail bénévole sur des projets de développement ou d'environnement, comme le **Comité de coordination pour le service volontaire international** (CCVIS ; http://ccivs.org ; 01 45 68 49 36 ; maison de l'Unesco, 1 rue Miollis, 75732 Paris Cedex 15) ou la **Délégation catholique pour la coopération** (DCC ; http://ladcc.org ; 01 45 65 96 65 ; 106 rue du Bac, 75007 Paris). Les Nations unies (www.unv.org) organisent aussi leurs propres programmes de volontariat. Parmi les sites répertoriant des programmes de volontariat dans le monde entier, citons www.volunteerabroad.com, www.idealist.org et www.globalvolunteernetwork.org.

Cartes et plans

Pour des cartes routières détaillées, nous recommandons le *Viet Nam Administrative Atlas*, publié par Ban Do (environ 10 $US). Il conviendra aux cyclotouristes et aux motards à la recherche de routes moins fréquentées. Ban Do publie aussi de bonnes cartes touristiques de HCMV, Hanoi, Danang, Hué et quelques autres grandes villes.

Sinon, avant de partir, vous pouvez vous procurer la carte IGN *Thaïlande, Viet-Nam, Laos, Cambodge*, de la série Découverte des pays du monde, au 1/2 000 000.

Les noms de rues précédés des termes Pho, Đuong et Đai Lo (avenue ou boulevard) sont respectivement abrégés en P, Đ et ĐL dans les adresses, et les cartes de ce guide.

La *Xin Chao Map of Hanoi* se révèle aussi riche en conseils et recommandations.

Cours de langues

On peut suivre des cours de vietnamien à HCMV et à Hanoi ainsi que dans d'autres villes. Notez cependant que la langue parlée diffère assez entre le Nord et le Sud. Pour plus de détails, voir les rubriques *Cours* des chapitres *Hanoi* (p. 59) et *Hô Chi Minh-Ville* (p. 328).

Douane

Après votre arrivée en avion au Vietnam, la procédure habituelle ne vous prendra que quelques minutes. Si vous entrez par voie terrestre, comptez un peu plus longtemps, notamment aux postes-frontières reculés. Franchises douanières :
» 200 cigarettes
» 1,5 l d'alcool
» devises étrangères sans limite, les très grosses sommes (7 000 $US ou plus) doivent cependant être déclarées

Électricité

127V/220V/50Hz

Le courant est en général de 220 V, 50 Hz, mais vous trouverez parfois du 110 V, également en 50 Hz. Les prises n'ont généralement que deux fiches (rondes).

Enfants

Les enfants apprécient le Vietnam, surtout à cause de toute l'attention qu'ils suscitent et parce que tout le monde veut jouer avec eux !

Cependant, cette attention peut parfois paraître envahissante, notamment pour les petits blondinets aux yeux bleus. Il n'est pas impossible qu'ils se fassent pincer la joue, ou, pire (même si c'est rare), toucher au niveau de l'aine, pour les garçons.

Dans les grandes villes, les distractions ne manquent pas ; en revanche, dans la plupart des agglomérations moins importantes, vos enfants risquent de s'ennuyer un peu. Ils apprécieront sans aucun doute les superbes plages, mais sachez que la baignade peut se révéler dangereuse en raison des forts courants de retour. S'il y a des drapeaux de baignade et des sauveteurs sur certaines plages populaires, il est recommandé aux parents de tester le courant et d'ouvrir l'œil sur les plages moins fréquentées. Les eaux de l'île de Phu Quoc (p. 389) sont plus abritées.

Les enfants apprécient généralement la cuisine locale, le plus souvent peu épicée : le choix de fruits exotiques se révèle étonnant et les pâtés impériaux passent très bien. Par ailleurs, on trouve presque partout de la nourriture internationale de type pizzas, pâtes, hamburgers et glaces.

Prévoyez une bonne provision de crème solaire haute protection, car ce produit n'est pas disponible partout et coûte plus cher que dans nombre de pays occidentaux.

Enfants en bas âge

Dans les grandes villes, petits pots, couches et vêtements pour enfants se trouvent facilement, ce qui n'est pas le cas dans les campagnes. Les hôtels internationaux de catégories moyenne et supérieure mettront à votre disposition des lits pour enfant. Les voitures de location et les taxis ne sont pas équipés de siège enfant.

ATTRACTIONS POUR LES ENFANTS

ATTRACTION	DESCRIPTION	PAGE
Parcs aquatiques de HCMV	Rigolade et délassement pour petits et grands.	(p. 325)
Marionnettes sur l'eau de Hanoi	Un spectacle au décor féerique rythmé par un orchestre traditionnel.	(p. 75)
Centre de réhabilitation des singes de Cuc Phuong	Pour voir des singes rares et découvrir les mesures de protection dont ils font l'objet.	(p. 151)
Baie d'Along	Passer la nuit dans un bateau et explorer des grottes et des îles.	(p. 96)

Allaiter en public est courant au Vietnam, vous ne choquerez donc personne en le faisant. En revanche, il existe peu d'aménagements spéciaux pour changer les bébés. Il faut donc s'en tenir aux toilettes et penser à apporter un sac à langer.

Au Vietnam, il est particulièrement important de faire attention à ce que votre enfant met à la bouche. Leur curiosité naturelle peut devenir dangereuse dans un pays où dysenterie, typhoïde et hépatites sont courantes. N'oubliez pas non plus de bien les hydrater et de leur mettre de la crème solaire.

Handicapés

Le Vietnam n'est pas une destination facile pour les voyageurs handicapés, bien que de nombreux Vietnamiens le soient eux-mêmes, à la suite de blessures de guerre. La circulation effrénée, l'absence d'ascenseur dans les petits hôtels et les trottoirs encombrés de motos en stationnement et d'étals de rue ne facilitent pas les choses.

Toutefois, en planifiant bien votre voyage, vous pouvez parfaitement envisager de partir au Vietnam. Adressez-vous à une agence de voyages fiable pour tout organiser et n'hésitez pas à vérifier vous-même les réservations prises. Dans les grandes villes, de nombreux hôtels possèdent un ascenseur et les accès pour handicapés s'améliorent. Trains et bus ne sont pas vraiment équipés pour les voyageurs à mobilité réduite, mais en louant une voiture avec guide, tout deviendra possible ou presque. Il vous faudra parfois savoir monter un peu bizarrement un escalier ou à bord d'un bateau, mais sachez que les Vietnamiens seront toujours prêts à vous aider.

Traverser les rues au trafic anarchique de villes comme Hanoi et HCMV

SUR LA ROUTE

Les voyageurs malentendants auront peut-être envie de faire un saut au Tam's Café de Dong Ha (p. 167) ou au Bread of Life de Danang (p. 192), deux établissements qui emploient des sourds.

Sur les organismes d'aide aux handicapés dans le centre du pays, lire l'encadré p. 209

constituant déjà une épreuve périlleuse pour les voyants, les voyageurs aveugles doivent impérativement être accompagnés.

Pour plus de détails, vous pouvez contacter :
Society for Accessible Travel & Hospitality (SATH ; 212-447 7284 ; www.sath.org)

En France, l'**APF** (Association des paralysés de France ; 01 40 78 69 00 ; www.apf.asso.fr ; 17 bd Auguste-Blanqui, 75013 Paris) peut vous fournir d'utiles informations sur les voyages accessibles.

Hébergement

Au Vietnam, l'hébergement se distingue d'ordinaire par son bon rapport qualité/prix et ses équipements de qualité. Dans les grandes villes et les principaux centres touristiques, l'offre couvre toute la gamme, des dortoirs d'auberge de jeunesse aux hôtels de luxe. À la campagne et dans les bourgades de province, le choix se résume le plus souvent à des pensions et des hôtels simples mais corrects.

La propreté est en général satisfaisante et l'on trouve peu de vrais taudis – même les zones rurales reculées abritent d'excellentes adresses économiques. La communication peut parfois poser problème (surtout hors des sentiers battus où le personnel parle rarement anglais), mais on parvient généralement à se faire comprendre. C'est peut-être en partie pour cette raison que la qualité du service se révèle parfois aléatoire.

Dans ce guide, les tarifs figurent en dongs ou en dollars US selon la monnaie privilégiée par l'établissement. La plupart des chambres se classent dans la gamme petit budget et le prix de la nuit en dortoir est indiqué par lit. Les catégories sont les suivantes :

Petit budget ($) Moins de 25 $US (525 000 d) la nuit
Moyen ($$) 25-75 $US (525 000-1 575 000 d)
Supérieur ($$$) Plus de 75 $US (1 575 000 d)

Les tarifs indiqués correspondent à la haute saison et concernent des chambres avec sdb, sauf mention contraire. Des réductions sont souvent proposées durant les périodes creuses de l'année.

À votre arrivée à l'hôtel, on vous demandera presque systématiquement sinon votre passeport, du moins une photocopie des renseignements y figurant (y compris la page avec le visa et votre carte de départ, de couleur jaune).

Chez l'habitant

Bien que le logement chez l'habitant soit une formule répandue dans certaines régions du Vietnam, nous déconseillons de débarquer au hasard dans un village ethnique en espérant que la chance vous sourie. Il existe en effet des règles strictes concernant l'enregistrement des étrangers qui passent la nuit dans ces communautés.

Parmi les régions pionnières en la matière, citons le delta du Mékong (p. 374) ainsi que les villages thaï blancs de Mai Chau (p. 122) et de Ba Be (p. 92).

Des tour-opérateurs spécialisés (p. 525) et des compagnies proposant des excursions à moto (p. 525) ont développé de bonnes relations avec des villages reculés et intègrent des séjours chez l'habitant dans leurs circuits.

Hôtels et pensions

En vietnamien, hôtel se dit *khach san* et pension *nha khach* ou *nha nghi*. Nombre d'hôtels déclinent un large choix de chambres, souvent de 15 à 60 $US, dont les moins chères se trouvent généralement en haut de plusieurs volées de marches ou n'ont pas de fenêtre.

» **Petit budget** Les pensions, familiales pour la plupart, varient énormément en fonction du propriétaire. Les chambres sont habituellement très bien équipées, avec clim, eau chaude, Wi-Fi et TV moyennant 12 à 15 $US. Certaines adresses servent même gracieusement le petit-déjeuner. Vers le haut de la catégorie, les mini-hôtels (petits hôtels privés élégants) affichent un rapport qualité/prix très avantageux. En revanche, ne comptez guère sur la présence d'un ascenseur.

» **Catégorie moyenne** Vers le bas de la gamme, les chambres s'apparentent à celles des hôtels petit

---

DES HÔTELS D'ENFER

Les escroqueries hôtelières sont fréquentes au Vietnam, surtout à Hanoi dans le quartier des hôtels bon marché. Lorsqu'un établissement jouit d'une bonne réputation et figure dans un guide, une enseigne du même nom ne tarde pas à ouvrir dans la même rue. Des chauffeurs de taxi de mèche avec l'usurpateur se chargent d'y cornaquer les voyageurs sans méfiance. Dans le doute, jetez un œil à la chambre avant de vous décider. Certains hôtels de la capitale insistent aussi lourdement pour vous vendre des excursions. Cependant, la plupart des professionnels du secteur sont des gens honnêtes et corrects. Pour en savoir plus sur les turpitudes de l'hôtellerie à Hanoi, reportez-vous p. 61.

budget, bien qu'elles soient plus spacieuses ou dotées d'un balcon. En dépensant davantage, vous aurez droit, selon le standing, à un cadre plus moderne, une piscine, un spa ou/et un service de massages.

» Catégorie supérieure
Il y en a ici pour tous les goûts, de l'hôtel d'affaires sans caractère à la demeure coloniale chargée d'histoire, en passant par l'adresse de charme sélecte à la déco étudiée. Sans oublier les complexes hôteliers de la côte, notamment à China Beach, Nha Trang et Mui Ne qui abritent de somptueux resorts. Les villas-hôtels avec piscine privative deviennent de plus en plus prisées, tandis que d'autres hébergements mettent un majordome à disposition de chaque client et incluent un accès gratuit au spa. Il existe des écolodges dans les montagnes du Nord et des coins reculés de la baie de Bai Tu Long. De même, un nouveau lodge de jungle privé a ouvert dans le parc national de Cat Tien.

Taxes
Sachez que la plupart des établissements de catégorie supérieure imposent une taxe de 10% et un service de 5%, signalés par un ++ ("plus plus") sur la note. Certains hôtels de catégorie moyenne, voire petit budget, tentent aussi d'appliquer une taxe de 10%, mais acceptent souvent d'y renoncer.

Heure locale
Le Vietnam, comme la Thaïlande, est en avance de 7 heures sur l'heure du méridien de Greenwich (temps universel). Sa proximité de l'équateur ne rend pas nécessaire un horaire d'été, et l'heure ne varie pas. Quand il est 12h à Hanoi ou à HCMV, il est 6h du matin à Paris en hiver, 7h en été.

Heures d'ouverture
Pour les Vietnamiens, très matinaux, traîner au lit signifie être malade. La pause-déjeuner est sacrée et le pays semble s'arrêter entre 12h et 13h30, voire de 11h30 à 14h pour les administrations. Nombre de ces dernières restent ouvertes le samedi jusqu'à 12h et ne ferment que le dimanche. Dans ce guide, nous ne mentionnons les horaires que lorsqu'ils diffèrent des normes suivantes :
Postes 6h30-21h
Banques 8h-11h30 et 13h-16h en semaine, 8h-11h30 samedi
Bureaux, musées et magasins 7h ou 8h-17h ou 18h. Les musées ferment d'ordinaire le lundi.
Temples et pagodes 5h-21h
Petits commerces, restaurants et stands de rue Tous les jours jusque tard le soir.

Homosexualité
En général, les homosexuels ne rencontrent pas trop de désagréments au Vietnam. Aucune loi n'interdit les relations avec une personne du même sexe, ni ne traite du harcèlement individuel. Les autorités ont d'ailleurs autorisé une exposition photo sur la culture gay intitulée *Open mind, Open life* qui devait faire le tour des universités en 2010.

Le gouvernement continue cependant de faire fermer les endroits où se retrouvent les homosexuels et la plupart se font donc assez discrets. Il existe néanmoins, à Hanoi (p. 74) et à HCMV (p. 343) notamment, une communauté gay dynamique. Cependant, les comportements de la population indiquent que l'homosexualité représente encore un interdit, même si l'absence de lois ne fait planer aucun danger. Une stigmatisation persistante oblige la plupart des homosexuels vietnamiens à dissimuler à leurs proches leur véritable orientation.

Cela dit, les voyageurs gays ne rencontrent habituellement aucun problème. Deux personnes du même sexe peuvent tout à fait partager une chambre sans éveiller la suspicion, mais mieux vaut toutefois ne pas afficher ouvertement ses tendances. Comme pour les couples hétérosexuels, les démonstrations d'affection en public sont à proscrire.

Utopia (www.utopia-asia.com) offre des informations et des adresses aux voyageurs homosexuels, notamment des rubriques détaillées sur l'homosexualité et la loi au Vietnam, ainsi que quelques termes gays locaux.

Formalités et visas
Pour entrer au Vietnam, les ressortissants de la plupart des pays doivent entreprendre les formalités nécessaires à l'obtention d'un visa (ou d'une lettre d'autorisation). Il permet aux visiteurs d'entrer au Vietnam et d'en sortir aux aéroports de Hanoi, de HCMV et de Danang ou par n'importe lequel de ses nombreux postes-frontières terrestres partagés avec le Cambodge, la Chine et le Laos.

Seules certaines nationalités privilégiées (Thaïlandais, Malais, Russes, Scandinaves…) peuvent obtenir un visa sur place. La démarche pour l'obtenir est devenue assez simple, mais elle demandera tout de même du temps (une dizaine de jours ouvrables), et de l'argent.

Un visa touristique pour un séjour de 30 jours revient à 60 € avec entrée simple, à 90 € avec entrées multiples (frais postaux non compris) et doit être demandé auprès de l'ambassade vietnamienne du pays de départ. Très pratique, le visa de 90 jours à entrées multiples revient pour sa part à 150 €. Attention : la date d'expiration de votre passeport doit excéder d'au moins 6 mois celle de validité du visa.

En Asie, le meilleur endroit pour obtenir un visa pour le Vietnam est le Cambodge, où il coûte environ 45 $US et peut être accordé le jour même. Autre option : Bangkok, où de nombreux agents proposent des formules bon marché, billet d'avion et visa compris.

Si vous envisagez de rester plus d'un mois au Vietnam, ou d'en sortir et d'entrer à nouveau par le Cambodge ou le Laos, demandez un visa de 90 jours à entrées multiples. Ils sont facturés environ 95 $US au Cambodge, mais ne sont pas disponibles dans toutes les ambassades vietnamiennes.

Enfin, croyez-en notre expérience : les services de l'immigration de l'aéroport tiendront compte de votre apparence physique. Évitez les tenues négligées (dont le short) et, messieurs, veillez à être rasé de près.

Prorogation de visa

Les extensions de visas touristiques ne coûtent officiellement que 10 $US, mais il est plus simple de passer par une agence de voyages en payant un peu plus – effectuer vous-même cette démarche pour obtenir le tampon peut se transformer en cauchemar administratif. La procédure prend jusqu'à 7 jours, et vous ne pouvez demander qu'une seule prorogation de 30 ou 90 jours selon le type de visa.

En théorie, on peut faire proroger son visa dans toutes les capitales de province. En pratique, c'est plus facile dans les grandes villes, comme HCMV, Hanoi, Danang et Hué, coutumières du tourisme de masse.

Visa d'affaires

Les visas d'affaires, généralement valables 3 mois, permettent au choix une entrée simple ou des entrées multiples. (Un permis est requis pour travailler légalement au Vietnam.) Faciles à obtenir et peu onéreux, ils coûtent néanmoins plus cher qu'un visa touristique. Les visas d'affaires de 6 mois, qui ne sont plus délivrés qu'au Cambodge, pourraient être rétablis dans le futur.

Visa à entrées multiples

Il est possible d'entrer au Laos ou au Cambodge depuis le Vietnam, puis d'y retourner sans avoir à présenter un nouveau visa. Il faut pourtant demander un visa à entrées multiples *avant* de quitter le Vietnam. Si vous en êtes dépourvu, il vous faudra repasser par toute la paperasserie des visas vietnamiens.

VOTRE VISA PAR UNE AGENCE

En France, vous pouvez contacter **Cap Vietnam** (www.cap-vietnam.com ; 01 45 88 56 70 ; 10-12 rue du Moulin-des-Prés, 75013 Paris ; 9h30-12h et 13h30-18h30 lun-ven, 9h30-13h sam), précieux intermédiaire en la matière, ou rendez-vous directement sur le site d'**Action-Visas** (www.action-visas.com), où vous pouvez déposer une demande de visa en ligne (ou l'envoyer par correspondance), une solution pratique quoique un peu plus coûteuse. Si vous devez partir en urgence, sous 24h ou 48h, Action-Visas peut vous aider à obtenir l'autorisation des autorités vietnamiennes pour que votre visa vous soit délivré à l'arrivée dans un aéroport du Vietnam, et ce pour une période de 1 à 12 mois (entrée simple ou entrées multiples). Toutes les formalités peuvent s'effectuer par mail ou par télécopie sans envoi de passeport.

Autre solution, à la fois simple et économique : si vous arrivez en avion à HCMV, Hanoi ou Danang (la formule ne fonctionne pas aux frontières terrestres), vous pouvez recourir à une compagnie spécialisée ou une agence de voyages vietnamiennes pour l'obtention de votre visa.

Vous fournissez à l'avance les renseignements figurant sur votre passeport et l'agent vous envoie 2 ou 3 jours plus tard (1 jour en service express) une confirmation à imprimer. À l'arrivée à l'aéroport, il suffit de présenter ce document et une photo d'identité, puis de payer le montant du visa (entrée simple 25 $US, entrées multiples 50 $US). Nombre de voyageurs préfèrent ce système qui évite les tracasseries de l'administration vietnamienne et n'oblige pas à laisser son passeport en dépôt pendant quelque temps. Ce système coûte par ailleurs moins cher que de s'adresser à l'ambassade du Vietnam dans votre pays.

Vietnam Visa Center (www.vietnamvisacenter.org) et **Visa Vietnam** (www.visatovietnam.org) sont des intermédiaires fiables.

Il est plus simple d'obtenir un visa à entrées multiples à Hanoi ou HCMV, mais vous devrez sans doute demander à une agence de voyages d'accomplir les formalités à votre place. Celles-ci facturent ce service environ 45 $US et prennent jusqu'à 7 jours pour le délivrer.

Informations touristiques

Attention, les offices du tourisme locaux sont des organismes d'État à but totalement lucratif, dont le premier souci est de vendre des excursions. Cartes et brochures ne sont donc pas gratuites. Vietnam Tourism et Saigon Tourist sont les plus anciennement établis, mais chaque province possède aujourd'hui au moins un organisme de ce type.

Les cafés de voyageurs et les agences locales, sans oublier les autres voyageurs, constituent de bien meilleures sources d'information. Et il y a désormais des offices du tourisme privés, très pratiques, à Hanoi et à HCMV.

En France, **Cap Vietnam** (01 45 88 56 70 ; www.cap-vietnam.com ; 10-12 rue du Moulin-des-Prés, 75013 Paris ; 9h30-12h et 13h30-18h30 lun-ven, 9h30-13h sam) est un bureau d'information privé sur le Vietnam, doublé d'une librairie. Il est couplé avec l'organisme Action-Visas.

Internet (accès)

L'Internet et le Wi-Fi sont largement répandus dans les principales villes du Vietnam. Sachez toutefois que le gouvernement bloque régulièrement l'accès aux réseaux sociaux, notamment à Facebook. Voir p. 19.

Dans les cybercafés, le coût horaire varie en général entre 3 000 et 10 000 d. Hormis certains cinq-étoiles, les hôtels font rarement payer la connexion Internet.

N'oubliez pas que le voltage peut être différent de chez vous. Procurez-vous un adaptateur AC universel pour brancher votre ordinateur portable.

Jours fériés

La politique influence tout au Vietnam, même les jours fériés. Après 15 ans de déshérence, les fêtes religieuses redevinrent chômées en 1990. Voici la liste des jours fériés :

» **Nouvel An (Tet Duong Lich)** 1er janvier

» **Nouvel An vietnamien (Têt)** Trois jours en janvier ou février

» **Anniversaire de la fondation du Parti communiste vietnamien (Thanh Lap Dang CSVN)** 3 février – il fut fondé le 3 février 1930

» **Commémoration des rois Hung Vuong** Le 10e jour du 3e mois lunaire (mars ou avril)

» Anniversaire de la Libération **(Saigon Giai Phong)** 30 avril – la reddition de Saigon est commémorée dans tout le pays

» Fête du travail **(Quoc Te Lao Dong)** 1er mai

» Anniversaire de Hô Chi Minh **(Sinh Nhat Bac Ho)** 19 mai

» Anniversaire du Bouddha **(Phat Dan)** 8e jour de la 4e lune (en général en juin)

» Fête nationale **(Quoc Khanh)** 2 septembre – cette fête commémore la proclamation par Hô Chi Minh de l'indépendance de la République démocratique du Vietnam, en 1945

Photo

Les cartes mémoire sont assez peu onéreuses au Vietnam. La plupart des cybercafés gravent des photos sur CD ou DVD. Songez à emporter un jeu de câbles permettant le visionnage de vos dossiers sur un écran : la plupart des chambres d'hôtel sont équipées d'un téléviseur.

Vous trouverez presque partout des pellicules papier couleur à des prix raisonnables – environ 2,50 $US la pellicule 36 poses ; les diapositives couleur sont en vente à Hanoi et à HCMV, essentiellement. Les stocks de pellicules noir et blanc s'amenuisant, il est préférable d'en apporter avec soi.

Les développements photo sont possibles dans tous les lieux touristiques (comptez environ 4 $US la pellicule selon le format). La qualité est plutôt bonne. Quant aux diapositives, faites-les développer de préférence à votre retour. Le tirage de clichés numériques est assez peu onéreux (1 000-2 000 d/photo).

Les appareils photo ne sont pas trop chers, mais le choix se révèle limité. Les autres fournitures sont aisément disponibles dans les grandes villes, mais il est parfois difficile de s'en procurer dans les régions les plus reculées.

Pour d'autres conseils, procurez-vous *La Photo de voyage*, publié par Lonely Planet.

Sujets sensibles

La police vietnamienne vous laissera le plus souvent tranquille dans vos activités photographiques, mais elle peut parfois se montrer tatillonne. Comme partout, ne photographiez pas de sites sensibles, comme les aéroports, les bases militaires et les postes-frontières ; quant à Hô Chi Minh dans son sarcophage de verre, n'y pensez même pas !

Faites preuve de politesse et de discrétion et demandez toujours la permission avant de prendre une photo, en particulier s'il s'agit d'un membre d'une ethnie montagnarde. Si la personne refuse, n'insistez pas. Et dans le cas où vous vous seriez engagé à lui envoyer un tirage de la photo, veillez à tenir votre promesse.

Poste

Chaque ville, village ou communauté rurale est équipé d'une poste *(buu dien)*. Dans tout le pays, les bureaux de poste sont généralement ouverts de 6h à 21h, week-end et jours fériés inclus (y compris durant le Têt).

Le Vietnam dispose de services postaux assez fiables. L'envoi d'une carte postale coûte autour de 10 000 d pour la plupart des destinations. L'EMS (service postal express international), accessible dans les grandes villes, peut se révéler deux fois plus rapide que le courrier aérien normal, son autre grand avantage étant que l'envoi est enregistré.

Les transporteurs privés comme FedEx, DHL et UPS expédient des documents ou de petits paquets, dans le pays ou à l'étranger.

La poste restante fonctionne bien dans les bureaux de Hanoi et de HCMV. Recevoir un colis de l'étranger peut se révéler long et compliqué, voire cauchemardesque s'il s'agit d'un paquet de taille importante.

Problèmes juridiques

Drogue
Le trafic de drogue a fait son grand retour au Vietnam, en particulier via la frontière avec le Laos. Le problème de l'héroïne, actuellement très inquiétant, pousse les autorités à prendre des mesures radicales. Des emprisonnements à vie et des peines de mort sont prononcés sans remords.

On vous proposera peut-être de la marijuana ou de l'opium. Céder à la tentation est, au mieux, très risqué. Quantité de policiers en civil patrouillent dans les rues. En cas d'arrestation, vous risquez une longue peine de prison et/ou une amende importante.

Droit civil
Sur le papier, tout paraît simple. Dans la pratique, les lois ne font jamais autorité. Les dignitaires locaux les interprètent à leur goût, souvent contre les désirs de Hanoi. L'indépendance judiciaire n'existe pas. Il n'est donc pas surprenant que la plupart des litiges se règlent en dehors des tribunaux.

Police
Peu d'étrangers ont à subir les tracasseries de la police et les demandes de bakchich sont extrêmement rares. Cela dit, les journaux officiels reconnaissent eux-mêmes que la police est corrompue. En cas de problème ou de vol, la police ne fera souvent rien d'autre que d'établir un rapport (contre rétribution variable) pour votre compagnie d'assurance. Faites-vous au besoin accompagner par un Vietnamien parlant français ou anglais.

Sécurité

Tout bien considéré, le Vietnam est un pays des plus sûrs pour les voyageurs. La police veillant fermement au maintien de l'ordre public, très peu de cas d'attaques, de vols avec arme ou d'agressions sexuelles nous ont été rapportés. En revanche, les escroqueries et le harcèlement à l'égard des touristes sévissent dans certaines villes, en particulier à Hanoi et à Nha Trang (voir les chapitres correspondants). C'est en circulant à deux-roues au milieu de l'anarchie générale que les voyageurs courent en réalité le plus grand danger. Beaucoup de Vietnamiens conduisent en effet n'importe comment, d'où un taux d'accidents de la route effrayant.

Animaux marins
Des créatures plus ou moins dangereuses peuplent les fonds marins. Sur la liste figurent notamment les requins, les méduses, les poissons-pierres, les poissons-scorpions, les serpents de mer et les raies pastenagues. Ne vous privez pas de baignade pour autant : la plupart de ces animaux évitent les humains et le nombre d'accidents, mortels ou non, reste faible.

Les méduses se déplaçant en groupe, il est assez facile de les éviter avant de plonger. Les poissons-pierres, poissons-scorpions et pastenagues séjournent plutôt en eaux peu profondes. Ils sont difficiles à voir, et le meilleur moyen de vous protéger est de porter des chaussures spéciales.

Reportez-vous p. 538 pour plus de conseils sur les piqûres et morsures d'animaux.

Munitions non explosées
Quatre armées différentes se sont employées durant trois décennies à mitrailler, pilonner, miner, piéger et

---

PLANÈTE PIRATE

Au cours de votre voyage, vous tomberez sur nombre d'exemplaires du guide *Vietnam* de Lonely Planet à prix cassés. Ce sont des copies pirates éditées à peu de frais sur des photocopieuses locales, de qualité très variables. Observez la qualité d'impression : si le texte est flou et les photos délavées, le guide que vous avez entre les mains s'autodétruira dans 5 secondes...

bombarder le territoire vietnamien. À la fin des combats, presque tout ce matériel mortifère est resté exactement là où on l'avait déposé. Les Américains estiment qu'au moins 150 000 tonnes de mines et de bombes non explosées (UXO, Unexploded Ordnance) jonchent le sol du pays.

Depuis 1975, plus de 40 000 Vietnamiens ont été tués ou mutilés en défrichant paisiblement leurs champs, où ces bombes avaient été "oubliées". Vous ne risquez rien dans les villes, les régions cultivées, les petites routes et les chemins fréquentés. Toutefois, ne sortez pas des sentiers battus, au sens strict du terme. Les champs de mines sont connus des gens de la région, mais non signalés.

Ne touchez *jamais* ces "reliques" de guerre. Certaines demeurent actives pendant des années. Ne marchez pas dans les cratères de bombes : on ne sait jamais ce qui peut rester au fond. Vous en saurez plus sur le problème des mines en contactant **International Campaign to Ban Landmines** (ICBL : www.icbl.org/fr), lauréat du prix Nobel de la paix. Vous pouvez également visiter les sites Internet (en anglais) de **Halo Trust** (www.halotrust.org) ou du **Mines Advisory Group** (MAG ; www.maginternational.org), deux organismes britanniques spécialisés dans l'élimination de mines et de bombes non explosées à travers le monde. Les armes à sous-munitions ont récemment été interdites par un traité signé en 2008 par plus de 100 pays, que les "suspects habituels" ont refusé de signer.

Téléphone

Pour les numéros utiles, services d'urgence, indicatifs étrangers..., voir p. 18.

CONSEILS AUX VOYAGEURS

La plupart des gouvernements présentent des conseils aux voyageurs, par pays, répertoriant les éventuels risques et les zones à éviter :
» **Belgique** (www.diplomatie.be/fr/travel)
» **Canada** (www.voyage.gc.ca)
» **France** (www.diplomatie.gouv.fr)
» **Suisse** (www.eda.admin.ch)

Toutes les grandes villes possèdent un **service de renseignements** (1080), utile pour obtenir un numéro de téléphone, mais aussi des horaires de train et d'avion, des taux de change et ses derniers résultats de football. Il délivre même des conseils matrimoniaux ou vous recommande des berceuses pour votre bébé ! On peut en général obtenir un opérateur parlant français.

Appels internationaux

Les tarifs des communications internationales depuis le Vietnam ont sensiblement baissé ces dernières années. Il est en général plus avantageux d'appeler l'étranger avec un portable plutôt qu'une ligne fixe ; comptez à partir de 0,10 $US la minute.

Autrement, vous pouvez téléphoner depuis n'importe quel appareil vers une cinquantaine de pays au prix forfaitaire de 0,50 $US la minute en composant le 17100, suivi de l'indicatif national et du numéro du correspondant. De nombreux hôtels petit budget proposent ce service d'appel par Internet, de même que les bureaux de poste.

Enfin, beaucoup d'hôtels mettent à disposition de leurs clients un ordinateur équipé de Skype et d'une webcam qui permet les appels gratuits ou presque.

Il est possible d'appeler nombre de pays, dont la France, en PCV.

Appels locaux

À Hanoi, à HCMV et à Haiphong, les numéros de téléphone comportent 8 chiffres. Ailleurs, ils n'en ont que 7. Chaque province possède son indicatif régional. Depuis le 5 octobre 2009, il faut ajouter le 3 devant le numéro existant pour assurer le bon fonctionnement des appels téléphoniques, ce qui a été pris en compte dans ce guide.

Vous pouvez téléphoner de la plupart des hôtels et des restaurants – et souvent gratuitement (faites-vous préciser au préalable le coût éventuel de l'appel). Les appels intérieurs longue distance sont facturés à des prix raisonnables ; ils sont moins chers en automatique et bénéficient d'une réduction allant jusqu'à 20% entre 22h et 5h.

Téléphones portables

Le Vietnam dispose d'un excellent réseau cellulaire. Il utilise le réseau GSM 900/1800, compatible avec la plupart des pays d'Asie et d'Europe, mais pas avec le GSM 1900 d'Amérique du Nord.
» **Cartes Sim** Si vous séjournez quelque temps au Vietnam, cela peut valoir le coup d'acheter une carte SIM avec un numéro local qui permet d'envoyer des SMS partout dans le monde moyennant environ 2 500 d par message. Pour ne pas avoir à utiliser votre beau téléphone perfectionné, vous pouvez vous procurer un appareil bon marché à partir de 20 $US, avec souvent

10 $US de crédit inclus. Demandez au commerçant ou à un employé de votre hôtel de le paramétrer en français ou en anglais. Trois opérateurs principaux – Viettel, Vinaphone et Mobifone – se disputent le marché vietnamien. Tous disposent de bureaux et de succursales à travers le pays.

» **Roaming** Si votre téléphone portable fonctionne au Vietnam, sachez que les communications vous coûteront les yeux de la tête et Internet davantage encore.

Toilettes

Le papier hygiénique est généralement fourni dans les hôtels mais rarement dans les toilettes des gares et autres établissements publics. Dans les lieux publics, si vous voyez une poubelle à côté de la cuvette, c'est là que doit atterrir votre papier hygiénique, le système d'évacuation n'étant pas prévu pour le papier. En l'absence de poubelle, jetez le papier dans la cuvette et tirez la chasse d'eau.

Le papier hygiénique est en général fourni, sauf dans les gares routières et ferroviaires. Vous trouverez encore des toilettes à la turque dans certains lieux publics et à la campagne.

Petite astuce : les toilettes publiques étant assez rares, les femmes se sentiront plus à l'aise si elles portent un sarong pour un arrêt en bordure de route. Il faut le plus souvent payer un préposé pour accéder aux toilettes publiques.

Travailler au Vietnam

L'apparition du Vietnam sur la scène internationale a généré diverses possibilités de travail pour les Occidentaux. Les emplois les plus rémunérateurs dépendent d'organismes internationaux, tels l'ONU, des ambassades et des sociétés étrangères.

Il est aussi possible de travailler au noir dans des bars et des restaurants tenus par des Occidentaux. Sinon, les écoles de plongée et les opérateurs de sports d'aventure ont toujours besoin de moniteurs. L'enseignement des langues étrangères fournit toutefois la majorité des emplois.

Trouver un emploi relève en général du bouche-à-oreille – les petites annonces sont peu nombreuses. Plus votre séjour est long, plus votre démarche sera aisée. À l'inverse, les voyageurs qui s'attendent à dénicher un job pour repartir deux mois plus tard risquent d'être déçus. Pour plus d'informations, reportez-vous au site Internet www.livinginvietnam.com/Fr/.

Enseigner

L'anglais demeure de loin la langue la plus demandée par les étudiants vietnamiens, mais certains souhaitent aussi apprendre le français. On recherche parfois aussi des professeurs de chinois, de japonais, d'allemand, d'espagnol et de coréen.

Les universités d'État recrutent certains enseignants étrangers, rémunérés en moyenne de 5 à 10 $US l'heure. Ils jouissent en outre d'un logement de fonction et du renouvellement illimité de leur visa.

Les cours de langue essaiment un peu partout. C'est ce genre d'emploi qu'obtiennent la plupart des étrangers qui viennent d'arriver au Vietnam. Le secteur privé offre une rémunération un peu plus élevée : de 8 à 15 $US l'heure selon l'endroit où vous enseignez. Néanmoins, les écoles privées ne procurent pas les mêmes avantages que les établissements publics. Généralement plus rentables, les cours particuliers rapportent de 12 à 25 $US l'heure.

Trouver un travail d'enseignant se révèle relativement facile à HCMV et à Hanoi, et parfois possible dans des villes universitaires moins importantes ; dans les petites villes, les salaires proposés sont moins élevés et les possibilités de travail plus rares.

Voyager seule

À l'instar des autres pays d'Asie du Sud-Est, le Vietnam ne présente pas de véritable danger pour les femmes occidentales en solo. Pour preuve, elles sont des milliers chaque année à se rendre dans ce pays sans rencontrer de problème particulier et à en revenir enchantées. Les Vietnamiennes vivent assez librement, travaillent, se mélangent aux hommes et n'adoptent pas une attitude soumise. Cela dit, elles se montrent très soucieuses de leur apparence dans une société où féminité rime obligatoirement avec beauté, grâce et minceur.

Bien que les mentalités évoluent aux contacts des étrangers, certaines personnes pensent encore qu'une Asiatique accompagnée d'un Occidental a toutes les chances d'être une prostituée vietnamienne. Si vous êtes concernées, mieux vaut porter des vêtements classiques afin d'écarter ce soupçon désagréable.

D'ailleurs, la plupart des Vietnamiennes s'habillent de façon pudique et ne dévoilent guère leur peau (en partie pour éviter de bronzer). Les épaules et le haut des bras dénudés attirent immanquablement l'attention.

Voir aussi *Santé au féminin* p. 539.

Transports

DEPUIS/VERS LE VIETNAM

Si la plupart des voyageurs arrivent au Vietnam en avion ou en bus, il existe aussi des liaisons ferroviaires avec la Chine et des bateaux qui naviguent sur le Mékong depuis/vers le Cambodge.

Entrer au Vietnam

Les formalités dans les aéroports internationaux vietnamiens sont en général moins désagréables qu'aux frontières terrestres. Cela dit, traverser par voie de terre depuis le Cambodge ou la Chine est aujourd'hui relativement simple. Le passage à la frontière laotienne peut être fastidieux.

Passeport

Pour entrer au Vietnam, il faut être en possession d'un passeport valable encore 6 mois après l'arrivée dans le pays et, pour la plupart des ressortissants, d'un visa (voir p. 513).

Il arrive que les Vietnamiens expatriés fassent l'objet de tracasseries de la part des services d'immigration et de douane.

Voie aérienne

Aéroports

Le Vietnam compte trois aéroports internationaux. Un quatrième, sur l'île de Phu Quoc, devrait être pleinement opérationnel en 2012.

Danang (DAD ; 1383 0339). L'aéroport de Danang n'accueille actuellement que quelques vols internationaux, mais son nouveau terminal devrait permettre la création de lignes supplémentaires.

Hô Chi Minh-Ville (SGN ; 3845 6654 ; www.tsnairport.com). L'aéroport Tan Son Nhat est la plaque tournante du trafic aérien international au Vietnam.

Hanoi (HAN ; 3827 1513 ; www.hanoiairportonline.com). L'aéroport Noi Bai dessert la capitale.

Plusieurs autres aéroports qualifiés d'internationaux, notamment ceux de Hué et de Haiphong, n'ont pour l'instant que des vols intérieurs. L'aéroport Cam Ranh de Nha Trang assure une liaison saisonnière avec la Russie et pourrait proposer à terme de nouvelles lignes.

Compagnies aériennes

Vietnam Airlines (www.vietnamairlines.com.vn) Hanoi (3832 0320) ; HCMV (3832 0320). La compagnie nationale couvre une trentaine de destinations internationales, la plupart en Asie du Sud-Est. Considérée comme sûre, Vietnam Airlines possède une flotte moderne d'Airbus et de Boeing.

Parmi les autres compagnies internationales desservant le Vietnam :

Aeroflot (www.aeroflot.com)
Air Asia (www.airasia.com)
Air France (www.airfrance.fr)
Cathay Pacific (www.cathaypacific.com)
China Airlines (www.china-airlines.com)
China Eastern Airlines (www.flychinaeastern.com)
KLM (www.klm.com)
Lao Airlines (www.laoairlines.com)
Lufthansa (www.lufthansa.com)
Malaysia Airlines (www.malaysiaairlines.com)
Philippine Airlines (www.philippineair.com)

AVERTISSEMENT

Les informations contenues dans ce chapitre sont particulièrement susceptibles de changements. Vérifiez directement auprès de la compagnie aérienne ou de l'agence de voyages les modalités d'utilisation de votre billet d'avion. N'hésitez pas à comparer les prestations. Les détails fournis ici doivent être considérés à titre indicatif et ne remplacent en rien une recherche personnelle attentive.

Liaisons aériennes

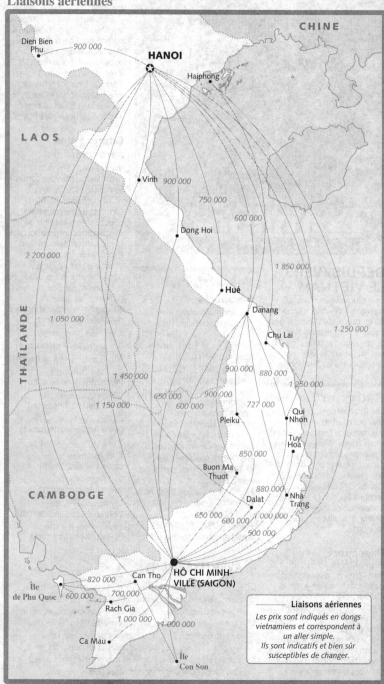

Qatar Airway
(www1.qatarairways.com)
Shanghai Airlines
(www.shanghai-air.com)
Singapore Airlines
(www.singaporeair.com)
Thai Airways
(www.thaiair.com)

Billets

Depuis l'Europe et l'Amérique du Nord, les vols pour le Vietnam coûtent en général plus cher que pour les autres pays d'Asie du Sud-Est. Une solution consiste à acheter un billet bon marché pour Bangkok, Singapour ou Hongkong, puis à prendre une correspondance.

Il est difficile d'obtenir des réservations pour des vols depuis/vers le Vietnam au moment des vacances locales, notamment aux alentours du Têt (voir p. 459), entre fin janvier et mi-février.

DEPUIS LA FRANCE

La durée moyenne d'un vol sans escale entre la France et le Vietnam est de 13 ou 14 heures. De Paris, compter autour de 1 000€ pour un aller-retour pour Hanoi ou HCMV et à partir de 700 € pour un vol avec escale. Les agences ci-dessous vendent des vols secs et certaines proposent des circuits organisés.

Air France (36 54 ; www.airfrance.fr ; 119 av. des Champs-Élysées, 75008 Paris)
Melting Pot (01 43 72 20 55 ; www.meltingpotvoyages.fr ; 91 rue de Charonne, 75011 Paris)
Nouvelles Frontières (01 49 20 65 87 ; www.nouvelles-frontieres.fr)
Voyageurs du Monde (01 42 86 16 00 ; www.vdm.com ; 55 rue Sainte-Anne, 75002 Paris). Nombreuses agences en province.

DEPUIS LA BELGIQUE

Il n'y a pas de liaison directe pour le Vietnam depuis la Belgique. De Bruxelles, compter à partir d'environ 800 € pour un aller-retour pour Hanoi.
Airstop (070 23 31 88 ; www.airstop.be ; 28 rue du Fossé-aux-Loups, Bruxelles 1000)
Connections Bruxelles (070 23 33 13 ; www.connections.be) ; Bruxelles (02/550 01 30 ; 19-21 rue du Midi, 1000 Bruxelles). Plusieurs agences en Belgique.
Éole (02/227 57 80 ; www.voyageseole.be ; 43 chaussée de Haecht, 1210 Bruxelles)

DEPUIS LE CANADA

Les tarifs y sont souvent plus chers que depuis les États-Unis. Un vol pour Hanoi tourne autour de 1 500 $C.
Air Canada (www.aircanada.ca)
Travel Cuts (800-667 2887 ; www.travelcuts.com ; 225 Président Kennedy PK-R-206, Montréal, Québec H2X 3Y8)

DEPUIS LA SUISSE

Un aller-retour Genève-Hanoi se négocie à partir de 1 200 FS. Il n'y a pas de liaison directe.
Jerrycan (022/346 92 82 ; www.jerrycan-travel.ch ; rue Sautter 11, Genève 1205).
STA Travel (058 450 49 49 ; www.statravel.ch ; rue Rousseau 29, 1204 Genève).

Voie terrestre

Le Vietnam est frontalier avec le Cambodge, la Chine et le Laos. Les étrangers peuvent désormais emprunter de nombreux postes-frontières avec chacun de ces voisins. Il s'agit d'un grand progrès par rapport aux années 1990. Le problème est qu'il n'est toujours pas possible d'obtenir un visa vietnamien en arrivant par ces frontières.

Passer la frontière

Les modalités de passage des différents postes-frontières sont détaillées au fil de ce guide. Les horaires d'ouverture des frontières

> **VOLS EN LIGNE**
>
> Pour trouver un billet pas cher, essayez les agences en ligne et les comparateurs de vols :
> » www.alibabuy.com
> » www.anyway.com
> » www.bourse-des-vols.com
> » www.ebookers.fr
> » www.govoyage.com
> » www.illicotravel.com
> » www.liligo.fr
> » www.opodo.fr
> » www.sprice.fr
> » www.voyages-sncf.com
> » http://voyages.kelkoo.fr

peuvent varier, mais, en général, les étrangers sont autorisés à passer de 7h à 17h, tous les jours.

On trouve aujourd'hui des infrastructures légales pour changer de l'argent du côté vietnamien, qui acceptent les dollars et d'autres monnaies locales (dong vietnamien, renminbi chinois, kip laotien et riel cambodgien). Les taux du marché noir sont à juste titre réputés peu intéressants, voire carrément malhonnêtes.

Au passage des frontières, il arrive que les étrangers aient à régler une "taxe d'immigration", de 1 ou 2 $US.

CAMBODGE

Le Cambodge et le Vietnam partagent une longue frontière avec de nombreux points de passage. Des visas cambodgiens d'un mois sont émis à l'arrivée à tous les postes-frontières cambodgiens moyennant 20 $US, mais il est fréquent d'avoir à payer plus, hormis à Bavet.

Les postes-frontières cambodgiens ouvrent officiellement tous les jours

de 8h à 20h. Voici les plus empruntés :

» **Le Thanh-O Yadaw.** Relie les hauts plateaux du centre du Vietnam au nord-est du Cambodge (voir p. 302).

» **Moc Bai-Bavet.** Entre HCMV et Phnom Penh (voir p. 354).

» **Vinh Xuong-Kaam Samnor.** Une paisible traversée fluviale dans le delta du Mékong (voir p. 409).

» **Xa Xia-Prek Chak.** Relie le delta du Mékong et l'île de Phu Quoc à la côte cambodgienne (voir p. 404).

CHINE

Actuellement, les voyageurs peuvent traverser la frontière sino-vietnamienne en trois endroits : Huu Nghi Quan (col de l'Amitié), Lao Cai et Mong Cai. Le visa chinois doit être demandé à l'avance.

Notez que la Chine est en avance d'une heure par rapport au Vietnam.

» **Lao Cai-Hekou.** Relie le nord du Vietnam à Kunming ; les trains ne roulent plus actuellement côté chinois (p. 136).

» **Mong Cai-Dongxing.** Un passage peu emprunté pour aller de la baie d'Along à l'île de Hainan (p. 113).

» **Youyi Guan-Huu Nghi Quan.** Permet de relier Hanoi à Nanning et à Hong Kong ; des trains sino-vietnamiens suivent cette voie (voir p. 116).

LAOS

Il existe 7 points de passage entre le Vietnam et le Laos. Des visas de 30 jours pour le Laos sont disponibles.

Choisissez si possible un bus direct entre les deux pays, ce qui réduit le risque de tracasseries tant de la part du service de l'immigration que dans les transports publics du côté vietnamien. Les mensonges relatifs à la durée des trajets sont monnaie courante. La palme revient aux chauffeurs de bus, qui arrêtent leur véhicule à mi-chemin pour renégocier le prix.

Les connexions des deux côtés de la frontière peuvent être très aléatoires, n'utilisez pas les passages les plus isolés à moins de disposer de temps et de patience.

Principaux postes-frontières :

» **Bo Y-Phou Keua.** Pour les itinéraires de Hoi An ou Quy Nhon à la région de Pakse (voir p. 305).

» **Cau Treo-Nam Phao.** Entre Vinh et Tha Khaek, c'est la mauvaise route empruntée par les bus Hanoi-Vientiane (voir p. 156).

» **Lao Bao-Dansavanh.** Le passage le plus fréquenté et d'ordinaire le plus facile, entre Dong Ha et Savannakhet, (voir p. 168).

» **Nam Can-Nong Haet.** Relie Vinh à la plaine des Jarres (voir p. 154).

» **Tay Trang-Sop Hun.** Entre Dien Bien Phu et le nord du Laos (voir p. 127).

Bus

Il est possible de pénétrer au Vietnam en bus depuis le Cambodge, le Laos et la Chine. Le moyen le plus prisé depuis/vers le Cambodge est le bus international qui passe par le poste-frontière de Bavet-Moc Bai. Depuis le Laos, la plupart des voyageurs prennent le bus cauchemardesque qui relie Vientiane à Hanoi via Cau Treo, ou suivent l'itinéraire (plus facile) entre Savannakhet, dans le sud du Laos, et Hué, dans le centre du Vietnam, qui traverse la frontière à Lao Bao. Deux fois par jour, un bus relie aussi Hanoi et Nanning, en Chine.

Train

Plusieurs trains circulent entre la Chine et le Vietnam. Un train quotidien relie Hanoi à Nanning (qui poursuit ensuite sa route jusqu'à Beijing !). La voie ferrée la plus pittoresque se trouve entre Hanoi et Kunming (via Lao Cai) – toutefois, elle n'est pas en service actuellement côté chinois. Aucune ligne ferroviaire ne relie le Vietnam au Cambodge ou au Laos.

Voie fluviale

La frontière entre le Cambodge et le Vietnam compte un point de passage sur les rives du Mékong. Des navettes rapides régulières convoient leurs passagers entre Phnom Penh au Cambodge et Chau Doc au Vietnam, avec un transbordement au poste-frontière de Vinh Xuong-Kaam Samnor. De luxueux bateaux avec cabines suivent également le cours du fleuve jusqu'aux temples d'Angkor, à Siem Reap, au Cambodge.

Voiture et moto

Il est théoriquement possible d'entrer et de sortir du Vietnam en voiture ou à moto, mais seulement aux frontières avec le Cambodge et le Laos. En réalité, l'administration en fait un véritable cauchemar. S'il est souvent assez facile de passer une moto vietnamienne au Cambodge ou au Laos, la même opération dans l'autre sens est très compliquée et onéreuse. Il est actuellement interdit d'entrer en Chine à bord d'un véhicule.

Consultez les forums en anglais de www.gt-rider.com pour avoir des informations récentes sur les passages de frontière à moto.

Paperasse

Les voyageurs motorisés (voiture ou moto) doivent être munis de la carte grise de leur véhicule, d'une assurance fiable et d'un permis de conduire international en plus de leur permis national. Vous aurez aussi besoin d'un carnet de passage en douane, qui est en fait le passeport du véhicule et tient lieu d'exemption temporaire de taxe d'importation.

LE JUSTE PRIX

Au Vietnam, tout voyageur se pose la question à un moment ou un autre : est-ce le vrai prix ou suis-je en train de me faire rouler ? Ces quelques indications devraient vous aider à y voir plus clair.

» **Avion** Identiques pour les Vietnamiens et les étrangers, les prix des vols varient selon le moment de la réservation et les dates de départ.

» **Bateau** Si les tarifs des ferries et des hydrofoils sont fixes, les étrangers payent davantage que les autochtones pour les petites embarcations privées empruntées dans le delta du Mékong ou dans les îles Cham.

» **Bus** La tarification des bus est plus compliquée. Si vous achetez votre billet au point de départ (c'est-à-dire à la gare routière), le prix est fixe et très raisonnable. Toutefois, si vous prenez le bus en chemin, il y a des chances pour que le chauffeur vous demande davantage. C'est d'autant plus vrai dans les régions reculées, où les étrangers paient quatre fois, voire dix fois, plus cher que les habitants. Concernant les bus locaux, les tarifs sont affichés près de la porte.

» **Train** Fixes, les tarifs ferroviaires ne dépendent que de la classe.

» **Taxi** La plupart des taxis disposent d'un compteur et se révèlent très bon marché. Gare toutefois aux compteurs trafiqués qui tournent beaucoup plus vite que la normale.

» *Xe om* **et cyclo-pousse** Ils ne pratiquent généralement pas de prix fixes, ce qui oblige à négocier ferme.

Cette situation contrariante remonte aux débuts du tourisme vietnamien, époque à laquelle tous les hôtels appartenaient à l'État et facturaient une note cinq fois plus élevée aux étrangers. Jusque récemment, ce système s'appliquait encore aux trajets ferroviaires.

VOYAGES ORGANISÉS

De nombreuses agences ont inscrit le Vietnam à leur catalogue. Il est par ailleurs très facile de mettre sur pied un circuit avec un voyagiste une fois arrivé au Vietnam. En fait, la seule chose que vous gagnerez en réservant avant le départ, c'est un peu de temps. Vous trouverez également de nombreuses agences basées au Vietnam qui pourront préparer votre visite à l'avance. Certaines des meilleures sont répertoriées ci-dessous.

Circuits culturels

Asia Paris (01 44 41 50 10 ; www.asia.fr ; 1 rue Dante, 75005 Paris) ; Genève (c/o Fert et Cie Voyages 022 839 43 92 ; 22a rue Le Corbusier, case postale 2364, CHI211 Genève 2)

Clio (01 53 68 82 82 ; www.clio.fr ; 27 rue du Hameau, 75015 Paris)

Compagnie des Indes et de l'Extrême-Orient (01 53 63 33 40 ; 82 bd Raspail, 75006 Paris ; www.compagniesdumonde.com).

Intermèdes (01 45 61 90 90 ; www.intermedes.com ; 60 rue La Boétie, 75008 Paris).

Maison de l'Indochine (01 40 51 95 15 ; www.maisondelindochine.com ; 76 rue Bonaparte, 75006 Paris)

Orients (01 40 51 10 40 ; www.orients.com ; 27 rue des Boulangers, 75005 Paris)

Route de l'Asie (01 42 60 46 46 ; www.laroutedesindes.com ; 7 rue d'Argenteuil, 75001 Paris).

Tourisme fluvial

Fleuves du Monde (01 44 32 12 85 ; www.fleuves-du-monde.com ; 28 bd de la Bastille, 75012 Paris)

Treks et voyages sportifs

Atalante (www.atalante.fr) Lyon (04 72 53 24 80 ; 36 quai Arloing, 69256 Lyon Cedex 09) Paris (01 55 42 81 00 ; 41 bd des Capucines, 75002 Paris) ; Bruxelles (02 627 07 97 ; rue César Franck, 44A, B-1050 Bruxelles)

Nomade (0 825 701 702 ; www.nomade-aventure.com ; 40 rue de la Montagne-Sainte-Geneviève, 75005 Paris).

Tamera (04 78 37 88 88 ; www.tamera.fr ; 26 rue du Bœuf, 69005 Lyon)

Ultramarina (www.ultramarina.com) Nantes (0825 02 98 02 ; 37 rue Saint-Léonard, BP 33 221, 44032 Nantes Cedex 01) ; Paris (0825 02 98 02 ; 25 rue de Clichy, 75009 Paris) ; Marseille (0 825 02 98 02 ; 27 rue de la Palud, 13001 Marseille) ; Lyon (0 825 02 98 02 ; 11 rue Bugeaud, 69006 Lyon) ; Genève (022 786 14 86 ; 76 rue des Eaux Vives, 1207 Genève).

Agences au Vietnam

Les circuits très bon marché vendus à HCMV et à Hanoi se révèlent souvent de piètre qualité. Sachez que les prestations sont à la hauteur des sommes déboursées. Il en existe cependant d'excellentes, souvent francophones, avec lesquelles vous pouvez aisément organiser votre voyage depuis votre pays, notamment via Internet.

Voici quelques-unes des destinations touristiques les plus couvertes :

» **Baie d'Along** p. 99
» **DMZ** p. 163
» **Hué** p. 183
» **Delta du Mékong** p. 362
» **Mui Ne** p. 256
» **My Son** p. 219
» **Nha Trang** p. 240
» **Phong Nha** p. 156
» **Sapa** p. 129

Parmi les agences que nous recommandons :

Amica Travel (www.amica-travel.com ; Building Nikko, 3e et 9e étages, 27 Nguyen Truong To, Ba Dinh, Hanoi). Agence francophone bien établie proposant une grande variété de circuits, souvent originaux, incluant le Laos et le Cambodge.

Asiatica Travel (✆6266 2816 ; www.asiatica-travel.com ; A1203, Building M3-M4, 91 Nguyen Chi Thanh, Hanoi). Également francophone, un spécialiste des voyages individuels sur mesure en petits groupes et de l'écotourisme. Séjours famille, hors des sentiers battus, circuits Indochine (incluant le Cambodge et/ou le Laos), randonnée... Chaudement recommandée par nos lecteurs.

Buffalo Tours (✆3828 0702 ; www.buffalotours.fr ; 11 Pho Hang Muoi, Hanoi). Une agence populaire à l'offre très variée, de la rando sur le Fansipan à un circuit gastronomique de 9 jours.

Destination Asia (✆3844 8071 ; www.destination-asia.com ; 143 Ð Nguyen Van Troi, Phu Nhuan, HCMV). Agence haut de gamme pour voyageurs exigeants.

Exotissimo (✆3995 9898 ; www.exotissimo.com ; 80-82 Ð Phan Xich Long, Phu Nhuan, HCMV). Le leader régional décline un bon choix de formules, notamment axées sur le vélo, la randonnée ou le golf. Il organise par exemple un circuit de 5 jours dans la province de Ha Giang qui inclut Dong Van, ainsi que des excursions sur mesure.

Handspan (✆3926 2828 ; www.handspan.com ; 78 P Ma May, Hanoi). Cette compagnie novatrice propose des options intéressantes telles que séjours chez l'habitant, kayak de mer, circuits en jeep, VTT et trekking.

Ocean Tours (✆3926 0463 ; www.oceantours.com.vn ; 22 P Hang Bac, Hanoi). Des excursions bien conçues dans la baie d'Along, les parcs nationaux et les montagnes du Nord, de même que des itinéraires en 4x4.

Rues d'Asie (www.ruesdasie.com). Une sympathique petite agence francophone nouvellement installée à Hanoi, mais qui fonctionne essentiellement par Internet. Elle propose des circuits aventure, à pied ou à moto, et des séjours longs à la rencontre des minorités ethniques et hors des sentiers battus.

Sinhbalo Adventures (✆8337 6766 ; www.sinhbalo.com ; 283/20 Ð Pham Ngu Lao, District 1, HCMV). Le premier spécialiste des circuits à vélo couvre le delta du Mékong, les hauts plateaux du Centre et les montagnes du Nord.

Sinhbalo Adventures (✆08-8337 6766 ; www.sinhbalo.com ; 283/20 Ð Pham Ngu Lao, district 1, HCMV). Le grand spécialiste du cyclotourisme, avec des circuits jusqu'au delta du Mékong et aux montagnes du Nord.

Sisters Tours (✆3562 2733 ; www.sisterstoursvietnam.com ; 37 Ð Thai Thinh, Hanoi). Ce tour-opérateur haut de gamme affiche un choix varié de formules thématiques (photo, famille...).

CIRCUITS À MOTO

Les circuits spécialisés à moto au Vietnam sont de plus en plus populaires. C'est une fabuleuse manière de sortir des sentiers battus et d'explorer les régions montagneuses du Nord et du Centre. Les deux-roues peuvent atteindre certaines zones inaccessibles aux voitures, parcourir des sentiers étroits et les routes désertes de l'arrière-pays. Un peu d'expérience est utile, mais beaucoup d'entreprises proposent des cours aux débutants. Chevaucher une bécane pour affronter les cimes du Nord est une expérience unique qu'il ne faut pas manquer.

Les guides étrangers coûtent considérablement plus cher que les guides locaux vietnamiens. Pour un groupe de 4 personnes, comptez à partir de 100 $US par jour, par personne, pour un circuit tout compris, comprenant la location de la moto, l'essence, le guide, la nourriture et l'hébergement. Voici certains des meilleurs opérateurs :

Explore Indochina (✆0913 093 159 ; www.exploreindochina.com). Un opérateur établi de longue date qui propose d'excellents circuits sur la piste Hô Chi Minh et dans l'extrême Nord au guidon de 650cc Ural ou de Minsk modifiées (150-200 $US/j).

Free Wheelin Tours (✆3926 2743 ; www.freewheelintours.com). Gérée par Fredo (Binh en vietnamien), qui parle français, anglais et vietnamien, cette compagnie possède ses propres locaux dans le Nord-Est, et propose d'excellents circuits ainsi que des voyages sur mesure. Les prix débutent à 100 $US/jour pour un groupe de 4 personnes.

Hoi An Motorbike Adventure (✆391 1930 ; www.motorbiketours-hoian.com). Propriétaire de Minsk bien entretenues, ce spécialiste des courtes excursions (à partir de 35 $US) sur les petites routes splendides de la région de Hoi An effectue également des circuits plus longs jusqu'à la DMZ et Hué.

Offroad Vietnam (✆3926 3433 ; www.offroadvietnam.com). Une agence très pro qui organise des circuits sur piste et sur route en Honda. Les itinéraires couvrent de larges portions du Nord, dont Ha Giang et Dong Van. Location de motos à prix compétitifs (à partir de 20 $US) et d'équipements tels que des sacoches.

Voyage Vietnam (✆3926 2373 ; www.voyagevietnam.net). Une société vietnamienne réputée pour ses formules dans le Nord, le delta du Mékong et sur la piste Hô Chi Minh. À partir de 85 $US/jour environ.

Concernant les "Easy Riders" autour de Dalat, reportez-vous p. 292. Vous trouverez dans ce guide quantité d'excursions d'une journée, à moto ou à vélo, dans les sections concernées des principales villes.

COMMENT CIRCULER

Avion

Le Vietnam bénéficie désormais de bonnes liaisons intérieures à des prix très abordables (à condition de réserver longtemps à l'avance). Les compagnies aériennes acceptent les règlements par cartes de crédit. Notez toutefois que les annulations ne sont pas rares. Mieux vaut ne pas compter sur un vol intérieur au départ d'un aéroport de province si vous devez reprendre le jour même un avion pour l'étranger.

Air Mekong (www.airmekong.com.vn). Dessert le sud du Vietnam et Hanoi.

Jetstar Pacific Airlines (www.jetstar.com). Une compagnie à bas coût qui pratique des tarifs très intéressants sur un nombre restreint de destinations.

Vasco (www.vasco.com.vn). Vols pour Con Dao et le delta du Mékong au départ de HCMV.

Vietnam Airlines (www.vietnamairlines.com.vn). Le principal transporteur local offre le réseau le plus complet et la meilleure fiabilité.

Bateau

Le Vietnam compte un très grand nombre de cours d'eau partiellement navigables, les plus importants étant sans conteste les multiples bras du Mékong. Des croisières panoramiques d'une journée sont organisées sur les rivières à Hoi An, Danang, Hué, Tam Coc et même HCMV, mais les bateaux ne servent de moyen de transport courant que dans le delta du Mékong.

Il est également possible de faire des croisières en mer. Dans le Nord, la découverte des îles de la baie d'Along fait partie des incontournables. Dans le Centre, ne manquez pas les charmantes îles Cham, accessibles depuis Hoi An. Dans le Sud, les excursions vers les îles au large de Nha Trang sont très prisées.

Dans certaines parties du Vietnam (comme le delta du Mékong), les traversées en bac sont monnaie courante. Attention ! Ne restez pas debout entre deux véhicules garés sur le ferry : ils pourraient bouger avec le roulis et vous prendre en sandwich.

Bus

Un important réseau de bus et d'autres véhicules de transport public permet de desservir chaque recoin du pays. Bien qu'un nombre croissant de bus modernes circulent sur les principales lignes, la plupart des trajets demeurent péniblement lents et inconfortables.

Quelle que soit la catégorie de bus, ne vous attendez pas à dépasser les 50 km/h le long des grands axes (y compris la RN 1) en raison du trafic intense où se mêlent motos, camions et piétons. Cela dit, la beauté des paysages fait paraître le temps plus court.

Bus de luxe

Aujourd'hui, des bus climatisés modernes de fabrication coréenne ou chinoise sillonnent les principales lignes et assurent des liaisons directes. Il s'agit de la catégorie de luxe et les passagers s'y sentent beaucoup plus à l'aise.

Certains, qui disposent de sièges inclinables ou de couchettes rembourrées pour les très longs trajets, constituent une bonne alternative au train à des prix comparables.

Non-fumeurs, les véhicules de luxe sont en revanche souvent équipés de téléviseurs et de redoutables machines à karaoké. S'il suffit de fermer les yeux pour éviter les films de kung-fu, dormir pendant les séances de karaoké relève de l'exploit (prévoyez des bouchons d'oreille).

Sinon, des compagnies privées comme **Mai Linh Express** (www.mailinh.vn) proposent de rutilants minibus avec des sièges pré-alloués sur des itinéraires de courte et moyenne distances.

Bus locaux

Les bus couvrant de courtes distances – parmi lesquels des véhicules français, américains et russes des années 1950 à 1970 – ne partent qu'une fois pleins (c'est-à-dire littéralement bondés de personnes et de bagages). Ils circulent généralement toute la journée, mais les liaisons se raréfient après 16h.

Ces bus et minibus ordinaires s'arrêtent fréquemment au bord des routes pour faire descendre et monter autant de passagers que possible, ce qui rallonge d'autant le temps de trajet. Peu de voyageurs les empruntent car les chauffeurs montrent une fâcheuse tendance à majorer le prix du billet pour les étrangers.

Surveillez vos bagages, notamment aux "arrêts toilettes". N'acceptez jamais de boisson de vos compagnons de route, même s'ils paraissent sympathiques. Vous risquez de vous faire droguer et voler.

Gares routières

Nombre de villes possèdent plusieurs gares routières qui se répartissent les destinations (vers le nord ou le sud) et les différents types de service (locaux ou longue distance, express ou non).

Malgré leur aspect anarchique, beaucoup de ces terminaux ont désormais des billetteries affichant clairement les tarifs officiels et les horaires.

Lorsque vous arrivez en bus, mieux vaut prendre un taxi avec compteur jusqu'à votre hôtel ou pension, car les xe om et les cyclos ont tendance à demander des sommes exagérées.

Tarifs et réservations

Réserver n'est pas nécessaire pour les services les plus fréquents entre les villes, mais rien ne vous empêche d'acheter vos billets la veille. Prenez toujours vos billets aux guichets de la gare routière, les chauffeurs étant connus pour demander plus cher.

Les tarifs restent très bon marché, même si les étrangers paient souvent de 2 à 10 fois le prix normal sur les trajets ruraux. Si vous envisagez de discuter le prix avec le chauffeur, il est préférable de vous renseigner sur le tarif réservé aux Vietnamiens avant de négocier. À titre de référence : un trajet de 100 km coûte entre 2 et 3 $US.

Trajets "open tour"

Dans tous les lieux fréquentés par les voyageurs à petit budget, on peut voir de nombreuses publicités vantant l'"open tour", l'"open date ticket" ou l'"open ticket" : il s'agit en fait d'un service de bus s'adressant en majorité aux voyageurs étrangers à petit budget. Cela dit, un nombre croissant de Vietnamiens utilisent ces services en raison de leurs points de départ centraux très pratiques. Ces bus climatisés circulant entre HCMV et Hanoi offrent à leurs passagers la possibilité de monter ou de descendre dans n'importe quelle grande ville traversée.

Les prix restent très raisonnables : un trajet direct de HCMV à Hanoi coûte environ 45 $US, en fonction du trajet exact. Quelques exemples de prix sont indiqués dans l'encadré ci-dessous.

Seul inconvénient de ce système : il est fondé sur les commissions que reverse un réseau très bien organisé d'hôtels et de restaurants tout au long du trajet, les voyageurs se sentant pris en otages.

Acheter des tickets "open" pour de courts trajets au fur et à mesure de son voyage, d'un coût légèrement supérieur, offre cependant plus de souplesse et permet de prendre le train, de louer une moto ou de changer d'itinéraire comme on l'entend.

Quoi qu'il en soit, ces billets remportent un franc succès. Nous vous conseillons d'utiliser ce moyen de transport pour des trajets courts comme HCMV-Dalat ou HCMV-plage de Mui Ne, deux localités non desservies par le train.

Si ce système vous intéresse, rendez-vous dans les cafés pour voyageurs de HCMV et de Hanoi. Inventeur du concept, **The Sinh Tourist** (www.thesinhtourist.com) jouit d'une bonne réputation et a été imité depuis par de nombreuses compagnies.

Vélo

Se déplacer à vélo est un bon moyen de découvrir le Vietnam, en particulier lorsqu'on sort des grands axes. On peut parcourir ainsi de longues distances : le relief est plat ou modérément montagneux, et les routes principales sont praticables. La sécurité, en revanche, pose un sérieux problème. Si vous êtes à bout de souffle, vous pouvez toujours charger votre vélo sur un bus ou dans le wagon à bagages d'un train.

LES TRAJETS "OPEN TOUR" EN BUS

TRAJET	PRIX
HCMV-Dalat	9 $US
HCMV-Mui Ne	9 $US
HCMV-Nha Trang	12 $US
Nha Trang-Hoi An	12 $US
Hoi An-Hué	9 $US
Hoi An-Nha Trang	16 $US
Hué-Hanoi	20 $US

Circuits
Les groupes de cyclotouristes qui sillonnent le Vietnam sont aujourd'hui relativement fréquents. Certaines agences se sont spécialisées dans ce genre de circuits (voir p. 525).

Location
Les hôtels et certaines agences de voyages louent des vélos entre 1 et 3 $US par jour. Comptez 8 $US pour un modèle de meilleure qualité. Il s'agit d'un excellent moyen de transport pour visiter de petites villes comme Hoi An, Hué ou Nha Trang (sauf bien sûr à la saison des pluies). On trouve en outre des réparateurs à chaque coin de rue en cas de crevaison ou de problème mécanique.

Types de vélo
Il est possible d'acheter un bon vélo dans l'une des boutiques spécialisées de Hanoi et de HCMV, mais il vaut mieux apporter le vôtre si vous projetez de faire de longues distances. Les VTT sont plus appropriés pour circuler au Vietnam, les véhicules trop légers risquant de ne pas résister aux nids-de-poule occasionnels et aux routes non goudronnées, mais les vélos de route conviennent très bien aux routes côtières ou au delta du Mékong. Emportez également votre équipement de sécurité et des pièces détachées, qui sont rares au Vietnam. Une sonnette, voire une corne, fait partie du matériel indispensable : le plus bruyant est le mieux.

Voiture et moto
Disposer d'un véhicule personnel offre une grande souplesse pour visiter les régions les plus reculées et s'arrêter quand on le désire. La location d'une voiture inclut toujours un chauffeur. Les locations de motos sont bon marché, que ce soit avec conducteur ou non.

Assurance
Si vous roulez dans un véhicule touristique loué avec un chauffeur, il y a de grandes chances que l'assurance soit comprise. En revanche, nombre de motos de location ne sont pas assurées, et vous devrez souscrire un contrat indiquant le montant de l'indemnité en cas de vol. Munissez-vous d'un antivol solide et garez-vous dans les parkings surveillés (lorsqu'il y en a).

Oubliez la location de moto si vous visitez le Vietnam sans assurance. Le coût des soins en cas d'accident grave peut se révéler ruineux pour les voyageurs au budget serré.

Code de la route
Le code de la route est tout bonnement inexistant et c'est toujours le plus gros véhicule qui gagne la partie. Sur la route, faites particulièrement attention aux enfants, qui jouent parfois à la marelle au beau milieu des grands axes routiers ! Soyez attentif aussi au bétail qui peut traverser la route.

Si les policiers font fréquemment payer aux conducteurs toutes sortes d'infractions réelles ou imaginaires, la verbalisation pour excès de vitesse est désormais monnaie courante, avec des planchers d'infraction remarquablement bas.

Avertir de coups de klaxon les piétons et les cyclistes est la règle de base d'une conduite prudente. Les gros véhicules et les bus pourraient tout aussi bien posséder une sirène permanente !

Le port de la ceinture de sécurité n'est pas obligatoire ; les Vietnamiens se moquent même des étrangers qui insistent pour l'attacher.

Légalement, une moto ne peut transporter que 2 personnes, mais nous avons vu jusqu'à 6 passagers sur un deux-roues (plus des bagages). Cette règle, respectée en ville, est largement ignorée ailleurs.

Essence
Le prix du carburant a beaucoup augmenté au Vietnam en 2011, l'essence sans plomb ayant atteint 21 000 d/litre. L'essence peut s'acheter dans tout le pays ; même dans les villages les plus isolés, vous trouverez des stands au bord de la route qui en proposent. Attention ! Il arrive que ce carburant contienne du kérosène qui revient moins cher – tâchez de trouver une vraie station-service.

État des routes et sécurité
La sécurité routière n'est en aucun cas le point fort du Vietnam. Il devient de plus

DISTANCES PAR LA ROUTE (EN KM)

	Dalat	Hoi An	Sapa	Hue	Along	Hanoi
Hoi An	716					
Sapa	1868	1117				
Hué	830	138	1038			
Along	1653	911	545	823		
Hanoi	1488	793	380	658	165	
HCMV	310	942	2104	1097	1889	1724

N.B. : Distances approximatives

en plus dangereux de rouler sur les routes nationales à deux voies pour se rendre d'une ville à l'autre. De terribles collisions sont hélas devenues un spectacle familier sur les nationales.

En général, la majorité des grandes routes sont bitumées et raisonnablement entretenues, mais les inondations peuvent causer des problèmes saisonniers. Un gros typhon creusera d'énormes nids-de-poule et, dans les contrées reculées, les routes non bitumées se transformeront en un océan de boue. Mieux vaut les affronter avec une voiture ou une moto tout-terrain. Les routes de montagne sont particulièrement dangereuses : chutes de pierres, glissements de terrain et conducteurs perdant le contrôle de leur véhicule peuvent gâcher votre voyage.

Précautions
À moto, prenez garde aux coups de soleil, voire aux brûlures, car le vent frais peut vous faire oublier les désagréments liés à l'ardeur du soleil. Couvrez les zones exposées ou protégez-les avec un écran total. Pensez également aux violentes averses qui s'abattent par intermittence.

Munissez-vous de vêtements ou de ponchos imperméables, surtout pendant la mousson.

Urgences
Le Vietnam ne dispose d'aucun service de secours d'urgence efficace : en cas d'accident, les secours peuvent mettre beaucoup de temps à arriver, sans compter que vous pouvez vous trouver très loin de l'infrastructure médicale la plus basique. Les habitants vous aideront peut-être dans des situations extrêmes, mais dans la plupart des cas, vous ou votre guide aurez à vous débrouiller pour vous rendre à l'hôpital ou à la clinique.

LOUER UN VÉHICULE AVEC CHAUFFEUR

Louer une voiture avec chauffeur et guide vous donne la possibilité de vous organiser un circuit sur mesure. Très semblable à un voyage en indépendant, cette manière de voir le pays est plus confortable, permet de gagner un temps précieux et de s'arrêter où on le souhaite en chemin, contrairement aux circuits organisés habituels.

La plupart des voyagistes fournissent des voitures avec chauffeur. Un guide compétent, à la fois interprète et compagnon de voyage, ouvre des portes et partage avec vous ses connaissances sur les multiples aspects de la culture locale. À l'inverse, un mauvais guide peut gâcher votre voyage. Les conseils qui suivent vous aideront à bien choisir :

» Essayez de rencontrer votre guide-chauffeur avant de partir afin d'être sûr qu'il vous convient.

» Renseignez-vous sur son niveau de français ou d'anglais.

» Le chauffeur paie normalement ses dépenses personnelles tels que repas et hébergement, mais l'essence reste à votre charge. Vérifiez que c'est bien le cas.

» Mettez-vous d'accord avec l'agence sur l'itinéraire et demandez à celle-ci une copie écrite. Si le chauffeur improvise en cours de route, vous pourrez vous en servir pour le rappeler à l'ordre.

» Exprimez clairement votre souhait d'éviter les restaurants et boutiques pièges à touristes.

» Laissez un pourboire si vous êtes satisfait du service.

Location
La sécurité, l'état de fonctionnement du véhicule, la fiabilité de l'agence de location et votre budget sont les principaux éléments à prendre en considération.

Moto
Vous pourrez louer une moto à peu près partout, y compris dans les hôtels et les agences de voyages. La plupart des établissements vous demanderont de laisser votre passeport jusqu'au retour de l'engin. Demandez à signer une convention qui indiquera clairement la nature du véhicule loué, le coût de la location, le montant de l'indemnité due en cas de vol, etc. Pour affronter les montagnes du Nord, mieux vaut opter pour une moto légèrement plus puissante, de type Minsk ou une tout-terrain. Si vous ne voulez pas conduire, de très nombreux conducteurs seront tout à fait disposés à vous servir de guide/chauffeur pour 7 à 12 \$US/jour.

Fourchette des tarifs à la journée :

» **Vélomoteur semi-automatique** 4-6 \$US
» **Vélomoteur automatique** 8-10 \$US
» **Minsk** à partir de 15 \$US
» **Tout-terrain** à partir de 20 \$US

Voitures et minibus
Le Vietnam n'admet pas encore la location de voiture sans chauffeur – ce qui est plutôt sensé compte tenu des conditions de circulation –, mais vous

CASQUE OBLIGATOIRE

À moto, le port du casque est obligatoire au Vietnam, même pour les passagers. Mieux vaut investir dans un bon casque d'importation si vous devez voyager beaucoup sur des routes fréquentées ou sur des routes de montagne, car les casques locaux offrent une protection bien maigre. Vous en trouverez dans les grandes villes moyennant 25 $US environ.

trouverez facilement un véhicule avec chauffeur. Louer un véhicule avec chauffeur et guide est une option à considérer, même pour les personnes au budget serré, surtout si elles partagent les frais à plusieurs.

Hanoi et HCMV regorgent d'agences de voyages qui louent des voitures avec chauffeur pour de simples excursions. Les mauvaises routes du Nord-Ouest nécessitent un 4x4.

Fourchette des tarifs à la journée :

» **Voiture standard** 40-60 $US
» **4x4** 80-115 $US

Permis de conduire

Pour vous déplacer en voiture au Vietnam, vous devez être en possession d'un permis de conduire vietnamien et d'un permis de conduire international délivré dans votre pays. Cela signifie qu'il est assez facile pour les expatriés de s'arranger, mais que c'est plus compliqué pour les visiteurs. C'est donc la raison pour laquelle la location d'une voiture au Vietnam doit obligatoirement inclure un chauffeur. En revanche, aucun permis n'est demandé pour louer une moto.

Pièces détachées

Le Vietnam compte quantité de motos japonaises (et chinoises de plus en plus) et dispose de toutes les pièces de rechange pour la plupart des deux-roues. En revanche, si vous conduisez une marque peu connue, pensez à emporter du matériel avec vous.

Transports urbains

Bus

Du fait des problèmes de communication et du faible coût des taxis, cyclos et *xe om*, les voyageurs étrangers circulent rarement en bus locaux. Les réseaux de Hanoi et de HCMV sont toutefois praticables si l'on se procure un plan.

Cyclo-pousse

Le cyclo-pousse *(xich lo)* est un moyen de locomotion bon marché et non polluant qui disparaît peu à peu du paysage vietnamien. Il subsiste néanmoins dans les villes importantes.

Des groupes de conducteurs de cyclo-pousse stationnent en permanence à proximité des hôtels et des marchés. Bon nombre d'entre eux parlent quelques mots de français ou d'anglais. Pour être sûr d'être compris, mieux vaut montrer au conducteur votre destination sur un plan. Le marchandage est de mise. Pour éviter toute mauvaise surprise à l'arrivée, mettez-vous bien d'accord sur le prix de la course *avant* de partir.

Tarifs approximatifs :

» **Court trajet** 10 000 d
» **Plus de 2 km ou trajet de nuit** 20 000 d
» **À l'heure** 40 000 d

Plusieurs voyageurs ayant déjà été agressés par leur conducteur, mieux vaut éviter de prendre un cyclo-pousse de nuit. Aussi, si vous devez rentrer tard, préférez un taxi à compteur.

Taxi

Les taxis de style occidental, munis de compteurs, que l'on trouve dans la plupart des grandes villes, sont très bon marché comparés aux moyennes internationales, et constituent un moyen sûr de circuler de nuit. Les tarifs avoisinent 10 000-15 000 d le kilomètre. On trouve néanmoins des taxis louches dans les rues de Hanoi et de HCMV, dont les compteurs sont trafiqués pour fonctionner deux à trois fois plus vite. N'ayez recours qu'à des compagnies réputées ou recommandées.

L'une d'entre elles, nationale, est **Mai Linh** (www.mailinh.vn).

Xe om

Le *xe om* est une moto ordinaire sur laquelle le client s'installe à l'arrière. *Xe* signifie moto et *om* enlacer. Vous l'avez compris, il s'agit d'une moto-taxi. C'est un moyen de transport très pratique pourvu que l'on n'ait pas trop de bagages.

En règle générale, le prix de la course équivaut à celle d'un cyclo-pousse, mais fixez tout de même le prix avant. Vous rencontrerez quantité de chauffeurs de *xe om* aux coins de rue, près des marchés, des hôtels, des restaurants, des sites touristiques et des gares routières... mais, n'ayez crainte, ils vous auront trouvé avant même que vous n'ayez besoin d'eux !

Train

Bien que vieillissant, le réseau ferroviaire vietnamien exploité par **Vietnam Railways** (Duong Sat Viet Nam ; ☎3747 0308 ; www.vr.com.vn) reste plutôt fiable et permet de circuler à travers le pays avec un certain confort. Un trajet en wagon-couchettes climatisé est assurément plus agréable qu'une nuit à bord d'un bus parcourant la RN 1. Le train donne en outre l'occasion de contempler des paysages spectaculaires.

Classes
Les trains classés SE sont les plus chics et les plus rapides, ceux classés TN, plus vétustes et plus lents.

Il existe quatre classes principales : assis dur, assis mou, couchette dur, couchette molle. Elles se divisent chacune en deux catégories : avec ou sans climatisation. Actuellement, seuls les trains express les plus rapides disposent de la clim. La classe "assis dur", habituellement bondée, est supportable pour un trajet de jour, à condition toutefois d'aimer la fumée de cigarette.

Couchettes
Les couchettes dures se répartissent sur 3 niveaux, par compartiment de 6. Celles du haut coûtent le moins cher. Les couchettes molles, sur 2 niveaux par compartiment de 4, affichent toutes le même prix. Les voyageurs délicats préféreront apporter un drap, un sac de couchage et/ou une taie d'oreiller, bien que le linge de lit soit fourni.

Fret
Vélos et motos doivent voyager dans un wagon de marchandises. Assurez-vous pour cela que votre train en possède un, faute de quoi votre engin risque d'arriver après vous.

Horaires
Plusieurs *Express de la Réunification* quittent chaque jour Hanoi et HCMV. Les horaires changent fréquemment ; vous pouvez les consulter sur le site de Vietnam Railway (s'il fonctionne), ainsi que dans les grandes gares et les agences de voyages. Autrement, le site ferroviaire international www.seat61.com constitue une excellente source d'information.

Il convient de noter que presque aucun train ne circule pendant les 4 jours qui précèdent la fête du Têt et les 4 jours qui suivent.

Lignes
En dehors du grand axe HCMV-Hanoi, trois lignes secondaires relient la capitale à des destinations du Nord. La première dessert le port de Haiphong, à l'est. La seconde rallie Lang Son, au nord-est, et traverse la frontière chinoise pour rejoindre Nanning. La dernière se rend à Lao Cai, au nord-ouest, et poursuit jusqu'à Kunming, en Chine.

Le trajet Hanoi-HCMV dure entre 30 et 41 heures selon le type de train. Des

L'EXPRESS DE LA RÉUNIFICATION

La construction de ces 1 726 km de ligne ferroviaire entre Hanoi et Saigon – le *Transindochinois* – fut entamée en 1899 pour s'achever en 1936. À la fin des années 1930, le trajet Hanoi-Saigon durait 40 heures et 20 minutes, pour une vitesse moyenne de 43 km/h. Pendant la Seconde Guerre mondiale, les Japonais employèrent massivement ce réseau : il fut donc saboté par le Viêt-minh et bombardé par l'aviation américaine. Après la guerre, on entreprit de restaurer le *Transindochinois*, en majeure partie détruit ou recouvert par la végétation.

Durant la guerre d'Indochine, les soldats viêt-minh se livrèrent à des opérations massives de sabotage, démontant des kilomètres de voie la nuit pour finalement réussir à mettre en service 300 km de voie ferrée dans une région entièrement sous son contrôle (entre Ninh Hoa et Danang). Les Français répondirent rapidement en sabotant à leur tour le réseau ennemi.

À la fin des années 1950, l'aide financière américaine permit au Sud-Vietnam de reconstruire les 1 041 km de voie entre Saigon et Hué. Entre 1961 et 1964, on dénombra cependant 795 attaques viêt-cong sur le réseau, ce qui conduisit à l'abandon forcé de larges portions, dont l'embranchement de Dalat.

En 1960, le Nord avait réparé 1 000 km de voie ferrée, principalement entre Hanoi et la Chine. Pendant la guerre aérienne que livrèrent les États-Unis au Nord-Vietnam, le réseau ferroviaire du Nord fut bombardé à maintes reprises. Aujourd'hui, on voit encore des cratères de bombes autour de presque tous les ponts de chemin de fer et les gares de la région.

Après la réunification, le gouvernement décida aussitôt de rétablir la liaison ferroviaire entre Hanoi et HCMV, comme symbole de l'unité vietnamienne. Lorsque l'*Express de la Réunification* fut inauguré, le 31 décembre 1976, 1 334 ponts, 27 tunnels, 158 gares et 1 370 aiguillages avaient été réparés. Aujourd'hui, avec une moyenne de 50 km/h, l'*Express de la Réunification* circule à une vitesse légèrement supérieure à celle des années 1930. Les projets de transformation du système ferroviaire en réseau à grande vitesse ont été suspendus.

TARIFS AU DÉPART DE HANOI

Destination	Assis mou, clim	Couchette du haut, dure, clim (6 couchettes)	Couchette du bas, molle, clim (4 couchettes)
Hué	508 000 d	785 000 d	833 000 d
Danang	570 000 d	853 000 d	915 000 d
Nha Trang	1 030 000 d	1 340 000 d	1 510 000 d
HCMV	1 175 000 d	1 590 000 d	1 690 000 d

trains locaux couvrent des distances plus courtes, mais ils se traînent parfois à 15 km/h.

Réservations
La demande dépassant fréquemment l'offre, il est conseillé de réserver au moins une journée à l'avance (plusieurs jours pour les couchettes).

Nombre de voyagistes, d'hôtels et de cafés vendent des billets moyennant une petite commission. Cela peut permettre de gagner un temps considérable et d'éviter certains soucis. En général, mieux vaut réserver pour les trajets suivants dès qu'on arrive dans une ville.

Restauration
La nourriture fournie par la compagnie ferroviaire, incluse dans le prix du billet sur certains trajets longue distance, n'a rien de gastronomique, mais elle remplit au moins l'estomac. Mieux vaut toutefois apporter quelques provisions. Sinon, des vendeurs ambulants montent à bord des trains.

Sécurité
Les petits délits ne sont pas rares à bord des trains vietnamiens et il arrive que des voleurs arrachent des sacs par les fenêtres au moment du démarrage. Gardez toujours vos bagages près de vous et n'oubliez pas de les fermer et/ou de les attacher, surtout la nuit.

Tarifs
Les tarifs dépendent du train emprunté, les plus rapides étant bien sûr les plus chers. Le tableau ci-contre donne quelques exemples de prix pour des destinations du Sud au départ de Hanoi. Concernant les trains entre la capitale et Haiphong (p. 96), Lao Cai (p. 137) ou Lang Son (p. 115), reportez-vous aux chapitres régionaux correspondants.

Wagons privés
Des wagons douillets, voire luxueux, situés en queue de train permettent de voyager plaisamment entre Lao Cai et Hanoi. Ceux des Victoria Hotels sont renommés, mais il en existe d'autres. Le prix des billets s'échelonne entre 40 et 95 $US. À noter aussi un service haut de gamme sur la ligne Hanoi-Danang (65 $US), géré par **Livitrans** (www.livitrans.com), et sur la ligne Nha Trang-HCMV.

Santé

Les problèmes de santé (et la qualité des services médicaux) varient énormément selon l'endroit où vous vous trouvez au Vietnam. Si la plupart des grandes villes ne présentent que très peu de risques, il en est tout autrement dans les zones rurales.

Les voyageurs redoutent souvent les maladies infectieuses, or celles-ci entraînent rarement de troubles graves. Ils ont bien plus à craindre des éventuels accidents, notamment de la circulation. Tomber malade n'est cependant pas rare. Les conseils donnés ici sont d'ordre général et ne se substituent pas à l'avis d'un professionnel de la santé.

AVANT LE DÉPART

» Souscrivez une police d'assurance qui vous couvrira en cas de maladie ou d'accident.

» Si vous suivez un traitement régulier, emportez votre ordonnance (récente), avec le nom du principe actif, ainsi qu'une réserve suffisante avec vous (en cas de perte ou de vol).

» Si vous transportez aiguilles ou seringues, emportez les documents justifiant leur nécessité médicale.

» Si vous avez une maladie cardiaque, emportez une copie de votre ECG prise juste avant votre départ.

Assurances

Même si vous êtes en bonne santé, ne voyagez pas sans assurance. Un accident est si vite arrivé... Si votre assurance personnelle, votre carte de crédit ou votre mutuelle ne couvre pas les frais médicaux à l'étranger, souscrivez un contrat spécifique. Les assurances internationales pour étudiants sont en général d'un bon rapport qualité/prix. Lisez avec la plus grande attention les clauses en petits caractères : c'est là que se cachent les restrictions. Vérifiez notamment que les "sports à risques", comme la plongée, la moto ou même la randonnée ne sont pas exclus de votre contrat, ou encore que le rapatriement médical d'urgence, en ambulance ou en avion, est couvert.

Sites Internet

Agence de santé publique du Canada (www.santevoyage.gc.ca). Pour les ressortissants canadiens.

Ministère des Affaires étrangères (www.france.diplomatie.fr). Bonne rubrique Santé dans les Conseils aux voyageurs.

Orphanet (www.orpha.net). Un portail sur les maladies rares rédigé par des experts européens.

Vous trouverez plusieurs autres liens sur le site web de Lonely Planet, à la rubrique Ressources.

Lectures complémentaires

Les Maladies en voyage, du Dr Éric Caumes (Points Planète), et *Voyages internationaux et santé*, de l'Organisation mondiale de la santé (OMS), sont d'excellentes références.

Vaccins

Selon le Règlement sanitaire international, seul le vaccin contre la fièvre jaune est obligatoire si vous vous êtes rendu dans une zone infectée dans les six jours précédant votre entrée au Vietnam. Un certificat est alors exigé.

Planifiez vos vaccinations plusieurs semaines avant le départ, car certaines demandent des rappels ou sont incompatibles entre elles. Les vaccins recommandés sont listés dans l'encadré p. 534.

Quelques centres de vaccination :

Air France (01 43 17 22 00 ; 148 rue de l'Université, 75007 Paris)

Centre de vaccinations (04 72 76 88 66 ; 7 rue Jean-Marie-Chavant, 69007 Lyon)

Hôpital Félix-Houphouët-Boigny (04 91 96 89 11 ; chemin des Bourrely, 13015 Marseille)

VACCINATIONS RECOMMANDÉES

Voici les vaccinations conseillées pour un voyage en Asie du Sud-Est :
- **Diphtérie et tétanos** – fortement préconisés.
- **Hépatites A et B** – il existe un vaccin combiné hépatite A et B qui s'administre en trois injections. La durée effective de ce vaccin ne sera pas connue avant quelques années.
- **Polio** – N'est plus répandue en Asie du Sud-Est. Une injection suffit à protéger un individu pour 10 ans.
- **Typhoïde** – recommandé si vous voyagez dans des conditions d'hygiène médiocres.
- **Rougeole, oreillons et rubéole** – deux injections sont nécessaires si vous n'avez pas eu la maladie. Un rappel est demandé pour la plupart des jeunes adultes.
- **Varicelle** – parlez-en avec votre médecin si vous n'avez jamais eu la varicelle.

Voyages au long cours

Ces vaccinations sont recommandées pour les voyageurs qui séjournent plus d'un mois dans la région ou qui prévoient un voyage dans des zones isolées :
- **Encéphalite japonaise** – maladie virale longtemps endémique en Asie tropicale. Un moustique nocturne (le *Culex*) est responsable de sa transmission, surtout dans les zones rurales près des élevages de cochons ou des rizières, car les porcs et certains oiseaux nichant dans les rizières servent de réservoirs au virus. Les personnes les plus en danger sont celles qui doivent passer de longues périodes en zone rurale pendant la saison des pluies (juillet-octobre). Si c'est votre cas, il faudra peut-être vous faire vacciner.
- **Méningite** – le vaccin est efficace pendant 4 ans. Renseignez-vous avant votre départ sur les éventuelles épidémies.
- **Rage** – trois injections sont nécessaires pour une vaccination préventive, qui ne dispense pas de la nécessité d'un traitement antirabique immédiatement après un contact avec un animal enragé ou dont le comportement peut paraître suspect. Parlez-en avec votre médecin.
- **Tuberculose** – cette maladie ne présente pas de grand danger pour le voyageur. Les enfants de moins de 12 ans sont plus exposés que les adultes. Il est conseillé de les faire vacciner s'ils voyagent dans des régions où la maladie est endémique.

Institut Pasteur (0 890 71 08 11 ; 211 rue de Vaugirard, 75015 Paris)

La liste des centres de vaccination en France se trouve sur le site du ministère des Affaires étrangères (www.diplomatie.gouv.fr).

AU VIETNAM

Accessibilité et coût des soins

Les grandes avancées économiques réalisées récemment se sont accompagnées de progrès sur le plan médical. De sérieuses difficultés persistent toutefois dans les campagnes. Si vous tombez gravement malade en pleine campagne, rejoignez rapidement HCMV, Danang ou Hanoi. Si votre état nécessite une intervention chirurgicale ou un traitement intensif, n'hésitez pas à vous envoler pour Bangkok, Singapour ou Hong Kong.

Cliniques privées

C'est à ces établissements qu'il faut vous adresser en priorité, car leurs médecins connaissent les ressources locales et peuvent organiser le rapatriement si nécessaire. Les meilleurs centres médicaux – à Hanoi, HCMV et Danang – ont des normes sanitaires presque comparables à celles des pays occidentaux.

Hôpitaux d'État

La plupart sont rudimentaires et surfréquentés. Ils doivent obtenir une autorisation pour soigner les étrangers et, pour l'instant, seuls quelques-uns l'ont reçue.

Automédication

Elle ne doit être pratiquée qu'en cas de problème mineur, comme la diarrhée. Si vous pensez être atteint d'une maladie grave, notamment le paludisme, rendez-vous sans perdre de temps dans l'hôpital de qualité le plus proche pour vous faire soigner.

Il est déconseillé d'acheter des médicaments en vente libre, car il n'est pas rare de tomber sur des produits contrefaits, mal conservés ou périmés. Vérifiez la date de péremption sur toutes les boîtes de médicaments.

Maladies infectieuses

Bilharziozes
Les bilharzioses sont des maladies dues à des vers qui vivent dans les vaisseaux sanguins et dont les femelles viennent pondre leurs œufs à travers la paroi des intestins ou de la vessie. On se contamine en se baignant dans les eaux douces. Quatre à douze semaines plus tard, apparaissent une fièvre et des manifestations allergiques. En phase chronique, les symptômes principaux sont des douleurs abdominales et une diarrhée, ou la présence de sang dans les urines. Cette affection se soigne bien par voie médicamenteuse.

Dengue
Cette fièvre hémorragique propagée par les moustiques devient problématique en Asie du Sud-Est et plusieurs centaines de milliers de personnes sont hospitalisées chaque année au Vietnam. Son taux de mortalité est toutefois inférieur à 0,3%. Il n'existe pas de traitement prophylactique contre cette maladie et la seule option consiste à se protéger des moustiques. Poussée de fièvre, maux de tête, douleurs articulaires et musculaires précèdent une éruption cutanée sur le tronc qui s'étend ensuite aux membres puis au visage. Au bout de quelques jours, la fièvre régresse, et la convalescence commence. Les complications graves sont rares.

Grippe aviaire
Le virus H5N1 refait périodiquement surface au Vietnam, les contaminations se produisant généralement chez les éleveurs de poulets et dans les milieux en contact avec des volatiles. La maladie est toutefois en perte de vitesse, avec deux cas seulement répertoriés en 2010. En cas d'épidémie, les œufs et la volaille disparaissent des cartes de nombreux restaurants.

Hépatite A
Répandue dans toute la région, cette maladie se contracte par l'eau et la nourriture. Elle attaque le foie et provoque une jaunisse, des nausées et une léthargie. Il n'existe aucun traitement médical : il faut simplement du temps pour que le foie redevienne sain. Tous les voyageurs se rendant au Vietnam devraient se faire vacciner.

Hépatite B
Seule maladie sexuellement transmissible pour laquelle il existe un vaccin préventif, l'hépatite B se propage par les liquides biologiques (sang, salive, sperme…) – et donc, en particulier, lors de rapports sexuels. Dans certaines zones d'Asie du Sud-Est, près de 20% de la population est porteuse de cette affection sans le savoir. À long terme, l'hépatite B peut provoquer, notamment, cirrhose et cancer du foie.

Encéphalite japonaise
Cette maladie virale est transmise par les moustiques. Bien que les voyageurs la contractent rarement, faites-vous vacciner si vous devez passer un certain temps en zone rurale. Il n'existe aucun traitement. Un tiers des personnes atteintes en meurt et un second tiers subit des dommages cérébraux irréversibles.

MST
En vente partout au Vietnam, les préservatifs constituent un moyen prophylactique efficace contre les maladies sexuellement transmissibles. En revanche, ils ne protègent pas des verrues et de l'herpès génital. Si après un rapport sexuel, vous souffrez d'éruptions, de cloques, de pertes anormales ou de douleurs lors de la miction, prenez immédiatement rendez-vous chez le médecin.

Paludisme
En dépit de sa dangerosité et de son caractère mortel, le paludisme, ou malaria, est très mal connu. Avant de partir en voyage, renseignez-vous auprès de professionnels qui vous informeront sur les risques que comporte votre voyage.

Dans la plupart des régions du Vietnam, notamment les zones urbaines et balnéaires, il existe peu de danger, voire aucun, de contracter la maladie. Dans la plupart des zones rurales, en revanche, la probabilité d'être contaminé est bien plus importante que le risque de subir les effets indésirables des médicaments. Les voyageurs qui veulent explorer des régions où la maladie est endémique, comme les provinces de Ca Mau et de Bac Lieu, ainsi que la campagne du Sud, doivent prendre l'avis d'un médecin.

Le paludisme est transmis par un moustique, l'anophèle, dont la femelle pique surtout la nuit, entre le coucher et le lever du soleil. Il survient généralement dans le mois suivant le retour de la zone d'endémie. Symptômes : maux de tête, fièvre et troubles digestifs. Non traité, il peut avoir des suites graves, parfois mortelles. Il existe différentes espèces de paludisme, dont celui à *Plasmodium falciparum* pour lequel le traitement devient de plus en plus difficile à mesure que la résistance du parasite aux médicaments gagne en intensité.

Les médicaments antipaludiques n'empêchent pas la contamination, mais ils suppriment les symptômes de la maladie. Tout voyageur atteint de fièvre ou montrant les symptômes de la grippe doit se faire examiner. Il suffit d'une analyse de sang pour établir le diagnostic. Contrairement à certaines croyances, une crise de paludisme ne signifie pas que l'on est touché à vie.

À la prise d'antipaludéens doivent être associées des mesures pour se prémunir des moustiques.

PRÉVENTION ANTIPALUDIQUE

» Choisissez des hébergements avec fenêtres antimoustiques et ventilateur (à défaut d'air conditionné).

» Imprégnez vos vêtements de répulsif dans les zones à haut risque.

» Dormez sous une moustiquaire.

» Aspergez votre chambre d'insecticide avant de sortir dîner.

» Portez des vêtements longs, de couleur claire de préférence.

» Appliquez une crème répulsive sur les parties découvertes du corps (bras et chevilles notamment).

» Utilisez des tortillons fumigènes.

Rage

Très répandue, cette maladie est transmise par un animal contaminé : chien, singe et chat principalement. Morsures, griffures ou même simples coups de langue d'un mammifère doivent être nettoyés immédiatement et à fond. Frottez avec du savon et de l'eau courante, puis nettoyez avec de l'alcool. S'il y a le moindre risque que l'animal soit contaminé, allez immédiatement voir un médecin. Même si l'animal n'est pas enragé, toutes les morsures doivent être surveillées de près pour éviter les risques d'infection et de tétanos. Un vaccin antirabique est désormais disponible. Il faut y songer si vous pensez explorer des grottes (les morsures de chauves-souris peuvent être dangereuses) ou travailler avec des animaux. Cependant, la vaccination préventive ne dispense pas de la nécessité d'un traitement antirabique immédiatement après un contact avec un animal enragé ou dont le comportement paraît suspect.

Rougeole

La rougeole reste un problème au Vietnam, y compris dans la région de Hanoi. Cette maladie infectieuse hautement contagieuse se transmet par les sécrétions du nez et de la gorge. La majorité des personnes nées avant 1966 sont immunisées contre la maladie, car elles l'ont contractée dans leur enfance. La rougeole se caractérise par une forte fièvre et des éruptions cutanées. La maladie peut s'accompagner de complications telles qu'une pneumonie ou une encéphalite. Il n'existe aucun traitement spécifique.

Tuberculose

Les vacanciers attrapent extrêmement rarement la tuberculose au Vietnam. Toutefois, les médecins, les travailleurs humanitaires et les voyageurs en longs séjours, qui ont des contacts importants avec la population locale, doivent prendre des précautions. La vaccination ne se fait généralement que sur les enfants de moins de 5 ans. Il est conseillé aux adultes à risque de pratiquer des tests tuberculiniques avant et après le voyage. Les principaux symptômes sont la fièvre, la toux, la perte de poids, les sueurs nocturnes et la fatigue.

Typhoïde

La fièvre typhoïde est une infection grave du tube digestif qui se transmet par l'eau et les aliments. Premiers symptômes : les mêmes que ceux d'un mauvais rhume ou d'une grippe, mal de tête et de gorge, fièvre qui augmente régulièrement pour atteindre 40°C ou plus. Le vaccin est recommandé pour tous les voyageurs qui séjournent plus d'une semaine au Vietnam ou en dehors des grands centres urbains. La vaccination n'est pas entièrement efficace.

Typhus et rickettsioses

Les rickettsioses sont des maladies transmises soit par des acariens (dont les tiques), soit par des poux. La plus connue est le typhus. Elle commence comme un mauvais rhume, suivi de fièvre, de frissons, de migraines, de douleurs musculaires et d'une éruption cutanée. Une plaie douloureuse se forme autour de la piqûre et les ganglions lymphatiques voisins sont enflés et douloureux.

VIH/sida

Les chiffres officiels portant sur le nombre de personnes infectées par le VIH ou atteintes du sida au Vietnam sont vagues et, malheureusement, en constante augmentation. Bien que les campagnes de sensibilisation au problème du VIH et du sida soient partout présentes, la ligne officielle est d'affirmer que seuls les prostituées et les toxicomanes sont menacés par l'infection. Les préservatifs sont en vente dans tout le pays.

Diarrhée

Le changement de nourriture, d'eau ou de climat suffit à la provoquer ; si elle est causée par des aliments ou de l'eau contaminés, le problème est plus grave. En dépit de toutes vos précautions, vous aurez peut-être la "turista", mais quelques visites aux toilettes sans aucun autre symptôme n'ont rien d'alarmant.

La déshydratation est le danger principal lié à toute diarrhée, particulièrement chez les enfants. Ainsi, le premier traitement consiste à boire beaucoup : idéalement, il faut mélanger 8 cuillerées à café de sucre et une de sel dans un litre d'eau. Sinon, du thé noir léger, avec peu de sucre, des boissons gazeuses qu'on laisse se dégazéifier et qu'on dilue à 50% avec de l'eau purifiée sont à recommander. En cas de forte diarrhée, il faut prendre une solution réhydratante pour remplacer les sels minéraux. Quand vous irez mieux, continuez à manger légèrement.

Les antibiotiques peuvent être utiles dans le traitement de diarrhées très fortes, en particulier si elles sont accompagnées de nausées, de vomissements, de crampes d'estomac ou d'une fièvre légère. Trois jours de traitement sont généralement suffisants, et on constate normalement une amélioration dans les 24 heures. Toutefois, lorsque la diarrhée persiste au-delà de 48 heures, ou s'il y a présence de sang dans les selles, il est préférable de consulter un médecin.

Dysenterie amibienne

Elle est très rare chez les voyageurs. Les symptômes sont similaires à ceux de la diarrhée : les malades se sentent mal, ont de la fièvre et souffrent de diarrhées sanguinolentes. Si vous remarquez la présence de sang dans vos selles, rendez-vous dans un centre médical de bonne qualité. Le traitement repose sur la prise de deux médicaments : le tinidazole ou le metronidazole, utilisés pour lutter contre les parasites, suivi d'un antiamibien de contact qui agit contre le kyste de l'amibe. Sans traitement, des abcès du foie ou de l'intestin peuvent apparaître.

Giardiase

Ce parasite intestinal est présent dans l'eau souillée ou dans les aliments souillés par l'eau. Symptômes : crampes d'estomac, nausées, estomac ballonné, selles très liquides et nauséabondes, et gaz fréquents. La giardiase peut n'apparaître que plusieurs semaines après la contamination. Les symptômes peuvent disparaître pendant quelques jours puis réapparaître, et cela pendant plusieurs semaines.

Affections liées à l'environnement

Alimentation

Le risque de diarrhée s'accentue lorsque l'on mange dans les restaurants. Pour vous en protéger, préférez ne manger que des plats cuisinés le jour même, et évitez autant que possible les fruits de mer (parce qu'ils sont crus), ainsi que la nourriture qui semble être restée longtemps en exposition. Pelez les fruits,

TROUSSE MÉDICALE DE VOYAGE

Veillez à emporter avec vous une petite trousse à pharmacie (transportez-la en soute) contenant quelques produits indispensables. Certains ne sont délivrés que sur ordonnance (à emporter impérativement avec soi).

- » des antibiotiques, à utiliser uniquement aux doses et aux périodes prescrites, même si vous avez l'impression d'être guéri avant. Chaque antibiotique soigne une affection précise : ne les utilisez pas au hasard. Cessez immédiatement le traitement en cas de réactions graves
- » un antidiarrhéique et un réhydratant, en cas de forte diarrhée, surtout si vous voyagez avec des enfants
- » un antihistaminique en cas de rhumes, allergies, piqûres d'insectes, mal des transports – évitez de boire de l'alcool
- » un antiseptique ou un désinfectant pour les coupures, les égratignures superficielles et les brûlures ; des pansements gras pour les brûlures
- » un antifongique pour les mycoses et la teigne
- » de l'aspirine ou du paracétamol (douleurs, fièvre)
- » une bande Velpeau et des pansements pour les petites blessures
- » une paire de lunettes de secours (si vous portez des lunettes ou des lentilles de contact) et la copie de votre ordonnance
- » un produit antimoustique, un écran total, une pommade pour soigner les piqûres et les coupures et des comprimés pour stériliser l'eau
- » une paire de ciseaux à bouts ronds, une pince à épiler et un thermomètre à alcool
- » des préservatifs

BOIRE DE L'EAU

La règle d'or est simple : méfiez-vous de l'eau. L'eau du robinet est abondamment chlorée dans les villes, mais il est préférable de s'en tenir à l'eau en bouteille, disponible partout. Les glaçons sont en revanche sûrs dans les villes et les complexes hôteliers. Ils sont d'ailleurs souvent ajoutés aux boissons et au café.

faites cuire les légumes et laissez tremper la salade dans de l'eau iodée pendant au moins 20 minutes. Choisissez les restaurants les plus fréquentés, avec une clientèle variée.

Chaleur

La plupart des régions du Vietnam connaissent un climat chaud et humide toute l'année. Donnez-vous le temps de vous acclimater. Le gonflement des pieds ou des chevilles est un phénomène courant, de même que les crampes musculaires causées par une transpiration excessive. Pensez à bien vous hydrater et à éviter toute activité intense en pleine chaleur. Buvez beaucoup et mangez salé.

» **Insolation.** Symptôme : nausées, peau chaude, maux de tête. Dans ce cas, placez la personne à l'abri de la chaleur et/ou du soleil, de préférence dans une pièce climatisée ou fortement ventilée, et réhydratez-la avec de l'eau contenant une cuillère à café de sel par litre.

» **Coup de chaleur.** C'est un état grave, parfois mortel, qui survient quand le mécanisme de régulation thermique du corps ne fonctionne plus : la température s'élève alors de façon dangereuse. De longues périodes d'exposition à des températures élevées peuvent vous rendre vulnérable au coup de chaleur. Évitez l'alcool et les activités fatigantes lorsque vous arrivez dans un pays à climat chaud. Symptômes : malaise général, transpiration faible ou inexistante et forte fièvre (39 à 41°C). Là où la transpiration a cessé, la peau devient rouge. La personne qui souffre d'un coup de chaleur est atteinte d'une céphalée lancinante et éprouve des difficultés à coordonner ses mouvements ; elle peut aussi donner des signes de confusion mentale ou d'agressivité. Enfin, elle délire et est en proie à des convulsions. Il faut absolument hospitaliser le malade. En attendant les secours, installez-le à l'ombre, ôtez-lui ses vêtements, couvrez-le d'un drap ou d'une serviette mouillés et éventez-le continuellement.

» **Bourbouille.** C'est une éruption cutanée répandue sous les tropiques. Due à la sueur qui s'évacue mal, elle provoque de minuscules boutons et des démangeaisons. Pour y remédier, abritez-vous dans un lieu climatisé pendant quelques heures et prenez des douches rafraîchissantes.

Coups de soleil

» Sous les tropiques, ils sont fréquents, même par temps couvert :

» Utilisez un écran solaire (au moins indice 30).

» Réappliquez après chaque baignade.

» Portez un chapeau et des lunettes de soleil.

» Évitez de vous exposer entre 10h et 14h.

Morsures et piqûres

» **Méduses** La plupart des méduses qui évoluent dans les eaux vietnamiennes ne sont pas dangereuses, juste urticantes. Écoutez les conseils des habitants pour éviter de vous baigner dans des coins infestés. En cas de piqûre, versez du vinaigre (ou de l'urine) sur la zone touchée pour neutraliser le venin. Prenez des analgésiques et consultez immédiatement un médecin si vous continuez à vous sentir mal.

» **Punaises des lits.** Ces insectes ne transmettent pas de maladies, mais leurs morsures entraînent de fortes démangeaisons. Changez d'hôtel et soignez-vous à l'aide d'un antihistaminique. L'utilisation d'un "sac à viande" en soie peut aider à prévenir ce genre de désagrément.

» **Sangsues.** Présentes dans les régions de forêts humides, elles ne transmettent pas de maladie, mais leurs morsures entraînent d'importantes démangeaisons. Aussi, mieux vaut prévenir toute infection en appliquant un antiseptique à base d'iode sur la plaie.

» **Serpents.** Bien que le Vietnam compte plusieurs espèces de serpents, dont certaines venimeuses, leur présence affecte très rarement les voyageurs. Portez toujours des bottes pour marcher dans la végétation à risque et faites attention si vous ramassez du bois mort. Les morsures de serpent ne provoquent pas instantanément la mort, et il existe généralement des antivenins. Il faut calmer la victime, lui interdire de bouger, bander étroitement le membre comme pour une foulure et l'immobiliser avec une attelle. Trouvez ensuite un médecin, et essayez de lui apporter le serpent mort. N'essayez en aucun cas d'attraper le serpent s'il y a le moindre risque qu'il morde à nouveau. On sait désormais qu'il ne faut absolument pas sucer le venin ou poser un garrot. Les sérums antivenins ne sont disponibles que dans les plus grandes villes.

» **Tiques.** Elles s'attrapent souvent lors de marches dans des zones rurales. On les retrouve en général derrière les oreilles, sur le ventre et sous les aisselles. Consultez un médecin si, à la suite d'une morsure de tique, vous êtes sujet à des rougeurs (à l'endroit de la morsure ou ailleurs), à de la fièvre ou à des douleurs musculaires. La doxycycline prévient les maladies transmises par les tiques.

Pollution
La pollution, due notamment aux gaz d'échappement, pose un problème dans la plupart des grandes villes du pays. Si vous souffrez de graves difficultés respiratoires et vous rendez dans des centres urbains pollués, parlez de votre voyage à votre médecin traitant avant votre départ.

Problèmes de peau
» **Infections fongiques.** Elles sont courantes dans les climats humides. Elles apparaissent souvent sur les parties du corps les moins "aérées" (aine, aisselles, orteils) et se caractérisent par une tache rouge qui grossit lentement, souvent accompagnée de démangeaisons. Le traitement consiste à garder la peau sèche, à éviter les frottements et à utiliser une crème antifongique comme le clotrimazole ou la lamisil.

» **Coupures et égratignures.** Dans les climats chauds et humides, elles s'infectent très facilement. Aussi convient-il de surveiller attentivement toute blessure, aussi petite soit-elle, pour éviter toute complication (comme un abcès). Lavez immédiatement toute blessure à l'eau claire et traitez-la avec un antiseptique. N'hésitez pas à voir un médecin si des signes d'infection apparaissent (rougeur et douleur croissantes).

Santé au féminin
Les zones urbaines du Sud-Est asiatique sont en général correctement pourvues en médicaments et produits sanitaires. Toutefois, l'offre en contraceptifs est limitée et mieux vaut donc prendre ses précautions avant de partir.

Les femmes enceintes doivent impérativement consulter un médecin avant de partir. Le deuxième trimestre (entre 16 et 28 semaines) est la meilleure période pour voyager, car c'est à cette époque que les futures mères se sentent généralement le mieux, et que les risques de problèmes liés à la grossesse sont les plus faibles. En effet, la plupart des fausses couches ont lieu au cours du premier trimestre et il existe des risques de complications (tension, travail prématuré...) durant le troisième. Mieux vaut également partir accompagnée.

Quelques conseils :

» **Zones rurales.** Évitez-les en raison du manque de moyens de transports efficaces et d'infrastructures médicales.

» **Assurance.** Veillez à ce que votre assurance couvre tous les risques liés à la grossesse à l'étranger, notamment le travail prématuré.

» **Paludisme.** Aucun des traitements antipaludiques n'est complètement sûr pour les femmes enceintes.

» **Diarrhée.** Nombre d'antidiarrhéiques sont déconseillés durant la grossesse. L'azithromycine est cependant considéré comme sûr.

Langue

POUR ALLER PLUS LOIN

Indispensable pour mieux communiquer sur place : le *Guide de conversation vietnamien*, de Lonely Planet (7,90 €). Pour réserver une chambre, lire un menu ou simplement faire connaissance, ce manuel permet d'acquérir des rudiments de la langue. Inclus : un minidictionnaire bilingue.

Le vietnamien, ou *tiếng Việt* tí-eng vi-ệt, langue officielle du Vietnam, est parlée par environ 85 millions de personnes dans le monde, au Vietnam et dans la diaspora. Elle appartient au groupe de langues mon-khmer et le muong (langue d'une minorité ethnique) en est très proche.

Plus des trois quarts des mots vietnamiens dérivent du chinois. On appelle ce vocabulaire, résultat de siècles de domination chinoise, *Hán Việt* hán vi-ệt (sino-vietnamien). Des termes français ont également intégré la langue, après la prise de Saigon par les Français en 1859, ajoutant le Vietnam à l'Indochine.

Jusqu'au début du XXe siècle, le vietnamien s'écrivait avec des caractères chinois adaptés, mais en 1919, l'écriture latine *quốc ngữ* kwôk gneũ est adoptée de façon officielle. Il s'agit d'un alphabet phonétique composé de 29 lettres inventé au XVIIe siècle par Alexandre de Rhodes, un missionnaire jésuite français.

La prononciation vietnamienne n'est pas aussi difficile qu'elle le paraît. Avec un peu d'entraînement et nos indications de prononciation, vous devriez pouvoir vous faire comprendre. La voyelle a se prononce de plusieurs façons : parfois comme un "a" français, fermé, d'autres fois comme un "e", ouvert. Les voyelles peuvent aussi être associées de diverses manières dans un mot, et nous avons utilisé des tirets (ex : tí-eng) pour séparer les différents sons vocaliques et faciliter la prononciation. Quant aux consonnes, remarquez que les lettres ng peuvent apparaître en début de mot, la prononciation s'apparente alors au son final du mot anglais "sing". Le d se prononce comme un "z" et le đ comme un "d".

Certaines voyelles se prononcent sur un ton élevé, bas ou neutre tandis que, pour d'autres, le ton chute d'une manière presque musicale. En effet, le vietnamien utilise un système de tons. Au nombre de six, ces tons sont représentés à l'écrit par des accents placés au-dessus ou en dessous des voyelles : égal (ma), descendant (mà), descendant montant (mả), montant glottalisé (mã), montant (má) et descendant glottalisé (mạ). Le ton égal est neutre et, dans le Sud, le ton montant glottalisé se prononce comme le ton descendant montant. Les mots vietnamiens étant divisés en syllabes indépendantes, l'accent tonique ne posera pas de problème.

Les variations de vocabulaire entre le vietnamien du Nord et celui du Sud sont indiquées dans ce chapitre par (N) et (S).

À la fin du chapitre, nous avons inclus des phrases dans quelques-unes des nombreuses langues régionales parlées au Vietnam, en particulier dans les hauts plateaux du Centre et dans l'extrême Nord.

VOCABULAIRE DE BASE

Bonjour.	*Xin chào.*	sin tchào
Au revoir.	*Tạm biệt.*	tạm bi-ệt
Oui.	*Vâng.* (N)	vang
	Dạ. (S)	yạ
Non.	*Không.*	kom
S'il vous plaît.	*Làm ơn.*	làm eun
Merci	*Cám ơn*	kám eun
(beaucoup).	*(rất nhiều).*	(zét gniè-ou)
Je vous en prie.	*Không có chi.*	kom kó tchi

Excusez-moi./
  pardon. *Xin lỗi.* sin leũ-ĩ
Comment allez-vous ?
Có khỏe không? kó khóué kom

ACHATS ET SERVICES
J'aimerais acheter...
Tôi muốn mua … toy mou-ón mou-a…
Puis-je peux le regarder de plus près ?
Tôi có thể xem toy có tẻ sem
được không? deu-ọc kom
Je regarde seulement.
Tôi chỉ ngắm xem. toy tchí ngám sem
Je ne l'aime pas.
Tôi không thích nó. toy kom thík nó
Combien cela coûte-t-il ?
Cái này giá bao nhiêu? kái nài zá bao ni-ou
C'est trop cher.
Cái này quá mắc. kái nài couá mák
Acceptez-vous les cartes de crédit ?
Bạn có nhận thẻ bạn kó nyạn té
tín dụng không? tín zoụm kom
Il y a une erreur dans l'addition.
Có sự nhầm lẫn kó seụ nyàm lãn
trên hoá đơn. tchen hoá deun

plus	*nhiều hơn*	gniè-ou heun
moins	*ít hơn*	ít heun
plus petit	*nhỏ hơn*	nyỏ heun
plus grand	*lớn hơn*	leún heun

Je cherche...	*Tôi tìm…*	toy tìm…
une banque	*ngân hàng*	ngann hàng
le marché	*chợ*	tchẹu
la poste	*bưu điện*	beu-ou di-ẹn
un téléphone public	*phòng điện thoại*	fòm di-ẹn twại
l'office du tourisme	*văn phòng hướng dẫn du lịch*	van fòm heu-óng zãn zou lịk

HÉBERGEMENT
Où y a-t-il un... *Đâu có…* dao kó…
(pas cher) ? *(rẻ tiền)?* (zẻ ti-ènn)

camping	*nơi cắm trại*	neuĩ kám tchại
hôtel	*khách sạn*	khák sạn
pension	*nhà khách*	nyà khák

J'aimerais (un/une)...	*Tôi muốn…*	toy mou-ón…
chambre simple	*phòng đơn*	fòm deun
chambre double (lit double)	*phòng giường đôi*	fòm zeu-òng doĩ
chambre avec deux lits	*phòng gồm hai giường ngủ*	fòm gòm haĩ zeu-òng ngoú

MODÈLES DE PHRASES

Pour vous débrouiller en vietnamien, servez-vous de ces modèles et ajoutez-y les mots de votre choix :

Quand est (le prochain bus) ?
Khi nào là (chu- khi nào là (tchwi-
yến xe buýt tới)? yén sai boúït teú-ĩ)
Où se trouve (la gare) ?
(Nhà ga) ở đâu? (nyà ga) eủ dao
Où puis-je (acheter un ticket) ?
Tôi có thể (mua toy kó thể (mou-a
vé) ở đâu? vé) eủ dao
Je cherche (un hôtel).
Tôi tìm (khách sạn). toy tìm (khák sạn)
Avez-vous (une carte) ?
Bạn có (bản đồ) bạn kó (bản dò)
không? kom
Y a-t-il (des toilettes) ?
Có (vệ sinh) không? kó (vẹ sing) kom
Je voudrais (le menu).
Xin cho tôi sin tcho toy
(thực đơn). (theụk deun)
Je voudrais (louer une voiture).
Tôi muốn (xe toy mou-ón (sai
hơi). heu-ĩ)
S'il vous plaît, pouvez-vous (m'aider) ?
Làm ơn làm eun
(giúp đỡ)? (zoúp deũ)
J'ai (un visa).
Tôi có (visa). toy kó (visa)

chambre avec salle de bains	*phòng có phòng tắm*	fòm kó fòm tám
lit en dortoir	*ở chung phòng nội trú*	eu tchoum fòm nọĩ tchoú

Combien cela coûte par nuit/personne ?
Giá bao nhiêu một zá bao ni-ou mọt'
đêm/người? dem/ngẹu-ĩ
Pourrais-je la voir ?
Tôi có thể xem toy kó thẻ sem
phòng được không? fòm deu-ọc kom

air conditionné	*máy lạnh*	maí lạng
drap	*ra trãi giường*	za tchã-ĩ zeu-òng
eau chaude	*nước nóng*	nu-óc nóm
moustiquaire	*màng*	màng
papier toilette	*giấy vệ sinh*	zéĩ vẹ sing
salle de bains	*phòng tắm*	fòm tám
serviette	*khăn tắm*	kheun tám

Mots interrogatifs		
Comment ?	Làm sao?	làm sao
Qui ?	Ái?	áï
Quoi ?	Cái gì?	káï zì
Quand ?	Khi nào?	khi nào
Où ?	Ở đâu?	eủ dao
Lequel ?	Cái nào?	káï nào
Pourquoi ?	Tại sao?	taï sao

toilettes	nhà vệ sinh	nyà vẹ sing
ventilateur	quạt máy	couạt máï

HEURE ET DATES

Quelle heure est-il ?
Mấy giờ rồi? méy zeù zòï
Il est (8) heures pile.
Bây giờ là (tám) giờ. bay zeù là (tàm) zeù

le matin	buổi sáng	bỏu-oï sáng
l'après-midi	buổi chiều	bỏu-oï tchi-où
le soir	buổi tối	bỏu-oï tóy
hier	hôm qua	hom koua
aujourd'hui	hôm nay	hom naï
demain	ngày mai	ngàï maï

lundi	thứ hai	theú haï
mardi	thứ ba	theú ba
mercredi	thứ tư	theú teu
jeudi	thứ năm	theú nam
vendredi	thứ sáu	theú saó
samedi	thứ bảy	theú bảï
dimanche	chủ nhật	tchỏu nyạt

janvier	tháng giêng	tháng zi-eng
février	tháng hai	tháng haï
mars	tháng ba	tháng ba
avril	tháng tư	tháng teu
mai	tháng năm	tháng nam
juin	tháng sáu	tháng saó
juillet	tháng bảy	tháng bảï
août	tháng tám	tháng tám
septembre	tháng chín	tháng tchínn
octobre	tháng mười	tháng meù-ï
novembre	tháng mười một	tháng meù-ï mọt
décembre	tháng mười hai	tháng meù-ï haï

ALIMENTATION

Je voudrais	Tôi muốn	toy mou-ón
une table	đặt bàn	dạt bàn
pour …	cho …	tcho …
(deux)	(hai)	(haï)
personnes	người	ngeù-ï
(huit)	vào lúc	vào loúp
heures	(tám) giờ	(tám) zeù

Avez-vous un menu en français ?
Bạn có thực đơn bằng tiếng Pháp không? bạn kó theụk deun bàng tíng fáp kom
Quelle est la spécialité locale ?
Ở đây có món gì đặc biệt? eủ dey kó món zì dạk bi-ẹtt
J'aimerais…
Xin cho tôi… sin tcho toy…
Pas trop épicé, s'il vous plaît.
Xin đừng cho cay quá. sin deùng tcho caï kwá
Je suis végétarien.
Tôi ăn chay. toy ann tchaï
Je suis allergique aux (arachides).
Tôi bị dị ứng với (hạt lạc). toy bị zị eúng veú-ï (hạt lạk)
Pouvez-vous me donner… ?
Xin mang cho tôi…? sin mang tcho toy…
Puis-je avoir (une bière), s'il vous plaît ?
Xin cho tôi (chai bia)? sin tcho toy (tchaï bi-a)
Santé !
Chúc sức khoẻ! tchoúk seúk khoúé
Merci, c'était délicieux.
Cám ơn, ngon lắm. kám eun, ngonn lám
L'addition, s'il vous plaît.
Xin tính tiền. sin tíng ti-ènn

Mots utiles

assiette	đĩa	dí-a
avec	với	veú-ï
baguettes	đôi đũa	do-ï doũ-a
bol	bát/ chén (N/S)	bát/ tchénn
bouteille	chai	tchaï
chaud	nóng	nóm
couteau	con dao	con zao
cuiller	cái thìa	caï tì-a
déjeuner	ăn trưa	ann tcheu-a
dessert	món tráng	mónn tcháng
dîner	ăn tối	ann tóï
en-cas	ăn nhẹ	ann nyẹ
épicé	cay	caï
fourchette	cái dĩa/ nĩa (N/S)	cáï zí-a/ ní-a
froid	lạnh	lạng
petit-déjeuner	ăn sáng	ann sáng
restaurant	nhà hàng	nyà hàng
sans	không có	kom kó
verre	cốc/ly (N/S)	kók/li

Viandes et crustacés

abats	thịt lòng	tịt lòm
anguille	lươn	leu-on
bœuf	thịt bò	tịt bò
calamar	mực	mẹuk
chèvre	thịt dê	tịt zai
crabe	cua	kou-a

crevettes	tôm	tom
escargot	ốc	óp
grenouille	ếch	ék
poisson	cá	ká
poulet	thịt gà	tịt gà
porc	thịt lợn/ heo (N/S)	tịt leun/ heo

Fruits et légumes

ananas	dứa	zeú-a
aubergine	cà tím	kà tím
banane	chuối	tchou-ói
carotte	cà rốt	cà zót
citron	chanh	tchang
champignon	nấm	neúm
concombre	dưa leo	zeu-a leo
chou	bắp cải	báp kay
fraise	dâu	zo
haricots verts	đậu xanh	dọ sang
laitue	rau diếp	zo zi-êp
litchi	vải	vải
maïs	ngô/bắp (N/S)	ngo/báp
mandarine	quýt	kou-ít
mangue	xoài	so-ãi
noix de coco	dừa	zeù-a
orange	cam	kam
papaye	đu đủ	dou dỏu
pastèque	dưa hấu	zeu-a háo
patate douce	khoai lang	khoaï lang
petits pois	đậu bi	dọ bi
poivron vert	ớt xanh	eút sang
pomme	táo/bơm (N/S)	taó/beum
pomme de terre	khoai tây	khoaï taï
potiron	bí ngô	bí ngo
raisin	nho	nyo
tomate	cà chua	kà tchoua

Divers

sauce piquante	tương ớt	teu-ong eút
œufs	trứng	tcheúng
sauce de poisson	nước mắm	nu-óc mám
soupe aux nouilles de riz	phở	feú
riz sauté	cơm rang thập cẩm (N) cơm chiên (S)	keum zang tạp kảm keum tchi-en
miel	mật ong	mạt om
riz	cơm	keum
salade	sa lát	sa lát
soupe	canh	cang
riz à la vapeur	cơm trắng	keum tcháng
glaçon	đá	dá
poivre	hạt tiêu	hạt ti-ou
sel	muối	mou-eúï

sucre	đường	deu-òng
vermicelles de riz	bún	boún
pâtes jaunes	mì	mì

Boisson

bière	bia	bi-a
café	cà phê	càfé
café au lait chaud	nâu nóng (N) cà phê sữa nóng (S)	nao nóm càfé seũ-a nóm
café au lait glacé	nâu đá (N) cà phê sữa đá (S)	nao dá càfé seũ-a dá
café noir chaud	cà phê đen nóng	càfé den nóm
café noir glacé	cà phê đá	càfé dá
cocktail de fruits	sinh tố	sing tó
eau minérale	nước khoáng (N) nước suối (S)	nu-óc khoáng nu-óc sou-óï
jus de citron glacé	chanh đá	tchang dá
jus d'orange	cam vắt	kam vát
lait	sữa	seũ-a
lait de soja	sữa đậu nành	seũ-a dọ nàng
thé	chè/trà (N/S)	tchè/tchà
thé chaud	trà nóng	tchà nóm
thé au lait chaud	trà sữa nóng	tchà seũ-a nóm
vin blanc	rượu vang trắng	zeu-ọu vang tcháng
vin pétillant	rượu vang có ga	zeu-ọu vang kố ga
vin rouge	rượu vang đỏ	zeu-ọu vang dỏ

ORIENTATION

Où est... ?
... ở đâu? ... eủ dao
Quelle est l'adresse ?
Địa chỉ là gì? di-ạ tchỉ là zì

Panneaux indicateurs

Lối Vào	Entrée
Lối Ra	Sortie
Mở	Ouvert
Đóng	Fermé
Hướng Dẫn	Renseignements
Cấm	Interdit
Cảnh Sát/Công An	Police
Nhà Vệ Sinh	Toilettes
Đàn Ông	Homme
Phụ Nữ	Femme

Pourriez-vous l'écrire, s'il vous plaît ?		
Xin viết ra giùm tôi.		sin vi-ét za zoùm toy
Pourriez-vous me le montrer (sur la carte) ?		
Xin chỉ giùm		sin chỉ zoùm
(trên bản đồ này).		(tchen bản dồ nàī)
Allez toujours tout droit.		
Thẳng tới trước.		thẳng teú-ĩ tcheu-óc
à l'angle	ở góc đường	ủ góp deu-òng
aux feux	tại đèn giao thông	tại dèn zao thom
derrière	đằng sau	dàng sao
devant	đằng trước	dàng tcheu-óc
loin	xa	sa
près (de)	gần	gàn
en face	đối diện	dóí zi-ẹnn
Tournez à gauche.	Sang trái.	sang tchái
Tournez à droite.	Sang phải.	sang fái

TRANSPORTS

Transports publics

Quand part/arrive le (premier)... ?	Chuyến... (sớm nhất) chạy lúc mấy giờ?	tchu-yén... (seúm nyát) tchaī loúp méy zeù
bateau	tàu/ thuyền	tao/ twiyèn
bus	xe buýt	sai boúït
avion	máy bay	máĩ baī
train	xe lửa	sai leú-a
je voudrais un billet pour...	Tôi muốn vé...	toy moún vé...
une 1ᵉ classe	hạng nhất	hạng nyát
une 2ᵉ classe	hạng nhì	hạng nyì
un aller simple	đi một chiều	di mọt tchi-où
un aller-retour	khứ hồi	khoú hò-ĩ

Panneaux routiers

Cấm Đậu Xe	Stationnement interdit
Cấm Vượt Qua	Interdiction de doubler
Chạy Chậm Lại	Ralentir
Dừng Lại	Stop
Điện Cao Thế	Haute tension
Đường Đang Sửa Chữa	Travaux
Đường Sắt Giao Thông	Chemin de fer
Một Chiều	Sens unique
Lối Ra	Sortie
Lối Vào	Entrée
Nguy Hiểm	Danger
Thu Thuế	Péage

Je veux aller à...		
Tôi muốn đi...		toy mou-ón di...
Combien de temps dure le voyage ?		
Chuyến đi sẽ mất bao lâu?		tchwi-yén di sẽ meúť bao lao
À quelle heure arrive-t-il ?		
Mấy giờ đến?		méy zeù dén
Il y a combien de retard ?		
Nó sẽ bị đình hoãn bao lâu?		nó sẽ bị dìng hoãn bao lao
gare routière	bến xe	bén sai
gare ferroviaire	ga xe lửa	ga sai leú-a
train couchettes	giường ngủ	zeù-ong ngoù
le premier	đầu tiên	daò ti-enn
le dernier	cuối cùng	kwói-koùm
le prochain	kế tiếp	ké ti-ép
billetterie	phòng bán vé	fòm bán vái
horaires	thời biểu	teùï bi-oú

Voiture et vélo

J'aimerais louer...	Tôi muốn thuê... (N) Tôi muốn mướn... (S)	toy mou-ón toué... toy mou-ón mou-eún...
une voiture	xe hơi	sai heu-ï
une bicyclette	xe đạp	sai dạp
une motocyclette	xe moto	sai mo-to
un cyclo	xe xích lô	sai sík lo

Est-ce la route menant à... ?		
Con đường nầy có dẫn đến...?		kon deu-òng nàī kó zeún dén...
Combien reste-t-il de kilomètres jusqu'à... ?		
... cách đây bao nhiêu ki-lô-mét?		... kák dey bao ni-ou ki-lo-mét
Où y a-t-il une station-service ?		
Trạm xăng ở đâu?		tchạm sang ểu dao
Faites le plein, s'il vous plaît.		
Làm ơn đổ đầy bình.		làm eun dỏ dày bìng
Je voudrais... litres.		
Tôi muốn... lít.		toy mou-ón... lít
diesel	dầu diesel	zò di·sel
nationale	xa lộ	sa lọ
essence	dầu xăng có chì	zò sang có tchì
carte	bản đồ	bán dò
essence sans plomb	dầu xăng	zò sang

(Combien de temps) puis-je laisser ma voiture ici ?
Chúng tôi có thể đậu xe được (bao lâu)?   tchoúm toy kó tẻ dọ saī deu-ọc (bao lao)

Nombres		
1	một	mọt
2	hai	haï
3	ba	ba
4	bốn	bónn
5	năm	nam
6	sáu	saó
7	bảy	baï
8	tám	tám
9	chín	tchínn
10	mười	meù-ï
20	hai mươi	haï meu-ï
30	ba mươi	ba meu-ï
40	bốn mươi	bónn meu-ï
50	năm mươi	nam meu-ï
60	sáu mươi	saó meu-ï
70	bảy mươi	baï meu-ï
80	tám mươi	tám meu-ï
90	chín mươi	tchín meù-ï
100	một trăm	mọt tcham
1000	một nghìn (N)	mọt ngïnn
	một ngàn (S)	mọt ngànn

Il me faut un mécanicien.
Chúng tôi cần thợ   tchoúm toy kàn tẹu
sửa xe.   seú-a sai
La voiture/moto est tombée en panne (à...)
Xe bị hư (tại…).   sai bị heu (taï…)
La voiture/moto ne démarre plus.
(Xe hơi/Xe moto)   (sai heu-ï/sai mọ-to)
không để được.   kom dè deu-ọc
Mon pneu est crevé.
Bánh xe tôi bị xì.   báng sai toy bị sì
Je n'ai plus d'essence.
Tôi bị hết dầu/xăng.   toy bị hét zò/sang

J'ai eu un accident.
Tôi bị tai nạn.   toy bị taï nạn

URGENCES
À l'aide !
Cứu tôi!   keu-oú toy
Il y a eu un accident !
Có tai nạn!   có taï nạn'
Laissez-moi tranquille !
Thôi!   thoï
Je suis perdu.
Tôi bị lạc đường.   toy bị lạk deu-òng
Où sont les toilettes ?
Nhà vệ sinh ở đâu?   nyà vẹ sing eú dao
Pourriez-vous appeler la police.
Làm ơn gọi công an.   làm eun gọï com ann
Pourriez-vous appeler un médecin.
Làm ơn gọi bác sĩ.   làm eun gọï bák sĩ
Je suis malade.
Tôi bị đau.   toy bị dao
J'ai mal ici.
Chỗ bị đau ở đây.   tchõ bị dao eú dey
Je suis allergique (aux antibiotiques).
Tôi bị dị ứng với   toy bị zị eúng veú-ï
(thuốc kháng sinh).   (toúok kháng sing)
Bien, merci. Et vous ?
Khỏe, cám ơn.   khoúé, kám eun
Còn bạn thì sao?   kòn bạn thì sáo
Comment vous appelez-vous ?
Tên là gì?   ten là zì
Je m'appelle...
Tên tôi là…   ten toy là…
Parlez-vous français ?
Bạn có nói được   bạn kó noï deu-ọc
tiếng Pháp không?   tíng fáp kom
Je (ne) comprends pas.
Tôi (không) hiểu.   toy (kom) hí-ou

GLOSSAIRE

Pour les termes culinaires, voir p. 542.

A Di Da – Bouddha du passé
agent orange – défoliant cancérigène et mutagène, utilisé massivement pendant la guerre du Vietnam
am et duong – équivalents vietnamiens du yin et du yang
Amérasiens – enfants nés de l'union de soldats américains et de femmes asiatiques pendant la guerre du Vietnam
Annam – ancien nom chinois du Vietnam, signifiant "Sud pacifié". Les Français appelaient Annamites les habitants du Vietnam pendant la période coloniale
ANV – Armée nationale vietnamienne
ao dai – costume traditionnel
apsara – vierge céleste
ARVN – Armée de la République du Vietnam (ancienne armée du Sud-Vietnam)

bai – plage
ba mu – douze "sages-femmes" : chacune enseignait au nouveau-né une des aptitudes nécessaires à sa première année, sourire, téter, s'allonger sur le ventre, etc.
ban – village de montagne
bang – congrégation (dans la communauté chinoise)
bar om – ou "karaoké om", bar associé à l'industrie du sexe
Ba Tay – une Occidentale
bia hoi – bière pression
bonze – moine bouddhiste
buu dien – bureau de poste

LANGUES DES ETHNIES MONTAGNARDES

Les ethnologues distinguent généralement trois groupes linguistiques principaux, eux-mêmes subdivisés en vastes et complexes sous-groupes : la famille austro-asiatique, qui comprend les groupes linguistiques viêt-muong, mon-khmer, tay-thaï et méo-dao ; la famille austronésienne, qui rassemble les langues malayo-polynésiennes ; enfin, la famille sino-tibétaine, constituée des groupes linguistiques chinois et tibéto-birmans. Pour chaque langue parlée, il existe en outre une multitude de variations dialectales.

Les mots et phrases suivants vous aideront dans une certaine mesure à communiquer avec les membres des ethnies des hauts plateaux.

Hmong

Les Hmong sont également appelés Meo, Mieu, Mong Do (Hmong blancs), Mong Du (Hmong noirs), Mong Lenh (Hmong fleurs) et Mong Si (Hmong rouges). Ils appartiennent au groupe linguistique hmong dao.

Bonjour.	Ti nấu./Caó cu.
Au revoir.	Caó mun'g chè.
Oui.	Có mua.
Non.	Chúi muá.
Merci.	Ô chờ.
Comment vous appelez-vous ?	Caó be hua chan'g?
D'où venez-vous ?	Caó nhao từ tuá?
Combien cela coûte-t-il ?	Pổ chổ chá?

Tày

Également connus sous le nom de Ngan, Pa Di, Phen, Thu Lao et Tho, les Tày font partie du groupe linguistique tay-thaï.

Bonjour.	Pá prama.
Au revoir.	Pá paynó.
Oui.	Mi.
Non.	Boomi.
Merci.	Đay fon.
Comment vous appelez-vous ?	Ten múng le xăng ma?
D'où venez-vous ?	Mu'ng du' te là ma?
Combien cela coûte-t-il ?	Ău ni ki lai tiên?

Dzao

Répondant également aux noms de Coc Mun, Coc Ngang, Dai Ban, Diu Mien, Dong, Kim Mien, Lan Ten, Lu Gang, Tieu Ban, Trai et Xa, cette ethnie appartient au groupe linguistique mong-dao.

Bonjour./Au revoir.	Puang tọi.
Oui.	Mái.
Non.	Mái mái.
Merci.	Tờ dun.
Comment vous appelez-vous ?	Mang nhi búa chiên nay?
D'où venez-vous ?	May hải đo?
Combien cela coûte-t-il ?	Pchiả nhăng?

---

cai luong – théâtre moderne vietnamien

caodaïsme – religion syncrétique vietnamienne fondée en 1926

cay son – sumac, arbre dont on tire la résine pour la fabrication de la laque

Chams – habitants du royaume du Champa et leurs descendants

cham cui – acupuncture

Champa – royaume hindou remontant à la fin du IIe siècle

Charlie – surnom donné par les soldats américains aux soldats viêt-cong

chua – pagode

chu nho – idéogrammes chinois

chu nôm – (ou *nôm*) anciens idéogrammes vietnamiens, en cours entre le XIIIe et le début du XXe siècle

Cochinchine – région sud du Vietnam à l'époque coloniale française

com pho – soupe au riz et aux nouilles ; figure souvent aux enseignes des restaurants

cong – gong

cuu long – les "neuf dragons", surnom des neuf bras du Mékong dans le delta

cyclo – cyclo-pousse

dan bau – cithare à une corde qui produit une étonnante gamme de tonalités

dan tranh – cithare à seize cordes

den – temple

Di Lac – Bouddha du futur

dikpalaka – dieux des Points cardinaux

dinh – maison communale

DMZ – zone démilitarisée ; no man's land qui séparait autrefois le Nord-Vietnam du Sud-Vietnam

doi mol – restructuration ou réforme économique, commencée en 1986

dong – grotte naturelle ; désigne aussi la monnaie vietnamienne
don ganh – palanche en bambou
dong son – tambour

écocide – terme désignant les effets dévastateurs des herbicides utilisés pendant la guerre du Vietnam

feng shui – voir *phong thuy*
fléchette – arme expérimentale utilisée par l'armée américaine, pièce d'artillerie renfermant des milliers de traits acérés
FNL – Front national de libération du Sud-Vietnam, nom officiel du Viêt-cong
Funan – voir *Oc-Eo*

garuda – mot sanskrit désignant des êtres célestes semblables aux griffons et se nourrissant de *naga*
gom – céramique
GRP – Gouvernement révolutionnaire provisoire, institué par le Viêt-cong dans le Sud-Vietnam de 1969 à 1976
guerre américaine – nom donné par les Vietnamiens à ce que la plupart des autres nations appellent la "guerre du Vietnam"
Guomindang – voir *Kuomintang*

hai dang – phare
hameaux stratégiques, programme des – tentative infructueuse de l'armée américaine et du gouvernement sud-vietnamien visant à regrouper de force les paysans des zones "chaudes" dans des villages fortifiés, afin de mieux isoler le Viêt-cong
han viet – littérature sino-vietnamienne
hat boi – théâtre classique du Sud
hat cheo – théâtre populaire
hat tuong – théâtre classique du Nord
Hoa – ethnie chinoise, une des plus importantes minorités vietnamiennes
Hoa Hao – secte bouddhiste vietnamienne apparue en 1939
ho ca – aquarium
hoi quan – salle de rassemblement des congrégations chinoises
hon – île
Honda Dream – modèle de scooter le plus vendu au Vietnam
Honda om – moto-taxi ; aussi appelé *xe om*
huong – parfum
huyen – district rural

Indochine – nom qu'utilisaient les Français pour désigner leurs colonies asiatiques et qui englobait le Vietnam, le Cambodge et le Laos

kala-makara – divinité prenant la forme d'un monstre marin
kalan – sanctuaire
ken doi – instrument de musique composé de deux flûtes de bambou à sept trous
khach san – hôtel
Khmer – personne d'origine cambodgienne, ou ce que l'on peut rattacher à la culture de cette ethnie
Khong Tu – Confucius
kich noi – théâtre parlé
kinh – langue vietnamienne
Kuomintang – ou KMT, Parti nationaliste chinois. Le KMT prit le pouvoir en Chine en 1925 et le garda jusqu'en 1949, année de sa défaite face aux communistes

li xi – argent de la chance
Libération – prise du Sud par le Nord en 1975. Les étrangers préfèrent le terme de "réunification"
Lien Xo – littéralement "Union soviétique" ; mot utilisé pour attirer l'attention d'un étranger
lingam – phallus stylisé, symbole de la divinité hindoue Shiva

MAAG – Military Assistance Advisory Group, groupe de conseil et d'aide militaires créé pour entraîner les troupes auxquelles on confiait des armes américaines
mandapa – salle de méditation
manushi-bouddha – manifestations humaines des bouddhas historiques
mat cua – "œil bienveillant" chargé de protéger la maisonnée
MIA – "Missing In Action" : soldat porté disparu
moi – terme péjoratif signifiant "sauvage", utilisé envers les membres des minorités montagnardes
montagnards – désigne au Vietnam les minorités ethniques peuplant les régions reculées du pays
muong – grand village formé de *quel* (petites maisons sur pilotis)

naga – terme sanskrit désignant un serpent mythique aux pouvoirs divins, souvent représenté la tête dressée au-dessus du Bouddha qu'il protège pendant sa méditation
nam phai – pour hommes
napalm – essence solidifiée, larguée sous forme de bombes, aux effets dévastateurs
nguoi thuong – terme utilisé par le gouvernement actuel pour désigner les montagnards
nha hang – restaurant
nha khach – hôtel ou pension
nha nghi – pension
nha rong – maison sur pilotis utilisée par les montagnards comme maison commune (voir aussi *rong*)
nha tro – dortoir
nôm – voir *chu nôm*
nui – montagne
nu phai – pour les femmes

Oc-Eo – (ou Funan) royaume hindouisé du sud du Vietnam entre le Ier et le VIe siècle

ODP – "Orderly Departure Program" : programme de départ organisé exécuté sous la houlette de l'Agence des Nations unies pour les réfugiés (UNHCR) et destiné à s'occuper de l'installation en Occident des réfugiés politiques vietnamiens

Ong Bon – gardien du Bonheur et de la Prospérité

Ong Tay – un Occidental

OSS – prédécesseur de la CIA

pagode – à l'origine, tour octogonale bouddhique ; au Vietnam désigne un temple

phong thuy – littéralement, "eau du vent" ; terme désignant la géomancie et également connu sous son appellation chinoise, *feng shui*

piastre – monnaie en cours du temps de l'Indochine française

piste Hô Chi Minh – réseau de voies emprunté par l'ANV et le Viêt-cong pour approvisionner leurs combattants dans le Sud

POW – "Prisoner of War" : prisonnier de guerre

PTSD – "Post-Traumatic Stress Disorder" : stress post-traumatique

quan – district urbain
quan lai – mandarin
Quan Thê Âm Bô Tat – déesse de la Miséricorde
quel – hameau de maisons sur pilotis
quoc am – littérature vietnamienne moderne
quôc-ngu – transcription phonétique du vietnamien en alphabet latin, actuellement en usage

rap – cinéma
RDV – République démocratique du Vietnam (ancien Nord-Vietnam)
roi can – marionnettes

roi nuoc – marionnettes sur l'eau
rong – maison commune (voir aussi *nha rong*)
RSV – République socialiste du Vietnam (nom officiel actuel)
ruou – "vin" ou alcool local, de riz en général
RVN – République du Vietnam (ancien Sud-Vietnam)

salangane – petite hirondelle, dont le nid est très recherché dans la gastronomie vietnamienne
sao – flûte en bois
sao la – animal ressemblant à une antilope
shakti – manifestation féminine de Shiva
son mai – laque
song – rivière
sung – bois de figuier

Tam Giao – "religion triple" mêlant confucianisme, taoïsme et bouddhisme, auxquels s'ajoutèrent avec le temps les croyances populaires chinoises et l'animisme vietnamien
Tao – la Voie, essence constituant toute chose
Têt – Nouvel An lunaire vietnamien
thai cuc quyen – taï-chi vietnamien
Thich Ca – Bouddha historique (Sakyamuni)
Thien Hau Thanh Mau – déesse de la Mer, protectrice des pêcheurs et des marins
thong nhat – réunification, terme couramment employé pour désigner le train *Express de la Réunification*
thung chai – embarcation circulaire en jonc, rendue imperméable par du goudron
thuoc bac – médecine chinoise
toc hanh – bus express
Tonkin – nom donné au nord du Vietnam pendant la période coloniale française. Il donne toujours son nom au golfe qui se situe entre le Vietnam et la Chine
to rung – xylophone en bambou
trong com – tambourin
truyen khau – tradition orale/littérature orale traditionnelle
tu sat – dominos

UNHCR – "United Nations High Commission for Refugees" : Haut-Commissariat des Nations unies pour les réfugiés

Viêt-cong – terme (à l'origine péjoratif) pour désigner les communistes du Sud-Vietnam
Viêt Kiêu – Vietnamiens expatriés
Viêt-minh – Ligue pour l'indépendance du Vietnam. Mouvement nationaliste qui a combattu les Japonais, puis les Français, et qui finit par devenir communiste
VNQDD – Viêt Nam Quôc Dân Dang ; Parti nationaliste populaire
vo binh dinh – art martial traditionnel reposant sur le maniement d'un bâton en bambou

xang – essence
xe dap loi – voiture tirée par un vélo
xe Honda loi – voiture tirée par une moto
xe lam – minicamionnette à trois roues servant au transport des passagers et des marchandises sur de courtes distances (semblable au *bajaj* indonésien)
xe loi – voiture tirée par une moto (dans le delta du Mékong)
xe om – moto-taxi, aussi appelée *Honda om*
xich lo – cyclo ; terme dérivé du français cyclo-pousse
xo so – loterie d'État

yang – génie

En coulisses

VOS RÉACTIONS ?

Vos commentaires nous sont très précieux et nous permettent d'améliorer constamment nos guides. Notre équipe lit toutes vos lettres avec la plus grande attention. Nous ne pouvons pas répondre individuellement à tous ceux qui nous écrivent, mais vos commentaires sont transmis aux auteurs concernés. Tous les lecteurs qui prennent la peine de nous communiquer des informations sont remerciés dans l'édition suivante, et ceux qui nous fournissent les renseignements les plus utiles se voient offrir un guide.

Pour nous faire part de vos réactions, prendre connaissance de notre catalogue et vous abonner à Comète, notre lettre d'information, consultez notre site web : **www.lonelyplanet.fr**

Nous reprenons parfois des extraits de notre courrier pour les publier dans nos produits, guides ou sites web. Si vous ne souhaitez pas que vos commentaires soient repris ou que votre nom apparaisse, merci de nous le préciser. Pour connaître notre politique en matière de confidentialité, connectez-vous à : **www.lonelyplanet.fr/confidentialite/index.cfm**

À NOS LECTEURS

Nous remercions tous les lecteurs qui ont utilisé la précédente édition de ce guide et ont pris la peine de nous écrire pour nous communiquer informations, commentaires et anecdotes :

A Marc Arques, Pascale Aubier, Marie-André Auclair **B** Stéphane Baron, Jacques Bacon, Dominique de Bary, Rémi Baudin, Gaëlle Baume, Roger Bauters, Fatiha Bendâhmane, Julie Bergheau, Lynda et Thomas Bettencourt, Benedicte Bignan, Nga Blaquière, Philippe Boureau, D. Le Bretonnic, Joelle Buffiere, Marie Bulteau **C** Georges Cantraine, Viviane Castelli, Hubert Caquin, Brigit Cerveaux, Bruno Chiche, Christine Comte, M. et Mme Croquevieille **D** Marie-Pierre Dannel et sa famille, Frédérick Dompierre, Stéphanie Drouillot et sa famille, Marianne Duharcourt **E** Florence Ester **F** Nathalie et Nicolas Ferrero, Lucille Forgeas **G** Léa Gabrié, M. Gardoni, Michel Gervais, Laurent Gouya, Marine Guérécheau, Jean Guillard **H** Armand Henrion, Thi-Kim-Ngan Ho **J** Flores Jonathan, Julie et Dominic **K** André de Kermoysan, Madeleine Kirsch, Adrian Kwak **L** Claire du Lac, Delphine Lacquement, Virginie Laffond, M. ou Mme Laidebeur, Claudette Larouche, Vila Laufer, Raphaël Lavagne, Jérémy Lavarenne, M. Le Bihan, Michelle Leloup, Marité Lemarchand, Martine Leonarczyk, Myriam Leroux, Carmelle Leroux, Claude Lurie **M** Frédéric Malamitsas, Olivia Medeiros, Michele Morel, Alex Moriggi **N** Carole Nadaud, Minh-Lan Nguyên, Nguyen Thi Thuc Anh **O** Guerric Omess **P** Patricia et Benoit, René Paquet, Aurelie Pereira, Alain Perreau, Laurène Philip, Lionel Pinsolle, Anne Pouliot **R** Francine Raguet, Bernard et Claudine Regard, Régine Requeut, Christele Reviron, Luc Rouquerol **S** Annie Saksik, Marie-Noëlle Santschi, André Sorin, Minh Spielmann, Daniel Swiderski **T** Phidias Tang, Alexia Tenaud, Bruno Teyssier, Simon et Perrine Thibault, Catherine Tieu, Tulanh Tran **U** Natalie Uglow, Zeynep Uraz, Mari Nythun Utheim **V** J.-C. Villie, Gérald Viotti, Fabien Vogel, Armelle Voirin **W** Christian Wicky.

UN MOT DES AUTEURS
Iain Stewart

Quel voyage ! Mille fois merci à Ilaria et à l'équipe de Melbourne de m'avoir invité à participer à cette nouvelle aventure asiatique, ainsi qu'à mes copilotes au Vietnam, Nick, Peter et Brett. J'ai été beaucoup aidé dans ma tâche par les rois la route Vinh Vu et Mark Wyndham, Ben et Bich à Phong Nha, Tam à Dong Ha et plein de gens formidables à Hoi An, dont les gars du Dive Bar, Ludo, Neil et Caroline, sans oublier Dzung, l'as du tennis.

Nick Ray

Je tiens d'abord à remercier ma merveilleuse épouse, Kulikar Sotho, qui m'a rejoint dans nombre de mes périples vietnamiens. Le voyage a été illuminé par la présence de nos deux enfants, Julian et Belle.

Au Vietnam, moult personnes m'ont apporté leur aide. Dans le désordre, je remercie Vinh, Dave, Mark, Karl et Greg pour leur compagnie au cours des longs trajets dans les hauts plateaux. Merci également à Sinh, Linh, Truong, Nick, Glenn, Fred, Phuong, Larry, John, Jamie, Rofail, Susan, Larry, Ross et bien d'autres encore.

Je salue aussi mes coauteurs, Iain, Peter et Brett, ainsi que toute l'équipe du siège de Lonely Planet, qui a porté le projet jusqu'à sa parution.

Peter Dragicevich

Comme les auteurs des précédentes éditions de ce guide, j'ai bénéficié de la générosité de Lê Van Sinh. Merci également à Nick Ross, véritable mine d'informations sur Saigon. Si j'ai pris un tel plaisir à travailler au présent ouvrage, c'est en grande partie grâce à David Holmes, Tran Thi Kim Hue, Kyla Ellis, Robert Cotgrove, Devon Morrissey, Andrew "Chronic" Poole, Jason Donovan, Mark Zazula, Nick Ray, Iain Stewart et mon compatriote d'Auckland Brett Atkinson.

Brett Atkinson

Ma reconnaissance va d'abord à monsieur Kien et à "Ladykiller", chauffeur hors pair. Qui eût cru que le *bee wine* avait un goût aussi intéressant ?! Merci également à tous ceux qui m'ont aidé et renseigné sans faillir à Hanoi, Sapa, Bac Ha, Ha Giang, Cat Ba et Bai Tu Long. Chez moi à Auckland, je remercie Carol et promets de lui préparer très bientôt quelques petits plats typiques de Hanoi.

LES AUTEURS LONELY PLANET

Lonely Planet réalise ses guides en toute indépendance et n'accepte aucune publicité. Tous les établissements et prestataires mentionnés dans l'ouvrage le sont sur la foi du seul jugement des auteurs, qui ne bénéficient d'aucune rétribution ou de réduction de prix en échange de leurs commentaires.

Sillonnant le pays en profondeur, les auteurs de Lonely Planet savent sortir des sentiers battus sans omettre les lieux incontournables. Ils visitent en personne des milliers d'hôtels, restaurants, bars, café, monuments et musées, dont ils s'appliquent à faire un compte-rendu précis.

CRÉDITS PHOTOGRAPHIQUES

Nous remercions Peel MC, Finlayson BL & McMahon TA (2007) "Updated World Map of the Köppen-Geiger Climate Classication", *Hydrology and Earth System Sciences*, 11, 163344, pour leur adaptation des tableaux climatiques.

Photo de couverture : Vietnamiennes transportant du sel dans leur palanche à Hon Kho, près de la plage de Doc Let. Karen Kasmauski/Getty Images

De nombreuses photographies de ce guide sont également disponibles auprès de notre agence photographique Lonely Planet Images (LPI) : www.lonelyplanetimages.com

À propos de cet ouvrage

Cette 10e édition française est la traduction de la 11e édition du guide *Vietnam* en anglais, mis à jour par Iain Stewart, Nick Ray, Brett Atkinson et Peter Dragicevich. Le chapitre *Cuisine* a été écrit par Robyn Eckhardt et Austin Bush ; celui sur les spécialités régionales par Andrea Nguyen. David Lukas a rédigé *Environnement* avec Iain Stewart. Rebecca Skinner a fait la recherche iconographique. L'édition précédente étaient l'œuvre de Nick Ray, Iain Stewart et Yu-Mei Balasingamchow.

Traduction
Aurélie Belle, Frédérique Hélion-Guerrini et Marie Starynkevitch

Direction éditoriale
Didier Férat

Adaptation française
Régis Couturier

Responsable prépresse
Jean-Noël Doan

Maquette
Laurence Tixier

Couverture
Adaptée par Annabelle Henry pour la version française

Cartographie
Cartes originales de Julie Dodkins adaptées en français par Martine Marmouget

Remerciements à
Anaïs Goacolou, Rose-Hélène Lempereur et Jean-Victor Rebuffet pour leur contribution au texte, à Sylvie Nouaille pour sa relecture, à Élisabeth Éon pour la préparation du manuscrit anglais, à Sarah Arfaoui pour les renvois de pages, ainsi qu'à toute l'équipe du bureau de Paris, en particulier Dominique Spaety pour son soutien. Merci à Clare Mercer, Tracey Kislingbury et Joe Revill du bureau de Londres, ainsi qu'à Darren O'Connell, Chris Love, Craig Kilburn et Carol Jackson du bureau australien.

Index

A
A Di Da 545
aéroports 19, 519
agences de voyages 524
agent orange 506, 545
Ako Dhong 294
Along 100, **100**
Along, baie d' 6, 96, 505, **97**, 6, 28
Alpes tonkinoises, *voir* Hoang Lien, monts
Aluoi 165
ambassades 508
Amour, vallée de l' 284
An Bang, plage d' 20, 217
An Binh 372
Angkor Thom 427, 429
Angkor Vat 16, 426, **427**, 16, 428
Ankroët, chutes d' 284
Annam 545
An Thoi, îles 394
ANV 447, 545
ao dai 545
architecture 22, 463, 475, 478, 484
argent 508
arts 461
ARVN 447, 450, 545
Asean 452
assurance 509, 528, 533
Âu Co 439
avion 519, 526, **520**

B
Ba Be, lacs 15, 91, 92
Ba Be, parc national de 31, 91, 503, 15
Bac Ha 21, 22, 31, 137, **138**
Bach Dang (bataille) 91, 439, 440
Bach Ma, parc national de 31, 185, 503
Ba Chuc 405
Bac Lieu 382
Ba Dong, plage de 371
Bahnar 470
Ba Ho, chutes de 252
Bai Bau, plage de 234
Bai Dai (Cam Ranh) 252
Bai Da (Van Don) 111
Bai Lang 218
bains de boue 245, 265
Bai Tu Long, baie de 110, **97**

Références des cartes **en gras**
Références des photos en bleu

Bai Tu Long, parc national de 110, 503
Bakong 432
Baleine, île de la 235
Ba Na 31, 187
Ban Don 299
Ban Gioc, chutes de 118
banh beo 486
banh cuon 488, 495, 488
Banh It, tours cham de 232
banh khoai 490, 490
banh mi 492, 496, 492
banh xeo 492
Ban Lac 122
Ban Pho 139
Banteay Srei 432
Bao Dai 283, 443
Bao Loc 291
Ba Om, étang 368
Baphuon 431
bateau 523, 526
Bat Trang 86
Bau Truc 254
Ba Vi, parc national de 87
Bay Canh, île de 273, 275
Bayon 430, 428
Be Kam 92
Bellevue, col de 291
bénévolat 510
Beng Mealea 432
Ben Hai, fleuve 163, 165
Ben Thanh, marché 21
Ben Tre 366, **367**
Bhadravarman 220
bia hoi 14, 71, 498, 545, 14
bière 14, 71, 498, 545, 14
Bigeard, Marcel 126
Binh Chau, sources thermales de 265
Binh Hoa Phuoc 372
Bitexco Financial Tower 20, 310, 476
boat people 450, 454, 457
bo bun 494
bodhisattvas 482
boissons 498
bouddhisme 443, 458
Bo Y 305
budget 18
bun bo hue 490, 490
bun cha 488, 495, 488
Buon Ma Thuot 294, **295**
Burrows, Larry 314
bus 523, 526

C
café 294, 498, 505
Cai Be 373
Cai Rang 380
Cai Rong 111
Calley, William 227
Ca Mau 384, **385**
Ca Mau, réserve naturelle de 386
Cambodge 418
Cam Kim, île 216
Cam Nam 213
Camp Carroll 165
Cam Ranh, baie de 252, 253
Ca Na 255
Can Cau 138
Can Gio 358

canh chua ca 492, 492
Canon, fort du 103
Can Tho 375, **376**
canyoning 286
Cao Bang 115, **117**
caodaïsme 188, 355, 356, 459, 460
Cao Lanh 413, **414**
Capa, Robert 314
Cap Saint-Jacques, *voir* Vung Tau
cartes 510
cartes de crédit 508
cascades
 Ba Ho 252
 Ban Gioc 118
 chutes d'Ankroët 284
 chutes de Dambri 291
 chutes de Datanla 284
 chutes de Gougah 284
 chutes de l'Éléphant 285
 chutes de Pongour 284
 Dray Nur 299
 Dray Sap 299
 Suoi Da Ban 394
 Suoi Tranh 394
 Thac Bac 132
 Thac Dau Dang 92
 Thai Giang 139
Castries, Christian de la Croix de 125
Cat Ba, île de 31, 102
Cat Ba, parc national de 103, 503
Cat Ba, ville de 103, **104**
Cat Cat 130
Cat Co, anses de 104
catholicisme 460
Cat Tien, parc national de 12, 31, 291, 503, 12
Cau Treo 156
Cha Ban 232
Cha Ban, ruines cham de 232
Cham, îles 218
Champa, royaume du 162, 198, 219, 438, 441, 460
Chams 219, 232, 237, 254, 438, 457, 460, 482
change, taux de 19
Chau Doc 405, **406**, 476
Chenla, royaume du 372, 438
Chien Dan 222
China Beach 196, 449
Chine 114, 438
Chong Kneas 425
Cho Ra 92
chua 546
Chua Bai Dinh 20, 150
Chua Co 371
Chua Hang 369
chu nôm 546
cigarettes 509
cinéma 463
Clinton, Bill 453
Cochinchine 372, 546
Coc Ly 139
code de la route 528
Co Loa, citadelle de 87
colonisation française 442
com hen 490, 490
Comité du peuple, siège du 484
communisme 443
compagnies aériennes 519

Con Dao, îles 11, 272, **274**, 11
Con Dao, parc national de 503
Condominas, Georges 457
confucianisme 455
Con Qui 366
Con Son 31, 93, 273
Con Tan Long 366
Con Thien, base de 165
Coppola, Francis Ford 450
Co To, île de 112
coups de soleil 538
cours
    cuisine 57, 207, 257, 327, 499
    langues 327, 510
crocodiles 293, 412, 503
croisières
    baie d'Along 99, 101
    baie de Nha Trang 240
    Mékong 380
    rivière des Parfums 183
    Saigon (HCMV) 325
Cua Dai, plage de 216
Cua Lo, plage de 156
Cu Chi 351
Cu Chi, tunnels de 353, 449
Cuc Phuong, parc national de 31, 151, 503
cuisine 8, 21, 485, 493
culte des ancêtres 461
Cu Nam 158
cyclo-pousse 530

D

Dai Lanh, plage de 234
Dai Nam, parc 358
Dakrong 166
Dalat 16, 281, **282**, 16
Dambri, chutes de 291
Dam Doi 359
Dam Mon 234
Danang 187, **190**, **196**
Dang Nhât Minh 463
Dansavanh 168
danse 462
Dao Titop 98
Datanla, chutes de 284
Dat Mui 387
déforestation 504
dengue 535
Den Kiep Bac 93
devise 508
diarrhée 536, 537, 539
Dien Bien Phu 125, 449, **125**
Dien Bien Phu, bataille de 125, 126, 445, 446
Dien Bien Phu, cimetière de 126
Dinh May Bac 151
DMZ 163, 449, 546, **164**
Doc Let, plage de 235
doi moi 451, 454, 461, 546
Dong Ba, marché 177
Dông Du 443
Dong Ha 166
Dong Ho 402
Dong Hoi 159, **159**
Dông Khanh 169, 182
Dong Ky 86
Dông Son, culture de 437, 438

Dong Van 142
Dong Xuan, marché 46
douane 510
Doumer, Paul 269
Dragon, île du 366
Dray Nur, chutes de 299
Dray Sap, chutes de 299
drogues 516
Duong Dong 392, **392**
Duong Long, tours cham de 233
Dupuis, Jean 442
Duras, Marguerite 416, 434
Duyen Hai 359
Dzao 470, 11, **468**, **470**, **472**, **474**

E

Easy Riders 292
Ech, lac 102
écocide 506
écologie 504
économie 434
Ede 470
églises et cathédrales
    cathédrale de Danang 189
    cathédrale de l'Immaculée conception 304
    cathédrale de Nha Trang 238
    cathédrale de Phat Diem 153
    cathédrale de Ton Dao 153
    cathédrale du Rosaire 94
    église Cha Tam 322
    église Cho Quan 322
    église de Long Xuyen 412
    église Du Sinh 284
Éléphant, chutes de l' 285
éléphants 293, 298
Éléphant, sources de l' 185
Empire khmer 372, 419, 427
encéphalite japonaise 535
enfants 59, 328, 510, 511
environnement 500
escalade 35, 105, 106
essence 528
Express de la Réunification 442, 531

F

Faifo 441
Fansipan 131, 501
faune 501
Fées, source aux 252
femmes enceintes 539
femmes en voyage 518
feng shui 456, 480
Festival de Hué 24, 170, **25**
fêtes et festivals 23, 515
flore 501
FNL 447, 547
franchises douanières 510
frontières
    avec la Chine 523
    avec le Cambodge 521
    avec le Laos 523

fruits 396, 497
Fulro 297
Funan, royaume du *voir* Oc-Eo

G

Garnier, Francis 442
gastronomie 8, 21, 485, 493
Genève, accords de 162
géographie 500
Gia Long 169, 182, 232
gibbons 296
glossaire 545
golf 35, 56, 88, 257, 327, 464
golfe du Tonkin, incident du 448
Gougah, chutes de 284
Greene, Graham 153, 434, 446
grottes
    grotte de l'Homme préhistorique 152
    grotte du Paradis 20, 157
    grotte-hôpital 105
    Hang Ca 149
    Hang Cuoi 149
    Hang Dau Go 98
    Hang Giua 149
    Hang Pac Bo 117
    Hang Son Doong 158
    Hang Sung Sot 98
    Hang Thien Cung 98
    Hang Trong 98
    Hang Trung Trang 104
    Minh Dam 271
    Mua 149
    Nguom Ngao 118
    Nhi Thanh 115
    Phong Nha 157, **8**
    Tam Thanh 115
    Tien Son 157
    Trang An 151
    tunnels de lave 286

H

Ha Giang 141
Hai, lagon de Tam Giang-Cau 183
Haiphong 93, **94**
Hai Pie, plage de 103
Hai Van, col de 186
Hai Van, tunnel de 187
Hamburger Hill 165
hameaux stratégiques, programme des 352, 447
Ham Ho, réserve naturelle 233
Ham Nghi 169
Ham Tien 256, 261
handicapés 511
Hang Ca 149
Hang Cuoi 149
Hang Da 131
Hang Dau Go 98
Hang Giua 149
Hang Nga, Folie 281
Hang Pac Bo 117
Hang Puong 92
Hang Son Doong 158
Hang Sung Sot 98
Hang Thien Cung 98

Hang Trong 98
Hang Trung Trang 104
Hanoi 9, 36, 42, **44**, **48**, **56**, 58, 28, **478**, **484**, **486**
  achats 77
  activités 55
  à voir 43
  comment circuler 84
  depuis/vers Hanoi 82
  fêtes et festivals 59
  où prendre un verre 72
  où se loger 61
  où se restaurer 66
  où sortir 74
  renseignements 78
Ha Tien 400, **401**
Hau Giang 408
HCMV *voir* Hô Chi Minh-Ville
hébergement 512
Hekou 136
heure locale 513
heures d'ouverture 513
hindouisme 460
histoire 437
Hmong 129, 471, **466**, **468**, **472**
Hoa Binh 121, 384
Hoa Hao 460, 547
Hoa Lu 150
Hoang Lien, monts 11, 131
Hoang Lien, parc national de 503
Hoang Tru 156
Hoan Kiem, lac 47, **52**
Hô Chi Minh 51, 117, 156, 175, 325, 414, 443, 444
Hô Chi Minh, mausolée de 51, 484, **484**
Hô Chi Minh, piste 85, 164, 300, 449, 548
Hô Chi Minh-Ville 9, 39, 306, **311**, **318**, **320**, **322**, **324**, **326**, **352**, **475**, **478**, **480**, **484**, **486**
  achats 344
  activités 325
  à voir 307
  circuits organisés 328
  comment circuler 349
  cours 327
  depuis/vers HCMV 348
  fêtes et festivals 328
  où prendre un verre 339
  où se loger 328
  où se restaurer 333
  où sortir 342
  renseignements 347
Ho Coc, plage de 266
Hoi An 6, 38, 198, **200**, **6**
  achats 213
  activités 205
  à voir 199
  comment circuler 215
  cours 207
  depuis/vers Hoi an 215
  où prendre un verre 212
  où se loger 207
  où se restaurer 210
  renseignements 215
homosexualité 74, 513
Hon Chong 404
Hon Chong, promontoire de 240
Hon Giang, île 404

Hon Gom, péninsule de 234
Hon Lao 218, 241
Hon Mot 241
Hon Mun 241
Hon Tre 241
Hon Yen 241
hôpitaux 534
Ho Quyen 184
Ho Tram, plage de 266
Hué 11, 169, **172**, **181**, **11**, **25**
  achats 178
  à voir 170
  comment circuler 180
  depuis/vers Hué 180
  où prendre un verre 178
  où se loger 175
  où se restaurer 177
  renseignements 179
Hué, cité impériale de 170, 179, 449, **11**
Hung Thanh, fabrique 392
Huong Hoa 164
hu tieu 492
Huynh Thuy Lê 416

I

îles
  An Binh 372
  An Thoi 394
  Bay Canh 273, 275
  Binh Hoa Phuoc 372
  Cam Kim 216
  Cat Ba 102
  Con Dao 11, 272, **11**
  Con Son 31
  Co To 112
  Dao Titop 98
  Hon Giang 404
  Hon Lao 218, 241
  Hon Mieu 241
  Hon Mot 241
  Hon Mun 241
  Hon Tre 241
  Hon Yen 241
  île de la Baleine 235
  île de la Licorne 366
  île de la Tortue 366
  île du Dragon 366
  île du Phénix 365, 366
  îles Cham 218
  îles du Mékong 371
  Nghe 404
  Ngoc Vung 112
  Phu Quoc 17, 389, **390**, **17**
  Quan Lan 111
  Tra Ban 112
  Van Don 111
Indochine 547
Indochine, guerre d' 445
Indravarman Ier 432
Indravarman III 238
Internet (accès) 19, 515
Internet (sites) 19
islam 460
itinéraires 26

J

Jarai 301, 471
Jaya Indravarman IV 238
Jayavarman VII 427
Johnson, Lyndon 448
journaux 509
jours fériés 515
Jun 299

K

K-5 454
Kaam Samnor 409
Kampuchea Krom 361, 372
Kanh 152, 153
karst 502
Kate 25, 188, 254
kayak 103, 106, 286, 394
Kbal Spean 432
K'Biang 285
Keangnam Hanoi Landmark Tower 476
Kenh Ga 150
Khai Dinh 182, 283
Khau Vai 144
Khe Sanh 164, 448, 449
Khmers 368, 372, 457, 547
Khmers rouges 361, 405, 422, 450, 453, 454
Kim Bong 216
Kim Lien 156
kitesurf 30, 33, 257
K'Lang 285
Koh Ker 432
Kompong Pluk 425
Kon Harachot 303
Kon Tum 38, 302, **303**, **476**
Kon Tum Konam 303
Kon Tum Kopong 303

L

Lac Long Quân 439
lacs
  Ba Be 15, 91, 92
  Ech 102
  lac Langa 286
  lac Mac 153
  Lak 299
  Pa Khoang 124
  Tonlé Sap 426
  Tuyen Lam 285
La Gi 265
Lai Chau 128
Lak, lac 299
Lam Son, opération 449
Langa, lac 286
Lang Bian, monts 285
Lang Co 186
Lang Dinh An 285
Lang Son 114
langue 540
Lan Ha, baie de 103
Lao Bao 168
Lao Cai 136
laque 464
Lat 285
laveries 509

Lê Duc Tho 450
légumes 497
Lê Loi 440
Le Thanh 302
Lê Thanh Ton 232
lézard, pêche au 256
Licorne, île de la 366
lingam 547
Linh Ung 194
littérature 463
Long Duc 369
Long Hai 266
Long Tan, mémorial de 449
Long Xuyen 411, **411**
Lon Phuoc, tunnels de 271
Lung Phin 139
Ly Thai Tô 439
Ly Thuong Kiêt, général 440

M

MAAG 547
Mac Cuu, tombeau de la famille 401
Mac, lac 153
Madagui, base forestière de 285
Mai Chau 16, 121, 16
maisons flottantes 406, 408
maisons-tunnels 46, 476
maladies 535
malaria 535
mam tom 494
manushi-bouddha 547
Ma Pi Leng, col de 142
Marbre, montagnes de 195
marchandage 509
marché de l'amour de Khau Vai 144
marché noir 509
marchés 14
  Bac Ha 21, 138
  Ben Thanh 21
  Binh Tay 319
  Cai Be (marché flottant) 373
  Cai Rang (marché flottant) 380
  Can Cau 138
  Coc Ly 139
  delta du Mékong
    (marchés flottants) 21
  Dong Ba 177
  Lang Son 115
  Lung Phin 139
  Na Giang 116
  Nuoc Hai 116
  Phuong Dien (marché flottant) 380
  Phu Chau 411
  Sapa 130
  Sinho 21
  Thuan Chau 123
  Tra Linh 116
  Trung Khanh 116
marionnettes 462
marionnettes sur l'eau 75, 344, 462
massages 206
Matra 131
Mau 548
McNamara, Robert 452
médias 509
méduses 516, 538
Mékong 363, 523, 526
Mékong, delta du 14, 39, 360, 14

Mékong, îles du 371
Meo Vac 142
Mieu, Hon 241
Mille Lingams, rivière aux 432
mines 163, 425, 516
Minh Chau, plage de 111
Minh Dam, grottes de 271
Minh Mang 182, 442
minorités ethniques 285, 297, 302,
  465, 547, **465**, **466**, **468**, **470**, **472**
M'lieng 299
Moc Chau 123
Moï, Anna 275
moine aux noix de coco 365, 366
Mong Cai 113
Monkey Island Eco Forest Park 359
montagnards 285, 297, 302, 465, 547,
  465, **466**, **468**, **470**, **472**
mosquées
  mosquée Chau Giang 406
  mosquée de Cholon Jamail 322
  mosquée indienne de Saigon 310
  mosquée Mubarak 406
moto 33, 523, 143, 525
moto-taxi, voir xe om
moustiques 535
Mua, grotte de 149
Mui Nai 404
Mui Ne 12, 38, 256, **258**, 3, 12, 32
munitions non explosées 163, 425, 516
Muong 472, **472**
Muong Lay 127
Muong Thanh, pont 126
Muong Thanh, vallée de 125
musées
  musée Alexandre Yersin 239
  musée cambodgien
    des Mines terrestres 425
  musée d'Art royal de Hué 175
  musée de Con Dao 274
  musée de Dong Thap 413
  musée de Dien Bien Phu 125
  musée de Haiphong 93
  musée de Hô Chi Minh-Ville 310
  musée de la Guerre de Cu Chi 354
  musée de la Guerre de Vuc Quanh 160
  musée de la Minorité khmère 368
  musée de la Piste Hô Chi Minh 85
  musée de la Prison de Hoa Lo 48
  musée de la Révolution
    vietnamienne 49
  musée de la Sculpture cham 188
  musée de l'Histoire militaire du
    Vietnam 52
  musée des Armes du monde 270
  musée des Beaux-Arts 53, 318
  musée des Femmes
    vietnamiennes 49
  musée des Montagnards 304
  musée des Souvenirs de guerre 314
  musée d'Ethnographie
    du Vietnam 54
  musée d'Histoire (HCMV) 313
  musée Hô Chi Minh (Hanoi) 52
  musée Hô Chi Minh (HCMV) 325
  Musée militaire (HCMV) 313
  Musée national d'Angkor 419
  musée national d'Histoire 47

  Musée océanographique 239
  musée Quang Trung 233
  musée Ton Duc Thang 310
musique 461
My An, plage de 197
My Hiep 415
My Khe (Danang) 197
My Khe (Son My) 226
My Lai 449
My Lai, massacre de 226, 227
My Son 21, 219, **221**, **482**
My Tho 362, **364**

N

Na Ang 139
Na Giang 116
Na Kheo 139
Nam Ban 284
Nam Cam 453
Nam Can 154, 386
Na Meo 151
Nam Giao, esplanade de 184
Nam O, plage de 195
Nam Phao 156
Nam Xoi 151
napalm 506
Navarre, Henri 126
Neak Poan 432, **429**
Nghe, île 404
Ngoan Muc, col de 291
Ngoc Vung, île de 112
Ngô Dinh Diêm 184, 315, 322, 446, 447
Ngô Dinh Nhu 322
Ngô Minh Chiêu 356
Ngô Quyên 91, 439
Ngô Viêt Thu 484
Ngu Hanh Son 195
Nguom Ngao, grotte de 118
Nguyên Anh 232
Nguyên Du 463
Nguyên, dynastie des 169, 180, 441
Nguyên Huê 233, 441
Nguyên Lu 441
Nguyên Nhac 232, 441
Nguyên Sinh Sac, tombeau de 413
Nguyên Thanh Nam 366
Nguyên Trai 93, 440
Nguyên Trung Truc 387
Nguyên Van Bach 445
Nguyên Van Linh 454
Nguyên Van Thiêu 452
nha rong 547
Nha Trang 13, 38, 236, **237**, **242**
  achats 250
  activités 241
  à voir 236
  depuis/vers Nha Trang 251
  où prendre un verre 249
  où se loger 245
  où se restaurer 247
  renseignements 250
Nha Trang, baie de 240
Nhi Thanh, grotte de 115
nids d'hirondelles 248
Ninh, Bao 450
Ninh Binh 37, 147, **148**
Ninh Chu, plage de 255
Ninh Van, baie de 236

Nixon, Richard 450
Nông Duc Manh 472
Nong Haet 154
Non Nuoc, plage de 197
Nuage argenté, pic du 152
Nui Dat 271
Nui Son Tra 194
Nung 472
Nuoc Hai 116
nuoc mam 264, 392, 494
Nuoc Mooc Eco-Trail 157

O

Oc Bom Boc 25, 371, 382
Oc-Eo 292, 372, 411, 438, 548
offices du tourisme 515
oiseaux 502
Ong Dao Dua 366
Ong Dung, baie d' 276
Ong Tao 499
O Yadaw 302

P

Pac Ngoi 92
Page, Tim 314
pagodes 480
 Ang 368
 Bao Quoc 175
 Bich Dong 149, **480**
 Chuc Thanh 204
 Con Son 93
 Dieu De 174
 Dong Huong 153
 Du Hang 94
 Giac Lam 323
 Giac Vien 323
 Ha Chuong Hoi Quan 322, **480**
 Hang 369
 Khanh Van Nam Vien 319
 Kh'leang 381
 Linh An 285
 Long Khanh 228
 Long Son 238
 Moi Hoa Binh 384
 Nghia An Hoi Quan 321
 Ong 369
 Ong Bon 321
 Ong Met 369
pagode au Pilier unique (Hanoi) 52
pagode au Pilier unique (Thu Duc) 357
pagode aux Chauves-Souris 381
pagode d'Argile 381
pagode de la Caverne 410
pagode de l'Empereur de Jade 310, **480**
pagode des Ambassadeurs 53
pagode des Parfums 85
 Phat Lon 387
 Phu Dung 402
 Phung Son 323
 Phuoc An Hoi Quan 320
 Phuoc Lam 204
 Quan Am 320, **9**
 Tam Bao 387
 Tam Son Hoi Quan 321
 Tay An 409
 Tay Ho 55
 Tay Phuong 87
 Thach Dong 402
 Thien Hau 319, **3**
 Thien Mu 182
 Thay 86
 Tran Quoc 55
 Truc Lam 285
 Tu Hieu 183
 Vien Minh 367
 Vinh Trang 362
 Xa Lon 383
paintball 285
Pa Khoang, lac 124
paludisme 535
Paradis, grotte du 20, 157
parcs nationaux
 et réserves naturelles 503
 Ba Be 91, 503, **15**
 Bach Ma 31, 185, 503
 Bai Tu Long 110, 503
 Ba Vi 87
 Cat Ba 103, 503
 Cat Tien 12, 31, 503, 291, **12**
 Ca Mau 386
 Con Dao 503
 Cuc Phuong 31, 151, 503
 Hoang Lien 503
 Ham Ho 233
 Monkey Island Eco Forest Park 359
 monts Lang Bian 285
 Phong Nha-Ke Bang 8, 31, 156, 503, **8**
 Phu Quoc 393
 Tam Dao 88
 Tram Chim 415
 Vam Sat 359
 Van Long 150
 Vuon Co 381
 Yok Don 31, 297, 503
Parfums, rivière des 183
Parmentier, Henri 219
passeport 519
peinture 464
perles 393
permis de conduire 530
Phan Bội Châu 443
Phan Châu Trinh 443
Phan Rang 252
Phan Thiet 264
Phat Diem 153
Phénix, île du 365, 366
Phnom Bakheng 431
Phnom den 405
Phnom Kulen 432
pho bo 488, 495, **488**
Phong Dien 380
Phong Nha, grottes de 157, **8**
Phong Nha-Ke Bang, parc national de 8, 31, 156, 503, **8**
Phong Sinh 24
photographie 515
Phou Keua 305
Phu Binh, camp de 275
Phu Chau 411
Phu Hai, prison de 274
Phuoc Hai 265
Phu Quoc, île 17, 389, **390**, **17**
Phu Quoc, parc national de 393
Phu Son, prison de 275
Pigneau de Béhaine, Pierre Joseph Georges 391
Piroth, Charles 126
pisciculture 408
plages 22
 An Bang 20, 217
 anses de Cat Co 104
 Ba Dong 371
 Bai An Hai 275
 Bai Bau 234
 Bai Dai (Cam Ranh) 252
 Bai Dai (Van Don) 111
 Bai Dam Trau 275
 Bai Dat Doc 275
 Bai Loi Voi 275
 Bai Nhat 275
 China Beach 196
 Con Son 275
 Cua Dai 216
 Cua Lo 156
 Dai Lanh 234
 Doc Let 235
 Hai Pie 103
 Ho Coc 266
 Ho Tram 266
 Lang Co 186
 Long Beach 393
 Minh Chau 111
 Mui Nai 404
 Mui Ne 22, 256
 My An 197
 My Khe (Danang) 197
 My Khe (Son My) 226
 Nam O 195
 Nha Trang 22, 236
 Ninh Chu 255
 Non Nuoc 197
 Phu Quoc 22, 393
 plage de la Reine 229
 Quy Hoa 229
 Quy Nhon 228
 Tien Sa 194
 Tre Lon 275
 Vung Tau 269
planche à voile 33
Pleiku 301
plongée 30, 34, 205, 218, 242, 244, 276, 394
poids et mesures 509
poisson 408, 496
Po Klong Garai 253, **25**, **482**
police 516
politique 434
pollution 505, 539
Po Nagar 237, **13**, **482**
Pongour, chutes de 284
population 457, 465
Po Ro Me 254
Po Shanu 257
poste 516
postes-frontières **522**
 Bo Y-Phou Keua 305, 523
 Cau Treo-Nam Phao 523
 Lao Bao-Dansavanh 168, 523
 Lao Cai-Hekou 136, 523
 Le Thanh-O Yadaw 302, 523
 Moc Bai-Bavet 354, 523
 Mong Cai-Dongxing, 113

INDEX P-T

Nam Can-Nong Haet 523
Nam Phao-Cau Treo 156
Nam Xoi-Na Meo 151
Nong Haet-Nam Can 154
Tay Trang-Sop Hun 127, 523
Tinh Bien-Phnom Den 405
Vinh Xuong-Kaam Samnor 409, 523
Xa Xia-Prek Chak 404, 523
Youyi Guan-Huu Nghi Quan 116, 523
Poulo Condor, *voir* Con Son, île de
pourboire 509
POW 548
Prasat Krahom 432
Prasat Thom 432
Preah Khan 431, **429**
Preah Ko 432
Prek Chak 404
Prey Nokor 372
prix 524
prostitution 461
protestantisme 460
psicobloc 106
PVN Tower 476

Q

Quan Ba, col de 142
Quang Ngai 225
Quang Ngai, grande muraille de 225
Quang Tri 169
Quang Trung 233, 441
Quang Trung, réservoir de 285
Quan Lan, île de 111
quôc-ngu 199, 444, 540, 548
Quy Nhon 228, **230**

R

Rach Gia 387, **388**
radio 509
rafting 34
randonnée 22, 30, 31, 104, 105, 122, 131, 285, 291, 276
RDV 548
réchauffement climatique 506
religion 457
requins 516
réserves naturelles *voir* parcs nationaux et réserves naturelles
Réunification, palais de la 315, 484, **484**
rhinocéros 292, 503
Rhodes, Alexandre de 199, 442
riz 413, 495
Rockpile, The 165
Roluos 432
rong 548
Rong, Cai 111
RSV 548
Rung Sac, base de 359
Rung Tram 415
ruou 73, 498, 548

S

Sa Dec 416, **416**
Sa Huynh 227
Sa Huynh, civilisation 198
saisons 18
Sam, mont 409
santé 533
saola 502
Sapa 11, 31, 129, **130**
Sa Seng 131
sculpture 464
Seconde Guerre mondiale 444
sécurité 516, 528, 532
Sedang 472
serpents 538
sida 536
Siem Reap 16, 418, 419, **420**
Sin Chai 131
Singes, montagne aux 194
Sinho 21,128
sinh to 497
snorkeling 30, 34, 206, 276, 394
Soc Trang 381
Song Cau 233
Song Huong 183
Son La 123
Son My 226
So Ray 276
sources thermales 265
spas 206, 245, 257, 265, 326
sports 30, 464
Spratleys, îles 114
Stern, Philippe 221
Stone, Oliver 451
Suoi Da Ban 394
Suoi Tien 252
Suoi Tranh 394
Suoi Voi 185
Suryavarman II 426

T

Takou, mont 265
Tam Coc 149
Tam Dao 88
Tam Giao 457, 548
Tam Nong 416
Tam Thanh, grotte de 115
Tan Thach 366
taoïsme 459
Ta Phin 130
Ta Prohm 431, **429**
tarasque de la baie d'Along 96
Ta Van 131
taxi 530
Tay 472
Tay Ho, lac de 55
Tay Ninh 355
Tây Son, révolte des 232, 233, 307, 441
Tay Trang 127
téléphone 19, 517
télévision 509
temples 21, 480
Angkor 16, 426
Angkor Thom 427, **429**
Angkor Vat 426, **427**, 16, **428**
Bach Ma 46
Bakong 432, **428**
Banh It 232
Banteay Srei 432
Baphuon 431
Bayon 430
Beng Mealea 432
Bich Dong, pagode de 149, **480**
Chua Bai Dinh 150
Duong Long 233
Grand Temple caodaïste 21, 355
Hai Ba Trung 53
Kiep Bac 93
Neak Poan 432
Ngoc Son 47
Ong 375
Nguyên Trung Truc 387
Phnom Bakheng 431
Po Klong Garai 253, **25**, **482**
Po Nagar 237, **13**, **482**
Po Ro Me 254
Po Shanu 257
Prasat Krahom 432
Prasat Thom 432
Preah Khan 431, **429**
Preah Ko 432
Quan Cong 203
Quan Thanh 53
Ta Prohm 431, **429**
temple caodaïste de Danang 188
temple de la Déesse Xu 409
temple de la Littérature 50
temple de l'Oncle Hô 369
temple du roi Hung Vuong 313
temple hindou de Mariamman 315
temples cham 482
Thap Doi 228
Van Thanh Mieu 373
Têt 23, 328, 459, 515, 548
Têt, offensive du 167, 447
Thac Bac 132
Thac Dau Dang 92
Thaï 473
thai cuc quyen 548
Thai Giang, chute de 139
Thanh, citadelle de 252
Thanh Ha 216
Thanh Minh 24
Thap Cham 252
Thap Doi, tours cham de 228
théâtre 462
Thich Quang Duc 184
Thiêu Tri 174, 182, 442
Thoai Ngoc Hâu 410
Thoi Son 366
Thompson, Hugh 227
Thuan An 183
Thuan Chau 123
Thu Duc 357
Thuy Son 195
Tien Sa, plage de 194
Tien Son, grotte de 157
Tinh Bien 405
Tinh Do Cu Si 366
toilettes 518
tombeaux impériaux 180
Ton Dao, cathédrale de 153
Ton Duc Thang 310
Tonkin 548
Tonlé Sap 426
Tortue, île de la 366
tortues 152, 273
Tourane 188
Tra Ban, île de 112
train 523, 530
Tra Kieu 222

Tra Linh 116
Trang An, grottes de 151
Tram Chim, parc national de 415
Tram Ton, col de 132
Tran Anh Hung 463
Tran De 386
Trân Due Tông 440
Trân Hung Dao 91, 93, 440
Transindochinois 442
transports 519
travailler au Vietnam 518
Tra Vinh 368, **370**
Trieu Cai 139
Triêu Thi Trinh 438
Truc Bach, lac 55
Trung Khanh 116
Trung, sœurs 438
Truong Chinh 281
Truong Son, cimetière de 164
Truong Son, monts 37, 186, 501
Tuan Giao 124
Tu Duc 181
Tuc Dup, colline de 405
tunnels de lave 286
turf 344
Tuyen Lam, lac 285
Tuy Hoa 233

U
U-Minh, forêt d' 386
UNHCR 548
urgences 529
UXO 517

V
vaccins 533
Vam Sat 359
Van Don, île de 111
Van Lan 149
Van Lang, royaume de 437, 439
Van Long, réserve naturelle de 150
Vann, John Paul 452
Van Phong, baie de 240
Van Phuc 86
végétariens 499
vélo 33, 132, 525, 527
Viêt-cong 446, 447, 450, 548
Viet Hai 104
Viêt Kiêu 435, 457, 548
Viêt-minh 444, 548
Vietnam, guerre du 448
villages flottants 150, 425
vin 289
Vinh 154, 484
Vinh Hien 183
Vinh Long 371, **373**
Vinh Moc 165
Vinh Moc, tunnels de 163, 449
Vinh Xuong 409
Vinpearl Land 239
visas 424, 513
voile 34, 105, 106, 257
voiture 523, 528, 529, 530
Vo Nguyên Giap 125, 126
Vo Thi Sau 275
voyages organisés 524
VTT 132, 291

Vua Meo 139
Vung Ro, baie de 235
Vung Tau 267, **268**
Vuon Co 381
Vu Tinh, général 232

W
Westmoreland, William Childs 167

X
Xa Linh 122
Xa Xia 404
xe loi 548
xe om 530, 548
Xeo Quyt, base de 415
xich lo 530, 548
Xom Lang 226
Xuan Huong 282
Xu, déesse 410

Y
Yen Chau 123
Yen Minh 142
Yersin, Alexandre 239, 281, 283
Yok Don, parc national de 31, 297, 503

Z
Zapata, Carlos 310
zone démilitarisée voir DMZ

INDEX DES ENCADRÉS

À ne pas manquer
Bia hoi 71
Explorer la baie de Nha Trang en bateau 240
Le fort du Canon 103
Les circuits dans la baie d'Along 99
Le théâtre de marionnettes sur l'eau 75
Le top 10 de la cuisine de rue (Hanoi) 65
Sur les traces des gibbons sauvages 296
Une nuit dans une maison sur pilotis 122

Circuits et escapades
À la découverte des temples d'Angkor 430
À voir le long de la nationale 20 286
Cinq lieux phares chez les montagnards 474
Circuits dans les environs de Hoi An 217
De la baie d'Along à Cat Ba (sans les tracas) . . 109
Des croisières pas bateau (baie d'Along) 101
Excursions en bateau sur la rivière des Parfums . .183
Hanoi en un ou deux jours 43
Hô Chi Minh-ville en un ou deux jours 307
Phu Quoc en circuit .399
Promenade à pied dans la vieille ville de Hanoi . . . 60
Promenade à pied dans le vieux Saigon 316
Une nuit sur le Mékong 380
Vinpearl Land 239

Culture et société
Au Vietnam... faites comme les Vietnamiens . . . 458
Bienvenue au Kampuchea Krom 372
Conflits sur les hauts plateaux 284
Dans les pagodes 482

Dans les pas de Lara Croft 431
Garder la face 455
Hoi An et son patrimoine architectural 203
Hué en fête 170
Langues des ethnies montagnardes 546
La pagode Thien Mu, temple de la contestation . .184
La pêche aux lézards 256
L'art de la laque 464
La tortue Cu Rua, une légende vivante 47
Le caodaïsme 356
Le culte des ancêtres 461
Le Nouvel An cham .254
Les artisans de l'empereur 179
Les montagnards 297
Les relations vietnamo-cambodgiennes 422
Les rites funéraires jarai 301
Le style colonial 478
Mouvements de protestation 469
Pagode ou temple ? 460
Pâle de préférence 462
Têt : la grande fête 459
Tours d'horizon 476
Un avenir meilleur pour les Hmong 129

Gastronomie
Cocktails avec vue (HCMV) 340
Délices de Dalat 289
Des fast-foods de haute volée (HCMV) 334
Fort de café ! 345
La culture des cafés à Hanoi 67
Les fruits du Vietnam 396

INDEX DES ENCADRÉS (SUITE)

Gastronomie (suite)
Les restaurants de rue par quartier (Hanoi) 69
Les restaurants flottants de Cat Ba 108
Nids d'hirondelles 248

Histoire
Il était une fois le Vietnam 439
Khe Sanh, une bataille pour rien 167
La baie de Cam Ranh, ancienne base navale 253
La grande muraille du Vietnam 225
La légende de l'île de la Veuve 92
La piste Hô Chi Minh .300
La ville perdue du Champa 232
Le coût de la guerre 451
Le massacre de My Lai 227
Le moine aux noix de coco 366
Le monstre de la baie d'Along 96
Le royaume du Champa 219
Les abris souterrains de Vinh Moc 165
Les conflits frontaliers sino-vietnamiens 114
Le siège de Dien Bien Phu 126
Les sites militaires autour de Vung Tau 271
L'oncle Hô 444
"Nous avions tort" 452
Sur les traces de la guerre 449
Trân Hung Dao, un stratège révéré 91
Un héritage de la guerre 466

Interviews
Les bons plans d'Adam Bray à Mui Ne 262
Lê Van Sinh, un pionnier du tourisme vietnamien 369
Markus Madeja et ses liqueurs Son Tinh 73
Mark Wyndham, un Australien à Hoi An 206
M. Thieu : capitaine dans la baie d'Along 98
Vinh Vu, fondateur de Handspan 501

Nature et environnement
Des éléphants et des hommes 293
Formations karstiques 502
La baie d'Along, un trésor en péril 505
La plus grande grotte du monde 158
La production rizicole .413
Le retour des tortues vertes 273
Les 10 plus beaux parcs nationaux 503
Mékong, le fleuve aux Neufs Dragons 363
Pisciculture et biocarburant 408
Sauver les singes et les tortues 152
Tonlé Sap : le cœur du Cambodge 426
Une vie d'éléphant 298
Vous aussi, vous êtes concerné. 500

Sports et activités
Escalader les pics karstiques 106
Les meilleurs spots de surf du Vietnam 35
Les moments forts à moto 34
Les moments forts à vélo 33
Plongée responsable .244

Vie pratique
Aider les handicapés (à Hoi An) 209
Apporter sa pierre (volontariat) 504
Attention aux mines 163
Attractions pour les enfants 511
Boire de l'eau 538
Conseils aux voyageurs 517
Dans le dédale des agences de voyage de Hanoi . . 79
Des cocktails frelatés .250
Des hôtels d'enfer 512
Hanoi avec des enfants 59
Hanoi gay et lesbien 74
HCMV gay et lesbien .343
HCMV avec des enfants 328
Hôtels : méfiez-vous des contrefaçons 61
La folie du sur-mesure 214
Le juste prix 524
Les bonnes manières à table 499
Le sens vietnamien des affaires 456
Les noms de rues de la vieille ville (Hanoi) 76
Les orphelinats Vinh Son 304
Le Vietnam pratique 509
Méfiez-vous de la mafia hôtelière 82
M. Nghe, votre homme à Bac Ha 139
Planète pirate 516
Poste-frontière : Bo Y-Phou Keua 305
Poste-frontière : Lao Bao-Dansavanh 168
Poste-frontière : Lao Cai-Hekou 136
Poste-frontière : Le Thanh-O Yadaw 302
Poste-frontière : Moc Bai-Bavet 354
Poste-frontière : Mong Cai-Dongxing 113
Poste-frontière : Tay Trang-Sop Hun 127
Poste-frontière : Tinh Bien-Phnom Den 405
Poste-frontière : Vinh Xuong-Kaam Samnor 409
Poste-frontière : Xa Xia-Prek Chak 404
Poste-frontière : Youyi Guan-Huu Nghi Quan . . . 116
Règles de conduite (chez les montagnards) 473
"Séjours chez l'habitant" autour de Vinh Long . . .374
Trousse médicale de voyage 537
Un homme à connaître à Ha Giang 140
Vaccinations recommandées 534
Visas pour le Cambodge 424
Votre visa par une agence 514

Transports
À moto sur les routes du Nord-Ouest 143
Bus au départ de Bai Chay 102
Bus au départ de Hanoi 81
Bus au départ de Lang Son 118
Bus au départ de Mong Cai 113
Casque obligatoire 530
Desserte de Dalat 290
Desserte de Hué 180
Le long trajet en bus jusqu'en Chine 80
Les Easy Riders 292
Les lignes de bus du Nord-Ouest 144
Les trains entre Hanoi et Lao Cai 137
Les trajets "open tour" en bus 527
L'Express de la Réunification 531
Louer un véhicule avec chauffeur 529
Tarifs des trains au départ de Hanoi 532
Trains vers l'est et vers le nord (depuis Hanoi) . . . 83
Trains vers le sud (depuis Hanoi) 82
Transports au départ de HCMV 348
Transports au départ de Nha Trang 251
Traversées en hydrofoil (delta du Mékong) 389
Vols en ligne 521
Xe om ou taxi ? 350

Vaut le détour
La baie de Vung Ro 235
La base forestière de Madagui 285
La pagode Xa Lon 383
La plage de Bai Bau 234
Le musée des Armes du monde 270
Le Nuoc Mooc Eco-Trail 159
Le Pan Hou Village 142
Le parc Dai Nam 358
Les délices de Moc Chau et de Yen Chau 123
Le village de Sinho 128
Tay Ho, nouveau quartier branché de Hanoi 70

Comment utiliser ce guide

Ces symboles vous aideront à identifier les différentes rubriques :

- 👁 À voir
- 🏃 Activités
- 🍃 Cours
- 👉 Circuits organisés
- 🎊 Fêtes et festivals
- 🛏 Où se loger
- 🍴 Où se restaurer
- 🍺 Où prendre un verre
- ⭐ Où sortir
- 🔒 Achats
- ℹ️ Renseignements/transports

Les pictos pour se repérer

- ♥ Les coups de cœur de l'auteur
- GRATUIT Des sites libre d'accès
- 🌿 Les adresses écoresponsables

Nos auteurs ont sélectionné ces adresses pour leur engagement dans le développement durable – par leur soutien envers des communautés ou des producteurs locaux, leur fonctionnement écologique ou leur investissement dans des projets de protection de l'environnement.

Ces symboles vous donneront des informations essentielles au sein de chaque rubrique :

- ☎ Numéro de téléphone
- ⊙ Horaires d'ouverture
- P Parking
- ⊖ Non-fumeurs
- ❄ Climatisation
- @ Accès Internet
- s Chambre simple
- f Chambre familiale
- 📶 Wi-Fi
- 🏊 Piscine
- 🥗 Végétarien
- 👨‍👩‍👧 Familles bienvenues
- 🐾 Animaux acceptés
- dort Dortoir
- d Chambre double
- app Appartement
- 🚌 Bus
- ⛴ Ferry
- M Métro
- 🚊 Tramway
- 🚆 Train
- ch Chambre
- tr Chambre triple
- ste Suite

Légende des cartes

À voir
- Plage
- Temple bouddhiste
- Château
- Église/cathédrale
- Temple hindou
- Mosquée
- Synagogue
- Monument
- Musée/galerie
- Ruines
- Vignoble
- Zoo
- Centre d'intérêt

Activités
- Plongée/snorkeling
- Canoë/kayak
- Ski
- Surf
- Piscine/baignade
- Randonnée
- Planche à voile
- Autres activités

Se loger
- Hébergement
- Camping

Se restaurer
- Restauration

Prendre un verre
- Bar
- Café

Sortir
- Spectacle

Achats
- Magasin

Renseignements
- Poste
- Point d'information

Transports
- Aéroport/aérodrome
- Poste frontière
- Bus
- Téléphérique/funiculaire
- Piste cyclable
- Ferry
- Métro
- Monorail
- Parking
- S-Bahn
- Taxi
- Train/rail
- Tramway
- Tube
- U-Bahn
- Autre moyen de transport

Routes
- Autoroute à péage
- Autoroute
- Nationale
- Départementale
- Cantonale
- Chemin
- Route non goudronnée
- Rue piétonne
- Escalier
- Tunnel
- Passerelle
- Promenade à pied
- Promenade à pied (variante)
- Sentier

Limites et frontières
- Pays
- Province/État
- Contestée
- Région/banlieue
- Parc maritime
- Falaise/escarpement
- Rempart

Population
- ⊙ Capitale (pays)
- ◉ Capitale (État/province)
- ● Grande ville
- • Petite ville/village

Géographie
- Refuge/gîte
- Phare
- Point de vue
- ▲ Montagne/volcan
- Oasis
- Parc
- Col
- Aire de pique-nique
- Cascade

Hydrographie
- Rivière
- Rivière intermittente
- Marais/mangrove
- Récif
- Canal
- Eau
- Lac asséché/salé/intermittent
- Glacier

Topographie
- Plage/désert
- + + + Cimetière (chrétien)
- × × × Cimetière (autre religion)
- Parc/forêt
- Terrain de sport
- Site (édifice)
- Site incontournable (édifice)

LES GUIDES LONELY PLANET

Une vieille voiture déglinguée, quelques dollars en poche et le goût de l'aventure, c'est tout ce dont Tony et Maureen Wheeler eurent besoin pour réaliser, en 1972, le voyage d'une vie : rallier l'Australie par voie terrestre via l'Europe et l'Asie. De retour après un périple harassant de plusieurs mois, cette expérience formatrice les poussa à rédiger sur un coin de table leur premier guide, *Across Asia on the Cheap*, qui se vendit à 1 500 exemplaires en l'espace d'une semaine. Ainsi naquit Lonely Planet, qui possède aujourd'hui des bureaux à Melbourne, Londres et Oakland, et emploie plus de 600 personnes. Nous partageons l'opinion de Tony, pour qui un bon guide doit à la fois informer, éduquer et distraire.

NOS AUTEURS

Iain Stewart
Auteur-coordinateur, Centre-Nord, Centre. C'est en 1991 qu'Iain a visité le Vietnam pour la première fois, muni de son précieux Lonely Planet. Il en est revenu fasciné. Il écrit désormais sur des pays bien éloignés de Brighton, la ville d'Angleterre où il réside. On lui doit une trentaine de guides sur le Guatemala, Ibiza ou l'Indonésie. Lors de cette partie de plaisir, il a sillonné la piste Hô Chi Minh à moto, mis le cap sur les îles Cham, fait la fête à Saigon, exploré les entrailles de la grotte de Phong Nha et dégusté l'une des meilleures cuisine du monde.

Pour en savoir plus sur Iain Stewart : lonelyplanet.com/members/iainstewart

Brett Atkinson
Hanoi, Nord-Est, Nord-Ouest. Brett a découvert le Vietnam fin 1993, quelques mois avant la levée de l'embargo américain. Cette fois, il s'est plongé dans l'univers de la cuisine de rue à Hanoi, a revu la baie d'Along et arpenté la province de Ha Giang et la baie de Bai Tu Long, deux destinations émergentes. Basé à Auckland, Brett parcourt la planète pour écrire sur ses deux passions : la gastronomie et les voyages. Ses activités du moment figurent sur le site www.brett-atkinson.net.

Peter Dragicevich
Hô Chi Minh-Ville, Delta du Mékong. Amoureux des grandes métropoles, Peter a été ravi de revenir au Vietnam pour écrire sur HCMV après 4 ans d'absence. Les choses changent vite, mais malgré quelques gratte-ciel en plus et une flopée de bars et de restaurants internationaux, il a retrouvé une ville aussi folle, anarchique et trépidante que jamais. Ce guide est sa 21e collaboration pour Lonely Planet. Lorsqu'il n'avale pas une soupe de nouilles dans une rue de Saigon, notre homme vit à Auckland, en Nouvelle-Zélande.

Pour en savoir plus sur Peter Dragicevich : lonelyplanet.com/members/peterdragicevich

Nick Ray
Hauts plateaux du Centre, Littoral du Centre et du Sud, Siem Reap et les temples d'Angkor. Nick vient de Watford, une ville des environs de Londres, qui donne envie de voir du pays… Comme il habite maintenant à Phnom Penh, le Vietnam est quasi à sa porte. Il a d'ailleurs coécrit les titres *Cycling Vietnam, Laos & Cambodia* et *Cambodge* publiés par Lonely Planet. De Ha Giang, dans le Nord, à Ca Mau, dans le Sud, le Vietnam n'a plus de secret pour lui.

Vietnam
10e édition
Traduit et adapté de l'ouvrage *Vietnam, 11th edition, February 2012*

© Lonely Planet Publications Pty Ltd 2012
© Lonely Planet et Place des éditeurs 2012
Photographes © comme indiqué 2012

Dépôt légal Mai 2012
ISBN 978-2-81612-107-0

Imprimé par Grafica Veneta, Trebaseleghe, Italie
Réimpression 03, décembre 2013

En Voyage Éditions | un département | place des éditeurs

Bien que les auteurs et Lonely Planet aient préparé ce guide avec tout le soin nécessaire, nous ne pouvons garantir l'exhaustivité ni l'exactitude du contenu. Lonely Planet ne pourra être tenu responsable des dommages que pourraient subir les personnes utilisant cet ouvrage.

MIXTE
Issu de sources responsables
FSC® C003309

Tous droits de traduction ou d'adaptation, même partiels, réservés pour tous pays. Aucune partie de ce livre ne peut être copiée, enregistrée dans un système de recherches documentaires ou de base de données, transmise sous quelque forme que ce soit, par des moyens audiovisuels, électroniques ou mécaniques, achetée, louée ou prêtée sans l'autorisation écrite de l'éditeur, à l'exception de brefs extraits utilisés dans le cadre d'une étude. Lonely Planet et le logo de Lonely Planet sont des marques déposées de Lonely Planet Publications Pty Ltd.
Lonely Planet n'a cédé aucun droit d'utilisation commerciale de son nom ou de son logo à quiconque, ni hôtel ni restaurant ni boutique ni agence de voyages. En cas d'utilisation frauduleuse, merci de nous en informer : www.lonelyplanet.fr